"十三五"国家重点出版物出版规划项目
重大工程的动力灾变学术著作丛书

结构健康监测数据科学与工程

李 惠 鲍跃全 李顺龙 赖马树金 陈文礼 著

科 学 出 版 社
北 京

内 容 简 介

本书系统地总结和阐述了结构健康监测数据科学与工程的理论、方法和应用的主要研究成果。第1～3章是数字信号处理分析的基础理论和数据压缩采集及无线传输算法；第4、5章是结构模态分析与识别方法；第6、7章是结构损伤识别和模型修正方法；第8、9章是车辆荷载识别与建模方法；第10章是基于监测数据的主梁安全评定方法；第11章是基于监测数据的拉索安全评定方法；第12、13章是风工程监测数据分析方法和地震损伤识别算法；第14章是结构健康监测的Benchmark模型。

本书可供从事土木工程、水利工程、海洋工程、机械工程、航空航天工程、力学等专业领域研究、设计与管理的广大科技人员参考，也可作为上述专业的研究生和高年级本科生的学习参考书。

图书在版编目(CIP)数据

结构健康监测数据科学与工程/李惠等著. —北京：科学出版社，2016.11
(重大工程的动力灾变学术著作丛书)
“十三五”国家重点出版物出版规划项目
ISBN 978-7-03-049101-5

Ⅰ.①结… Ⅱ.①李… Ⅲ.①桥梁结构-安全监测 Ⅳ.①U447

中国版本图书馆CIP数据核字(2016)第143721号

责任编辑：刘宝莉 张晓娟 / 责任校对：桂伟利
责任印制：赵 博 / 封面设计：左 讯

科学出版社出版
北京东黄城根北街16号
邮政编码：100717
http://www.sciencep.com

北京中科印刷有限公司印刷

科学出版社发行 各地新华书店经销

*

2016年11月第 一 版 开本：720×1000 1/16
2025年 4 月第五次印刷 印张：38
字数：767 000

定价：350.00元

（如有印装质量问题，我社负责调换）

前　言

结构健康监测可实时感知、监测、识别、评定和预警结构荷载与环境作用、结构响应、结构性能、结构状态与安全水平，是保障结构全寿命服役安全的有效方法和技术，是实现智能土木工程的必经之路，其作为现场试验技术，与理论分析、模型试验和数值计算共同构成了土木工程学科发展的四个驱动之轮。

结构健康监测的研究和应用已有二十余年的历史，其研究和应用大体上分为传感技术、数据科学、系统集成技术三个分支。结构健康监测是物理、化学、应用数学、信息科学与技术、计算机科学与技术、通信科学与技术、人工智能等诸多学科与土木工程学科的交叉融合，是极具挑战性的科学研究领域，蕴涵着无限的创新空间。

目前世界上已有几百座桥梁、隧道、公路、轨道交通、建筑等工程结构安装了结构健康监测系统，这些监测系统的运行积累了海量监测数据。分析和挖掘监测数据中蕴涵的结构荷载与环境作用、结构响应、结构性能、结构状态的模式、规律、相关性、模型等，对认识和揭示真实结构的真实荷载与环境作用、真实响应和行为机制、真实性能演化规律以及推动土木工程学科的发展具有重要意义，也是实现结构状态和安全水平自动预警等智能功能的理论基础和技术支撑。

作者在长期从事结构健康监测研究中，提出了"结构健康监测数据科学与工程"新分支，主要包括结构健康监测数据采集、数据传输、数据管理、数据分析与挖掘、结构损伤识别与模型修正、结构状态与安全评定及预警，以及结构维修决策等理论、方法及其应用。本书系统地总结和阐述了二十余年来国内外结构健康监测数据科学与工程的主要研究成果，以及作者及其合作者的相关研究成果。全书包括绪论和1～14章。绪论较全面地介绍结构健康监测数据科学与工程研究与应用的主要进展和发展趋势。第1章数字信号的基础知识，介绍数字信号处理分析的傅里叶变换、采样定理、拉普拉斯变换、信号滤波与去噪方法。第2章数据压缩采样，介绍数据压缩采样的数学原理及其在结构健康监测数据采样中的应用。第3章无线传输数据丢失恢复算法，介绍结构健康监测无线传感丢失数据恢复数学原理与算法。第4章结构模态分析理论基础，介绍经典模态分析方法的理论基础，包括单自由度结构和多自由度结构的频率响应函数及其特性、结构实模态分析方法与模态参数、结构复模态分析方法与模态参数等基础理论知识。第5章环境激励下结构模态参数识别方法，介绍频域分解法、NExT与ERA法和随机子空间方法等几种常用的基于环境激励的结构模态参数识别方法，以及时变环境下桥梁结构模态参数识别的非线性独立主成分方法。第 4 章和第 5 章是基于振动的结构损伤识别、模型修正和状态评估的理论基础。第 6 章结构损伤识别方法，介绍基于频率和基于振型的经典损伤识别方法，以及基于信息融合理论的结构损伤识别方法。第 7 章结构模型修正，介绍基于模态参数灵敏度分析的结构模型修正方法和结构模型修正 Bayesian 概率方法。第 8 章车辆荷载极值模型与疲劳荷载谱，介绍基于监测数据的车辆荷载极值模型建模方法及其极值概率分布，车辆荷载疲劳荷载谱建模方法及车辆荷载疲劳荷载谱。第 9 章车辆荷载时空分布识别与建模，介绍融合动态称重系统和监控视频信息的车辆荷载时空分布的计算机视觉识别方法，以及基于马尔科夫随机场(无向图模型)的车辆荷载空间分布模型。第 10 章基于监测数据的主梁安全评定方法，介绍基于应变监测数据的桥梁结构主梁承载力极限状态评估和钢构件疲劳累积损伤评估方法。第 11 章基于监测数据的拉索安全评定方法，介绍监测拉索索力时变特征、基于振动监测的斜拉索时变索力识别的扩展卡尔曼滤波器算法、未腐蚀和腐蚀拉索承载力极限状态评估方法，以及疲劳累积损伤评估方法和疲劳寿命预测方法。第 12 章大跨度桥梁风和风效应监测数据分析，介绍缆索承重大跨度桥梁风、风荷载与风效应监测系统的设计方法和监测数据的分析方法。第 13 章结构地震反应监测数据分析与损伤识别，介绍结构健康监测地震反应数据的常规分析方法、基于数据驱动的结构地震损伤快速定位方法、基于非完备集的结构非线性模型参数识别方法，以及基于完备集和非完备集的结构非线性模型及其参数识别方法。第 14 章结构健康监测的 Benchmark 模型，介绍一座实际大跨度桥梁监测数据和两个 Benchmark 问题，监测数据涵盖了该桥梁健康状态至严重损伤状态。

结构健康监测数据科学与工程涉及数学、信息科学、计算机科学、通信科学等多科学的交叉融合。土木工程安全、寿命和功能(智能)等问题促进了土木工程学科的发展以及健康监测数据科学这一新兴学科分支的诞生，还将对土木工程其他领域多科学交叉融合的发展和人才培养产生深远影响。本书的撰写虽然主要以土木工程结构为对象和背景展开，但是其中大部分的理论和方法也适用于其他学科领域的数据问题。

虽然国内外学者早在 20 世纪 50～60 年代就开展了结构模态分析与识别、结构损伤识别与模型修正的研究，提出了许多卓有成效的方法，但结构健康监测数据科学与工程的整体研究还处于刚刚起步阶段，尚未形成系统的理论，希望本书的出版对本新兴学科的发展发挥一定的推动作用。

参与本书撰写的还有陶冬旺、陈智成、徐金龙、房坤等，部分成果是作者及其合作者和博士研究生合作完成的，作者有幸与他们合作共事，在这一富有挑战性和创新性的学科领域进行合作研究。作者还特别高兴地看到我们多年合作的研究成果与合作授课积累的部分素材能够与国内外丰富的研究成果一起融汇于本书中，作者对他们的合作表示由衷的感谢！

国家自然科学基金委员会、科技部、交通运输部等对本领域的研究给予了大力支持。作者及其合作者近10年来在本领域的研究先后得到国家杰出青年科学基金（编号：50525823）、国家自然科学基金重大研究计划重点项目（编号：90815022）和集成项目（编号：91215302）、国家自然科学基金重大国际合作项目（编号：51161120359）、国家自然科学基金面上项目（编号：51378154、51478149）和青年基金（编号：51008095、51008096）、国家973计划（编号：2013CB036305）、国家863计划（编号：2007AA04Z435、2014AA110401）、国家国际科技合作专项项目（编号：2015DFG82080）、国家科技支撑计划（编号：2006BAJ03B05、2011BAK02B02）、高等学校博士学科点专项科研基金资助课题（编号：20112302110050）、中国铁路总公司科技研究开发计划重大课题（编号：2013G004-A-1）的大力资助，在此表示衷心的感谢！

本书的研究是在实际结构健康监测系统采集的数据上开展的，我国大规模基础设施建设与养维护管理的需求促使我国结构健康监测应用技术在世界上处于领先地位。作者与中交公路规划设计院有限公司以及诸多大跨度桥梁健康监测系统的管理人员保持着长期而良好的合作，他们为作者的相关研究提供了高质量的健康监测数据，对本领域基础科学研究大力支持，并提出有益的建议和分享深刻的认识，作者和参与本书内容研究的合作者对他们表示衷心的感谢！

欧进萍院士是我国结构健康监测的开拓者与引领者，其对我国该领域的发展及跻身国际领先地位发挥了重要作用。作者有幸在欧进萍院士指导下开展这一极富挑战的前沿学术方向研究，欧老师对结构健康监测科学问题深刻独到的认识与把握以及对作者在该方向研究提出的极其宝贵的建议，使作者受益终生，在此向欧老师致以最崇高的敬意和由衷的感谢！本书作者李惠自2004年先后多次在加州理工学院与 Wilfred D Bill Iwan 教授和 James L Beck 教授合作研究，加州理工学院浓厚的科学研究氛围和顶尖级的科学研究水平，堪称科学研究的殿堂，对作者学术生涯产生了极为重要的影响，作者对两位学术大师表示由衷的感谢并致以崇高的敬意！作者感谢长期合作的伊利诺伊大学厄巴纳-香槟分校 Billie F Spencer 教授、莱斯大学 Satish Nagarajaiah 教授、南加州大学 Sami Masri 教授、伊利诺伊大学芝加哥分校 Farhad Ansari 教授、普林斯顿大学 Branko Glisic 教授、密歇根大学 Jerome P Lynch 教授、日本东京大学的 Yozo Fujino 教授、意大利帕维亚大学 Lucia Faravelli 和 Fabio Casciti 教授等，能与学术造诣极高的诸多学者们共事并建立起深厚友谊，是作者一生的财富！

由于作者水平有限，书中难免存在疏漏和不当之处，恳请广大专家和读者批评指正。

目　　录

Contents

主 要 符 号

$\mathcal{F}$	傅里叶变换算子
$\mathcal{L}$	拉普拉斯变换算子
$\boldsymbol{H}(s)$、$\boldsymbol{H}(\omega)$、$\boldsymbol{H}(\omega)$	结构动力系统的传递函数、频率响应函数和频率响应函数矩阵
$h(t)$	脉冲响应函数
m、c、k	质量、阻尼和刚度
$\boldsymbol{M}$、$\boldsymbol{C}$、$\boldsymbol{K}$	质量、阻尼和刚度系数矩阵
$\boldsymbol{\Phi}$、$\boldsymbol{\varphi}$	振型矩阵、振型向量
ω	圆频率
ζ	阻尼比
g	结构损耗因子
$\boldsymbol{\Theta}$	压缩采样测量矩阵
δ_s	约束等距性常数
$\boldsymbol{G}_{ff}(\cdot)$、$\boldsymbol{G}_{xx}(\cdot)$	结构输入、响应的功率谱密度函数矩阵
$\boldsymbol{R}_{xx}(\cdot)$	结构响应相关函数矩阵
$M(\cdot)$、$\mathrm{Bel}(\cdot)$、$\mathrm{Pl}(\cdot)$	基本概率函数、信任函数和似然函数
$\boldsymbol{S}$	结构特征参数灵敏度系数矩阵
ε、ε_{cs}	应变和混凝土收缩应变
m_{f}、C_{f}	S-N 曲线材料参数
MAC	模态置信因子
COMAC	坐标模态置信度指标
R	结构构件抗力
S_{G}、S_{L}、S_{T}、S_{W}	恒荷载、车辆荷载、温度荷载和风荷载效应
ΔS、R_{A}、S_{m}	应力幅、应力比和平均应力
I_u、I_v、I_w	顺风向、横风向和竖向脉动风湍流积分尺度
L_u、L_v、L_w	顺风向、横风向和竖向脉动风湍流强度
g_u、g_v、g_w	顺风向、横风向和竖向阵风因子
θ	风向角
C_p	表面风压系数
St	斯特劳哈尔数

U_r	折减风速
Re	雷诺数
C_l、C_d、C_m	升力系数、阻力系数和扭矩系数
PGA、PGV、PGD	地震动记录峰值加速度、峰值速度和峰值位移
$S_{pv}(T、\zeta)$	阻尼比为ζ的单质点体系的相对伪速度反应谱
$\langle f\rangle_t$	平均瞬时频率

第 0 章　绪　　论

0.1　结构健康监测的研究与应用概况

监测是人类科学地认知世界的直接手段，是人类科学地控制物质及其发展规律的基础和前提。

工程结构的健康监测是在结构上布设大规模、多种类、分布式传感网络以及数据采集、数据传输、数据管理和数据分析与预警系统，实时感知、识别、诊断、评估结构的损伤与安全状态及其演化规律，揭示真实结构在真实荷载与环境耦合作用下的全寿命行为机制，仿生人类的自感知与自诊断智能功能。结构健康监测是数学、物理、化学、生物与生命科学、信息科学、计算机科学、通信科学、材料科学等与土木工程学科深度融合和高度集成的一门独立学科分支（Ou，2003；Ou and Li，2005，2010；Li et al.，2015），具有丰富完整的理论体系，如图 0.1 所示。

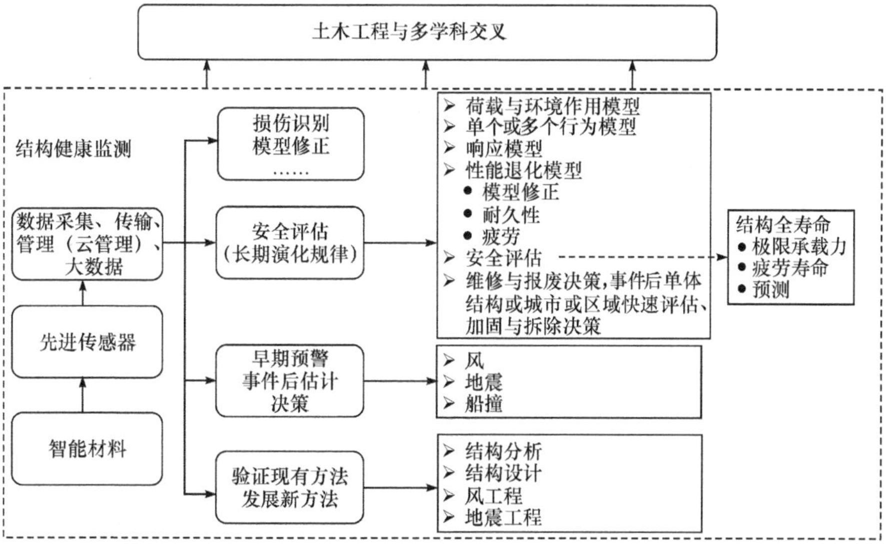

图 0.1　结构健康监测的理论体系

结构健康监测包括智能传感技术、数据采集技术、数据通信与传输技术、数据管理技术、数据分析/建模和结构健康诊断理论、图形显示技术、网络远程控制技术等，如图 0.2 所示。

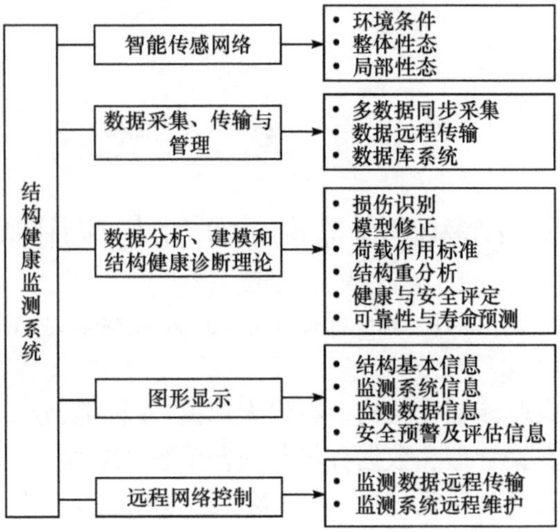

图 0.2　结构健康监测技术构成

土木工程领域的监测可追溯至 20 世纪 30 年代初，美国和日本地震学家发明了强震仪以监测地震地面运动，并于 1932 年将强震仪布设于美国洛杉矶长滩，1933 年监测得到了世界上第一条地震地面运动，由此开启了地震学和工程地震学研究的新篇章，强震观测也成为地震学、工程地震学和地震工程学中最重要的研究方向之一。

但直到 20 世纪 90 年代初美国提出智能材料与智能结构研究领域，在世界范围内快速兴起了自感知智能结构的研究，由此标志着结构健康监测的诞生。

结构健康监测包括“传感”和“数据”两大类科学问题(Li，2014a)。其中“传感”包括监测结构荷载与环境、结构整体响应和局部响应各类变量的传感器及其感知原理；“数据”包括数据采集与传输，数据管理，数据挖掘与分析，结构损伤识别与安全评定，结构维修决策等理论、方法、硬件和软件。相应地，结构健康监测的发展大致可分为两个阶段：一是自 20 世纪 90 年代初至今，智能传感技术得到了广泛的研究，并推动了结构健康监测早期的蓬勃发展和工程应用；二是自 2005 年以来，结构健康监测系统的应用产生了越来越多的监测数据，如何减小数据采集量、实现数据的可靠传输和高效管理是结构健康监测面临的挑战之一，更重要的是，这些数据隐含着重要的结构荷载和环境作用、行为机制、性能演化规律、安全水平等信息，如何挖掘和分析监测数据以发现结构荷载和环境作用、结构响应、行为机制、性能演化规律，评定和预测结构安全水平及其变化规律，建立基于监测数据的结构健康监测理论是结构健康监测面临的另一挑战。

0.1.1　传感技术

“传感”是指物质感受外界或内在变化的能力，“传感”广泛存在于自然界，如生物均具有自感知的能力。在以人造物质为核心的工程科学领域，“传感”是指某些材料在外界作用下其力学、化学、热学、声学、电学、磁学、光学等信号发生变化时，该材料的电学、光学等信号发生相应的变化，从而通过测量该材料的电学或光学等信号预测其力学、化学、热学、声学、磁学和光学等信号的变化规律。传感技术按照其感知信号的分类可分为基于电信号和基于光信号两大类。土木工程结构待监测的变量分为荷载与环境（输入）、结构性能（结构模型）和结构响应（结构输出）三大类，结构响应又可分为整体响应和局部响应。由于目前结构性能变量还难以直接监测，因此，土木工程领域待监测的变量分为荷载与环境变量、结构整体响应变量和结构局部响应变量三大类，如表 0.1 所示。

表 0.1　土木工程结构的监测变量

类别	荷载与环境	结构整体响应	结构局部响应
变量	车辆荷载 船舶撞击 风速、风向 风压 地震 温度 湿度 雨量	振动 变形 位移 转角	应变 裂缝 基础冲刷 腐蚀 索力 支座反力 疲劳

人类已经创造出种类繁多的传感技术，但传统的传感器的种类、耐久性、长期稳定性和使用寿命都远远不能满足土木工程现场长期监测的需要，且许多传感器为点式传感器，无法实现大规模分布式的结构健康监测。

19 世纪初，物理学的突破催生了无损检测技术的萌芽。第二次世界大战军事和医学以及第二次世界大战之后快速崛起的工业发展的需求，极大地推动了无损检测技术的发展及其商业化应用的进程，X 射线检测技术、超声检测技术、声发射检测技术、漏磁检测技术等均在该时期得到迅猛发展，并广泛应用于工业产品的检测。20 世纪 50～80 年代，欧洲和美国等发达国家将无损检测技术应用于土木工程的缺陷和损伤检测，但由于相关检测设备体积大，加之土木工程结构构造的复杂性和个性化，以及材料的非均质性，限制了无损检测技术在土木工程领域的大规模应用。

自 20 世纪 90 年代初期以来，智能感知材料的出现为发展高性能、长期稳定性好、长寿命、分布式传感技术开辟了新的途径，智能传感技术成为结构健康监测领域最活跃和最前沿的研究课题。按照传感原理，结构健康监测的智能传感技术可分为光纤传感技术、无线传感技术、仿生传感技术和基于波动与图像的域监测技术。

1. 光纤传感技术

光纤具有集传感与传输于一体、体积小、耐久性好、抗电磁干扰能力强、柔顺性好等优点，是土木工程结构健康监测领域研究与应用最早的智能传感技术。在各类光纤传感技术中，光纤布拉格光栅(fiber Bragg grating，FBG)传感技术和分布式布里渊传感技术(Brillouin optic time domain reflector/analysis，BOTDR/BOTDA)是目前最具应用前景和技术相对成熟的两类光纤传感技术。

光纤光栅传感器是在光纤芯内形成空间相位光栅，其相当于窄带反射镜(短周期光栅)或透射滤波器(长周期光栅)，光纤光栅反射或透射峰的波长与光栅的折射率调制周期以及纤芯折射率有关。当宽带光源入射至 Bragg 光栅时，对应 Bragg 光栅中心波长的光将被发射或透射(见图 0.3)，由于该中心波长与光栅的周期和光纤芯区的折射率有关，而光栅周期和光纤芯区折射率均受应变和温度的影响。因此，可建立起反射或透射光中心波长与光栅位置处应变和温度的关系，通过监测反射光或透射光中心波长的变化，即可预测光栅处的应变和温度。光纤光栅传感器不仅可用于应变和温度的监测，也可基于应变监测原理拓展用于其他变量的监测，如光纤光栅位移传感器、光纤光栅加速度传感器、光纤光栅压力传感器和光纤光栅荷载传感器等。

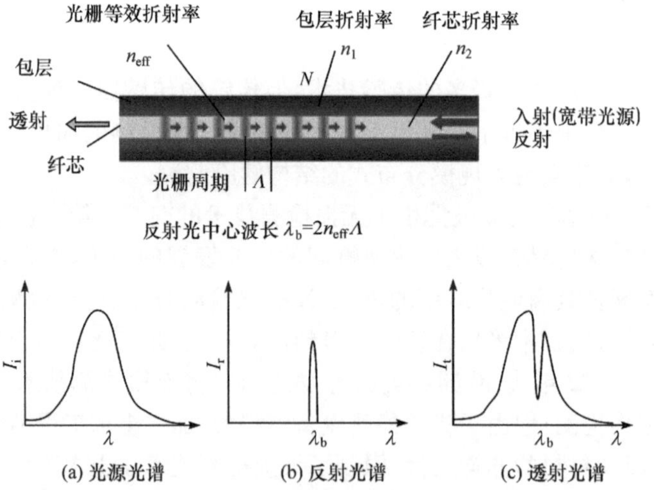

图 0.3　光纤光栅传感器的原理

1978 年，加拿大渥太华通信研究中心的 Hill 等(1978)首先发现了光纤的光敏效应,并制作了光纤光栅,标志着光纤光栅传感技术的诞生,但该方法制作的光纤光栅无法大规模产业化生产;1989 年,美国 Meltz 等(1989)发明了紫外侧写入光纤光栅制作技术,使光纤光栅的制作工艺取得突破性进展,奠定了光纤光栅传感器商业化和工程化的基础。

光纤光栅传感技术的研究包括各种不同光纤光栅的传感原理、光纤光栅的刻写技术、光纤光栅传感器的解调原理与方法、光纤光栅传感器应用技术等。

土木工程领域的学者主要聚焦于光纤光栅传感器应用技术的研究。由于光纤质脆,其直接应用于土木工程极易发生破坏,因此,将光纤光栅传感器进行封装保护是土木工程结构健康监测研究的主要课题之一。2003 年,欧进萍等利用光纤属于纤维材料的属性,提出将光纤与具有良好力学性能和耐久性的纤维复合材料(fiber reinforce polymer,FRP)复合,外部的 FRP 材料保护内部的光纤传感器使其不易破坏,而光纤使得 FRP 材料在具有良好力学性能的同时具有良好的自感知特性,形成长寿命、鲁棒性好的自感知智能 FRP 制品(Ou,2003)。不锈钢是光纤光栅传感器的另一种常用封装材料。光纤光栅传感器的封装材料与结构共同变形,并将结构变形传递于光纤光栅传感器。但封装材料的弹性模量和尺寸对应变传递效率(光纤光栅传感器感知的应变与结构实际应变之比)具有较大的影响,周智等建立了 FRP 封装光纤光栅传感器应变传递分析模型,为光纤光栅传感器封装设计提供了理论基础。封装光纤光栅传感器材料的弹性模量需与待监测结构的材料弹性模量匹配,若封装材料的弹性模量远远大于结构材料的弹性模量,则无法保证二者共同工作,光纤光栅传感器无法感知结构的真实应变(周智,2003;周智等,2006)。

由于光纤光栅的中心波长同时随应变和温度而变化,光纤光栅应变传感器的温度补偿是其应用中的另一个重要问题。

模拟人类神经系统实现分布式监测,是结构健康监测"感知"功能的重要目标。利用光纤光栅传感的波分复用技术,可实现结构应变和温度的一维准分布式监测,但因该项技术要求一根光纤上各个光栅反射光的中心波长不同而仅能实现有限测点的测量。布里渊光纤传感技术可以准确测出光纤沿线上任一点被测物理量在时间和空间上的分布而成为真正的分布式传感技术。

分布式布里渊光纤传感技术主要与光纤的受激布里渊散射现象有关。当强光脉冲在光纤中传输时,会与光纤中的声子发生非弹性碰撞,从而产生受激布里渊散射。由于声波具有一定的速度,根据多普勒效应原理,散射光频率相对入射光频率会有一定的频移,称为布里渊频移,该频移与光纤的特性和状态有关,而光纤的特性受应变和温度的影响。因此,利用该特性,通过测量布里渊频移,即可预测结构的应变和温度。

受激布里渊散射现象首先是由 Ippen 等于 1972 年发现的,随后,Barnoski 提出了光学时域反射技术,实现了空间信息的分布测量。目前,分布式布里渊光纤监测技术主要分为 BOTDR、BOTDA 和布里渊光频域分析技术(Brillouin optical frequency domain analysis,BOFDA),但前二者研究得较多。BOTDR 是单端测量技术,即在光纤的一端输入光脉冲、并在同一端测量布里渊散射光,利用光学时域反射原理,根据接收散射光的时间和光在光纤中的传播速度,得到空间各点的信息;BOTDA 是两端测量技术,其在光纤两端分别输入连续光和脉冲光,调节两束光的频差,使受激布里渊散射增益最大,该频差即为布里渊频移,其与光纤感知的应变和温度有关,其原理如图 0.4 所示。Horiguchi 和 Tateda(1989)通过理论和试验首次证明了光纤的应变与布里渊增益谱中心频移量具有线性关系,并设计了在光纤两端分别注入泵浦脉冲光和连续探测光的分布式布里渊应变和温度测量系统,得到了沿光纤空间位置各点布里渊增益谱,这是最早发展的 BOTDA 分布式应变和温度传感技术。

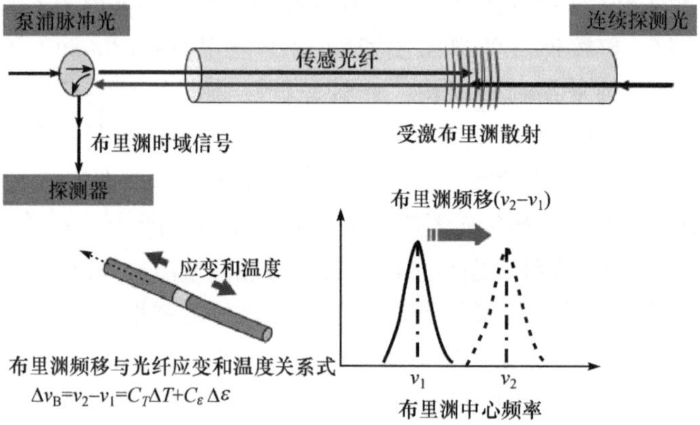

图 0.4　分布式布里渊光时域分析技术

继上述开创性研究工作之后,提高分布式布里渊光纤传感技术的测试距离范围、空间分辨率、测试精度,以及实现动态信号的监测成为 BOTDA 传感技术研究的重点,国内外学者主要通过改变泵浦光和探测光的特性以解决上述问题。Bao 等(1993)提出了基于布里渊损耗谱的分布式光纤传感技术,即探测光的频率高于泵浦光,能量从探测光向泵浦光传递,得到的布里渊谱为布里渊损耗谱,这种测试技术可避免泵浦光能量衰竭现象,提高 BOTDA 的传感长度;Zou 等(2004)提出采用脉冲预泵浦技术(pulse pre-pump,PPP)降低因泵浦脉冲光脉宽变窄导致的布里渊增益谱展宽的问题,提高 BOTDA 传感技术的空间分辨率;Li 等(2008)提出差分脉冲对布里渊时域分析技术(differential pulse-width pair Brillouin optical time domain analysis,DPP-BOTDA),同时提高 BOTDA 的测试范围和空间分辨率。

由于 BOTDA 是通过不断改变探测光的频率实现分布式监测的,因而只能实现静态信号的监测。但动应变是许多结构极其重要的变量，国内外学者尝试突破BOTDA静态变量监测的技术瓶颈以实现动态变量的监测。Bernini等(2009)提出利用布里渊增益谱的线性增益特性避免探测光扫频的分布式动态监测技术(slope-assisted BOTDA)；之后，Peled等(2012)提出基于捷变频技术的F-BOTDA分布式动态监测技术，在100m长的光纤上实现了10kHz的动态采样频率。F-BOTDA分布式动态监测技术的连续探测光是由多段不同频率的单频光组成的，因此，一次探测就可以获得整条监测路径上的布里渊增益谱，实现动态信号采集。由于BOTDA是分布式监测技术，沿光纤路径上空间各点均为传感器，数量如此多的传感器再进行高频率动态采集将导致单位时间内数据流非常高，给数据采集和数据存储带来了挑战。

2. 无线传感技术

除光纤传感技术外，无线传感技术在结构健康监测领域也得到极其广泛的研究，并将成为结构健康监测发展的必然趋势，同时也必将成为结构健康监测、智能基础设施、智慧城市和智能社会最基础、最核心和应用最广泛的技术之一。

当前无线传感器的形态和构成主要包括数据采集模块、微处理器模块、无线通信模块和能量模块。数据采集模块集成了传感器和模数转换器；微处理器模块即单片机是无线传感器的核心，控制着其他各模块的运行以及整个节点状态(如工作、休眠、空闲等)，其通过采集模块和无线通信模块来获取数据，并进行数据处理或者进一步操作；无线通信模块实现各个节点之间以及节点与基站之间的数据通信，完成数据和指令收发，并将接收到的信息传递给微处理器进行进一步处理，目前常用的通信方式包括蓝牙、ZigBee、Wi-Fi等；能量模块为其他各模块提供正常工作电源。无线传感器还可内置扩展模块以实现某些功能，例如，IRIS节点配备了GPS模块，使其具有定位功能和测量位移功能等。与PC机的Windows操作系统、苹果的Mac OS操作系统类似，无线传感器亦具有自身的操作系统，通过该系统可以实现程序的编译并烧写到无线传感器的处理器模块中。美国加州大学伯克利分校研发的Tiny OS是目前无线传感器系统应用最广泛的操作系统，其提供了网络协议、传感器驱动等组件，Tiny OS通过基地控制台管理网络中的各个子节点，通过控制台发送消息的方式使子节点在网络中相互通信，实现协同工作。微处理器的性能(包括计算能力、存储能力)、无线通信模块的通信距离和抗干扰能力、能量模块持续工作时间以及相关的软件控制着无线传感器节点和无线传感器网络的性能。

20世纪90年代中期，美国斯坦福大学和加州大学伯克利分校同时成为土木工程领域无线传感器研究的开创者和引领者。斯坦福大学的Straser和Kiremidjian(1998)提出在结构健康监测中采用无线监测技术的理念，并基于嵌入式系统和无线分组交换网络技术研制开发了无线传感器 WiMMS 平台，该平台集成了具有无线射频功能的微控制器以及具备数据采集、数据管理和简单损伤识别功能的硬件和软件。之后，斯坦福大学的学者采用标准集成电路实现了该平台的小型化，采用高性能微处理器(reduced instruction set computing，RISC)提升了该平台的信号处理能力，并将数据处理算法、损伤算法和健康诊断算法嵌入节点的微处理器，使数据在节点就地处理与分析，实现分布式多线程任务处理功能(Lynch and Loh，2006)。

同一时期，美国加州大学伯克利分校(UC Berkeley)提出了智能尘埃的概念(Warneke et al.，2001)，其目标是发展大规模、分布式、低造价的结构健康监测无线传感器，以实现无处不在的感知功能。Hill 等(2000)开发了第一代开源无线传感器开发平台 Rene Mote。之后，该小组又开发出第二代 MICA 平台，该平台的硬件由一系列微处理器电路板和传感器电路板集成，微处理器电路板集成了微处理器和无线收发模块，但由于无线传感器网络节点连续地采集和发送数据，所以会产生大量的数据流，而处理器仅有 128KB 闪存和 4KB SRAM，将导致无线传感器存储空间不足；另一问题是其不能很好地采集动态信号，加速度传感器模块不能满足结构健康监测的要求。但该开源平台为无线传感器的研究提供了方便，Lynch 和 Loh(2006)等基于 MICA 平台设计了能够实时监测结构动力特性的新型无线传感单元，该单元使用 RISC 型微处理器实现多线程任务处理功能，显著提高了无线传感器网络的效率；Spencer 等(2004)基于 MICA 平台开发了加速度传感板，实现了结构加速度信号和结构动力特性的监测，且进一步在该平台上嵌入了高灵敏度和低噪声的 SD-1221 型加速度传感器和应变采集板 Tadeo。

尽管无线传感器具有诸多不可比拟的优点，但无线传感器系统普遍存在数据包丢失、各个节点数据不同步以及传输速率低等问题。近年来，Spencer 领导的小组与 Intel 合作开发了基于 Imote 微处理器的无线传感器，并对无线传感器的数据包丢失、节点数据同步性以及无线传感器的数据传输范围等进行了深入系统的研究。Nagayama 等(2009)研究了数据传输协议，以提高数据传输的可靠性，该协议是通过确认发送的数据包，并对丢失的数据包请求重新发送来解决数据包丢失问题；其还研究了通过重采样方法以实现不同节点之间的数据同步；采用分布式数据融合算法降低对数据传输质量的要求。Spencer 领导的小组进一步研制开发了 SHM-A 和 SHM-W 传感板；针对无线应变传感器的难点，他们研究了一套高灵敏度无线应变传感板(Jo et al.，2013)，该应变传感板充分利用 A/D 转换器的测量范围使其具有较高的分辨率，同时还采用了温度补偿和分流校准技术，采用摩擦型磁铁式应变传感器而非传统的箔式应变计使其易于在实际工程中安装和替换。上述研究的算法、硬件和软件均集成于 Imote 系列无线传感器中，极大地提高了无线传感器的性能。

国内欧进萍领导的小组首先在结构健康监测领域研究了无线传感器与无线传感网络，并将其应用于渤海 JZ20-2MUQ 海洋平台、深圳地王大厦等工程中(欧进萍，2005)。

目前，国际上多个桥梁结构采用了无线传感器进行结构健康监测，如韩国的京都桥为一大跨度斜拉桥，由美国伊利诺伊大学厄巴纳-香槟分校、韩国科学技术院以及日本东京大学合作建立了基于无线传感器的结构健康监测系统，传感器节点采用太阳能供电，桥上共布置了 70 个 Imote2 无线传感器节点(Spencer and Yun，2010)。韩国的 Geumdang 桥为一连续梁桥，全长 273m，安装了 28 个 Lynch 等(2006)开发的无线加速度传感器对桥梁进行监测。美国加州大学圣地亚哥分校校园内的 Voigt 桥，布置了 20 个 Wang 等(2006)开发的无线传感器节点，对桥梁的短期动力性能进行了监测。另外，Meyer 等(2010)对瑞士 Stork 桥，采用无线传感器进行了监测。Hoult 等(2010)对英国的 Ferriby Road 桥，采用无线传感器进行了长期结构健康监测。Cho 等(2015)在美国伊利诺伊州的 Rock Island Arsenal Government 桥上布置了 23 个 Imote2 无线传感器，组成无线传感网络进行长期结构健康监测。

3. 移动无线传感技术

基于移动互联网和移动智能终端技术的启发，李惠、鲍跃全和张东昱等提出了结构健康监测的移动无线传感技术与网络(Li，2014a；Bao et al.，2012b，2015；谈华顺等，2015)。具体可分为两类：一是将无线传感器节点固定安装在结构上，基站安装在车辆上，当车辆以正常交通流的速度行驶过桥梁、道路、隧道等基础设施时，节点的数据将传至基站，基站接收数据并处理数据，对结构健康状态进行诊断决策；二是无线传感器节点安装或集成于移动设备上(机器人、无人机等)，移动无线传感器节点组成网络对结构局部或部分区域的荷载、响应、状态进行监测，之后自动移动至下一位置或区域，对诊断出损伤的局部构件或区域自动进行加密精确监测，最终完成对整个结构的状态监测与诊断。移动无线传感技术与网络仅利用有限的设备即可实现对结构状态的稠密监测和准确诊断。

正如前面所述，无线传输中数据丢失是普遍存在的问题，即使采用了多次传输协议，仍不能完全避免数据丢包现象。无线传感器数据丢失会降低数据质量和健康诊断的准确性，Nagayama 和 Spencer(2007)的研究表明，0.5%的数据丢失相当于在功率谱估计时 5%的噪声干扰。与固定式无线传感器相比，由于多普勒效应，移动无线传感器的数据丢失现象更为突出，且一般情况下移动无线传感器的移动速度越快，数据丢失越严重。

李惠领导的小组对移动无线传感技术数据丢失恢复算法进行了深入系统的研究。2015 年，鲍跃全等提出了基于压缩感知的无线传感器丢失数据的恢复方法，即在无线传感器节点首先对采集的数据进行线性变换，将线性变换后的数据从节点传至基站，传输过程中丢失的数据被视为压缩的数据，在基站利用压缩感知理论将丢失数据重构恢复。对实际桥梁监测加速度数据恢复重构表明，该方法对随机数据丢失和连续数据丢失均可得到较好的恢复结果，数据恢复误差随着数据丢失率的增加而增加，噪声对时域与频域数据恢复误差的影响较小、但对相位的影响较大。特别需要指出的是，数据恢复误差与信号稀疏性密切相关，若信号的稀疏性较差，则丢失数据的恢复误差较大(Bao et al.，2015)。

上述数据丢失恢复算法在节点进行线性变换时，变换矩阵往往是满阵，从而使计算量较大。为在无线传感器节点上嵌入压缩感知算法，邹子龙等采用一种基于随机解调器(random demodulator，RD)方法产生压缩感知算法的随机采样矩阵，并将其植入 Imote2 的节点对采集的数据进行变换和加密。相比于传统的压缩感知采样矩阵，RD 方法生成的随机采样矩阵只有 1 和 0，且只有少量的元素为 1，大部分元素为 0，这种算法不仅节省内存空间而且对数据的变换计算速度较快，非常适用于内存和计算能力有限的智能无线传感器。对实际桥梁加速度数据的现场试验表明，该算法可对丢包率低于 20% 的数据段进行有效和较准确的恢复(Zou et al.，2015b)。

以上算法虽然可有效恢复丢失的数据，但它仍然为有损恢复，存在恢复误差。为了实现丢失数据的无损恢复，邹子龙等提出了基于无损压缩编码和随机冗余矩阵的无线传感器数据传输的嵌入式算法，即在无线传感器节点进行数据采集之前，预先将 LEC 无损压缩编码字典和随机冗余矩阵存储于无线传感器节点的静态内存中；在无线传感器节点采集完预定数据后，无线传感器节点的计算内核使用预先存储于静态内存中的 LEC 无损压缩编码字典和随机冗余矩阵对数据进行压缩编码和增加冗余度，并将数据储存于节点储存器中，成为编码数据；在基站请求数据时，节点利用快速传输协议将编码数据送回基站；基站收集到编码数据后重构得到无线传感器节点采集的预定数据。该算法具有占用内存少、计算速度快的优点，尤其适用于硬件资源有限的智能无线传感器节点。利用该算法，在 Imote2 智能无线传感器系统中实现了基于无损压缩编码和随机冗余矩阵的数据传输和丢包恢复(Zou et al.，2015a)。

这些方法不仅可以用于无线传感器的数据丢失，也可用于结构健康监测的无线传输技术中，还可用于解决数据或信号的其他无线传输数据丢失恢复问题，提高无线传输数据的质量。

4. 仿生传感技术与波动传感技术

仿生传感技术(bio-inspired sensing technology)是由美国科学基金会提出和推动的，其目的是发展具有某些特殊功能的传感器。2003 年，欧进萍等提出了智能本征混凝土，即通过在混凝土中添加半导体纳米材料、导体纳米材料和碳纤维，使混凝土既具有良好的力学性能和耐久性，同时也具有良好的压阻感知特性（Ou，2003；Li et al.，2004；Xiao et al.，2010；Han and Ou，2007）。与此类似的研究还包括具有压阻特性的碳纤维混凝土（Chen and Chung，1995）、具有声发射功能的压电陶瓷混凝土等（Li，2011；Gu et al.，2010）。Loh 等（2015）模仿生物皮肤研究了薄膜智能皮肤传感器。这类传感器尽管属于分布式传感技术，但按照传统数据采集技术需要在传感器上布设大量的电极和导线而很难实际应用，尚需相关数据采集技术的突破与发展。

光纤传感器具有传感与传输于一体的功能，与人类的神经类似，其本质上也是一种仿生传感器。

土木工程的初始损伤具有局部和微小的特征，传统的点式应变传感器和裂缝传感器只有布设在结构损伤位置才能准确监测结构的局部微小损伤，但由于结构及其荷载与环境的不确定性，导致很难准确地将应变传感器和裂缝传感器布设在结构损伤处。因此，这种方法往往难以准确捕捉到结构的局部微小损伤。由于波在结构中的传播受结构局部微小损伤的影响显著，而且即使传感器不布设在结构局部损伤位置也能通过波的传播理论和损伤识别算法定位结构的局部损伤，因此，近年来基于波动理论的结构局部微小损伤监测技术在传统无损检测技术的基础上又得到了广泛的研究。由于传感器接收的波动信号可覆盖某个较大的区域，我们将这种监测技术称为“基于波动的结构局部微小损伤域监测技术”。基于波动的结构损伤监测技术主要包括声发射监测技术、主动导波监测技术、超声监测技术、层析成像监测技术等，这些监测技术起源于传统的无损检测技术，但随着智能材料与结构以及信号处理方法的发展，推动了这些技术向小型化、便携式和高性能发展（Park et al.，2003；Sohn et al.，2004；Lin and Yuan，2001；Zhou et al.，2014；Zhou et al.，2015）。采用机器学习算法处理这些无损检测信号，识别结构损伤，是近年该技术研究的另一个热点问题。

5. 移动智能感知技术与网络

近年来，智能手机的普及率很高，且功能越来越强大，其自身集传感功能、数据采集功能、数据传输功能于一体。基于智能手机的上述功能和用户数量巨大的特点，将智能手机应用于结构健康监测是实现土木工程泛在感知的重要途径之一。赵雪峰等和谈华顺等均开发了 APP 软件，利用智能手机的加速度传感器、数据采集系统、数据传输系统和数据处理系统监测和处理结构的振动信号（Zhao et al.，2015；谈华顺等，2015）。未来智能手机还可用于车辆荷载的定位、结构变形监测、结构振动监测、结构图像与视频获取等。虽然智能手机监测数据的质量低于结构健康监测常用传感器监测的数据质量，且数据质量可能与使用者有关，但由于智能手机的普及率极高、数量巨大，其将获得海量的监测数据。研究大数据算法深度挖掘广大智能手机用户提供的监测数据，将是智能土木工程的重要研究课题之一。

智能移动终端、可穿戴设备、无人驾驶汽车的传感系统等是实现土木工程泛在感知的重要技术途径，相信在不久的将来，这些智能技术都将应用于土木工程，推动土木工程科学的创新发展与变革。

尽管经过 20 年的发展，结构健康监测的智能传感技术取得了长足的进步，且已经在实际工程中得到了较广泛的应用，但准确的结构健康诊断、准确的荷载与环境作用模型、准确的结构模型及行为演化规律和准确的结构响应模型的建立仍然十分困难，所以迫切需要进一步发展大规模分布式智能传感技术与网络以及局部损伤监测技术，实现土木工程"透彻感知"，为结构健康监测提供全面、丰富的监测数据和信息。

人类社会正向智能社会方向发展，未来社会"感知"将无处不在。在人类生活与生产活动中占据重要地位的智能基础设施、智慧城市以及国家或跨区域智能基础设施网络上将分布着数量巨大的多种类传感器与传感网络，使基础设施从"透彻感知"迈向"透明感知"。

0.1.2　数据科学与工程

近年来，随着信息技术的迅猛发展，"数据"以前所未有的速度积累收集，"大数据"和"云管理与云计算"成为当今社会最重要的科技之一。

结构健康监测的数据科学与工程包括数据采集、数据传输、数据管理、损伤识别与模型修正、数据分析与挖掘、数据建模、安全评定和可靠度预测、数据图形表达与显示等。

损伤识别与模型修正是结构健康监测的经典问题。在结构健康监测发展初期，人们将损伤识别视为结构健康监测的目标与目的，甚至将结构损伤识别等价于结构健康监测。

2005 年，欧进萍明确提出结构健康监测不仅能够进行结构损伤识别，一个结构健康监测系统实际是一个现场试验系统，其能揭示真实结构在真实环境下的荷载、响应和性能演化规律，而与实验室不同的是，实验室模型试验的荷载是可控的，可通过试验研究结构某种输入和相应输出之间清晰的映射关系、可进行结构破坏性试验，但结构健康监测的现场试验可模拟真实荷载和环境耦合效应、揭示结构的时空演化规律、且不存在实验室尺寸效应问题(Ou and Li，2005)。欧进萍等将理论分析、模型试验、数值计算和结构健康监测统称为驱动土木工程学科发展的四个驱动之轮，由此极大地拓展了结构健康监测的内涵(Ou et al.，2014)。

2014 年，李惠将结构健康监测分为"传感"和"数据"两大类科学与技术问题，并指出"数据"不仅包括数据的利用，还包括数据的采集、传输与管理。将"数据分析、挖掘、建模、安全评定与决策”的方法分为“基于数据驱动的宏观粗尺度”和“基于物理模型的精细尺度”两大类，前者强调数据隐含的变量之间的相关性与规律，是从数学入手揭示数据隐含的物理意义，后者是基于监测数据建立精确的结构荷载、环境、响应、性能的分析模型及上述变量之间的映射关系，二者结合将从健康诊断理论角度实现结构健康监测的“透彻感知”(Li，2014a)。

由此将结构健康监测的数据问题升华为“结构健康监测数据科学与工程”新兴研究方向，并有望形成土木工程学科领域的“数据科学与工程”，而数据也不再局限于健康监测的数据，亦包括试验的数据，甚至包括大量非专业人员提供的数据(如某次工程事故或灾害后上载至互联网上的大量图片和视频)(Li，2014b)。

1. 数据采集

传统的数据采集必须遵循数据采集定理(也称为 Nyquist-Shannon 定理)，即若信号是有限带宽的，当数据采集频率大于 2 倍信号带宽时，则原来的连续信号可以从离散采样样本中完全重构出来，否则信号存在混叠。由于结构健康监测系统的传感器数量多，加之系统运行时间长达几十年甚至上百年，按照数据采集定理采集信号必然导致海量的数据。

2006 年美国斯坦福大学的 Donoho 和美国加州理工学院的 Candès 建立了压缩感知理论(compressive sensing/sampling，CS)(Donoho，2006b；Candès，2006)，即若信号在某个域内是稀疏的，则可采用随机采样采集该连续信号，随机采样的数据能够以较大的概率精确恢复出原连续信号。随机采样不必遵循采样定理，采集的数据量远远小于按照采样定理采集的数据量。与传统的数据压缩方法的区别是，该方法不必首先按照采样定理采集全部数据，然后再进行压缩，而是在采集过程中直接采集压缩格式的数据。压缩采样的精度与采样频率无关，而只与信号的稀疏性有关。土木工程结构的振动往往仅以某几阶振型为主参与振动，因此，结构振动响应数据在频域上是稀疏的，可以采用压缩采样方法进行结构动态信号的采集。压缩感知理论一经提出，就成为应用数学、医学、图像处理与信号处理、地震学领域和地质学等诸多领域的研究热点。鲍跃全等首先提出将压缩感知理论应用于土木工程结构健康监测数据采集，并研究了数据重构误差与采样点数及信号稀疏性之间的关系(Bao et al.，2011)；Mascarenas 等(2013)采用压缩感知理论减少结构健康监测无线传感器的数据采集量，并提出采用 Smashed Filter 的方法进行损伤识别。Peckens 和 Lynch(2013)根据哺乳动物听力系统，提出了生物启发传感器实现数据压缩感知的方法，并与传统的数据压缩方法进行了比较。O'Connor 等(2014)采用压缩感知理论在减少无线传感器能量消耗的同时减少数据的采集和传输量，采用压缩采样匹配追踪的方法对压缩采集的数据进行重构，并进行模态参数识别的研究。Park 等(2014)提出了采用 SVD 分解直接从压缩采样的数据进行模态参数识别的方法，并通过数值模拟和实测数据进行了验证，较好地识别了模态振型。Yang 和 Nagarajaiah(2015)结合盲源分离和压缩感知理论，从非均匀随机压缩采样的数据中识别结构的模态参数，取得了好的结果。

2. 数据传输与数据管理

结构健康监测的数据传输分为有线传输和无线传输两大类。有线传输的距离远、数据质量高，但有线传输存在造价高、传输电缆和光缆的可靠性难以检查等问题；无线传输使用方便、造价低，但数据在传输过程中可能发生丢包现象。解决数据丢包最常用的办法是请求数据重新发送，重新发送数据也有可能失败，因此，这种方法无法完全避免数据丢失。在土木工程结构健康监测领域，李惠领导的小组提出了基于压缩感知理论的数据丢失恢复算法，可较好地将丢失数据包恢复重构(Bao et al.,2013; Zou et al.,2015a,2015b)。

结构健康监测的数据管理往往采用商用的数据库，数据包括结构设计与结构施工的全部信息、结构模型、结构健康监测系统信息、结构健康监测数据、结构健康状态阈值、结构健康监测数据分析与评价结果以及结构检测与日常维护信息等。近年来，随着数据量的增加以及云技术的发展，越来越多的结构健康监测系统采用硬盘和云两种共存存储方式。

3. 错误数据诊断

因结构健康监测系统的故障、某些传感器非正常工作等，结构健康监测系统监测的数据有时存在错误，在进行结构健康诊断时首先需要对错误数据进行诊断和剔除。李惠领导的小组总结了结构健康监测错误数据的类型，并给出某些诊断准则；Yuen 和 Mu (2012)首先采用建立了正确数据的 Bayesian 模型，给出数据异常的判断标准，以诊断错误数据。

该项研究的难点是区分数据异常是数据错误还是由结构的荷载、环境、结构损伤、结构参数及其边界条件等变化导致的。积累错误数据字典或训练错误数据模式，再进行模式匹配将是一条解决该问题的可行途径；也可借助多传感器群信息或传感器监测数据的相关性进行诊断。

4. 结构模态参数及其不确定性特征

结构模态参数既是结构损伤识别和模型修正的基础，也可直接采用模态参数进行结构状态评估。

结构模态参数识别方法从 20 世纪 60 年代后期发展至今已趋于成熟。模态参数识别主要包括实验模态参数识别与工作状态下模态参数识别(环境激励下)。实验模态参数识别的基本原理是建立在已知系统的输出和输入求得结构频域内的频率响应函数(frequency response functions,FRFs)或时域内的脉冲响应函数(impluse response functions,IRFs),从而实现对系统模态参数的识别,按照使用激励和响应的数目可分为单输入单输出(single input single output,SISO)、单输入多输出(single input multiple output,SIMO)和多输入多输出(multiple input multiple output,MIMO)的方法。环境激励下结构模态参数识别的研究始于20世纪60年代,经过几十年的研究,特别是近几年来,人们已经提出了多种环境激励下模态参数辨识的方法,主要有时间序列法、随机减量法、NExT(natural excitation technique)法、随机子空间(stochastic subspace identification,SSI)法、模态函数分解(empirical mode decomposition,EMD)法、峰值拾取(peak-picking,PP)法、频域分解(frequency domain decomposition,FDD)法等。

在土木工程领域,人们发现模态参数不仅与结构参数有关,还受温度和风速等环境作用的影响,前者是材料的弹性模量和结构的边界条件均受温度的影响导致的,后者是由于空气动力作用给结构附加了气动阻尼(气动刚度对频率的影响较小)。

国内外学者对大量实际工程结构模态参数与温度之间的关系进行了研究(Askegaard and Mossing,1988;Farrar et al.,1997;Roberts and Pearson,1998;Alampalli,2000;Sohn,2007),得到基本一致的结论:一天内正常的环境温度变化可使结构的自振频率发生3%~5%的变化,一年内正常环境温度变化可使结构的自振频率发生3%~10%的变化,3%~5%的频率变化对应结构中等程度的损伤。

除温度外,风是影响结构模态参数的另一个主要环境因素,这是由于风绕过结构时产生气动力,而气动力给结构附加了阻尼和刚度。对结构健康监测的数据分析表明,因风产生的气动力给结构附加的阻尼效应较显著,即随风速的增加,结构的阻尼比增大;但风产生的气动力给结构附加的刚度较小,即随风速的变化,结构的自振频率基本保持不变(Ni et al.,2007a)。

为分离环境作用和结构损伤对结构模态参数的耦合效应,人们根据实际健康监测的数据建立了模态参数与环境作用之间的关系模型。其一是线性回归方法(包括多元线性回归方法、参数化线性ARX方法等),即首先根据监测数据,建立模态参数与环境作用之间的线性模型,而模型参数可通过最小二乘法得到。Xia和Hao(2006)以混凝土板为例,深入系统地研究了温度变化对模态参数的影响,结果表明,混凝土板的自振频率与温度之间呈现很强的负相关关系。其二是非线性回归方法(包括人工神经网络模型、支持向量机法、非线性主成分分析等),该方法可以更好地描述结构模态参数与环境作用之间的非线性关系。Ni和Hua(2005)采用支持向量机建立了结构自振频率与温度之间的关系模型;Peeters等(2000)通过对Z24桥一年的监测数据分析,建立了结构自振频率与温度之间的ARX模型,以分离环境作用和结构损伤对结构模态参数的耦合效应;李惠等利用实际斜拉桥健康监测数据研究了温度和风速与桥梁结构模态参数的相关性，采用非线性主成分分析(non-linear principal component analysis，NLPCA)提取温度和风速对模态参数的影响，并建立了温度和风速与斜拉桥模态参数之间关系的神经网络模型(Li et al. 2010)。

大量研究表明，温度对结构的自振频率影响较大，风速对结构的阻尼比影响较大，但温度和风速对结构的振型影响较小。

5. 损伤识别

动力系统的输入、输出、系统模型，以及三者之间的关系是工程学科最基础、最主要和最核心的问题，涵盖了工程学科绝大多数的研究。

动力系统的求解分为两大类：已知输入和系统模型，求解系统输出，属于结构动力学范畴；而已知系统输出，求解系统模型和输入，则属于结构动力学的反问题。求解结构动力方程是适定问题，解具有唯一性；但结构动力学的反问题是不适定问题，解不具有唯一性。结构健康监测的损伤识别与模型修正均属于已知结构输出(监测了结构的响应)、求解结构模型的问题，属于结构动力学的反问题范畴，不适定性是结构损伤识别与模型修正的显著特征。

结构损伤识别和模型修正是结构健康诊断理论中的经典科学问题，由机械工程领域的故障诊断发展而来。结构损伤定义为结构安全性和耐久性的降低，在结构分析模型中表现为结构物理参数和边界条件的变化。由于结构响应的改变可能是由结构变化导致的，也可能是由荷载变化导致的，因此，无法直接由结构响应的变化直接进行结构损伤识别。但结构的模态参数(包括频率、阻尼比和振型)是结构物理参数和边界条件的函数，仅与结构自身特性有关，与外荷载和环境作用无关。因此，结构损伤识别和模型修正的方法大部分是基于模态参数的，即根据结构的自振频率、阻尼比和振型等变化来识别结构的损伤或修正结构的模型。

结构损伤识别包括五个层次：①判断结构是否损伤；②判断结构的损伤位置；③判断结构损伤类型；④判断结构损伤程度；⑤进行结构安全评定和剩余寿命预测。从解决问题的域划分，结构损伤识别可分为时域、频域和时频域识别方法；从是否依赖结构模型划分，结构损伤识别可分为参数模型和非参数模型识别方法；从是否考虑不确定性划分，结构损伤识别可分为确定性识别方法和概率识别方法；从动力学来划分，结构损伤识别可分为线性和非线性损伤识别方法。

基于模态参数的结构损伤识别方法是 1969 年由 Lifshitz 和 Rotem(1969)首次提出的，起源于机械工程领域。20 世纪 70～80 年代，人们开始尝试采用基于模态参数的结构损伤识别方法识别海洋工程的损伤，但由于水给结构附加质量导致结构频率降低与结构损伤导致频率降低耦合而难以识别结构损伤，从而基于模态参数的结构损伤识别方法被认为无法用于土木工程领域。直到 20 世纪 90 年代随着结构健康监测的发展，土木工程结构损伤识别的研究才真正步入快速发展阶段。1996年美国Los Alamos国家实验室的Farrar等对基于模态参数的结构损伤识别方法进行了综述，这些损伤识别方法主要是通过识别结构频率、结构位移模态、曲率模态、应变能模态、柔度矩阵和频响函数的变化来识别结构的损伤(Doebling et al.,1996)。

基于时间序列模型的结构损伤识别方法可视为时域方法。该方法首先通过训练得到健康结构的时间序列模型，并用其预测结构的未知状态，再与监测结果比较，利用其残差进行结构损伤识别。

基于模态参数的结构损伤识别方法往往难以准确识别结构损伤发生的时间。由于信号时频分析方法可以得到不同时刻结构的频率，即可得到结构频率变化的时间信息，因此，时频分析方法可用于诊断结构损伤发生的时刻。小波变换和Hilbert-Huang变换(Hilbert-Huang transform,HHT)等时频分析方法均已被广泛应用于结构损伤识别。但由于时频分辨率的限制，该方法可以较好地识别出某个时刻频率突然降低、降低之后的频率在一段时间内保持不变的情况，但还不能很好地识别出短时间内频率不断变化的情况(如土木工程结构非线性滞变损伤导致的频率变化等)；此外，时频分析方法用于结构损伤识别时还要求结构的输入为白噪声随机过程。

随着人工智能和机器学习的不断发展，人们发展了基于神经网络和支持向量机的结构损伤模式识别方法，它们的输入参数往往是结构的模态参数，输出参数一般是结构的损伤模式。与基于神经网络的结构损伤识别方法相比，基于支持向量机的结构损伤模式识别方法只需要小样本即可。

大多数结构损伤识别方法均假设结构是线性的，但实际结构损伤过程是非线性力学行为。2003年，人们开始发展基于非线性动力学的损伤识别方法，主要通过识别结构非线性现象的发生(如混沌、分岔、分形维数)来诊断结构的损伤。目前，发展的方法主要有Holer指数法、高阶谱法、基于混沌理论的非线性损伤识别方法、基于分形维数的结构损伤识别方法等。但由于某些非线性现象很难在土木工程结构中发生(如混沌和分岔)，因而限制了该类方法在结构健康监测中的应用。

由于结构模型的不确定性和测量噪声的存在，许多学者也提出了基于概率的结构损伤识别方法，主要包括基于Bayesian理论的结构损伤识别方法、基于随机有限元的结构损伤识别方法、基于统计过程控制的损伤识别方法、基于D-S证据理论的信息融合识别方法等。这些方法可以很好地计入结构损伤识别问题中的不确定性，提高损伤识别的准确性，但计算量往往较大。

结构损伤识别是典型的结构动力学反问题。由于传感器数量与结构自由度数目的不匹配、荷载和环境激发出的结构模态数目有限，加之测量噪声的存在，结构损伤识别的不适定性问题突出，导致精确求解十分困难，从而增加了误判的概率。

考虑损伤在结构空间域内的稀疏性特点，采用稀疏约束优化方法求解结构损伤识别问题，可显著提高损伤识别求解的精度和准确性，是近年来结构损伤识别研究的热点。

大量研究表明，结构模态参数对结构局部小损伤不敏感。同时由于土木工程结构体积大、自由度数目多、服役环境复杂且不确定性强、测量噪声显著，再加之结构局部微小损伤的特点，导致基于模态参数的结构损伤识别仍然十分困难。泛在透彻感知技术、监测与检测信息融合和更高精度的损伤识别方法将是解决该问题的有效途径。

6. 模型修正

由于结构健康监测系统的传感器数目有限，对于未布设传感器的截面，只有通过有限元模型计算结构的响应（确定性方法）或基于结构有限元模型估计结构的响应（不确定性方法）。

结构有限元模型一般是根据设计图纸，采用结构力学或弹性力学方法建立的。结构有限元建模是将物理连续的实体结构简化为空间上离散的模型，但在建模过程中不可能完全模拟物理结构的真实状态，从而导致结构有限元模型与实际结构的静动力特性和行为存在误差。通过监测的数据修改结构有限元模型，使计算结果与监测结果尽可能吻合，称为结构模型修正，其是结构健康监测领域的另一经典问题。

结构模型修正（model updating）常常采用识别的模态参数获得结构物理参数，属于结构动力学反问题，因而没有唯一解。目前一般通过构造误差函数和目标范函将模型修正问题转化为约束最优化问题进行求解。

Mottershead 和 Friswell(1993)将模型修正误差归纳为模型结构误差、模型参数误差和模型阶次误差三类。模型结构误差与数学建模有关；模型阶次误差是由建模离散化导致的（如有限元模型），是将连续的结构物理模型向离散化数学模型转化时不可避免的误差，但可以通过合理选取结构建模离散方案和有限元网络疏密程度，最大限度地减少该类误差。由于实际结构健康监测系统运行中必然存在观测噪声，观测噪声使反问题的不适定性更加突出，增加了模型修正求解问题的难度。

经过近 40 年的发展和不断完善，人们提出了多种模型修正方法。按照修正对象的不同，可将模型修正方法分为矩阵型修正法和参数型修正法两类。矩阵型修正方法(Farhat and Hemez,1993;Denoyer and Peterson,1993)一般是先将质量矩阵或刚度矩阵进行摄动，然后代入正交性条件或者特征方程求出摄动量，使修正后的有限元模型的特征值与实测值吻合；参数型修正方法(Zhang et al. ,2000,2001;Wu and Li,2004)是直接将有限元模型参数（如单元尺寸、材料属性等）作为修正对象，修正的目的是使修正后的有限元模型的响应（静力位移、动响应和频响函数等）与试验结果相吻合。其中矩阵型修正法是最早发展起来的修正方法，但由于该类方法具有需要修正的参数多、不适定性增强等缺点（Almadian et al.，1994），限制了其在实际工程中的应用。按照模型修正和参数识别所采用的结构响应信息不同，可将模型修正方法分为基于动力测试数据的方法、基于静力测试数据的方法以及基于联合应用动力静力测试数据的方法三类。联合应用动力静力测试数据的方法能够增加结构响应的信息量，改善模型修正和参数识别问题的不适定性；通过利用动力和静力测试数据的互补性，增强修正过程的稳定性和修正结果的准确性（Almadian et al.，1994；Oh and Jung，1998；张启伟和范立础，1998；Hajela and Soeiro，1989；Wang et al.，2001；Vanlanduit et al.，2003）。因此，基于动力静力测试联合数据的参数型模型修正方法能充分利用互补信息，将是模型修正的重要研究方向。

结构模型修正最终转化为优化求解问题，优化求解算法也是模型修正研究的重要问题。多目标优化算法、遗传算法和粒子群优化算法是模型修正中广泛采用的优化方法，采用全局搜索最优算法、避免优化求解陷入局部最小值是选择优化算法时需要考虑的重要问题。

7. 数据分析与建模及安全评定

分析和挖掘结构健康监测数据的特征以及不同数据、不同变量之间的相关性与映射关系，揭示结构健康监测数据隐含的结构荷载与环境的空间分布、模式及变化规律，结构响应的空间分布、时域、频域和时频域特性及其变化规律，结构性能的空间分布特征及其演化规律，评定结构的状态变化，是结构健康监测研究的目标和核心科学问题之一，也是实现智能结构及其网络的理论基础。

模式识别是分析和挖掘隐藏在监测数据中结构荷载与环境作用、结构响应与行为模式、结构性能演变的重要分析方法；相关性分析是结构健康监测数据分析与挖掘中最普遍采用的方法，包括结构荷载和环境作用与响应之间的相关性分析、结构响应与响应之间的相关性分析、结构荷载与环境及响应自身不同测点数据相关性分析（揭示空间分布特征）、结构荷载与环境及响应自身监测数据的时间相关性分析（揭示随时间的演化规律）。由于结构健康监测数据往往是多种因素耦合作用的综合结果，若需研究和揭示不同荷载和环境作用与结构响应或性能之间的一一映射关系，则与相关性对立的监测数据的解耦与分离，是处理结构健康监测数据的另一种重要方法。通过对监测数据相关性分析，可发现隐藏于数据中的新现象，揭示隐藏于数据的新规律，可快速验证结构设计、快速评估与预警结构状态，自20世纪60年代开始研究并发展起来的各类机器学习算法，为结构监控监测数据分析与挖掘提供了强大的数学工具。

哈尔滨工业大学结构监测与控制中心和土木基础设施数据科学与工程中心对监测的大跨度桥梁风速特征与结构风致振动之间的相关性进行了分析，揭示了在风速较小、湍流度较小、风向与桥梁垂直风况下的大跨度桥梁和拉索易发生涡激振动的规律，进一步研究发现剪切流导致结构出现多模态涡激振动的现象。对桥梁跨度不同测点的风速相关性分析表明，超大跨度桥梁的风速沿跨度方向可能是不一致的，在不均匀风作用下桥梁振动的幅值小于均匀风作用下的情况。对车辆荷载和温度作用与结构应变数据的相关性分析表明，随着桥梁跨度的增加，温度对桥梁主梁产生的应变所占比例增加，甚至远远大于车辆荷载产生的应变，即温度成为桥梁主梁应变的控制荷载。对不同斜拉索索力的数据分析表明，车辆在上下游拉索中产生的索力具有很好的相关性，且其存在 N 种模式，每种模式对应某个车道上出现重车的情况，据此可采用少量监测的拉索索力预测其他拉索的索力，或据此求解桥梁横向分布系数，或据此对桥梁状态进行快速评估。

变量之间相关性的定量描述不仅局限于线性相关系数，还包括主成分分析、独立成分分析、分形维数等。主成分分析和独立成分分析均是寻找变量相关性的重要手段。2010 年，李惠等采用非线性主成分分析方法建立了桥梁模态参数与风速、温度之间的关系(Li et al.，2010)；李惠等利用结构不同楼层层间位移时频特征的相似性来进行结构地震非线性损伤的快速定位，并以分形维数定量表达结构楼层层间位移时频特征的相似性(Li et al.，2013b)。

模式分类为挖掘隐含在数据中的结构行为提供了强大的数学工具。Li 等(2016)采用 Rodriguez 和 Laio(2014)提出的快速搜索算法在监测的各种桥梁结构振动中识别出涡激振动模式以及涡激振动风速场的模式，发现每种涡激振动风速场对应某一阶涡激振动，但在某些模式之间存在重叠区，这是由涡激振动的风速锁定特性导致的。

基于监测的数据建立结构荷载与环境作用时空模型、结构响应时空模型和结构多尺度分析模型，是进行精细化结构安全评定的基础，也将反馈推动结构设计理论的发展。

结构安全评定主要包括承载力极限状态安全评定和疲劳累积损伤安全评定，同时还应研究耐久性损伤与结构承载力和结构疲劳寿命的耦合作用效应。因此，基于监测数据建立的结构荷载与环境作用模型、结构响应模型和结构抗力模型除数据模型外，还应包括极值模型和疲劳寿命模型。

Frangopol 等(2008)和李惠等分别提出了基于健康监测的结构安全评定理论框架(Li et al.，2012b)。

兰成明等基于桥梁车辆荷载监测数据建立了车辆荷载极值模型和疲劳载荷谱(Lan et al.，2011)，张福俭(2013)进一步将车辆荷载到达桥梁的时间从一般的 Poisson 过程和 Weibull 过程推广至一般的更新过程。

李惠等建立了基于监测应变的桥梁荷载效应极值模型和基于耐久性理论的桥梁抗力衰减模型，进一步发展了基于健康监测的桥梁可靠度预测方法(Li et al.，2012b)；Faber 等(2003)建立了基于健康监测的平行钢丝束斜拉索极限承载力安全评估模型，并讨论了斜拉索长度、钢丝束根数对斜拉索极限承载力的影响规律；李惠等采用 Faber 提出的平行钢丝束拉索模型，研究了基于监测或识别的拉索索力的极限承载力评定方法(Li et al.，2011d)。

钢构件的疲劳累积损伤分析也是基于结构健康监测安全评定的重要内容。李兆霞等(2001)基于连续介质损伤力学和钢箱梁的应变监测数据，建立了截面疲劳损伤评估和寿命预测方法。

拉索疲劳累积损伤是桥梁安全评定的另一个重要内容，进行拉索疲劳累积损伤需要拉索索力的监测数据，拉索索力可由索力计或光纤光栅智能拉索(Li et al.，2009)直接监测得到，但索力计和光纤光栅智能拉索均不易更换，而加速度传感器常常用于监测拉索的振动和拉索的平均索力，李惠等研究了基于监测加速度的斜拉索索力识别的扩展 Kalman 滤波器法(Li et al.，2014b)；在此基础上，Yang 和 Nagarajaiah(2015)利用复杂度追踪算法对极短窗内加速度数据进行模态响应信号和混叠矩阵辨识，实现拉索时变索力时程辨识；鲍跃全等采用稀疏时变频率辨识方法，结合频率与索力的相关关系，实现时变索力识别(Bao et al.，2016)。利用监测或识别到的拉索索力，即可采用雨流法对拉索累积疲劳损伤进行评价；亦可采用 Faber 等(2003)建立的基于健康监测的平行钢丝束斜拉索疲劳寿命评估模型对斜拉索疲劳寿命进行预测。但李惠等的研究结果表明，正常服役下拉索的累积疲劳损伤很小，这与拉索实际服役时间短而频繁换索的现象不符；其进一步研究了腐蚀拉索的疲劳寿命，发现拉索钢丝点蚀相当于材料的初始缺陷，极大地降低了拉索的疲劳寿命(Li et al.，2011d)，并进一步基于断裂力学建立了腐蚀拉索的疲劳寿命预测模型(Li et al.，2014d)。

8. 灾害监测与评估

正如前面所述，结构健康监测最早可追溯至 20 世纪 30 年代初对地震地面运动的监测，根据监测数据分析地震地面运动的特性、反演震源机制与震源模型及地震波传播特性是其研究的重点。随着结构健康监测的发展，在地震学和地震工程领域，不仅监测地震地面运动，也开始在上部结构中布设传感器以监测结构的地震响应，形成现场结构地震破坏试验系统，从而成为结构地震行为与破坏机制机理研究的崭新手段。

20 世纪 80 年代，国际许多学者研究了结构非线性滞变模型的识别，其中结构非线性模型是已知的，但模型参数未知，根据观测的结构部分响应识别结构模型的未知参数。Loh 提出了基于 Kalman 滤波器的结构非线性滞变模型识别方法，即将待识别的结构模型参数视为待估计的状态变量，构造扩充结构状态方程，采用Kalman滤波器方法利用部分观测的状态变量估计其余的状态变量，从而得到结构模型参数(Loh and Chung，1993；Loh et al.，2000)。针对模型及模型参数均未知的情况，Kitada(1998)提出采用小波逼近方法识别结构模型及模型参数，但该方法需要监测结构所有自由度上的响应，这对大型土木工程结构是不现实的。2013年，李惠等在上述工作的基础上，提出扩展Kalman滤波器与小波逼近递推算法，在观测信息不完备的情况下识别结构的非线性时变模型及其参数，并估计结构未观测自由度的状态变量(Li et al.，2013)。

上述方法是基于结构模型的，但土木工程体积大、构造复杂，获得准确的结构非线性模型十分困难。许多学者研究了基于数据驱动的结构地震行为与损伤识别方法。Loh等(1996b，2011，2014)采用随机子空间方法、FDD方法等分析监测结构的地震响应得到结构模态参数，进而研究不同地震动作用下结构的行为机制与规律。由于结构地震非线性损伤过程中结构频率是时变的，时频分析方法常用于结构地震非线性损伤识别，Spanos等(2007)提出了由HHT变换得到的加速度时频谱定义平均频率，再由平均频率的变化识别结构地震损伤；李惠等提出了基于分形维数的结构地震损伤定位方法，该方法不需要已知结构模型，仅比较不同楼层层间位移时频特征的相似性(以分形维数定量描述)从而定位结构的地震损伤(Li et al.，2013)。

目前，世界范围内由健康监测系统监测的大地震作用下结构的响应极少。在2011年日本3·11大地震中，日本横滨海湾大桥上的健康监测系统监测了该桥的地震响应，采用FFT变换得到结构频谱，发现结构频率明显降低，表明结构在地震中发生了损伤(Siringoringo et al.，2014)。

由于结构健康监测系统相当于一个现场足尺试验系统，未来一旦其监测得到了大地震作用下结构响应，对人们认识结构地震行为和破坏机制、分析对比和研究实验室模型试验的尺寸效应和相似比问题、验证结构数值模拟方法都是十分宝贵的。由监测的地震动和部分结构地震损伤，估计一个区域或一座城市的地震破坏与损失，也是极为重要且十分有价值的研究课题。

风是土木工程遭受的另一种自然灾害作用，尤其对柔性结构(包括跨度桥梁、高层建筑、输电塔线等)，风是出现频度较高的控制荷载。虽然气象领域对风监测的历史由来已久，但气象领域更关注大尺度范围内风的特性，不能完全满足风工程的研究。基于工程尺度的风、风荷载与风效应的监测对土木工程结构更有意义，且能获取大量的数据样本。20世纪80年代，日本对高层建筑的风与风效应进行了监测；21世纪初，李秋胜对我国沿海高层建筑的风与风效应进行了监测，得到了高层建筑的风速谱和风致振动的特点(Li et al.，2000)。20世纪90年代末期，基于大规模基础设施建设的背景，中国、韩国等开始在大跨度桥梁上安装健康监测系统，其中风与风效应监测是最重要的内容之一。由于桥梁结构更柔、阻尼比更小，其风致振动更易发生且更复杂，许多桥梁上发生了低风速下的涡激振动、低风速和中等雨量下的斜拉索风雨激振、拉索驰振和尾流驰振、抖振等现象，这些监测数据可用于研究与发现新的桥梁风效应及其机理和时空特征，也可用于研究与模型相似比密切相关的雷诺数效应等重要的空气动力学行为，进而验证风洞试验和数值模拟结果等。李惠等通过监测数据，系统研究了大跨度桥梁风场特性、绕流场特性和风致振动，并发现了大跨度桥梁风场展向不均匀性、绕流场和风致振动的雷诺数效应等。这些新的发现将推动大跨度桥梁风、风荷载与风效应的三维空间特性以及雷诺数效应、新的风洞试验方法与技术的研究(Li et al.，2014a)。

随着移动智能终端、可穿戴设备等泛在感知技术的广泛应用，其在地震和台风等极端灾害事件中将提供大量的监测数据，将推动单体结构健康监测向区域性自然灾害的时空分布特征及灾害发生的物理机制、城市与区域工程灾害损失及恢复重建决策创新研究与应用方向发展。

0.2 结构损伤识别与模型修正

结构模态分析、损伤识别与模型修正起源于机械工程领域的基于动态测试的故障诊断，其最早是由 Lifshitz 和 Rotem(1969)首次提出的，在过去的 40 余年中取得了重要的进展。

0.2.1 模态参数识别

结构模态参数识别是结构动力学的经典反问题，通过结构实测的输入和输出数据识别结构模态参数(频率、振型和阻尼比)。模态参数代表了结构的动力特性，仅与结构自身物理参数和力学模型有关，在结构健康监测中具有重要意义，是结构损伤识别、模型修正和安全评定的基础。

1. 传统模态参数识别方法

传统模态参数识别方法的特点是采用人工激励、测试结构响应，再同时利用激励信号和响应信号进行参数识别。其基本原理是由已知系统的输出和输入求解系统频率响应函数或脉冲响应函数，再利用频率响应函数和脉冲响应函数与结构模态参数的关系，识别得到结构模态参数。传统模态参数识别方法根据采用频响函数还是脉冲响应函数，可分为频域法和时域法。其中频域法主要包括频域最小二乘法、Klosterman 迭代识别法、Levy 法、正交多项式拟合法和优化识别法；时域法主要包括时域最小二乘迭代法、时域复指数拟合法、Ibrahim 时域法、节约时域法

(saving time domain, STD)和特征系统实现算法(eigenvalue realization algorithm, ERA)。按照识别采用的激励和响应数目分为 SISO 识别法、SIMO 识别法和 MIMO 识别法。

传统模态参数识别方法在实际工程应用中往往需要复杂且昂贵的激励设备,并且测试过程需要中断结构的正常使用。另外,对于柔性结构(如大跨度桥梁结构),脉动风荷载、地脉动以及各种不确定性荷载的环境激励,在柔性结构上将不可避免地产生不可忽略的振动响应,而对应这些振动响应的环境激励却是无法测量的。因此,传统模态参数识别方法在实际工程应用中遇到较大困难。

2. 环境激励下模态参数识别方法

环境激励(ambient excitation)下结构模态参数识别就是直接利用自然环境激励,仅根据系统的响应进行模态参数识别的方法。与传统模态参数识别方法相比,它具有无需激励设备、不影响结构正常使用、方便省时等显著优点。环境激励下结构模态参数识别方法可分为频域识别方法和时域识别方法。频域识别方法包括峰值拾取法、频域分解法;时域识别方法包括随机减量法、基于 ARMA 模型的时序分析法、经验模态分解法、自然激励和最小特征系统实现联合识别方法以及随机子空间识别算法等。

1) 峰值拾取法

峰值拾取法是根据频响函数在固有频率附近出现峰值的原理发展而来的,由于环境激励下无法获得频响函数,因此以随机响应的功率谱代替频率响应函数。该方法假定响应功率谱峰值仅由一个模态确定,这样系统的固有频率可由功率谱峰值得到,用工作挠度曲线近似替代系统模态振型。该方法不能识别阻尼比,也不能识别密集模态参数,方法精度不高,但由于操作简单、识别快,在土木工程领域应用广泛。

2) 频域分解法

FDD 法是白噪声激励下结构模态参数频域识别方法,由 Brincker 等(2000)于 2000 年提出,是传统峰值拾取法的进一步发展,克服了峰值拾取法的缺点。其主要思想是:假定输入为白噪声,对响应的功率谱进行奇异值分解,将功率谱分解为对应多阶模态的一组单自由度系统功率谱,即对监测的结构响应功率谱密度矩阵进行奇异值分解(singular value decomposition, SVD),则

$$\boldsymbol{G}_{xx}(\mathrm{j}\omega)=\boldsymbol{U}_r\boldsymbol{\Sigma}_r\boldsymbol{U}_r^{\mathrm{H}} \tag{0.1}$$

式中,$\boldsymbol{G}_{xx}(\mathrm{j}\omega)$为结构响应功率谱;$\boldsymbol{U}_r\in\mathbb{C}^{M\times N}$为奇异值向量组成的酉矩阵,由标准正交基组成,上标“H”表示矩阵的共轭转置,$\boldsymbol{U}_r=\{\boldsymbol{u}_{r1},\boldsymbol{u}_{r2},\cdots,\boldsymbol{u}_{rN}\}^{\mathrm{T}}$,$\boldsymbol{u}_{rj}\in\mathbb{C}^{M\times 1}$为奇异值向量;$\boldsymbol{\Sigma}_r\in\mathbb{R}^{N\times N}$为奇异值构成的实数对角矩阵。

式(0.1)中,在 $\omega=\omega_r$ 处,结构响应功率谱密度函数存在一个峰值,该峰值对应

的频率即为结构第 r 阶自振频率 ω_r，此时对应式(0.1)的第一个奇异值 $\lambda_r=-\zeta_r\omega_r+\mathrm{j}\sqrt{1-\zeta_r^2}\omega_r$；式(0.1)的第一个奇异向量即为该结构第 r 阶振型估计值。

$$\hat{\boldsymbol{\varphi}}_r=\boldsymbol{u}_{r1} \tag{0.2}$$

该方法识别精度高，具有一定的抗干扰、抗噪能力。

3) 随机减量法

随机减量法最先由 Cole(1973)于 1973 年提出，首先应用于航天飞机结构，成功地识别了空间飞行器模型结构的振动模态参数。随机减量法是利用样本平均方法，消除白噪声激励下的结构响应的随机成分，进而获得初始激励下结构自由响应，然后可以采用其他时域模态参数识别方法进行识别。

假设信号 $y(t)$是某一满足叠加条件的线性结构系统在白噪声激励下的振动响应，若采用某个合适的常数 A 对信号 $y(t)$进行截取，可以得到一系列不同交点时刻 $t_k(k=1,2,\cdots,N)$，那么从 t_k 时刻开始后的响应 $y(t-t_k)$可以分解成三部分的叠加，即

$$y(t-t_k)=y(t_k)D(t-t_k)+\dot{y}(t_k)V(t-t_k)+\int_{t_k}^{t}h(t-\tau)f(\tau)\mathrm{d}\tau,\quad y(t_k)=A \tag{0.3}$$

式中，$D(t)$为结构在初始位移为 1 且初始速度为 0 时的振动响应；$V(t)$为结构在初始位移为 0 且初始速度为 1 时的振动响应；$y(t_k)$和 $\dot{y}(t_k)$为结构在 t_k 时刻的位移和速度；$h(t)$为结构的单位脉冲响应函数；$f(t)$为白噪声外部激励。

由于外部激励 $f(t)$是平稳白噪声，则结构响应的振动特性与时间起点无关，所以，可以将 t_k 时刻开始后的响应 $y(t-t_k)$的时间起点平移至原点，从而获得一系列子样本振动信号 $x_k(t)(k=1,2,\cdots,N)$，即

$$x_k(t)=AD(t)+\dot{y}(t_k)V(t)+\int_{0}^{t}h(t-\tau)f(\tau)\mathrm{d}\tau \tag{0.4}$$

利用白噪声激励 $f(t)$均值为零及结构在平稳激励下的速度响应 $\dot{y}(t_k)$的均值也为零的特性，可以证明样本振动信号 $x_k(t)$的统计平均近似于结构在初始位移为 A 且初始速度为零条件下的自由振动响应，即

$$x(t)=\frac{1}{N}\sum_{k=1}^{N}x_k(t)\approx E[x_k(t)]=AD(t) \tag{0.5}$$

式中，$x(t)$为利用随机减量法从结构随机振动响应中提取出来的结构自由衰减振动信号，然后可以将信号 $x(t)$作为其他模态参数识别方法的输入信号进行模态参数识别。

4) 基于 ARMA 模型的时序分析法

时间序列法是一种利用参数模型对有序随机采样数据进行处理，从而识别模态参数的方法。时间序列模型主要有自回归模型(auto-regressive，AR)、滑动平均

模型(moving average model,MA)和自回归滑动平均模型(auto-regressive and moving average model,ARMA)。1969 年 Akaike(1969)首次利用 ARMA 模型进行了白噪声激励下的结构模态参数识别;后来常应用于环境激励下结构模态参数识别(Bonnecase et al. ,1990;Shi and Stuhler,1987;Zhang et al. 1990)。

时间序列法的核心问题是识别环境激励下建立的结构时间序列模型的系数。基于 ARMA 模型的时间序列分析法进行结构模态参数识别的基本过程为:首先采用 ARMA 模型对结构振动响应信号进行拟合,得到 ARMA 模型系数;然后利用 ARMA 模型所对应的系统传递函数与结构模态参数之间的关系识别结构模态参数。

白噪声激励 $f(t)$作用下 N 自由度线性系统振动响应 $y(t)$,在离散时间域内可以采用常系数线性差分方程表示,即 ARMA 时间序列模型方程:

$$\sum_{k=0}^{2N} a_k x(t-k) = \sum_{k=0}^{2N} b_k f(t-k) \tag{0.6}$$

式中,参数 a_k 和 b_k 为常系数。

式(0.6)左边表示振动响应 $x(t)$与自身历史值 $x(t-k)$的关系,而右边则表示振动响应 $x(t)$与外部白噪声激励 $f(t-k)$的关系。

因为 ARMA 模型是时间序列分析中的一类经典模型,其待定系数 a_k 和 b_k 的估计方法在有关时间序列分析的书籍中均有详细介绍,这里不再赘述。当在白噪声激励下结构振动响应信号 ARMA 模型的参数 a_k 和 b_k 估计得到后,即可通过 ARMA 模型对应的系统传递函数计算结构模态参数。ARMA 模型传递函数以 z 变换的形式可表示为

$$H(z) = \frac{\sum_{k=0}^{2N} b_k z^{-k}}{\sum_{k=0}^{2N} a_k z^{-k}} \tag{0.7}$$

传递函数的极点(方程 $\sum_{k=0}^{2N} a_k z^{-k} = 0$ 的根)与结构模态参数之间的关系为

$$\begin{cases} z_k = \exp\left[\left(-\zeta_k\omega_k + \mathrm{j}\omega_k\sqrt{1-\zeta_k^2}\right)\Delta t\right] \\ z_k^* = \exp\left[\left(-\zeta_k\omega_k - \mathrm{j}\omega_k\sqrt{1-\zeta_k^2}\right)\Delta t\right] \end{cases} \tag{0.8}$$

式中,z_k 和 z_k^* 为传递函数 $H(z)$的第 k 对共轭极点对;ω_k 为结构第 k 阶自振频率;ζ_k 为结构第 k 阶模态阻尼比;Δt 为离散时间采样间隔。求解上述方程组即可识别出结构自振频率和阻尼比,而结构振型则可以利用其与结构传递函数 $H(z)$留数之间的关系计算得到。

5) 经验模态分解法

EMD 方法是 1998 年由美国航天局 Huang 等(1998)提出的非线性非平稳信号分解方法。EMD 方法将待分解信号相邻峰值点之间的时延定义为时间尺度,

由此把原始信号分解为包含不同时间尺度的有限个本征模态函数(intrinsic mode function,IMF)和余项之和,分解过程通过多次筛选实现。对于每一个本征模态函数,可以采用类似于单自由度参数识别方法进行识别。自 21 世纪初,EMD 开始应用于土木工程结构的模态参数识别,Xu 等(2003)采用 EMD 和 Hibert 变换方法识别深圳地王大厦的模态参数;Yang 等(2004)采用 EMD 方法从结构响应加速度信号中分解得到模态响应,然后识别结构频率和阻尼比;Chen 等(2004)采用 EMD 和 Hilbert 方法识别台风作用下青马大桥的模态参数。

6) NExT 法和 ERA 法

美国 SADIA 国家实验室的 James 等(1992)在 1992 年提出了 NExT 方法。该方法是一种荷载和环境作用为白噪声时结构脉冲响应函数的计算方法。其核心思想是在白噪声激励下,相对于给定参考点之间的结构各自由度响应的互相关函数和脉冲响应函数具有相似的表达式,因此,可将结构响应的互相关函数视为结构脉冲响应,进一步采用时域模态参数识别方法(如 ERA 法)得到结构模态参数。

N 自由度结构的脉冲响应函数可表示为

$$x_{ik}(t)=\sum_{r=1}^{N}\frac{\varphi_{ir}\varphi_{kr}}{M_r^*\omega_{\mathrm{d}r}}\exp(-\zeta_r\omega_r t)\sin(\omega_{\mathrm{d}r}t) \tag{0.9}$$

环境激励下结构 i 点和 j 响应的互相关函数为

$$R_{ij}(T)=\sum_{r=1}^{N}\frac{\varphi_{ir}A_{jr}}{M_r^*\omega_{\mathrm{d}r}}\exp(-\zeta_r\omega_r T)\sin(\omega_{\mathrm{d}r}T+\theta_r) \tag{0.10}$$

式中,$x_{ik}(t)$为 k 点激励 i 点响应的脉冲响应函数;φ_{ir}、φ_{kr} 为第 r 阶振型;$\omega_{\mathrm{d}r}$ 为第 r 阶有阻尼固有频率;ζ_r 为第 r 阶模态阻尼比;M_r^* 为结构第 r 阶模态质量。

对比式(0.9)和式(0.10)可以看出,互相关函数与脉冲响应函数具有十分相似的表达式(它们均包含与阻尼比有关的指数衰减项及与频率有关的正弦函数),因此可以采用监测的不同自由度上结构响应计算得到响应互相关函数,并将其代替结构脉冲响应函数进行结构模态参数识别。

实际结构模态参数识别常将 NExT 法和 ERA 法结合使用,ERA 法是一种多输入多输出结构时域模态参数识别方法,它移植了自动控制理论的最小实现算法(Juang and Pappa,1985)。该方法利用结构脉冲响应,构造 Hankel 矩阵,再对 Hankel 矩阵进行奇异值分解,根据 Hankel 矩阵的奇异值和奇异值向量与结构系统矩阵之间的关系,求得结构的系统矩阵及其特征值与特征向量,进而识别结构模态参数。

7) 随机子空间方法

随机子空间方法是模态参数识别领域较新颖的方法,是由 van Overschee 等提出的(van Overschee and de Moor,1991,1996;Peeters and de Roeck,1998,1999)。随机子空间方法是从结构离散时间状态空间方程出发,利用结构响应信号数据构造 Hankel 矩阵,从而推导出环境激励下结构模态参数。随机子空间方法包括协方差驱动识别方法(covariance-driven stochastic subspace identification，SSI-COV)和数据驱动识别方法(data-driven stochastic subspace identification，SSI-DATA)两大类。

协方差驱动随机子空间方法的核心思想是结构响应的协方差矩阵$\boldsymbol{R}_i$与结构系统矩阵$\boldsymbol{A}$直接相关，即

$$\boldsymbol{R}_i=\boldsymbol{C}\boldsymbol{A}^{i-1}\boldsymbol{G} \tag{0.11}$$

式中，$\boldsymbol{G}$为结构状态与监测的结构响应的协方差矩阵；$\boldsymbol{C}$为结构监测位置矩阵。

由式(0.11)可以看出，从监测的结构响应中可以识别结构系统矩阵进而得到结构模态参数。

数据驱动随机子空间方法直接基于时程数据，无需计算协方差。通过对 Hankel 矩阵进行 QR 分解，并利用卡尔曼滤波状态序列和最小二乘法得到系统矩阵，识别结构模态参数。

0.2.2　结构损伤识别

结构损伤识别方法可大致分为基于模态参数的确定性结构损伤识别方法、基于时域的结构损伤识别方法、基于时频分析的结构损伤识别方法、基于模式分类的结构损伤识别方法、基于不确定性的结构损伤识别方法和基于非线性动力学的结构损伤识别方法几大类。下面分述上述方法的基本原理与相关进展。

1. 基于模态参数的确定性结构损伤识别方法

结构模态参数包括结构的固有频率、阻尼比和振型。大量研究表明，结构固有频率和振型受环境作用的影响较小(温度将引起结构固有频率的变化)、识别精度较高，但结构阻尼比受诸多环境因素的影响，且至今人们对结构阻尼产生的机制尚不清晰，阻尼比的识别结果较离散。因此，一般常采用结构固有频率和振型进行结构损伤识别，而较少采用结构阻尼比进行结构损伤识别。

结构固有频率可由结构上任意测点的振动信号识别得到，需要的传感器数量少、识别精度高。因此，结构的固有频率是结构损伤识别中最常用的损伤指标。通过频率的变化识别结构损伤分为正损伤识别方法和逆损伤识别方法两种。正损伤识别方法是首先假设已知损伤的类型，计算各种假设损伤工况下结构频率的变化，然后将计算结果与监测结果进行比较，二者最接近的那种假设损伤即为真实的损伤。逆损伤识别方法是指结构的损伤是未知的，只是通过实测频率的变化来识别和定位结构的损伤。

虽然结构振型的识别精度低于固有频率，但振型包含更多的损伤信息，且能更敏感地反映结构的局部变化。因此，结构振型是标识结构损伤的敏感指标，且可基于结构振型进一步构造出对损伤更加敏感的指标。但由于传感器数量的限制，监测的结构振型往往是不完整的，而且实际结构振动中包含的结构振型数量往往远

小于结构的自由度数目和分析模型参数的数量，加之噪声的影响，降低了基于振型的结构损伤识别方法的精度。

1）基于自振频率的结构损伤识别方法

Vandiver(1975)首先提出采用频率变化来识别海洋平台结构的损伤，但因附联水给结构增加质量导致结构频率降低与损伤导致的结构频率降低产生耦合，从而并未能通过频率变化来识别结构的损伤。Stubbs 和 Broome(1990)利用灵敏度分析，通过构造频率与结构刚度、质量之间的关系来进行损伤识别，但当实测频率数目远小于损伤参数的数量时，刚度灵敏度矩阵的伪逆将成为病态矩阵，从而极大地降低求解精度。Hearn 和 Testa(1997)假设结构的损伤不导致其质量变化，仅引起结构刚度变化，提出通过求解结构特征值确定结构损伤与频率变化之间的关系，进而来识别结构损伤的方法。

大量研究表明，由于损伤是结构的局部特性，反映结构整体特性的频率指标对损伤很不敏感。Farrar 等(1994)在对美国新墨西哥州的 I-40 桥梁的试验中，发现当桥梁的抗弯刚度减小 21%时，结构的固有频率并没有明显的变化；Kenley 和 Dodds(1980)的研究表明，只有损伤造成整体刚度降低超过 5%时，才能测量到频率的变化。由于频率对损伤的灵敏度低，只有在测量和识别非常精确而且损伤非常严重时才能准确地识别出结构损伤。此外，频率与结构损伤之间并非是一一对应的关系，如对称结构的两个对称位置的损伤所引起结构固有频率的变化是完全相同的。所以利用频率变化来识别结构损伤具有一定的局限性。

2）模态置信度判据法

模态置信度判据法是一种基于振型的结构损伤识别方法，模态置信度定义为健康结构振型与损伤结构振型的相关性。

West(1984)提出采用模态置信度(modal assurance criteria，MAC)计算健康结构和损伤结构振型的相关水平，从而识别并定量结构损伤的程度：

$$\mathrm{MAC}(\boldsymbol{\varphi}_r^{\mathrm{u}},\boldsymbol{\varphi}_r^{\mathrm{d}})=\frac{(\boldsymbol{\varphi}_r^{\mathrm{u}\,\mathrm{T}}\boldsymbol{\varphi}_r^{\mathrm{d}})^2}{(\boldsymbol{\varphi}_r^{\mathrm{u}\,\mathrm{T}}\boldsymbol{\varphi}_r^{\mathrm{u}})(\boldsymbol{\varphi}_r^{\mathrm{d}\,\mathrm{T}}\boldsymbol{\varphi}_r^{\mathrm{d}})},\quad r=1,2,\cdots,N_r \tag{0.12}$$

式中，$\boldsymbol{\varphi}_r^{\mathrm{u}}$ 为完好结构的第 r 阶监测振型；$\boldsymbol{\varphi}_r^{\mathrm{d}}$ 为损伤结构的第 r 阶监测振型；N_r 为监测的振型总数。

当结构未损伤时，$\boldsymbol{\varphi}_r^{\mathrm{u}}=\boldsymbol{\varphi}_r^{\mathrm{d}}$，则 $\mathrm{MAC}(\boldsymbol{\varphi}_r^{\mathrm{u}},\boldsymbol{\varphi}_r^{\mathrm{d}})=1$；结构一旦发生损伤，$\boldsymbol{\varphi}_r^{\mathrm{u}}\neq\boldsymbol{\varphi}_r^{\mathrm{d}}$，则 $\mathrm{MAC}(\boldsymbol{\varphi}_r^{\mathrm{u}},\boldsymbol{\varphi}_r^{\mathrm{d}})\neq1$。

Srinivasan 和 Kot(1992)的试验结果表明，壳体结构损伤所引起的振型变化比频率变化更明显，通过 MAC 方法可以定量地判断损伤程度。

虽然 MAC 方法可定量结构的损伤程度，但无法直接定位结构损伤。为此，Ko 等(1994)对 MAC 准则进行改进，提出了坐标模态置信度指标(coordinate modal assurance criteria，COMAC)以定位结构的损伤：

$$\mathrm{COMAC}(k)=\frac{\left(\sum_{r=1}^{N_r}\left|\boldsymbol{\varphi}_r^{\mathrm{u}}(k)\boldsymbol{\varphi}_r^{\mathrm{d}}(k)\right|\right)^2}{\sum_{r=1}^{N_r}\boldsymbol{\varphi}_r^{\mathrm{u}2}(k)\sum_{r=1}^{N_r}\boldsymbol{\varphi}_r^{\mathrm{d}2}(k)} \tag{0.13}$$

式中，$\varphi_r^{\mathrm{u}}(k)$为健康结构第 r 阶振型 $\boldsymbol{\varphi}_r^{\mathrm{u}}$ 在第 k 自由度上的分量；$\varphi_r^{\mathrm{d}}(k)$为损伤结构第 r 阶振型 $\boldsymbol{\varphi}_r^{\mathrm{d}}$ 在第 k 自由度上的分量。

当结构未损伤时，$\mathrm{COMAC}(k)=1$；当结构损伤时，$\mathrm{COMAC}(k)\neq 1$。比较式(0.12)和式(0.13)可以发现，MAC 表示振型之间的整体相关性，而 COMAC 表示每个自由度上振型的相关性。因此，$\mathrm{COMAC}(k)$可同时识别结构的损伤程度和位置。当采用 MAC 和 COMAC 方法识别结构损伤时，必须剔除虚假模态，否则将造成误判。

3）曲率模态法和模态应变能法

曲率和应变是结构局部响应指标，与结构的局部损伤紧密相关。曲率是结构中性面的变形模态，与构件的截面弯曲刚度 EI 有关。若构件发生损伤，损伤处的局部刚度 EI 下降，则曲率增大。由于曲率的变化在本质上具有局部特征，因此根据模态曲率的变化可以定位损伤。曲率不能直接测量，一般通过测量位移模态 $\boldsymbol{\Phi}=[\boldsymbol{\varphi}_1,\boldsymbol{\varphi}_2,\cdots,\boldsymbol{\varphi}_n]$，利用中心差分法求解得到结构的曲率模态：

$$\varphi_r''(i)=\frac{\varphi_r(i+1)-2\varphi_r(i)+\varphi_r(i-1)}{\Delta h^2},\quad r=1,2,\cdots,N_r \tag{0.14}$$

式中，$\varphi_r(i+1)$、$\varphi_r(i)$、$\varphi_r(i-1)$分别为第 r 阶位移模态在第 $i+1$、i、$i-1$ 位置上的测量值；Δh 为传感器之间的间距，这里假设传感器是等间距布置的。

Pandey 等(1991)计算了结构局部损伤对各阶曲率模态变化的影响，通过比较损伤前后结构的曲率模态，说明曲率模态对结构局部损伤十分敏感，可有效地定位结构损伤。

截面上的应变与曲率是直接相关的。因此，采用应变模态也能很好地识别结构的局部损伤。Stubbs 等(1995)提出通过比较损伤前后应变模态特性的变化来定位结构的损伤。

$$\beta_r(i)=\frac{\left[(\varphi_r^{\mathrm{d}\prime\prime}(i))^2+\sum_{i=1}^{N_i}(\varphi_r^{\mathrm{d}\prime\prime}(i))^2\right]\sum_{i=1}^{N_i}(\varphi_r^{\mathrm{u}\prime\prime}(i))^2}{\left[(\varphi_r^{\mathrm{u}\prime\prime}(i))^2+\sum_{i=1}^{N_i}(\varphi_r^{\mathrm{u}\prime\prime}(i))^2\right]\sum_{i=1}^{N_i}(\varphi_r^{\mathrm{d}\prime\prime}(i))^2} \tag{0.15}$$

式中，$\varphi_r^{\mathrm{u}\prime\prime}(i)$和 $\varphi_r^{\mathrm{d}\prime\prime}(i)$为损伤前、后结构第 r 阶应变模态向量第 i 个($i=1,2,\cdots,N_i$)位置的测量值。

损伤指数可以为各个模态损伤指数的和，即

$$v(i)=\sum_r\beta_r(i) \tag{0.16}$$

Stubbs 等(1995)采用该方法对美国新墨西哥州的 I-40 桥进行实桥试验，得出该方法对桥型结构的损伤识别效果较好。

4) 柔度法与刚度法

由于柔度矩阵与结构低阶振型有关，而低阶振型易于监测，Pandey 和 Biswas (1994)提出了基于柔度的结构损伤识别方法。

健康及损伤后的结构柔度矩阵可分别近似表示为如下形式：

$$\boldsymbol{F}^{\mathrm{u}} \approx \sum_{r=1}^{N_r} \frac{1}{\omega_r^{\mathrm{u}2}} \boldsymbol{\varphi}_r^{\mathrm{u}} \boldsymbol{\varphi}_r^{\mathrm{u\,T}} \tag{0.17}$$

和

$$\boldsymbol{F}^{\mathrm{d}} \approx \sum_{r=1}^{N_r} \frac{1}{\omega_r^{\mathrm{d}2}} \boldsymbol{\varphi}_r^{\mathrm{d}} \boldsymbol{\varphi}_r^{\mathrm{d\,T}} \tag{0.18}$$

式中，ω_r^{u} 为损伤前结构第 i 阶固有频率；ω_r^{d} 为损伤后结构第 i 阶固有频率；$\boldsymbol{\varphi}_r^{\mathrm{u}}$ 为损伤前结构振型向量；$\boldsymbol{\varphi}_r^{\mathrm{d}}$ 为损伤后结构振型向量。

由于所测得的模态数量总是比结构实际的模态数少，因此，式(0.17)和式(0.18)表达为近似等式。

从损伤前后的矩阵可以得到矩阵的改变量：

$$\Delta\boldsymbol{F}=\boldsymbol{F}^{\mathrm{u}}-\boldsymbol{F}^{\mathrm{d}} \tag{0.19}$$

式中，$\Delta\boldsymbol{F}$ 为柔度矩阵的改变量。

$\Delta\boldsymbol{F}$ 的对角线元素表示在某一位置施加单位位移时，在同一位置所产生的力。将 $\Delta\boldsymbol{F}$ 的对角线元素标准化，用来表示损伤位置和程度：

$$\delta_{Fi}=\frac{\left|F_{ii}^{\mathrm{u}}-F_{ii}^{\mathrm{d}}\right|}{F_{ii}^{\mathrm{u}}} \tag{0.20}$$

式中，δ_{Fi} 表示在 i 位置的柔度变化量，δ_{Fi} 值较大的位置可能是损伤发生的位置。

与柔度法相似，结构损伤前、后的刚度矩阵 $\boldsymbol{K}^{\mathrm{u}}$ 和 $\boldsymbol{K}^{\mathrm{d}}$ 可以表示为

$$\boldsymbol{K}^{\mathrm{u}} \approx \sum_{r=1}^{N_r} \omega_r^{\mathrm{u}2} \boldsymbol{\varphi}_r^{\mathrm{u}} \boldsymbol{\varphi}_r^{\mathrm{u\,T}} \tag{0.21}$$

和

$$\boldsymbol{K}^{\mathrm{d}} \approx \sum_{r=1}^{N_r} \omega_r^{\mathrm{d}2} \boldsymbol{\varphi}_r^{\mathrm{d}} \boldsymbol{\varphi}_r^{\mathrm{d\,T}} \tag{0.22}$$

从损伤前、后刚度矩阵可以得到结构刚度矩阵的改变量：

$$\Delta\boldsymbol{K}=\boldsymbol{K}^{\mathrm{u}}-\boldsymbol{K}^{\mathrm{d}} \tag{0.23}$$

式中，$\Delta\boldsymbol{K}$ 为刚度矩阵的改变量。

$\Delta\boldsymbol{K}$ 的对角线元素表示在某一位置施加单位荷载时，在该位置所发生的静位移。将 $\Delta\boldsymbol{K}$ 对角线元素标准化，用来表示损伤位置和程度：

$$\delta_{Kj}=\frac{\left|K_{jj}^{\mathrm{u}}-K_{jj}^{\mathrm{d}}\right|}{K_{jj}^{\mathrm{u}}} \tag{0.24}$$

式中，δ_{Kj} 表示在 j 位置的刚度变化量，δ_{Kj} 值较大的位置可能是损伤发生的位置。

需要注意的是，虽然柔度法和刚度法识别结构损伤的思路相同，但在柔度法中，结构固有频率越低，则该阶振型对结构柔度矩阵的贡献越大。因此，低阶振型对结构柔度矩阵的贡献大于高阶振型，而低阶振型易于监测得到，但刚度法恰好相反。

5）残余力向量法

根据结构的特征方程：

$$(\boldsymbol{K}^{\mathrm{d}}-\lambda_r^{\mathrm{d}}\boldsymbol{M}^{\mathrm{d}})\boldsymbol{\varphi}_r^{\mathrm{d}}=0 \tag{0.25}$$

式中，$\boldsymbol{M}^{\mathrm{d}}$ 为损伤结构的质量矩阵；$\boldsymbol{K}^{\mathrm{d}}$ 为损伤结构的刚度矩阵；λ_r^{d} 和 $\boldsymbol{\varphi}_r^{\mathrm{d}}$ 分别为监测的损伤结构的第 r 个特征值和振型。

损伤结构的质量矩阵和刚度矩阵表示为

$$\boldsymbol{M}^{\mathrm{d}}=\boldsymbol{M}^{\mathrm{u}}+\Delta\boldsymbol{M} \tag{0.26}$$

$$\boldsymbol{K}^{\mathrm{d}}=\boldsymbol{K}^{\mathrm{u}}+\Delta\boldsymbol{K} \tag{0.27}$$

式中，$\Delta\boldsymbol{K}$ 和 $\Delta\boldsymbol{M}$ 分别为结构发生损伤引起的结构刚度矩阵和质量矩阵的变化量；$\boldsymbol{M}^{\mathrm{u}}$ 和 $\boldsymbol{K}^{\mathrm{u}}$ 分别为健康结构的质量矩阵和刚度矩阵。

将式(0.26)和式(0.27)代入式(0.25)得到

$$(\boldsymbol{K}^{\mathrm{u}}-\lambda_r^{\mathrm{d}}\boldsymbol{M}^{\mathrm{u}})\boldsymbol{\varphi}_r^{\mathrm{d}}=-(\Delta\boldsymbol{K}-\lambda_r^{\mathrm{d}}\Delta\boldsymbol{M})\boldsymbol{\varphi}_r^{\mathrm{d}} \tag{0.28}$$

Ricles 和 Kosmatka(1992)提出残余力向量的概念，相对于第 r 阶振型的残余力向量定义为

$$\boldsymbol{R}_r=(\boldsymbol{K}^{\mathrm{u}}-\lambda_r^{\mathrm{d}}\boldsymbol{M}^{\mathrm{u}})\boldsymbol{\varphi}_r^{\mathrm{d}} \tag{0.29}$$

式中，$\boldsymbol{R}_r$ 为结构第 r 个剩余模态力。

由式(0.29)可以看出，如果损伤结构的模态参数(λ_r^{d}，$\boldsymbol{\varphi}_r^{\mathrm{d}}$)和未损伤结构的模态参数($\lambda_r^{\mathrm{u}}$，$\boldsymbol{\varphi}_r^{\mathrm{u}}$)相等，则 $\boldsymbol{R}_r=0$。但若结构发生损伤，则上述两组模态参数不相等，这时 $\boldsymbol{R}_r\neq 0$。

Ricles 和 Kosmatka(1992)将残余力作为损伤定位指数，对应较大残余力的区域为损伤区域，并根据在结构损伤区域上监测的模态与损伤区域的结构参数(刚度、质量和截面面积)之间的关系，确定出损伤区域结构参数的变化，评估结构损伤程度。

6）基于传递函数(频响函数)的结构损伤识别方法

频响函数比其他模态参数包含更丰富的信息，且可以直接通过监测数据分析得到。所以，基于频响函数的结构损伤识别方法得到了广泛的研究。

在结构上布设 n 个传感器，在结构某一点激励可得到 n 个频率响应函数，由于单一的频率响应函数不能给出位置的信息，所以必须对所有测点的频率响应函数进行处理，使之能够反映位置的信息。对某一激励，以位置作为横坐标，各个测点频率响应函数的峰值作为纵坐标，可以得到曲线：

$$f''_{i,j}(\omega)=\frac{f_{i+1,j}(\omega)-2f_{i,j}(\omega)+f_{i-1,j}(\omega)}{h^2} \tag{0.30}$$

式中，h 为监测点 $i-1$ 至监测点 i 的距离；$f_{i,j}(\omega)$为在 j 位置施加荷载在 i 位置得

到的频响函数峰值。

将所有加载位置得到的损伤前后的 $f''_{i,j}(\omega)$ 差值的绝对值取和为

$$\Delta f''_i = \sum_{j=1}^{N} \left| f^{d''}_{i,j}(\omega) - f^{u''}_{i,j}(\omega) \right| \tag{0.31}$$

式中，N 为加载点的数量。

Sampaion 等(1999)研究了频响函数法构造的式(0.31)中损伤指标与损伤程度的关系，得出损伤程度越大，损伤指标峰值越大。他们的研究还发现，损伤识别的结果与激励荷载的位置无关。Sampaion 等(1999)还对 I-40 桥进行损伤识别试验，采用频响函数法准确地识别出了损伤的位置。

2. 基于时间序列模型的结构损伤识别方法

时间序列是建立结构数学模型常用的方法，用于时间序列分析的线性模型主要有 ARMA、AR、MA 和有外源的自回归模型(auto regressive exogenous, ARX)。

基于时间序列的损伤识别方法主要采用 AR 模型和 ARX 模型，其主要原理为：首先利用监测的数据建立结构健康状态的预测模型，然后采用该模型预测结构未知状态时的时间序列，并根据监测结果得到模型的残差，将残差作为损伤指标，如果模型残差发生较大变化即认为结构发生损伤。

Sohn 和 Farrar(2000)提出了采用 AR 模型结合 ARX 模型的损伤定位方法。首先采用结构健康状态监测的数据建立其 AR 预测模型为

$$x(t) = \sum_{j=1}^{p} r_{xj} x(t-j) + e_x(t) \tag{0.32}$$

式中，$x(t)$ 为结构输出信号；r_{xj} 为模型系数；p 为模型阶次；$e_x(t)$ 为模型残差。

假设式(0.32)预测的数据和实际监测数据之间的误差 $e_x(t)$ 是由未知的外部输入引起的，在此假设之下将误差 $e_x(t)$ 作为输入建立 ARX 模型为

$$x(t) = \sum_{i=1}^{a} \alpha_i x(t-i) + \sum_{j=0}^{b} \beta_j e_x(t-j) + \varepsilon_x(t) \tag{0.33}$$

式中，α_i、β_j 为 ARX 模型的系数；a 为模型的阶次；$\varepsilon_x(t)$ 为模型残差。

建立了结构健康状况的 ARX 模型之后，可将其用于结构未知状态下的信号预测。若结构发生损伤，则预测误差 $\varepsilon_x(t)$ 的分布将发生变化，将 $\varepsilon_x(t)$ 的标准差 $\sigma(\varepsilon_x)$ 作为损伤指标，距离损伤位置越近则 $\sigma(\varepsilon_x)$ 的变化越大，由此判定结构在该位置处发生了损伤。

3. 基于模式分类的结构损伤识别方法

1) 人工神经网络方法

人工神经网络(artificial neural network, ANN)理论是在 20 世纪 80 年代中后

期迅速发展起来的人工智能算法。神经网络是由大量神经元广泛互连而成,它反映了人脑功能的基本特性,但是它不是人脑的真实描写,而只是它的某种抽象、简化与模拟。网络的信息处理是由神经元之间的相互作用来实现的,知识与信息的存储表现为网络元件分布式的物理联系,学习与识别决定各神经元连接权值的动态演化过程,它的主要特征为网络具有可塑性,即具有学习的能力;神经网络还具有冗余性,即网络中某个神经元的失效并不会影响整个网络的工作性能。

神经网络具有强大的非线性建模功能,BP 网络可视为一个从输入到输出的高度非线性映射。由 Kolmogorov 定理(Hecht-Nielsen1987 年证明)可知,一个三层 BP 神经网络,可以在任意精度内逼近任意连续映射。

神经网络用于损伤识别主要是利用神经网络的模式分类功能。根据结构在不同状态(不同损伤位置和不同损伤程度)的反应,通过特征抽取,选择对结构损伤较敏感的参数作为网络的输入向量,结构的损伤状态作为输出,对于每一个状态信息,根据给定的原则将之归到最接近的类别中。用可能损伤位置的数值模拟数据来训练网络,然后用训练的神经网络从实测数据中识别结构损伤。

许多参数都可以作为神经网络的输入参数,如结构固有频率及其变化量、位移模态、应变模态、曲率模态、结构位移(速度或加速度)频响函数和结构应变频响函数等,输入参数的选择尽可能地对损伤敏感。许多学者将频率、反应谱、振型等作为输入数据,采用 BP 网络识别结构损伤(Masri et al.,1996;Wu et al.,1992;Kirkegaard and Rytter,1993;Elkordy et al.,1994)。

Elkordy 等(1994)采用应变模态和位移模态作为递进多层神经网络的输入进行结构损伤识别。第一个网络采用得到的应变模态数据作为输入,以确定结构的损伤位置(以 1 或 0 来表示是否损伤);第二个网络采用应变模态数据和已识别得到的损伤位置作为输入,识别结构损伤程度;第三个网络采用监测加速度识别的位移模态和识别得到的损伤位置作为输入,进一步识别结构的损伤程度。

多层感知器模型也常常用于结构损伤识别。Rhim 和 Lee(1995)以结构的传递函数作为输入,采用多层感知器识别结构损伤;Pandey 和 Barai(1995)以结构在静力荷载下的位移作为输入,采用多层感知器识别结构的损伤。Mitsuru 等(1998)采用结构的层间相对位移和层间相对速度作为网络的输入,层间恢复力作为输出,以 1995 年阪神地震中损伤的某一钢结构修复前后的状态分别对应有损伤和无损伤状态识别结构的损伤。

2) 支持向量机方法

支持向量机(support vector machine,SVM)是 Vapnik 等根据统计学理论提出的一种新的通用学习算法,它是建立在统计学理论的 VC 维(Vapnik Chervonenks dimension)理论和结构风险最小原理(structural risk minimization inductive principle)基础上的,能较好地解决小样本、非线性、高维数和局部极小点等问题，已成为机器学习领域的研究热点之一，并成功应用于分类、函数逼近和时间序列预测等。

支持向量机相对于神经网络在模式分类方面的优越性在于，支持向量机解决了困扰神经网络的局部极小点的问题，并可以在小样本下获得较好的结果，因此在模式分类中比神经网络具有更大的优势。Worden 和 Lane(2001)采用支持向量机研究了球形轴承的损伤分类问题和框架结构的损伤定位问题，研究结果表明，支持向量机的识别效果优于神经网络。

Mita 和 Hagiwara(2003)试验研究了采用 SVM 识别 5 层框架模型的损伤问题，训练了 5 个 SVM。输入参数为

$$x_i=\{x_{1i},x_{2i},\cdots,x_{Ni}\}^{\mathrm{T}}=\left\{\frac{\Delta\omega_{1i}}{\omega_1},\frac{\Delta\omega_{2i}}{\omega_2},\cdots,\frac{\Delta\omega_{Ni}}{\omega_N}\right\}^{\mathrm{T}},\quad i=1,2,\cdots,N \tag{0.34}$$

式中，$\Delta\omega_{ri}$ 为第 r 阶模态损伤前后的频率变换量；ω_r 为第 r 阶模态的固有频率。因为只用到了频率，所以只需在结构的顶层和底层各布置一个传感器，即可在少量的传感器下得到较好的损伤识别结果。

4. 基于时频分析的结构损伤识别方法

与传统的傅里叶变换不同，信号时频分析方法可以给出信号频率随时间变化的信息，即信号的时频特征。结构从健康状态至损伤状态，结构的信号是非平稳过程，时频分析方法能更好地刻画非平稳信号的局部特征，因此，国内外诸多学者研究采用信号时频分析方法进行结构损伤识别。

目前，信号的时频分析方法主要包括短时傅里叶变换、小波变换和 HHT 变换等，由于短时傅里叶变换一旦基函数选定，其时间分辨率和频率分辨率就是固定的而不能根据信号的特点沿时间轴变换。因此，在结构损伤识别中，人们主要采用小波变换和 HHT 变换分析信号的时频特征。

1) 基于小波变换的结构损伤识别方法

近年来，小波变换作为信号处理的一种手段已经广泛应用于信号与图像处理、模式语音识别、地震勘测、机器视觉、医学成像、流体力学、分形、机械故障诊断和土木结构损伤识别等诸多领域，成为一门新的应用数学分支。传统的傅里叶变换只能给出信号在整个时间段上的总体频域特征，而不能提供信号任何局部时间段上的频率信息，即无时域分辨能力。而小波变换采用伸缩和平移的可变视窗聚焦信号的任意细节进行时域和频域分析，在时、频两域均具有表征信号局部特征的能力，既可展示信号的全貌又可展示信号在时域和频域的细节，并且可以保留信号的瞬时特性。

Sone 等(1995)利用小波变换对结构在地震作用下带有噪声的位移响应信号进行低周疲劳信号提取。低周疲劳模型采用结构在随机时刻点上某些构件由于承

受冲击荷载而导致的刚度下降来模拟，得到如下结论：用序号 N 较大的正交小波可以很好地估计有噪声条件下疲劳破坏的发生时刻；用小波分析可以精确地识别降低的刚度等系统参数。Segawa 等(2001)采用 Mexican hat 小波对系统输入加速度和加速度响应进行分析来识别结构损伤引起的参数(如刚度、阻尼)变化，单自由度和四自由度结构的数值模拟结果表明，该方法可以精确识别结构损伤；通过简单结构的试验进行验证，发现结构阻尼比较大时，识别精度较好。Ovanesova 和 Suarez(2004)利用小波变换的多分辨率特性，对两端固定梁在静力荷载作用下进行裂缝损伤识别研究，其首先得到带裂缝梁的形状曲线，然后利用离散小波变换(discrete wavelet transform，DWT)对其进行分解，无损伤梁的形状曲线是光滑连续的，产生裂缝后梁的形状曲线在裂缝处产生突变，但是这种突变在形状曲线上是观察不到的，通过小波变换，可以将局部信号放大，从而得到损伤位置处小波系数的突变。Hera 和 Hou(2004)采用小波变换对 ASCE 四层框架结构的 Benchmark 模型进行损伤识别研究，其首先仿真计算结构动力响应，并在仿真过程中允许结构某些构件发生损伤(如支撑刚度突然全部消失或部分消失)，将得到的加速度响应信号进行离散小波变换，通过分解后高频波形上的突起来判断损伤是否发生和发生的时刻，分析过程将对多个结点加速度进行小波分解，并通过分解后带有突起的结点在整个结构中所处的空间位置来判断损伤的位置。

Wu 和 Du(1996)提出了小波包节点能量的概念，并且采用响应数据的小波包节点能量作为损伤指标进行损伤识别。Sun 和 Chang(2002)采用节点小波包能量作为神经网络的输入向量，采用神经网络的方法进行损伤识别。Yan 和 Yam(2002)采用小波包节点能量研究复合材料板的裂缝损伤，采用压电陶瓷作为驱动器和传感器，对压电陶瓷测得的信号进行小波包分解，计算小波包节点能量，通过小波包节点能量的变化识别复合材料板的裂缝损伤。Ren 和 Sun(2008)提出小波熵的损伤识别方法，该方法对小波变换之后的节点能量进行归一化处理，然后对其求相对信息熵，对梁式结构的试验研究验证了小波熵损伤识别方法的有效性。

2) 基于 HHT 的结构损伤识别方法

1998 年，美国国家宇航局的 Huang 提出了 HHT 新的信号处理方法(Huang et al.，1998；Huang and Shen，2005)。该方法采用如下两个步骤处理信号：首先是对原信号进行 EMD，得到一组 IMF；然后对各 IMF 进行 Hilbert 变换，实现对信号的时频分析。该方法不像傅里叶变换那样把信号分解成三角函数，因此既能对线性稳态信号进行分析，又能对非线性非稳态信号进行分析，被认为是对以傅里叶变换为基础的线性和稳态谱分析的重大突破。同傅里叶变换和小波分析相比，HHT 方法具有更好的分辨率，能有效提取结构的损伤特征。

Yang 等(2004)提出了两种基于 HHT 的结构损伤识别方法。其一是对结构自健康状态至损伤状态的各个测点的加速度响应数据进行 EMD 分解，通过分解后高频波形上的突起峰值来判断损伤及损伤发生的时刻，通过比较各个测点信号的上述特点给出损伤的位置。由于该方法需要较多的传感器进行损伤定位，且损伤峰值的出现是一个统计变量，还受损伤类型和噪声水平的影响，因此，其提出只采用一个传感器的数据，通过损伤前后频率和阻尼比的变化来判断结构是否发生损伤的方法。该方法首先将传感器监测的加速度响应信号进行 EMD 分解，得到信号的经验模态；然后采用随机减量技术(random decrement technique，RDT)得到经验模态下的自由响应信号，再对其进行 Hilbert 变换，得到损伤前、后结构的频率和阻尼，通过频率和阻尼比的变换来识别结构损伤。

5. 结构不确定性损伤识别方法

结构健康监测的不确定性来源于结构本身参数和建模的不确定性以及传感器的测量噪声。因此，研究结构不确定性损伤识别方法可以较好地考虑结构模型不确定性和测量噪声。

客观世界的不确定性常常采用概率描述。随着信息论的发展，粗糙度理论、灰色理论、信息融合理论等也用于描述客观世界的不确定性。

目前，结构不确定性损伤识别方法可分为基于概率的结构损伤识别方法和基于信息融合理论的结构损伤识别方法两大类。前者包括基于 Bayesian 概率理论的结构损伤识别方法和基于随机有限元的结构损伤识别方法，后者包括基于 Dempster-Shafer(D-S)证据理论的结构损伤识别方法和基于 Bayesian 决策理论的信息融合结构损伤识别方法。

1) 基于概率的结构损伤识别方法

Beck(1989)首先采用了 Bayesian 定理进行结构参数识别。此后，Beck 及其合作者对基于 Bayesian 理论的结构损伤识别和模型修正进行了系统的研究，建立了结构损伤识别和模型修正的 Bayesian 概率统计方法的理论框架(Beck and Katafygiotis，1998；Vanik et al.，2000；Beck and Au，2002)。该方法通过监测的数据(包括频率、振型等模态参数)修正结构模型参数的概率分布，实现结构的损伤识别和模型修正。模型参数的优化计算是 Bayesian 方法的难点，特别对大型土木工程结构，参数优化需要耗费大量计算时间，Beck 等提出了采用拉普拉斯渐近逼近法(Laplace's asymptotic approximation)和马尔可夫链-蒙特卡罗(Markov chain Monte Carlo，MCMC)随机优化方法计算模型参数。Sohn 和 Law(2000)也采用 Bayesian 定理推导出结构各个构件刚度降低的概率，并且为了节省计算时间，提出分枝定界法(branch and bound)搜索可能的损伤构件。

Papadopoulos 和 Carica(1998，2001)采用随机有限元方法进行损伤识别，通过 Monte Carlo 随机方法计算模型参数的概率分布，并通过损伤前后模型参数的概率分布来识别结构损伤。Ricles 和 Kosmatka(1992)基于随机有限元和摄动理论，提出残余力和加权灵敏度的结构损伤识别方法。

2）基于信息融合的结构损伤识别方法

信息融合是通过充分利用不同时间和空间的多传感器信息，对多传感器监测信息在一定的准则下进行分析和综合，获得对被测对象一致性解释或描述，从而做出最优的决策（该决策优于使用任何部分信息做出的决策）。信息融合最初主要应用于国防领域，由于其具有强大的多源信息处理能力，信息融合方法已经广泛地应用于诸多领域。

神经网络和基于D-S证据理论的信息融合方法是在故障诊断和结构损伤识别中常采用的两种方法。神经网络方法是将从多传感器监测的数据中提取结构损伤信息作为神经网络的输入参数，实现多传感器数据的融合。

D-S证据理论是一种不确定性推理的理论，相对于传统的概率论，D-S证据理论在不确定性因素处理、基于知识的证据化和适用条件等方面具有明显的优势，特别适用于决策级的融合。李惠等提出基于神经网络和信息熵理论的结构损伤识别信息融合方法（Li et al.，2008）。首先，以不同损伤变量（振型变化率、模态曲率、柔度矩阵等）作为输入特征参数，采用神经网络进行结构损伤识别；然后，考虑不同损伤特征变量对损伤识别的准确性不同，提出神经网络损伤识别权重法，并采用遗传算法获得以不同神经网络融合后损伤识别准确率最高为目标函数的不同神经网络的最优权重系数；最后，基于D-S证据理论逐个对神经网络损伤识别结果进行融合，以信息熵判断融合和非融合结果的不确定性，以不确定性最小对应的识别结果为最终损伤识别结果。采用上述方法，以山东滨州黄河公路大桥和国内某桥为例，进行桥梁损伤识别，验证识别方法的有效性。鲍跃全等提出基于D-S证据理论的结构在线健康监测方法，利用D-S证据理论将先验基本概率函数和后验概率分配函数进行融合，实现对先验基本概率函数的更新；多次更新之后可以得到对结构损伤状态的一个比较准确和稳定的评定，对刚桁架梁模型进行多位置损伤试验研究，证明了方法的有效性（Bao et al.，2012a）。鲍跃全等考虑环境温度对模态参数识别的影响，采用D-S证据理论减少损伤识别结果的不确定性，并通过三层框架结构模型试验，验证了方法的有效性（Bao et al.，2012c）。

6. 结构非线性损伤识别方法

结构损伤本质上是非线性力学行为。因此，监测的结构数据中必然包含非线性系统的特征，结构非线性损伤识别方法则是通过挖掘监测数据中隐含的非线性系统特征来识别结构的损伤。

1）Holder指数法

Holder指数也称Lipschitz指数，是在数学上表征函数局部特征的参数，多用于信号奇异性的检测。

Robertson 等(2003)采用 Holder 指数来分析结构振动信号的奇异性。该方法首先对信号进行小波时频变换,然后对每一时刻的频率曲线求 Holder 指数,得到 Holder 指数与时间的关系曲线,结合统计过程控制,然后通过 Holder 指数的突变来判断结构是否进入非线性状态。

2) 高阶谱法

三阶谱在高阶谱中应用较多,三阶谱也称为双谱(bispectrum)。功率谱是二阶谱,其为实数,不包含相位信息;而双谱是复数,包含相位信息。此外,均值为零的高斯过程的三阶累计量为零,故高阶谱还能抑制高斯噪声。因此,高阶谱常用于分析非线性信号或非高斯信号。Nichols 等(2008)研究了基于双谱的结构非线性损伤识别方法。双谱可采用式(0.35)计算:

$$B(\omega_1,\omega_2)=\int_{-\infty}^{+\infty}\int_{-\infty}^{+\infty}E[(x(t)-\bar{x})(x(t+\tau_1)-\bar{x})(x(t+\tau_2)-\bar{x})]\exp[-\mathrm{i}(\omega_1\tau_1+\omega_2\tau_2)]\mathrm{d}\tau_1\mathrm{d}\tau_2 \tag{0.35}$$

式中,$x(t)$为信号;$\bar{x}$ 为信号的均值;ω_1 和 ω_2 为结构频率。

3) 基于混沌理论的结构非线性损伤识别方法

某些非线性动力系统存在混沌现象,因此,可利用该特性识别结构的非线性损伤。然而,土木工程结构的振动中较难出现混沌现象,因此,目前基于混沌理论的非线性损伤识别方法一般都是采用混沌信号进行激励,监测结构响应,再进行损伤识别。

Todd 等(2001)提出采用局部吸引子的变化率(local attractor variance ratio)作为损伤特征指标进行损伤识别。该方法假设混沌激励使结构响应的非线性时间序列产生吸引子,吸引子的几何形状对损伤敏感,但对环境变化具有鲁棒性,因此,可通过局部吸引子形状的变化识别结构损伤。

4) 基于分形维数的结构非线性损伤识别方法

分形是非线性动力学的重要内容,其可刻画几何形状的复杂性。Hadjileontiadis 等(2005,2007)提出采用振型曲线的 Katz's 分形维数识别结构裂纹损伤,该识别方法通过振型曲线分形维数的突变来判断裂纹的位置。Katz's 分形维数可由式(0.36)计算:

$$\mathrm{FD}=\frac{\lg n}{\lg\frac{d}{l}+\lg n} \tag{0.36}$$

式中,FD 为分形维数;d 为序列第一点到第 i 个点的最远距离,$d=\mathrm{maxdist}(1,i)$;l 为振型曲线的总长;n 为计算步长,$n=l/\bar{l}$,$\bar{l}$ 为平均步长。

李惠等提出基于 Katz's 分形维数的梁式结构损伤识别方法。研究表明，虽然分形维数对结构局部损伤敏感，但需要较多的传感器(Li et al.，2011b)。

0.2.3　结构模型修正

结构模型修正是以数值计算得到的某些结构特性与实际监测的这些结构特性之差为目标函数，采用优化方法搜索结构模型参数，使上述目标函数取最小。

由于监测得到的模态数目远远小于待优化的结构模型参数的数目，结构模型修正也是典型的结构动力学反问题。按照修正的结构模型参数，可分为矩阵型修正方法和结构物理参数修正方法；按照是否考虑不确定性，可分为确定性模型修正方法和不确定性模型修正方法；按照模型的繁简，可分为有限元模型修正方法和代理模型修正方法。

模型修正方法与优化算法紧密相关，因此，优化算法也是模型修正研究和应用的重点问题之一。

1. 矩阵型修正方法

研究矩阵型修正方法的理论文献较多。顾名思义，该方法的修正对象为有限元模型的刚度矩阵、质量矩阵或阻尼矩阵的元素，按照结构矩阵修正过程的不同，可以分为下面几类。

1)直接修正矩阵型法

直接修正矩阵型法是发展最早、最成熟、修正有限元模型整个矩阵的一类方法，其通常的做法主要以修正 $\Delta\boldsymbol{M}$、$\Delta\boldsymbol{K}$ 加权范数为目标函数，另外考虑特征方程正交性以及质量和刚度矩阵的对称性等约束条件，采用约束优化方法来实现模型修正。这类方法在数学上可以达到由修正后的模型计算的模态参数与监测结果在监测频段内相一致，并且具有精度高、计算简单的特点，但是该方法所得修正模型仅具有数学意义而物理意义不明确，矩阵中原来应是正值的元素有可能变为负值，丧失了原有限元模型矩阵带状稀疏的特点。

结构模型修正的直接修正矩阵法的优化方法常采用 Berman-Baruch 的最优法及其改进方法(Berman，1979；Zhang，1999)，这类方法都是基于拉格朗日乘子进行推演的。Kabe 法及其改进型方法(Kabe，1985；Zhang and Zerva，1997)考虑结构力学模型的物理意义，提出了结构矩阵的非零元素修正，其基本思想为：由于结构矩阵反映了结构的物理连接，刚度矩阵的每一个元素表示一个自由度的作用力在另一个自由度处产生位移的关系，值为零表示两个自由度不相关，结构修正后不应产生额外的连接关系，值为零的元素在修正以后也应该保持为零，这样只需要对刚度矩阵中的非零元素进行修正即可，并且修正后的刚度矩阵的对称性和带状稀疏的特性保持不变，使修正后的结构模型具有物理意义。该方法假设质量矩阵是正确的，只需要修正刚度矩阵中的非零元素即可。

2）调整子结构矩阵校正因子

这里以刚度矩阵修正为例介绍该方法（Natke and Schulze，1981；White and Maytum，1976；Zhang and Lallement，1987）。

结构有限元的刚度矩阵总可以用其所包含的 R 个子结构刚度矩阵之和表示，即

$$\boldsymbol{K}=\sum_{r=1}^{R}\boldsymbol{K}_r \tag{0.37}$$

式中，$\boldsymbol{K}_r$ 为子结构刚度矩阵；$\boldsymbol{K}$ 为结构整体刚度。

将 $\boldsymbol{K}_r$ 乘以校正因子 b_r 并求和，得到修正后的结构刚度矩阵：

$$\boldsymbol{K}=\sum_{r=1}^{R}b_r\boldsymbol{K}_r \tag{0.38}$$

将式(0.38)代入修正模型的结构动力特征方程：

$$\boldsymbol{\varphi}_n^{\mathrm{T}}\boldsymbol{K}\boldsymbol{\varphi}_n-\omega_n^2=0 \tag{0.39}$$

求解校正因子即可得到修正的结构刚度矩阵。

在矩阵型修正方法实际应用过程中，主要遇到三个问题：一是修正的参数较多，增加了问题的不适定性；二是修正的模型可能部分失去了物理意义；三是当采用有限元模型时，往往结构的自由度数目非常多，很难从商业化有限元软件中输出结构的刚度矩阵、阻尼矩阵和质量矩阵。因此，结构建模与模型修正算法的接口具有一定的困难。

2. 基于灵敏度分析的模型修正方法

灵敏度主要是指结构特征值（频率与阻尼比）与特征向量（振型）对结构参数变化的敏感程度。为减小修正模型参数的数量，首先分析对结构频率和振型敏感的结构参数，在结构模型修正时仅修正这些敏感的参数，称为基于灵敏度分析的有限元模型修正方法。灵敏度分析作为预处理过程，可以为模型修正提供非常有意义的指导，避免结构模型修正中参数选择的盲目性，提高有限元模型修正的精度和效率。

定义结构力学模型参数为 $\boldsymbol{\theta}=\{\theta_1,\theta_2,\cdots,\theta_n\}^{\mathrm{T}}$（一般为材料密度、弹性模量、边界约束、几何尺寸等），对 n 自由度结构，根据特征方程，特征值 λ_i 和特征向量 $\boldsymbol{\varphi}_i$ 均为结构参数 $\boldsymbol{\theta}$ 的隐函数，其对参数 $\boldsymbol{\theta}$ 的灵敏度可以表示为

$$\frac{\partial\lambda_i}{\partial\theta_m}=\boldsymbol{\varphi}_i^{\mathrm{T}}\left(\frac{\partial\boldsymbol{K}}{\partial\theta_m}-\lambda_i\frac{\partial\boldsymbol{M}}{\partial\theta_m}\right)\boldsymbol{\varphi}_i \tag{0.40}$$

$$\frac{\partial\boldsymbol{\varphi}_i}{\partial\theta_m}=\sum_{r=1}^{N}g_{ir}^{m}\boldsymbol{\varphi}_r \tag{0.41}$$

式中，$\boldsymbol{K}$ 和 $\boldsymbol{M}$ 为刚度和质量矩阵；g_{ir}^{m} 为特征向量灵敏度的系数。

$$g_{ir}^{m}=\frac{1}{\lambda_i-\lambda_r}\boldsymbol{\varphi}_r^{\mathrm{T}}\left(\frac{\partial \boldsymbol{K}}{\partial \theta_m}-\frac{\partial \lambda_i}{\partial \theta_m}\boldsymbol{M}-\lambda_i\frac{\partial \boldsymbol{M}}{\partial \theta_m}\right)\boldsymbol{\varphi}_i \quad (i\neq r) \tag{0.42}$$

$$g_{ir}^{m}=-\frac{1}{2}\boldsymbol{\varphi}_r^{\mathrm{T}}\frac{\partial \boldsymbol{M}}{\partial \theta_m}\boldsymbol{\varphi}_i \quad (i=r) \tag{0.43}$$

早在 1993 年，Farhat 和 Hemez (1993)就采用基于灵敏度分析的方法进行结构模型修正。他们首先采用灵敏度分析方法得到有限元模型中质量、刚度误差的位置和来源，对测量模态进行扩阶后，采用无约束 L2 范数进行参数优化。上述方法中，测量模态的扩阶不可避免地引入计算误差。1995 年，Guo 和 Hemingway (1995)在其论文中提出正交灵敏度分析方法(orthogonality sensitivity method)，配合计算模态缩聚方法的应用，无需测试模态扩展，可以避免扩展计算过程中的计算误差。研究表明，上述方法对自由度很少的结构具有很好的修正效果，但对大型复杂结构的修正效果则有待检验。

此后，很多研究者均采用灵敏度分析同某一种优化算法相结合的方法，对大量实际工程结构进行模型修正(范立础等，2000；张启伟，2002；Wu and Li，2004；Jaishi and Ren，2005)。范立础等(2000)对虎门大桥的缩尺模型进行有限元模型修正，首先对待修正的不确定参数进行分析，包括加劲梁、主缆索、吊杆和桥塔等结构参数；在此基础上，对其进行灵敏度分析，最后将模型修正优化问题转化为求解二次规划问题，但该工作仍仅限于实验室模型结构 。Zhang 等(2001)在对香港的 Kap Shui Mun 大桥(主跨 430m 斜拉桥)大量环境激励监测数据分析的基础上，对包括节点和约束在内的诸多结构参数进行灵敏度分析，然后将模型修正表达为约束优化问题进行迭代求解。张启伟(2002)以江阴长江公路大桥为工程算例，以结构特征值灵敏度分析为基础，采用迭代方法求解二次规划问题，对该桥进行了模型修正。

虽然上述研究使修正结果均在不同程度上减少了与实测模态的误差，但结果远不及实验室模型的修正效果好。这些研究还表明，材料均质、结构相对简单的模型修正结果好于斜拉桥、悬索桥等这些大型复杂结构。值得一提的是，Law 等(2001)将基于超单元的模型修正技术应用于损伤大跨度结构的数值建模，并提出了超子单元的概念，该方法一定程度上可以简化对大型复杂结构的模型修正。

3. 不确定性有限元模型修正方法

尽管 Chen 和 Garba(1980)指出，为保证模型修正结果的准确性，只有 100％准确的测试数据才能够作为模型修正的目标函数。但在实际应用中，绝对准确的测试数据是很难得到的，数据总是或多或少地受到噪声的污染。另一方面，以前的大部分模型修正方法均未考虑材料特性、结构边界条件和测试模态参数的随机特性。测试模态参数的随机特性来自以下三个方面：测试环境不确定性、数据处理误差的随机性及结构参数(包括边界条件)的随机性。不确定性有限元模型修正的实质就是通过测试模态参数的统计特性，通过不确定性反演方法，确定有限元模型中结构参数的统计特性。测试模态参数的统计特性可以采用已知分布的随机变量表示，也可以采用模糊逻辑模型(Cherki and Lallemand，1999)和区间模型(Worden and Manson，2005)等描述。

从统计的角度来看，结构模型修正可以看成是从一组给定的结构输入-输出关系定义的特定结构模型中，确定最优结构模型的系统识别问题。根据所使用的基本统计推断原理，结构健康诊断中的统计系统识别方法归纳为两大类：Bayesian 模型修正法和随机有限元模型修正法。Bayesian 模型修正法利用了统计推断的 Bayesian 理论，将确定性的结构模型嵌入一组可能的概率模型中，使结构能够预测模型和监测数据的不确定性。Bayesian 模型修正的基本思想就是：结构模型的不确定性由模型参数概率分布定量描述，根据监测数据，可以更新每个可能模型描述的结构初始不确定性。也就是说，根据监测数据隐含的信息，可以修正不同初始模型的相对不确定性。Beck 和 Katafygiotis 等对 Bayesian 模型修正方法进行了系统的研究(Beck and Katafygiotis，1992，1998；Yuen and Beck，2002；Yuen and Katafygiotis，2001；Katafygiotis and Papadimtriou，1998；Katafygiotis and Beck，1998；Katafygiotis and Yuen，2001)。

由于模型误差和观测噪声的存在，结构模态特性是不确定性的。若具有足够数量的监测数据，则可通过统计平均降低模型误差和观测噪声对修正参数的影响。因此，在有限元模型修正中，可通过对模型参数和数据摄动模拟得到模型参数的统计特性。正是基于这种思想，一些学者建立了结构随机有限元模型修正方法。Liu(1995)研究了观测噪声对参数识别结果的影响，建立了基于数据摄动和 Monte-Carlo 模拟的结构模型修正方法。Steenackers 和 Guillaume(2006)发展了基于模态参数估计误差的模型修正方法。Khodaparast 等(2008)和 Hua 等(2008)分别发展了基于摄动法的随机有限元模型修正方法。

随着结构健康监测数据的积累，为建立具有概率意义的结构有限元模型奠定了基础，可推动不确定性模型修正方法从理论走向应用。

4. 模型修正的优化算法

大部分模型修正方法最终归结为目标函数优化问题。由于在模型修正中构建的目标函数通常都具有高度非线性和多个局部极值点的特点，使得传统的优化搜索方法(如梯度法和牛顿迭代法)很难得到全局最优解。目前，模型修正常用的优化算法包括遗传算法(genetic algorithm,GA)、模拟退火(simulated annealing,SA)算法、粒子群优化(particle-swarm optimization,PSO)算法等。GA 是一种模拟生物进化过程的自适应概率性优化搜索算法,它放弃了传统优化方法的单点搜索,而是采用同时对多个点进行追踪的办法,使其最大限度地搜索到目标函数的全局极值点。SA 算法则是一种模拟自然界物质在逐步冷却过程中总是保持最低能量状态的法则并采用 Metropolis 算法进行函数优化的方法。PSO 算法是通过模拟鸟群觅食行为而发展起来的一种基于群体协作的随机搜索算法。Mares 和 Surace(1996)曾利用实测的结构固有频率和振型构建模态力残值误差,通过遗传算法优化误差函数来修正结构参数。另外还有其他学者也在模型修正中采用了遗传算法(Chou and Ghaboussi,2001;Deng and Cai,2009)。Marwala(2010)研究了基于粒子群优化算法的结构模型修正方法,并认为粒子群算法可以得到比遗传算法更准确的结果。

0.3　结构健康监测数据分析建模与安全评定

0.3.1　监测数据分析

结构健康监测的数据分析是近年来结构健康监测领域的新课题。结构健康监测的变量分为荷载与环境作用、结构整体响应和结构局部响应三大类。结构健康监测数据分析就是挖掘隐藏在数据中荷载与环境的模式及其变化规律、结构整体响应和局部响应的时空规律及结构行为、结构荷载与环境和结构整体响应及局部响应之间的相关性、结构整体响应和局部响应之间的相关性以及结构整体响应之间的相关性和结构局部响应之间的相关性。

分析大跨度桥梁车辆荷载监测数据表明,大跨度桥梁的荷载呈现晚上重车多而白天重车少的特点,重车往往以车队的形式出现;车辆荷载在 1 周的时间尺度上呈现出周期性,如图 0.5 所示。

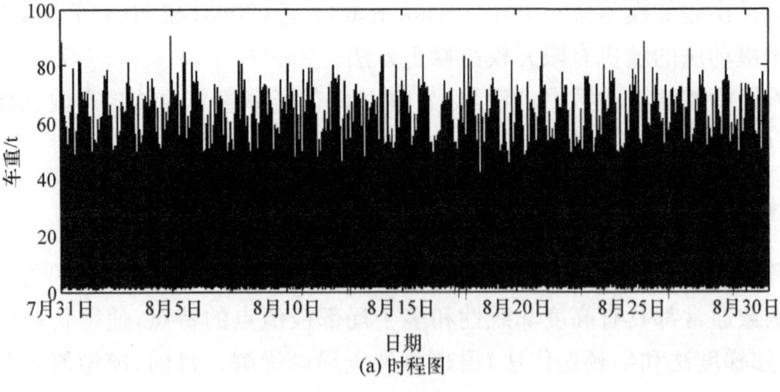

(a) 时程图

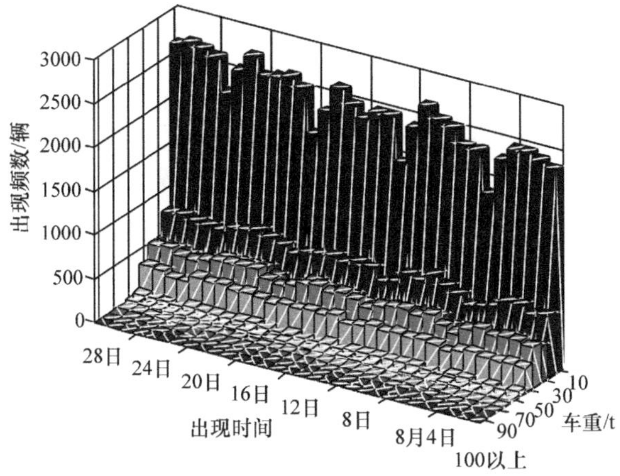

(b) 出现天-车重直方图

图 0.5 监测的某座大跨度桥梁上的车辆荷载

大跨度桥梁是风敏感结构。通过监测数据分析发现，大跨度桥梁上的风速沿桥梁跨度方向可能是不一致的，图 0.6 给出了某一座桥梁 1/4 和 3/4 跨度的风速时程与脉动风速谱，从图中可见，二者明显不同。

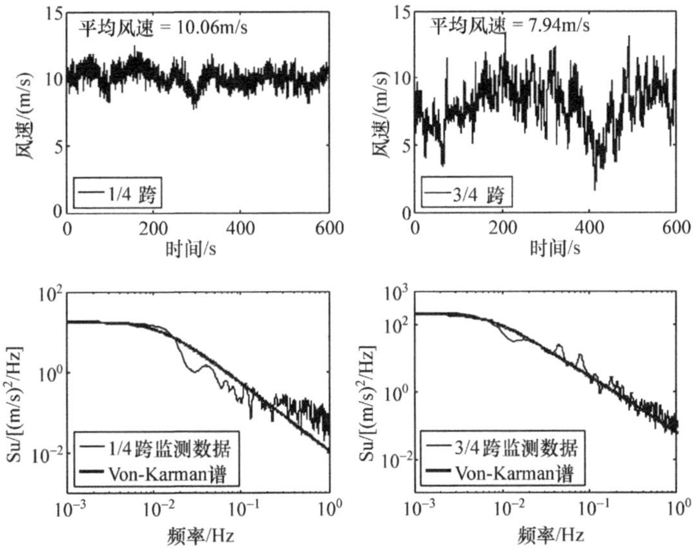

图 0.6 监测的某座大跨度桥梁 1/4 跨和 3/4 跨风速及其脉动风速谱

大跨度桥梁易于振动，图 0.7 是监测的某一座大跨度桥梁的加速度响应。对监测的加速度数据进行分析发现，桥梁的加速度响应中包含低频分量和高频分量，低频分量主要是风致振动，而车辆荷载既产生高频振动，也产生低频振动。

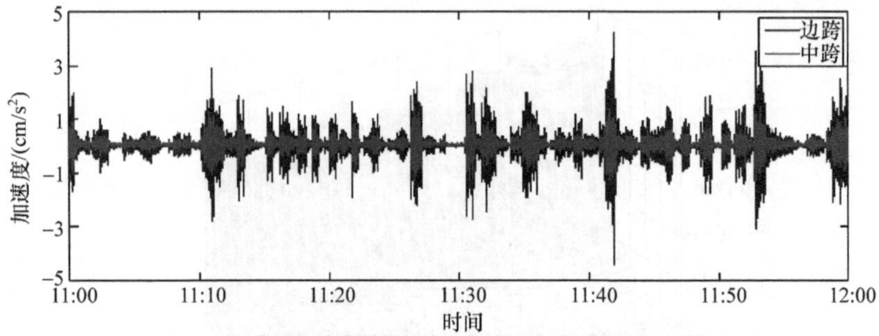

(a) 典型加速度时程曲线(2008年1月17日11:00~12:00)

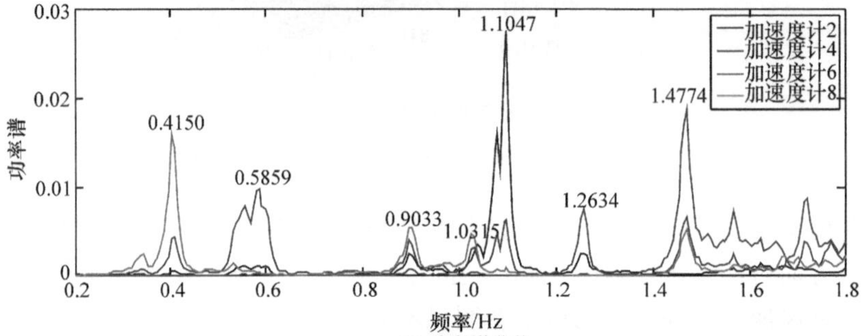

(b) 功率谱曲线

图 0.7　某桥监测数据

图 0.8 是监测的某座桥梁台风期间的振动，从图中可见，台风作用桥梁的振动主要是抖振，且以 1Hz 以下的低频振动为主。

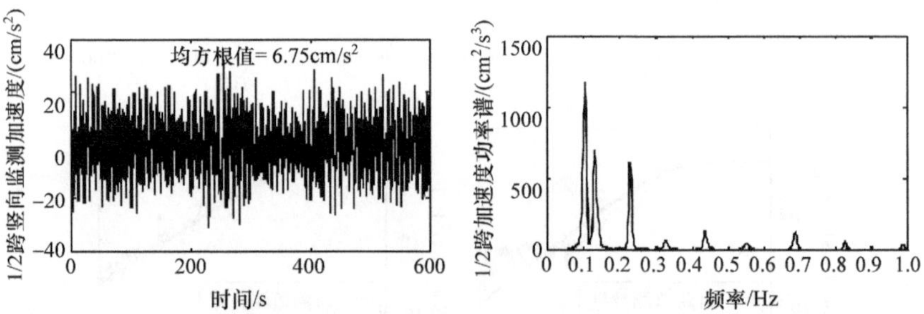

图 0.8　监测的台风作用下某座桥梁加速度响应及其频谱

Lynch(2015)分析监测桥梁横截面的应变分布，得到了中性轴的统计规律。Spencer 等分析了采用无线传感器监测的北美一座铁路桥应变和加速度数据(Cho et al. ,2015)，其发现加速度频谱包含较多的高频分量，而应变包含较多的低频分量。Ni 等和 Xu 等对 1997～2005 年监测的香港青马大桥桥塔、主梁和索的顺桥向位移、伸缩缝位移和桥梁温度数据分析发现，结构位移响应与温度之间存在很强的相关性(Ni et al.,2007a;Xu et al.,2010;Xia et al.,2011)。Catbas 等(2008)通过对一座悬臂桁架桥在不同荷载组合下长期监测数据分析发现，桥梁结构的温度效应对系统可靠度分析具有显著的影响；Yarnold(2013)建立了结构温度效应的定量分析方法，发现了温度应变导致结构位移变化及构件内力偏移的特征。李惠对监测的大跨度斜拉桥的应变和索力进行分析(Li et al.,2015)，结果表明，大跨度斜拉桥主梁的应变主要由车辆荷载与温度产生，但桥梁跨度越大，则温度产生的应变越大，甚至成为控制荷载，如图 0.9 所示。其中，图 0.9(a)和(b)分别为钢筋混凝土主梁应变与钢箱梁应力监测结果；斜拉索索力主要是由车辆荷载产生的，温度产生的斜拉索索力较小，如图 0.10 所示。其中，图 0.10(a)采用光纤光栅智能拉索监测，图 0.10(b)采用锚索计监测。

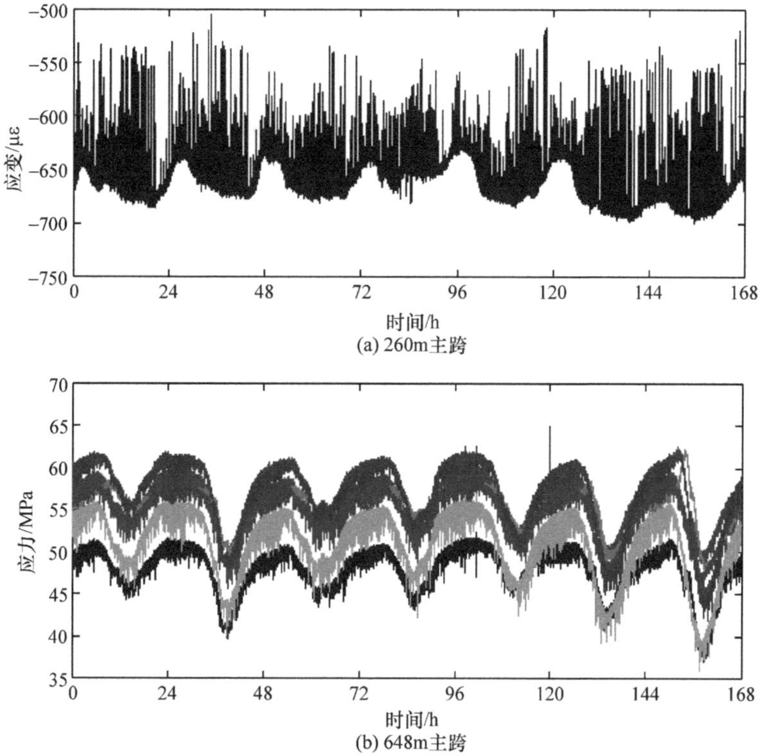

图 0.9　监测的典型大跨度斜拉桥主梁应变(应力)

对某座斜拉桥斜拉索索力的数据分析表明，斜拉桥上下游对应的斜拉索的索力具有很强的相关性，对上下游斜拉索索力的相关性进行分析，发现其相关性存在 6 种模式，进一步分析发现这 6 种模式分别对应 6 个车道上出现重车的情况，如图 0.11 所示。根据这 6 种模式的相关系数，可以进一步得到斜拉桥的横向分布系数、监测部分斜拉索索力，估计其他斜拉索索力以及桥梁状态评估。

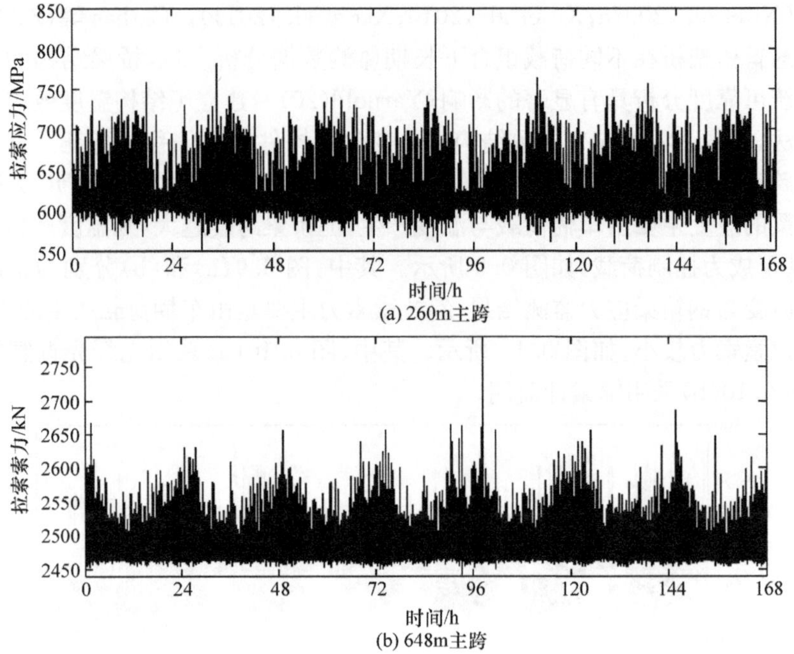

图 0.10　拉索索力(应力)时程曲线

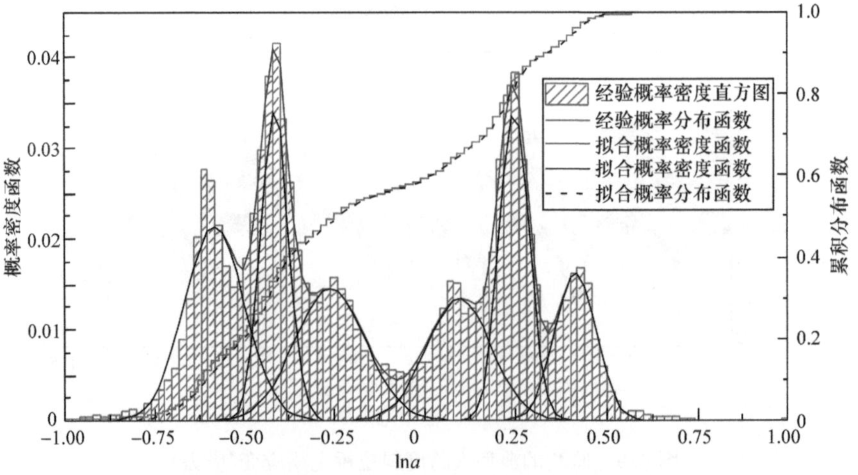

图 0.11　监测的某座斜拉桥上下游对应斜拉索索力相关性及其模式

拉索是桥梁最重要的构件之一，但拉索的腐蚀和疲劳问题较突出，拉索索力监测与识别是结构健康监测的重要内容。其一是直接监测方法，但目前的传感技术限制了拉索索力直接监测方法的应用；其二是根据监测的拉索加速度识别其索力。传统的方法是根据监测的拉索加速度得到拉索频率，根据张紧弦理论，利用拉索频率与其索力之间的关系而识别得到索力。但该方法对监测加速度进行傅里叶变换得到拉索频率需要一段时间的拉索加速度时程，由此可知，得到的拉索索力是该时间段上的平均索力，而无法得到由于车辆荷载产生的时变索力，无法进行拉索的极限承载力评估和疲劳寿命评估。李惠等、杨永超等和鲍跃全等分别发展了基于监测加速度的拉索时变索力识别方法(Li et al. ,2014b;Yang and Nagarajaiah,2015;Bao et al. ,2016)。李惠等采用扩展 Kalman 滤波器，将索力作为待识别的状态变量，构造拉索识别状态方程，以监测加速度构造观测方程，从而通过状态估计得到实时的拉索索力时程。该方法仅需要在一根拉索上安装一个加速度传感器即可，但需要建立拉索的运动方程(Li et al. ,2014b)。杨永超等在拉索结构上布置两个加速度传感器，采用极短窗函数对加速度监测时程数据进行预处理，利用复杂度追踪技术对极短窗内加速度数据进行模态响应信号和混叠矩阵辨识，通过极短窗的平移，实现拉索时变频率的辨识过程，进而利用频率与索力之间的关系，获得拉索时变索力历程(Yang and Nagarajaiah,2016)。鲍跃全等提出采用自适应稀疏时频分析的方法，在构造超冗余的时频字典基础上，优化寻找拉索振动加速度数据的最稀疏时变模态频率，然后通过得到的时变模态频率计算时变索力(Bao et al. ,2016)。在得到实时拉索索力时程后则可据此对拉索极限承载力状态和疲劳寿命进行评估。这种方法由于仅采用加速度传感器，而加速度传感器造价低、安装方便、易于更换、技术成熟度高，但缺点是其具有一定的识别分辨率，对拉索索力变化非常小的情况识别误差较大，但由于拉索极限承载力状态评估和疲劳寿命评估均主要利用拉索索力变化较大的数据，因而这种方法具有很好的实用价值。

0.3.2　监测数据建模与安全评定

结构安全评定包括承载力极限状态安全评定和正常使用极限状态安全评定。结构承载力极限状态安全评定需要确定结构服役期内最大荷载与环境作用、最大荷载效应和结构最小抗力。而对于正常使用极限状态安全评定，结构疲劳寿命评估是其重要内容，需要确定疲劳荷载与环境作用、结构真实服役环境下的疲劳寿命模型、结构疲劳荷载效应与疲劳累积损伤。李惠等和 Frangopol 等(2008)分别提出了基于结构健康监测数据的桥梁结构承载力极限状态安全评定和正常使用极限状态安全评定的框架(Li et al. ,2012b)。其中，李惠等提出的桥梁结构承载力极限状态安全评定和正常使用极限状态安全评定如图 0.12 所示(Li et al. ,2012b)。具体步骤如下：

(1) 首先建立基于结构健康监测数据的荷载与环境作用模型，并利用监测数据修正结构有限元模型及结构抗力模型；对未监测的环境变量或结构耐久性损伤变量，则采用耐久性理论进一步修正结构有限元模型及结构抗力模型。

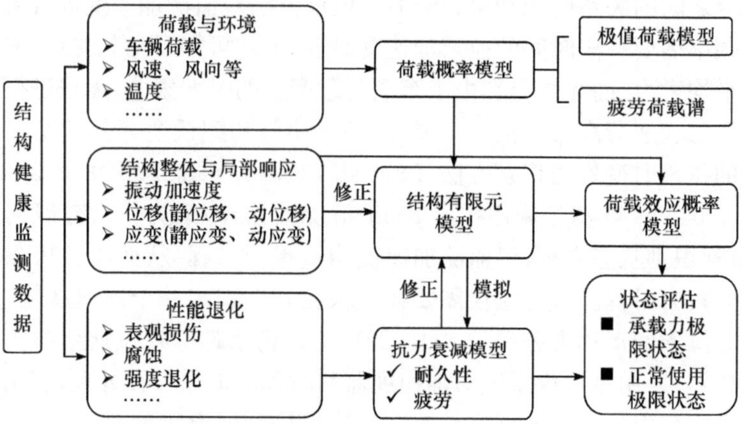

图 0.12　基于结构健康监测数据的桥梁结构可靠度分析的框架

(2) 对安装了传感器的位置,可直接利用监测数据建立结构响应模型;对未安装传感器的位置,可将监测的环境和荷载作用于修正结构有限元模型,计算结构响应并建立其模型,亦可基于监测数据和修正结构有限元模型,采用状态估计法(如 Kalman 滤波器方法)估计未安装传感器位置的结构响应并建立其模型;将结构监测或计算的多种荷载效应进行荷载效应组合。

(3) 最后,根据结构抗力衰减模型和结构荷载效应,可计算桥梁结构关键构件和系统的可靠度指标(Li et al. ,2012b)。

在上述框架内,国内外学者提出了多种基于健康监测数据的结构荷载与环境作用模型、结构响应模型、结构抗力模型和结构疲劳累积损伤模型。

1. 结构荷载和荷载响应监测数据建模

对桥梁而言,车辆是各类桥梁最主要的荷载之一,且其随着社会经济的发展而变化。近年来,我国高速公路的车辆荷载就发生了很大变化,大量超重车在公路桥梁上通行,严重威胁我国公路桥梁安全,因车辆超载引起的桥梁破坏甚至倒塌事故时有发生。监测的车辆荷载数据不仅可用于桥梁结构安全评定,还可用于我国公路桥梁相关设计规范车辆荷载的修订。近年来,国内外学者对车辆荷载统计模型进行了大量研究,主要包括车辆荷载随机过程模拟和车辆荷载截口分布拟合。梅刚等、郭彤等和兰成明等提出采用多个正态分布加权拟合车辆荷载截口分布的方法(Mei et al. ,2004;郭彤等,2008;Lan et al. ,2011),用滤过 Poisson 过程、滤过 Weibull 过程和滤过 Erlang 更新过程表示一般运行和密集运行状态下车辆荷载过程,车辆荷载极值分布模型可以表示为滤过 Poisson 过程：

$$F_{\mathrm{M}}(x)=\exp\{-\lambda T[1-F(x)]\} \tag{0.44}$$

滤过 Weibull 过程：

$$F_{\mathrm{M}}(x)=\exp\{-\lambda T^{\beta}[1-F(x)]\} \tag{0.45}$$

式中，车辆荷载截口分布 $F(x)=\sum_{i=1}^{N}p_i\Phi\left(\frac{x-\mu_i}{\sigma_i}\right)$，$\sum_{i=1}^{N}p_i=1$；一般运行状态下，$\lambda$ 表示单位时间内车辆出现的次数；密集运行过程中，λ 和 β 分别为 Weibull 分布的特征参数和形状参数。

O'Brien 等(2010)基于两个监测站点的实测数据提出了一种半参数的车辆荷载截口分布模型，分析了车辆荷载截尾分布对极值分布的影响。顾一鸣等提出了车辆荷载极值分布的 Bayesian 建模方法，基于车辆荷载截尾分布的极值分布模型及其参数 Bayesian 更新模型可以表示为(Gu et al.，2014)

$$F_{\mathrm{M}}(x)=\exp\left\{-\lambda T\left[1+\frac{\gamma(x-u)}{\sigma}\right]^{-1/\gamma}\right\} \tag{0.46}$$

$$\pi(\gamma,\sigma,\lambda\mid \boldsymbol{x})\propto\pi(\gamma,\sigma,\lambda)\left(\frac{\lambda T}{\sigma}\right)^{n}\times\exp\left\{\sum_{i=1}^{n}\left[-n\left(1+\frac{\gamma x_i}{\sigma}\right)^{-\frac{1}{\gamma}}+\ln\left(1+\frac{\gamma x_i}{\sigma}\right)^{-\frac{1}{\gamma}-1}\right]\right\} \tag{0.47}$$

式中，u、σ 和 γ 分别表示广义 Pareto 分布的阈值、尺度参数和形状参数；λ 表示单位时间内车辆出现的次数；$\pi(\gamma,\sigma,\lambda)$ 和 $\pi(\gamma,\sigma,\lambda\mid\boldsymbol{x})$ 分别表示参数 σ、γ 和 λ 的联合概率先验分布和后验分布。

通过监测车辆荷载截口分布和周极值 $\boldsymbol{x}$，更新车辆荷载极值分布模型参数 σ、γ 和 λ，同时定义了标准残差函数解决广义 Pareto 分布拟合车辆荷载截尾分布时阈值 u 选取主观性问题。李惠等基于大量动态称重系统监测数据，采用一般更新过程对车辆荷载随机过程进行模拟，并推导了任意更新过程极值分布的理论公式，解决了一般运行状态和密集运行状态对车辆荷载随机过程模拟精度较低的问题。一般更新过程车辆荷载的极值模型可以表示为(Li et al.，2010，2012c)

$$F_{\mathrm{M}}(x;T)=\mathcal{L}^{-1}\left\{\frac{1-\mathcal{L}[f_T(t)]}{\ell\{1-F(x;T)\mathcal{L}[f_T(t)]\}}\right\} \tag{0.48}$$

车辆荷载不仅产生极值效应，还会产生疲劳效应。利用监测的车辆荷载数据，亦可建立车辆荷载疲劳谱。Laman(1995)利用动态称重系统监测车辆荷载(包括车重、轴重及轴距等参数)，选取了 5 座不同长度钢梁桥，采集桥梁跨中的实际应力循环，推导出疲劳荷载谱，通过桥梁构件疲劳损伤建立了不同地区 3 轴和 4 轴疲劳车辆荷载模型。Chotickai(2004)采用动态称重系统系统监测了印第安纳州九个不同位置的车辆荷载，分析这些数据提出了适用于一般高速公路的三轴疲劳车模型和适用于轴数为 8～11 轴的重载车辆公路四轴疲劳车模型。周泳涛等(2010)为了制定公路桥梁车辆疲劳设计标准对典型车辆频值谱、标准疲劳荷载模型以及修正纵、横向标准疲劳车模型等进行了系统的研究。夏叶飞等(2014)基于动态称重系统的监测数据，统计分析了京沪高速沂淮段车辆的重量、车间距、轴重等特征参数，根据 Miner 线性累积损伤和等效疲劳损伤原理，建立了新沂河大桥包含 9 类代表车型的实际运行车辆疲劳荷载谱，并对其占疲劳累积损伤比例进行了研究。兰成明等结合中国某大跨度斜拉桥健康监测系统监测的车辆荷载数据，基于线性累积损伤理论建立了高速公路桥梁疲劳荷载谱，采用 Logistic 模型建立交通流量预测模型，并采用健康监测数据对 Logistic 模型参数、进而对桥梁疲劳荷载谱车流量进行更新(Lan et al.，2011)。

结构健康监测数据也为结构响应极值模型和疲劳模型的建模提供了数据样本。结构响应监测数据一般为恒荷载、车辆荷载、温度荷载和风荷载等综合作用的结果，对结构响应监测数据分析与建模首先需要将各种荷载效应从监测数据中分离出来。可利用恒荷载和温度荷载引起的趋势项荷载效应与车辆荷载等活荷载引起的荷载效应变化速率不一致的特性，采用随动平均法或中值滤波方法将车辆荷载效应与趋势项荷载效应分离出来。对趋势项荷载效应，一般需要通过相关性分析其与环境因素的相关关系，邓扬等(2009)结合润扬大桥健康监测系统，对润扬大桥悬索桥 160 天的梁端位移响应与钢箱梁温度实测数据进行了季节相关性研究，并基于实测数据建立了悬索桥结构状态健康与异常判断方法；吴佰建等(2008)分析香港青马大桥动应变监测数据，对应变传感器和温度传感器的数据进行了对比分析，利用能量谱比指标将监测系统输出的原始应变数据按照温度、应力和测量噪声 3 种类型在频域中进行分类，分别确定了温度变形与结构应变的分界频率；提出了多分辨递阶方法，将 3 类不同信息分离并提取出由结构应力导致的应变信息。

分离出不同荷载和环境作用下的荷载效应后，即可按照荷载效应组合分析荷载效应极值。车辆荷载效应极值分析与上述车辆荷载极值分析类似，只是不再区分一般运行状态和密集运行状态；由于风荷载效应目前还很难在结构荷载效应监测数据解耦出来，风荷载效应可根据监测的风速按照规范给出的风压计算风荷载，再将其施加到结构有限元模型得到风荷载效应。对承受多种可变荷载作用的结构，《公路工程结构可靠度设计统一标准》(GB/T 50283—1999)采用 Turkstra 组合规则考虑可能同时出现多种作用的效应组合，按照此规则，当有 N 个可变作用组合时，需要依次取其中一个为主导，以其设计基准期(后续服役期)效应最大值与其余 $N-1$ 个取任意时点效应值组合，这样就得到 N 个组合相对最大值，

$$\begin{cases} S_{M1} = \max\limits_{T_u \leqslant \tau \leqslant T_u+T_s} S_1(\tau) + \sum\limits_{i=2}^{N} S_i(\tau_0) \\ S_{M2} = S_1(\tau_0) + \max\limits_{T_u \leqslant \tau \leqslant T_u+T_s} S_2(\tau) + \sum\limits_{i=3}^{N} S_i(\tau_0) \\ \quad\vdots \\ S_{MN} = \sum\limits_{i=1}^{N-1} S_i(\tau_0) + \max\limits_{T_u \leqslant \tau \leqslant T_u+T_s} S_N(\tau) \end{cases} \tag{0.49}$$

式中，$\max S_i(\tau)$ 表示第 i 个作用在设计基准期（后续服役期）内的效应最大值；$S_j(\tau)$ 为此时对应的第 j 个作用任意时点的效应值；T_u 和 T_s 分别表示桥梁已服役年限和后续服役年限。

结构荷载效应监测数据除了建立极值模型，进行承载力极限状态分析外，国内外研究者还对基于监测数据的疲劳寿命评估进行了广泛深入研究。李兆霞等利用监测数据，基于连续介质损伤力学，建立了既有桥梁主梁截面疲劳损伤评估和寿命预测方法，疲劳损伤演化方程可表示为（Li et al.，2001）

$$\dot{D} = \begin{cases} \dfrac{R_v \sigma_{eq}^2 |\sigma_{eq} - \bar{\sigma}_{eq}|^{\beta}}{B\ (1-D)^{\alpha}} \langle \dot{\sigma}_{eq} \rangle, & \sigma^* \geqslant \sigma_f \\ 0, & \sigma^* < \sigma_f \end{cases} \tag{0.50}$$

式中，B、α 和 β 均为材料参数；σ_f 为材料疲劳极限强度；$\sigma_{eq} = [3/2\sigma_{ij}^D \sigma_{ij}^D]^{1/2}$ 为 Von Mises 等效应力；σ_{ij}^D 表示偏应力张量；σ^* 为疲劳损伤等效应力；$\langle \cdot \rangle$ 表示 McCauley 算子，$x>0$ 时，$\langle x \rangle = x$，$x<0$ 时，$\langle x \rangle = 0$；R_v 为三向应力状态影响系数。

李兆霞等利用香港青马大桥主梁关键截面的应变监测数据，分析了焊缝连接位置疲劳累积损伤以及寿命预测（Li et al.，2000）；Ye 等（2012）对长期监测的应变数据进行统计分析，揭示了香港青马大桥正常运营状态和台风作用期间主梁截面的应力响应特征，利用雨流法分析了热点应力幅和应力循环次数，采用 BS5400 确定的 S-N 曲线 $N \times S^m = K_0 \times \Delta^d$ 对测点处结构的疲劳寿命进行预测；Kulkarni 和 Achenbach（2008）提出了利用监测数据和初始裂纹数据，从概率意义上预测微裂纹扩展过程的方法，并通过 Monte Carlo 模拟方法讨论了检测维护对裂纹扩展的影响，设计了监测疲劳损伤的结构健康监测概念系统；李爱群等联合线弹性断裂力学和现场无损检测技术建立了钢箱梁焊缝细节疲劳可靠度评估技术，采用有限厚板半椭圆裂纹模型推导了焊缝细节疲劳断裂抗力表达式，得到极限状态方程为（Li et al.，2012a）

$$g = R - 365eCS_{eq}^m nN_d \tag{0.51}$$

式中，R 为断裂抗力；C 和 m 表示裂纹扩展系数；e 为应变传感器误差影响系数；N_d 为每天裂纹扩展次数；n 为桥梁服役年限。

2. 结构抗力衰减模型

结构抗力衰减模型是结构安全评定的重要问题，结构抗力衰减模型可通过监测数据修正结构有限元模型得到。结构抗力衰减模型一般表示为混凝土强度、钢筋截面面积、钢筋屈服强度和钢筋混凝土协同工作系数等时变函数关系。Stewart等研究了点蚀的空间相关性和时变特性对预应力混凝土梁结构抗剪和抗弯承载能力的影响，提出了基于现场检测的材料特性、几何尺寸、缺陷情况和退化状态的结构抗力模型更新方法，建立了腐蚀环境中梁结构时空相关的可靠性分析模型(Stewart and Val，1999；Stewart，2001，2009；Stewart and Al-Harthy，2008)；Enright 和 Frangopol 将荷载和抗力均视为时变随机变量，利用 Mori 和 Ellingwood(1993)发展的时变可靠度分析理论，建立了包括钢筋强度损失率、钢筋锈蚀开始时间在内的时变抗力衰减模型，考虑恒荷载效应、活荷载效应及其组合效应，对既有钢筋混凝土 T 形简支梁采用 Monte Carlo 法计算其服役时间的累积失效概率(Enright and Frangopol，1998，1999)。李兆霞等(2003)根据斜拉桥和悬索桥结构特点与监测测点的有限性，研究了针对桥梁结构状态评估的有限元模拟基本原则、分析目标与技术要求，发展了大跨桥梁结构多尺度有限元模拟方法，建立了全桥整体尺度结构与细节尺度构件之间的“双向”关系，实现了桥梁整体结构与局部构件多尺度耦合分析；在缺少有关监测数据情况下，也可采用结构耐久性理论计算结构抗力衰减规律和模型。李顺龙等采用拉索均匀腐蚀和点蚀实验室模型和结构健康监测数据相结合的方法，利用监测的荷载效应和 Monte Carlo 模拟方法对腐蚀疲劳裂纹扩展随机过程进行模拟，获得了钢丝断裂数目和截面面积减小的概率分布，并依据腐蚀疲劳表面特征和钢丝极限承载力之间的关系，获得了拉索极限承载力退化曲线(Li et al.，2014d)。万臻和毛学明(2008)采用灰色系统理论方法，将结构抗力及多个影响因素看成一个系统进行综合分析，对斜拉桥主梁关键截面抗力衰减进行了预测，并将灰色系统预测与大跨度斜拉桥结构健康监测技术相结合，计算了斜拉桥结构的动态可靠指标，实现了斜拉桥结构动态可靠度定量分析。Frangopol 针对混凝土梁桥、桁架桥以及悬索桥，将钢筋初始锈蚀时间和锈蚀率作为导致结构抗力衰减的随机变量，对腐蚀环境中钢筋混凝土梁抗力退化概率模型进行统计分析，并将构件时变抗力 $R(t)$ 表达为构件初始抗力 R_0 和衰减函数 $g(t)$ 乘积的形式，即 $R(t)=R_0g(t)$；其后，进一步分析了环境与荷载监测数据和结构响应监测数据及其极值，研究了时变环境中大跨桥梁结构可靠度指标的计算方法，构造了性能预测函数，为桥梁结构维修决策提供依据；在上述工作的基础上，其研究了疲劳可靠度模型、裂纹增长模型和基于监测数据的疲劳可靠度模型，建立了退化钢桥疲劳性能的全寿命性能评估和管理方法(Frangopol et al.，2008，2012；Yang et al.，2006b)。

3. 结构安全评定方法

结构安全评定方法可分为确定性安全评定方法和以概率理论为基础的可靠度分析方法。按照评估的复杂程度，我国《公路桥梁结构安全监测系统技术规程》(JT/T 1037—2016)将其分为安全一级评估、安全二级评估和安全三级评估。其中，安全一级评估是将监测数据的统计特征值直接与设计值或材料强度值比较；安全二级评估是根据修正的有限元模型，通过将监测的荷载或设计荷载施加在修正有限元模型上进行精细化安全评估；安全三级评估是对结构剩余寿命进行预测。按照安全评定的层次，结构安全评定方法可分为结构构件安全评定和结构整体(体系)安全评定。欧进萍(2003)对在役海洋平台结构安全评估理论进行了系统的研究，建立了基于检测和监测技术的在役海洋平台结构整体安全评定的理论框架，即以结构整体基底剪力和顶点位移作为失效准则。但由于其他结构的失效模式比导管架式海洋平台更为复杂和多样，难以搜索得到结构全部失效模式，因此，其他结构整体安全评定还较困难，目前国内外学者提出的结构安全评定方法主要以构件安全评定为主。本节主要介绍以概率理论为基础的可靠度分析方法。

结构的承载能力可靠性分析依据是否考虑时间因素的影响分为两大类：一类是研究随机变量与时间无关，可靠性具有时不变特征，即时不变可靠度理论；另一类是研究随机变量与时间有关，可靠性具有时变特征的基本理论，即时变可靠度理论。Rackwitz(2001)提出时不变可靠度理论的计算方法已经日臻完善，但时变可靠度理论由于其复杂性尚待进一步研究，是今后可靠度计算理论研究的重点。Mori 和 Ellingwood(1993)将结构的时变抗力 $R(t)$ 表示为初始抗力 R_0 和衰减函数 $g(t)$ 乘积的形式，并定量给出了恒荷载、活荷载、地震荷载、温度荷载效应的随机过程和统计参数，建立了考虑荷载效应组合的构件时变可靠度和系统可靠度计算理论：

$$L(t_L)=P[R_i g_i(t_1)>c_i S_1 \cap \cdots R_i g_i(t_n)>c_i S_n]$$

$$\Leftrightarrow L(t_L) = \prod_{i=1}^{n} F_S\left(\frac{R_i g_i(t_i)}{c_i}\right)$$

$$L_S(t_L)=P\begin{bmatrix} R_1 g_1(t_1)>c_1 S_1 \cap \cdots R_1 g_1(t_n)>c_1 S_n \\ \cap R_2 g_2(t_1)>c_2 S_1 \cap \cdots R_2 g_2(t_n)>c_2 S_n \\ \vdots \\ \cap R_m g_m(t_1)>c_m S_1 \cap \cdots R_m g_m(t_n)>c_m S_n \end{bmatrix}$$

$$\Leftrightarrow L_S(t_L) = \prod_{i=1}^{n} F_S\left(\prod_{j=1}^{m} \frac{R_j g_j(t_i)}{c_j}\right) \tag{0.52}$$

式中，假定在$(0,t_L)$时间段内发生 n 个相互独立的事件 $S_i(i=1,2,\cdots,n)$，发生时刻为 $t_i(i=1,2,\cdots,n)$；结构系统由 m 个构件组成，各个构件的初始抗力为 $R_j(j=$

$1,2,\cdots,n)$，t_i 时刻第 j 个构件的抗力衰减系数为 $g_j(t_i)$，c_jS_i 表示第 i 个事件对第 j 个构件产生的荷载效应；$F_S(\cdot)$表示概率分布函数，Mori 和 Ellingwood(1993)应用 Monte Carlo 抽样方法和上述计算理论研究了既有混凝土结构时变可靠度指标的变化规律；Czarnecki 和 Nowak(2008)以钢梁桥为主要研究对象，将结构抗力假设为服从对数正态分布的时变随机变量，利用弯矩和曲率关系建立了考虑腐蚀的结构抗弯和抗剪承载力衰减模型，利用 AASHTO 规范规定的活荷载及结构有限元模型确定钢桥荷载效应，预测了桥梁结构服役寿命和最优养护策略。

桥梁钢结构在运营期遭受车辆、风等循环动荷载作用，产生疲劳累积损伤，可导致结构局部疲劳开裂，甚至因疲劳裂纹扩展直至断裂破坏。美国土木工程师学会(American Society of Civil Engineers，ASCE)疲劳与断裂分委员会 1982 年调查结果表明，80%～90%的钢结构破坏是由疲劳断裂产生的（ASCE，1982)。因此，桥梁钢结构构件的疲劳可靠性分析是桥梁结构安全评定的重要内容之一，目前钢构件疲劳可靠性主要有两种分析模型：概率 S-N 曲线模型、概率断裂力学模型。

Fisher(1984)在其 1984 年发表的钢桥疲劳与断裂的专著中，详细回顾和总结了桥梁结构疲劳和断裂的 22 个典型案例，涵盖了由构造缺陷和次内力导致的两大类裂纹形式。Albrecht(1982)首先建立了基于概率 S-N 曲线的疲劳可靠性表达式，其中应力幅与疲劳寿命均服从对数正态分布：

$$\beta=\frac{\log N-\log N_T}{\left[\sigma_N^2+(m\sigma_{se})^2\right]^{1/2}} \tag{0.53}$$

式中，σ_{se}和 σ_N 分别为对数等效应力幅和对数疲劳寿命标准差；N 和 N_T 分别表示等效应力幅作用下钢结构疲劳寿命和作用次数的均值。Albrecht 按 LRFD 规范模式确定了抗力与疲劳荷载的分项系数，研究成果被 AASHTO 桥梁抗疲劳设计规范采用。Moses(1990)对多种跨径与交通流量下的桥梁抗疲劳设计进行了研究，建立了钢桥疲劳失效极限状态方程。

基于线弹性断裂力学(linear elastic fracture mechanics，LEFM)的疲劳评估方法假定结构构件存在初始裂纹，在循环应力作用下预测疲劳裂纹扩展。Yazdani 和 Albrecht(1990)提出了基于 LEFM 概率方法的钢桥疲劳损伤评价方法。Zhao 等(1994)采用 LEFM 方法对桥梁钢结构的疲劳可靠性进行评估，基于无损检测结果和损伤累积方程，桥梁钢结构目标可靠度极限状态方程表示为

裂纹未监/检测出：

$$\begin{aligned} I_k &=\psi(a_N,a_0)-\psi(a_d,a_0)\\ &=C\overline{S}^m(N-N_0)-\psi(a_d,a_0)\leqslant 0 \end{aligned} \tag{0.54}$$

裂纹监/检测出，检测裂纹尺寸：

$$\begin{aligned} D_k &=-I_k=\psi(a_N,a_0)-\psi(a_d,a_0)\\ &=\psi(a_d,a_0)-C\overline{S}^m(N-N_0)\leqslant 0 \end{aligned} \tag{0.55}$$

裂纹监/检测出，检测裂纹尺寸：

$$M_k=\psi(A_k,A_{k-1})-C\overline{S}^m(N_k-N_{k-1})=0 \tag{0.56}$$

式中，a_N 和 a_0 分别表示监/检测时刻、初始裂纹尺寸；a_d 为一种监/检测手段能检出的最小裂纹尺寸；C 和 m 表示材料疲劳裂纹扩展系数和指数，是与材料有关的材料常数；$\psi(\cdot)$ 和 $\overline{S}^m$ 分别表示疲劳损伤累积函数（Madsen，1987）和应力强度因子幅对裂纹扩展的影响；N 和 N_0 表示监/检测时刻和初始裂纹出现时刻的循环应力次数；A_k 和 A_{k-1} 分别表示第 k 次和第 $k-1$ 次监/检测的疲劳裂纹尺寸，相应的应力循环次数为 N_k 和 N_{k-1}。

Righiniotis 基于 LEFM 原理和四种疲劳细节的 S-N 曲线，建立了基于修正的 Paris 准则的裂纹扩展模型，并估算了模型中随机变量的概率分布特征，为桥梁钢结构疲劳细节的可靠性评估提供了较准确的模型（Righiniotis and Chryssanthopoulos，2003）。

0.4　结构灾害监测数据分析与评估

0.4.1　结构风效应监测数据分析

风工程的监测变量主要包括风、风荷载（表面风压）和风效应。

由于风洞试验模型相似比的限制，为研究和揭示足尺结构真实的风与风效应，国内外在许多重要的高层建筑和大跨度桥梁上安装了风与风效应监测系统，推动了高层建筑和大跨度桥梁风工程的发展与创新。

大跨度桥梁柔性大、阻尼小，流固耦合效应显著，是风敏感结构，其风效应包括涡激振动、抖振、颤振、风雨激振、尾流驰振等。

大跨度桥梁的风、风荷载与风效应监测传感器主要包括风速仪、风压传感器、加速度传感器和 GPS 系统等。对斜拉桥，还应安装雨量计，为斜拉索风雨振提供环境数据。

对风速监测数据的分析主要包括平均风速、风向、风攻角、脉动风速谱、风速交叉谱、湍流强度、湍流积分尺度、阵风因子、风速展向空间相关性、风速剖面等，其与风效应的相关性分析还将提供某种风效应发生的风况条件。Bietry 等（1995）在主跨为 400m 的法国 Saint-Nazaire 斜拉桥跨中区域的三个不同位置安装了三个三向 GILL 叶轮风速仪，监测该桥来流自然风场特性，分析得到平均风速，并利用 Karman 谱分析纵向、水平和竖向三个脉动风分量的湍流强度、湍流积分尺度、自功率谱密度函数及不同脉动风分量的水平一致性和空间相关性函数。Miyata 等（2002）对台风作用下主跨 1991m 的日本明石海峡悬索桥的风场特性进行监测，得到该桥台风的湍流强度和 10min 平均风速的关系，修正了 Hino 的沿桥跨度方向脉动风分量的湍流功率谱密度函数，基于各向同性湍流理论，建立了沿桥跨度方向脉动风分量的湍流空间相关性与折减频率之间的函数关系。香港青马大桥(主跨为1377m)在其主跨跨中北侧和南侧各安装了一个三维声波风速仪,在马湾侧的边跨跨中附近的北侧和南侧各安装了一组包括一个水平向两维机械风速仪和一个竖向一维机械风速仪,在青衣侧桥塔和马湾侧桥塔的塔顶各安装了一个水平向两维机械风速仪。Xu 和 Zhu(2005)分析了台风 Sam 在青马大桥上的纵向、水平和竖向三个脉动风分量及其湍流强度,利用 Talyor 旋涡冻结迁移假设和非线性最小二乘技术得到了湍流积分尺度,并估算得到了气流摩擦风速(剪切风速);在分析脉动风速谱时,采用 Hamming 窗减少因时域信号截断而引起的频域信号泄漏,采用分段平滑技术减小谱值的随机误差(首先得到各个子样本的脉动风谱,然后将所有脉动风谱的平均值作为实测脉动风谱),将拟合的脉动风速谱与 Karman 谱、Kaimal 谱、Simiu 谱和 Lumley 谱等经验曲线的比较分析表明,所得到的拟合谱能够很好地包括低频和高频范围在内的整个实测谱数据,而基于实测湍流强度和积分尺度数据的 Karman 谱能较好地反映实测谱,其他经验谱与实测谱偏差很大,在低频区偏差更大;他们还分析了纵向、水平和竖向各脉动风速之间的交叉谱,得到了各脉动风速分量之间的双边互谱和双边正交谱的实测曲线和拟合曲线,比较结果表明,所选的拟合目标函数对互谱拟合精度很好,而且与 Kaimal 的经验公式曲线非常接近,由于实测正交谱的规律性较差,相应地拟合结果与实测数据差距较大。

在桥梁上安装风压传感器以获得桥梁断面风荷载和绕流特性的原型监测系统还较少。Frandsen(2001)在丹麦大海带东悬索桥桥面跨中紧急停车道 13.5m×50m 范围内安装皮托管和压力传感器,监测主梁断面的绕流特性和压力分布,加速度响应和桥面风压进行同步测量以研究桥梁的振动响应和流固耦合效应。李惠等在我国某座大跨度悬索桥上安装了风压传感器以监测桥梁断面绕流场特性、风压沿桥梁跨度的展向相关性等。桥梁绕流场结构及其特性对人们认识桥梁风致振动机理是十分重要的,但现场原型监测获得桥梁绕流场特性与结构十分困难,目前相关的报道还很少(Li et al.,2011c)。李惠等采用微压差压传感器及现场烟流显示技术监测了该大跨度悬索桥的绕流场,并与该桥模型风洞试验结果进行了比较,揭示了大跨度桥梁风效应的雷诺数效应(Li et al.,2014a)。

桥梁主梁和桥塔风效应的研究主要包括桥梁阻尼比和频率等模态参数随风速变化的规律、桥梁振动的幅值、原型监测与风洞试验的雷诺数效应、现有桥梁风致振动理论的验证等,涉及的振动主要包括抖振和涡激振动。Bietry 等(1995)在 Saint-Nazaire 斜拉桥主跨跨中位置安装了三个加速度传感器,其中一个测量桥梁的侧向运动,两侧各安装的一个加速度传感器用于测量桥梁结构的竖向和扭转加速度响应。对监测加速度响应的均方根值分析结果表明,桥梁结构的振动形式与其加速度幅值有关;根据监测的加速度响应得到该桥侧向和竖向振动的模态频率和总阻尼比，与准定常理论计算结果对比表明，监测和采用准定常理论计算得到的竖向振动的模态频率和阻尼比吻合较好，监测的侧向振动模态频率和计算结果基本吻合，但实测的侧向模态阻尼比远高于计算分析结果，说明不考虑气动导纳影响的准定常理论是偏于保守的。Larose 等(1998)和 Frandsen(2001)分别对主跨为1624m 的丹麦大海带东悬索桥的桥塔和桥面的风效应进行了监测与分析。Larson 在 254m 高桥塔的联梁内部的上缘和水平标高 246m 处共安装了 5 个加速度传感器，监测并分析了桥塔沿弱轴向的横风向涡激振动和沿强轴向的顺风向涡激振动的加速度响应及其频率响应，采用时域分析的 RDT 和频域分析的最大似然方法(maximum likelihood technology，MLT)得到了桥塔实测模态阻尼，采用有限元模型计算了桥梁的频率和阻尼比，分析结果表明，桥塔强轴振动模态的阻尼比低于其弱轴振动模态的阻尼比，而且随着风速的增大，桥塔模态总阻尼比增加。进一步分析得到了不同折算风速和风向下桥塔沿弱轴横风向涡激振动和沿强轴顺风向涡激振动的斯特劳哈尔数，分析结果和 Takeuchi 对一前一后排列的矩形截面柱体的涡激振动分析结果吻合很好。现场实测结果和 1∶200 模型风洞试验结果对比表明，由于试验中调整桥梁模型的阻尼和现场实测结果一致，而且该桥处在开阔的沿海地区，当陆上温热空气移动到比较冷的海面上时，大气条件比较稳定，风场环境近似层流，与风洞模拟风场结果极为相似，尽管模型试验的雷诺数只是现场实测的 1/2000，但现场实测结果和模型试验仍基本吻合。Frandsen(2001)在该桥的主梁跨中截面安装了水平和竖向两个加速度传感器，在桥面跨中紧急停车道13.5m×50m 范围内安装皮托管和压力传感器系统来测试主梁断面的绕流特性，加速度响应和桥面风压进行同步测量以研究桥梁的振动响应和流固耦合效应。在现场观测的过程中，当风速为 4～12m/s、雷诺数为 $8.3\times10^6\sim2.5\times10^7$ 时，观测记录到了桥梁大幅值的涡激振动及其锁定现象。测试结果表明，较低的风速和湍流度对应较大的涡激振动幅值；对应风速较大和高湍流度的斜风，激起了桥梁第三阶模态的大幅值振动；而垂直于桥梁轴向的低风速、层流风引起了桥梁涡激振动的锁定。由现场观测到的桥梁竖向振动加速度和折算风速的关系与风洞试验的结果对比可以看出，具有大幅值简谐振动的涡激振动锁定对应的折算风速范围和节段模型试验及拉条模型试验结果基本相同；但由于试验模型结构阻尼的不确定性、风洞模拟风场和实际风特性的不同及雷诺数响应的影响，实测加速度二次积分得到的位移幅值明显大于节段模型试验结果。桥面风压和桥梁加速度响应的相关性分析表明，它们之间的相关性对桥梁的振动幅值具有显著的影响。此外，由于桥梁振动的位移响应包含了更多的低频分量，使得桥面风压和桥梁位移响应的相关性在非锁定区域增大。Frandsen 利用实测桥面风压的谱分析得到斯特劳哈尔数的范围为 0.08～0.15，与桥梁节段模型(0.11，0.15)和拉条模型试验结果(0.11)有所不同，另外根据实测结果，当雷诺数为 $8.3\times10^6\sim2.5\times10^7$ 时，斯特劳哈尔数为常数，而节段模型试验结果表明，当雷诺数为 $0.4\times10^5\sim1.5\times10^5$ 时，斯特劳哈尔数为常数。本桥现场监测的数据表明，由于结构阻尼受诸多因素的影响，从而使得气动阻尼的精确识别也很困难。

中国香港青马大桥也安装了机械伺服式加速度传感器以监测结构的风致振动，其中在主梁的四个测量截面上各安装了两个竖向和一个水平向加速度传感器，用来测量各截面处的竖向、侧向和扭转加速度响应；在马湾侧边跨测点、中跨主缆青衣侧 1/4 跨测点和青衣侧边跨主缆测点上各布置了一套双向加速度传感器，以测量这些测点处主缆的竖向和侧向加速度响应；在中跨马湾侧 1/4 跨测点上安装了一套三向加速度传感器，以测量该处主缆的竖向、水平向和纵向加速度响应。Xu 和 Zhu(2005)对青马大桥在台风 Sam 作用下的自然风特性分析的同时，对 4 个主梁截面和 4 个主缆截面的实测抖振加速度响应进行了分析。实测结果表明，最大的主梁侧向、竖向和扭转加速度根方差响应全部发生在中跨跨中截面，而且竖向加速度根方差最大，扭转加速度根方差最小；主缆的响应比主梁大，主缆的 4 个测量截面中最大的侧向加速度根方差发生在中跨马湾侧 1/4 跨处，最大的竖向加速度根方差响应发生在中跨青衣侧 1/4 跨处，而且最大的竖向加速度根方差大于最大的侧向加速度根方差。Xu 和 Zhu(2005)对上述实测的青马大桥加速度响应与三维有限元模型的数值分析结果进行了分析比较。在有限元的数值分析过程中，平均风速和风向、脉动风的自功率谱和交叉功率谱(包括互功率谱和正交功率谱)、摩擦风速等实测风特性参数使用了现场实测数据，由于只有在主跨跨中处的风速测量数据有效，因此分析中假设风场特性沿桥轴线均匀；斜风作用下主梁和桥塔构件的气动系数通过刚体斜节段模型风洞试验获得，忽略作用在吊杆上的气动力；在分析中忽略了除主梁以外的其他所有构件的自激力；由于没有气动导纳的试验数据，计算中只能使用经验公式。主梁侧向、竖向和扭转抖振加速度响应谱和均方根的数值和实测结果进行了对比，部分结果与实测结果吻合较好，但也有某些计算结果与实测结果相差较大。其中一个主要原因可能是气动导纳函数对于湍流的低频成分较为符合实际情况，而对于湍流的高频成分与实际情况有一定的偏差，从而夸大了作用在主梁上的气动抖振升力。Xu 和 Zhu (2005)对主缆抖振加速度响应与实测结果也进行了对比，得到了与主梁分析基本相同的结论。此外，他们还通过实测获得了桥梁结构的总阻尼比，从总阻尼比中减去气动阻尼比，得到结构阻尼比。主梁竖向和扭转振动气动阻尼是根据风洞试验所得的颤振导数而估算的，主梁侧向振动气动阻尼是按风洞试验所得的气动系数根据准定常理论估算的，缆索的竖向和侧向振动气动阻尼也是根据准定常理论和圆截面杆件气动系数经验公式估算的。实测模态阻尼比的分析结果显示，缆索振动为主的模态阻尼比普遍显著地小于主梁振动为主的模态阻尼比；由于气动阻尼的估算基于风洞试验和准定常理论，风洞试验模拟的湍流强度、积分尺度、雷诺数效应与实际的桥梁风场特性存在很大的差别，即使对于同样以主梁竖向弯曲为主的模态，所识别的模态阻尼比也有一定的差别。另外由于有些模态频率过于接近，或者加速度传感器过于接近模态振型的驻点而使测试信号太弱，或者信号受测量噪声影响太大等原因，使得有一些模态的阻尼比没有被识别出来。

斜拉索是斜拉桥最关键的构件之一，但斜拉索阻尼小、柔性大，易于发生多种复杂的风致振动，在实际斜拉索上已经监测得到了风雨激振、涡激振动和抖振。Main 和 Jones(1999)对美国 Fred Hartman 桥的斜拉索风雨激振进行了监测，Zuo 等(2008)、Zuo 和 Jones(2010)对美国休斯敦的 Fred Hartman 桥的斜拉索风雨激振进行了长期监测，其研究结果表明，斜拉索风雨激振特征类似于高折算风速下的卡门涡激振动。Phelan 等(2006)对美国得克萨斯州 Veterans' Memorial 斜拉桥斜拉索风雨激振进行了长期监测，研究发现风雨激振只发生在一定风速范围和风偏角范围。监测结果表明，在大雨情况下，少数风速样本点(<5m/s)伴随较大的加速度响应，少数样本点之间风向发生很大改变(超过 180°)。Ni 等(2007b)针对洞庭湖 A12 号进行了 45 天风雨激振监测，得到 A12 号索发生风雨激振的临界风速为 6～14m/s，临界风偏角为 10° ～50°，雨量为小到中雨(<8mm/h)，拉索的振动以第三阶振型为主，但其他低阶模态也参与振动。陈文礼等监测得到了我国某座大跨度斜拉桥斜拉索的多模态涡激振动，并通过风洞试验和数值模拟揭示了剪切流(梯度风速)是导致斜拉索多模态涡激振动的主要原因(Chen et al. ,2015)。

0.4.2　结构地震非线性模型识别与评估

土木工程结构在其全寿命服役期内，还可能遭受地震作用。正如前面所说，早在 1932 年世界上就开始了地震地面运动的监测，自此之后，美国、日本、中国等都建立了先进的地震地面运动监测网络。日本在 2011 年 3 月 11 日大地震中，在灾区的一些建筑和桥上获得了地震地面运动和结构地震响应的监测数据，为深刻认识地震作用下结构的行为提供了十分宝贵的数据。此外，20 世纪 70 年代，随着对结构非线性行为和非线性随机振动的研究，国内外学者提出了许多描述土木工程非线性行为的滞变非线性模型，并由此推动了非线性滞变模型及其参数识别方法的研究。结构地震损伤识别与结构正常运营状态下损伤识别的显著差别是前者结构处于非线性阶段，后者结构处于线性阶段。对该问题识别可以分为三个层次：①已知结构模型和监测的部分自由度上的响应，估计未监测自由度上的响应，识别结构的模型参数；②监测得到结构所有自由度上的响应，但结构模型及其参数未知，通过识别得到结构的非线性模型及其参数；③只监测部分自由度的响应，未知结构模型和参数，通过识别估计其他自由度上结构的响应，识别结构非线性模型及其参数。结构地震损伤识别也分为有模型的方法和无模型的方法。主要识别方法包括 Kalman 滤波器和扩展 Kalman 滤波器、H_∞ 滤波器等。近年来，又发展了结构非线性模型识别的小波方法、小波与扩展 Kalman 滤波器混合方法，以及基于数据驱动的结构地震损伤识别的分形方法、主成分分析方法和神经网络模型等。

原型监测在地震学和地震工程领域占有重要的地位，正是 1932 年在美国洛杉矶安装的地震地面运动监测强震仪，开启了地震学和地震工程科学研究的篇章。地壳及其内部的运动是地震最主要和最重要的监测变量，目前主要通过安装在海底、陆地和地球深部的各种加速度传感器、位移传感器、倾角传感器及其网络进行监测；近年来，随着全球卫星定位系统（global positioning system，GPS）的发展，GPS 开始用于地球表面变形监测。该类监测的主要目的是用于地震学的研究（包括地震发生机制、机理、断层破裂模式和震源模型、场地效应、衰减规律等）、地震预警和烈度速报以及地震工程（地震地面运动的工程破坏特征等）中。近年来，地震监测扩展至重大工程和典型工程结构地震响应和地震破坏的监测，该类监测主要是在工程结构上布设加速度传感器、位移传感器和局部应变传感器等以监测地震作用下工程结构的整体和局部地震响应，进一步揭示地震作用下结构的行为、破坏机制与机理，评估工程结构的地震损伤与剩余抗震能力等。

美国自 1972 年开始设立 CSMIP（California strong motion instrumentation program）计划，在加利福尼亚州重要结构上安装地震地面运动和结构地震响应监测系统，并在近年开展了大量的基于原型监测的结构地震损伤评价方法的研究，以期实现地震后结构损伤的快速自动评价；1999 年美国成立了 COSMOS（the Consortium of Organizations for Strong-motion Observation Systems）联盟，旨在开展先进地震地面运动观测系统及基于观测数据的科学研究。1995 年阪神地震后，日本加强了地震监测系统的建设，并在东海、东南海地震拟发海域铺设地震监测系统（该系统由 5 台海底地震仪、2 台海啸仪和 220km 光缆组成，铺设位置于海底 1000～2000m 处，地震仪每台间隔 40km、海啸仪间隔 60km，每台设备可各自 24h 不间断地将监测数据传回地面），日本在许多建筑、桥梁、高速铁路等土木工程基础设施上安装的监测系统在 2011 年日本东北地震中发挥了作用，震后基于地震记录对结构地震损伤进行了深入系统的分析，并提出了许多新的课题（Siringoringo et al.，2013）。我国在“十五”期间，以及汶川地震和玉树地震后都加强了地震监测系统的建设，近年来在大量高层建筑、大跨度桥梁、水利工程上安装的健康监测系统也均包括了强地震地面运动和结构地震反应监测的功能。

地震监测数据既用于震源机制与震源模型的研究，又用于地震地面运动工程破坏特征的分析，还用于结构地震损伤识别与评估。

在地震工程领域，监测的大量地震地面运动记录，不仅为工程结构的抗震能力分析与设计提供了直接的地震输入；同时，对地震地面运动记录的分析，揭示了地震动强度、地震动的频谱、地震动的持时是地震地面运动工程破坏特征的控制因素。近年来，地震地面运动的近场大脉冲特征、时频特征、多次破裂特征和方向性效应也是地震地面运动工程破坏的重要因素。

基于监测数据的结构地震损伤识别与评估是地震监测的另一个重要研究课题。20世纪70年代，结构非线性地震反应的研究成为地震工程领域的热点，其中非线性模型及其参数的反演识别成为重要的研究内容。与线性结构损伤识别相同，根据是否依赖结构模型，非线性结构识别方法可以分为“有模型”和数据驱动的“无模型”两大类；根据其分解信号的不同分析域，又可分为频域、时域和时频域方法。由于结构在强地震作用下的响应是非平稳和非线性的，因而传统的频域信号处理方法已不能用来识别结构在地震作用下的损伤演化过程，时域和时频分析方法更适合于结构地震损伤识别。

有模型的结构地震损伤识别方法的结果与结构模型及其参数具有定量的映射关系，因此，识别结果具有明确的物理意义；基于数据驱动的无模型损伤识别方法的结果与结构模型及其参数没有明确的映射关系，识别结果一般不具有物理意义，只与损伤指标相关。

1. 时域识别方法

时域识别方法主要包括时间序列分析法、恢复力面(restoring force surface，FRS)识别法、扩展Kalman滤波类等算法。

时间序列分析法即采用各种非线性多项式模型描述非线性结构输入和输出之间的映射关系，然后通过最小二乘法得到多项式模型的参数，并进一步识别非线性结构的时变参数。Leontaritis和Billings(1985a，1985b)首次提出了带输入的非线性自回归滑动平均模型(nonlinear auto-regressive moving average with exogenous inputs，NARMAX)来建立结构的输入输出映射关系，借鉴线性系统频响函数的概念，在NARMAX模型上发展了基于谐波探测算法的非线性系统高阶频响函数的计算方法，但该方法识别结果对模型阶次依赖性大，且求解计算量大；Chen和Billings(1989)利用正交前向回归算法识别NARMAX模型，有效地降低了待识别模型的阶次并减少了计算量。Loh和Lin(1996a)采用多模型的自适应遗忘算法(adaptive forgetting through multiple models，AFMM)在线识别NARMAX模型，揭示出在原有NARMAX模型上考虑一定的输入时滞，系统的Bode图更稳定，并识别了位于美国Van Nuys市的某7层建筑在Northridge地震作用下的损伤，得到结构在地震作用过程中的频率和阻尼比的变化时程，但这种方法识别结果的精度仍受模型阶次的影响。时序分析法属于“有模型”识别方法，其假设的非线性多项式模型和识别得到的模型参数都缺乏明确的物理意义，难以对应具体的结构损伤，并且模型参数的识别结果过于依赖模型阶数的选择，而模型阶数目前仍缺乏科学的确定准则。

非线性恢复力面法，又称为力状态映射法，根据非线性结构的激励、位移、速度、加速度监测信息识别位移-速度相平面上的非线性恢复力面。Masri 等提出了恢复力面的非参数识别方法，利用位移和速度状态变量的正交切比雪夫函数描述恢复力，由拟合系数求得结构的非线性阻尼系数和非线性刚度，进而得到结构非线性模型(Masri and Caughey，1979；Masri et al.，1982a，1982b)。Masri 等(2004)通过扩展拟合基将恢复力面法扩展至一般情况，直接利用位移和速度状态变量的多项式函数描述非线性恢复力，拟合系数的物理意义更为明确，该方法需要监测得到结构状态的完备集，同时对具有记忆特性的非线性结构的识别精度较差。RFS 方法属于"无模型"识别方法，由于滞变恢复力不仅与结构状态变量的当前时刻有关，而且与它们的过去时刻有关，这样使得仅使用当前状态变量的多项式函数来描述滞变恢复力精度较低，因此，该方法对具有滞变非线性特性的土木工程结构难以保证识别结果的准确性和精度，同时也需要监测得到结构状态的完备集。

基于 Kalman 滤波器的结构识别可以归纳为以下几个问题：已知结构模型及其参数、观测得到的结构输入和部分结构输出响应，估计未观测的结构输出响应；已知结构模型、观测得到的结构输入和部分结构输出响应，估计未观测的结构输出响应、识别结构模型参数；已知结构模型、观测得到的部分结构输出响应，估计未观测的结构输入、结构输出响应、识别结构模型参数。

扩展 Kalman 滤波参数识别算法是在已知结构状态方程的基础上，将非线性结构的物理参数作为结构的增广状态向量，并根据结构输入和部分输出信息经迭代计算识别出结构的物理参数。Yun 和 Shinozuka(1980)首次利用扩展 Kalman 滤波方法研究了多自由度海洋平台结构在海浪作用下的非线性恢复力特性；Wang 和 Haldar(1994)采用扩展 Kalman 滤波算法，利用部分观测信息反演线性结构的地震输入，并识别结构物理参数；Yang 等(2007)提出了地震输入未知的自适应扩展 Kalman 滤波方法，在结构模型已知的前提下能实时跟踪地震损伤前后结构刚度和阻尼的变化。近年来，因无迹 Kalman 滤波器(unscented Kalman filter，UKF)具有对噪声鲁棒性好的特点，被许多学者用于识别结构的非线性滞变模型。Wu 和 Smyth(2007)利用无迹 Kalman 滤波器实时识别结构在地震作用下的滞变模型控制参数和估计结构状态，通过与扩展 Kalman 滤波识别结果的比较发现 UKF 能更好地识别参数和估计结构状态，对噪声的鲁棒性也较好，但该方法需要比较准确地确定待识别参数的大致范围，否则会得到错误的识别结果。

目前发展的基于 Kalman 滤波技术的系统识别方法，均是在测试结构反应信息不完备情况下，已知结构的非线性滞变模型，识别结构非线性滞变模型的参数和估计未测量的反应或输入，实际上是参数识别和状态估计方法。

2. 时频识别方法

与传统的频域和时域方法相比，时频分析方法由于能够同时在时域和频域内观察信号的演变，提供信号的局部时频特征，提取非线性结构动力特性的时变过程，同时具有处理非平稳信号的能力，近年来在非线性结构地震损伤识别研究中得到了广泛研究。目前常用的时频分析方法有 HHT 和小波变换。

Yang 等(2004)利用 HHT 得到结构损伤前后的频率和阻尼，据此对结构进行损伤识别；Spanos 等(2007)结合 EMD 和魏格纳维尔分布得到非线性结构在近、远场地震动作用下响应的时频能量分布，并通过随时间变化的均值频率来反映结构的损伤演化过程，研究表明，由于 EMD 得到的时频谱打破了测不准原理的限制，能得到更精细的时间和频率分辨率，该方法通过高分辨的时频图和平均频率能识别整体结构地震损伤，但不能判定结构非线性发生的位置以及非线性的类型。

基于小波变换的结构损伤识别方法可以分为三类：第一，通过对结构振动信号进行小波分解，根据小波系数在时间和空间上的突变判断结构损伤出现的时间及位置。Hou 等采用 Daubechies 小波对结构动力模型和 ASCE 的 Benchmark 模型进行了损伤识别研究，并给出了信噪比和损伤可检测性分析的对比图，但结构的损伤只是刚度的一次突变，即在损伤之前是一种刚度、损伤之后刚度降低，而不是滞变非线性特性的识别，因此，并不是土木工程结构的地震损伤识别。第二，利用小波变换对结构振动信号进行时频分解，并抽取小波量图的脊线，识别结构损伤后的时变频率(Hou et al.，2000；Hera and Hou，2004)。Todorovska 和 Trifunac (2007，2010)对美国加州帝国县服务大楼的顶层位移响应做小波变换，通过小波脊线得到第一时变频率，结果表明第一时变频率随损伤的累积而降低，但在结构响应后期比损伤过程中有所增大，进而提出基于时频能量分布的新指标来实现结构地震损伤识别，但该方法识别模态密集型结构的地震损伤较为困难。但这种直接基于信号时变特性的结构损伤识别方法还需要解决窄带激励下结构自身时频特性与激励时频特性的分离以及滞变非线性结构时频识别的精度和分辨率等问题。为此，李惠等(Li et al.，2013b)发展了基于结构各层地震反应时频特征相似性的结构地震损伤定位方法，该方法的原理是线性结构各层地震反应的某一阶振型的时频特征完全相同，而非线性结构不具有该特性，结构各层地震反应时频特性的相似性采用分形几何来定量描述。这一方法巧妙地避开了地震动的时频特性变化与结构自身时频特性的混叠问题。第三，利用小波尺度函数基对结构动力方程中的非线性项进行展开和逼近，从而直接识别结构的非线性滞变模型。Ghanem 和 Romeo(2001)将测量的位移和激励在双正交 Daubechies 小波尺度函数上展开，利用 Wavelet-Galerkin 变换将运动微分方程转换为代数方程，通过求解方程的待定系数来识别非线性结构参数，但该方法仅能识别无记忆性的非线性系统。Kitada

(1998)提出将运动方程中的非线性切线刚度系数和阻尼系数在小波多分辨率分析的尺度空间展开,并根据结构的输入和输出信息识别出结构的阻尼和时变的切线刚度,进而得到结构在地震作用过程中的非线性滞变模型,该方法需要监测得到结构状态的完备集及结构地震输入,但对大型复杂结构,监测结构全部状态的完备集是不现实甚至是不可能的。

3. 时域与时频混合识别方法

李惠等提出扩展 Kalman 滤波器与小波多分辨率分析混合方法来进行非完备监测信息下结构非线性滞变模型的识别和未观测状态的估计。该方法在某一时刻利用上一时刻的结构模型,通过扩展 Kalman 滤波器估计未观测的结构状态,由此通过监测和识别得到结构状态的完备集,进一步采用小波多分辨率分析方法识别该时刻的结构模型,逐步交互使用扩展 Kalman 滤波器和小波多分辨率分析方法,即可得到整个地震过程中结构的时变非线性滞变模型和未观测的结构地震响应时程(Li et al. ,2013a)。

4. 结构地震损伤评估

结构地震损伤评估亦可分为"有模型"和基于数据驱动的"无模型"两大类。

若基于监测识别得到了结构非线性模型及其参数,则可采用 Park 和 Ang (1985)提出的基于结构最大变形和累积耗能的地震损伤指数评估结构地震损伤程度和剩余抗震能力。Stephens 和 Yao(1987),Naeim 等(2006)给出了基于结构易损性曲线和小波分析的结构地震损伤程度评价方法。

若无识别的结构非线性模型及其参数,则需要采用基于数据驱动的无模型方法评估结构地震损伤。该方法仅利用监测的结构地震响应,以结构最大顶点位移、最大层间位移及层间残余变形等作为评价指标评估结构地震损伤程度。

0.5 结构健康监测的 Benchmark 模型

哈尔滨工业大学结构监测与控制中心(Center of Structural Monitoring and Control at Harbin Institute of Technology)提供了实际斜拉桥健康监测 Benchmark 问题(见图 0.13),包括 Benchmark 桥梁结构、健康监测系统、有限元模型以及监测数据(相关模型和数据可在 http://smc. hit. edu. cn 下载),监测数据涵盖了结构健康和损伤过程两种状态。针对斜拉桥结构的两类易损关键构件,提出了两个 Benchmark 问题,即拉索状态评估方法(Benchmark 问题 1)和桥梁主梁损伤识别方法(Benchmark 问题 2)。针对第一个 Benchmark 问题,Benchmark 模型提供了监测的索力和退化高强钢丝的疲劳特性,研究者可利用上述数据进行拉索疲劳寿命预测和剩余寿命评估的研究；针对第二个 Benchmark 问题，Benchmark 模型提供了桥梁多种损伤模式演化过程中监测的加速度响应及其环境作用参数，研究者可以利用上述数据验证其损伤识别方法的精度、准确性和鲁棒性等(Li et al. ,2014c)。

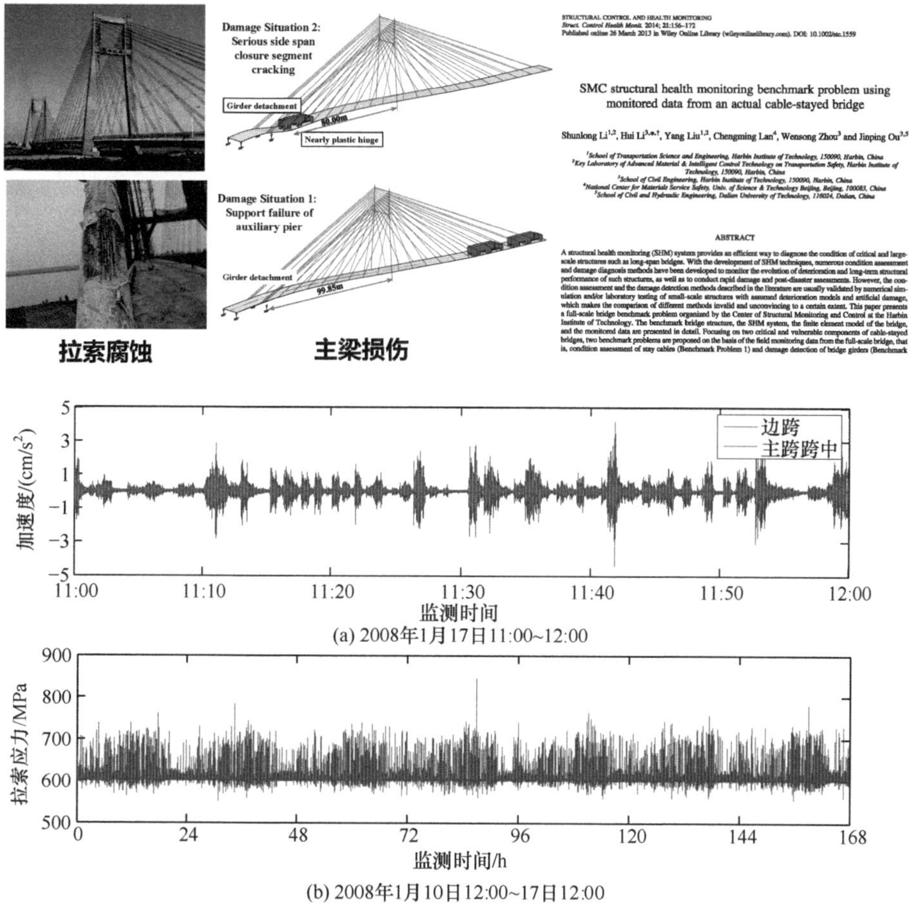

图 0.13　哈尔滨工业大学结构监测与控制中心 Benchmark 模型

香港理工大学的倪一清等在广州电视塔施工阶段开始建立结构健康监测系统，并以此结构为工程对象建立了高层建筑结构健康监测 Benchmark 模型，如图 0.14 所示(Ni et al. ,2009,2012)。主要包括如下四个 Benchmark 问题：①仅基于响应数据的结构模态参数识别和模型修正；②结构损伤识别模拟研究；③传感器优化布置；④基于监测数据的结构损伤识别。广州电视塔 Benchmark 模型相关资料和数据可以在 http://www.zn903.com/ceyxia/benckmark/index.htm 下载。

1998 年，Black 和 Ventura 提出了结构健康监测的 ASCE Benchmark 问题。2000 年建立了 ASCE Benchmark 问题中的结构力学分析模型(见图 0.15)，并对

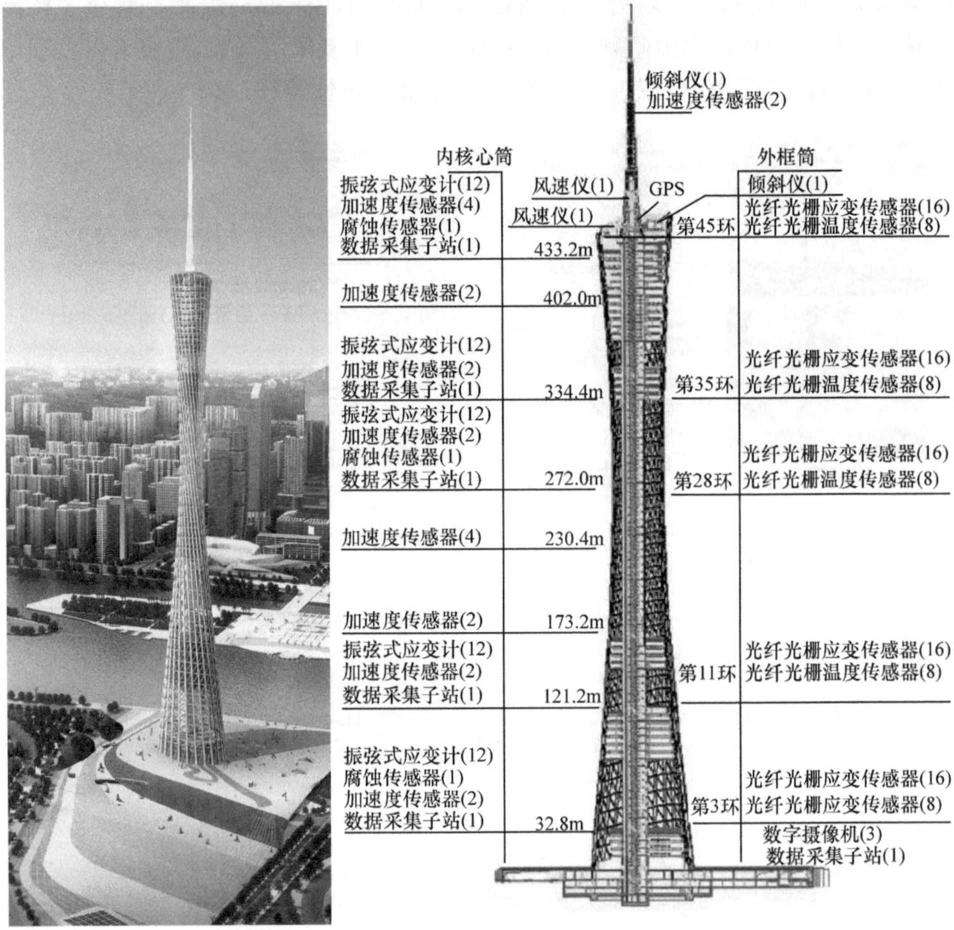

图 0.14　广州电视塔结构健康监测 Benchmark 模型

结构模型进行了试验(http://wusceel. cive. wustl. edu/asce. shm/),得到多种不同工况下结构响应试验数据。该结构模型位于加拿大英属哥伦比亚大学的地震工程研究实验室。为了便于试验,将结构安装在振动台上,但是该振动台只用于固定结构,而不对结构进行激励。该结构模型为一 4 层、2 跨×2 跨的钢结构框架,模型平面尺寸为 2.5m×2.5m,高 3.6m。框架结构采用热轧 300W 级钢材(名义屈服强度为 300MPa),框架柱截面为 B100×39,梁截面为 S75×11,梁柱节点为固结。支撑与结构之间灵活连接,可以根据研究目的进行拆卸与安装,以模拟结构损伤或刚度变化。为了使质量分布更符合实际,一、二、三层楼板质量均为 1000kg,四层楼板质量为 750kg;此外,下层楼板作为上一层的工作平台,附加质量为 35kg。该 Benchmark 问题已经进行了不同工况下的试验(Dyke,et al.,2001),试验数据在网站 http://wusceel. cive. wustl. edu/asce. shm/上可下载。

图 0.15 IASC-ASCE 模型

0.6 结构健康监测系统的应用

结构健康监测技术在桥梁、隧道、道路工程、高速铁路与地铁工程、岩土工程与地下结构、高层建筑、大跨度空间结构等各类土木工程结构中得到广泛应用，表 0.2 列出了我国主要部分实际工程结构健康监测系统案例，主要介绍 31 座结构监测系统的传感器数量以及监测变量信息。下面具体介绍几个典型大跨度桥梁结构(斜拉桥和悬索桥)、大跨空间结构和高层建筑健康监测系统。

0.6.1 桥梁结构

1. 悬索桥

某大跨度悬索桥全长 5.452km，主桥全长 2.588km，主跨 1650m。该大跨度悬索桥主桥为两跨连续全漂浮体系钢箱梁悬索桥，北边跨及中跨为悬吊结构。两主缆横桥向中心间距为 31.4m，吊索顺桥向标准间距为 18m。加劲梁采用扁平流线型分离式双箱断面形式，两个封闭钢箱梁横桥向拉开距离为 6m，用横向连接箱梁和横向连接工字梁进行连接，加劲梁高 3.5m，宽 36m。桥梁结构设计荷载为公路Ⅰ级，地震烈度为Ⅶ度，运营阶段设计重现期 100 年的风速为 $U_{10}=41.12\text{m/s}$。

表 0.2　我国主要实际工程结构健康监测系统案例

序号	结构名称	结构信息	健康监测系统	监测环境/结构变量
1	西堠门大桥	悬索桥，2009 年建成，跨长 1650m＋578m，总长 5.452km，塔高 211.286m	风速仪(6＋2)、空气温湿度计(7)、温度计(46＋73)、应变计(96)、光栅尺(3)、位移计(4)、索力计(49)、单轴加速度计(22)、三轴加速度传感器(2)、测斜仪(16)、GPS(15) 传感器总数:341	风荷载、交通荷载、挠度、位移、振动、应变、索力
2	金塘大桥	斜拉桥，2009 年建成，跨长 77m＋218m＋620m＋218m＋77m，总长 26.54km，塔高 204m	风速仪(2＋2)、空气温湿度计(7)、温度计(9＋166)、应变计(144)、光栅尺(6)、单轴加速度传感器(8＋15)、三轴加速度传感器(2)、测斜仪(10)、连通管(46)、索力计(72)、压力计(12)、GPS(4) 传感器总数:505	风荷载、交通荷载、挠度、位移、振动、应变、索力
3	深港西部通道	斜拉桥，2007 年建成，跨长 180m ＋ 90m ＋ 75m，总长 5545m，塔高 139m	风速仪(4＋1)、雨量计(1)、空气温湿度计(1)、温度计(27)、应变计(284)、位移计(4)、单轴加速度传感器(30)、三轴加速度传感器(1)、测斜仪(6)、连通管(15)、索力计(17)、压力计(6)、动态称重系统(2)、数码相机(2) 传感器总数:401	风荷载、交通荷载、挠度、位移、振动、应变、索力
4	青林湾大桥	斜拉桥，2010 年建成，跨长 2×50m＋180m＋2×50m，总长 1069m，塔高 128.485m	风速仪(1)、空气温湿度计(3)、温度计(32)、应变计(52)、位移计(4)、单轴加速度传感器(24＋29)、三轴加速度传感器(2)、测斜仪(8)、连通管(24)、GPS(2)、车辆速度计(1)、数码相机(2) 传感器总数:184	风荷载、交通荷载、挠度、位移、振动、应变、索力
5	外滩大桥	斜拉桥，2010 年建成，跨长 225m＋90m，总长 1393m，塔高 85.243m	风速仪(2)、空气温湿度计(3)、温度计(26)、应变计(37)、位移计(4)、单轴加速度传感器(26＋14)、三轴加速度传感器(1)、测斜仪(6)、连通管(20)、GPS(1)、车辆速度计(1)、数码相机(2) 传感器总数:143	风荷载、交通荷载、挠度、位移、振动、应变、索力

续表

序号	结构名称	结构信息	健康监测系统	监测环境/结构变量
6	曹妃甸工业区一号桥	斜拉桥，2010年建成，跨长138m+138m，总长2.35km，塔高120m	风速仪(2)、空气温湿度计(2)、FBG温度计(34)、FBG应变计(34)、单轴加速度传感器(38)、三轴加速度传感器(1)、双向测斜仪(4)、连通管(14)、动态称重系统(1)、数码相机(2) 传感器总数:132	风荷载、交通荷载、挠度、位移、振动、应变、索力
7	铜陵长江大桥	斜拉桥,1995年建成,跨长80m+90m+190m+432m+190m+90m+80m,总长2592m,塔高153.65m	风速仪(1)、空气温湿度计(1)、FBG温度计(32)、FBG应变计(32)、FBG位移计(4)、车辆速度计(1)、连通管(22)、GPS(10) 传感器总数:103	风荷载、交通荷载、挠度、位移、振动、应变、索力
8	杭州湾大桥	斜拉桥,2008年建成,跨长70m+160m+448m+160m+70m(南航道桥),跨长100m+160m+318m(北航道桥),总长36km,塔高178.8m(北航道桥),塔高194.3m(南航道桥)	北:风速仪(2+2)、空气温湿度计(6)、FBG温度计(24)、FBG应变计(58)、单轴加速度传感器(28+49)、三轴加速度传感器(2)、位移计(10)、连通管(36)、GPS(4)、动态称重系统(2)、数码相机(2) 传感器总数:225 南:风速仪(2+1)、空气温湿度计(5)、FBG温度计(20)、FBG应变计(46)、单轴加速度传感器(22+25)、三轴加速度传感器(2)、位移计(9)、连通管(18)、GPS(4) 传感器总数:154	风荷载、交通荷载、挠度、位移、振动、应变、索力
9	嘉绍大桥	斜拉桥,2013年建成,跨长70m+200m+5×428m+200m+70m,总长10.137km,塔高169.964m～173.174m	风速仪(4+1)、雨量计(1)、空气温湿度计(11)、温度计(45)、冲刷传感器(7)、腐蚀传感器(12)、应变计(182)、单轴加速度传感器(156+38)、三轴加速度传感器(2)、位移计(54)、连通管(48)、测斜仪(18)、GPS(5)、GPS基站(1)、动态称重系统(1)、数码相机(48) 传感器总数:634	风荷载、交通荷载、挠度、位移、振动、应变、索力
10	天津永和大桥	斜拉桥，1987年建成，主跨260m	FBG应变计(32)、温度计(6)、动态称重系统(2) 传感器总数:40	温度、液位、应变、行进间称重

续表

序号	结构名称	结构信息	健康监测系统	监测环境/结构变量
11	苏通长江大桥	斜拉桥，2008 年建成，主跨 1088m，倒 Y 形桥塔，高约 300m	风速仪（10）、空气温湿度计（12）、温度计（217）、电阻式应变片（309）、光纤应变计（12）、振弦式应变计（96）、补偿应变计（8）、加速度计（46）、腐蚀传感器（22）、位移计（16）、测斜仪（10）、GPS（16）、主站（7）、分站（2）、动态称重系统（2） 传感器总数：785	风荷载、钢、混凝土构件温度、路面温度、空气温湿度、拉索温度、交通荷载、钢筋混凝土腐蚀、整体位移、桥塔、桥墩倾斜、支座位移、地震和碰撞、应变、索力
12	南京长江第三大桥	三跨斜拉桥，2005 年建成，主跨 648m，总长约 15.6km，塔高 215m	风速仪（2）、空气温湿度计（6）、应变计（732）、加速度计（43）、测斜仪（42）、索力计（168）、压力计（84） 传感器总数：1077	风速、温湿度、桥面、拉索应变、索力、桥面、桥塔、拉索振动、桥塔倾斜、支座压力
13	湾头大桥	拱桥，2009 年建成，跨长 48m＋180m＋48m，总长 833m	风速仪（1）、空气温湿度计（2）、温度计（19）、应变计（21）、单轴加速度计（15）、位移计（4）、GPS（1）、磁通量传感器（10）、数码相机（2）、车辆速度计（1） 传感器总数：76	风荷载、交通荷载、挠度、位移、振动、应变、索力
14	明州大桥	拱桥，2011 年建成，跨长 100m＋450m＋100m，总长 1250m	风速仪（1）、空气温湿度计（1）、温度计（40）、应变计（54）、单轴加速度计（15）、三轴加速度传感器（2）、位移计（4）、GPS（3）、磁通量传感器（22）、数码相机（2）、车辆速度计（1） 传感器总数：145	风荷载、交通荷载、挠度、位移、振动、应变、索力
15	南京长江第四大桥	悬索桥，2012 年建成，跨长 410.2m＋1418m＋363.4m，总长 28.996km，塔高 230.9m	风速仪（4＋2）、空气温湿度计（14）、动态称重系统（2）、温度计（6＋15）、应变计（36）、单轴加速度计（39）、双向加速度计（16）、三轴加速度传感器（4）、位移计（12）、测斜仪（17）、GPS（19）、GPS 基站（2） 传感器总数：188	风荷载、交通荷载、挠度、位移、振动、应变、索力

续表

序号	结构名称	结构信息	健康监测系统	监测环境/结构变量
16	泰州长江大桥	悬索桥，2012年建成，主跨1080m,总长2940m,塔高191.5m	风速仪(1)、温湿度计(1)、温度计(42)、单轴加速度传感器(39)、三轴加速度传感器(12)、应变计(168)、静态GPS(11) 传感器总数:274	风速、大气温湿度、桥内温度、桥面位移、桥墩位移、加速度、应变和应力
17	东海大桥	斜拉桥，2006年建成，主跨420m,总长32.5km,塔高195m	风速仪(3)、温度计(70)、应变计(64)、静态GPS(9)、加速度计(56)、疲劳计(48)、伸缩仪(8)、水压计(76)、索力计(16)、腐蚀传感器(36) 传感器总数:386	风速、大气温湿度、桥内温度、桥面总体位移、桥墩位移、加速度、应变和应力
18	江阴长江大桥	悬索桥，1999年建成，主跨1385m,总长2008m,塔高193m	三轴超声风速仪(2)、温度计(2)、湿度计(2)、光纤温度计(36)、光纤应变计(1680)、加速度计(35)、位移计(4)、气压计(2)、磁弹性式张力计(14)、GPS基站(9) 传感器总数:1786	主梁、桥塔的位移、振动、索力、温度场、湿度、风速
19	南京长江第二大桥	斜拉桥，2001年建成，主跨628m,总长2938m,塔高195.41m	主梁全站仪(配备22棱镜)、每座桥塔各16个测量点、振弦式应变计、磁弹性式张力计、风速仪、温度计、湿度计	主梁线形、主梁应变、索力、桥塔位移、主梁温度场、主梁、桥塔振动、交通荷载、风速
20	南京长江第三大桥	斜拉桥，2005年建成，主跨648m，总长约15.6km，塔高215m	加速度计(43)、应变计(488+244)、温湿度计(6)、风速仪(2)、索力计(168)、位移计(72)、挠度传感器(42)、支座力传感器(12) 传感器总数:1077	主梁线形、主梁应变、索力、桥塔位移、主梁温度场、主梁、桥塔振动、交通荷载、风速、湿度、支座力

续表

序号	结构名称	结构信息	健康监测系统	监测环境/结构变量
21	润扬长江大桥	斜拉桥，2005 年建成，主跨 406m，总长 756.8m，塔高 146.9m	加速度计(80)、应变计(60)、风速仪(1)、温度计(24)、GPS 基站(8) 传感器总数：173	主梁线形、风速、主梁温度场、主梁应变、索力、钢箱梁、桥塔、拉索振动、交通荷载
22	润扬长江大桥	悬索桥，2005 年建成，主跨 1490m，总长 2430m，塔高 209.9m	加速度计(93)、应变计(72)、风速仪(1)、温度计(40)、GPS 基站(8) 传感器总数：214	主梁线形、主梁应变、主梁温度场、钢箱梁、桥塔、拉索振动
23	崇海大桥	6 跨连续钢梁桥，2011 年建成，跨长 102m＋4×185m＋102m	风速仪(2)、温湿度计(8)、结构温度计(72)、伸缩缝位移计(8)、挠度传感器(9)、应变计(72)、振动计(26)、碰撞传感器(21)、体外预应力筋、张力计(16) 传感器总数：234	风速、大气温湿度、结构温度、路面温度、交通荷载、加速度、结构挠度、应变和应力、桥墩、伸缩缝位移、体外预应力筋张力
24	杨浦大桥	斜拉桥，1993 年建成，主跨 602m，总长 1172m，塔高 208m	应变计(40)、压电式传感器(5) 传感器总数：45	加速度、交通荷载、索力、应变、变形、整体位移等
25	下白石大桥	预应力混凝土连续刚构桥，2003 年建成，跨长 145m＋2×260m＋145m，塔高 810m	加速度计(153、竖向、顺桥向、横桥向各 49 测点＋2 参考点) 传感器总数：153	桥梁结构振动

续表

序号	结构名称	结构信息	健康监测系统	监测环境/结构变量
26	青州大桥	斜拉桥，2002年建成，主跨605m，总长1185m，塔高175m	加速度计(348，桥面：180，拉索：168)、液位仪、全站仪、挠度传感器	桥面、拉索振动、桥面挠度、桥塔位移、索力
27	乌龙江大桥	预应力混凝土T形框架桥，1971年建成(2007年整修并安装结SHM系统)，跨长58m+3×144m+58m，塔高548m	风速仪、温湿度计、振弦式应变计、光纤应变计、加速度计、GPS基站	桥梁结构温度场、湿度、风向、桥面位移、加速度、混凝土构件应变
28	Ting Kau Bridge(中国香港)	三塔多跨斜拉桥，1998年建成，桥塔为单柱构造，两主跨长448m，475m，两边跨长127m，塔高分别为170m，194m，158m	风速仪(7)、温度计(83)、加速度计(45)、位移计(2)、应变计(88)、动态称重系统(6)、定位基站(8) 传感器总数：239	风速、温度、加速度、应变、位移
29	Stonecutters Bridge(中国香港)	双塔斜拉桥，2008年建成，2009年通车，主跨1018m，塔高290m	风速仪(24)、空气温湿度计(26)、温度计(295)、三轴加速度传感器(58)、位移计(4)、动应变计(1060)、静应变计(61)、缓冲传感器(40)、腐蚀传感器(33)、支座传感器(48)、电磁传感器(32)、动态称重系统(4)、GPS(10)、测斜仪(8)、摄像头(24)、气压计、雨量计 传感器总数：1727	风荷载、空气温湿度、结构温度、拉索温度、交通荷载、钢混构件腐蚀、总体位移、桥塔、桥墩倾斜、支座位移、应变、索力
30	国家游泳中心	大跨空间结构，钢膜结构，位于奥林匹克公园的中心位置，长、宽、高分别为177m×177m×30m，总建筑面积80000m^2	三维风速仪(1)、风压传感器(22)、加速度传感器(16)、应变传感器(210)、温度传感器(60) 传感器总数：309	风速、风向、风压、温度、应变、加速度
31	哈尔滨歌剧院	大跨空间结构，钢结构，哈尔滨标志性建筑，位于哈尔滨市松北区文化中心岛内，包括大剧院(1600座)，小剧场(400座)，地下车库及附属配套用房等	加速度传感器(15)、光纤光栅应变传感器(294)、光纤光栅温度传感器(25)、拉绳式位移计(5) 传感器总数：339	温度、应变、加速度、位移

该桥运营健康监测综合管理系统主要包括基于自动化传感测试的结构健康监测子系统和电子化巡检管理子系统两大部分，其中，电子化巡检管理子系统主要由巡检养护手册和巡检软件模块组成。结构健康监测子系统主要监测结构环境场、交通流特征参数以及结构锚碇、索塔、主缆、吊索和加劲梁的部分代表性结构构件的力学指标。

(1) 环境与荷载监测变量和传感器主要包括：风速采用 8 个风速仪监测，分别布置在塔顶和主梁上；采用(46＋73)个温度计监测结构温度，采用 7 个温湿度仪监测主缆和环境温湿度；结构动态称重系统布置在主桥入口处。

(2) 结构整体响应监测变量和传感器主要包括：采用 15 个 GPS、4 个位移计和 10 个倾斜仪监测大桥空间位置变化，测点主要位于主缆(横桥向、顺桥向、竖桥向)、钢箱梁(横桥向、顺桥向、竖桥向)和索塔(顺、横桥向)等构件上；采用加速度监测结构动力及振动特性，其中包括 2 个三轴加速度计和 22 个单轴加速度计，2 个三轴加速度计位于主桥桥墩底部。

(3) 结构局部监测变量和传感器主要包括：钢箱梁代表性截面布设了 96 个应变计，监测钢结构疲劳应力幅；采用 49 个索力计监测锚室内前、后锚面代表性索股锚跨以及代表性吊杆索力。

该悬索桥结构运营健康监测综合管理系统监测布点如图 0.16 所示。

2. 斜拉桥

某斜拉桥为主跨 620m 的五跨连续半漂浮体系钢箱梁斜拉桥，跨径布置为(77＋218＋620＋218＋84)m。该桥标准宽度为 30.1m，设计荷载为公路Ⅰ级，运营阶段设计重现期 100 年的风速 U_{10}＝40.44m/s，地震烈度为Ⅶ度。

该斜拉桥结构运营健康监测综合管理系统也主要包括基于自动化传感测试的结构健康监测子系统和电子化巡检管理子系统两大部分。巡检管理子系统主要由巡检养护手册和电子化人工巡检软件模块组成。结构健康监测子系统主要监测结构环境场、交通流特征参数以及结构索塔、主梁和斜拉索等主要代表性控制构件的力学指标，主要布设三大类监测项目：

(1) 环境与荷载监测变量及传感器主要包括：采用 4 个风速仪监测风速，风速仪布设在桥塔和主梁跨中；7 个空气温湿度仪和(9＋166)个结构温度计监测温度与湿度；动态称重系统位于桥梁入口处；混凝土结构 Cl^- 腐蚀进程定期检测。

(2) 结构整体响应监测变量及传感器主要包括：结构空间变位监测，包括采用 46 个连通管测点监测钢箱梁空间位置变化、4 个 GPS 监测索塔空间位置变化(顺、横桥向)；采用 25 个加速度计监测结构动力及振动特性，其中 2 个三轴加速度计布置在桥塔底部。

(3) 结构局部响应监测变量及传感器主要包括：采用 72 个索力计监测斜拉索索力变化；在钢箱梁代表性截面布设了 144 个应变计监测结构应变。

该桥的结构运营健康监测综合管理系统测点布置如图 0.17 所示。

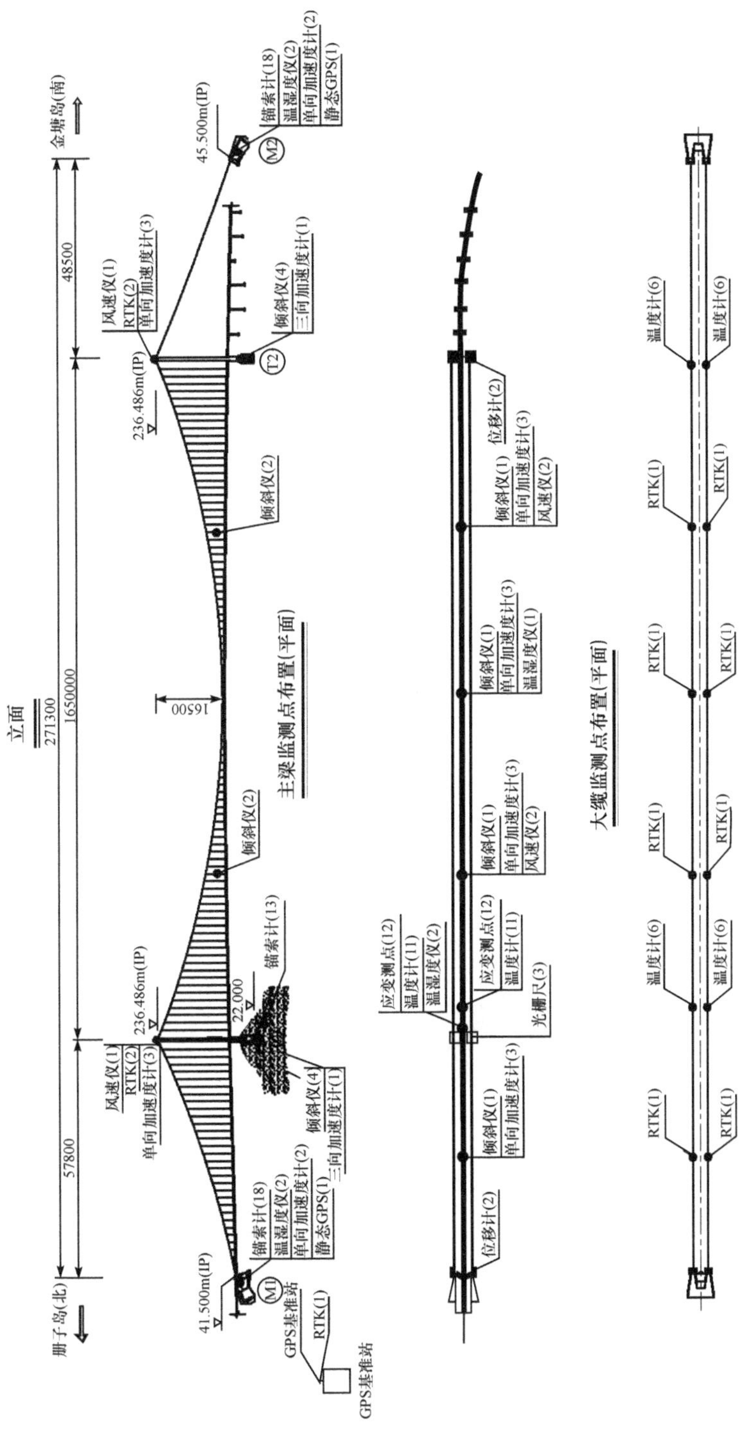

图 0.16　某一座悬索桥健康监测系统传感器子系统(单位:cm,中国公路交通规划设计院有限公司)

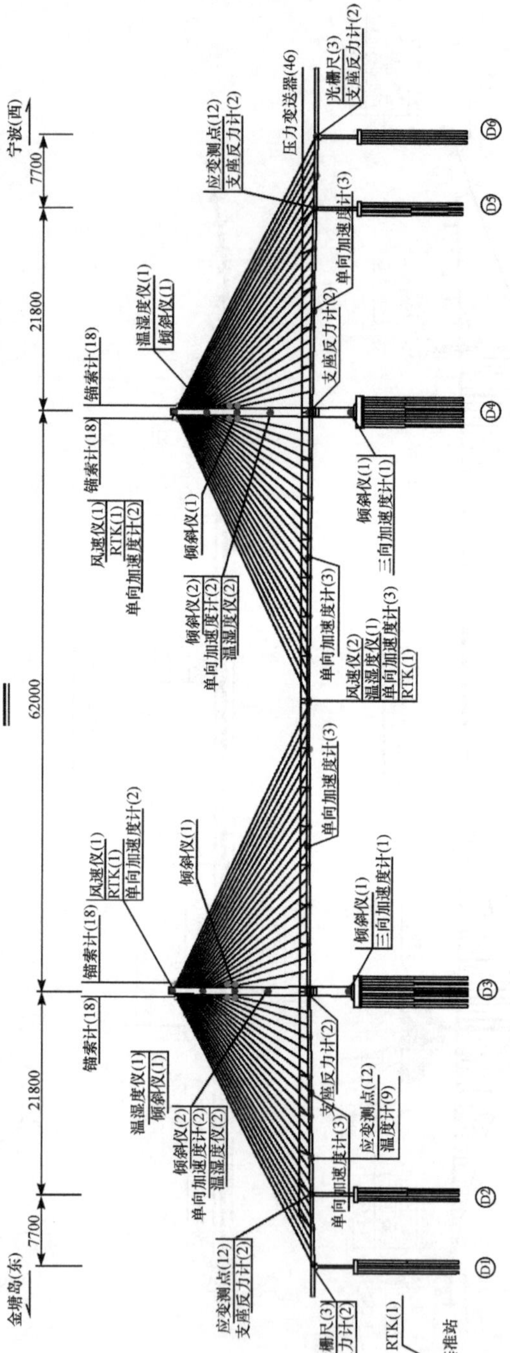

图 0.17　某一座斜拉桥健康监测系统传感器子系统(单位:cm,中国公路交通规划设计院有限公司)

0.6.2　国家游泳中心

国家游泳中心位于奥林匹克公园中心位置，长、宽、高分别为177m、177m、30m，内部分成三个功能相对独立的空间，总建筑面积80000m^2。国家游泳中心由钢筋混凝土框架筒体结构、空间钢结构和ETFE膜充气枕覆盖结构组成，其空间钢结构是建筑设计和结构设计的重点。空间钢结构几何形态的形成，是依据Wearie-Phelan给出的“无限等体积肥皂泡陈列几何图形学”，由十四面体、十二面体基本单元沿三个正交坐标轴X、Y和Z生成了巨大的空间立方体。将空间立方体进行旋转和切割，切出建筑的外边框和内部使用空间。十四面体、十二面体被切出的边线形成上弦和下弦杆件，切割面之间原有单元的边线即为腹杆。经优化选择旋转角度和切割面，形成最终的结构几何形态。

国家游泳中心设计荷载包括重力荷载、风荷载、雪荷载、地震作用和温度作用等。抗震设防烈度为8度，三类一组场地，同时考虑水平地震作用和竖向地震作用；风荷载的设计基准期为100年。国家游泳中心的效果如图0.18所示。

图0.18　国家游泳中心

1. 监测内容设计

根据国家游泳中心钢膜结构的受力特点，健康监测系统的监测变量包括荷载与环境作用以及结构整体响应和局部响应。监测的荷载与环境作用包括风荷载、温度作用和地震作用；监测的整体响应为结构振动，监测的局部响应为结构关键构件应变。

风荷载采用1个三向风速和22个风压传感器监测，其中，18个风压传感器布设在屋盖北部前缘、角部及中心区域，4个风压传感器布设在北部墙面靠近屋盖的角部；温度作用主要监测整个屋盖结构的温度场，采用60个光纤光栅温度传感器监测；地震作用主要监测强震下地面运动加速度，2 个三轴加速度传感器布设在结构底部。

结构振动采用 14 个加速度传感器监测；关键构件应变采用 210 个光纤光栅应变计监测。加速度传感器和应变传感器主要布设在钢结构屋盖上。

2. 数据采集系统

数据采集系统包括硬件、软件以及它们的集成技术，同时包含不同信号的采集制度。

光纤光栅应变和温度传感器采集静态信号，设计采用 RS-485 串行标准总线技术采集数据。加速度传感器、风速仪和风压传感器为动态信号，由于采样频率较高、传感器数量较多，设计采用基于 PXI 总线的数据采集系统。PXI 机箱必备一个系统槽和多个外围槽，内置多通道高精度模拟信号采集模块，并增设信号调理模块，PXI 机箱可以通过 MXI 总线接口连接到现场工控机。同时为节省和简化布线，基于分布式的静态信号也通过具有 RS-485 转换功能的 PXI 卡接入 PXI 系统，然后同其他信号一起接入现场工控机。整个系统硬件的总体结构框图如图 0.19 所示。

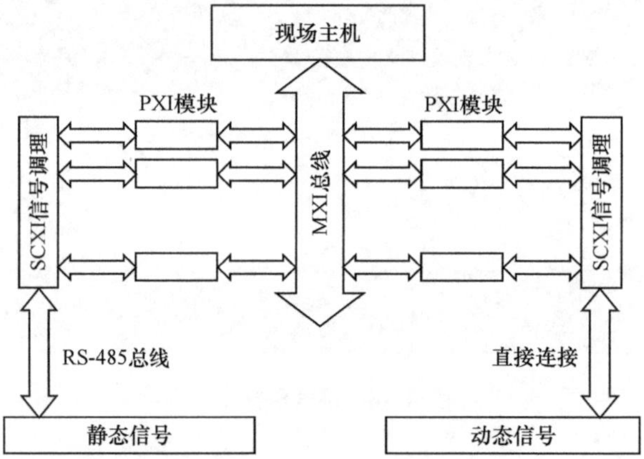

图 0.19　系统硬件的总体结构框图

国家游泳中心的健康监测系统采用 Windows NT 作为系统框架。Windows NT 系统框架定义基于流行的 IBM PC 体系结构及其兼容机的系统，它规定了对系统控制器模块和 PXI 外设模块的系统要求。

系统结构自上而下分为应用程序层、仪器驱动层和 I/O 接口层。应用程序层建立仪器可视化和交互式集成开发环境，提供数据显示、存储、分析以及和其他分析软件接口功能；仪器驱动层保证系统硬件在 Windows NT 框架下正常驱动并正常工作；VISA 是系统软件的 I/O 接口层，VISA 用作系统中 PXI 系统配置、插槽计数、触发总线的仪器特性的软件接口，并提供了 PXI 至所有传感器的连接。

常用的应用程序层开发软件包括 LabVIEW、LabWindows/CVI、VB、VEE、BridgeVIEW 等，其中，美国 NI 公司的 LabVIEW 虚拟仪器软件开发平台具有基于 G 语言的图形化编程方式，易于掌握。因此，国家游泳中心健康监测系统采用 LabVIEW 作为应用程序开发平台。

0.6.3　某高层建筑

某高层建筑地上 108 层，建筑高度 528m，结构由巨型柱、巨型斜撑、转换桁架组成的巨型外框架和型钢混凝土核心筒组成。建成后，该高层建筑将成为世界上第一个在抗震设防烈度 8 度区建造的 500m 以上超高层大楼。监测的荷载与环境作用包括风荷载和温度作用；监测的整体响应为结构振动，监测的局部响应为结构关键构件应变。

风荷载包括三向风速和风压，1 个风速仪布设在大厦顶部；温度作用采用 8 个光纤光栅温度监测结构的温度场。

结构振动采用 12 个加速度传感器监测，测点沿结构高度方向均匀布设；关键构件应变采用 72 个光纤光栅应变计监测。

结构健康监测系统部分测点布置如图 0.20 所示。

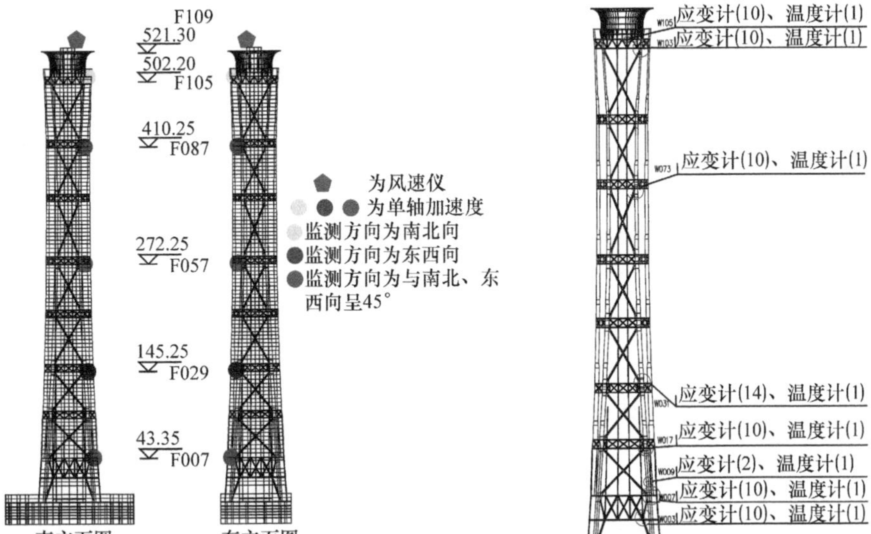

图 0.20　传感器测点布置图

该高层建筑结构健康监测系统主要是获得结构在服役期间的荷载与环境作用、结构整体响应和局部响应等，通过对监测信息综合评估为结构安全、高效、经济运营管养提供依据。针对系统所需要满足的功能和目标，确定监测系统由以下子系统组成：

(1) 自动化传感数据采集、分析与控制子系统(简称自动化传感测试子系统)，包括三个模块，包括传感器模块、数据采集与传输模块、数据处理与控制模块。

(2) 中心数据库子系统，监测的静态、动态资料、信息、数据的归档、查询、存储、管理和调用等工作。

(3) 结构安全预警与综合评估子系统，根据监测数据进行实时预警、统计分析及模态参数识别等，对结构的安全使用状况定期进行综合评估。

监测系统所选用的光纤光栅应变传感器、光纤光栅温度传感器、风速仪、加速度传感器等分别经由光纤光栅解调仪和虚拟仪器采集卡进行数据采集；通过数据处理与控制模块进行采集控制和对原始监测数据预处理；将数据传输至中心数据库，对数据进行分析、整理并进行结构健康安全评定；通过用户子系统实时显示数据，为该大厦维护人员提供直观的结构健康状态信息，为结构维护决策奠定基础。

0.6.4 结构健康监测管理软件系统平台

目前，国内外许多企业和科研院所均开发了结构健康监测管理软件平台。这里以智性科技南通有限公司与哈尔滨工业大学结构监测与控制中心合作研究开发的结构健康监测软件系统平台为例，介绍当前国内外结构健康监测软件平台的特点。该平台软件包括结构健康监测系统数据采集与信号处理软件模块(数据采集与信号处理)、数据管理软件模块(数据预处理、数据存储、数据恢复与备份)、应用层软件模块(实时预警、数据分析、安全评定、专项评估、数据图形显示、自动化生成报告等)以及用户层服务软件模块(监控中心和信息发布)。平台软件系统模块介绍如图 0.21 所示。

结构健康监测管理软件系统平台包括结构设计信息(含结构有限元模型)、施工信息、荷载试验信息、结构健康监测系统信息、结构三维建模与模型、监测数据采集与存储、实时安全预警、数据分析、安全评定、自动化编写数据分析报告和安全评定报告以及历史数据回溯等功能。其中：①工程概况信息，包括结构和监测系统基本状况，如图 0.22 所示；②监测系统信息，主要介绍和管理结构健康监测系统传感器布设位置的三维模型显示以及监测系统基本参数、设备采购信息和设备维修信息，如图 0.22 所示；③结构信息管理，主要包括桥梁(构件、截面、材料)的物理结构信息、有限元模型结构信息、原始有限元模型、初始有限元模型和损伤有限元模型，如图 0.23 所示；④实时监测与预警模块，包括实时监测数据和预警信息，如

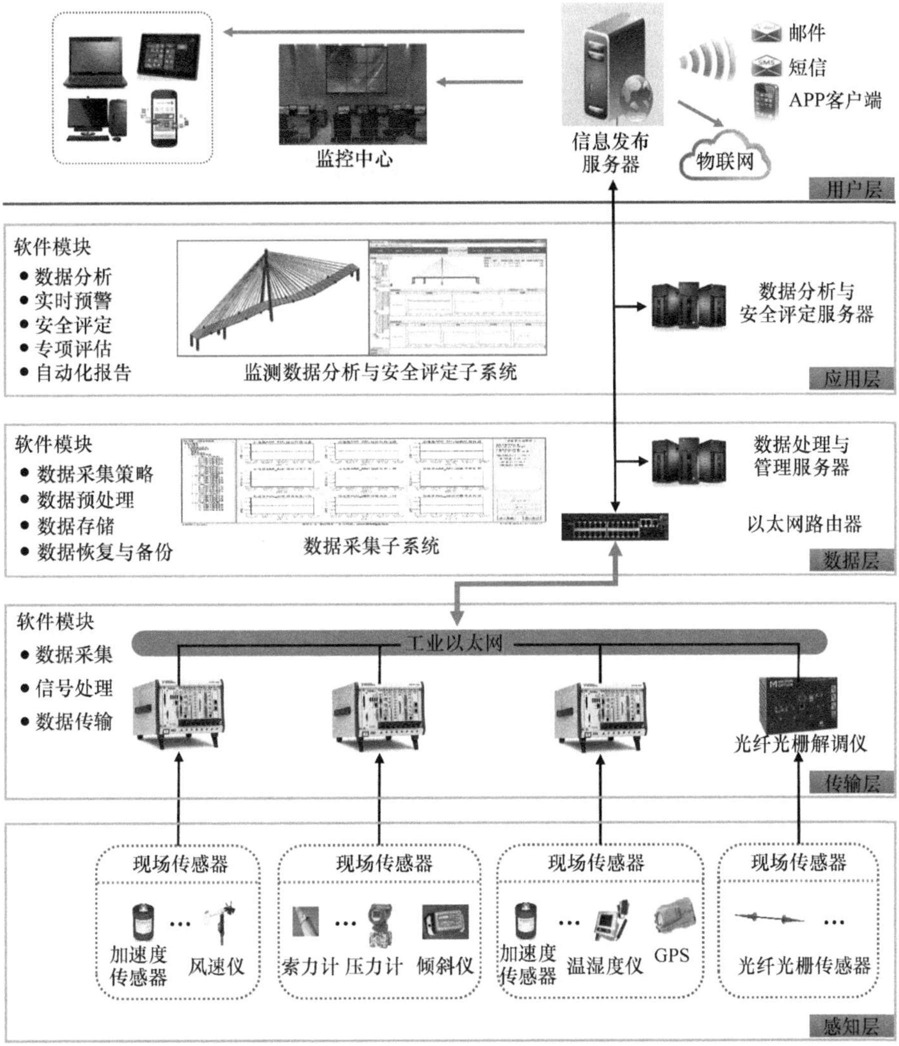

图 0.21　结构健康监测管理软件平台界面

图 0.24 所示；⑤数据分析，包括数据统计分析、结构模态参数识别等，定期或根据用户需求自动形成数据分析报告，如图 0.25 和图 0.26 所示；⑥安全评估，分为安全一级和专项评估、预警信息及预警处置，定期或按照用户需求自动形成安全评定报告，如图 0.26 所示。

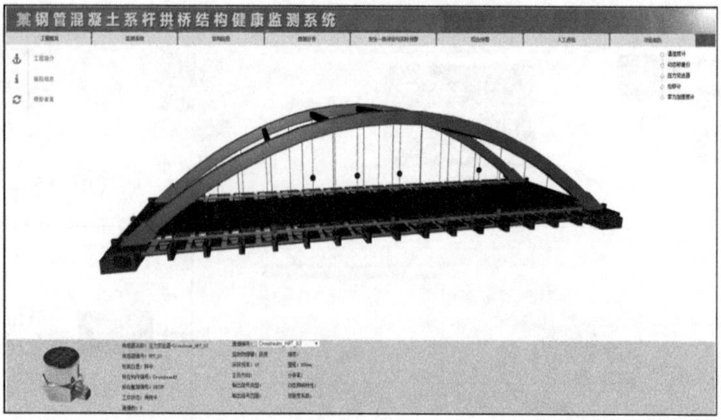

图 0.22　工程概况及 3D 模型界面

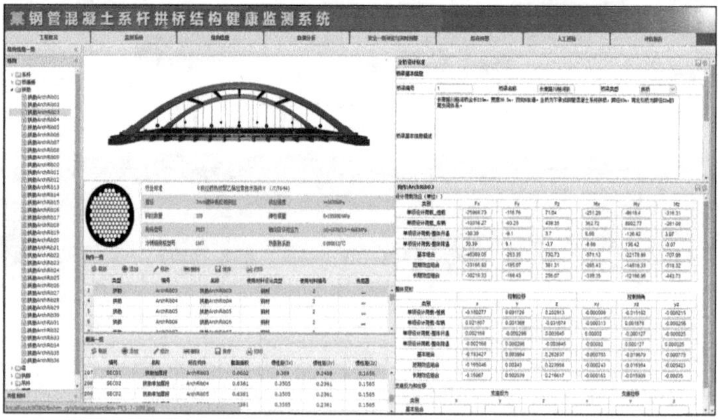

图 0.23　结构信息界面

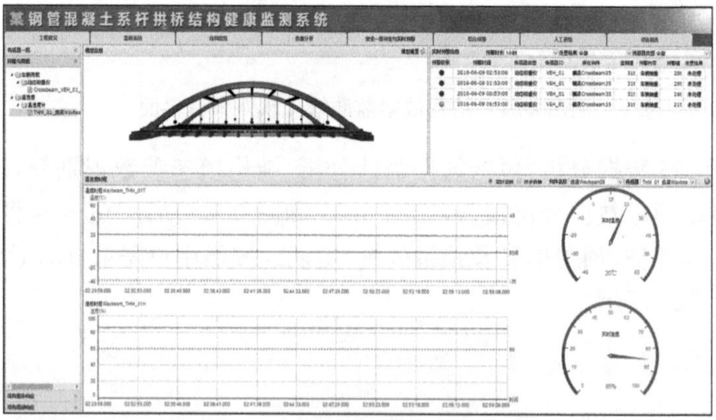

图 0.24　实时监测与安全预警界面

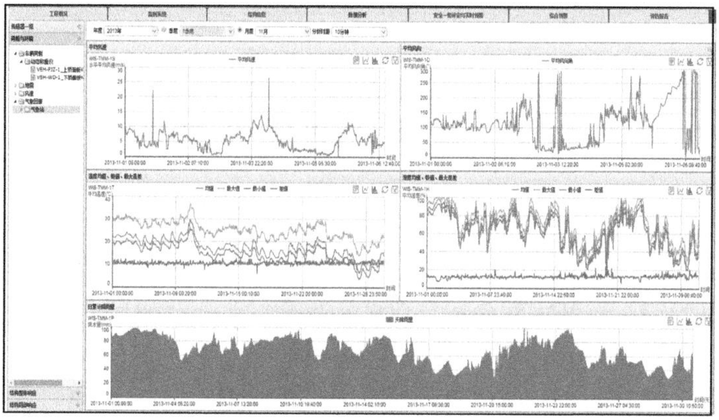

图 0.25 数据分析界面

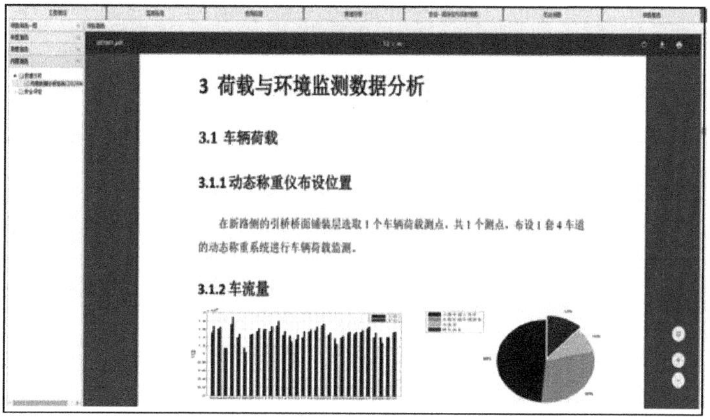

图 0.26 自动生成数据分析与安全评估报告

第1章 数字信号的基础知识

从传感器输出的模拟信号需要转化为数字信号才能被计算机识别，即结构健康监测数据采集系统最终采集输出的监测数据。结构健康监测数据分为静态信号数据和动态信号数据，其中静态信号数据采集和分析相对简单，这里重点介绍结构健康监测动态信号数据采集和分析的基础知识。

结构健康监测动态信号数据（简称结构健康监测数据）包含着丰富的结构荷载和结构响应的时、频域特征，这些特征实质反映了荷载及结构的基本动力特性、动力学行为及其物理机制，是荷载和结构动力行为研究的重要基础。

结构健康监测数据的时、频域特征需通过数字信号处理与分析得到。傅里叶变换是数据处理与分析的重要基础与手段。1822年法国科学家傅里叶指出，任意一个函数 $x(t)$ 都可以分解为无穷多个不同频率的正（余）弦函数的和，之后在此基础上发展形成了系统的傅里叶级数和傅里叶变换方法，构建起了信号时、频域之间的转换关系，为认识时域信号的频域特性提供了方便的工具。

除傅里叶变换外，拉普拉斯变换是动力系统和信号分析的另一个重要工具。拉普拉斯变换将一个信号从时域转换为复频域（s 域）来表示，并在复数域内进行各种运算，再将运算结果做拉普拉斯逆变换以求得信号实数域内的结果。这种变换可把微分方程化为容易求解的代数方程，从而使计算简化，因而在动力系统分析中得到了广泛应用。采用拉普拉斯变换，可将传递函数代替微分方程来描述动力系统的特性，从而直观地得到动力系统的极点和零点等与系统模态参数有关的变量。因此，拉普拉斯变换已广泛应用于结构模态分析与识别。

本章首先介绍傅里叶变换，包括连续傅里叶变换和离散傅里叶变换；其次介绍数字信号的采样定理；再次介绍拉普拉斯变换及其性质；最后介绍信号滤波、去噪的基础理论。

1.1 傅里叶变换

傅里叶变换是从傅里叶级数推导而来的。傅里叶级数的本质是将一个周期信号分解成无限多不同的（离散的）正弦波。但自然界的实际信号大部分为非周期信号，傅里叶变换则是将一个时域非周期的连续信号转换为一个频域非周期的连续信号。傅里叶级数和傅里叶变换的区别可以用图1.1表示。

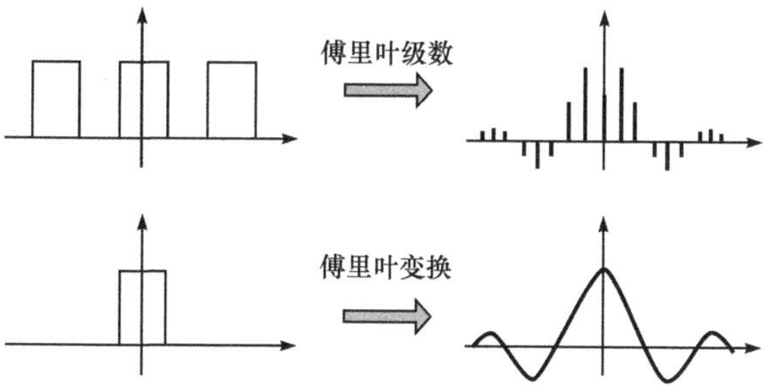

图 1.1　傅里叶级数和傅里叶变换的区别

给定一个连续信号 $x(t)$，傅里叶变换定义为

$$X(\omega)=\mathcal{F}[x(t)]=\int_{-\infty}^{+\infty}x(t)\mathrm{e}^{-\mathrm{j}\omega t}\,\mathrm{d}t \tag{1.1}$$

其傅里叶逆变换为

$$x(t)=\mathcal{F}^{-1}[X(\omega)]=\frac{1}{2\pi}\int_{-\infty}^{+\infty}X(\omega)\mathrm{e}^{\mathrm{j}\omega t}\,\mathrm{d}\omega \tag{1.2}$$

非周期信号的傅里叶变换也应满足类似周期信号傅里叶级数的狄里赫利条件才能存在，即非周期信号傅里叶变换存在的充分条件是在无限区间内满足绝对可积条件：

$$\int_{-\infty}^{+\infty}|x(t)|\,\mathrm{d}t<\infty \tag{1.3}$$

在某些情况下，借助奇异函数（如脉冲函数）的概念，可使许多不满足式(1.3)绝对可积条件的信号（如周期信号、阶跃信号、符号函数等）也存在傅里叶变换。

1.2　离散信号的傅里叶变换与快速傅里叶变换

1.2.1　离散傅里叶变换

将连续模拟信号数字化采集可以得到时域内的离散信号，采用离散时间傅里叶变换（discrete time Fourier transform，DTFT）对时域内离散信号进行频谱分析，得到的频谱在频域内是连续的（ω 是连续的），无法用计算机进行处理。为了便于用数字化的方法进行离散时间信号的频域分析和处理，信号不仅在时间域应是离散的，在频域内也需对信号进行离散化。此外，数字化采集的信号是有限长的，所以，还需给出有限长信号的频谱分析方法。

时域内有限长离散信号的离散频谱分析可采用离散傅里叶变换（discrete Fourier transform，DFT）得到。

一个信号的离散傅里叶变换可表示为

$$X(k)=\sum_{n=0}^{N-1}x(n)\mathrm{e}^{-\mathrm{i}\frac{2\pi nk}{N}},\quad n=0,1,2,\cdots,N;k=0,1,2,\cdots,N \tag{1.4}$$

其离散傅里叶逆变换为

$$x(n)=\frac{1}{N}\sum_{k=0}^{N-1}X(k)\mathrm{e}^{\mathrm{i}\frac{2\pi nk}{N}},\quad k=0,1,2,\cdots,N;n=0,1,2,\cdots,N \tag{1.5}$$

式中，$x(n)$和 $X(k)$分别为时域内采集的数字化离散信号及其频谱；n、N、k 均为正整数；N 为信号采样点数或信号时长；k 为频率。

式(1.4)和式(1.5)称为离散傅里叶变换对。

1.2.2　快速傅里叶变换

快速傅里叶变换(fast Fourier transform，FFT)是离散傅里叶变换的快速算法。考虑周期性与对称性，FFT 通常采用基 2 算法，其计算复杂度为 $O(n\log n)$。FFT 的基 2 算法要求采样信号的样本点数为 $N=2^m$(m 为正整数)，将该信号按时间顺序的奇偶分解为越来越短的子序列，称为基 2 按时间抽取的 FFT 算法，也称为 Coolkey-Tukey 算法。在实际应用时，信号长度一般要求满足 $N=2^m$；若不满足该条件，可人为补加上若干零值(补零)，使信号长度满足 $N=2^m$。

下面对一个简单的正弦加速度信号进行 FFT。设 $y(n)=\sin(2\pi n)+2\sin(10\pi n)+\sin(20\pi n)$，其中 $n=1,2,\cdots,1024$，通过 FFT 得到信号 y 的频谱，如图 1.2 所示。从图中可以得到，信号 y 包含 1Hz、5Hz 和 10Hz 的 3 个频率成分及其能量的大小。

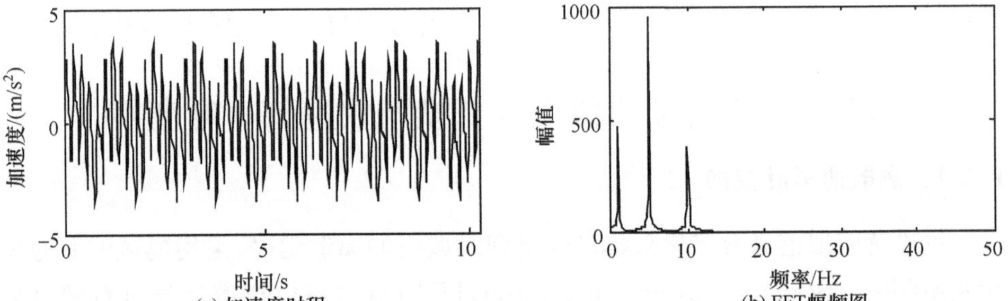

(a) 加速度时程　　(b) FFT幅频图

图 1.2　加速度信号及其 FFT 结果

1.2.3　栅栏效应

从式(1.4)可以看出，对 N 个采样点的信号进行离散傅里叶变换，只能得到有限的 N 个频率点上的频谱，即只能在有限的 N 个频率点上观察信号的频谱，这相当于从栅栏的缝隙中观察景色。若 N 较小，则能观察到的频谱就较稀疏，无法全面地了解信号在整个频域上的特性。为了观察到信号在其他频率点的频谱信息，需对信号 $x(n)$进行补零处理，以便得到不同频率点上信号的频谱特性。对信号 $x(n)$之后补上 $M-N$ 个零，使原采样点为 N 的信号延长为采样点为 M 的信号，设为 $x'(n)$，再做离散傅里叶变换，可得

$$X'(k)=\sum_{n=0}^{M-1}x'(n)\mathrm{e}^{-\mathrm{i}\frac{2\pi nk}{M}},\quad n=0,1,2,\cdots,M \tag{1.6}$$

对比式(1.4)和式(1.6)可知，将 $x(n)$补零再做离散傅里叶变换即可得到信号 $x(n)$在其他频率上的频谱值，相当于移动了栅栏，增加了频率点，因而能够从其他频谱位置对信号 $x(n)$的频谱进行观察。

1.2.4　频率分辨率

从式(1.4)可知，N 个采样点的信号的频率分辨率为 $2\pi/N$。栅栏效应指出可以通过补零观察到信号更多频率点的频谱，但是这并不意味着补零能够提高真正的频谱分辨率。这是因为 $x(n)$实际上是 $x(t)$采样的主值信号，而将 $x(n)$补零得到的 $x'(n)$周期延拓之后与原来的信号并不相同，也不是 $x(t)$的采样信号。因此，$X'(k)$与 $X(k)$是不同离散信号的频谱，$X'(k)$并不是真正物理意义上的信号频谱，$X'(k)$的分辨率 $2\pi/M$ 仅具有数学意义。

下面举个简单的例子说明。

假设一条加速度信号 $y(n)=\sin(2\pi f_1 n)+2\sin(2\pi f_2 n)+\sin(2\pi f_3 n)$，其中，$f_1=22\text{Hz}$，$f_2=22.5\text{Hz}$，$f_3=40\text{Hz}$。采样频率为 100Hz，采样时间分别为 1.28s 和 5.12s，对应的采样长度分别为 $N=128$ 和 $N=512$。

采用 FFT 得到同一信号不同采样点的频谱，分别如图 1.3～图 1.5 所示。

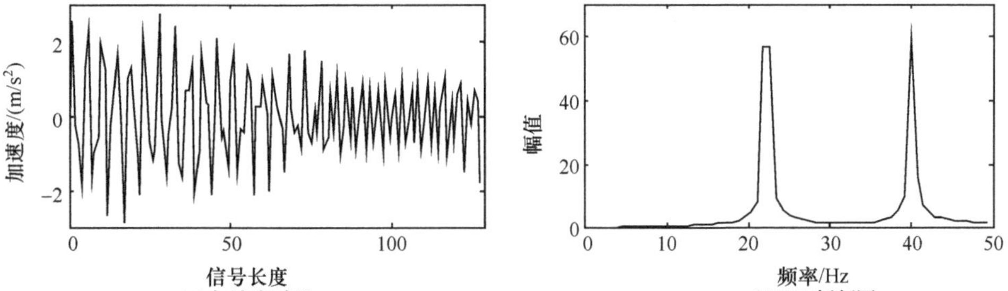

(a) 加速度时程　　(b) FFT幅频图

图 1.3　信号长度为 $N=128$ 个数据点的加速度信号幅频图

对比图 1.3～图 1.5 的结果可知，采样点为 $N=128$ 时，由于采样点过少、频谱分辨率低而无法识别出 $f_1=22\text{Hz}$ 和 $f_2=22.5\text{Hz}$ 两个频率成分；补零也未将 $f_1=22\text{Hz}$ 和 $f_2=22.5\text{Hz}$ 两个频率成分识别出来，只有增加有效的采样长度之后($N=512$)，才从频谱上分辨出 $f_1=22\text{Hz}$ 和 $f_2=22.5\text{Hz}$ 两个频率成分。

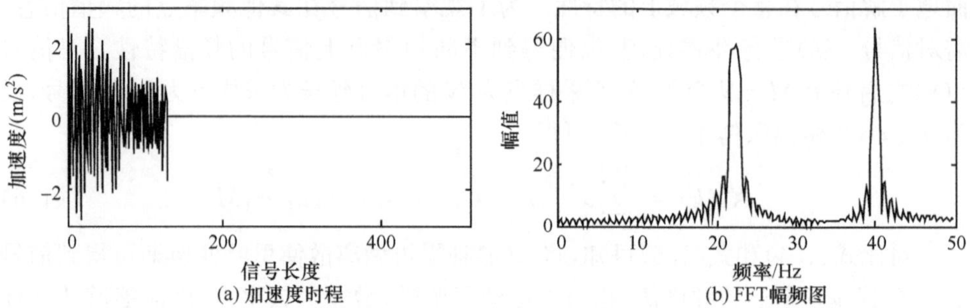

图 1.4　信号补零得到长度为 $M=512$ 个数据点的加速度信号幅频图

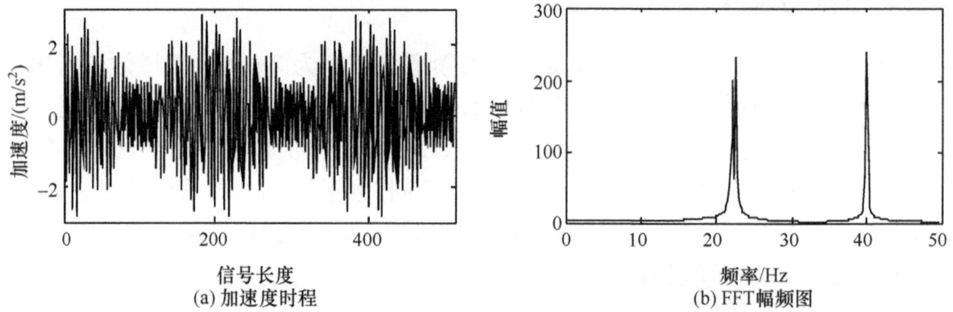

图 1.5　信号长度为 $N=512$ 个数据点的加速度信号幅频图

综上所述，频谱分辨率的提高只能在满足采样定理的条件下通过增加信号时域采样长度来实现，这一点在实际结构健康监测数据分析时尤为重要。

1.2.5　能量泄漏与加窗

如前述，计算机不可能对无限长的信号进行测量和处理，而是取其有限的时间段进行分析，这个过程称为信号“截断”。数学上，可对截断信号做周期延拓，得到虚拟的无限长信号，如图 1.6 所示。但周期延拓后的信号与真实信号是不同的。

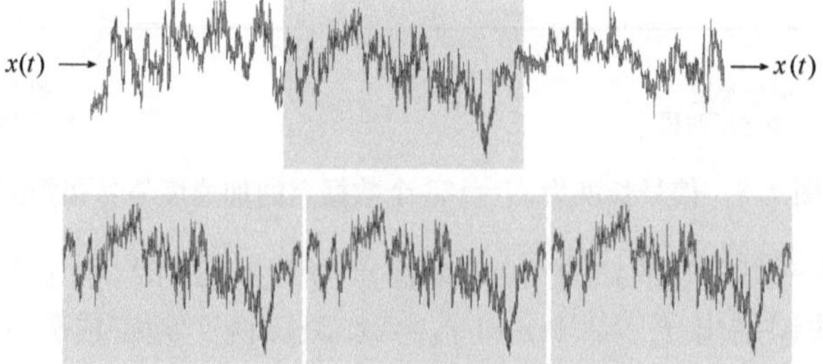

图 1.6　信号截断和延拓

例如，对如图 1.7 所示的信号 $x(t)$ 采用 $w(t)$ 函数进行截断，得到信号 $x(t)$ 中的一段 $x(t)w(t)$。根据信号的傅里叶变换，可得到信号 $x(t)$ 和其某一片段 $x(t)w(t)$ 的频谱，如图 1.7(b)所示。从图中可见，时域信号的截断给信号附加了某些频率分量，使分析的结果产生畸变，称为“泄漏”。

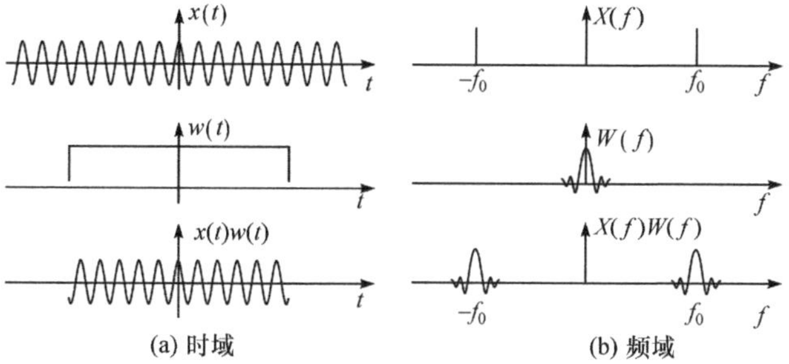

图 1.7　信号能量泄漏

如图 1.7 所示，信号截断的过程就等于将信号进行加窗函数操作；这样操作以后，常常会发生频谱分量从其正常频谱扩展开来的现象，即上述的“能量泄漏”。由于离散傅里叶变换总是处理有限时长的信号，即分析的信号总是从一段无限长的信号中截取出来的，因此，能量泄漏效应是离散傅里叶变换所固有的，需进行抑制。

设 $x(n)$ 是一段持时较长的信号，$w(n)$ 是长度为 N 的窗函数，用 $w(n)$ 截断 $x(n)$，得到 N 个采样点的时域信号 $x_n(n)$，即

$$x_n(n)=x(n)w(n) \tag{1.7}$$

$x_n(n)$ 在频域内可表示为 $x(n)$ 与 $w(n)$ 频域函数的卷积，即

$$X_N(\omega)=\frac{1}{2\pi}\int_{-\pi}^{\pi}X(\mathrm{e}^{\mathrm{j}\theta})W(\mathrm{e}^{\mathrm{j}(\omega-\theta)})\,\mathrm{d}\theta \tag{1.8}$$

窗函数 $w(n)$ 不仅影响截断信号 $x_n(n)$ 在时域上的波形，而且也会影响其在频域内的形状。信号处理中常用的窗函数主要包括矩形窗、三角窗、汉宁窗、海明窗、高斯窗、布莱克曼窗、凯塞窗、切比雪夫窗等。下面给出常用的矩形窗、三角窗和汉宁窗的窗函数及其频域特性。

1) 矩形窗

矩形窗因其能保持信号时域内的形状而得到广泛的应用。矩形窗函数时域及频域内表达式为

$$w(t)=\begin{cases}\dfrac{1}{T}, & |t|\leqslant T\\ 0, & |t|>T\end{cases} \tag{1.9}$$

$$W(\omega)=\frac{2\sin(\omega T)}{\omega T} \tag{1.10}$$

式中,T 为窗宽度。

矩形窗函数及其频谱特性如图 1.8 所示。可以看出,窗函数宽度 T 越大,即数据样本越长,其频谱特性的旁瓣宽度越小,能量泄漏的抑制效果越好。

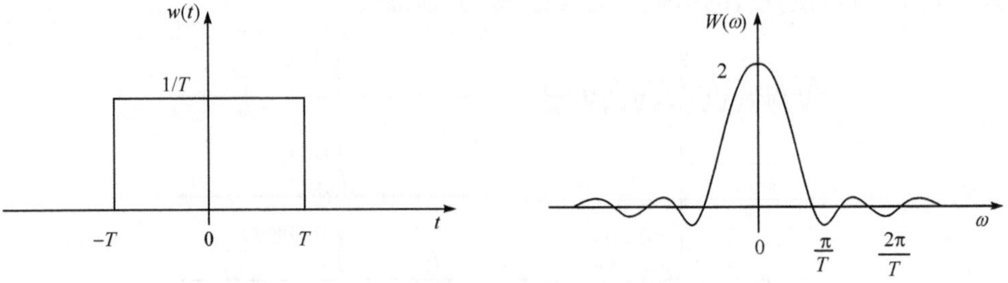

图 1.8 矩形窗函数及其频谱特性

2) 三角窗

三角窗函数及其频域表达式为

$$w(t)=\begin{cases}\dfrac{1}{T}\left(1-\dfrac{|t|}{T}\right), & |t|\leqslant T\\ 0, & |t|>T\end{cases} \tag{1.11}$$

$$W(\omega)=\left[\frac{\sin(\omega T/2)}{\omega T/2}\right]^2 \tag{1.12}$$

三角窗函数及其频域响应如图 1.9 所示。

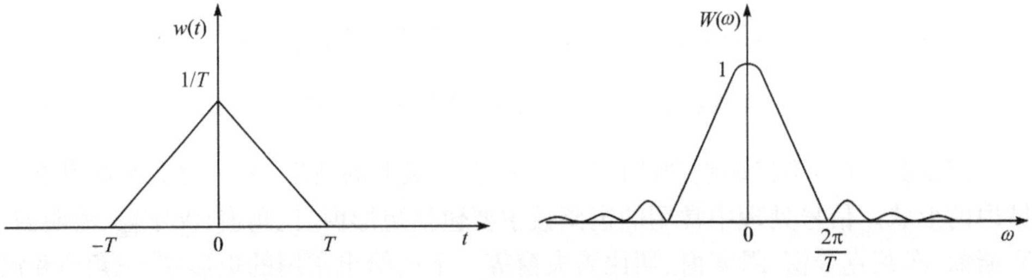

图 1.9 三角窗函数及其频域响应

3) 汉宁窗

汉宁窗函数及其频域表达式为

$$w(t)=\begin{cases}\dfrac{1}{T}\left(\dfrac{1}{2}+\dfrac{1}{2}\cos\dfrac{\pi t}{T}\right), & |t|\leqslant T\\ 0, & |t|>T\end{cases} \tag{1.13}$$

$$W(\omega)=\frac{\sin(\omega T)}{\omega T}+\frac{1}{2}\left[\frac{\sin(\omega T+\pi)}{\omega T+\pi}+\frac{\sin(\omega T-\pi)}{\omega T-\pi}\right] \tag{1.14}$$

式(1.13)和式(1.14)可由图1.10表示。为方便比较，在频域内将矩形窗函数也示于图1.10中。可以看出，矩形窗主瓣较高，但旁瓣波动较大，易给分析信号带进高频成分；汉宁窗主瓣较低、较宽，旁瓣衰减快。

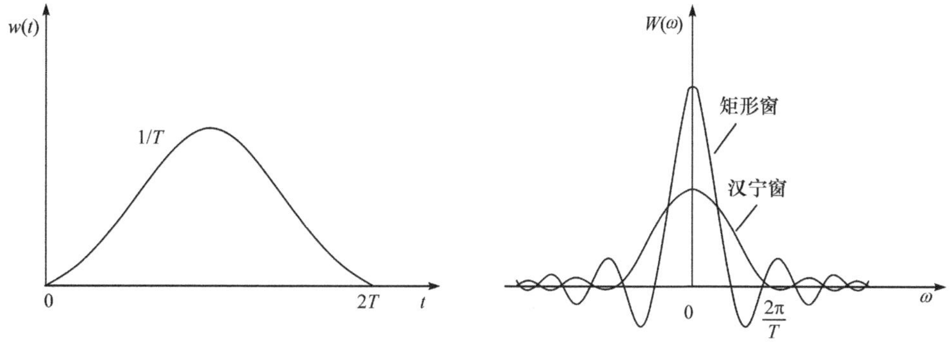

图1.10　汉宁窗函数

窗函数的选择，在信号频谱分析中非常重要，选择窗函数遵循的原则主要为：

(1) 窗函数的主瓣宽度尽可能小。

(2) 主瓣高度与旁瓣高度之比尽可能大，如图1.11所示。

(3) 旁瓣的衰减快。

(4) 在条件允许的情况下，窗函数的时间历程应尽量长。

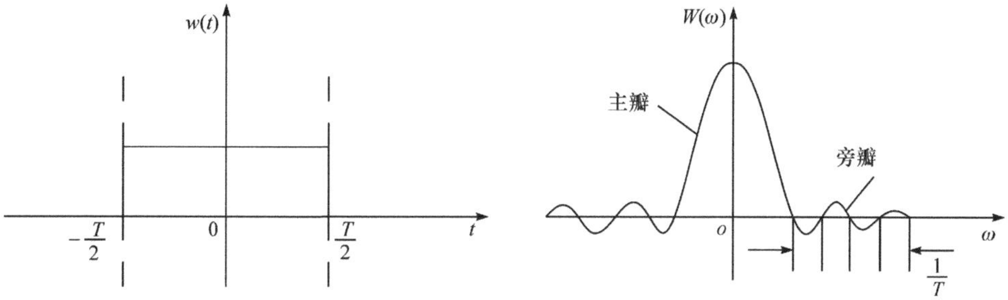

图1.11　窗函数主瓣与旁瓣示意图

1.3　采样定理

从传感器输出的信号是模拟信号，模拟信号是时间的连续函数，对于任意精确的时间点，都会对应无限准确的函数值。但计算机无法直接接收模拟信号，所以基于计算机技术的数据采集必须将模拟信号转换成计算机可识别的数字信号，也称为抽样、取样或采样，这个过程称为模数转换(anolog/digital，A/D)。

具体地说,“采样”过程就是利用采样脉冲序列 $p(t)$从连续信号 $x(t)$中“采集”一系列的离散样值,从而将连续模拟信号离散为数字信号的过程,以 $x_s(t)$表示(见图 1.12)。

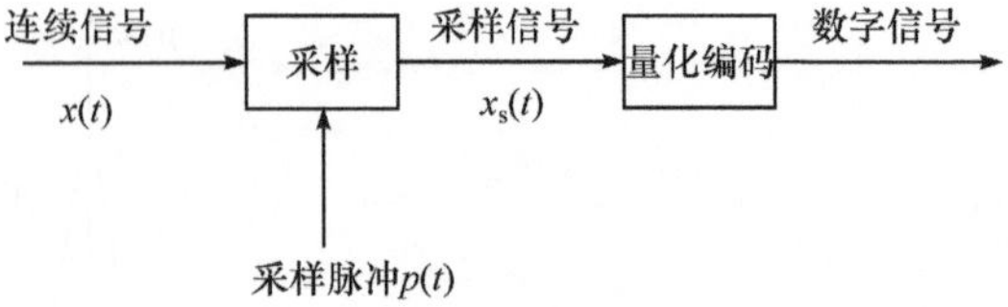

图 1.12 数据采集过程示意图

那么问题是如何使采样信号保持原连续信号的特性,或者说如何从采样信号中无失真地恢复原连续信号?著名的“采样定理”——Nyquist-Shannon 定理明确而精辟地给出了采样信号能够恢复为原连续信号的充分必要条件。

采样定理是信息论的重要理论基础,其在通信领域与信号处理领域占有十分重要的地位。传感、数据采集与数据传输是结构健康监测的基础,因此,了解和掌握采样定理是正确采集结构健康监测数据并进行结构健康诊断的前提。

采样定理可描述为:为保证采样后信号能真实地保留原始模拟信号信息,信号采样频率必须至少为原信号中最高频率成分的 2 倍。这是采样的基本法则,称为采样定理或 Nyquist-Shannon 采样定理。

具体地说,一个频谱有限的连续模拟信号 $x(t)$,如果频谱 $\omega\in[-\omega_m,\omega_m]$(即信号的最高频率成分为 ω_m),则信号 $x(t)$可以用等间隔的采样值唯一地表示的条件是

$$T_s\leqslant\frac{1}{2f_m}\quad 或\quad f_s\geqslant 2f_m \tag{1.15}$$

式中,T_s 为采样间隔;f_s 为采样频率;f_m 为信号的最高频率($\omega_m=2\pi f_m$)。

式(1.15)中,最低采样频率 $f_{s0}=2f_m$,f_{s0}称为奈奎斯特(Nyquist)频率,最大允许的采样间隔 $T_s=\frac{\pi}{\omega_m}=\frac{1}{2f_m}$称为奈奎斯特间隔。

采样定理所规定的最低采样频率条件可以由图 1.13 来解释。假定连续信号 $x(t)$的频谱 $X(\omega)$为$-\omega_m\sim\omega_m$,若以间隔 $T_s\left(或重复频率\ \omega_s=\frac{2\pi}{T_s}\right)$对$x(t)$进行采样,采样后信号 $x_s(t)$的频谱 $X_s(\omega)$是 $X(\omega)$以 ω_s 为周期重复而得到的。只有满足 $\omega_s\geqslant 2\omega_m$ 条件,$X_s(\omega)$才不会产生频谱的混叠。这时采样信号 $x_s(t)$保留了原连续信号 $x(t)$的全部信息,完全可以用 $x_s(t)$唯一地表示 $x(t)$,或者说,完全可以由 $x_s(t)$恢复出 $x(t)$。图 1.13 给出了采样频率 $\omega_s\geqslant 2\omega_m$(不混叠)及 $\omega_s<2\omega_m$(混叠)两种情况下单位脉冲采样信号的频谱(郑君里等,2009)。

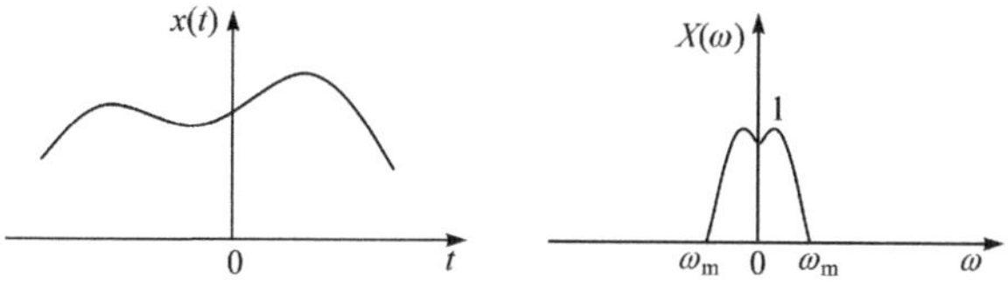

(a) 连续信号的频谱

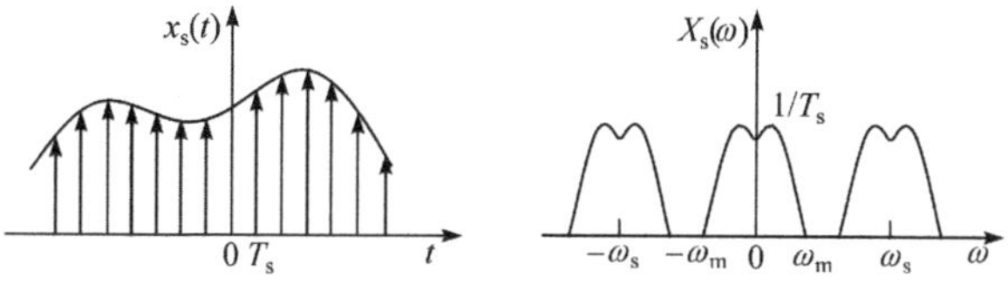

(b) 高采样率时的采样信号及频谱(不混叠)

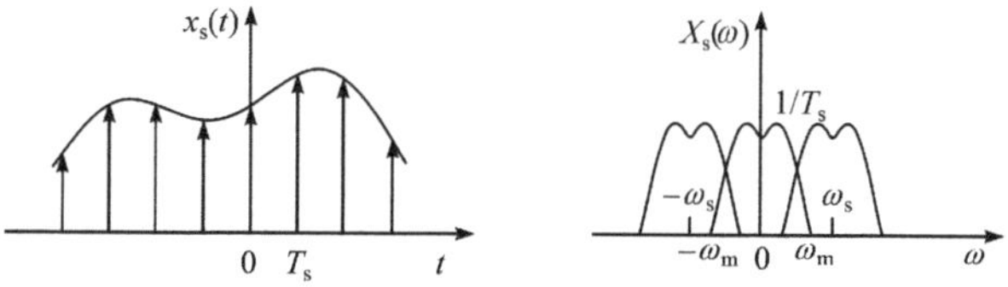

(c) 低采样率时的采样信号及频谱(混叠)

图 1.13　单位脉冲采样信号及其频谱

从图 1.13 可以看出，在满足采样定理的前提下，为了从频谱 $X_s(\omega)$ 中无失真地得到 $X(\omega)$，可将一矩形函数 $H(\omega)$ 与 $X_s(\omega)$ 相乘，即

$$X(\omega)=X_s(\omega)H(\omega) \tag{1.16}$$

其中，

$$H(\omega)=\begin{cases} T_s, & |\omega|<\omega_m \\ 0, & |\omega|>\omega_m \end{cases} \tag{1.17}$$

式(1.16)和式(1.17)实际是将采样信号 $x_s(t)$ 进行理想带通滤波，此理想带通滤波器的传递函数为 $H(\omega)$。采样信号经过滤波后，在滤波器的输出端可以得到频谱为 $X(\omega)$ 的连续信号 $x(t)$。这相当于从图 1.13 无混叠的采样信号 $X_s(\omega)$ 频谱中只取出 $|\omega|<\omega_m$ 的部分，由此恢复得到了 $X(\omega)$ 和 $x(t)$(郑君里等，2009)。

以上从频域解释了按照采样定理采集的离散信号的频谱与连续信号频谱一致的原理。

1.4 拉普拉斯变换

1.4.1 拉普拉斯变换的定义

拉普拉斯变换是工程数学中常用的一种积分变换，它是为简化计算而建立的实变量函数和复变量函数间的一种函数变换。在结构模态分析中，一般通过对运动方程进行拉普拉斯变换推导出结构的传递函数。

当信号 $x(t)$满足狄里赫利条件时，存在如下傅里叶变换对：

$$X(\omega)=\int_{-\infty}^{+\infty}x(t)\mathrm{e}^{-\mathrm{j}\omega t}\mathrm{d}t \tag{1.18}$$

$$x(t)=\frac{1}{2\pi}\int_{-\infty}^{+\infty}X(\omega)\mathrm{e}^{\mathrm{j}\omega t}\mathrm{d}\omega \tag{1.19}$$

考虑到实际工程结构的信号总是因果信号（系统的输出仅与系统当前或以前的输入有关），可以令信号起始时刻为零，于是在 $t<0$ 的时间范围内 $x(t)$等于零。这样，傅里叶变换的积分下限可从零开始，即

$$X(\omega)=\int_{0}^{+\infty}x(t)\mathrm{e}^{-\mathrm{j}\omega t}\mathrm{d}t \tag{1.20}$$

但傅里叶逆变换的积分限不改变，$X(\omega)$仍包含有$-\omega$与$+\omega$两部分分量。

工程实际中常有一些信号并不满足狄里赫利条件中的绝对可积的条件，这限制了某些增长信号（如 e^{at}，$a>0$）傅里叶变换的存在，阶跃信号、周期信号等虽未受此条件限制，但其变换表达式中会出现单位脉冲函数 $\delta(\omega)$。由于上述原因，傅里叶变换在工程应用上受到了一定的限制，所以，在研究线性系统问题时，拉普拉斯变换仍是主要工具之一。

当 $x(t)$不满足绝对可积时，可以引入衰减因子 $\mathrm{e}^{-\sigma t}$（σ 称为收敛因子，为任意正实数），令 $x(t)$与 $\mathrm{e}^{-\sigma t}$ 相乘，于是 $\mathrm{e}^{-\sigma t}x(t)$得以收敛，则可以满足绝对可积条件（这可通过恰当地选取 σ 的值来达到）。$\mathrm{e}^{-\sigma t}x(t)$的傅里叶变换为

$$X_1(\omega)=\int_{0}^{+\infty}[x(t)\mathrm{e}^{-\sigma t}]\mathrm{e}^{-\mathrm{j}\omega t}\mathrm{d}t=\int_{0}^{+\infty}x(t)\mathrm{e}^{-(\sigma+\mathrm{j}\omega)t}\mathrm{d}t \tag{1.21}$$

将式中$(\sigma+\mathrm{j}\omega)$用符号 s 代替，令

$$s=\sigma+\mathrm{j}\omega \tag{1.22}$$

则式(1.21)可以写作

$$X(s)=\int_{0}^{+\infty}x(t)\mathrm{e}^{-st}\mathrm{d}t \tag{1.23}$$

式(1.23)称为拉普拉斯变换（简称拉氏变换）。

为推导由 $X(s)$求解 $x(t)$的一般表达式，下面先由式(1.21)给出$[x(t)\mathrm{e}^{-\sigma t}]$的傅里叶逆变换：

$$x(t)\mathrm{e}^{-\sigma t}=\frac{1}{2\pi}\int_{-\infty}^{+\infty}X_1(\omega)\mathrm{e}^{\mathrm{j}\omega t}\mathrm{d}\omega \tag{1.24}$$

等式两边各乘以 $\mathrm{e}^{\sigma t}$，因其不是 ω 的函数，可以放到积分号内。于是得到

$$x(t)=\frac{1}{2\pi}\int_{-\infty}^{+\infty}X_1(\omega)\mathrm{e}^{(\sigma+\mathrm{j}\omega)t}\mathrm{d}\omega \tag{1.25}$$

已知 $s=\sigma+\mathrm{j}\omega$，所以 $\mathrm{d}s=\mathrm{d}\sigma+\mathrm{j}\mathrm{d}\omega$，若 σ 为常量，则 $\mathrm{d}s=\mathrm{j}\mathrm{d}\omega$，以此代入式(1.25)，并相应地改变积分上下限，得到

$$x(t)=\frac{1}{2\pi\mathrm{j}}\int_{\sigma-\mathrm{j}\infty}^{\sigma+\mathrm{j}\infty}X(s)\mathrm{e}^{st}\mathrm{d}s \tag{1.26}$$

式(1.26)称为拉普拉斯逆变换(简称拉氏逆变换)。

式(1.23)和式(1.26)称为拉氏变换对。两式中的 $x(t)$ 称为"原函数"，$X(s)$ 称为"象函数"。用符号 $\mathcal{L}$ 和 $\mathcal{L}^{-1}$ 分别表示拉普拉斯正变换和逆变换，则式(1.23)和式(1.26)可以分别写成

$$X(s)=\mathcal{L}[x(t)]=\int_0^{+\infty}x(t)\mathrm{e}^{-st}\mathrm{d}t \tag{1.27}$$

$$x(t)=\mathcal{L}^{-1}[X(s)]=\frac{1}{2\pi\mathrm{j}}\int_{\sigma-\mathrm{j}\infty}^{\sigma+\mathrm{j}\infty}X(s)\mathrm{e}^{st}\mathrm{d}s \tag{1.28}$$

拉氏变换与傅里叶变换的表达式形式相似，它们的性质亦有许多相同之处。它们的主要差别在于：傅里叶变换将时域函数 $x(t)$ 变换为频域函数 $X(\omega)$，或做相反变换，其中变量 t 和 ω 都是实数；而拉氏变换是将时间函数 $x(t)$ 变换为复变量函数 $X(s)$，或做相反变换，这时，变量 t 虽是实数，但变量 s 却是复数，借鉴 ω 的物理意义，变量 s 可称为"复频率"。傅里叶变换建立了信号时域和频域间的联系，而拉氏变换则建立了信号时域与复频域(s 域)间的联系(郑君里等，2009)。

从傅里叶变换到拉普拉斯变换，将函数 $x(t)$ 乘以衰减因子 $\mathrm{e}^{-\sigma t}$ 的运算能使函数满足绝对可积条件。但这种运算是具有物理意义的，即将频率 ω 变换为复频率 s，ω 只能描述信号振荡的重复频率，而 s 不仅能给出重复频率，还可以表示振荡幅度的增长速率或衰减速率，即能表示系统的阻尼特性(郑君里等，2009)，这对结构动力特性分析来说具有重要意义。

前面介绍拉氏变换时，将积分下限由 $-\infty$ 改为 0，称为"单边拉氏变换"。考虑到本书涉及的结构健康监测的信号均为因果信号，这里仅介绍单边拉普拉斯变换。

从拉普拉斯变换的推导中可知，对于某一信号 $x(t)$，并不是所有的 σ 值都能使式(1.29)的积分收敛，只有满足下述条件的 σ 才能使 $x(t)\mathrm{e}^{-\sigma t}$ 满足绝对可积条件，即拉普拉斯变换存在的条件为

$$\lim_{t\to\infty}x(t)\mathrm{e}^{-\sigma t}=0,\quad \sigma>\sigma_0 \tag{1.29}$$

σ_0 与函数 $x(t)$ 的性质有关，它指出了收敛条件。

1.4.2　拉普拉斯变换的函数微分性质

拉普拉斯变换具有许多独特的性质，包括线性叠加性、函数微分、函数积分、时域平移（延时）、s 域平移、尺度变换、初值、终值、卷积等。这些性质对信号处理与分析非常有用，且对某些特殊的信号，可以利用拉普拉斯变换的性质或定理，直接得到这些信号的拉普拉斯变换。其中与结构模态分析密切相关的是函数微分性质，这里对该性质进行详细介绍。

若 $\mathcal{L}[x(t)]=X(s)$，利用分部积分，则可得到 $x(t)$ 一阶导数的拉普拉斯变换：

$$\mathcal{L}\left[\frac{\mathrm{d}x(t)}{\mathrm{d}t}\right]=sX(s)-x(0) \tag{1.30}$$

式中，$x(0)=x(t)|_{t=0}$。

需要指出，当 $x(t)$ 在 $t=0$ 处不连续时，$\frac{\mathrm{d}x(t)}{\mathrm{d}t}$ 在 $t=0$ 处存在脉冲 $\delta(t)$。根据拉普拉斯变换的定义，式(1.20)进行拉普拉斯变换时，积分下限应从 0_- 开始，这时 $x(0)$ 应写成 $x(0_-)$，即

$$\mathcal{L}\left[\frac{\mathrm{d}x(t)}{\mathrm{d}t}\right]=sX(s)-x(0_-) \tag{1.31}$$

上述性质可推广到高阶导数。类似地，信号任一阶导数的拉普拉斯变换为

$$\mathcal{L}\left[\frac{\mathrm{d}^n x(t)}{\mathrm{d}t^n}\right]=s^n X(s)-\sum_{r=0}^{n-1} s^{n-r-1} x^{(r)}(0) \tag{1.32}$$

式中，$x^{(r)}(0)=\frac{\mathrm{d}^r x(t)}{\mathrm{d}t^r}|_{t=0_-}$。

1.5　信号滤波与去噪

结构健康监测系统采集的数据总是混叠着噪声，噪声掩盖了监测数据包含的本质特征，同时也使结构损伤识别、模型修正等反问题的不适定性增强，增大了结构健康诊断决策的误判概率。因此，信号去噪是结构健康监测数据处理的重要内容。

滤波是结构健康监测数据处理常用的方法，通过对信号进行滤波，可以保留感兴趣的频段，而将其他频段的信号去除。对信号进行滤波也是信号去噪的常用方法。

滤波与去噪是信号分析与处理中的重要内容，国内外学者进行了大量的研究，取得了极其丰富的研究成果(Daubechies，1992；Donoho，1995；Mallat，1999)。本节仅介绍信号滤波和去噪的基本概念，以及结构健康监测数据处理中常用的几种滤波与去噪方法。

1.5.1　滤波

滤波在时域可以表示为待分析信号和滤波器脉冲响应函数的卷积，即

$$y(t)=\int_{-\infty}^{+\infty}x(\tau)h(t-\tau)\mathrm{d}\tau \tag{1.33}$$

式中，$y(t)$为滤波后的信号；$x(t)$为待分析的信号；$h(t)$为滤波器的脉冲响应函数。

滤波器相当于一个动力系统。式(1.33)的物理意义就是将待滤波的信号$x(t)$和滤波后的信号 $y(t)$分别视为 $h(t)$代表的动力系统的输入和输出，输出信号 $y(t)$将原始信号 $x(t)$在动力系统 $h(t)$主频附近的频率成分放大，远离主频的频率分量被滤掉。

式(1.33)也可以在频域表示为

$$Y(\omega)=X(\omega)H(\omega) \tag{1.34}$$

式中，$Y(\omega)$为滤波后信号的傅里叶变换；$X(\omega)$为待分析信号的傅里叶变换；$H(\omega)$为滤波器的频率响应函数。

在实际应用中，所需要的滤波器往往通过数字方法实现，对由连续信号经过周期采样后并通过模拟/数字转换的信号进行滤波。因此离散时间滤波器也称为数字滤波器，相应的滤波表达式为(Oppenheim et al.，1999)

$$y[n]=\sum_{k=-\infty}^{+\infty}x[k]h[n-k] \tag{1.35}$$

对于时不变线性滤波器，滤波器可以采用常系数差分方程表示，即

$$y[n]=-\sum_{k=1}^{N}a_k y[n-k]+\sum_{k=0}^{M}b_k x[n-k] \tag{1.36}$$

式中，a_k 和 b_k 为常系数；N 和 M 为差分方程输出和输入的阶数。

上述系数和阶数都由滤波器本身决定，设计滤波器的关键在于确定差分方程的常系数和阶数。

利用 z 变换的性质，可以得到滤波器的系统函数表达式：

$$Y(z)=X(z)H(z) \tag{1.37}$$

式中，

$$H(z)=\frac{B(z)}{A(z)}=\frac{b_0+b_1z^{-1}+b_2z^{-2}+\cdots+b_Nz^{-N}}{1+a_1z^{-1}+a_2z^{-2}+\cdots+a_Mz^{-M}} \tag{1.38}$$

线性时不变的数字滤波器分为无限长脉冲响应(infinite impulse response，IIR)滤波器和有限长脉冲响应(finite impulse response，FIR)滤波器。当 $A(z)=1$ 时，系统的脉冲响应长度为 $N+1$，系统函数表示的是 FIR 滤波器。当 $M\geqslant 1$ 时，这里的 M 表示系统中反馈环的个数，由于反馈的存在，脉冲响应为无限长，系统函数表示的是 IIR 滤波器，也称为递归滤波。FIR 数字滤波器的幅频特性精度比 IIR 滤波器低，但它是线性相位的，就是不同频率分量的信号经过 FIR 滤波器后的时

间差不变，另外由于 FIR 是有限脉冲响应，更适合于实时信号处理。IIR 数字滤波器幅频特性精度很高，但不是线性相位的，需通过零相位变换来实现，对于待分析的数据 $x[n]$和已经设计的滤波器 $H(z)$，可以通过图 1.14 的流程实现零相位变换(Mitra，2002)。

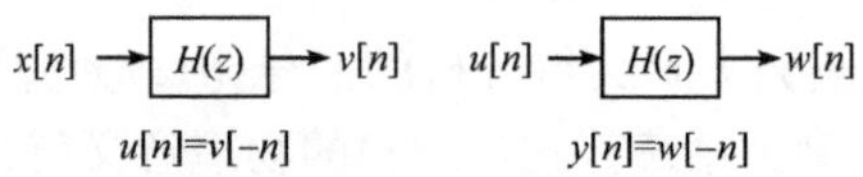

图 1.14　零相位变换流程

根据傅里叶变换的性质，上述零相位变换过程可以表示为如下运算：

$$\begin{aligned} Y(\omega) &= W^*(\omega) = H^*(\omega)U^*(\omega) = H^*(\omega)V(\omega) \\ &= H^*(\omega)H(\omega)X(\omega) = |H(\omega)|^2 X(\omega) \end{aligned} \tag{1.39}$$

式中，上标“$*$”代表复数的共轭。

从式(1.39)可看出，$Y(\omega)$与 $X(\omega)$是同相位的，需要注意的是，零相位变换后的信号频率响应函数的幅值是初始设计滤波器的平方。

经典滤波器从功能上分为低通、高通、带通和带阻滤波器四种。滤波器设计的关键是确定通带频率范围、阻带频率范围、通带和阻带波纹大小。以图 1.15 低通滤波器为例，可通过滤波器的频率成分为通带，受到阻止或者抑制的频率成分为阻带，通带与阻带的交界为截断频率 ω_c。理想的低通滤波器频响函数在通带区域恒为 1，在阻带区域恒为 0，但实际上理想滤波器物理上是不可实现的，这是由于频率响应无法从一个频带突变为另外一个频带，因此实际上是在通带和阻带之间设置过渡带，相应的频带宽度称为过渡带宽。实际滤波器在通带的频响也不是恒为 1，在阻带也不是恒为 0，而是在一定范围内波动的，相应地称为通带波纹和阻带波纹。通带波纹的末端为通带截止频率 ω_p，波动幅度为 δ_p，阻带波纹的起端为阻带截止频率 ω_s，波动幅度为 δ_s，通带频响函数满足：

$$1-\delta_p \leqslant |H(\omega)| \leqslant 1+\delta_p, \quad |\omega| \leqslant \omega_p \tag{1.40}$$

阻带频响函数满足：

$$|H(\omega)| \leqslant \delta_s, \quad \omega_s \leqslant |\omega| \leqslant \pi \tag{1.41}$$

常用的数字滤波器有 Butterworth 滤波器、Chebyshev Ⅰ型滤波器、Chebyshev Ⅱ型滤波器、Elliptic 滤波器、Bessel 滤波器等。在健康监测数据处理中，通常采用前三种滤波器，它们低通滤波器的频响函数分别为

Butterworth 滤波器：

$$H(\mathrm{j}\omega) = \sqrt{\frac{1}{1+\left(\dfrac{\omega}{\omega_p}\right)^{2n}}} \tag{1.42}$$

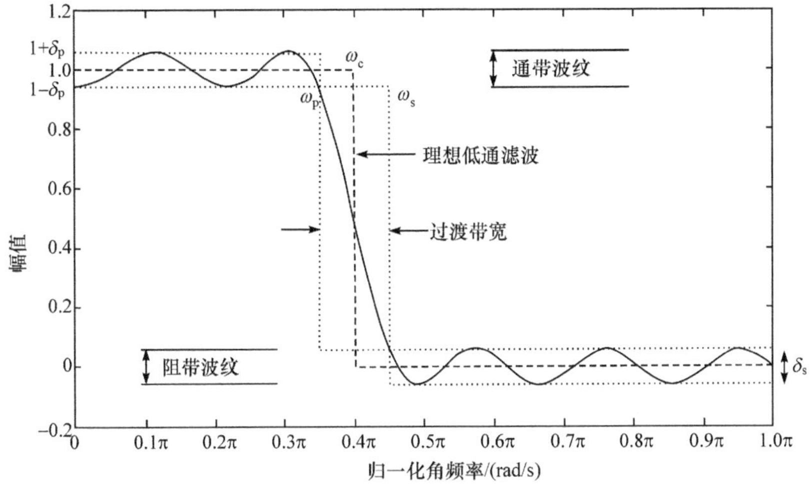

图 1.15　低通滤波器频响函数示意图(Losada,2008)

Chebyshev Ⅰ型滤波器：

$$H(\mathrm{j}\omega)=\frac{1}{\sqrt{1+\varepsilon^2 T_n^2 \dfrac{\omega}{\omega_\mathrm{p}}}} \tag{1.43}$$

Chebyshev Ⅱ型滤波器：

$$H(\mathrm{j}\omega)=\frac{1}{\sqrt{1+\dfrac{1}{\varepsilon^2 T_n^2 \dfrac{\omega}{\omega_\mathrm{p}}}}} \tag{1.44}$$

式中，n 为滤波器的阶次；ε 为波纹因子；T_n 为 Chebyshev 多项式(Mitra,2002)。

图 1.16 为根据这三种滤波器设计的低通滤波器频响函数，截止频率同为 20Hz。

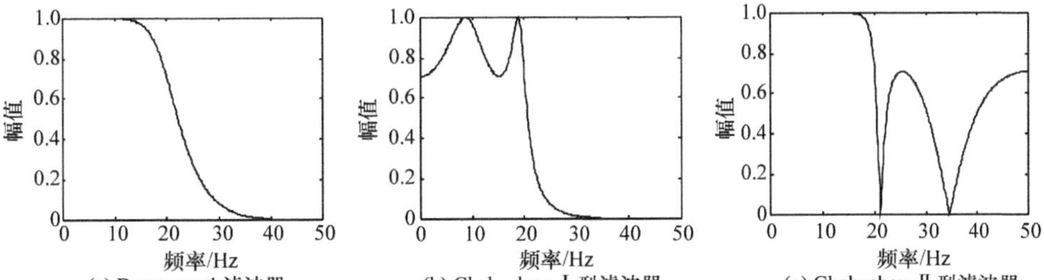

图 1.16　三种常用低通滤波器频响函数

从图 1.16 可以看出，Butterworth 滤波器通带的脉动很小，但过渡段的频带较宽，提高 Butterworth 滤波器的阶数，能减小过渡段的频带宽度。Chebyshev Ⅰ型滤波器在通带产生波动，Chebyshev Ⅱ型滤波器在阻带波动。Chebyshev 滤波器在过渡带衰减比 Butterworth 滤波器快，但其频率响应在通带或阻带不如 Butterworth 滤波器平坦。

1.5.2 小波去噪

小波去噪建立在小波变换多分辨分析基础上，其基本思想是根据噪声与信号在不同频带上的小波分解系数具有不同强度分布的特点，将各频带上的噪声对应的小波系数去除，保留原始信号的小波分解系数，然后对处理后的系数进行小波系数重构，得到去噪后的信号。

小波多分辨率分析的主要思想如图 1.17 所示，其用滤波器执行离散小波变换。该方法是 Mallat 在 1989 年提出的，称为 Mallat 算法(Mallat,1989)。图 1.17 中，x 表示原始的输入信号，通过两个互补的滤波器产生信号 c 和 d，c 表示信号的近似值(approximations)，d 表示信号的细节值(details)。在许多应用中，信号的低频部分是最重要的，而高频部分起“添加剂”的作用。在小波分析中，近似值是大的缩放因子产生的系数，表示信号的低频分量；而细节值是小的缩放因子产生的系数，表示信号的高频分量。对信号进行多层分解，就形成了小波分解树。小波分解树表示只对信号的低频分量进行连续分解，如果对高频分量也进行分解则是小波包变换，这里不做介绍。

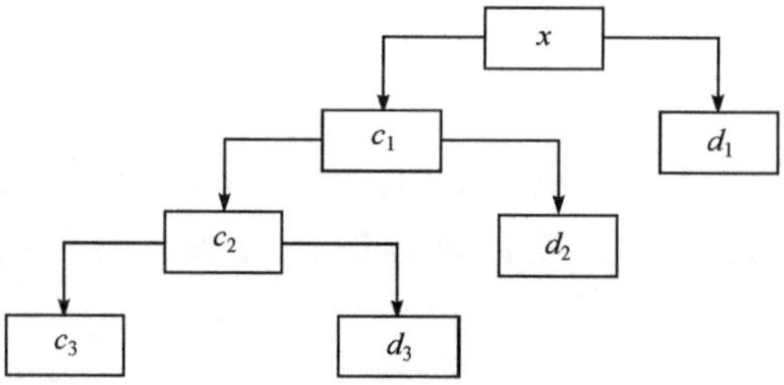

图 1.17 小波分解树

设小波分解层数为 L，则原始信号 $x(n)$ 可以由第 L 层的近似值和各层的细节值重构，如式(1.45)所示：

$$x(n) = \sum_{q} c_{l,q} \upsilon_{l,q}(n) + \sum_{l=1}^{L} \sum_{q} d_{l,q} \chi_{l,q}(n) \tag{1.45}$$

式中，l 和 q 分别为尺度因子和平移因子。

式(1.45)第一项表示信号的近似部分，第二项表示信号的细节部分。其中，系数 $c_{l,q}$ 和 $d_{l,q}$ 分别为

$$c_{l,q} = \langle x, \upsilon_{l,q} \rangle = 2^{(-l/2)} \sum_n x(n) \upsilon_{l,q}(2^{-l}n - q) \tag{1.46}$$

$$d_{l,q} = \langle x, \chi_{l,q} \rangle = 2^{(-l/2)} \sum_n x(n) \chi_{l,q}(2^{-l}n - q) \tag{1.47}$$

式中，$\upsilon_{l,q}$和$\chi_{l,q}$分别为尺度函数和小波基函数。

进行小波分解之后，需要选取阈值函数对小波系数进行阈值量化处理，小波阈值函数有硬阈值函数和软阈值函数，其表达式如下：

硬阈值函数，

$$\eta^{\mathrm{H}}(w,\delta) = \begin{cases} w, & |w| \geqslant \delta \\ 0, & |w| < \delta \end{cases} \tag{1.48}$$

软阈值函数，

$$\eta^{\mathrm{S}}(w,\delta) = \begin{cases} \operatorname{sgn}(w)(|w| - \delta), & |w| \geqslant \delta \\ 0, & |w| < \delta \end{cases} \tag{1.49}$$

式中，δ 为阈值；$\eta^{\mathrm{H}}(w,\delta)$为硬阈值滤波后的函数；$\eta^{\mathrm{S}}(w,\delta)$为软阈值滤波后的函数；$w$ 为小波系数。

Donoho 和 Johnstone(1994)给出了确定阈值 δ 的方法。首先估计信号的噪声水平 σ，取 $L=1$ 层的小波分解系数的细节部分的中间值除以 0.6745，即

$$\sigma = \frac{1}{0.6745} \operatorname{median}\{ |d_{l,q}| : l=1, q=0,1,\cdots,2^l-1 \} \tag{1.50}$$

式中，median(X)表示对向量 X 的元素取中间值。

对各层小波系数可以取统一的阈值 δ，即

$$\delta = \sigma \sqrt{2\log n} \tag{1.51}$$

式中，n 为信号长度。

这是一种常用的阈值确定方法，MATLAB 程序里的小波变换工具箱就采用了此种方法。

对于小波去噪，阈值量化之后的小波系数则为去噪后的小波系数，对其重构之后得到去噪后的信号。

第 2 章　数据压缩采样

由第 1 章数字信号的采样定理可知，结构健康监测系统必须以大于信号中最高频率 2 倍的采样频率进行数据采集，这样采集的数字信号才能完整地保留原始模拟信号的信息。但结构健康监测系统的传感器数量多，采用传统的数据采集方法将导致健康监测系统的海量监测数据，增加了结构健康监测系统的复杂性。此外，无线传感技术将是结构健康监测的必然发展趋势，但无线传感器芯片处理器的能力有限，加之电源限制问题，因此，减小无线传感器的数据采集量与传输量对无线传感技术的实用化具有十分重要的意义。

2006 年美国加州理工学院 Candès 教授和斯坦福大学的 Donoho 教授等提出了压缩采样（compressive sampling，CS）或称为“压缩感知”（compressive sensing）新理论（Candès and Tao，2005；Candès et al.，2006；Candès，2006；Donoho，2006b）。该方法突破传统数字信号采样定理的规定，在数据采集时就直接随机采集压缩格式的数据，而不必按照信号中最高频率的 2 倍进行数据采集，从而使数据采集量大幅度减少。与传统数据压缩方法的区别是，该方法不必首先按照采样定理采集全部数据，然后再进行压缩；而是在采集过程中直接采集压缩格式的数据。压缩采样的精度与采样频率无关，而只与信号的稀疏性有关。如果信号是稀疏的，或者经过某种正交变换之后是稀疏的（例如，土木工程结构的振动往往仅以某几阶振型为主参与振动，因此，结构振动响应数据在频域上是稀疏的），甚至是对某些非正交基是稀疏的，那么只需随机采样即可以完整保留原始信号中的信息。该方法早期主要应用于图像数据的获取和压缩，目前已经广泛应用于机械领域、航空航天领域、医学领域、土木工程领域和地质领域等。

本章首先主要阐述数据压缩采样的数学原理；其次介绍结构健康监测数据压缩采样方法和解压重构信号精度。

2.1　数据压缩采样的数学原理

2.1.1　压缩感知问题描述

设原始信号为 $\boldsymbol{x}$，其长度为 n，假设通过线性映射得到长度为 $\hat{m}(\hat{m}<n)$ 的向量 $\boldsymbol{y}$：

$$\boldsymbol{y}=\boldsymbol{\Theta x} \tag{2.1}$$

式中，$\boldsymbol{\Theta}$ 称为测量矩阵（measurement matrix）或感知矩阵（sensing matrix），其维数

为 $\hat{m}\times n$；$\boldsymbol{y}$ 为压缩采集的数据。因为 $\hat{m}<n$，所以，式(2.1)实现了数据的压缩。

上述过程可以用图 2.1 表示。

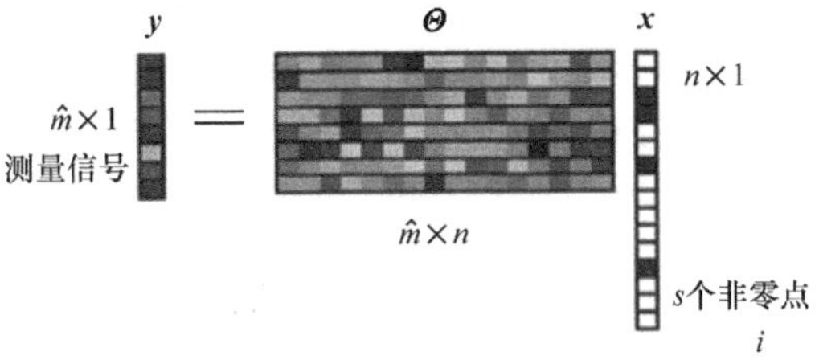

图 2.1　数据压缩采样原理示意图

得到压缩采集的数据 $\boldsymbol{y}$ 后，进一步需要从压缩采集的数据 $\boldsymbol{y}$ 解压重构出原始信号 $\boldsymbol{x}$。由式(2.1)可知，从 $\boldsymbol{y}$ 重构 $\boldsymbol{x}$ 是一个病态反问题，无法直接求解。

但是在 $\boldsymbol{x}$ 满足稀疏性(sparsity)以及采样矩阵 $\boldsymbol{\Theta}$ 满足非一致性(incoherence)的条件下，CS 理论证明了式(2.1)可以以较大的概率从 $\boldsymbol{y}$ 重构得到 $\boldsymbol{x}$ 的精确解。

2.1.2　稀疏性

信号稀疏性是压缩采样理论的主要特征。

定义 1　设向量 $\boldsymbol{v}\in\mathbb{R}^{N\times 1}$ 有小于或等于 s 个非零元素，也就是向量 $\boldsymbol{v}$ 中含有至少 s 个非零点，则称向量 $\boldsymbol{v}$ 为稀疏度是 s 的稀疏向量。

传统的数据压缩理论表明，许多信号都有简洁的表达形式或者在某些正交基下有简洁的表达形式，也就是说信号在时域上是稀疏的或者在某些正交基下是稀疏的，这是数据压缩的基础，数据越稀疏，则可压缩性越好。

设信号 $\boldsymbol{x}\in\mathbb{R}^{N\times 1}$ 在 $n\times n$ 标准正交基 $\boldsymbol{\Psi}=[\boldsymbol{\psi}_1,\boldsymbol{\psi}_2,\cdots,\boldsymbol{\psi}_n]$ 下可以展开成如下形式：

$$\boldsymbol{x}=\sum_{i=1}^{N}\alpha_i\psi_i \quad 或 \quad \boldsymbol{x}=\boldsymbol{\Psi\alpha} \tag{2.2}$$

式中，α_i 为信号分解系数，$\alpha_i=\langle\boldsymbol{x},\boldsymbol{\psi}_i\rangle$ 或 $\boldsymbol{\alpha}=\boldsymbol{\Psi}^{\mathrm{T}}\boldsymbol{x}$；$\boldsymbol{\psi}_i$ 为 $n\times 1$ 正交基列向量。其中正交基 $\boldsymbol{\Psi}$ 可以有多种选择，如傅里叶变换时所用的正弦基、小波变换的各种小波基等。如果信号 x 的分解系数 $\boldsymbol{\alpha}$ 是稀疏的，则称 $\boldsymbol{x}$ 在 $\boldsymbol{\Psi}$ 域上是稀疏的，即 $\boldsymbol{\alpha}$ 有较多为零的元素。

但也有很多信号在正交基下并不具有稀疏的特征，因此冗余字典(由冗余基组成的矩阵)在信号稀疏分解中更常用，正交基可以认为是最小的字典。为更具一般性，信号也可以在字典 $\boldsymbol{D}$ 下表示为

$$\boldsymbol{x}=\boldsymbol{D\alpha} \tag{2.3}$$

式中，系数 $\boldsymbol{\alpha}$ 相比在正交基下稀疏性更好。

2.1.3 测量矩阵

式(2.1)中测量矩阵的重要性不言而喻。在压缩感知的测量过程中，测量矩阵必须保证信号的不完备测量集能够保留原始信号的绝大部分重要信息；在压缩感知恢复过程中，测量矩阵必须保证恢复算法能够从尽可能少的测量数据中重建原始信号。2005年，Candès和Tao指出，除稀疏性之外，测量矩阵$\boldsymbol{\Theta}$需要满足一定的约束等距条件是压缩采样理论的另一个重要性质(Candès and Tao，2005)。约束等距特性(restricted isometry property，RIP)定义如下。

定义2 矩阵$\boldsymbol{\Omega}(\boldsymbol{\Omega}=\boldsymbol{\Theta\Psi})$的约束等距性是指对于整数$s\in\{1,2,\cdots,n\}$，矩阵$\boldsymbol{\Omega}$存在一个等距常数$\delta_s$，这里$\delta_s$是满足式(2.4)的一个最小正数：

$$(1-\delta_s)\|\boldsymbol{v}_s\|_2^2\leqslant\|\boldsymbol{\Omega}\boldsymbol{v}_s\|_2^2\leqslant(1+\delta_s)\|\boldsymbol{v}_s\|_2^2 \tag{2.4}$$

且对所有的稀疏度为s的向量$\boldsymbol{v}_s$都成立。

$\boldsymbol{\Psi}$是正交基矩阵，在给定$\boldsymbol{\Psi}$的情况下，需构造$\boldsymbol{\Theta}$矩阵，使得$\boldsymbol{\Omega}=\boldsymbol{\Theta\Psi}$满足RIP。回到RIP的定义，需要寻找具有任意选列向量构成的子集都具有近似正交性的感知矩阵，且这些子集越大越好，那么随机矩阵就成为理想的选择。Candès(2006)给出了几种随机矩阵，例如，$\hat{m}\times n$维的$\boldsymbol{\Theta}$矩阵中独立同分布的元素$\vartheta_{i,j}$为满足均值为0、方差为$1/n$的高斯分布随机数；独立同分布的$\vartheta_{i,j}$为服从对称伯努利分布($P(\vartheta_{k,j}=\pm 1/\sqrt{n})=1/2$)的随机数等。

服从高斯分布的测量矩阵$\boldsymbol{\Theta}$具有一个较好的性质，即高斯矩阵$\boldsymbol{\Theta}$和任一个正交基矩阵$\boldsymbol{\Psi}$之间满足最大的不相关性(incoherent)，不相关性越大，表明需要采样的点可以越小，即m可以越小。矩阵$\boldsymbol{\Theta}$和正交基矩阵$\boldsymbol{\Psi}$相关性为

$$\mu(\boldsymbol{\Theta},\boldsymbol{\Psi})=\sqrt{n}\max_{1\leqslant k,i\leqslant n}|\langle\vartheta_k,\psi_i\rangle| \tag{2.5}$$

另外，可以证明高斯矩阵$\boldsymbol{\Theta}$满足式(2.5)时，以很高的概率(overwhelming probability)服从RIP。而矩阵$\boldsymbol{\Theta}$乘以一个正交矩阵，即$\boldsymbol{\Omega}=\boldsymbol{\Theta\Psi}$仍然满足RIP：

$$\hat{m}\geqslant us/\log\frac{n}{s} \tag{2.6}$$

式中，u为常数，实际中根据具体情况而定。

2.1.4 优化求解算法

重构算法是压缩感知理论的核心之一。从本质上讲，压缩感知理论中的信号重构问题就是寻找欠定方程组的最稀疏解的问题。最直观的做法是对信号或其变换系数的非零元素个数进行约束，l_0范数刻画的是信号中非零元素的个数，因此信号重构问题可以用式(2.7)描述：

$$\hat{\boldsymbol{\alpha}}=\arg\min_{\tilde{\alpha}}\|\tilde{\boldsymbol{\alpha}}\|_0 \text{ 且 } \boldsymbol{y}=\boldsymbol{\Omega}\tilde{\boldsymbol{\alpha}} \tag{2.7}$$

式中，$\|\cdot\|_0$为l_0范数；$\hat{\boldsymbol{\alpha}}$为系数$\boldsymbol{\alpha}$的解。

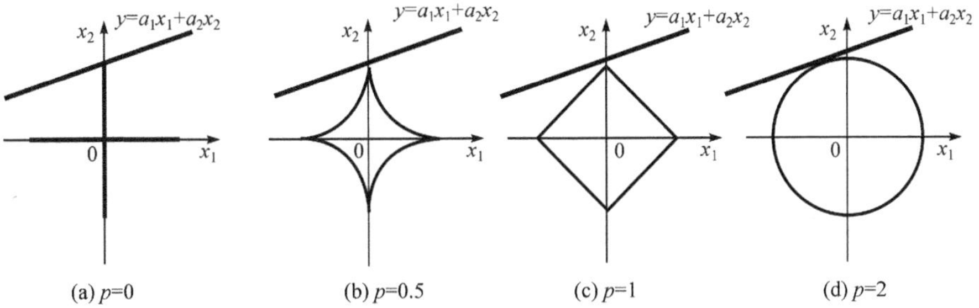

图 2.2 l_p 范数的几何意义

为了直观地说明信号重构的原理，假设一个信号 $\boldsymbol{x}\in\mathbb{R}^2$，如 $\boldsymbol{x}=\{x_1,x_2\}$(Dai and Sha，2009)。通过线性观测，得到 $y=a_1x_1+a_2x_2$，其中 y 是测量信号，a_1 和 a_2 为常数。在无约束的情况下，直接从测量信号 y 中重构原始信号 $\boldsymbol{x}$ 将有无穷解，在 x_1、x_2 二维平面上为一直线。为了得到精确解，采用最小化 p-范数为目标函数。l_0、l_1 和 l_2 范数在二维直角坐标系中对应的边界分别是十字、菱形和圆形，如图 2.2(a)、(c)、(d)所示；$l_{0.5}$ 范数如图 2.2(b)所示。在该二维直角坐标系下，式(2.7)的可行域为一条直线。若直线与范数边界的交点落在坐标轴上，则该交点所表示的重构解为稀疏解，否则不稀疏。显然，从图 2.2 可以看出：当 $0\leqslant p\leqslant 1$ 时，l_p 范数的边界与直线的交点总是落在坐标轴上；当 $p>1$ 时，交点几乎不会落在坐标轴上。这个例子可以推广到更高维的空间中，在三维空间中，可行域为一组平面的交集；在三维以上的空间中，可行域为一组超平面的交集，重构信号的稀疏性取决于所选择的范数在 x_1、x_2 平面的形状。例如，对于 l_0 问题的求解，需要穷举 C_n^s 种非零元素的排列方式才能找到全局最优解，计算代价非常大，是一个非确定性多项式(non-deterministic polynomial，NP)难点问题。最早由 Mallat 等(1993)提出的匹配追踪(matching pursuit，MP)算法可以对式(2.7)中的 l_0 范数最小化问题进行近似求解，其核心思想是在每次迭代时，通过计算观测向量和测量矩阵列向量的相关性，进行局部最优化来寻求观测向量的非零系数。后续许多学者提出了一系列改进算法对 MP 算法进行优化，如正交匹配追踪(orthogonal matching pursuit，OMP)算法(Tropp and Gilbert，2007)、分段匹配追踪(Stagewise orthogonal matching pursuit，StOMP)算法(Donoho，et al.，2012)、子空间追踪(subspace pursuit，SP)算法(Dai and Milenkovic，2009)、正则化正交匹配追踪(regularized orthogonal matching pursuit，ROMP)算法(Needell and Vershynin，2009)、压缩感知匹配追踪(compressive sampling matching pursuit，CoSaMP)算法(Needell and Tropp，2009)、稀疏自适应匹配追踪(sparsity adaptive matching pursuit，SAMP)算法(Do，et al. 2008)等。这些通过迭代寻找局部最优解的匹配追踪算法可以归类为贪婪算法，其特点是算法复杂度低，但是需要较多的测量值，重构精度低。

2006 年，Donoho 从理论上证明了在一定条件下 $l_p(0\leqslant p\leqslant 1)$ 范数最小问题具

有等价性。当 $0\leqslant p\leqslant 1$ 时，l_p 范数最小问题是非凸优化问题，解决该问题有一系列贪婪算法，该类算法复杂度低，且在满足一定的条件时，可快速收敛到局部最优解。当 $p=1$ 时，l_p 范数最小问题是凸优化问题，解决凸优化问题的一系列算法可精确收敛到全局最优解，但普遍计算量大，算法复杂度高(Donoho，2006a)。

Donoho 等(2006)利用 l_1 范数代替 l_0 范数，将式(2.7)的非凸组合优化问题转化为凸松弛问题求解：

$$\hat{\boldsymbol{\alpha}}=\arg\min_{\tilde{\alpha}}\|\tilde{\boldsymbol{\alpha}}\|_1 \text{且 } \boldsymbol{y}=\boldsymbol{\Omega}\tilde{\boldsymbol{\alpha}} \tag{2.8}$$

在实际应用中，大多数信号是近似稀疏的，而且信号测量过程中由于硬件设备等原因会引入噪声，当测量值存在噪声时，压缩感知测量过程表示为

$$\boldsymbol{y}=\boldsymbol{\Theta x}+\boldsymbol{e} \tag{2.9}$$

式中，$\boldsymbol{e}$ 为测量误差。

$\boldsymbol{\alpha}$ 可以通过求解如下 l_1 优化问题进行重构：

$$\min\|\tilde{\boldsymbol{\alpha}}\|_1 \text{且}\|\boldsymbol{\Omega}\tilde{\boldsymbol{\alpha}}-\boldsymbol{y}\|_2\leqslant\varepsilon \tag{2.10}$$

式中，ε 为误差的上限，满足 $\|e\|_2\leqslant\varepsilon$，应用时通过估计得到。

式(2.10)可以转化为无约束最小化问题

$$\hat{\alpha}=\arg\min_{\tilde{\alpha}}(\|\boldsymbol{\Omega}\tilde{\boldsymbol{\alpha}}-\boldsymbol{y}\|_2+\tilde{\lambda}\|\tilde{\boldsymbol{\alpha}}\|_1) \tag{2.11}$$

式中，拉格朗日乘子 $\tilde{\lambda}$ 为正则化参数；l_2 范数项保证 $\boldsymbol{\Omega}\tilde{\boldsymbol{\alpha}}-\boldsymbol{y}$ 残差很小；l_1 范数项强化了向量 $\boldsymbol{\alpha}$ 的稀疏性。

近几年，国内外学者提出了许多快速有效的 l_1 范数最小化算法，如梯度投影法(gradient projection for sparse reconstruction，GPSR)、内点法(interior point method)、基于不动点的 FPC(fixed point continuation)及其改进算法 FPC_AS (FPC active set)等。

2.2 应用实例

2.2.1 桥梁监测加速度压缩采样

1. 某公路大桥及其健康监测系统简介

某公路大桥是一座三塔预应力钢筋混凝土斜拉桥，主跨为 300m，如图 2.3 所示。桥梁建设期间，在该桥上安装了一套健康监测系统，其中在主梁上布置了 16 个加速度传感器，在斜拉索上布置了 22 个加速度传感器，在中塔顶部布置了 1 个加速度传感器(Li et al.，2006)。在桥面和斜拉索上布置的加速度传感器的位置如图 2.4 所示，桥上传感器分别以中塔为中心左右对称布置，图中给出了一侧的加速度传感器位置。加速度传感器的采样频率为 200Hz。本算例所用的数据即为该桥健康监测系统所采集的主梁加速度响应数据。

图 2.3　某公路大桥

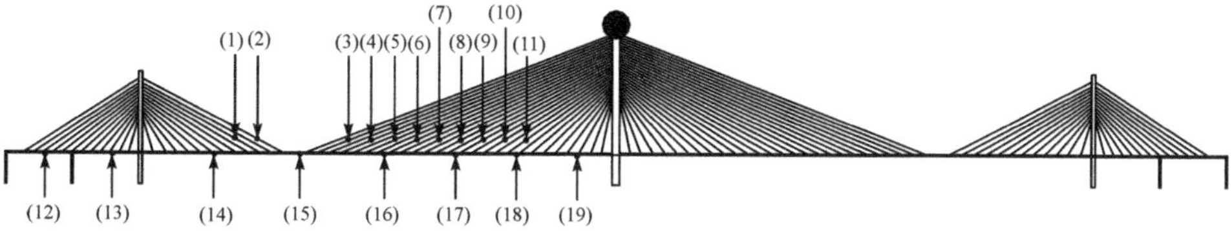

图 2.4　加速度传感器在主梁和斜拉索上的布置图

2. 结构健康监测中的数据压缩采样与数据重构

桥梁结构服役环境复杂，结构健康监测实测的结构加速度响应数据受环境影响较大，实测数据有较大的噪声，如图 2.5 所示。对加速度响应数据进行小波变换，采用 Haar 小波基得到小波系数，如图 2.6 所示。从图 2.6 所示的小波系数可以看出，桥面加速度响应数据因噪声影响显然不是稀疏的。但采用 1.5.2 节算法对小波系数进行阈值去噪后变为稀疏，如图 2.6(b)所示。小波系数长度为 2048 个点，其中，非零点为 363 个，零点个数占 82.28%，即其稀疏度为 82.28%。

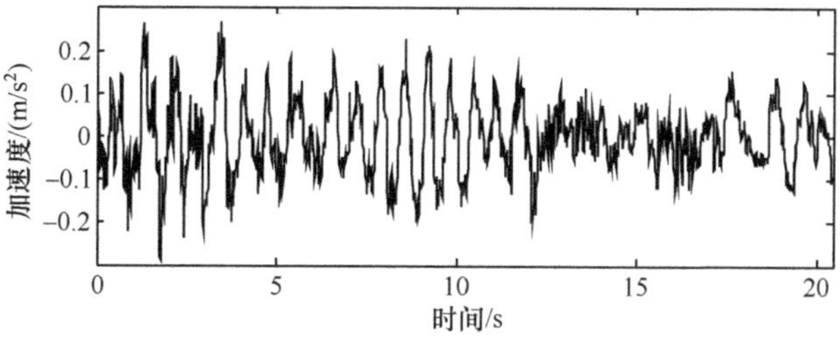

图 2.5　桥面加速度响应

从图 2.6 的结果可以看出，加速度信号的小波系数可以表示为去噪后的小波系数加上噪声部分的小波系数，因此，原始的加速度信号也可以由去噪后的小波系数重构，然后加上噪声部分。假设去噪之后的小波系数为 $\boldsymbol{\alpha}$，则加速度信号可以表示成

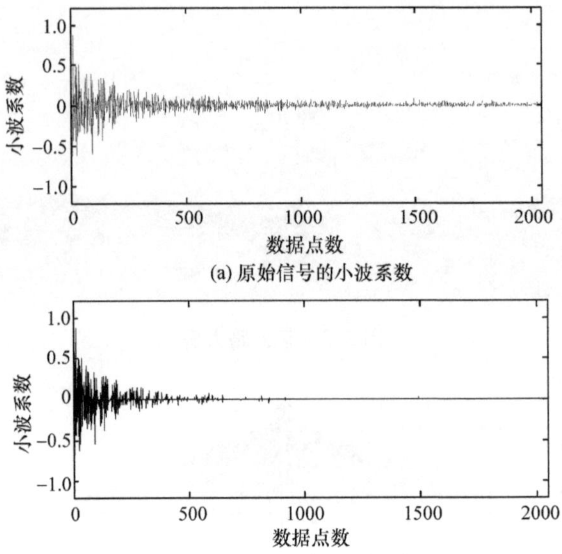

(a) 原始信号的小波系数

(b)去噪后信号的小波系数

图 2.6　加速度响应的 Haar 小波变化系数

$$\boldsymbol{x}=\boldsymbol{\Psi\alpha}+\tilde{\boldsymbol{e}} \tag{2.12}$$

式中，$\boldsymbol{\Psi}$ 为小波变换的基矩阵；$\tilde{\boldsymbol{e}}$ 为重构信号的噪声部分。

则信号的压缩采样问题为(P2)问题，即

$$\boldsymbol{y}=\boldsymbol{\Theta x}=\boldsymbol{\Theta x}_{\mathrm{d}}+\boldsymbol{\Theta}\tilde{\boldsymbol{e}}=\boldsymbol{\Theta\Psi\alpha}+\boldsymbol{e} \tag{2.13}$$

式中，$\boldsymbol{x}$ 为原始加速度信号；$\boldsymbol{x}_{\mathrm{d}}$ 为小波去噪后的信号，$\boldsymbol{x}_d=\boldsymbol{\Psi\alpha}$。

通过求解式(2.10)的优化问题得到小波系数 $\hat{\boldsymbol{\alpha}}$

$$\hat{\boldsymbol{\alpha}}=\mathrm{argmin}\ \|\tilde{\boldsymbol{\alpha}}\|_1 \text{且} \|\boldsymbol{\Theta\Psi}\tilde{\boldsymbol{\alpha}}-\boldsymbol{y}\|_2\leqslant\varepsilon \tag{2.14}$$

式中，ε 为噪声能量的上限值，$\|\boldsymbol{e}\|_2\leqslant\varepsilon$。

因为 $\|\boldsymbol{e}\|_2=\|\boldsymbol{\Theta}\tilde{\boldsymbol{e}}\|_2\leqslant\|\boldsymbol{\Theta}\|_2\|\tilde{\boldsymbol{e}}\|_2\leqslant\varepsilon$，可以通过估计 $\|\tilde{\boldsymbol{e}}\|_2$ 的值确定 ε，实际中 $\|\tilde{\boldsymbol{e}}\|_2$ 的值可以通过先验信息或者在实际测量中由没有采用压缩采样技术的加速度传感器测量得到的信号进行估计。

分别考虑采样点数 $\hat{m}=726$、$\hat{m}=1089$ 和 $\hat{m}=1452$ 三种情况，压缩之后的数据 $\boldsymbol{y}$ 如图 2.7 所示。式(2.13)表明压缩之后的数据 $\boldsymbol{y}$ 可以通过线性映射直接从原始数据中获得 $\boldsymbol{y}=\boldsymbol{\Theta x}$，其中，$\boldsymbol{\Theta}$ 为 $\hat{m}\times n$ 的随机矩阵，其元素由服从均值为 0、方差为 $1/\hat{m}$ 的正态分布中采样得到；$\boldsymbol{x}$ 为原始信号。矩阵 $\boldsymbol{\Theta}$ 可以和模数转换器(analog to digital converter，ADC)结合起来，设计成硬件，这意味着可以直接从原始数据中采样得到压缩的数据。小波基 $\boldsymbol{\Psi}$ 在数据压缩采样时并不需要，只在数据恢复时需要。

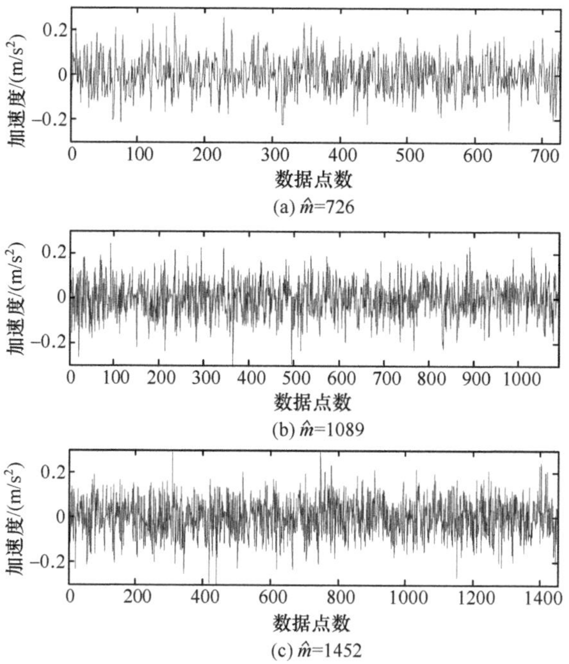

图 2.7　不同采样点数 $\hat{m}$ 时测量的信号 $\boldsymbol{y}$

压缩采样信号经重构的结果分别如图 2.8～图 2.10 所示，重构误差计算公式为

$$\xi=\frac{\|\hat{\boldsymbol{x}}-\boldsymbol{x}\|_2}{\|\boldsymbol{x}\|_2} \tag{2.15}$$

式中，$\hat{\boldsymbol{x}}$ 和 $\boldsymbol{x}$ 分别为重构的信号和原始信号。

$$\xi_{\mathrm{d}}=\frac{\|\hat{\boldsymbol{x}}_{\mathrm{d}}-\boldsymbol{x}_{\mathrm{d}}\|_2}{\|\boldsymbol{x}_{\mathrm{d}}\|_2} \tag{2.16}$$

式中，$\hat{\boldsymbol{x}}_{\mathrm{d}}$ 和 $\boldsymbol{x}_{\mathrm{d}}$ 分别为去噪后的重构信号和去噪后的原始信号。

从图 2.8～图 2.10 可以看出，直接重构后的结果仍然带有一定的噪声，对重构结果进行去噪之后，重构精度得到显著提高。$\hat{m}=2s=726$ 时，从图 2.8(e)～(h)可以看出，基本可以重构信号，但是误差较大。$\hat{m}=3s=1089$ 时，从图 2.9 可以看出，重构结果的精度改善很多。$\hat{m}=4s=1452$ 时，从图 2.10 可以看出，显然采样点数 m 越大，信号重构结果也越好。但是压缩采样以数据压缩为目的，在保证工程使用精度的情况下，尽量用较小的 $\hat{m}$ 值。

对重构后的数据进行频谱分析，其傅里叶变换的结果如图 2.11 所示。图 2.11(a)是原始信号的傅里叶谱，可以看出，能量主要集中在 0～20Hz，某公路大桥理论分析的前 20 阶频率均低于 2Hz。采样点 $\hat{m}=2s=726$ 时的重构结果如

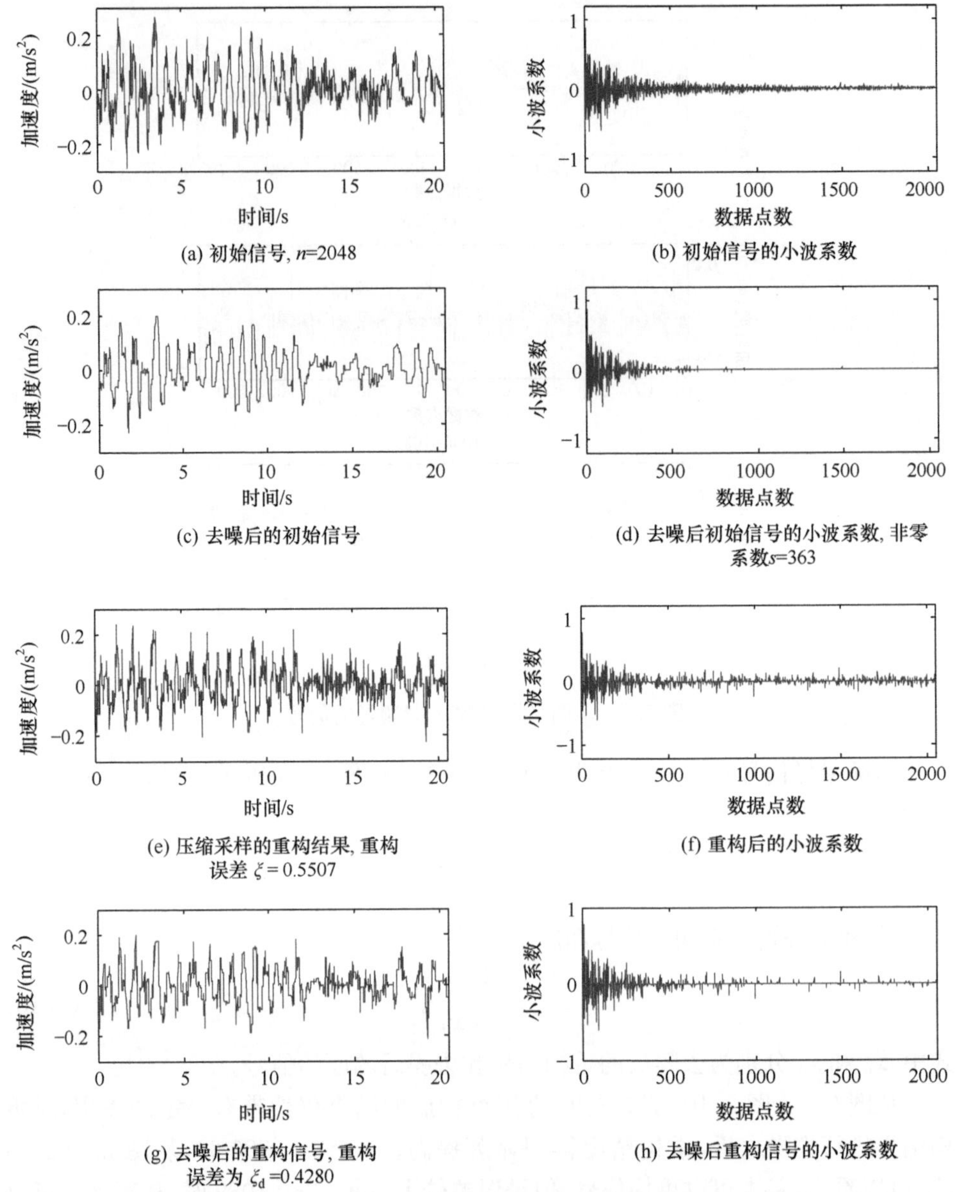

(a) 初始信号, n=2048　(b) 初始信号的小波系数

(c) 去噪后的初始信号　(d) 去噪后初始信号的小波系数, 非零系数s=363

(e) 压缩采样的重构结果, 重构误差 $\xi=0.5507$　(f) 重构后的小波系数

(g) 去噪后的重构信号, 重构误差为 ξ_d=0.4280　(h) 去噪后重构信号的小波系数

图 2.8　$\hat{m}=2s=726$ 时压缩采样的计算结果

图 2.11(c)和(d)所示,可以看出,重构信号频谱的幅值明显损失较大。$\hat{m}=3s=1089$ 和 $\hat{m}=4s=1452$ 的结果则明显得到改善,如图 2.11(e)～(h)所示。从图 2.11(e)和(f)可以看出,$\hat{m}=3s$ 时的重构结果的频谱信息损失较少,可以满足工程应用要求。当然,更大的 $\hat{m}$ 值可以取得更好的结果,但是也意味着数据压缩效率的降低。所以从工程应用出发,要用尽可能少的数据获得较准确的重构信号。

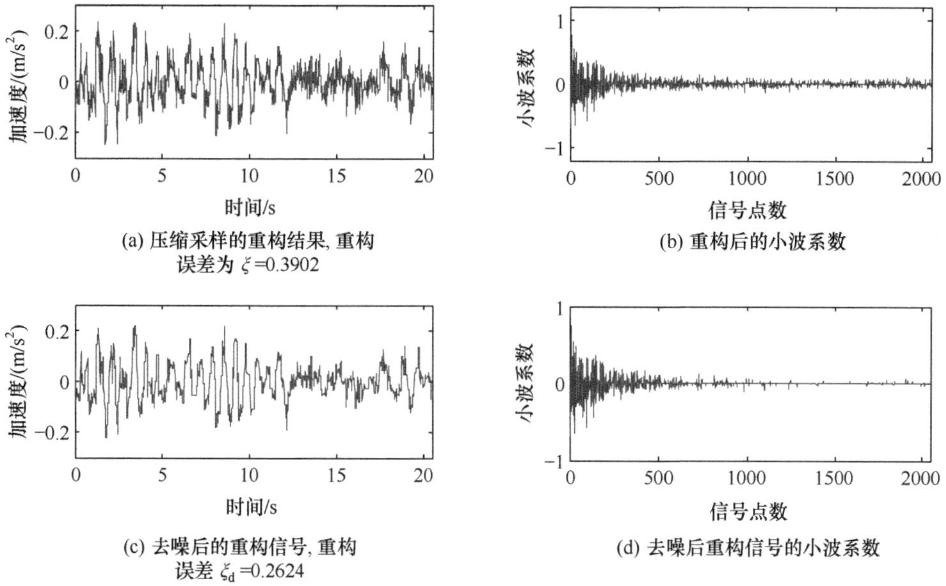

(a) 压缩采样的重构结果, 重构误差为 ξ=0.3902

(b) 重构后的小波系数

(c) 去噪后的重构信号, 重构误差 ξ_d=0.2624

(d) 去噪后重构信号的小波系数

图 2.9　$\hat{m}=3s=1089$ 时压缩采样的计算结果

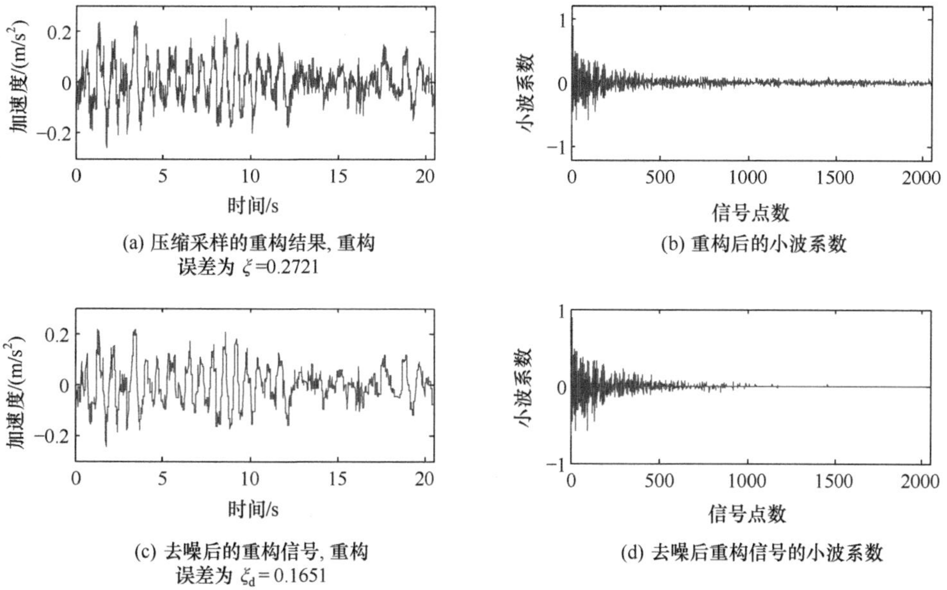

(a) 压缩采样的重构结果, 重构误差为 ξ=0.2721

(b) 重构后的小波系数

(c) 去噪后的重构信号, 重构误差为 ξ_d= 0.1651

(d) 去噪后重构信号的小波系数

图 2.10　$\hat{m}=4s=1452$ 时压缩采样的计算结果

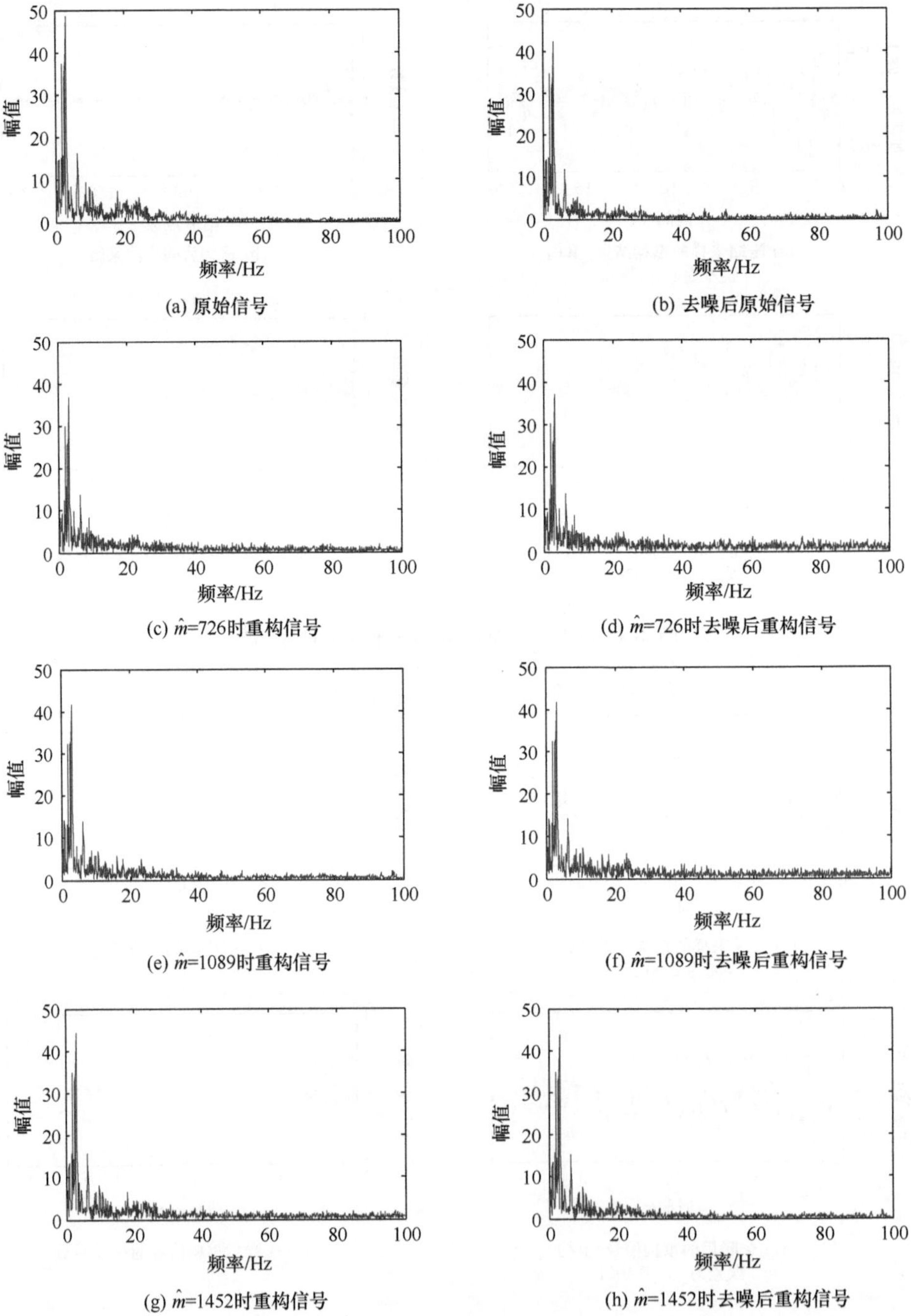

(a) 原始信号　(b) 去噪后原始信号

(c) $\hat{m}$=726时重构信号　(d) $\hat{m}$=726时去噪后重构信号

(e) $\hat{m}$=1089时重构信号　(f) $\hat{m}$=1089时去噪后重构信号

(g) $\hat{m}$=1452时重构信号　(h) $\hat{m}$=1452时去噪后重构信号

图 2.11　原始信号和重构信号的傅里叶谱

为研究重构误差和采样点数 $\hat{m}$ 之间的关系，取 $\hat{m}=(2s,2.2s,\cdots,5.6s)$，这里 $s=363$，计算得到重构误差和采样点数 $\hat{m}$ 的关系曲线如图 2.12 所示(图中 CS 和 CSDN 对应的重构误差分别为 ξ 和 ξ_d)。从图中可以看出，重构误差随着采样点数 $\hat{m}$ 的增加而减少。

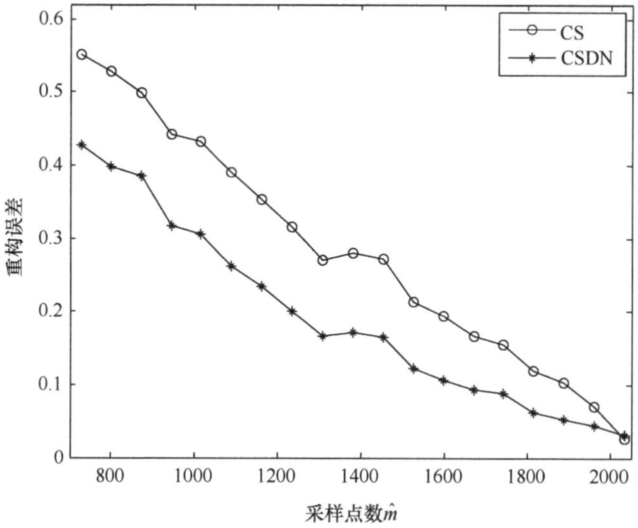

图 2.12　压缩采样的重构误差

3. 压缩采样与传统数据压缩算法的比较

1) 基于小波变换的数据压缩

小波变换在数据压缩领域应用十分广泛，JPEG2000 数据压缩标准就将小波变换选入其中。基于小波变换的数据压缩主要思想是信号首先通过小波多分辨率分析，然后对小波系数进行阈值量化处理，保留非零部分的小波系数及其位置信息即可实现数据压缩。关于小波阈值量化的相关内容见 1.5.2 节。

2) Huffman 编码

Huffman 编码是一种有效的数据压缩编码方法，由 Huffman 在 20 世纪 50 年代初提出，该算法的核心部分为 Huffman 编码树。Huffman 编码是一种无损压缩算法，数据压缩和解压过程中没有损失。Huffman 编码算法分为两类，静态 Huffman 编码和自适应 Huffman 编码。静态 Huffman 编码需要预先知道拟压缩的数据中每个符号的出现频率，建立符号频率表，并且在解压缩时也需要已知这个符号频率表，因此符号频率表和压缩的数据编码需要同时保存和传输。自适应 Huffman 编码则无需事先建立符号频率表，动态 Huffman 编码使用一颗动态 Huffman 树，编码时首先将所有字符的频率都定为 1，建立初始编码树，然后每输入一个字符就重新更新编码树，这样重复直到所有字符都编码完成。解码时采用相同的方法修改 Huffman 树，因此没有必要保存 Huffman 树的信息。Huffman 编码的内容较多，这里不再详述，有兴趣的读者可以参考相关书籍。

3) 结果比较与分析

压缩比是衡量数据压缩程度的指标之一，压缩比定义为原始信号数据量与压缩后信号数据量之比，压缩比计算公式为

$$\mathrm{CR}=\frac{N_{\mathrm{o}}}{N_{\mathrm{co}}} \tag{2.17}$$

式中，N_{o} 和 N_{co} 分别为原始信号数据量和压缩后信号数据量。

对原始加速度数据和小波系数均精确到小数点后四位，小波非零系数的位置信息保留整数，采用字节单位来度量数据量。

压缩采样、小波变换和 Huffman 编码对加速度信号进行压缩的结果如表 2.1 所示。这里 Huffman 编码是对小波变换和阈值量化之后的小波系数进行编码，编码后的小波系数为一组二进制码，如“100010010”。从表 2.1 的结果可看出，小波变换的压缩率最高，压缩采样和 Huffman 编码的结果接近。静态 Huffman 编码需要记录和传输符号频率表，而自适应 Huffman 编码则不需要，所以自适应 Huffman 编码比静态 Huffman 编码的压缩率要高。这里不难理解小波变换的压缩率比压缩采样的结果要好，因为小波阈值量化之后的小波非零系数为 $s=363$ 个点，记录其非零点系数及其位置信息则只需 $2s=726$ 个点，而压缩采样技术需要 $\hat{m}=3s=1089$ 个点，如果也取 $\hat{m}=2s$ 则其重构结果不理想。从重构误差来看，$\hat{m}=3s$ 和 $4s$ 时压缩采样的重构误差 ξ 为 0.3902 和 0.2721，与小波和 Huffman 编码的重构误差 $\xi=0.3525$ 接近。

表 2.1　压缩采样和传统数据压缩算法的比较

对比参数	初始数据	压缩采样		小波变换	Huffman 编码	
		$\hat{m}=3s$	$\hat{m}=4s$		静态	自适应
数据量/字节	16384	8712	11616	4256	8274	7631
压缩比 CR	—	1.88	1.41	3.85	1.98	2.15
重构误差 ξ	—	0.3902	0.2721	0.3525	0.3525	0.3525

图 2.13 为压缩率和重构误差的关系曲线。可以看出，重构误差随着压缩率的增加而增加。显然，在相同的重构误差下，小波数据压缩方法的压缩率最高，压缩采样和 Huffman 编码接近。但是压缩采样在实际应用中有其优点，测量矩阵 $\boldsymbol{\Theta}$ 可以制作成通用的硬件，而 $\boldsymbol{\Psi}$ 矩阵只在数据解压缩时需要。压缩采样可以与 ADC 结合，制成硬件，直接从模拟信号中获得压缩格式的数据。

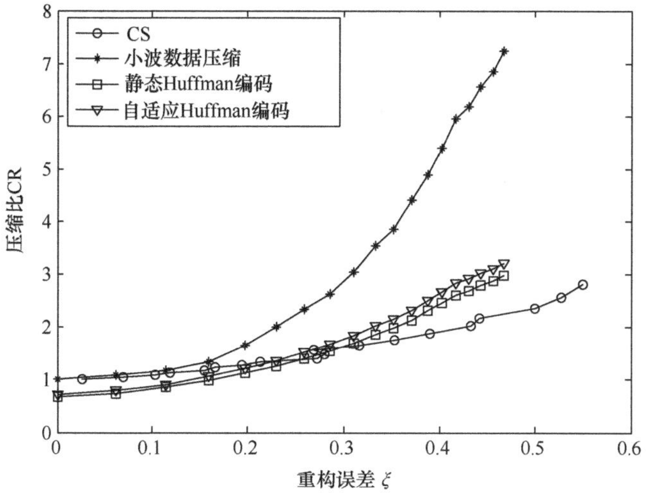

图 2.13　压缩率和重构误差关系曲线

另外,压缩采样更适合高频振动的结构,高频振动的结构根据采样定理,需要较高的采样频率。而压缩采样则和结构的采样频率无关,只和信号的稀疏程度有关,因此,利用压缩采样技术会大大减少数据采集量。

2.2.2　大跨空间结构监测加速度压缩采样

1. 国家游泳中心及其健康监测系统简介

国家游泳中心位于奥林匹克公园内,建筑总面积 80000m^2,是北京 2008 年奥运会标志性建筑之一,由钢筋混凝土框架筒体结构、空间钢结构和 ETFE 膜充气枕覆盖结构组成。其建筑结构外形独特,是由 12 面体所堆积的空间经若干次切割而成,多面体与切割面的交线所形成网格之间用 ETFE 充气膜材填充,从而形成空间泡沫一样的水分子结构,使建筑充满水的流动感的视觉效果,因此又称为“水立方”。“水立方”上部屋面和墙体采用钢结构,下部采用钢筋混凝土筒体剪力墙-框架扁梁-大板体系,上部结构是外形为立方的空间刚架结构,长宽高分别为 177m×177m×31m。国家游泳中心外景如图 2.14(a)所示,其有限元模型如图 2.14(b)所示。为保障结构的运营安全,2007 年为国家游泳中心安装了结构健康监测系统,其中加速度传感器的布置如图 2.14(c)和(d)所示。

2. 加速度响应数据压缩采样与重构

由监测系统监测得到的结构加速度响应数据如图 2.15 所示。

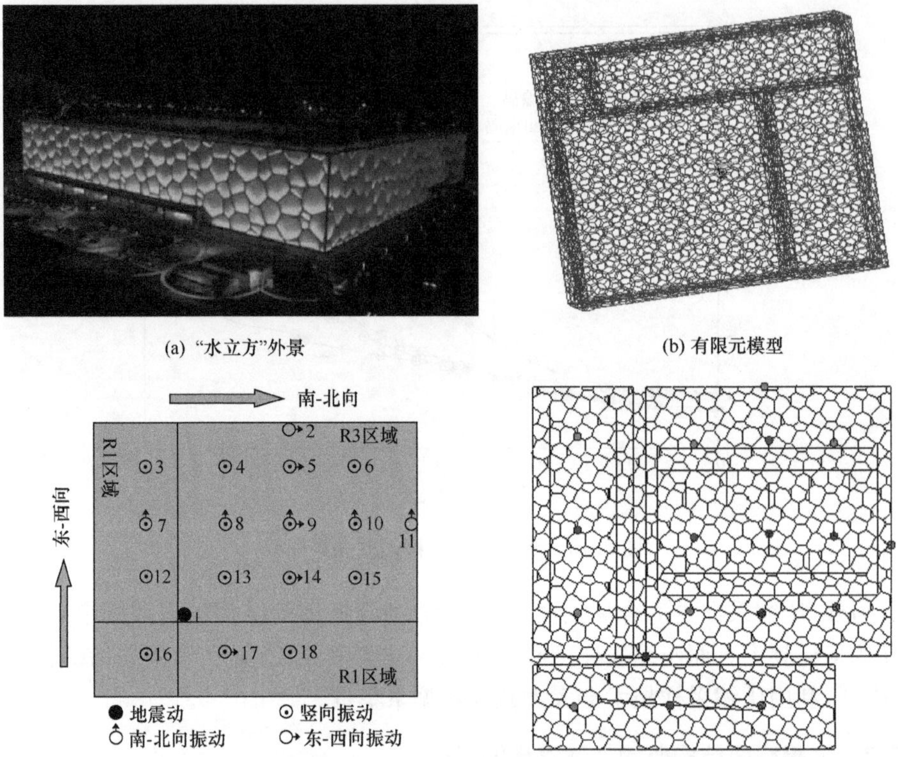

(a) “水立方”外景　(b) 有限元模型

(c) 加速度传感器布置图　(d) 加速度传感器位置

图 2.14　国家游泳中心及其健康监测系统

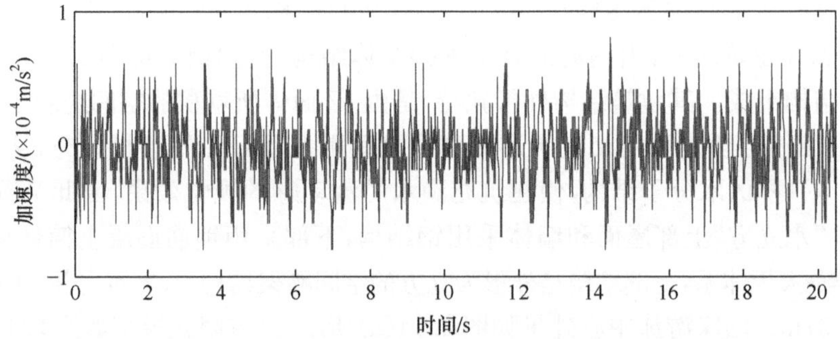

图 2.15　国家游泳中心加速度响应

对图 2.15 所示的加速度响应进行小波变换和傅里叶变换，小波变换采用 Haar 小波基，结果如图 2.16 所示。从图中可以看出，“水立方”监测得到的加速度响应频率成分复杂，具有频谱宽带的特性，在小波基和傅里叶基下，不能认为它是近似稀疏的。

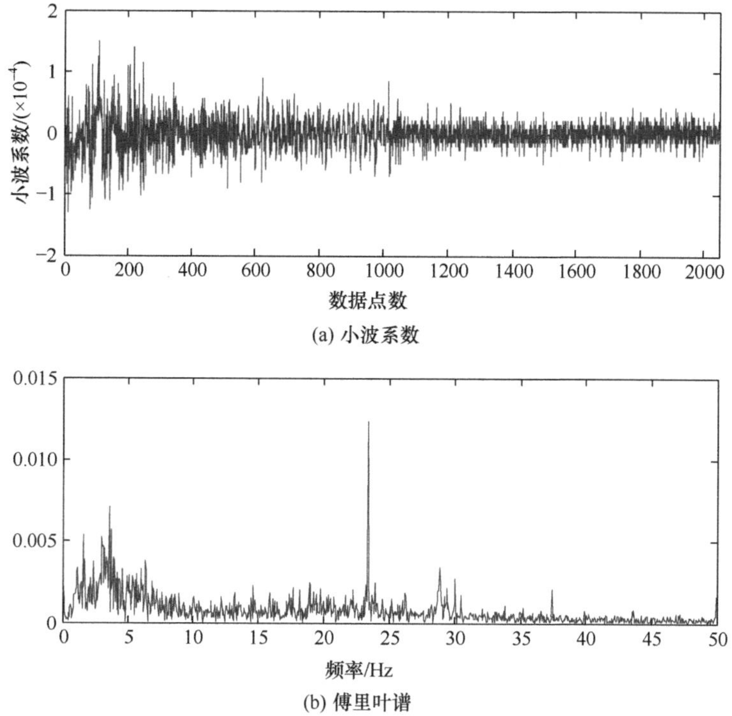

图 2.16　国家游泳中心加速度响应的小波系数和傅里叶谱

对国家游泳中心的加速度响应进行压缩采样分析，这里给出重构误差和采样点数的关系图，如图 2.17 所示。从图中可以看出，重构误差较大，采样点数 $\hat{m}=$

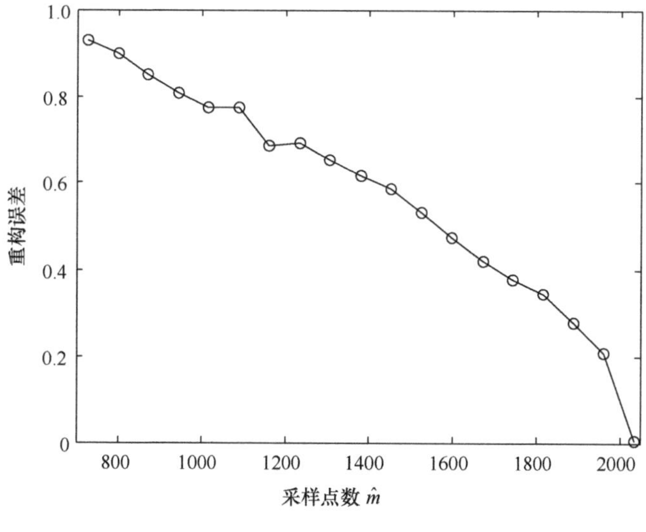

图 2.17　国家游泳中心加速度响应压缩采样重构误差和采样点数的关系

1600 时的重构误差仍然大于 0.4，而某公路大桥的算例在 $\hat{m}=1600$ 时的测量误差小于 0.2，可见压缩采样的方法在土木工程结构中，对于窄带信号适用性较好，而对宽带信号重构误差较大。

对结构加速度数据压缩和重构研究表明，压缩效率与信号的稀疏性有关，信号越稀疏，压缩率越高，在相同测量点数情况下信号重构的精度越高，重构误差随着测量点数的增加而减少。从频率成分的角度讲，压缩采样在土木工程结构中更加适合应用于窄带特性的信号压缩，对于宽带信号则压缩效率较低、重构误差较大。与小波变换和 Huffman 编码的压缩算法比较表明，压缩采样的压缩率比小波变换低，与 Huffman 编码接近；但压缩采样可以硬件形式实现，直接从模拟信号中获得压缩格式的数据，而传统的数据压缩算法则无法实现。

第 3 章　无线传输数据丢失恢复算法

监测数据的质量是进行结构健康诊断的基础。无线传感技术与无线传感网络是结构健康监测未来的发展趋势。但国内外大量研究表明，无线传感器网络在信号传输过程中普遍存在数据丢失现象。虽然国内外学者通过改善无线传感器网络的硬件和传输协议，减少数据的丢失，但至今该问题并未完全解决。2012 年，鲍跃全等提出采用数据压缩采样理论解决无线传感器网络的数据丢失问题，该方法可以避免数据的重复发送，而且即使数据丢失仍然可以继续进行数据采集而不需要中断(Bao et al. ,2013)。

本章首先介绍无线传感器数据丢失原因，然后介绍基于压缩采样的无线传感器网络数据丢失恢复算法，以及在时域和频域内的恢复误差。

3.1　无线传输数据丢失概述

智能无线传感器(wireless smart sensor)具有体积小、低耗电、价格便宜、可动态配置、可嵌入式编程等优点。近年来针对结构健康监测，全世界提出了多种类型的智能无线传感器(Lynch and Loh,2006)，其中具有代表性的无线传感器及其性能参数如表 3.1 所示。

表 3.1　智能无线传感器类别

传感器					
开发者	Lynch(2005)	Wang 等(2005)	Farrar 等(2006)	Mica2 (Berkeley-Crossbow 2003)	Imote2 (Intel 2007)
处理器	Motorola MPC555 PowerPC	Atmel AVR ATmega128	Intel Pentium /Motorola	Atmel AT mega128L	XScale PXA27x
时钟频率	40MHz	8MHz	133MHz	7. 383MHz	13～416MHz
RAM	26KB+512KB	128KB	256KB	4KB	256KB+32MB
固定存储器	448KB	128KB	闪存	128KB+512KB	32MB

在实际工程应用中，无线传感器数据丢失是较为普遍的问题，对于固定式无线传感器和移动式无线传感器，其数据丢失的主要原因有所差别。

1. 固定无线传感器数据丢失

在实际工程结构健康监测中，无线传感器在无线传输过程中数据丢失是较普遍现象，其主要原因可以归结为无线电的干扰，例如，其他电子设备以与无线传感器相同频率工作、天气(如下雨、闪电等)、无线传感器安装位置不合适、无线天线方向不合适、无线数据长距离传输以及硬件等问题。

Zou 等(2015)采用 Imote2 无线传感器，对实桥现场进行了无线传感器数据丢失率的测试，结果如图 3.1 所示。从图中可以看出，随着传输距离的增加，数据丢失率明显增加。

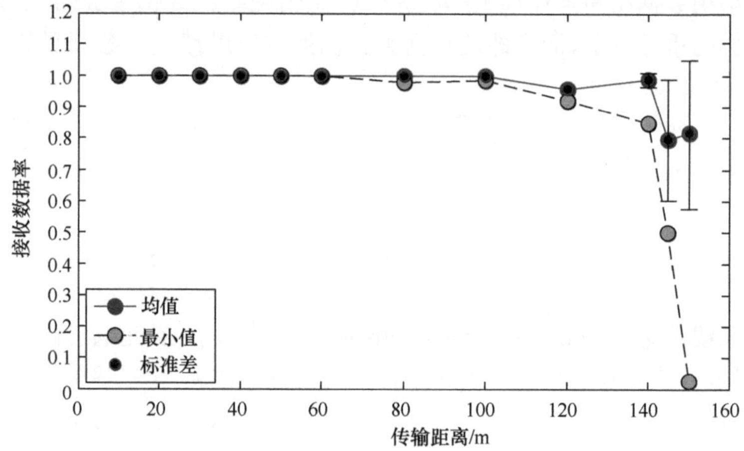

图 3.1 无线传感器数据丢失现象

2. 移动无线传感器数据丢失的多普勒效应

在传统无线传感网络的基础上，鲍跃全等提出了快速移动无线传感结构健康监测技术，如图 3.2 所示(Bao et al.，2015)。该技术是将无线传感器节点安装在桥梁上，自动采集记录数据，然后将基站安装在汽车上，可以以正常车流速度在不中断交通下定期收集数据，实现桥梁或桥梁群的快速离线监测。试验研究表明，在基站快速移动过程中，无线传输数据更易于丢失，且丢包率随移动速度增加而增大，这是由通信技术中的多普勒效应导致的。

如图 3.3 所示，无线传感器节点固定，车载基站以速度 v 移动，在移动状态下，特别是在高速移动情况下，无线传感器移动基站接收到节点的信号频率会发生变化，该现象称为多普勒效应。多普勒效应所引起的频移称为多普勒频移，由式(3.1)计算：

图 3.2　快速移动无线传感结构健康监测技术

$$f_{\mathrm{d}}=\frac{f_0}{v_{\mathrm{c}}}v\cos\theta_{\mathrm{d}} \tag{3.1}$$

式中，v 为基站移动速度；f_0 为节点无线信号的发射频率；f_{d} 为多普勒频移；v_{c} 为电磁波传播速度，$v_{\mathrm{c}}=3\times10^5\mathrm{km/s}$；$\theta_{\mathrm{d}}$ 为沿基站移动方向节点与基站信号传播方向的夹角。

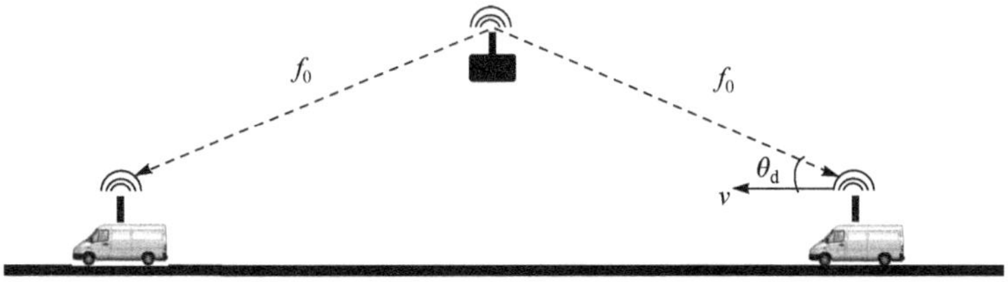

图 3.3　移动无线传感的多普勒效应示意图

当移动无线基站的移动方向和电磁波方向相同时，夹角 $\theta_{\mathrm{d}}>\pi/2(\cos\theta_{\mathrm{d}}<0)$，移动无线基站和固定传感器节点之间的距离增加，$f_{\mathrm{d}}<0$，接收的电磁波频率降低；当移动无线基站的移动方向和电磁波方向相反时，$\theta_{\mathrm{d}}<\pi/2(\cos\theta_{\mathrm{d}}>0)$，移动无线基站和固定传感器节点之间的距离减少，$f_{\mathrm{d}}>0$，接收的电磁波频率增加。

在结构健康监测领域，所用的无线传感器节点和基站一般均采用低功耗的 ZigBee 网络协议技术，无线信号发射频率为 $f_0=2.410\mathrm{GHz}$。若 $\theta_{\mathrm{d}}=0$ 或者 $\theta_{\mathrm{d}}=\pi$，无线基站移动速度 $v=50\mathrm{km/h}$，则计算得到的多普勒频移 $f_{\mathrm{d}}=\pm111.6\mathrm{Hz}$。因为结构健康监测领域所用的无线传感器均未考虑多普勒频移的补偿，所以即使产生微小的频移也会造成无线通信链路中断而导致数据丢失。

对结构健康监测移动式无线传感进行试验研究，所采用的无线传感器为 Yu 和 Ou(2010)开发的无线传感器节点和基站，如图 3.4 所示。试验Ⅰ如图 3.5 和图 3.6 所示，将无线传感器基站安装在车上，基站接收天线放置在车顶，无线传感器节点固定。

(a) 无线传感器节点 (b) 无线传感器节点电路板 (c) 基站

图 3.4 无线传感器节点和基站

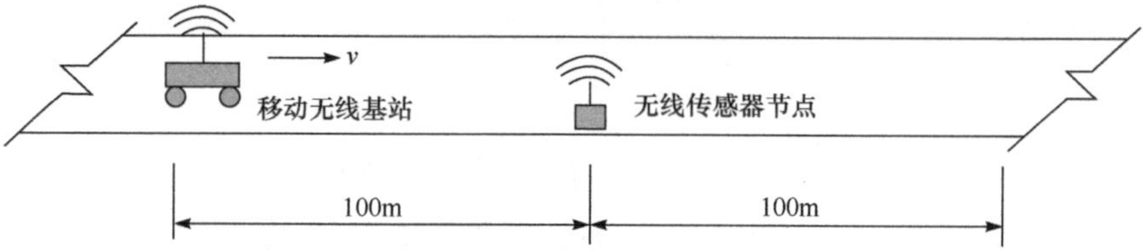

图 3.5 试验Ⅰ示意图

图 3.6 试验Ⅰ现场测试

安装无线传感器基站的车分别以 10km/h、20km/h、30km/h、40km/h、50km/h 通行，每种速度重复试验 10 次。同时考虑静止的状态，在无线传感器有效传输范围内选择不同的位置重复采集数据 10 次。在无线传感器基站移动速度为 10km/h 时，基站接收的典型数据如图 3.7 所示，存在明显的数据丢包。基站移动速度和数据丢包率统计结果如表 3.2 所示。表中数据表明，数据丢包率随着基站移动速度的增加而明显增大，在移动速度为 50km/h 的情况下，数据丢包率最大达到了 13.08%。

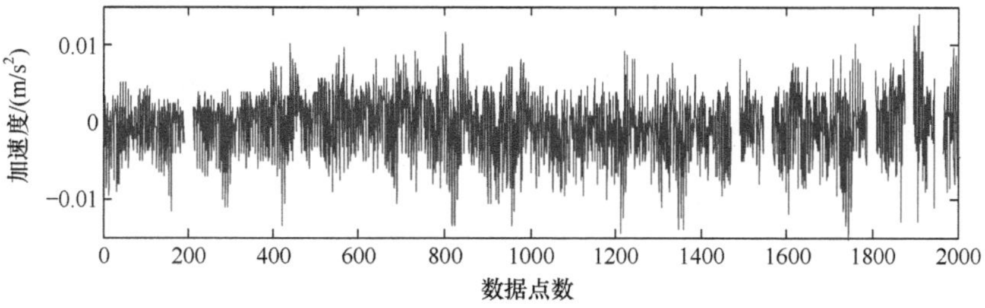

图 3.7　试验Ⅰ中车辆运行速度为 10km/h 时基站接收的数据

表 3.2　基站移动速度和数据丢失率（试验Ⅰ）

速度/(km/h)	理论传输数据包数	实际接收数据包数	平均丢包数	平均丢包率/%	最大丢包率/%	最小丢包率/%
0	1266	1234	32	2.55	3.22	1.90
10	1266	1220	46	3.60	4.33	2.10
20	588	568	20	3.30	4.12	2.58
30	474	445	29	6.01	6.96	4.98
40	309	284	25	7.95	9.83	5.43
50	260	229	31	11.94	13.08	11.44

为进一步验证数据丢包的多普勒效应，进一步进行圆形转盘道试验，试验过程中改变基站的移动速度，而基站和无线节点的距离保持不变，试验Ⅱ示意图如图 3.8 所示，试验现场测试如图 3.9 所示，不同移动速度同样重复 10 次试验。试验结果如表 3.3 所示，在节点和移动基站距离保持不变的情况下，只改变基站速度，数据丢包率并没有明显增加，即使在 60km/h 情况下，数据最大丢包率仍为 2.75%。从图 3.8 可以看出，移动基站和节点之间的夹角 $\theta_d=\pi/2$，根据多普勒频移的计算公式[式(3.1)]，$f_d=0$，不存在多普勒频移。

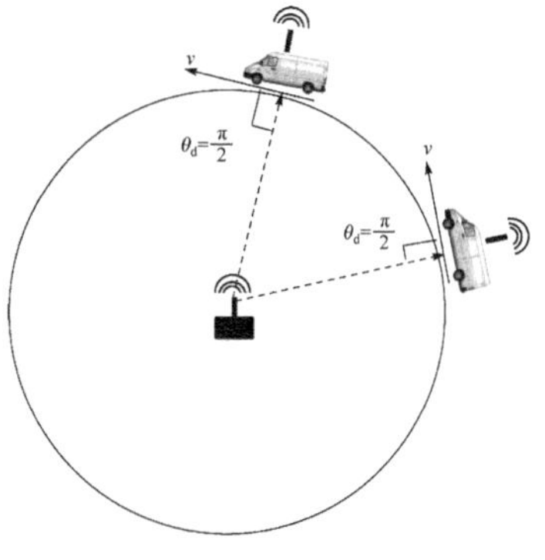

图 3.8　试验Ⅱ示意图

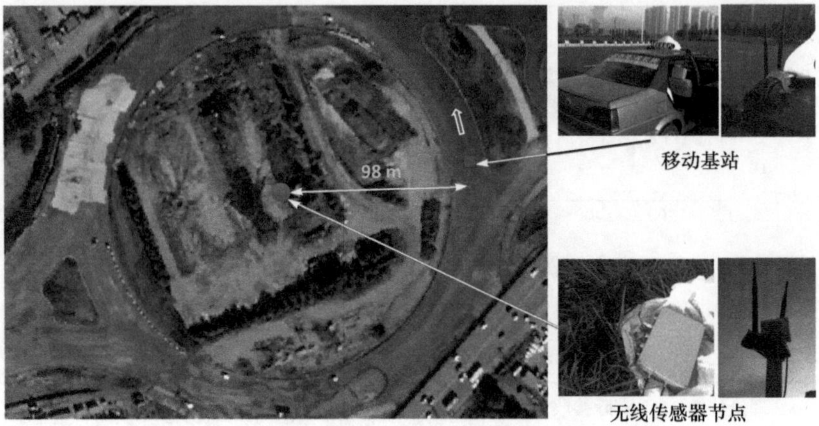

图 3.9 试验Ⅱ现场测试

表 3.3 基站移动速度和数据丢失率(试验Ⅱ)

速度/(km/h)	理论传输数据包数	实际接收数据包数	平均丢包数	平均丢包率/%	最大丢包率/%	最小丢包率/%
0	5527	5481	46	0.81	1.04	0.61
20	5429	5302	127	2.34	2.41	2.22
30	5225	5107	116	2.22	2.24	2.16
40	5385	5276	109	2.02	2.52	1.42
50	5341	5222	119	2.23	2.53	1.47
60	5375	5257	118	2.20	2.75	1.62

3.2 无线传输数据丢失恢复算法

3.2.1 无测量噪声的数据丢失恢复算法

假设通过线性映射从 $\boldsymbol{x}\in\mathbb{R}^n$ 中得到长度 $\hat{m}(=n)$ 数据向量 $\boldsymbol{y}\in\mathbb{R}^{\hat{m}}$：

$$\boldsymbol{y}=\boldsymbol{\Theta}\boldsymbol{x} \tag{3.2}$$

式中，$\boldsymbol{x}$ 为原始数据向量(无线传感器节点采集的数据)；$\boldsymbol{\Theta}$ 为 $\hat{m}\times n$ 维的矩阵，其意义与第 2 章相同。

在将节点数据传输给基站时，我们并不传输原始数据向量 $\boldsymbol{x}$，而是传输线性映射向量 $\boldsymbol{y}$。考虑向量 $\boldsymbol{y}$ 在无线传输过程中部分数据丢失，基站接收的数据为 $\hat{\boldsymbol{y}}\in\mathbb{R}^{\hat{m}-n_l}$，数据长度为 $\widetilde{m}=\hat{m}-n_l$，其中 n_l 是丢失的数据数量。因此式(3.2)变成

$$\hat{\boldsymbol{y}}=\hat{\boldsymbol{\Theta}}\boldsymbol{x} \tag{3.3}$$

式中，$\hat{\boldsymbol{\Theta}}$ 由 $\boldsymbol{\Theta}$ 矩阵去除掉 n_l 行元素得到，去除掉的行数和向量 $\boldsymbol{y}$ 中丢失的数据相

对应。这里数据丢失方式主要分两种情况，即数据随机丢失与连续丢失。

将向量 $\hat{\boldsymbol{y}}$ 视为原始数据 $\boldsymbol{x}$ 压缩之后得到的数据，因此数据丢失恢复问题转化为压缩数据的重构问题，可以采用 CS 方法进行重构，恢复丢失的数据。假设信号在某种基下展开成

$$\boldsymbol{x} = \sum_{j=1}^{n} \alpha_j \boldsymbol{\psi}_j \text{ 或 } \boldsymbol{x} = \boldsymbol{\Psi\alpha} \tag{3.4}$$

式中，$\boldsymbol{\alpha}$ 为基变换系数，$\boldsymbol{\alpha}=\boldsymbol{\Psi}^{\mathrm{T}}\boldsymbol{x}$，$\boldsymbol{\Psi}$ 为基矩阵，可以是小波基、傅里叶基或其他变换基。

将式(3.4)代入式(3.3)，可得

$$\hat{\boldsymbol{y}}=\hat{\boldsymbol{\Theta}}\boldsymbol{x}=\hat{\boldsymbol{\Theta}}\boldsymbol{\Psi\alpha}=\hat{\boldsymbol{\Omega}}\boldsymbol{\alpha} \tag{3.5}$$

式(3.5)可以通过求解 l_1 优化问题重构系数 $\hat{\boldsymbol{\alpha}}$。

$$\hat{\boldsymbol{\alpha}}=\operatorname{argmin} \|\tilde{\boldsymbol{\alpha}}\|_1 \text{且 } \hat{\boldsymbol{\Omega}}\tilde{\boldsymbol{\alpha}}=\boldsymbol{y} \tag{3.6}$$

3.2.2　有测量噪声的数据丢失恢复算法

因为信号本身不是绝对稀疏的信号，大部分信号可以认为是近似稀疏的，因此在信号重构时需考虑原始信号噪声的影响，即

$$\hat{\boldsymbol{y}}=\hat{\boldsymbol{\Theta}}\boldsymbol{x}+\boldsymbol{e} \tag{3.7}$$

式中，$\boldsymbol{e}$ 为随机噪声。

考虑噪声影响的数据丢失恢复问题则变为鲁棒压缩采样问题，即

$$\hat{\boldsymbol{y}}=\hat{\boldsymbol{\Theta}}\boldsymbol{\Psi\alpha}+\boldsymbol{e}=\hat{\boldsymbol{\Omega}}\boldsymbol{\alpha}+\boldsymbol{e} \tag{3.8}$$

基变换系数 $\boldsymbol{\alpha}$ 可以通过求解如下凸优化问题进行重构：

$$\hat{\boldsymbol{\alpha}}=\operatorname{argmin} \|\tilde{\boldsymbol{\alpha}}\|_1 \text{且 } \|\hat{\boldsymbol{\Omega}}\tilde{\boldsymbol{\alpha}}-\boldsymbol{y}\|_2\leqslant\varepsilon \tag{3.9}$$

式中，ε 为测量误差的上限值，通过估计得到。

原始信号可以通过 $\hat{\boldsymbol{\alpha}}$ 与基矩阵计算恢复：

$$\hat{\boldsymbol{x}}=\boldsymbol{\Psi\alpha} \tag{3.10}$$

式中，$\boldsymbol{\Psi}$ 为基矩阵。

数据丢失恢复方法的计算流程可以总结如下：

(1) 在无线传感器节点，将采集得到的原始数据 $\boldsymbol{x}$ 转换成 $\boldsymbol{y}$，$\boldsymbol{y}=\boldsymbol{\Theta x}$。其中，$\boldsymbol{\Theta}$ 矩阵中独立同分布的元素 $\vartheta_{i,j}$ 是满足均值为 0、方差为 $1/n$ 的高斯分布的随机数；或为满足独立同分布的 $\vartheta_{i,j}$ 是服从对称伯努利分布($P(\vartheta_{k,j}=\pm 1/\sqrt{n})=1/2$)的随机数等。然后将无线传感器节点内的数据 $\boldsymbol{y}$ 无线传输至基站。

(2) 在基站，接收的数据中有 n_l 个点丢失，得到数据 $\hat{\boldsymbol{y}}$。

(3) 根据采样时间和采样频率可以确定丢失数据的位置，若某一时刻数据丢失，则这一时刻采集的数据为空(这取决于无线传感器的通信协议)。根据数据丢失时间，确定矩阵 $\hat{\boldsymbol{\Theta}}$，其维数为$(\hat{m}-n_l)\times n$。

(4) 建立式(3.7)和式(3.8)所示的数据重构模型。

(5) 求解式(3.9),得到最优系数 $\hat{\boldsymbol{\alpha}}$。

(6) 最后,通过式(3.10)计算得到数据 $\hat{\boldsymbol{x}}$。

数据丢失恢复算法流程可用图 3.10 表示。

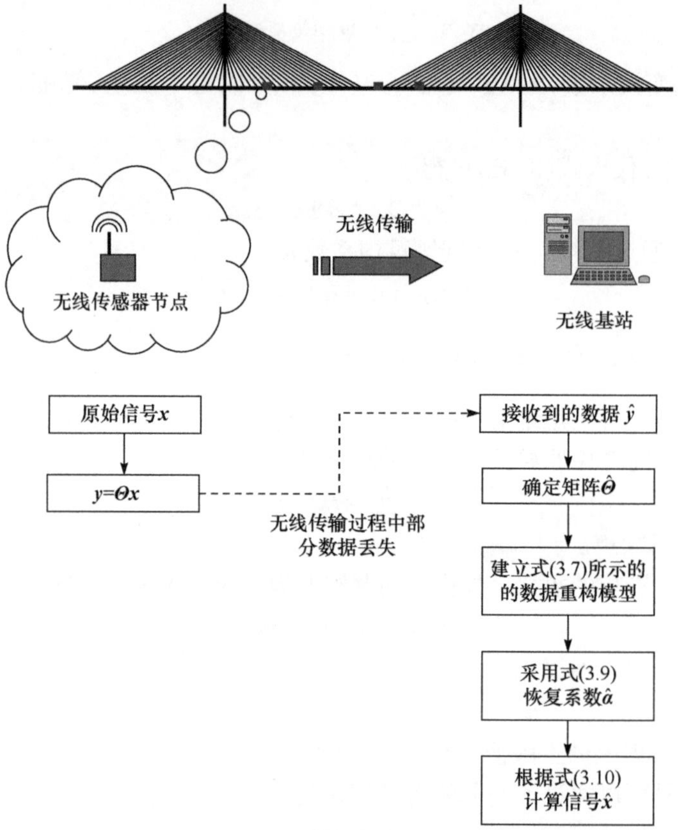

图 3.10　无线传感器网络数据丢失恢复算法流程图

3.3 应用实例

3.3.1 桥梁监测数据丢失恢复

该桥为 23 跨连续梁桥,全桥长 501.9m,宽 14m,如图 3.11 所示。采用无线加速度传感器对桥梁振动进行测试,传感器布置位置如图 3.12 所示。图 3.12(a)给出了桥梁的跨度编号,对其中第 1 跨、第 4 跨与第 23 跨的振动进行测试,其中传感器布置如图 3.12(b)所示,分别布置 4 个加速度传感器,每个加速度传感器与无线节点相连,无线节点将数据无线发送传输至基站,如图 3.13 所示。

图 3.11　某连续梁桥照片

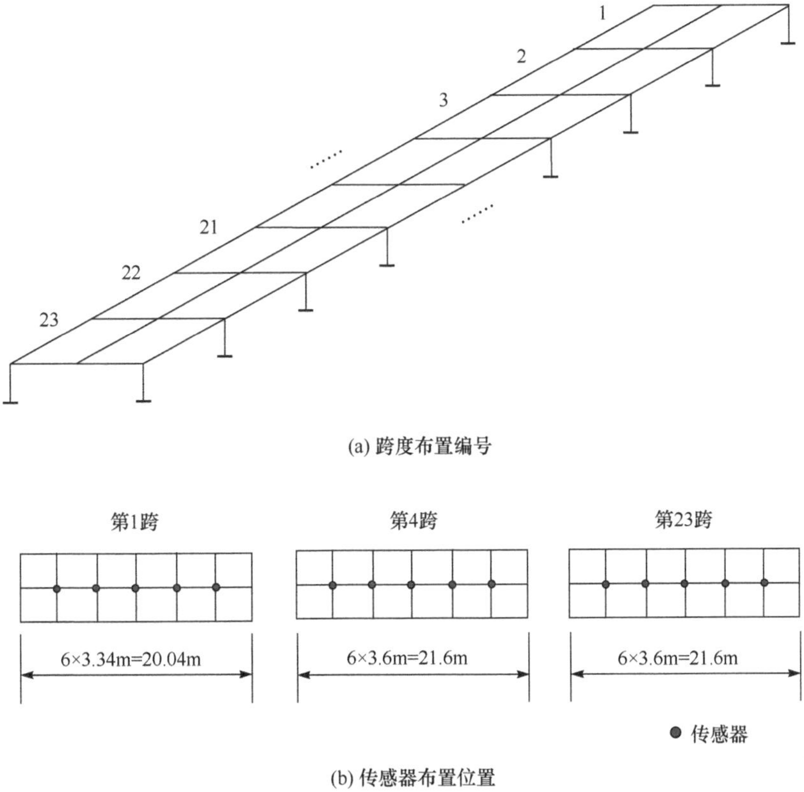

图 3.12　传感器在某连续梁桥上的布置位置示意图

1. 数据丢失情况

无线传感器与传感网络，数据以包的形式在网络里传输，无线节点有 8 个通

图 3.13 某连续梁桥上布设的无线传感器节点与基站

道,可以实现同步采集,每个数据包包含 8 个通道的 5 个采样点数据。在某连续梁桥的现场测试中,采样频率为 100Hz,总共采集 35 组数据,其中只有 7 组数据无数据丢失,其他均存在数据丢失且最大丢失率达 20.22%。在无线传感器中,所有的数据包都有对应的编号,如果数据包丢失,通过编号可以在基站很清楚地检测到数据丢包的情况。通过现场测试的数据分析,无线传感器数据丢包模式主要为随机丢包与连续丢包两种。图 3.14 给出了一段典型的数据,其中包含了随机丢包与连续丢包的情况。

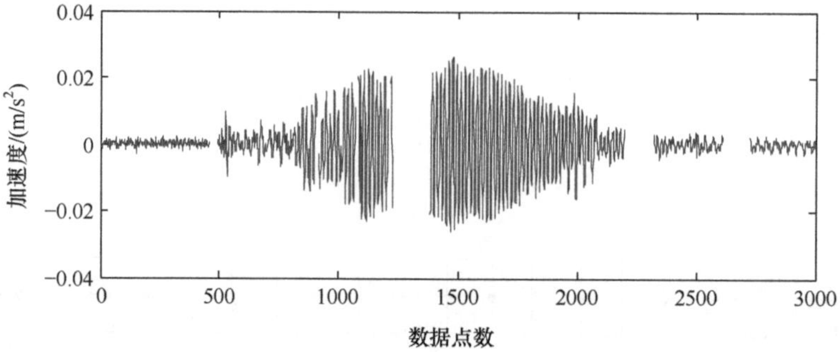

图 3.14 无线传感器数据丢失特征

2. 数据稀疏性分析

桥梁结构服役环境复杂,实测的结构加速度响应数据受环境影响较大,传感器实测的加速度数据包含较强的噪声,如图 3.15 所示。图 3.15(b)为其幅频图,可以看出,该桥梁加速度响应为一窄带信号,这与实际桥梁结构振动往往只有少数前几阶模态参与的特性相符。因此,该桥梁加速度响应在频域内具有稀疏性。对加速度响应数据进行小波变换,采用 Haar 小波基得到小波变换的小波系数,如

图 3.16(a)所示，可以看出，桥面加速度响应数据显然不是稀疏的。但对小波系数进行阈值去噪，如图 3.16(b)所示，可以看出，去噪后的小波系数是稀疏的。

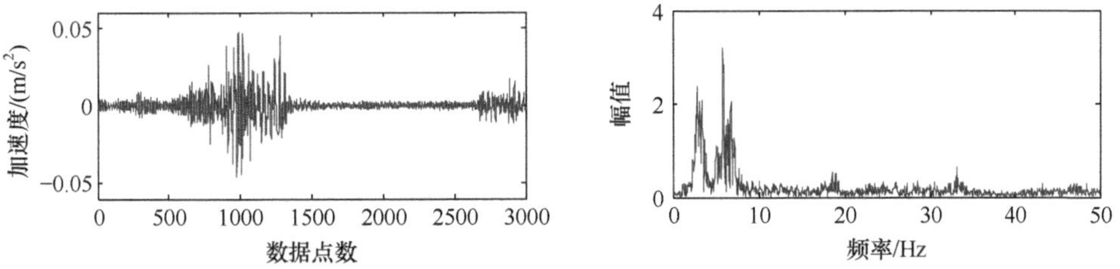

(a) 原始信号　　(b) 幅频图

图 3.15　桥面加速度响应及其傅里叶谱

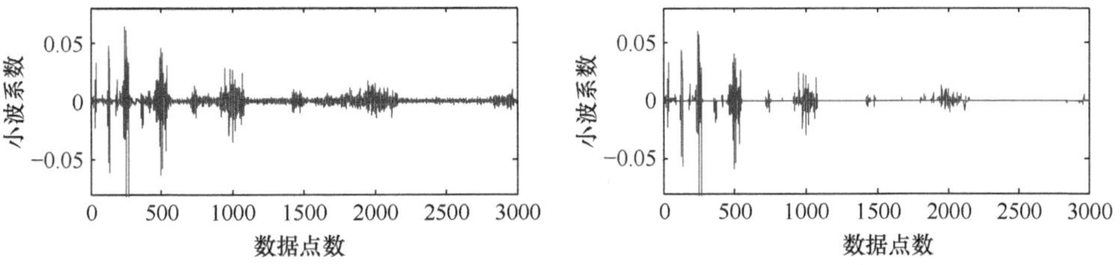

(a) 原始信号　　(b) 去噪后信号

图 3.16　桥面加速度响应的 Haar 小波变换系数

从图 3.16 结果可以看出，加速度信号的小波系数可以表示成去噪后的小波系数加上噪声部分的小波系数。因此原始加速度信号也可以由去噪后的小波系数重构，然后加上噪声部分。假设去噪后的小波系数为 $\boldsymbol{\alpha}_{\mathrm{d}}$，则加速度信号可以表示成

$$\boldsymbol{x}=\boldsymbol{\Psi}\boldsymbol{\alpha}_{\mathrm{d}}+\tilde{\boldsymbol{e}} \tag{3.11}$$

式中，$\boldsymbol{\Psi}$ 为小波变换的基矩阵；$\tilde{\boldsymbol{e}}$ 为重构信号的噪声；$\boldsymbol{\alpha}_{\mathrm{d}}$ 为去噪后的小波系数。

信号长度为 3000 个点，去噪后小波系数 $\boldsymbol{\alpha}_{\mathrm{d}}$ 长度为 3000，其中非零点个数为 541，零点个数占 81.97%，因此原始信号在小波域上是稀疏的。

3. 数据包随机丢失的恢复结果

取原始信号 $\boldsymbol{x}$ 长度为 $n=3000$ 个数据点，取 $\hat{m}=n=3000$，采样矩阵 $\boldsymbol{\Theta}$ 维数为 3000×3000，这样不会增加数据采集量。数据丢失率定义为

$$\gamma=\frac{n_1}{\hat{m}}\times100\% \tag{3.12}$$

式中，n_1 为数据丢失的点数。

为阐述恢复数据方法的有效性，假设数据丢失率分别取 $\gamma=(0\%,2\%,4\%,20\%)$，恢复整体数据 $\hat{\boldsymbol{x}}$ 的重构误差为

$$\xi=\frac{\|\hat{\boldsymbol{x}}-\boldsymbol{x}\|_2}{\|\boldsymbol{x}\|_2} \tag{3.13}$$

式中，$\hat{\boldsymbol{x}}$、$\boldsymbol{x}$ 分别为重构之后的数据与原始数据。

去噪后的信号重构误差计算公式为

$$\xi_{\mathrm{d}}=\frac{\|\hat{\boldsymbol{x}}_{\mathrm{d}}-\boldsymbol{x}_{\mathrm{d}}\|_2}{\|\boldsymbol{x}_{\mathrm{d}}\|_2} \tag{3.14}$$

式中，$\hat{\boldsymbol{x}}_{\mathrm{d}}$、$\boldsymbol{x}_{\mathrm{d}}$ 分别为去噪之后的恢复数据与原始数据。

在这里向读者详细介绍 10%数据随机丢失的数据恢复精度。图 3.17(a)为无线传感器节点的原始数据 $\boldsymbol{x}$。通过均值为 0、方差为 1 的高斯分布产生测量矩阵 $\boldsymbol{\Theta}$，再利用 $\boldsymbol{y}=\boldsymbol{\Theta x}$ 将原始数据向量 $\boldsymbol{x}$ 在无线传感器节点内转换成 $\boldsymbol{y}$，如图 3.17(b)所示，将 $\boldsymbol{y}$ 从节点无线传输至基站。因为 $\boldsymbol{x}$ 为服从均值为 0、方差为 1 的高斯分布，所以图 3.17(b)中的 $\boldsymbol{y}$ 看上去像白噪声。图 3.17(c)为存在数据丢失的向量 $\hat{\boldsymbol{y}}$，图 3.17(d)为局部丢失数据部分的放大图，从中可以看出数据丢失情况。如果按照传统方式进行数据传输，原始数据在无线传输过程中存在 10%数据随机丢失，则其结果如图 3.17(e)所示，图 3.17(f)给出了局部放大图，可以看出存在数据丢失。正交基 $\boldsymbol{\Psi}$ 取 Haar 小波基，数据恢复结果如图 3.17(g)所示，数据 $\hat{\boldsymbol{x}}$ 的重构误差 $\xi=0.1062$。图 3.17(h)为去噪后数据恢复结果，可以看出，恢复数据的精度较高、误差较小。

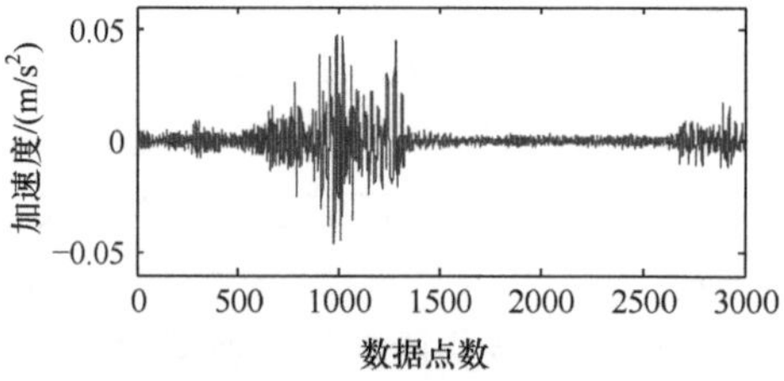

(a) 原始信号

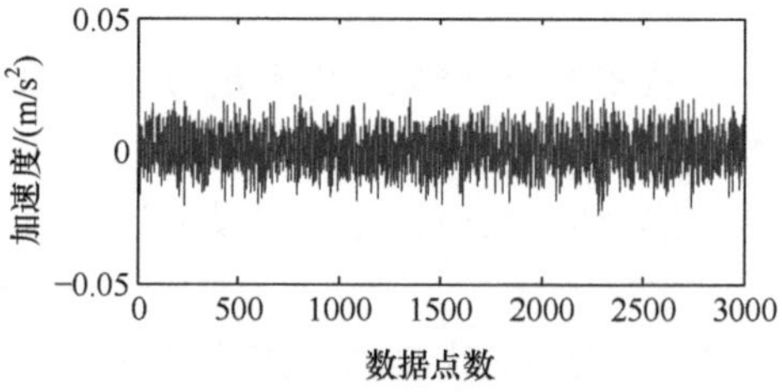

(b) 转换后的数据 y

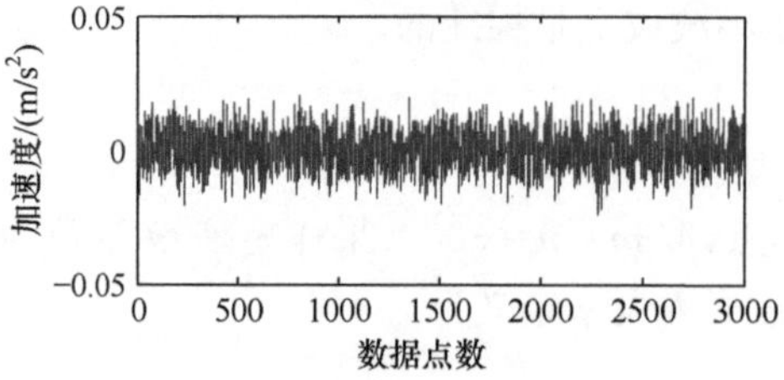

(c) 基站接收到的数据 $\hat{y}$

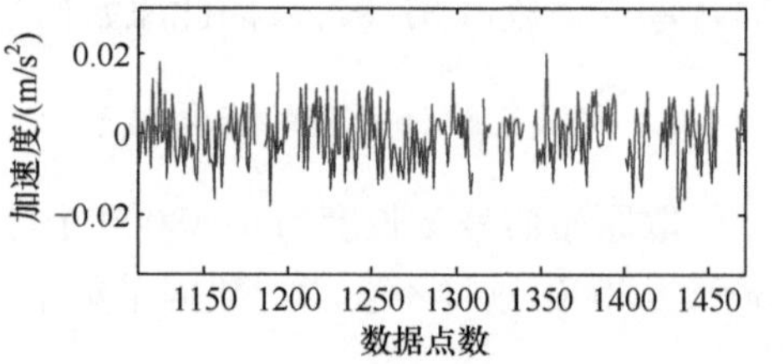

(d) 局部放大的数据 $\hat{y}$

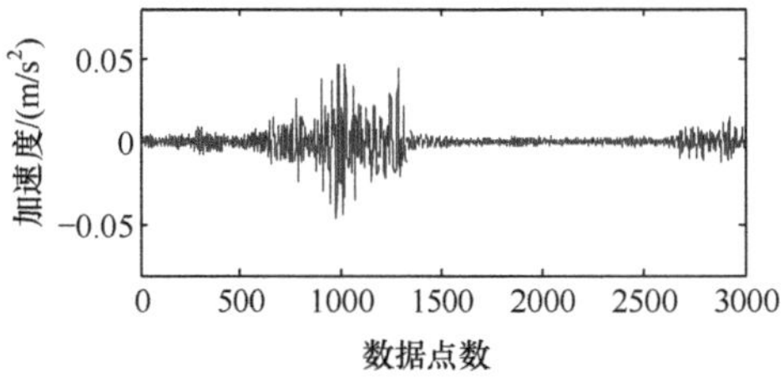

(e) 10%数据丢失下的原始数据

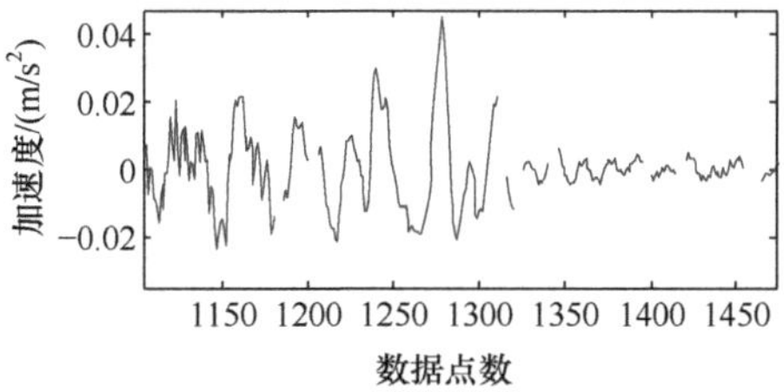

(f) 图(e)局部放大

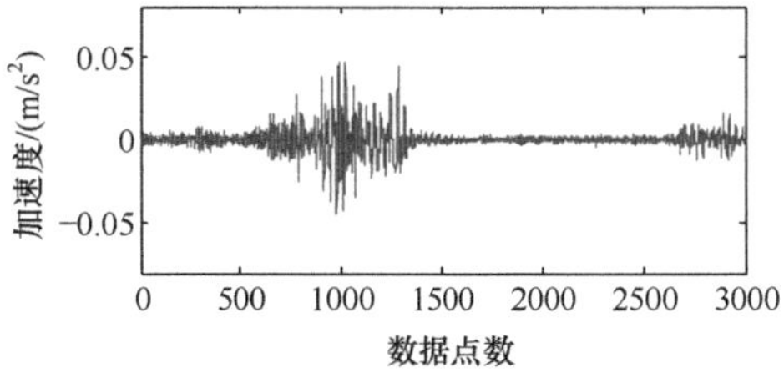

(g) 数据恢复的结果 $\hat{\boldsymbol{x}}$, 误差 ξ=0.1062

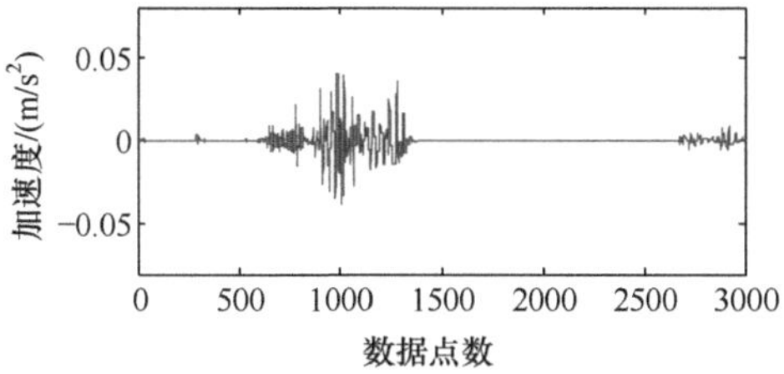

(h) 去噪后的恢复结果 $\hat{\boldsymbol{x}}_{\mathrm{d}}$，误差 ξ_{d}=0.0598

图 3.17 数据随机丢失 10%情况下的恢复结果

额外考虑噪声的影响，对 $\boldsymbol{y}$ 分别加 5%与 10%的随机白噪声，则在 10%随机数据丢包情况下数据恢复结果如图 3.18 所示。与图 3.17(a)比较可以看出，即使在噪声影响下，丢失数据的恢复精度也较高。

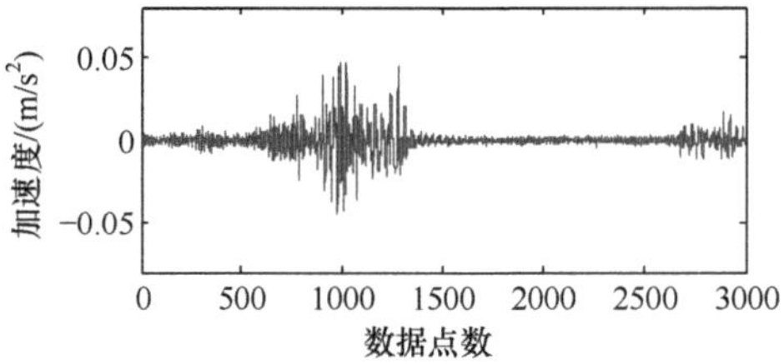

(a) 5%噪声下的恢复结果, 误差 ξ = 0.1146

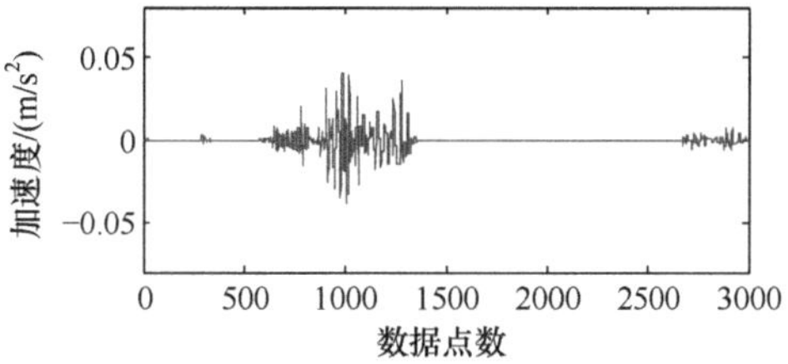

(b) 5%噪声下去噪的恢复结果, 误差 ξ_{d} = 0.0650

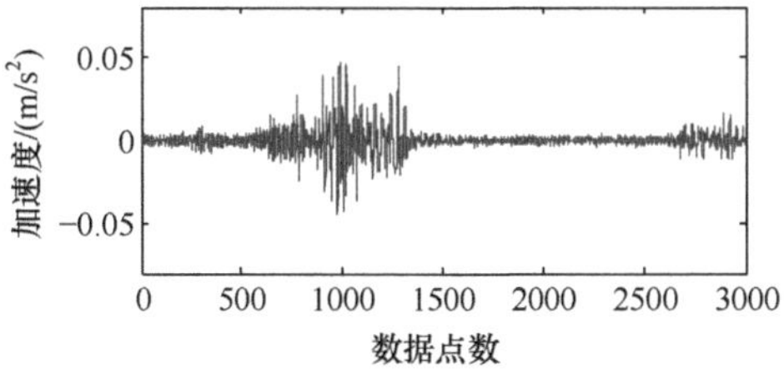

(c) 10%噪声下的恢复结果, 误差 ξ = 0.1513

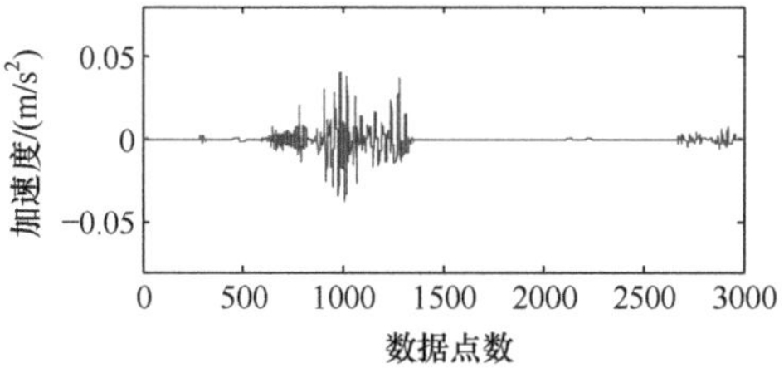

(d) 10%噪声下去噪的恢复结果, 误差 ξ_{d} = 0.1027

图 3.18 噪声污染下数据随机丢失 10%情况下的恢复结果

4. 数据包连续丢失的恢复结果

在无线传输过程中的数据丢失是难以预测的，可能会发生数据连续丢包，这种情况对数据分析带来更大的困难。以 10%数据连续丢包为例，图 3.19(a)为原始信号，图 3.19(b)为转换后的信号 $\boldsymbol{y}$，图 3.19(c)为基站接收到的数据 $\hat{\boldsymbol{y}}$。如果按传统方式进行传输，则 10%数据连续丢包将在原始数据上发生，如图 3.19(d)所示，数据中 801～1101 的数据点丢失。采用 CS 的方法数据恢复的结果如图 3.19(e)所示，重构误差 $\xi=0.1061$，去噪的恢复结果如图 3.19(f)所示，重构误差 $\xi_d=0.0596$。即使在 5%与 10% 噪声干扰下，丢失数据的恢复结果仍然很好，重构误差较小，如图 3.20 所示。

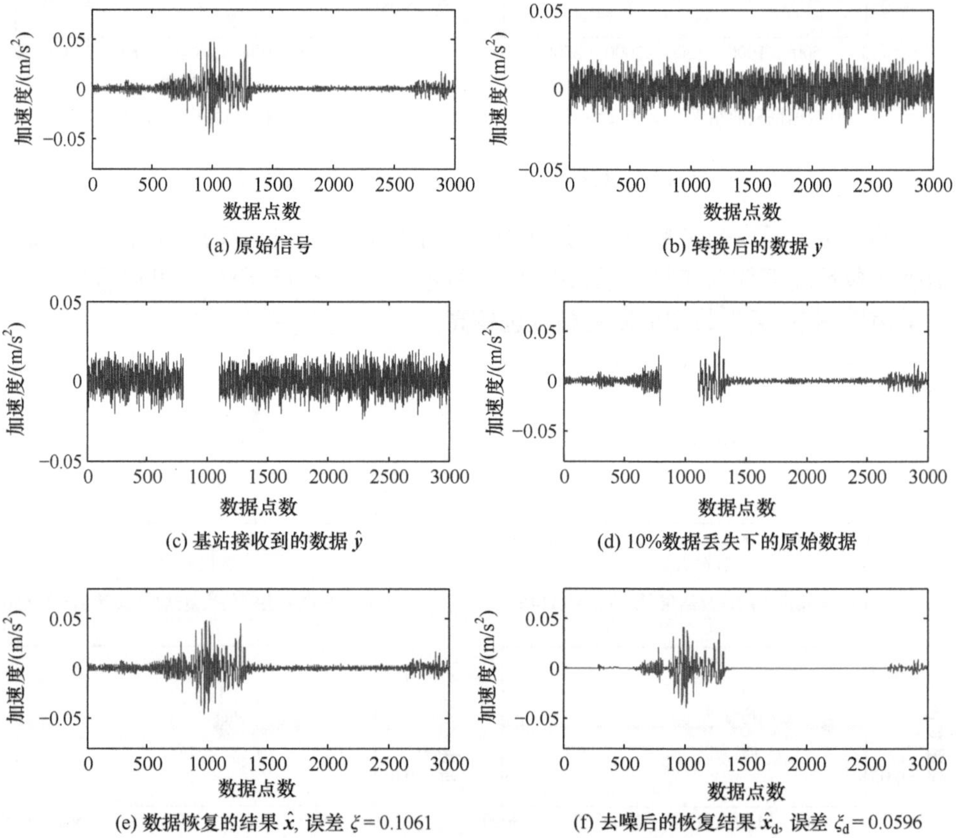

(a) 原始信号　(b) 转换后的数据 $\boldsymbol{y}$

(c) 基站接收到的数据 $\hat{\boldsymbol{y}}$　(d) 10%数据丢失下的原始数据

(e) 数据恢复的结果 $\hat{\boldsymbol{x}}$，误差 $\xi=0.1061$　(f) 去噪后的恢复结果 $\hat{\boldsymbol{x}}_d$，误差 $\xi_d=0.0596$

图 3.19　数据连续丢失 10%情况下的恢复结果

5. 频域分析

下面比较恢复信号和原始信号的频域响应。频域重构误差计算公式为

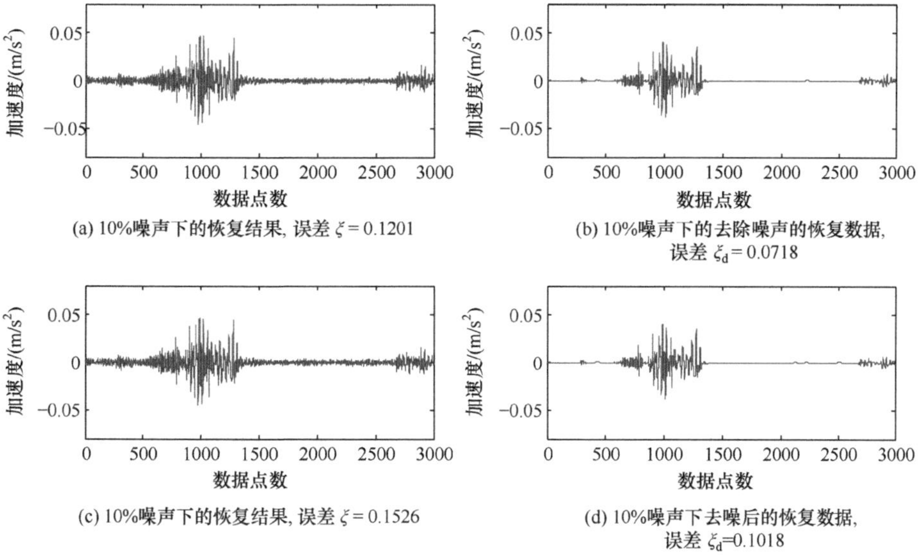

(a) 10%噪声下的恢复结果, 误差 $\xi=0.1201$

(b) 10%噪声下的去除噪声的恢复数据, 误差 $\xi_{\mathrm{d}}=0.0718$

(c) 10%噪声下的恢复结果, 误差 $\xi=0.1526$

(d) 10%噪声下去噪后的恢复数据, 误差 $\xi_{\mathrm{d}}=0.1018$

图 3.20　噪声污染下数据连续丢失 10%情况下的恢复结果

$$\varsigma=\frac{\| \, |\hat{X}|-|X| \, \|_2}{\| X \|_2} \tag{3.15}$$

式中，$|\hat{X}|$和$|X|$分别为重构信号 $\hat{X}$ 和原始信号 X 的傅里叶幅度谱。

去噪之后的重构误差为

$$\varsigma_{\mathrm{d}}=\frac{\| \, |\hat{X}_{\mathrm{d}}|-|X_{\mathrm{d}}| \, \|_2}{\| X_{\mathrm{d}} \|_2} \tag{3.16}$$

式中，$|\hat{X}_{\mathrm{d}}|$和$|X_{\mathrm{d}}|$分别为去噪后重构信号 $\hat{X}_{\mathrm{d}}$ 和去噪后原始信号 X_{d} 的傅里叶幅度谱。

图 3.21 为 10%数据随机丢失与连续丢失[图 3.17(e)和图 3.19(d)]恢复数据后的频域响应。从图中可以看出，对于 10%数据随机丢失与连续丢失的情况，数据恢复后的频响函数与原始信号的频响函数很接近，信号的频域信息得到了较好的恢复。

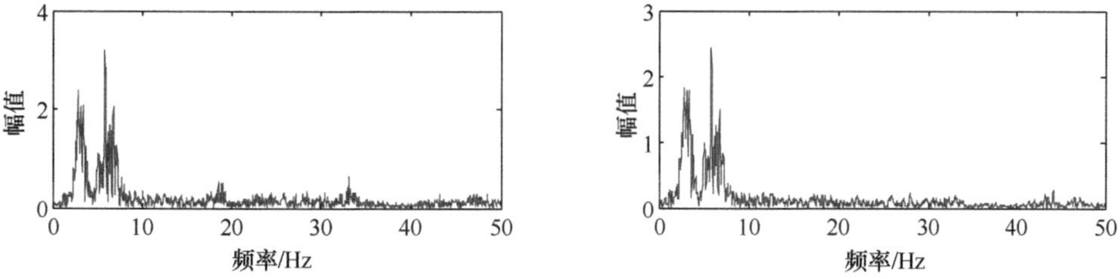

(a) 原始数据幅值谱

(b) 去噪后原始数据幅值谱

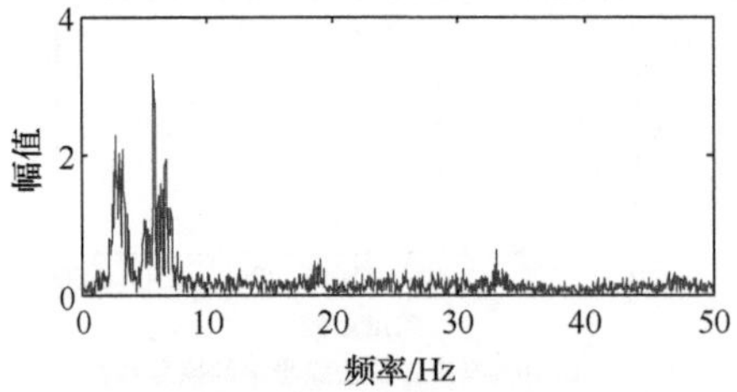

(c) 10%数据随机丢失在10%噪声下数据恢复后信号的幅值谱, 误差$\varsigma = 0.1063$

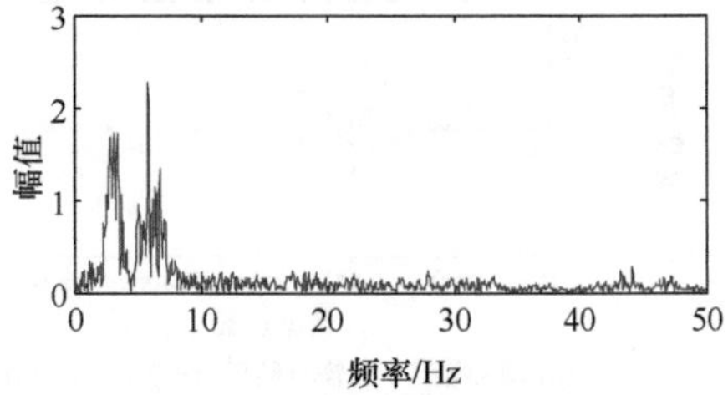

(d) 图(c)去噪后的结果, 误差$\varsigma_d = 0.0805$

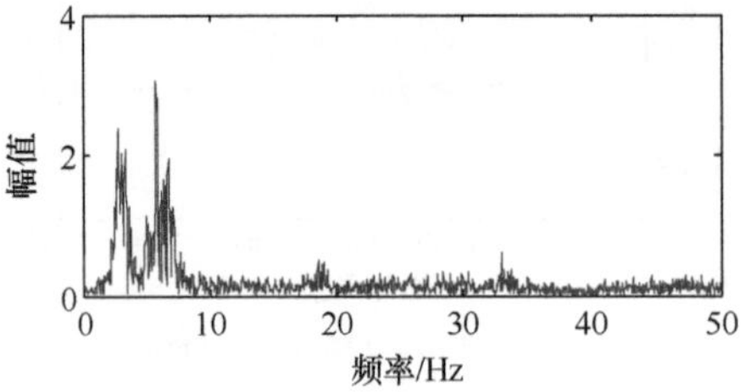

(e) 10%数据连续丢失在10%噪声下数据恢复后信号的幅值谱, 误差 $\varsigma = 0.1068$

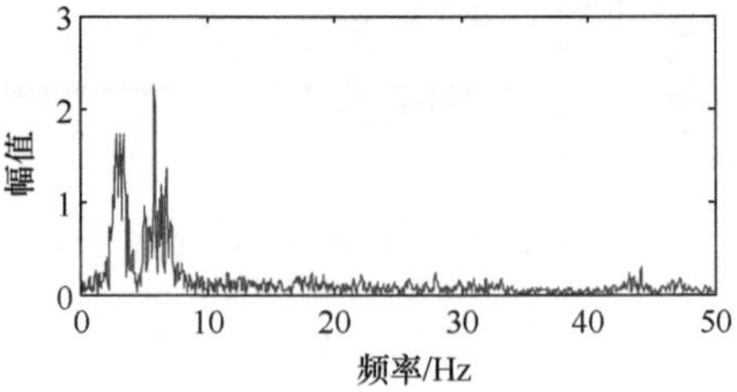

(f) 图(e)去噪后的结果, 误差 $\varsigma_d = 0.0758$

图 3.21　原始数据与恢复后数据的幅值谱

6. 数据丢失率与重构误差的关系

下面介绍数据丢失率与重构误差的关系。仍然采用某连续梁桥的无线监测数据，假设数据丢失率 $\gamma = 100\% \times (0,4,8,\cdots,120)/600$，分别考虑数据随机丢失与连续丢失两种情况，数据丢失率与重构误差(ξ与 ξ_d)的关系如图 3.22 和图 3.23 所示。分别给出了原始信号、无噪声、5%噪声与 10%噪声下的重构误差，其中原始信号丢失数据采用零代替并计算误差。从图 3.22 可以看出，重构误差ξ与ξ_d随着数据丢失率的增加而增加，去噪后的重构误差ξ_d 变小，说明重构精度受原始

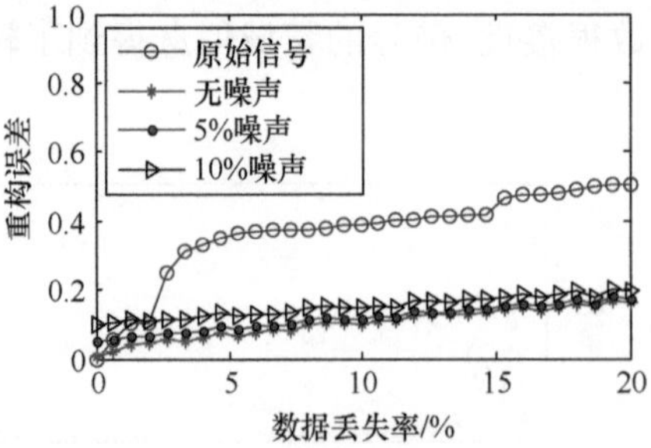

(a) 重构误差 ξ

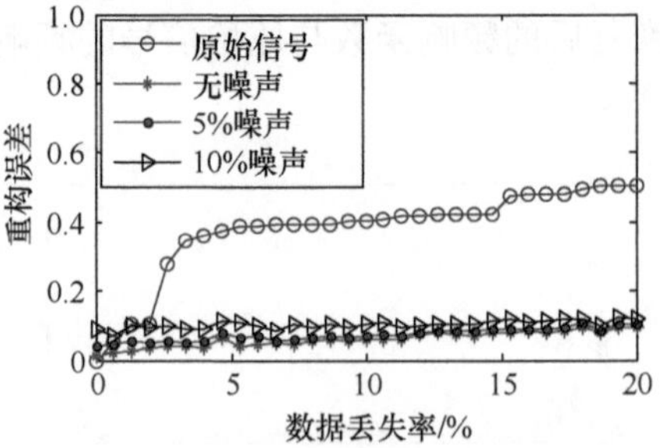

(b) 去噪后的重构误差 ξ_d

图 3.22　数据随机丢失情况下丢失率与重构误差的关系

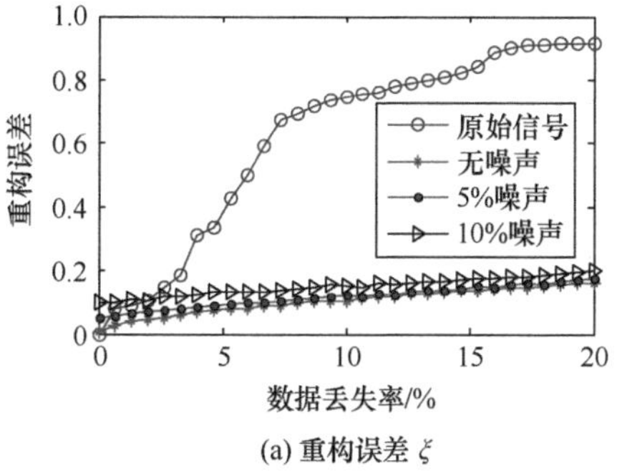

(a) 重构误差 ξ　　(b) 去噪后的重构误差 ξ_d

图 3.23　数据连续丢失情况下丢失率与重构误差的关系

信号测量噪声的影响，这是因为噪声不具备稀疏性，无法精确重构。但是实际分析数据时，往往可以把噪声过滤掉。相似的结果也可以从图 3.23 中看出。图 3.22 与图 3.23 均表明，数据丢失恢复后所造成的重构误差远小于数据丢失给原始信号带来的误差。

在频域内，数据随机丢失与连续丢失重构误差(ς和ς_d)与丢失率的关系分别如图 3.24 和图 3.25 所示。与时域内相似，图 3.24 与图 3.25 表明，重构信号幅值谱的误差随着丢失率增加而增加，且受噪声的影响较小，表明该数据丢失恢复方法具有鲁棒性。

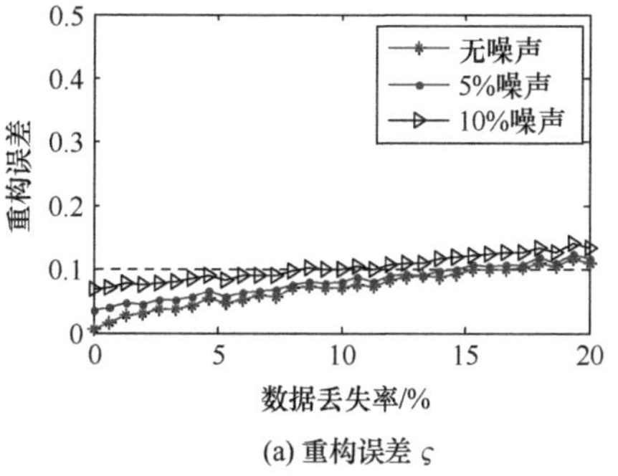

(a) 重构误差 ς　　(b) 去噪后的重构误差 ς_d

图 3.24　数据随机丢失情况下频域内重构误差与数据丢失率之间的关系

考虑重构信号相位谱的误差，重构信号 $\hat{\boldsymbol{x}}$ 的相位谱误差定义为

$$\delta=\frac{\|\hat{\boldsymbol{\phi}}-\boldsymbol{\phi}\|_2}{\|\boldsymbol{\phi}\|_2} \tag{3.17}$$

式中，$\hat{\boldsymbol{\phi}}$ 为重构信号 $\hat{\boldsymbol{x}}$ 的相位谱；$\boldsymbol{\phi}$ 为原始信号 $\boldsymbol{x}$ 的相位谱。

去噪之后重构信号的相位谱误差为

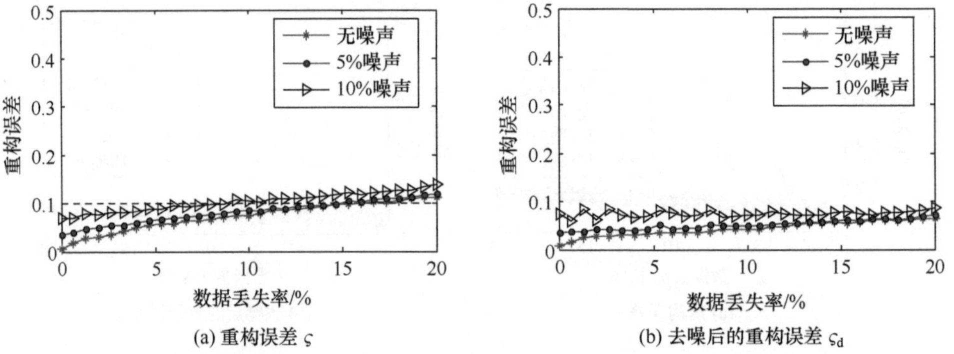

图 3.25 数据连续丢失情况下频域内重构误差与数据丢失率之间的关系

$$\delta_{\mathrm{d}}=\frac{\|\hat{\boldsymbol{\phi}}_{\mathrm{d}}-\boldsymbol{\phi}_{\mathrm{d}}\|_2}{\|\boldsymbol{\phi}_{\mathrm{d}}\|_2} \tag{3.18}$$

式中，$\hat{\boldsymbol{\phi}}_{\mathrm{d}}$ 为去噪后重构信号$\hat{\boldsymbol{x}}_{\mathrm{d}}$ 的相位谱；$\boldsymbol{\phi}$ 为去噪后原始信号 $\boldsymbol{x}_{\mathrm{d}}$ 的相位谱。

相位谱重构误差与数据丢失率的关系如图 3.26 和图 3.27 所示。从图中可以看出，重构误差随着数据丢失率的增加而增加，噪声对相位谱重构误差影响较大，主要原因是测量噪声不具有稀疏性，难以精确重构。去噪之后，重构误差明显减小，如图 3.26(b)与图 3.27(b)所示。

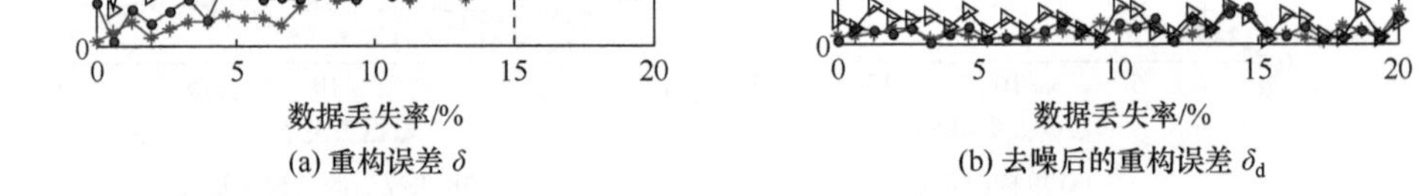

图 3.26 数据随机丢失情况下相位谱重构误差与数据丢失率之间的关系

7. 重构误差对模态参数识别结果的影响

正如前面所述，模态参数是结构健康诊断的重要参数。下面介绍数据丢失恢复误差对模态参数影响。这里考虑数据丢失恢复误差对频率与阻尼识别精度的影响。模态参数识别算法采用 NExT+ERA 的算法，这里直接给出重构信号去噪后的识别结果，去噪后原始信号中识别得到的主频与阻尼比分别为 2.8094Hz 与 0.0264，误差计算为

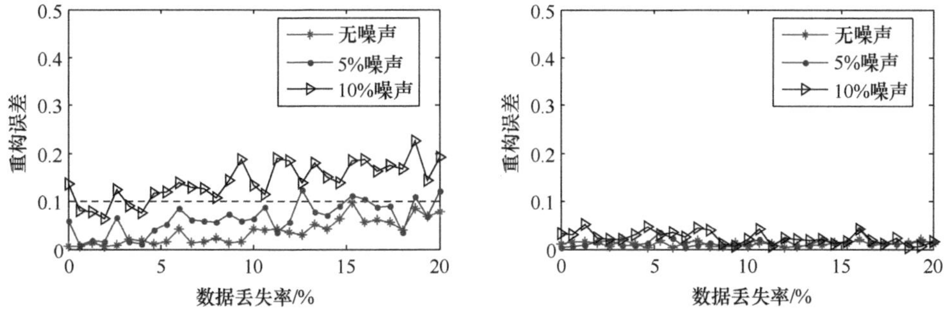

(a) 重构误差 δ　　(b) 去噪后的重构误差 δ_{d}

图 3.27　数据连续丢失情况下相位谱重构误差与数据丢失率之间的关系

$$\sigma_f^{\mathrm{d}}=\frac{|\hat{f}_{\mathrm{d}}-f_{\mathrm{d}}|}{f_{\mathrm{d}}} \tag{3.19}$$

式中，$\hat{f}_{\mathrm{d}}$ 为从去噪的重构信号 $\hat{\boldsymbol{x}}_{\mathrm{d}}$ 中识别得到的频率；f_{d} 为从去噪的原始信号 $\boldsymbol{x}_{\mathrm{d}}$ 中识别得到的频率。

阻尼比的误差计算为

$$\sigma_\zeta^{\mathrm{d}}=\frac{|\hat{\zeta}_{\mathrm{d}}-\zeta_{\mathrm{d}}|}{\zeta_{\mathrm{d}}} \tag{3.20}$$

式中，$\hat{\zeta}_{\mathrm{d}}$ 为从去噪的重构信号 $\hat{\boldsymbol{x}}_{\mathrm{d}}$ 中识别的阻尼比；ζ_{d} 为从去噪的原始信号 $\boldsymbol{x}_{\mathrm{d}}$ 中识别的阻尼比。

频率和阻尼比与数据丢失率的关系如图 3.28 和图 3.29 所示。图 3.28 为数据随机丢失的情况，从图中可以看出，因数据恢复误差导致的频率与阻尼比识别的误差均很小，且随着数据丢失率的增加，识别误差变化很小。图 3.29 为数据连续丢失的情况，从图中可以看出，识别的频率与阻尼比随着数据丢失率的增加而缓慢增加，但误差仍然较小。以上分析表明，数据丢失恢复误差对模态参数识别的精度影响很小。

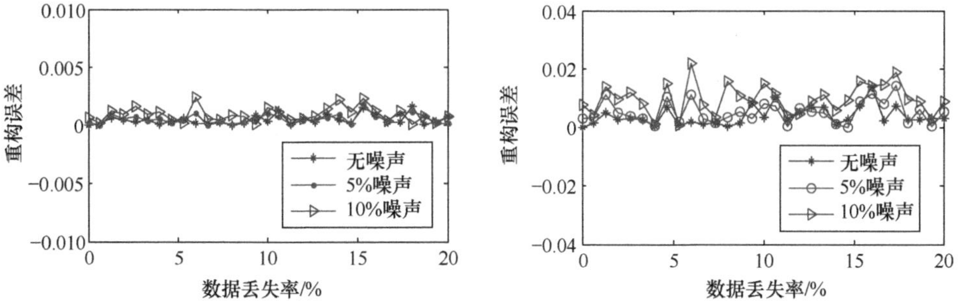

(a) 频率识别误差 σ_f^{d}　　(b) 阻尼比识别误差 $\sigma_\zeta^{\mathrm{d}}$

图 3.28　数据随机丢失对模态参数识别精度的影响

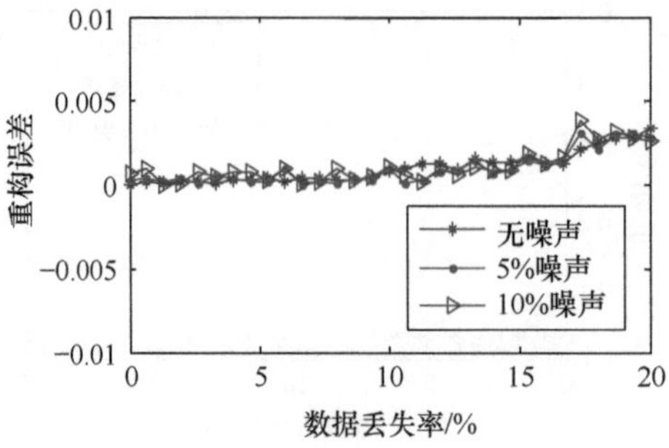

(a) 频率识别误差 σ_f^d

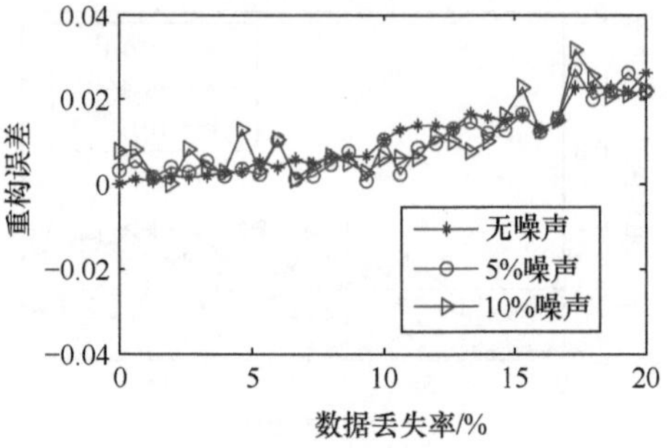

(b) 阻尼比识别误差 σ_ζ^d

图 3.29　数据连续丢失对模态参数识别精度的影响

3.3.2　大跨空间结构监测数据丢失恢复

需要说明的是,这里介绍的数据恢复方法是基于压缩采样理论。因此,信号在所选基变换下的稀疏性将影响数据恢复的准确性。为了研究数据稀疏性与数据恢复精度的关系,下面介绍国家游泳中心("水立方")监测数据在丢失情况下的恢复精度。

1. 信号稀疏性分析

"水立方"典型振动监测加速度信号如图 3.30 所示,图 3.30 给出了 3 号加速度传感器的监测数据,信号采样频率为 100Hz,共 2048 个数据点。由于"水立方"结构刚度大,从图 3.30(a)中可以看出,在环境激励下,结构的振动幅度很小,信噪比较小。信号进行小波变换和傅里叶变换之后,其系数如图 3.30(b)和(c)所示。可以看出,信号在频域内分布较宽,可以认为是一个宽带信号,在小波域与频域中信号不具有稀疏性。

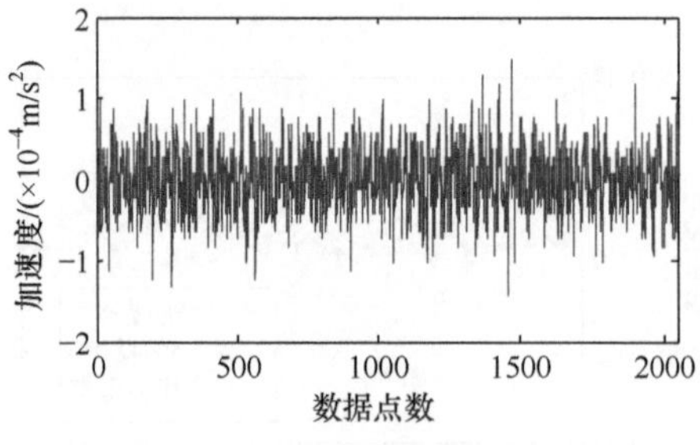

(a) 原始加速度信号

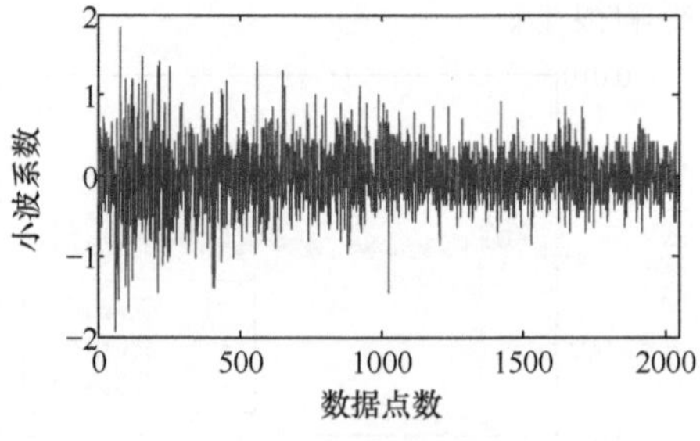

(b) 小波变换系数

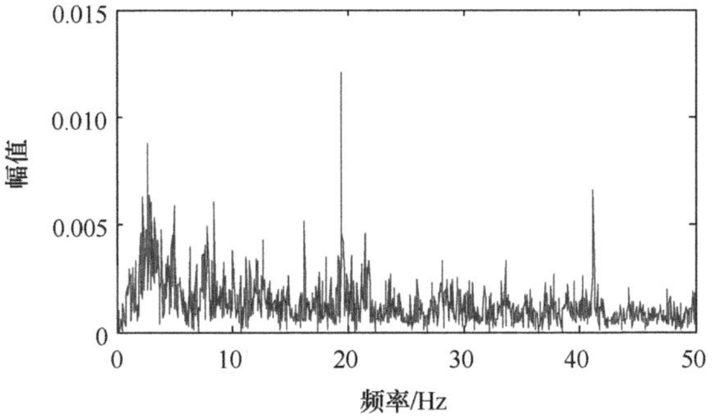

(c) 傅里叶变换系数

图 3.30　"水立方"3 号加速度信号及其小波变换与傅里叶变换

2. 数据随机丢失恢复结果

假设 10％数据包随机丢失，原始加速度传感器响应数据如图 3.31(a)所示，数据丢失之后如图 3.31(b)所示，基矩阵 $\boldsymbol{\Psi}$ 采用 Haar 小波基，恢复之后的信号 $\hat{\boldsymbol{x}}$ 如图 3.31(c)所示，重构误差 $\xi=0.3703$。此外考虑传输过程中 10％的噪声干扰，对应的数据回复结果 $\hat{\boldsymbol{x}}$ 如图 3.31(d)所示，误差 $\xi=0.3832$。显然，恢复的结果误差较大。国家游泳中心的加速度响应数据近似白噪声，较难进行去噪处理，因此去噪之后的结果不再考虑。

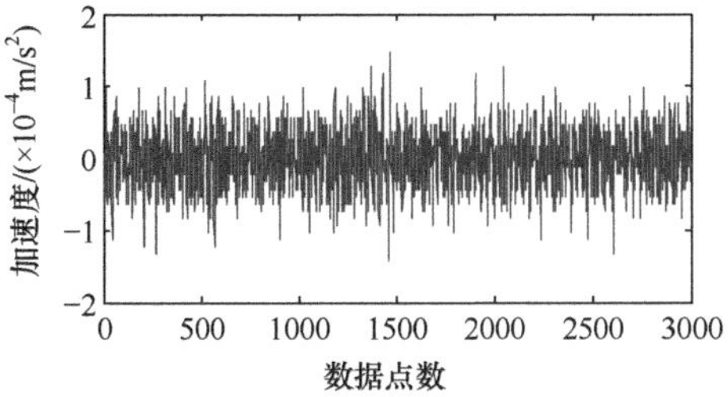

(a) 原始数据

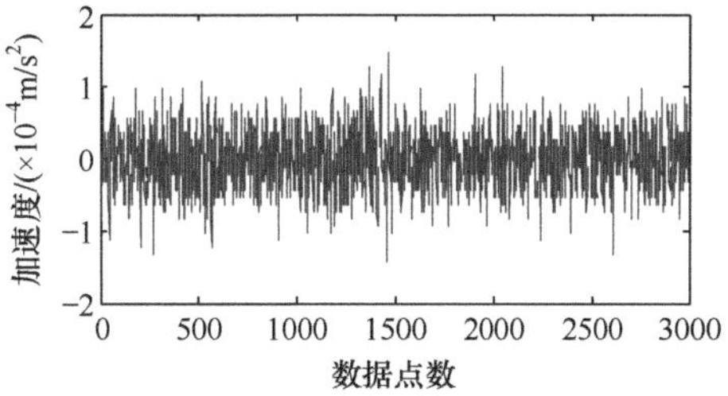

(b) 10%数据随机丢失的原始数据

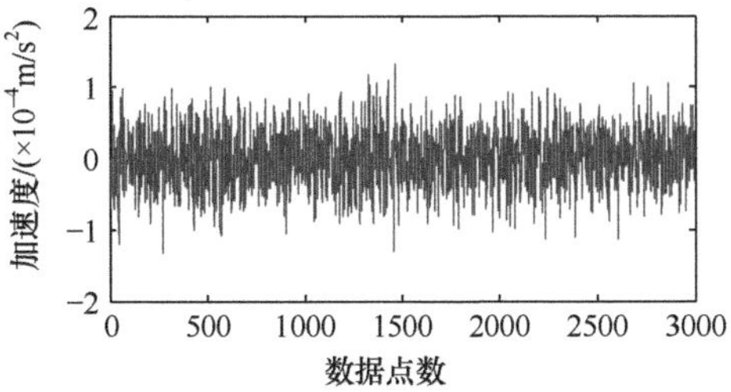

(c) 数据恢复结果, 误差 $\xi=0.3703$

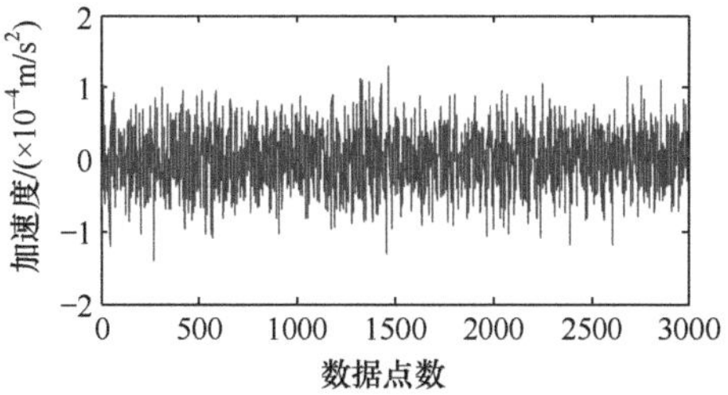

(d) 10%噪声情况下恢复的数据, 误差 $\xi=0.3832$

图 3.31　10％数据随机丢失的恢复结果

3. 数据连续丢失恢复结果

假设 10％连续数据丢失，原始信号的加速度响应数据如图 3.32(a)所示，10％数据丢失之后如图 3.32(b)所示。恢复的数据 $\hat{\boldsymbol{x}}$ 如图 3.32(c)所示，重构误差 $\xi=0.3685$。10％噪声干扰下的重构结果如图 3.32(d)所示，误差 $\xi=0.3851$。对于连续数据丢失的情况，由于数据稀疏性较差，数据恢复结果的误差较大。

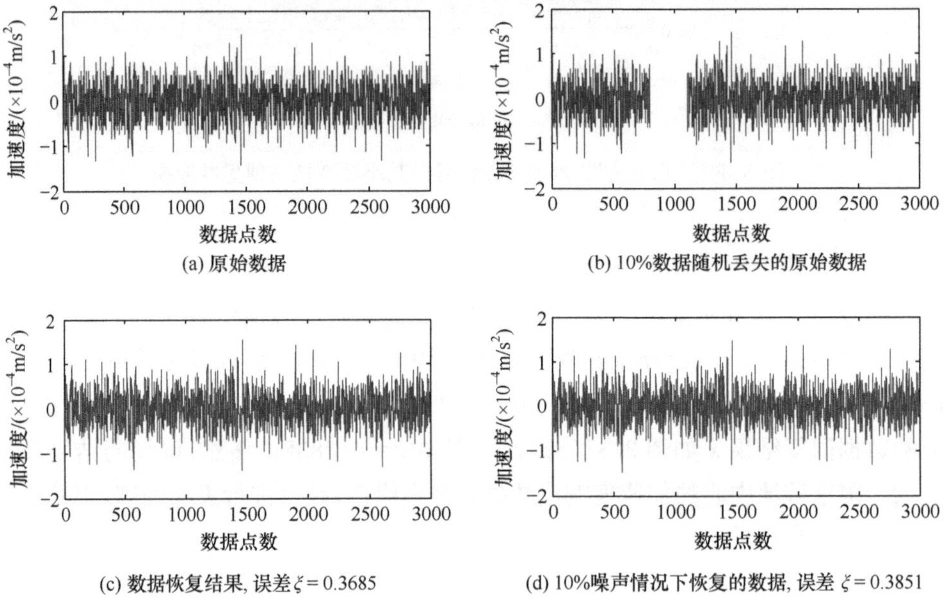

图 3.32　10％数据连续丢失的恢复结果

4. 频域响应

原始加速度信号、10％数据随机丢失考虑 10％噪声恢复之后的信号以及 10％数据连续丢失考虑 10％噪声的恢复之后的信号如图 3.33 所示。从图中可以看出，恢复之后的信号幅值图的幅度相比原始信号有所减小，另外，恢复之后的结果在幅值图上看像噪声干扰。

值得指出的是，若信号是稀疏的，基于压缩采样的无线传感器数据丢失恢复方法对随机数据丢失和连续数据丢失均可取得较高精度的恢复结果；即使额外考虑噪声的影响，该方法也可以得到较高精度的结果。时域、频域与相位分析表明，数据恢复误差与数据丢失率有关，数据恢复误差随着丢失率的增加而增加；噪声对时域与频域数据恢复误差的影响较小，对相位影响较大。数据丢失恢复所造成的误差对模态参数识别结果影响很小。信号稀疏性是该方法有效的最关键因素，若信号不具有稀疏的特征，则数据丢失的恢复误差较大，而且在数据丢失率较大情况下，数据恢复效果较差。

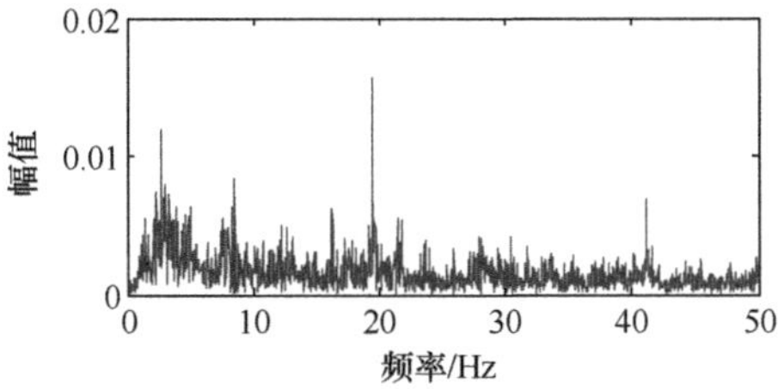

(a) 原始信号幅值谱

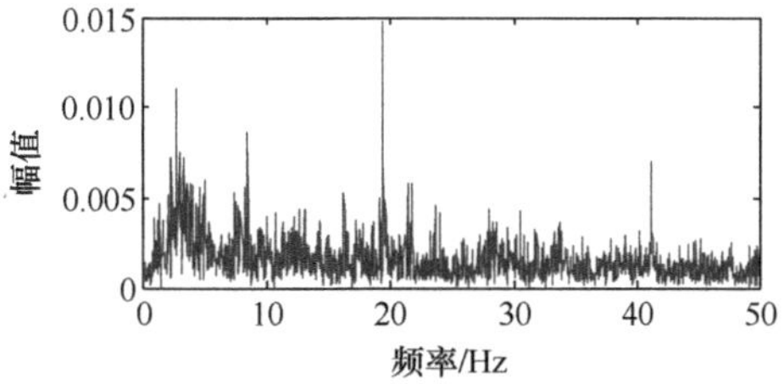

(b) 10%随机数据丢失在10%噪声下的恢复结果的幅值谱, 误差 $\varsigma=0.2514$

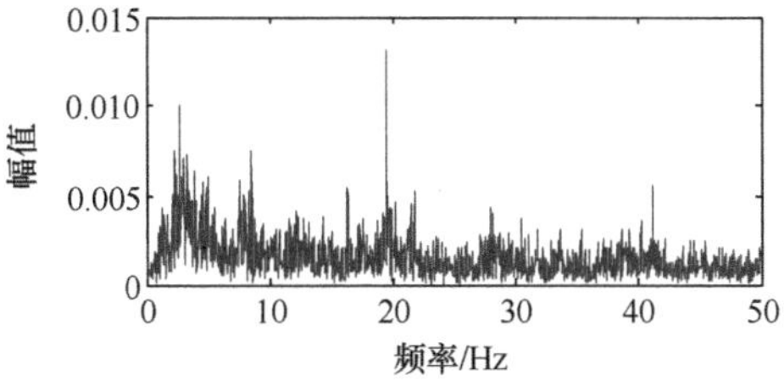

(c) 10%数据连续丢失在10%噪声下的恢复结果的幅值谱，误差 $\varsigma=0.2573$

图 3.33　原始信号与恢复信号的幅值谱

第4章　结构模态分析理论基础

结构健康诊断理论中的损伤识别和模型修正往往以结构模态参数为基础，因此，结构模态分析是结构健康诊断理论的重要内容。结构动力学通过求解结构动力方程的特征值和特征向量得到结构模态参数；但结构健康诊断理论是通过对监测数据分析，首先得到结构的频响函数或单位脉冲响应函数或相关函数或者协方差，然后根据频响函数、单位脉冲响应函数、相关函数和协方差与结构模态参数之间的关系，识别结构模态参数。前者称为结构动力学的正问题，后者称为结构动力学的反演识别问题，二者之间存在必然的联系。

本章主要介绍线性单自由度结构和线性多自由度结构的频响函数和脉冲响应函数及其与结构模态参数之间的关系等基础理论知识。

4.1　单自由度结构的频响函数和脉冲响应函数

结构动力系统的阻尼可以分为黏滞阻尼和结构阻尼两大类，相应地，动力系统也分为黏滞阻尼动力系统和结构阻尼动力系统。下面分别介绍这两类线性动力系统的频响函数。

4.1.1　线性黏滞阻尼动力系统

假设一线性黏滞阻尼单自由度结构的力学模型如图 4.1 所示，图 4.1(a)所示模型常用于机械系统，图 4.1(b)所示模型常用于建筑结构。黏滞阻尼(viscous damping)是指阻尼力的大小与结构运动速度成正比，但方向相反，即

$$f_{\mathrm{d}}=c\dot{x} \tag{4.1}$$

式中，c 为结构黏滞阻尼系数；$\dot{x}$ 为结构速度；f_{d} 为结构黏滞阻尼力。

结构运动方程为

$$m\ddot{x}+c\dot{x}+kx=f(t) \tag{4.2}$$

式中，m 和 k 分别为结构的质量和刚度；x、$\dot{x}$ 和 $\ddot{x}$ 分别为结构的位移、速度和加速度；$f(t)$为结构的外部荷载。

当结构自由振动时，其运动方程变为如下齐次方程：

$$m\ddot{x}+c\dot{x}+kx=0 \tag{4.3}$$

式(4.2)和式(4.3)为二阶常微分方程。由结构动力学知识，其解可表示为指数函数的形式：

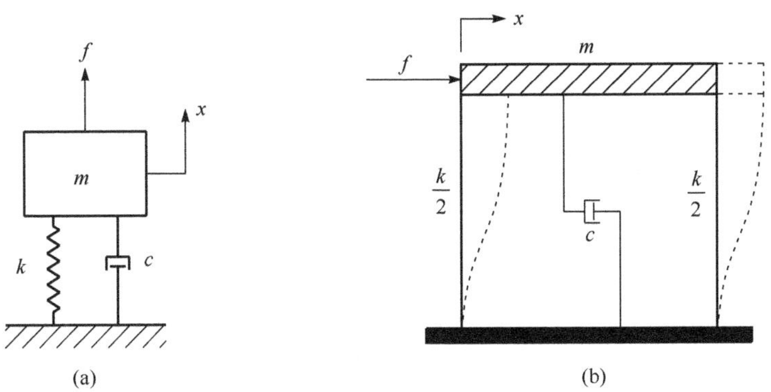

图 4.1　黏滞阻尼单自由度结构的力学模型

$$x=Xe^{\lambda t} \tag{4.4}$$

式中，λ 为结构复特征值；X 为振动幅值，对于线性结构，其是与时间无关的变量。

对式(4.2)和式(4.3)两边进行拉普拉斯变换，并假设结构的初始位移 $x(0)=0$ 和初始速度 $\dot{x}(0)=0$。根据第 1 章拉氏变换的原函数微分性质，可得

$$(ms^2+cs+k)x(s)=f(s) \tag{4.5}$$

式中，s 为拉氏变换因子；$x(s)$ 和 $f(s)$ 分别为 $x(t)$ 和 $f(t)$ 的拉氏变换。

对于自由振动而言，可得

$$ms^2+cs+k=0 \tag{4.6}$$

求解式(4.5)可得到 s 的两个根分别为

$$s_{1,2}=\frac{c}{2m}\pm\frac{\sqrt{c^2-4km}}{2m}=-\zeta\omega_0\pm j\omega_0\sqrt{1-\zeta^2} \tag{4.7}$$

式中，$s_{1,2}$ 为结构的特征值，即式(4.4)中的 λ；ω_0 为结构无阻尼自振频率；ζ 为结构阻尼比，它们统称为单自由度结构模态参数，且有如下定义：

$$\omega_0=\sqrt{\frac{k}{m}} \tag{4.8}$$

$$\zeta=\frac{c}{c_0}=\frac{c}{2\sqrt{km}}=\frac{c}{2m\omega_0} \tag{4.9}$$

式中，c_0 为结构临界阻尼系数。

对比式(4.7)～式(4.9)可知，式(4.7)拉普拉斯变换因子 s 两个根的实部和虚部分别对应结构的自振频率和阻尼比。

根据阻尼的大小，结构动力系统分为过阻尼($\zeta>1$)、欠阻尼($\zeta<1$)和临界阻尼($\zeta=1$)三种情况，但一般常见的结构动力系统的阻尼比往往是欠阻尼的，即 $\zeta<1$。

当结构动力系统的初始条件为零时，从式(4.5)可推导出结构动力系统响应(输出)与荷载(输入)之间的关系，称为传递函数：

$$H(s)=\frac{x(s)}{f(s)}=\frac{1}{ms^2+cs+k} \tag{4.10}$$

令 $s=\mathrm{j}\omega$，得到在傅里叶域中传递函数的表达式：

$$\begin{aligned}H(\omega)&=\frac{x(\mathrm{j}\omega)}{f(\mathrm{j}\omega)}=\frac{1}{-m\omega^2+k+\mathrm{j}\omega c}\\&=\frac{1}{k}\left[\frac{1-\bar{\omega}^2}{(1-\bar{\omega}^2)^2+(2\zeta\bar{\omega})^2}+\mathrm{j}\frac{-2\zeta\bar{\omega}}{(1-\bar{\omega}^2)^2+(2\zeta\bar{\omega})^2}\right]\end{aligned} \tag{4.11}$$

式中，$\bar{\omega}=\frac{\omega}{\omega_0}$为频率比；$H(\omega)$为结构动力系统的频率响应函数，简称频响函数，它为复数。

从式(4.11)可以看出，频响函数是结构响应的傅里叶变换与结构荷载傅里叶变换在每一个频率上相除得到的。

单自由度系统，在单位脉冲荷载$\delta(t)$作用下，响应$h(t)$称为单位脉冲响应函数，即脉冲响应函数。单位脉冲函数$\delta(t)$在$t\neq0$时，$\delta(t)=0$；$t=0$时，$\delta(t)=\delta_0$；$\int_{-\infty}^{+\infty}\delta(t)\mathrm{d}t=1$。

单位脉冲激励下结构运动方程为

$$m\ddot{x}+c\dot{x}+kx=\delta(t) \tag{4.12}$$

其解为

$$x(t)=h(t)=\frac{1}{m\omega_\mathrm{d}}\mathrm{e}^{-\zeta\omega_0 t}\sin(\omega_\mathrm{d}t),\quad t\geqslant0 \tag{4.13}$$

式中，$\omega_\mathrm{d}=\omega_0\sqrt{1-\zeta^2}$为结构有阻尼频率；其他符号意义同前。

结构脉冲响应函数$h(t)$有以下特性：

$$h(t)=\begin{cases}\dfrac{1}{m\omega_\mathrm{d}}\mathrm{e}^{-\zeta\omega_0 t}\sin(\omega_\mathrm{d}t), & t\geqslant0\\0, & t<0\end{cases} \tag{4.14}$$

$$h(t-\tau)=\begin{cases}\dfrac{1}{m\omega_\mathrm{d}}\mathrm{e}^{-\zeta\omega_0(t-\tau)}\sin[\omega_\mathrm{d}(t-\tau)], & t\geqslant\tau\\0, & t<\tau\end{cases} \tag{4.15}$$

显然，$h(t)$包含了结构的模态参数，它实质是结构动力特性在时域的表现形式。

$h(t)$的傅里叶变换为频响函数$H(\omega)$，是结构动力特性的时频表示。运用欧拉公式得

$$\begin{aligned}h(t)&=\frac{1}{m\omega_\mathrm{d}}\mathrm{e}^{-\zeta\omega_0 t}\frac{\mathrm{j}}{2}(\mathrm{e}^{-\mathrm{j}\omega_\mathrm{d}t}-\mathrm{e}^{\mathrm{j}\omega_\mathrm{d}t})\\&=\frac{\mathrm{j}}{2m\omega_\mathrm{d}}[\mathrm{e}^{-(\zeta\omega_0+\mathrm{j}\omega_\mathrm{d})t}-\mathrm{e}^{-(\zeta\omega_0-\mathrm{j}\omega_\mathrm{d})t}]\end{aligned} \tag{4.16}$$

$$
\begin{aligned}
H(\omega) &= \int_0^{+\infty} h(t)\mathrm{e}^{-\mathrm{j}\omega t}\mathrm{d}t \\
&= \frac{\mathrm{j}}{2m\omega_\mathrm{d}}\int_0^{+\infty} \mathrm{e}^{-\zeta\omega_0 t}(\mathrm{e}^{-\mathrm{j}\omega_\mathrm{d} t} - \mathrm{e}^{\mathrm{j}\omega_\mathrm{d} t})\mathrm{e}^{-\mathrm{j}\omega t}\mathrm{d}t \\
&= \frac{\mathrm{j}}{2m\omega_\mathrm{d}}\int_0^{+\infty} (\mathrm{e}^{-(\zeta\omega_0+\mathrm{j}\omega_d+\mathrm{j}\omega)t} - \mathrm{e}^{-(\zeta\omega_0-\mathrm{j}\omega_\mathrm{d}+\mathrm{j}\omega)t})\mathrm{d}t \\
&= \frac{\mathrm{j}}{2m\omega_\mathrm{d}}\left[\left(-\frac{1}{\zeta\omega_0+\mathrm{j}\omega_d+\mathrm{j}\omega}\mathrm{e}^{-(\zeta\omega_0+\mathrm{j}\omega_\mathrm{d}+\mathrm{j}\omega)t}\right)\Bigg|_0^{+\infty}\right. \\
&\qquad \left.+\left(\frac{1}{\zeta\omega_0-\mathrm{j}\omega_\mathrm{d}+\mathrm{j}\omega}\mathrm{e}^{-(\zeta\omega_0-\mathrm{j}\omega_\mathrm{d}+\mathrm{j}\omega)t}\right)\Bigg|_0^{+\infty}\right]
\end{aligned}
$$

$$
\begin{aligned}
H(\omega) &= \frac{\mathrm{j}}{2m\omega_\mathrm{d}}\left(\frac{1}{\zeta\omega_0+\mathrm{j}\omega_\mathrm{d}+\mathrm{j}\omega} - \frac{1}{\zeta\omega_0-\mathrm{j}\omega_\mathrm{d}+\mathrm{j}\omega}\right) \\
&= \frac{\mathrm{j}}{2m\omega_\mathrm{d}}\left(\frac{1}{\zeta\omega_0+\mathrm{j}(\omega_\mathrm{d}+\omega)} - \frac{1}{\zeta\omega_0-\mathrm{j}(\omega_\mathrm{d}-\omega)}\right) \\
&= \frac{-1}{2m\omega_\mathrm{d}}\left(\frac{1}{\mathrm{j}\zeta\omega_0-(\omega_\mathrm{d}+\omega)} - \frac{1}{\mathrm{j}\zeta\omega_0+(\omega_\mathrm{d}-\omega)}\right) \\
&= \frac{-1}{2m\omega_\mathrm{d}}\ \frac{\mathrm{j}\zeta\omega_0+(\omega_\mathrm{d}-\omega)-\mathrm{j}\zeta\omega_0+(\omega_\mathrm{d}+\omega)}{[\mathrm{j}\zeta\omega_0-(\omega_\mathrm{d}+\omega)][\mathrm{j}\zeta\omega_0+(\omega_\mathrm{d}-\omega)]} \\
&= \frac{-1}{2m\omega_\mathrm{d}}\ \frac{2\omega_\mathrm{d}}{-\zeta^2\omega_0^2-2\mathrm{j}\zeta\omega_0\omega+\omega^2-\omega_\mathrm{d}^2} \\
&= \frac{-1}{m}\ \frac{1}{-\zeta^2\omega_0^2-2\mathrm{j}\zeta\omega_0\omega+\omega^2-\omega_\mathrm{d}^2}
\end{aligned} \tag{4.17}
$$

注意到 $\omega_\mathrm{d}=\omega_0\sqrt{1-\zeta^2}$，即 $\omega_\mathrm{d}^2=(1-\zeta^2)\omega_0^2$，代入式(4.17)得

$$
\begin{aligned}
H(\omega) &= \frac{-1}{m}\frac{1}{-\zeta^2\omega_0^2-2\mathrm{j}\zeta\omega_0\omega+\omega^2-(1-\zeta^2)\omega_0^2} \\
&= \frac{-1}{m}\frac{1}{-2\mathrm{j}\zeta\omega_0\omega+\omega^2-\omega_0^2} = \frac{1}{-m\omega^2+2\mathrm{j}m\zeta\omega_0\omega+m\omega_0^2}
\end{aligned} \tag{4.18}
$$

由结构动力学知识知道，结构固有频率 $\omega_0=\sqrt{\dfrac{k}{m}}$，则有 $k=m\omega_0^2$，结构阻尼比 $\zeta=\dfrac{c}{2\sqrt{mk}}$，则 $\zeta=\dfrac{c}{2m\omega_0}$，即 $2m\omega_0\zeta=c$。频响函数可以简化为

$$
H(\omega)=\frac{1}{-m\omega^2+\mathrm{j}c\omega+k} \tag{4.19}
$$

显然，$h(t)$的拉氏变换是 $H(s)$。

对比式(4.10)、式(4.11)以及式(4.13)可以看出，传递函数、频响函数和单位脉冲响应函数之间是可以相互转化的，且它们都是结构模态参数的函数。其转换

关系如图 4.2 所示。

$$h(t)\underset{\mathcal{L}^{-1}}{\overset{\mathcal{L}}{\rightleftarrows}}H(s) \qquad h(t)\underset{\mathcal{F}^{-1}}{\overset{\mathcal{F}}{\rightleftarrows}}H(\omega) \qquad H(s)\underset{s=\mathrm{j}\omega}{\longleftrightarrow}H(\omega)$$

图 4.2　$H(s)$、$H(\omega)$及 $h(t)$之间的关系

一旦利用健康监测系统监测的数据得到结构的频响函数或单位脉冲响应函数，就可识别出结构模态参数。

4.1.2　线性结构阻尼动力系统

结构阻尼是指阻尼力 f_{d} 与结构振动位移成正比，但与结构运动速度方向相反，即

$$f_{\mathrm{d}}=\eta \mathrm{j} x \tag{4.20}$$

式中，虚数 j 表示速度和位移相位差为$\frac{\pi}{2}$；η 为结构阻尼系数，与刚度 k 成正比。

$$\eta=gk \tag{4.21}$$

式中，g 为结构损耗因子，是结构阻尼和耗能能力的度量。

单自由度结构阻尼动力系统的运动方程可以表示为

$$m\ddot{x}+(1+\mathrm{j}g)kx=f(t) \tag{4.22}$$

令荷载 $f(t)=0$，式(4.22)成为

$$m\ddot{x}+(1+\mathrm{j}g)kx=0 \tag{4.23}$$

其特解为

$$x=A\mathrm{e}^{\lambda t} \tag{4.24}$$

代入式(4.23)得到特征方程

$$m\lambda^2+(1+\mathrm{j}g)k=0 \tag{4.25}$$

解得特征值

$$\lambda_{1,2}=\mp v\pm \mathrm{j}\omega_g \tag{4.26}$$

式中，

$$v=\frac{\sqrt{2}}{2}\omega_0\sqrt{\sqrt{1+g^2}-1} \tag{4.27}$$

$$\omega_g=\frac{\sqrt{2}}{2}\omega_0\sqrt{\sqrt{1+g^2}+1} \tag{4.28}$$

式中，v 为结构阻尼系统的衰减系数；ω_g 为结构阻尼系统的特征频率。

同样，当结构动力系统的初始状态为零时，对式(4.22)两边进行拉氏变换，可得

$$[ms^2+(1+\mathrm{j}g)k]x(s)=f(s) \tag{4.29}$$

根据传递函数和频响函数的定义，可得

$$H(s)=\frac{1}{ms^2+(1+\mathrm{j}g)k} \tag{4.30}$$

$$
\begin{aligned}
H(\omega)&=\frac{1}{-m\omega^2+(1+\mathrm{j}g)k}\\
&=\frac{1}{k}\left[\frac{1-\bar{\omega}^2}{(1-\bar{\omega}^2)^2+g^2}+\mathrm{j}\frac{-g}{(1-\bar{\omega}^2)^2+g^2}\right]
\end{aligned}
\tag{4.31}
$$

若令式(4.31)中 $g=2\zeta\omega$，则结构阻尼系统的频响函数与结构黏滞阻尼系统的频响函数完全相同。ω_0、g 和 k 是结构阻尼动力系统的模态参数。

与式(4.10)、式(4.11)以及式(4.13)相同，从式(4.30)和式(4.31)可以看出，结构阻尼动力系统的传递函数和频响函数与结构的自振频率和阻尼等模态参数有关，反映了结构动力系统自身固有特性，是以模态参数表示的结构动力学模型。同样，若通过健康监测系统监测的数据计算得到结构动力系统的传递函数或频响函数或脉冲响应函数，则可识别得到结构的频率和阻尼比等模态参数。

前面介绍了线性结构位移与外部荷载之间的关系，即位移传递函数和频响函数。根据结构动力系统的输出类型，还可以定义速度传递函数和频响函数(结构速度与外部荷载之间的关系)、加速度传递函数和频响函数(结构加速度与外部荷载之间的关系)，它们分别为

$$
H_{\mathrm{d}}(s)=\frac{x(s)}{f(s)},\quad H_{\mathrm{d}}(\omega)=\frac{x(\omega)}{f(\omega)}
\tag{4.32}
$$

$$
H_{\mathrm{v}}(s)=\frac{\dot{x}(s)}{f(s)},\quad H_{\mathrm{v}}(\omega)=\frac{\dot{x}(\omega)}{f(\omega)}
\tag{4.33}
$$

$$
H_{\mathrm{a}}(s)=\frac{\ddot{x}(s)}{f(s)},\quad H_{\mathrm{a}}(\omega)=\frac{\ddot{x}(\omega)}{f(\omega)}
\tag{4.34}
$$

根据它们的定义，加速度、速度和位移频响函数之间的关系为

$$
H_{\ddot{x}}(\omega)=\mathrm{j}\omega H_{\dot{x}}(\omega)=-\omega^2H_x(\omega)
\tag{4.35}
$$

在结构健康监测中，加速度比较容易测量，因此，结构加速度频响函数应用更普遍。

从式(4.32)～式(4.34)可以看出，结构传递函数、频响函数和脉冲响应函数计算可以总结如下：

(1) 结构响应的拉普拉斯变换除以结构荷载的拉普拉斯变换即可得到传递函数。

(2) 结构响应的傅里叶变换除以结构荷载的傅里叶变换即可得到频响函数。

(3) 对结构频响函数进行傅里叶逆变换，则可得到结构单位脉冲响应函数；或者对结构单位脉冲响应函数进行傅里叶变换，则得到结构频响函数。

因此，只要对结构健康监测系统监测得到的结构响应和荷载时程进行拉普拉斯变换或傅里叶变换，则可得到结构的传递函数或频响函数。但实际工程中，除地震作用外，其他荷载往往比较难以通过监测得到，尤其是分布荷载(如风荷载、车辆

荷载、温度作用等），则更难通过监测得到其准确的荷载分布。因此，国内外学者研究了多种仅采用结构响应（输出）监测数据识别结构模态参数的方法，有关内容将在第 5 章介绍。

4.1.3 频响函数曲线性质

频响函数实际是频域内的结构动力模型，频响函数曲线的形状反映了结构动力特性的特点，频响函数曲线的某些特征点与结构模态参数直接相关，下面将介绍相关内容。

由式(4.11)和式(4.31)可知，在任何一个频率上频响函数均为一复数，频响函数的实部、虚部与频率之间的关系曲线分别称为实频图与虚频图；复数可以采用幅值和相位表示，即频响函数可以用幅值和相位来表示，但其幅值和相位均为频率的函数，频响函数的幅值、相位与频率之间的关系曲线分别称为幅频图和相频图，也称为 Bode 图（幅值 Bode 图和相位 Bode 图）。

对于结构黏滞阻尼系统，其频响函数的实部、虚部、幅值与相位角分别为

$$H^{\mathrm{R}}(\omega)=\frac{1-\bar{\omega}^2}{k[(1-\bar{\omega}^2)^2+(2\zeta\bar{\omega})^2]} \tag{4.36}$$

$$H^{\mathrm{I}}(\omega)=\frac{-2\zeta\bar{\omega}}{k[(1-\bar{\omega}^2)^2+(2\zeta\bar{\omega})^2]} \tag{4.37}$$

$$|H(\omega)|=\sqrt{[H^{\mathrm{R}}(\omega)]^2+[H^{\mathrm{I}}(\omega)]^2}=\frac{1}{k\sqrt{(1-\bar{\omega}^2)^2+(2\zeta\bar{\omega})^2}} \tag{4.38}$$

$$\phi_H=\arctan\frac{H^{\mathrm{I}}(\omega)}{H^{\mathrm{R}}(\omega)}=\arctan\left(\frac{-2\zeta\bar{\omega}}{1-\bar{\omega}^2}\right) \tag{4.39}$$

对于结构阻尼系统，其频响函数的实部、虚部、幅值与相位角分别为

$$H^{\mathrm{R}}(\omega)=\frac{1-\bar{\omega}^2}{k[(1-\bar{\omega}^2)^2+g^2]} \tag{4.40}$$

$$H^{\mathrm{I}}(\omega)=\frac{-g}{k[(1-\bar{\omega}^2)^2+g^2]} \tag{4.41}$$

$$|H(\omega)|=\sqrt{[H^{\mathrm{R}}(\omega)]^2+[H^{\mathrm{I}}(\omega)]^2}=\frac{1}{k\sqrt{(1-\bar{\omega}^2)^2+g^2}} \tag{4.42}$$

$$\phi_H=\arctan\frac{H^{\mathrm{I}}(\omega)}{H^{\mathrm{R}}(\omega)}=\arctan\left(\frac{-g}{1-\bar{\omega}^2}\right) \tag{4.43}$$

式中，$H^{\mathrm{R}}(\omega)$、$H^{\mathrm{I}}(\omega)$、$|H(\omega)|$与 ϕ_H 分别表示频响函数的实部、虚部、幅值与相位角。

1. 频响函数的幅频图

根据式(4.38)和式(4.42)画出结构频响函数的幅频图，如图 4.3 所示，频响函数的幅频图表示结构动力系统在各个频率上的能量分布。下面分析结构幅频图的某些特征及其与结构动力特性的关系。

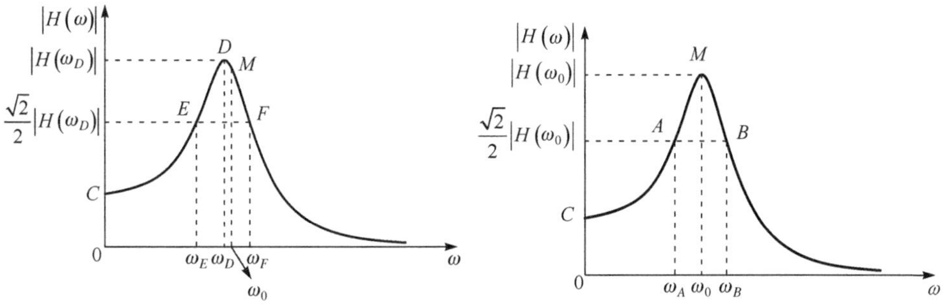

(a) 黏滞阻尼系统　　(b) 结构阻尼系统

图 4.3　结构动力系统频响函数的幅频图

(1) 当荷载频率 $\omega=0$ 时，此时相当于在结构上施加了静荷载，根据式(4.38)和式(4.42)，得到

结构黏滞阻尼动力系统：

$$|H(\omega)|=\frac{1}{k}$$

结构阻尼动力系统：

$$|H(\omega)|=\frac{1}{k\sqrt{1+g^2}}\approx\frac{1}{k},\quad g^2\ll 1$$

由于荷载频率 $\omega=0$，意味着仅在结构上施加了静荷载，结构不产生加速度和速度，与加速度和速度有关的惯性力和阻尼力均为零，作用在结构上的外荷载主要由弹性力来平衡，结构的动力刚度近似等于静刚度，$|H(\omega)|=\frac{1}{k}$ 或 $\approx\frac{1}{k}$ 为常数，与频率无关，是一条水平线，如图 4.3 中 C 点。

(2) 当 ω 逐渐增大时，$|H(\omega)|$ 亦随着增加，当外荷载频率与结构自振频率相等($\omega=\omega_0$)时，即 $\bar{\omega}=1$ 时，

结构黏滞阻尼动力系统：

$$|H(\omega)|=\frac{1}{2k\zeta}=\frac{1}{\omega_0 c}$$

结构阻尼动力系统：

$$|H(\omega)|=\frac{1}{kg}$$

此时，对于结构阻尼动力系统，$|H(\omega)|$ 达到极大值[图 4.3(b)中 M 点]，其数值取决于损耗因子 g 的大小，且与它们成反比。此时，结构动力系统处于共振状态(位移共振)，结构动力系统的惯性力与弹性恢复力平衡、外荷载与阻尼力平衡，由 M 点可得到结构的固有频率。对于黏滞阻尼动力系统，情况较为复杂，位移共振频率 ω_D 和无阻尼固有频率 ω_0 不在同一点，在小阻尼时，近似相等。当 $\omega\to\omega_D$ 时，结构

动力系统处于位移共振状态，如图 4.3(a)的 D 点，$|H(\omega_D)|$ 达到最大值。

(3) 当 $\omega>\omega_0$ 并继续增大时，$|H(\omega)|$ 将下降，当 ω 增大到一定程度时，两类动力系统的频响函数幅值均为

$$|H(\omega)|\to\frac{1}{\omega^2 m}$$

此时，结构动力系统的加速度远大于速度和位移，相应地，结构的阻尼力和弹性恢复力远小于惯性力，结构动力系统的荷载主要由惯性力平衡。当 $\omega\to\infty$ 时，$|H(\omega)|\to 0$。

2. 频响函数的实频图与虚频图

由式(4.36)、式(4.40)和式(4.37)、式(4.41)分别画出两类动力系统频响函数的实频图和虚频图，如图 4.4 和图 4.5 所示。

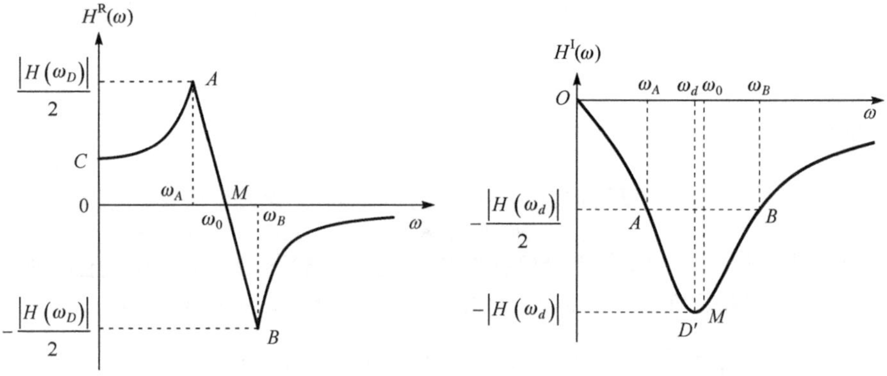

(a) 实频图　　(b) 虚频图

图 4.4　单自由度结构黏滞阻尼系统的实频图与虚频图

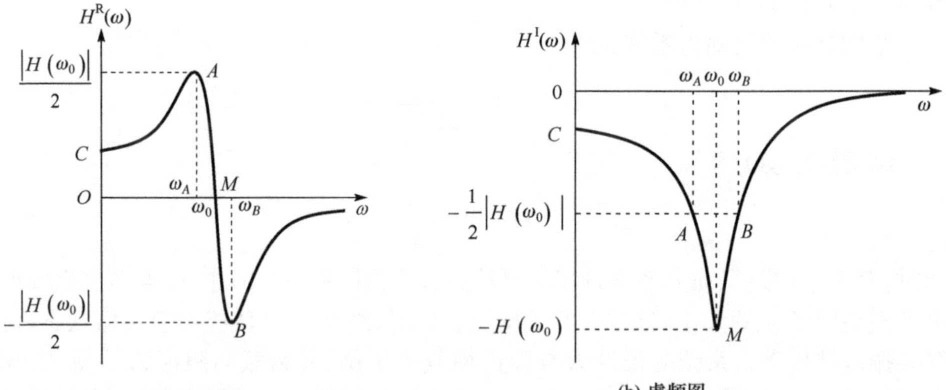

(a) 实频图　　(b) 虚频图

图 4.5　单自由度结构阻尼动力系统的实频图与虚频图

下面分别讨论实频图和虚频图的特性。

1）实频图

（1）当 $\bar{\omega}\to 0(\omega\to 0)$时，

结构黏滞阻尼动力系统：

$$H^{\mathrm{R}}(\omega)=\frac{1}{k}$$

结构阻尼动力系统：

$$H^{\mathrm{R}}(\omega)=\frac{1}{k(1+g^2)}\approx\frac{1}{k},\quad g^2\ll 1$$

该性质与幅频图一致。

（2）当 $\bar{\omega}=1(\omega\to\omega_0)$时，两类动力系统频响函数的实部 $H^{\mathrm{R}}(\omega)=0$，对于结构阻尼动力系统，处于共振状态，在共振频率处，结构频响函数实部为零。

（3）当 $\bar{\omega}>1(\omega>\omega_0)$时，两类动力系统频响函数的实部 $H^{\mathrm{R}}(\omega)<0$，且当 $\bar{\omega}\to\infty$，$H^{\mathrm{R}}(\omega)\to 0$。

显然，在 $\bar{\omega}=1$ 两侧，结构动力系统频响函数的实部 $H^{\mathrm{R}}(\omega)$分别大于零和小于零，并且至少各存在一个极值。为求解其极值，将式(4.36)和式(4.40)对 $\bar{\omega}$ 求导，并令其为 0，即

$$\frac{\partial H^{\mathrm{R}}(\omega)}{\partial\bar{\omega}}=0 \tag{4.44}$$

可求得两个频率 $\bar{\omega}_{\mathrm{A}}$、$\bar{\omega}_{\mathrm{B}}$ $\left(\bar{\omega}_{\mathrm{A}}=\frac{\omega}{\omega_{\mathrm{A}}},\bar{\omega}_{\mathrm{B}}=\frac{\omega}{\omega_{\mathrm{B}}}\right)$分别为

① 结构黏滞阻尼动力系统：

$$\bar{\omega}_{\mathrm{A,B}}=\sqrt{1\mp 2\zeta}\approx 1\mp\zeta \tag{4.45}$$

② 结构阻尼动力系统：

$$\bar{\omega}_{\mathrm{A,B}}=\sqrt{1\mp g}\approx 1\mp\frac{1}{2}g \tag{4.46}$$

式中，$\bar{\omega}_{\mathrm{B}}>\bar{\omega}_{\mathrm{A}}$。

对应该频率处，两类动力系统的频响函数实部分别如下。

① 结构黏滞阻尼动力系统：

$$H^{\mathrm{R}}(\bar{\omega}_{\mathrm{A,B}})=\pm\frac{1}{4k\zeta(1\pm\zeta)} \tag{4.47}$$

② 结构阻尼动力系统：

$$H^{\mathrm{R}}(\bar{\omega}_{\mathrm{A,B}})=\pm\frac{1}{2gk} \tag{4.48}$$

令 $\Delta\bar{\omega}=\bar{\omega}_{\mathrm{B}}-\bar{\omega}_{\mathrm{A}}$，可由式(4.45)和式(4.46)得

$$\Delta\bar{\omega}=\bar{\omega}_{\mathrm{B}}-\bar{\omega}_{\mathrm{A}}=\begin{cases}g\\2\zeta\end{cases} \tag{4.49}$$

式中，$\Delta\bar{\omega}$ 称为半功率带宽，即频响函数实部的两个极值所对应的频差即为结构动力系统的半功率带宽，它反映了结构动力系统阻尼的大小。阻尼越大，半功率带宽 $\Delta\bar{\omega}$ 也越大，反之亦然。

将式(4.45)和式(4.46)的两个频率代入结构频响函数的幅值谱[式(4.38)和式(4.42)]，对于小阻尼情况得到对应这两个频率的频响函数幅值均为 $\frac{\sqrt{2}}{2}|H(\omega_0)|$，也就是说，在结构频响函数的幅值谱中，幅值 $\frac{\sqrt{2}}{2}|H(\omega_0)|$ 对应的两个频率点分别为 $\bar{\omega}_A$ 和 $\bar{\omega}_B$，如图 4.3 所示。

在结构健康监测数据分析中，常常首先利用监测的数据得到结构频响函数的幅值谱，再由 $\frac{\sqrt{2}}{2}|H(\omega_0)|$ 确定其对应的频率 $\bar{\omega}_A$ 和 $\bar{\omega}_B$，进而由式(4.49)求得结构的阻尼比。实际中对于实测的频响函数，可能会出现多个峰值比较密集的情况，此时，往往采用模态参数识别的方法识别得到结构阻尼比。

2）虚频图

(1) 当 $\bar{\omega}=0(\omega=0)$ 时，频响函数虚部为

① 黏滞阻尼动力系统：

$$H^{\mathrm{I}}(\omega)=0 \tag{4.50}$$

② 结构阻尼动力系统：

$$H^{\mathrm{I}}(\omega)=\frac{-g}{k(1+g^2)}\approx\frac{-g}{k} \tag{4.51}$$

(2) 当 $\bar{\omega}=1(\omega=\omega_0)$ 时，结构阻尼动力系统处于共振状态，实部为零，虚部与频响函数幅值谱的峰值相同，且达到最大值，该值也取决于结构阻尼动力系统阻尼的大小。

① 结构黏滞阻尼动力系统：

$$H^{\mathrm{I}}(\omega)=\frac{-1}{2k\zeta} \tag{4.52}$$

② 结构阻尼动力系统：

$$H^{\mathrm{I}}(\omega)|_{\max}=-\frac{1}{kg} \tag{4.53}$$

(3) 当 $\bar{\omega}=\bar{\omega}_{A,B}$ 时，在半功率带宽处的虚部值为

① 结构黏滞阻尼动力系统：

$$H^{\mathrm{I}}(\bar{\omega}_{A,B})=\frac{-2\zeta\bar{\omega}}{k[(1-\bar{\omega}^2)^2+(2\zeta\bar{\omega})^2]}=-\frac{\sqrt{1\mp2\zeta}}{4k\zeta(1\mp\zeta)}\approx-\frac{1}{4k\zeta} \tag{4.54}$$

② 结构阻尼动力系统：

$$H^{\mathrm{I}}(\bar{\omega}_{A,B})=\frac{-g}{k\{[1-(1\mp g)]^2+g^2\}}=-\frac{1}{2kg} \tag{4.55}$$

对于结构阻尼动力系统，由式(4.55)可知，在半功率点处，频响函数的虚部等于其最大值的一半。在半功率带宽对应的频率处，频响函数幅频图的值并不等于其最大幅值的一半，这可由式(4.56)推导得到：

$$\begin{aligned}|H_{\mathrm{A,B}}(\omega)| &= \sqrt{(H^{\mathrm{R}}_{\mathrm{A,B}}(\omega))^2+(H^{\mathrm{I}}_{\mathrm{A,B}}(\omega))^2}\\ &= \sqrt{\left(\frac{1}{2kg}\right)^2+\left(\frac{1}{2kg}\right)^2}\\ &= \frac{1}{\sqrt{2}}\frac{1}{kg}\\ &= 0.707|H(\omega)|_{\max}\end{aligned} \tag{4.56}$$

可见，半功率带宽的定义是针对能量而言的。

对于黏滞阻尼动力系统，在小阻尼情况下($\omega_D \approx \omega_0$)，式(4.56)也成立。

4.1.4　不同荷载作用下结构频响函数和脉冲响应函数

传递函数和频响函数反映了线性结构响应(输出)与荷载(输入)之间的关系，是结构的动力学模型，代表了结构的固有特性，其与荷载(输入)的形式和大小无关。但对不同的荷载形式，其表达式不同。本节介绍正弦荷载、周期荷载、瞬态荷载和随机荷载等常见荷载类型下结构频响函数表达式，以及在瞬态荷载作用下结构脉冲响应函数表达式。

1. 简谐激励

对线性时不变结构，在简谐荷载作用下，结构做受迫振动，结构的振动也是简谐的，且振动频率与荷载频率相同。

假设荷载为

$$f(t)=f_0 e^{\mathrm{j}(\omega t+\alpha)} \tag{4.57}$$

式中，ω 为荷载频率；α 为荷载的相位角；f_0 为荷载幅值。

线性结构的位移响应为

$$x(t)=X e^{\mathrm{j}(\omega t+\beta)} \tag{4.58}$$

式中，β 为结构响应的相位角；X 为结构位移响应幅值。

根据频响函数的定义，结构位移频响函数为

$$H_{\mathrm{d}}(\omega)=\frac{X e^{\mathrm{j}\beta}}{f_0 e^{\mathrm{j}\alpha}}=\frac{X}{f_0}e^{\mathrm{j}(\beta-\alpha)} \tag{4.59}$$

同理可推得结构速度和加速度的频响函数分别为

$$H_{\mathrm{v}}(\omega)=\mathrm{j}\omega H_{\mathrm{d}}(\omega) \tag{4.60}$$

$$H_{\mathrm{a}}(\omega)=\mathrm{j}\omega H_{\mathrm{v}}(\omega)=-\omega^2 H_{\mathrm{d}}(\omega) \tag{4.61}$$

由于应变是结构健康与安全状态的直接度量，也是结构分析与设计中最广泛

使用的变量，大多数结构健康监测系统均将应变作为必须监测的变量。以动应变为输出的结构应变频响函数可以表示为

$$H_{\varepsilon}=\frac{\varepsilon}{f}=\frac{\varepsilon_0}{f_0}\mathrm{e}^{\mathrm{j}(\beta-\alpha)} \tag{4.62}$$

式中，ε_0 为应变幅值。

2. 周期荷载

周期荷载具有周期性，但不一定是简谐荷载，如方波、锯齿波等也属于此类荷载。在周期荷载作用下，线性时不变结构的响应也具有周期性。

根据第 1 章的知识可知，任何周期函数总可以展开成无穷多个傅里叶级数的和，于是，周期荷载 $f(t)$和结构位移响应 $x(t)$可以写成如下傅里叶级数的形式：

$$f(t)=\sum_{n=1}^{\infty}\widetilde{f}(\omega_n)\mathrm{e}^{\mathrm{j}\omega_n t},\quad \omega_n=\frac{2\pi n}{T} \tag{4.63}$$

$$x(t)=\sum_{n=1}^{\infty}\widetilde{x}(\omega_n)\mathrm{e}^{\mathrm{j}\omega_n t} \tag{4.64}$$

式中，$\widetilde{f}(\omega_n)$和 $\widetilde{x}(\omega_n)$分别为荷载和结构位移响应在离散频率 ω_n（等于 $2\pi n/T$ 的整数倍）上的复幅值，包含幅值与相位两个成分；T 为荷载和结构响应的周期。

根据频响函数的定义（每一个频率成分上输出与输入的比），对周期振动而言，频响函数为各离散频率点上结构响应与荷载之比，也等于各离散频率点上它们的复数幅值比：

$$H(\omega_n)=\frac{\widetilde{x}(\omega_n)}{\widetilde{f}(\omega_n)} \tag{4.65}$$

3. 瞬态荷载

瞬态荷载作用下结构的响应也是瞬态的，它们均是非周期函数，但一般情况下它们是绝对可积的，满足第 1 章傅里叶变换的狄利克雷（Dirichlet）条件，因此，荷载与结构响应的傅里叶变换 $f(\omega)$和 $x(\omega)$可由如下公式计算：

$$f(\omega)=\int_{-\infty}^{+\infty}f(t)\mathrm{e}^{-\mathrm{j}\omega t}\mathrm{d}t \tag{4.66}$$

$$x(\omega)=\int_{-\infty}^{+\infty}x(t)\mathrm{e}^{-\mathrm{j}\omega t}\mathrm{d}t \tag{4.67}$$

根据频响函数定义，结构的频响函数定义为结构响应的傅里叶变换与荷载傅里叶变换之比，即

$$H(\omega)=\frac{x(\omega)}{f(\omega)} \tag{4.68}$$

由式(4.68)可得

$$x(\omega)=H(\omega)f(\omega) \tag{4.69}$$

对式(4.69)进行傅里叶逆变换，得到

$$x(t)=\frac{1}{2\pi}\int_{-\infty}^{+\infty}x(\omega)\mathrm{e}^{\mathrm{j}\omega t}\,\mathrm{d}\omega=\frac{1}{2\pi}\int_{-\infty}^{+\infty}H(\omega)f(\omega)\mathrm{e}^{\mathrm{j}\omega t}\,\mathrm{d}\omega \tag{4.70}$$

令荷载为单位脉冲荷载，即 $f(t)=\delta_0$，δ_0 表示在 $t=0$ 时单位脉冲函数，又称 Delta 函数，此时结构响应为单位脉冲响应，以 $h(t)$表示。

$$\begin{aligned}f(\omega)&=\int_{-\infty}^{+\infty}f(t)\mathrm{e}^{-\mathrm{j}\omega t}\,\mathrm{d}t\\&=\int_{-\infty}^{+\infty}\delta(t)\mathrm{e}^{-\mathrm{j}\omega t}\,\mathrm{d}t\\&=1\end{aligned} \tag{4.71}$$

故

$$x(t)=h(t)=\frac{1}{2\pi}\int_{-\infty}^{+\infty}H(\omega)\mathrm{e}^{\mathrm{j}\omega t}\,\mathrm{d}\omega \tag{4.72}$$

正如前面所述，单位脉冲响应 $h(t)$为频响函数 $H(\omega)$的傅里叶逆变换；而 $h(t)$的傅里叶变换为频响函数：

$$H(\omega)=\int_{-\infty}^{+\infty}h(t)\mathrm{e}^{-\mathrm{j}\omega t}\,\mathrm{d}t \tag{4.73}$$

它们互为傅里叶变换对。

4. 随机荷载

当荷载为随机过程时，结构的响应也为随机过程，此时只能采用概率统计方法处理结构响应和荷载等信号。可以通过引入两个很重要的描述随机信号的函数，即相关函数和功率谱密度函数，推导出随机荷载作用下结构的频响函数。相关函数是时间的函数，功率谱密度则是频率的函数。

假设荷载和结构响应均为平稳随机过程，函数 $y(t)$的自相关函数定义为

$$R_{yy}(\tau)=E[y(t)y(t+\tau)] \tag{4.74}$$

式中，$R_{yy}(\tau)$为 $y(t)$的自相关函数，它是时间的实偶函数，即 $R(\tau)=R(-\tau)$，当 $\tau=0$ 时取最大值，即函数自身的相关性是最大的；τ 为延时；E 为数学期望符号。

自相关函数的傅里叶变换称为自功率谱密度(简称自谱密度或自功率谱)，其定义为

$$G_{yy}(\omega)=\int_{-\infty}^{+\infty}R_{yy}(\tau)\mathrm{e}^{-\mathrm{j}\omega\tau}\,\mathrm{d}\tau \tag{4.75}$$

式中，$G_{yy}(\omega)$为 $y(t)$的自功率谱密度，它为频率的实偶函数，是对原随机过程函数 $y(t)$在频域内的描述。

对自功率谱进行傅里叶逆变换，可以得到

$$R_{yy}(\tau)=\frac{1}{2\pi}\int_{-\infty}^{+\infty}G_{yy}(\omega)\mathrm{e}^{\mathrm{j}\omega\tau}\,\mathrm{d}\omega \tag{4.76}$$

即自相关函数与自功率谱互为傅里叶变换对。由于实际应用中频率 ω 是在(0, $+\infty$)范围变化,考虑 $G_{yy}(\omega)$ 为实偶函数的特点,可以采用单边功率谱代替双边功率谱 $G_{yy}(\omega)$,即式(4.76)变为

$$R_{yy}(\tau)=\frac{1}{2\pi}\int_{0}^{+\infty}2G_{yy}(\omega)\mathrm{e}^{\mathrm{j}\omega\tau}\mathrm{d}\omega \tag{4.77}$$

除自相关函数外,对两个不同的时域信号 $y(t)$ 与 $z(t)$,定义互相关函数及功率谱密度,互相关函数定义为

$$R_{zy}(\tau)=E[z(t)y(t+\tau)] \tag{4.78}$$

互功率谱密度为互相关函数的傅里叶变换,即

$$G_{zy}(\omega)=\int_{-\infty}^{+\infty}R_{zy}(\tau)\mathrm{e}^{-\mathrm{j}\omega\tau}\mathrm{d}\tau \tag{4.79}$$

由互相关函数的定义可知,它是时间的实函数,但一般不是时间的偶函数。互谱密度与自谱密度不同,它通常是频率的复函数,它具有特定的共轭特性,即

$$G_{zy}(\omega)=G_{zy}^{*}(\omega) \tag{4.80}$$

式中,$G_{zy}^{*}(\omega)$ 为 $G_{zy}(\omega)$ 的共轭谱密度。

随机信号的时间历程、自相关函数及自功率谱密度如图 4.6 所示。

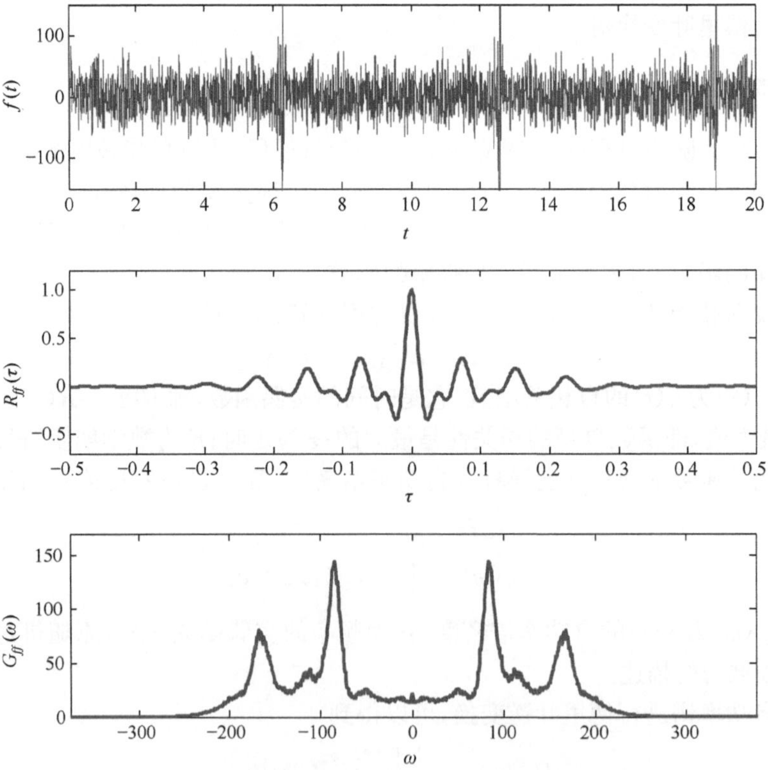

图 4.6　随机信号及其自相关函数与谱密度

当荷载与结构响应为平稳随机过程时，根据频响函数的定义，有

$$x(\omega)=H(\omega)f(\omega) \tag{4.81}$$

式中，$f(\omega)$为随机荷载的频率响应；$x(\omega)$为结构随机响应的频率响应；$H(\omega)$为结构频响函数。

对式(4.81)两边后乘 $f^*(\omega)$，并取数学期望

$$E[x(\omega)f^*(\omega)]=E[H(\omega)f(\omega)f^*(\omega)] \tag{4.82}$$

式中，上标“*”代表共轭。

由于 $H(\omega)$是线性结构固有的确定的特性，其不为随机变量，于是可得

$$G_{xf}(\omega)=H(\omega)G_{ff}(\omega) \tag{4.83}$$

故

$$H(\omega)=\frac{G_{xf}(\omega)}{G_{ff}(\omega)} \tag{4.84}$$

式中，$G_{xf}(\omega)$和 $G_{ff}(\omega)$分别为结构响应与荷载的互功率谱和荷载的自功率谱。

结构健康监测系统监测的数据往往是离散的数字信号，若荷载和结构响应是各态历经平稳随机过程，则由监测的数据(每个变量的时间序列有 N 个采样点)采用式(4.85)计算其自相关函数与互相关函数：

$$\hat{R}_{yy}(r)=\frac{1}{N}\sum_{n=1}^{N-1}y(n)y(n+r),\quad r=0,1,2,\cdots,m<N \tag{4.85}$$

$$\hat{R}_{yz}(r)=\frac{1}{N}\sum_{n=1}^{N-1}y(n)z(n+r) \tag{4.86}$$

式中，r 表示时间延迟。

由式(4.85)和式(4.86)可进一步计算结构响应和荷载的自功率谱和互功率谱，从而得到结构的频响函数。

4.2　多自由度结构频响函数

由于实际应用中大部分是多自由度结构，本节将介绍多自由度结构的频响函数。考虑到容易推导出两自由度结构频响函数的解析解，从解析解中可以清晰地分析结构频响函数的特性。因此，本节以两自由度结构为例，介绍多自由度结构频响函数及其特性。N 自由度结构的频响函数特性与两自由度结构的类似。

假设一无阻尼两自由度结构，其力学模型如图 4.7 所示，图中分别给出了常用的机械系统和建筑结构的力学模型。

结构运动微分方程为

$$m_1\ddot{x}_1+k_1x_1-k_1x_2=f_1 \tag{4.87}$$

$$m_2\ddot{x}_2-k_1x_1+(k_1+k_2)x_2=f_2 \tag{4.88}$$

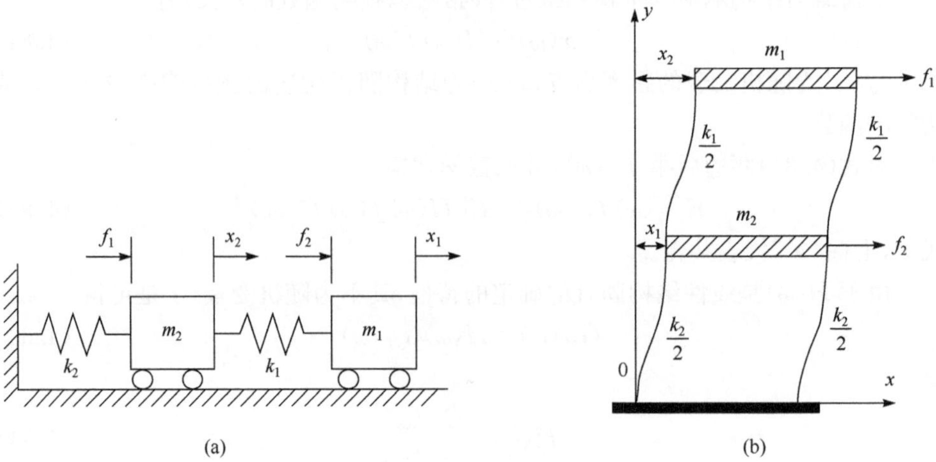

图 4.7 两自由度结构力学模型

写成矩阵形式：

$$\boldsymbol{M}\ddot{\boldsymbol{x}}+\boldsymbol{K}\boldsymbol{x}=\boldsymbol{f} \tag{4.89}$$

式中，$\boldsymbol{M}$ 和 $\boldsymbol{K}$ 分别为结构的质量矩阵与刚度矩阵，且

$$\boldsymbol{M}=\begin{bmatrix} m_1 & 0 \\ 0 & m_2 \end{bmatrix},\quad \boldsymbol{K}=\begin{bmatrix} k_1 & -k_1 \\ -k_1 & k_1+k_2 \end{bmatrix} \tag{4.90}$$

$\boldsymbol{x}$ 与 $\boldsymbol{f}$ 分别为结构响应及荷载向量，且

$$\boldsymbol{x}=\begin{Bmatrix} x_1 \\ x_2 \end{Bmatrix},\quad \boldsymbol{f}=\begin{Bmatrix} f_1 \\ f_2 \end{Bmatrix} \tag{4.91}$$

若结构初始状态为零，对式(4.89)进行拉氏变换，得

$$(\boldsymbol{K}+s^2\boldsymbol{M})\boldsymbol{x}(s)=\boldsymbol{f}(s) \tag{4.92}$$

令 $s=\mathrm{j}\omega$，得

$$(\boldsymbol{K}-\omega^2\boldsymbol{M})\boldsymbol{x}(\omega)=\boldsymbol{f}(\omega) \tag{4.93}$$

根据频响函数的定义，两自由度结构的频响函数矩阵为 2×2 阶的矩阵，即

$$\begin{aligned}\begin{bmatrix} H_{11}(\omega) & H_{12}(\omega) \\ H_{21}(\omega) & H_{22}(\omega) \end{bmatrix} &= \boldsymbol{H}(\omega)=\frac{\boldsymbol{x}(\omega)}{\boldsymbol{f}(\omega)} \\ &= (\boldsymbol{K}-\omega^2\boldsymbol{M})^{-1} \\ &= \frac{\begin{bmatrix} k_1+k_2-\omega^2 m_2 & -k_1 \\ -k_1 & k_1-\omega^2 m_1 \end{bmatrix}}{(k_1+k_2-\omega^2 m_2)(k_1-\omega^2 m_1)-k_1^2}\end{aligned}$$

式中，任意元素 $H_{lp}(\omega)$ 表示 l 自由度响应与 p 点荷载之间的频响函数。

根据结构动力学知识，有

$$H_{lp}(\omega)=H_{pl}(\omega) \tag{4.94}$$

即频响函数具有互换性，故式(4.94)表示的结构频响函数矩阵为对称阵。

下面分析结构频响函数的幅频特性，取频响函数 $H_{11}(\omega)$ 为

$$H_{11}(\omega)=\frac{k_1+k_2-\omega^2 m_2}{(k_1+k_2-\omega^2 m_2)(k_1-\omega^2 m_1)-k_1^2} \tag{4.95}$$

根据式(4.95)画出 $\log|H_{11}(\omega)|$ 与 ω 之间的关系，如图 4.8 所示。

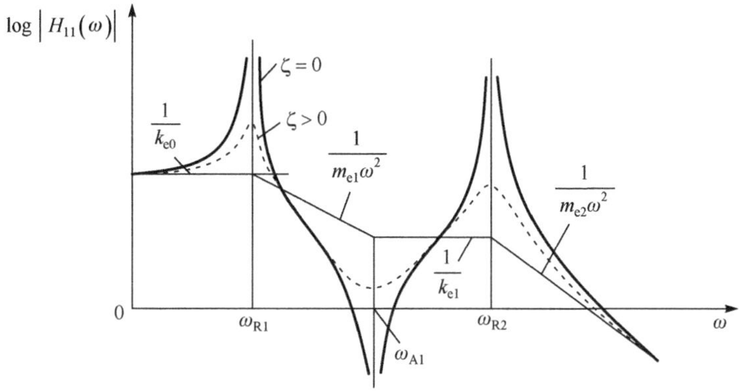

图 4.8　两自由度结构的频响函数幅频图

(1) 当 $\omega=0$ 时，

$$|H_{11}(\omega)|=\frac{k_1+k_2}{k_1 k_2}=\frac{1}{k_{e0}} \tag{4.96}$$

式中，$k_{e0}=k_1 k_2/(k_1+k_2)$ 称为零阶等效刚度，此时荷载为静力荷载，原结构力学模型等效为弹簧串联模型。

(2) 令式(4.95)的分母为零，求解得到两个根：

$$\omega_{R1,R2}^2=\frac{1}{2}\left[\left(\frac{k_1}{m_1}+\frac{k_1}{m_2}+\frac{k_2}{m_2}\right)\pm\sqrt{\left(\frac{k_1}{m_1}+\frac{k_1}{m_2}+\frac{k_2}{m_2}\right)-4\,\frac{k_1}{m_1}\frac{k_2}{m_2}}\,\right] \tag{4.97}$$

这时，结构振动幅值趋向无穷大，结构在上述两个频率上发生共振，相应的频率称为结构第一阶和第二阶自振频率 ω_{R1} 和 ω_{R2}。

从式(4.97)中推导得到第一阶自振频率为

$$\omega_{R1}^2=\frac{k_{e0}}{m_{e1}} \tag{4.98}$$

式中，m_{e1} 称为第一阶等效质量(或相当质量)，$m_{e1}=\dfrac{k_{e0}}{\omega_{R1}^2}$。

(3) 当 $\omega^2=(k_1+k_2)/m_2$ 时，$H_{11}(\omega)=0$，此时的频率称为反共振频率 ω_{A1}，即

$$\omega_{A1}=\frac{k_1+k_2}{m_2}=\frac{k_{e1}}{m_{e1}} \tag{4.99}$$

式中，k_{e1}为第一阶等效刚度。

当结构处于反共振时，质量 m_1 对应的自由度的振幅为零，而 m_2 的振幅(H_{21}，H_{22})不为零。上述反共振现象说明即使在质量 m_1 对应的自由度上施加频率为 ω_{A1}的外部荷载，该自由度也不产生振动，但在其他自由度上会产生振动。

当 $\omega>\omega_{A1}$后，$H_{11}(\omega)$又开始增加，并趋向第二阶频率共振点。

(4) 当荷载频率接近结构第二阶频率，即 $\omega=\omega_{R2}$时，$H_{11}(\omega)\to\infty$，此时结构又进入第二阶频率共振状态。第二阶自振频率由式(4.100)计算：

$$\omega_{R2}^2=\frac{k_{e1}}{m_{e2}} \tag{4.100}$$

式中，m_{e2}为第二阶等效质量。

由式(4.99)和式(4.100)可得

$$k_{e1}=\omega_{A1}^2 m_{e1}=\frac{\omega_{A1}^2}{\omega_1^2}k_{e0} \tag{4.101}$$

$$m_{e2}=\frac{k_{e1}}{\omega_2^2}=\frac{\omega_{A1}^2}{\omega_1^2\omega_2^2}k_{e0} \tag{4.102}$$

对于有阻尼结构，$H_{11}(\omega)$的幅频曲线如图 4.8 中虚线所示。显然在结构自振频率处 $H_{11}(\omega)$发生共振，但共振峰值为有限值，该值大小与阻尼比有关；在反共振频率处，$H_{11}(\omega)$的幅值亦不为零。

特别需要指出的是，阻尼比越小，$H_{11}(\omega)$在各阶自振频率处的曲线越窄，各阶幅频曲线的重叠越小，该特点在某些模态识别方法中常常用到。

上述分析可以推广至多自由度结构，对 N 自由度结构则有 N 个共振频率、($N-1$)个反共振频率，图 4.9 为三自由度结构原点频响函数幅频图。

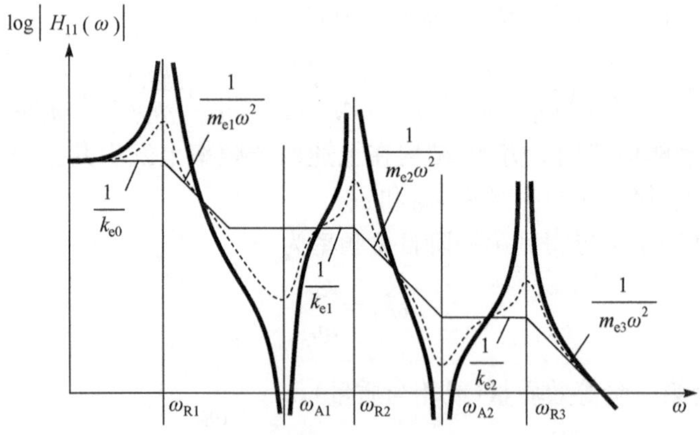

图 4.9　三自由度结构原点频响函数幅频图

4.3　多自由度结构实模态频响函数和脉冲响应函数

当多自由度结构无阻尼或为比例黏滞阻尼时，结构的刚度矩阵、质量矩阵和阻尼矩阵关于结构模态是正交解耦的，结构的模态参数均为实数，且模态参数可由结构运动微分方程求解。

4.3.1　多自由度结构模态参数

图 4.10 所示为 N 自由度线性结构的两种力学模型，其运动微分方程为

$$\boldsymbol{M}\ddot{\boldsymbol{x}}+\boldsymbol{C}\dot{\boldsymbol{x}}+\boldsymbol{K}\boldsymbol{x}=\boldsymbol{f} \tag{4.103}$$

式中，$\boldsymbol{M}$、$\boldsymbol{C}$ 和 $\boldsymbol{K}$ 分别为结构的质量、阻尼和刚度矩阵；$\boldsymbol{x}$ 和 $\boldsymbol{f}$ 分别为结构的位移向量和荷载向量。

$$\boldsymbol{x}=\{x_1,x_2,\cdots,x_N\}_{N\times 1}^{\mathrm{T}},\quad \boldsymbol{f}=\{f_1,f_2,\cdots,f_N\}_{N\times 1}^{\mathrm{T}} \tag{4.104}$$

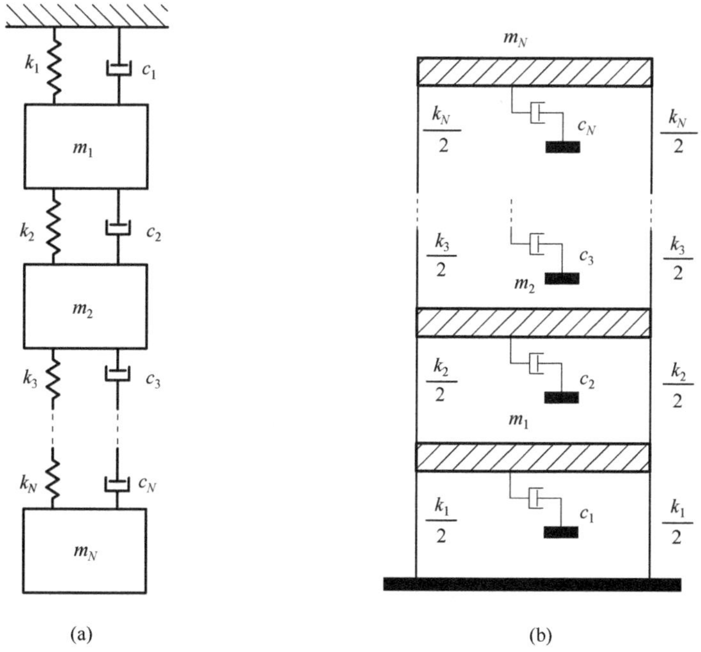

图 4.10　多自由度结构力学模型

对式(4.103)两边分别进行拉氏变换和傅里叶变换，可得

$$(\boldsymbol{M}s^2+\boldsymbol{C}s+\boldsymbol{K})\boldsymbol{x}(s)=\boldsymbol{f}(s) \tag{4.105}$$

$$(\boldsymbol{K}-\omega^2\boldsymbol{M}+\mathrm{j}\omega\boldsymbol{C})\boldsymbol{x}(\omega)=\boldsymbol{f}(\omega) \tag{4.106}$$

由结构动力学可知，线性结构的响应可采用振型分解法求解，则 i 点响应可以

表示为

$$x_i(\omega) = \sum_{r=1}^{N} \varphi_{ir} q_r(\omega) \tag{4.107}$$

式中，φ_{ir} 为第 i 个测点在第 r 阶模态的振型系数，第 r 阶模态向量或振型向量为

$$\boldsymbol{\varphi}_r = \{\varphi_{1r}, \varphi_{2r}, \cdots, \varphi_{Nr}\}^{\mathrm{T}} \tag{4.108}$$

它反映了该阶模态的振动形状。

由各阶模态向量组成的矩阵称为模态矩阵，记为

$$\boldsymbol{\Phi} = [\boldsymbol{\varphi}_1, \boldsymbol{\varphi}_2, \cdots, \boldsymbol{\varphi}_N] \tag{4.109}$$

它是 $N \times N$ 的矩阵。

$q_r(\omega)$ 为第 r 阶模态广义坐标，其物理意义为各阶模态向量对响应的贡献量，数学意义可理解为加权系数。一般情况下结构以低阶模态振动为主，因此，低阶模态对结构振动的贡献往往高于高阶模态。

由式(4.107)与式(4.109)可得结构的位移向量为

$$\boldsymbol{x}(\omega) = \boldsymbol{\Phi q} \tag{4.110}$$

式中，$\boldsymbol{q} = \{q_1(\omega), q_2(\omega), \cdots, q_N(\omega)\}^{\mathrm{T}}$。

将式(4.110)代入式(4.106)，得

$$(\boldsymbol{K} - \omega^2 \boldsymbol{M} + \mathrm{j}\omega \boldsymbol{C})\boldsymbol{\Phi q} = \boldsymbol{f}(\omega) \tag{4.111}$$

下面分别对无阻尼和比例阻尼两种情况进行讨论。

1. 无阻尼自由振动

首先假设结构无阻尼、无外荷载，则式(4.111)变为如下齐次方程：

$$(\boldsymbol{K} - \omega^2 \boldsymbol{M})\boldsymbol{\Phi q} = 0 \tag{4.112}$$

由于模态广义坐标不为零，则式(4.112)等价为

$$(\boldsymbol{K} - \omega^2 \boldsymbol{M})\boldsymbol{\Phi} = 0 \tag{4.113}$$

对于第 r 阶模态，则有

$$(\boldsymbol{K} - \omega_r^2 \boldsymbol{M})\boldsymbol{\varphi}_r = 0 \tag{4.114}$$

式中，ω_r 是结构第 r 阶自振频率。

对式(4.114)左乘 $\boldsymbol{\varphi}_s^{\mathrm{T}}$ 可得

$$\boldsymbol{\varphi}_s^{\mathrm{T}}(\boldsymbol{K} - \omega_r^2 \boldsymbol{M})\boldsymbol{\varphi}_r = 0 \tag{4.115}$$

同理，对第 s 模态亦可写出

$$(\boldsymbol{K} - \omega_s^2 \boldsymbol{M})\boldsymbol{\varphi}_s = 0 \tag{4.116}$$

式(4.116)转置，并右乘 $\boldsymbol{\varphi}_r$，则得到

$$\boldsymbol{\varphi}_s^{\mathrm{T}}(\boldsymbol{K}^{\mathrm{T}} - \omega_s^2 \boldsymbol{M}^{\mathrm{T}})\boldsymbol{\varphi}_r = 0 \tag{4.117}$$

由于 $\boldsymbol{M}$ 和 $\boldsymbol{K}$ 为对称阵，它们的转置矩阵与矩阵相等。因此由式(4.115)与式(4.117)相减可得

$$(\omega_r^2-\omega_s^2)\boldsymbol{\varphi}_s^{\mathrm{T}}\boldsymbol{M}\boldsymbol{\varphi}_r=0 \tag{4.118}$$

一般情况下，第 r 阶模态频率与第 s 阶模态频率不相等（$r\neq s$），$\omega_r^2\neq\omega_s^2$，则式(4.118)成立的条件为

$$\boldsymbol{\varphi}_s^{\mathrm{T}}\boldsymbol{M}\boldsymbol{\varphi}_r=0,\quad r\neq s \tag{4.119}$$

将式(4.119)代入式(4.117)同样可得刚度阵

$$\boldsymbol{\varphi}_s^{\mathrm{T}}\boldsymbol{K}\boldsymbol{\varphi}_r=0,\quad r\neq s \tag{4.120}$$

式(4.119)和式(4.120)即为模态向量的正交性。

对于第 r 阶模态（可令 $r=s$），有

$$\boldsymbol{\varphi}_r^{\mathrm{T}}\boldsymbol{K}\boldsymbol{\varphi}_r=\omega_r^2\boldsymbol{\varphi}_r^{\mathrm{T}}\boldsymbol{M}\boldsymbol{\varphi}_r \tag{4.121}$$

令

$$\boldsymbol{\varphi}_r^{\mathrm{T}}\boldsymbol{K}\boldsymbol{\varphi}_r=K_r^*,\quad \boldsymbol{\varphi}_r^{\mathrm{T}}\boldsymbol{M}\boldsymbol{\varphi}_r=M_r^* \tag{4.122}$$

则

$$\omega_r^2=\frac{\boldsymbol{\varphi}_r^{\mathrm{T}}\boldsymbol{K}\boldsymbol{\varphi}_r}{\boldsymbol{\varphi}_r^{\mathrm{T}}\boldsymbol{M}\boldsymbol{\varphi}_r}=\frac{K_r^*}{M_r^*} \tag{4.123}$$

式中，K_r^* 与 M_r^* 分别称为结构第 r 阶广义模态刚度与广义模态质量。

模态向量只表示形状，而与振幅的大小无关，它可以用不同的比例因子来归一化。因此，对某一阶模态，广义模态刚度与广义模态质量的数值也是不唯一的，它们与模态向量 $\boldsymbol{\varphi}_r$ 的归一化因子有关。

将上述 r 和 s 阶模态推广到所有的模态。为此，对式(4.112)左乘 $\boldsymbol{\Phi}^{\mathrm{T}}$，得

$$\boldsymbol{\Phi}^{\mathrm{T}}(\boldsymbol{K}-\omega^2\boldsymbol{M})\boldsymbol{\Phi}\boldsymbol{q}=0 \tag{4.124}$$

考虑模态向量的正交性，则可得到

$$\boldsymbol{K}^*-\omega^2\boldsymbol{M}^*=0 \tag{4.125}$$

式中，$\boldsymbol{K}^*=\boldsymbol{\Phi}^{\mathrm{T}}\boldsymbol{K}\boldsymbol{\Phi}$ 和 $\boldsymbol{M}^*=\boldsymbol{\Phi}^{\mathrm{T}}\boldsymbol{M}\boldsymbol{\Phi}$ 称为模态广义刚度矩阵和模态广义质量矩阵，它们均为对角阵，因此，N 自由度结构的运动方程关于模态是解耦的。

2. 比例阻尼结构

若结构具有比例阻尼，即

$$\boldsymbol{C}=\alpha'\boldsymbol{M}+\beta'\boldsymbol{K} \tag{4.126}$$

式中，α' 和 β' 为比例系数。

根据式(4.126)可知，比例阻尼矩阵 $\boldsymbol{C}$ 亦满足模态正交性

$$\boldsymbol{\varphi}_s^{\mathrm{T}}\boldsymbol{C}\boldsymbol{\varphi}_r=\begin{cases}0, & r\neq s\\ C_r^*, & r=s\end{cases} \tag{4.127}$$

式中，C_r^* 为第 r 阶模态阻尼系数，它也不是唯一的，与模态向量归一化比例因子有关。

对式(4.111)左乘 $\boldsymbol{\Phi}^{\mathrm{T}}$，并考虑模态正交性后可得

$$(\boldsymbol{K}^{*}-\omega^{2}\boldsymbol{M}^{*}+\mathrm{j}\omega\boldsymbol{C}^{*})\boldsymbol{q}=\boldsymbol{f}^{*} \tag{4.128}$$

对于第 r 阶模态，则有

$$(K_{r}^{*}-\omega^{2}M_{r}^{*}+\mathrm{j}\omega C_{r}^{*})q_{r}=f_{r}^{*} \tag{4.129}$$

式中，$f_{r}^{*}=\boldsymbol{\varphi}_{r}^{\mathrm{T}}\boldsymbol{f}(\omega)$称为第 r 阶模态广义荷载。

结构第 r 阶模态阻尼比为

$$\zeta_{r}=\frac{C_{r}^{*}}{2M_{r}^{*}\omega_{r}} \tag{4.130}$$

上面推导出了模态频率、模态向量和模态阻尼比，它们总称为结构模态参数，其反映了结构自身的动力特性，并与结构物理参数（如质量、弹性模量、几何尺寸、材料等）密切相关，在结构健康诊断理论中具有十分重要的作用。

4.3.2　多自由度结构实模态频响函数与单位脉冲响应函数

对于多自由度结构，当结构无阻尼或阻尼是比例阻尼时，结构的模态参数是实数，称为实模态，这时结构各自由度均以相同的相位或反相位（180°）振动，结构振动的形式保持不变，并表现为驻波的形式；若结构的阻尼是非比例阻尼时，结构的模态参数一般是复数，称为复模态，这时结构各自由度振动的相位不同，结构振动的形状不能保持，且表现为行波的形式。

本节主要介绍结构实模态频响函数的分析方法，4.4 节介绍结构复模态频响函数的分析方法。

设一个 N 自由度的比例阻尼结构，由式(4.129)可得其第 r 阶广义模态坐标为

$$q_{r}=\frac{f_{r}^{*}}{K_{r}^{*}-\omega^{2}M_{r}^{*}+\mathrm{j}\omega C_{r}^{*}} \tag{4.131}$$

为简单起见，这里假设单点加载。设荷载作用于 p 点，则荷载向量变为

$$\boldsymbol{f}=[0,\cdots,0,f_{p}(\omega),0,\cdots,0]^{\mathrm{T}} \tag{4.132}$$

第 r 阶广义模态荷载为

$$f_{r}^{*}=\varphi_{pr}f_{p}(\omega) \tag{4.133}$$

则式(4.131)中的第 r 阶广义模态坐标可写为

$$q_{r}=\frac{\varphi_{pr}f_{p}(\omega)}{K_{r}^{*}-\omega^{2}M_{r}^{*}+\mathrm{j}\omega C_{r}^{*}} \tag{4.134}$$

将式(4.134)代入式(4.107)，可得结构第 i 点的位移响应为

$$x_{i}(\omega)=\sum_{r=1}^{N}\frac{\varphi_{ir}\varphi_{pr}f_{p}(\omega)}{K_{r}^{*}-\omega^{2}mM_{r}^{*}+\mathrm{j}\omega C_{r}^{*}} \tag{4.135}$$

测点 l 处结构的响应与荷载 p 之间的频响函数为

$$H_{lp}(\omega)=\frac{x_{l}(\omega)}{f_{p}(\omega)}=\sum_{r=1}^{N}\frac{\varphi_{lr}\varphi_{pr}}{K_{r}^{*}-\omega^{2}M_{r}^{*}+\mathrm{j}\omega C_{r}^{*}} \tag{4.136}$$

$H_{lp}(\omega)$的物理意义是在 p 点作用一单位荷载，在 l 点产生的复响应。由此可见，频响函数与荷载大小和类型无关。

为阐述方便，对式(4.136)作变换，可得

$$\begin{aligned}H_{lp}(\omega) &= \sum_{r=1}^{N} \frac{1}{K_{er}[(1-\bar{\omega}_r^2)+\mathrm{j}2\zeta_r\bar{\omega}_r]} \\ &= \sum_{r=1}^{N} \frac{A_{lp}}{\omega_r^2-\omega^2+\mathrm{j}2\zeta_r\omega_r\omega} \\ &= \sum_{r=1}^{N} \frac{1}{M_{er}(\omega_r^2-\omega^2+\mathrm{j}2\zeta_r\omega_r\omega)} \\ &= \sum_{r=1}^{N} \frac{Q_{er}}{(1-\bar{\omega}_r^2)+\mathrm{j}2\zeta_r\bar{\omega}_r}\end{aligned} \tag{4.137}$$

式中，$\bar{\omega}_r=\dfrac{\omega}{\omega_r}$；$K_{er}=\dfrac{K_r^*}{\varphi_{lr}\varphi_{pr}}$为等效刚度；$A_{lp}=\dfrac{\varphi_{lr}\varphi_{pr}}{M_r^*}$为留数或模态常数；$M_{er}=\dfrac{M_r^*}{\varphi_{lr}\varphi_{pr}}=\dfrac{1}{A_{lp}}$为等效质量；$Q_{er}=\dfrac{\varphi_{lr}\varphi_{pr}}{K_r^*}=\dfrac{1}{K_{er}}$为等效柔度。

与单自由度频响函数相同，多自由度结构的频响函数也为复数。对式(4.137)分子、分母同乘以$[(1-\bar{\omega}_r^2)+\mathrm{j}2\zeta_r\bar{\omega}_r]$，则可得

$$\begin{aligned}H_{lp}(\omega) &= \sum_{r=1}^{N} \frac{1}{K_{er}}\left[\frac{1-\bar{\omega}_r^2}{(1-\bar{\omega}_r^2)^2+(2\zeta_r\bar{\omega}_r)^2}+\mathrm{j}\frac{-2\zeta_r\bar{\omega}_r}{(1-\bar{\omega}_r^2)^2+(2\zeta_r\bar{\omega}_r)^2}\right] \\ &= H_{lp}^{\mathrm{R}}(\omega)+\mathrm{j}H_{lp}^{\mathrm{I}}(\omega)\end{aligned} \tag{4.138}$$

式中，$H_{lp}^{\mathrm{R}}(\omega)$和 $H_{lp}^{\mathrm{I}}(\omega)$分别为结构频响函数的实部与虚部，且分别为

$$H_{lp}^{\mathrm{R}}(\omega) = \sum_{r=1}^{N} \frac{1}{K_{er}} \frac{1-\bar{\omega}_r^2}{(1-\bar{\omega}_r^2)^2+(2\zeta_r\bar{\omega}_r)^2} \tag{4.139}$$

$$H_{lp}^{\mathrm{I}}(\omega) = \sum_{r=1}^{N} \frac{1}{K_{er}} \frac{-2\zeta_r\bar{\omega}_r}{(1-\bar{\omega}_r^2)^2+(2\zeta_r\bar{\omega}_r)^2} \tag{4.140}$$

从式(4.138)多自由度结构频响函数的表达式可以看到，结构某点的响应 x_l 及频响函数 $H_{lp}(\omega)$是全部模态的叠加，即采用的是完整的模态集。但对大多数实际结构而言，参与结构振动的主要是前几阶或十几阶模态，其他高阶模态对结构振动的贡献较小甚至不出现。因此，更高阶模态可在分析中去掉，这样处理尽管会造成一定的误差，但结构频响函数矩阵的阶数和相应的计算量将大大减小，实践证明这是可行的，这种处理方法称为模态截断。

结构的频响函数为各单个模态频响函数的叠加，图 4.11 为各单个模态频响函

数的合成。由图可见，相距较远的两个模态的频响函数相互影响很小，可以忽略不计；此外，当结构某阶阻尼比较小时，该阶模态频响函数对其他模态频响函数的影响较小。

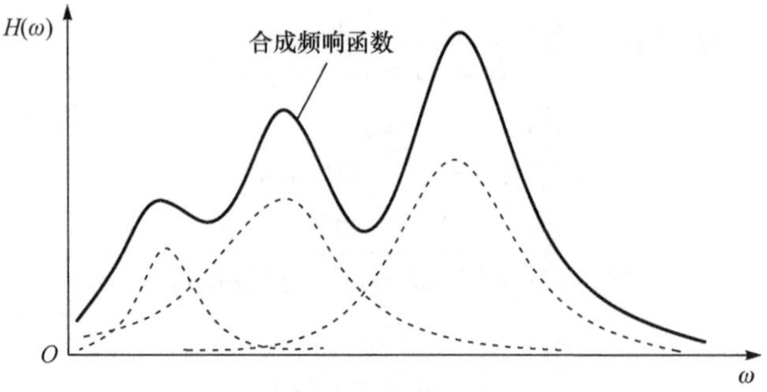

图 4.11　结构多模态频响函数的相互影响示意图

为了减小模态截断的影响，常用剩余柔度来代替这些被截断的模态响应。此时频响函数可写为

$$H_{lp}(\omega)=\sum_{r=1}^{N_c}\frac{1}{K_{er}[(1-\bar{\omega}_r^2)+\mathrm{j}2\zeta_r\bar{\omega}_r]}+H_c \tag{4.141}$$

式中，$N_c(<N)$为截取的模态数，一般应大于被分析模态数的两倍；H_c 为剩余柔度，它可以认为是与频率无关的常数，亦可认为是频率 ω 的线性函数。

对式(4.136)进行傅里叶变换，参考单自由度结构脉冲响应函数的推导过程，即可得到脉冲响应函数 $h_{lp}(t)$为

$$h_{lp}(t)=\sum_{r=1}^{N}\frac{\varphi_{lr}\varphi_{pr}}{M_r^*\omega_r}\mathrm{e}^{-\zeta\omega_0 t}\sin(\omega_r t) \tag{4.142}$$

4.3.3　算例分析

如图 4.12 所示的两自由度动力系统，已知 $m_1=100\mathrm{kg}$，$m_2=30\mathrm{kg}$，$k_1=25000\mathrm{N/m}$，$k_2=5000\mathrm{N/m}$，$c_1=1\mathrm{N\cdot m^{-1}\cdot s}$，$c_2=3\mathrm{N\cdot m^{-1}\cdot s}$，仅在第二个自由度上作用荷载 $f_2(t)=F\mathrm{e}^{\mathrm{j}\omega t}$。根据多自由度结构实模态分析理论，写出频响函数矩阵的表达式及频响函数矩阵的模态展开式；画出 $H_{11}(\omega)$的幅频特性曲线、相频特性曲线、实频特性曲线及虚频特性曲线。

解：

(1) 频响函数矩阵。

首先建立结构的运动方程，对质量 m_1 和 m_2 分离，如图 4.13 所示，根据牛顿第二定理，建立平衡方程：

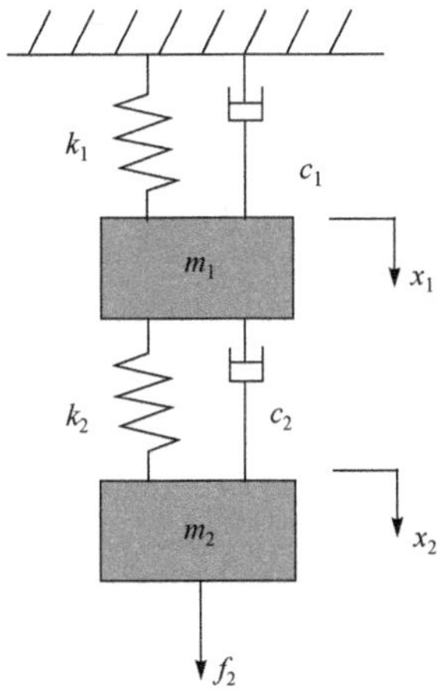

图 4.12　两自由度的动力系统

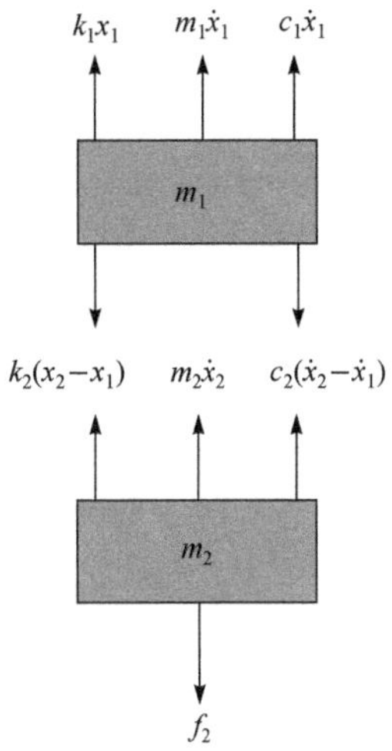

图 4.13　两自由度的振动系统分离体

$$-m_1\ddot{x}_1-k_1x_1-c_1\dot{x}_1+c_2(\dot{x}_2-\dot{x}_1)+k_2(x_2-x_1)=0 \tag{4.143}$$

$$-m_2\ddot{x}_2-k_2(x_2-x_1)-c_2(\dot{x}_2-\dot{x}_1)+f_2=0 \tag{4.144}$$

整理得

$$\begin{bmatrix} m_1 & 0 \\ 0 & m_2 \end{bmatrix}\begin{Bmatrix} \ddot{x}_1 \\ \ddot{x}_2 \end{Bmatrix}+\begin{bmatrix} c_1+c_2 & -c_2 \\ -c_2 & c_2 \end{bmatrix}\begin{Bmatrix} \dot{x}_1 \\ \dot{x}_2 \end{Bmatrix}+\begin{bmatrix} k_1+k_2 & -k_2 \\ -k_2 & k_2 \end{bmatrix}\begin{Bmatrix} x_1 \\ x_2 \end{Bmatrix}=\begin{Bmatrix} 0 \\ f_2 \end{Bmatrix} \tag{4.145}$$

将结构参数代入式(4.145)得

$$\begin{bmatrix} 100 & 0 \\ 0 & 30 \end{bmatrix}\begin{Bmatrix} \ddot{x}_1 \\ \ddot{x}_2 \end{Bmatrix}+\begin{bmatrix} 4 & -3 \\ -3 & 3 \end{bmatrix}\begin{Bmatrix} \dot{x}_1 \\ \dot{x}_2 \end{Bmatrix}+\begin{bmatrix} 30000 & -5000 \\ -5000 & 5000 \end{bmatrix}\begin{Bmatrix} x_1 \\ x_2 \end{Bmatrix}=\begin{Bmatrix} 0 \\ f_2(t) \end{Bmatrix}$$

其中，

$$\boldsymbol{M}=\begin{bmatrix} 100 & 0 \\ 0 & 30 \end{bmatrix},\quad \boldsymbol{C}=\begin{bmatrix} 4 & -3 \\ -3 & 3 \end{bmatrix},\quad \boldsymbol{K}=\begin{bmatrix} 30000 & -5000 \\ -5000 & 5000 \end{bmatrix}$$

式(4.145)可以写成如下形式：

$$\boldsymbol{M}\ddot{x}+\boldsymbol{C}\dot{x}+\boldsymbol{K}x=\boldsymbol{f} \tag{4.146}$$

将方程两边进行傅里叶变换得

$$(-\omega^2\boldsymbol{M}+\mathrm{j}\omega\boldsymbol{C}+\boldsymbol{K})\boldsymbol{X}(\omega)=\boldsymbol{F}(\omega) \tag{4.147}$$

则频响函数矩阵为

$$\begin{aligned}\boldsymbol{H}(\omega)&=[\boldsymbol{Z}(\omega)]^{-1}\\&=(-\omega^2\boldsymbol{M}+\mathrm{j}\omega C+\boldsymbol{K})^{-1}\\&=\begin{bmatrix}-\omega^2 m_1+\mathrm{j}\omega c_1+(-k_1+k_2) & -\mathrm{j}\omega c_2-k_2\\ -k_2 & -\omega^2 m_2+\mathrm{j}\omega c_2+k_2\end{bmatrix}^{-1}\\&=\frac{\mathrm{adj}[\boldsymbol{Z}(\omega)]}{\det[\boldsymbol{Z}(\omega)]}\end{aligned}\tag{4.148}$$

其频响函数表达式为

$$\boldsymbol{H}(\omega)=\frac{\begin{bmatrix}-30\omega^2+3\mathrm{j}\omega+5000 & 5000+3\mathrm{j}\omega\\ 5000+3\mathrm{j}\omega & -100\omega^2+4\mathrm{j}\omega+30000\end{bmatrix}}{(30000-100\omega^2+4\omega\mathrm{j})(5000-30\omega^2+3\omega\mathrm{j})-(5000+3\omega\mathrm{j})^2}\tag{4.149}$$

(2) 求频响函数矩阵的模态展开式。

方程无阻尼的频响函数矩阵为

$$\begin{bmatrix}30000-100\omega^2 & -5000\\ -5000 & -30\omega^2+5000\end{bmatrix}=0\Rightarrow\boldsymbol{\omega}=\begin{bmatrix}10.9679\\18.6111\end{bmatrix}\tag{4.150}$$

且

$$\boldsymbol{\Phi}=\begin{bmatrix}1 & 1\\ 3.5942 & -0.9275\end{bmatrix}\tag{4.151}$$

黏滞阻尼矩阵 $\boldsymbol{C}$ 无法进行正交性对角化，对于小阻尼情况，可采用阻尼矩阵满足 Rayleigh 阻尼近似，$\boldsymbol{C}=\alpha'\boldsymbol{M}+\beta'\boldsymbol{K}$，其中 α' 和 β' 是比例系数。由于假设阻尼矩阵满足 Rayleigh 阻尼，故 $\boldsymbol{C}$ 能解耦。

瑞利比例阻尼系数存在以下关系：

$$\begin{cases}\dfrac{\alpha'}{2\omega_1}+\dfrac{\beta'\omega_1}{2}=\zeta_1\\[2ex]\dfrac{\alpha'}{2\omega_2}+\dfrac{\beta'\omega_2}{2}=\zeta_2\end{cases}\tag{4.152}$$

式中，ω_i 为圆频率，$\omega_i=2\pi f_i$（f_i 为系统固有频率，以下表示为 ω_{0i}）；ζ_i 为阻尼比，$\zeta_i=\dfrac{\lambda_i^{\mathrm{R}}}{\omega_{0i}}$，$\lambda_i^{\mathrm{R}}$ 为特征值的实部。将式(4.152)写为矩阵形式：

$$\begin{bmatrix}\dfrac{1}{2\omega_1} & \dfrac{\omega_1}{2}\\[2ex] \dfrac{1}{2\omega_2} & \dfrac{\omega_2}{2}\end{bmatrix}\begin{Bmatrix}\alpha'\\ \beta'\end{Bmatrix}=\begin{Bmatrix}\zeta_1\\ \zeta_2\end{Bmatrix}\tag{4.153}$$

可得

$$\begin{Bmatrix}\alpha'\\\beta'\end{Bmatrix}=\begin{bmatrix}\dfrac{1}{2\omega_1} & \dfrac{\omega_1}{2}\\ \dfrac{1}{2\omega_2} & \dfrac{\omega_2}{2}\end{bmatrix}^{-1}\begin{Bmatrix}\zeta_1\\\zeta_2\end{Bmatrix} \tag{4.154}$$

由此可知，只要确定了一个系统任意两阶的固有频率及其阻尼比，就可以确定出瑞利比例阻尼系数，从而得到瑞利比例阻尼矩阵。

利用求解该系统振动微分方程 $\boldsymbol{M}\ddot{x}+\boldsymbol{C}\dot{x}+\boldsymbol{K}x=\boldsymbol{f}(t)$ 的特征值 λ_i 来确定固有频率及其阻尼比。

由特征值可得

$$\zeta_1=\frac{\sigma_1}{\omega_{01}}=\frac{0.0079}{8.7768}=0.0009 \tag{4.155}$$

$$\omega_{02}=|\lambda_2|=\sqrt{0.0621^2+16.1131^2}\approx 16.1132 \tag{4.156}$$

$$\zeta_2=\frac{\sigma_2}{\omega_{02}}=\frac{0.0621}{16.1132}=0.0039 \tag{4.157}$$

计算得到瑞利阻尼矩阵为

$$\boldsymbol{C}=\begin{bmatrix}-17.57 & -0.4789\\ -0.4789 & -5.2806\end{bmatrix} \tag{4.158}$$

设 $\boldsymbol{x}=\boldsymbol{\Phi q}$，其中 $\boldsymbol{\Phi}$ 是模态矩阵，$\boldsymbol{q}$ 是模态广义坐标，将其代入式(4.146)，得

$$(\boldsymbol{K}-\omega^2\boldsymbol{M}+\mathrm{j}\omega\boldsymbol{C})\boldsymbol{\Phi q}=\boldsymbol{F}(\omega) \tag{4.159}$$

左右两边都乘以 $\boldsymbol{\Phi}^{\mathrm{T}}$ 得

$$(\boldsymbol{K}_r-\omega^2\boldsymbol{M}_r+\mathrm{j}\omega\boldsymbol{C}_r)\boldsymbol{q}=\boldsymbol{\Phi}^{\mathrm{T}}\boldsymbol{F}(\omega) \tag{4.160}$$

则对于第 r 阶模态，有

$$(k_r-\omega^2m_r+\mathrm{j}\omega c_r)q_r=F_r \tag{4.161}$$

即

$$q_r=\frac{F_r}{k_r-\omega^2m_r+\mathrm{j}\omega c_r} \tag{4.162}$$

结构上任一测点 i 的响应设为 $x_i(\omega)=\sum\limits_{r=1}^{n}\varphi_{ir}q_r$，其中 φ_{ir} 表示测点 i 第 r 阶模态的坐标。

在单点激励情况下即可设 $\boldsymbol{F}(\omega)=\{0,\cdots,0,F_p(\omega),0,\cdots,0\}^{\mathrm{T}}$，则

$$F_r=\varphi_{pr}F_p(\omega) \tag{4.163}$$

将其代入式(4.162)中，则可得

$$x_i(\omega)=\sum_{r=1}^{n}\frac{\varphi_{ir}\varphi_{pr}F_p(\omega)}{k_r-\omega^2m_r+\mathrm{j}\omega c_r} \tag{4.164}$$

$$\frac{x_i(\omega)}{F_p(\omega)}=H_{ip}(\omega)=\sum_{r=1}^{n}\frac{\varphi_{ir}\varphi_{pr}}{k_r-\omega^2m_r+\mathrm{j}\omega c_r} \tag{4.165}$$

式中，

$$\boldsymbol{K}_r=\boldsymbol{\Phi}^{\mathrm{T}}\boldsymbol{K}\boldsymbol{\Phi}=\begin{bmatrix}1 & 1\\ 3.5942 & -0.9275\end{bmatrix}^{\mathrm{T}}\begin{bmatrix}30000 & -5000\\ -5000 & 5000\end{bmatrix}\begin{bmatrix}1 & 1\\ 3.5942 & -0.9275\end{bmatrix}=\begin{bmatrix}58649 & 0\\ 0 & 43576\end{bmatrix} \tag{4.166}$$

$$\boldsymbol{M}_r=\boldsymbol{\Phi}^{\mathrm{T}}\boldsymbol{M}\boldsymbol{\Phi}=\begin{bmatrix}1 & 1\\ 3.5942 & -0.9275\end{bmatrix}^{\mathrm{T}}\begin{bmatrix}100 & 0\\ 0 & 30\end{bmatrix}\begin{bmatrix}1 & 1\\ 3.5942 & -0.9275\end{bmatrix}=\begin{bmatrix}487.5482 & 0\\ 0 & 125.8077\end{bmatrix} \tag{4.167}$$

$$\boldsymbol{C}_r=\boldsymbol{\Phi}^{\mathrm{T}}\boldsymbol{C}\boldsymbol{\Phi}=\begin{bmatrix}1 & 1\\ 1.8594 & -1.7926\end{bmatrix}^{\mathrm{T}}\begin{bmatrix}-17.5700 & -0.4789\\ -0.4789 & -5.2806\end{bmatrix}\begin{bmatrix}1 & 1\\ 1.8594 & -1.7926\end{bmatrix}=\begin{bmatrix}-37.6079 & -0.0009\\ -0.0009 & -32.8218\end{bmatrix}\approx\begin{bmatrix}-37.6079 & 0\\ 0 & -32.8218\end{bmatrix} \tag{4.168}$$

频响函数可以写为

$$H_{11}(\omega)=\frac{\varphi_{11}\varphi_{11}}{k_1-\omega^2 m_1+\mathrm{j}\omega c_1}+\frac{\varphi_{12}\varphi_{12}}{k_2-\omega^2 m_2+\mathrm{j}\omega c_2}=\frac{1}{15693-203.7211\omega^2-37.6079\mathrm{j}\omega}+\frac{1}{50933-196.4024\omega^2-32.8218\mathrm{j}\omega} \tag{4.169}$$

$$H_{12}(\omega)=\frac{\varphi_{11}\varphi_{21}}{k_1-\omega^2 m_1+\mathrm{j}\omega c_1}+\frac{\varphi_{12}\varphi_{22}}{k_2-\omega^2 m_2+\mathrm{j}\omega c_2}=\frac{1.8594}{15693-203.7211\omega^2-37.6079\mathrm{j}\omega}-\frac{1.7926}{50933-196.4024\omega^2-32.8218\mathrm{j}\omega} \tag{4.170}$$

$$H_{21}(\omega)=\frac{\varphi_{21}\varphi_{11}}{k_1-\omega^2 m_1+\mathrm{j}\omega c_1}+\frac{\varphi_{22}\varphi_{12}}{k_2-\omega^2 m_2+\mathrm{j}\omega c_2}=\frac{1.8594}{15693-203.7211\omega^2-37.6079\mathrm{j}\omega}-\frac{1.7926}{50933-196.4024\omega^2-32.8218\mathrm{j}\omega} \tag{4.171}$$

$$H_{22}(\omega)=\frac{\varphi_{21}\varphi_{21}}{k_1-\omega^2 m_1+\mathrm{j}\omega c_1}+\frac{\varphi_{22}\varphi_{22}}{k_2-\omega^2 m_2+\mathrm{j}\omega c_2}=\frac{3.4574}{15693-203.7211\omega^2-37.6079\mathrm{j}\omega}+\frac{3.2134}{50933-196.4024\omega^2-32.8218\mathrm{j}\omega} \tag{4.172}$$

于是得到如图 4.14 所示的结构频响函数 $H_{11}(\omega)$ 幅频特性曲线、相频特性曲线、实频特性曲线和虚频特性曲线。

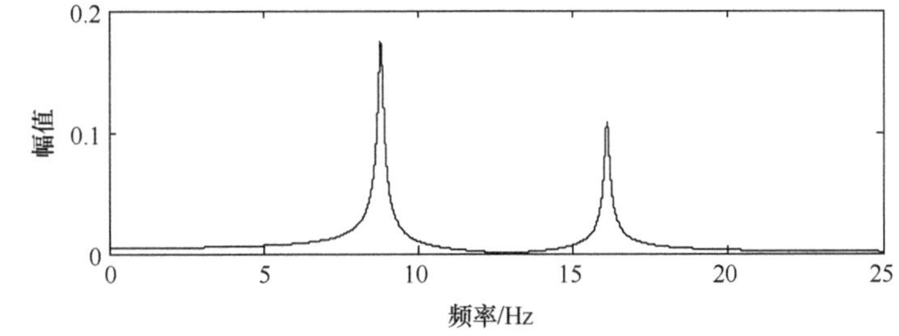

(a) 幅频特性曲线

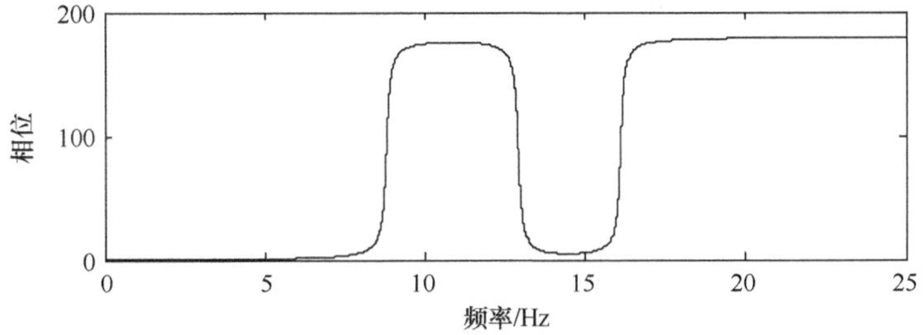

(b) 相频特性曲线

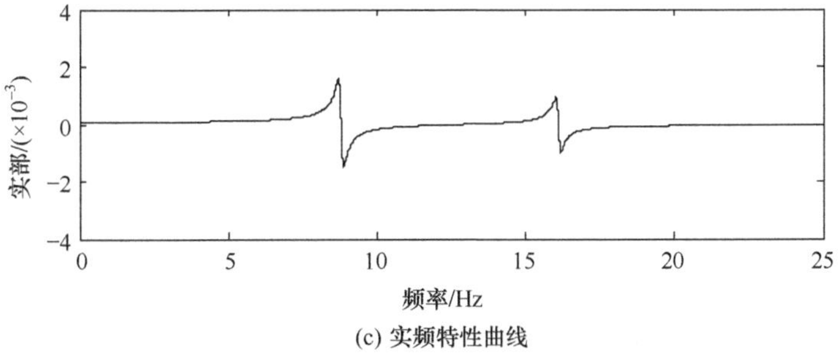

(c) 实频特性曲线

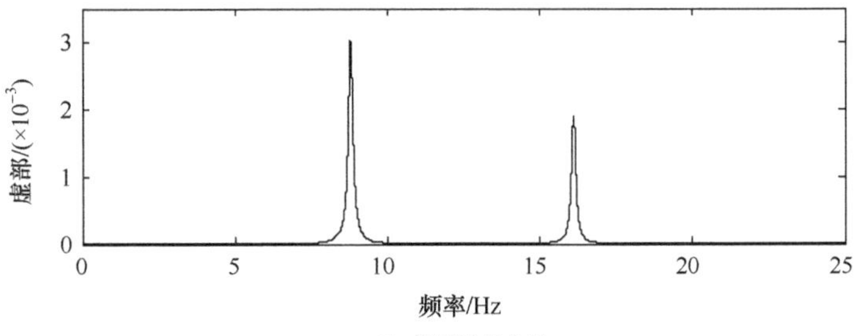

(d) 虚频特性曲线

图 4.14　实模态频响函数特性曲线

4.4 多自由度结构复模态频响函数

当阻尼不满足比例阻尼条件或为结构阻尼时，多自由度结构的模态是复数而不再是实数，这时模态称为复模态。对于结构阻尼动力系统，模态向量对结构运动微分方程仍为正交解耦的，故仍可采用结构运动微分方程求解结构的模态参数；但对非比例阻尼结构动力系统，模态向量对结构运动微分方程是非正交、不能解耦的，但对状态方程是正交和解耦的，故采用状态方程求解结构模态参数。

4.4.1 线性黏滞阻尼动力系统

若结构黏滞阻尼动力系统的阻尼不满足比例阻尼的要求，即阻尼为非比例黏滞阻尼，结构的特征值和特征向量即模态向量也均为复数。

对于非比例阻尼情况，结构阻尼阵无法解耦，一般采用状态空间方程来求解结构的复模态向量和特征值。

结构黏滞阻尼动力系统的运动方程为

$$\boldsymbol{M}\ddot{\boldsymbol{x}}+\boldsymbol{C}\dot{\boldsymbol{x}}+\boldsymbol{K}\boldsymbol{x}=\boldsymbol{f} \tag{4.173}$$

式中，$\boldsymbol{C}$ 为非比例黏滞阻尼矩阵。

令状态向量 $\bar{\boldsymbol{x}}=\begin{bmatrix}\boldsymbol{x}\\ \dot{\boldsymbol{x}}\end{bmatrix}_{2N\times 1}$，式(4.173)可以写为如下状态方程的形式：

$$\boldsymbol{A}\dot{\bar{\boldsymbol{x}}}+\boldsymbol{B}\bar{\boldsymbol{x}}=\boldsymbol{F} \tag{4.174}$$

式中，$\bar{\boldsymbol{x}}$ 为状态向量；$\boldsymbol{F}$ 为荷载向量，且 $\boldsymbol{F}=[\boldsymbol{f}^{\mathrm{T}},\boldsymbol{0}]^{\mathrm{T}}$；

$$\boldsymbol{A}=\begin{bmatrix}\boldsymbol{C} & \boldsymbol{M}\\ \boldsymbol{M} & \boldsymbol{0}\end{bmatrix}_{2N\times 2N},\quad \boldsymbol{B}=\begin{bmatrix}\boldsymbol{K} & \boldsymbol{0}\\ \boldsymbol{0} & -\boldsymbol{M}\end{bmatrix}_{2N\times 2N}$$

考虑自由振动，令式(4.174)的荷载向量为零，式(4.175)则变为齐次方程：

$$\boldsymbol{A}\dot{\bar{\boldsymbol{x}}}+\boldsymbol{B}\bar{\boldsymbol{x}}=\boldsymbol{0} \tag{4.175}$$

设式(4.175)的解为

$$\bar{\boldsymbol{x}}=\begin{bmatrix}\boldsymbol{\psi}\\ \lambda\boldsymbol{\psi}\end{bmatrix}\mathrm{e}^{\lambda t}=\bar{\boldsymbol{\psi}}\mathrm{e}^{\lambda t} \tag{4.176}$$

式中，λ 为结构动力系统的特征值（也称为复模态频率）；$\bar{\boldsymbol{\psi}}$ 为特征向量（也称为复模态向量），它们都是结构的复模态参数。

将式(4.176)代入式(4.175)中，得到结构特征方程为

$$(\boldsymbol{A}\lambda+\boldsymbol{B})\begin{bmatrix}\boldsymbol{\Psi}\\ \boldsymbol{\Psi}\lambda\end{bmatrix}=\boldsymbol{0} \tag{4.177}$$

由于 λ 和 $\boldsymbol{\psi}$ 均不为零，求解 $|\boldsymbol{A}\lambda+\boldsymbol{B}|=0$，则可得 $2N$ 个共轭的复特征值向量和特征向量，它们分别记为

$$\boldsymbol{\lambda}=\{\lambda_1,\lambda_2,\cdots,\lambda_N,\lambda_1^*,\lambda_2^*,\cdots,\lambda_N^*\}^{\mathrm{T}}$$

$$\bar{\boldsymbol{\psi}}_1=\begin{bmatrix}\boldsymbol{\psi}_1\\ \boldsymbol{\psi}_1\lambda_1\end{bmatrix},\bar{\boldsymbol{\psi}}_2=\begin{bmatrix}\boldsymbol{\psi}_2\\ \boldsymbol{\psi}_2\lambda_2\end{bmatrix},\cdots,\bar{\boldsymbol{\psi}}_N=\begin{bmatrix}\boldsymbol{\psi}_N\\ \boldsymbol{\psi}_N\lambda_N\end{bmatrix}$$

$$\bar{\boldsymbol{\psi}}_1^*=\begin{bmatrix}\boldsymbol{\psi}_1^*\\ \boldsymbol{\psi}_1^*\lambda_1^*\end{bmatrix},\bar{\boldsymbol{\psi}}_2^*=\begin{bmatrix}\boldsymbol{\psi}_2^*\\ \boldsymbol{\psi}_2^*\lambda_2^*\end{bmatrix},\cdots,\bar{\boldsymbol{\psi}}_N^*=\begin{bmatrix}\boldsymbol{\psi}_N^*\\ \boldsymbol{\psi}_N^*\lambda_N^*\end{bmatrix}$$

式中，λ_r、λ_r^* 是互为共轭的第 r 阶模态的特征值；$\boldsymbol{\psi}_r$、$\boldsymbol{\psi}_r^*$ 是互为共轭的第 r 阶模态的特征向量。

式(4.177)可写成

$$(\boldsymbol{A}\lambda+\boldsymbol{B})\bar{\boldsymbol{\psi}}=\boldsymbol{0} \tag{4.178}$$

对于第 r 阶模态，则有

$$(\boldsymbol{A}\lambda_r+\boldsymbol{B})\bar{\boldsymbol{\psi}}_r=\boldsymbol{0} \tag{4.179}$$

将式(4.179)左乘$\bar{\boldsymbol{\psi}}_s^{\mathrm{T}}$，则有

$$\bar{\boldsymbol{\psi}}_s^{\mathrm{T}}(\boldsymbol{A}\lambda_r+\boldsymbol{B})\bar{\boldsymbol{\psi}}_r=0,\quad r,s=1,2,\cdots,2N \tag{4.180}$$

同理可得

$$\bar{\boldsymbol{\psi}}_r^{\mathrm{T}}(\boldsymbol{A}\lambda_s+\boldsymbol{B})\bar{\boldsymbol{\psi}}_s=0,\quad r,s=1,2,\cdots,2N \tag{4.181}$$

利用 $\boldsymbol{A}$、$\boldsymbol{B}$ 矩阵的对称性，将式(4.181)和式(4.180)相减得

$$\bar{\boldsymbol{\psi}}_r^{\mathrm{T}}\boldsymbol{A}\,\bar{\boldsymbol{\psi}}_s(\lambda_r-\lambda_s)=0 \tag{4.182}$$

当 $\lambda_r\neq\lambda_s$ 时，

$$\bar{\boldsymbol{\psi}}_r^{\mathrm{T}}\boldsymbol{A}\,\bar{\boldsymbol{\psi}}_s=0 \tag{4.183}$$

将式(4.183)代入式(4.181)得

$$\bar{\boldsymbol{\psi}}_r^{\mathrm{T}}\boldsymbol{B}\,\bar{\boldsymbol{\psi}}_s=0 \tag{4.184}$$

式(4.183)和式(4.184)表明，由结构状态方程求解得到的特征向量关于系统矩阵 $\boldsymbol{A}$ 和 $\boldsymbol{B}$ 是正交的，此即为复模态的正交性条件。由于 $\bar{\boldsymbol{\psi}}$ 是 $2N$ 维向量，因此复模态是在 $2N$ 维复特征空间中正交，而实模态是在 N 维实数空间中正交。

当 $r=s$ 时，可得

$$\bar{\boldsymbol{\psi}}_r^{\mathrm{T}}\boldsymbol{A}\,\bar{\boldsymbol{\psi}}_r=a_r \tag{4.185}$$

$$\bar{\boldsymbol{\psi}}_r^{\mathrm{T}}\boldsymbol{B}\,\bar{\boldsymbol{\psi}}_r=b_r \tag{4.186}$$

且第 r 阶模态特征值为

$$\lambda_r=-\frac{b_r}{a_r},\quad \lambda_r^*=-\frac{b_r^*}{a_r^*} \tag{4.187}$$

令特征值矩阵为

$$\begin{bmatrix} \boldsymbol{\Lambda} & 0 \\ 0 & \boldsymbol{\Lambda}^* \end{bmatrix} = \begin{bmatrix} \lambda_1 & & & & & & & \\ & \lambda_2 & & & & & & \\ & & \ddots & & & & & \\ & & & \lambda_N & & & & \\ & & & & \lambda_1^* & & & \\ & & & & & \lambda_2^* & & \\ & & & & & & \ddots & \\ & & & & & & & \lambda_N^* \end{bmatrix} \tag{4.188}$$

令 $\overline{\boldsymbol{\Psi}} = \begin{bmatrix} \boldsymbol{\Psi} \\ \boldsymbol{\Psi}\boldsymbol{\Lambda} \end{bmatrix}$，$\boldsymbol{\Psi} = [\boldsymbol{\psi}_1, \boldsymbol{\psi}_2, \cdots, \boldsymbol{\psi}_N]$，并将特征向量矩阵展开，利用特征向量的正交性条件则得到

$$\begin{bmatrix} \boldsymbol{\Psi} & \boldsymbol{\Psi}^* \\ \boldsymbol{\Psi}\boldsymbol{\Lambda} & \boldsymbol{\Psi}^*\boldsymbol{\Lambda}^* \end{bmatrix}^{\mathrm{T}} \boldsymbol{A} \begin{bmatrix} \boldsymbol{\Psi} & \boldsymbol{\Psi}^* \\ \boldsymbol{\Psi}\boldsymbol{\Lambda} & \boldsymbol{\Psi}^*\boldsymbol{\Lambda}^* \end{bmatrix} = \begin{bmatrix} a_1 & & & & & & & \\ & a_2 & & & & & & \\ & & \ddots & & & & & \\ & & & a_N & & & & \\ & & & & a_1^* & & & \\ & & & & & a_2^* & & \\ & & & & & & \ddots & \\ & & & & & & & a_N^* \end{bmatrix} \tag{4.189}$$

$$\begin{bmatrix} \boldsymbol{\Psi} & \boldsymbol{\Psi}^* \\ \boldsymbol{\Psi}\boldsymbol{\Lambda} & \boldsymbol{\Psi}^*\boldsymbol{\Lambda}^* \end{bmatrix}^{\mathrm{T}} \boldsymbol{B} \begin{bmatrix} \boldsymbol{\Psi} & \boldsymbol{\Psi}^* \\ \boldsymbol{\Psi}\boldsymbol{\Lambda} & \boldsymbol{\Psi}^*\boldsymbol{\Lambda}^* \end{bmatrix} = \begin{bmatrix} b_1 & & & & & & & \\ & b_2 & & & & & & \\ & & \ddots & & & & & \\ & & & b_N & & & & \\ & & & & b_1^* & & & \\ & & & & & b_2^* & & \\ & & & & & & \ddots & \\ & & & & & & & b_N^* \end{bmatrix} \tag{4.190}$$

由式(4.189)可知，矩阵 $\boldsymbol{A}$ 和特征向量矩阵 $\overline{\boldsymbol{\Psi}}$ 均为满秩矩阵，因此方程右边 a_r 和 a_r^* 组成的对角阵亦为满秩矩阵，所以 $a_r \neq 0$，$a_r^* \neq 0$，故式(4.189)总是存在的。

下面采用复模态分解法求解结构自由振动响应，写出响应 $\boldsymbol{x}$ 的表达式，分析结构复模态的特性。

设结构的状态向量 $\overline{\boldsymbol{x}}$ 用广义复模态坐标表示为

$$\bar{x}=\begin{Bmatrix} x \\ \dot{x} \end{Bmatrix}=\begin{bmatrix} \boldsymbol{\Psi} & \boldsymbol{\Psi}^* \\ \boldsymbol{\Psi\Lambda} & \boldsymbol{\Psi}^*\boldsymbol{\Lambda}^* \end{bmatrix}\begin{Bmatrix} \boldsymbol{q} \\ \boldsymbol{q}^* \end{Bmatrix} \tag{4.191}$$

式中，$\boldsymbol{q}$ 和 $\boldsymbol{q}^*$ 为复模态广义坐标，它们是互为共轭的复数。

将式(4.191)代入状态方程式(4.175)，并左乘$\begin{bmatrix} \boldsymbol{\Psi} & \boldsymbol{\Psi}^* \\ \boldsymbol{\Psi\Lambda} & \boldsymbol{\Psi}^*\boldsymbol{\Lambda}^* \end{bmatrix}^{\mathrm{T}}$，由式(4.188)和式(4.185)可得

$$\begin{bmatrix} a_1 & & & & & & \\ & a_2 & & & & & \\ & & \ddots & & & & \\ & & & a_N & & & \\ & & & & a_1^* & & & \\ & & & & & a_2^* & & \\ & & & & & & \ddots & \\ & & & & & & & a_N^* \end{bmatrix}\begin{Bmatrix} \dot{\boldsymbol{q}} \\ \dot{\boldsymbol{q}}^* \end{Bmatrix}+\begin{bmatrix} b_1 & & & & & & \\ & b_2 & & & & & \\ & & \ddots & & & & \\ & & & b_N & & & \\ & & & & b_1^* & & & \\ & & & & & b_2^* & & \\ & & & & & & \ddots & \\ & & & & & & & b_N^* \end{bmatrix}\begin{Bmatrix} \boldsymbol{q} \\ \boldsymbol{q}^* \end{Bmatrix}=0 \tag{4.192}$$

式(4.192)表明 N 自由度结构在以特征向量为基向量的 $2N$ 维复状态空间中是解耦的。

对于第 r 阶模态，有

$$a_r\dot{q}_r+b_rq_r=0 \tag{4.193}$$

$$a_r^*\dot{q}_r^*+b_r^*q_r^*=0 \tag{4.194}$$

式中，q_r 为第 r 阶复模态广义坐标。

式(4.193)和式(4.194)的解分别为

$$q_r=q_{r0}\,\mathrm{e}^{-b_r/a_rt}=q_{r0}\,\mathrm{e}^{\lambda_rt},\quad q_r^*=q_{r0}^*\,\mathrm{e}^{-b_r^*/a_r^*t}=q_{r0}^*\,\mathrm{e}^{\lambda_r^*t} \tag{4.195}$$

式中，q_{r0} 和 q_{r0}^* 为由结构初始状态确定的广义复模态坐标初值，它们是互为共轭的复数。

式(4.195)扩展为复模态广义坐标向量，可以表示为

$$\begin{Bmatrix} \boldsymbol{q} \\ \boldsymbol{q}^* \end{Bmatrix}=\begin{bmatrix} \mathrm{e}^{\lambda_1t} & & & & & \\ & \ddots & & & & \\ & & \mathrm{e}^{\lambda_Nt} & & & \\ & & & \mathrm{e}^{\lambda_1^*t} & & \\ & & & & \ddots & \\ & & & & & \mathrm{e}^{\lambda_N^*t} \end{bmatrix}\begin{Bmatrix} \boldsymbol{q} \\ \boldsymbol{q}_0^* \end{Bmatrix} \tag{4.196}$$

将式(4.196)代入式(4.191)，并取向量的上半部，得

$$\boldsymbol{x}=\boldsymbol{\Psi}\begin{bmatrix} e^{\lambda_1 t} & & \\ & \ddots & \\ & & e^{\lambda_N t} \end{bmatrix}\boldsymbol{q}_0+\boldsymbol{\Psi}^*\begin{bmatrix} e^{\lambda_1^* t} & & \\ & \ddots & \\ & & e^{\lambda_N^* t} \end{bmatrix}\boldsymbol{q}_0^* \tag{4.197}$$

同理,可得速度响应向量为

$$\dot{\boldsymbol{x}}=\boldsymbol{\Psi}\begin{bmatrix} \lambda_1 e^{\lambda_1 t} & & \\ & \ddots & \\ & & \lambda_N e^{\lambda_N t} \end{bmatrix}\boldsymbol{q}_0+\boldsymbol{\Psi}^*\begin{bmatrix} \lambda_1^* e^{\lambda_1^* t} & & \\ & \ddots & \\ & & \lambda_N^* e^{\lambda_N^* t} \end{bmatrix}\boldsymbol{q}_0^* \tag{4.198}$$

结构第 i 自由度的位移则可写成

$$x_i(t)=\sum_{r=1}^{N}\psi_{ir}e^{\lambda_r t}q_{r0}+\sum_{r=1}^{N}\psi_{ir}^* e^{\lambda_r^* t}q_{r0}^* \tag{4.199}$$

式中,ψ_{ir}、λ_r、q_{r0} 均为复数;ψ_{ir}^*、λ_r^*、q_{r0}^* 是它们的共轭复数。

为了表达方便,将上述复数表示为模与相角,设

$$\psi_{ir}=\eta_{ir}e^{j\gamma_{lr}} \tag{4.200}$$

$$q_{r0}=p_r e^{j\theta_r} \tag{4.201}$$

$$\lambda_r=-\alpha_r+j\beta_r \tag{4.202}$$

式中,η_{ir} 及 p_r 为第 r 阶模、l 点的模态系数及模态坐标的幅值;γ_{lr} 及 θ_r 则分别为它们的相角;α_r 及 β_r 为复模态频率的实部及虚部,将它们代入式(4.199),并整理后得

$$\begin{aligned} x_i(t) &= \sum_{r=1}^{N}\eta_{ir}p_r e^{-\alpha_r t}\left[e^{j(\beta_r t+\gamma_{lr}+\theta_r)}+e^{-j(\beta_r t+\gamma_{lr}+\theta_r)}\right] \\ &= 2\sum_{r=1}^{N}\eta_{ir}p_r e^{-\alpha_r t}\cos(\beta_r t+\theta_r+\gamma_{lr}) \end{aligned} \tag{4.203}$$

式(4.203)即为结构状态方程自由振动的解,它表明结构的自由振动响应是由 N 个复模态响应的叠加,但这里需要注意的是,结构的响应 $x_i(t)$ 是实数。

为了更清楚地说明具有非比例阻尼的结构运动特性,将问题简化,假设只有一阶复模态参与振动,则结构各点的位移响应列向量为

$$\begin{bmatrix} x_1(t) \\ x_2(t) \\ \vdots \\ x_N(t) \end{bmatrix}=2p_r e^{-\alpha_r t}\begin{bmatrix} \eta_{1r}\cos(\beta_r t+\theta_r+\gamma_{1r}) \\ \eta_{2r}\cos(\beta_r t+\theta_r+\gamma_{2r}) \\ \vdots \\ \eta_{Nr}\cos(\beta_r t+\theta_r+\gamma_{Nr}) \end{bmatrix} \tag{4.204}$$

由式(4.204)可见,对于非比例阻尼结构,虽然结构存在复模态,但结构各自由度的响应不仅幅值不同,相位也不同(但各自由度相位差不随时间变化)。因此,结构各自由度振动并不同时达到最大值,也不同时经过平衡位置,节点是变化的,模

态不具有保持性，这是复模态与实模态结构运动特性显著不同之处。

4.4.2　线性结构阻尼动力系统

对于结构阻尼动力系统，其运动方程可写成

$$\boldsymbol{M}\ddot{\boldsymbol{x}}+\boldsymbol{K}\boldsymbol{x}+\mathrm{j}\boldsymbol{R}\boldsymbol{x}=\boldsymbol{f} \tag{4.205}$$

式中，$\boldsymbol{R}$ 为结构阻尼矩阵。

对式(4.205)两边进行拉氏变换，得

$$(\boldsymbol{M}s^2+\boldsymbol{K}+\mathrm{j}\boldsymbol{R})\boldsymbol{x}(s)=\boldsymbol{f}(s) \tag{4.206}$$

传递函数矩阵为

$$\boldsymbol{H}(s)=[\boldsymbol{M}s^2+(\boldsymbol{I}+\mathrm{j}\boldsymbol{G})\boldsymbol{K}]^{-1} \tag{4.207}$$

频响函数矩阵为

$$\boldsymbol{H}(\omega)=[(\boldsymbol{I}+\mathrm{j}\boldsymbol{G})\boldsymbol{K}-\omega^2\boldsymbol{M}]^{-1} \tag{4.208}$$

式中，$\boldsymbol{G}$ 为结构损耗因子矩阵，$\boldsymbol{GK}=\boldsymbol{R}$；$(\boldsymbol{I}+\mathrm{j}\boldsymbol{G})\boldsymbol{K}$ 称为复刚度矩阵。

对于结构阻尼动力系统，设

$$\boldsymbol{x}(\lambda)=\boldsymbol{\Psi}\boldsymbol{q} \tag{4.209}$$

式中，$\boldsymbol{\Psi}$ 为结构复模态矩阵，其向量之间关于结构质量矩阵和复刚度矩阵满足正交性；$\boldsymbol{q}$ 为模态广义坐标；λ 为特征值。

将式(4.209)代入式(4.205)，且令方程右边为零，方程两边左乘 $\boldsymbol{\Psi}^{\mathrm{T}}$ 可得到

$$\boldsymbol{\Psi}^{\mathrm{T}}(-\lambda^2\boldsymbol{M}+\boldsymbol{K}+\mathrm{j}\boldsymbol{R})\boldsymbol{\Psi}\boldsymbol{q}=0 \tag{4.210}$$

因为 $\boldsymbol{\Psi}$ 关于结构质量矩阵和复刚度矩阵满足正交性，即有

$$\boldsymbol{\Psi}^{\mathrm{T}}\boldsymbol{M}\boldsymbol{\Psi}=\overline{\boldsymbol{M}}^* \tag{4.211}$$

$$\boldsymbol{\Psi}^{\mathrm{T}}(\boldsymbol{K}+\mathrm{j}\boldsymbol{R})\boldsymbol{\Psi}=\overline{\boldsymbol{K}}^* \tag{4.212}$$

式中，广义模态质量矩阵 $\overline{\boldsymbol{M}}^*$ 和广义模态刚度矩阵 $\overline{\boldsymbol{K}}^*$ 均为对角阵，但与实模态不同的是，它们的元素均为复数，其数值依赖于模态向量 $\boldsymbol{\Psi}$ 的正则化因子。这里需要注意的是，模态向量关于结构阻尼矩阵是不正交的，但关于复刚度矩阵 $(\boldsymbol{I}+\mathrm{j}\boldsymbol{G})\boldsymbol{K}$ 是正交的。

由于模态广义坐标向量 $\boldsymbol{q}$ 不为零，则式(4.211)可写为如下特征方程：

$$\boldsymbol{\Psi}^{\mathrm{T}}(-\lambda^2\boldsymbol{M}+\boldsymbol{K}+\mathrm{j}\boldsymbol{R})\boldsymbol{\Psi}=0 \tag{4.213}$$

$$-\lambda^2\,\overline{\boldsymbol{M}}^*+\overline{\boldsymbol{K}}^*=0 \tag{4.214}$$

则可解得第 r 个特征值为

$$\lambda_r^2=\frac{\overline{K}_r^*}{\overline{M}_r^*}=(1+\mathrm{j}g_r)\frac{K_r^*}{M_r^*}=(1+\mathrm{j}g_r)\omega_r^2 \tag{4.215}$$

若取 $\overline{M}_r$ 为归一化比例因子对模态向量进行正则化，则有

$$\tilde{\boldsymbol{\psi}}_r=\frac{1}{\sqrt{\overline{M}_r}}\boldsymbol{\psi}_r \tag{4.216}$$

则式(4.211)和式(4.212)的正交性条件可写为

$$\tilde{\boldsymbol{\Psi}}^{\mathrm{T}}\boldsymbol{M}\tilde{\boldsymbol{\Psi}}=\boldsymbol{I} \tag{4.217}$$

$$\tilde{\boldsymbol{\Psi}}^{\mathrm{T}}(\boldsymbol{I}+\mathrm{j}\boldsymbol{G})\boldsymbol{K}\tilde{\boldsymbol{\Psi}}=\lambda^2 \tag{4.218}$$

$$\lambda_r^2=(1+\mathrm{j}g_r)\omega_r^2 \tag{4.219}$$

为得到结构阻尼动力系统的频响函数与其模态参数的关系，在式(4.208)左乘$\tilde{\boldsymbol{\Psi}}^{\mathrm{T}}$、右乘$\tilde{\boldsymbol{\Psi}}$，得到

$$\tilde{\boldsymbol{\Psi}}^{\mathrm{T}}\boldsymbol{H}(\omega)\tilde{\boldsymbol{\Psi}}=\tilde{\boldsymbol{\Psi}}^{\mathrm{T}}\left[(\boldsymbol{I}+\mathrm{j}\boldsymbol{G})\boldsymbol{K}-\omega^2\boldsymbol{M}\right]^{-1}\tilde{\boldsymbol{\Psi}} \tag{4.220}$$

利用正交性条件，由此满秩矩阵方程，可以从中得到频响函数矩阵中的任一元素$H_{lp}(\omega)$，并用级数表示为

$$\begin{aligned}H_{lp}(\omega)&=\sum_{r=1}^{N}\frac{\psi_{lr}\psi_{pr}}{M_r\left[(1+\mathrm{j}g_r)\omega_r^2-\omega^2\right]}\\&=\sum_{r=1}^{N}\frac{1}{M_{er}\left[\omega_r^2-\omega^2+\mathrm{j}g_r\omega_r^2\right]}\\&=\sum_{r=1}^{N}\frac{1}{K_{er}\left[(1-\bar{\omega}_r^2)+\mathrm{j}g_r\right]}\end{aligned} \tag{4.221}$$

式(4.221)与式(4.137)有相似的形式，只需将式(4.137)中的$2\zeta_r\bar{\omega}_r$换成g_r便可得到。

频响函数$H_{lp}(\omega)$的实部与虚部可写成

$$H_{lp}^{R}(\omega)=\sum_{r=1}^{N}\frac{1}{K_{er}}\frac{1-\bar{\omega}_r^2}{(1-\bar{\omega}_r^2)^2+g_r^2} \tag{4.222}$$

$$H_{lp}^{I}(\omega)=\sum_{r=1}^{N}\frac{1}{K_{er}}\frac{-g_r}{(1-\bar{\omega}_r^2)^2+g_r^2} \tag{4.223}$$

对结构阻尼系统而言，其模态参数为频率ω_r、振型$\boldsymbol{\psi}_r$和阻尼比g_r。

4.4.3 复模态性质

1. 复共轭特性

结构状态方程的特征值与特征向量均为复数，而且共轭成对出现，共有$2N$个复特征值：

$$\lambda_1,\lambda_2,\cdots,\lambda_N,\lambda_1^*,\lambda_2^*,\cdots,\lambda_N^*$$

相应地有$2N$个复特征向量：

$$\begin{bmatrix}\boldsymbol{\psi}_1\\\boldsymbol{\psi}_1\lambda_1\end{bmatrix},\begin{bmatrix}\boldsymbol{\psi}_2\\\boldsymbol{\psi}_2\lambda_2\end{bmatrix},\cdots,\begin{bmatrix}\boldsymbol{\psi}_N\\\boldsymbol{\psi}_N\lambda_N\end{bmatrix},\begin{bmatrix}\boldsymbol{\psi}_1^*\\\boldsymbol{\psi}_1^*\lambda_1^*\end{bmatrix},\begin{bmatrix}\boldsymbol{\psi}_2^*\\\boldsymbol{\psi}_2^*\lambda_2^*\end{bmatrix},\cdots,\begin{bmatrix}\boldsymbol{\psi}_N^*\\\boldsymbol{\psi}_N^*\lambda_N^*\end{bmatrix}$$

2. 正交性与解耦性

虽然实模态和复模态的特征向量均满足正交性，但N自由度结构的复模态在

以复特征向量为基向量所张成的 $2N$ 维空间中正交，而实模态则在 N 维空间中正交。

由于复模态是正交的，N 自由度结构的状态方程的解在复特征向量所张成的 $2N$ 维空间中解耦；而 N 自由度结构的运动方程的解则在其实模态所张成的 N 维空间中解耦。

3. 运动特征

非比例阻尼结构因其只对复模态解耦，其呈现一些与实模态不同的运动特性，归纳如下：

(1) 对仅在复模态内解耦的结构，其各自由度振动的相位不同，存在相位差，且无固定的规律；而对实模态解耦的结构，其各自由度的相位差或为 0°或为 180°。

(2) 由于复模态内解耦的结构各自由度运动有一时间(相位)差异，因此它们不同时通过振动的平衡位置；但对实模态解耦的结构，各自由度同时通过振动平衡位置。

但无论对复模态还是实模态解耦结构，其各自由度的振动频率及周期仍然相同，它们由式(4.204)中的 β_r 决定，对某一模态而言它是常数。

(3) 对复模态内解耦的结构振动，无固定的振型，节点亦是变化的，但做周期性的移动。

(4) 对复模态解耦的结构，其自由振动仍然是衰减振动，而且各自由度的衰减率相同，衰减率的大小由式(4.204)中的 α_r 表示，这一特性与实模态解耦结构相同。

4.4.4　复模态频响函数及脉冲响应函数

下面讨论复模态传递函数与频响函数以及脉冲响应函数。为此，首先得到复模态下结构响应与荷载之间的关系。

由状态方程式(4.174)和式(4.192)，可得

$$\begin{bmatrix} a_1 & & & & & & \\ & a_2 & & & & & \\ & & \ddots & & & & \\ & & & a_N & & & \\ & & & & a_1^* & & & \\ & & & & & a_2^* & & \\ & & & & & & \ddots & \\ & & & & & & & a_N^* \end{bmatrix} \begin{Bmatrix} \dot{\boldsymbol{q}} \\ \dot{\boldsymbol{q}}^* \end{Bmatrix} + \begin{bmatrix} b_1 & & & & & & \\ & b_2 & & & & & \\ & & \ddots & & & & \\ & & & b_N & & & \\ & & & & b_1^* & & & \\ & & & & & b_2^* & & \\ & & & & & & \ddots & \\ & & & & & & & b_N^* \end{bmatrix} \begin{Bmatrix} \boldsymbol{q} \\ \boldsymbol{q}^* \end{Bmatrix} = \begin{Bmatrix} \boldsymbol{\Psi}^{\mathrm{T}} \boldsymbol{f} \\ \boldsymbol{\Psi}^{*\mathrm{T}} \boldsymbol{f} \end{Bmatrix} \tag{4.224}$$

显然，对于第 r 阶模态，可写成

$$a_r\dot{q}_r+b_rq_r=\boldsymbol{\psi}_r^{\mathrm{T}}\boldsymbol{f} \tag{4.225}$$

$$a_r^*\dot{q}_r^*+b_r^*q_r^*=\boldsymbol{\psi}_r^{*\mathrm{T}}\boldsymbol{f} \tag{4.226}$$

式(4.225)和式(4.226)可由杜哈梅积分求解得到通解：

$$q_r=q_{r0}\mathrm{e}^{\lambda_r t}+\frac{1}{a_r}\int_0^t\mathrm{e}^{\lambda_r(t-\tau)}\ \boldsymbol{\psi}_r^{\mathrm{T}}\boldsymbol{f}(\tau)\mathrm{d}\tau \tag{4.227}$$

$$q_r^*=q_{r0}^*\mathrm{e}^{\lambda_r^* t}+\frac{1}{a_r^*}\int_0^t\mathrm{e}^{\lambda_r^*(t-\tau)}\ \boldsymbol{\psi}_r^{*\mathrm{T}}\boldsymbol{f}(\tau)\mathrm{d}\tau \tag{4.228}$$

式(4.227)和式(4.228)中等式右边第一项对应结构自由振动的解，第二项对应结构受迫振动的解。

设初始状态($t=0$)为零，即 $q_{r0}=q_{r0}^*=0$，则式(4.227)和式(4.228)变为

$$q_r=\frac{1}{a_r}\int_0^t\mathrm{e}^{\lambda_r(t-\tau)}\ \boldsymbol{\psi}_r^{\mathrm{T}}\boldsymbol{f}(\tau)\mathrm{d}\tau \tag{4.229}$$

$$q_r^*=\frac{1}{a_r^*}\int_0^t\mathrm{e}^{\lambda_r^*(t-\tau)}\ \boldsymbol{\psi}_r^{*\mathrm{T}}\boldsymbol{f}(\tau)\mathrm{d}\tau \tag{4.230}$$

由式(4.209)得结构受迫振动响应向量为

$$\begin{aligned}\boldsymbol{x}&=\boldsymbol{\Psi}\boldsymbol{q}+\boldsymbol{\Psi}^*\boldsymbol{q}^*\\&=\sum_{r=1}^{N}\boldsymbol{\psi}_r q_r+\sum_{r=1}^{N}\boldsymbol{\psi}_r^* q_r^*\\&=\sum_{r=1}^{N}\left[\frac{\boldsymbol{\psi}_r\boldsymbol{\psi}_r^{\mathrm{T}}}{a_r}\int_0^t\mathrm{e}^{\lambda_r(t-\tau)}\boldsymbol{f}(\tau)\mathrm{d}\tau+\frac{\boldsymbol{\psi}_r^*\boldsymbol{\psi}_r^{*\mathrm{T}}}{a_r^*}\int_0^t\mathrm{e}^{\lambda_r^*(t-\tau)}\boldsymbol{f}(\tau)\mathrm{d}\tau\right]\end{aligned} \tag{4.231}$$

对式(4.231)两边做拉氏变换，得

$$\boldsymbol{x}(s)=\sum_{r=1}^{N}\left(\frac{\boldsymbol{\psi}_r\boldsymbol{\psi}_r^{\mathrm{T}}}{a_r}\frac{1}{s-\lambda_r}+\frac{\boldsymbol{\psi}_r^*\boldsymbol{\psi}_r^{*\mathrm{T}}}{a_r^*}\frac{1}{s-\lambda_r^*}\right)\boldsymbol{f}(s) \tag{4.232}$$

因此，传递函数矩阵为

$$\begin{aligned}\boldsymbol{H}(s)&=\sum_{r=1}^{N}\left(\frac{\boldsymbol{\psi}_r\boldsymbol{\psi}_r^{\mathrm{T}}}{a_r(s-\lambda_r)}+\frac{\boldsymbol{\psi}_r^*\boldsymbol{\psi}_r^{*\mathrm{T}}}{a_r^*(s-\lambda_r^*)}\right)\\&=\sum_{r=1}^{N}\left(\frac{\boldsymbol{A}_r}{s-\lambda_r}+\frac{\boldsymbol{A}_r^*}{s-\lambda_r^*}\right)\end{aligned} \tag{4.233}$$

式中，$\boldsymbol{A}_r$ 和 $\boldsymbol{A}_r^*$ 为留数矩阵及其共轭，且为

$$\boldsymbol{A}_r=\frac{\boldsymbol{\psi}_r\boldsymbol{\psi}_r^{\mathrm{T}}}{a_r},\quad \boldsymbol{A}_r^*=\frac{\boldsymbol{\psi}_r^*\boldsymbol{\psi}_r^{*\mathrm{T}}}{a_r^*} \tag{4.234}$$

若对式(4.231)进行傅里叶变换，根据上述相似的推导，或将 $s=\mathrm{j}\omega$ 代入式(4.233)，可得系统的频响函数矩阵为

$$\boldsymbol{H}(\omega)=\sum_{r=1}^{N}\left(\frac{\boldsymbol{\psi}_r\boldsymbol{\psi}_r^{\mathrm{T}}}{a_r(\mathrm{j}\omega-\lambda_r)}+\frac{\boldsymbol{\psi}_r^*\ \boldsymbol{\psi}_r^{*\mathrm{T}}}{a_r^*(\mathrm{j}\omega-\lambda_r^*)}\right)$$
$$=\sum_{r=1}^{N}\left(\frac{\boldsymbol{A}_r}{\mathrm{j}\omega-\lambda_r}+\frac{\boldsymbol{A}_r^*}{\mathrm{j}\omega-\lambda_r^*}\right)\tag{4.235}$$

将式(4.233)通分得

$$\boldsymbol{H}(s)=\sum_{r=1}^{N}\frac{\boldsymbol{A}_r(s-\lambda_r^*)+\boldsymbol{A}_r^*(s-\lambda_r)}{s^2-(\lambda_r+\lambda_r^*)s+\lambda_r\lambda_r^*}$$
$$=\sum_{r=1}^{N}\frac{(\boldsymbol{A}_r+\boldsymbol{A}_r^*)s-(\boldsymbol{A}_r\lambda_r^*+\boldsymbol{A}_r^*\lambda_r)}{s^2-(\lambda_r+\lambda_r^*)s+\lambda_r\lambda_r^*}\tag{4.236}$$

令

$$\boldsymbol{R}_r=\boldsymbol{A}_r+\boldsymbol{A}_r^*\tag{4.237}$$

$$\boldsymbol{P}_r=-(\boldsymbol{A}_r\lambda_r^*+\boldsymbol{A}_r^*\lambda_r)\tag{4.238}$$

则

$$\boldsymbol{H}(s)=\sum_{r=1}^{N}\frac{\boldsymbol{R}_s s+\boldsymbol{P}_r}{s^2-(\lambda_r+\lambda_r^*)s+\lambda_r\lambda_r^*}\tag{4.239}$$

当模态为实模态时，$\boldsymbol{\psi}_r=\boldsymbol{\psi}_r^*=\boldsymbol{\varphi}_r$。则由式(4.190)可得

$$(\boldsymbol{\Psi}^{\mathrm{T}}\boldsymbol{C}+\boldsymbol{\Lambda}^{\mathrm{T}}\ \boldsymbol{\Psi}^{\mathrm{T}}\boldsymbol{M})\boldsymbol{\Psi}+\boldsymbol{\Psi}^{\mathrm{T}}\boldsymbol{M}\boldsymbol{\Lambda}=\begin{bmatrix}a_1 & & \\ & \ddots & \\ & & a_N\end{bmatrix}\tag{4.240}$$

展开式(4.240)，对于第 r 阶模态，则可得

$$\begin{aligned}a_r&=\boldsymbol{\psi}_r^{\mathrm{T}}C\ \boldsymbol{\psi}_r+\boldsymbol{\psi}_r^{\mathrm{T}}M\ \boldsymbol{\psi}_r(\lambda_r+\lambda_r)\\&=C_r+2M_r\lambda_r\\&=2\zeta_r\omega M_r+2M_r(-\alpha_r+\beta_r)\\&=2\zeta_r\omega_r M_r-2M_r\zeta_r\omega_r+2\mathrm{j}M_r\beta_r\\&=2\mathrm{j}M_r\beta_r\end{aligned}\tag{4.241}$$

同理可得

$$a_r^*=-2\mathrm{j}M_r\beta_r\tag{4.242}$$

因此，由式(4.237)和式(4.238)可得

$$\boldsymbol{R}_r=\frac{\boldsymbol{\psi}_r\boldsymbol{\psi}_r^{\mathrm{T}}}{2\mathrm{j}M_r\beta_r}-\frac{\boldsymbol{\psi}_r\boldsymbol{\psi}_r^{\mathrm{T}}}{2\mathrm{j}M_r\beta_r}=0\tag{4.243}$$

$$\boldsymbol{P}_r=-\left[\frac{\boldsymbol{\psi}_r\boldsymbol{\psi}_r^{\mathrm{T}}}{2\mathrm{j}M_r\beta_r}(-\alpha_r-\mathrm{j}\beta_r)-\frac{\boldsymbol{\psi}_r\boldsymbol{\psi}_r^{\mathrm{T}}}{2\mathrm{j}M_r\beta_r}(-\alpha_r+\mathrm{j}\beta_r)\right]=\frac{\boldsymbol{\psi}_r\boldsymbol{\psi}_r^{\mathrm{T}}}{M_r}\tag{4.244}$$

将式(4.242)及式(4.243)代入式(4.239)，可得实模态传递函数矩阵为

$$\begin{aligned}\boldsymbol{H}(s) &= \sum_{r=1}^{N} \frac{\boldsymbol{\psi}_r \boldsymbol{\psi}_r^{\mathrm{T}}/M_r}{s^2-(\lambda_r+\lambda_r^*)s+\lambda_r\lambda_r^*} \\ &= \sum_{r=1}^{N} \frac{\boldsymbol{\psi}_r \boldsymbol{\psi}_r^{\mathrm{T}}}{M_r} \frac{1}{s^2-2\zeta_r\omega_r s+\omega_r^2}\end{aligned} \tag{4.245}$$

考虑 $s=\mathrm{j}\omega$，即可求得实模态频响函数矩阵表达式：

$$\boldsymbol{H}(\omega) = \sum_{r=1}^{N} \frac{\boldsymbol{\psi}_r \boldsymbol{\psi}_r^{\mathrm{T}}}{M_r\omega_r^2} \frac{1}{(1-\bar{\omega}_r^2)+2\mathrm{j}\zeta_r\bar{\omega}_r} \tag{4.246}$$

可见，由式(4.245)和式(4.246)推导得到的传递函数和频响函数与由实模态直接推导得到的公式完全相同。

对式(4.246)进行傅里叶逆变换，或令式(4.232)荷载向量 $\boldsymbol{f}(\tau)$ 为单位脉冲激励(狄拉克 δ 函数)，则可得到复模态的结构单位脉冲响应函数向量为

$$\boldsymbol{h}(t) = \sum_{r=1}^{N} (\boldsymbol{A}_r \mathrm{e}^{\lambda_r t} + \boldsymbol{A}_r^* \mathrm{e}^{\lambda_r^* t}) \tag{4.247}$$

4.4.5　算例分析

仍然采用 4.3.3 节的例子，考虑小阻尼情况，阻尼矩阵为瑞利阻尼，这里直接采用复模态的理论求解，并与实模态的分析结果对比。

解：

$$\boldsymbol{M}=\begin{bmatrix}100 & 0\\ 0 & 30\end{bmatrix},\quad \boldsymbol{C}=\begin{bmatrix}4 & -3\\ -3 & 3\end{bmatrix},\quad \boldsymbol{K}=\begin{bmatrix}30000 & -5000\\ -5000 & 5000\end{bmatrix} \tag{4.248}$$

$$\boldsymbol{A}=\begin{bmatrix}\boldsymbol{C} & \boldsymbol{M}\\ \boldsymbol{M} & \boldsymbol{0}\end{bmatrix},\quad \boldsymbol{B}=\begin{bmatrix}\boldsymbol{K} & \boldsymbol{0}\\ \boldsymbol{0} & -\boldsymbol{M}\end{bmatrix} \tag{4.249}$$

由 $(\lambda\boldsymbol{A}+\boldsymbol{B})\begin{bmatrix}\boldsymbol{\psi}\\ \lambda\boldsymbol{\psi}\end{bmatrix}=0$ 得特征方程为 $|\lambda\boldsymbol{A}+\boldsymbol{B}|=0$，代入数据展开得

$$3000\lambda^4+420\lambda^3+1400003\lambda^2+80000\lambda+125000000=0 \tag{4.250}$$

四阶行列式展开较麻烦，可按下面方法简化计算：

$$\begin{bmatrix}\lambda\boldsymbol{C}+\boldsymbol{K} & \lambda\boldsymbol{M}\\ \lambda\boldsymbol{M} & -\boldsymbol{M}\end{bmatrix}\begin{bmatrix}\boldsymbol{\psi}\\ \lambda\boldsymbol{\psi}\end{bmatrix}=0 \Rightarrow (\lambda\boldsymbol{C}+\boldsymbol{K}+\lambda^2\boldsymbol{M})\boldsymbol{\psi}=0 \tag{4.251}$$

$$\begin{aligned}&|\lambda\boldsymbol{C}+\boldsymbol{K}+\lambda^2\boldsymbol{M}|=0\\ \Leftrightarrow\ &3000\lambda^4+420\lambda^3+1400003\lambda^2+80000\lambda+125000000=0\end{aligned} \tag{4.252}$$

即

$$\lambda^4+\frac{7}{50}\lambda^3+\frac{1400003}{3000}\lambda^2+\frac{80}{3}\lambda+\frac{125000}{3}=0 \tag{4.253}$$

四次方程的求解可以采用 Maple 等符号运算软件或参考叶其孝主编的《实用数学手册》(第 2 版)所载的求根公式求解。上述四次方程的两对共轭复根为

$$\begin{cases}\lambda_1=-0.0217303314956646+10.9679409418179\mathrm{j}\\ \lambda_2=-0.0482696685043354+18.6108823093282\mathrm{j}\\ \lambda_3=\lambda_1^*=-0.0217303314956646-10.9679409418179\mathrm{j}\\ \lambda_4=\lambda_2^*=-0.0482696685043354-18.6108823093282\mathrm{j}\end{cases} \tag{4.254}$$

令

$$\lambda_1=-0.0217303314956646+10.9679409418179\mathrm{j},\quad \boldsymbol{\psi}_1=\begin{Bmatrix}1+\alpha_1\mathrm{j}\\ 1+\beta_1\mathrm{j}\end{Bmatrix}$$

代入$(\lambda\boldsymbol{C}+\boldsymbol{K}+\lambda^2\boldsymbol{M})\boldsymbol{\psi}=0$,解得

$$\alpha_1=-106.2643717,\quad \beta_1=-381.9347061 \tag{4.255}$$

即

$$\boldsymbol{\psi}_1=\begin{Bmatrix}1-106.2643717\mathrm{j}\\ 1-381.9347061\mathrm{j}\end{Bmatrix} \tag{4.256}$$

令

$$\lambda_2=-0.0482696685043354+18.6108823093282\mathrm{j},\quad \bar{\boldsymbol{\psi}}_2=\begin{Bmatrix}1+\alpha_2\mathrm{j}\\ 1+\beta_2\mathrm{j}\end{Bmatrix}$$

代入$(\lambda\boldsymbol{C}+\boldsymbol{K}+\lambda^2\boldsymbol{M})\boldsymbol{\psi}=0$,解得

$$\alpha_2=180.3197541,\quad \beta_2=-167.2459086 \tag{4.257}$$

即

$$\boldsymbol{\psi}_2=\begin{Bmatrix}1+180.3197541\mathrm{j}\\ 1-167.2459086\mathrm{j}\end{Bmatrix} \tag{4.258}$$

所以

$$\begin{aligned}\boldsymbol{\psi}&=[\boldsymbol{\psi}_1,\boldsymbol{\psi}_2,\bar{\boldsymbol{\psi}}_1,\bar{\boldsymbol{\psi}}_2]^{\mathrm{T}}\\ &=\begin{bmatrix}1-106.2643717\mathrm{j} & 1-381.9347061\mathrm{j}\\ 1+180.3197541\mathrm{j} & 1-167.2459086\mathrm{j}\\ 1+106.2643717\mathrm{j} & 1+381.9347061\mathrm{j}\\ 1-180.3197541\mathrm{j} & 1+167.2459086\mathrm{j}\end{bmatrix}\end{aligned} \tag{4.259}$$

复特征向量可统一表示为

$$\boldsymbol{\eta}=\begin{bmatrix}\boldsymbol{\psi}\\ \boldsymbol{\psi}\mathrm{diag}(\lambda_i)\end{bmatrix},\quad i=1,2,\cdots,2n \tag{4.260}$$

由正交性有

$$\boldsymbol{\eta}^{\mathrm{T}}\boldsymbol{A}\boldsymbol{\eta}=\mathrm{diag}(a_i) \tag{4.261}$$

得

$$\begin{cases}a_1=(0.009688757173411-1.207620188550450\mathrm{j})\times 10^8\\ a_2=(-0.009688757184681-1.522587924406283\mathrm{j})\times 10^8\\ a_3=a_1^*=(0.009688757173411+1.207620188550450\mathrm{j})\times 10^8\\ a_4=a_2^*=(-0.009688757184681+1.522587924406283\mathrm{j})\times 10^8\end{cases} \tag{4.262}$$

一般黏性阻尼系统的复数域传递函数矩阵为

$$\boldsymbol{H}(s)=\sum_{i=1}^{n}\left[\frac{\boldsymbol{\psi}_i\boldsymbol{\psi}_i^{\mathrm{T}}}{a_i(s-\lambda_i)}+\frac{\bar{\boldsymbol{\psi}}_i\boldsymbol{\psi}_i^{H}}{a_i^*(s-\lambda_i^*)}\right] \tag{4.263}$$

令 $s=\mathrm{j}\omega$,就得到了系统的频域传递函数矩阵:

$$\boldsymbol{H}(\omega)=\sum_{i=1}^{n}\left[\frac{\boldsymbol{\psi}_i\boldsymbol{\psi}_i^{\mathrm{T}}}{a_i(\mathrm{j}\omega-\lambda_i)}+\frac{\bar{\boldsymbol{\psi}}_i\boldsymbol{\psi}_i^{H}}{a_i^*(\mathrm{j}\omega-\lambda_i^*)}\right] \tag{4.264}$$

即

$$H_{sr}(\omega)=\sum_{i=1}^{n}\left[\frac{\psi_{ri}\psi_{si}}{a_i(\mathrm{j}\omega-\lambda_i)}+\frac{\bar{\psi}_{ri}\bar{\psi}_{si}}{a_i^*(\mathrm{j}\omega-\lambda_i^*)}\right],\quad r=1,2,\cdots,n;s=1,2,\cdots,n \tag{4.265}$$

下面给出 $H_{11}(\omega)$的具体求解过程,$H_{12}(\omega)$、$H_{21}(\omega)$和 $H_{22}(\omega)$的解答过程与此类似,限于篇幅,在此略去。

$$\begin{aligned}H_{11}(\omega)&=\frac{\psi_{11}\psi_{11}}{a_1(\mathrm{j}\omega-\lambda_1)}+\frac{\psi_{12}\psi_{12}}{a_2(\mathrm{j}\omega-\lambda_2)}+\frac{\bar{\psi}_{11}\bar{\psi}_{11}}{a_1^*(\mathrm{j}\omega-\lambda_1^*)}+\frac{\bar{\psi}_{12}\bar{\psi}_{12}}{a_2^*(\mathrm{j}\omega-\lambda_2^*)}\\ &=\frac{(0.1009688940-9.350700705\mathrm{j})\times 10^{-5}}{\mathrm{j}\omega+0.0217303314956646-10.9679409418179\mathrm{j}}\\ &\quad+\frac{(-0.1009688939-21.35521468\mathrm{j})\times 10^{-5}}{\mathrm{j}\omega+0.0482696685043354-18.6108823093282\mathrm{j}}\\ &\quad+\frac{(0.1009688940+9.350700705\mathrm{j})\times 10^{-5}}{\mathrm{j}\omega+0.0217303314956646+10.9679409418179\mathrm{j}}\\ &\quad+\frac{(-0.1009688939+21.35521468\mathrm{j})\times 10^{-5}}{\mathrm{j}\omega+0.0482696685043354+18.6108823093282\mathrm{j}}\end{aligned} \tag{4.266}$$

其幅频特性曲线、相频特性曲线、实频特性曲线和虚频特性曲线如图 4.15 所示,同实模态的计算结果(见图 4.14)比较可显见二者的区别。

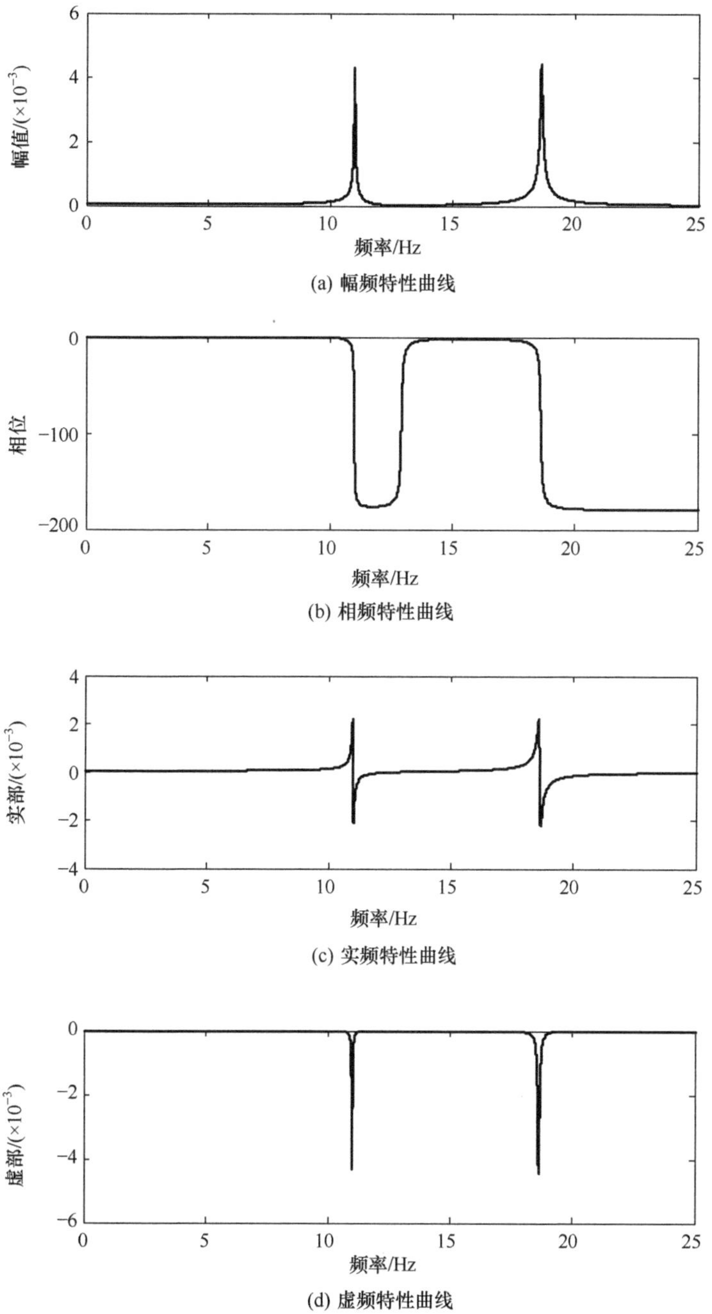

(a) 幅频特性曲线

(b) 相频特性曲线

(c) 实频特性曲线

(d) 虚频特性曲线

图 4.15　复模态频响函数特性曲线

第5章 环境激励下结构模态参数识别方法

结构模态参数识别就是从监测的结构激励与响应数据或仅从监测的结构响应数据识别结构的模态参数。对于大型土木工程结构，由于很难在线准确监测其荷载和环境作用，而专门的加载试验往往需要停止结构运行。为此，国内外学者提出了许多仅从监测的结构响应识别结构模态参数的方法，称为环境激励下结构模态参数识别方法，该类方法往往假设结构的荷载和环境作用为白噪声随机过程。环境激励下结构模态参数识别方法的研究始于20世纪70年代，但直到90年代中期才引起广泛研究。环境激励下结构模态参数识别方法可分为频域识别方法和时域识别方法，频域识别方法包括峰值拾取法(peak picking)、FDD；时域识别方法包括随机减量法、基于ARMA模型的时序分析法、EMD法、NExT法和最小特征系统实现(eigen-system realization algorithms，ERA)联合识别方法以及SSI算法等。

上述环境激励下结构模态参数识别方法往往假设环境作用与结构模态参数是独立的。但大量研究表明，结构模态参数往往随环境作用的变化而变化，如材料的弹性模量和结构边界条件均是温度作用的函数，风对结构产生的气动力将改变结构的自振频率和阻尼比。环境作用与结构损伤导致的结构模态参数变化的耦合效应，给结构损伤识别带来了很大的困难。国内外学者通过研究揭示了环境温度和风速对结构模态参数的影响规律(Li et al.，2010；Xia et al.，2012；Farrar et al.，1997；Sohn et al.，1999；Wahab and de Roeck，1997)。

本章介绍几种常用的基于环境激励的结构模态参数识别方法，包括FDD法、NExT+ERA方法和SSI方法；然后，介绍时变环境下结构模态参数的识别方法；最后以一座安装了健康监测系统的实际桥梁结构为例，进行结构模态参数识别算例分析。

5.1 频域分解法

频域分解法是由Brincker等(2000)于2000年提出的。该方法假设结构激励为白噪声，仅采用监测的结构响应，计算结构响应的功率谱密度函数；再利用结构响应功率谱密度函数包含结构模态参数的性质，识别结构的自振频率、阻尼比和振型等。

假设一N自由度结构，在l个随机输入作用下，结构健康监测系统监测了结构M个自由度上的响应x，监测的结构响应x的功率谱密度矩阵可表示为

$$\boldsymbol{G}_{xx}(\mathrm{j}\omega)=\boldsymbol{H}(\mathrm{j}\omega)\boldsymbol{G}_{ff}(\mathrm{j}\omega)\boldsymbol{H}^{\mathrm{H}}(\mathrm{j}\omega) \tag{5.1}$$

式中，$\boldsymbol{H}\in\mathbb{C}^{M\times l}$为结构频率响应函数矩阵，上标“H”表示矩阵的复共轭转置；$\boldsymbol{G}_{ff}\in\mathbb{C}^{l\times l}$为输入的功率谱密度矩阵，当输入为独立白噪声过程时，$\boldsymbol{G}_{ff}$为实常数对角矩阵；$\boldsymbol{G}_{xx}(\mathrm{j}\omega)\in\mathbb{C}^{M\times M}$为结构响应的功率谱密度矩阵，其对角线为监测的结构各个自由度响应的自功率谱，非对角线元素为结构不同自由度响应的互功率谱。一般情况下，结构输入与结构响应功率谱密度矩阵均为 Hermitian 矩阵。

根据式(4.235)可知，结构频响函数矩阵可表示为部分分式的形式：

$$\boldsymbol{H}(\mathrm{j}\omega)=\sum_{r=1}^{N}\left(\frac{\boldsymbol{A}_r}{\mathrm{j}\omega-\lambda_r}+\frac{\boldsymbol{A}_r^*}{\mathrm{j}\omega-\lambda_r^*}\right) \tag{5.2}$$

式中，λ_r 为结构第 r 阶极点，$\lambda_r=-\sigma_r+\mathrm{j}\omega_{\mathrm{d}r}=-\zeta_r\omega_r+\mathrm{j}\sqrt{1-\zeta_r^2}\omega_r$ 的实部σ_r 与结构阻尼和频率有关，虚部 $\omega_{\mathrm{d}r}$是结构有阻尼的第 r 阶圆频率，$r=1,2,\cdots,N$；$\boldsymbol{A}_r\in\mathbb{C}^{M\times l}$为第 r 阶留数矩阵，是第 r 阶模态振型 $\boldsymbol{\varphi}_r\in\mathbb{C}^{M\times 1}$和模态参与系数向量$\boldsymbol{\gamma}_r$ 的乘积，即 $\boldsymbol{A}_r=\boldsymbol{\varphi}_r\boldsymbol{\gamma}_r^{\mathrm{T}}$，$\boldsymbol{\gamma}_r=[\gamma_{1r},\gamma_{2r},\cdots,\gamma_{l-1r},\gamma_{lr}]^{\mathrm{T}}$，上标“T”和“ * ”分别代表向量和矩阵的转置及复数的共轭。

假设输入为白噪声，将式(5.2)代入式(5.1)，得到监测的结构响应谱密度矩阵为

$$\boldsymbol{G}_{xx}(\mathrm{j}\omega)=\sum_{r=1}^{N}\sum_{s=1}^{N}\left(\frac{\boldsymbol{A}_r}{\mathrm{j}\omega-\lambda_r}+\frac{\boldsymbol{A}_r^*}{\mathrm{j}\omega-\lambda_r^*}\right)\times\boldsymbol{G}_{ff}\left(\frac{\boldsymbol{A}_s}{\mathrm{j}\omega-\lambda_s}+\frac{\boldsymbol{A}_s^*}{\mathrm{j}\omega-\lambda_s^*}\right)^{\mathrm{H}} \tag{5.3}$$

式中，$\boldsymbol{G}_{ff}$为输入是独立白噪声随机过程的谱密度矩阵。

通过进一步简化整理，可得

$$\boldsymbol{G}_{xx}(\mathrm{j}\omega)=\sum_{r=1}^{N}\left(\frac{\boldsymbol{B}_r}{\mathrm{j}\omega-\lambda_r}+\frac{\boldsymbol{B}_r^{\mathrm{H}}}{-\mathrm{j}\omega-\lambda_r^*}+\frac{\boldsymbol{B}_r^*}{\mathrm{j}\omega-\lambda_r^*}+\frac{\boldsymbol{B}_r^{\mathrm{T}}}{-\mathrm{j}\omega-\lambda_r}\right) \tag{5.4}$$

式中，$\boldsymbol{B}_r=\sum_{s=1}^{N}\left(\frac{\boldsymbol{A}_s^*\boldsymbol{G}_{ff}\boldsymbol{A}_r^{\mathrm{T}}}{-\lambda_s^*-\lambda_r}+\frac{\boldsymbol{A}_s\boldsymbol{G}_{ff}\boldsymbol{A}_r^{\mathrm{T}}}{-\lambda_s-\lambda_r}\right)$为第 r 个极点的留数矩阵，由于结构的阻尼一般较小，$\sigma_r\ll\omega_{\mathrm{d}r}$，则括号内第二项的分母远远大于第一项，于是可得到如下近似关系：$\boldsymbol{B}_r\approx d_r\boldsymbol{\varphi}_r^*\boldsymbol{\varphi}_r^{\mathrm{T}}$。

由于 $\sigma_r\ll\omega_{\mathrm{d}r}$，式(5.4)的后两项分母远远大于前两项的分母，在求和运算中可以忽略后两项。因此，在第 r 阶模态频率 ω_r 的邻近谱曲线上，式(5.4)可以进一步简化为

$$\boldsymbol{G}_{xx}(\mathrm{j}\omega)=\sum_{r\in\mathrm{Sub}(\omega)}\left(\frac{d_r\boldsymbol{\varphi}_r^*\boldsymbol{\varphi}_r^{\mathrm{T}}}{\mathrm{j}\omega-\lambda_r}+\frac{d_r^*\boldsymbol{\varphi}_r^*\boldsymbol{\varphi}_r^{\mathrm{T}}}{-\mathrm{j}\omega-\lambda_r^*}\right)=\boldsymbol{\varphi}_r^*\,\mathrm{diag}\left[2\mathrm{Re}\left(\frac{d_r}{\mathrm{j}\omega-\lambda_r}\right)\right]\boldsymbol{\varphi}_r^{\mathrm{T}} \tag{5.5}$$

式中，d_r 为一个实数。

对监测的结构响应功率谱密度矩阵进行奇异值分解(SVD),则

$$\boldsymbol{G}_{xx}(\mathrm{j}\omega)=\boldsymbol{U}_r\boldsymbol{\Sigma}_r\boldsymbol{U}_r^{\mathrm{H}} \tag{5.6}$$

式中,$\boldsymbol{U}_r\in\mathbb{C}^{M\times N}$为奇异值向量组成的酉矩阵,由标准正交基组成,$\boldsymbol{U}_r=[\boldsymbol{u}_{r1},\boldsymbol{u}_{r2},\cdots,\boldsymbol{u}_{rN}]^{\mathrm{T}}$,$\boldsymbol{u}_{rj}\in C^{M\times 1}$为奇异值向量;$\boldsymbol{\Sigma}_r\in\mathbb{R}^{N\times N}$为奇异值构成的实数对角矩阵。

从式(5.5)可以看出,在$\omega=\omega_r$处,结构响应功率谱密度函数存在一个峰值,该峰值对应的频率即为结构第r阶自振频率ω_r,此时对应式(5.6)的第一个奇异值$\lambda_r=-\zeta_r\omega_r+\mathrm{j}\sqrt{1-\zeta_r^2}\omega_r$;再对比式(5.5)和式(5.6)可知,式(5.6)的第一个奇异向量即为该结构第r阶振型估计值,即

$$\hat{\boldsymbol{\varphi}}_r=\boldsymbol{u}_{r1} \tag{5.7}$$

计算式(5.7)识别振型的MAC值以判别其是否为虚假模态。

结构的第r阶阻尼比可由频响函数峰值处的曲线形状确定。

下面进一步通过结构响应时域分析阐述频域分解法识别结构模态参数的原理。

对线性时不变结构,在M个监测位置处结构响应$\boldsymbol{x}(t)$可表示为

$$\boldsymbol{x}(t)=\sum_{r=1}^{N}\boldsymbol{\varphi}_r\boldsymbol{q}_r(t)=\boldsymbol{\Phi}_{M\times N}\boldsymbol{q}(t) \tag{5.8}$$

式中,$\boldsymbol{q}_r(t)$为结构第r阶振型广义坐标;$\boldsymbol{q}(t)\in\boldsymbol{R}^{N\times 1}$为结构广义振型坐标向量;$\boldsymbol{\Phi}_{M\times N}$为结构振型矩阵。

监测的结构响应的相关函数矩阵为

$$\boldsymbol{R}_{xx}(\tau)=E[\boldsymbol{x}(t+\tau)\boldsymbol{x}(t)^{\mathrm{T}}] \tag{5.9a}$$

由监测的结构响应数据样本,相关函数矩阵元素可采用式(5.9b)计算:

$$R_{x_ix_j}(k)=\frac{1}{N_n}\sum_{n=1}^{N_n}x_i(n+k\Delta t)x_j(n) \tag{5.9b}$$

式中,$E[\cdot]$表示均值;$\boldsymbol{R}_{xx}(\tau)\in\mathbb{R}^{M\times M}$为结构响应相关函数矩阵,其中对角线元素为自相关函数,非对角线元素为互相关函数,τ为时间延迟;$R_{x_ix_j}$为第i个监测位置结构响应和第j个监测位置结构响应的互相关函数,当$i=j$时,则为结构响应的自相关函数;k为时间延迟步数;Δt为采样时间间隔。

将式(5.8)代入式(5.9a),可得到

$$\begin{aligned}\boldsymbol{R}_{xx}(\tau)&=E[\boldsymbol{\Phi}\boldsymbol{q}(t+\tau)\boldsymbol{q}(t)^{\mathrm{T}}\boldsymbol{\Phi}^{\mathrm{T}}]\\&=\boldsymbol{\Phi}E[\boldsymbol{q}(t+\tau)\boldsymbol{q}(t)^{\mathrm{T}}]\boldsymbol{\Phi}^{\mathrm{T}}\\&=\boldsymbol{\Phi}R_{qq}(\tau)\boldsymbol{\Phi}^{\mathrm{T}}\end{aligned} \tag{5.10}$$

式中,$\boldsymbol{R}_{qq}(\tau)\in\mathbb{R}^{N\times N}$为广义坐标相关函数矩阵。

考虑相关函数和功率谱密度函数构成傅里叶变换对，对监测的结构响应的相关函数做傅里叶变换可得功率谱密度函数矩阵：

$$\begin{aligned}\boldsymbol{G}_{xx}(\mathrm{j}\omega) &= \int_{-\infty}^{+\infty}\boldsymbol{R}_{xx}(\tau)\mathrm{e}^{-\mathrm{i}\omega\tau}\mathrm{d}\tau \\ &= \boldsymbol{\Phi}\int_{-\infty}^{+\infty}\boldsymbol{R}_{qq}(\tau)\mathrm{e}^{-\mathrm{i}\omega\tau}\mathrm{d}\tau\boldsymbol{\Phi}^{\mathrm{T}} \\ &= \boldsymbol{\Phi}\boldsymbol{G}_{qq}(\mathrm{j}\omega)\boldsymbol{\Phi}^{\mathrm{T}}\end{aligned} \tag{5.11}$$

同样的，对结构响应的功率谱密度矩阵进行 SVD 分解，在某一个频率处得到

$$\boldsymbol{G}_{xx}(\mathrm{j}\omega_r)=\boldsymbol{U}_r\boldsymbol{\Sigma}_r\boldsymbol{U}_r^{\mathrm{T}} \tag{5.12}$$

式中符号同前。

对比式(5.11)和式(5.12)可知，在白噪声输入下，在结构某一阶频率处，$\boldsymbol{G}_{qq}(\omega)$达到峰值，对应式(5.12)的奇异值取最大值，这个奇异值即为结构特征值；对应的奇异值向量矩阵与结构振型矩阵是相同的，奇异值向量矩阵第一列对应结构该阶频率的振型。这里需要指出的是，式(5.11)中的振型矩阵是在结构质量矩阵为单位矩阵下的归一化振型矩阵，其为酉矩阵，即 $\boldsymbol{\Phi}\boldsymbol{\Phi}^{\mathrm{T}}=\boldsymbol{I}$，$\boldsymbol{I}$ 为单位矩阵。

FDD 方法的基本流程如图 5.1 所示。首先监测得到结构 M 个测点的响应信

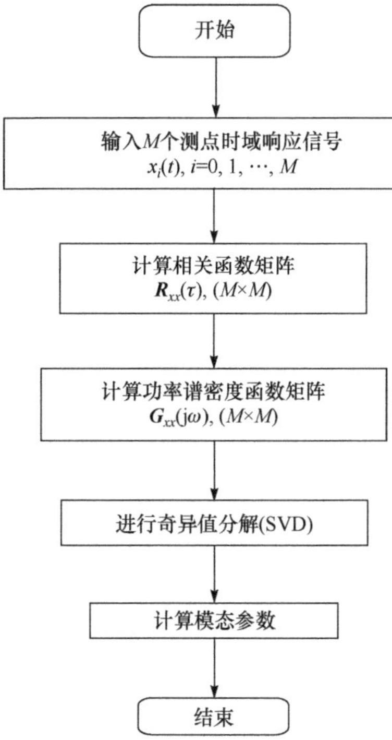

图 5.1　FDD 算法的基本流程图

号 $x_i(t)$，$i=1,2,\cdots,M$,然后计算监测结构响应的相关函数矩阵 $\boldsymbol{R}_{xx}(t)$；对相关函数矩阵做傅里叶变换,得到功率谱矩阵 $\boldsymbol{G}_{xx}(\mathrm{j}\omega)$；在不同频率下将功率谱矩阵进行奇异值分解,得到最大奇异值及其对应的奇异值特征向量,进而识别得到结构的模态参数。

5.2 NExT 法与 ERA 法

NexT 法是一种荷载和环境作用为白噪声时结构脉冲响应函数的计算方法，是美国 SADIA 国家实验室的 James 等(1992)在 1992 年提出。该方法从结构动力学和随机振动入手,分析结构脉冲响应函数和结构响应互相关函数的特点,揭示出在白噪声激励下,相对于给定参考点之间的结构各自由度响应的互相关函数和脉冲响应函数具有相似的表达式。这样就可将结构响应的互相关函数视为结构的脉冲响应,进一步采用时域模态参数识别方法得到结构模态参数。

特征系统实现算法是一种多输入多输出的时域模态参数识别方法,它移植了自动控制理论中的最小实现理论(Juang and Pappa,1985)。该方法利用结构脉冲响应构造 Hankel 矩阵,再对 Hankel 矩阵进行奇异值分解,根据 Hankel 矩阵的奇异值和奇异值向量与结构系统矩阵之间的关系,求得结构的系统矩阵及其特征值与特征向量,进而识别结构模态参数。

综上所述,将 NExT 方法和 ERA 方法结合识别结构模态参数的思路是:首先利用监测的结构响应,采用 NExT 方法计算结构的脉冲响应函数;然后将 NExT 计算的结构响应函数作为 ERA 方法的输入数据,构造 Hankel 矩阵,进而采用 ERA 方法识别得到结构的模态参数。

5.2.1 NExT 法

一个 N 自由度线性时不变结构的运动微分方程为

$$\boldsymbol{M}\ddot{\boldsymbol{x}}(t)+\boldsymbol{C}\dot{\boldsymbol{x}}(t)+\boldsymbol{K}\boldsymbol{x}(t)=\boldsymbol{f}(t) \tag{5.13}$$

式中,$\boldsymbol{M}\in\mathbb{R}^{N\times N}$、$\boldsymbol{C}\in\mathbb{R}^{N\times N}$和 $\boldsymbol{K}\in\mathbb{R}^{N\times N}$分别为结构质量矩阵、阻尼矩阵和刚度矩阵;$\boldsymbol{x}(t)\in R^{N\times 1}$为结构位移向量;$\boldsymbol{f}(t)\in\mathbb{R}^{N\times 1}$为结构荷载向量。

根据模态分解法,结构响应可以表示为

$$\boldsymbol{x}(t)=\boldsymbol{\Phi}\boldsymbol{q}(t) \tag{5.14}$$

式中,$\boldsymbol{\Phi}$ 为模态振型矩阵;$\boldsymbol{q}(t)$为模态广义坐标。

将式(5.14)代入式(5.13),并左乘 $\boldsymbol{\Phi}^{\mathrm{T}}$,得到解耦的结构运动微分方程为

$$\ddot{q}_r(t)+2\zeta_r\omega_r\dot{q}_r(t)+\omega_r^2q_r(t)=\frac{1}{M_r^*}\boldsymbol{\varphi}_r^{\mathrm{T}}\boldsymbol{f}(t) \tag{5.15}$$

式中,ω_r 和 ζ_r 分别为结构第 r 阶自振频率和模态阻尼比;M_r^* 为结构第 r 阶模态质量;$\boldsymbol{\varphi}_r$ 为结构第 r 阶模态振型。

采用 Duhamel 积分可得式(5.15)的解：

$$q_r(t)=\int_0^t \boldsymbol{\varphi}_r^{\mathrm{T}}\boldsymbol{f}(\tau)g_r(t-\tau)\mathrm{d}\tau \tag{5.16}$$

式中，$g_r(t)$为单位脉冲响应函数，且为

$$g_r(t)=\frac{1}{M_r^*\omega_{\mathrm{dr}}}\exp(-\zeta_r\omega_r t)\sin(\omega_{\mathrm{dr}}t) \tag{5.17}$$

式中，ω_{dr}为有阻尼模态频率，$\omega_{\mathrm{dr}}=\omega_r\sqrt{1-\zeta_r^2}$。

假设结构初始状态满足$\boldsymbol{x}(t)|_{t=0}=0,\dot{\boldsymbol{x}}(t)|_{t=0}=0$，将式(5.17)代入式(5.14)，可得 $\boldsymbol{x}(t)$的解：

$$\boldsymbol{x}(t)=\sum_{r=1}^{N}\boldsymbol{\varphi}_r\boldsymbol{\varphi}_r^{\mathrm{T}}\int_0^t \boldsymbol{f}(\tau)g_r(t-\tau)\mathrm{d}\tau \tag{5.18}$$

于是，k 点激励，i 点的结构响应$x_{ik}(t)$可由式(5.19)计算：

$$x_{ik}(t)=\sum_{r=1}^{N}\varphi_{ir}\varphi_{kr}\int_0^t f_k(\tau)g_r(t-\tau)\mathrm{d}\tau \tag{5.19}$$

式中，φ_{ir}为第 r 模态振型 $\boldsymbol{\varphi}_r$ 的第 i 个元素；$f_k(t)$为结构第 k 点的激励。

假设 k 点激励为脉冲型荷载，即 $f(\tau)$为狄拉克 δ 函数，该荷载作用于 $\tau=0$ 时刻，则式(5.19)变为

$$x_{ik}(t)=\sum_{r=1}^{N}\frac{\varphi_{ir}\varphi_{kr}}{M_r^*\omega_{\mathrm{dr}}}\exp(-\zeta_r\omega_r t)\sin(\omega_{\mathrm{dr}}t) \tag{5.20}$$

假设在 k 点作用白噪声激励，则结构在 i 点和 j 点的响应的互相关函数 $x_{ik}(t)$ 与 $x_{jk}(t)$为

$$R_{ijk}(T)=E[x_{ik}(t+T)x_{jk}(t)] \tag{5.21}$$

式中，T 为延迟时间。

将式(5.19)代入式(5.21)，可得

$$R_{ijk}(T)=\sum_{r=1}^{N}\sum_{s=1}^{N}\varphi_{ir}\varphi_{kr}\varphi_{js}\varphi_{ks} \times\int_{-\infty}^{t}\int_{-\infty}^{t+T}g_r(t+T-\sigma)g_s(t-\tau)E[f_k(\sigma)f_k(\tau)]\mathrm{d}\sigma\mathrm{d}\tau \tag{5.22}$$

根据自相关函数的定义，再考虑 $f(t)$为白噪声激励，则

$$R_{f(k)f(k)}(\tau-\sigma)=E[f_k(\sigma)f_k(\tau)]=\alpha_k\delta(\tau-\sigma) \tag{5.23}$$

式中，α_k 为常数；$\delta(t)$为狄拉克 δ 函数。

将式(5.23)代入式(5.22)得

$$R_{ijk}(T)=\sum_{r=1}^{N}\sum_{s=1}^{N}\alpha_k\varphi_{ir}\varphi_{kr}\varphi_{js}\varphi_{ks}\int_{-\infty}^{t}g_r(t+T-\tau)g_s(t-\tau)\mathrm{d}\tau \tag{5.24}$$

令 $\lambda=t-\tau$，式(5.24)变为

$$R_{ijk}(T)=\sum_{r=1}^{N}\sum_{s=1}^{N}\alpha_k\varphi_{ir}\varphi_{kr}\varphi_{js}\varphi_{ks}\int_0^{+\infty}g_r(\lambda+T)g_s(\lambda)\mathrm{d}\lambda \tag{5.25}$$

根据式(5.20)，$g_r(\lambda+T)$可以表示为

$$g_r(\lambda+T)=[\exp(-\zeta_r\omega_rT)\cos(\omega_{dr}T)]\frac{\exp(-\zeta_r\omega_r\lambda)\sin(\omega_{dr}\lambda)}{M_r^*\omega_{dr}}$$
$$+[\exp(-\zeta_r\omega_rT)\sin(\omega_{dr}T)]\frac{\exp(-\zeta_r\omega_r\lambda)\cos(\omega_{dr}\lambda)}{M_r^*\omega_{dr}} \tag{5.26}$$

对 $g_r(\lambda+T)$和 $g_s(\lambda)$的乘积进行积分，得

$$\int_0^{+\infty}g_r(\lambda+T)g_s(\lambda)\mathrm{d}\lambda$$
$$=\frac{\exp(-\zeta_r\omega_rT)\cos(\omega_{dr}T)}{M_r^*\omega_{dr}M_s^*\omega_{ds}}\int_0^{+\infty}\exp[(-\zeta_r\omega_r-\zeta_s\omega_s)\lambda]\sin(\omega_{dr}\lambda)\sin(\omega_{ds}\lambda)\mathrm{d}\lambda$$
$$+\frac{\exp(-\zeta_r\omega_rT)\sin(\omega_{dr}T)}{M_r^*\omega_{dr}M_s^*\omega_{ds}}\int_0^{+\infty}\exp[(-\zeta_r\omega_r-\zeta_s\omega_s)\lambda]\cos(\omega_{dr}\lambda)\sin(\omega_{ds}\lambda)\mathrm{d}\lambda \tag{5.27}$$

将式(5.27)代入式(5.25)，并把与 T 相关的项从积分中提取出来，得

$$R_{ijk}(T)=\sum_{r=1}^{N}[G_{ijk,r}\exp(-\zeta_r\omega_rT)\cos(\omega_{dr}T)$$
$$+H_{ijk,r}\exp(-\zeta_r\omega_rT)\sin(\omega_{dr}T)] \tag{5.28}$$

式中，$G_{ijk,r}$与$H_{ijk,r}$为模态参数的函数，与 T 无关，且有

$$G_{ijk,r}=\sum_{s=1}^{N}\frac{\alpha_k\varphi_{ir}\varphi_{kr}\varphi_{js}\varphi_{ks}}{M_r^*\omega_{dr}M_s^*\omega_{ds}}\int_0^{+\infty}\exp[(-\zeta_r\omega_r-\zeta_s\omega_s)\lambda]\sin(\omega_{ds}\lambda)\sin(\omega_{dr}\lambda)\mathrm{d}\lambda$$
$$H_{ijk,r}=\sum_{s=1}^{N}\frac{\alpha_k\varphi_{ir}\varphi_{kr}\varphi_{js}\varphi_{ks}}{M_r^*\omega_{dr}M_s^*\omega_{ds}}\int_0^{+\infty}\exp[(-\zeta_r\omega_r-\zeta_s\omega_s)\lambda]\sin(\omega_{ds}\lambda)\cos(\omega_{dr}\lambda)\mathrm{d}\lambda \tag{5.29}$$

对式(5.29)积分后可得

$$G_{ijk,r}=\sum_{s=1}^{N}\frac{\alpha_k\varphi_{ir}\varphi_{kr}\varphi_{js}\varphi_{ks}}{M_r^*\omega_{dr}M_s^*\omega_{ds}}\int_0^{+\infty}\exp[(-\zeta_r\omega_r-\zeta_s\omega_s)\lambda]\sin(\omega_{ds}\lambda)\sin(\omega_{dr}\lambda)\mathrm{d}\lambda$$
$$=\sum_{s=1}^{N}\frac{\alpha_k\varphi_{ir}\varphi_{kr}\varphi_{js}\varphi_{ks}}{M_r^*\omega_{dr}M_s^*\omega_{ds}}\frac{1}{2}\frac{4\omega_{ds}\omega_{dr}(\zeta_r\omega_r+\zeta_s\omega_s)}{[(\zeta_r\omega_r+\zeta_s\omega_s)^2+(\omega_{ds}^2-\omega_{dr}^2)]^2+[2\omega_{dr}(\zeta_r\omega_r+\zeta_s\omega_s)]^2}$$
$$=\sum_{s=1}^{N}\frac{\alpha_k\varphi_{ir}\varphi_{kr}\varphi_{js}\varphi_{ks}}{M_r^*M_s^*\omega_{dr}}\frac{2\omega_{dr}(\zeta_r\omega_r+\zeta_s\omega_s)}{[(\zeta_r\omega_r+\zeta_s\omega_s)^2+(\omega_{ds}^2-\omega_{dr}^2)]^2+[2\omega_{dr}(\zeta_r\omega_r+\zeta_s\omega_s)]^2} \tag{5.30}$$

令 $I_{rs}=2\omega_{dr}(\zeta_r\omega_r+\zeta_s\omega_s)$，$J_{rs}=(\zeta_r\omega_r+\zeta_s\omega_s)^2+(\omega_{ds}^2-\omega_{dr}^2)$，那么 $G_{ijk,r}$可以表示为

$$G_{ijk,r}=\sum_{s=1}^{N}\frac{\alpha_k\varphi_{ir}\varphi_{kr}\varphi_{js}\varphi_{ks}}{M_r^*M_s^*\omega_{dr}}\frac{I_{rs}}{J_{rs}^2+I_{rs}^2} \tag{5.31}$$

同理，按 $G_{ijk,r}$的推导过程，可以导出 $H_{ijk,r}$的计算公式为

$$H_{ijk,r}=\sum_{s=1}^{N}\frac{\alpha_k\varphi_{ir}\varphi_{kr}\varphi_{js}\varphi_{ks}}{M_r^*M_s^*\omega_{dr}}\frac{J_{rs}}{J_{rs}^2+I_{rs}^2} \tag{5.32}$$

定义 γ_{rs}：

$$\tan\gamma_{rs}=\frac{I_{rs}}{J_{rs}} \tag{5.33}$$

利用式(5.33)的定义，式(5.31)和式(5.32)可以写为

$$G_{ijk,r}=\frac{\varphi_{ir}}{M_r^*\omega_{dr}}\sum_{s=1}^{N}\beta_{jk,rs}\left(J_{rs}^2+I_{rs}^2\right)^{-\frac{1}{2}}\sin\gamma_{rs} \tag{5.34}$$

$$H_{ijk,r}=\frac{\varphi_{ir}}{M_r^*\omega_{dr}}\sum_{s=1}^{N}\beta_{jk,rs}\left(J_{rs}^2+I_{rs}^2\right)^{-\frac{1}{2}}\cos\gamma_{rs} \tag{5.35}$$

式中，

$$\beta_{jk,rs}=\frac{\alpha_k\varphi_{kr}\varphi_{js}\varphi_{ks}}{M_s^*} \tag{5.36}$$

将式(5.34)和式(5.35)代入式(5.28)，并考虑所有激励荷载(假设结构上共作用 l 个激励荷载)，得到结构响应的互相关函数为

$$R_{ij}(T)=\sum_{r=1}^{N}\frac{\varphi_{ir}}{M_r^*\omega_{dr}}\sum_{s=1}^{N}\sum_{k=1}^{l}\beta_{jk,rs}\left(J_{rs}^2+I_{rs}^2\right)^{-\frac{1}{2}}\exp(-\zeta_r\omega_rT)\sin(\omega_{dr}T+\gamma_{rs}) \tag{5.37}$$

式(5.37)中求和 $\sum_{s=1}^{N}\sum_{k=1}^{l}(\cdot)$ 只对不同幅值、同一频率的正弦函数项进行运算(指数项与求和无关)，因此，按照三角函数的性质可将求和项合并，用相位 θ_r 与幅值 A_{jr} 表示，即

$$R_{ij}(T)=\sum_{r=1}^{N}\frac{\varphi_{ir}A_{jr}}{M_r^*\omega_{dr}}\exp(-\zeta_r\omega_rT)\sin(\omega_{dr}T+\theta_r) \tag{5.38}$$

对比式(5.20)与式(5.38)，显然互相关函数与脉冲响应函数具有十分相似的表达式(它们均包含与阻尼比有关的指数衰减项和正弦函数)，因此可以将监测的结构响应计算得到的结构响应互相关函数代替结构脉冲响应函数进行结构模态参数识别。

5.2.2　ERA 法

特征系统实现算法是根据结构脉冲响应函数构成的 Hankel 矩阵与结构系统矩阵之间的关系来识别结构模态参数的。由结构脉冲响应函数并不能得到唯一的结构系统矩阵(结构动力系统的阶次和参数均不唯一)，最小特征系统实现算法中的特征系统，即为被辨识结构的一个近似逼近的动力系统。被辨识结构的脉冲响应和此近似逼近系统的脉冲响应相同；或者说此特征系统与被辨识结构具有相同的动力特性。可以证明，满足上述要求的特征系统并不唯一，而 ERA 算法可以得

到阶次最低的特征系统，即被辨识结构的最小实现，但最小实现也不唯一，它们具有相同的系统特征值。

下面介绍该方法的理论基础和算法。

1. 算法理论

1）结构脉冲响应函数矩阵

对于 N 自由度线性时不变结构，在其上 l 个点作用激励，M 个点布设了传感器监测其响应，该结构的离散状态空间方程为

$$\boldsymbol{X}(k+1)=\boldsymbol{A}\boldsymbol{X}(k)+\boldsymbol{B}\boldsymbol{F}(k) \tag{5.39a}$$

$$\boldsymbol{Y}(k)=\boldsymbol{C}\boldsymbol{X}(k) \tag{5.39b}$$

式中，$\boldsymbol{A}\in\mathbb{R}^{2N\times 2N}$为结构系统矩阵；$\boldsymbol{B}\in\mathbb{R}^{2N\times l}$为结构荷载作用位置矩阵；$\boldsymbol{C}\in\mathbb{R}^{M\times 2N}$为结构监测位置矩阵；$\boldsymbol{X}(k)\in\mathbb{R}^{2N\times 1}$为 $k\Delta$ 时刻的结构状态向量；$\boldsymbol{Y}(k)\in\mathbb{R}^{M\times 1}$为 $k\Delta$ 时刻结构监测的响应向量；$\boldsymbol{F}(k)\in\mathbb{R}^{l\times 1}$为 $k\Delta$ 时刻结构的输入向量；k 为采样点序号；Δ 为采样间隔时间。

在 $k\Delta$ 时刻，结构的脉冲响应函数矩阵可写成如下形式：

$$\overline{\boldsymbol{H}}(k)=\begin{bmatrix} h_{11}(k) & h_{12}(k) & \cdots & h_{1l}(k) \\ h_{21}(k) & h_{22}(k) & \cdots & h_{2l}(k) \\ \vdots & \vdots & & \vdots \\ h_{M1}(k) & h_{M2}(k) & \cdots & h_{Ml}(k) \end{bmatrix}_{(M\times l)} \tag{5.40}$$

式中，$h_{ij}(k)$为 j 点激励、i 点监测的结构脉冲响应函数，可由监测的结构响应和前述的 NExT 方法求解。

特征系统的最小实现问题可以描述为：已知$\overline{\boldsymbol{H}}_k$，求阶次最小的特征系统矩阵 $\boldsymbol{A}$、$\boldsymbol{B}$、$\boldsymbol{C}$，使此系统的脉冲响应函数与监测的结构脉冲响应函数矩阵$\overline{\boldsymbol{H}}_k$ 相同。

2）Hankel 矩阵与结构系统矩阵的关系

将结构脉冲响应函数矩阵$\overline{\boldsymbol{H}}_k$ 构成 Hankel 分块矩阵：

$$\widetilde{\boldsymbol{H}}(k-1)=\begin{bmatrix} \overline{\boldsymbol{H}}(k) & \overline{\boldsymbol{H}}(k+1) & \cdots & \overline{\boldsymbol{H}}(k+\beta-1) \\ \overline{\boldsymbol{H}}(k+1) & \overline{\boldsymbol{H}}(k+2) & \cdots & \overline{\boldsymbol{H}}(k+\beta) \\ \vdots & \vdots & & \vdots \\ \overline{\boldsymbol{H}}(k+\alpha-1) & \overline{\boldsymbol{H}}(k+\alpha) & \cdots & \overline{\boldsymbol{H}}(k+\alpha+\beta-2) \end{bmatrix}_{(M\alpha\times l\beta)} \tag{5.41}$$

式中，$\widetilde{\boldsymbol{H}}(k-1)\in\mathbb{R}^{M\alpha\times l\beta}$为 Hankel 矩阵；$\alpha,\beta\in\mathbb{Z}$ 为任意正整数。

由自动控制理论可知，线性时不变结构的脉冲响应函数矩阵与结构矩阵 $\boldsymbol{A}$、$\boldsymbol{B}$、$\boldsymbol{C}$ 之间存在如下关系：

$$\overline{\boldsymbol{H}}(k)=\boldsymbol{C}\boldsymbol{A}^{k-1}\boldsymbol{B} \tag{5.42}$$

将式(5.42)代入式(5.41)中，可得

$$\widetilde{\boldsymbol{H}}(k-1)=\begin{bmatrix}\boldsymbol{C}\\ \boldsymbol{CA}\\ \boldsymbol{CA}^2\\ \vdots\\ \boldsymbol{CA}^{\alpha-1}\end{bmatrix}\boldsymbol{A}^{k-1}[\boldsymbol{B},\boldsymbol{AB},\boldsymbol{A}^2\boldsymbol{B},\cdots,\boldsymbol{A}^{\beta-1}\boldsymbol{B}]=\boldsymbol{PA}^{k-1}\boldsymbol{Q} \tag{5.43}$$

式中，$\boldsymbol{P}_{M\alpha\times 2N}$为结构的可观性矩阵；$\boldsymbol{Q}_{2N\times l\beta}$为结构的可控性矩阵；$\alpha$、$\beta$ 分别为可观性和可控性指数。

式(5.42)和式(5.43)给出了结构脉冲响应函数矩阵及 Hankel 分块矩阵与特征系统矩阵 $\boldsymbol{A}$、$\boldsymbol{B}$、$\boldsymbol{C}$ 之间的关系。基于上述关系，可以从监测的结构响应识别出最小特征系统的矩阵 $\boldsymbol{A}$、$\boldsymbol{B}$ 和 $\boldsymbol{C}$，进而得到结构的特征值和特征向量等模态参数。

3) 特征系统实现算法

由式(5.43)可知，当 $k=1$ 时

$$\widetilde{\boldsymbol{H}}(0)=\boldsymbol{PQ} \tag{5.44}$$

显然也有

$$\widetilde{\boldsymbol{H}}(k)=\boldsymbol{PA}^k\boldsymbol{Q} \tag{5.45}$$

对 $\widetilde{\boldsymbol{H}}(0)$进行奇异值分解：

$$\widetilde{\boldsymbol{H}}(0)=\boldsymbol{U\Sigma V}^{\mathrm{T}} \tag{5.46}$$

式中，$\boldsymbol{U}\in\mathbb{R}^{M\alpha\times 2N}$为左奇异值矩阵，$\boldsymbol{V}\in\mathbb{R}^{l\beta\times 2N}$为右奇异值矩阵，它们均为酉矩阵，即 $\boldsymbol{U}^{\mathrm{T}}\boldsymbol{U}=\boldsymbol{I}$，$\boldsymbol{V}^{\mathrm{T}}\boldsymbol{V}=\boldsymbol{I}$；$\boldsymbol{\Sigma}\in R^{2N\times 2N}$为奇异值矩阵，且为对角矩阵：

$$\boldsymbol{\Sigma}=\mathrm{diag}(\lambda_1,\lambda_2,\cdots,\lambda_{2N}) \tag{5.47}$$

式中，λ_i 为奇异值，且有 $\lambda_1\geqslant\lambda_2\geqslant\lambda_3\cdots\geqslant\lambda_{2N}$。

$\widetilde{\boldsymbol{H}}(0)$矩阵的秩即为系统的阶次，可由不为零的奇异值的个数确定，但实际应用中由于测量噪声的影响，可能所有的奇异值均不为零，此时可根据某个奇异值突然变小来确定结构模型的阶次。

假设存在一个矩阵 $\boldsymbol{H}^{\#}$，使式(5.48)成立：

$$\boldsymbol{QH}^{\#}\boldsymbol{P}=\boldsymbol{I} \tag{5.48}$$

则由式(5.44)可得

$$\widetilde{\boldsymbol{H}}(0)\boldsymbol{H}^{\#}\widetilde{\boldsymbol{H}}(0)=\boldsymbol{PQH}^{\#}\boldsymbol{PQ}=\widetilde{\boldsymbol{H}}(0) \tag{5.49}$$

由此可见，$\boldsymbol{H}^{\#}$ 是 $\widetilde{\boldsymbol{H}}(0)$的广义逆矩阵。

按照广义逆矩阵的定义，$\boldsymbol{H}^{\#}$ 具有如下两种形式：

(1) 若 $\widetilde{\boldsymbol{H}}(0)$矩阵的秩等于其列数，则

$$\boldsymbol{H}^{\#}=[\widetilde{\boldsymbol{H}}(0)^{\mathrm{T}}\widetilde{\boldsymbol{H}}(0)]^{-1}\widetilde{\boldsymbol{H}}(0)^{\mathrm{T}} \tag{5.50}$$

(2) 若 $\widetilde{\boldsymbol{H}}(0)$矩阵的秩等于其行数，则

$$\boldsymbol{H}^{\#}=\widetilde{\boldsymbol{H}}(0)^{\mathrm{T}}[\widetilde{\boldsymbol{H}}(0)\widetilde{\boldsymbol{H}}(0)^{\mathrm{T}}]^{-1} \tag{5.51}$$

下面推导给出基于 Hankel 矩阵的奇异值矩阵和奇异值向量矩阵的 $\boldsymbol{H}^{\#}$ 的表达形式。

由式(5.44)和式(5.46),得到

$$\boldsymbol{PQ}=\widetilde{\boldsymbol{H}}(0)=\boldsymbol{U}_\sigma\boldsymbol{V}^{\mathrm{T}} \tag{5.52}$$

式中,$\boldsymbol{U}_\sigma=\boldsymbol{U\Sigma}$。

假设一个非奇异矩阵 $\boldsymbol{T}$,使式(5.53)成立:

$$\boldsymbol{TQ}=(\boldsymbol{U}_\sigma^{\mathrm{T}}\boldsymbol{U}_\sigma)^{-1}\boldsymbol{U}_\sigma^{\mathrm{T}}\boldsymbol{PQ}=\boldsymbol{V}^{\mathrm{T}} \tag{5.53}$$

$$\boldsymbol{W}=\boldsymbol{QV}(\boldsymbol{V}^{\mathrm{T}}\boldsymbol{V})^{-1}=\boldsymbol{QV} \tag{5.54}$$

考虑到 $\boldsymbol{TW}=\boldsymbol{TQV}=\boldsymbol{V}^{\mathrm{T}}\boldsymbol{V}=\boldsymbol{I}=\boldsymbol{WT}$,则式(5.55)成立:

$$\boldsymbol{Q}[\boldsymbol{V}(\boldsymbol{U}_\sigma^{\mathrm{T}}\boldsymbol{U}_\sigma)^{-1}\boldsymbol{U}_\sigma^{\mathrm{T}}]\boldsymbol{P}=\boldsymbol{I} \tag{5.55}$$

将式(5.55)与式(5.48)对比,得到下述由奇异值向量矩阵和奇异值矩阵计算得到的 $\boldsymbol{H}^{\#}$:

$$\boldsymbol{H}^{\#}=\boldsymbol{V}(\boldsymbol{U}_\sigma^{\mathrm{T}}\boldsymbol{U}_\sigma)^{-1}\boldsymbol{U}_\sigma^{\mathrm{T}}=\boldsymbol{V\Sigma}^{-1}\boldsymbol{U}^{\mathrm{T}}=\boldsymbol{VU}_\sigma^{\#} \tag{5.56}$$

式中,$\boldsymbol{U}_\sigma^{\#}=(\boldsymbol{U\Sigma})^{-1}$。

下面确定结构矩阵 $\boldsymbol{A}$、$\boldsymbol{B}$、$\boldsymbol{C}$ 与 Hankel 矩阵的奇异值向量矩阵和奇异值矩阵 $\boldsymbol{U}$、$\boldsymbol{V}$、$\boldsymbol{\Sigma}$ 之间的关系,令

$$\boldsymbol{E}_M^{\mathrm{T}}=[I_M, 0_M, \cdots, 0_M]_{M\times M\alpha} \tag{5.57}$$

$$\boldsymbol{E}_l^{\mathrm{T}}=[I_l, 0_l, \cdots, 0_l]_{l\times l\beta} \tag{5.58}$$

类似式(5.41)可得

$$\widetilde{\boldsymbol{H}}(k)=\begin{bmatrix}\overline{\boldsymbol{H}}(k+1) & \overline{\boldsymbol{H}}(k+2) & \cdots & \overline{\boldsymbol{H}}(k+\beta)\\ \overline{\boldsymbol{H}}(k+2) & \overline{\boldsymbol{H}}(k+3) & \cdots & \overline{\boldsymbol{H}}(k+\beta+1)\\ \vdots & \vdots & & \vdots\\ \overline{\boldsymbol{H}}(k+\alpha) & \overline{\boldsymbol{H}}(k+\alpha+1) & \cdots & \overline{\boldsymbol{H}}(k+\alpha+\beta-1)\end{bmatrix}_{(M\alpha\times l\beta)} \tag{5.59}$$

对式(5.59)左乘 $\boldsymbol{E}_M^{\mathrm{T}}$、右乘 $\boldsymbol{E}_l$,可得

$$\boldsymbol{E}_M^{\mathrm{T}}\widetilde{\boldsymbol{H}}(k)\boldsymbol{E}_l=\overline{\boldsymbol{H}}(k+1) \tag{5.60}$$

将式(5.45)代入式(5.60)得

$$\overline{\boldsymbol{H}}(k+1)=\boldsymbol{E}_M^{\mathrm{T}}\boldsymbol{PA}^k\boldsymbol{QE}_l \tag{5.61}$$

在式(5.61)矩阵 $\boldsymbol{A}$ 的两边各插入一个单位矩阵 $\boldsymbol{QH}^{\#}\boldsymbol{P}=\boldsymbol{I}$[见式(5.48)],可得

$$\begin{aligned}\overline{\boldsymbol{H}}(k+1)&=\boldsymbol{E}_{\mathrm{M}}^{\mathrm{T}}\underbrace{\boldsymbol{PQ}}_{\widetilde{H}(0)}\boldsymbol{H}^{\#}\boldsymbol{PA}^k\boldsymbol{QH}^{\#}\underbrace{\boldsymbol{PQ}}_{\widetilde{H}(0)}\mathbf{E}_l\\ &=\boldsymbol{E}_{\mathrm{M}}^{\mathrm{T}}\widetilde{\boldsymbol{H}}(0)\underbrace{(\boldsymbol{V\Sigma}^{-1}\boldsymbol{U}^{\mathrm{T}})}_{\boldsymbol{H}^{\#}}\boldsymbol{PA}^k\boldsymbol{Q}\underbrace{(\boldsymbol{V\Sigma}^{-1}\boldsymbol{U}^{\mathrm{T}})}_{\boldsymbol{H}^{\#}}\widetilde{\boldsymbol{H}}(0)\mathbf{E}_l\\ &=\boldsymbol{E}_{\mathrm{M}}^{\mathrm{T}}\widetilde{\boldsymbol{H}}(0)\boldsymbol{V\Sigma}^{-\frac{1}{2}}(\boldsymbol{\Sigma}^{-\frac{1}{2}}\boldsymbol{U}^{\mathrm{T}}\boldsymbol{PA}^k\boldsymbol{QV\Sigma}^{-\frac{1}{2}})\boldsymbol{\Sigma}^{-\frac{1}{2}}\boldsymbol{U}^{\mathrm{T}}\widetilde{\boldsymbol{H}}(0)\mathbf{E}_l\\ &=\boldsymbol{E}_{\mathrm{M}}^{\mathrm{T}}\widetilde{\boldsymbol{H}}(0)\boldsymbol{V\Sigma}^{-\frac{1}{2}}(\boldsymbol{\Sigma}^{-\frac{1}{2}}\boldsymbol{U}^{\mathrm{T}}\widetilde{\boldsymbol{H}}(1)\boldsymbol{V\Sigma}^{-\frac{1}{2}})^k\boldsymbol{\Sigma}^{-\frac{1}{2}}\boldsymbol{U}^{\mathrm{T}}\widetilde{\boldsymbol{H}}(0)\mathbf{E}_l\end{aligned} \tag{5.62}$$

在上面的推导过程中 $(\boldsymbol{\Sigma}^{-\frac{1}{2}}\boldsymbol{U}^{\mathrm{T}}\widetilde{\boldsymbol{H}}(1)\boldsymbol{V\Sigma}^{-\frac{1}{2}})^k=\boldsymbol{\Sigma}^{-\frac{1}{2}}\boldsymbol{U}^{\mathrm{T}}\boldsymbol{PA}^k\boldsymbol{QV\Sigma}^{-\frac{1}{2}}$ 这个关系式可以通过 $\widetilde{\boldsymbol{H}}(1)=\boldsymbol{PAQ}$[见式(5.45)],$\boldsymbol{V\Sigma}^{-1}\boldsymbol{U}^{\mathrm{T}}=\boldsymbol{H}^{\#}$[见式(5.56)]及 $\boldsymbol{QH}^{\#}\boldsymbol{P}=\boldsymbol{I}$[见式(5.48)]这三个性质验证。再注意到 $\widetilde{\boldsymbol{H}}(0)=\boldsymbol{U\Sigma V}^{\mathrm{T}}$[见式(5.46)],式(5.62)可以

写成

$$
\begin{aligned}
\overline{\boldsymbol{H}}(k+1) &= \boldsymbol{E}_{\mathrm{M}}^{\mathrm{T}}(\boldsymbol{U\Sigma V}^{\mathrm{T}})\boldsymbol{V\Sigma}^{-\frac{1}{2}}(\boldsymbol{\Sigma}^{-\frac{1}{2}}\boldsymbol{U}^{\mathrm{T}}\widetilde{\boldsymbol{H}}(1)\boldsymbol{V\Sigma}^{-\frac{1}{2}})^{k}\boldsymbol{\Sigma}^{-\frac{1}{2}}\boldsymbol{U}^{\mathrm{T}}(\boldsymbol{U\Sigma V}^{\mathrm{T}})\mathbf{E}_{l} \\
&= \underbrace{\boldsymbol{E}_{\mathrm{M}}^{\mathrm{T}}\boldsymbol{U\Sigma}^{\frac{1}{2}}}_{\boldsymbol{C}}\underbrace{(\boldsymbol{\Sigma}^{-\frac{1}{2}}\boldsymbol{U}^{\mathrm{T}}\widetilde{\boldsymbol{H}}(1)\boldsymbol{V\Sigma}^{-\frac{1}{2}})^{k}}_{\boldsymbol{A}^{k}}\underbrace{\boldsymbol{\Sigma}^{\frac{1}{2}}\boldsymbol{V}^{\mathrm{T}}\ \mathbf{E}_{l}}_{\boldsymbol{B}}
\end{aligned}
\tag{5.63}
$$

将式(5.63)与式(5.42)($\overline{\boldsymbol{H}}(k+1)=\boldsymbol{CA}^{k}\boldsymbol{B}$)对比，可得到

$$
\boldsymbol{C}=\boldsymbol{E}_{M}^{\mathrm{T}}\boldsymbol{U\Sigma}^{\frac{1}{2}} \tag{5.64}
$$

$$
\boldsymbol{A}=\boldsymbol{\Sigma}^{-\frac{1}{2}}\boldsymbol{U}^{\mathrm{T}}\widetilde{\boldsymbol{H}}(1)\boldsymbol{V\Sigma}^{-\frac{1}{2}} \tag{5.65}
$$

$$
\boldsymbol{B}=\boldsymbol{\Sigma}^{\frac{1}{2}}\boldsymbol{V}^{\mathrm{T}}\boldsymbol{E}_{l} \tag{5.66}
$$

结构的状态方程可以写为

$$
\boldsymbol{X}(k+1)=(\boldsymbol{\Sigma}^{-\frac{1}{2}}\boldsymbol{U}^{\mathrm{T}}\widetilde{\boldsymbol{H}}(1)\boldsymbol{V\Sigma}^{-\frac{1}{2}})\boldsymbol{X}(k)+(\boldsymbol{\Sigma}^{\frac{1}{2}}\boldsymbol{V}^{\mathrm{T}}\ \mathbf{E}_{l})\boldsymbol{F}(k) \tag{5.67}
$$

$$
\boldsymbol{Y}(k)=(\boldsymbol{E}_{M}^{\mathrm{T}}\boldsymbol{U\Sigma}^{\frac{1}{2}})\boldsymbol{X}(k) \tag{5.68}
$$

由式(5.65)可见，$\boldsymbol{A}$ 矩阵阶次取决于奇异值矩阵 $\boldsymbol{\Sigma}$ 的阶次，而矩阵 $\boldsymbol{\Sigma}\in R^{2N\times 2N}$。因此，尽管 $\widetilde{\boldsymbol{H}}(1)$的阶次 $M\alpha\times l\beta$ 很高，经过奇异值分解之后，$\boldsymbol{\Sigma}$ 属于 $2N$ 阶，因为

$$
\boldsymbol{\Sigma}=\boldsymbol{U}^{\mathrm{T}}\widetilde{\boldsymbol{H}}(1)\boldsymbol{V}=\begin{bmatrix}\boldsymbol{\Sigma}_{2N\times 2N} & 0\\ 0 & 0\end{bmatrix} \tag{5.69}
$$

式中，$\boldsymbol{\Sigma}_{2N\times 2N}$为特征值矩阵的不为零的 $2N\times 2N$ 块。

由此可见，系统矩阵 $\boldsymbol{A}$ 为 $2N$ 阶方阵，相应的状态空间向量 $\boldsymbol{X}(k)$的阶次必为 $2N$ 阶，它是描述 $2N$ 阶系统的最小阶次，因此称为最小实现。

系统的模态参数可由上述识别得到的系统矩阵 $\boldsymbol{A}$ 的特征值及特征向量确定。对矩阵 $\boldsymbol{A}$ 进行特征值分解，求解结构离散状态方程的特征值矩阵和特征向量矩阵，即

$$
\boldsymbol{\Phi}^{-1}\boldsymbol{A\Phi}=\boldsymbol{Z} \tag{5.70}
$$

式中，$\boldsymbol{\Phi}$ 为特征向量矩阵，由此可确定结构模态振型；$\boldsymbol{Z}$ 为特征值矩阵：

$$
\boldsymbol{Z}=\mathrm{diag}[z_1,z_2,\cdots,z_{2N}] \tag{5.71}
$$

根据离散状态方程与连续状态方程之间的关系，矩阵 $\boldsymbol{A}$ 的特征值与结构特征值之间有如下关系：

$$
z_r=\mathrm{e}^{\lambda_r\Delta t} \tag{5.72}
$$

式中，z_r 与 λ_r 均为复数，可写成

$$
z_r=z_r^{\mathrm{R}}+\mathrm{j}z_r^{\mathrm{I}} \tag{5.73a}
$$

$$
\lambda_r=\lambda_r^{\mathrm{R}}+\mathrm{j}\lambda_r^{\mathrm{I}} \tag{5.73b}
$$

然后由如下公式可求得结构模态频率 ω_r 及模态阻尼比：

$$
\lambda_r=\frac{1}{\Delta t}\ln(z_r)=\lambda_r^{\mathrm{R}}+\mathrm{j}\lambda_r^{\mathrm{I}} \tag{5.73c}
$$

$$
\lambda_r^{\mathrm{R}}=-\zeta_r\omega_r,\quad \lambda_r^{\mathrm{I}}=\sqrt{1-\zeta_r^2}\,\omega_r \tag{5.73d}
$$

$$\omega_r \approx \lambda_r^{\mathrm{I}}, \quad \zeta_r = \frac{-\lambda_r^{\mathrm{R}}}{\sqrt{(\lambda_r^{\mathrm{R}})^2 + (\lambda_r^{\mathrm{I}})^2}} \tag{5.73e}$$

而监测得到的结构模态振型为

$$\hat{\boldsymbol{\Phi}} = \boldsymbol{C}\boldsymbol{\Phi} = \boldsymbol{E}_M^{\mathrm{T}} \boldsymbol{U} \boldsymbol{\Sigma}^{\frac{1}{2}} \boldsymbol{\Phi} \tag{5.74}$$

式中，$\hat{\boldsymbol{\Phi}}$ 为识别的结构振型（只在传感器布设位置处的振型值）。

NExT 法和 ERA 法结合的结构模态参数识别流程如图 5.2 所示。首先由监测的结构响应确定参考点，计算监测结构响应的互相关函数；然后将其作为脉冲响

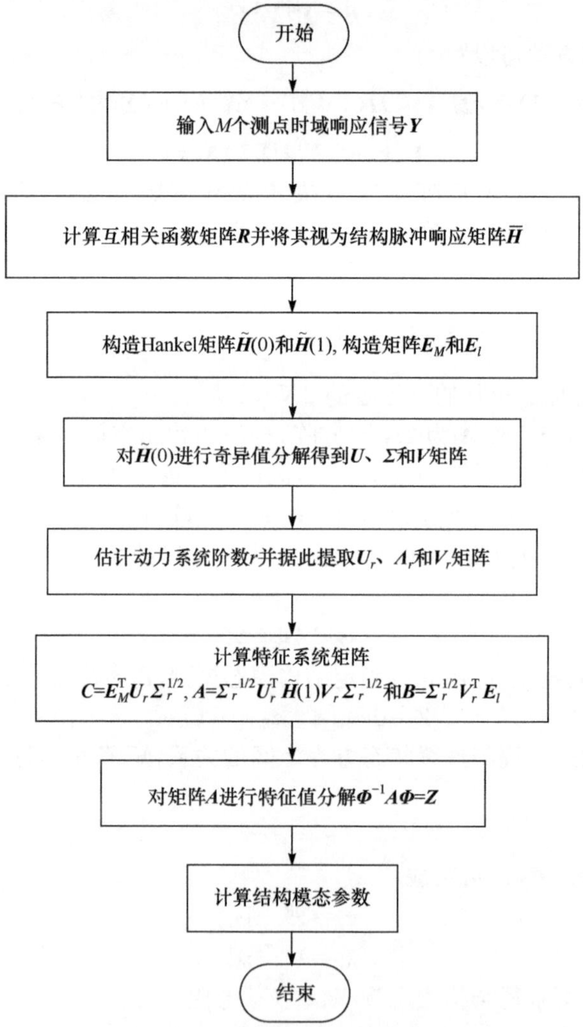

图 5.2　NExT 法和 ERA 法结合的结构模态参数识别流程

应函数，代入式(5.40)和式(5.41)，构造 Hankel 矩阵；采用式(5.46)对 Hankel 矩阵进行奇异值分解，得到奇异值矩阵和奇异值向量矩阵；采用式(5.64)～式(5.66)识别结构系统矩阵，再计算结构系统矩阵的特征值和特征向量，得到结构的模态参数。

2. 算法讨论

1) 奇异值的确定

式(5.46)进行奇异值分解得到的奇异值矩阵 $\boldsymbol{\Sigma}$，理论上形式如下：

$$\boldsymbol{\Sigma}=\begin{bmatrix}\boldsymbol{\Sigma}_r & 0\\ 0 & 0\end{bmatrix} \tag{5.75}$$

式中，$\boldsymbol{\Sigma}_r=\mathrm{diag}(\lambda_1,\lambda_2,\cdots,\lambda_r)$，$r=\mathrm{rank}\boldsymbol{\Sigma}=2N$。

而实际上，由于监测系统的传感器数量有限，加之测量噪声的影响，$\boldsymbol{\Sigma}$ 一般为满秩阵，但只有前 r 个奇异值的精度可以保证，序号大于 r 的奇异值则可能对应于虚假模态，应予以去除。r 的取值视具体识别问题而定，一般来说，可以采用试算的方法，先进行试验性的识别，取不同的 r 值，并比较识别结果，最终取较合理的 r 值。

r 往往小于 $2N$，$\dfrac{N}{2}$为可辨识出的最高阶模态。在应用时，取 $\boldsymbol{U}$、$\boldsymbol{V}$ 的前 r 列来代替 $\boldsymbol{U}$、$\boldsymbol{V}$，即 $\widetilde{\boldsymbol{H}}(0)=\boldsymbol{U}_r\boldsymbol{\Sigma}_r\boldsymbol{V}_r^{\mathrm{T}}$，则式(5.64)～式(5.66)分别变为

$$\boldsymbol{C}=\boldsymbol{E}_M^{\mathrm{T}}\boldsymbol{U}_r\boldsymbol{\Sigma}_r^{\frac{1}{2}} \tag{5.76}$$

$$\boldsymbol{A}=\boldsymbol{\Sigma}_r^{-\frac{1}{2}}\boldsymbol{U}_r^{\mathrm{T}}\widetilde{\boldsymbol{H}}(1)\boldsymbol{V}_r\boldsymbol{\Sigma}_r^{-\frac{1}{2}} \tag{5.77}$$

$$\boldsymbol{B}=\boldsymbol{\Sigma}_r^{\frac{1}{2}}\boldsymbol{V}_r^{\mathrm{T}}\boldsymbol{E}_l \tag{5.78}$$

2) α、β 的取值

α 和 β 的取值原则是使 Hankel 分块矩阵有最小的相对不变的秩，秩的大小为 $2N$，N 为被识别结构的阶次。理论上如果监测数据不含噪声，Hankel 矩阵没有秩的亏损，则 $\widetilde{\boldsymbol{H}}(0)$的最小维数应为 $2N\times 2N$，假设 $\overline{\boldsymbol{H}}(k)$的维数为 $M\times l$，其中 M 为监测点数，l 为激励点数(在结合 NExT 法进行识别时为参考点数)，则由 $\widetilde{\boldsymbol{H}}(0)$的维数($M\alpha\times l\beta$)可知，$M\alpha\geqslant 2N$，$l\beta\geqslant 2N$。但实际上，由于噪声的存在，导致了 Hankel 矩阵秩的亏损，必须适当增加 α 和 β 来使 $\widetilde{\boldsymbol{H}}(0)$的秩达到相对稳定不变。所谓相对稳定，是指 $\widetilde{\boldsymbol{H}}(0)$的第 r 个奇异值之后的各奇异值数值差小于给定的阈值，此时称 $\widetilde{\boldsymbol{H}}(0)$的秩达到 r 时已经相对稳定了。但 ERA 算法中，阈值确定具有主观性。

在结合 NExT 法进行结构模态参数识别时，α 和 β 尽量取值相同，同时 α 和 β 的取值不能太大，否则将增加 ERA 对噪声的敏感性，容易引入虚假模态，一般原则是 $\alpha\leqslant 2N$，$\beta\leqslant 2N$。

3) 参考点的选取

在采用 NExT 和 ERA 方法进行结构模态参数识别时，NExT 方法中参考点选择对识别结果会产生影响。参考点的位置不应在任何拟识别各阶模态振型的节点上，而应尽量在各阶振型幅值较大的位置，这样响应数据中每个模态的特征信号将更加明显，信噪比将更大。在进行实际结构损伤识别时，应尽量得到真实结构的近似有限元模型，并对其进行理论模态分析，得到振型和频率。虽然有限元模型与真实模型存在差别，但振型的大致形状是一致的，所以根据理论模态分析得到的振型结果来确定传感器位置和选择参考点位置是可行的。

5.3　随机子空间方法

随机子空间模态识别方法分为协方差驱动的随机子空间方法和数据驱动的随机子空间方法。由于前者基于现代控制理论，通过监测数据与结构系统矩阵之间的关系来识别结构模态参数，更易于学习掌握。因此，这里只介绍协方差驱动的随机子空间方法。

1. 离散随机状态空间模型

在随机激励下，一个 N 自由度线性时不变结构的离散状态空间方程为

$$\boldsymbol{x}_{k+1}=\boldsymbol{A}\boldsymbol{x}_k+\boldsymbol{B}\boldsymbol{u}_k+\boldsymbol{w}_k \tag{5.79}$$

$$\boldsymbol{y}_k=\boldsymbol{C}\boldsymbol{x}_k+\boldsymbol{D}\boldsymbol{u}_k+\boldsymbol{v}_k \tag{5.80}$$

式中，$\boldsymbol{w}_k$ 为过程噪声和建模误差噪声；$\boldsymbol{v}_k$ 为测量噪声；其他符号意义同前。

假设荷载与环境作用为白噪声，过程噪声与建模误差噪声及测量噪声均可假设为白噪声，则可将它们进行合并，上述结构离散状态空间方程可以写为

$$\boldsymbol{x}_{k+1}=\boldsymbol{A}\boldsymbol{x}_k+\boldsymbol{w}_k \tag{5.81}$$

$$\boldsymbol{y}_k=\boldsymbol{C}\boldsymbol{x}_k+\boldsymbol{v}_k \tag{5.82}$$

式中，$\boldsymbol{w}_k$ 为结构随机荷载和环境作用及过程噪声与建模误差噪声之和，简称过程噪声；$\boldsymbol{v}_k$ 为结构随机荷载和环境作用与测量噪声之和，简称测量噪声。

假设过程噪声和测量噪声均为零均值的白噪声，且与结构状态无关，则有

$$E[\boldsymbol{w}_k]=0,\quad E[\boldsymbol{v}_k]=0 \tag{5.83}$$

$$E[\boldsymbol{x}_k\boldsymbol{w}_k^{\mathrm{T}}]=0,\quad E[\boldsymbol{x}_k\boldsymbol{v}_k^{\mathrm{T}}]=0 \tag{5.84}$$

因为结构为线性时不变动力系统，在零均值平稳随机过程激励下其状态响应也为零均值的平稳随机过程，即有

$$E[\boldsymbol{x}_k\boldsymbol{x}_k^{\mathrm{T}}]=\Sigma_\sigma,\quad E[\boldsymbol{x}_k]=0 \tag{5.85}$$

对任意 i 时间间隔，监测的结构响应的协方差矩阵 $\boldsymbol{R}_i$ 为

$$\boldsymbol{R}_i=E[\boldsymbol{y}_{k+i}\boldsymbol{y}_k^{\mathrm{T}}] \tag{5.86}$$

令结构状态与监测的结构响应的协方差矩阵为

$$\boldsymbol{G}=E[\boldsymbol{x}_{k+1}\boldsymbol{y}_k^{\mathrm{T}}] \tag{5.87}$$

将式(5.81)和式(5.82)代入式(5.86)和式(5.87)，得到监测结构响应的协方差矩阵 $\boldsymbol{R}_i(i=1,2,\cdots)$为

$$\boldsymbol{R}_i=\boldsymbol{C}\boldsymbol{A}^{i-1}\boldsymbol{G} \tag{5.88}$$

式(5.88)是协方差驱动随机子空间模态识别方法的核心表达式。从式中可以看出，监测结构响应的协方差矩阵 $\boldsymbol{R}_i$ 与结构系统矩阵 $\boldsymbol{A}$ 直接相关，则从监测的结构响应中可以识别结构的模态参数。

2. Hankel 矩阵

为从监测结构响应协方差矩阵求解结构系统矩阵，首先由监测的结构响应数据直接构造块 Hankel 矩阵，其定义为

$$\boldsymbol{Y}_{0|2i-1}=\frac{1}{\sqrt{j}}\left[\begin{array}{cccc}\boldsymbol{Y}_0 & \boldsymbol{Y}_1 & \cdots & \boldsymbol{Y}_{j-1}\\ \boldsymbol{Y}_1 & \boldsymbol{Y}_2 & \cdots & \boldsymbol{Y}_j\\ \vdots & \vdots & & \vdots\\ \boldsymbol{Y}_{i-1} & \boldsymbol{Y}_i & \cdots & \boldsymbol{Y}_{i+j-2}\\ \hline \boldsymbol{Y}_i & \boldsymbol{Y}_{i+1} & \cdots & \boldsymbol{Y}_{i+j-1}\\ \boldsymbol{Y}_{i+1} & \boldsymbol{Y}_{i+2} & \cdots & \boldsymbol{Y}_{i+j}\\ \vdots & \vdots & & \vdots\\ \boldsymbol{Y}_{2i-1} & \boldsymbol{Y}_{2i} & \cdots & \boldsymbol{Y}_{2i+j-2}\end{array}\right]=\left[\frac{\boldsymbol{Y}_{0|i-1}}{\boldsymbol{Y}_{i|2i-1}}\right]=\left[\frac{\boldsymbol{Y}_{\mathrm{p}}}{\boldsymbol{Y}_{\mathrm{f}}}\right] \tag{5.89}$$

式(5.89)即为包含 $2i$"块行"和 j 列的块 Hankel 矩阵，每块是由 M 行组成的列向量，$\boldsymbol{Y}_k=[y_{1,k},y_{2,k},\cdots,y_{M,k}]^{\mathrm{T}}$，$M$ 为监测传感器的数量，k 为采样时刻，$1/\sqrt{j}$在计算协方差矩阵时可以与系数约掉。$\boldsymbol{Y}_{0|2i-1}$、$\boldsymbol{Y}_{0|i-1}$、$\boldsymbol{Y}_{i|2i-1}$的下标表示矩阵起始行和结束行数据采样时刻；$\boldsymbol{Y}_{\mathrm{p}}$ 和 $\boldsymbol{Y}_{\mathrm{f}}$ 分别表示以某个时刻为界限[式(5.89)表示的界限为 i]的过去的数据和将来的数据，即块 Hankel 矩阵可以分为过去和将来两部分。如果将过去和将来的边界向下移动一个块行，则有

$$\boldsymbol{Y}_{0|2i-1}=\frac{1}{\sqrt{j}}\left[\begin{array}{cccc}\boldsymbol{Y}_0 & \boldsymbol{Y}_1 & \cdots & \boldsymbol{Y}_{j-1}\\ \boldsymbol{Y}_1 & \boldsymbol{Y}_2 & \cdots & \boldsymbol{Y}_j\\ \vdots & \vdots & & \vdots\\ \boldsymbol{Y}_i & \boldsymbol{Y}_{i+1} & \cdots & \boldsymbol{Y}_{i+j-1}\\ \hline \boldsymbol{Y}_{i+1} & \boldsymbol{Y}_{i+2} & \cdots & \boldsymbol{Y}_{i+j}\\ \vdots & \vdots & & \vdots\\ \boldsymbol{Y}_{2i-1} & \boldsymbol{Y}_{2i} & \cdots & \boldsymbol{Y}_{2i+j-2}\end{array}\right]=\left[\frac{\boldsymbol{Y}_{0|i}}{\boldsymbol{Y}_{i+1|2i-1}}\right]=\left[\frac{\boldsymbol{Y}_{\mathrm{p}}^{+}}{\boldsymbol{Y}_{\mathrm{f}}^{-}}\right] \tag{5.90}$$

3. 监测结构响应的协方差矩阵

根据式(5.86)计算监测的结构响应的协方差矩阵，并按照式(5.89)块 Hankel 矩阵的过去数据和将来数据，构造 Toeplitz 矩阵：

$$\boldsymbol{T}_{1|i}=\boldsymbol{Y}_{\mathrm{f}}\boldsymbol{Y}_{\mathrm{p}}^{\mathrm{T}}=\begin{bmatrix}\boldsymbol{R}_i & \boldsymbol{R}_{i-1} & \cdots & \boldsymbol{R}_1\\ \boldsymbol{R}_{i+1} & \boldsymbol{R}_i & \vdots & \boldsymbol{R}_2\\ \vdots & \vdots & & \vdots\\ \boldsymbol{R}_{2i-1} & \boldsymbol{R}_{2i-2} & \cdots & \boldsymbol{R}_i\end{bmatrix} \tag{5.91}$$

式中，$\boldsymbol{T}_{1|i}\in\mathbb{R}^{Mi\times Mi}$ 为对角线元素相等的 Toeplitz 矩阵。

将式(5.88)监测的结构响应协方差矩阵 $\boldsymbol{R}_i$ 代入式(5.91)，得到

$$\boldsymbol{T}_{1|i}=\begin{bmatrix}\boldsymbol{C}\\ \boldsymbol{CA}\\ \vdots\\ \boldsymbol{CA}^{i-1}\end{bmatrix}[\boldsymbol{A}^{i-1}\boldsymbol{G},\boldsymbol{A}^{i-2}\boldsymbol{G},\cdots,\boldsymbol{G}]=\boldsymbol{P}_i\boldsymbol{\Gamma}_i \tag{5.92}$$

式中，

$$\boldsymbol{P}_i=\begin{bmatrix}\boldsymbol{C}\\ \boldsymbol{CA}\\ \vdots\\ \boldsymbol{CA}^{i-1}\end{bmatrix},\quad \boldsymbol{\Gamma}_i=[\boldsymbol{A}^{i-1}\boldsymbol{G},\boldsymbol{A}^{i-2}\boldsymbol{G},\cdots,\boldsymbol{G}] \tag{5.93}$$

从现代控制理论可知，$\boldsymbol{P}_i\in\mathbb{R}^{iM\times 2N}$ 和 $\boldsymbol{\Gamma}_i\in\mathbb{R}^{2N\times Mi}$ 分别为结构的可观性矩阵[式(5.43)相同]和反转可控性矩阵。如果矩阵 $\boldsymbol{P}_i\in\mathbb{R}^{iM\times 2N}$ 的秩等于结构状态方程的阶数 $2N$，说明在有限的时间间隔内，结构的所有阶模态都可以从监测的结构响应中得到，结构动力系统是可观的；如果矩阵 $\boldsymbol{\Gamma}_i\in\mathbb{R}^{2N\times Mi}$ 的秩等于结构状态方程的阶数 $2N$，说明在有限的时间之内结构的所有阶模态都可以由随机激励产生，那么结构动力系统是可控的。

从式(5.93)可以看出，结构状态方程的可观性矩阵 $\boldsymbol{P}_i\in\mathbb{R}^{iM\times 2N}$ 的第一块行即为观测矩阵 $\boldsymbol{C}$：

$$\boldsymbol{C}=\boldsymbol{P}_i(1:M,1:2N) \tag{5.94}$$

为得到结构系统矩阵 $\boldsymbol{A}$，将 $\boldsymbol{T}_{1|i}$ 变为 $\boldsymbol{T}_{2|i+1}$，则

$$\boldsymbol{T}_{2|i+1}=\boldsymbol{Y}_{\mathrm{f}}\boldsymbol{Y}_{\mathrm{p}}^{\mathrm{T}}=\begin{bmatrix}\boldsymbol{R}_{i+1} & \boldsymbol{R}_i & \cdots & \boldsymbol{R}_2\\ \boldsymbol{R}_{i+2} & \boldsymbol{R}_{i+1} & \cdots & \boldsymbol{R}_3\\ \vdots & \vdots & & \vdots\\ \boldsymbol{R}_{2i} & \boldsymbol{R}_{2i-1} & \cdots & \boldsymbol{R}_{i+1}\end{bmatrix} \tag{5.95}$$

$$\boldsymbol{T}_{2|i+1}=\boldsymbol{P}_i\boldsymbol{A}\boldsymbol{\Gamma}_i \tag{5.96}$$

由式(5.96)得到结构的系统矩阵 $\boldsymbol{A}$ 为

$$\boldsymbol{A}=\boldsymbol{P}_i^{\dagger}\boldsymbol{T}_{2|i+1}\boldsymbol{\Gamma}_i^{\dagger} \tag{5.97}$$

式中,$(\cdot)^{\dagger}$ 表示矩阵的 Moore-Penrose 伪逆。

4. 块 Toeplitz 矩阵分解

如果结构动力系统是可观和可控的,则 Toeplitz 矩阵的秩等于结构动力系统的阶数,即 Toeplitz 矩阵的秩为 $2N$。对 Toeplitz 矩阵进行奇异值分解,不为零的奇异值个数即为 $2N$

$$\boldsymbol{T}_{1|i}=\boldsymbol{U\Sigma V}^{\mathrm{T}}=[\boldsymbol{U}_1,\boldsymbol{U}_2]\begin{bmatrix}\boldsymbol{\Sigma}_1 & \boldsymbol{0}\\ \boldsymbol{0} & \boldsymbol{\Sigma}_2\end{bmatrix}\begin{bmatrix}\boldsymbol{V}_1^{\mathrm{T}}\\ \boldsymbol{V}_2^{\mathrm{T}}\end{bmatrix} \tag{5.98}$$

式中,$\boldsymbol{U}\in\mathbb{R}^{M_i\times M_i}$ 和 $\boldsymbol{V}\in\mathbb{R}^{M_i\times M_i}$ 为酋矩阵,$\boldsymbol{U}^{\mathrm{T}}\boldsymbol{U}=\boldsymbol{U}\boldsymbol{U}^{\mathrm{T}}=I\in\mathbb{Z}^{M_i\times M_i}$,$\boldsymbol{V}^{\mathrm{T}}\boldsymbol{V}=\boldsymbol{V}\boldsymbol{V}^{\mathrm{T}}=\boldsymbol{I}\in\mathbb{Z}^{M_i\times M_i}$;$\boldsymbol{\Sigma}\in\mathbb{R}^{M_i\times M_i}$ 为对角阵,由奇异值组成,根据奇异值是否为零,将 $\boldsymbol{\Lambda}$ 分为两个子对角矩阵,$\boldsymbol{\Lambda}_1\in\mathbb{R}^{+2N\times 2N}$ 是由 $2N$ 个不为零的奇异值组成的对角阵,并且奇异值按照降序排列,$\boldsymbol{\Lambda}_2=0$,即有

$$\boldsymbol{\Sigma}=\begin{bmatrix}\boldsymbol{\Sigma}_1 & \boldsymbol{0}\\ \boldsymbol{0} & \boldsymbol{\Sigma}_2\end{bmatrix} \tag{5.99}$$

$$\boldsymbol{\Sigma}_1=\mathrm{diag}[\lambda_i],\lambda_1\geqslant\lambda_2\geqslant\cdots\geqslant\lambda_{2n},\quad \boldsymbol{\Sigma}_2=0$$

$\boldsymbol{\Sigma}_1\in\mathbb{R}^{+2N\times 2N}$ 的秩即为结构动力系统的阶数,也就是说,结构动力系统的阶数与不为零的奇异值的数量相同,那么式(5.98)可写为

$$\begin{aligned}\boldsymbol{T}_{1|i}=\boldsymbol{U\Sigma V}^{\mathrm{T}}&=[\boldsymbol{U}_1,\boldsymbol{U}_2]\begin{bmatrix}\boldsymbol{\Sigma}_1 & \boldsymbol{0}\\ \boldsymbol{0} & \boldsymbol{\Sigma}_2\end{bmatrix}\begin{bmatrix}\boldsymbol{V}_1^{\mathrm{T}}\\ \boldsymbol{V}_2^{\mathrm{T}}\end{bmatrix}\\ &=\boldsymbol{U}_1\boldsymbol{\Sigma}_1\boldsymbol{V}_1^{\mathrm{T}}\end{aligned} \tag{5.100}$$

对比式(5.92)和式(5.100),并将式(5.100)分为两部分,则

$$\boldsymbol{P}_i=\boldsymbol{U}_1\boldsymbol{\Sigma}_1^{\frac{1}{2}}\boldsymbol{T},\quad \boldsymbol{\Gamma}_i=\boldsymbol{T}^{-1}\boldsymbol{\Sigma}_1^{\frac{1}{2}}\boldsymbol{V}_1^{\mathrm{T}} \tag{5.101}$$

式中,$\boldsymbol{T}$ 为任意的可逆矩阵,相当于对结构系统矩阵 $\boldsymbol{A}$ 和观测矩阵 $\boldsymbol{C}$ 做相似变换,一般为了简单,可取 $\boldsymbol{T}=\boldsymbol{I}$。

求得可观性矩阵 $\boldsymbol{P}_i$ 和反转可控性矩阵 $\boldsymbol{\Gamma}_i$ 后,即可采用式(5.94)确定结构观测矩阵 $\boldsymbol{C}$,采用式(5.97)计算结构系统矩阵 $\boldsymbol{A}$。

5. 结构模态参数识别

进一步利用式(5.70)计算结构离散状态方程的特征值和特征向量,再根据式(5.72)和式(5.73)得到结构连续状态方程的特征值 λ_j 和结构自振频率和阻尼比。

结构在布设传感器位置的振型为

$$\hat{\boldsymbol{\Phi}}=\boldsymbol{C\Phi} \tag{5.102}$$

6. 稳定图理论

在对结构进行模态参数识别的过程中，结构状态方程的阶数 $2N$ 通常是未知的，可以通过结构的响应协方差矩阵构造的 Toeplitz 矩阵的奇异值分解来确定。但由于监测的结构响应通常受到噪声等影响，通过奇异值来确定结构状态方程的阶数可能不准确。此外，模态分析所关心的并不是结构动力系统的阶数，而是模态参数的提取。在实际的模态分析过程中，当结构动力系统阶数未知时，稳定图可以消除虚假模态而直接提取结构真实的模态参数，有助于更准确地识别结构动力系统的模态阶数和模态参数。

稳定图理论是假定结构动力系统有不同的阶数，得到多个不同阶数的状态空间模型，对每个模型进行模态参数识别，将得到的所有模态参数绘制在稳定图上，某阶模型识别的模态参数同低一阶模型识别的模态参数相比较，如果特征频率、阻尼比和模态振型的差异小于预设的限定值，则这个点就称为稳定点，组成的轴称为稳定轴，相应的模态即为结构的模态，其示意图如图 5.3 所示。限定值可以根据实际工程动力特征和经验确定。在结构健康监测中，因为频率识别的精度一般较高，而阻尼比和模态振型的识别精度较低，因此，频率的限定值一般较小，而阻尼比和模态振型的限定值可以大一些。稳定轴要求为

$$
\begin{aligned}
&\left|\frac{f_i-f_{i+1}}{f_i}\right|<[\Delta f_e] \\
&\left|\frac{\zeta_i-\zeta_{i+1}}{\zeta_i}\right|<[\Delta \zeta_e] \\
&|1-\mathrm{MAC}(i,i+1)|<[\Delta \varphi_e]
\end{aligned}
\tag{5.103}
$$

式中，i 表示模态阶数；f 和 ζ 分别为识别的结构频率和阻尼比；MAC 为模态置信准则(modal assurance criterion)；[·]为模态参数的限定值。

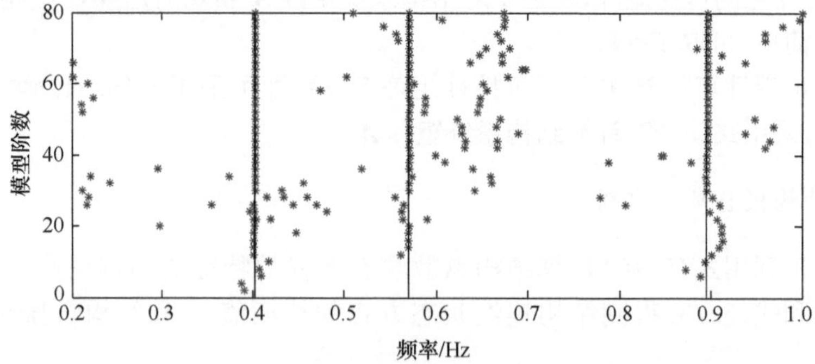

图 5.3　频率稳定图(细实线为稳定轴)

协方差驱动的随机子空间结构模态参数识别方法流程如图 5.4 所示。首先根据监测的结构响应计算协方差矩阵，然后采用式(5.91)构造 Toeplitz 矩阵，对 Toeplitz 进行奇异值分解，再由式(5.101)计算结构可观性矩阵和反转可控性矩阵，根据结构系统矩阵与可观性矩阵和反转可控性矩阵之间的关系[式(5.94)和式(5.97)]求解结构系统矩阵，进而识别结构的模态参数。

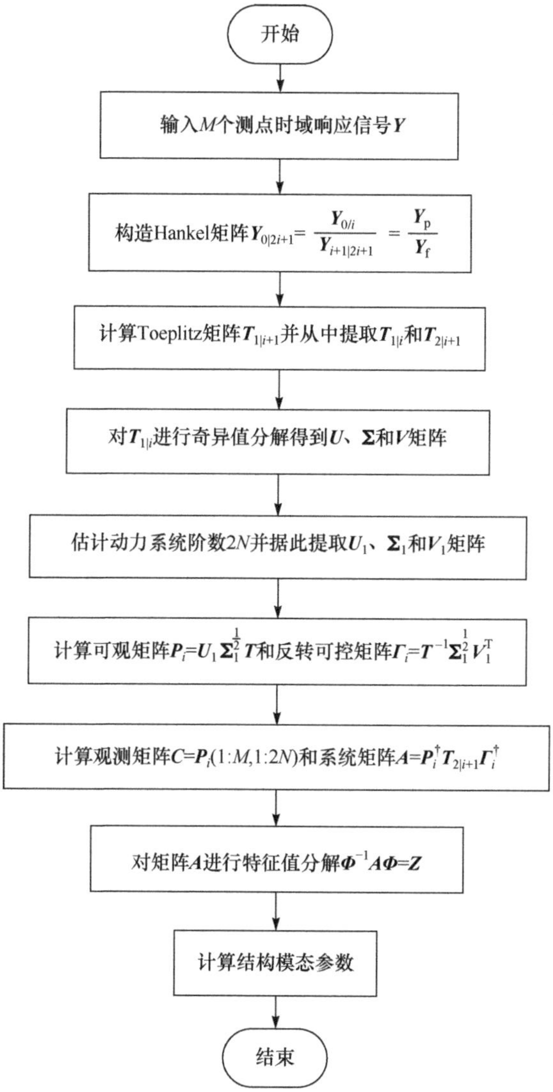

图 5.4　协方差驱动的随机子空间结构模态参数识别方法

5.4　时变环境结构模态参数分析

大量研究表明，环境因素（如温度、风等）和运营状况等对结构模态参数的影响较大，甚至超过结构轻微损伤对结构模态参数的影响，需要研究环境作用与结构模态参数之间关系的建模方法或解耦方法。本节介绍提取影响模态参数主要环境作用的主成分分析方法，采用主成分分析方法获得环境因素与结构模态参数的隐式关系，然后分析环境因素与结构模态参数的相关性，最后介绍温度和风速与大跨度桥梁结构模态参数之间关系的神经网络模型的建模方法，从而能够得到从监测识别模态参数中剔除环境因素影响后的结构模态参数的方法。

5.4.1　主成分分析方法

设有二维向量 $\boldsymbol{x}=\{\boldsymbol{x}_1,\boldsymbol{x}_2\}^{\mathrm{T}}\in\mathbb{R}^{2\times N}$，$N$ 为监测数据样本的个数。将 N 个数据样本画在直角坐标系（$\boldsymbol{x}_1,\boldsymbol{x}_2$）中，如图 5.5 所示。将坐标系旋转至（$\boldsymbol{y}_1,\boldsymbol{y}_2$）位置，从图中可以看出监测样本点主要沿 $\boldsymbol{y}_1$ 方向分布，全部样本点在 $\boldsymbol{y}_1$ 坐标轴上的投影基本代表了这些样本点的分布情况。这里就可以称 $\boldsymbol{y}_1$ 为该二维监测向量的第一主成分，而称 $\boldsymbol{y}_2$ 为第二主成分。

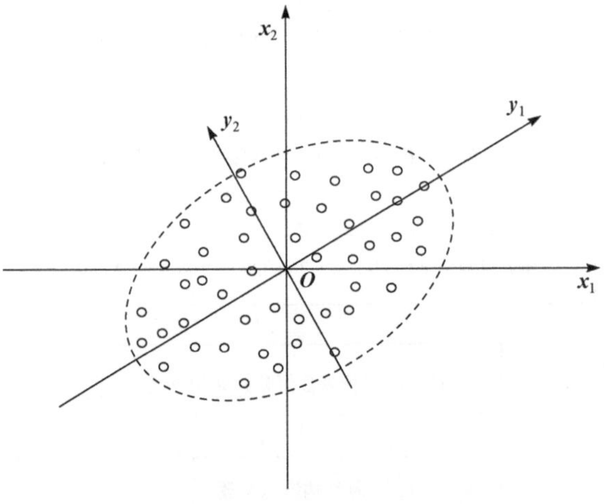

图 5.5　主分量示意图

构造新指标能够尽可能保留原有指标所包含的信息，而且各指标之间不相关，即各新指标之间含有的信息不重叠。这种将原来较多指标简化为少数几个新的综合指标的多元统计方法称为主成分分析（或主分量分析）。主成分分析是一种从空间区域划分和属性类别角度出发，将原来的多个指标转化为少数几个相互独立综合指标的非函数方法，是能够化繁为简，将指标数尽可能压缩的降维（空间压缩）技术,也是一种综合评价方法。主成分分析是由英国生物统计学家 Kart Pearson 于 1901 年首次对非随机变量引入的(求拟合直线或超平面),后由 Hotelling 将其推广至随机变量。

1. 线性主成分分析

假设监测的数据向量 $\boldsymbol{x}_1,\boldsymbol{x}_2,\cdots,\boldsymbol{x}_n$ 组成一个 $n\times N$ 维矩阵 $\boldsymbol{x}\in\mathbb{R}^{n\times N}$,$N$ 为监测数据样本的个数,即

$$\boldsymbol{x}=\begin{Bmatrix}\boldsymbol{x}_1\\ \boldsymbol{x}_2\\ \vdots\\ \boldsymbol{x}_n\end{Bmatrix}=\begin{bmatrix}x_{11} & x_{12} & \cdots & x_{1N}\\ x_{21} & x_{22} & \cdots & x_{2N}\\ \vdots & \vdots & & \vdots\\ x_{n1} & x_{n2} & \cdots & x_{nN}\end{bmatrix} \tag{5.104}$$

特征向量矩阵 $\boldsymbol{y}\in\mathbb{R}^{m\times N}(m\leqslant n)$是监测数据向量矩阵 $\boldsymbol{x}\in\mathbb{R}^{n\times N}$的线性变换(或坐标旋转),故存在正交变换矩阵 $\boldsymbol{L}\in\mathbb{R}^{n\times m}$

$$\boldsymbol{L}=[\boldsymbol{L}_1,\boldsymbol{L}_2,\cdots,\boldsymbol{L}_m]=\begin{bmatrix}l_{11} & l_{21} & \cdots & l_{m1}\\ l_{12} & l_{22} & \cdots & l_{m2}\\ \vdots & \vdots & & \vdots\\ l_{1n} & l_{2n} & \cdots & l_{mn}\end{bmatrix} \tag{5.105}$$

$\boldsymbol{L}$ 的各列组成了 m 维线性子空间的正交基 $\boldsymbol{L}_i(i=1,2,\cdots,m)$,使得

$$\boldsymbol{y}=\begin{bmatrix}\boldsymbol{y}_1\\ \boldsymbol{y}_2\\ \vdots\\ \boldsymbol{y}_m\end{bmatrix}=\begin{bmatrix}\boldsymbol{L}_1^{\mathrm{T}}\boldsymbol{x}\\ \boldsymbol{L}_2^{\mathrm{T}}\boldsymbol{x}\\ \vdots\\ \boldsymbol{L}_m^{\mathrm{T}}\boldsymbol{x}\end{bmatrix} \tag{5.106}$$

式中,$\boldsymbol{y}_i$ 称为监测数据向量矩阵 $\boldsymbol{x}$ 的第 i 个主成分。为得到正交变换矩阵 $\boldsymbol{L}$,首先对监测数据向量矩阵 $\boldsymbol{x}\in\mathbb{R}^{n\times N}$的协方差矩阵进行奇异值分解:

$$\boldsymbol{x}\boldsymbol{x}^{\mathrm{T}}=\boldsymbol{U}\boldsymbol{\Sigma}\boldsymbol{U}^{\mathrm{T}},\quad \boldsymbol{U}\boldsymbol{U}^{\mathrm{T}}=\boldsymbol{I}$$
$$\boldsymbol{\Sigma}=\begin{bmatrix}\boldsymbol{\Sigma}_1 & \boldsymbol{0}\\ \boldsymbol{0} & \boldsymbol{\Sigma}_2\end{bmatrix} \tag{5.107}$$

式中,$\boldsymbol{\Sigma}$ 表示按照降序排列的特征值对角阵,其中 $\boldsymbol{\Sigma}_1=\mathrm{diag}(\lambda_1,\lambda_2,\cdots,\lambda_m)$,$\boldsymbol{\Sigma}_2=\mathrm{diag}(\lambda_{m+1},\lambda_{m+2},\cdots,\lambda_n)$,且 $\lambda_1\geqslant\cdots\geqslant\lambda_m\gg\lambda_{m+1}\geqslant\cdots\geqslant\lambda_n$,$\lambda_i(i=1,2,\cdots,n)$为特征值;$\boldsymbol{U}$ 是特征向量矩阵,且为酉矩阵。

为了分析主成分 $\boldsymbol{y}_i$ 包含原变量信息的多少,通常采用 $\alpha_i=\lambda_i/\sum\limits_{j=1}^{n}\lambda_j$ 表示主成分 $\boldsymbol{y}_i$ 的方差贡献率,而称 $\sum\limits_{i=1}^{m}\alpha_i$ 为前 m 个主成分的累计方差贡献率,一般情况下

取 m 使得累计方差贡献率达到80%以上，即 $\left(\sum_{i=1}^{m}\alpha_i\right)\times 100\% \geqslant 80\%$。特征向量矩阵 $\boldsymbol{U}$ 中的前 m 列向量构成正交特征向量矩阵 $\boldsymbol{L}$：

$$\boldsymbol{L}=[\boldsymbol{U}_1,\boldsymbol{U}_2,\cdots,\boldsymbol{U}_m] \tag{5.108}$$

式中，$\boldsymbol{U}_i=\boldsymbol{L}_i, i=1,2,\cdots,m$。

从特征向量空间 $\boldsymbol{y}\in\mathbb{R}^{m\times N}(m\leqslant n)$ 重构数据向量空间 $\hat{\boldsymbol{x}}\in\mathbb{R}^{n\times N}$ 可以表示为

$$\hat{\boldsymbol{x}}=\boldsymbol{L}\boldsymbol{y}=\boldsymbol{L}(\boldsymbol{L}^{\mathrm{T}}\boldsymbol{x}) \tag{5.109}$$

在主成分分析中，从监测数据向量空间到特征向量空间的映射是线性的，同样从特征向量空间到重构数据向量空间的反映射也是线性的，式(5.106)和式(5.109)可以称为线性析取和线性重构方程。

2. 非线性主成分分析

如果监测数据向量分布于 n 维欧几里得空间的 m 维非线性平面内，则需采用非线性主成分分析(nonlinear principal component analysis，NLPCA)方法进行维数缩减，非线性主成分分析方法是一种非线性映射方法。设 $\boldsymbol{x}$ 和 $\hat{\boldsymbol{x}}$ 表示初始数据向量和重构数据向量的拓扑空间，而 $\boldsymbol{y}$ 表示特征向量组成的拓扑空间，初始数据向量矩阵 $\boldsymbol{x}\in\mathbb{R}^{n\times N}$ 与特征向量矩阵 $\boldsymbol{y}\in\mathbb{R}^{m\times N}(m\leqslant n)$ 之间的非线性关系可以表示为

$$\boldsymbol{y}=\varphi(\boldsymbol{x}),\quad \varphi\in S_e \tag{5.110}$$

同时从特征向量矩阵 $\boldsymbol{y}$ 到重构向量矩阵 $\hat{\boldsymbol{x}}$ 的重构方程表示为

$$\hat{\boldsymbol{x}}=\psi(\boldsymbol{y}),\quad \psi\in S_r \tag{5.111}$$

式中，S_e 和 S_r 都为非线性函数族，最优函数族 ψ 和 φ 可以通过求解如下优化目标函数获得：

$$e=E[\|\boldsymbol{x}-\hat{\boldsymbol{x}}\|^2]=E[\|\boldsymbol{x}-\psi(\phi(\boldsymbol{x}))\|^2] \tag{5.112}$$

根据 Cybenko 的理论，标准的前馈神经网络的方程可以表示为反曲函数和的形式，经过适当的训练，可以表示任何形如 φ：$\boldsymbol{y}=\varphi(\boldsymbol{x})$ 和 ψ：$\hat{\boldsymbol{x}}=\psi(\boldsymbol{y})$ 的非线性方程。前馈网络中的特征向量 $\boldsymbol{y}$，由输入向量 $\boldsymbol{x}$ 以及神经网络权值矩阵 $\boldsymbol{W}_1$、$\boldsymbol{W}_2$ 和偏置值矩阵 $\boldsymbol{b}_1$、$\boldsymbol{b}_2$ 决定，而重构输出向量 $\hat{\boldsymbol{x}}$ 则依赖于网络权值矩阵 $\boldsymbol{W}_3$、$\boldsymbol{W}_4$ 和偏置值矩阵 $\boldsymbol{b}_3$、$\boldsymbol{b}_4$：

$$\boldsymbol{y}=\boldsymbol{W}_2\Xi(\boldsymbol{W}_1\boldsymbol{x}+\boldsymbol{b}_1)+\boldsymbol{b}_2 \tag{5.113}$$

$$\hat{\boldsymbol{x}}=\boldsymbol{W}_4\Xi(\boldsymbol{W}_3\boldsymbol{y}+\boldsymbol{b}_3)+\boldsymbol{b}_4 \tag{5.114}$$

式中，$\Xi(\cdot)$ 表示反曲函数。

从式(5.113)和式(5.114)可以看出，函数 φ：$\boldsymbol{y}=\varphi(\boldsymbol{x})$ 和 ψ：$\hat{\boldsymbol{x}}=\psi(\boldsymbol{y})$ 的神经网络结构如图 5.6 所示。函数 φ：$\boldsymbol{y}=\varphi(\boldsymbol{x})$ 的神经网络[图 5.6(a)]输入为 n 维数据向量 $\boldsymbol{x}\in\mathbb{R}^{n\times N}$，输出为特征向量 $\boldsymbol{y}$，神经网络隐含层包括 M_1 个神经元($M_1>n$)，传输函数是反曲函数；函数 ψ：$\hat{\boldsymbol{x}}=\psi(\boldsymbol{y})$ 的神经网络[图 5.6(b)]输入为 m 维特征向量

$\boldsymbol{y}\in\mathbb{R}^{m\times N}$，神经网络隐含层包括 M_2 个神经元（$M_2>n$），传输函数同样是反曲函数，输出为 n 维数据向量 $\hat{\boldsymbol{x}}$。

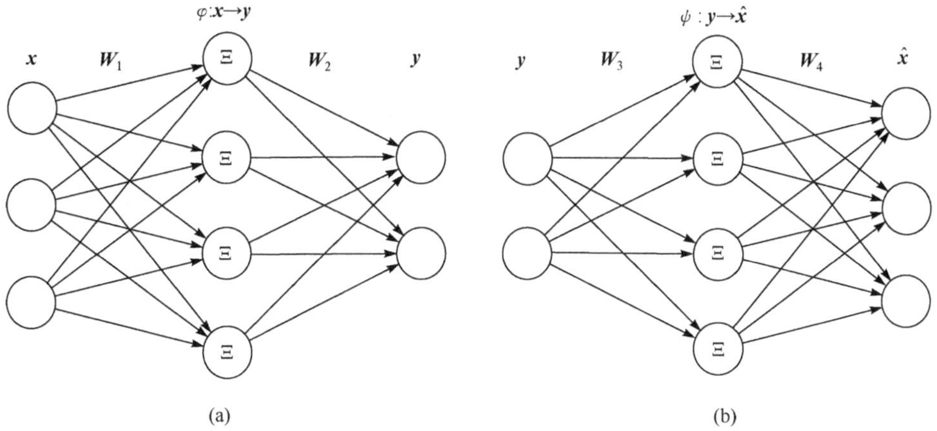

图 5.6　非线性主成分分析的析出和重构函数的神经网络

图 5.6 所示的神经网络属于有监督的学习，学习规则需要已知神经网络的输入向量和输出向量。从图 5.6 可以看出，特征向量 $\boldsymbol{y}$ 作为神经网络 φ：$\boldsymbol{y}=\varphi(\boldsymbol{x})$ 的输出和 ψ：$\hat{\boldsymbol{x}}=\psi(\boldsymbol{y})$ 的输入都是未知的，因而无法直接实现有监督的学习。这里通过将上述两个神经网络依次连接，使 φ：$\boldsymbol{y}=\varphi(\boldsymbol{x})$ 的输出直接变为 ψ：$\hat{\boldsymbol{x}}=\psi(\boldsymbol{y})$ 的输入。组合神经网络的输入向量和输出向量分别是已知数据向量 $\boldsymbol{x}$ 及其重构向量 $\hat{\boldsymbol{x}}$，因此神经网络可以应用 BP 算法训练输入和输出向量之间存在的函数关系，这种学习规则称为无监督学习，这种组合神经网络可以表示非线性主成分分析的算法。

这种组合神经网络（见图 5.7）包括 5 层，依次是：输入层（输入向量 $\boldsymbol{x}$）、三个隐含层和输出层（重构向量 $\hat{\boldsymbol{x}}$），其中析出层和重构层的意义参见函数 φ：$\boldsymbol{y}=\varphi(\boldsymbol{x})$ 和 ψ：$\hat{\boldsymbol{x}}=\psi(\boldsymbol{y})$，第 2 个隐含层被称为瓶颈层，因为它的神经元数目最少。一般认为析出层和重构层的神经元数目相等且多于输入/输出层的神经元数目（$M_1=M_2>n\geqslant m$），NLPCA 模型的复杂程度可以通过增加隐含层神经元数目实现。

通过优化重构误差 e 的均值可以得到函数 φ：$\boldsymbol{y}=\varphi(\boldsymbol{x})$ 和 ψ：$\hat{\boldsymbol{x}}=\psi(\boldsymbol{y})$ 的神经网络权值矩阵 $\boldsymbol{W}_i$ 和偏置值矩阵 $\boldsymbol{b}_i$（$i=1,2,3,4$），使得重构向量 $\hat{\boldsymbol{x}}$ 尽可能接近输入向量 $\boldsymbol{x}$：

$$e(\boldsymbol{W},\boldsymbol{b})=\frac{1}{nN}\sum_{k=1}^{N}\sum_{i=1}^{n}\left\{x_i^{(k)}-\left[\sum_{j=1}^{M}W_{4ij}\,\Xi\left(\sum_{r=1}^{m}W_{3jr}y_r^{(k)}+b_{3j}\right)+b_{4i}\right]\right\}^2 \tag{5.115}$$

$$y_r^{(k)}=\sum_{p=1}^{M}W_{2rp}\,\Xi\left(\sum_{q=1}^{n}W_{1pq}x_q^{(k)}+b_{1p}\right)+b_{2r} \tag{5.116}$$

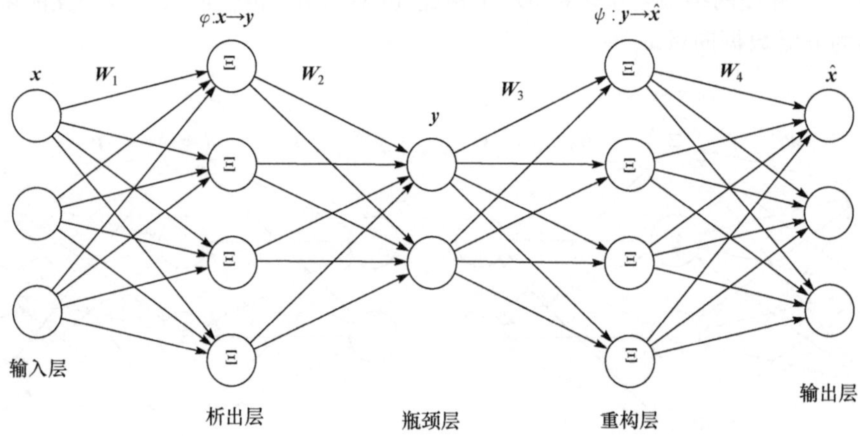

图 5.7 标准的自联想神经网络

式中,n 和 m 分别为输入向量 $\boldsymbol{x}$ 和特征向量 $\boldsymbol{y}$ 的维数;W_{1pq}、W_{2rp}、W_{3jr} 和 W_{4ij} 为神经网络权值矩阵$\boldsymbol{W}_1$、$\boldsymbol{W}_2$、$\boldsymbol{W}_3$ 和$\boldsymbol{W}_4$ 的参数;b_{1p}、b_{2r}、b_{3j} 和 b_{4i} 为偏置值矩阵$\boldsymbol{b}_1$、$\boldsymbol{b}_2$、$\boldsymbol{b}_3$ 和$\boldsymbol{b}_4$ 的参数;$x_i^{(k)}$、$y_r^{(k)}$ 表示输入向量 $\boldsymbol{x}$ 的第 i 个元素和特征向量 $\boldsymbol{y}$ 的第 r 个参数在 $t^{(k)}$时刻的值。目标函数可以通过基于梯度的优化算法(如共轭梯度法等)求解。目标函数关于权值 $W_{4ij}\in\boldsymbol{W}_4$、$W_{3jr}\in\boldsymbol{W}_3$ 和偏置值 $b_{3j}\in\boldsymbol{b}_3$、$b_{4i}\in\boldsymbol{b}_4$ 的偏微分表示为

$$\frac{\partial e}{\partial W_{4ij}}=\frac{2}{nN}\sum_{k=1}^{N}\Theta_i^{(k)}\Xi(\Gamma_j^{(k)}),\quad \Theta_i^{(k)}=\hat{x}_i^{(k)}-x_i^{(k)}$$
$$\Gamma_j^{(k)}=\sum_{r=1}^{m}W_{3jr}y_r^{(k)}+b_{3j}\tag{5.117}$$

$$\frac{\partial e}{\partial W_{3jr}}=\frac{2}{nN}\sum_{k=1}^{N}\Omega_j^{(k)}y_r^{(k)},\quad \Omega_j^{(k)}=\Xi^{-1}(\Gamma_j^{(k)})\sum_{i=1}^{n}W_{4ij}\Theta_i^{(k)}\tag{5.118}$$

$$\frac{\partial e}{\partial b_{4i}}=\frac{2}{nN}\sum_{k=1}^{N}\Theta_i^{(k)},\quad \frac{\partial e}{\partial b_{3j}}=\frac{2}{nN}\sum_{k=1}^{N}\Omega_j^{(k)}\tag{5.119}$$

神经网络权值矩阵$\boldsymbol{W}_i$ 和偏置值矩阵$\boldsymbol{b}_i$(i=1,2,3,4)可以通过给出的梯度信息优化得到。同时,NLPCA 可以很好地解决输入向量不完备的情况,即如果没有监测到 $t^{(k)}$时刻的输入参数 $x_i^{(k)}$,$\Theta_i^{(k)}$ 就可以设置为 0,这个输入参数在该时刻对梯度没有贡献,但是非线性特征向量可以通过已有的数据向量得到。通过特征向量的重构数据可以估计数据向量中没有测试到的数值,如重构输出 $\hat{\boldsymbol{x}}_i^{(k)}$ 就给出了缺失数据 $x_i^{(k)}$ 的估计值。

5.4.2 神经网络建模方法

在建立结构模态参数与环境因素(温度和风速)之间的回归模型前,可以采用

非线性主成分分析方法对识别的结构频率和阻尼比进行分析，剔除温度和风速以外的环境因素以及噪声对结构模态参数的影响。首先只考虑一个环境因素作用的影响，瓶颈层的神经元数目设为 1，相应的输出为$\hat{\boldsymbol{x}}_1$；然后考虑两个环境因素作用的影响，瓶颈层的神经元数目设为 2，输出为$\hat{\boldsymbol{x}}_2$。显然$\hat{\boldsymbol{x}}_1$ 是受一个环境因素影响的模态参数（如受温度影响较大的频率），$\hat{\boldsymbol{x}}_2-\hat{\boldsymbol{x}}_1$ 表示受另一个环境因素影响的模态参数（如受风速影响较大的频率），在得到输出向量（$\hat{\boldsymbol{x}}_1$，（$\hat{\boldsymbol{x}}_2-\hat{\boldsymbol{x}}_1$））后，进一步研究（$\hat{\boldsymbol{x}}_1$，（$\hat{\boldsymbol{x}}_2-\hat{\boldsymbol{x}}_1$））与环境因素（温度$\boldsymbol{t}_c$ 和风速 $\boldsymbol{v}$）之间的相关关系，相关参数定义如下：

$$\kappa(\hat{\boldsymbol{x}}_2,x)=\frac{\sigma_{\hat{x}_2}}{\sigma_x} \tag{5.120}$$

$$r(\boldsymbol{t}_c,\hat{\boldsymbol{x}}_2)=\frac{\mathrm{cov}(\boldsymbol{t}_c,\hat{\boldsymbol{x}}_2)}{\sigma_{t_c}\sigma_{\hat{x}_2}} \tag{5.121}$$

$$r(\boldsymbol{v},\hat{\boldsymbol{x}}_2)=\frac{\mathrm{cov}(\boldsymbol{v},\hat{\boldsymbol{x}}_2)}{\sigma_v\sigma_{\hat{x}_2}} \tag{5.122}$$

$$\rho(\hat{\boldsymbol{x}}_1,\hat{\boldsymbol{x}}_2)=\kappa(\hat{\boldsymbol{x}}_1,\hat{\boldsymbol{x}}_2)r(\hat{\boldsymbol{x}}_1,\hat{\boldsymbol{x}}_2) \tag{5.123}$$

$$\rho(\hat{\boldsymbol{x}}_2-\hat{\boldsymbol{x}}_1,\hat{\boldsymbol{x}}_2)=\kappa(\hat{\boldsymbol{x}}_2-\hat{\boldsymbol{x}}_1,\hat{\boldsymbol{x}}_2)r(\hat{\boldsymbol{x}}_2-\hat{\boldsymbol{x}}_1,\hat{\boldsymbol{x}}_2) \tag{5.124}$$

式中，κ 和 r 表示参与系数和相关系数；σ 和 cov(·)分别表示标准差和协方差函数；修正相关系数 $\rho(\hat{\boldsymbol{x}}_1,\hat{\boldsymbol{x}}_2)$和 $\rho(\hat{\boldsymbol{x}}_2-\hat{\boldsymbol{x}}_1,\hat{\boldsymbol{x}}_2)$表示第一和第二主成分重构数据（$\hat{\boldsymbol{x}}_1$ 和$\hat{\boldsymbol{x}}_2-\hat{\boldsymbol{x}}_1$）在总重构数据（$\hat{\boldsymbol{x}}_2$）中所占的比重。

一般只选择与环境因素有较强相关性的模态参数，建立这些模态参数与环境因素的关系模型。选取的神经网络模型结构如图 5.8 所示，其中输入层为环境因素（温度$\boldsymbol{t}_c$、风速 $\boldsymbol{v}$ 或[$\boldsymbol{t}_c$，$\boldsymbol{v}$]），而相应的输出向量是预处理后的各阶模态参数（$\hat{\boldsymbol{x}}_1$、（$\hat{\boldsymbol{x}}_2-\hat{\boldsymbol{x}}_1$）或$\hat{\boldsymbol{x}}_2$），输入层和输出层之间有三个隐含层，隐含层的神经元数目根据具体的求解问题来确定。第一隐含层的传输函数为双曲正切 S 形函数，而第二和第三隐含层的传输函数是对数 S 形函数。训练神经网络中，优化目标的误差及迭代次数也与具体求解的问题有关，收敛梯度和目标函数依据模态参数的情况具体设置。

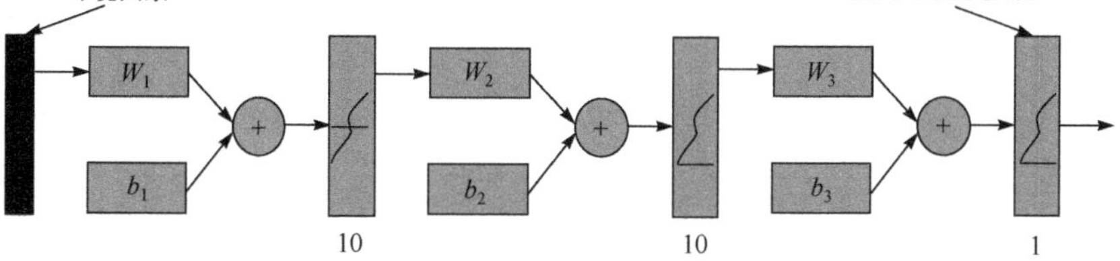

图 5.8　模态参数与环境因素的神经网络回归模型

5.5 应用实例

5.5.1 结构健康监测系统概况

本算例采用我国某一座实际斜拉桥，该桥梁为全漂浮体系，桥梁跨度分布如图 5.9 所示，主跨 260m，边跨为（25.15＋99.85）m，全桥总长 510m，主塔高 60.5m。斜拉索 88 对，斜拉索的钢丝最小数目是 69 根，最大数目为 199 根。

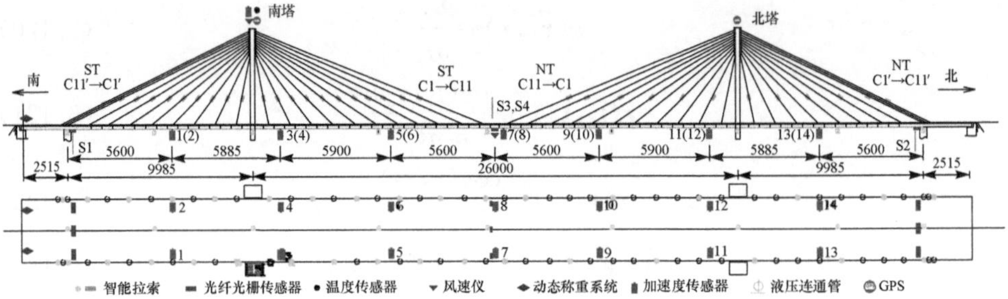

图 5.9　某座斜拉桥传感器布置图

全桥主梁选定 7 个测试断面对称布置 14 个加速度传感器；在其中一个桥塔顶部布设 1 个加速度传感器。加速度传感器的布设位置如图 5.9 所示。

对该桥建立了有限元模型，根据有限元模型计算得到该桥梁的模态参数，其前六阶模态振型如图 5.10 所示。具体桥梁结构有限元模型及其健康监测系统的详细信息请参考第 14 章。

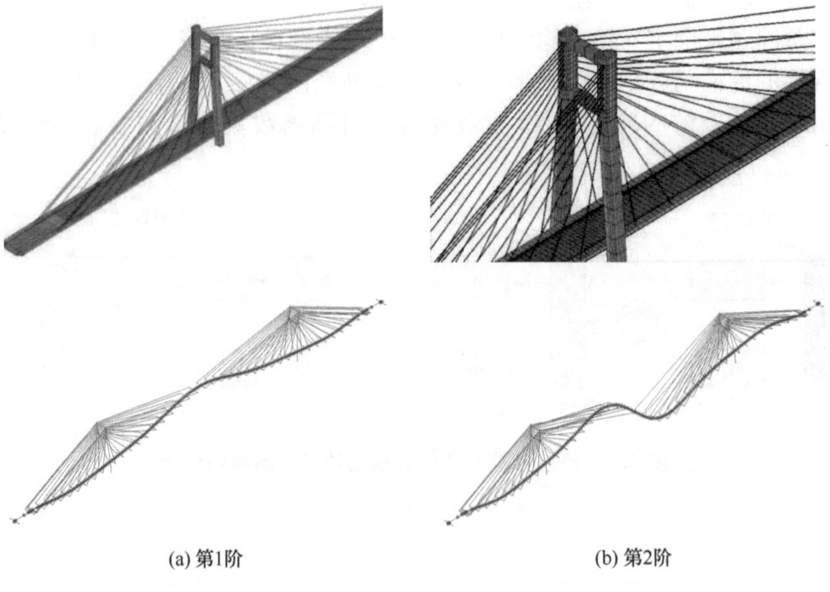

(a) 第1阶　　(b) 第2阶

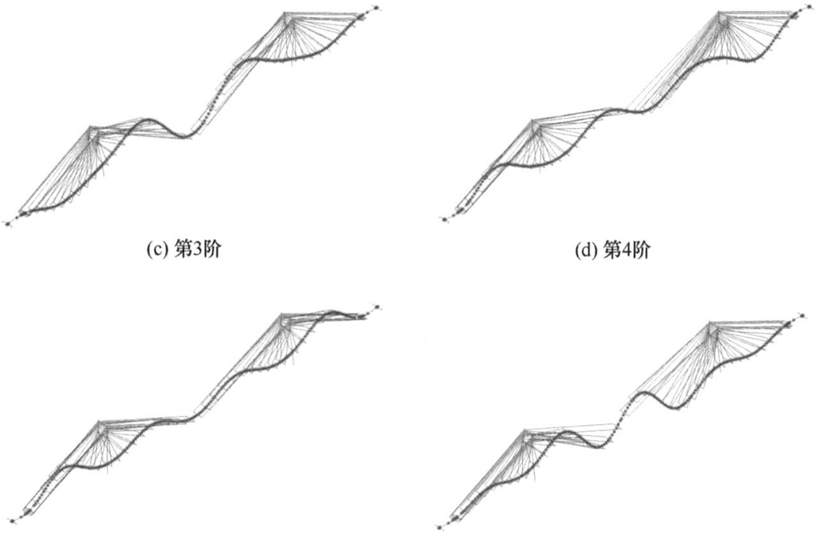

(c) 第3阶　(d) 第4阶

(e) 第5阶　(f) 第6阶

图 5.10　结构有限元模型计算的前 6 阶振型（$\varphi_1 \sim \varphi_6$）

5.5.2　结构模态参数识别结果

监测得到的 2008 年 1 月 17 日上午 11:00～12:00 该桥主梁的加速度响应数据和功率谱如图 5.11 所示，加速度采样频率为 100Hz。从功率谱上可以看出，桥梁结构振动加速度中包含多阶模态。

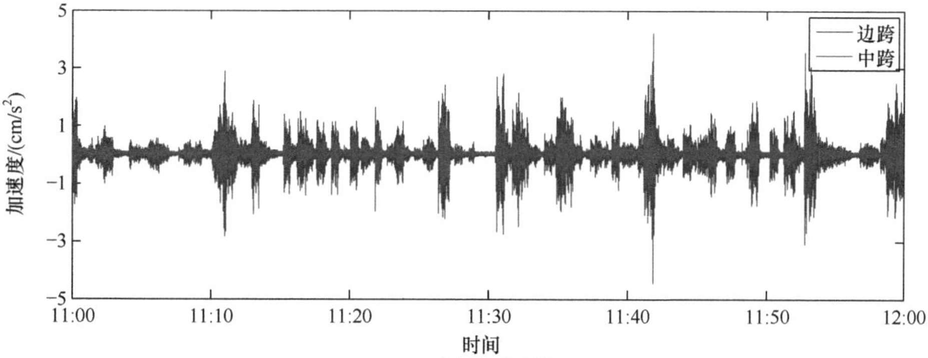

(a) 主梁加速度谱

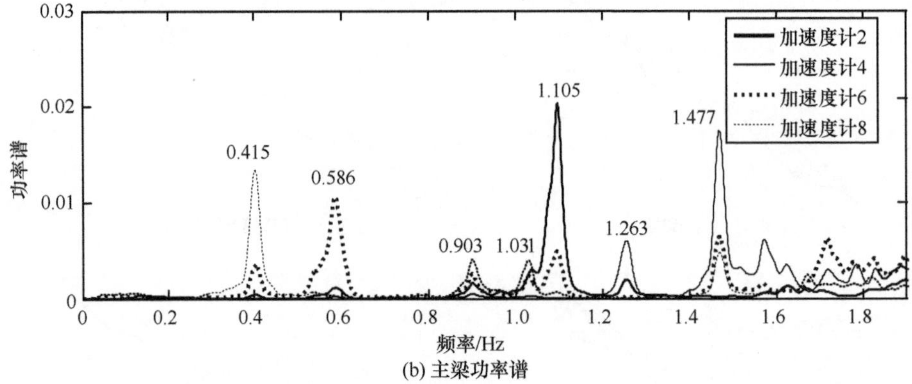

(b) 主梁功率谱

图 5.11　监测的桥梁主梁加速度和功率谱(2008 年 1 月 17 日)

取 10min 的监测数据,下面分别采用 FDD 法、NExT 法+ERA 法和 SSI 法进行桥梁结构模态参数识别,分析比较三种方法模态参数识别结果差异。

1. FDD 法

首先计算监测的结构加速度响应的功率谱密度矩阵 $\boldsymbol{G}_{xx}(\mathrm{j}\omega)$,互谱密度的计算可以采用 MATLAB 的 cpsd 函数实现。计算时选择合适的窗长度、重叠值以及傅里叶变换长度,使得互谱密度函数比较平滑但又能保留系统各阶模态的信息。计算得到结构响应功率谱密度矩阵 $\boldsymbol{G}_{xx}(\mathrm{j}\omega)$后,按照图 5.12 所示过程对 $\boldsymbol{G}_{xx}(\mathrm{j}\omega)$在各个离散频率点处做奇异值分解,并构造如图 5.13 所示的特征值矩阵 $\boldsymbol{\Sigma}$ 和特征向量矩阵 $\boldsymbol{U}$[由式(5.6)计算得到]。

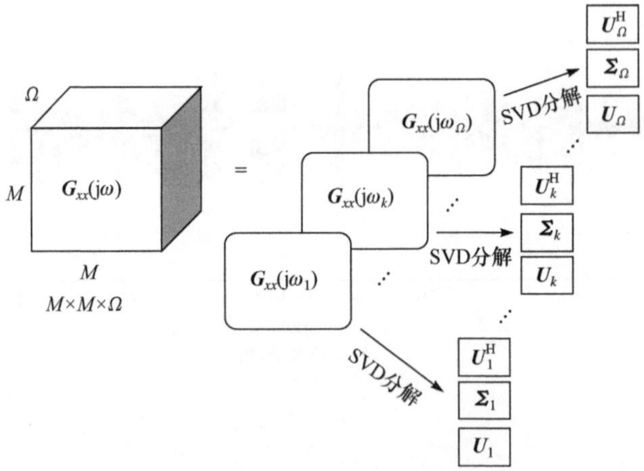

图 5.12　功率谱矩阵奇异值分解示意图(M 为测点数,Ω 为离散频率点个数)

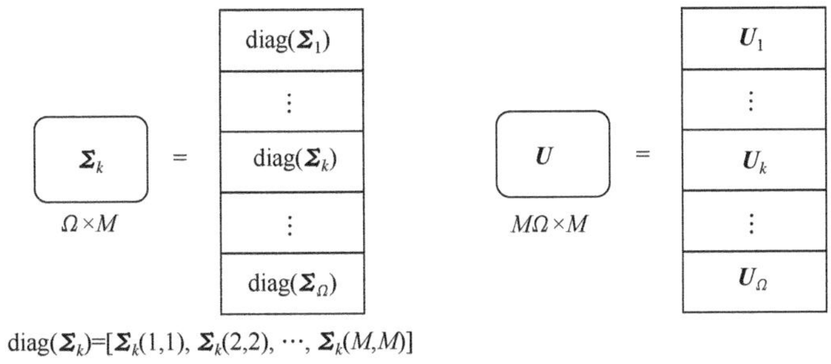

图 5.13　$\boldsymbol{\Sigma}$ 矩阵和 $\boldsymbol{U}$ 矩阵结构图(M 为测点数,Ω 为离散频率点个数)

得到 $\boldsymbol{\Sigma}$ 矩阵后,可以对其按行求均值得到所有频率点对应的奇异值均值。从 FDD 法的式(5.5)可知,在结构的频率处对应的功率谱密度函数以及奇异值都将存在峰值。功率谱密度函数和奇异值的峰值在频率段[0.1Hz,1.3Hz]对应关系如图 5.14 所示,图中实线为功率谱密度(传感器 2、4、6 和 8 所测信号的自功率谱密度)均值,虚线为奇异值均值。为了便于比较,对二者进行归一化处理,使得二者在该频率段内最大值都为 1。因为有噪声的影响,二者峰值位置略有差异。在实际操作中搜索频率范围要选择窄些,尽量使其只包含一个峰值,这样有利于计算机对奇异值峰值的搜索。搜索频率范围内奇异值峰值对应的频率就是结构频率的估计值。再从 $\boldsymbol{U}$ 中找到对应奇异值向量矩阵中的第一个列向量即为该阶频率对应的结构振型的估计。FDD 法识别的频率和阻尼比结果如表 5.1 所示,振型结果如图 5.15 所示。

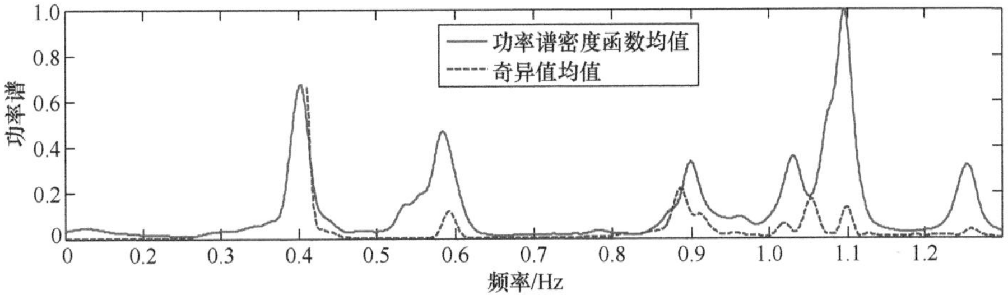

图 5.14　结构加速度功率谱密度函数和奇异值峰值对应的频率比较

表 5.1　桥梁结构模态参数识别结果

阶数	有限元模型计算频率/Hz	实测试频率和阻尼比								
		FDD 法			NExT 法+ERA 法			SSI 法		
		频率/Hz	阻尼比	MAC	频率/Hz	阻尼比	MAC	频率/Hz	阻尼比	MAC
1	0.418	0.410	0.004	0.957	0.427	0.029	0.960	0.404	0.003	0.929

续表

阶数	有限元模型计算频率/Hz	实测试频率和阻尼比								
		FDD 法			NExT 法+ERA 法			SSI 法		
		频率/Hz	阻尼比	MAC	频率/Hz	阻尼比	MAC	频率/Hz	阻尼比	MAC
2	0.595	0.589	0.012	0.953	0.598	0.018	0.935	0.581	0.049	0.941
3	0.879	0.899	0.028	0.927	0.910	0.013	0.925	0.899	0.036	0.950
4	1.046	1.018	0.006	0.919	1.063	0.009	0.842	1.026	0.018	0.268
5	1.090	1.093	0.007	0.688	1.117	0.007	0.394	1.081	0.006	0.500
6	1.214	1.265	0.008	0.469	1.262	0.008	0.440	1.256	0.006	0.731

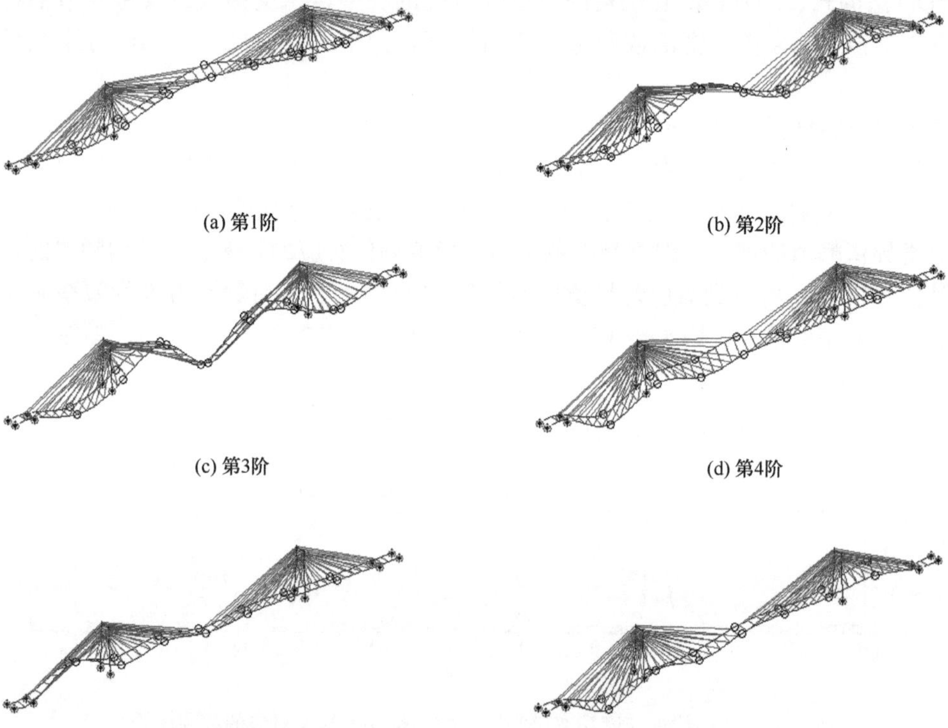

(a) 第1阶　(b) 第2阶

(c) 第3阶　(d) 第4阶

(e) 第5阶　(f) 第6阶

图 5.15　FDD 法识别的桥梁结构竖向前 1～6 阶振型

2. NExT 法+ERA 法

监测的结构加速度响应如图 5.11 所示。为准确识别出关心范围内的频率，需要将测量信号关心范围之外的波段滤掉，即对测量信号进行带通滤波处理。假设我们拟识别 0.5～0.7Hz 的频率参数，滤除 0.5～0.7Hz 之外的波段的测量信号，如图 5.16 所示。选定 2 号加速度传感器为参考点，互相关函数采用式(5.21)计算。也可以利用 MATLAB 的 cpsd 函数计算出滤波信号的互谱密度函数，然后对互谱密度做傅里叶逆变换可得相关函数，如图 5.17 所示(图中只画了相关函数前 150s 的数据，其他相关函数波形与此相似)，注意利用该种方法得到的相关函数的幅值跟真实相关函数的幅值可能不同，但二者之间的波形是相似的，这对模态参数的识别结果影响不大。

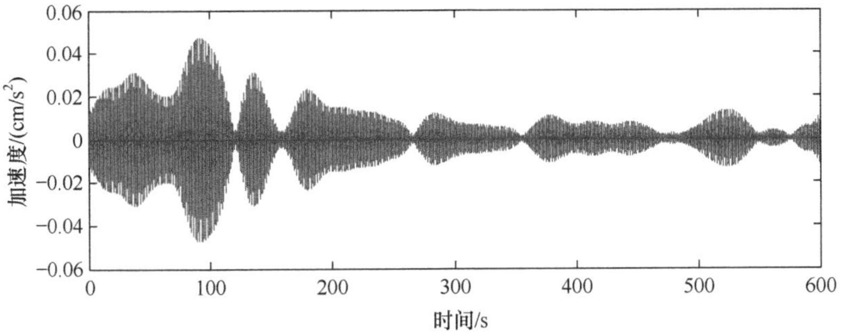

图 5.16　滤波后桥梁结构加速度

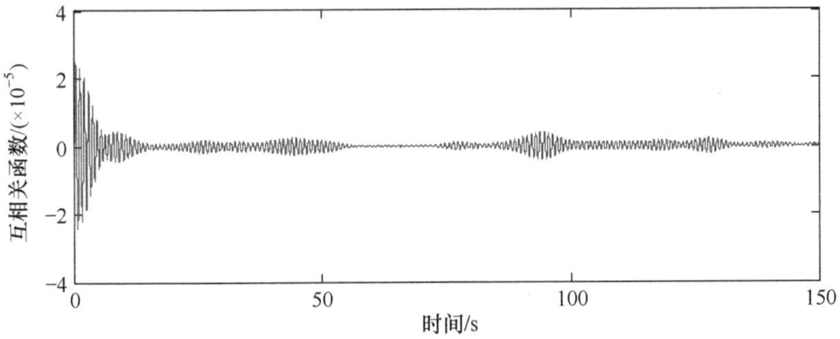

图 5.17　4 号传感器数据和参考点(2 号传感器)的互相关函数

按照 NexT 方法的思想，将相关函数视为结构的脉冲响应，构造图 5.18 所示

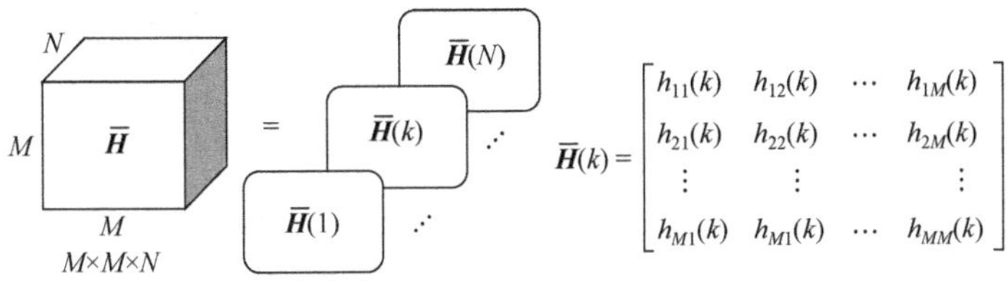

图 5.18　脉冲响应函数矩阵(M 为测点数，N 为离散时间点个数)

的三维脉冲响应函数矩阵,将其作为 ERA 方法的输入数据。获得 $\overline{\boldsymbol{H}}$ 矩阵之后,执行图 5.2 所示流程图中剩下的步骤即可完成对该频率段内模态参数的识别。同理,可以对其他频率段的模态参数进行识别。NExT 法+ERA 法识别的频率和阻尼比结果如表 5.1 所示,振型结果如图 5.19 所示。

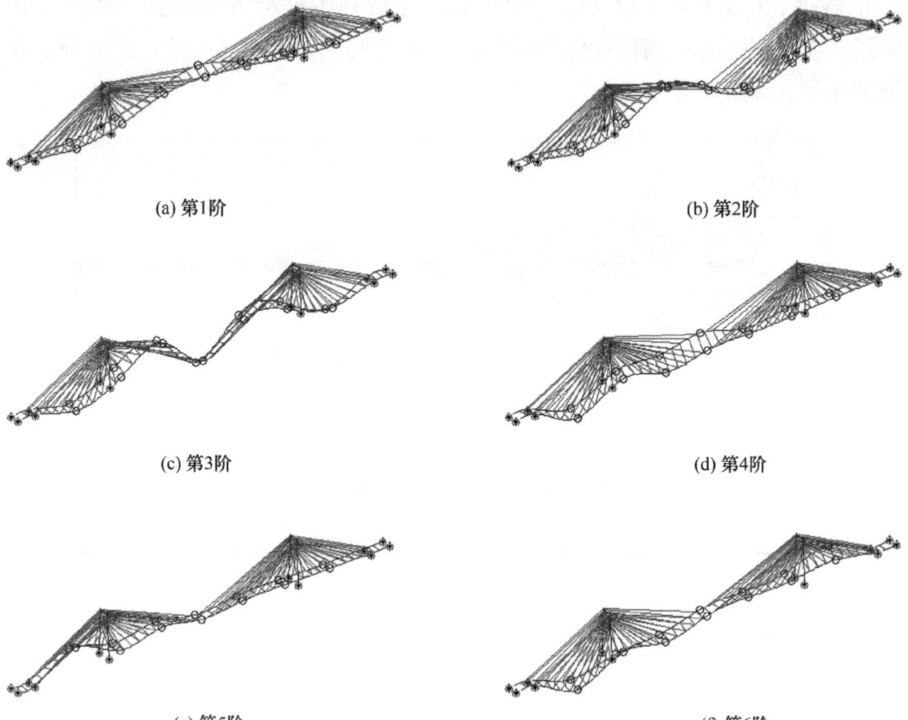

(a) 第1阶　(b) 第2阶

(c) 第3阶　(d) 第4阶

(e) 第5阶　(f) 第6阶

图 5.19　NExT+ERA 法识别的桥梁结构竖向前 1～6 阶振型

3. SSI 法

监测的结构加速度的功率谱密度函数如图 5.20 所示。可以看出,信号中频率大于 1.5Hz 的成分所占比例很大,但我们关心的是低于 1.5Hz 的低频模态,在用 SSI 法进行模态参数识别时要滤除高频部分,否则将对低频模态参数的识别产生很大的影响。在本算例中,采用通带为 0.2～1.3Hz 的带通滤波器对测量数据进行带通滤波处理,以消除其他频带信号对识别结果的影响。

SSI 方法中,为了方便求取 Toeplitz 矩阵 $\boldsymbol{T}_{1|i}$ 和 $\boldsymbol{T}_{2|i+1}$,在按式(5.90)构造 Hankel 矩阵时将 i 改为 $i+1$,也就是构造

$$\boldsymbol{Y}_{0\,|\,2i+1}=\left[\frac{\boldsymbol{Y}_{0\,|\,i}}{\boldsymbol{Y}_{i+1\,|\,2i+1}}\right]=\left[\frac{\boldsymbol{Y}_{\mathrm{p}}}{\boldsymbol{Y}_{\mathrm{f}}}\right]$$

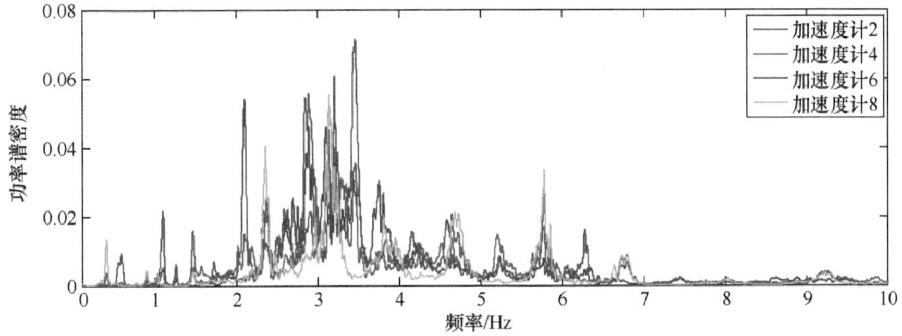

图 5.20　2、4、6 和 8 号加速度传感器监测数据功率谱密度函数

那么 Toeplitz 矩阵 $\boldsymbol{T}_{1|i+1}$ 的形式为

$$\boldsymbol{T}_{1|i+1}=\boldsymbol{Y}_{\mathrm{f}}\boldsymbol{Y}_{\mathrm{p}}^{\mathrm{T}}\begin{bmatrix} \boldsymbol{R}_{i+1} & \boldsymbol{R}_{i} & \boldsymbol{R}_{i-1} & \cdots & \boldsymbol{R}_{1} \\ \boldsymbol{R}_{i+2} & \boldsymbol{R}_{i+1} & \boldsymbol{R}_{i} & \cdots & \boldsymbol{R}_{2} \\ \vdots & \vdots & \vdots & & \vdots \\ \boldsymbol{R}_{2i} & \boldsymbol{R}_{i} & \boldsymbol{R}_{2i-2} & \cdots & \boldsymbol{R}_{i} \\ \boldsymbol{R}_{2i+1} & \boldsymbol{R}_{2i} & \boldsymbol{R}_{2i-1} & \cdots & \boldsymbol{R}_{i+1} \end{bmatrix}$$

显然，$\boldsymbol{T}_{1|i+1}$ 中实线矩形框对应的块矩阵就是 $\boldsymbol{T}_{1|i}$，而虚线矩形框对应的块矩阵就是 $\boldsymbol{T}_{2|i+1}$。获得 Toeplitz 矩阵之后，执行图 5.4 所示流程图中剩下的步骤即可完成对该频率段内模态参数的识别。SSI 法识别的频率和阻尼比结果如表 5.1 所示，稳定图如图 5.21 所示，振型结果如图 5.22 所示。

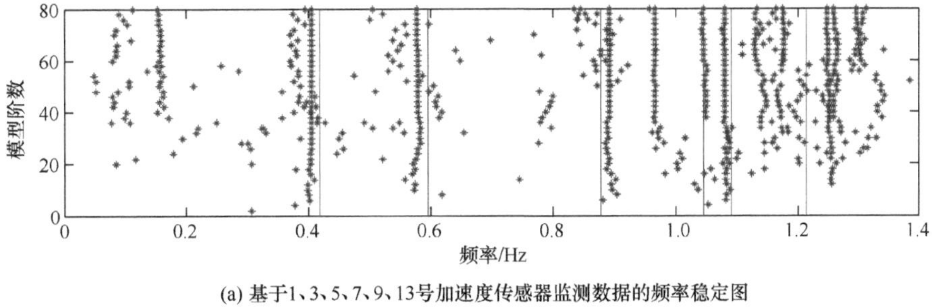

(a) 基于1、3、5、7、9、13号加速度传感器监测数据的频率稳定图

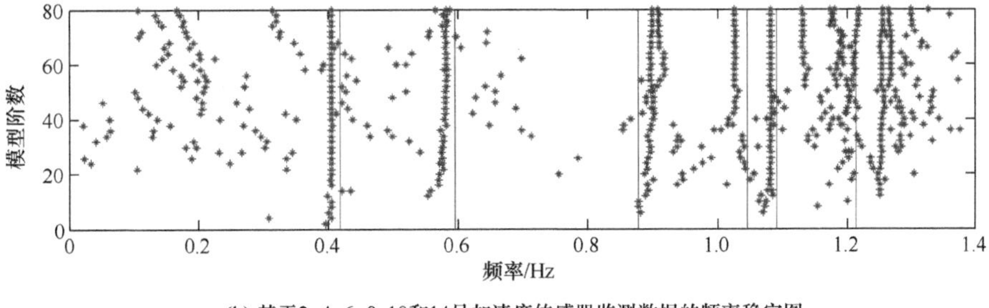

(b) 基于2、4、6、8、10和14号加速度传感器监测数据的频率稳定图

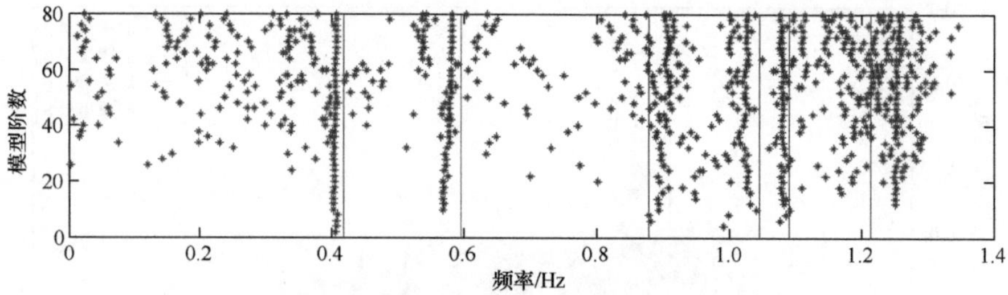

(c) 基于上、下游1~14号加速度传感器监测数据的频率稳定图

图 5.21 SSI 法识别的桥梁频率稳定图
（虚线代表有限元模型计算频率）

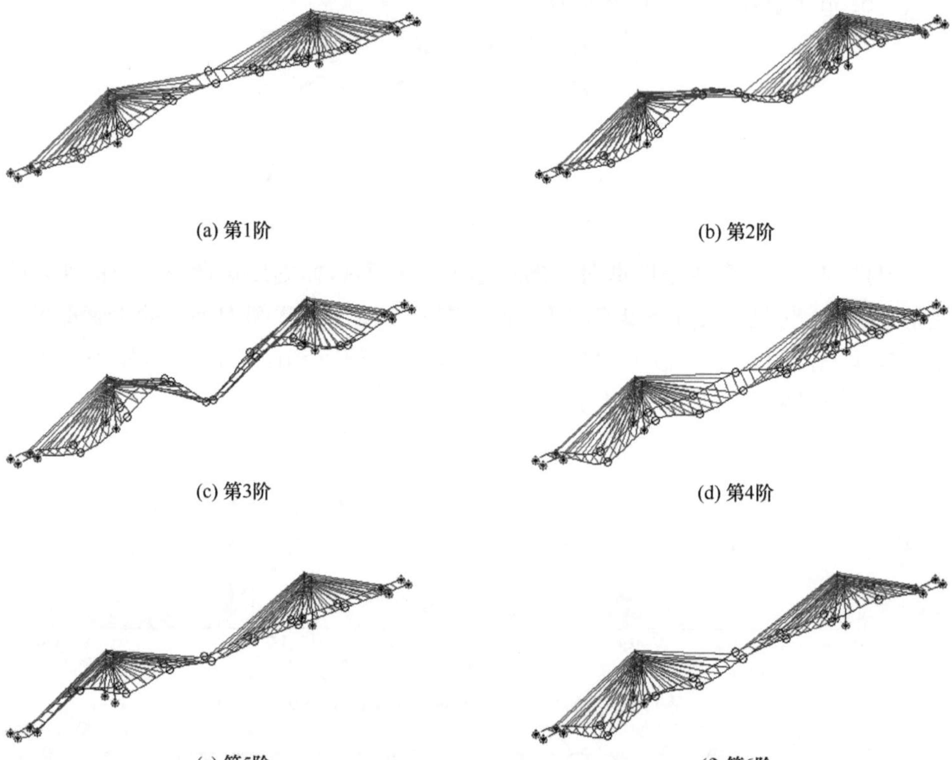

(a) 第1阶　(b) 第2阶　(c) 第3阶　(d) 第4阶　(e) 第5阶　(f) 第6阶

图 5.22 SSI 法识别的桥梁结构竖向前 1～6 阶振型

5.5.3 环境因素与模态参数关系模型

算例采用 5.1 节介绍的频域分解法对该健康监测系统连续 16 天(2008 年 1 月 1 日 0:00～1 月 16 日 24:00)采集的加速度、温度和风速数据进行分析。温度

与风速均值的监测结果如图 5.23 所示，可以看出，温度和风速分别是－11.5～3.7℃和 0.067～8.349m/s，监测温度与风速的相关系数为 0.049。

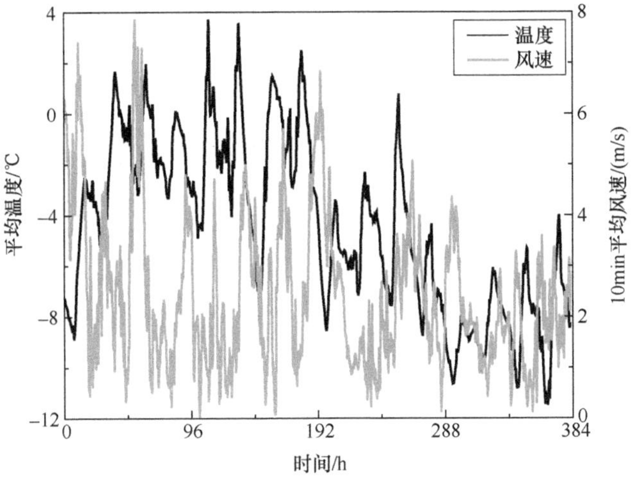

图 5.23　平均温度、平均风速时程曲线

在环境激励下，对桥梁结构每 20min 的加速度信号进行模态分析，共计分析了 1152 个监测样本。选取 0.85～2Hz 稳定出现的 6 阶模态进行统计分析，包括表 5.1 中的第 3、4 和 6 阶模态以及大于 1.3Hz 的三阶竖向弯曲振动模态。

1. 频率建模

6 阶频率的统计特性列于表 5.2。从表中可以看出，在正常环境因素影响下，桥梁结构频率的相对误差[(最大值－最小值)/均值]为 1.470%～3.155%，它足以湮没结构小损伤所引起的频率的变化。

表 5.2　频率统计特性

模态	均值/Hz	标准差/($\times10^{-2}$Hz)	最小值/Hz	最大值/Hz	相对误差/%
3	0.9321	5.188	0.9187	0.9481	3.155
4	1.0257	3.120	1.0124	1.0335	2.065
6	1.2492	5.170	1.2393	1.2623	1.841
7	1.3187	6.516	1.3063	1.3413	2.651
8	1.4713	3.248	1.4598	1.4814	1.470
9	1.6255	7.442	1.6064	1.6473	2.520

6 阶频率以矩阵 $\boldsymbol{f}\in\mathbb{R}^{6\times1152}$ 表示，这里假设两个环境因素（温度和风速）是影响频率的重要因素，所以瓶颈层的神经元数目分别为 1 和 2 个，相应的 NLPCA 处理后输出为 $\hat{\boldsymbol{f}}_1$ 和 $\hat{\boldsymbol{f}}_2$，向量 $\boldsymbol{f}$ 与向量 $\hat{\boldsymbol{f}}_1$ 和 $\hat{\boldsymbol{f}}_2$ 对比如图 5.24 所示。将上述 NLPCA 处

理后的输出$\hat{f}_1$和$\hat{f}_2$与监测的温度和风速采用式(5.120)～式(5.124)进行相关性分析,有关结果如表5.3所示。对照表5.3和图5.24可以看出,对于第3、6、7和9阶频率,温度是导致自振频率发生变化的主要因素;而对于第8阶频率,风速是导致自振频率变化的主要因素;对于第4阶频率,任何一个主成分均不能准确地重构自振频率,所以温度和风速都对频率的变化有重要影响。

表5.3 频率的参与系数和相关系数表

模态	初始		预处理				
	$r(t_c,f)$	$r(v,f)$	$\kappa(\hat{f}_2,f)$	$\rho(\hat{f}_1,\hat{f}_2)$	$\rho(\hat{f}_2-\hat{f}_1,\hat{f}_2)$	$r(t_c,\hat{f}_2)$	$r(v,\hat{f}_2)$
3	−0.553	−0.140	0.921	0.895	0.105	−0.562	−0.211
4	−0.415	0.304	0.768	0.265	0.735	−0.357	0.436
6	−0.626	−0.094	0.946	0.912	0.088	−0.620	0.005
7	−0.521	−0.080	0.845	0.964	0.036	−0.600	−0.017
8	−0.248	0.427	0.895	0.055	0.945	0.074	0.631
9	−0.525	−0.070	0.790	0.953	0.047	−0.622	−0.102

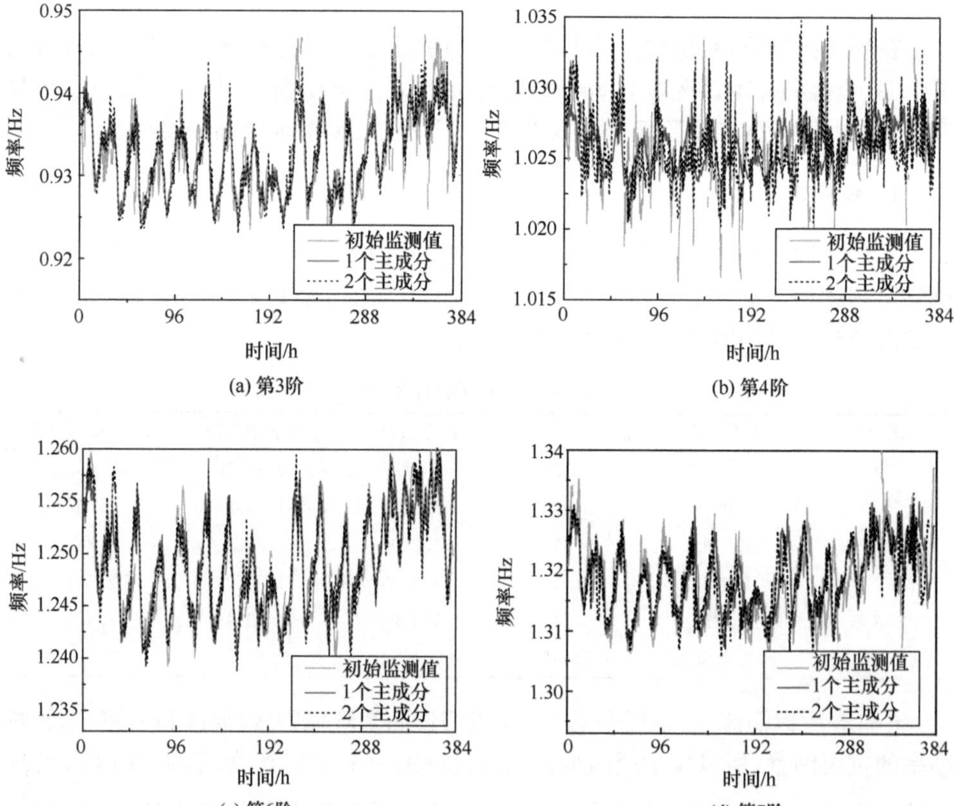

(a) 第3阶 (b) 第4阶 (c) 第6阶 (d) 第7阶

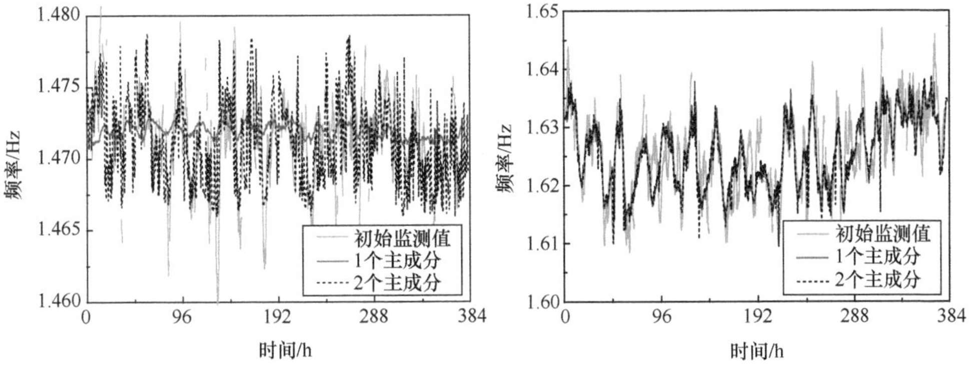

(e) 第8阶　　(f) 第9阶

图 5.24　初始识别的桥梁频率与预处理的频率对比

预处理后的频率与温度和风速的相关关系以及参与系数见表 5.3，其中参与系数 $\kappa(\hat{f}_2,f)$的值为 0.768～0.946，表明通过两个主成分重构的数据可以保留原始数据的绝大部分信息。

图 5.25 给出了 NLPCA 处理后桥梁结构的频率与温度和风速的关系。可以看出，第 3 阶频率与温度之间存在负相关关系；而受风速影响较大的频率(如第 8 阶频率)，则与风速之间存在正相关关系。温度对结构的影响比较复杂，它与混凝土弹性模量和结构几何尺寸都有很大的关系，温度变形进而可以导致边界条件和温度次应力的变化。温度与钢筋混凝土、钢材弹性模量之间存在负相关关系，研究表明边界条件和温度次应力对桥梁结构频率的影响远小于弹性模量对频率的影响，所以频率和温度之间存在负相关关系。结构的频率与风速是正相关的，说明风速变化引起的气动刚度的变化与风速之间存在正相关关系。

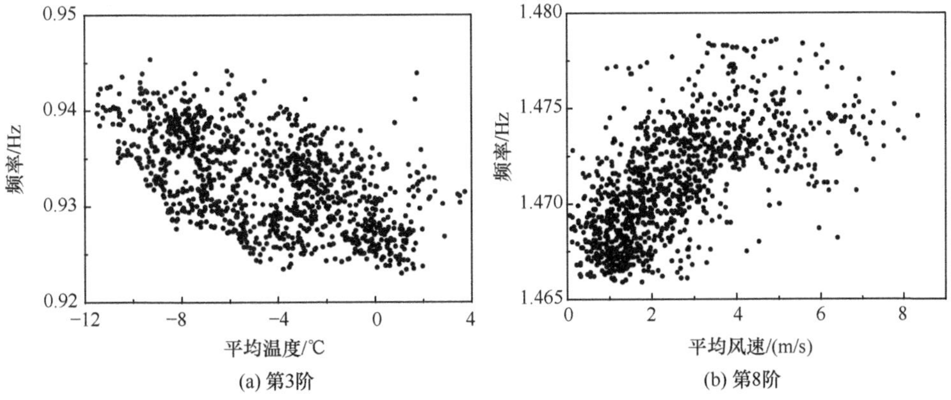

(a) 第3阶　　(b) 第8阶

图 5.25　NLPCA 处理后桥梁结构频率与温度、风速关系

在应用 ANN 回归模型(见图 5.8)建立重构频率与环境因素的关系时,重构频率向量是间隔选择的,构成两组数据:一组数据用于训练,另一组数据用于检验训练模型的预测能力。为了便于比较 ANN 回归模型的拟合预测能力,这里同时应用多元线性拟合,对各组数据进行处理。由图 5.26 可以看出,ANN 回归模型可以很好地拟合和预测频率的变化,特别是局部变化比较大的位置,而相应的线性模型只能大致预测频率的变化趋势。频率 ANN 模型和线性模型拟合结果的 R-Square 系数如表 5.4 所示,从表中同样也可以看出,ANN 回归模型的拟合预测结果普遍优于多元线性回归模型。

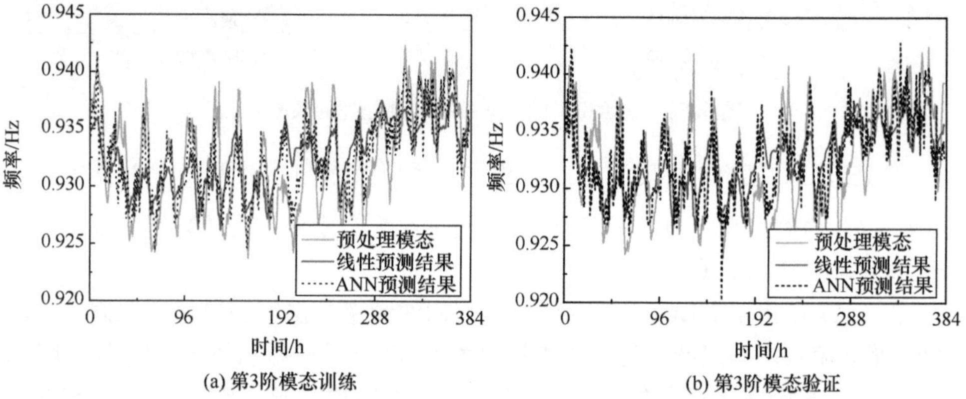

图 5.26　第 3 阶频率的 ANN 拟合与线性拟合对比图

表 5.4　频率 ANN 模型和线性模型拟合结果的 R-Square 系数

模态	线性模型		神经网络模型	
	训练	验证	训练	验证
3	0.345	0.355	0.610	0.516
4	0.311	0.361	0.440	0.374
6	0.384	0.388	0.534	0.465
7	0.355	0.364	0.558	0.451
8	0.386	0.416	0.480	0.455
9	0.390	0.395	0.567	0.482

2. 阻尼比建模

6 阶模态阻尼比构成矩阵 $\boldsymbol{\zeta}\in\mathbb{R}^{6\times1152}$,对模态阻尼比的统计分析结果如表 5.5 所示。从表中可以看出,环境因素对阻尼比的影响最高可达到 282%,因此有必要建立环境因素与模态阻尼比之间的关系模型,消除模态阻尼比中环境因素的影响。

表 5.5　模态阻尼比统计表

模态	均值/%	标准差/(×10⁻³)	最小值/%	最大值/%	相对误差/%
3	1.399	5.777	0.481	2.670	156.49
4	1.143	2.930	0.365	1.465	96.20
6	0.923	3.777	0.395	1.994	173.20
7	1.036	3.665	0.287	1.698	136.26
8	0.851	3.282	0.300	2.705	282.65
9	1.129	4.629	0.251	1.842	140.98

将识别的模态阻尼比矩阵作为 NLPCA 神经网络的输入，相应的 NLPCA 处理后的输出为 $\hat{\zeta}_1$ 和 $\hat{\zeta}_2$。ζ、$\hat{\zeta}_1$ 和 $\hat{\zeta}_2$ 的对比如图 5.27 所示，表 5.6 给出了温度和风速与 $\hat{\zeta}_1$ 和 $\hat{\zeta}_2$ 的相关系数和参与系数。

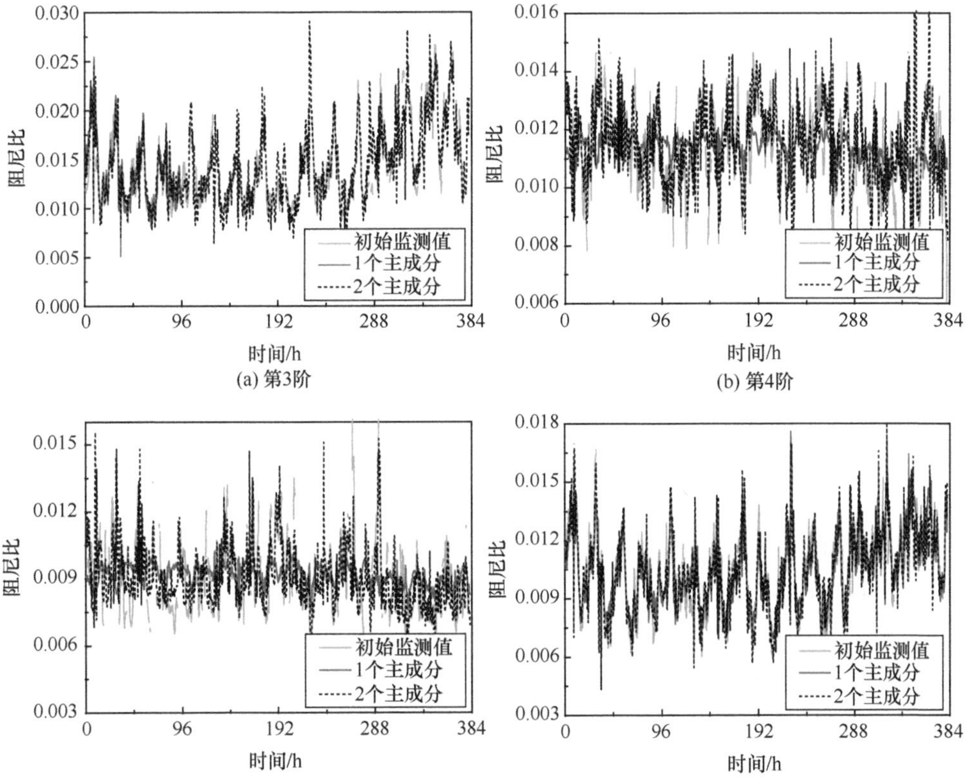

(a) 第3阶　(b) 第4阶　(c) 第6阶　(d) 第7阶

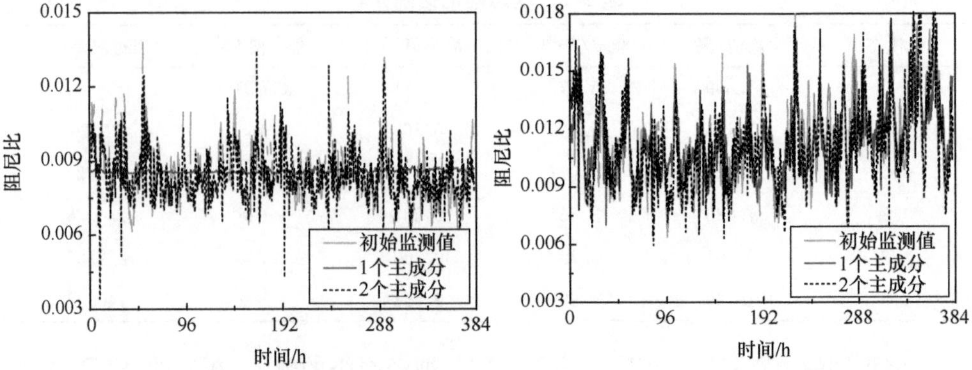

(e) 第8阶　　(f) 第9阶

图 5.27　初始识别的桥梁阻尼比和预处理模态阻尼比对比

表 5.6　模态阻尼比的参与系数和相关系数

模态	初始模态阻尼比		预处理的模态阻尼比				
	$r(t_c,\zeta)$	$r(v,\zeta)$	$\kappa(\hat{\zeta}_2,\zeta)$	$\rho(\hat{\zeta}_1,\hat{\zeta}_2)$	$\rho(\hat{\zeta}_2-\hat{\zeta}_1,\hat{\zeta}_2)$	$r(t_c,\hat{\zeta}_2)$	$r(v,\hat{\zeta}_2)$
3	−0.575	−0.219	0.961	0.916	0.084	−0.522	−0.172
4	0.143	0.365	0.992	0.057	0.943	0.062	0.415
6	−0.018	0.466	0.843	0.094	0.906	0.142	0.551
7	−0.570	0.010	0.994	0.881	0.119	−0.486	−0.021
8	0.102	0.414	0.833	−0.001	1.001	−0.002	0.451
9	−0.461	0.160	1.008	0.549	0.451	−0.438	0.171

从表 5.6 可以看出，参与系数 $\kappa(\hat{\zeta}_2,\zeta)$ 大于 0.833，表明处理后的数据包含了原始数据中大部分特征信息。对于结构第 3 和 7 阶阻尼比，$\rho(\hat{\zeta}_1,\hat{\zeta}_2)$ 远远大于 $\rho(\hat{\zeta}_2-\hat{\zeta}_1,\hat{\zeta}_2)$，表明温度是影响该阻尼比的主要因素；对于结构第 4、6 和 8 阶阻尼比，风速是阻尼比变化的主要因素；而对于结构第 9 阶阻尼比，风速和温度都对阻尼比变化起重要作用。从图 5.27 可以看出与表 5.6 相同的规律。

图 5.28 给出了处理后结构模态阻尼比与温度和风速的关系。可以看出，结构第 3 阶阻尼比与温度之间存在负相关关系，而受风速影响较大的结构模态阻尼比（如第 8 阶阻尼比）与风速为正相关关系。

环境因素（温度和风速）对模态阻尼比的影响机理同样是非常复杂的，监测结果表明部分阻尼比随温度的升高而降低，这种现象表明，温度对材料阻尼和支座黏滞力引起的结构阻尼有较大影响。随着风速的增加，监测的结构阻尼比有增大的趋势，表明在较低风速下（监测风速远远小于设计颤振风速 60m/s），气动阻尼与风速之间存在正相关关系。

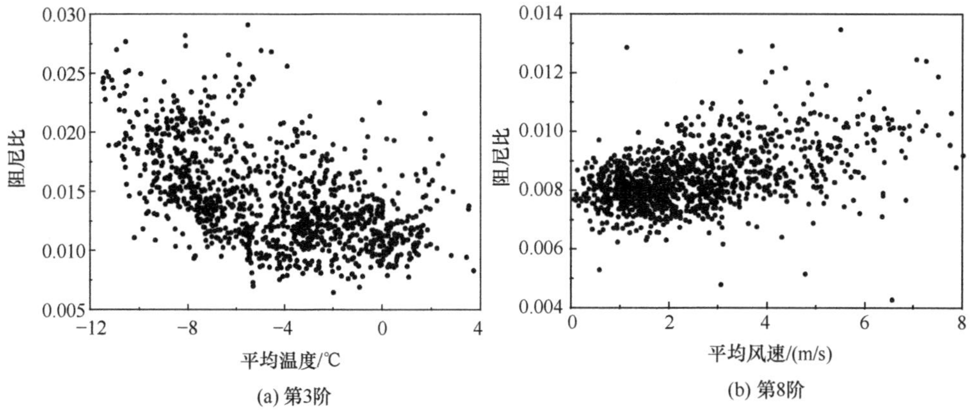

图 5.28　NLPCA 处理模态阻尼比与温度、风速关系

和建立频率与环境因素的关系模型类似，在应用 ANN 算法和多元线性拟合方法分别建立重构阻尼比与环境因素之间的关系模型过程中，重构模态阻尼比数据被间隔选择，构成两组数据：一组数据用于训练，另一组数据用于检验训练模型的预测能力，采用训练的模型进行预测，有关结果如图 5.29 所示。从图 5.29 可以看出，ANN 模型比多元线性模型有更好的拟合和预测阻尼比变化的能力。阻尼比 ANN 模型和线性模型拟合结果的 R-Square 系数如表 5.7 所示。

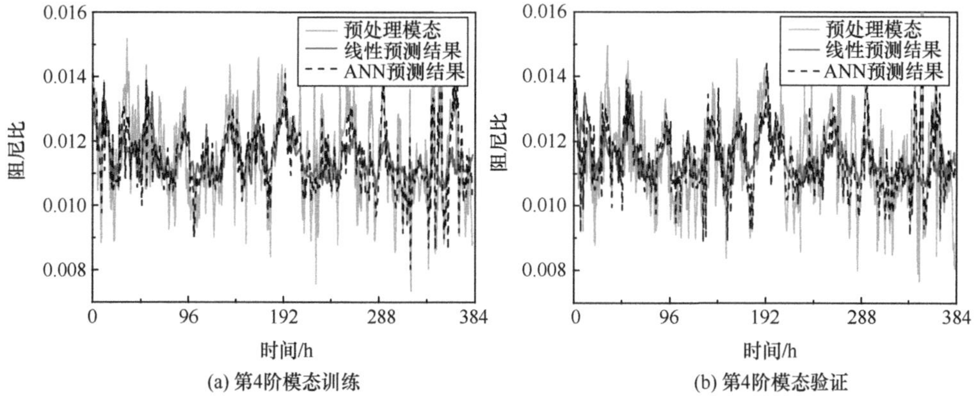

图 5.29　第 4 阶阻尼比的 ANN 拟合与线性拟合对比图

表 5.7　阻尼比 ANN 模型和线性模型拟合结果的 R-Square 系数

模态	线性模型		神经网络模型	
	训练	验证	训练	验证
3	0.298	0.290	0.523	0.461
4	0.165	0.184	0.426	0.333
6	0.322	0.312	0.500	0.346

续表

模态	线性模型		神经网络模型	
	训练	验证	训练	验证
7	0.245	0.228	0.447	0.325
8	0.277	0.258	0.450	0.290
9	0.221	0.237	0.464	0.421

3. 振型建模

本算例中(表 5.1)辨识模态振型的 MAC 值大部分为 0.80～1，MAC 值与温度和风速的关系如图 5.30 和图 5.31 所示，MAC 值与环境因素的相关系数的绝对值都小于 0.2，表明环境因素对整体模态振型的影响不是很明显。

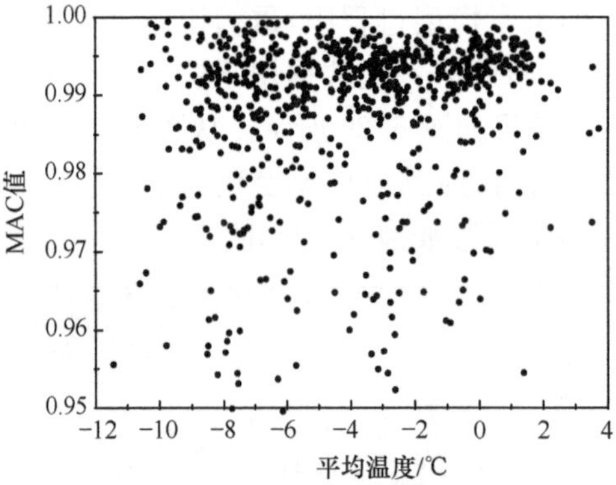

(a) 第3阶

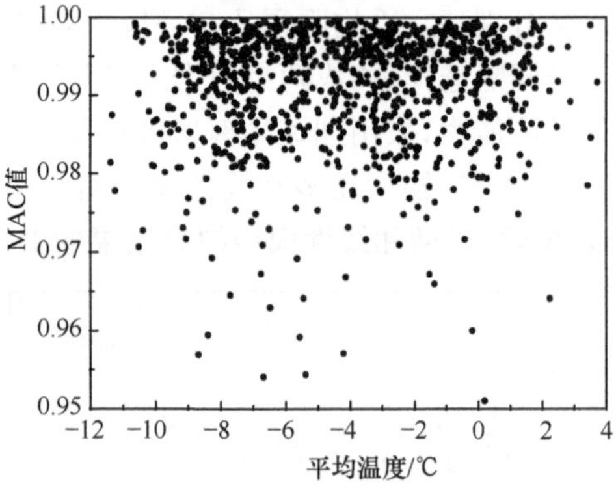

(b) 第4阶

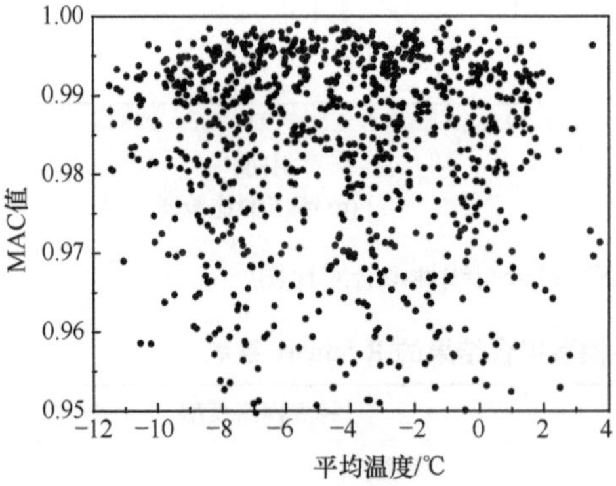

(c) 第6阶

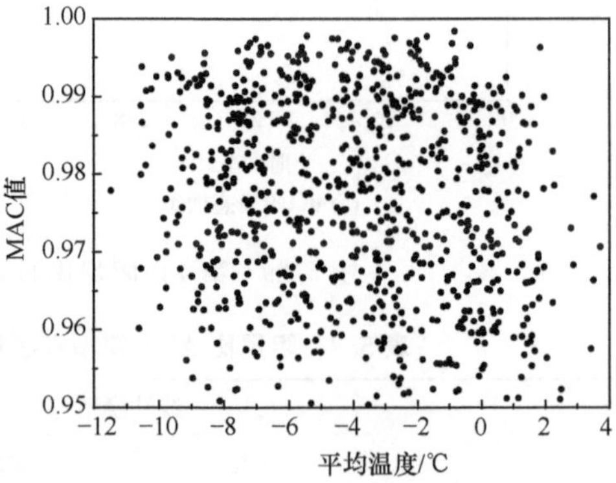

(d) 第7阶

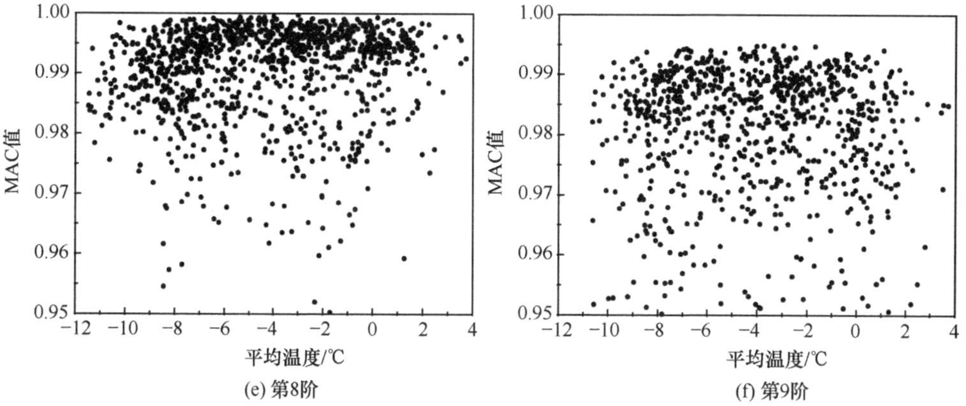

图 5.30　MAC 值随平均温度变化图

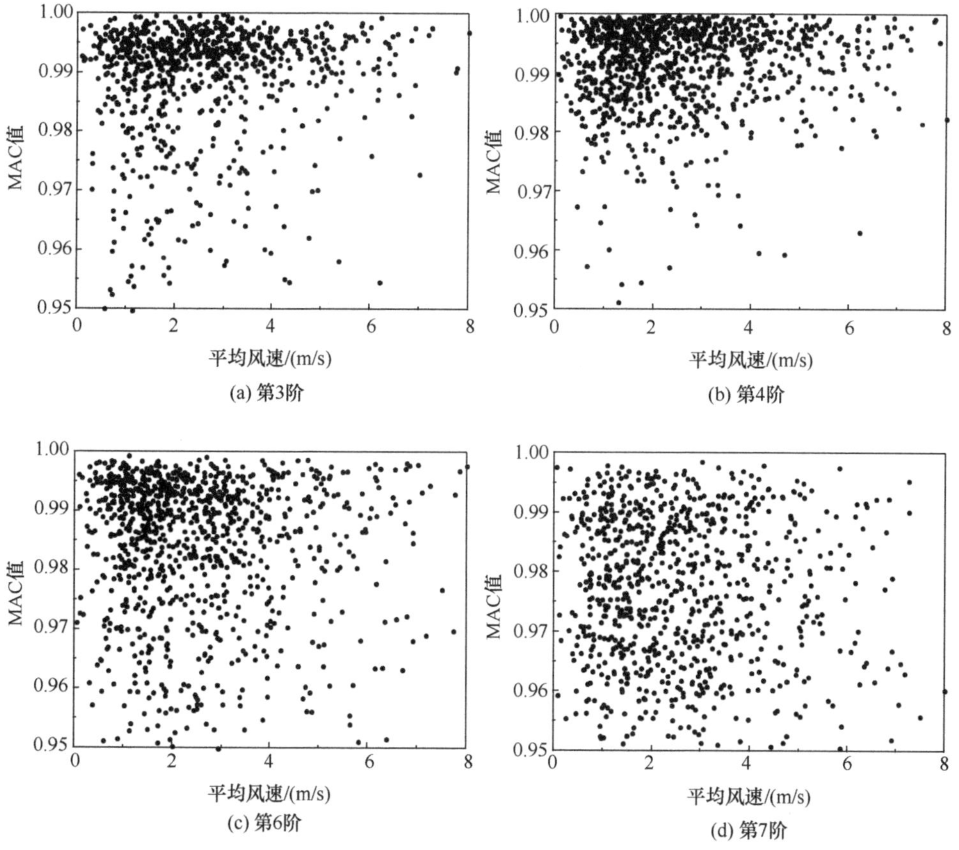

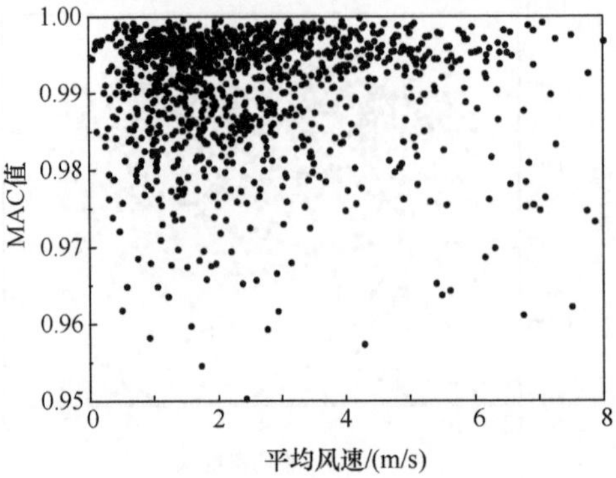

(e) 第8阶

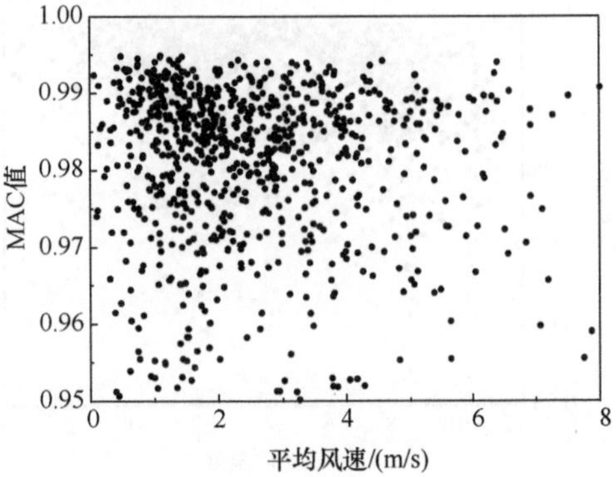

(f) 第9阶

图 5.31　MAC 值随平均风速变化图

上述算例表明，NLPCA 预处理后的数据可以保留环境因素的影响特征；由于结构模态参数是环境因素的复杂非线性函数，ANN 模型可以较好地拟合和预测环境因素与模态参数之间的关系。

第 6 章　结构损伤识别方法

基于振动测试的损伤识别方法得到了广泛的研究，但由于振动测试不可避免地受到诸如环境变化(包括温度、湿度等)、测量噪声以及建模误差等因素的干扰，会与因损伤引起的结构模态参数的变化相互耦合，从而使得损伤诊断结果存在较大的不确定性。处理不确定性问题的方法可以分为基于概率统计理论和基于信息融合理论的方法。其中，基于信息融合方法能更好地反映决策中的不确定性，因而在结构健康诊断中具有更广泛的应用前景。

本章首先介绍经典损伤识别方法，然后介绍基于信息融合理论的结构损伤识别方法。

6.1　基于模态参数的结构损伤识别方法

由于模态参数是结构自身的特性，模态参数的变化意味着结构自身特性发生了变化，因此，根据模态参数的变化可以识别结构损伤。基于模态参数的结构损伤识别方法是结构健康诊断理论的重要内容，该类方法于 1969 年由 Lifshitz 和 Rotem(1969)首先提出，在过去的 40 年中取得了重要发展，并广泛应用于实际工程中。本节主要介绍几种较成熟的基于模态参数的结构损伤识别方法。

6.1.1　基于频率的结构损伤识别方法

结构运动方程的特征方程为

$$\boldsymbol{K}\boldsymbol{\varphi}_r=\omega_r^2\boldsymbol{M}\boldsymbol{\varphi}_r \tag{6.1}$$

式中，$\boldsymbol{K}$ 和 $\boldsymbol{M}$ 分别为结构的刚度矩阵和质量矩阵；$\boldsymbol{\varphi}_r$ 和 ω_r 分别为结构第 r 振型向量和相应的圆频率。

假设结构损伤不引起质量改变，则由结构刚度变化 $\Delta\boldsymbol{K}$ 引起的频率变化为 $\Delta\omega_r\approx\boldsymbol{\varphi}_r^{\mathrm{T}}\Delta\boldsymbol{K}\boldsymbol{\varphi}_r/\omega_r$，而 $\Delta\boldsymbol{K}$ 是半负定的，所以 $\Delta\omega_r\leqslant0$，这说明结构固有频率是结构损伤的单调非增函数，因此以固有频率的变化作为结构损伤识别指标在理论上是合理的。

频率比其他模态参数更容易方便而准确地获得，这是因为结构固有频率可以在结构任一点上测量得到，并且与测量点的位置相对独立，需要传感器数量少。因此利用频率指标判断损伤是一种最直接的方法。

通过频率进行结构损伤识别，首先可以通过频率的变化直接判断结构是否发

生损伤，即

$$\Delta\omega_r=\omega_r^{\mathrm{u}}-\omega_r^{\mathrm{d}} \tag{6.2}$$

式中，$\Delta\omega_r$ 是结构第 r 阶频率损伤前后的变化量；ω_r^{u} 与 ω_r^{d} 是损伤前、后结构实测频率。

如果测得结构的某几阶频率降低，可以判断结构发生了损伤，这样简单直观，但是稳定性较差，容易受噪声和环境因素等影响。因此可以结合概率统计方法，观测一段时间内的频率变化来判断结构是否损伤。

另外也可以通过频率构造一些损伤指标，如 Messina 等(1998)提出了基于试验数据与数值计算数据互相关分析的损伤位置置信准则来识别基频变化模式，进而定位损伤。定义损伤位置 l 置信准则(damage location assurance criterion, DLAC)为

$$\mathrm{DLAC}(l)=\frac{|\Delta\hat{\boldsymbol{\omega}}^{\mathrm{T}}\Delta\boldsymbol{\omega}_l|^2}{(\Delta\hat{\boldsymbol{\omega}}^{\mathrm{T}}\Delta\hat{\boldsymbol{\omega}})\Delta\boldsymbol{\omega}_l^{\mathrm{T}}\Delta\boldsymbol{\omega}_l} \tag{6.3}$$

式中，$\Delta\hat{\boldsymbol{\omega}}=\{\Delta\hat{\omega}_1,\Delta\hat{\omega}_2,\cdots,\Delta\hat{\omega}_n\}$ 为通过试验获得的固有 n 阶频率变化向量；$\Delta\boldsymbol{\omega}_l=\{\Delta\omega_{l1},\Delta\omega_{l2},\cdots,\Delta\omega_{ln}\}$ 为损伤发生在位置 l 时 n 阶固有频率变化的理论值(由有限元分析得到)。

DLAC 指标在 0～1 变化，0 表示实测的固有频率变化和位置 l 损伤时的理论固有频率变化毫不相关，1 表示二者完全相关。位置 l 的 DLAC(l)值越大，说明位置 l 发生损伤的可能性越大。如果将公式中固有频率的绝对变化 $\Delta\hat{\boldsymbol{\omega}}$ 和 $\Delta\boldsymbol{\omega}$ 替换成频率变化的百分比(结构损伤前后固有频率变化除以完好结构的固有频率)，则避免了因为高阶频率的绝对变化太大而只考虑高阶频率的影响，从而可以得到更好的损伤定位结果。

由于 DLAC 方法只能定位单损伤情况，Messina 等(1998)又通过计算各阶模态频率对各单元任意损伤程度的灵敏度，将这种方法推广到多损伤定位情况，并定义了多损伤位置置信准则(MDLAC)：

$$\mathrm{MDLAC}(l)=\frac{|\Delta\hat{\boldsymbol{\omega}}^{\mathrm{T}}\Delta\boldsymbol{\omega}_l(\delta\boldsymbol{D})|^2}{(\Delta\hat{\boldsymbol{\omega}}^{\mathrm{T}}\Delta\hat{\boldsymbol{\omega}})\Delta\boldsymbol{\omega}_l^{\mathrm{T}}(\delta\boldsymbol{D})\Delta\boldsymbol{\omega}_l(\delta\boldsymbol{D})} \tag{6.4}$$

式中，$\delta\boldsymbol{D}$ 为表征各单元刚度损伤程度的向量。

MDLAC 指标可有效识别出结构多个损伤部位并能确定各单元的相对损伤程度。可见，MDLAC 指标是通过固有频率的相关分析来确定结构多个损伤位置的。但是由于损伤是结构的局部现象，反映结构整体动态特性的固有频率对损伤很不敏感，因此有必要提出其他对损伤敏感的参量作为相关分析的特征参量。

结构固有频率在也可以作为基于模式识别的损伤识别方法的特征参数，如基于 ANN、SVM、相关向量机(relevance vector machine，RVM)等损伤识别方法，常用频率作为输入特征参数。还可以直接通过频率或者与其他参数组合，构造目标

函数，采用优化方法进行损伤识别，这也是频率在结构损伤识别中的一种常用方式，这里不再介绍，感兴趣的读者可以参考相关文献。

虽然频率在结构损伤识别中应用广泛，但是大量研究表明，由于损伤是结构的局部特性，反映结构整体特性的频率指标对损伤很不明显。Farrar 等(1994)在对美国新墨西哥州的 I-40 桥梁的试验中，发现当桥梁抗弯刚度减小 21%时，模态频率并没有明显变化。Spyrakos 等(1990)用一组梁来模拟桥梁结构进行动力试验，对每一根梁分别施加不同的初始缺陷(类型、位置、程度)，进行自由衰减振动试验，发现损伤程度和动力特性的变化之间存在明显的关系；但是仅靠频率的变化来评价桥梁的安全程度是不够的，当桥梁发生接近破坏的损伤时其频率仅改变 5%。Kenley 和 Dodds(1980)指出只有损伤造成整体刚度降低超过 5%时，才能测量到频率的变化。由于频率对损伤的灵敏度低，只有在测量数据非常精确而且损伤非常严重的情况下才能准确地识别出损伤；此外，频率与结构损伤之间并不是一一对应的关系，如对称结构的两个对称位置的损伤所引起固有频率的变化是完全相同的。所以利用频率变化来识别损伤具有一定的局限性。

6.1.2　基于振型的结构损伤识别方法

振型的变化能够与结构的局部损伤直接关联，因此，振型更敏感地反映了结构局部状态变化，是标识结构损伤的敏感指标；且在识别振型基础上可以进一步构造对损伤更加敏感的指标。因此，国内外学者发展了许多基于振型的结构损伤识别方法。

1. 模态置信度判据法

模态置信度判据法是利用模态置信判据进行结构损伤识别的一种方法，如 MAC、COMAC 模态置信判据定义为结构两种状态下同一阶振型的相关性。显然，当结构未发生损伤时，两次监测识别得到的结构同一阶振型完全相关，则模态置信度判据为 1；一旦结构发生损伤，则其振型发生变化，健康状态与损伤状态下结构同一阶振型不完全相关，则模态置信度判据不等于 1。因此，根据模态置信判据则可以判断结构是否发生了损伤。

1984 年，West 提出采用模态置信度指标 MAC 获得监测结构损伤前、后的振型相关水平，进行损伤定位：

$$\mathrm{MAC}(\boldsymbol{\varphi}_r^{\mathrm{u}}\boldsymbol{\varphi}_r^{\mathrm{d}})=\frac{(\boldsymbol{\varphi}_r^{\mathrm{u}\,\mathrm{T}}\boldsymbol{\varphi}_r^{\mathrm{d}})^2}{(\boldsymbol{\varphi}_r^{\mathrm{u}\,\mathrm{T}}\boldsymbol{\varphi}_r^{\mathrm{u}})(\boldsymbol{\varphi}_r^{\mathrm{d}\,\mathrm{T}}\boldsymbol{\varphi}_r^{\mathrm{d}})},\quad r=1,2,\cdots,n \tag{6.5}$$

式中，$\boldsymbol{\varphi}_r^{\mathrm{u}}$ 为识别的健康结构第 r 振型；$\boldsymbol{\varphi}_r^{\mathrm{d}}$ 为识别的损伤结构第 r 振型；n 为监测识别的模态总数(West，1984)。

当结构未发生损伤时，$\boldsymbol{\varphi}_r^{\mathrm{u}}=\boldsymbol{\varphi}_r^{\mathrm{d}}$，则 $\mathrm{MAC}(\boldsymbol{\varphi}_r^{\mathrm{u}}\boldsymbol{\varphi}_r^{\mathrm{d}})=1$；一旦结构发生损伤，$\boldsymbol{\varphi}_r^{\mathrm{u}}\neq\boldsymbol{\varphi}_r^{\mathrm{d}}$，则 $\mathrm{MAC}(\boldsymbol{\varphi}_r^{\mathrm{u}}\boldsymbol{\varphi}_r^{\mathrm{d}})\neq 1$。

Ko 等(1994)对 MAC 准则进行了改进，提出了坐标模态置信度指标 COMAC 以识别结构损伤。COMAC 定义为

$$\mathrm{COMAC}(i)=\frac{\left(\sum\limits_{r=1}^{n}\left|\boldsymbol{\varphi}_r^{\mathrm{u}}(i)\boldsymbol{\varphi}_r^{\mathrm{d}}(i)\right|\right)^2}{\sum\limits_{r=1}^{n}\boldsymbol{\varphi}_r^{\mathrm{u2}}(i)\sum\limits_{j=1}^{n}\boldsymbol{\varphi}_r^{\mathrm{d2}}(i)} \tag{6.6}$$

式中，$\boldsymbol{\varphi}_r^{\mathrm{u}}(i)$为 $\boldsymbol{\varphi}_r^{\mathrm{u}}$ 在第 i 自由度上的分量；$\boldsymbol{\varphi}_r^{\mathrm{d}}(i)$为 $\boldsymbol{\varphi}_r^{\mathrm{d}}$ 在第 i 自由度上的分量。显然，当结构未损伤时，$\mathrm{COMAC}(i)=1$；当结构发生损伤时，$\mathrm{COMAC}(i)\neq 1$。

比较式(6.5)和式(6.6)可以发现，MAC 表示振型之间的相互关系，而 COMAC 表示每个自由度上振型之间的相互关系。因此，采用坐标模态置信度指标识别结构损伤时，只需选择若干个拟研究的测点 k，识别这些测点的振型即可，而 MAC 需要识别所有测点上的振型值。

已有研究表明，当采用 COMAC 和 MAC 的方法进行损伤定位时，如果分析中包含虚假的模态，则不能准确识别结构的损伤，但如果剔除虚假模态，这种方法很有效。

2. 曲率模态法

曲率模态是结构构件中性面的特征变形，与构件的截面弯曲刚度有关。如果构件发生损伤，损伤处的局部弯曲刚度 EI 下降，则曲率增大。由于曲率的变化在本质上具有局部特征，因此可以根据振型曲率的变化定位结构的局部损伤。曲率一般通过监测识别的位移振型 $\boldsymbol{\Phi}=\{\boldsymbol{\varphi}_1,\boldsymbol{\varphi}_2,\cdots,\boldsymbol{\varphi}_n\}$，利用中心差分方法求解得到结构的振型曲率(Pandey et al.，1991)，即

$$\varphi_r''(i)=\frac{\varphi_r(i+1)-2\varphi_r(i)+\varphi_r(i-1)}{\Delta h^2},\quad r=1,2,\cdots,n \tag{6.7}$$

式中，Δh 是两个测点之间的距离。

从振型曲率的特性分析可知，基于振型曲率的损伤指标对局部损伤十分敏感，可以有效定位损伤。但该方法存在的问题是当传感器测点较少时，振型曲率的误差较大，从而降低了损伤定位的精度。

3. 柔度矩阵法

Pandey 和 Biswas(1994)提出了基于柔度矩阵的结构损伤识别方法。已知结构的特征值 $\boldsymbol{\Lambda}$ 与关于质量的归一化振型 $\boldsymbol{\Phi}$：

$$\boldsymbol{\Phi}^{\mathrm{T}}\boldsymbol{M}\boldsymbol{\Phi}=\boldsymbol{I} \tag{6.8}$$

则

$$\boldsymbol{\Phi}^{-1}=\boldsymbol{\Phi}^{\mathrm{T}}\boldsymbol{M} \tag{6.9}$$

已知结构的特征方程

$$\boldsymbol{K\Phi}=\boldsymbol{M\Phi\Lambda} \tag{6.10}$$

对特征方程两端右乘 $\boldsymbol{\Phi}^{-1}$，得

$$\boldsymbol{K}=\boldsymbol{M\Phi\Lambda\Phi}^{\mathrm{T}}\boldsymbol{M}=\boldsymbol{M}\Big(\sum_{r=1}^{N}\omega_r^2\boldsymbol{\varphi}_r\boldsymbol{\varphi}_r^{\mathrm{T}}\Big)\boldsymbol{M} \tag{6.11}$$

由结构力学的知识可知，柔度矩阵是刚度矩阵的逆，即 $\boldsymbol{K}^{-1}=\boldsymbol{F}$，将式(6.10)两端右乘 $\boldsymbol{\Lambda}^{-1}$得

$$\boldsymbol{\Phi\Lambda}^{-1}=\boldsymbol{FM\Phi} \tag{6.12}$$

将式(6.12)等号右边右乘以式(6.9)等号左边项 $\boldsymbol{\Phi}^{-1}$，而式(6.12)等号左边右乘以式(6.9)等号右边项 $\boldsymbol{\Phi}^{\mathrm{T}}\boldsymbol{M}$，得

$$\boldsymbol{\Phi\Lambda}^{-1}\boldsymbol{\Phi}^{\mathrm{T}}\boldsymbol{M}=\boldsymbol{FM} \tag{6.13}$$

则柔度矩阵为

$$\boldsymbol{F}=\boldsymbol{\Phi\Lambda}^{-1}\boldsymbol{\Phi}^{\mathrm{T}}=\sum_{r=1}^{n}\frac{1}{\omega_r^2}\boldsymbol{\varphi}_r\boldsymbol{\varphi}_r^{\mathrm{T}} \tag{6.14}$$

令结构损伤前后柔度矩阵分别为 $\boldsymbol{F}^{\mathrm{u}}$ 和 $\boldsymbol{F}^{\mathrm{d}}$，则损伤前后柔度矩阵的变化量为

$$\Delta\boldsymbol{F}=\boldsymbol{F}^{\mathrm{u}}-\boldsymbol{F}^{\mathrm{d}} \tag{6.15}$$

将 $\Delta\boldsymbol{F}$ 对角线元素标准化，用来定义损伤指标：

$$\delta_{Fi}=\frac{|F_{ii}^{\mathrm{u}}-F_{ii}^{\mathrm{d}}|}{F_{ii}^{\mathrm{u}}} \tag{6.16}$$

从式(6.14)可知，低阶模态对柔度矩阵的贡献更大，由于实际工程中低阶模态更易于监测得到。因此，基于柔度矩阵的结构损伤识别方法可以较好地识别结构的损伤。

4. 模态应变能

Stubbs 等(1995)提出了模态应变能损伤指标，该指标定义为

$$\beta_r(j)=\frac{\Big[(\hat{\varphi}_r^{\mathrm{d}\prime\prime}(j))^2+\sum\limits_{j=1}^{N_j}(\hat{\varphi}_r^{\mathrm{d}\prime\prime}(j))^2\Big]\sum\limits_{j=1}^{N_j}(\hat{\varphi}_r^{\prime\prime}(j))^2}{\Big[(\hat{\varphi}_r^{\prime\prime}(j))^2+\sum\limits_{j=1}^{N_j}(\hat{\varphi}_r^{\prime\prime}(j))^2\Big]\sum\limits_{j=1}^{N_j}(\hat{\varphi}_r^{\mathrm{d}\prime\prime}(j))^2} \tag{6.17}$$

式中，$\hat{\varphi}_r^{\prime\prime}(j)$和 $\hat{\varphi}_r^{\mathrm{d}\prime\prime}(j)$分别为损伤前、后第 r 阶模态二阶导数的第 j 个元素($j=1,2,\cdots,N_i$)。

如果考虑多阶模态，损伤指标为多个模态应变能损伤指标之和，定义为

$$v(i)=\frac{1}{N_m}\sum_{r}^{N_m}\beta_r(i) \tag{6.18}$$

由于该指标是基于位移振型与应变模态之间的关系，因此，该方法更适合于梁式结构。

虽然振型更敏感地反映了结构局部状态变化，可以识别结构局部损伤。但基于振型变化的损伤识别方法在应用中面临着监测振型不完备(不仅测量的振型个数少于分析模型的理论振型个数，而且测量的自由度个数也少于分析模型的自由度数)和噪声的影响等问题，导致振型的监测误差较大，以致某些情况下还无法准确识别结构的损伤。随着分布式传感技术和无线传感技术的发展，将能获得结构空间上密集的监测数据，从而增加振型识别的准确性和识别振型的完整性，从而提高基于振型的结构损伤识别精度。

6.2 结构损伤识别信息融合方法

信息融合，又称多传感器数据融合，即充分利用不同时间与空间的多传感器信息资源，采用计算机技术对按时序获得的多传感器观测信息在一定准则下加以自动分析、综合、支配和使用，获得被测对象的一致性解释或描述，以完成所需的决策和估计任务，使系统获得比它的各组成部分更优越的性能。在信息融合理论里，常用的多传感器信息融合的概率统计方法有 D-S 证据理论和 Bayesian 推理，下面重点介绍并分析比较这两种推理理论的特点。

6.2.1 D-S 证据理论

证据理论的主要特点就是可以通过证据的积累逐步缩小假设集，证据理论的一个基本策略是将证据集合划分成两个或多个部分，并利用它们分别对辨识框架独立进行判断，然后用 Dempster 组合规则，将它们组合起来。D-S 证据组合规则是证据理论的核心内容，它是在证据积累的过程中计算多个证据对假设的综合影响的方法，即多个证据作用下假设成立的综合信任程度，更具体地说就是从多角度综合多方面的证据，用对同一问题进行信息融合的数学手段，从而使人们对问题的判决更理性、更可靠。

1. 基本概念

下面首先介绍 D-S 证据理论的几个基本概念。

1) 基本概率函数

设 $\tilde{\Omega}$ 是辨识框架，论域内的命题都可以用 $\tilde{\Omega}$ 的子集来表示。幂集 $2^{\tilde{\Omega}}$ 包含 $\tilde{\Omega}$ 及其所有子集和空集 ϕ。例如，如果互斥且完备的目标辨识集合 $\tilde{\Omega}=\{a_1,a_2,\cdots,a_n\}=a_1\cup a_2\cup a_3$，则幂集包含的集合个数为 2^{n-1}，设 $n=3$，则 $2^{\tilde{\Omega}}=\{\phi,a_1,a_2,a_3,a_1\cup a_2,a_1\cup a_3,a_2\cup a_3,a_1\cup a_2\cup a_3\}$，考虑 $\tilde{\Omega}=a_1\cup a_2\cup a_3$，所以 $2^{\tilde{\Omega}}$

也可以表示为 $2^{\tilde{\Omega}}=\{\phi,a_1,a_2,a_3,a_1\cup a_2,a_1\cup a_3,a_2\cup a_3,\tilde{\Omega}\}$。基本概率函数是定义在 $2^{\tilde{\Omega}}\to[0,1]$ 的一个映射，且满足

$$M:2^{\tilde{\Omega}}\to[0,1] \tag{6.19}$$

$$M(\phi)=0 \tag{6.20}$$

$$\sum_{A\subseteq\Omega}M(A)=1 \tag{6.21}$$

则称 M 是 $2^{\tilde{\Omega}}$ 上的概率分配函数，$M(A)$ 称为 A 的基本概率函数，表示对 A 的精确信任，A 是目标辨识框架或集合 $\tilde{\Omega}$ 中的一个元素（如 a_1）。

2）信任函数

信任函数 Bel 定义在 $2^{\tilde{\Omega}}\to[0,1]$，且

$$\mathrm{Bel}(A)=\sum_{B\subset A}M(B),\quad A\subseteq\tilde{\Omega} \tag{6.22}$$

式中，Bel 函数也称为下限函数，表示对 A 完全信任。

3）似然函数

似然函数 Pl 定义在 $2^{\tilde{\Omega}}\to[0,1]$，且

$$\mathrm{Pl}(A)=1-\mathrm{Bel}(\bar{A})=\sum_{B\cap A\neq\phi}M(B),\quad A\subseteq\tilde{\Omega} \tag{6.23}$$

式中，Pl 也称为上限函数，表示对 A 非假的信任程度[表示对 A 似乎可能(plausibility)成立的不确定性度量]；$\bar{A}$ 是 A 在 $\tilde{\Omega}$ 中的补集。信任函数和似然函数有如下关系：

$$\mathrm{Pl}(A)\geqslant\mathrm{Bel}(A) \tag{6.24}$$

式(6.24)可以通过例子简单说明，假设 $\tilde{\Omega}=\{a,b,c\}$，则幂集 $2^{\tilde{\Omega}}$ 为：$2^{\tilde{\Omega}}=\{\varphi,a,b,c,a\cup b,a\cup c,b\cup c,\tilde{\Omega}\}$，则

$$\mathrm{Bel}(a)=M(a) \tag{6.25}$$

$$\mathrm{Pl}(a)=M(a)+M(a\cup b)+M(a\cup c)+M(a\cup b\cup c) \tag{6.26}$$

显然 $\mathrm{Pl}(a)\geqslant\mathrm{Bel}(a)$。

对所有的 $A\subseteq\tilde{\Omega}$，A 的不确定性由

$$u(A)=\mathrm{Pl}(A)-\mathrm{Bel}(A) \tag{6.27}$$

表示。$(\mathrm{Bel}(A),\mathrm{Pl}(A))$ 称为信任区间，它反映了关于 A 的许多重要信息。D-S证据理论对 A 不确定性的描述可以用图 6.1 来表示。

2. 证据的组合规则

设 M_1 和 M_2 是 $\tilde{\Omega}$ 上两个概率分配函数，则其正交和 $M=M_1\oplus M_2$ 定义为

$$M(\phi)=0 \tag{6.28}$$

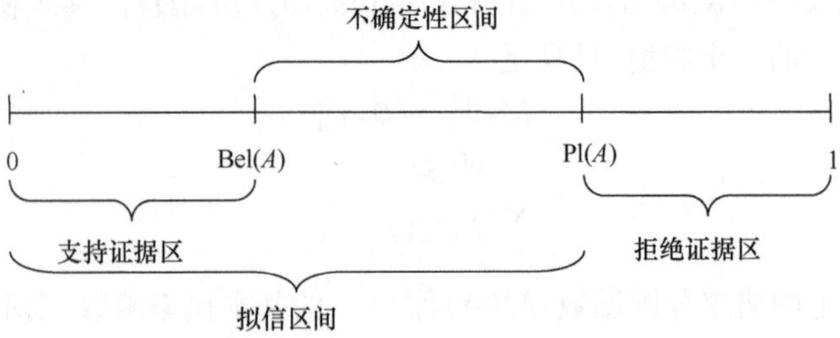

图 6.1　对 A 的不确定性描述

$$M(A) = (1-k_c)^{-1}\sum_{B\cap C=A} M_1(B)M_2(C) \tag{6.29}$$

式中，

$$k_c = \sum_{B\cap C=\phi} M_1(B)M_2(C) \tag{6.30}$$

式中，k_c 称为冲突因子，如果 $k_c=0$，表示两个证据完全冲突，则不存在正交和 M；如果 $k_c\neq 0$，则正交和 M 也是一个概率分配函数。

多个概率分配函数的融合可以通过两两融合进行，最终融合的结果和融合的顺序无关。在多传感器信息融合中，D-S 融合的过程可以用图 6.2 表示。

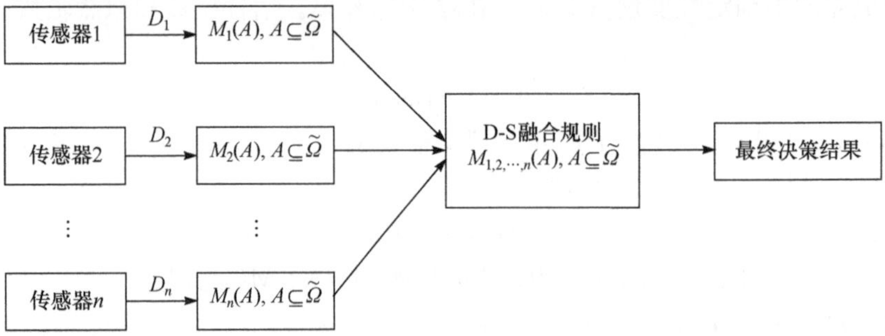

图 6.2　D-S 证据融合过程

下面举例说明 D-S 证据理论融合的计算过程。

算例 1　设目标辨识框架为 $\tilde{\Omega}=\{a_1,a_2\}$，则 $2^{\tilde{\Omega}}=\{\phi,a_1,a_2,\tilde{\Omega}\}$。现在有两个类型的传感器 S_1 和 S_2，得到两个传感器对目标检测的基本概率分配函数为

$$M_1: M_1(\phi)=0,\quad M_1(a_1)=0.6,\quad M_1(a_2)=0.2,\quad M_1(\tilde{\Omega})=0.2 \tag{6.31}$$

$$M_2: M_2(\phi)=0,\quad M_2(a_1)=0.4,\quad M_2(a_2)=0.5,\quad M_2(\tilde{\Omega})=0.1 \tag{6.32}$$

采用 D-S 融合规则[式(6.28)～式(6.30)]对 M_1 和 M_2 进行融合得到融合后的基本概率分配函数 M_{12}，计算过程如表 6.1 所示。

表 6.1　算例中 D-S 融合的计算过程

S_2 \ S_1	$M_1(\phi)=0$	$M_1(a_1)=0.6$	$M_1(a_2)=0.2$	$M_1(\Omega)=0.2$
$M_2(\phi)=0$	$M(\phi)=0$	$M(\phi)=0$	$M(\phi)=0$	$M(\phi)=0$
$M_2(a_1)=0.4$	$M(\phi)=0$	$M(a_1)=0.24$	$M(\phi)=0.08$	$M(a_1)=0.08$
$M_2(a_2)=0.5$	$M(\phi)=0$	$M(\phi)=0.3$	$M(a_2)=0.1$	$M(a_2)=0.1$
$M_2(\tilde{\Omega})=0.1$	$M(\phi)=0$	$M(a_1)=0.06$	$M(a_2)=0.02$	$M(\tilde{\Omega})=0.02$

$$\begin{aligned}k_c &= \sum_{B\cap C=\phi} M_1(B)M_2(C)\\ &= 0+0+0+0+0+0+0+0.3+0.08=0.38\end{aligned} \tag{6.33}$$

$$M_{12}(\phi)=0 \tag{6.34}$$

$$\begin{aligned}M_{12}(a_1) &= (1-k_c)^{-1}\sum_{B\cap C=\{a_1\}} M_1(B)M_2(C)\\ &= \frac{0.24+0.06+0.08}{1-0.38}=0.6129\end{aligned} \tag{6.35}$$

$$M_{12}(a_2)=\frac{0.1+0.1+0.02}{1-0.38}=0.3584 \tag{6.36}$$

$$M_{12}(\tilde{\Omega})=\frac{0.02}{1-0.38}=0.0323 \tag{6.37}$$

融合之后的基本概率函数为：$M_{12}(\phi)=0$，$M_{12}(a_1)=0.6129$，$M_{12}(a_2)=0.3584$，$M_{12}(\tilde{\Omega})=0.0323$。

这里介绍了 D-S 证据理论的基本内容，更多的关于 D-S 证据理论的内容读者可参考相关文献(Shafer，1976；康耀红，1997；段新生，1996；Klein，2004)。

6.2.2　Bayesian 推理

Bayesian 推理也是多信息融合决策的常用方法，Bayesian 推理通过测得的数据对先验概率进行更新而得到后验概率。假设互斥且完备的目标辨识框架为 $H=\{H_1,H_2,\cdots,H_{N_q}\}$，多传感器信息为 $S_1,S_2,\cdots,S_{N_s}$，则根据 Bayesian 定理，$H_i(H_i\in H)$的后验概率为(Klein，2004)

$$P(H_i\mid S_1,\cdots,S_{N_s})=\frac{P(S_1,\cdots,S_{N_s}\mid H_i)P(H_i)}{P(S_1,\cdots,S_{N_s})} \tag{6.38}$$

式中，$P(H_i\mid S_1,\cdots,S_{N_s})$为后验概率；$P(S_1,\cdots,S_{N_s}\mid H_i)$为似然函数；$P(H_i)$为先验概率。

假设各个传感器的信息是条件独立的，则

$$P(H_i\mid S_1,\cdots,S_{N_s})=\alpha_b P(H_i)\prod_{j=1}^{N_s}P(S_j\mid H_i) \tag{6.39}$$

式中，$\alpha_b = 1/P(S_1, \cdots, S_{N_s})$。在多传感器信息融合中，Bayesian 融合的过程可以用图 6.3 表示。

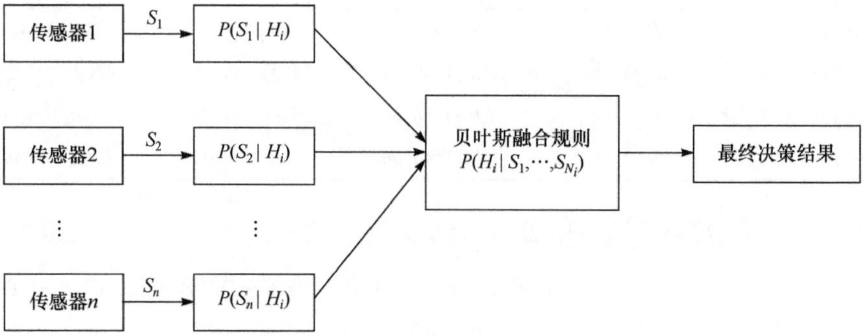

图 6.3　Bayesian 融合过程

下面举例说明 Bayesian 推理的计算过程。

算例 2　假设辨识框架集合 $H = \{H_1, H_2, H_3, H_4\}$，已知其先验概率为

$$P(H_i) = (0.3, 0.25, 0.28, 0.17) \tag{6.40}$$

三个传感器的数据得到的似然函数为

$$P(S_1 | H_i) = (0.10, 0.40, 0.20, 0.30) \tag{6.41}$$

$$P(S_2 | H_i) = (0.35, 0.28, 0.18, 0.19) \tag{6.42}$$

$$P(S_3 | H_i) = (0.21, 0.45, 0.10, 0.24) \tag{6.43}$$

求融合之后的概率 $P(H_i | S_1, S_2, S_3)$。

解：根据式(6.38)得

$$\begin{aligned} P(H_i | S_1, S_2, S_3) &= \alpha_b P(H_i) P(S_1 | H_i) P(S_2 | H_i) P(S_3 | H_i) \\ &= \alpha_b (0.3, 0.25, 0.28, 0.17)(0.10, 0.40, 0.20, 0.30) \\ &\quad \cdot (0.35, 0.28, 0.18, 0.19)(0.21, 0.45, 0.10, 0.24) \\ &= \alpha_b (0.0022, 0.0126, 0.0010, 0.0023) \\ &= (0.1216, 0.6947, 0.0556, 0.1282) \end{aligned} \tag{6.44}$$

因为 $P(H_i | S_1, S_2, S_3)(i = 1, \cdots, 4)$ 要满足概率之和为 1，所以 $\alpha_b = 55.1310$。从融合的结果可看出，目标为 H_2 的可能性较大。

6.2.3　D-S 证据理论与 Bayesian 推理的比较

前面分别介绍了基于 D-S 证据融合决策方法和基于 Bayesian 推理的融合决策方法，接下来分析 D-S 证据理论与 Bayesian 推理的区别与联系。

1. D-S 证据理论与 Bayesian 推理的区别

D-S 证据理论被认为是 Bayesian 推理的扩展。对于一个命题，Bayesian 推理

要么相信该命题为真，要么转而相信该命题为假。而 D-S 则不然，D-S 对一个命题为真的信任度和该命题为假的信任度之和并不为 1。对于一个命题，可以不相信它，同时也可以不相信它的非。例如，对“宇宙是有限的”和“宇宙是无限的”这一个命题来说，在目前的科学水平或我们拥有的知识背景下，我们既不能相信前者，又不敢相信后者。或者说我们对前者的信任度很小，对后者的信任度也很小，因此两者之和不等于 1（段新生，1996）。从式(6.22)和式(6.23)可以说明 $\mathrm{Bel}(A)+\mathrm{Bel}(\overline{A})\leqslant 1$。

D-S 理论对 Bayesian 的扩展，主要是把基本概率函数定义为幂集 $2^{\tilde{\Omega}}$ 到 $[0,1]$ 之间的映射。对于同一个辨识框架 $\tilde{\Omega}=\{a,b\}$，由 Bayesian 推理得

$$P(a)+P(b)=1 \tag{6.45}$$

由证据理论，则

$$M(a)+M(b)+M(a\cup b)=1 \tag{6.46}$$

式中，$M(a\cup b)=M(\tilde{\Omega})$ 表示不确定性，即无法确定是 a 或 b 的基本概率值，需指出这里 $M(\tilde{\Omega})\leqslant 1$，而 $\mathrm{Bel}(\tilde{\Omega})=M(a)+M(b)+M(a\cup b)=1$。基本概率函数 M 和信任函数 Bel 不同，全集的基本概率函数 $M(\tilde{\Omega})$ 可以为 0 或者小于等于 1 的数，但全集的信任函数 $\mathrm{Bel}(\tilde{\Omega})$ 必然是等于 1 的。

D-S 可以处理不完整的概率模型，Bayesian 推理则不能。在 D-S 证据理论中，$M_1(a\cup b)$ 和 $M_2(a)$ 可以直接进行融合；而在 Bayesian 推理中，$P_1(a\cup b)$ 和 $P_2(a)$ 不能直接进行融合，需要根据 a 和 b 的先验分配由 $P_1(a\cup b)$ 计算得到 $P_1(a)$ 和 $P_1(b)$ 才可以融合。下面举例说明在不完整的概率模型情况下，D-S 证据理论的融合计算过程。

算例 3　辨识框架 $\tilde{\Omega}=\{a_1,a_2,a_3,a_4\}$，两个类型的传感器 S_1 和 S_2 得到的基本概率分配分别为：$M_1(a_1\cup a_2)=0.3$，$M_1(a_1\cup a_4)=0.6$ 和 $M_1(\tilde{\Omega})=0.1$；$M_2(a_1\cup a_3)=0.5$，$M_2(a_2)=0.3$ 和 $M_2(\tilde{\Omega})=0.2$。求融合之后的概率分配。

解：求解过程如表 6.2 所示。

表 6.2　算例 3 计算过程

S_1 \ S_2	$M_1(a_1\cup a_2)=0.3$	$M_1(a_1\cup a_4)=0.6$	$M_1(\tilde{\Omega})=0.1$
$M_2(a_1\cup a_3)=0.5$	$M(a_1)=0.15$	$M(a_1)=0.30$	$M(a_1,a_3)=0.05$
$M_2(a_2)=0.3$	$M(a_2)=0.09$	$M(\phi)=0.18$	$M(a_2)=0.03$
$M_2(\tilde{\Omega})=0.2$	$M(a_1\cup a_2)=0.06$	$M(a_1\cup a_4)=0.12$	$M(\tilde{\Omega})=0.02$

可以看出，此例给出的基本概率函数是不完整的，但是 D-S 证据理论仍然可以融合两个传感器的信息，得到 a_1 和 a_2 融合之后的概率分配：

$$M_{12}(a_1)=\frac{0.15+0.30}{1-0.18}\approx 0.55 \tag{6.47}$$

$$M_{12}(a_2)=\frac{0.09+0.03}{1-0.18}\approx 0.15 \tag{6.48}$$

如果要得到 a_3 和 a_4 的基本概率，则需等待新的数据。而 Bayesian 推理却无法处理不完整模型，必须知道每个辨识目标的概率值才能进行融合运算，即必须已知 $P(\omega_i|S_j)(i=1,\cdots,4;\ j=1,2)$ 才可以进行数学运算。D-S 理论这种可以处理不完整概率模型的优势，在实际应用中可以考虑传感器的误差而将部分基本概率值分配给不确定部分；或者可以考虑不同来源证据的可靠性，对证据进行加权调整，将部分基本概率值分配给不确定部分。显然这样使得信息融合变得更加灵活方便。

Shafer 指出 Bayesian 推理的缺陷是 Bayesian 理论不允许我们既保持对一个命题为真的信任程度，又并不将剩余信任程度分配给命题的假(Klein，2004)。

Bayesian 推理需要已知先验分布。例如，已知 $P(\{a,b,c\})=0.6$，那么 $P(\{a\})=?$，我们事先需要知道先验分配概率才能得到每个集合的概率。有时先验分配概率很容易得到，但有时候却不容易得到。例如，一个 6 个面的公平骰子，如果说骰子显示偶数的概率为 0.8，则偶数 2、4、6 中每个数出现的概率为 0.8/3。如果不是公平骰子，则无法分配。而 D-S 证据理论不需要知道先验分配，可以简单地描述为 M(偶数)=0.8(Klein，2004)。

2. D-S 证据理论与 Bayesian 推理等效的情况

当图 6.1 所示的不确定区间为 0 时，Bayesian 和 D-S 证据理论等效。例如，$\tilde{\Omega}=\{a,b,c\}$，$2^{\tilde{\Omega}}=\{a,b,c,a\cup b,a\cup c,b\cup c,\tilde{\Omega}\}$，如果基本概率函数 $M(a\cup b)$、$M(a\cup c)$、$M(b\cup c)$ 和 $M(\tilde{\Omega})$ 均为 0，则此时 D-S 证据理论和 Bayesian 推理等效，下面举例说明。

算例 4　辨识框架 $\tilde{\Omega}=\{a_1,a_2,a_3,a_4\}$，假设两个类型的传感器 S_1 和 S_2 得到的基本概率分配如下。

传感器 S_1：$M_1(a_1)=0.25$，$M_1(a_2)=0.08$，$M_1(a_3)=0.35$，$M_1(a_4)=0.32$；

传感器 S_2：$M_2(a_1)=0.10$，$M_2(a_2)=0.45$，$M_2(a_3)=0.30$，$M_2(a_4)=0.15$。

求融合之后的基本概率函数。求解过程如表 6.3 所示。

表 6.3　算例 4 的 D-S 证据融合的计算过程

S_2 \ S_1	$M_1(a_1)=0.25$	$M_1(a_2)=0.08$	$M_1(a_3)=0.35$	$M_1(a_4)=0.32$
$M_2(a_1)=0.10$	$M(a_1)=0.025$	$M(\phi)=0.008$	$M(\phi)=0.035$	$M(\phi)=0.032$
$M_2(a_2)=0.45$	$M(\phi)=0.1125$	$M(a_2)=0.036$	$M(\phi)=0.1575$	$M(\phi)=0.144$
$M_2(a_3)=0.30$	$M(\phi)=0.075$	$M(\phi)=0.024$	$M(\omega_3)=0.105$	$M(\phi)=0.096$
$M_2(a_4)=0.15$	$M(\phi)=0.0375$	$M(\phi)=0.012$	$M(\phi)=0.0525$	$M(a_4)=0.048$

$$k=0.008+0.035+0.032+0.1125+0.1575+0.144+0.075+0.024+0.096+0.0375+0.012+0.0525=0.7860 \tag{6.49}$$

$$M_{12}(a_1)=\frac{0.025}{1-0.786}=0.1168 \tag{6.50}$$

$$M_{12}(a_2)=\frac{0.036}{1-0.786}=0.1682 \tag{6.51}$$

$$M_{12}(a_3)=\frac{0.025}{1-0.786}=0.4907 \tag{6.52}$$

$$M_{12}(a_4)=\frac{0.025}{1-0.786}=0.2243 \tag{6.53}$$

用 Bayesian 推理融合，后验概率函数值可以认为是

$$P(a_1|S_1)=0.25, P(a_2|S_1)=0.08, P(a_3|S_1)=0.35, P(a_4|S_1)=0.32 \tag{6.54}$$

$$P(a_1|S_2)=0.10, P(a_2|S_2)=0.45, P(a_3|S_2)=0.30, P(a_4|S_2)=0.15 \tag{6.55}$$

$$P(a_i|S_1,S_2)=\frac{P(S_1|a_i)P(S_2|a_i)P(a_i)}{P(S_1,S_2)},\quad i=1,2,\cdots,4 \tag{6.56}$$

式中，$P(a_i)$为先验概率。这里假设为均匀分布，$P(a_i)=0.25$，由 Bayesian 定理可知，$P(S_1|a_i)=\alpha_1 P(a_i|S_1)$，$P(S_2|a_i)=\alpha_2 P(a_i|S_2)$，其中 α_1 和 α_2 也为常数，则融合之后的结果为

$$\begin{aligned}P(a_i|S_1,S_2)&=\frac{\alpha_{b1}\alpha_{b2}P(S_1|a_i)P(S_2|a_i)P(a_i)}{P(S_1,S_2)}\\&=\alpha_b P(S_1|a_i)P(S_2|a_i)P(a_i)\\&=\alpha_b(0.0063,0.0090,0.0262,0.0120)\\&=(0.1168,0.1682,0.4907,0.2243)\end{aligned} \tag{6.57}$$

式中，$\alpha_b=18.6916$。

从结果可以看出，D-S 证据融合和 Bayesian 推理融合的结果是一样的。但是这里假设了先验概率分布为均匀分布，如果先验概率 $P(a_i)$不为均匀分布，则 Bayesian 推理融合的结果受先验概率分布影响，此时 Bayesian 推理融合结果和 D-S 证据融合结果不同。但是，如果 D-S 证据融合时也把先验概率 $P(a_i)$作为先验的基本概率分配 $M_0(a_i)$，再与 S 两个传感器得到的结果进行融合，D-S 证据和 Bayesian 推理仍然可以得到相同的结果。

从上述分析可以看出，同 Bayesian 推理相比而言，D-S 证据理论在多信息融合的时候显得更加灵活方便，适用性更强，因此可以说 D-S 证据理论是 Bayesian

统计学的推广。对于两者的区别可以简单总结如下：

(1) D-S证据理论的模型中包含了对命题信任程度的不确定性情况，即对某个命题可以包含真、假和不确定，并且可以赋予相应的基本概率分配。Bayesian推理则对某个命题只包含真和假。

(2) D-S证据理论可以处理概率模型不完整时的融合问题，Bayesian推理则不能处理这种情况。

(3) D-S证据理论不需要先验概率分配，而Bayesian推理则需要知道先验概率。

但是需要指出的是，这里比较的只是在不确定性推理方面D-S证据理论与Bayesian推理之间的区别和联系，从信息融合角度这属于决策层次的融合。在其他方面，如系统识别、预测、可靠性分析、模型选择等方面，Bayesian理论具有极其广泛的应用价值，而对于这些领域，D-S证据理论则无法使用。

6.2.4 基于信息融合的结构损伤识别方法

国内外学者提出了许多基于信息融合的结构损伤识别方法，这里介绍一种将不同损伤识别算法结果进行融合的结构损伤识别方法，从中可以看出信息融合对提高结构损伤识别准确性的作用(Li et al.，2008)。

1. 基本原理

考虑N_a个以不同输入参数训练的神经网络，假设结构共有N_p个损伤模式，如图6.4所示。其中基本概率函数$M_l(A_i)$由神经网络的输出$o_l(A_i)$归一化处理计算得到：

$$M_l(A_i)=\frac{o_l(A_i)}{\sum_{i=1}^{N_p}o_l(A_i)},\quad i=1,2,\cdots,N_p;\ l=1,2,\cdots,N_a \tag{6.58}$$

式中，$o_l(A_i)$为由第l个神经网络(ANN-l)识别得到的损伤模式A_i输出结果，$o_l(A_i)\in[0,1]$；$M_l(A_i)$为由第l个神经网络(ANN-l)识别得到的损伤模式A_i基本概率函数。

考虑N_p个损伤模式A_i ($i=1,\cdots,N_p$)，则D-S辨识框架为$A=\{A_1,A_2,\cdots,A_{N_p}\}$，$U=A_1\cup A_2\cup\cdots\cup A_{N_p}$定义集合$A$的不确定性。以振型变化率、模态曲率、柔度矩阵为输入参数，训练三个神经网络，三个神经网络归一化后的输出结果为$[M_l(A_i),M_l(U)=0\ (i=1,2,\cdots,N_p;l=1,2,3)]$。

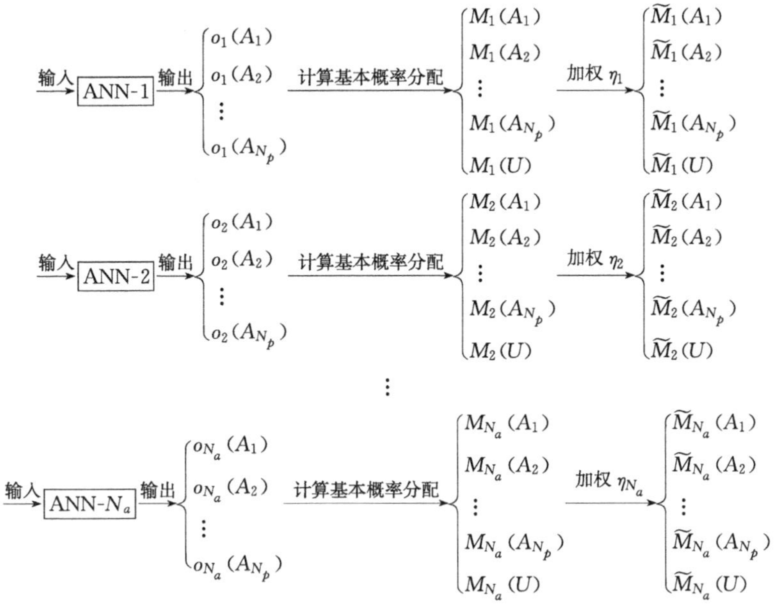

图 6.4　神经网络和信息融合结合的损伤识别框图

显然，不同输入参数训练的神经网络识别准确率不一样，因此需要加权调整，采用遗传算法计算各个神经网络的权重系数。以部分测试样本直接融合之后总的损伤识别准确率最高为遗传算法的适应度函数（目标函数），如式(6.59)所示：

$$f_e = f(\eta_1, \eta_2, \cdots, \eta_{N_a}) \tag{6.59}$$

式中，η_i 为第 i 个神经网络的权重系数；f_e 为总的损伤识别准确率。

得到权重系数之后，对各个神经网络得到的基本概率函数进行加权调整：

$$\widetilde{M}_l(A_i) = M_l(A_i) \times \eta_l \tag{6.60}$$

$$\widetilde{M}_l(U) = 1 - \sum_i^{N_p} \widetilde{M}_l(A_i) \tag{6.61}$$

加权调整之后的两个基本概率函数可采用如下公式进行融合：

$$\begin{aligned}\widetilde{M}_{12}(A_i) &= (1-k_c)^{-1} \sum_{A_j \cap A_i = A_i} \widetilde{M}_1(A_i)\widetilde{M}_2(A_j) \\ &= (1-k_c)^{-1} \sum_{A_j \cap A_i = A_i} \eta_1 \eta_2 M_1(A_i) M_2(A_j)\end{aligned} \tag{6.62}$$

$$k_c = \sum_{A_j \cap A_i = \phi} \eta_1 \eta_2 M_1(A_i) M_2(A_j) \quad , i,j = 1,2,\cdots,N_p \tag{6.63}$$

$\widetilde{M}_{12}(U)$ 可以由式(6.64)计算：

$$\begin{aligned}\widetilde{M}_{12}(U) &= (1-k_c)^{-1} \widetilde{M}_1(U) \widetilde{M}_2(U) \\ &= (1-k_c)^{-1} \Big(1 - \sum_i^{N_p} \widetilde{M}_1(A_i)\Big)\Big(1 - \sum_j^{N_p} \widetilde{M}_2(A_j)\Big)\end{aligned} \tag{6.64}$$

按照式(6.62)～式(6.64)将加权调整之后的基本概率函数按权重的大小依次融合。首先,将权重第一的神经网络识别结果和权重第二的神经网络识别结果进行融合;再将融合后的结果继续和权重第三的神经网络识别结果进行融合,依次进行直到融合完最后一个神经网络,得到最终的结果。

但在该过程中,经过两两融合后损伤识别决策的不确定性可能比未经融合决策的不确定性还要大,此时应选择未融合之前基本概率函数大的结果进行下一级的融合。

在一个神经网络中计算得到的各个损伤模式的基本概率函数不同,需要将各个损伤模式识别结果进行综合给出决策。考虑到信息熵可以表示一个决策的不确定性,由此我们提出比较融合得到的结果和权重第一的神经网络识别结果的信息熵(Shannon 熵),选择信息熵最小(不确定性最小)的结果进入下一级融合。下面介绍一个神经网络损伤识别结果的信息熵计算方法。

2. 决策的不确定性

Shannon 定义了熵作为随机变量的不确定性度量。熵是随机变量概率分布的函数,假设随机变量集合 $X=\{x_1,\cdots,x_n\}$,其中 x_i 的概率分布为 $p(x_i)$,则变量集合 X 的 Shannon 熵 $H(X)$为(Shannon,1948)

$$H(X)=-\sum_{i=1}^{n}p(x_i)\mathrm{lb}p(x_i) \tag{6.65}$$

Shannon 熵作为不确定性的度量,有如下几个性质:①$0\log 0=0$;②在依次试验中 $X=\{x_1,\cdots,x_n\}$,如果 $p(x_i)=1$ 而其他为 0,则 $H(X)=0$,表示不确定性最小,如果 $p(x_i)=1/n(i=1,2,3,\cdots,n)$,则 $H(X)$达到最大值,$H(X)_{\max}=\mathrm{lb}n$,表示不确定性最大。因此从熵值的变化可以判断信息不确定性的变化。这里,我们采用信息熵作为证据理论中来自不同信息源的各个证据不确定性的度量。

但 Shannon 熵是定义在概率论的基础之上的,而不是基本概率函数,这里 $\widetilde{M}_{12}(U)$的存在无法直接计算 Shannon 熵,所以进行如下处理。把 $\widetilde{M}_l(U)$的值平均分配给 $\widetilde{M}_l(A_i)$得到相对概率:

$$P_l(A_i)=\widetilde{M}_l(A_i)+\frac{\widetilde{M}_l(U)}{N_p} \tag{6.66}$$

式中,$P_l(A_i)$为 $A_i(i=1,2,\cdots,N_p)$的相对概率值。

则两个基本概率函数融合前后的 Shannon 熵为

$$\begin{aligned}H(\widetilde{M}_1)&=-\left(\sum_{i=1}^{N_p}P_1(A_i)\mathrm{lb}P_1(A_i)\right)\\&=-\left[\sum_{i=1}^{N_p}\left(\widetilde{M}_1(A_i)+\frac{\widetilde{M}_1(U)}{N_p}\right)\mathrm{lb}\left(\widetilde{M}_1(A_i)+\frac{\widetilde{M}_1(U)}{N_p}\right)\right]\end{aligned} \tag{6.67}$$

$$H(\overline{M}_{12})=-\left[\sum_{i=1}^{N_p}\left(\overline{M}_{12}(A_i)+\frac{\widetilde{M}_{12}(U)}{N_p}\right)\mathrm{lb}\left(\widetilde{M}_{12}(A_i)+\frac{\widetilde{M}_{12}(U)}{N_p}\right)\right] \tag{6.68}$$

采用 D-S 证据理论的结构损伤识别方法的流程如图 6.5 所示。

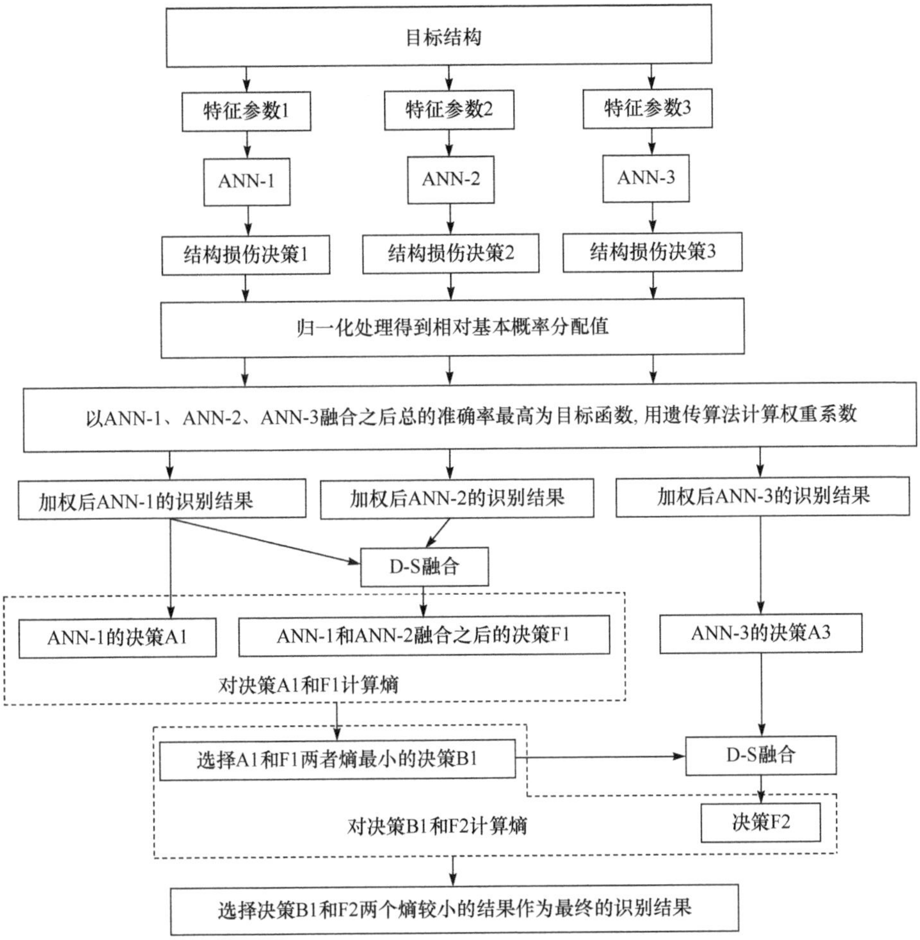

图 6.5　加权选择融合损伤识别方法流程图

6.3　算例分析

6.3.1　桥梁有限元模型

采用某公路大桥作为算例，该桥采用三塔双索面固接＋半漂浮双边箱预应力混凝土斜拉桥体系，主桥全长 768m，桥跨布置方案为：84m(边跨)＋300m(主跨)＋84m(边跨)。全桥斜拉索共 200 根，均采用直径 7mm 的镀锌高强低松弛钢丝制成。中塔和边塔高分别为 123.25m 和 75.78m(塔座以上)。大桥于 2003 年 11 月合拢，2004 年 7 月通车。该桥安装了实时健康监测系统监测桥梁的运行状况，桥梁健康监测系统详细信息可以参考文献(Li et al.，2006)。桥梁有限元模型如图 6.6 所示，模型采用商业软件 ANSYS 建立。

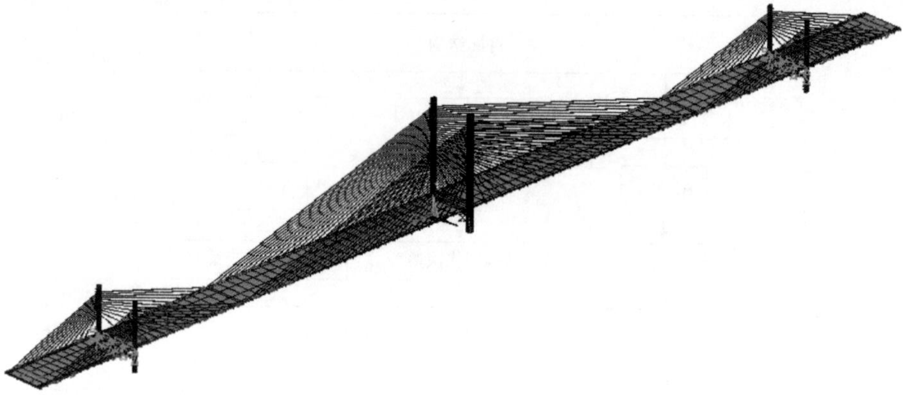

图 6.6　某公路大桥的有限元模型

6.3.2　结构损伤识别结果

1. 神经网络

为了便于损伤定位，将桥面划分为 27 段，如图 6.7 所示，加速度传感器布置在两段的交点处，双侧布置，共 52 个测点。这里考虑 28 种损伤模式，每段出现 1 种损伤模式，有 27 种，再加上未损伤的情况，一共 28 种损伤模式。每种损伤模式采用降低每段内部分单元 40%刚度来模拟。提取结构的前 6 阶理论模态参数，包括前 6 阶频率，即前 4 阶竖向振型和前 2 阶扭转振型。对理论模态参数添加均值为 0 的白噪声模拟实测数据，有

$$\hat{\boldsymbol{\varphi}}=\boldsymbol{\varphi}(1+\varsigma\boldsymbol{\gamma}) \tag{6.69}$$

式中，$\hat{\boldsymbol{\varphi}}$ 和 $\boldsymbol{\varphi}$ 分别为实测模态参数和理论模态参数；ς为噪声水平；$\boldsymbol{\gamma}$ 为均值为 0 服从高斯分布的随机数。

每个损伤模式通过加 1%噪声的方式，产生 50 个训练样本，28 个损伤模式则一共产生 1400 个训练样本。

2. 训练神经网络

训练三个不同输入参数的神经网络，第一个神经网络(ANN-1)采用损伤前后振型变化率作为输入参数，采用前 6 阶振型：

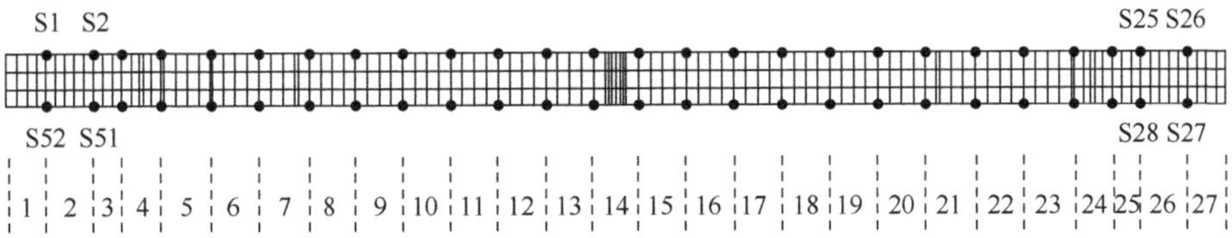

图 6.7　分段和传感器布置图
· 传感器

$$\Delta\varphi_r(i)=\frac{\varphi_r^{\mathrm{u}}(i)-\varphi_r^{\mathrm{d}}(i)}{\varphi_r^{\mathrm{u}}(i)}\times 100\% \tag{6.70}$$

式中，$\varphi_r^{\mathrm{u}}(i)$和 $\varphi_r^{\mathrm{d}}(i)$分别为损伤前后的第 r 阶振型在 i 点的振型值；$\Delta\varphi_r(i)$为振型变化率。

训练得到的神经网络包含 156 个输入节点、125 个隐层节点和 28 个输出节点。训练的 ANN-1 结构如图 6.8 所示。

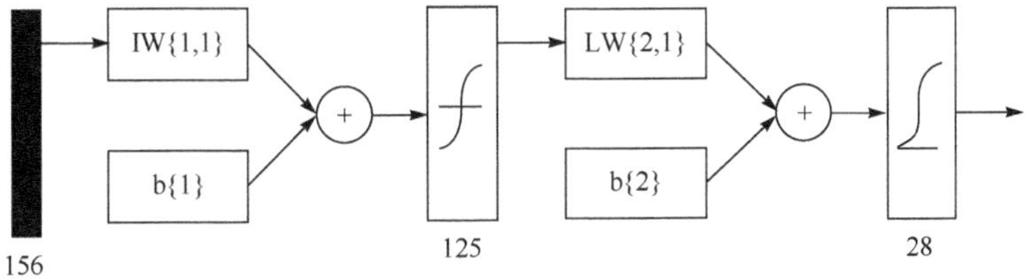

图 6.8　神经网络 ANN-1 结构图

第二个神经网络(ANN-2)采用曲率变化量作为输入参数，采用前 6 阶振型：

$$\Delta\boldsymbol{\varphi}_r''=|\boldsymbol{\varphi}_r^{\mathrm{d}''}-\boldsymbol{\varphi}_r^{\mathrm{u}''}| \tag{6.71}$$

式中，$\boldsymbol{\varphi}_r^{\mathrm{u}''}$ 和 $\boldsymbol{\varphi}_r^{\mathrm{d}''}$ 分别为损伤前后的第 r 阶振型的曲率；$\Delta\boldsymbol{\varphi}_r''$为损伤前后曲率变化绝对值。

训练得到的神经网络包含 156 个输入节点、140 隐层节点和 28 个输出节点。训练的 ANN-2 结构如图 6.9 所示。

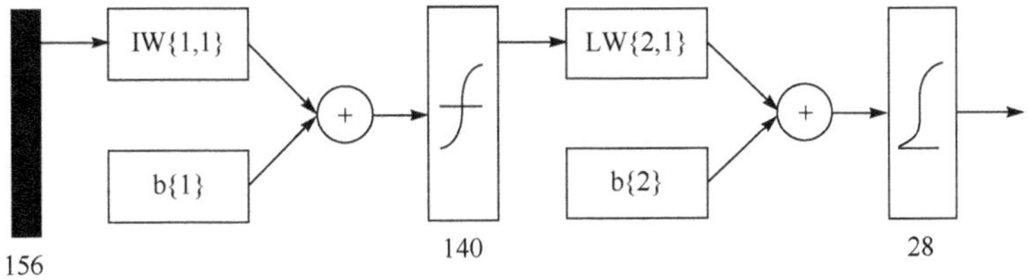

图 6.9　神经网络 ANN-2 结构图

第三个神经网络(ANN-3)采用柔度矩阵作为输入参数，采用前 6 阶振型：

$$\boldsymbol{F}^{\mathrm{u}} \approx \sum_{r=1}^{n} \frac{1}{(\omega_r^{\mathrm{u}})^2} \boldsymbol{\varphi}_r^{\mathrm{u}} \boldsymbol{\varphi}_r^{\mathrm{u\,T}} \tag{6.72}$$

$$\boldsymbol{F}^{\mathrm{d}} \approx \sum_{r=1}^{n} \frac{1}{(\omega_r^{\mathrm{d}})^2} \varphi_r^{\mathrm{d}} \varphi_r^{\mathrm{d\,T}} \tag{6.73}$$

$$\Delta \boldsymbol{F} = \boldsymbol{F}^{\mathrm{d}} - \boldsymbol{F}^{\mathrm{u}} \tag{6.74}$$

式中，$\boldsymbol{F}^{\mathrm{u}}$、$\omega_r^{\mathrm{u}}$ 和 $\boldsymbol{\varphi}_r^{\mathrm{u}}$ 分别为损伤前柔度矩阵、第 r 阶频率和第 r 阶振型；$\boldsymbol{F}^{\mathrm{d}}$、$\omega_r^{\mathrm{d}}$ 和 $\boldsymbol{\varphi}_r^{\mathrm{d}}$ 分别为损伤后柔度矩阵、第 r 阶频率和第 r 阶振型；$\Delta \boldsymbol{F}$ 为柔度矩阵变化量。

将柔度矩阵变化量 $\Delta \boldsymbol{F}$ 对角线元素的变化率作为损伤指标，如式(6.75)所示：

$$\delta_{Fi} = \frac{F_{ii}^{\mathrm{u}} - F_{ii}^{\mathrm{d}}}{F_{ii}^{\mathrm{u}}} \tag{6.75}$$

式中，δ_{Fi} 为损伤前后柔度矩阵变化率。

考虑前 6 阶模态参数，训练得到的神经网络包含 26 个输入节点、42 个隐层节点和 28 个输出节点。训练好的 ANN-3 的结构如图 6.10 所示。

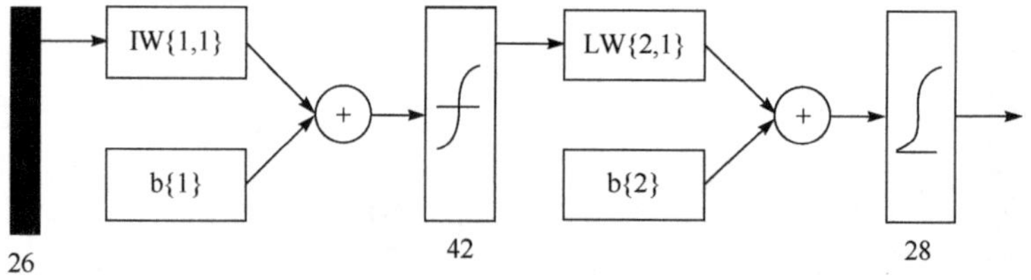

图 6.10　神经网络 ANN-3 结构图

3. 损伤识别融合结果

测试样本产生与训练样本相同，每个损伤模式通过混叠 2%、3%、4%、6%、7%、8%、10%和 15%噪声的方式产生，每种噪声水平有 50 个测试样本，则每种损伤模式有 50×8=400 个样本，28 个损伤模式则一共有 400×28=11200 个测试样本，其中 3%和 7%噪声的 2800 个测试样本用来优化计算神经网络的权重系数。采用遗传算法计算得到的神经网络权重系数如表 6.4 所示。

表 6.4　神经网络权重系数

神经网络	ANN-1	ANN-2	ANN-3
权重系数	0.988	0.772	0.687

表 6.5 是测试样本的识别结果，从表 6.5 可以看出，在相同噪声水平下，神经网络 ANN-1 的识别准确率最高。随着噪声水平增加，三个神经网络的识别准确率明显降低，说明神经网络损伤识别对噪声敏感。直接融合结果比 ANN-3 的结果要好，但是比 ANN-1 和 ANN-2 差，直接融合并没有改善最终结果。但是加权选择融合的结果则比三个神经网络和直接融合的识别准确率都增加了，在各个噪

声水平下，损伤识别准确率都有提高，在15%噪声水平下，损伤识别准确率仍然达到50.93%，比ANN-1和直接融合的结果分别高出14.79%和17.5%。所以这里介绍的方法可以有效提高损伤识别的准确性，可以获得比单个神经网络和直接融合更好的结果。

表6.5　单个神经网络、直接融合和加权选择融合之后的结果

噪声水平		2%	4%	6%	8%	10%	15%
ANN-1	正确识别次数	1400	1396	1297	1135	937	506
	准确率/%	100.00	99.71	92.64	81.07	66.93	36.14
ANN-2	正确识别次数	1396	1303	1147	897	727	431
	准确率/%	99.71	93.07	81.93	64.07	51.93	30.79
ANN-3	正确识别次数	1205	895	648	528	421	275
	准确率/%	86.07	63.93	46.29	37.71	30.07	19.64
直接融合	正确识别次数	1395	1247	984	860	695	468
	准确率/%	99.64	89.07	70.29	61.43	49.64	33.43
加权选择融合	正确识别次数	1400	1400	1378	1273	1127	713
	准确率/%	100.00	100.00	98.43	90.93	80.50	50.93

为了说明加权选择融合的过程，图6.11给出了损伤模式13在8%噪声水平下的损伤识别结果。从图6.11可以看出，ANN-1和ANN-2能够正确识别出损伤，ANN-3给出错误的识别结果；直接融合ANN-1、ANN-2和ANN-3的结果也是错误的，但加权选择融合却准确地识别出损伤；直接融合时，ANN-1和ANN-2融合的结果M_{12}和ANN-3的结果M_3的冲突因子k为0.9999，表明M_{12}和M_3存在较大的冲突。加权调整之后，$\widetilde{M}_{12}$和$\widetilde{M}_3$的冲突因子k则为0.6823，明显降低了两证据之间的冲突。$\widetilde{M}_1$、$\widetilde{M}_{12}$和$\widetilde{M}_{123}$的Shannon熵为$H(\widetilde{M}_1)=2.5855$、$H(\widetilde{M}_{12})=1.4149$和$H(\widetilde{M}_{123})=1.4951$，显然$H(\widetilde{M}_{12})<H(\widetilde{M}_{123})<H(\widetilde{M}_1)$，取信息熵最小的$\widetilde{M}_{12}$为最终识别结果，从图6.11可见，结果是正确的。

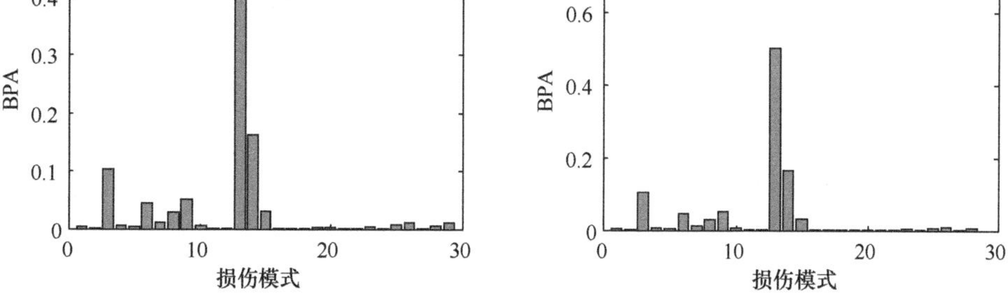

(a) ANN-1识别结果　(b) 加权调整后的ANN-1识别结果

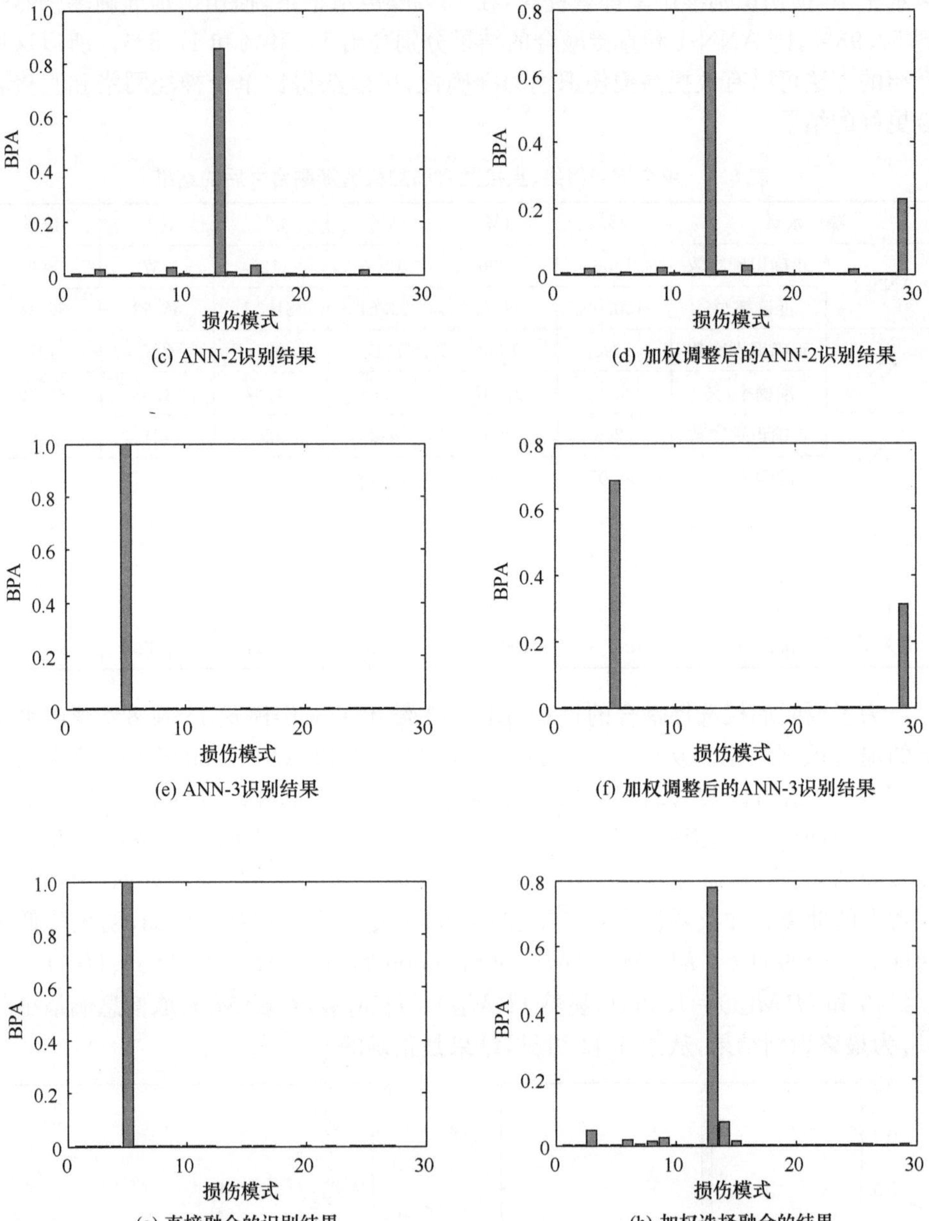

(c) ANN-2识别结果

(d) 加权调整后的ANN-2识别结果

(e) ANN-3识别结果

(f) 加权调整后的ANN-3识别结果

(g) 直接融合的识别结果

(h) 加权选择融合的结果

图 6.11　损伤模式 13 在 8%噪声水平下的识别结果

第 7 章　结构模型修正

工程结构的力学模型(包括结构力学模型、热力学模型等)是结构分析、设计与安全评定等的基础,但由于结构构件及连接节点的力学模型往往不能完全反映结构真实的行为,力学模型的参数也与结构实际参数不完全一致,由此导致结构健康监测的数据与结构力学模型计算分析的数据存在一定的差别。结构模型修正就是通过优化结构力学模型或/和模型参数,使结构力学模型的计算结果与健康监测的结果之差最小。因此,结构模型修正的核心问题是优化问题。一般情况下,由于结构的自由度数目远远大于结构健康监测的测点数量或识别得到的结构模态数量,加之结构健康监测数据往往受环境噪声的影响,结构模型修正的求解方程往往是病态的,使求解问题不具有唯一性;而且为了得到符合实际物理意义的解,往往需要大量的迭代计算。

与结构损伤识别相同,由于模态参数反映了结构自身的特性,结构模型修正的目标函数一般采用结构模态参数,即建立起结构模态参数与结构物理参数之间的关系,通过健康监测得到的结构模态参数与结构力学模型计算的模态参数之差最小,优化得到结构的物理参数。按照是否考虑不确定性,结构模型修正方法分为确定性和不确定性两大类;按照结构模型的特点,分为有物理意义的结构模型修正和代理模型修正算法;还可分为结构动力系统矩阵型修正法和参数型修正法两类。

本章主要介绍基于模态参数灵敏度分析的结构模型修正方法和结构模型修正的 Bayesian 概率方法。前者为确定性方法,后者为不确定性修正方法。

7.1　模态参数灵敏度方法

基于模态参数灵敏度分析的模型修正方法是确定性方法,其核心思想是:利用一阶 Taylor 级数,将结构模态参数与结构模型参数之间的非线性关系进行线性化处理,建立结构力学模型计算模态参数与监测的模态参数之间误差最小的优化目标函数,采用最小二乘方法迭代求解该优化问题,得到结构力学模型参数的最优估计。

7.1.1　结构模态参数灵敏度

定义结构力学模型参数为 $\boldsymbol{p}=\{p_1, p_2, \cdots, p_n\}^{\mathrm{T}}$(一般为材料密度、弹性模量、边界约束、几何尺寸等),考虑 N 自由度的无阻尼结构,其特征值方程表示为

$$(\boldsymbol{K}-\lambda_i\boldsymbol{M})\boldsymbol{\varphi}_i=0 \tag{7.1}$$

式中，$\boldsymbol{K}$ 和 $\boldsymbol{M}$ 分别为结构的刚度矩阵和质量矩阵，均为 $N\times N$ 阶实对称矩阵；λ_i 和 $\boldsymbol{\varphi}_i$ 分别为结构的第 i 阶特征值和特征向量[模态振型]。$\boldsymbol{K}$、$\boldsymbol{M}$、λ_i 和 $\boldsymbol{\varphi}_i$ 均为结构参数 $\boldsymbol{p}=\{p_1,p_2,\cdots,p_n\}^{\mathrm{T}}$ 的隐函数。

式(7.1)两边对结构参数 $p_j(j=1,2,\cdots,n)$ 求导，可得

$$\left(\frac{\partial \boldsymbol{K}}{\partial p_j}-\frac{\partial \lambda_i}{\partial p_j}\boldsymbol{M}-\lambda_i\frac{\partial \boldsymbol{M}}{\partial p_j}\right)\boldsymbol{\varphi}_i+(\boldsymbol{K}-\lambda_i\boldsymbol{M})\frac{\partial \boldsymbol{\varphi}_i}{\partial p_j}=0 \tag{7.2}$$

将式(7.2)两边均乘以 $\boldsymbol{\varphi}_i^{\mathrm{T}}$，得

$$\boldsymbol{\varphi}_i^{\mathrm{T}}\left(\frac{\partial \boldsymbol{K}}{\partial p_j}-\frac{\partial \lambda_i}{\partial p_j}\boldsymbol{M}-\lambda_i\frac{\partial \boldsymbol{M}}{\partial p_j}\right)\boldsymbol{\varphi}_i+\boldsymbol{\varphi}_i^{\mathrm{T}}(\boldsymbol{K}-\lambda_i\boldsymbol{M})\frac{\partial \boldsymbol{\varphi}_i}{\partial p_j}=0 \tag{7.3}$$

利用式(7.1)、质量矩阵 $\boldsymbol{M}$ 和刚度矩阵 $\boldsymbol{K}$ 的对称性，可知

$$\boldsymbol{\varphi}_i^{\mathrm{T}}(\boldsymbol{K}-\lambda_i\boldsymbol{M})\frac{\partial \boldsymbol{\varphi}_i}{\partial p_j}=0 \tag{7.4}$$

利用特征向量的正交性，对质量矩阵进行归一化处理，可得

$$\boldsymbol{\varphi}_i^{\mathrm{T}}\boldsymbol{M}\boldsymbol{\varphi}_i=\boldsymbol{I} \tag{7.5}$$

式中，$\boldsymbol{I}$ 为单位矩阵。

于是

$$\boldsymbol{\varphi}_i^{\mathrm{T}}\left(\frac{\partial \boldsymbol{K}}{\partial p_j}-\frac{\partial \lambda_i}{\partial p_j}\boldsymbol{M}-\lambda_i\frac{\partial \boldsymbol{M}}{\partial p_j}\right)\boldsymbol{\varphi}_i=0$$

$$\Rightarrow\frac{\partial \lambda_i}{\partial p_j}=\boldsymbol{\varphi}_i^{\mathrm{T}}\left(\frac{\partial \boldsymbol{K}}{\partial p_j}-\lambda_i\frac{\partial \boldsymbol{M}}{\partial p_j}\right)\boldsymbol{\varphi}_i \tag{7.6}$$

式(7.6)给出了结构第 i 阶特征值 λ_i 对结构参数 $p_j(j=1,2,\cdots,n)$ 的一阶灵敏度计算方法。

特征向量(模态振型)对结构参数的灵敏度求解一般比较复杂，而由于结构所有的特征向量构成了一个 $N\times N$ 的标准正交基，所以假定第 i 阶特征向量[模态振型对结构参数 $p_j(j=1,2,\cdots,n)$]的偏导数可以表示为特征向量的线性组合，即

$$\frac{\partial \boldsymbol{\varphi}_i}{\partial p_j}=\sum_{k=1}^{N}g_{ik}^{m}\boldsymbol{\varphi}_k \tag{7.7}$$

式中，g_{ik}^{m} 为待定系数。

将式(7.7)代入式(7.2)，并在公式两侧都乘以 $\boldsymbol{\varphi}_k^{\mathrm{T}}$，可得

$$g_{ik}^{m}=\frac{1}{\lambda_i-\lambda_k}\boldsymbol{\varphi}_k^{\mathrm{T}}\left(\frac{\partial \boldsymbol{K}}{\partial p_j}-\frac{\partial \lambda_i}{\partial p_j}\boldsymbol{M}-\lambda_i\frac{\partial \boldsymbol{M}}{\partial p_j}\right)\boldsymbol{\varphi}_i,\quad i\neq k \tag{7.8}$$

当 $i=k$ 时，式(7.8)不能直接求解系数 g_{ik}^{m}，需要利用式(7.5)对结构参数 $p_j(j=1,2,\cdots,n)$ 求导得

$$\frac{\partial \boldsymbol{\varphi}_i^{\mathrm{T}}}{\partial p_j}\boldsymbol{M}\boldsymbol{\varphi}_i+\boldsymbol{\varphi}_i^{\mathrm{T}}\frac{\partial \boldsymbol{M}}{\partial p_j}\phi_i+\boldsymbol{\varphi}_i^{\mathrm{T}}\boldsymbol{M}\frac{\partial \boldsymbol{\varphi}_i}{\partial p_j}=0 \tag{7.9}$$

将式(7.7)代入式(7.9),可得

$$g_{ik}^{m}=-\frac{1}{2}\boldsymbol{\varphi}_{k}^{\mathrm{T}}\frac{\partial \boldsymbol{M}}{\partial p_{j}}\boldsymbol{\varphi}_{i},\quad i=k \tag{7.10}$$

确定系数 g_{ik}^{m} 后,即可利用式(7.7)求解特征向量对结构参数的灵敏度。

监测的结构第 i 阶振型 $\boldsymbol{\varphi}_{i}^{e}$ 和由力学模型分析计算的第 k 阶振型 $\boldsymbol{\varphi}_{k}$ 之间的模态置信因子可以表示为

$$\mathrm{MAC}_{ik}=\frac{(\boldsymbol{\varphi}_{i}^{e\mathrm{T}}\boldsymbol{\varphi}_{k})^{2}}{(\boldsymbol{\varphi}_{i}^{e\mathrm{T}}\boldsymbol{\varphi}_{i}^{e})(\boldsymbol{\varphi}_{k}^{\mathrm{T}}\boldsymbol{\varphi}_{k})} \tag{7.11}$$

式中,MAC_{ik} 为结构模态置信因子。

式(7.11)对结构参数 $p_j(j=1,2,\cdots,n)$ 求偏导数,可得(戴航和袁爱民,2011)

$$\frac{\partial \mathrm{MAC}_{ik}}{\partial p_{j}}=\frac{2(\boldsymbol{\varphi}_{i}^{e\mathrm{T}}\boldsymbol{\varphi}_{k})\dfrac{\partial \boldsymbol{\varphi}_{k}}{\partial p_{j}}}{(\boldsymbol{\varphi}_{i}^{e\mathrm{T}}\boldsymbol{\varphi}_{i}^{e})(\boldsymbol{\varphi}_{k}^{\mathrm{T}}\boldsymbol{\varphi}_{k})}-\frac{2\,(\boldsymbol{\varphi}_{i}^{e\mathrm{T}}\boldsymbol{\varphi}_{k})^{2}\boldsymbol{\varphi}_{k}^{\mathrm{T}}\dfrac{\partial \boldsymbol{\varphi}_{k}}{\partial p_{j}}}{(\boldsymbol{\varphi}_{i}^{e\mathrm{T}}\boldsymbol{\varphi}_{i}^{e})(\boldsymbol{\varphi}_{k}^{\mathrm{T}}\boldsymbol{\varphi}_{k})^{2}} \tag{7.12}$$

式中,$\dfrac{\partial \boldsymbol{\varphi}_{k}}{\partial p_{j}}$ 为结构力学模型分析计算的第 k 阶振型对结构参数 $p_j(j=1,2,\cdots,n)$ 的灵敏度。

在实际应用过程中,结构特征值、特征向量和模态置信因子很难直接表示成结构参数的显式函数,一般通常采用差分形式,对结构参数 $p_j(j=1,2,\cdots,n)$ 进行微小摄动 Δp_j,估计模态参数对结构参数 p_j 的灵敏度,即

$$\frac{\partial \lambda_{i}(\boldsymbol{p})}{\partial p_{j}}=\frac{\lambda_{i}(p_{1},\cdots,p_{j}+\Delta p_{j},\cdots,p_{n})-\lambda_{i}(p_{1},\cdots,p_{j},\cdots,p_{n})}{\Delta p_{j}} \tag{7.13}$$

$$\frac{\partial \boldsymbol{\varphi}_{i}(\boldsymbol{p})}{\partial p_{j}}=\frac{\boldsymbol{\varphi}_{i}(p_{1},\cdots,p_{j}+\Delta p_{j},\cdots,p_{n})-\boldsymbol{\varphi}_{i}(p_{1},\cdots,p_{j},\cdots,p_{n})}{\Delta p_{j}} \tag{7.14}$$

$$\frac{\partial \mathrm{MAC}_{ik}(\boldsymbol{p})}{\partial p_{j}}=\frac{\mathrm{MAC}_{ik}(p_{1},\cdots,p_{j}+\Delta p_{j},\cdots,p_{n})-\mathrm{MAC}_{ik}(p_{1},\cdots,p_{j},\cdots,p_{n})}{\Delta p_{j}} \tag{7.15}$$

7.1.2　结构参数估计方法

设结构模态参数 $\boldsymbol{z}=\{\lambda_1,\boldsymbol{\varphi}_1^{\mathrm{T}},\lambda_2,\boldsymbol{\varphi}_2^{\mathrm{T}},\cdots,\lambda_r,\boldsymbol{\varphi}_r^{\mathrm{T}}\}^{\mathrm{T}}$ 是结构参数 $\boldsymbol{p}$ 的隐函数,即 $\boldsymbol{z}(\boldsymbol{p})$,利用一阶 Taylor 级数展开,结构模态参数与结构参数之间可近似为如下线性关系:

$$z(\boldsymbol{p})\approx z(\boldsymbol{p}^{(i)})+\begin{bmatrix}\dfrac{\partial\lambda_1}{\partial p_1} & \dfrac{\partial\lambda_1}{\partial p_1} & \cdots & \dfrac{\partial\lambda_1}{\partial p_n}\\ \vdots & \vdots & & \vdots\\ \dfrac{\partial\boldsymbol{\varphi}_r^{\mathrm{T}}}{\partial p_1} & \dfrac{\partial\boldsymbol{\varphi}_r^{\mathrm{T}}}{\partial p_2} & \cdots & \dfrac{\partial\boldsymbol{\varphi}_r^{\mathrm{T}}}{\partial p_n}\end{bmatrix}\begin{bmatrix}p_1^{(i)}\\ \vdots\\ p_n^{(i)}\end{bmatrix}$$

$$=z(\boldsymbol{p}^{(i)})+\boldsymbol{S}(\boldsymbol{p}^{(i)})(\boldsymbol{p}-\boldsymbol{p}^{(i)})\tag{7.16}$$

式中，$\boldsymbol{p}^{(i)}$为第 i 次迭代的结构力学模型修正参数向量（$i=0$ 时，$\boldsymbol{p}^{(0)}$ 即为初始结构模型的参数值）；$z(\boldsymbol{p}^{(i)})$与 $\boldsymbol{S}(\boldsymbol{p}^{(i)})$分别为关于 $\boldsymbol{p}^{(i)}$ 的计算模态参数向量和灵敏度矩阵。

假设监测的结构模态参数$\boldsymbol{z}_m$能够反映结构真实的动力特性，则监测的结构模态参数和结构力学模型计算模态参数的罚函数可近似为

$$\boldsymbol{\varepsilon}\approx \boldsymbol{z}_m-\boldsymbol{z}(\boldsymbol{p}^{(i)})-\boldsymbol{S}(\boldsymbol{p}^{(i)})(\boldsymbol{p}-\boldsymbol{p}^{(i)})=\delta\boldsymbol{z}^{(i)}-\boldsymbol{S}(\boldsymbol{p}^{(i)})\delta\boldsymbol{p}^{(i)}\tag{7.17}$$

式中，$\boldsymbol{p}-\boldsymbol{p}^{(i)}$为结构待修正参数的摄动量；$\boldsymbol{z}_m-\boldsymbol{z}(\boldsymbol{p}^{(i)})$为监测的结构模态参数和力学模型计算模态参数的偏差。

1. 监测的模态参数数量大于待修正结构参数数量

这里首先介绍假设各个模态参数权重相同时，结构参数估计的标准最小二乘法。假设监测模态的数量大于待修正的结构参数的数量，因此，式(7.17)中方程的数量多于未知数数量，该问题是超定问题，最小二乘法假设 $\varepsilon\approx 0$，在式(7.17)两边乘以 $\boldsymbol{S}(\boldsymbol{p}^{(i)})^{\mathrm{T}}$，则

$$\boldsymbol{p}-\boldsymbol{p}^{(i)}=[\boldsymbol{S}(\boldsymbol{p}^{(i)})^{\mathrm{T}}\boldsymbol{S}(\boldsymbol{p}^{(i)})]^{-1}\boldsymbol{S}(\boldsymbol{p}^{(i)})^{\mathrm{T}}[\boldsymbol{z}_m-\boldsymbol{z}(\boldsymbol{p}^{(i)})]\tag{7.18}$$

相应的迭代格式即可表示为

$$\boldsymbol{p}^{(i+1)}=\boldsymbol{p}^{(i)}+[\boldsymbol{S}(\boldsymbol{p}^{(i)})^{\mathrm{T}}\boldsymbol{S}(\boldsymbol{p}^{(i)})]^{-1}\boldsymbol{S}(\boldsymbol{p}^{(i)})^{\mathrm{T}}[\boldsymbol{z}_m-\boldsymbol{z}(\boldsymbol{p}^{(i)})]\tag{7.19}$$

基于式(7.19)对结构参数的最小二乘评估同样也可以通过求解以下优化问题获得：

$$\begin{aligned}J(\boldsymbol{p}-\boldsymbol{p}^{(i)})&=\varepsilon^{\mathrm{T}}\varepsilon\\ &\approx[\delta\boldsymbol{z}^{(i)}-\boldsymbol{S}(\boldsymbol{p}^{(i)})\delta\boldsymbol{p}^{(i)}]^{\mathrm{T}}[\delta\boldsymbol{z}^{(i)}-\boldsymbol{S}(\boldsymbol{p}^{(i)})\delta\boldsymbol{p}^{(i)}]\\ &=\delta\boldsymbol{z}^{(i)\mathrm{T}}\delta\boldsymbol{z}^{(i)}+\delta\boldsymbol{p}^{(i)\mathrm{T}}\boldsymbol{S}(\boldsymbol{p}^{(i)})^{\mathrm{T}}\boldsymbol{S}(\boldsymbol{p}^{(i)})\delta\boldsymbol{p}^{(i)}-2\delta\boldsymbol{p}^{(i)^{\mathrm{T}}}\boldsymbol{S}(\boldsymbol{p}^{(i)})^{\mathrm{T}}\delta\boldsymbol{z}^{(i)}\end{aligned}\tag{7.20}$$

对式(7.20)两边对参数 $\delta\boldsymbol{p}^{(i)}$ 进行微分，并令其等于零，即可得到无约束优化问题(7.20)的最优解：

$$\frac{\partial J(\delta\boldsymbol{p}^{(i)})}{\partial\delta\boldsymbol{p}^{(i)}}=2\boldsymbol{S}(\boldsymbol{p}^{(i)})^{\mathrm{T}}\boldsymbol{S}(\boldsymbol{p}^{(i)})\delta\boldsymbol{p}^{(i)}-2\boldsymbol{S}(\boldsymbol{p}^{(i)})^{\mathrm{T}}\delta\boldsymbol{z}^{(i)}=0$$

$$\Rightarrow\delta\boldsymbol{p}^{(i)}=[\boldsymbol{S}(\boldsymbol{p}^{(i)})^{\mathrm{T}}\boldsymbol{S}(\boldsymbol{p}^{(i)})]^{-1}\boldsymbol{S}(\boldsymbol{p}^{(i)})^{\mathrm{T}}\delta\boldsymbol{z}^{(i)}\tag{7.21}$$

比较式(7.21)和式(7.18)，两种求解方法可以得到同样的结果。

实际上，对监测数据进行模态参数识别过程中，结构特征值（频率）和特征向量的识别精度是不一致的，一般频率的识别误差小于 1%，而振型的识别误差甚至达到 10%以上；此外，低阶频率的识别误差也小于高阶频率的识别误差。因此，在式(7.20)优化目标函数中将各个模态参数等权重的处理方法往往使得结构参数估计不准确。为克服模态参数识别精度不一致的现象，考虑权重系数矩阵，对式(7.20)的优化目标函数进行如下修正（Friswell and Mottershead，1995）：

$$J(\boldsymbol{p}-\boldsymbol{p}^{(i)})\approx[\delta\boldsymbol{z}^{(i)}-\boldsymbol{S}(\boldsymbol{p}^{(i)})\delta\boldsymbol{p}^{(i)}]^{\mathrm{T}}\boldsymbol{W}_{\varepsilon\varepsilon}[\delta\boldsymbol{z}^{(i)}-\boldsymbol{S}(\boldsymbol{p}^{(i)})\delta\boldsymbol{p}^{(i)}] \tag{7.22}$$

式中，一般权重系数矩阵$\boldsymbol{W}_{\varepsilon\varepsilon}$为正定对角阵。

与求解无约束优化问题式(7.20)类似，式(7.22)两边对 $\delta\boldsymbol{p}^{(i)}$ 求偏导，则

$$\delta\boldsymbol{p}^{(i)}=[\boldsymbol{S}(\boldsymbol{p}^{(i)})^{\mathrm{T}}\boldsymbol{W}_{\varepsilon\varepsilon}\boldsymbol{S}(\boldsymbol{p}^{(i)})]^{-1}\boldsymbol{S}(\boldsymbol{p}^{(i)})^{\mathrm{T}}\boldsymbol{W}_{\varepsilon\varepsilon}\delta\boldsymbol{z}^{(i)} \tag{7.23}$$

相应的迭代公式为

$$\boldsymbol{p}^{(i+1)}=\boldsymbol{p}^{(i)}+[\boldsymbol{S}(\boldsymbol{p}^{(i)})^{\mathrm{T}}\boldsymbol{W}_{\varepsilon\varepsilon}\boldsymbol{S}(\boldsymbol{p}^{(i)})]^{-1}\boldsymbol{S}(\boldsymbol{p}^{(i)})^{\mathrm{T}}\boldsymbol{W}_{\varepsilon\varepsilon}[\boldsymbol{z}_m-\boldsymbol{z}(\boldsymbol{p}^{(i)})] \tag{7.24}$$

权重系数矩阵$\boldsymbol{W}_{\varepsilon\varepsilon}$一般依赖经验确定，较常用的方法为

$$\boldsymbol{W}_{\varepsilon\varepsilon}=[\mathrm{diag}(\sigma^2_{z_{m1}},\sigma^2_{z_{m2}},\cdots,\sigma^2_{z_{mr}})]^{-1} \tag{7.25}$$

式中，diag(•)为将监测数据识别的结构模态参数的方差变为对角矩阵。

相应地，当识别的结构模态参数方差较小时，表明结构模态参数的识别结果误差较小、稳定可靠，那么该识别的模态参数在结构参数估计的优化问题中权重就较大。

在上述等权重和非等权重讨论中，均假定识别的模态参数数目大于待修正的结构参数，在此前提下，矩阵 $\boldsymbol{S}(\boldsymbol{p}^{(i)})^{\mathrm{T}}\boldsymbol{W}_{\varepsilon\varepsilon}\boldsymbol{S}(\boldsymbol{p}^{(i)})$为方阵且有很大的可能满秩，从而能够通过式(7.19)和式(7.23)对结构参数进行估计。

若矩阵 $\boldsymbol{S}(\boldsymbol{p}^{(i)})^{\mathrm{T}}\boldsymbol{W}_{\varepsilon\varepsilon}\boldsymbol{S}(\boldsymbol{p}^{(i)})$非满秩，可能有以下两个原因：①待修正的结构参数对识别的模态参数灵敏度接近于 0；②至少有两个或两个以上的结构参数或结构参数组合对识别模态参数的灵敏度相同。此两种情况均可能导致灵敏度矩阵成为病态，可以采用 Ojavo 方法改善最小二乘法（张大钧等，1988；傅志方和华宏星，2000）

$$\begin{gathered}\boldsymbol{p}^{(i+1)}=\boldsymbol{p}^{(i)}+[\boldsymbol{S}(\boldsymbol{p}^{(i)})^{\mathrm{T}}\boldsymbol{S}(\boldsymbol{p}^{(i)})+\upsilon]^{-1}\boldsymbol{S}(\boldsymbol{p}^{(i)})^{\mathrm{T}}[\boldsymbol{z}_m-\boldsymbol{z}(\boldsymbol{p}^{(i)})]\\ \boldsymbol{p}^{(i+1)}=\boldsymbol{p}^{(i)}+[\boldsymbol{S}(\boldsymbol{p}^{(i)})^{\mathrm{T}}\boldsymbol{W}_{\varepsilon\varepsilon}\boldsymbol{S}(\boldsymbol{p}^{(i)})+\upsilon]^{-1}\boldsymbol{S}(\boldsymbol{p}^{(i)})^{\mathrm{T}}\boldsymbol{W}_{\varepsilon\varepsilon}[\boldsymbol{z}_m-\boldsymbol{z}(\boldsymbol{p}^{(i)})]\end{gathered} \tag{7.26}$$

式中，υ 为一个很小的实数。早在 1963 年，Marquadt 就发现加入 υ，可在矩阵病态时改善最小二乘法的结果（Friswell and Mottershead，1995；张大钧等，1988；傅志方和华宏星，2000；张景绘等，1986；洪钟瑜等，1986）。

2. 监测的模态参数数量小于待修正结构参数数量

实际应用过程中，待修正结构参数数量往往大于识别模态参数数量，这时 $\boldsymbol{S}(\boldsymbol{p}^{(i)})^{\mathrm{T}}\boldsymbol{W}_{\varepsilon\varepsilon}\boldsymbol{S}(\boldsymbol{p}^{(i)})$将为非满秩矩阵，式(7.18)的方程个数少于未知数个数，因此

是欠定问题，理论上将有无穷多个满足式(7.18)的解，那么需要从无穷多个解中找到结构参数的真实值或最优值。

理论上，优化求解得到的参数与结构真实参数之差最小则是全局最优解。这里采用 Moore-Penrose 广义逆方法，将欠定模型修正问题转化为如下约束优化问题：

$$\begin{aligned}&\min\left\{\delta\boldsymbol{p}^{\mathrm{T}}\delta\boldsymbol{p}=(\boldsymbol{p}-\boldsymbol{p}^{(i)})^{\mathrm{T}}(\boldsymbol{p}-\boldsymbol{p}^{(i)})\right\}\\&\text{s. t.}\quad \boldsymbol{z}_m-\boldsymbol{z}(\boldsymbol{p}^{(i)})-\boldsymbol{S}(\boldsymbol{p}^{(i)})(\boldsymbol{p}-\boldsymbol{p}^{(i)})=0\\&\qquad\Leftrightarrow\delta\boldsymbol{z}^{(i)}=\boldsymbol{S}(\boldsymbol{p}^{(i)})\delta\boldsymbol{p}^{(i)}\end{aligned}\tag{7.27}$$

式中，$\boldsymbol{p}$ 为结构参数的真值。

利用拉格朗日乘子法对式(7.27)的优化问题进行求解，即可得到

$$\begin{aligned}&\delta\boldsymbol{p}^{(i)}=\boldsymbol{S}(\boldsymbol{p}^{(i)})^{\mathrm{T}}\left[\boldsymbol{S}(\boldsymbol{p}^{(i)})\boldsymbol{S}(\boldsymbol{p}^{(i)})^{\mathrm{T}}\right]^{-1}\delta\boldsymbol{z}^{(i)}\\&\Leftrightarrow\boldsymbol{p}-\boldsymbol{p}^{(i)}=\boldsymbol{S}(\boldsymbol{p}^{(i)})^{\mathrm{T}}\left[\boldsymbol{S}(\boldsymbol{p}^{(i)})\boldsymbol{S}(\boldsymbol{p}^{(i)})^{\mathrm{T}}\right]^{-1}\left[\boldsymbol{z}_m-\boldsymbol{z}(\boldsymbol{p}^{(i)})\right]\end{aligned}\tag{7.28}$$

则相应的迭代公式为

$$\boldsymbol{p}^{(i+1)}=\boldsymbol{p}^{(i)}+\boldsymbol{S}(\boldsymbol{p}^{(i)})^{\mathrm{T}}\left[\boldsymbol{S}(\boldsymbol{p}^{(i)})\boldsymbol{S}(\boldsymbol{p}^{(i)})^{\mathrm{T}}\right]^{-1}\left[\boldsymbol{z}_m-\boldsymbol{z}(\boldsymbol{p}^{(i)})\right]\tag{7.29}$$

在进行结构模型修正时，不同的结构参数数量级可能差别较大，例如 C50 钢筋混凝土结构的弹性模量约为 3.55×10^{10}Pa，而密度为 2500kg/m^3，如果直接采用结构参数求解灵敏度矩阵，将可能造成灵敏度矩阵的病态，从而使通过式(7.29)得到的结构参数的估计结果不准确。在结构模型修正前，将结构参数进行归一化，使得各个结构参数的初始值均为 1，从而改善灵敏度矩阵的求解精度和结构参数的估计精度。

考虑到结构分析中，有些结构参数估计的准确性要高于其他参数，为此，在式(7.27)的优化问题中引入权重系数矩阵$\boldsymbol{W}_{pp}$，则模型修正问题转化为一个新的约束优化问题

$$\begin{aligned}&\min\left\{\delta\boldsymbol{p}^{\mathrm{T}}\boldsymbol{W}_{pp}\delta\boldsymbol{p}=(\boldsymbol{p}-\boldsymbol{p}^{(i)})^{\mathrm{T}}\boldsymbol{W}_{pp}(\boldsymbol{p}-\boldsymbol{p}^{(i)})\right\}\\&\text{s. t.}\quad \boldsymbol{z}_m-\boldsymbol{z}(\boldsymbol{p}^{(i)})-\boldsymbol{S}(\boldsymbol{p}^{(i)})(\boldsymbol{p}-\boldsymbol{p}^{(i)})=0\\&\qquad\Leftrightarrow\delta\boldsymbol{z}^{(i)}=\boldsymbol{S}(\boldsymbol{p}^{(i)})\delta\boldsymbol{p}^{(i)}\end{aligned}\tag{7.30}$$

式中，权重系数矩阵$\boldsymbol{W}_{pp}$为正定对角阵，与式(7.25)确定识别模态参数权重系数矩阵方法类似，$\boldsymbol{W}_{pp}$可以表示为

$$\boldsymbol{W}_{pp}=\left[\operatorname{diag}(\sigma_{p_1}^2,\sigma_{p_2}^2,\cdots,\sigma_{p_n}^2)\right]^{-1}\tag{7.31}$$

式中，diag(·)为将待修正结构参数的方差形成对角矩阵。

权重系数矩阵$\boldsymbol{W}_{pp}$需要根据待修正结构参数的经验确定，该系数矩阵设置对结构参数的准确估计有较大的影响。式(7.30)优化问题的迭代公式为

$$\boldsymbol{p}^{(i+1)}=\boldsymbol{p}^{(i)}+\boldsymbol{W}_{pp}^{-1}\boldsymbol{S}(\boldsymbol{p}^{(i)})^{\mathrm{T}}\left[\boldsymbol{S}(\boldsymbol{p}^{(i)})\boldsymbol{W}_{pp}^{-1}\boldsymbol{S}(\boldsymbol{p}^{(i)})^{\mathrm{T}}\right]^{-1}\left[\boldsymbol{z}_m-\boldsymbol{z}(\boldsymbol{p}^{(i)})\right]\tag{7.32}$$

另外还可以选择包含结构参数和模态参数的优化目标函数，则模型修正的优化问题可描述如下：

$$\min\left\{J(\delta\boldsymbol{p}^{(i)})=\varepsilon^{\mathrm{T}}\boldsymbol{W}_{\varepsilon\varepsilon}\varepsilon+\delta\boldsymbol{p}^{\mathrm{T}}\boldsymbol{W}_{pp}\delta\boldsymbol{p}\right\}\tag{7.33}$$

将式(7.17)代入式(7.33)，可得

$$\begin{aligned} J(\delta \boldsymbol{p}^{(i)}) &= [\delta \boldsymbol{z}^{(i)} - \boldsymbol{S}(\boldsymbol{p}^{(i)})\delta \boldsymbol{p}^{(i)}]^{\mathrm{T}} \boldsymbol{W}_{\varepsilon\varepsilon} [\delta \boldsymbol{z}^{(i)} - \boldsymbol{S}(\boldsymbol{p}^{(i)})\delta \boldsymbol{p}^{(i)}] + \delta \boldsymbol{p}^{\mathrm{T}} \boldsymbol{W}_{pp} \delta \boldsymbol{p} \\ &= \delta \boldsymbol{z}^{(i)\mathrm{T}} \boldsymbol{W}_{\varepsilon\varepsilon} \delta \boldsymbol{z}^{(i)} + \delta \boldsymbol{p}^{(i)\mathrm{T}} [\boldsymbol{S}(\boldsymbol{p}^{(i)})^{\mathrm{T}} \boldsymbol{W}_{\varepsilon\varepsilon} \boldsymbol{S}(\boldsymbol{p}^{(i)}) + \boldsymbol{W}_{pp}] \delta \boldsymbol{p} \\ &\quad - 2\delta \boldsymbol{p}^{(i)\mathrm{T}} \boldsymbol{S}(\boldsymbol{p}^{(i)})^{\mathrm{T}} \boldsymbol{W}_{\varepsilon\varepsilon} \delta \boldsymbol{z}^{(i)} \end{aligned} \tag{7.34}$$

对比式(7.34)与式(7.20)和式(7.22)可知，结构参数的权重系数矩阵$\boldsymbol{W}_{pp}$只是在式(7.20)和式(7.22)优化问题的二次项中增加了权重系数。式(7.34)所示优化问题为：

$$\begin{aligned} &\delta \boldsymbol{p}^{(i)} = [\boldsymbol{S}(\boldsymbol{p}^{(i)})^{\mathrm{T}} \boldsymbol{W}_{\varepsilon\varepsilon} \boldsymbol{S}(\boldsymbol{p}^{(i)}) + \boldsymbol{W}_{pp}]^{-1} \boldsymbol{S}(\boldsymbol{p}^{(i)})^{\mathrm{T}} \boldsymbol{W}_{\varepsilon\varepsilon} \delta \boldsymbol{z}^{(i)} \\ \Leftrightarrow &\boldsymbol{p} - \boldsymbol{p}^{(i)} = [\boldsymbol{S}(\boldsymbol{p}^{(i)})^{\mathrm{T}} \boldsymbol{W}_{\varepsilon\varepsilon} \boldsymbol{S}(\boldsymbol{p}^{(i)}) + \boldsymbol{W}_{pp}]^{-1} \boldsymbol{S}(\boldsymbol{p}^{(i)})^{\mathrm{T}} \boldsymbol{W}_{\varepsilon\varepsilon} [\boldsymbol{z}_m - \boldsymbol{z}(\boldsymbol{p}^{(i)})] \end{aligned} \tag{7.35}$$

迭代公式为

$$\boldsymbol{p}^{(i+1)} = \boldsymbol{p}^{(i)} + [\boldsymbol{S}(\boldsymbol{p}^{(i)})^{\mathrm{T}} \boldsymbol{W}_{\varepsilon\varepsilon} \boldsymbol{S}(\boldsymbol{p}^{(i)}) + \boldsymbol{W}_{pp}]^{-1} \boldsymbol{S}(\boldsymbol{p}^{(i)})^{\mathrm{T}} \boldsymbol{W}_{\varepsilon\varepsilon} [\boldsymbol{z}_m - \boldsymbol{z}(\boldsymbol{p}^{(i)})] \tag{7.36}$$

3. 算法流程

综合上述内容，基于灵敏度分析的结构模型修正算法的步骤总结如下：

(1) 确定结构健康监测识别的模态参数$\boldsymbol{z}_m$及结构模型修正参数向量$\boldsymbol{p}$。

(2) 根据结构设计信息，令 $i=0$，确定结构模型修正参数的初始值 $\boldsymbol{p}^{(0)}$。

(3) 依据模型修正优化问题的类型(超定问题或欠定问题)，利用式(7.25)和式(7.31)分别确定权矩阵$\boldsymbol{W}_{\varepsilon\varepsilon}$及$\boldsymbol{W}_{pp}$。

(4) 根据结构模型计算 $\boldsymbol{z}(\boldsymbol{p}^{(i)})$及灵敏度矩阵 $\boldsymbol{S}(\boldsymbol{p}^{(i)})$。

(5) 依据模型优化问题的类型，利用式(7.23)和式(7.35)求解修正结构参数的最优估计值增量 $\delta\boldsymbol{p}^{(i)}$，或由式(7.24)和式(7.36)确定当前模型修正参数的修正量 $\boldsymbol{p}^{(i+1)}$。

(6) 验证模型修正参数是否满足如下收敛准则：

$$\| \boldsymbol{p}^{(i+1)} - \boldsymbol{p}^{(i)} \| < \delta_1 \quad 且 \quad \| \boldsymbol{z}(\boldsymbol{p}^{(i+1)}) - \boldsymbol{z}_m \| < \delta_2 \tag{7.37}$$

式中，$\|\cdot\|$ 为欧式范数；δ_1 和 δ_2 分别为结构参数和模态参数的收敛阈值。若满足式(7.37)，停止迭代计算并输出结果；否则，令 $i=i+1$，返回步骤(4)，以 $\boldsymbol{p}^{(i+1)}$ 替代 $\boldsymbol{p}^{(i)}$，重复步骤(4)～(6)的迭代计算，直至满足式(7.37)的收敛准则。

7.2 Bayesian 概率方法

仍然假设待修正的结构参数为 $\boldsymbol{p}=\{p_1, p_2, \cdots, p_n\}^{\mathrm{T}}$(一般为材料密度、弹性模量、边界约束、几何尺寸等)。采用结构振动监测数据识别结构的频率和振型等模态

参数，它们均是结构参数 $\boldsymbol{p}$ 的函数。由监测数据得到的第 i 次模态参数集记为$\boldsymbol{z}_m^i$：

$$\boldsymbol{z}_m^i=\{\lambda_{m1}^i,\boldsymbol{\varphi}_{m1}^{i\mathrm{T}},\lambda_{m2}^i,\boldsymbol{\varphi}_{m2}^{i\mathrm{T}},\cdots,\lambda_{mr}^i,\boldsymbol{\varphi}_{mr}^{i\mathrm{T}}\}^{\mathrm{T}} \tag{7.38}$$

式中，λ_{mj}^i 和 $\boldsymbol{\varphi}_{mj}^i$ 为从监测数据识别的第 i 次第 j（$j=1,2,\cdots,r$）阶结构特征值和特征向量（模态振型），则 N_s 组$\boldsymbol{z}_m^i$数据集记为 $\boldsymbol{Z}=\{\boldsymbol{z}_m^1,\boldsymbol{z}_m^2,\cdots,\boldsymbol{z}_m^{N_s}\}$，$i=1,2,\cdots,N_s$。

对于从监测数据识别的结构特征值，有

$$\lambda_{mj}(\boldsymbol{p})=\lambda_j(\boldsymbol{p})+e_{\lambda_{mj}} \tag{7.39}$$

式中，$\lambda_j(\boldsymbol{p})$为第 j 阶理论计算特征值；$\lambda_{mj}(\boldsymbol{p})$为第 j 阶识别的特征值；$e_{\lambda_{mj}}$ 为误差项，假设其服从零均值的高斯分布，第 j 阶特征值误差的方差 $\sigma_{\lambda_{mj}}^2$ 为

$$\sigma_{\lambda_{mj}}^2=\frac{1}{N_s}\sum_{i=1}^{N_s}(\lambda_{mj}^{i\;2}-\bar{\lambda}_{mj}^2),\quad i=1,2,\cdots,N_s \tag{7.40}$$

式中，$\bar{\lambda}_{mj}$ 为识别的第 j 阶特征值 λ_{mj}^i 的平均值。

从监测数据识别得到的特征值的概率密度函数可以表示为

$$f(\lambda_{mj}\mid\boldsymbol{p})=c_1\exp\left[-\frac{1}{2}\left(\frac{\lambda_{mj}-\lambda_j}{\sigma_{\lambda_{mj}}}\right)^2\right] \tag{7.41}$$

式中，c_1 为归一化常数；$\sigma_{\lambda_{mj}}$ 为识别特征值的标准差。

对比结构分析模态，设

$$\boldsymbol{\varphi}_{mj}=\alpha_j\boldsymbol{\Gamma}_{\varphi}\boldsymbol{\varphi}_j(\boldsymbol{p})+e_{\boldsymbol{\varphi}_{mj}} \tag{7.42}$$

式中，$\boldsymbol{\Gamma}_{\varphi}$ 为位移模态的监测位置矩阵，从计算位移模态 $\boldsymbol{\varphi}_j$ 中提取监测的自由度；$\boldsymbol{\varphi}_j(\boldsymbol{p})$为初始结构的第 j 阶模态值（包含所有自由度信息）；$\boldsymbol{\varphi}_{mj}$ 为实测结构的第 j 阶模态值（有限测点）；$\alpha_j=\dfrac{\langle\boldsymbol{\varphi}_{mj},\boldsymbol{\Gamma}_{\varphi}\boldsymbol{\varphi}_j\rangle}{\|\boldsymbol{\Gamma}_{\varphi}\boldsymbol{\varphi}_j\|^2}$为比例系数；$e_{\boldsymbol{\varphi}_{mj}}$ 为振型的误差值，其可以用一个均值为 0、方差为对角阵$\boldsymbol{C}_j$ 的正态分布来模拟，其中$\boldsymbol{C}_j$ 的对角元素为 $\sigma_{\boldsymbol{\varphi}_{mj}}^2\|\boldsymbol{\varphi}_j\|^2$，它反映了实测模态振型的不确定性，可以由式(7.43)计算：

$$\sigma_{\boldsymbol{\varphi}_{mj}}^2=\frac{1}{N_s}\sum_{n=1}^{N_s}\frac{\|\boldsymbol{\varphi}_{mj}^i-\bar{\boldsymbol{\varphi}}_{mj}\|^2}{\|\boldsymbol{\varphi}_{mj}^i\|^2} \tag{7.43}$$

由多维随机变量的正态分布公式，得振型的概率密度函数为

$$f(\boldsymbol{\varphi}_{mj}\mid\boldsymbol{p})=c_2\exp\left[-\frac{1}{2}(\boldsymbol{\varphi}_{mj}-\alpha_j\boldsymbol{\Gamma}_{\varphi}\boldsymbol{\varphi}_j)^{\mathrm{T}}\boldsymbol{C}_j^{-1}(\boldsymbol{\varphi}_{mj}-\alpha_j\boldsymbol{\Gamma}_{\varphi}\boldsymbol{\varphi}_j)\right] \tag{7.44}$$

式中，c_2 为归一化常数。

假设模态振型经过归一化处理，式(7.44)可以表示为

$$f(\boldsymbol{\varphi}_{mj}\mid\boldsymbol{p})=c_2\exp\left[-\frac{1}{2}\frac{\boldsymbol{\varphi}_j^{\mathrm{T}}\boldsymbol{\Gamma}_{\varphi}(\boldsymbol{I}-\boldsymbol{\varphi}_{mj}\boldsymbol{\varphi}_{mj}^{\mathrm{T}})\boldsymbol{\Gamma}_{\varphi}\boldsymbol{\varphi}_j}{\sigma_{\boldsymbol{\varphi}_{mj}}^2\|\boldsymbol{\Gamma}_{\varphi}\boldsymbol{\varphi}_j\|^2}\right] \tag{7.45}$$

式中，$\sigma_{\boldsymbol{\varphi}_{mj}}$ 为识别振型的标准差。

结构参数 $\boldsymbol{p}$ 的先验概率密度函数假设服从均值为 $\boldsymbol{p}_0$、方差为 σ_p^2 的高斯分

布，即

$$\begin{cases} f(\boldsymbol{p})=c_3\exp\left[-\dfrac{1}{2}(\boldsymbol{p}-\boldsymbol{p}_0)^{\mathrm{T}}\boldsymbol{W}_{pp}(\boldsymbol{p}-\boldsymbol{p}_0)\right] \\ \boldsymbol{W}_{pp}=[\mathrm{diag}(\sigma_{p_1}^2,\sigma_{p_2}^2,\cdots,\sigma_{p_n}^2)]^{-1} \end{cases} \tag{7.46}$$

式中，c_3 为归一化常数；$\boldsymbol{p}_0$ 为结构参数的初始值。

根据 Beck 等（Beck and Katafygiotis，1998；Katafygiotis and Beck，1998；Vanik et al.，2000）提出的结构模型修正 Bayesian 理论方法，结构参数 $\boldsymbol{p}=\{p_1,p_2,\cdots,p_n\}^{\mathrm{T}}$，在监测数据 $\boldsymbol{Z}$ 下的概率密度函数可以表示为

$$f(\boldsymbol{p}|\boldsymbol{Z})=cf(\boldsymbol{Z}|\boldsymbol{p})f(\boldsymbol{p})=c\exp\left[-\frac{1}{2}J(\boldsymbol{p})\right] \tag{7.47}$$

式中，

$$J(\boldsymbol{p})=(\boldsymbol{p}-\boldsymbol{p}_0)^{\mathrm{T}}\boldsymbol{W}_{pp}(\boldsymbol{p}-\boldsymbol{p}_0)+\sum_{j=1}^{r}J_j(\boldsymbol{p}) \tag{7.48}$$

$$J_j(\boldsymbol{\theta})=\sum_{j=1}^{r}\left[\left(\frac{\lambda_{mj}-\lambda_j}{\sigma_{\lambda_{mj}}}\right)^2+\frac{\boldsymbol{\varphi}_j^{\mathrm{T}}\boldsymbol{\Gamma}_{\boldsymbol{\varphi}}(\boldsymbol{I}-\boldsymbol{\varphi}_{mj}\boldsymbol{\varphi}_{mj}^{\mathrm{T}})\boldsymbol{\Gamma}_{\boldsymbol{\varphi}}\boldsymbol{\varphi}_j}{\sigma_{\boldsymbol{\varphi}_{mj}}^2\ \|\boldsymbol{\Gamma}_{\boldsymbol{\varphi}}\boldsymbol{\varphi}_j\|^2}\right] \tag{7.49}$$

式中，$\boldsymbol{\Gamma}_{\boldsymbol{\varphi}}$ 为位移模态的监测位置矩阵，从位移模态 $\boldsymbol{\varphi}_j$ 中提取监测的自由度。

则根据式(7.47)得单个 p_k 的边缘概率密度函数为

$$f(p_k|\boldsymbol{Z})=\int f(p_k,\boldsymbol{p}_{-k}|\boldsymbol{Z})\mathrm{d}\boldsymbol{p}_{-k} \tag{7.50}$$

式中，$\boldsymbol{p}_{-k}=\{p_1,\cdots,p_{k-1},p_{k+1},\cdots,p_n\}^{\mathrm{T}}$。

对式(7.47)采用拉普拉斯渐近逼近法，可得

$$f(p_k|\boldsymbol{Z})\approx\Phi\left(\frac{p_k-\hat{p}_k}{\hat{\sigma}_k}\right) \tag{7.51}$$

式中，$\Phi(\cdot)$ 为标准正态分布的概率密度函数；$\hat{p}_k$ 为最小化式 $J(\boldsymbol{p})$ 得到的 p_k 值，且 $\hat{\boldsymbol{p}}=\{\hat{p}_1,\hat{p}_2,\cdots,\hat{p}_n\}^{\mathrm{T}}$；$\hat{\sigma}_k^2$ 为 $\boldsymbol{L}(\hat{\boldsymbol{p}})^{-1}$ 的第 k 个对角线元素；$\boldsymbol{L}(\hat{\boldsymbol{p}})$ 为 $J(\boldsymbol{p})$ 的 Hessian 矩阵。

$$\boldsymbol{L}(\boldsymbol{p})|_{\hat{p}}=\left.\begin{bmatrix} \dfrac{\partial^2 J(\boldsymbol{p})}{\partial p_1^2} & \dfrac{\partial^2 J(\boldsymbol{p})}{\partial p_1 p_2} & \cdots & \dfrac{\partial^2 J(\boldsymbol{p})}{\partial p_1 p_n} \\ \dfrac{\partial^2 J(\boldsymbol{p})}{\partial p_2 p_1} & \dfrac{\partial^2 J(\boldsymbol{p})}{\partial p_2^2} & \cdots & \dfrac{\partial^2 J(\boldsymbol{p})}{\partial p_2 p_n} \\ \vdots & \vdots & & \vdots \\ \dfrac{\partial^2 J(\boldsymbol{p})}{\partial p_n p_1} & \dfrac{\partial^2 J(\boldsymbol{p})}{\partial p_n p_2} & \cdots & \dfrac{\partial^2 J(\boldsymbol{p})}{\partial p_n^2} \end{bmatrix}\right|_{\hat{p}} \tag{7.52}$$

式(7.50)给出了通过监测数据识别的模态参数，计算得到结构参数 p_k 的概率密度函数，随着监测数据的累积，可以对参数 p_k 的概率密度函数进行持续的更新。

7.3　应用实例

本节以哈尔滨工业大学结构监测与控制中心 Benchmark 桥梁为例(Li et al.,2014c),以健康监测系统监测的模态参数和索力对桥梁结构初始有限元模型进行修正。该结构信息、健康监测系统的信息和相关监测数据请详见第 14 章。

由环境激励下监测的加速度数据,采用第 6 章频域分解法识别得到桥梁结构的 8 阶模态,其中识别的 6 阶频率、阻尼比和振型如图 7.1 所示。模态识别的软件采用哈尔滨工业大学结构监测与控制中心开发的健康监测数据分析与挖掘系统完成,详细信息可以参看 http://smc.hit.edu.cn。

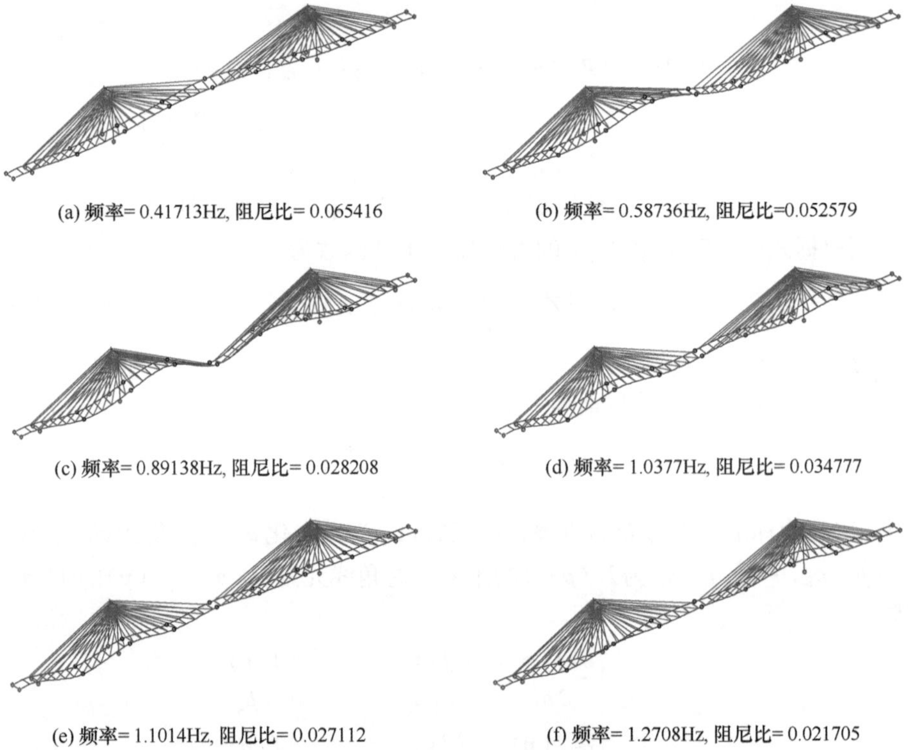

(a) 频率= 0.41713Hz, 阻尼比= 0.065416　(b) 频率= 0.58736Hz, 阻尼比=0.052579

(c) 频率= 0.89138Hz, 阻尼比= 0.028208　(d) 频率= 1.0377Hz, 阻尼比= 0.034777

(e) 频率= 1.1014Hz, 阻尼比= 0.027112　(f) 频率= 1.2708Hz, 阻尼比= 0.021705

图 7.1　识别的斜拉桥振型、频率和阻尼比(2008 年 1 月 17 日监测数据)

7.3.1　斜拉桥子结构特征

对健康监测数据处理分析发现,桥塔的横桥向振动往往独立于桥面的振动(见图 7.2),例如,对哈尔滨工业大学结构监测与控制中心 Benchmark 斜拉桥主塔塔顶的双向加速度传感器采集的加速度数据分析表明,桥塔横桥向频率为

1.202Hz，在桥塔顺桥向和桥面竖向加速度的频谱中并没有该频率成分。对山东滨州黄河公路大桥主塔塔顶的双向加速度数据进行模态分析，也发现了同样现象，桥塔的横桥向频率为 0.276Hz，在主梁监测的加速度频谱中并没有此频率成分。上述现象与双柱式索塔斜拉桥拉索的空间布置有关，一般双柱式索塔斜拉桥拉索在空间布设的角度较小，单侧斜拉索基本在顺桥向的同一平面内，因此桥塔的横向振动对桥面振动影响很小。值得注意的是，桥塔只是横桥向的某些模态与桥面振动独立而非所有模态，如顺桥向某些模态就是桥面和桥塔的耦合振动。

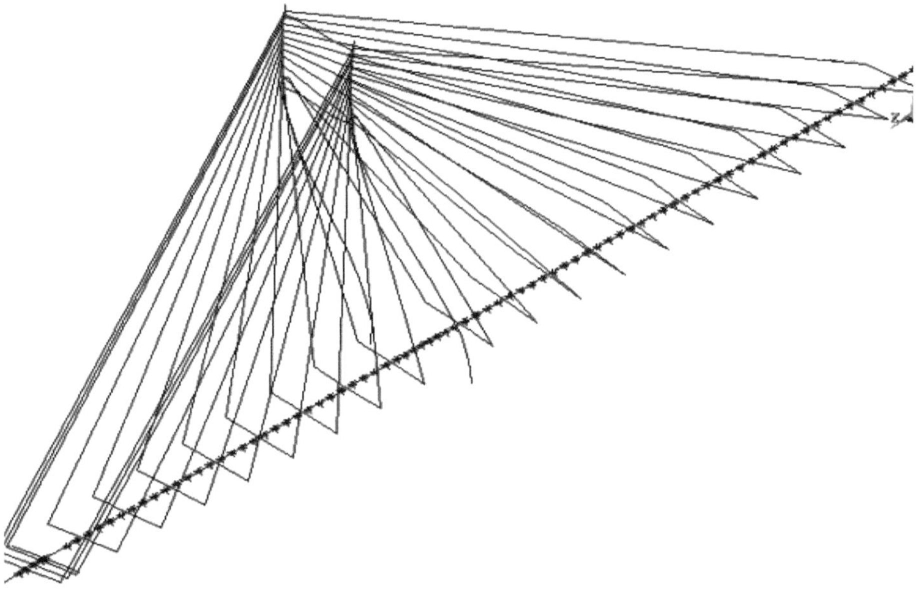

图 7.2　斜拉桥主塔的模态子结构特征

根据上述桥塔沿横桥向模态独立的特征，李顺龙(2009)提出了斜拉桥子结构模型修正方法，即对主塔单独进行有限元模型修正，目标函数是桥塔横桥向的模态参数。这种方法将大型桥梁结构的有限元模型修正问题简化为多个简单的子结构模型修正问题，从而提高模型修正的精度，同时避免由于斜拉索和桥面的力学模型参数对桥塔横桥向振动模态不敏感、导致病态灵敏度矩阵的问题。

考虑到斜拉桥结构桥塔的子结构特征，可以采用如图 7.2 所示的子结构，对桥塔的结构参数进行修正。选择桥塔的某些横向振动频率作为模型修正的目标函数，构造如式(7.20)所示的目标函数，将有限元模型修正问题转化为求取子结构频率残差的优化问题。一般监测识别的模态参数数量小于待修正结构参数个数，将欠定模型修正问题转化为约束优化问题，目标函数如下：

$$\begin{aligned}&\min\{\delta \boldsymbol{p}_{\text{tower}}^{\mathrm{T}}\delta \boldsymbol{p}_{\text{tower}}=(\boldsymbol{p}_{\text{tower}}-\boldsymbol{p}_{\text{tower}}^{(i)})^{\mathrm{T}}(\boldsymbol{p}_{\text{tower}}-\boldsymbol{p}_{\text{tower}}^{(i)})\}\\&\text{s. t.}\quad \boldsymbol{z}_m-\boldsymbol{z}(\boldsymbol{p}_{\text{tower}}^{(i)})-\boldsymbol{S}(\boldsymbol{p}_{\text{tower}}^{(i)})(\boldsymbol{p}_{\text{tower}}-\boldsymbol{p}_{\text{tower}}^{(i)})=0\\&\qquad\Leftrightarrow\delta\,\boldsymbol{z}_{\text{tower}}^{(i)}=\boldsymbol{S}(\boldsymbol{p}_{\text{tower}}^{(i)})\delta \boldsymbol{p}_{\text{tower}}^{(i)}\end{aligned}\tag{7.53}$$

在优化问题式(7.53)求解过程中，可能得到无物理意义的修正结构模型参数向量 $\boldsymbol{p}_{\text{tower}}^{(i)}$。为避免此问题，可以设定结构参数的上、下限，使式(7.53)的优化求解结果具有明确的物理意义。

设结构模型参数的上、下限为

$$\boldsymbol{p}_{\text{tower}}^{l}\leqslant\boldsymbol{p}_{\text{tower}}^{(i)}\leqslant\boldsymbol{p}_{\text{tower}}^{u}\tag{7.54}$$

优化问题收敛的误差为

$$\|\boldsymbol{p}_{\text{tower}}^{(i+1)}-\boldsymbol{p}_{\text{tower}}^{(i)}\|<\delta_1\quad 且\quad \|\boldsymbol{z}(\boldsymbol{p}_{\text{tower}}^{(i+1)})-\boldsymbol{z}_m\|<\delta_2\tag{7.55}$$

将子结构(这里是桥塔)最优结构参数 $\boldsymbol{p}_{\text{tower}}^{(i+1)}$ 代入整体结构有限元模型，进一步以桥梁结构其他计算和监测的振动频率之差 $\delta\,\boldsymbol{z}_{\text{deck}}^{(i)}$ 最小为目标函数，优化桥梁结构其他构件的参数 $\boldsymbol{p}_{\text{deck}}^{(i+1)}$，即

$$\begin{aligned}&\min\{\delta \boldsymbol{p}_{\text{deck}}^{\mathrm{T}}\delta \boldsymbol{p}_{\text{deck}}=(\boldsymbol{p}_{\text{deck}}-\boldsymbol{p}_{\text{deck}}^{(i)})^{\mathrm{T}}(\boldsymbol{p}_{\text{deck}}-\boldsymbol{p}_{\text{deck}}^{(i)})\}\\&\text{s. t.}\quad \boldsymbol{z}_m-\boldsymbol{z}(\boldsymbol{p}_{\text{deck}}^{(i)})-\boldsymbol{S}(\boldsymbol{p}_{\text{deck}}^{(i)})(\boldsymbol{p}_{\text{deck}}-\boldsymbol{p}_{\text{deck}}^{(i)})=0\\&\qquad\Leftrightarrow\delta\,\boldsymbol{z}_{\text{deck}}^{(i)}=\boldsymbol{S}(\boldsymbol{p}_{\text{deck}}^{(i)})\delta \boldsymbol{p}_{\text{deck}}^{(i)}\end{aligned}\tag{7.56}$$

式中，$\delta\,\boldsymbol{z}_{\text{deck}}^{(i)}$ 为主梁频率残差。

优化问题收敛的误差为

$$\|\boldsymbol{p}_{\text{deck}}^{(i+1)}-\boldsymbol{p}_{\text{deck}}^{(i)}\|<\delta_3\quad 且\quad \|\boldsymbol{z}(\boldsymbol{p}_{\text{deck}}^{(i+1)})-\boldsymbol{z}_m\|<\delta_4\tag{7.57}$$

在两个优化问题 $\delta \boldsymbol{p}_{\text{tower}}^{\mathrm{T}}\delta \boldsymbol{p}_{\text{tower}}$ 和 $\delta \boldsymbol{p}_{\text{deck}}^{\mathrm{T}}\delta \boldsymbol{p}_{\text{deck}}$ 中均假定权重系数 $\boldsymbol{W}_{pp}$ 为单位对角阵。虽然桥塔横桥向振动与主梁不相关，但由于主梁和桥塔之间由斜拉索连接，主梁的顺桥向振动和竖向振动均受桥塔的影响。为了对结构有限元模型进行精确的模型修正，设定整个模型修正过程的收敛目标为 $\delta \boldsymbol{p}_{\text{tower}}^{\mathrm{T}}\delta \boldsymbol{p}_{\text{tower}}+\delta \boldsymbol{p}_{\text{deck}}^{\mathrm{T}}\delta \boldsymbol{p}_{\text{deck}}\leqslant\delta_5$。基于子结构特征的斜拉桥有限元模型修正全过程如图 7.3 所示。

除参数自激外(当桥面和桥塔沿斜拉索轴向振动频率是斜拉索某阶模态频率的 2 倍时，斜拉索将发生大幅值的振动，这种振动在桥梁设计中是要避免的)，斜拉索的振动也具有主梁和桥塔振动不相关的特征，如图 7.4 所示。因此，在设计合理的斜拉桥中，桥面或桥塔的振动一般不引起斜拉索的振动，斜拉索的振动只包含其自身的动力特性，不受斜拉桥其他构件的影响。因此，斜拉索也具有子结构特征，可将每一根斜拉索作为独立的子结构，通过斜拉索的模态参数修正其结构参数。

斜拉桥的斜拉索抗弯刚度较小，一般认为其是两端铰接的张紧的理想的弦，相应的振动方程为

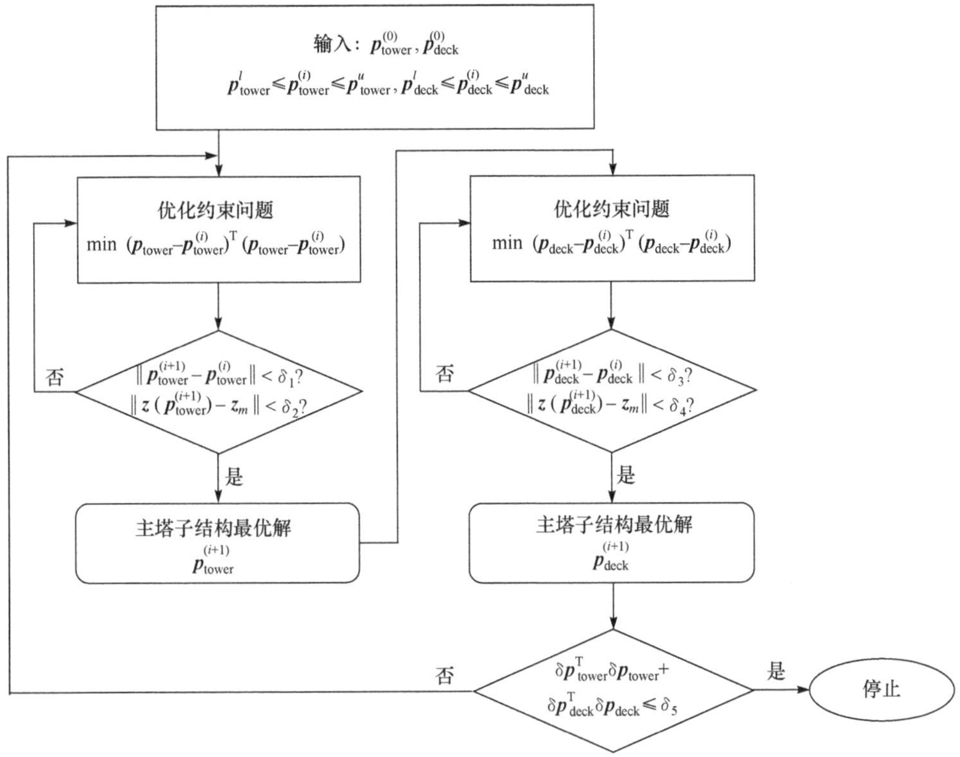

图 7.3　基于模态子结构特征的结构有限元模型修正框图

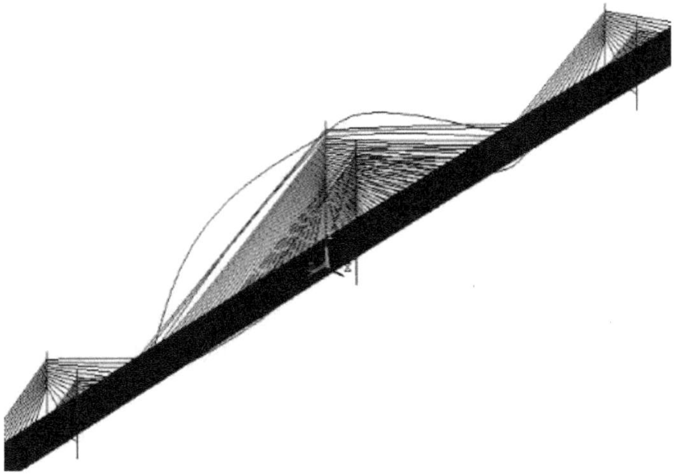

图 7.4　斜拉索横桥向振动的子结构特征

$$\frac{\partial^2 v(x,t)}{\partial t^2}\frac{T_{\mathrm{C}}}{\overline{m}}\frac{\partial v^2(x,t)}{\partial x^2}=0 \tag{7.58}$$

式中，$v(x,t)$为拉索的横向振动位移；T_{C} 为拉索的索力；$\overline{m}$ 为拉索单位长度的质量；x 为沿拉索轴向的位置坐标；t 为时间。

对于两端铰支的斜拉索，其边界条件为

$$v(L,t)=v(0,t)=0 \tag{7.59}$$

式中，L 为索沿轴向的长度。式(7.59)表示在拉索的两端，其横向振动的位移总是零，由边界条件式(7.59)得到斜拉索索力与其频率的关系为

$$T_{\mathrm{C}}=\frac{4\overline{m}L^2}{n^2}f_n^2 \tag{7.60}$$

式中，f_n 为拉索的第 n 阶频率。

从式(7.60)可以看出，拉索的索力由斜拉索的频率和拉索的物理参数确定，而拉索的物理参数在桥梁结构运营过程中一般保持不变，从而将拉索的静力特性和动力特性结合起来。由于拉索的材料(平行钢丝束或钢绞线)比较均匀，拉索的弹性模量和密度都较易获得，所以我们选择在成桥状态时拉索的初始应变作为拉索修正参数。假设有限元模型建模时拉索上施加的初应变为 $\boldsymbol{p}_{\mathrm{cable}}$，由于恒荷载与施工荷载的作用，将导致拉索变形使其内力与设计值及监测的数值均将不同，将斜拉索与桥塔、主梁集成为结构整体有限元模型时，拉索索力为 $\boldsymbol{T}_{\mathrm{C}}$，拉索索力的监测值为 $\boldsymbol{T}_{\mathrm{Cm}}$，则以斜拉索索力为目标化函数的优化问题为

$$\begin{aligned}&\min\{\delta\boldsymbol{T}_{\mathrm{C}}\delta\boldsymbol{T}_{C}=(\boldsymbol{T}_{\mathrm{Cm}}-\boldsymbol{T}_{\mathrm{C}})^{\mathrm{T}}(\boldsymbol{T}_{\mathrm{Cm}}-\boldsymbol{T}_{\mathrm{C}})\}\\&\text{s. t.}\quad \boldsymbol{T}_{\mathrm{C}}=\boldsymbol{T}_{\mathrm{C}}(\boldsymbol{p}_{\mathrm{cable}}^{(i)})+\boldsymbol{S}(\boldsymbol{p}_{\mathrm{cable}}^{(i)})\delta\boldsymbol{p}_{\mathrm{cable}}^{(i)}\end{aligned} \tag{7.61}$$

式(7.61)表示优化拉索初应变，拉索索力与监测的拉索索力最接近。

7.3.2　待修正结构参数

采用监测的加速度数据识别结构的模态参数，桥塔横桥向振动是其中的主导模态之一；0～1.5Hz 的 7 阶主梁的竖向弯曲模态中，有 6 阶与结构有限元模型计算模态振型具有较高的 MAC 值。监测识别与结构初始有限元模型计算的频率对比如表 7.1 所示，从表 7.1 可以看出，结构初始有限元模型的计算与监测识别的频率之间的误差为−0.915%(第 1 阶桥塔振型)～6.048%(第 6 阶主梁振型)。依据第 6 章模态参数辨识结果，第 6 阶主梁振型是主梁的局部模态，该模态无法由结构有限元模型准确模拟。

表 7.1　哈尔滨工业大学结构监测与控制中心 Benchmark 斜拉桥理论与监测的频率及模态 MAC 值

模态		振型描述	监测频率 f_{exp}/Hz	计算频率 f_{ini}/Hz	MAC	偏差 $\frac{f_{exp}-f_{ini}}{f_{exp}}$/%
主梁	1	1 阶竖向弯曲	0.417	0.415	0.957	0.584
	2	2 阶竖向弯曲	0.587	0.585	0.953	0.261
	3	3 阶竖向弯曲	0.891	0.867	0.927	2.735
	4	4 阶竖向弯曲	1.038	1.031	0.919	0.645
	5	5 阶竖向弯曲	1.101	1.076	0.688	2.269
	6	6 阶竖向弯曲	1.271	1.194	0.469	6.048
	8	8 阶竖向弯曲	1.478	1.419	0.812	3.967
桥塔	1	1 阶横向弯曲	1.202	1.213	—	−0.915

这座斜拉桥已经服役 18 年，所以主梁和桥塔结构参数的均匀性较差。这里将主梁的结构参数分为预制段和现浇段两部分。桥台和辅助墩的支座以及伸缩缝等顺桥向约束作用采用弹簧模拟。待选择的结构参数为：桥塔弹性模量(E_t)、桥塔密度(ρ_t)、现浇段主梁弹性模量(E_x)、现浇段主梁密度(ρ_x)、现浇段主梁截面面积(A_x)、现浇段主梁截面横向抗弯惯性矩($I_{yy,x}$)、现浇段主梁截面竖向抗弯惯性矩($I_{zz,x}$)、现浇段主梁截面抗扭惯性矩(J_x)、预制段主梁弹性模量(E_y)、预制段主梁密度(ρ_y)、预制段主梁截面面积(A_y)、预制段主梁截面横向抗弯惯性矩($I_{yy,y}$)、预制段主梁截面竖向抗弯惯性矩($I_{zz,y}$)、预制段主梁截面抗扭惯性矩(J_y)、横隔梁质量(M_a)、跨中合拢段附加质量(M_b)、横桥向橡胶支座约束(K_1)以及顺桥向橡胶支座约束(K_2)。其中由于现浇段和预制段的主梁截面几何参数(A_x、A_y、$I_{yy,x}$、$I_{yy,y}$、$I_{zz,x}$、$I_{zz,y}$、J_x 和 J_y)在桥梁结构建模过程中通过截面几何形状导入，在 ANSYS 软件中修改截面的几何形状比较困难，本算例中不选择将这些参数作为修正参数，对结构单元刚度的修正是通过修正弹性模量实现的。

为了提高模型修正的效率，首先进行频率对结构参数的灵敏度分析，根据灵敏度分析结果选择对频率灵敏度高的结构参数进行修正。采用式(7.13)进行灵敏度分析，分析结果如图 7.5 所示。从图 7.5(a)可以看出，横桥向橡胶支座约束(K_1)以及顺桥向橡胶支座约束(K_2)对桥面竖向振动、桥塔的横向振动不敏感，且顺桥向橡胶支座约束(K_2)对桥面竖向振动模态参数的影响大于横桥向橡胶支座约束(K_1)；从图 7.5(b)可以看出，只有桥塔弹性模量(E_t)和密度(ρ_t)对桥塔的横向弯曲振动频率敏感，表明了桥塔的子结构特征，因此可以单独选择桥塔，应用横向弯曲频率修正桥塔的结构参数(E_t和 ρ_t)。

为使修正的结构参数有物理意义，本算例设定了结构参数的上、下限，其中弹性模量的变化范围取为 15%，钢筋混凝土密度的变异性相对较小设为 5%，弹簧刚度的变化范围为 50%。

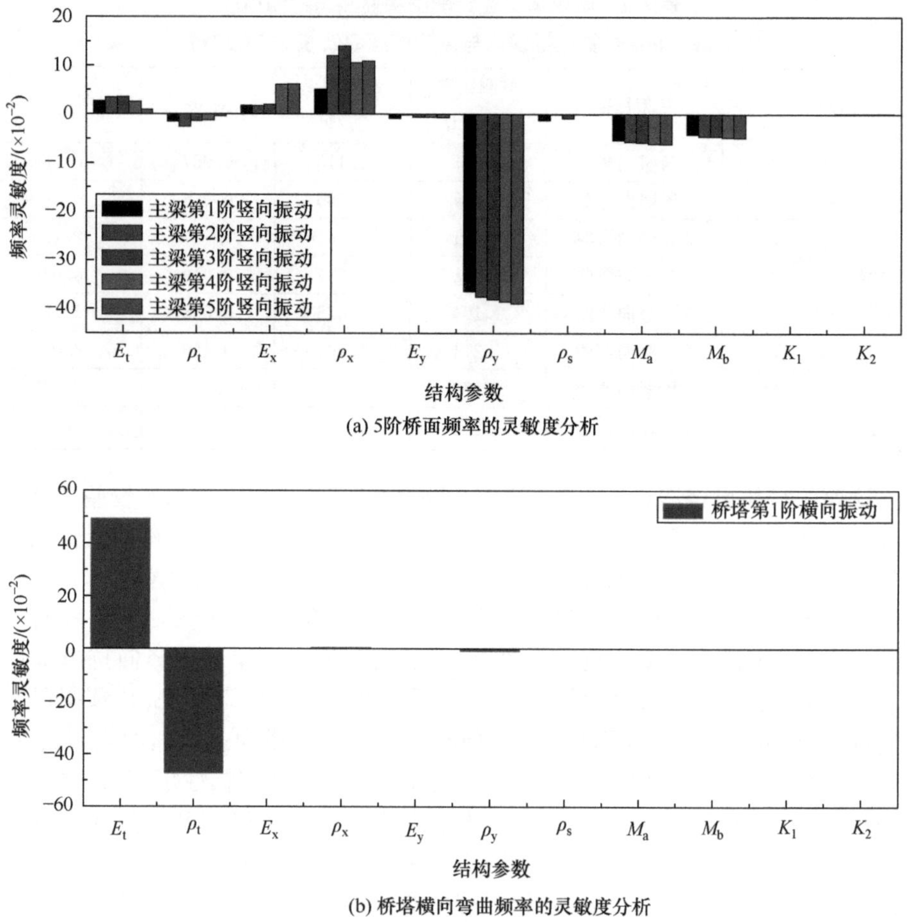

图 7.5　频率对结构参数灵敏度分析

7.3.3　修正结构参数

1. 主梁和桥塔

由于只有桥塔弹性模量(E_t)和密度(ρ_t)对桥塔的横向弯曲振动频率敏感，在修正桥塔结构参数(E_t和 ρ_t)时，只选择桥塔的横向弯曲振动频率为目标函数，构造如式(7.53)所示的优化问题，采用梯度优化算法，得到桥塔结构参数(E_t和 ρ_t)的最优解。然后再选择主梁振动模态，构造如式(7.56)所示的优化问题，优化主梁及边界条件的最优参数。

表 7.2 给出了模型修正前后的结构参数值。表 7.2 表明，支座顺桥向约束和横梁的质量由于变异性比较大，所以变化幅度较大，同时弹性模量的变化幅度要高

于密度的变化幅度，由于实际上混凝土弹性模量比密度具有更高的不确定性，表明修正结果是合理的。

表 7.2　有限元模型初始和修正结构参数

结构参数		初始估计值	下限	上限	修正值
主塔	$E_t/(N/m^2)$	3.50×10^{10}	3.15×10^{10}	4.03×10^{10}	3.55×10^{10}
	$\rho_t/(kg/m^3)$	2550.0	2422.5	2677.5	2545.5
主梁	$E_x/(N/m^2)$	3.50×10^{10}	3.15×10^{10}	4.03×10^{10}	3.39×10^{10}
	$\rho_x/(kg/m^3)$	2550.0	2422.5	2677.5	2629.7
	$E_y/(N/m^2)$	3.50×10^{10}	3.15×10^{10}	4.03×10^{10}	3.39×10^{10}
	$\rho_y/(kg/m^3)$	2550.0	2422.5	2677.5	2550.0
	M_b/kg	7650.0	6885.0	8415.0	6932.8
	$\rho_s/(kg/m^3)$	2096.9	1887.2	2306.6	1900.4
	M_a/kg	12000.0	10800.0	13200.0	12937.5
边界条件	$K_2/(N/m)$	7.81×10^6	3.91×10^6	1.56×10^7	6.07×10^6

表 7.3 给出了识别和计算的模态参数。结果表明，频率的误差在 3%以内，大部分的 MAC 值都大于 0.8，表明修正后的有限元模型能够较好地模拟桥梁结构的动力特性。同时从表 7.3 也可以看出，第 6 阶竖向模态修正结果的误差较大，由图 7.1(f)可知该阶振型是局部模态，而有限元模型无法对该阶振型准确模拟。

表 7.3　识别和计算的模态参数

模态阶数		辨识频率/Hz	阻尼比/%	计算频率/Hz	MAC	偏差/%
主梁竖向	1	0.417	6.54	0.418	0.957	0.240
	2	0.587	5.25	0.595	0.953	1.363
	3	0.891	2.82	0.879	0.927	−1.350
	4	1.038	3.48	1.046	0.919	0.771
	5	1.101	2.71	1.090	0.688	−0.999
	6	1.271	2.17	1.214	0.469	−4.485
	8	1.478	2.06	1.441	0.812	−2.503
桥塔	1	1.202	2.70	1.219	—	1.410

对比表 7.1 和表 7.3 可知，模型修正前后，桥梁结构振型的 MAC 值并未发生较大变化，说明桥梁结构的振型向量对结构整体参数的变化不敏感。因此，采用健康监测对结构模型进行修正时，一般不宜直接选择结构振型作为目标函数，但可选择结构振型的一阶或二阶导数作为目标函数，其对结构参数的变化是敏感的。

2. 拉索

拉索索力是斜拉桥静力特性和桥梁线形的重要影响因素。但由于桥梁施工过程中,结构材料、安装误差等各种不确定因素的存在,使得拉索索力与设计值之间存在一定的误差。若使有限元模型能够准确地模拟桥梁结构的受力状况,需对斜拉桥有限元模型中的索力进行调整,使有限元模型中的索力与实测索力一致。本算例采用式(7.61)确定的优化问题,拉索索力监测值 T_m 采用监测系统中智能拉索得到的拉索应变计算的索力,有限元模型中的模拟拉索的 LINK10 单元的初张力为 p_{cable},使得有限元模型计算的拉索索力与实测索力的误差在可以接受的范围内。拉索索力修正后的有限元模型计算结果表明,实测和计算的拉索索力误差在 5.5%以内,如图 7.6 所示。

本桥 ANSYS 模型的输入文件以及模型修正后的结构参数均可从哈尔滨工业大学结构监测与控制中心的网站 http://smc.hit.edu.cn 下载。

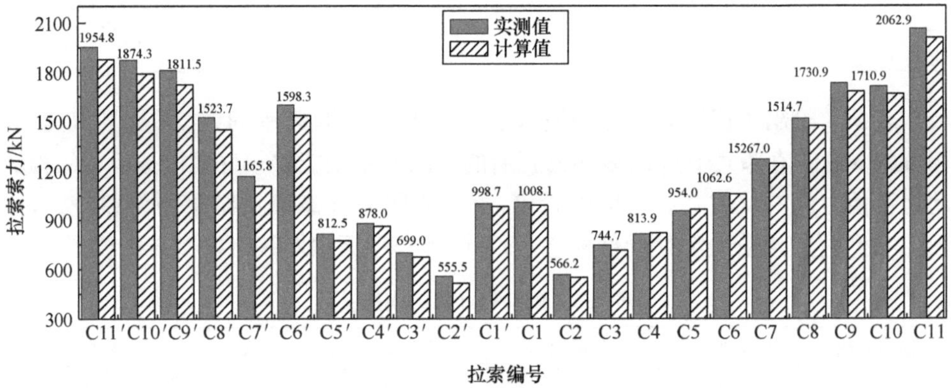

图 7.6　计算和实测索力之间的差别

第 8 章　车辆荷载极值模型与疲劳荷载谱

车辆荷载是桥梁结构最主要的活荷载之一，是桥梁结构设计与安全评定的重要荷载。车辆荷载对桥梁结构的作用效应包括桥梁结构承载力极限状态和疲劳累积损伤两类问题。前者涉及车辆荷载的极值概率模型，主要用于桥梁结构极限承载力状态设计与安全评定；后者涉及车辆荷载疲劳谱模型，主要用于桥梁结构的抗疲劳设计、疲劳累积损伤评估、疲劳累积损伤与腐蚀耦合作用导致的结构抗力衰减规律分析和剩余寿命预测。

桥梁结构健康监测系统监测了大量的车辆荷载数据，基于健康监测数据的桥梁车辆荷载建模方法与车辆荷载模型是桥梁结构安全评定的基础，也是桥梁结构荷载设计标准修订的科学依据。车辆荷载包括车辆在桥梁上的空间分布、车辆重量、车速、流量等参数。目前在大跨度桥梁上一般通过在桥梁某一断面或桥梁收费站处设置的动态地秤监测桥梁上车辆荷载的重量（或轴重和轴距）和车速；某些桥梁上不仅在某个断面安装了动态地秤，为了交通管理还沿桥梁跨度方向布设了视频监测系统，将二者结合可以得到车辆在桥梁上时空分布的监测数据或识别数据。本章主要介绍基于桥梁断面上安装的动态地秤监测的车辆荷载重量和车流量数据，建立桥梁车辆荷载极值模型和疲劳荷载谱的方法，第 9 章将介绍基于动态地秤和视频监测系统的桥梁车辆荷载时空分布识别方法和建模方法。

本章首先介绍结构健康监测系统监测的车辆荷载数据样本；然后阐述基于监测数据的车辆荷载极值模型建模方法及其极值概率分布；最后介绍基于监测数据的车辆荷载疲劳载荷谱建模方法及车辆荷载疲劳载荷谱。

8.1　车辆荷载监测数据特征

车辆在桥梁上出现的时间和车辆的重量均具有显著的随机性，应采用概率统计的方法对监测的车辆荷载样本进行分析以揭示其随机特性，建立其概率模型，从而预测桥梁结构在设计基准期或剩余服役期内车辆荷载的大小，为结构安全评定和可靠度分析提供合理的荷载模型。

进行车辆荷载的统计建模，需要建立车辆荷载分类标准，目前常用车辆荷载到达时间来分类。将车辆到达时间间隔小于 3s 的车辆组成一个样本，称为车辆密集运行状态；而将车辆到达时间间隔大于或等于 3s 的车辆组成一个样本，称为一般运行状态或稀疏运行状态。车辆荷载一般运行状态和密集运行状态各服从不同的随机过程，因此，车辆荷载的统计建模按照一般运行状态和密集运行状态分别进行（中华人民共和国交通运输部，1999）。

车辆荷载的建模还需要确定监测数据样本的长度（由于称重系统的限制，对桥梁结构力学性能影响较小的 2t 以下车辆不做记录），每一段数据样本应能反映车辆荷载的变化规律。图 8.1 给出了某桥梁结构健康监测系统监测的典型车辆荷载数据一天的时程曲线和统计直方图。从图 8.1 中可以看出，一天内 8：00～20：00 是 10t 以下车辆出现的主要时段，22：00～6：00 是重车（30t 以上）和超重车辆（50t 以上）出现的主要时段。数据样本数量主要受 30t 以下轻型车辆的影响（4411 辆，75.81%），30t 以上的重车（1241 辆，21.32%）和 50t 以上的超重车（桥梁限载为 50t，167 辆，2.87%）的数量相对较少。

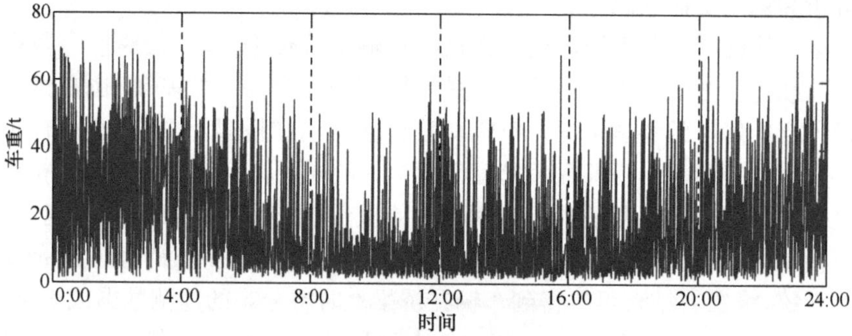

(a) 时程图(2006年8月7日)

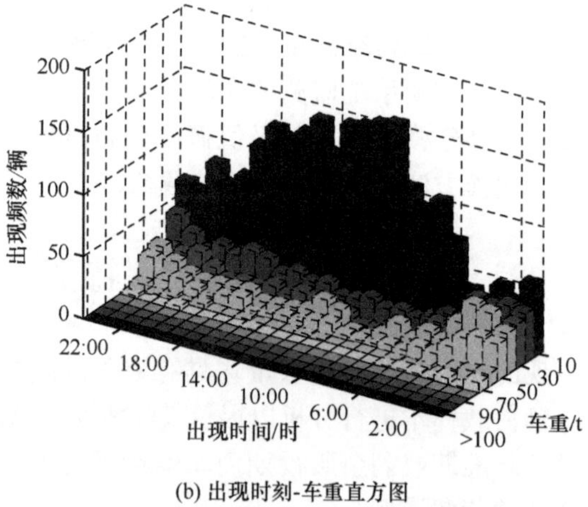

(b) 出现时刻-车重直方图

图 8.1　监测的 1 天典型车辆重量

图 8.2 给出了某桥梁结构健康监测系统监测的典型车辆荷载数据一周的时程曲线和统计直方图。从图 8.2 中可以看出，重车（30t 以上）和超重车辆（50t 以上）主要出现的时段并不随统计时间的增加而发生变化，同时从图 8.2(c) 也可以看

出,轻型车辆(30t 以下)的数量从周一开始增加,到周四、周五达到高峰,周六、周日大幅减少。重车及超重车的数量在一周内各天变化不大,保持比较恒定的数量。

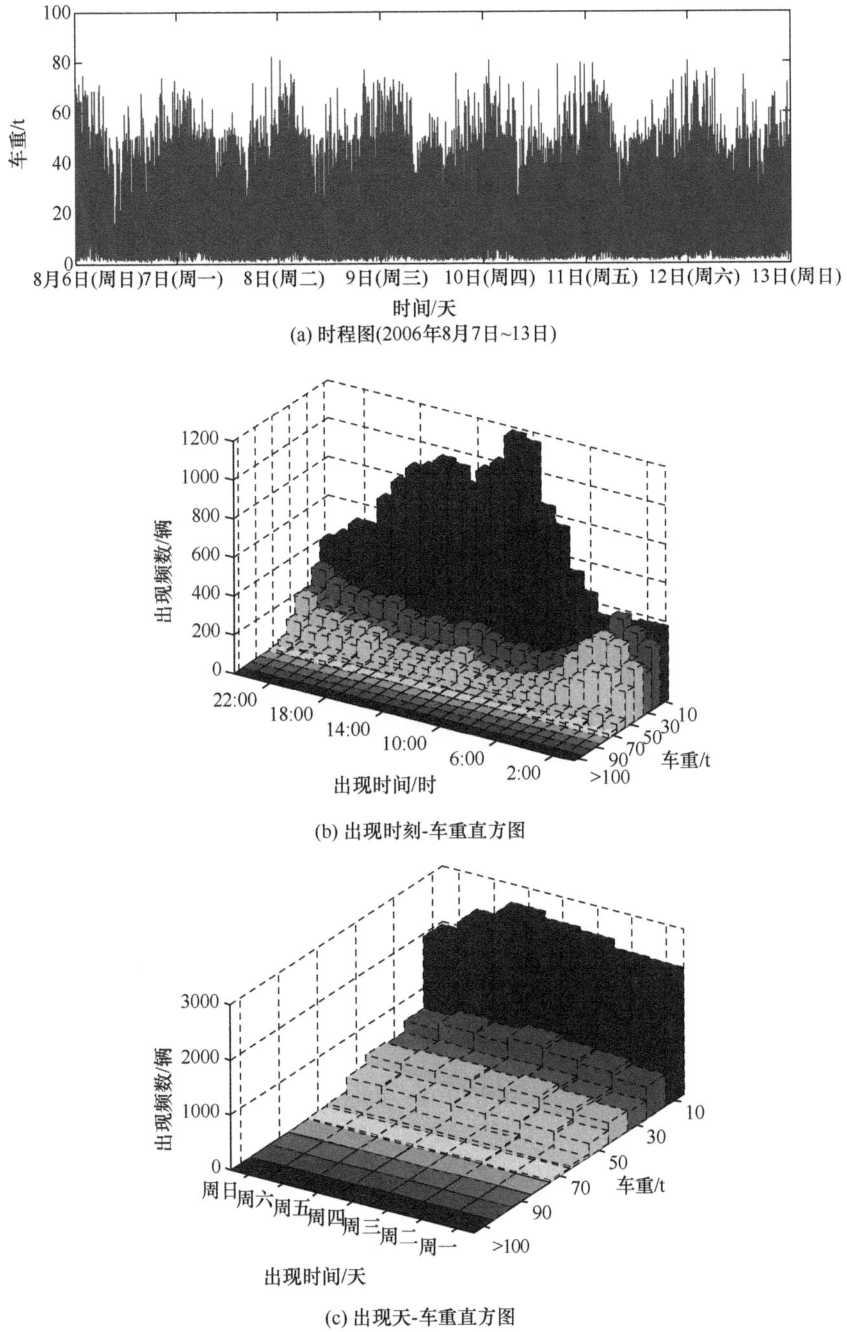

(a) 时程图(2006年8月7日~13日)

(b) 出现时刻-车重直方图

(c) 出现天-车重直方图

图 8.2　监测的 1 周典型车辆重量时程图

图 8.3 为 1 个月的车辆监测数据和统计直方图。图 8.3(b)的统计直方图进一步验证了周直方图[图 8.3(c)]中得出的结论:30t 以下车辆荷载存在着每周重复的规律,其在周末明显减少;而 50t 以上的车辆数量则在一周内没有明显的随时间变化的规律。

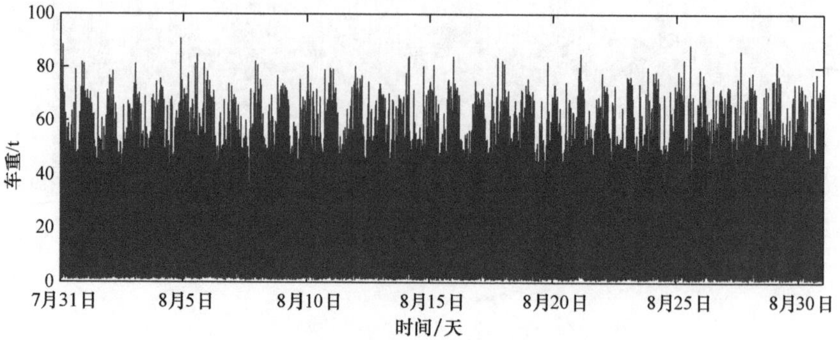

(a) 时程图(2006年8月1日~31日)

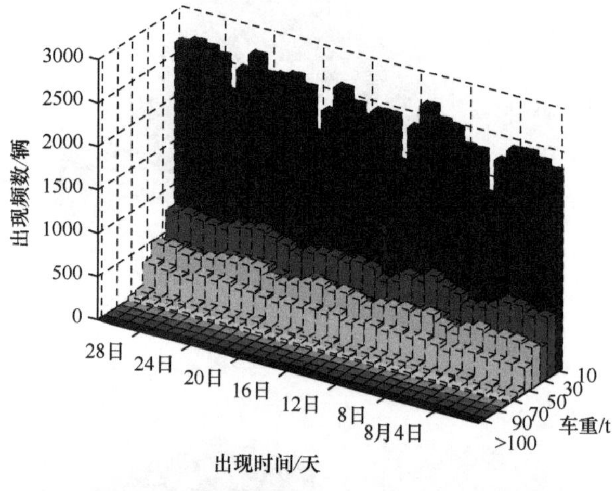

(b) 出现天-车重直方图

图 8.3 监测的 1 月典型车辆重量时程图

通过对车辆荷载直方图统计分析可知,车辆荷载的数据样本具有明显的周期性,但随机选择一天的数据统计车辆荷载截口分布的做法缺乏足够的理论依据且因样本数量过少使建立的模型不准确,车辆荷载的数据样本选择时间越长,得到的车辆荷载极值预测结果就会越准确。但是如果在数据量不是特别充足的情况下,依据车辆荷载周期性的规律,以一个月或者一周的数据对车辆荷载的截口分布进行统计分析,也不失为一种比较可靠的选择。

8.2 随机过程概率模型与极值概率模型

在给定的某一时刻 t_0，车辆荷载 S_0(包括车辆重量和车辆在桥梁上出现的时间)是随机变量；在一段时间(t_0, t_1)内，车辆荷载是时间 t 的函数，为一随机过程，可用$\{S(t), t\in(t_0, t_1)\}$表示。车辆荷载的随机过程$\{S(t), t\in(t_0, t_1)\}$的时间域一般可以取为结构极值分布的计算周期或服役期$[0, T_S]$，如 $T_S=1$ 天、1 周、1 年等，则$\{S(t), t\in[0, T_S]\}$。

作用在桥梁结构上的车辆荷载，人们最关心的是通过计算周期$[0, T_S]$内车辆荷载的极值分布，推导车辆荷载不同重现期的最大值。随机过程$\{S(t), t\in[0, T_S]\}$在时间域$[0, T_S]$内最大值 S_M 的概率分布，随机变量 S_M 表示为

$$S_M = \max_{0\leqslant t\leqslant T} S(t) \tag{8.1}$$

其概率分布函数为

$$F_M(x) = P(S_M \leqslant x) = P\left[\max_{0\leqslant t\leqslant T} S(t) \leqslant x\right] \tag{8.2}$$

正如前面所述，桥梁上的车辆按照其分布密度，分为一般运行状态和密集运行状态。一般运行状态时，车辆在桥梁上的分布是稀疏的，可采用滤过 Poisson 过程来描述车辆荷载在桥梁上出现次数的随机性；而密集运行状态时可采用 Weibull 过程来描述车辆荷载在桥梁上出现次数的随机性(中华人民共和国交通运输部，1999；李扬海等，1997)。下面将利用这两种状态下车辆荷载的随机过程概率模型及其极值概率模型。

8.2.1 滤过 Poisson 过程与极值概率模型

一般运行状态下车辆荷载随机过程可由如图 8.4 所示的滤过 Poisson 过程$\{S(t), t\in[0, T_S]\}$来描述。

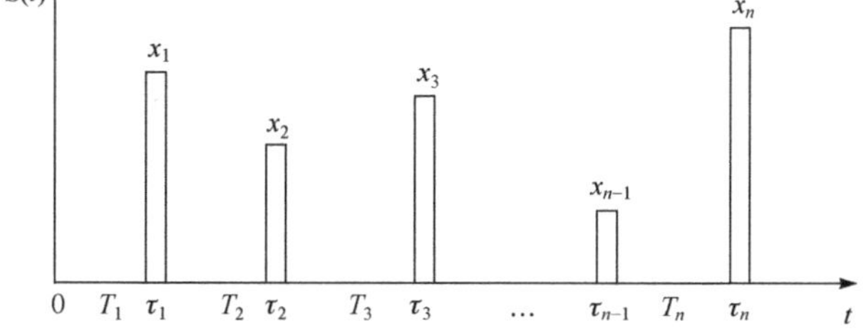

图 8.4 车辆荷载滤过 Poisson 过程示意图

图 8.4 所示的车辆荷载随机过程可用式(8.3)表示(Miao，2001；Miao and Chan，2002)：

$$S(t)=\sum_{n=0}^{N(t)}x_nI(t,\tau_n) \tag{8.3}$$

式中，$\{N(t),t\in[0,T_S]\}$为车辆荷载在时间$[0,t]$内出现的次数，是强度为 λ_T 的 Poisson 过程(λ_T 为单位时间内车辆出现的次数)，其概率分布函数为

$$P[N(t)=k]=\frac{(\lambda_T t)^k}{k!}\mathrm{e}^{-\lambda_T t} \tag{8.4}$$

式中，$I(t,\tau_n)$为车辆荷载响应函数；x_n 为第 n 个出现的车辆荷载，$x_n(n=1,2,\cdots,N(t))$为独立同分布的随机变量序列，其概率分布函数为 $F(x)$，且与$\{N(t),t\in[0,T_S]\}$相互独立，同时有初始条件 $x_0=0$；车辆的到达时刻可以表示为

$$t_n=T_1+\tau_1+T_2+\tau_2+\cdots+T_n+\tau_n \tag{8.5}$$

因而

$$I(t,\tau_n)=\begin{cases}1, & t\in[t_n-\tau_n,t_n]\\0, & t\notin[t_n-\tau_n,t_n]\end{cases} \tag{8.6}$$

式中，$\tau_n(n=1,2,3,\cdots)$为第 n 个出现的车辆荷载 x_n 在桥梁某截面上持续的时间；$T_n(n=1,2,3,\cdots)$为 x_{n-1} 出现到 x_n 出现所需的时间间隔，且 $\tau_n\ll T_n\to 0$，$\tau_0=0$。因此，车辆的到达时刻可以简化为

$$t_n=T_1+\tau_1+T_2+\tau_2+\cdots+T_n+\tau_n\to t_n\approx T_1+T_2+\cdots+T_n \tag{8.7}$$

当车辆荷载$\{S(t),t\in[0,T_S]\}$为上述滤过 Poisson 过程时，在$[0,T]$内车辆荷载最大值 $S_{\mathrm{M}}=\max\limits_{0\leqslant t\leqslant T}S(t)$的概率分布为

$$\begin{aligned}F_{\mathrm{M}}(x;T_S)&=P[\max_{0\leqslant t\leqslant T}S(t)\leqslant x]\\&=\sum_{k=0}^{\infty}P[x_1\leqslant x,x_2\leqslant x,\cdots,x_k\leqslant x\,|\,N(t)=k]P[N(t)=k]\\&=\sum_{k=0}^{\infty}P(x_1\leqslant x,x_2\leqslant x,\cdots,x_k\leqslant x)\frac{(\lambda_T T_S)^k}{k!}\mathrm{e}^{-\lambda_T T_S}\\&=\sum_{k=0}^{\infty}F(x)^k\frac{(\lambda_T T_S)^k}{k!}\mathrm{e}^{-\lambda_T T_S}=\mathrm{e}^{-\lambda_T T_S}\sum_{k=0}^{\infty}\frac{[F(x)\lambda_T T_S]^k}{k!}\\&=\mathrm{e}^{-\lambda_T T_S}\mathrm{e}^{F(x)\lambda_T T_S}=\exp\{-\lambda_T T_S[1-F(x)]\}\end{aligned} \tag{8.8}$$

在式(8.8)的推导过程中，考虑了车辆重量 $x_n(n=1,2,\cdots,N(t))$为独立同分布的随机变量序列，即

$$\begin{aligned}&P[x_1\leqslant x,x_2\leqslant x,\cdots,x_k\leqslant x\,|\,N(t)=k]\\&=P(x_1\leqslant x)P(x_2\leqslant x)\cdots P(x_k\leqslant x)=F(x)^k\end{aligned} \tag{8.9}$$

由于这里讨论的是车辆荷载极值问题，因此，x 应为一个很大的数。根据概率分布函数的特点，这时 $1-F(x)\to 0$，式(8.8)可近似表示为

$$\begin{aligned}F_{\mathrm{M}}(x)&=\exp\{-\lambda_T T_S[1-F(x)]\}\\&=\{\mathrm{e}^{-[1-F(x)]}\}^{\lambda_T T_S}\approx\{1-[1-F(x)]\}^{\lambda_T T_S}\\&=F(x)^{\lambda_T T_S}\end{aligned} \tag{8.10}$$

即在计算周期内，车辆荷载最大值的概率分布可以从车辆荷载的截口分布中得到，而车辆荷载的截口分布 $F(x)$ 可以通过监测的车辆荷载统计得到。

8.2.2　滤过 Weibull 过程与极值概率模型

若车辆荷载 x_{n-1} 出现到 x_n 出现的时间间隔 $\{T_n<3\text{s},n=1,2,\cdots\}$，则称车辆荷载 x_n 处于密集运行状态。假设 $\{T_n,n=1,2,\cdots\}$ 是所有时间间隔小于 3s 的时间间隔的集合，即

$$\begin{cases}T_n=\{T_n:n\in\text{密集运行状态下通过的车辆}\}\\ t_n=\sum\limits_{i=1}^{n}T_i,\quad n\geqslant 1\end{cases}\tag{8.11}$$

由于车辆荷载持续时间很短，密集运行状态的车辆荷载随机过程可采用滤过 Weibull 过程描述。Weibull 过程是非齐次的 Poisson 过程，与 Poisson 过程中强度函数是常数不同，车辆荷载出现次数 $\{N(t),t\in[0,T]\}$ 的概率密度函数表示为

$$P[N(t)=k]=\frac{(\lambda_T t^{\beta})^k}{k!}\mathrm{e}^{-\lambda_T t^{\beta}}\tag{8.12}$$

式中，λ_T 和 β 分别为 Weibull 分布的特征参数和形状参数。

假设车辆重量仍然为独立同分布的随机变量序列，且其概率分布函数为 $F(x)$，在 $[0,T_S]$ 内车辆荷载最大值 $S_{\mathrm{M}}=\max\limits_{0\leqslant t\leqslant T}S(t)$ 的概率分布为

$$\begin{aligned}F_{\mathrm{M}}(x;T_S)&=P[\max_{0\leqslant t\leqslant T}S(t)\leqslant x]\\&=\sum_{k=0}^{\infty}P[x_1\leqslant x,x_2\leqslant x,\cdots,x_k\leqslant x\,|\,N(t)=k]P[N(t)=k]\\&=\sum_{k=0}^{\infty}P(x_1\leqslant x,x_2\leqslant x,\cdots,x_k\leqslant x)\frac{(\lambda_T T_S^{\beta})^k}{k!}\mathrm{e}^{-\lambda_T T_S^{\beta}}\\&=\sum_{k=0}^{\infty}F(x)^k\frac{(\lambda_T T_S^{\beta})^k}{k!}\mathrm{e}^{-\lambda T^{\beta}}=\mathrm{e}^{-\lambda_T T^{\beta}}\sum_{k=0}^{\infty}\frac{[F(x)\lambda_T T_S^{\beta}]^k}{k!}\\&=\mathrm{e}^{-\lambda_T T_S^{\beta}}\mathrm{e}^{F(x)\lambda_T T_S^{\beta}}=\exp\{-\lambda_T T_S^{\beta}[1-F(x)]\}\end{aligned}\tag{8.13}$$

与滤过 Poisson 过程相同，当取极值时，即 $x\to\infty$ 时，$1-F(x)\to 0$ 成立，则式(8.13)可采用下述近似公式表示：

$$\begin{aligned}F_{\mathrm{M}}(x)&=\exp\{-\lambda_T T_S^{\beta}[1-F(x)]\}\\&=\{\mathrm{e}^{-[1-F(x)]}\}^{\lambda_T T_S^{\beta}}\approx\{1-[1-F(x)]\}^{\lambda_T T_S^{\beta}}\\&=F(x)^{\lambda_T T_S^{\beta}}\end{aligned}\tag{8.14}$$

滤过 Weibull 过程是滤过 Poisson 过程的推广，当 $\beta=1$ 时，滤过 Weibull 过程退化为滤过 Poisson 过程。

8.2.3　平稳二项随机过程与极值概率模型

车辆荷载也可采用平稳二项随机过程来描述，但并非直接将车辆荷载 $\{S(t),$

$t\in[0,T_S]\}$视为平稳二项随机过程，而是将车辆荷载随机过程用不同时段的车辆荷载最大值包络来表示（如天极值、周极值或年极值等），从而获得最大荷载随机过程，该随机过程可以合理地采用平稳二项随机过程模型来描述，如图 8.5 所示。由图 8.5 可知，车辆荷载平稳二项随机过程可以描述为：

(1) 将$[0,T_S]$时间域划分为 r 个相等的时段τ，即 $\tau=T_S/r$。

(2) 在任一时段 τ 内，车辆荷载极值 $x_i=\max\limits_{(i-1)\tau\leqslant t\leqslant i\tau} S(t)\,(i=1,2,\cdots,r)$出现（即$x_i>0$）的概率为 p，车辆荷载极值不出现（即 $x_i=0$）的概率为 $q=1-p$。

(3) 在不同时段 τ 上的车辆荷载极值随机变量 $x_i\,(i=1,2,\cdots,r)$相互独立且概率分布函数为 $F_{X_i}(x)$。

(4) 任一时段 τ 上车辆荷载是否出现与出现的车辆荷载幅值随机变量是相互独立的。

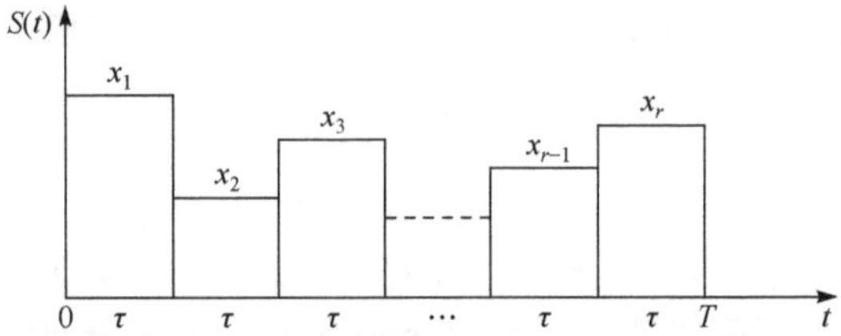

图 8.5　车辆荷载平稳二项过程样本函数

由此可知，车辆荷载平稳二项随机过程的三个控制参数为：车辆荷载变动一次的平均持续时间 τ 或$[0,T_S]$时间域内的时段数 r、任意时段车辆荷载极值出现的概率 p 和车辆荷载极值 $x_i=\max\limits_{(i-1)\tau\leqslant t\leqslant i\tau} S(t)$随机变量的概率分布 $F_{X_i}(x)$。

将一个实际的车辆荷载随机过程简化为平稳二项随机过程，需要合理地确定上述三个控制参数。时段长度 τ 的选取应以时段 τ 上的车辆荷载幅值（重量）随机变量满足独立性为准则。对车辆荷载而言，时段 τ 为一年较为合理，但这样导致极值样本数据较少，为此，时段 τ 也可以选取一天或一周。车辆荷载的平稳二项随机过程可以表示为等时间矩形波函数。

车辆荷载$\{S(t),t\in[0,T_S]\}$在计算周期内最大值的概率分布为

$$\begin{aligned}F_M(x)&=P[\max_{0\leqslant t\leqslant T}S(t)\leqslant x]\\&=P(x_1\leqslant x,t\in[0,\tau])P(x_2\leqslant x,t\in(\tau,2\tau])\cdots P(x_r\leqslant x,t\in((r-1)\tau,T_S])\\&=[1-p+pF_{X_i}(x)][1-p+pF_{X_i}(x)]\cdots[1-p+pF_{X_i}(x)]\\&=[1-p+pF_{X_i}(x)]^r\end{aligned}\tag{8.15}$$

式中，$r=T_S/\tau$ 为划分的总时段数。

因为车辆在一个时间段内必然存在最大值，因此，时间段 τ 内车辆荷载极值出现的概率为 1，即 $p=1$。这样式(8.15)可以表示为

$$\begin{aligned} F_{\mathrm{M}}(x) &= P[\max_{0\leqslant t\leqslant T} S(t)\leqslant x] \\ &= [1-p+pF_{X_i}(x)]^r \\ &= [F_{X_i}(x)]^r \end{aligned} \tag{8.16}$$

8.2.4　更新过程与极值概率模型

前述车辆荷载的一般运行状态和密集运行状态分别用滤过 Poisson 过程和滤过 Weibull 过程来模拟(这两种随机过程的车辆荷载到达桥梁上的时间间隔分别服从指数分布和 Weibull 分布),这两种随机过程实际都是更新过程的特殊例子。下面我们讨论在计算周期内,车辆荷载到达桥上的时间间隔是独立同分布的任意函数时车辆荷载的极值概率模型。

假设车辆荷载到达桥上的时间间隔是独立同分布的任意函数,这时车辆荷载随机过程$\{S(t),t\in[0,T_S]\}$为一般更新过程,表示为

$$S(t)=\sum_{n=0}^{N(t)} x_n I(t,\tau_n) \tag{8.17}$$

式中,$\{x_i,i=1,2,\cdots\}$为独立同分布于 $F(x)$的车辆荷载时间序列,且与计数过程$\{N(t),t\in[0,T_S]\}$相互独立;式中 $I(t,\tau_n)$的定义为

$$I(t,\tau_n)=\begin{cases}1, & t\in[t_n-\tau_n,t_n]\\ 0, & t\notin[t_n-\tau_n,t_n]\end{cases} \tag{8.18}$$

第 n 辆车到达时间 $t_n=\sum_{i=1}^{n} T_i$。时间间隔$\{T_i,i=1,2,\cdots\}$独立同分布,其概率密度函数为 $f_T(t)$,则车辆荷载到达时间 t_n 的概率密度函数可以用如下卷积表示:

$$f_{t_n}(t)=f_T(t)*f_T(t)*\cdots*f_T(t)=C[f_T(t),n] \tag{8.19}$$

式中,符号 * 表示卷积;$C[f_T(t),n]$为 $f_T(t)$的 n 次卷积。

考虑实际情况,车辆出现时间间隔不可能是无穷小,因此,车辆出现的时间间隔的均值 μ_T 满足 $0<\mu_T<\infty$。所以,在有限的时间 t 内至多出现有限辆车,不可能出现无限多辆车($t/\mu_T=n\neq\infty$)的情况,即第 n 辆车到达的时间 $t_n\leqslant t$。从 0 到 t 时刻的车辆总数 $N(t)\geqslant n$ 与第 n 辆车出现在 t 时刻之前是等价的,即

$$N(t)\geqslant n\Leftrightarrow t_n\leqslant t \tag{8.20}$$

则从 0 到 t 时刻的车辆总数 $N(t)$等于 n 等价为

$$\Omega[N(t)=n]=\Omega(t_n\leqslant t<t_{n+1})=\Omega[(t_n\leqslant t)-(t_{n+1}\leqslant t)] \tag{8.21}$$

式中,Ω 为概率空间。

$N(t)$等于 n 的概率可以表示为

$$\begin{aligned} P[N(t)=n] &= P[N(t)\geqslant n]-P[N(t)\geqslant n+1] \\ &= P(t_n\leqslant t)-P(t_{n+1}\leqslant t) \\ &= \begin{cases}1-F_{t_1}(t), & n=0\\ F_{t_n}(t)-F_{t_{n+1}}(t), & n=1,2,3,\cdots\end{cases} \end{aligned} \tag{8.22}$$

在 T 时间内，车辆荷载最大值的概率分布函数为

$$
\begin{aligned}
F_{\mathrm{M}}(x;T_{\mathrm{S}}) &= P[\max_{0\leqslant t\leqslant T} S(t) \leqslant x] \\
&= \sum_{n=0}^{\infty} P[\max_{0\leqslant t\leqslant T} s(t) \leqslant x \mid N(t)=n] P[N(t)=n] \\
&= \sum_{n=0}^{\infty} P(x_1 \leqslant x, x_2 \leqslant x, \cdots, x_n \leqslant x) P[N(t)=n]
\end{aligned}
\tag{8.23}
$$

由车辆荷载独立同分布于 $F(x)$，可得

$$
\begin{aligned}
& P(x_1 \leqslant x, x_2 \leqslant x, \cdots, x_n \leqslant x) \\
&= P(x_1 \leqslant x) P(x_2 \leqslant x) \cdots P(x_n \leqslant x) \\
&= [F(x)]^n
\end{aligned}
\tag{8.24}
$$

式(8.23)可以变成

$$
F_{\mathrm{M}}(x;T_{\mathrm{S}}) = \sum_{n=0}^{\infty} [F(x)]^n P[N(t)=n] \tag{8.25}
$$

将式(8.22)的车辆到达时间的概率分布函数代入式(8.25)，按照 n 展开，得到

$$
\begin{aligned}
F_{\mathrm{M}}(x;T_{\mathrm{S}}) &= [1-F_{t_1}(t)] + \sum_{n=1}^{\infty} [F(x)]^n [F_{t_n}(t) - F_{t_{n+1}}(t)] \\
&= \begin{cases}
1 - F_{t_1}(t) + [F(x)] F_{t_1}(t) \\
-[F(x)] F_{t_2}(t) + [F(x)]^2 F_{t_2}(t) - [F(x)]^2 F_{t_3}(t) + \cdots \\
+[F(x)]^n F_{t_n}(t) - [F(x)]^n F_{t_{n+1}}(t) + \cdots
\end{cases} \\
&= 1 - \sum_{n=1}^{\infty} (1 - F(x)) [F(x)]^{n-1} F_{t_n}(t)
\end{aligned}
\tag{8.26}
$$

从式(8.26)可以看出，在求解车辆荷载最大值概率模型时，均需要计算车辆荷载截口分布 $F(x)$ 的无穷多次指数运算和车辆荷载时间间隔概率密度函数 $f_T(t)$ 的无穷多次卷积，导致计算量非常大。为此，Li 等(2010)和 Li 等(2012c)提出对式(8.26)两边进行拉普拉斯变换，即

$$
\begin{aligned}
\mathcal{L}[F_{\mathrm{M}}(x;T_{\mathrm{S}})] &= \mathcal{L}\left\{1 - \sum_{n=1}^{\infty} (1-F(x)) [F(x)]^{n-1} F_{t_n}(t)\right\} \\
&= \frac{1}{s} - \sum_{n=1}^{\infty} (1-F(x)) [F(x)]^{n-1} \mathcal{L}[F_{t_n}(t)]
\end{aligned}
\tag{8.27}
$$

由于

$$
\begin{aligned}
\mathcal{L}[F_{t_n}(t)] &= \frac{1}{s}\mathcal{L}[f_{t_n}(t)] = \frac{1}{s}\mathcal{L}[f_T(t) * f_T(t) \cdots * f_T(t)] \\
&= \frac{1}{s}\prod_{i=1}^{n} \mathcal{L}[f_T(t)] = \frac{1}{s}\mathcal{L}[f_T(t)]^n
\end{aligned}
\tag{8.28}
$$

式中，$f_T(t)$ 表示车辆荷载时间间隔的概率密度函数，则式(8.27)可以写为

$$\begin{aligned}
\mathcal{L}[F_{\mathrm{M}}(x;T_{\mathrm{S}})] &= \frac{1}{s}-\sum_{n=1}^{\infty}(1-F(x))[F(x)]^{n-1}\mathcal{L}[F_{t_n}(t)] \\
&= \frac{1}{s}-\frac{1}{s}\frac{1-F(x)}{F(x)}\sum_{n=1}^{\infty}[F(x)]^{n}\mathcal{L}[f_T(t)]^{n} \\
&= \frac{1}{s}-\frac{1}{s}\frac{1-F(x)}{F(x)}\frac{F(x)\mathcal{L}[f_T(t)]}{1-F(x)\mathcal{L}[f_T(t)]} \\
&= \frac{1-\mathcal{L}[f_T(t)]}{s\{1-F(x)\mathcal{L}[f_T(t)]\}}
\end{aligned} \tag{8.29}$$

对式(8.29)做拉普拉斯逆变换，可以得到在时间 T_{S} 内车辆重量最大值的概率分布函数为

$$F_{\mathrm{M}}(x;T_{\mathrm{S}})=\mathcal{L}^{-1}\left[\frac{1-\mathcal{L}[f_T(t)]}{s\{1-F(x)\mathcal{L}[f_T(t)]\}}\right] \tag{8.30}$$

采用式(8.30)计算车辆重量最大值的概率分布函数避免了计算车辆荷载截口分布 $F(x)$ 的无穷多次指数运算和车辆荷载时间间隔概率密度函数 $f_T(t)$ 的无穷多次卷积，使计算量得到极大地减少。

由于滤过 Poisson 过程和 Weibull 过程都属于更新过程，当车辆荷载出现的时间间隔服从指数分布或 Weibull 分布时，车辆荷载极值的概率分布函数可以通过式(8.30)得到。下面以车辆荷载随机过程服从滤过 Poisson 过程为例来说明如何利用式(8.30)求解车辆荷载极值概率分布函数。

假设车辆出现的次数服从 Poisson 计数过程 $N(t)$，车辆荷载出现的时间间隔 $\{T_n,n=1,2,\cdots\}$ 相互独立且同分布于强度为 λ_T 的指数分布，其概率密度函数的拉普拉斯变换为

$$\mathcal{L}[f_T(t)]=\mathcal{L}(\lambda_T\mathrm{e}^{-\lambda_T t})=\frac{\lambda_T}{\lambda_T+s} \tag{8.31}$$

将式(8.31)代入式(8.30)可得

$$\begin{aligned}
\mathcal{L}[F_{\mathrm{M}}(x)] &= \frac{1-\mathcal{L}[f_T(t)]}{s\{1-F(x)\mathcal{L}[f_T(t)]\}} \\
&= \frac{1-\dfrac{\lambda_T}{\lambda_T+s}}{s\left[1-F(x)\dfrac{\lambda_T}{\lambda_T+s}\right]}=\frac{1}{s+\lambda_T[1-F(x)]}
\end{aligned} \tag{8.32}$$

对式(8.32)进行拉普拉斯逆变换，则车辆荷载最大值在计算周期 T 的概率分布函数为

$$F_{\mathrm{M}}(x;T_{\mathrm{S}})=\mathcal{L}^{-1}\left[\frac{1-\mathcal{L}[f_T(t)]}{s\{1-F(x)\mathcal{L}[f_T(t)]\}}\right]$$

$$=\mathcal{L}^{-1}\left\{\frac{1}{s+\lambda_T[1-F(x)]}\right\}=\exp\{-\lambda_T T_S[1-F(x)]\} \tag{8.33}$$

这与式(8.8)得到的结果是一致的，也证明了式(8.30)的正确性。

8.3 基于监测数据的车辆荷载极值建模与概率模型

从在计算周期 T 内车辆荷载最大值概率分布的计算式(8.8)、式(8.13)、式(8.16)和式(8.30)可以看出，车辆荷载最大值分布可由车辆时间间隔的概率分布函数 $F_T(t)$ 和车辆重量的截口分布 $F(x)$ 唯一确定。本节将介绍利用监测数据统计给出车辆时间间隔的概率分布函数 $F_T(t)$ 和车辆重量的截口分布 $F(x)$ 模型。

8.3.1 截口分布概率模型

1. 对数正态分布

对我国某些地区实际车辆重量进行统计分析表明，车辆重量随机变量 X 服从对数正态分布 $\ln N(\mu,\sigma^2)$，其概率密度函数和分布函数分别为

$$\begin{cases} f(x)=\begin{cases}0, & x\leqslant 0\\ \dfrac{1}{\sqrt{2\pi}\sigma x}\exp\left[-\dfrac{1}{2}\left(\dfrac{\ln x-\mu}{\sigma}\right)^2\right], & x>0\end{cases} \\ F(x)=\dfrac{1}{\sqrt{2\pi}\sigma}\displaystyle\int_0^x \frac{1}{y}\exp\left[-\frac{1}{2}\left(\frac{\ln y-\mu}{\sigma}\right)^2\right]\mathrm{d}y \end{cases} \tag{8.34}$$

式中，μ 和 σ 分别表示对数均值和对数标准差；y 为中间变量。

车辆重量随机变量的数字特征分别为：数学期望 $E(X)=\exp\left(\mu+\dfrac{\sigma^2}{2}\right)$，方差 $D(X)=\exp(2\mu+\sigma^2)[\exp(\sigma^2)-1]$，变异系数 $\delta_x=\sqrt{\exp(\sigma^2)-1}$。

利用监测的数据，车辆重量随机变量 X 对数正态分布 $\ln N(\mu,\sigma^2)$ 的分布参数 μ 和 σ 可以用式(8.35)估计：

$$\hat{\mu}=\ln\mu_x-0.5\ln\left[1+\left(\frac{\sigma_x}{\mu_x}\right)^2\right],\quad \hat{\sigma}=\sqrt{\ln\left[1+\left(\frac{\sigma_x}{\mu_x}\right)^2\right]} \tag{8.35}$$

式中，μ_x 和 σ_x 分别为监测的所有车辆荷载样本集合的平均值和标准差，可以用式(8.36)确定：

$$\mu_x=\frac{1}{n}\sum_{i=1}^{n}x_i,\quad \sigma_x=\sqrt{\frac{1}{n-1}\sum_{i=1}^{n}(x_i-\mu_x)^2} \tag{8.36}$$

式中，n 和 x_i 分别为车辆的总数目以及第 i 个车辆荷载重量幅值。

2. 多峰分布模型

如图 8.1～图 8.3 所示，实际高速公路桥梁上的车辆重量既有一定比例的较轻的小车，也有重载车辆。因此，单峰型的对数正态分布并不能很好地描述实际高速公路桥梁上的车辆荷载。Lan 等(2011)、郭彤等(2008)和 Mei 等(2004)提出采用多峰型分布拟合车辆荷载重量的概率密度函数，主要通过 N 个对数正态分布概率密度函数的加权得到。令 $F(y)$ 为监测车辆重量对数的累积分布函数：

$$F(y)=p_1\Phi\left(\frac{y-\mu_1}{\sigma_1}\right)+p_2\Phi\left(\frac{y-\mu_2}{\sigma_2}\right)+\cdots+p_N\Phi\left(\frac{y-\mu_N}{\sigma_N}\right) \tag{8.37}$$

式中，Y 为车辆荷载的对数，$Y=\ln X$ 为中间变量；X 为车辆荷载，kN；$p_1, p_2, \cdots, p_N$ 分别为不同峰的加权系数，且 $p_1+p_2+\cdots+p_N=1$；$\Phi(\cdot)$ 为标准正态分布的累积分布函数。

由中间变量 Y 的累积分布函数可以推导得到车辆荷载 X 的累积分布函数：

$$\begin{aligned}F(x)&=P(X\leqslant x)=P(Y\leqslant \ln x)=F_Y(\ln x)\\&=p_1\Phi\left(\frac{\ln x-\mu_1}{\sigma_1}\right)+p_2\Phi\left(\frac{\ln x-\mu_2}{\sigma_2}\right)+\cdots+p_N\Phi\left(\frac{\ln x-\mu_N}{\sigma_N}\right)\end{aligned} \tag{8.38}$$

式(8.38)中的车辆荷载概率分布参数可以通过非线性最小二乘法或极大似然估计法计算得到。

在式(8.38)中究竟取多少个峰值，需要根据结构健康监测的数据来分析。例如，若通过一座桥梁的车辆主要是重量较轻的小车和中型车辆，则可以采用双峰对数正态分布来拟合车辆重量的概率分布函数，即 $N=2$，如图 8.6(a)所示；若通过一座桥梁的车辆包括重量较轻的小车、中型车辆和超载的重型车辆，则需采用三峰对数正态分布来拟合车辆重量的概率分布函数，即 $N=3$，如图 8.6(b)所示。一般地，采用的对数正态分布加权拟合的个数 N 越多，车辆重量概率分布拟合结果相对越准确，但是相应地随着对数正态分布个数的增多，分布参数的数量增大，导致分布参数估计精度下降，同时还可能出现过拟合的问题。

3. 广义 Pareto 分布

由于我们关心的是车辆荷载的极值，因此，不同重量的车辆对其极值的概率模型的贡献是不同的。显然，重车对车辆荷载极值概率模型的贡献最大，因此，我们可以只对超过某个阈值的车辆进行统计，得到车辆重量的截口分布。研究表明，若设定足够高的阈值 u，使得车辆荷载随机变量 X 超过阈值 u 的次数称为 Poisson 分布，则超越阈值 u 的车辆荷载随机变量的渐近分布为广义 Pareto 分布(generalized Pareto distribution，GPD)(Arnold，1985)，其概率密度函数和累积分布函数分别表示为

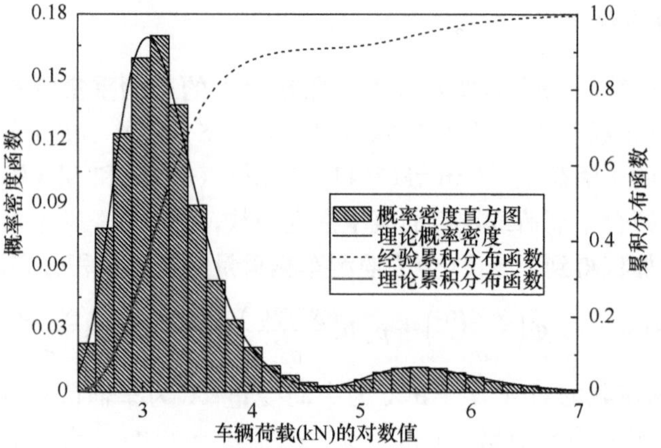

(a) $N=2$

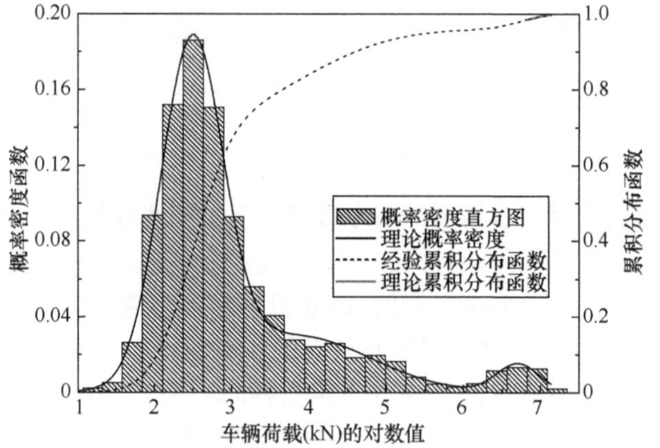

(b) $N=3$

图 8.6　车辆荷载对数正态概率分布拟合

$$
\begin{cases} f(x|\gamma,\sigma,u)=\dfrac{1}{\sigma}\left[1+\dfrac{\gamma(x-u)}{\sigma}\right]^{-\frac{1}{\gamma}-1}, & \sigma>0;1+\dfrac{\gamma(x-u)}{\sigma}>0 \\ F(x|\gamma,\sigma,u)=1-\left[1+\dfrac{\gamma(x-u)}{\sigma}\right]^{-\frac{1}{\gamma}}, & \sigma>0;1+\dfrac{\gamma(x-u)}{\sigma}>0 \end{cases} \tag{8.39}
$$

式中,u 为已经选定的某个阈值;σ 和 γ 分别为尺度参数和形状参数,它们的估计值与车辆荷载超越量$(x-u)$的均值 μ_x 和方差 σ_x 存在如下关系:

$$
\hat{\sigma}=0.5\mu_x\left[1+\left(\frac{\mu_x}{\sigma_x}\right)^2\right],\quad \hat{\gamma}=0.5\left[1-\left(\frac{\mu_x}{\sigma_x}\right)^2\right] \tag{8.40}
$$

当采用 GPD 来拟合车辆荷载超出量时,阈值的选择非常重要。阈值 u 太大,将只有很少的车辆可以用于车辆荷载截口分布的统计,导致估计量方差较大;而如果 u 太小,超过阈值的车辆荷载的概率分布与广义 Pareto 分布相差较大,估计量成为有偏估计。本节采用平均剩余寿命曲线(mean residual life plot,MRLP)(Coles et al.,2001;Smith,2002;Gu et al.,2014)的方法来选择恰当的阈值。对于GPD,平均超出量函数 $e(u)$(mean exceedance function,MEF)定义如下:

$$e(u)=E(x-u\mid x>u)=\frac{\sigma+\gamma u}{1-\gamma} \tag{8.41}$$

从式(8.41)可以看出,$e(u)$为阈值 u 的线性函数。对给定的车辆荷载监测数据样本,定义样本的平均超出量函数为

$$e_n(u)=\frac{1}{N_u}\sum_i(x_i-u) \tag{8.42}$$

式中,N_u 为车辆荷载超越阈值 u 的数量;x_i 为车辆荷载监测样本的值,$x_i \geqslant u$。

若对某个阈值 u_0,车辆荷载超出量分布近似服从参数 σ_{u_0} 和 γ_{u_0} 的 GPD 分布,则大于 u_0 的车辆荷载平均超出量函数 $e_n(u)$ 与 u 近似为直线。定义点集$\{[u, e_n(u)]: u<x_{\max}\}$是平均剩余寿命曲线(mean residual life plot,MSLP),其中 $x_{\max}$ 为观测样本的最大值。选择恰当的阈值 u_0,使得 $e_n(u)$关于 $u(\geqslant u_0)$近似为线性。然而,随着阈值 u 的增加,平均超出量的标准差 $\sigma_{e_n(u)}$ 也会相应增加:

$$\sigma_{e_n(u)}=\sqrt{\frac{\hat{\sigma}^2}{N_u(1-\hat{\gamma})^2(1-2\hat{\gamma})}} \tag{8.43}$$

式中,$\hat{\sigma}$ 和 $\hat{\gamma}$ 分别为由选定的阈值 u 估计得到的 GPD 分布的尺度参数和形状参数,可由式(8.40)计算。

为了对平均超出量的线性度和变异性进行量化,这里定义一个标准残差函数(Gu et al.,2014):

$$\mathrm{SR}(u)=e_n(u)-e_{\mathrm{fit}}(u)+\sigma_{e_n(u)} \tag{8.44}$$

式中,$e_{\mathrm{fit}}(u)$为对阈值 u 平均超出量函数的线性拟合。

8.3.2 到达时间概率模型

从车辆荷载健康监测数据中可以统计得到车辆荷载的计数过程 $N(t)$和车辆荷载的截口分布 $F(x)$。为了准确描述计数过程的概率特性,需要对车辆荷载到达时刻(时间间隔)进行概率分布拟合。

计数过程 $N(t)$表示在$[0,t]$内车辆的个数,T_n 表示第$(n-1)$辆车与第 n 辆车到达的时间间隔。对稀疏运行状态的滤过 Poisson 过程来说,车辆荷载的时间间隔$\{T_1, T_2,\cdots,T_n\}$的概率分布函数可以由指数分布来拟合,其概率密度函数和累积分布函数为

$$\begin{cases} f_T(t_T\mid\lambda_T)=\begin{cases}\lambda_T \mathrm{e}^{-\lambda_T t_T}, & t_T\geqslant 0\\ 0, & t_T<0\end{cases} \\ F_T(t_T\mid\lambda_T)=\begin{cases}1-\mathrm{e}^{-\lambda_T t_T}, & t_T\geqslant 0\\ 0, & t_T<0\end{cases}\end{cases} \tag{8.45}$$

式中，λ_T 为 Poisson 过程强度，物理意义上表示车辆荷载出现的平均频率。

对于密集运行状态的滤过 Weibull 过程，车辆荷载的时间间隔概率分布函数可以由两参数 Weibull 分布来拟合，其概率密度函数和累积分布函数分别为

$$\begin{cases} f_T(t_T|\lambda_T,\beta)=\begin{cases}\dfrac{\beta}{\lambda_T}\left(\dfrac{t_T}{\lambda_T}\right)^{\beta-1}\mathrm{e}^{-(t_T/\lambda_T)^\beta}, & t_T\geqslant 0\\ 0, & t_T<0\end{cases} \\ F_T(t_T|\lambda_T,\beta)=\begin{cases}1-\mathrm{e}^{-(t_T/\lambda_T)^\beta}, & t_T\geqslant 0\\ 0, & t_T<0\end{cases}\end{cases} \tag{8.46}$$

式中，λ_T 和 β 分别为 Weibull 分布的尺度参数和形状参数。

对于一般更新过程，车辆荷载时间间隔概率分布既不服从指数分布也不服从 Weibull 分布，一般可用 Gamma 分布进行概率拟合，Gamma 分布的概率密度函数和累积分布函数为

$$\begin{cases} f_T(t_T|a,b)=\dfrac{1}{b^a\Gamma(a)}t_T{}^{a-1}\mathrm{e}^{-t_T/b}, \quad t_T>0,a>0,b>0 \\ F_T(t_T\mid a,b)=\displaystyle\int_0^{t_T}f_T(x\mid a,b)\mathrm{d}x=\dfrac{\Gamma'\left(a,\dfrac{t_T}{b}\right)}{\Gamma(a)}\end{cases} \tag{8.47}$$

式中，a、b 分别为 Gamma 分布的形状参数和尺度参数；$\Gamma'\left(a,\dfrac{t_T}{b}\right)$为不完全 Gamma 函数：

$$\Gamma'\left(a,\frac{t_T}{b}\right)=\left(\frac{t_T}{b}\right)^a\Gamma(a)\mathrm{e}^{-\frac{t_T}{b}}\sum_{n=0}^{\infty}\left(\frac{t_T}{b}\right)^n\frac{1}{\Gamma(n+a+1)} \tag{8.48}$$

对健康监测的车辆荷载数据统计，得到车辆荷载截口分布 $F(x)$和车辆荷载时间间隔概率分布 $F_T(t_T)$，再采用式(8.30)，即可对计算周期 T 内车辆荷载的极值分布进行预测。

8.3.3 极值概率模型数值计算方法

由式(8.8)、式(8.13)、式(8.16)和式(8.30)可知，只要确定车辆时间间隔的概率分布函数 $F_T(t)$和车辆重量的截口分布 $F(x)$，就可以唯一确定车辆荷载最大值在计算周期 T 的概率分布 $F_M(x)$。但是在实际应用过程中，由于 $F_T(t)$和 $F(x)$表达式比较复杂，有时很难得到 $F_M(x)$的解析表达式，这时可采用 Monte-Carlo 数值模拟方法计算得到 $F_M(x)$。

设连续随机变量 X 的分布函数为 $G(x)$，则 $G(x)$服从(0,1)上的均匀分布。利用这个结论，可以采用 Monte-Carlo 方法产生若干个服从(0,1)上均匀分布的伪随机数，记为 Y，则 $X=G^{-1}(Y)$，利用 K-S 检验对其计算结果进行分布检验。

下面以滤过 Poisson 过程为例，介绍 Monte-Carlo 方法计算 $F_M(x)$的具体过程。

由计算机产生 N(N 越大，拟合分布越准确，相应的计算量越大)个(0,1)上服从均匀分布的随机数 $Y_1, Y_2, \cdots, Y_N$，将它们从小到大排列为 $Y_{(1)}, Y_{(2)}, \cdots, Y_{(N)}$，令

$$Y_{(i)}=\exp\{-\lambda_T T_S[1-F(x_i)]\}, \quad i=1,2,\cdots,N \tag{8.49}$$

式中，λ_T 为车辆荷载时间间隔指数分布的拟合参数；T_S 为计算周期。若 $T_S=86400\text{s}$(1 天)，即可计算得到 $F_M(x)$的天极值。

对式(8.49)两边取对数，并作变换可以得到

$$F(x_i)=1+\frac{\ln Y_{(i)}}{\lambda_T T_S} \tag{8.50}$$

从而

$$x_i=F^{-1}\left(1+\frac{\ln Y_{(i)}}{\lambda_T T_S}\right) \tag{8.51}$$

由于车辆荷载重量的概率分布函数 $F(x)$可以通过监测数据拟合得到，由式(8.51)即可得到计算周期 T_S 的 $F_M(x)$的 N 个伪随机数 x_i($i=1,2,\cdots,N$)，一般地可以应用极值分布对随机数序列 x_i($i=1,2,\cdots,N$)进行概率分布拟合，得到概率分布的参数。

极值分布主要有极值Ⅰ型(Gumbel)、极值Ⅱ型(Fréchet)和极值Ⅲ型(Weibull)三种，对应的累积分布函数和概率密度函数分别如下。

极值Ⅰ型：

$$\begin{aligned}
&F(x|\mu,\sigma)=\exp\left[-\exp\left(-\frac{x-\mu}{\sigma}\right)\right], \quad -\infty<x<+\infty \\
&f(x|\mu,\sigma)=\frac{1}{\sigma}\exp\left(-\frac{x-\mu}{\sigma}\right)F(x|\mu,\sigma), \quad -\infty<x<+\infty
\end{aligned} \tag{8.52}$$

极值Ⅱ型：

$$\begin{aligned}
&F(x|\mu,\sigma,\alpha)=\begin{cases}0, & x\leqslant\mu,\alpha>0 \\ \exp\left[-\left(\dfrac{x-\mu}{\sigma}\right)^{-\alpha}\right], & x>\mu,\alpha>0\end{cases} \\
&f(x|\mu,\sigma,\alpha)=\frac{\alpha}{\sigma}\left(\frac{x-\mu}{\sigma}\right)^{-(1+\alpha)}F(x|\mu,\sigma,\alpha), \quad x>\mu
\end{aligned} \tag{8.53}$$

极值Ⅲ型：

$$\begin{aligned}
&F(x|\mu,\sigma,\alpha)=\begin{cases}\exp\left[-\left(-\dfrac{x-\mu}{\sigma}\right)^{\alpha}\right], & x\leqslant\mu,\alpha>0 \\ 1, & x>\mu,\alpha>0\end{cases} \\
&f(x|\mu,\sigma,\alpha)=\frac{\alpha}{\sigma}\left(-\frac{x-\mu}{\sigma}\right)^{\alpha-1}F(x|\mu,\sigma,\alpha), \quad x\leqslant\mu
\end{aligned} \tag{8.54}$$

式中，μ 和 σ 分别为位置参数和尺度参数；α 为形状参数。

图 8.7 给出了 $\mu=0,\sigma=1,\alpha=2$ 或 4 时，上述三种类型极值分布概率密度函数曲线。从图中可以看出，上述三个概率密度函数都是单峰函数，即存在一个点 μ_0，当 $x<\mu_0$ 时，概率密度函数是非减的；当 $x>\mu_0$ 时，概率密度函数是非增的（史道济，2006）。

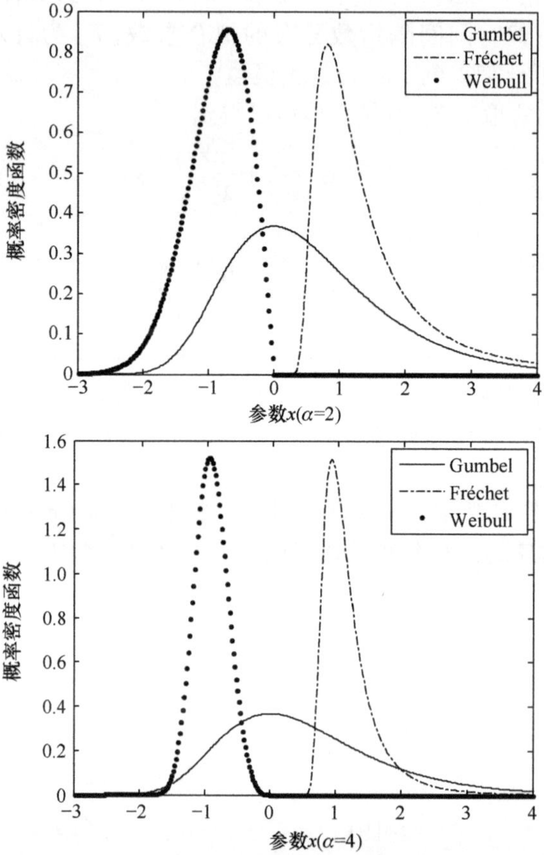

图 8.7　极值分布概率密度函数示意图

从式(8.52)～式(8.54)来看，三种极值分布的形式完全不同，但从数学的角度来看，它们之间存在非常密切的关系。假设 $X>\mu$，可以直接得到如下关系（史道济，2006）：

$$X\sim F(\text{Ⅱ型})\Leftrightarrow \ln X^{\alpha}\sim F(\text{Ⅰ型})\Leftrightarrow -X^{-1}\sim F(\text{Ⅲ型}) \tag{8.55}$$

从而可以将三种极值分布采用统一的表达式来描述：

$$\begin{aligned} &F(x|\mu,\sigma,\gamma)=\exp\left[-\left(1+\gamma\frac{x-\mu}{\sigma}\right)^{-1/\gamma}\right],\quad 1+\gamma\frac{x-\mu}{\sigma}>0 \\ &f(x|\mu,\sigma,\gamma)=\frac{1}{\sigma}F(x|\mu,\sigma,\gamma)\left(1+\gamma\frac{x-\mu}{\sigma}\right)^{-(1/\gamma+1)},\quad 1+\gamma\frac{x-\mu}{\sigma}>0 \end{aligned} \tag{8.56}$$

式中，$F(x|\mu,\sigma,\gamma)$为广义极值(generalized extreme value，GEV)分布；$\sigma>0$，γ为形状参数，且当$\gamma>0$时，取$\alpha=1/\gamma$，则$F(x|\mu,\sigma,\gamma)$表示极值Ⅱ型分布，其位置参数和尺度参数分别为$\mu-\alpha\sigma$和$\alpha\sigma$；当$\gamma=0$时，$F(x|\mu,\sigma,\gamma)$表示极值Ⅰ型分布；当$\gamma<0$时，取$\alpha=-1/\gamma$，$F(x|\mu,\sigma,\gamma)$对应于极值Ⅲ型分布，其位置参数和尺度参数分别为$\mu+\alpha\sigma$和$\alpha\sigma$(Coles et al.，2001)。

由此可见，究竟选择哪种极值分布类型完全由形状参数确定，与位置参数和尺度参数无关。

将三种极值分布类型统一为广义极值分布，便于车辆荷载重量极值序列$x_i(i=1,2,\cdots,N)$的统计分析，通过形状参数γ，就能确定恰当的极值分布类型。一般地，由于车辆荷载极值分布尾部较长，车辆荷载监测数据的极值分布函数可以用极值Ⅰ型(Gumbel)、极值Ⅱ型(Fréchet)分布拟合，即要求$\gamma\geqslant 0$。

8.3.4　应用实例

某大跨度斜拉桥全长约 15.6km，其中跨江大桥长 4744m，主桥为跨径 648m 的双塔双索面钢塔钢箱梁斜拉桥。南引桥长 680m，北引桥长 2780m。南岸接线长 3.083km，北岸接线长 7.773km。该桥于 2005 年 9 月建成，桥梁结构外观效果如图 8.8 所示。

图 8.8　某大跨度斜拉桥效果图

该桥为钢塔钢箱梁双索面五跨连续斜拉桥，其跨径布置为 63＋257＋648＋257＋63＝1288m。采用半漂浮结构体系，索塔处、辅助墩顶及过渡墩顶设置竖向支座(纵、横向均不约束)；索塔处纵向设置非线性弹性约束，用于约束活荷载及风荷载作用下钢箱梁纵向变位及抗震耗能；索塔、辅助墩及过渡墩处均横向设置抗风支座，用于抵抗风荷载及地震荷载作用下钢箱梁的横向变位。索塔为“人”字形塔，塔柱外侧圆曲线部分半径 720m，高 215m，设 4 道横梁，其中下塔柱及下横梁为钢筋混凝土结构，其余部分为钢结构。全桥共设 8×21 对高强度平行钢丝外挤包高密度聚乙烯斜拉索，最小型号为 7×109，最大型号为 7×241。

该桥的设计标准如下。公路等级：双向六车道高速公路；设计车速：100km/h；桥梁标准宽度：32.0m；桥面最大纵坡：<3%；桥面横坡：2%；设计洪水频率：1/300；通航净空标准：单孔双向通航不小于 490m；通航水位：设计最高通航水位 8.71m，设计最低通航水位 0.17m；车辆荷载：汽车-超 20 级，挂车-120；设计风速：100 年一遇 10m 高度处十分钟平均风速 31.7m/s，地震基本烈度：Ⅶ度，抗震设防标准以 100 年为基准期。

该桥健康监测系统主要包括交通荷载监测子系统、环境监测子系统、索力监测子系统、变形监测子系统、结构动力响应监测子系统、主梁应力监测子系统以及数据采集、处理与结构分析子系统。

对于交通荷载监测子系统，表 8.1 给出了该桥结构健康监测系统车辆荷载的相关监测变量。

表 8.1 监测变量描述

变量名称	变量描述	数据类型	数据长度
CardID	车辆唯一标示	Int	4
StatioID	收费口标示	Int	4
LaneID	车道标示	SmallInt	2
PassTime	运行时间	Datetime	8
VehicleClass	车辆类型： 1～6 客车； 11～16 货车； 21～26 集装箱车	Tinyint	1
AxisID	车轴标示	Tinyint	1
AxisTyres	轴轮胎数	Tinyint	1
AxisWeight	轴重	Int	4
AxisExceedWeight	轴重超限值	Int	4
TotalWeight	总重	Int	4
TotalExceedWeight	轴重超限值	Int	4
Spare1	特殊车辆	Int	4

1. 车辆荷载截口分布拟合

图 8.9 表示该桥车辆重量的经验分布及其对数正态分布拟合结果，监测数据选用了 2006～2009 年共 4 年的数据，车辆数目为 7756607 辆。从图中可以看出，对数正态分布函数和监测车辆重量累积分布函数曲线相差较大。K-S 检验表明，

该桥梁上监测的车辆重量的概率分布拒绝对数正态分布。《公路工程结构可靠度设计统一标准》(GB/T 50283—1999)中给出的对数正态分布(单峰型分布)已经不适合对该桥监测车辆重量数据进行概率分布拟合。

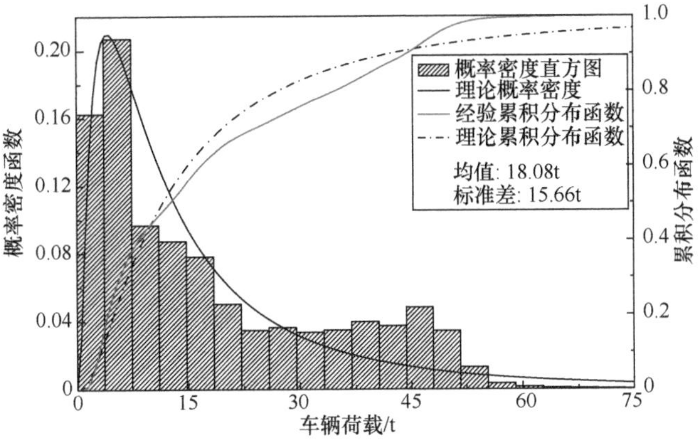

图 8.9　车辆荷载截口分布的对数正态模拟

通常情况下,桥梁结构健康监测系统得到大量的车辆荷载监测数据。一方面,车辆荷载极值分布函数的预测结果强烈地依赖于车重分布函数的精度。以 Poisson 过程为例,其极值分布如式(8.9)所示,则极值分布函数 $F_{\mathrm{M}}(x)$ 对 $F(x)$ 的导数为

$$\frac{\partial F_{\mathrm{M}}(x)}{\partial F(x)}=\frac{\partial \exp\{-\lambda_T T_S[1-F(x)]\}}{\partial F(x)}=\lambda_T T_S \exp\{-\lambda_T T_S[1-F(x)]\} \tag{8.57}$$

当 $x\rightarrow\infty, F(x)\rightarrow 1$ 时

$$\lim_{F(x)\rightarrow 1} \exp\{-\lambda_T T_S[1-F(x)]\}\rightarrow 1 \tag{8.58}$$

导数为

$$\lim_{F(x)\rightarrow 1}\frac{\partial F_{\mathrm{M}}(x)}{\partial F(x)}=\lim_{F(x)\rightarrow 1}\lambda_T T_S \exp\{-\lambda_T T_S[1-F(x)]\}\rightarrow \lambda_T T_S \tag{8.59}$$

式中,T_S 为极值预测时间长度;λ_T 为车辆荷载出现的频率;$\lambda_T T_S$ 为 T_S 时间内的车辆总数。

一般情况下,$\lambda_T T_S$ 将是一个很大的数。例如,对于算例中的桥梁,取一年的预测周期,$\lambda_T T_S$ 将大于 10^6。同时,由于函数值 $F(x)$ 的变化范围只有[0,1],这说明当 $F(x)\rightarrow 1$ 时,预测的极值分布函数 $F_{\mathrm{M}}(x)$ 将对车辆重量的分布函数 $F(x)$ 的误差非常敏感,也就是说,车辆荷载的极值分布对车辆荷载截口分布的尾分布十分敏感。若选取所有的车辆监测数据统计拟合车辆荷载的截口分布,由于重量较小的车在桥梁上出现的比例较大,因此,为使整个截口分布拟合误差最小,往往会导致尾分布的拟合误差较大,从而使车辆荷载的极值分布误差变大。

下面再分析仅采用少量的重车监测数据,车辆荷载极值分布的建模误差问题。

为此，选择广义 Pareto 分布拟合车辆荷载的超阈值，图 8.10 给出了该桥结构健康监测系统监测的车辆荷载在一般运行状态和密集运行状态的平均剩余寿命曲线和标准残差曲线。从图中可以看出，标准残差曲线在 $u\approx53$t 时达到极小值；当阈值变大时，95%置信区间快速增大，超过阈值的车辆荷载样本数量急剧减少，数据太少将很难得到有意义和可靠的统计结果。因此，在建立车辆荷载极值模型时，应选择合适的阈值及其对应的监测样本数量。由图 8.10 所示的该桥梁平均剩余寿命曲线和标准残差曲线可知，选定初始阈值 $u_0=53$t 较为合适。

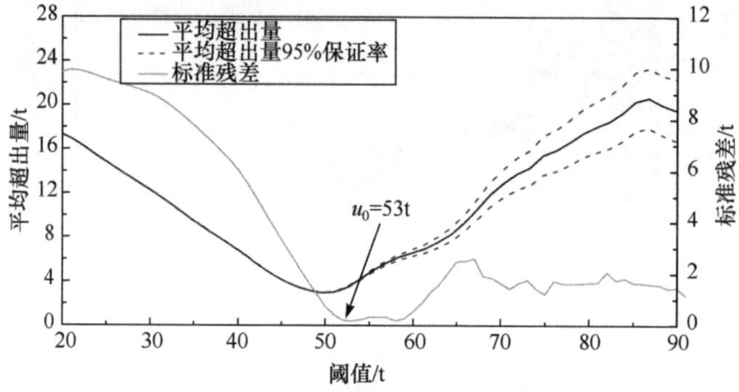

(a) 一般运行状态

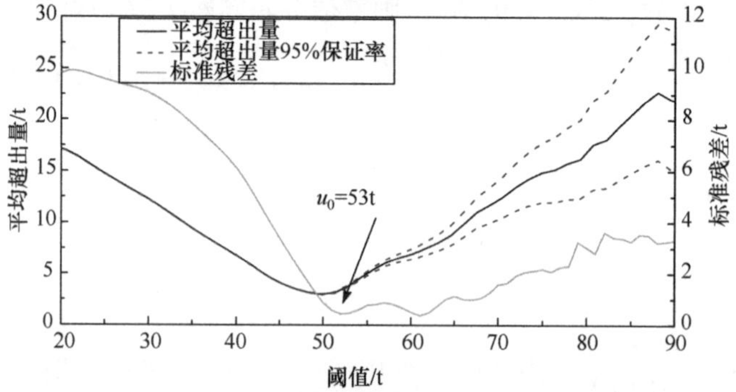

(b)密集运行状态

图 8.10　车辆荷载平均剩余寿命图

对大于 $u_0=53$t 的监测车辆荷载数据进行统计分析，得到一般运行状态和密集运行状态的车辆荷载截口分布的拟合结果，如图 8.11 所示。

2. 车辆荷载时间间隔概率分布拟合

监测结果表明，该桥一般运行状态下车辆荷载尾分布随机过程的时间间隔概率分布拟合不拒绝 $\Gamma(1/2,b)$分布。图 8.12 给出了一般运行状态车辆荷载时间间隔 Gamma 分布和指数分布拟合结果的对比图，从图中可以看出，Gamma 分布能够更准确地描述时间间隔的概率分布。

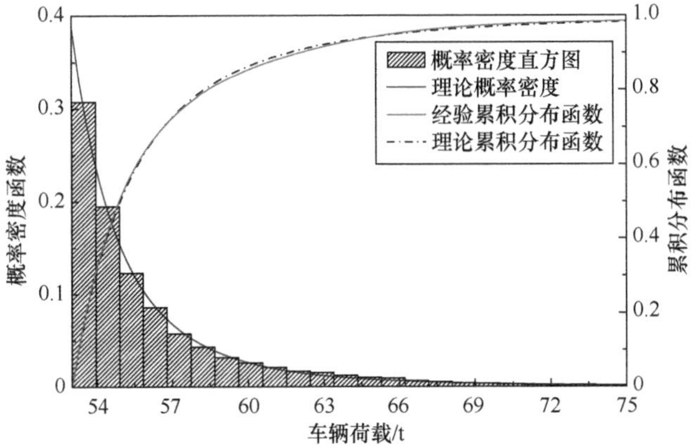

(a) 一般运行状态

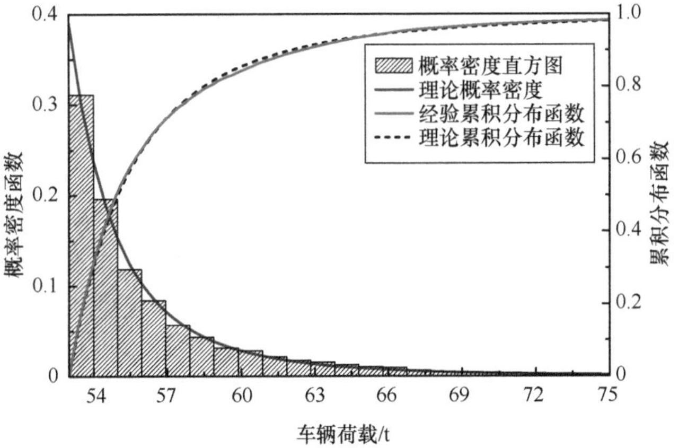

(b) 密集运行状态

图 8.11　车辆荷载截口分布拟合结果

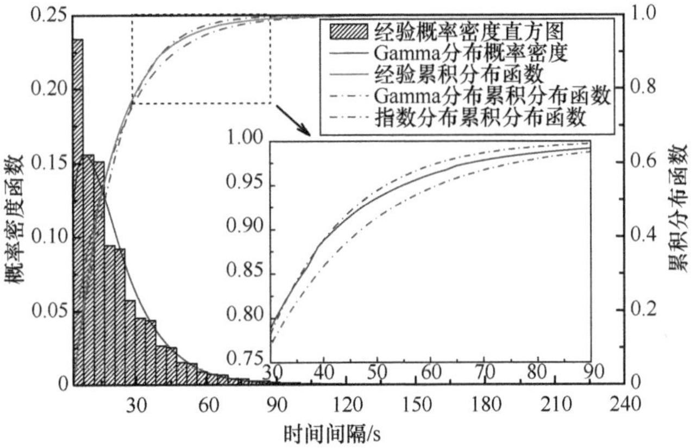

图 8.12　一般运行状态时间间隔概率分布函数拟合

而密集运行状态的时间间隔采用 Weibull 分布拟合，拟合参数为 $\lambda_T=0.996$，$\beta=0.633$。

3. 计算周期内的极值分布

根据式(8.30)，对于时间间隔服从 $F_T(t_T|1/2,b)$的 Gamma 更新过程，由于

$$\mathcal{L}[f_T(t_T|a,b)]=\mathcal{L}\left[\frac{1}{b^a\Gamma(a)}t_T{}^{a-1}\mathrm{e}^{-t_T/b}\right]=\frac{1}{(1+bs)^a} \tag{8.60}$$

其最大值分布函数为

$$\begin{aligned}F_{\mathrm{M}}(x)&=\mathcal{L}^{-1}\left\{\frac{(1+bs)^{\frac{1}{2}}-1}{s[(1+bs)^{\frac{1}{2}}-F(x)]}\right\}\\&=\frac{1-\mathrm{Erf}\left(\sqrt{\frac{T_S}{b}}\right)+F(x)\mathrm{e}^{\frac{[-1+F(x)^2]T_S}{b}}\left[1+Erf\left(F(x)\sqrt{\frac{T_S}{b}}\right)\right]}{1+F(x)}\end{aligned} \tag{8.61}$$

$F_{\mathrm{M}}(x)$的表达式非常复杂，利用 8.3.3 节介绍的方法对 $F_{\mathrm{M}}(x)$进行均匀分布采样，得到在计算周期 T_S 的 $F_{\mathrm{M}}(x)$的 N 个伪随机数 $x_i(i=1,2,\cdots,N)$，对 x_i 进行极值分布拟合。

图 8.13(a)给出了车辆荷载极值分布预测与实际监测结果的对比，可以看出，拟合的极值分布及其参数能够较好地预测车辆荷载周极值的分布。图 8.13(b)给出了不同计算周期一般运行状况下车辆荷载极值的概率密度函数，其中，年极值的极值Ⅰ型分布拟合参数为$[\mu,\sigma]=[191.6,44.6]$，则设计基准期内(100 年)超越概率为 63%的车辆荷载可以由式(8.62)计算：

$$[F_{\mathrm{M}}(x)]^{100}=1-63\%\Leftrightarrow F_{\mathrm{M}}(x)=0.99 \tag{8.62}$$

$F_{\mathrm{M}}(x)=0.99$ 对应的车辆荷载 x_{M} 相当于 100 年一遇的车辆荷载(车辆荷载的重现期为 100 年)，由极值Ⅰ型分布的累积分布函数的逆函数，可得 $x_{\mathrm{M}}=F_{\mathrm{M}}^{-1}(0.99)=396.6\mathrm{t}$。

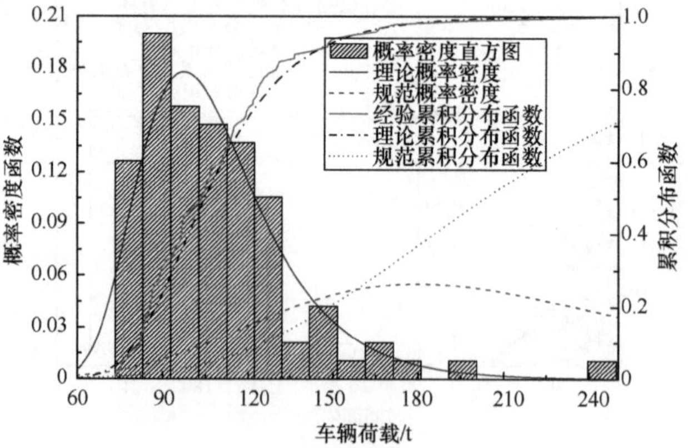

(a) 周极值

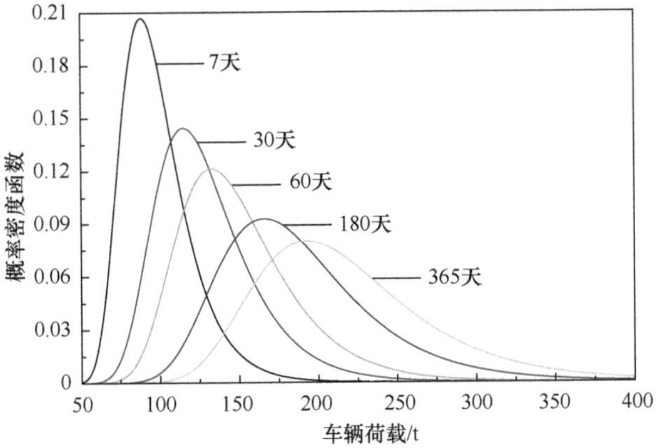

(b) 不同计算周期的极值分布

图 8.13　一般运行状态下车辆荷载极值分布预测结果

图 8.14 给出了密集运行状态下不同计算周期车辆荷载极值概率密度函数预

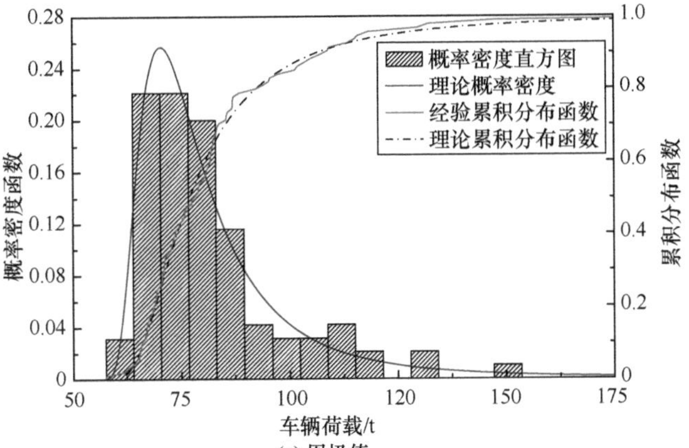

(a) 周极值

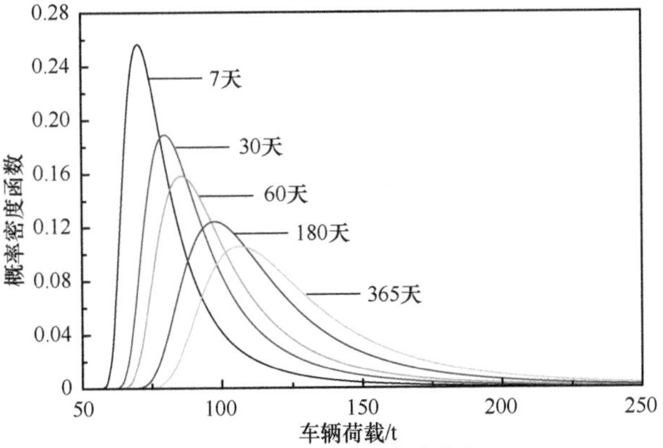

(b) 不同计算周期的极值分布

图 8.14　密集运行状态下不同计算周期车辆荷载极值分布预测结果

测结果，其中年极值的广义极值分布拟合的参数为$[\mu,\sigma,\gamma]=[112.2,23.36,0.321]$，利用与一般运行状态同样的求解过程，可知密集运行状况下100年一遇的车辆荷载极值$x_M=357.7t$。

针对该桥而言，密集运行状态车辆荷载的100年一遇的极值小于一般运行状态100年一遇的极值，原因在于密集运行状态主要集中于8:00～22:00时间段，从图8.1可知，该时段为10t以下车辆出现的主要时段，重车和超重车运行状态一般表示为一般运行状态。

8.4 基于监测数据的车辆疲劳荷载谱建模与模型

在活荷载和反复环境作用下，桥梁将产生疲劳累积损伤，其中车辆是导致桥梁产生疲劳效应的主要荷载之一，车辆荷载谱是桥梁结构疲劳分析与设计的基础，也是桥梁结构疲劳损伤评估的重要基础。英国、美国和日本等都在全国车辆荷载调查统计的基础上，在其桥梁结构设计规范中给出了疲劳设计荷载谱或疲劳车辆荷载模型(AASHTO,1998;JRA,2002)。英国标准BS5400(1980)中对公路疲劳荷载模型做了比较详尽的规定，其提出的疲劳荷载模型确定方法被很多国家当做制定相应规范时的参考。

正如前面所述，通过大范围、大规模的荷载调查制定的车辆疲劳荷载模型对桥梁结构设计和全国范围内的桥梁结构疲劳可靠度评估具有重要意义；但对具体的一座桥梁结构，规范给出的车辆疲劳荷载模型往往缺乏针对性，从而导致状态评估的结果不准确。本节介绍如何应用结构健康监测系统获得的车辆荷载数据建立具体一座桥梁的车辆疲劳荷载模型的方法。

8.4.1 中国车辆分类

研究桥梁结构车辆疲劳荷载谱，首先需要了解国内现有典型公路桥梁上行驶车辆的分类情况以及出现频率较高的品牌车辆基本参数和一些技术指标。为了与国际通行标准接轨，依据国际标准ISO 3833(1977)，2001年我国重新制定了汽车分类的新标准《汽车和挂车类型的术语和定义》(GB/T 3730.1—2001)，将汽车分为乘用车和商用车两大类。中交路桥技术有限公司在山西、福建、南京、广东、湖北、河南、辽宁、重庆等地对典型公路或桥梁收费站的交通车辆荷载调查表明，目前在我国高速公路上出现频率较高的品牌车辆大致有东风、江淮、解放、红岩、五十铃、长安、福田、江铃、金杯、奔驰、跃进、斯太尔、欧曼重卡、奥龙。主要轴型参数如表8.2所示。尽管车辆荷载小于3t的小型轿车在实际桥梁上出现的频率最高，但由于该型车辆荷载对桥梁结构疲劳效应影响较小，在对车辆荷载监测数据的处理分析中，往往不予考虑，因而在表8.2中未列出轿车的相关信息(周泳涛等,2010)。

如表 8.2 所示，一般地，车辆荷载依据轴数可以分为六类：轴型 1+1 和 1+2 都属于 M2(轴数为 2)类，轴型 1+22 属于 M3(轴数为 3)类，轴型 1+1+22 和 1+2+22 属于 M4(轴数为 4)类，轴型 1+2+222 和 1+22+22 属于 M5 类(轴数为 5)，轴型 1+22+222 和 1+1+2+222 属于 M6(轴数为 6)类。轴数大于 7 的车辆属于特种车辆，在实际桥梁结构运营过程中出现的概率较小，当采用典型、具有代表性的日常运营车辆荷载进行桥梁结构疲劳损伤评估时，可不予考虑。

表 8.2　主要轴型参数(周泳涛等，2010)

轴型	品牌	轴距/mm	轴型说明
11 1+1	解放	3300	
12 1+2	解放	4040/4750/4950	
15 1+22	解放	5865+1350	
115 1+1+22	红岩	1800+4200+1350	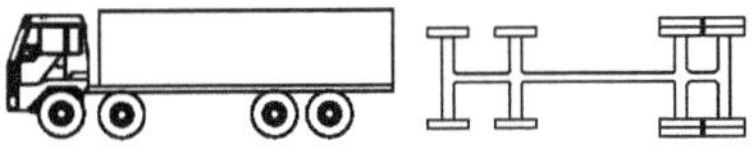
125 1+2+22	跃进	3500+7110+1360	
129 1+2+222	奥龙	3500+6440 +1360+1360	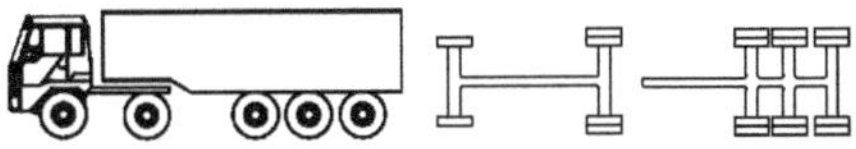
155 1+22+222	东风	2925+1350 +7210+1360	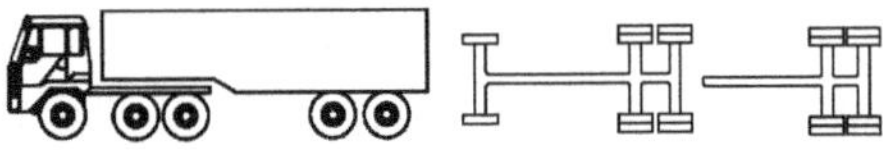
159 1+22+222	斯太尔	2925+1350+6920 +1360+1360+1360	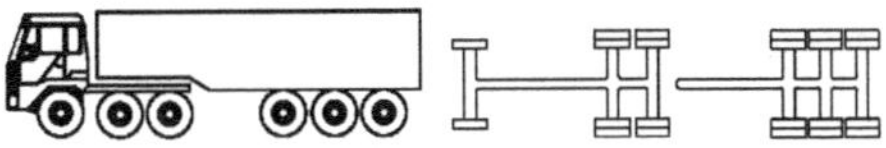
1129 1+1+2+222	欧曼	1700+2850+6920 +1360+1360	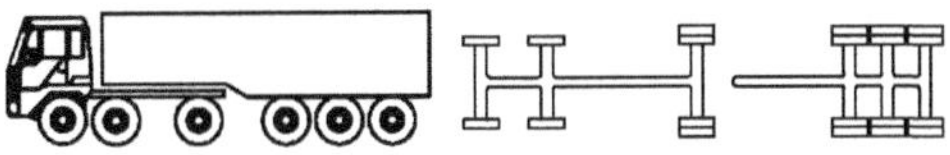

8.4.2 车辆疲劳荷载谱

建立针对具体桥梁结构的疲劳荷载谱，首先需要根据结构健康监测系统监测的车辆荷载样本，整理出如表 8.2 所示的车辆荷载表，并得到各种车型在监测数据样本中出现的频次，再按照轴数对车辆荷载进行分类(上述的 M2～M6 类)。

按照上述分类方法得到的某一类车辆荷载的轴数相同，但轴距不同。为简单起见，往往对某一类车辆，采用等效模型车辆，将不同的轴距及其对应的轴重等效为统一的轴距和轴重。由于轴型合并是以疲劳效应等效为准则的，因此下面首先介绍构件疲劳寿命分析的基本理论。

假设构件的疲劳寿命的 S-N 曲线为

$$N_{\mathrm{f}}\Delta S^{m_{\mathrm{f}}}=C_{\mathrm{f}} \tag{8.63}$$

式中，N_{f} 为构件在应力幅 ΔS 作用下的疲劳寿命；m_{f}、C_{f} 分别为构件 S-N 曲线的参数，对钢结构来说，材料的 S-N 曲线比较稳定，一般取 $m_{\mathrm{f}}=3$；但至今没有钢筋混凝土桥梁公认的 S-N 曲线，铁道部科学研究院的试验结果为 $m_{\mathrm{f}}=4.3827$(曾志斌和李之榕，1999)，欧洲钢结构协会的试验结果 $m_{\mathrm{f}}=3.0$(CEN，1992)，国际桥梁结构协会的试验结果 $m_{\mathrm{f}}=5$(de Canniere et al.，1982)。

在给定应力水平下，构件的疲劳累积损伤可采用 Miner 线性累积损伤准则计算，即构件的疲劳累积损伤与应力循环次数呈线性累积关系，当损伤累积到某一临界值时，就会产生破坏，可表示如下：

$$D=\sum_{i=1}^{k}D_i=\sum_{i=1}^{k}\frac{n_i}{N_i}=1 \tag{8.64}$$

式中，D 为构件疲劳累积损伤指数；n_i 为第 i 级应力水平的循环次数；N_i 为第 i 级疲劳荷载作用下构件的疲劳寿命。

当构件处于线弹性范围时，车辆荷载效应与车辆荷载之间存在如下线性关系：

$$\Delta S=\phi_W W \tag{8.65}$$

式中，ϕ_W 为荷载与荷载效应间的换算系数；W 为轴重。

由于同一轴型车辆的轴分布不同，需要针对某一轴型 M(M=M2，M3，…，M6)建立其等效模型车辆。等效模型车辆是假设在统计意义上使结构经历 N 次模型车辆作用后产生的疲劳累积损伤与经历 N 辆该轴型车辆作用后产生的疲劳累积损伤相同(N 为一个很大的数)。假设轴型 M(M=M2，M3，…，M6)的车辆中，第 i 类占的比例为 f_i(如轴距为 2.8m 类型的车辆在 2 轴车中占的比重，总共 k 类)，则轴型 M 的第 i 类车辆荷载的第 j 个轴的轴重 W_{ij} 产生的疲劳累积损伤为

$$\Delta S_{ij}=\phi_W W_{ij}$$
$$\Rightarrow N_{ij}=C_{\mathrm{f}}(\phi_W W_{ij})^{-m_{\mathrm{f}}}$$

$$\Rightarrow D_{ij}=\frac{f_iN}{N_{ij}}=\frac{N}{C_f}f_i(\phi_W W_{ij})^{m_f} \tag{8.66}$$

若 η 表示轴型 M(M=M2,M3,…,M6)的轴数,因此第 M 型车引起的总的疲劳损伤为

$$\begin{aligned}D_M &= \sum_{i=1}^{k}\sum_{j=1}^{\eta}\frac{f_iN}{C_f\,(\phi_W W_{ij})^{-m_f}}\\ &= \sum_{i=1}^{k}\frac{N}{C_f}f_i\,(\phi_W W_{i1})^{m_f}+\sum_{i=1}^{k}\frac{N}{C_f}f_i\,(\phi_W W_{i2})^{m_f}+\cdots+\sum_{i=1}^{k}\frac{N}{C_f}f_i\,(\phi_W W_{i\eta})^{m_f}\end{aligned} \tag{8.67}$$

轴型为 M(M=M2,M3,…,M6)的 N 个等效疲劳车辆荷载引起的等效累积疲劳损伤表示为

$$\begin{aligned}D_{Meq} &= N\sum_{j=1}^{\eta}\frac{1}{C_f\,(\phi_W W_{Mj})^{-m_f}}\\ &= \frac{N}{C_f}(\phi_W W_{M1})^{m_f}+\frac{N}{C_f}(\phi_W W_{M2})^{m_f}+\cdots+\frac{N}{C_f}(\phi_W W_{M\eta})^{m_f}\end{aligned} \tag{8.68}$$

由式(8.66)和式(8.67)以及 $D_M=D_{Meq}$,可知

$$\begin{cases}\dfrac{N}{C_f}(\phi_W W_{Mj})^{m_f} = \displaystyle\sum_{i=1}^{k}\frac{N}{C_f}f_i\,(\phi_W W_{ij})^{m_f}\\ W_{Mj} = \left(\displaystyle\sum_{i=1}^{k}f_iW_{ij}{}^{m_f}\right)^{1/m_f}\end{cases} \tag{8.69}$$

式中,W_{Mj} 为轴型为 M 的车辆荷载第 j 轴的等效轴重。

对于轴型为 M 的车辆的等效轴距,可按照轴距的加权平均值求得为

$$A_j = \sum_{i=1}^{k}f_iA_{ij} \tag{8.70}$$

式中,A_{ij} 为轴型为 M 的车辆中第 i 类车的第 j 个轴距;A_j 为轴型为 M 的模型车辆的第 j 个等效轴距。

一般地,因为总重小于 30kN 的车辆对桥梁的疲劳损伤影响很小,所以在疲劳荷载谱计算过程中这样的车辆忽略不计。为使车辆荷载谱模型的车辆参数较为简洁和应用方便,车辆等效轴重一般都圆整到 5kN 的倍数,而等效轴距都圆整到 0.1m 的倍数。表 8.3 给出了中交路桥技术有限公司(周泳涛等,2010)以山西监测车辆荷载为样本的模型车辆计算结果,有效监测样本数量(车辆总重大于 30kN)为 4338 辆车,其中轴重和轴距都与表 8.2 中实际车辆荷载有差别,因为模型车辆是与监测车辆相同轴型的车辆等效的结果。

表 8.3　山西等效车辆荷载模式(周泳涛等,2010)

轴数	轴重/kN	轴距/m	总重/kN	相对频率/%	示意图
2	40 100	4.00	140	29.4	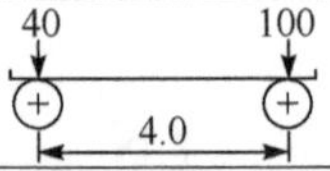
3	50 75 150	2.80 3.50	275	3.8	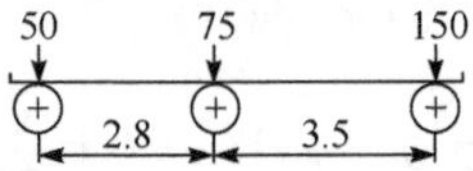
4	55 65 140 140	2.00 4.50 1.40	400	7.6	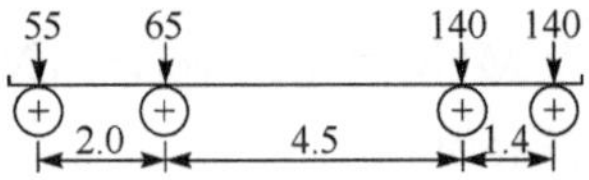
5	50 140 100 100 100	3.50 6.20 1.80 1.40	490	11.1	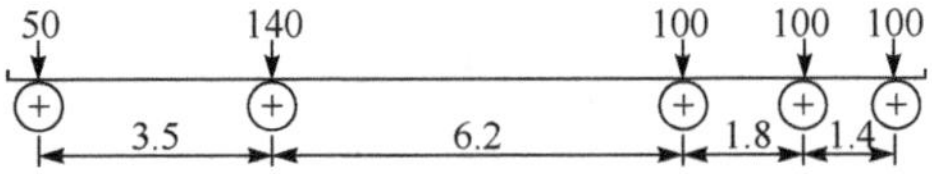
6	50 105 130 110 110 110	2.60 2.00 7.00 1.40 1.40	615	48.2	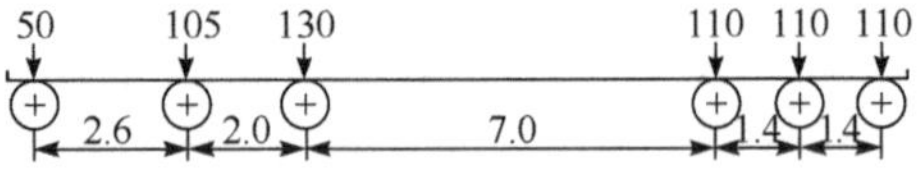

8.4.3　车流量预测 Logistic 方法

由于桥梁结构健康监测系统仅监测桥梁已经使用期间的车辆荷载,但未来车流量可能与已经监测的车流量不同。因此,需要对桥梁未来使用期间的车流量进行预测,才能建立起桥梁结构全寿命车辆疲劳荷载谱。

影响交通量变化的因素很多,例如,人均国民生产总值、人均国民收入、车辆拥有量等。目前国内外学者提出了许多预测车流量的模型,其中 Logistic 曲线起初是在研究人口增值规律时提出来的,比利时数学家 Verhulst 将其归纳成为数学模型,此曲线表明相关研究变量的增长速度在开始阶段随时间的增加而递增,经过发展的生长期后,变量的增长速度逐渐减缓,并逼近于某一极限值,这种特点符合高速公路车流量的增长规律。因此,本节重点介绍 Logistic 模型。

Logistic 模型可由式(8.71)表示：

$$y=\frac{b}{1+ce^{-at}} \tag{8.71}$$

式中，a、b、c 为模型参数，其中 a 表示增长速度因子；t 为确定性的时间变量；y 为对应时间 t 的预测交通量，这里指年平均日交通量(annual average daily traffic，AADT)；b 为预测模型的上限值，针对交通量预测模型，b 即为饱和交通量，饱和交通量受到服务交通量、服务水平和通行能力的影响；c 为调节因子。

需要指出的是，车流量的预测不能给出具体那种类型车辆变化的情况，使用时可以将不同类型的车流量按相同增长比例计算。

8.4.4　应用实例

我国某大跨度斜拉桥采用三塔双索面固接和半漂浮双边箱预应力混凝土梁斜拉桥体系。主桥全长 768m，桥跨布置方案为：84m(边跨)＋300m(主跨)＋300m(主跨)＋84m(边跨)。索塔为双柱式索塔，桥面以上不设横梁，主梁与中塔固结，边塔处半漂浮。该桥(见图 8.15)于 2003 年 11 月合拢，2004 年 7 月 3～6 日进行了成桥试验，2004 年 7 月 18 日正式通车。

图 8.15　我国某大跨度斜拉桥

该桥是该地区与京津塘地区及华东地区经济、交通联系的枢纽，承担繁重的客、货运输，货运主要以煤炭、石油、金属矿石、钢铁、矿建材料等为主，重载货运车辆超载严重，本桥址处的地秤称量系统监测给出了通过该桥的车辆荷载数据。图 8.16给出了该桥车辆荷载时程曲线。从图 8.16 中同样可以看出车辆荷载出现的周期特性以及重车数目较多的特点。

1. 疲劳车辆识别结果

对 2005 年连续观测 180 天的 12445 个车辆荷载样本进行分析，其中 30kN 以上的车辆为 6215 辆，对桥梁疲劳产生影响的荷载占总交通量的 49.94%，童乐为和沈祖炎(1997)关于城市桥梁疲劳产生影响的荷载仅占总交通量的 20.17%，两者有明显的差别，产生这种差异的主要原因是，童乐为和沈祖炎(1997)研究的是城市桥梁车辆疲劳荷载谱而本算例给出的是高速公路桥梁车辆疲劳荷载谱，两者的

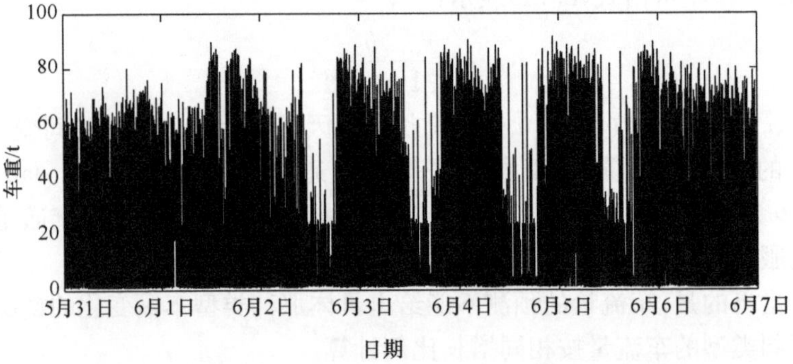

图 8.16 我国某大跨度斜拉桥 1 周典型车辆重量时程图

差异是明显的,高速公路上的重载车辆明显多于城市道路上的重载车辆。

根据 8.4.2 节介绍的方法,将轴数相同的各类车辆合并,车辆共分成 6 个类别,结果如表 8.4 所示。由于该桥的 3 轴车辆区别较大,本算例中将 3 轴车分成两类,一类的前、中、后三个轴相距较远,而另一类的中、后轴相距较近,中、后轴几乎并在一起,对桥梁构件而言,两者产生的应力幅值以及循环次数不同,因此加以区分。2005 年连续观测 180 天的 12445 个车辆荷载样本中各个类型的车辆数目分别为 2750、152、529、1440、643、703 辆。

表 8.4 我国某大跨度斜拉桥等效车辆荷载模式

轴数	轴重/kN	轴距/m	总重/kN	相对频率/%	示意图
2	35 80	4.25	115	22.1	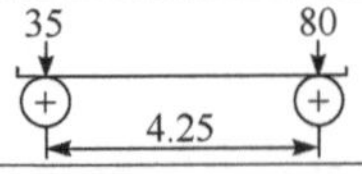
3	25 70 70	3.50 4.50	165	1.22	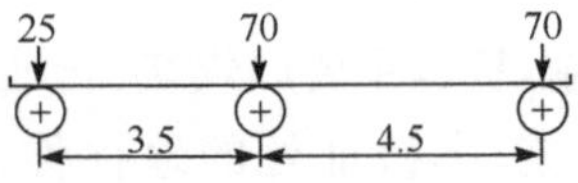
3	50 90 90	3.50 1.25	230	4.25	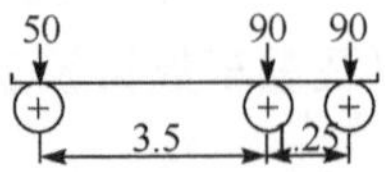
4	55 65 140 140	1.75 4.50 1.25	305	11.57	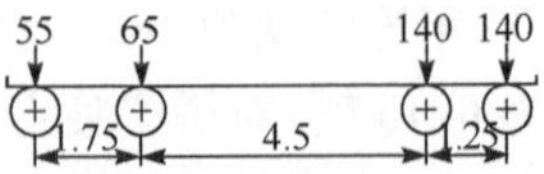

续表

轴数	轴重 /kN	轴距 /m	总重 /kN	相对频率 /%	示意图
5	50 140 100 100 100	3.25 1.25 7.00 1.25	445	5.17	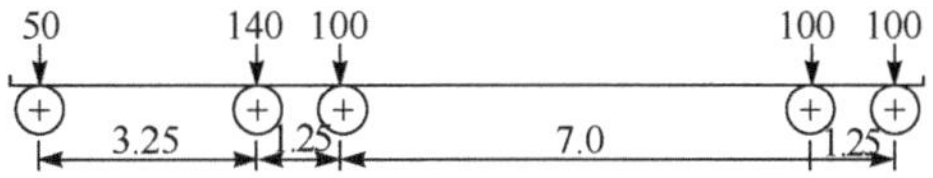
6	50 105 130 110 110 110	3.25 1.25 7.00 1.25 1.25	595	5.65	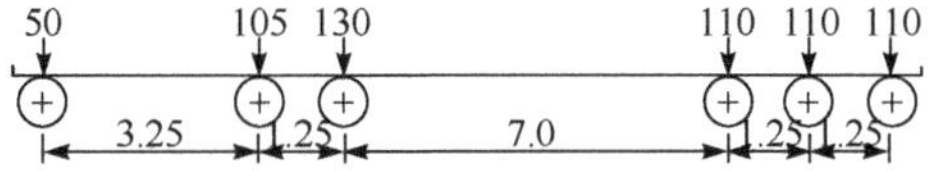

由于该桥主梁采用的是预应力混凝土箱梁，所以斜拉索和预应力钢绞线的疲劳评估问题就成为该桥疲劳评估的重点。研究表明，对于钢绞线及拉索高强钢丝，m 的取值为 2～4。当采用线性累积损伤理论时，m 虽然对疲劳累积损伤有影响，但是疲劳累积损伤指数对 m 并不敏感，因此，计算时取 $m=3$。为使模型车辆荷载参数较为简洁和应用方便，该桥的标准疲劳车辆的等效轴重都圆整到 5kN 的倍数，轴距都圆整到 0.25m 的倍数。由于计算等效轴重时已经考虑了空车情况下的车辆数和轴重，因此，本节计算中不再给出空车数和空车轴重。由于各类车辆的轮距都比较接近，为 1.7～2.1m，并且大多数都集中在 1.8m 左右，为应用方便，国内外公路桥梁规范一般都将车辆轮距设定为 1.8m。因此，本算例对各类车辆的轮距统一取为 1.8m。利用式(8.69)和式(8.70)分别对上述 6 类车辆进行轴型合并，计算各个轴型疲劳等效车辆的轴重和轴距，如表 8.4 所示。

2. 车流量预测结果

以滨博高速公路的车流量为例，该路段年平均日车流量历史数据如表 8.5 所示。

表 8.5 车流量历史数据 （单位：辆）

年份	车流量	年份	车流量	年份	车流量	年份	车流量
1985	3302	1988	6383	1991	7765	1994	9160
1986	3579	1989	6414	1992	9476	1995	12811
1987	4215	1990	6230	1993	9587		

数据取自《山东省公路交通情况调查资料汇编》。考虑到该路段为四车道高速公路,设计时速为120km/h,根据以上条件取饱和交通流量$b=50000$辆,则通过最小二乘法对Logistic模型中的a和c进行参数辨识,得到Logistic曲线,并利用该曲线对该路段的车流量进行预测,如图8.17实线所示。

当由桥梁结构健康监测系统获得了车辆数据后,可以对上述预测模型参数进行修正,使得模型能够更准确地反映该路段车流量的变化。根据该桥健康监测获得的车辆荷载数据,采用最小二乘法重新拟合Logistic曲线,得到修正后的Logistic模型。采用修正的模型重新预测该路段的车流量,计算结果如图8.17中虚线所示。

图8.17同时给出根据该公路大桥工程可行性研究报告预测的交通量结果。从图中可以看出,结合桥梁结构健康监测系统采集的数据对Logistic模型进行更新,能更加符合实际地反映车流量的变化规律,更准确预测车流量的增长。

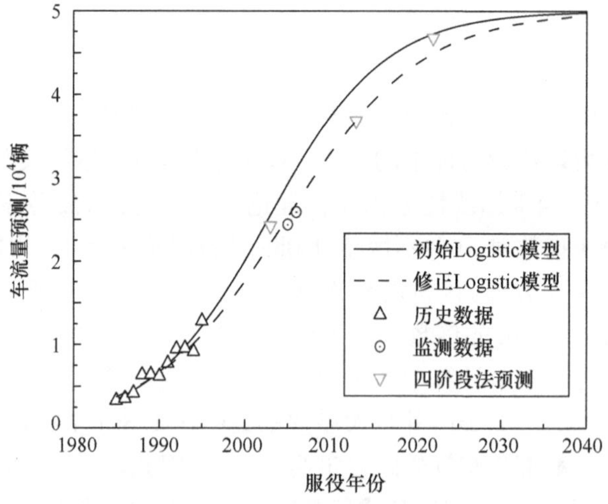

图8.17 车流量预测结果对比

第 9 章　车辆荷载时空分布识别与建模

结构健康监测的目标是监测识别准确的结构荷载与环境作用、结构响应，建立准确的荷载与环境作用时空模型、结构性能演化模型、结构响应模型以及荷载与环境作用和结构响应的映射关系模型。车辆荷载是桥梁结构的主要荷载之一，第 8 章建立了车辆荷载极值模型与疲劳荷载谱。但上述模型仅是基于桥梁上某一个断面监测的车辆荷载数据，对公路桥梁而言，车辆荷载在桥梁上的分布是随机的且随时间变化。因此，第 8 章建立的车辆荷载极值模型与疲劳荷载谱是传统的车辆荷载模型，并不能反映车辆荷载在桥梁上的时空分布特征，亦不是准确的车辆荷载模型。

国内外学者研究了许多移动车辆荷载识别方法。但这些方法主要利用结构响应反演移动车辆荷载，基于结构响应识别车辆荷载的方法是结构力学中一项很具有挑战性的课题。公路大跨度桥梁的结构形式千差万别，既有斜拉桥又有悬索桥，还有梁桥和拱桥等其他结构体系，不同的结构形式和约束条件即使在相同荷载作用下的响应也会有较大差异，而且同时作用在桥梁上的荷载除了车辆荷载之外还有风荷载等其他荷载，这些因素都增加了大跨度桥梁车辆荷载时空分布识别的难度。因此，目前还没有能用于实际大跨度桥梁车辆荷载时空分布识别的有效方法。

大跨度桥梁车辆荷载时空分布识别方法与健康监测系统、交通管理系统、车辆的传感系统等有关。当前大跨度桥梁健康监测系统安装了动态称重系统监测桥梁某个断面的车重、轴数、轴重、车流量、车速等，而交通管理系统顺桥向安装了摄像机，以监测桥梁上的交通状况；随着无人驾驶汽车的发展，汽车上将集成诸多传感器，利用车辆本身的定位系统和电子标签，即可获得车辆荷载的时空分布。

鉴于目前许多大跨度桥梁上均安装了动态称重系统和监控摄像系统，本章介绍融合动态称重系统和监控视频信息的车辆荷载时空分布的计算机视觉识别方法，以及基于马尔科夫随机场(无向图模型)的车辆荷载空间分布模型。

9.1　车辆荷载时空分布识别方法

这里介绍的车辆荷载时空分布识别方法是基于桥梁某一断面的动态称重系统和沿顺桥向的摄像机监控系统监测的数据。该识别方法的总体思路如图 9.1 所示。

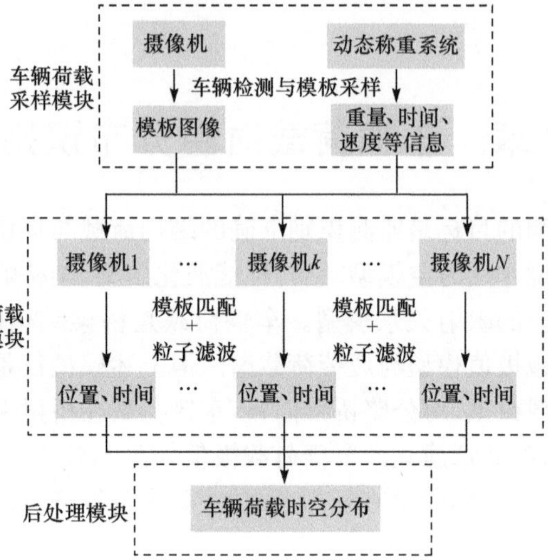

图 9.1　车辆荷载时空分布识别方法框架

车辆荷载时空分布识别分为三个模块:车辆荷载采样模块、车辆荷载追踪模块以及后处理模块。车辆荷载采样模块位于动态称重系统处,大部分的车辆荷载信息(包括总重、轴重、轴数、车道号、车速等)均由动态称重系统监测获得;而安装在动态称重系统附近的监控摄像机监测获得车辆的图像信息,通过计算机视觉技术可以从视频图像中检测出每一动态车辆,并对其采集一个大小合适的模板(即车辆的子图像)用于后续的车辆追踪。车辆荷载追踪系统由一系列安装在桥梁上不同断面处的监控摄像机组成,当在动态称重系统处摄像机的视频图像中采集了某一车辆的模板图像后,可以利用模板匹配与粒子滤波技术在其他摄像机拍摄的视频中对该车进行定位与追踪。前两个模块获得的车辆荷载的相关信息(如车重、时间和位置等)一并传送给后处理模块以最终确定车辆荷载在桥梁上的时空分布,并进行图形显示和统计分析。

本节着重讨论视频图像中车辆检测、模板采样与定位跟踪等计算机视觉技术。动态称重系统由于有成熟技术,在此不进行赘述。

9.1.1　二值图像形态学方法

下面首先介绍在车辆视频监测数据处理中常用到的图像形态学的一些基本概念和数学运算。

1. 平移与反射

假设 $\boldsymbol{E}$ 为二维欧几里得空间或者二维整数格栅,$\boldsymbol{A}$ 是 $\boldsymbol{E}$ 内的一幅二值图像,$\boldsymbol{z}$

是 $\boldsymbol{E}$ 内的某一个点，那么图像 $\boldsymbol{A}$ 关于点 $\boldsymbol{z}$ 的平移定义为

$$\boldsymbol{A}_z=\{\boldsymbol{a}+\boldsymbol{z} \mid \boldsymbol{a}\in\boldsymbol{A}\}, \quad \forall \boldsymbol{z}\in\boldsymbol{E} \tag{9.1}$$

图像 $\boldsymbol{A}$ 在 $\boldsymbol{E}$ 中关于坐标原点的反射结果为

$$\hat{\boldsymbol{A}}=\{\boldsymbol{x}\in\boldsymbol{E} \mid -\boldsymbol{x}\in\boldsymbol{A}\} \tag{9.2}$$

图像 $\boldsymbol{A}$ 关于点 $\boldsymbol{z}$ 平移和被原点反射的例子如图 9.2 所示。

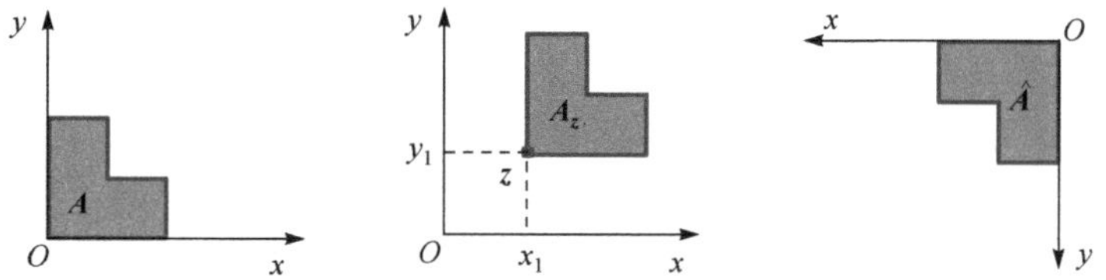

图 9.2　图像 $\boldsymbol{A}$ 关于点 $\boldsymbol{z}$ 平移和被原点反射的示意图

2. 腐蚀

假设 $\boldsymbol{E}$ 为二维欧几里得空间或者二维整数格栅，$\boldsymbol{A}$ 是 $\boldsymbol{E}$ 内的一幅二值图像，$\boldsymbol{B}$ 为结构元素(尺寸比 $\boldsymbol{A}$ 小的另一幅二值图像的前景点像素组成的集合)，那么图像 $\boldsymbol{A}$ 被结构元素 $\boldsymbol{B}$ 腐蚀定义为

$$\boldsymbol{A}\odot\boldsymbol{B}=\{\boldsymbol{z}\in\boldsymbol{E} \mid \boldsymbol{B}_z\subseteq\boldsymbol{A}\} \tag{9.3}$$

图 9.3 为腐蚀运算的示例图。每一个方格表示数字图像中的一个像素点，深色的像素点表示二值图像的前景，浅色的像素点表示二值图像的背景。$\boldsymbol{B}$ 为一个反“L”型结构元素，带有“＋”的像素点表示该结构元素的原点。将结构元素 $\boldsymbol{B}$ 平移到 $\boldsymbol{E}$ 中的某一像素点 $\boldsymbol{z}$(也就是使结构元素中带“＋”的像素点与 $\boldsymbol{E}$ 中的像素点 $\boldsymbol{z}$ 重合)，如果该结构元素能包含在图像 $\boldsymbol{A}$ 中，那么像素点 $\boldsymbol{z}$ 就置为前景像素，否则置为背景像素。

腐蚀运算能使二值图像的前景区域缩小，可以去除前景图像的细节部分，相当于去噪。

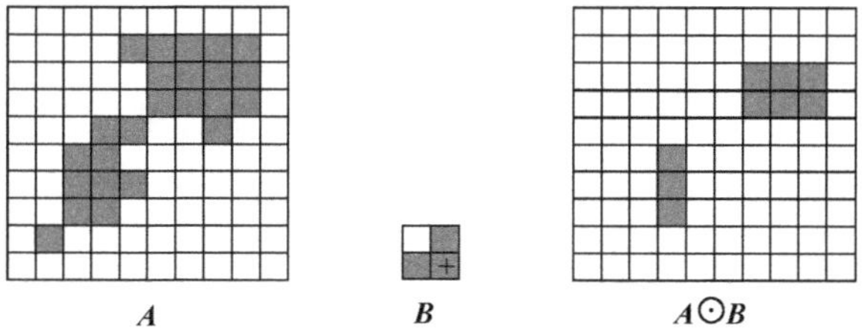

图 9.3　图像 $\boldsymbol{A}$ 被结构元素 $\boldsymbol{B}$ 腐蚀示意图
带“＋”的像素点表示结构元素 $\boldsymbol{B}$ 的原点

3. 膨胀

假设 $\boldsymbol{E}$ 为二维欧几里得空间或者二维整数格栅，$\boldsymbol{A}$ 是 $\boldsymbol{E}$ 内的一幅二值图像，$\boldsymbol{B}$ 为结构元素(尺寸比 $\boldsymbol{A}$ 小的另一幅二值图像的前景点像素组成的集合)，那么图像 $\boldsymbol{A}$ 被结构元素 $\boldsymbol{B}$ 膨胀定义为

$$\boldsymbol{A}\oplus\boldsymbol{B}=\{z\in\boldsymbol{E}\mid(\hat{\boldsymbol{B}})_z\cap\boldsymbol{A}\neq\varnothing\} \tag{9.4}$$

图 9.4 为膨胀运算的示例图。结构元素 $\boldsymbol{B}$ 为与前面腐蚀示例中一致的反“L”型结构元素，$\hat{\boldsymbol{B}}$ 为结构元素 $\boldsymbol{B}$ 关于原点的反射。将结构元素的反射 $\hat{\boldsymbol{B}}$ 平移到 $\boldsymbol{E}$ 中的某一像素点 z(也就是使 $\hat{\boldsymbol{B}}$ 中带“+”的像素点与 $\boldsymbol{E}$ 中的像素点 z 重合)，如果该结构元素至少有一个像素点能包含在图像 $\boldsymbol{A}$ 中，那么像素点 z 就置为前景像素，否则置为背景像素。

与腐蚀相反，膨胀运算使二值图像的前景区域增大，可以填充小的空隙。但是，值得注意的是膨胀并不是腐蚀的逆运算。一幅二值图被某一结构元素腐蚀后再利用相同的结构元素对腐蚀后图像做膨胀运算，一般不能恢复原始图像。

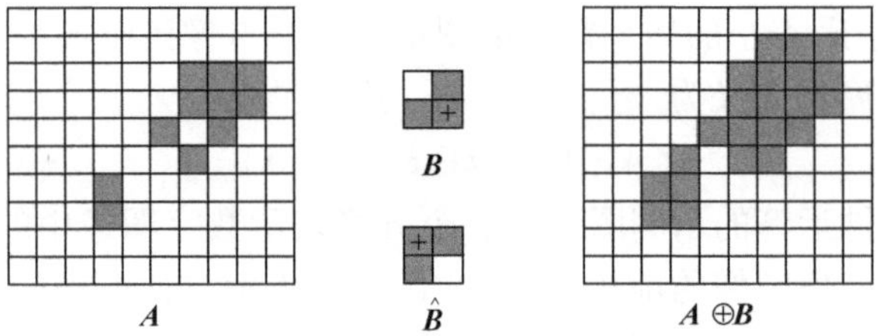

图 9.4　图像 $\boldsymbol{A}$ 被结构元素 $\boldsymbol{B}$ 膨胀示意图
带“+”的像素点表示结构元素 $\boldsymbol{B}$ 的原点

4. 开运算

数字图像 $\boldsymbol{A}$ 被结构元素 $\boldsymbol{B}$ 先腐蚀后膨胀的组合操作称为开运算，其数学定义为

$$\boldsymbol{A}\circ\boldsymbol{B}=(\boldsymbol{A}\odot\boldsymbol{B})\oplus\boldsymbol{B} \tag{9.5}$$

开运算能使图像的轮廓变得光滑、断开狭窄的间断和消除细的突出物而不明显改变目标图像的尺寸。所以，在图像处理中，开运算常常用于小颗粒去噪之中。

9.1.2　车辆图像识别

1. 车辆检测

车辆检测识别的目的是判断某一检测区域是否有车辆出现，所谓检测区域也就是所感兴趣的区域。例如，假设需检测识别如图 9.5(a)所示的高速公路上是否

有车辆出现，则可以选择图 9.5(a)中实线多边形包围的区域为检测区域以排除车道之外区域的干扰。一旦检测区域确定之后，接下来所有运算都限定在检测区域内，检测区域之外的像素全部置黑设为背景像素，由此得到如图 9.5(b)所示的待检图像。

(a) 原始图像　(b) 待检测图像　(c) 背景

(d) 背景差分　(e) 二值化　(f) 开运算

图 9.5　背景差分法检测识别动态车辆

考虑到桥梁上监控录像是由安装在固定设备上的摄像机拍摄的，所以采用背景差分法进行动态车辆的检测识别。背景差分法也称为前景检测识别法，是采用图像序列中的当前帧和背景参考模型比较来检测识别运动物体的一种方法，其关键是背景图像的建模。本系统中采用灰度图像背景差分法，所有彩色图像均首先进行灰度化预处理。灰度背景模型经递推得到

$$\begin{gathered}\boldsymbol{B}(x,y,t)=(1-\alpha)\boldsymbol{B}(x,y,t-\Delta t)+\alpha\boldsymbol{V}(x,y,t)\\ \boldsymbol{B}(x,y,t_0)=\boldsymbol{V}(x,y,t_0)\end{gathered}\tag{9.6}$$

式中，$\boldsymbol{B}(x,y,t)$为被检测视频的第 t 帧所对应的灰度背景模型；$\boldsymbol{V}(x,y,t)$为被检测视频第 t 帧的灰度图像；Δt 为帧采样间隔(每隔 Δt 帧进行一次背景更新)；α 为背景学习速率，表示背景累加器以多快的速度忘记前一幅背景图像。实际运算中，α 的取值一般选取比较小的数，以减小当前帧图像对背景图像的干扰。

通过这种递推方法获得的背景模型在初始阶段受视频第一帧图像 $\boldsymbol{V}(x,y,t_0)$ 的影响比较大，需要一段时间才能获得比较理想的背景模型。为了避免这一缺点，可以先进行一段预燃期，待背景稳定之后将其作为初始背景 $\boldsymbol{B}(x,y,t_0)$ 代入式(9.6)，重新开始背景学习与更新。图 9.5(c)是图 9.5(b)所对应的灰度背景

模型。

当获得背景图像之后，利用当前帧图像减去背景图像则得到图 9.5(d)所示的差分图像。再利用某一阈值对差分图像进行二值化处理就得到图 9.5(e)所示的前景图像，即

$$\boldsymbol{F}(x,y,t)=\begin{cases}1, & |\boldsymbol{V}(x,y,t)-\boldsymbol{B}(x,y,t)|\geqslant v_0\\ 0, & |\boldsymbol{V}(x,y,t)-\boldsymbol{B}(x,y,t)|<v_0\end{cases} \tag{9.7}$$

式中，$\boldsymbol{F}(x,y,t)$为差分图像二值化后的图像；v_0 为阈值，在实际应用中，可以通过大律法(Otsu's method)(Otsu，1975)自适应获得，在二值图像中，“1”代表白色像素，描述了待识别的物体(如车辆)，“0”代表黑色像素，描述背景。

对二值化图像利用图 9.6 所示的结构元素进行一次开运算以去除小颗粒噪声得到检测识别结果，如图 9.5(f)所示。

整个动态车辆检测识别流程以及相关结果如图 9.5 所示。由此可见，背景差分法可以有效地检测识别得到感兴趣区域内动态物体，该检测识别方法将在车辆模板采样系统中用于对动态车辆的检测。

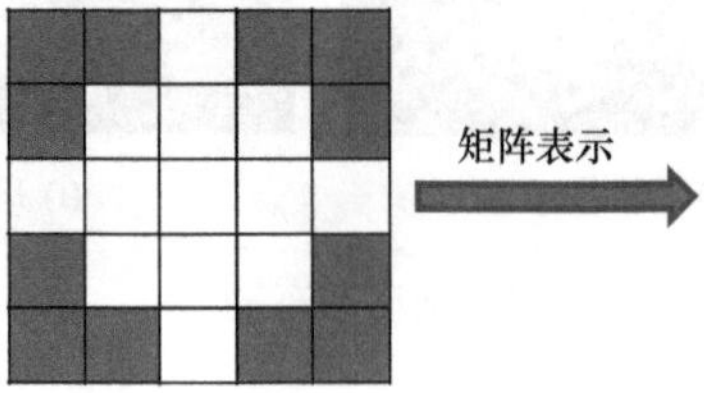

$$\boldsymbol{B}=\begin{bmatrix}0&0&1&0&0\\0&1&1&1&0\\1&1&1&1&1\\0&1&1&1&0\\0&0&1&0&0\end{bmatrix}$$

图 9.6　用于开运算的结构元素

2. 车辆模板采样

为了利用模板匹配技术对桥梁上的车辆进行跟踪识别，需要对车辆采集模板图像。

模板采样的地点设在动态称重系统所在断面处，这样在采集模板图像的同时可以根据时间信息从动态称重系统数据中提取出该模板对应的车重、轴重、轴数和车速等信息。

为了利用计算机自动地从动态称重系统处的视频中采集车辆图像模板，需要可靠的模板采样系统。该系统必须满足两个基本条件：一是通过该位置的每一辆车都要被采样；二是每辆车只能采样一次。为此，在监控视频内对每一个车道均选择两个区域：检测区域和采样区域，如图 9.7(a)所示。采样区域在动态称重系统所在的断面处，检测区域紧靠在采样区域的后方。当有车辆通过检测区域时，进行前述的背景差分运算，检测区域将会出现大量白色像素。根据白色像素的个数将检测区域分为“Y”和“N”两种状态。当检测区域内的白色像素的个数大于某一阈

值时，状态为“Y”，否则为“N”。如果前后两帧的状态从“Y”变为“N”，则表明正好有一辆车离开检测区域而且该车的尾部刚好在采样区域，这时立刻在采样区域的矩形框内进行一次模板采样，如图 9.7(b)所示。图 9.7 为当处理帧间隔为 5 时一辆卡车检测结果。从图中可以看出，第 50 帧时检测区域的状态刚好由“Y”变成“N”，该卡车刚好通过检测区域进入采样区域。

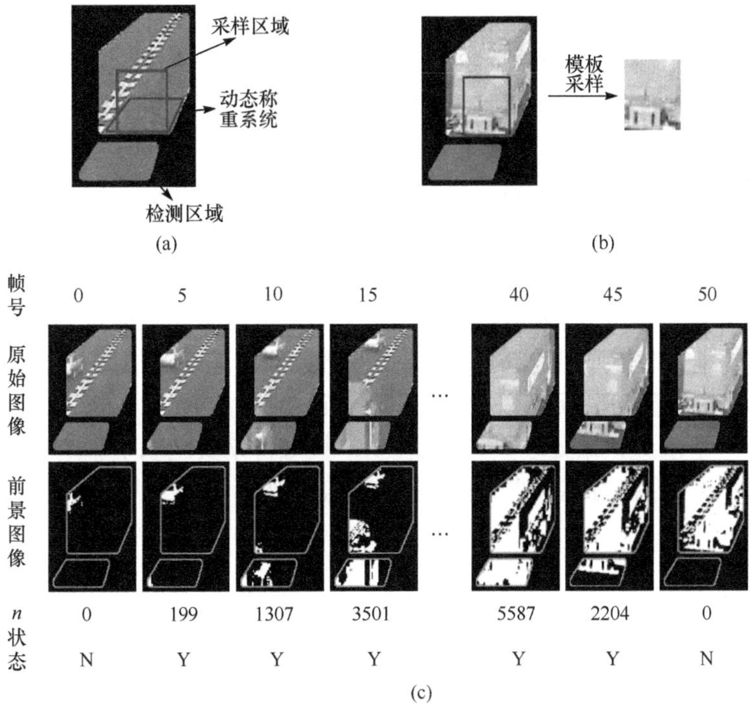

图 9.7　模板采样示意图

n 表示检测区域内白色像素的个数

以上处理方法能保证大部分车辆在车尾仅被采样一次，但是对于图 9.8 所示的少数特殊情况，因为该车中间部分像素与背景(车道)相似，背景差分之后被误判为背景，从而被采样两次。针对这种情况，可以设定阈值(如 15)，当前后两个模板的帧差小于该阈值时则删除前一个模板。这种删选方法趋向于保留特征更明显的尾部模板。

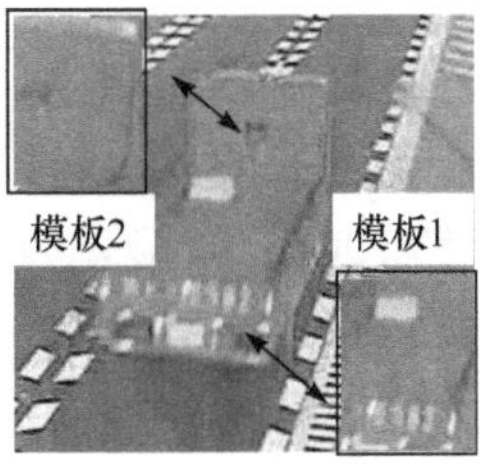

图 9.8　同一辆车被重复模板采样的情况

利用计算机自动采集处理得到的一些典型模板如图 9.9 所示。

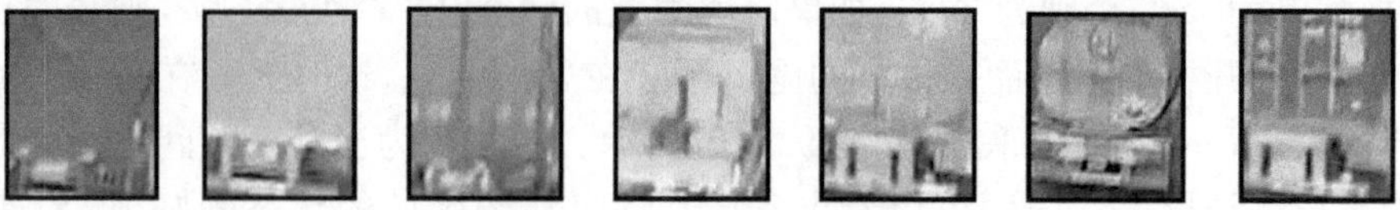

图 9.9　典型车辆模板图像

上述模板采样方法要求摄像头尽可能正对着车辆尾部拍摄，即要求摄像头朝向车前进方向，最大限度地减少相邻车道的影响，如遮挡等。在晴朗天气下车辆影子明显时还需进行阴影去除处理，以排除邻近车道内车辆的阴影对检测区域的影响。对于检测区域内的阴影，最简单的处理方法是空域差分，因为阴影的像素值接近，图像空域差分值较小，设定一个阈值，将差分值小于该阈值的像素置黑即可去除阴影的干扰。此外，图像处理和机器视觉领域还有大量阴影去除的成熟技术可供参考。

模板采样之后，根据视频起始时间、帧率和模板图像所在的帧号即可计算出该模板图像的绝对时间，利用该时间以及模板所处的车道号等信息与称重系统记录的时间和车道号相关联就可以提取出该模板图像对应的车重、轴数、轴重、速度等信息。为了减少数据处理量，加之轻型车辆对桥梁安全水平影响较小，当车辆重量信息提取之后，对模板进行筛选，剔除轻车所对应的模板，只保留重车的图像模板。

3. 车辆识别

为了确定重车在桥梁上的时空分布，采用灰度模板匹配技术来从安装在桥梁上的摄像机所拍摄的视频内对被采集模板的重车进行识别。所谓模板匹配就是从待检图像中找到与模板图像最接近的部分。模板匹配一般可以分为基于特征的模板匹配法和基于区域的模板匹配法。当模板图像和被匹配图像具有较明显的特征点、特征线和特征面等特征时，可以优先考虑基于特征的匹配法。反之，则优先考虑基于区域的匹配法，区域匹配法是通过直接比较模板图像和待检图像的颜色强度的相似性来寻找最佳匹配区域。

模板匹配中，最重要的指标是用来定量计算模板和候选区域相似程度的距离测度。国内外学者提出了许多距离测度指标用于灰度模板匹配。我们采用正则化互相关系数作为距离测度。

假设 $\boldsymbol{I}(x,y)$ 表示尺度为 $m\times n$ 的被匹配灰度图，$\boldsymbol{T}(x,y)$ 表示尺度为 $p\times q(p<m,q<n)$ 的模板灰度图（模板灰度图的尺寸小于待匹配灰度图的尺寸），$\boldsymbol{I}(u+x',v+y')$ 表示中心点位于待检图中 (u,v) 尺度与模板图像 $\boldsymbol{T}(x,y)$ 等大的被匹配图的候选区域，那么模板灰度图与该候选区域的正则化互相关系数为

$$\boldsymbol{R}_N(u,v)=\frac{\sum_{x',y'}[T(x',y')-\bar{\boldsymbol{T}}][I(u+x',v+y')-\bar{\boldsymbol{I}}_{u,v}]}{\sqrt{\sum_{x',y'}[\boldsymbol{T}(x',y')-\bar{\boldsymbol{T}}]^2\sum_{x',y'}[I(u+x',v+y')-\bar{\boldsymbol{I}}_{u,v}]^2}} \tag{9.8}$$

式中，$\bar{\boldsymbol{T}}$ 和$\bar{\boldsymbol{I}}_{u,v}$分别为模板灰度平均值和待检图像中的候选区域的灰度平均值。

在待检图像中，$\boldsymbol{R}_N(u,v)$最大值对应的候选区域即为模板与待检图像的最佳匹配区域。

这里选择区间最大值作为视频图像序列最佳匹配的目标函数。对于某辆已被采集了模板图像的待追踪车辆，首先根据称重系统所测的该车的速度以及桥梁上摄像头与称重系统的距离来估计该车通过桥梁上摄像头的时间区间；然后以该时间区间作为搜索区间，利用模板匹配对该区间内视频图像搜索最佳匹配。具体过程为：假设视频来自第 k 个摄像头拍摄的录像，对于第 i 辆车，设 $M_k^i(j)$为搜索区间内模板图像与第 j 帧图像匹配得到的最大互相关系数，即

$$M_k^i(j)=\max_{u,v}\boldsymbol{R}_N(u,v|j) \tag{9.9}$$

因为 $M_k^i(j)$是模板图像与搜索区间内其中一帧图像的最大互相关系数，其为局部最大互相关系数。当模板图像与搜索区间的所有检测帧都进行匹配之后，能得到一组局部最大互相关系数，即

$$M_k^i(j_0),M_k^i(j_0+\Delta f),\cdots,M_k^i(j_0+(J-1)\Delta f) \tag{9.10}$$

式中，j_0 为搜索区间内第一个检测帧所对应的帧号；Δf 为检测帧差；J 为检测帧总数。

假设 α_k^i 为第 i 辆车在第 k 个摄像头所拍视频内的搜索时间区间长度，那么 J 的值为

$$J=\left\lceil\frac{\alpha_k^i f}{\Delta f}\right\rceil \tag{9.11}$$

式中，f 为视频的帧率；$\lceil\cdot\rceil$为向上取整函数，即

$$\lceil x\rceil=\min\{n\in\mathbb{Z}\mid x\leqslant n\} \tag{9.12}$$

那么整个搜索区间内的最佳匹配帧就是局部最大值序列的最大值所对应的帧，即

$$j_{k,\text{optimal}}^i=\underset{j\in\Theta}{\operatorname{argmax}}M_k^i(j),\quad \Theta=\{j_0,j_0+\Delta f,\cdots,j_0+(J-1)\Delta f\} \tag{9.13}$$

区组最大值法的算例如图 9.10 和图 9.11 所示，由图 9.11 可见，区组最大值对应的匹配对为正确匹配。

区组最大值法运算简单但是精度不高。特别是对于变道车辆，由于具有平移的影响，精度更差。对于变道车辆的匹配误判的例子如图 9.12 所示，模板是图 9.12(c)中的大巴士车经过动态称重系统时从其尾部采集的图像。但是按照区组最大值法，最佳匹配是图 9.12(a)中的矩形框所示区域，最大相似系数为 0.7902，该值大于模板与真实目标匹配时的相似系数 0.7024[见图 9.12(c)]。造

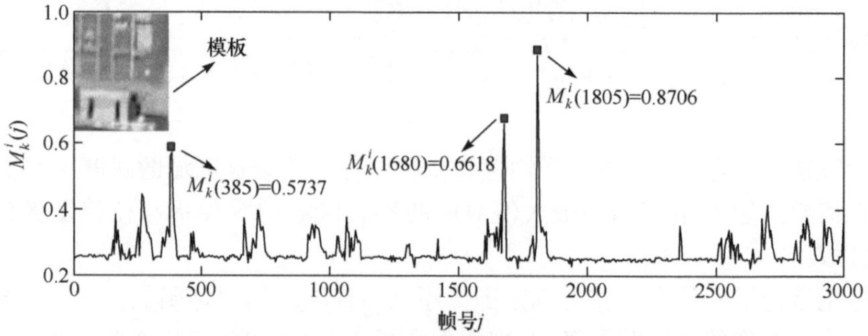

图 9.10　某模板的局部最大值序列

图 9.11　图 9.10 中前 3 峰值所对应的匹配结果

成误判的重要原因之一是该巴士车经过动态称重系统处时位于外侧车道，而在通过桥上时它却变到了中间车道。

(a) $\max\limits_{u,v}(\boldsymbol{R}_N(u,v))=0.7902$　(b) $\max\limits_{u,v}(\boldsymbol{R}_N(u,v))=0.7634$　(c) $\max\limits_{u,v}(\boldsymbol{R}_N(u,v))=0.7024$

图 9.12　对某变道车辆的匹配结果

为了提高精度，可以采用多特征综合匹配法。该方法中，前述的灰度模板匹配可以用于粗选，如图 9.10 所示的比较大的峰值对应的区域皆可选为候选区域。初选之后，对候选图像提取更多的特征用于图像匹配。设 $\boldsymbol{C}(x,y)$ 为候选图像，其大

小等于模板图像的大小。第一特征仍为灰度强度，距离测度为

$$R^{(1)}=\frac{\sum_{x,y}[\boldsymbol{T}(x,y)-\overline{\boldsymbol{T}}][\boldsymbol{C}(x,y)-\overline{\boldsymbol{C}}]}{\sqrt{\sum_{x,y}[\boldsymbol{T}(x,y)-\overline{\boldsymbol{T}}]^2\sum_{x,y}[\boldsymbol{C}(x,y)-\overline{\boldsymbol{C}}]^2}} \tag{9.14}$$

第二特征为灰度图像的变换图，如边缘检测图、傅里叶变换系数图等。这里我们采用图像的边缘检测结果作为第二特征，所谓边缘就是指图像局部亮度变化最显著的部分，如灰度值的突变、颜色的突变、纹理结构的突变等，同时物体的边缘也是不同区域的分界处。边缘检测算法采用 Canny 法，其具体步骤如下：

(1) 首先采用 2D 高斯滤波模板进行卷积平滑图像。

(2) 利用微分算子(如 Prewitt 算子、Sobel 算子)，计算梯度的幅值和方向。

(3) 对梯度幅值进行非极大值抑制。即遍历图像，若某个像素的灰度值与其梯度方向上前后两个像素的灰度值相比不是最大，则这个像素值置为 0，即不是边缘。

(4) 使用双阈值算法检测和连接边缘。使用累计直方图计算高低两个阈值，凡是大于高阈值的一定是边缘；凡是小于低阈值的一定不是边缘。如果检测结果大于低阈值，则需要进一步分析这两个像素的邻接像素中是否有超过高阈值的边缘像素，若有，则该像素是边缘，否则就不是边缘。

这里只给出了 Canny 边缘检测法的简单介绍，更详细的内容请参考有关数字图像处理的书籍。采用 Canny 边缘检测算法得到的边缘特征图如图 9.13 所示，可以看出 Canny 边缘检测算子作用后的边缘图细条很细，在模板匹配中受平移的影响较大。为此，对 Canny 边缘检测图做一次膨胀处理，且取距离测度为如下正则化互相关系数的最大值，以尽可能削弱平移畸变的影响。即

$$R^{(2)}=\max(\gamma(u,v)) \tag{9.15}$$

式中，$\gamma(u,v)$为模板边缘图与候选区域边缘图的归一化互相关系数，即

$$\gamma(u,v)=\frac{\sum_{x,y}[\boldsymbol{T}_e(x-u,y-v)-\overline{\boldsymbol{T}}_e][\boldsymbol{C}_e(x,y)-\overline{\boldsymbol{C}}_e]}{\sqrt{\sum_{x,y}[\boldsymbol{T}_e(x-u,y-v)-\overline{\boldsymbol{T}}_e]^2\sum_{x,y}[\boldsymbol{C}_e(x,y)-\overline{\boldsymbol{C}}_e]^2}} \tag{9.16}$$

式中，$\boldsymbol{T}_e(x,y)$和$\boldsymbol{C}_e(x,y)$分别为模板 $\boldsymbol{T}(x,y)$和候选区域 $\boldsymbol{C}(x,y)$的特征图；$\overline{\boldsymbol{T}}_e$ 和 $\overline{\boldsymbol{C}}_e$ 分别为$\boldsymbol{T}_e(x,y)$和$\boldsymbol{C}_e(x,y)$的平均值。注意利用式(9.16)计算 $\gamma(u,v)$时，$\boldsymbol{C}_e(x,y)$的尺寸必须大于$\boldsymbol{T}_e(x,y)$，因而需对$\boldsymbol{C}_e(x,y)$的边界进行填“0”扩张。

第三特征为图像几何中心，考虑以下距离测度：

$$R^{(3)}=\lambda\max(-0.05D+1,0)+(1-\lambda)\max(-0.05D_e+1,0) \tag{9.17}$$

式中，D 为 $\boldsymbol{T}(x,y)$与 $\boldsymbol{C}(x,y)$的几何中心的欧氏距离；D_e 为$\boldsymbol{T}_e(x,y)$与$\boldsymbol{C}_e(x,y)$的几何中心的欧氏距离；λ 为权重系数。

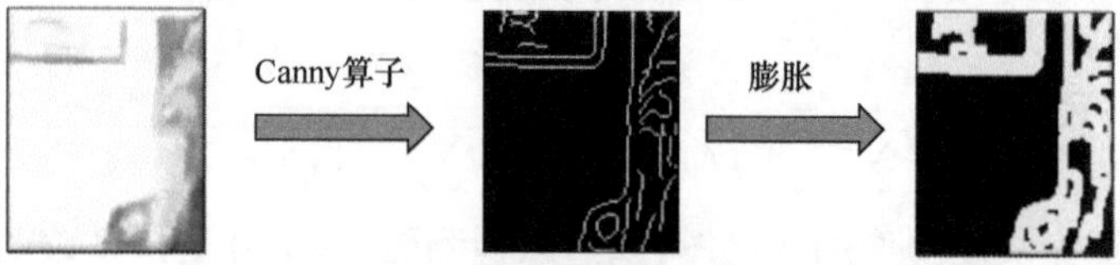

图 9.13　边缘检测

最后,综合 $R^{(1)}$、$R^{(2)}$ 和 $R^{(3)}$ 的值确定最优匹配。多特征综合匹配法的示意图如图 9.14 所示。由图 9.14 可见,该方法能得到如图 9.12 所示变道车辆的正确匹配结果。

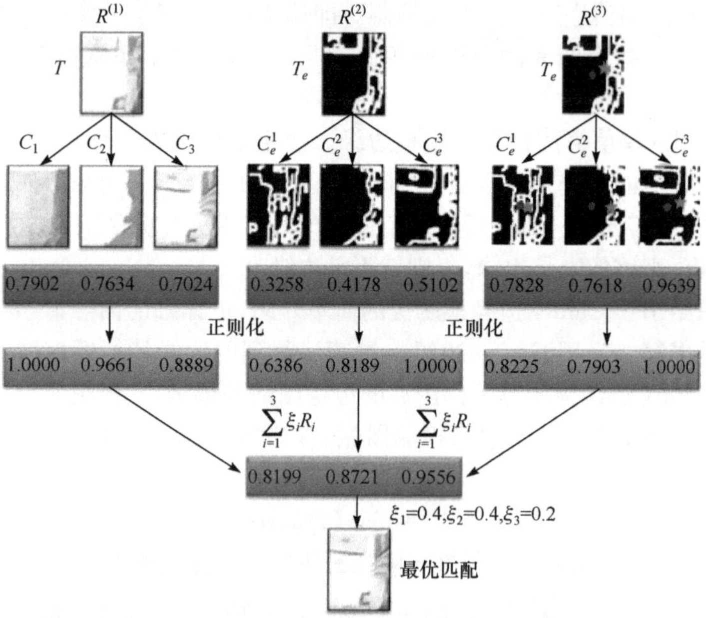

图 9.14　多特征综合法算例

9.1.3　车辆定位

为了确定车辆荷载在桥面上的时空分布,需要获得车辆任一时刻在桥面上的横向位置和纵向位置。横向位置由车辆所在的车道确定,在图像中很容易识别,关键是如何确定车辆在桥面上的纵向位置。

如图 9.15 所示,我们采用参考截面加车辆轨迹追踪的方式来确定车辆在桥面上的纵向位置。参考截面相对于安装摄像机灯柱的距离是已知的,假设这个距离为 d。实际操作中可以在参考截面处设个临时标志(如立个路锥),几秒钟之后即可以撤去临时标志。因为摄像机是静止的，我们只需从视频中找到拍到了参考截面临时标志的一帧图像，并在该图像中找出参考截面的位置，即可确定其他帧图像中参考截面的位置。然后在视频序列中对车辆进行轨迹追踪，那么只要找到图像中车辆轨迹与参考截面相交时那一帧图像的时间，即可以知道车辆是什么时候到达参考截面的。一般一个摄像机的视场范围内设置一个参考截面就可以，若桥上安装了 N 个摄像机，那么我们就能得到某一被追踪车辆在桥上 N 个参考截面时的时间，通过参考截面之间的距离可以计算出车辆在各个参考截面之间的平均速度，再结合动态称重系统测量的车重信息，就可以确定车辆荷载在整个桥上的时空分布。

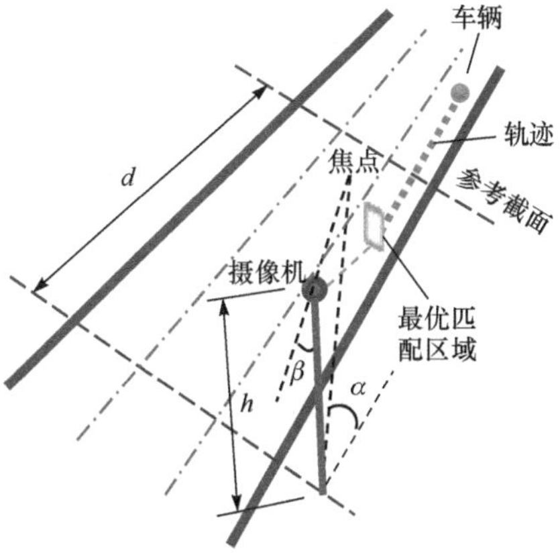

图 9.15　车辆纵向位置定位示意图

车辆的轨迹采用粒子滤波技术进行追踪，追踪的目标是大型车辆尾部被模板采样的子图像，目标的状态向量为

$$\boldsymbol{s}=\{x,y,\dot{x},\dot{y},h_x,h_y,a\}^{\mathrm{T}} \tag{9.18}$$

式中，x 和 y 分别为目标图像中心的横坐标和纵坐标；$\dot{x}$ 和 $\dot{y}$ 分别为目标图像在 x 方向和 y 方向上的速度；h_x 和 h_y 分别为目标图像的半宽和半高；a 为目标尺度变化参数。

假设目标在图像中按匀速移动，那么目标的运动方程可以表示为

$$\begin{cases} x_t=x_{t-1}+\dot{x}_{t-1}\Delta t+w_{x,t-1} \\ y_t=y_{t-1}+\dot{y}_{t-1}\Delta t+w_{y,t-1} \\ \dot{x}_t=\dot{x}_{t-1}+w_{\dot{x},t-1} \\ \dot{y}_t=\dot{y}_{t-1}+w_{\dot{y},t-1} \\ h_{x,t}=\xi h_{x,t-1}+ah_{x,t-1} \\ h_{y,t}=\xi h_{y,t-1}+ah_{y,t-1} \\ a_t=a_{t-1}+w_{a,t-1} \end{cases} \tag{9.19}$$

式中，Δt 为检测帧间隔；w_x、w_y、$w_{\dot{x}}$、$w_{\dot{y}}$ 和 w_a 为零均值高斯白噪声；ξ 为对目标尺

度变化的另一个修正参数。尺度变化参数 a 偏向于描述目标随机的尺度变化，而尺度修正参数 ξ 偏向于描述目标确定的尺度变化。例如，在视频图像中，随着车辆的向前移动，目标图像越来越小，那么 ξ 的取值应该小于 1，以描述车辆尺度随其与摄像机的距离增加而减小的这种确定的尺度变化特征。目标状态向量 $\boldsymbol{s}$ 的初始值取模板匹配进行车辆识别中的最优匹配区域，且初始速度和初始尺度变化系数均设为 0，即

$$\boldsymbol{s}_0=\{x_0,y_0,0,0,h_{x,0},h_{y,0},0\}^{\mathrm{T}} \tag{9.20}$$

式中，x_0 和 y_0 分别为最优匹配区域中心在图像中的横坐标和纵坐标；$h_{x,0}$ 和 $h_{y,0}$ 分别为最优匹配区域的半宽和半高。

然后利用 Nummiaro 等(2003)提出的粒子滤波技术对目标在图像中进行轨迹追踪，典型的轨迹追踪例子如图 9.16 所示，图中的点表示粒子中心。

(a) 第0帧　(b) 第30帧　(c) 第60帧

图 9.16　车辆轨迹追踪示例

9.2　车辆荷载随机场建模

传统的车辆荷载模型主要为单一车辆的极值模型或疲劳荷载模型，很少涉及车辆荷载的空间分布。正如本章开始处所述，同一时刻桥梁上往往存在许多车辆，因此，需要建立桥梁上车辆荷载的空间分布模型。

桥梁车辆荷载的空间分布可以采用随机场理论建模，这里介绍基于马尔科夫随机场（无向图模型）建立车辆荷载空间分布模型的建模方法。

9.2.1　马尔科夫随机场理论基础

马尔科夫随机场又称为马尔科夫网(Markov network)或者无向图模型(undirected graphical model,UGM),它利用无向图来表示一系列具有马尔科夫性的随机变量。无向图 $\Im(\Omega,\Xi)$ 由节点集合 Ω 和连接节点的边集合 Ξ 组成,每一个节点代表一个随机变量,边则表示相邻两节点变量的相关性。如图 9.17 所示的无向图中,共有六个节点,分别对应随机变量 X_1、X_2、X_3、X_4、X_5 和 X_6,连接节点的边共有 8 条,分别为(1,2)、(1,3)、(2,3) 、(2,4)、(2,5)、(2,6)、(3,4)和(4,6)。

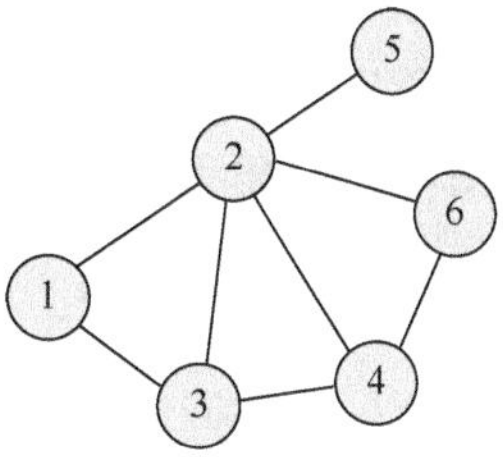

图 9.17　六节点无向图

1. 团与极大团

称无向图 $\Im(\Omega,\Xi)$ 的节点子集 $A\subseteq\Omega$ 是完全的(complete),如果 A 中的所有节点对都有边相连。完全的节点子集也称作团(clique),用大写字母 C 表示。如果一个节点子集是完全的且不包含于其他更大的完全节点子集,那么这个节点子集就组成该无向图的一个极大团(maximal clique)。根据定义,无向图的极大团其实就是它的最大完全子集。例如,对于图 9.17 所示的无向图,其所有的极大团为{1,2,3}、{2,3,4}、{2,4,6}和{2,5}。节点集{2,5,6}不构成团,因为它不是完全的(节点 5 和节点 6 没有边相连)。节点集{2,4}、{2,6}和{4,6}不是极大团,因为它们包含于更大的完全节点集{2,4,6}中。

2. 成对无向图

如果无向图所有极大团中包含的节点数目都为 2,那么这种无向图也称为成对无向图(pairwise undirected graph)。如图 9.18 所示的 9 节点格栅型无向图就是成对无向图。该无向图的所有极大团为{1,2}、{1,4}、{2,3}、{2,5}、{3,6}、{4,5}、{4,7}、{5,6}、{5,8}、{6,9}、{7,8}、{8,9}。

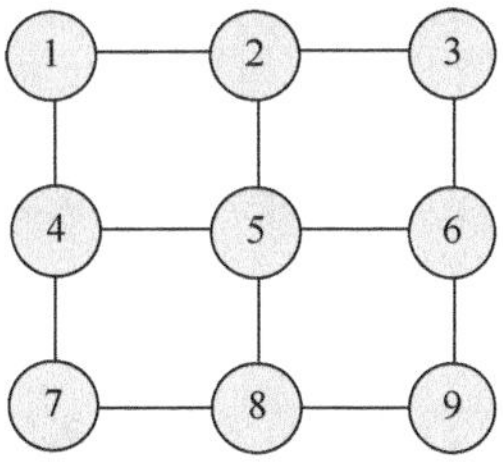

图 9.18　成对无向图

3. 圈与弦

以某个节点为起点,如果能够沿着某一由边与节点组成的路径回到起点,那么这一路径就称为一个圈(circle),途经的节点数(包括本身)称为该圈的长度。在长度大于 3 的圈中,连接非相邻节点的边称为弦(chord)。例如,图 9.17 中,1-2-4-3-1 就是一个长为 4 的圈。在该圈中,边(2,3)就是一条弦,因为它连接的两个节点 2

和 3 在这个圈中不是相邻节点(中间隔着节点 4)。

4. 三角无向图

如果某一无向图中所有长度超过 3 的圈都至少有一根弦,那么该无向图就称为三角(triangulated)无向图。图 9.17 的无向图就是三角无向图,而图 9.18 的无向图不是三角无向图,因为它具有长度为 4 的无弦圈,如 1-2-5-4-1。

5. 无向图参数化

无向图的联合概率密度函数可以分解成团潜能函数(potential function)的乘积形式,即

$$p(x_1,x_2,\cdots,x_n\,|\,\boldsymbol{\theta})=\frac{1}{Z(\boldsymbol{\theta})}\prod_{C}\psi_C(\boldsymbol{x}_C\,|\,\boldsymbol{\theta}) \tag{9.21}$$

式中,$Z(\boldsymbol{\theta})$为归一化系数,即

$$Z(\boldsymbol{\theta})=\sum_{x_1}\sum_{x_2}\cdots\sum_{x_n}\prod_{C}\psi_C(\boldsymbol{x}_C\,|\,\boldsymbol{\theta}) \tag{9.22}$$

团潜能函数 ψ_C 是定义在$\bigotimes_{s\in C}X_s$ 上的一个非负函数,其中$\bigotimes_{s\in C}X_s$ 是随机向量$\boldsymbol{X}_C$ 状态空间的笛卡儿积。式(9.21)中的团一般取无向图中的极大团,即按极大团分解。但值得注意的是,无向图的联合概率密度函数不限于按极大团分解的形式,也可以按非极大团分解。任何按非极大团分解的形式,都可以通过重新定义极大团潜能函数(极大团潜能函数取其子集的潜能函数的乘积)转换成按极大团分解的形式。

对于成对无向图模型,由于其所有的团都是两节点团,它的一种参数化形式是联合概率密度函数写成两节点团潜能函数的乘积形式,即

$$p(x_1,x_2,\cdots,x_n\,|\,\boldsymbol{\theta})=\frac{1}{Z(\boldsymbol{\theta})}\prod_{(s,t)\in\Xi}\psi_{st}(x_s,x_t\,|\,\boldsymbol{\theta}) \tag{9.23}$$

式中,$Z(\boldsymbol{\theta})$为归一化系数,即

$$Z(\boldsymbol{\theta})=\sum_{x_1}\sum_{x_2}\cdots\sum_{x_n}\prod_{(s,t)\in\Xi}\psi_{st}(x_s,x_t\,|\,\boldsymbol{\theta}) \tag{9.24}$$

成对无向图模型的另一种参数化形式是写成节点潜能函数和边潜能函数的乘积形式,即

$$p(x_1,x_2,\cdots,x_n\,|\,\boldsymbol{\theta})=\frac{1}{Z(\boldsymbol{\theta})}\prod_{i\in\Omega}\psi_n^i(x_i\,|\,\boldsymbol{\theta})\prod_{(s,t)\in\Xi}\psi_e^{st}(x_s,x_t\,|\,\boldsymbol{\theta}) \tag{9.25}$$

式中,ψ_n^i 为节点潜能函数;ψ_e^{st} 为边潜能函数;$Z(\boldsymbol{\theta})$为归一化系数,即

$$Z(\boldsymbol{\theta})=\sum_{x_1}\sum_{x_2}\cdots\sum_{x_n}\prod_{i\in\Omega}\psi_n^i(x_i\,|\,\boldsymbol{\theta})\prod_{(s,t)\in\Xi}\psi_e^{st}(x_s,x_t\,|\,\boldsymbol{\theta}) \tag{9.26}$$

其实,对于一般的无向图模型也可以按成对无向图模型进行参数化。在车辆

荷载空间分布的随机场建模中，本书中随机场的联合概率密度函数按成对无向图模型的第二种参数化形式[式(9.25)]进行分解，下面重点对式(9.25)中的几个参数进行介绍。

式(9.25)中 i 节点的潜能函数 ψ_n^i 是一个表示该节点所有可能状态的权重的非负函数。例如，假设某一节点变量 X_i 只有两个状态 ξ 和 $\bar{\xi}$，并设相应的节点潜能为

$$\psi_n^i(x_i)=(\omega_\xi,\omega_{\bar{\xi}}) \tag{9.27}$$

式中，ω_ξ 为 X_i 的状态为 ξ 时的权重；$\omega_{\bar{\xi}}$ 为 X_i 的状态为 $\bar{\xi}$ 时的权重。

式(9.25)中连接相邻节点 s 和 t 的边的潜能函数 ψ_e^{st} 是表示相邻节点 s 和 t 所对应的变量的状态组合的权重。例如，假设某二值节点变量 X_s 的状态为 ξ 和 $\bar{\xi}$，另一个二值节点变量 X_t 的状态为 η 和 $\bar{\eta}$，边潜能函数 ψ_e^{st} 为

$$\psi_e^{st}(x_s,x_t)=\begin{bmatrix}\varepsilon_{\xi\eta} & \varepsilon_{\xi\bar{\eta}}\\ \varepsilon_{\bar{\xi}\eta} & \varepsilon_{\bar{\xi}\bar{\eta}}\end{bmatrix} \tag{9.28}$$

式中，$\varepsilon_{\xi\eta}$ 为节点变量 X_s 的状态为 ξ 且节点变量 X_t 状态为 η 时的权重；$\varepsilon_{\xi\bar{\eta}}$、$\varepsilon_{\bar{\xi}\eta}$ 和 $\varepsilon_{\bar{\xi}\bar{\eta}}$ 的物理意义与此类似。由此可见，边潜能可以定量表示相邻节点变量状态的相关性。

无向图模型的对数似然函数为

$$l(\boldsymbol{\theta}) = \log\Big\{\prod_{k=1}^{K} p(x_k\,|\,\boldsymbol{\theta})\Big\}= \sum_{k=1}^{K}\log\{p(x_{1,k},x_{2,k},\cdots,x_{n,k}\,|\,\boldsymbol{\theta})\} \tag{9.29}$$

式中，$\boldsymbol{x}_k$ 为第 k 个样本，它是一个由 0 和 1 组成的长度为 n 的二值向量；K 为样本个数。利用优化算法极大化对数似然函数可以对相关参数进行估计。

9.2.2　联合树算法

理论上，无向图的联合概率密度函数虽然可以按式(9.25)计算得到。但是，当无向图中节点比较多时，仍按照式(9.25)计算其联合概率密度函数将变得很困难。对于节点比较多的无向图的概率可以利用联合树算法计算得到。联合树算法主要可以分成三大步：构建联合树、联合树潜能初始化和运行联合树推理算法。

1. 构建联合树

如果将无向图的节点团表示成树状结构，这样的树就称为团树(clique tree)。无向图理论里所谓的树就是指任意两节点之间有且仅有一条路径的无向图。称团树具有 RIP(running intersection property)性质，如果对于团树中连接任意两个团结点 C_A 和 C_B 的路径上的所有团节点都包含 $C_A \cap C_B$。具有 RIP 性质的团树也称为联合树(junction tree)。一般选择无向图的极大团来建立相应的联合树。

那么，什么样的无向图可以建立对应的联合树？图论中的定理指出，无向图 $\mathfrak{I}$

(Ω,Ξ)可以建立其对应的联合树当且仅当$\Im$是三角无向图，相关证明请参考文献 Lauritzen(1996)。这一结果建立起了无向图和联合树的关系，奠定了联合树算法的理论基础。

事实上，任一无向图都可以通过添加附加边使其三角化。这样，所有无向图都可以从其对应的三角无向图上建立相应的联合树。例如，图 9.18 所示的无向图可以通过添加边(2,4)、(2,6)、(4,8)、(6,8)和(2,8)后成为如图 9.19 所示的三角无向图。该三角无向图的所有极大团为{1,2,4}、{2,3,6}、{4,7,8}、{6,8,9}、{2,4,5,8}和{2,5,6,8}。用这些极大团建立的一棵联合树(同一无向图可以建立不同的联合树)如图 9.20 所示。这棵联合树的 RIP 性质很容易验证，例如，连接团节点 C_1 和 C_2 的路径上的所有团节点是 C_5 和 C_6，显然 C_5 和 C_6 都包含 $C_1\cap C_2=\{2\}$。同理可以验证连接其他任意两个团节点的路径上的团节点也满足这一性质。

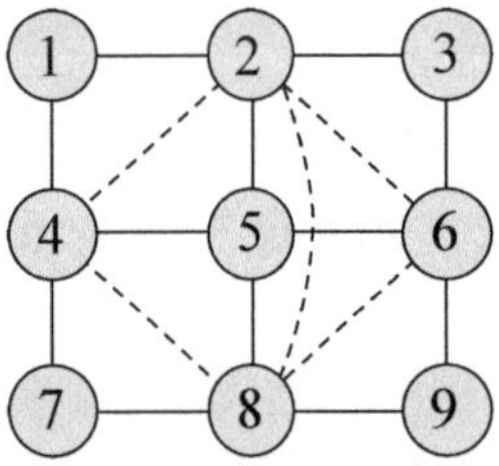

图 9.19 图 9.18 所示无向图的一种三角化结果

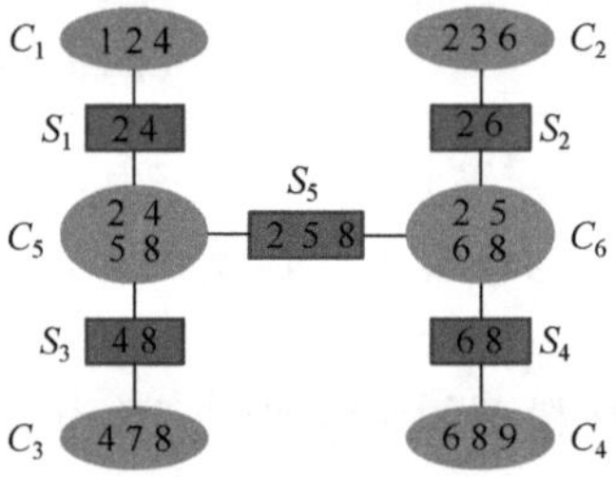

图 9.20 由图 9.19 所示三角无向图建立的联合树

假设 C_A 和 C_B 是联合树中两个相邻的团，同时包含于 C_A 和 C_B 的节点集合称为 C_A 和 C_B 之间的分隔(separator)，用字母 S 表示。例如，如图 9.20 所示的联合树中，团 C_1 和 C_5 之间的分隔为{2,4}。

2. 联合树潜能初始化

联合树所表示的概率密度函数具有如下分解形式：

$$p_{\text{jta}}(\boldsymbol{x})=p_{\text{jta}}(x_1,x_2,\cdots,x_n)=\frac{1}{Z}\frac{\prod_i \psi_{C_i}(\boldsymbol{x}_{C_i})}{\prod_i \psi_{S_i}(\boldsymbol{x}_{S_i})} \tag{9.30}$$

式中，ψ_{C_i} 和 ψ_{S_i} 分别为联合树中的团潜能和分隔潜能；Z 为归一化系数。

联合树潜能初始化的原则是使得联合树和其对应的原始无向图的概率密度等价，也就是式(9.30)和式(9.25)相互等价。为此，所有分隔潜能 ψ_{S_i} 皆初始化为单位值，团潜能 ψ_{C_i} 则通过集成原始无向图节点潜能和边潜能得到，但值得注意的是，每一个节点或者每一条边的潜能只能集成到一个团潜能中。对于如图 9.20 所示的联合树，各个团的初始潜能可以按如下途径集成得到。

团 C_1:集成 3 个节点潜能 ψ_n^1、ψ_n^2、ψ_n^4 和 2 条边潜能 ψ_e^{12}、ψ_e^{14},即笛卡儿积

$$\psi_{C_1}=\psi_n^1\psi_n^2\psi_n^4\psi_e^{12}\psi_e^{14}$$

团 C_2:集成 2 个节点潜能 ψ_n^3、ψ_n^6 和 2 条边潜能 ψ_n^{23}、ψ_e^{36},即笛卡儿积

$$\psi_{C_2}=\psi_n^3\psi_n^6\psi_e^{23}\psi_e^{36}$$

由图 9.19 可见,团 C_2 实际上包含 3 个节点 2、3、6 和两条边(2,3)、(3,6),但是 ψ_{C_2} 不集成节点 2 的潜能函数,因为节点 2 的潜能函数已经集成到 ψ_{C_1} 中。同理可以得到其他团的潜能函数,分别为

$$\psi_{C_3}=\psi_n^7\psi_n^8\psi_e^{47}\psi_e^{78},\quad \psi_{C_4}=\psi_n^9\psi_e^{69}\psi_e^{89},$$

$$\psi_{C_5}=\psi_n^5\psi_e^{25}\psi_e^{45}\psi_e^{58},\quad \psi_{C_6}=\psi_e^{56}$$

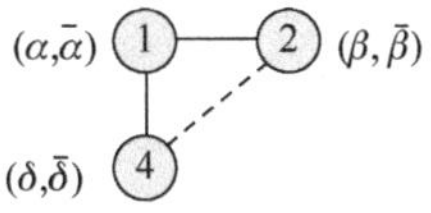

图 9.21　节点团 $C_1=\{1,2,4\}$

下面以 ψ_{C_1} 的计算为例来说明团结点潜能函数集成的具体计算方法。节点团 C_1 由三个节点{1,2,4}、两条原始边{(1,2),(1,4)}和一条添加边(2,4)组成。如图 9.21 所示,假设所有节点变量都为二值随机变量,其状态分别为 $(\alpha,\bar\alpha)$、$(\beta,\bar\beta)$ 和 $(\delta,\bar\delta)$,则节点潜能函数和边潜能函数为

$$\psi_n^1=(\omega_\alpha,\omega_{\bar\alpha}),\quad \psi_n^2=(\omega_\beta,\omega_{\bar\beta}),\quad \psi_n^4=(\omega_\delta,\omega_{\bar\delta})$$

$$\psi_e^{12}=\begin{bmatrix}\varepsilon_{\alpha\beta} & \varepsilon_{\alpha\bar\beta}\\ \varepsilon_{\bar\alpha\beta} & \varepsilon_{\bar\alpha\bar\beta}\end{bmatrix},\quad \psi_e^{14}=\begin{bmatrix}\varepsilon_{\alpha\delta} & \varepsilon_{\alpha\bar\delta}\\ \varepsilon_{\bar\alpha\delta} & \varepsilon_{\bar\alpha\bar\delta}\end{bmatrix}$$

那么节点团 C_1 的潜能函数为

$$\psi_{C_1}(\boldsymbol{x}_{C_1})=\begin{array}{c}\quad\beta\qquad\qquad\qquad\bar\beta\\ \left[\begin{array}{cc}\omega_\alpha\omega_\beta\omega_\delta\varepsilon_{\alpha\beta}\varepsilon_{\alpha\delta} & \omega_\alpha\omega_{\bar\beta}\omega_\delta\varepsilon_{\alpha\bar\beta}\varepsilon_{\alpha\delta}\\ \omega_\alpha\omega_\beta\omega_{\bar\delta}\varepsilon_{\alpha\beta}\varepsilon_{\alpha\bar\delta} & \omega_\alpha\omega_{\bar\beta}\omega_{\bar\delta}\varepsilon_{\alpha\bar\beta}\varepsilon_{\alpha\bar\delta}\\ \hdashline \omega_{\bar\alpha}\omega_\beta\omega_\delta\varepsilon_{\bar\alpha\beta}\varepsilon_{\bar\alpha\delta} & \omega_{\bar\alpha}\omega_{\bar\beta}\omega_\delta\varepsilon_{\bar\alpha\bar\beta}\varepsilon_{\bar\alpha\delta}\\ \omega_{\bar\alpha}\omega_\beta\omega_{\bar\delta}\varepsilon_{\bar\alpha\beta}\varepsilon_{\bar\alpha\bar\delta} & \omega_{\bar\alpha}\omega_{\bar\beta}\omega_{\bar\delta}\varepsilon_{\bar\alpha\bar\beta}\varepsilon_{\bar\alpha\bar\delta}\end{array}\right]\end{array}\begin{array}{l}\delta\\ \bar\delta\\ \delta\\ \bar\delta\end{array}\begin{array}{l}\alpha\\ \\ \bar\alpha\end{array}\tag{9.31}$$

3. 联合树推理

所谓联合树推理算法就是通过团节点之间的一系列的消息传递使其潜能函数达到稳定。在初始状态时,所有分隔集 $S_j(j=0,1,\cdots)$的潜能函数都设为单位值。假设 C_A 和 C_B 是联合树中两个相邻的团,S_0 是 C_A 和 C_B 之间的分隔集,消息传递之前各自的潜能函数设为 $\psi_C(\boldsymbol{x}_{C_A})$、$\psi_C(\boldsymbol{x}_{C_B})$和 $\psi_S(\boldsymbol{x}_{S_0})$,那么途经分隔集 S_0 从 C_A 到 C_B 的一次消息传递就是将 S_0 和 C_B 的潜能函数分别更新为

$$\psi_S^*(x_{S_0})\leftarrow\sum_{C_A/S_0}\psi_C(x_{C_A})\tag{9.32}$$

$$\psi_C^*(x_{C_B})\leftarrow\lambda_{S_0}(x_{S_0})\psi_C(x_{C_B})\tag{9.33}$$

式中,$\lambda_{S_0}(\boldsymbol{x}_{S_0})$为

$$\lambda_{S_0}(\boldsymbol{x}_{S_0})=\begin{cases}\psi_S^*(\boldsymbol{x}_{S_0})/\psi_S(\boldsymbol{x}_{S_0}), & \psi_S(\boldsymbol{x}_{S_0})>0\\ 0, & \psi_S(\boldsymbol{x}_{S_0})=0\end{cases}$$

Dawid(1992)证明这种消息在所有路径中往返各传递一次即可达到平衡状态。例如,图 9.20 所示的联合树中达到平衡状态共需要 10 次消息传递,其完整消息传递方案可按图 9.22 所示的路径编号依次进行。

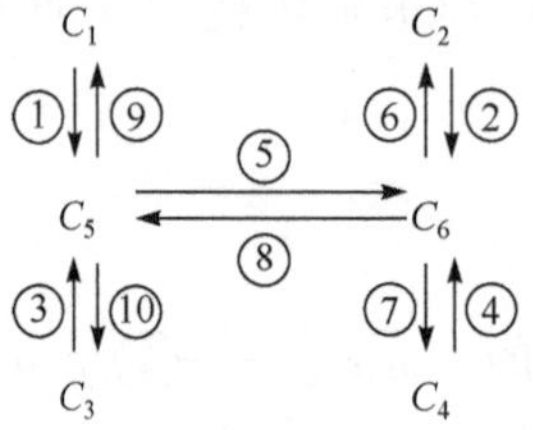

图 9.22 图 9.20 所示的联合树的消息传递路径

当经过一系列消息传递使得联合树达到平衡之后,团潜能函数恰好正比于该团内节点变量集的联合密度函数。因为团内节点变量集是整个无向图节点变量集的子集,那么团内节点变量集的联合密度函数是整个无向图联合密度函数的边缘密度函数,所以团内节点变量集的联合密度函数又叫做团边缘密度函数。假设团 C 在平衡状态的团潜能函数为 $\tilde{\phi}_C(\boldsymbol{x}_C)$,团内节点变量集 $\boldsymbol{x}_C$ 的团边缘密度函数为 $\mu_C(\boldsymbol{x}_C)$,那么有

$$\mu_C(\boldsymbol{x}_C)\propto\tilde{\phi}_C(\boldsymbol{x}_C) \tag{9.34}$$

如果对团边缘密度函数关于团内节点变量再求边缘密度函数,那么就可以得到节点变量的密度函数。

联合树在平衡状态时,分隔集的潜能函数也恰好正比于分隔集内节点集的联合密度函数。同理,分隔集内节点集的联合密度函数也叫做分隔集边缘密度函数,用 $\mu_S(\boldsymbol{x}_S)$ 表示。此时,无向图的联合密度函数可以写成按团边缘密度函数和分隔集边缘密度函数分解的形式,即

$$p(x_1,x_2,\cdots,x_n)=\frac{\prod\limits_C \mu_C(\boldsymbol{x}_C)}{\prod\limits_S\ [\mu_S(\boldsymbol{x}_S)]^{d(S)-1}} \tag{9.35}$$

式中,$d(S)$表示与分隔集 S 相邻的节点团的个数。

与式(9.30)中的按潜能函数分解形式相比较,式(9.35)中联合概率密度函数直接按边缘密度函数分解,因而无需归一化系数 Z。

联合树算法是机器学习领域中非常成熟的算法,在网上有不少实现该算法的开源代码,如 R 软件程辑包 CRF(https://cran.r-project.org)和 Schmidt 开发的 MATLAB 工具箱 UGM(http://www.cs.ubc.ca/~schmidtm/Software/UGM.html)。

9.2.3 车辆荷载随机场模型

为了建立桥面上车辆荷载的随机场模型,首先要建立车辆荷载在桥面上位置分布的数学模型。实际中,车辆荷载在桥面上的位置分布具有一定的空间相关性,如车辆扎堆出现或者成串出现。因此,如何描述车辆荷载的空间相关性是建立其空间分布模型的关键。前面讨论的无向图模型能利用边潜能函数灵活地描述随机

变量之间的相关性，因而这里采用无向图模型来建立车辆荷载空间位置分布模型。为此，首先把桥面离散化为有限个子区域，每一个子区域称作一个单元。每一个单元对应无向图中的一个节点，节点变量具有两个状态："0"和"1"。若某一单元内没有车辆出现，那么该单元对应的节点变量的状态就为"0"，否则节点变量的状态则为"1"。

一般地，两种典型的栅格状无向图可以用来描述车辆荷载空间位置分布：一是图 9.23(a)所示的四邻域无向图，该图的每一个内部节点都有四个节点直接与其相连；二是图 9.23(b)所示的八邻域无向图，该图的每一个内部节点都有八个节点直接与其相连。八邻域无向图可以描述更复杂的相关性，但是参数估计与统计推断时的计算量会显著增加。对于大跨度桥梁节点较多时，可采用四邻域无向图来描述其桥面上车辆荷载空间位置分布。

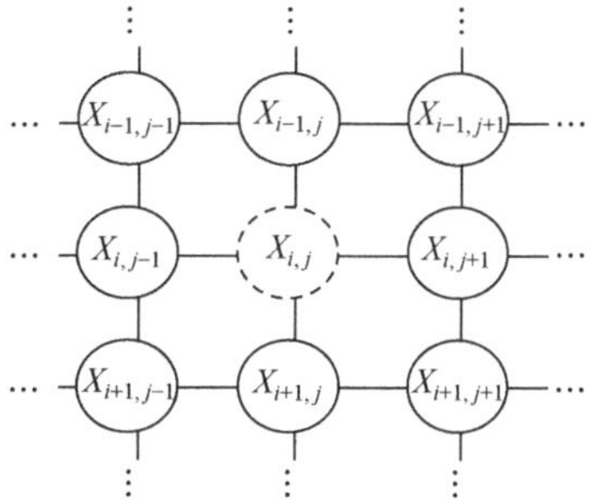

(a) 四邻域图

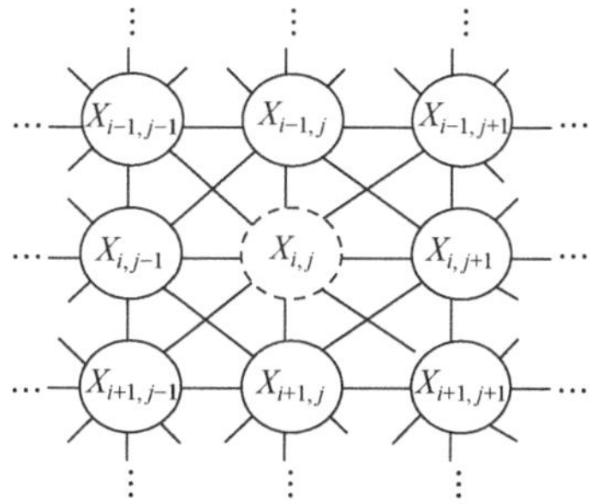

(b) 八邻域图

图 9.23　两种典型的栅格状无向图

当车辆荷载在桥面上的位置分布模型建立之后，接下来要解决的问题是如何描述有车辆荷载作用位置上的荷载大小。为此，给无向图中每一个节点(i,j)再附加一个随机变量 M_{ij} 表示作用在该节点对应桥面区域的车辆荷载的总重。实际中，根据单元划分尺寸的不用，同一时间内可能会有多辆车作用在同一个桥面单元内，而同一辆车也可能占用多个单元。为了降低建模的复杂性，再做如下两个假设：每一辆多轴车的荷载都简化为一个集中荷载，荷载的大小等于该多轴车的总重，荷载的作用点位于该多轴车的质心；同一时刻，每个桥面单元最多有一辆车的总重作用在其内。第二个假设可以通过选择合适的桥面单元划分尺度使其近似得到满足。我们所关心的是重量较大的大型车辆，而大型车辆的长度变化不大(一般在 10～16m)。在考虑第一个假设的前提下，如果桥面离散化时桥面单元在横向上按车道划分，单元纵向上的尺寸取为大型车的平均长度或者略大于其平均长度，那么在大部分情况下，都至多有一辆大型车的总重能同时作用在同一个单元内。这可以通过图 9.24 来说明，图中单元的长度为大型车的平均长度 L_m，实矩形表示长度为平均长度的大型车，实心圆表示该大型车的质心位置。其中一种情况如

图 9.24(a)所示,该大型车刚好占据整个单元,此时该单元内再也容纳不下其他大型车,那么单元内只有一辆大型车的总重作用在该单位内。另一种情况如图 9.24(b)所示,此时有两辆大型车出现在中部单元内,大型车 A 的总重刚好作用在中部单元后端部,另一大型车 B 的总重只能作用在距离大型车 A 质心位置前(L_f+L_b+d)处,其中 d 是车 A 和车 B 的间距。因为 d 必须大于零,那么

$$L_f+L_b+d=L_m+d>L_m \tag{9.36}$$

这一距离大于单元的长度 L_m,所以车 B 的总重不可能作用在中部单元内。

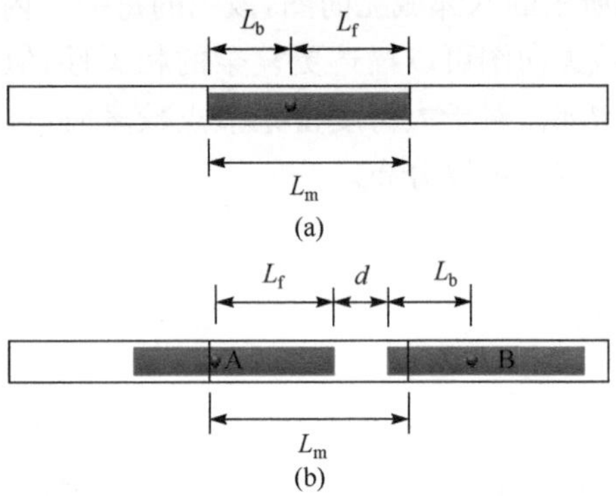

图 9.24　单元长度为大型车平均长度时总重集中荷载在单元内的分布

9.3　应用实例

9.3.1　车辆荷载识别

9.1 节所讨论的识别方法已用于我国某桥车辆荷载时空分布的识别之中。该桥全长 36km,中段有两座斜拉桥,北航道桥和南航道桥。其中北航道桥是一座全长 908m、主跨长 448m 的双塔斜拉桥,属于大跨度斜拉桥。该桥面上的主要车道如图 9.25 所示。其中,下行线 1 和 2 车道为大型车车道,3 车道为小型车车道;上行线 5 和 6 车道为大型车车道,4 车道为小型车车道。

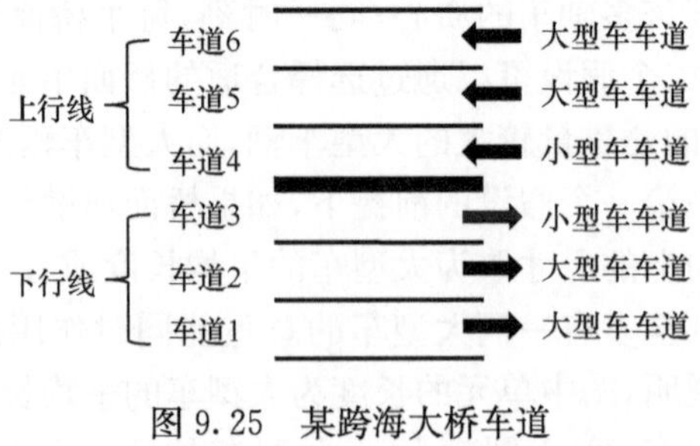

图 9.25　某跨海大桥车道

北航道桥上每隔 450m 左右安装有监控摄像机,具体布置如图 9.26 所示。图中 K××××+×××是公路上用于表示距离线路起点路程的桩号,D 和 U 分别表示下行线和上行线。在北航道桥北部距桥 2000m 处安装有动态称重系统,同时在动态称重系统处也安装有监控摄像机。识别得到的车辆荷载空间分布的典型样本如图 9.27所示。

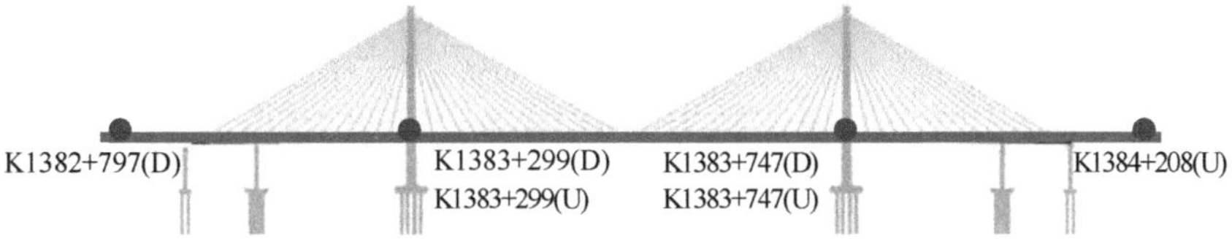

图 9.26　北航道桥上监控摄像机的布置

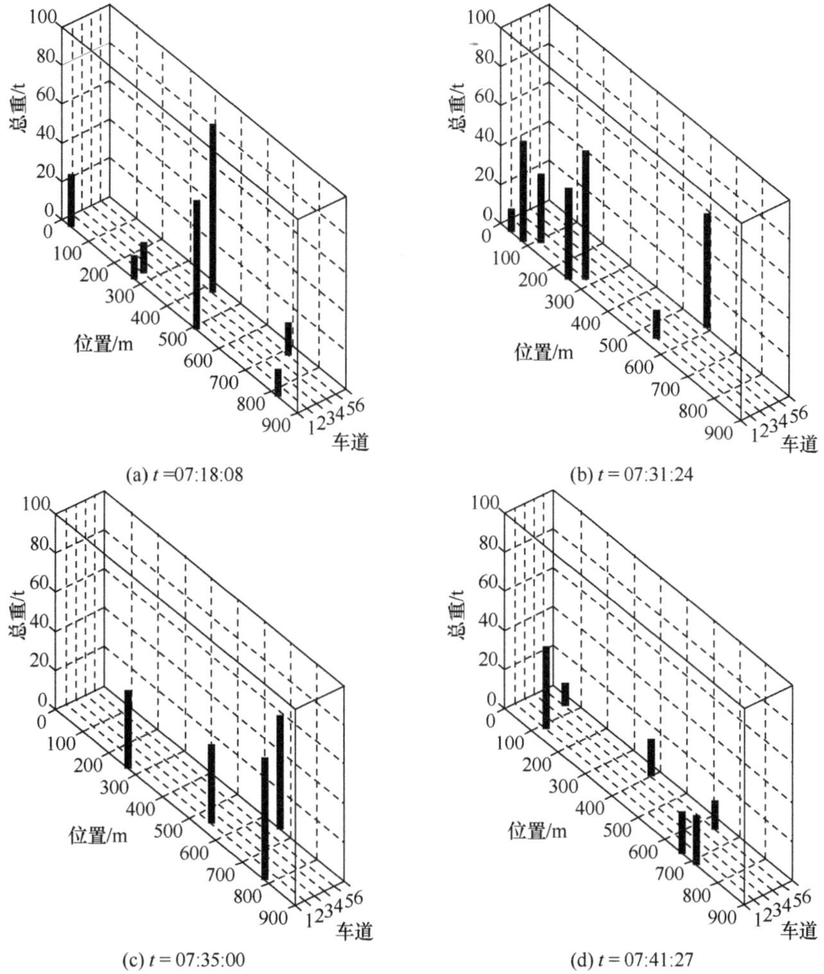

图 9.27　北航道桥车辆荷载时空分布识别样本

9.3.2　车辆荷载建模

因为我们所关心的主要是重车荷载，所以在车辆荷载的随机场建模中只考虑重车车道，也就是图 9.25 中的 1、2、5 和 6 车道。北航道桥桥长 908m，为了便于划分单元，这里将桥长假设为 900m。每个车道等距划分成 60 个单元，每个单元 15m 长。为了减弱随机场的边界效应，两端再附加两个单元，因此 4 个重车道共有64×4 个单元。采用图 9.28 所示的 64×4 栅格无向图来表示桥上车辆荷载随机场，每个节点代表一个车道单元。每个节点有两个状态："1"和"0"。"1"表示相应车道单元上有重车荷载作用，"0"表示相应车道单元上无重车荷载作用。因为上、下行线之间有防护栏隔离，所以可以认为上、下行线上的车辆荷载空间分布相互独立。那么，表示桥面车辆荷载随机场的无向图又可以划分成两个子图，它们分别为 1、2 车道节点组成的无向图和 5、6 车道节点组成的无向图，两个子无向图的相关参数可以独立进行估计。

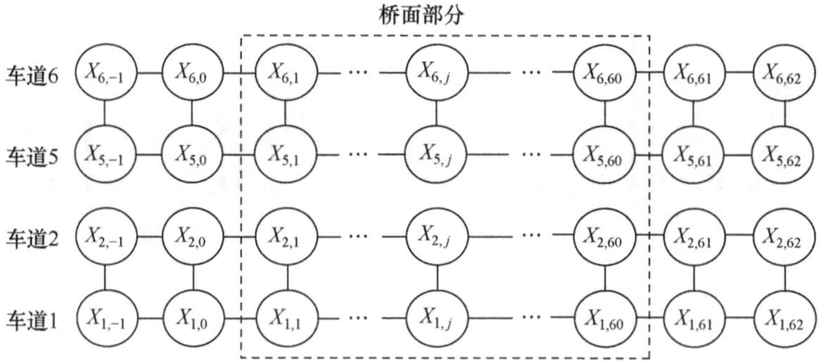

图 9.28　描述车辆荷载空间分布的无向图

为了减少模型待估参数的个数，再做如下假定：同一车道内的节点具有相同的节点潜能；连接同一车道节点的边具有相同的边潜能；子无向图中连接相邻车道节点的边具有相同的边潜能。那么上、下行线子无向图中各有 11 个参数（α_1，α_2，ε_1，…，ε_9）需要估计。以 1 和 2 车道节点组成的下行线无向图为例，这 11 个参数具体表示如下节点潜能和边潜能。

车道 1 节点潜能：

$$\psi_n(x_{1,j}) = \overset{\begin{matrix}1 & 0\end{matrix}}{[1, \omega_1]}, \quad j=-1,\cdots,62$$

车道 2 节点潜能：

$$\psi_n(x_{2,j}) = \overset{\begin{matrix}1 & 0\end{matrix}}{[1, \omega_2]}, \quad j=-1,\cdots,62$$

连接车道 1 内节点的边潜能：

$$\psi_e(x_{1,j},x_{1,j+1})=\begin{array}{c} \begin{matrix}1 & 0\end{matrix} \\ \begin{bmatrix}1 & \varepsilon_1 \\ \varepsilon_2 & \varepsilon_3\end{bmatrix}\begin{matrix}1\\0\end{matrix}\end{array},\quad j=-1,\cdots,61$$

连接车道 2 内节点的边潜能：

$$\psi_e(x_{2,j},x_{2,j+1})=\begin{array}{c} \begin{matrix}1 & 0\end{matrix} \\ \begin{bmatrix}1 & \varepsilon_4 \\ \varepsilon_5 & \varepsilon_6\end{bmatrix}\begin{matrix}1\\0\end{matrix}\end{array},\quad j=-1,\cdots,61$$

连接车道 1 和车道 2 之间节点的边潜能：

$$\psi_e(x_{1,j},x_{2,j})=\begin{array}{c} \begin{matrix}1 & 0\end{matrix} \\ \begin{bmatrix}1 & \varepsilon_7 \\ \varepsilon_8 & \varepsilon_9\end{bmatrix}\begin{matrix}1\\0\end{matrix}\end{array},\quad j=-1,\cdots,62$$

车辆荷载空间分布样本采用前面所述方法识别得到，样本数据取自 2014 年 3 月 15 日上午 4:50 至下午 14:50 共 10h 内的测量数据，每隔 30s 抽取一次样本，共得到 1200 个样本，待定参数采用极大似然法估计得到。参数估计如下：

$$\psi_n(x_{1,j})=(1.0000\quad 11.3185),\quad \psi_n(x_{2,j})=(1.0000\quad 25.6778)$$

$$\psi_n(x_{5,j})=(1.0000\quad 19.5346),\quad \psi_n(x_{6,j})=(1.0000\quad 18.2459)$$

$$\psi_e(x_{1,j},x_{1,j+1})=\begin{bmatrix}1.0000 & 1.3345\\ 1.0453 & 1.3969\end{bmatrix}$$

$$\psi_e(x_{2,j},x_{2,j+1})=\begin{bmatrix}1.0000 & 0.3261\\ 0.5485 & 0.2790\end{bmatrix}$$

$$\psi_e(x_{1,j},x_{2,j})=\begin{bmatrix}1.0000 & 3.5550\\ 1.5670 & 7.2230\end{bmatrix}$$

$$\psi_e(x_{5,j},x_{5,j+1})=\begin{bmatrix}1.0000 & 0.8339\\ 0.9601 & 0.9849\end{bmatrix}$$

$$\psi_e(x_{6,j},x_{6,j+1})=\begin{bmatrix}1.0000 & 1.6754\\ 0.8921 & 1.1950\end{bmatrix}$$

$$\psi_e(x_{5,j},x_{6,j})=\begin{bmatrix}1.0000 & 2.2126\\ 2.3689 & 8.2463\end{bmatrix}$$

由于每个节点变量只有两个取值："1"和"0"，分别表示对应桥面单元是否有重车荷载出现，因此该随机场为二值随机场，它实际上是描述重车荷载在桥面上的空间位置分布，从该随机场抽取的部分蒙特卡罗样本如图 9.29 所示。

为了真实模拟车辆荷载，还需要在各个节点附加一个随机变量用来表示单元内重车荷载的大小。同一车道单元内的重车荷载重量假设服从同一分布，其样本数据的频率直方图如图 9.30 所示。考虑添加变量后的随机场的蒙特卡罗样本如图 9.31 所示。由图 9.31 可见，无向图模型能很好地模拟车辆荷载的空间分布。

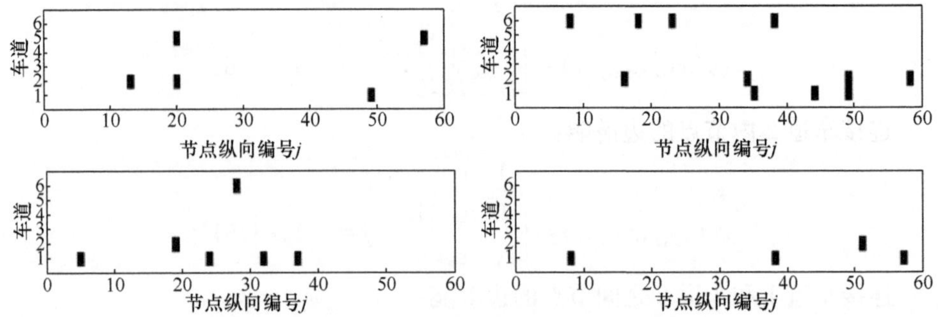

图 9.29　随机场的蒙特卡罗样本

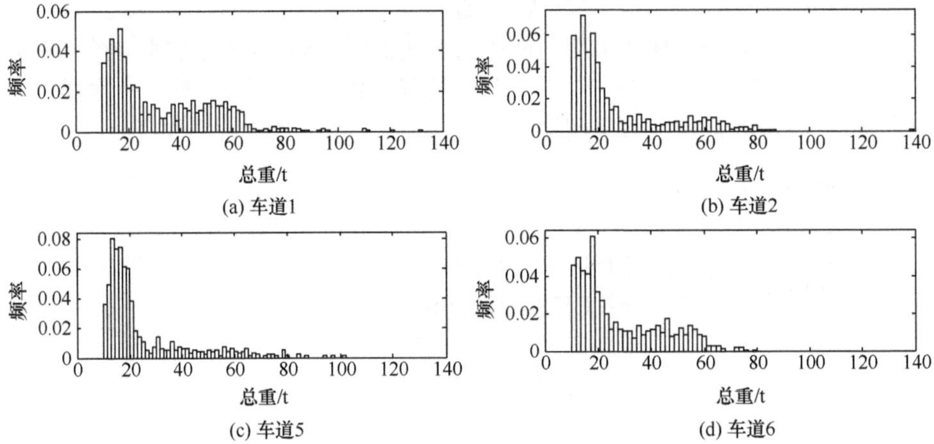

图 9.30　各车道单元内车辆荷载总重直方图

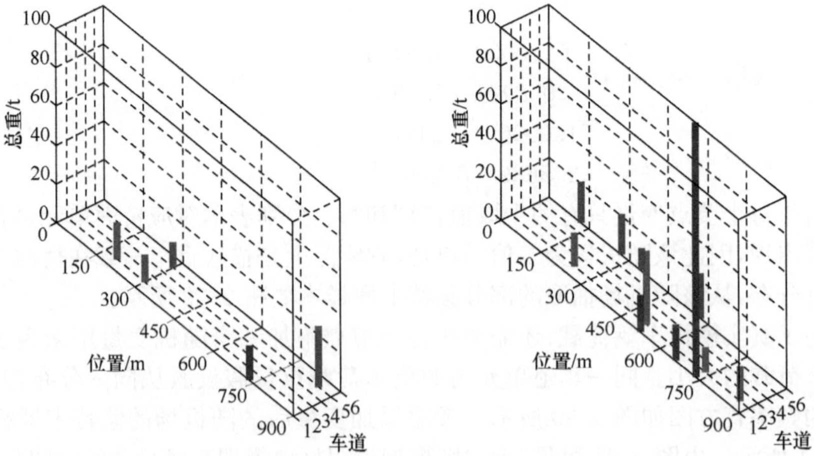

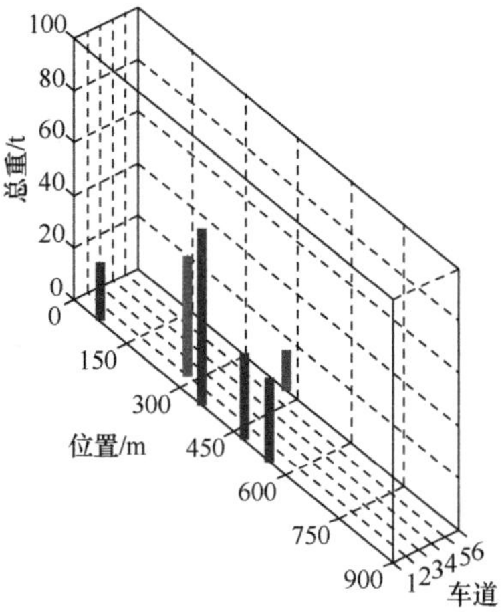

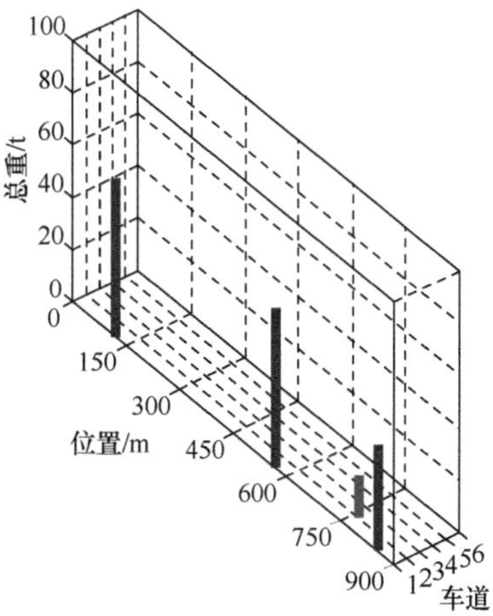

图 9.31　车辆荷载空间分布蒙特卡罗样本

第 10 章　基于监测数据的主梁安全评定方法

应变反映了结构在荷载作用下的局部受力状态，是结构安全最重要的度量指标之一，也是结构设计和状态评估最直接的变量之一。因此，应变监测在结构健康监测中具有十分重要的地位，几乎所有结构健康监测系统均布设了应变传感器，同时也积累了大量的应变监测数据。

本章首先根据监测的数据分析不同桥梁结构应变的特点；其次介绍采用应变监测数据对桥梁结构构件进行承载力极限状态评估和对桥梁结构钢构件进行疲劳累积损伤评估的方法。

10.1　应变监测数据特征

10.1.1　钢筋混凝土桥梁

本章选择哈尔滨工业大学结构监测与控制中心 Benchmark 模型为工程对象，介绍钢筋混凝土桥梁应变的建模方法。Benchmark 模型结构健康系统传感器的布设位置如图 10.1 所示，该斜拉桥全桥布置 4 个应变及温度场监测断面。其中在既有主梁的横截面 S1 和 S2 各布设 3 个应变传感器和 1 个温度补偿传感器，共 6 个应变传感器、2 个温度补偿传感器；在主梁合拢段的 S3 和 S4 断面各布设 5 个应变传感器、3 个温度补偿传感器，S4 截面预应力筋上还布设了 8 个应变传感器，共 18 个应变传感器、6 个温度补偿传感器。这里需要指出的是，由于温度作用下光纤光栅传感器及混凝土构件均产生变形，Benchmark 模型桥梁结构健康监测系统采用相同类型传感器原位进行温度补偿，即将与光纤光栅应变传感器相同型号的光纤光栅传感器作为温度补偿传感器，布设在与应变传感器处于相近位置的

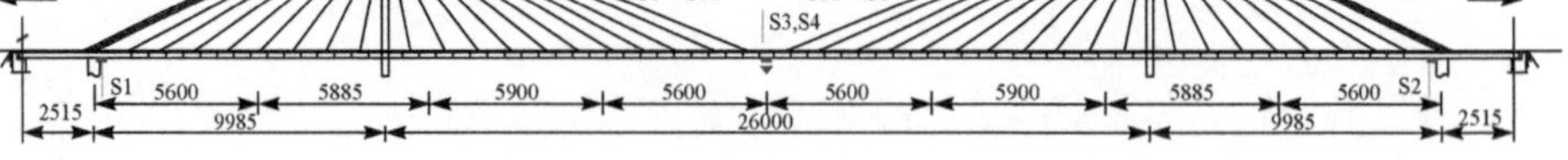

图 10.1　结构健康监测系统应变监测断面布置图（单位：cm）

混凝土构件上。应变和温度补偿传感器安装位置详见图 10.2,其他详细信息可见第 14 章和网站 http://smc/hit.edu/cn。

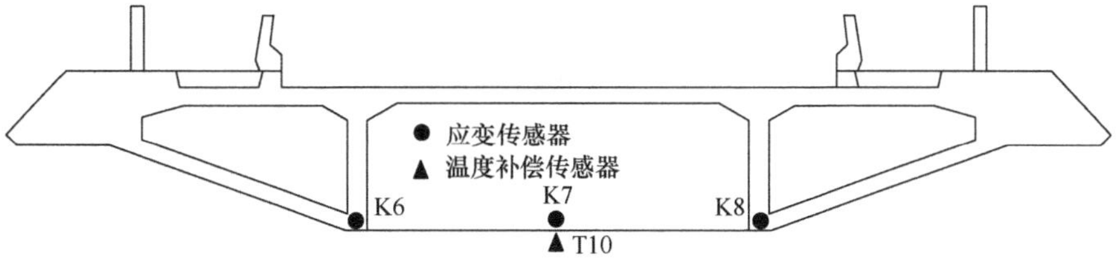

(a) 截面S1和S2

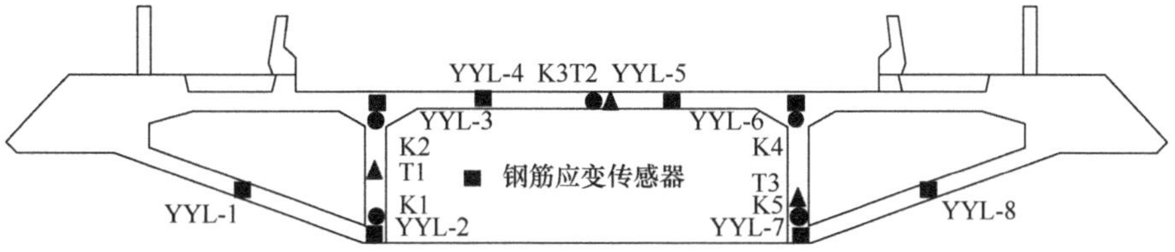

(b) 截面S3和S4

图 10.2　光纤光栅应变传感器截面布设位置

图 10.3 给出了 2008 年 1 月 10 日 12:00～17 日 12:00 Benchmark 桥梁监测的温度和平均风速。从图中可以看出,监测时段风速在 6m/s 以下,温度为 −10～2℃。

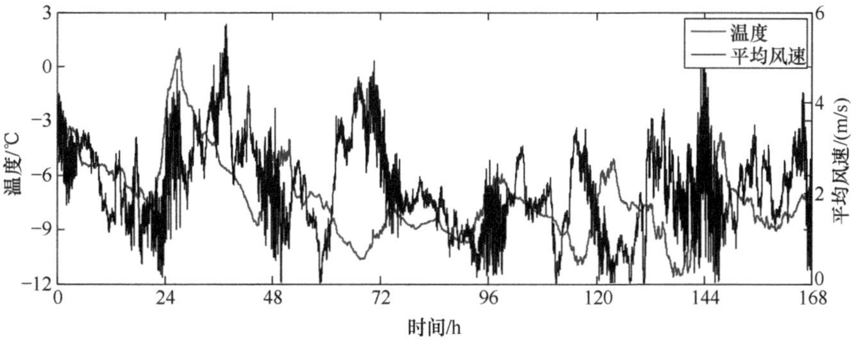

图 10.3　Benchmark 桥梁某监测时段温度和平均风速

图 10.4 给出了 2008 年 1 月 10 日 12:00～17 日 12:00 Benchmark 桥梁合拢段 S4 截面温度补偿传感器 S4-T1、下翼缘应变传感器 S4-K5 和上翼缘应变传感器 S4-K2 的监测数据。

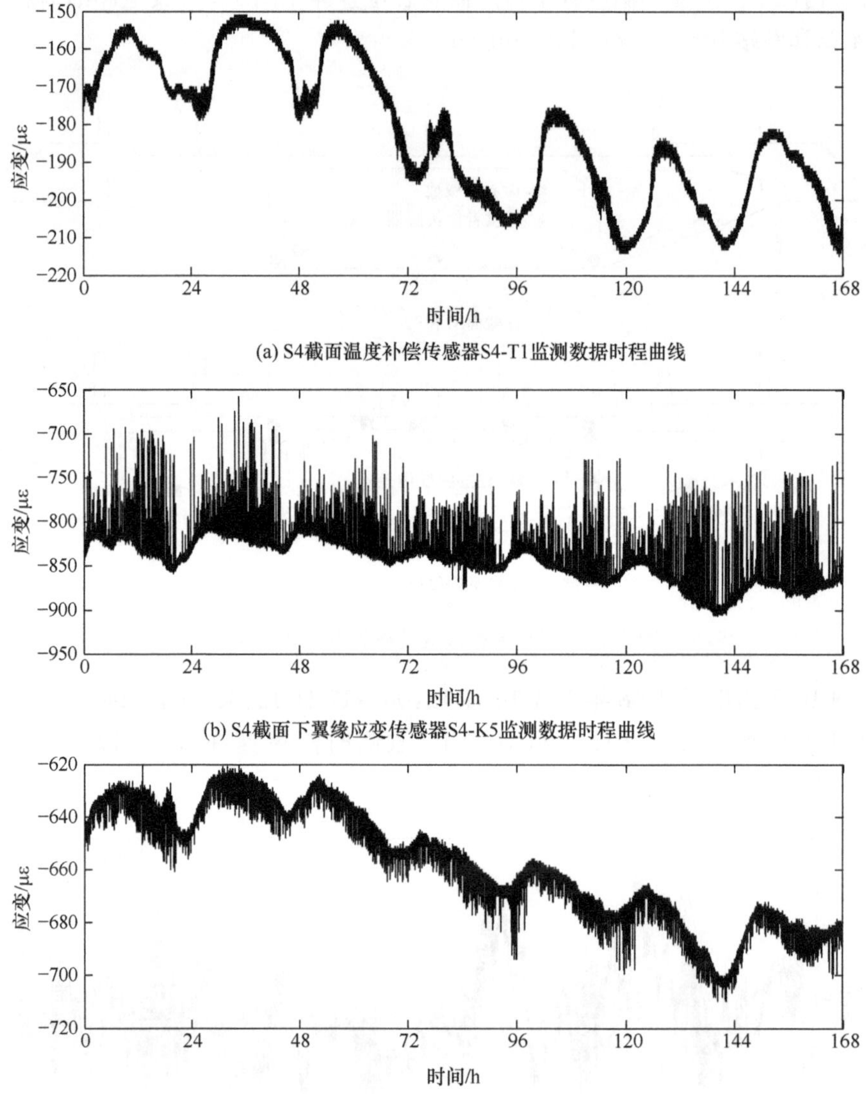

(a) S4截面温度补偿传感器S4-T1监测数据时程曲线

(b) S4截面下翼缘应变传感器S4-K5监测数据时程曲线

(c) S4截面上翼缘应变传感器 S4-K2监测数据时程曲线

图 10.4　运营阶段应变监测数据

温度补偿传感器采用与被补偿应变传感器相同类型的光纤光栅

应变传感器，粘贴于不受力的混凝土试件上，处于与被补偿应变传感器相同温度场中

利用如图 10.4(a)所示的监测数据，对图 10.4(b)和(c)监测数据进行温度补偿，得到结构受力应变监测结果如图 10.5 所示。

由于合拢段截面是桥梁加固中的现浇截面(具体情况参照第 14 章)，该截面上的应变传感器是在施工阶段焊接到钢筋上的，从施工阶段即开始应变监测，所以应

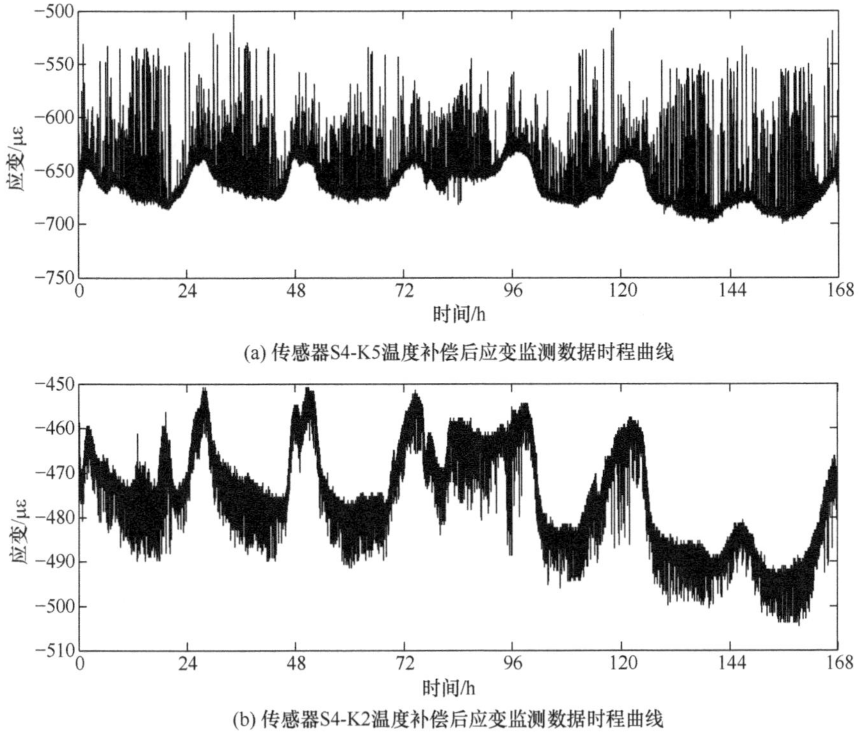

图 10.5　温度补偿后应变监测数据

变监测数据中包含混凝土收缩和徐变产生的应变，在数据处理过程中需要剔除混凝土收缩和徐变的影响，才能够准确地反映混凝土结构的受力状况。

10.1.2　钢桥

另一座大跨度斜拉桥为钢塔钢箱梁双索面五跨连续斜拉桥，其跨径布置为 63＋257＋648＋257＋63＝1288m。采用半漂浮结构体系，索塔处、辅助墩顶及过渡墩顶设置竖向支座（纵、横向均不约束）；索塔处纵向设置非线性弹性约束，用于约束活荷载及风荷载作用下钢箱梁纵向变位及抗震耗能；索塔、辅助墩及过渡墩处均横向设置抗风支座，用于抵抗风荷载及地震荷载作用下钢箱梁的横向变位。索塔为“人”字形塔，塔柱外侧圆曲线部分半径为 720m，高 215m，设 4 道横梁，其中下塔柱及下横梁为钢筋混凝土结构，其余部分为钢结构。全桥共设 8×21 对高强度平行钢丝外挤包高密度聚乙烯斜拉索，最小型号为 7×109，最大型号为 7×241。桥梁结构的总体布置如图 10.6 所示。

钢箱梁采用正交异性板流线型扁平钢箱梁，梁高 3.2m，宽（含风嘴）37.2m；顶板厚 14mm（紧急停车带及重车道厚 16mm），U 形加劲肋厚 8mm；底板厚 12mm

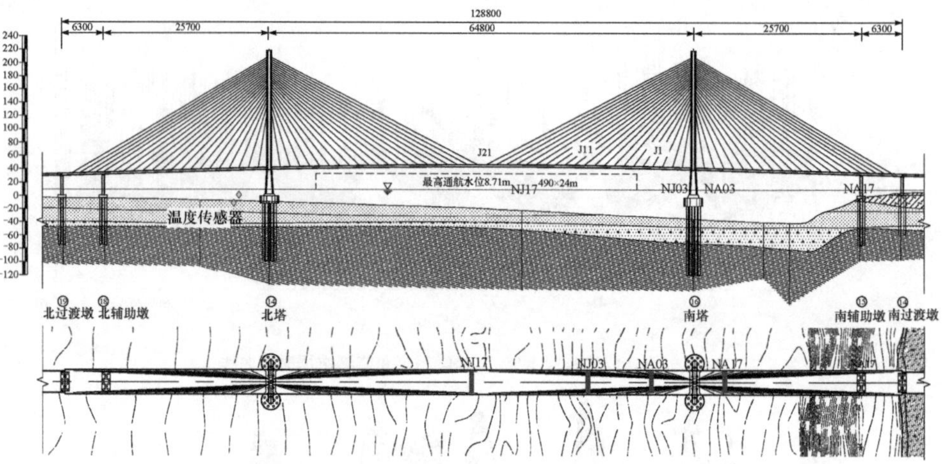

图 10.6　我国某座大跨度钢斜拉桥总体与监测断面布置图(单位:cm)

(辅助墩附近及索塔处支座附近厚 14mm),U 形加劲肋厚 6mm;腹板厚 30mm,斜拉索的锚箱焊接于腹板上。钢箱梁标准梁段长 15m,内设 4 道实体式横隔板,间隔 3.75m,斜拉索处横隔板厚 12mm(局部加厚至 16mm),其余横隔板厚 10mm。全桥钢箱梁划分为 89 个梁段,梁段长度为 6～15m,梁段最大吊重为 255t。梁段间工地接缝除顶板 U 形加劲肋和纵隔板弦杆采用高强度螺栓连接外,其余部分均为焊接。钢箱梁标准横断面如图 10.7 所示。

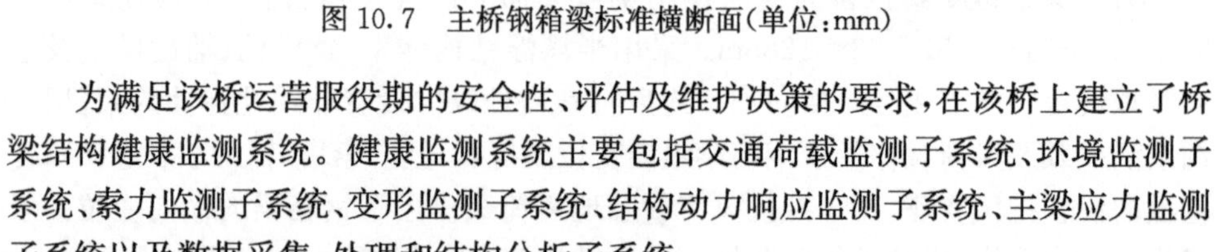

图 10.7　主桥钢箱梁标准横断面(单位:mm)

为满足该桥运营服役期的安全性、评估及维护决策的要求,在该桥上建立了桥梁结构健康监测系统。健康监测系统主要包括交通荷载监测子系统、环境监测子系统、索力监测子系统、变形监测子系统、结构动力响应监测子系统、主梁应力监测子系统以及数据采集、处理和结构分析子系统。

该桥应变测点布置如下:共布设 9 个梁段,分别为南塔岸测 17 号梁段(SA17)、南塔岸测 03 号梁段(SA03)、南塔江测 03 号梁段(SJ03)、南塔江测 17 号梁段(SJ17)、合拢段、北塔江测 17 号梁段(NJ17)、北塔江测 03 号梁段(NJ03)、北塔岸测 03 号梁段(NA03)以及北塔岸测 17 号梁段(NA17)。索力、温度和北塔应变传感器的监测断面如图 10.6 所示,典型监测断面 NA03 应变传感器布设方案如

图 10.7 所示，其中，上翼缘布设应变传感器 7 个，编号为 154～160；下翼缘布设传感器 9 个，编号为 161、182～189。

图 10.8 分别给出了 2006 年 6 月 4 日 0:00～11 日 0:00 Benchmark 桥梁 NA03 断面的环境温度、NA03 截面上翼缘和下翼缘的应力的数据（该桥的结构监测系统自动将应变转换为应力）。

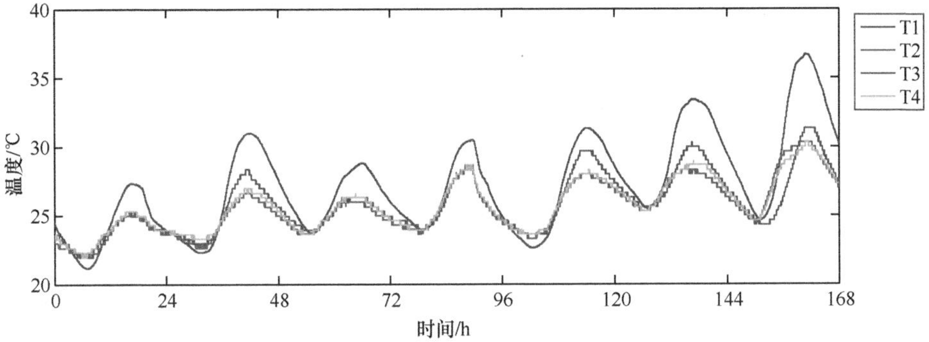

(a) 环境温度

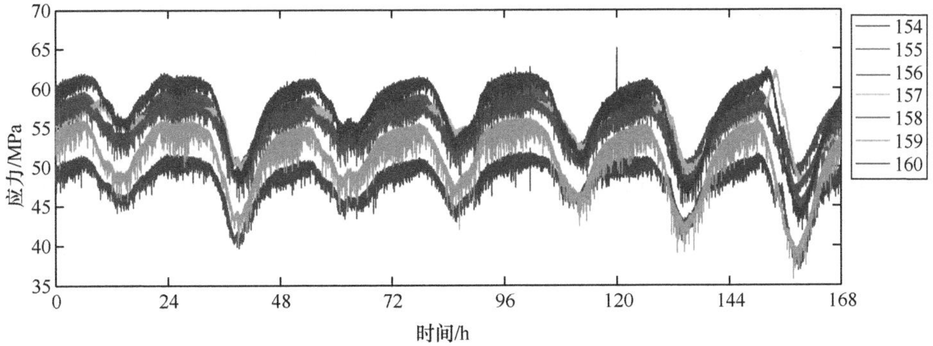

(b) 上翼缘应力

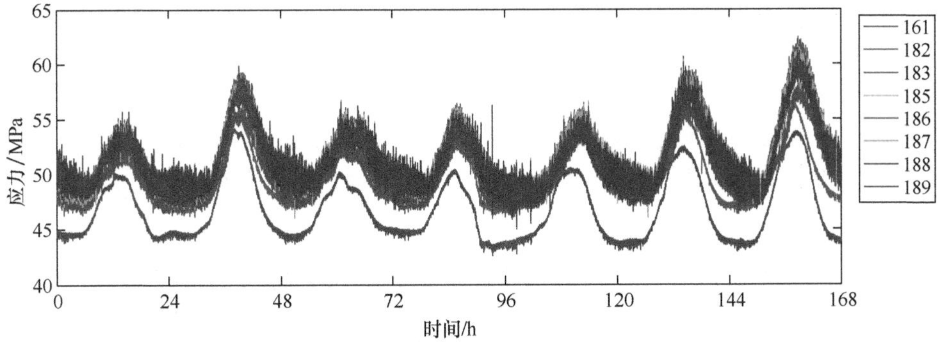

(c) 下翼缘应力

图 10.8　NA03 梁段运营阶段监测数据

从图 10.8 应力监测结果可以看出，主梁截面受力一致性较好，截面上翼缘、下翼缘的各个监测点数据变异性较小，且各个监测点的内力监测数据时间连续性较好。图 10.8 的数据表明，该桥主梁应变和应力也主要是由车辆和温度产生的，应力在 40～60MPa，远小于 Q345qD 钢材的屈服强度，表明桥梁结构处于弹性阶段，有足够的强度安全储备。

10.2 应变监测数据的解耦

10.2.1 趋势项应变解耦方法

大量运营阶段温度补偿后的桥梁结构应变监测结果表明，监测的应变数据一般是以下几类效应叠加或耦合的结果(Wei，1994；何书元，2004；王燕，2005)：

(1) 长期趋势变化。应变时间序列存在朝着某个方向持续上升或下降，或停留在某一水平上的趋势(如恒荷载应变)，反映了结构应变某一特定的变化趋势。对于钢筋混凝土桥梁结构，一般由混凝土收缩和徐变效应等产生这种趋势变化。

(2) 周期性变化。应变时间序列在某一时间内呈现周期变化的趋势，如由在较长时间历程内周期性变化的车辆荷载产生的应变以及由周期性温度次内力产生的应变。

(3) 随机变化。通常分为偶然突发变化和随机变化。偶然突发变化是指由战争(如轰炸)、自然灾害(如地震、台风)或其他事件(如船舶撞击)等偶然意外事件产生的结构应变。随机变化是指由随机因素产生的应变，如风荷载以及短时间内车辆荷载产生的应变等。

监测的运营阶段结构应变常常是上述几种或部分效应的叠加。本章只考虑混凝土收缩、徐变、恒荷载、温度荷载和车辆荷载对监测应变数据的影响。在随机荷载产生的不规则应变中，假定随机应变主要是由车辆荷载产生的，而风荷载产生的应变响应较小，可忽略。因此，在上述三种应变变化模式中，(1)和(2)的应变变化速率相对于(3)的随机应变变化较慢，故(1)和(2)的应变变化模式的部分或全部组合称为趋势项应变。本节介绍根据趋势项应变和车辆荷载应变变化速率的不同，采用滑动平均法(moving average method，MAM)进行趋势项应变和车辆荷载应变解耦的方法。本章以 $\bar{x}_T$ 表示趋势项应变，车辆荷载产生的应变可由 $x-\bar{x}_T$ 得到。

滑动平均法是一种简单平滑预测技术，基本思想就是根据时间序列数据，依次计算包含一定样本数的时间序列平均值，以反映数据隐含的长期趋势的方法。

设一样本容量为 M 的监测应变时间序列 $x_1,x_2,\cdots,x_k,\cdots,x_M$，正整数 $N<M$，则 k 时点的一次滑动平均值为

$$\bar{x}_{T,k}^{(1)} = \frac{x_{k-N+1} + \cdots + x_{k-1} + x_k}{N} = \frac{1}{N}\sum_{i=k-N+1}^{k} x_i \tag{10.1}$$

式中，$1 \leqslant N \leqslant k \leqslant M$，$\bar{x}_{T,k}^{(1)}$为第 k 时点的一次滑动平均值。

由式(10.1)可以得到如下迭代公式：

$$\bar{x}_{T,k}^{(1)} = \frac{x_{k-1} + \cdots + x_{k-N+1} + x_{k-N}}{N} + \frac{x_k - x_{k-N}}{N} = \bar{x}_{T,k-1}^{(1)} + \frac{x_k - x_{k-N}}{N} \tag{10.2}$$

式(10.2)表明，每一次滑动平均的样本点数目 N 不变，只是数据向后滑动一个样本点，得到一个新的平均数。

二次滑动平均的迭代计算格式为

$$\bar{x}_{T,k}^{(2)} = \frac{\bar{x}_{T,k}^{(1)} + \bar{x}_{T,k-1}^{(1)} + \cdots + \bar{x}_{T,k-N+1}^{(1)}}{N} = \bar{x}_{T,k-1}^{(2)} + \frac{\bar{x}_{T,k}^{(1)} - \bar{x}_{T,k-N}^{(1)}}{N} \tag{10.3}$$

即对一次滑动平均法的计算结果再进行一次滑动平均。

滑动平均法中 N 的取值与监测数据的趋势特征有关，当时间序列趋势变化不大且序列中随机变化成分较多时，滑动平均计算中 N 应取较大值，否则 N 应取较小值。当监测数据呈现周期性变化时，滑动平均的样本时长应取周期长度，当监测应变存在线性趋势项时，常采用二次滑动平均法。

以哈尔滨工业大学结构监测与控制中心 Benchmark 模型提供的桥梁主梁监测应变为例，移动平均的样本点数 N 取 20min 的采样点数，图 10.9 分别给出了哈尔滨工业大学结构监测与控制中心 Benchmark 桥梁 S4-K5 传感器采用一次滑动平均法和二次滑动平均法得到的应变趋势项时程曲线。从图 10.9 中可以看出，一次滑动平均法的结果与二次滑动平均法的结果基本相同，说明对该桥监测的主梁应变而言，二次滑动平均的应变趋势项即可将应变监测数据中的趋势项提取出来。

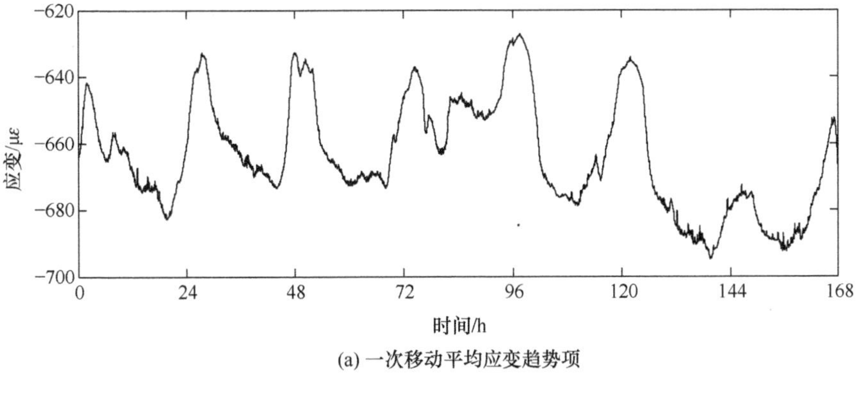

(a) 一次移动平均应变趋势项

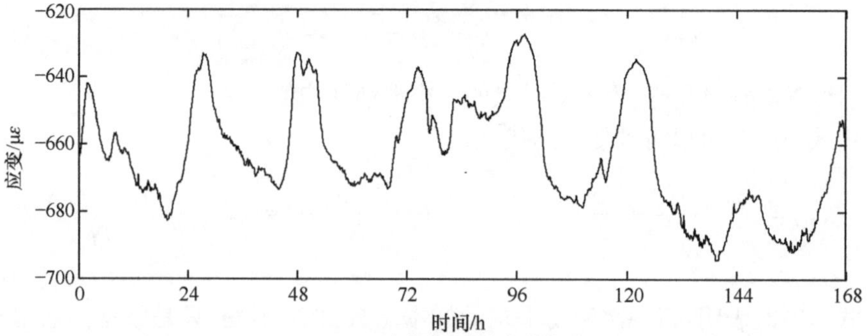

(b) 二次移动平均应变趋势项

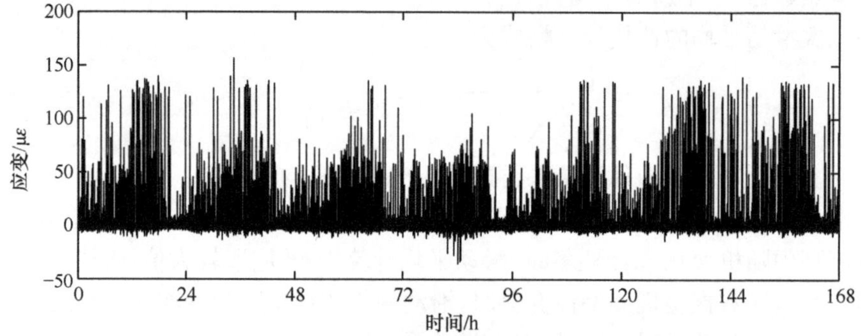

(c) 车辆荷载应变

图 10.9　S4-K5 应变解耦数据

图 10.10 给出了哈尔滨工业大学结构监测与控制中心 Benchmark 模型监测的桥梁 S4-K2 应变数据解耦计算的结果。比较图 10.9 和图 10.10 可知，该桥梁主梁截面的应变变化主要是车辆和温度次内力产生的，其中局部峰值是车辆荷载产生的，趋势项反映了温度次内力对应变的影响；对该桥而言，环境温度对相同截面的上、下翼缘应变具有相似的影响，表明温度次内力对该截面主要产生轴力效应；而车辆荷载对截面上、下翼缘的应变影响符号相反，表明车辆荷载对该截面主要产生弯矩效应。

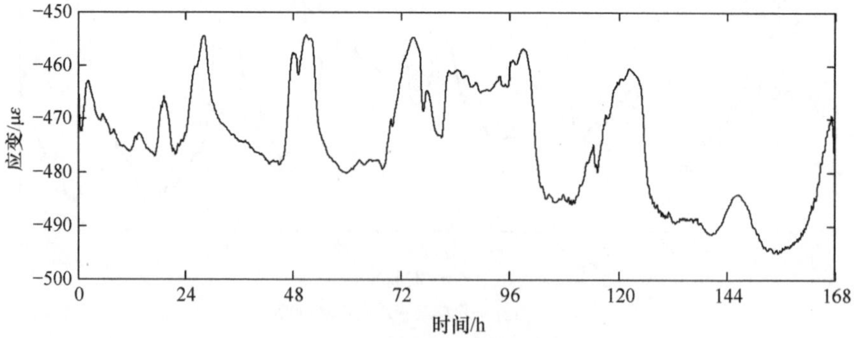

(a) 二次移动平均应变趋势项

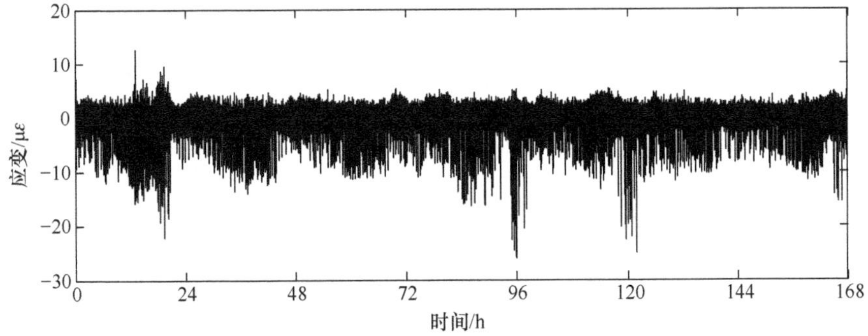

(b) 车辆荷载应变

图 10.10　S4-K2 应变解耦数据

由图 10.3(a)、图 10.9 和图 10.10 的分析结果也可以看出，温度变化约为 12℃的情况下，温度次内力引起的下翼缘应变传感器 S4-K5 的变化范围约为 80με，上翼缘应变传感器 S4-K2 的变化范围约为 50με，而车辆荷载引起的下翼缘应变传感器 S4-K5 的变化范围约为 180με，上翼缘应变传感器 S4-K2 的变化范围约为 30με。由此可以看出，对于该 Benchmark 模型桥梁，车辆荷载和温度次内力对关键截面应变的影响具有相近的数量级。

这里介绍的另一座大跨度钢斜拉桥 NA03 断面(断面位置见图 10.6)钢箱梁 158 号传感器的应力解耦结果如图 10.11 所示。从图中可以看出，在温度变化范围约为 15℃的情况下，温度次内力引起 NA03 截面应力变化范围约为 14MPa，同时车辆荷载引起的应力变化范围约为 6MPa，车辆荷载引起的应力变化范围小于温度引起的应力变化。

由图 10.9～图 10.11 的对比可以看出，无论是钢筋混凝土桥梁还是钢桥梁，其温度补偿后的应变(应力)主要是由车辆和温度次内力引起的，其中局部应力峰值是车辆荷载产生的，趋势项应变(应力)的变化是温度次内力产生的；对于跨度较大的桥梁，车辆荷载引起的结构内力小于温度作用产生的内力，而对于跨径较小的桥梁结构(哈尔滨工业大学结构监测与控制中心 Benchmark 模型桥梁)，温度和车辆荷载对主梁内力影响都比较显著。

对一般运行状况下的应变监测数据解耦以后，即可分别对应变(应力)趋势项和车辆荷载应变(应力)数据进行分析。

10.2.2　混凝土收缩与徐变应变解耦方法

对于钢筋混凝土桥梁结构，混凝土的收缩和徐变对监测应变有较大影响，因此，需要从监测的应变中分离出混凝土收缩和徐变产生的应变。目前，实际工程中混凝土收缩和徐变还难以监测，一般采用理论方法计算出混凝土的收缩和徐变变

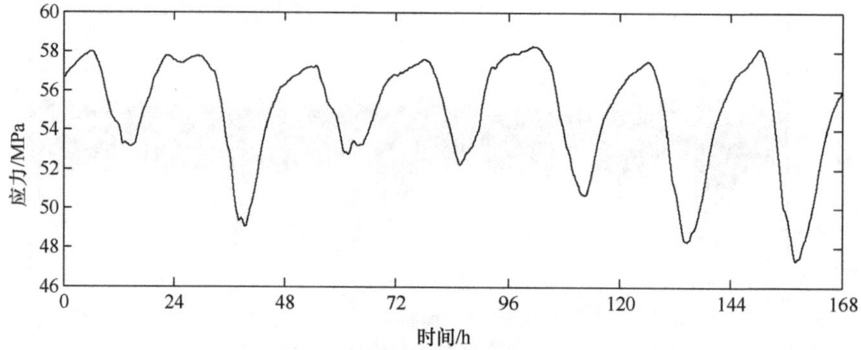

(a) 二次移动平均应力趋势项

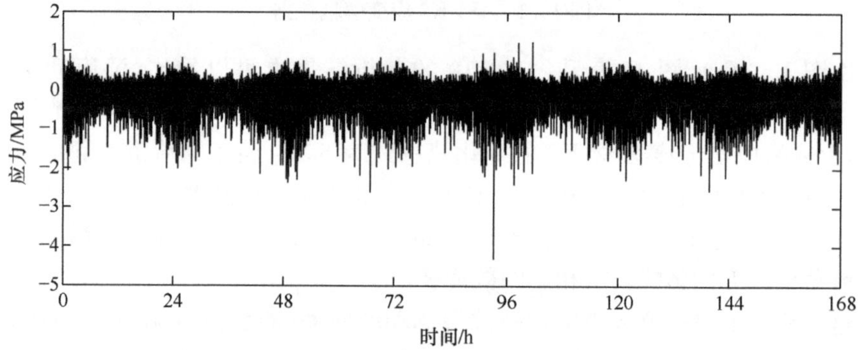

(b) 车辆荷载应力

图 10.11　NA03 截面 158 号传感器应力解耦数据

形,并在监测应变中将其分离出来。

国内外学者提出了许多混凝土收缩徐变模型,其中应用较多的有 CEB-FIP 系列模型、ACI 系列模型、BP 系列模型和 AASHTO 系列模型以及 GL2000 模型等,本章选用《公路钢筋混凝土及预应力混凝土桥涵设计规范》(JTG D62—2004)中的收缩徐变模型(JTGD62 模型),与 CEB-FIB(1990)模型基本一致。在 JTGD62 模型中,关于混凝土的收缩计算主要考虑了 5 个主要因素对混凝土收缩变形的影响:水泥种类、构件尺寸、环境平均相对湿度、加载龄期和混凝土抗压强度。试验研究表明,混凝土本身强度并不影响其收缩变形量,但是混凝土中水泥用量、水灰比、骨料状况和养护条件等影响收缩的因素都不同程度地与混凝土强度有关,因此,计算中引入混凝土抗压强度可以间接地、综合地反映这些因素的影响。依据《公路钢筋混凝土及预应力混凝土桥涵设计规范》(JTG D62—2004),混凝土的收缩应变可以由下列公式计算:

$$\varepsilon_{cs}(t,t_s)=\varepsilon_{cso}\beta_s(t-t_s) \tag{10.4}$$

$$\varepsilon_{cso}=\varepsilon_{cs}(f_{cm})\beta_{RH} \tag{10.5}$$

$$\varepsilon_{cs}(f_{cm})=\left[160+10\beta_{sc}\frac{9-f_{cm}}{f_{cmo}}\right]\times10^{-6} \tag{10.6}$$

$$\beta_{RH}=1.55[1-(RH/RH_0)^3] \tag{10.7}$$

$$\beta_s(t-t_s)=\left[\frac{(t-t_s)/t_1}{350\,(h/h_0)^2+(t-t_s)/t_1}\right]^{0.5} \tag{10.8}$$

式中，t 为混凝土龄期，d；t_s 为收缩开始时混凝土龄期，d，可假定为 3～7d；$\varepsilon_{cs}(t,t_s)$ 表示收缩开始时龄期为 t_s、计算龄期为 t 时的收缩应变；ε_{cso} 为名义收缩系数；β_s 为收缩随时间发展系数；f_{cm} 为强度等级为 C20～C50 混凝土在 28d 龄期时平均立方体抗压强度，MPa，$f_{cm}=0.8f_{cu,k}+8.0$MPa，$f_{cu,k}$ 为龄期 28d、具有 95%保证率的混凝土立方体抗压强度标准值，MPa；β_{RH} 为与平均相对湿度相关的系数，适用于 40%≤RH≤90%；RH 为环境年平均相对湿度，%；β_{sc} 为与水泥种类有关的系数，对一般硅酸盐类水泥或快硬水泥，$\beta_{sc}=5.0$；h 为构件理论高度，$h=2A/u$；A 为构件截面面积；u 为构件与大气接触的周边长度；$RH_0=100\%$，$h_0=100$mm，$t_1=1$d，$f_{cmo}=10.0$MPa。

《公路钢筋混凝土及预应力混凝土桥涵设计规范》(JTG D62—2004)也给出了混凝土徐变系数的计算方法，其认为影响徐变的参数主要有混凝土强度、构件尺寸、构件暴露的平均相对湿度、加载龄期、持荷水平和水泥种类等，给出的混凝土徐变系数计算公式为

$$\phi(t,t_0)=\phi_0\beta_c(t-t_0) \tag{10.9}$$

$$\phi_0=\phi_{RH}\beta(f_{cm})\beta(t_0) \tag{10.10}$$

$$\phi_{RH}=1+\frac{1-RH/RH_0}{0.46\,(h/h_0)^{1/3}} \tag{10.11}$$

$$\beta(f_{cm})=\frac{5.3}{(f_{cm}/f_{cm0})^{0.5}} \tag{10.12}$$

$$\beta(t_0)=\frac{1}{0.1+(t_0/t_1)^{0.2}} \tag{10.13}$$

$$\beta_c(t-t_0)=\left[\frac{(t-t_0)/t_1}{\beta_H+(t-t_0)/t_1}\right]^{0.3} \tag{10.14}$$

$$\beta_H=150\left[1+\left(1.2\frac{RH}{RH_0}\right)^{18}\right]\frac{h}{h_0}+250\leqslant1500 \tag{10.15}$$

式中，t_0 为混凝土受荷时的龄期，d；t 为混凝土龄期，d；$\phi(t,t_0)$为加载龄期为 t_0、龄期 t 时的混凝土徐变系数；ϕ_0 为名义徐变系数；β_c 为加载后徐变随时间发展系数。f_{cm}、f_{cmo}、RH、RH_0、h、h_0 和 t_1 的意义及其采用值与混凝土收缩计算公式的取值相同。

上述模型给出的是常温 20℃下素混凝土收缩和徐变计算方法，而处于自然环

境的混凝土,其温度是变化的,故需对上述模型进行修正。修正采用如下方法(中华人民共和国交通运输部,2004)。修正的名义收缩系数为

$$\beta_{\mathrm{RH,T}}=\beta_{\mathrm{RH}}\beta_{\mathrm{T}} \tag{10.16}$$

$$\beta_{\mathrm{T}}=1+\frac{8}{103-100\mathrm{RH}}\frac{T-20}{40} \tag{10.17}$$

式中,$\beta_{\mathrm{RH,T}}$为与温度有关的系数,用以代替式(10.5)中的β_{RH}。

修正的收缩发展系数为

$$\alpha_{\mathrm{T}}=350\ (h/h_0)^2\mathrm{e}^{-0.06(T-20)} \tag{10.18}$$

式中,α_{T} 为与温度有关的系数,用以替代式(10.8)中的 $350(h/h_0)^2$。

修正的名义徐变系数为

$$\phi_{\mathrm{RH,T}}=\phi_{\mathrm{T}}+(\phi_{\mathrm{RH}}-1)\phi_{\mathrm{T}}^{1.2} \tag{10.19}$$

$$\phi_{\mathrm{T}}=\mathrm{e}^{0.015(T-20)} \tag{10.20}$$

式中,$\phi_{\mathrm{RH,T}}$为与温度有关的系数,以代替式(10.10)中的 ϕ_{RH}。

修正的徐变发展系数为

$$\beta_{\mathrm{H,T}}=\beta_{\mathrm{H}}\beta_{\mathrm{cT}} \tag{10.21}$$

$$\beta_{\mathrm{cT}}=\exp\left[\frac{1500}{273+T}-5.12\right] \tag{10.22}$$

式中,$\beta_{\mathrm{H,T}}$用以替代式(10.15)中的 β_{H}。

对于加载龄期为 t_0 的混凝土,至计算时刻 t_n,假定其所处的环境温度和湿度共变化 n 次,据此将时间划分为 n 个时间段,基于叠加原理,t_n 时刻的收缩应变和徐变系数为其前 n 个时间段内的收缩应变和徐变系数增量之和。而第 i 个时间段内收缩应变和徐变系数增量假定仅与该时间段内混凝土所处环境温度 T_i 和湿度 RH_i 有关,与其他时间段内的环境因素无关,因此第 i 时间段内收缩应变和徐变系数可以表示为

$$\Delta\varepsilon_i=\varepsilon(t_i,t_{\mathrm{s}},T_i,\mathrm{RH}_i)-\varepsilon(t_{i-1},t_{\mathrm{s}},T_i,\mathrm{RH}_i) \tag{10.23}$$

$$\Delta\phi_i=\phi(t_i,t_0,T_i,\mathrm{RH}_i)-\phi(t_{i-1},t_0,T_i,\mathrm{RH}_i) \tag{10.24}$$

式中,$\varepsilon(t_i,t_{\mathrm{s}},T_i,\mathrm{RH}_i)$、$\varepsilon(t_{i-1},t_{\mathrm{s}},T_i,\mathrm{RH}_i)$分别为混凝土在平均温度 T_i 和平均湿度 RH_i 下,收缩开始时龄期为 t_{s}、t_i 和 t_{i-1}时刻的收缩应变;$\phi(t_i,t_0,T_i,\mathrm{RH}_i)$、$\phi(t_{i-1},t_0,T_i,\mathrm{RH}_i)$分别为混凝土在平均温度 T_i 和平均湿度 RH_i 下,加载龄期为 t_{s}、t_i 和 t_{i-1}时刻的徐变系数,因此 t_n 时刻的收缩应变和徐变系数为

$$\varepsilon_{\mathrm{cs}}(t,t_{\mathrm{s}})=\sum_{i=1}^{n}\Delta\varepsilon_i=\sum_{i=1}^{n}\{\varepsilon(t_i,t_{\mathrm{s}},T_i,\mathrm{RH}_i)-\varepsilon(t_{i-1},t_{\mathrm{s}},T_i,\mathrm{RH}_i)\} \tag{10.25}$$

$$\phi(t,t_0)=\sum_{i=1}^{n}\Delta\phi_i=\sum_{i=1}^{n}\{\phi(t_i,t_0,T_i,\mathrm{RH}_i)-\phi(t_{i-1},t_0,T_i,\mathrm{RH}_i)\} \tag{10.26}$$

哈尔滨工业大学结构监测与控制中心 Benchmark 模型桥梁自 2006 年 9 月(合拢段开始浇筑)开始以后的 17 个月内的月平均气温和平均湿度如图 10.12 所示,采用 JTGD62 模型计算的混凝土收缩应变和徐变系数如图 10.13 所示。从图 10.13 中可以看出,考虑了环境参数变化影响的收缩应变和徐变系数比不考虑环境参数变化影响均有所减小;而以年平均气温和湿度代替各月平均气温和湿度进行收缩应变和徐变系数计算的结果,与考虑各月环境因素变化计算的收缩应变和徐变系数相比,t_n 时刻的结果近似相等。

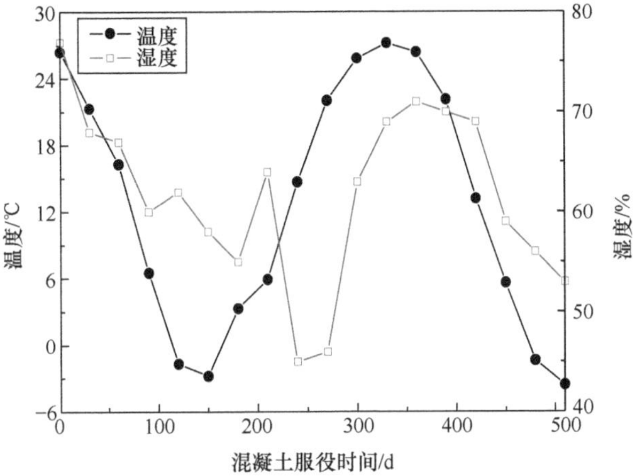

图 10.12　监测的平均温度和湿度

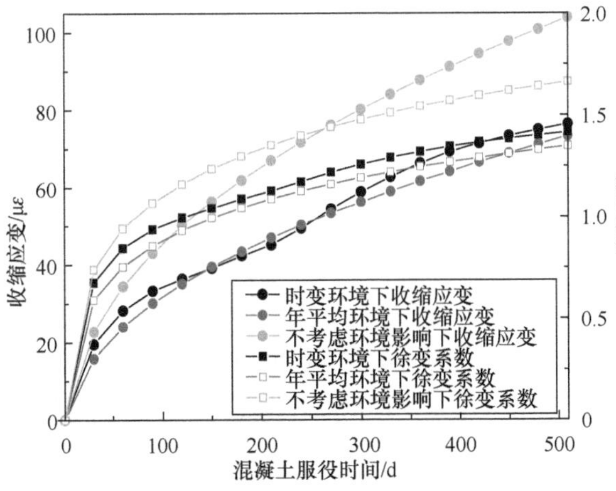

图 10.13　JTGD62 模型计算的收缩应变和徐变系数

图 10.14 给出了钢筋混凝土桥梁结构典型截面剔除收缩徐变影响后的趋势项应变监测结果。通过对比图 10.9、图 10.10 和图 10.14 可以看出,收缩和徐变对

混凝土结构健康监测系统应变监测结果具有重要影响，是混凝土桥梁结构监测应变数据分析，特别是应变长期趋势分析中必须进行的数据预处理过程。

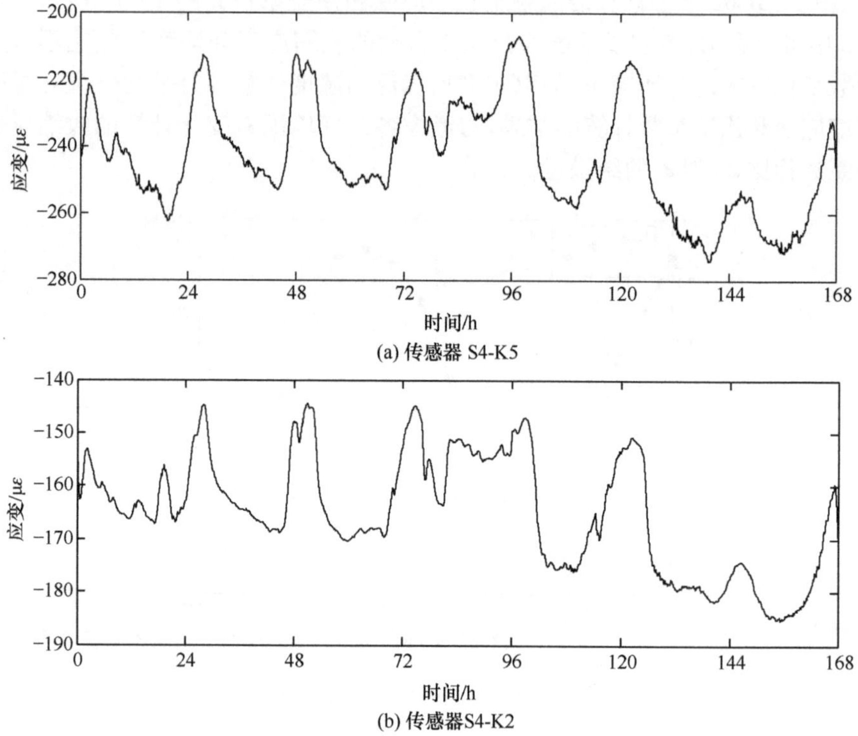

图 10.14　监测应变数据预处理结果

对于钢结构桥梁，由于不存在混凝土的收缩徐变问题，所以不需要进行本节介绍的数据预处理过程，只需要将数据按照 10.2 节介绍的解耦方法进行数据解耦即可。

10.3　基于监测应变的结构承载力极限状态安全评定

对于安装了健康监测系统的桥梁结构，可以通过应变传感器直接监测得到结构关键截面的应变响应。一方面，可以根据监测的应变以及材料的特性进行结构安全评定；另一方面，考虑到结构设计时的极限承载力是以内力来表达的，也可由监测的应变进一步计算得到构件的内力进行结构安全评定。

结构安全评定可采用确定性方法或随机方法。确定性方法是将基于监测计算的内力与结构构件设计值比较或者与构件极限承载力比较即可，构件极限承载力需考虑材料性能退化和构件损伤对极限承载力的降低。这里主要介绍结构安全评定的随机方法。

10.3.1　关键构件荷载效应概率模型

正如前面所述，本章主要考虑桥梁主梁和桥塔关键构件，拉索安全评定将在第 11 章介绍。

假设在桥梁结构第 i 截面的上翼缘和下翼缘均布设了应变传感器，且正截面服从平截面假定，其应变与构件弯矩和轴力等内力之间的关系为

$$\begin{cases} E_{\mathrm{L}}\varepsilon_{\mathrm{u}i}=\dfrac{N_{0i}}{A_{ni}}-\dfrac{M_{0i}}{I_{ni}}y_{\mathrm{u}i} \\ E_{\mathrm{L}}\varepsilon_{\mathrm{l}i}=\dfrac{N_{0i}}{A_{ni}}+\dfrac{M_{0i}}{I_{ni}}y_{\mathrm{l}i} \end{cases} \tag{10.27}$$

式中，E_{L} 为桥梁结构的弹性模量，可取模型修正得到的时变弹性模量；$\varepsilon_{\mathrm{l}i}$、$\varepsilon_{\mathrm{u}i}$分别为截面下翼缘和上翼缘的监测应变值，相应的 $E_{\mathrm{L}}\varepsilon_{\mathrm{l}i}$和$E_{\mathrm{L}}\varepsilon_{\mathrm{u}i}$分别表示下翼缘和上翼缘的应力值；$N_{0i}$和$M_{0i}$为截面所受的轴力和弯矩；$A_{ni}$、$I_{ni}$为截面面积和截面惯性矩；$y_{\mathrm{u}i}$、$y_{\mathrm{l}i}$为上翼缘和下翼缘应变传感器位置到惯性轴之间的距离。

由式(10.27)可得到以监测应变表示的截面弯矩和轴力为

$$M_{0i}=\frac{E_{\mathrm{L}}I_{ni}}{y_{\mathrm{u}i}+y_{\mathrm{l}i}}(\varepsilon_{\mathrm{l}i}-\varepsilon_{\mathrm{u}i})$$

$$N_{0i}=A_{ni}\left(E_{\mathrm{L}}\varepsilon_{\mathrm{u}i}+\frac{M_{0i}}{I_{ni}}y_{\mathrm{u}i}\right) \tag{10.28}$$

式中，$E_{\mathrm{L}}I_{ni}/(y_{\mathrm{u}i}+y_{\mathrm{l}i})$为与截面相关的常系数。

因此，只需要将上翼缘和下翼缘解耦后的应变数据、传感器布设位置与截面形心之间的距离代入式(10.28)，即可计算趋势项弯矩和轴力及车辆荷载弯矩和轴力效应。

对未布设应变传感器的截面，需要采用监测得到的车辆荷载或环境荷载信息，施加在修正的有限元模型上计算桥梁结构关键构件的荷载效应；或者采用 Kalman 滤波器估计未监测截面上的构件荷载效应。

本节将分别对恒荷载效应、温度荷载效应、车辆荷载效应以及风荷载效应概率模型的建模方法进行介绍。

1. 恒荷载效应概率模型

假设钢筋混凝土桥梁剔除收缩徐变影响的趋势项应变以及钢结构桥梁解耦后的趋势项应变主要是由温度次应力和恒荷载引起的。因此，对于布设应变传感器的截面，将解耦并预处理后的趋势项应变代入式(10.28)计算得到的截面趋势项弯矩也主要由温度次内力和恒荷载引起，采用相关系数 ρ_{M} 对趋势项弯矩和环境温度进行相关性分析：

$$\rho_M = \frac{\text{cov}[T, M_{TR}(T)]}{\sigma(T)\sigma(M_{TR})} \tag{10.29}$$

式中,T 为自变量(温度);M_{TR}为因变量(趋势项弯矩);cov(•)和 σ(•)分别为协方差函数和标准差函数。

检验趋势项弯矩与温度之间的相关系数,如果相关系数绝对值大于某一阈值(如 0.6),即可采用回归方法拟合趋势项弯矩和温度之间的相关关系,为简单起见,这里采用线性拟合,即

$$M_{TR}(t) = M_0 + \beta_S(T - T_H) + \Delta M_{TR} \tag{10.30}$$

式中,T_H 为桥梁结构合拢温度;β_S 为单位温度变化产生的桥梁结构荷载效应;M_0 为桥梁结构恒荷载弯矩效应;ΔM_{TR}表示模型拟合的残差。

对于未布设应变传感器的截面,可以通过有限元模型直接计算二期恒载作用下关键构件恒荷载弯矩效应 M_0。

一般地,对于恒荷载弯矩效应 M_0 的概率分布,在利用监测数据或计算得到恒荷载弯矩效应 M_0 后,依据《公路工程结构可靠度设计统一标准》(GB/T 50283—1999)的规定,可以假定桥梁结构恒荷载弯矩效应 M_0 服从正态分布,标准值为 $1.0148M_0$,变异系数为 0.0431。

2. 温度荷载效应概率模型

式(10.30)给出了监测截面环境温度变化与趋势项效应之间的关系模型,可以拟合单位温度荷载作用下的效应,即斜率 β_S。对于未布设应变传感器的截面,可通过有限元模型计算单位温度荷载作用下的效应 β_S。在温度 T 作用下,桥梁结构温度荷载效应可表示为

$$S_T(T) = \beta_S(T - T_H) \tag{10.31}$$

式中,$S_T(t)$为温度荷载效应。

对桥梁结构某个截面而言,式(10.30)中的 β_S 和桥梁结构合拢温度 T_H 都是常数,温度荷载效应 $S_T(T)$概率模型只与桥址处环境温度的概率分布有关,下面简单介绍桥址处日平均气温截口分布与年最高和最低日平均气温极值分布的统计方法。

若有长期结构健康监测数据,可以利用桥址处多年环境温度监测数据,拟合日平均气温的概率分布截口分布 $F_T(x)$,监测数据一般以年为单位;同时可以将年最高和最低日平均气温选取出来构成年极值序列,通过 K-S 假设检验,均不拒绝极值Ⅰ型分布:

$$F_{TY}(x) = \exp\left[-\exp\left(-\frac{x - \beta_T}{\alpha_T}\right)\right] \tag{10.32}$$

式中,分布参数 α_T 和 β_T 可以通过极大似然估计得到。

对新建结构健康监测系统,同样可以通过对日平均气温的概率分布拟合(以年

为周期)，可以获得桥址处环境温度的截口分布 $F_T(x)$；但由于桥址处年最高和最低日平均气温监测数据过少，分布参数 α_T 和 β_T 可依据《公路工程结构可靠度设计统一标准》(GB/T 50283—1999)的规定选取。

在得到桥址处日平均气温概率分布截口分布 $F_T(x)$ 与年最高和最低日平均气温概率分布 $F_{TY}(x)$ 后，即可由式(10.31)间接得到环境温度荷载效应的截口分布 $F_{ST}(x)$ 和年极值分布 $F_{STY}(x)$。

$$\begin{cases} F_{ST}(x)=F_T\left(\dfrac{x}{\beta_S}-T_H\right) \\ F_{STY}(x)=F_{TY}\left(\dfrac{x}{\beta_S}-T_H\right) \end{cases} \tag{10.33}$$

相应的后续服役期或计算周期 T_S 年内温度荷载效应的极值分布可以表示为

$$\begin{aligned} F_{MT}(x)&=[F_{STY}(x)]^{T_S}=\left[F_{TY}\left(\frac{x}{\beta_S}-T_H\right)\right]^{T_S} \\ &=\exp\left\{-\exp\left[-\frac{x-\beta_S T_H-\beta_S(\beta_T+\alpha_T\ln T_S)}{\beta_S\alpha_T}\right]\right\} \end{aligned} \tag{10.34}$$

将图 10.14 所示预处理后的监测应变代入式(10.28)，计算得到如图 10.15(a)所示 S4 截面的趋势项弯矩。由于趋势项弯矩与环境温度的相关性系数为 0.622，绝对值大于 0.6，进一步利用式(10.30)对趋势项弯矩进行线性拟合[见图 10.15(b)]，求解 S4 截面单位温度荷载作用下的效应 β_S。

哈尔滨工业大学结构监测与控制中心 Benchmark 模型桥梁连续 2 年的日平均气温如图 10.16 所示。

对图 10.16 所示日平均气温采用多峰概率分布建模，主要通过三个正态分布概率分布函数加权得到(Li et al，2012b)

$$\begin{aligned} F_T(x)=&0.276\Phi\left(\frac{x+1.39}{3.28}\right)+0.267\Phi\left(\frac{x-10.63}{4.93}\right) \\ &+0.457\Phi\left(\frac{x-25.80}{3.06}\right) \end{aligned} \tag{10.35}$$

由于该结构健康监测系统运行时间较短，桥址处年最高和最低日平均气温极值分布采用规范规定的概率分布可以表示为

$$\begin{aligned} F_{TY}(x)&=\exp\left[-\exp\left(-\frac{x+9.8}{1.56}\right)\right] \\ F_{TY}(x)&=\exp\left[-\exp\left(-\frac{x-29.5}{0.78}\right)\right] \end{aligned} \tag{10.36}$$

将拟合得到的系数 β_S、式(10.35)和式(10.36)代入式(10.33)、式(10.34)，即可得到 S4 截面温度荷载效应的截口分布 $F_{ST}(x)$ 和极值分布概率模型 $F_{MT}(x)$。

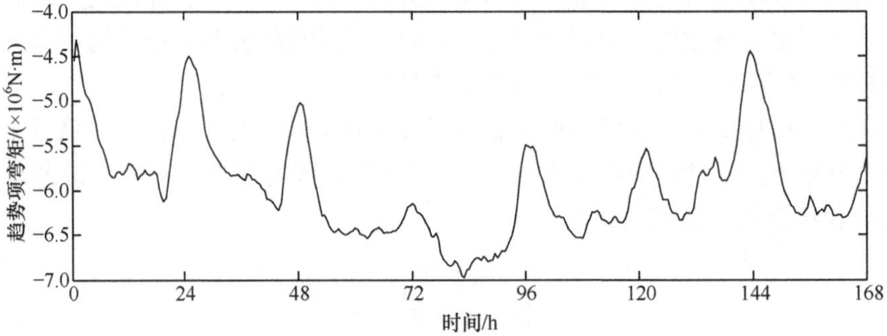

(a) S4截面的趋势项弯矩

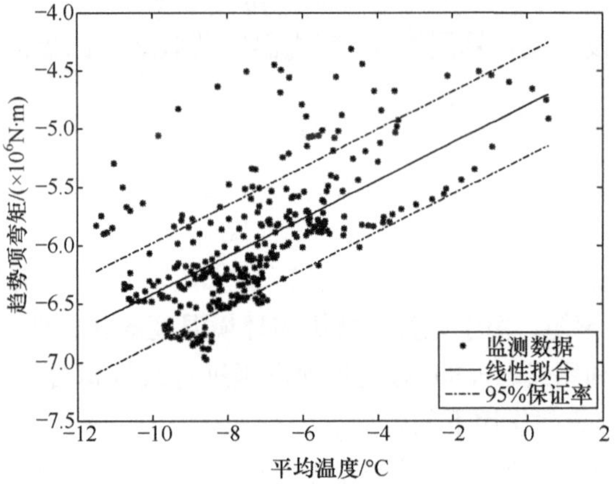

(b) 趋势项弯矩线性拟合结果

图 10.15　S4 截面趋势项弯矩与线性拟合结果

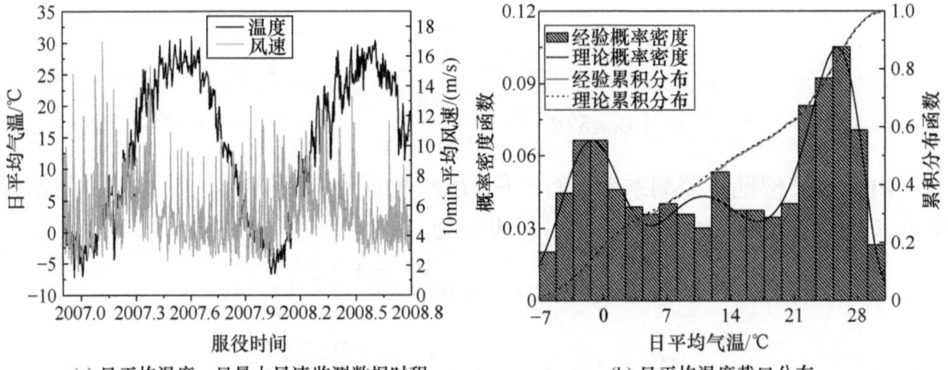

(a) 日平均温度、日最大风速监测数据时程　　(b) 日平均温度截口分布

图 10.16　环境监测数据及概率分布拟合

3. 车辆荷载效应概率模型

将预处理后得到的哈尔滨工业大学结构监测与控制中心 Benchmark 模型桥梁 S4 截面上、下翼缘车辆荷载应变[见图 10.9(c)和图 10.10(b)]代入式(10.28)计算 S4 截面的车辆荷载弯矩时程,如图 10.17(a)所示。从图 10.17(a)可以看出,与车辆荷载监测数据不同的是,车辆荷载产生的主梁截面弯矩变化是一个过程变量,且变化过程持续时间较长,弯矩变化的随机过程不能直接利用滤过 Poisson 过程描述。

这里首先对计算弯矩时程曲线进行峰值提取,而将提取后的峰值采用滤过 Poisson 过程描述。图 10.17(b)星号部分给出了某一条弯矩时程曲线峰值提取的结果,包括弯矩峰值及其出现的时刻。

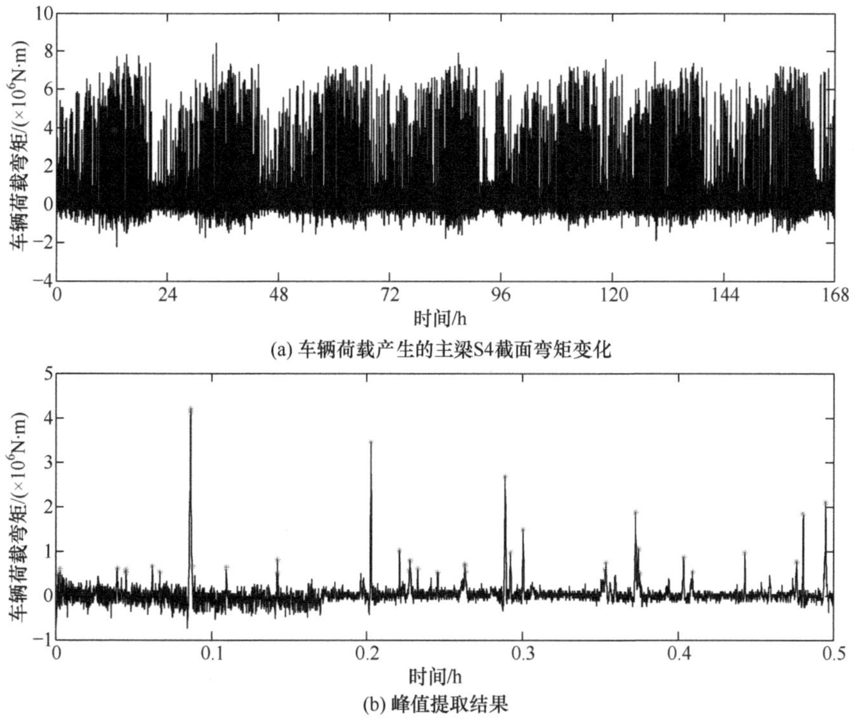

(a) 车辆荷载产生的主梁S4截面弯矩变化

(b) 峰值提取结果

图 10.17　主梁截面车辆荷载效应峰值识别

主梁截面车辆荷载弯矩效应极值统计分析与车辆荷载极值统计类似,只是不再区分一般运行状态和密集运行状态。对于监测截面弯矩峰值,采用多峰型分布拟合车辆荷载弯矩峰值截口分布的概率密度函数,主要通过 N 个对数正态分布概率密度函数加权得到。令 $F_{SL}(x)$为监测截面弯矩峰值对数值截口分布的累积分布函数:

$$F_{SL}(x)=p_1\Phi\left(\frac{\ln x-\mu_1}{\sigma_1}\right)+p_2\Phi\left(\frac{\ln x-\mu_2}{\sigma_2}\right)+\cdots+p_N\Phi\left(\frac{\ln x-\mu_N}{\sigma_N}\right) \tag{10.37}$$

式中，X 为监测截面弯矩，N · m；p_1、p_2、…、p_N 分别为不同类型车辆引起的弯矩效应加权系数，且 $p_1+p_2+\cdots+p_N=1$；$\Phi(\cdot)$为标准正态分布的累积分布函数。

假设车辆荷载效应峰值随机过程$\{S_L(t),t\in[0,T_S]\}$为复合滤过 Poisson 过程，依据与第 8 章车辆荷载极值类似分析方法，在计算周期$[0,T_S]$内车辆荷载效应最大值$\max\limits_{0\leqslant t\leqslant T_S} S_L(t)$的概率分布为

$$F_{ML}(x)=\begin{cases}\exp\{-\lambda_T T_S[1-F_{SL}(x)]\}, & x\geqslant 0\\ 0, & x<0\end{cases}\tag{10.38}$$

式中，λ_T 为车辆荷载效应峰值的 Poisson 过程强度参数；T_S 为设计基准期或计算周期；$F_{SL}(x)$为车辆荷载效应的截口分布。

桥梁结构设计或评估时，一般关心设计基准期内或计算周期内车辆荷载效应的极值分布，而车辆荷载效应的极值分布与重型车辆荷载效应存在密切关系，针对车辆荷载效应的多峰分布，仅与构成最后一个峰的车辆荷载效应的随机过程有关。车辆荷载效应 Poisson 随机过程可以随机稀疏为 N 个相互独立的不同类型车辆荷载效应 Poisson 随机过程的组合形式，Poisson 过程强度分别为 $\lambda_T p_1$、$\lambda_T p_2$、…、$\lambda_T p_N$(Karlin，2014；Tijms，2003；邓之录和梁之舜，1992)，显然重载车辆荷载效应的 Poisson 过程强度为 $\lambda_T p_N$，则车辆荷载效应在后续服役期或计算周期 T_S 内的极值分布可以表示为

$$F_{ML}(x)=\exp\left\{-\lambda_T p_N T_S\left[1-\Phi\left(\frac{\ln x-\mu_N}{\sigma_N}\right)\right]\right\},\quad x\geqslant 0\tag{10.39}$$

式中，$\Phi\left(\frac{\ln x-\mu_N}{\sigma_N}\right)$为重载车辆荷载弯矩累积分布函数，对数均值和对数标准差分别为 μ_N 和 σ_N。

图 10.17(a)所示的截面弯矩截口分布多峰拟合结果和时间间隔的指数分布拟合结果如图 10.18 所示。

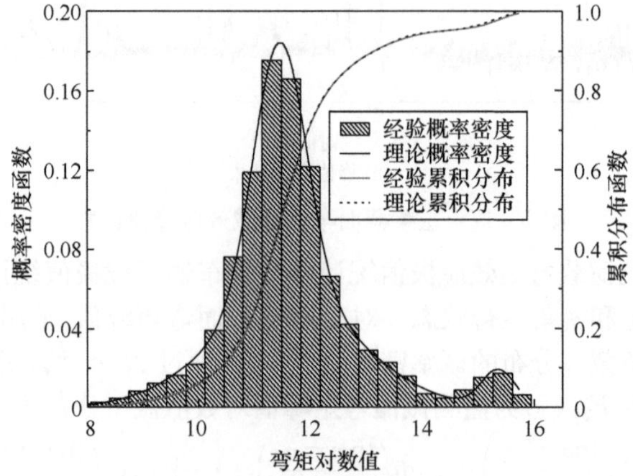

(a) 弯矩多峰分布

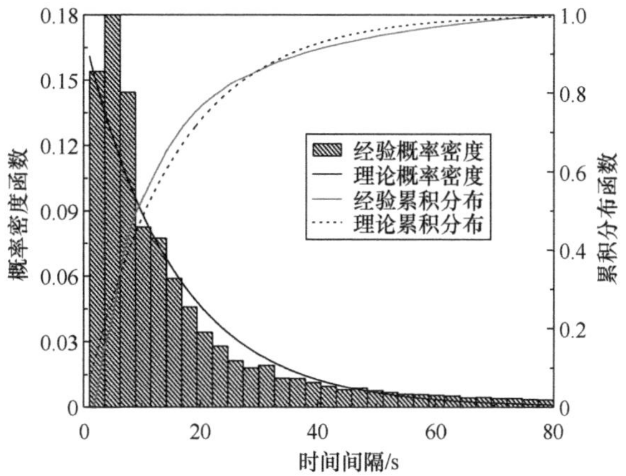

(b) 时间间隔

图 10.18　截面 S4 车辆荷载弯矩分析

采用式(10.39)计算不同后续服役期内车辆荷载效应的极值分布，如图 10.19 所示。

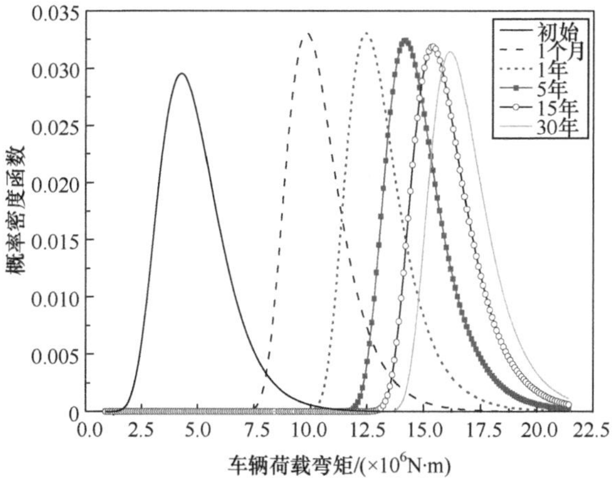

图 10.19　监测截面弯矩不同后续服役期内的弯矩极值分布

对于未布设应变传感器的截面，可通过有限元模型和依据第 8 章介绍的方法建立车辆荷载截口分布和极值分布模型，计算桥梁结构关键截面的车辆荷载效应截口分布 $F_{SL}(x)$和极值分布概率模型 $F_{ML}(x)$；或通过 Kalman 滤波器估计后，采用上述与监测截面弯矩极值模型相同的建模方法得到未监测截面的弯矩极值模型。

4. 风荷载效应的概率模型

由于风荷载效应的监测数据很难从监测数据中解耦出来进行分析，所以一般地，采用有限元模型和监测或规范规定的风荷载相结合的方式对桥梁结构风荷载效应进行分析。

横桥向风荷载假定水平垂直作用于桥梁各部分迎风面积的形心上。依据《公路工程结构可靠度设计统一标准》(GB/T 50283—1999)，假设年最大风荷载的概率分布服从极值Ⅰ型分布，概率分布函数可以表示为

$$F_{WY}(x)=\exp\left[-\exp\left(-\frac{x-\beta_W}{\alpha_W}\right)\right] \tag{10.40}$$

式中，α_W 和 β_W 分别为位置参数和尺度参数。

式(10.40)表示风荷载年极值的截口分布，在后续服役期或计算周期 T_S 内最大风荷载 W_T 的概率分布函数为

$$F_{WT}(x)=[F_{WY}(x)]^{T_S}=\exp\left\{-\exp\left[-\frac{x-(\beta_W+\alpha_W\ln T_S)}{\alpha_W}\right]\right\} \tag{10.41}$$

同样地可以采用式(10.41)确定的最大风荷载极值分布，计算后续服役期 T_S 的风荷载效应极值分布。

若有长期结构健康监测的数据，可以利用桥址处多年环境风速监测数据拟合日最大风压的截口分布 $F_W(x)$；同时将年最大风压构成年极值序列，利用极大估计的方法拟合式(10.40)中的分布参数 α_W 和 β_W。

对新建结构健康监测系统，利用一定长度的日最大风压监测数据，可以获得桥址处日最大风压截口分布 $F_W(x)$；而桥址处年最大风压监测数据过少时，分布参数 α_W 和 β_W 可依据《公路工程结构可靠度设计统一标准》(GB/T 50283—1999)的规定选取。

将哈尔滨工业大学结构监测与控制中心 Benchmark 模型桥梁如图 10.16(a)所示的连续 2 年的日最大风速 V_D 利用 $W_D=0.5\rho_{air}V_D^2$ 转化为日最大风压 W_D，其中 ρ_{air}表示空气的密度。对转换后的日最大风压进行概率分布拟合$F_W(x)$，K-S 检验表明，日最大风压不拒绝对数正态分布：

$$F_W(x)=\Phi\left(\frac{\ln x+4.07}{0.827}\right) \tag{10.42}$$

式中，$\Phi(\cdot)$为标准正态分布的累积概率分布函数。该桥日最大风压的均值、标准差和变异系数分别为 $\mu_{WD}=0.0232$kPa、$\sigma_{WD}=0.0229$kPa 和 $\delta_{WD}=0.987$。拟合结果如图 10.20 所示。

将累积分布函数为 $F_W(x)$和 $F_{WT}(x)$分布的风荷载施加在结构有限元模型上，即可计算风荷载效应的截口分布 $F_{SW}(x)$和极值分布 $F_{MW}(x)$。

5. *荷载效应组合方法*

桥梁结构通常承受多种可变作用，在进行基于监测数据的结构安全评定时，必

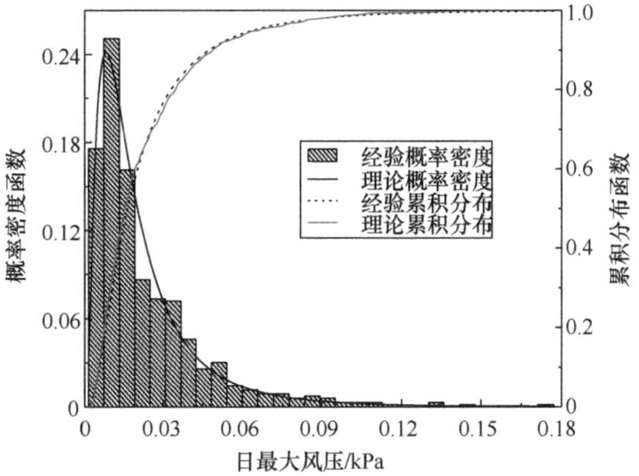

图 10.20　日最大风压截口分分布

须考虑可能同时出现的多种作用效应组合。在概率极限状态设计理论中，可变作用被模型化为设计基准期内的随机过程，效应组合就是把多种参与组合的作用随机过程进行叠加，寻求其效应和的统计特征。《公路工程结构可靠度设计统一标准》(GB/T 50283—1999)采用 Turkstra 组合规则(Turkstra，1970)。该规则的基本思路是：作用效应组合最大值一般出现在设计基准期内某一个主导作用达到最大值，其他伴随出现的作用为任意时点值。按照此规则，当有 N 个可变作用组合时，需要依次取其中一个为主导作用，以其设计基准期(后续服役期)效应最大值与其余 $N-1$ 个取任意时点效应值组合，这样就得到 N 个组合相对最大值：

$$\begin{cases} S_{M1}=\max\limits_{T_u\leqslant\tau\leqslant T_u+T_S}S_1(\tau)+\sum\limits_{i=2}^{N}S_i(\tau_0) \\ S_{M2}=S_1(\tau_0)+\max\limits_{T_u\leqslant\tau\leqslant T_u+T_S}S_2(\tau)+\sum\limits_{i=3}^{N}S_i(\tau_0) \\ \quad\vdots \\ S_{MN}=\sum\limits_{i=1}^{N-1}S_i(\tau_0)+\max\limits_{T_u\leqslant\tau\leqslant T_u+T_S}S_N(\tau) \end{cases} \tag{10.43}$$

式中，$\max S_i(\tau)$为第 i 个作用在设计基准期(后续服役期)内的效应最大值；$S_j(\tau)$为对应该时刻第 j 个作用任意时点的效应值。

建立桥梁结构各个截面荷载效应的极值分布概率模型以后，尚需针对不同的评估内容确定与之相对应的极限状态方程，进一步计算可靠度指标。分别用 S_G、S_L、S_T 和 S_W 表示恒荷载、车辆荷载、温度荷载和风荷载的任意时点效应值，按 Turkstra 组合规则有

$$\begin{cases} S_{M1}=S_G+S_L+S_T+S_W \\ S_{M2}=S_G+\max S_L+S_T+S_W \\ S_{M3}=S_G+S_L+\max S_T+S_W \\ S_{M4}=S_G+S_L+S_T+\max S_W \end{cases} \tag{10.44}$$

式中，$\max S_L$、$\max S_T$ 和 $\max S_W$ 分别为车辆荷载、温度荷载和风荷载在设计基准期或后续服役期的荷载效应极值分布，分别表示为 $F_{ML}(x)$、$F_{MT}(x)$、$F_{MW}(x)$；恒荷载效应 S_G 的分布参数可以通过《公路工程结构可靠度设计统一标准》(GB/T 50283—1999)选取，本节可以选取为均值为 $1.0148M_0$、标准差为 $0.0437M_0$ 的正态分布；S_L、S_T 和 S_W 任意时点分布可以近似取为本节介绍的车辆荷载效应、温度荷载效应和风荷载效应的截口分布，分别表示为 $F_{SL}(x)$、$F_{ST}(x)$和$F_{SW}(x)$。

由于恒荷载效应、车辆荷载效应、温度荷载效应和风荷载效应的截口分布与极值分布函数都可以通过监测数据或者有限元模型得到，则可以通过分布函数计算公式，求得组合相对最大值的分布函数 $F_{Mj}(j=2,3,4)$，即

$$\begin{cases} F_{M2}(x)=F_{SG}(x)*F_{ML}(x)*F_{ST}(x)*F_{SW}(x) \\ F_{M3}(x)=F_{SG}(x)*F_{SL}(x)*F_{MT}(x)*F_{SW}(x) \\ F_{M4}(x)=F_{SG}(x)*F_{SL}(x)*F_{ST}(x)*F_{MW}(x) \end{cases} \tag{10.45}$$

式中，符号 * 表示卷积。

10.3.2 关键构件抗力衰减模型

依据《公路工程结构可靠度设计统一标准》(GB/T 50283—1999)，抗力的一般表达式为

$$R=\kappa_p R_p=\kappa_p R(f_{Ci},a_i) \tag{10.46}$$

式中，R_p 为由计算确定的结构构件的抗力；$R(\cdot)$为抗力函数；f_{Ci}和 a_i 表示结构构件中第 i 种材料的材料性能和相应的几何参数。对于健康结构，其抗力概率分布可采用《公路工程结构可靠度设计统一标准》(GB/T 50283—1999)给出的模型，即假设抗力的概率分布为对数正态分布，正截面受弯构件的抗力 R 统计参数 $\mu_R=1.2262$，变异系数 $\delta_R=0.1414$。

但结构健康监测是评估结构全寿命服役期内的安全水平，则需考虑到抗力的时变效应，时变抗力 R 可表示为

$$R=\kappa_p R_p(\tau)=\kappa_p R[f_{Ci}(\tau),a_i(\tau)] \tag{10.47}$$

式中，$\kappa_p=R^0/R^C$ 为计算模式不定性随机变量；R^0 和 R^C 分别表示结构构件抗力的试验值和按照规范方法计算的抗力值。对于正截面受弯构件，计算模式不定性随机变量 κ_p 的均值和变异系数分别为 $\mu_{\kappa_p}=1.098$，$\delta_{\kappa_p}=0.071$。

对于钢筋混凝土结构，影响钢筋混凝土构件抗力衰减的主要因素包括混凝土时变抗压强度、锈蚀钢筋时变面积、锈蚀钢筋时变强度、钢筋混凝土黏结性能劣化、

时变构件截面几何特征等，其中钢筋锈蚀是导致构件抗力衰减最主要的因素。大量研究表明，锈蚀对钢筋的屈服强度影响不大，其主要减少了钢筋有效截面面积，因此，钢筋混凝土构件腐蚀抗力衰减可分为两个阶段：第一阶段为从结构建成到 t_i 时刻，这一阶段钢筋混凝土构件受力钢筋未发生锈蚀，结构抗力不降低；第二阶段从 t_i 到桥梁结构设计基准期，这一阶段钢筋发生锈蚀，有效面积减少，钢筋的强度也开始降低，构件抗力不断退化。因此，在结构设计基准期内，结构构件抗力变化过程依赖于钢筋开始锈蚀的时间和钢筋截面损失率。

由钢筋混凝土结构的基本理论可知，钢筋混凝土受弯构件的极限承载力主要依赖于受拉钢筋，为分析简便，忽略混凝土强度随时间的变化，则服役环境下钢筋混凝土受弯构件的抗力（贡金鑫和赵国藩，2000）为

$$R(\tau)=\begin{cases}R_0, & 0<\tau\leqslant t_i\\ R_0(1-\lambda_D)=\dfrac{R_0\left[1-\lambda_{e1}(\tau-t_i)\right]}{d}, & t_i<\tau\leqslant T_S\end{cases} \tag{10.48}$$

式中，R_0 为构件或截面初始抗力；d 为截面受拉钢筋直径平均值；t_i 为受拉钢筋开始腐蚀的时间；λ_D 为构件或截面抗力衰减系数；λ_{e1} 为钢筋腐蚀速率。

钢筋腐蚀开始时间、腐蚀速率等可通过结构健康监测的钢筋腐蚀监测或混凝土内氯离子浓度监测数据确定；对没有监测数据的情况，可采用结构耐久性理论通过计算确定。

这里需要指出的是，第7章介绍的结构模型修正方法往往只对结构刚度、质量和边界条件进行修正，这些变量往往是整体变量，而结构抗力模型依赖结构构件的局部细节信息（如截面几何尺寸、钢筋配筋信息及钢筋锈蚀信息等），目前，结构模型修正还无法对结构构件局部细节参数进行修正。

10.3.3 结构承载力极限状态可靠度评估方法

按照《公路工程结构可靠度设计统一标准》（GB/T 50283—1999）的定义，结构可靠度为结构在规定时间内、规定条件下完成预定功能的概率。若将结构某极限状态的功能函数随机过程表示为

$$Z(\tau)=g[R(\tau),S(\tau)]=R(\tau)-S(\tau) \tag{10.49}$$

式中，$R(\tau)$为结构抗力随机过程；$S(\tau)$为荷载效应随机过程，为结构一个荷载或多个荷载效应组合的线性或者非线性函数，则结构在后续服役期 T_S 内的可靠度为

$$\begin{aligned}P_s(T_S)&=P\{Z(\tau)>0,\quad \tau\in[T_U,T_U+T_S]\}\\&=P\{R(\tau)>S(\tau),\quad \tau\in[T_U,T_U+T_S]\}\end{aligned} \tag{10.50}$$

式中，T_U 为结构已经使用的年限；T_S 为结构后续服役期。结构在后续服役期 T_S 内，失效事件为结构可靠事件的互补事件，因而结构失效概率为

$$P_f(T_S)=1-P_s(T_S)=P\{R(\tau)<S(\tau),\quad \tau\in[T_U,T_U+T_S]\} \tag{10.51}$$

该式表示在结构后续服役期 T_S 内，只要任意一个时刻 τ_i，结构抗力小于结构荷载效应，则结构失效，在后续服役期 T_S 内，结构的失效概率为

$$\begin{aligned} P_{\mathrm{f}}(T_S) &= P\{R(\tau)<S(\tau),\quad \tau\in[T_U, T_U+T_S]\} \\ &= P\{R(\tau)<\max S(\tau),\quad \tau\in[T_U, T_U+T_S]\} \end{aligned} \tag{10.52}$$

按照现行规范，结构设计方法不考虑结构抗力随时间变化，即 $R(\tau)=R_0$，则式(10.52)可以表述为

$$P_{\mathrm{f}}(T_S)=P\{R_0-\max S(\tau)<0,\quad \tau\in[T_U, T_U+T_S]\} \tag{10.53}$$

式中，$\max S(\tau),\tau\in[T_U, T_U+T_S]$为结构后续服役期 T_S 内荷载效应 $S(\tau)$的最大值随机变量。

式(10.52)的功能函数可以表示为

$$Z(T_S)=g[R(\tau),\max S(\tau)]=R_0-\max S(\tau) \tag{10.54}$$

当抗力随时间变化时，结构可靠度分析方法采用最小抗力方法：

$$\min[R(\tau)-S(\tau)]\geqslant \min R(\tau)-\max S(\tau) \tag{10.55}$$

从而可得

$$\begin{aligned} P_{\mathrm{f}}(T_S) &= P\{R(\tau)<S(\tau),\quad \tau\in[T_U, T_U+T_S]\} \\ &= P\{\min[R(\tau)-S(\tau)]<0,\quad \tau\in[T_U, T_U+T_S]\} \\ &\leqslant P\{\min R(\tau)-\max S(\tau)<0,\quad \tau\in[T_U, T_U+T_S]\} \end{aligned} \tag{10.56}$$

相应地，功能函数可以写为

$$Z(T_S)=g[\min R(\tau),\max S(\tau)]=\min R(\tau)-\max S(\tau) \tag{10.57}$$

式中，$\min R(\tau)$为结构在后续服役期 T_S 内的最小抗力。

工程实际应用中通常采用一次二阶矩演算点法或 JC 法进行结构可靠度指标计算，认为其精度是足够的。可靠度指标可由式(10.58)计算：

$$\begin{cases} Z = g(x_1^*, x_2^*, \cdots, x_n^*) = 0 \\ \beta = \sum\limits_{i=1}^{n} \left.\dfrac{\partial g}{\partial x_i}\right|_{P^*} (\mu_{x_i'} - x_i^*) \Big/ \left[\sum\limits_{i=1}^{n} \left(\left.\dfrac{\partial g}{\partial x_i}\right|_{P^*} \sigma_{x_i'} \right)^2 \right]^{1/2} \\ x_i^* = \mu_{x_i'} + \beta\sigma_{x_i'}\cos\theta_{x_i'} \\ \cos\theta_{x_i'} = -\sum\limits_{i=1}^{n} \left.\dfrac{\partial g}{\partial x_i}\right|_{P^*} \sigma_{x_i'} \Big/ \left[\sum\limits_{i=1}^{n} \left(\left.\dfrac{\partial g}{\partial x_i}\right|_{P^*} \sigma_{x_i'} \right)^2 \right]^{1/2} \\ \mu_{x_i'} = x_i^* - \Phi^{-1}[F_i(x_i^*)]\sigma_{x_i'} \\ \sigma_{x_i'} = \varphi\{\Phi^{-1}[F_i(x_i^*)]\}/f_i(x_i^*) \end{cases} \tag{10.58}$$

式中，$x_i'(i=1,2,\cdots,n)$为非正态基本随机变量 x_i 的当量正态基本随机变量，对于正态随机变量，$x_i'=x_i$；$\mu_{x_i'}$ 和 $\sigma_{x_i'}$ 分别为 $x_i'(i=1,2,\cdots,n)$的平均值和标准差；$F_i(x_i^*)$和 $f_i(x_i^*)$为 x_i 在设计演算点 x_i^* 处的概率分布函数和概率密度函数；$\Phi^{-1}(\cdot)$和 $\varphi(\cdot)$为标准正态概率分布函数的逆函数和概率密度函数；$\partial g/\partial x_i$ 为函数 $g(x)$对 x_i 的偏导数在设计演算点 P^* 处的赋值。

值得指出的是，斜拉桥主梁为压弯构件，其极限承载力状态评估宜按照压弯构件进行，但目前对压弯构件的极限承载力可靠度评估分析仍然存在一定的困难。

10.3.4　应用实例

哈尔滨工业大学结构监测与控制中心 Benchmark 模型桥梁为大跨度斜拉桥，主梁、斜拉索和索塔是构成斜拉桥的主要构件，主梁可靠度对斜拉桥整体可靠度具有重要影响。斜拉桥的主梁为箱形截面加劲梁，斜拉桥主梁静力失效模式主要有两种(Girmscheid，1987；沈惠申和王宇新，1996；张建仁和刘扬，2001)：①关键截面弯矩过大引起强度失效；②关键截面扭矩过大引起强度失效。本算例主要分析前者，极限状态方程表示为

$$Z(\tau)=R-(S_G+S_L+S_T+S_W) \tag{10.59}$$

式中，R 为截面抵抗弯矩；S_G、S_L、S_T 和 S_W 分别为恒荷载、车辆荷载、温度荷载和风荷载产生的弯矩效应。

哈尔滨工业大学结构监测与控制中心 Benchmark 模型桥梁车辆荷载和环境因素的监测数据和概率分布拟合结果如图 10.21 所示。从图中可以看出，车辆荷载的

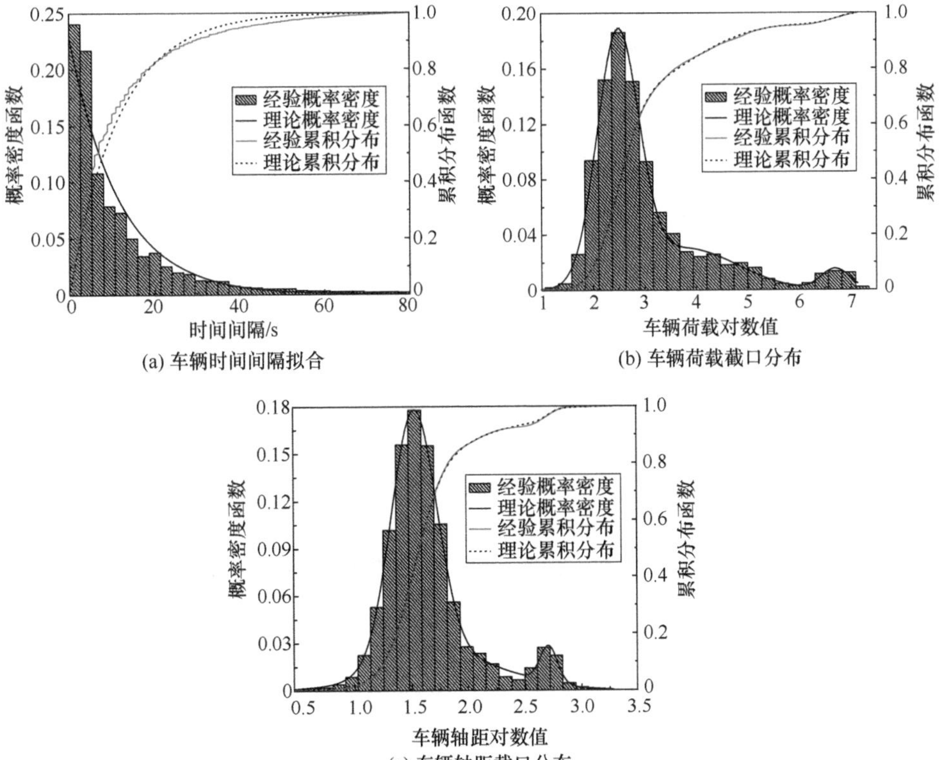

(a) 车辆时间间隔拟合

(b) 车辆荷载截口分布

(c) 车辆轴距截口分布

图 10.21　车辆荷载监测数据及概率分布拟合

时间间隔、车重以及轴距可以分别采用指数分布、多峰分布和多峰分布来拟合，依据第8章的相关理论，车辆荷载随机过程可以通过复合滤过 Poisson 过程来模拟。

将车辆荷载、日平均温度以及日最大风压截口分布作用于该桥的有限元模型，即可近似模拟式(10.44)中车辆荷载效应 S_L、温度荷载效应 S_T 和风荷载效应 S_W 的任意时点分布 $F_{SL}(x)$、$F_{ST}(x)$和 $F_{SW}(x)$，从而可以利用 Turkstra 组合规则确定荷载效应组合的相对最大值。

图 10.22 分别给出了哈尔滨工业大学结构监测与控制中心 Benchmark 模型桥梁结构在 S_{M2}、S_{M3}和 S_{M4}荷载组合下主梁承载力极限状态可靠度指标的计算结果，相应的功能函数分别表示为

$$\begin{cases}Z_1(\tau)=\min R(\tau)-(S_G+\max S_L+S_T+S_W)\\Z_2(\tau)=\min R(\tau)-(S_G+S_L+\max S_T+S_W)\\Z_3(\tau)=\min R(\tau)-(S_G+S_L+S_T+\max S_W)\end{cases}\tag{10.60}$$

式中，抗力衰减 $R(\tau)$可以按照式(10.48)计算。对于钢筋混凝土桥梁，混凝土开裂前，钢筋锈蚀深度可用式(10.61)计算(贡金鑫和赵国藩，2000；牛荻涛，2003)：

$$\delta_{el}(t)=\lambda_{el}(t-t_i)\tag{10.61}$$

$$\lambda_{el}=46k_{cr}k_{ce}e^{0.04T}(\mathrm{RH}-0.45)^{2/3}c^{-1.36}f_{cu}^{-1.83}\tag{10.62}$$

式中，δ_{el}为锈胀开裂前的钢筋锈蚀深度，mm；λ_{el}为锈胀开裂前的钢筋锈蚀速度，mm/a；k_{cr}为钢筋位置修正系数，角部钢筋 $k_{cr}=1.6$，中部钢筋 $k_{cr}=1.0$；k_{ce}为小环境条件修正系数；c 为混凝土保护层厚度，mm；f_{cu}为混凝土立方体抗压强度，MPa；RH 为环境湿度，%；t_i 为钢筋开始锈蚀时间；t 为结构使用年限，a。

混凝土保护层开裂时钢筋的锈蚀深度可用式(10.63)计算(牛荻涛，2003)：

$$\delta_{cr}=k_{crs}\left(0.008\frac{c}{d}+0.00055f_{cu}+0.022\right)\tag{10.63}$$

式中，d 为钢筋直径；k_{crs}为钢筋位置影响系数，角部钢筋取 1.0，非角部钢筋取 1.35。

从图 10.22 可以看出，S_{M3}和 S_{M4}荷载组合可靠度指标计算结果相近，而 S_{M2}的可靠度指标较小，所以式(10.44)中四种相对最大值组合中，S_{M2}显然起控制作用，即车辆荷载效应取其在设计基准期(后续服役期)内的效应最大值分布，其他荷载效应取任意时点分布；可以选择 S_{M2}作为综合效应最大值，它的分布函数 $F_{M2}(x)$就是综合荷载效应最大值的分布函数。

图 10.23(a)给出了恒荷载、车辆荷载、温度荷载和风荷载作用下结构可靠度指标，由于该斜拉桥是对称结构，所以这里只给出半幅桥梁结构的可靠度指标分析结果。从图 10.23(a)可以看出，在正常运营状况下，桥梁结构承载力极限状态可靠度指标，在后续服役期为 1 个月时，桥梁结构大部分截面的可靠度指标都大于2，而《公路工程结构可靠度设计统一标准》(GB/T 50283—1999)中公路桥梁结构延性破坏的目标可靠度指标为 4.7，表明桥梁结构的超载现象十分严重。而当后续服役期达到 30 年时，跨中截面如 26 号梁段和 60～74 号梁段可靠度指标为负，

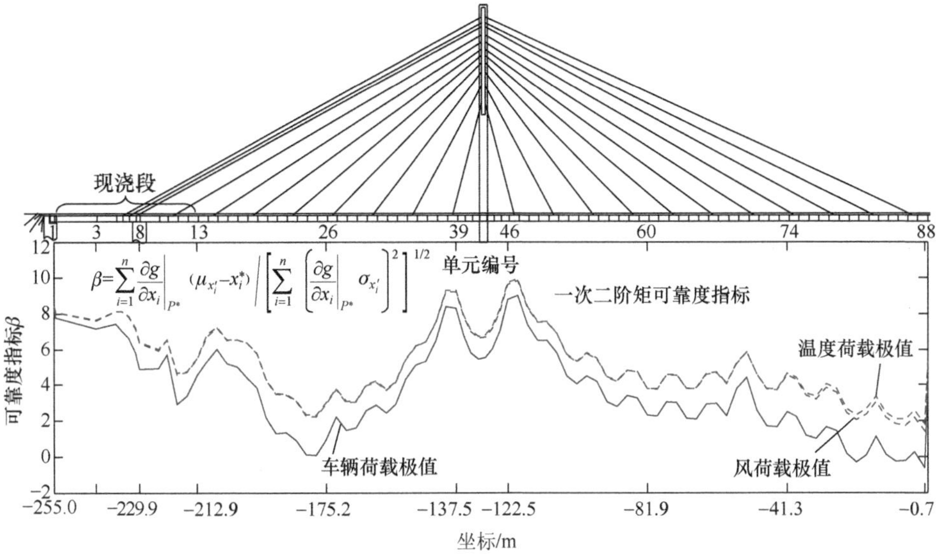

图 10.22　考虑荷载组合的桥梁可靠度指标计算

因此需要加强这些截面的抗裂性，防止截面开裂引起钢筋锈蚀，降低截面承载能力。图 10.23(b)和(c)给出了主梁结构在某些梁段损伤后其余梁段的可靠度指标计算结果，从图中可以看出，结构跨中梁段损伤后，跨中合拢段附近其余梁段的可靠度指标提高，主梁结构薄弱梁段未发生转移；而当支座脱离时，主梁结构薄弱梁段发生转移，且薄弱梁段的可靠度指标显著变化，从而可能导致主梁结构在后续服役期 1 个月内，边跨合拢段(13 号梁段)在荷载作用下发生严重开裂，引起结构失效。

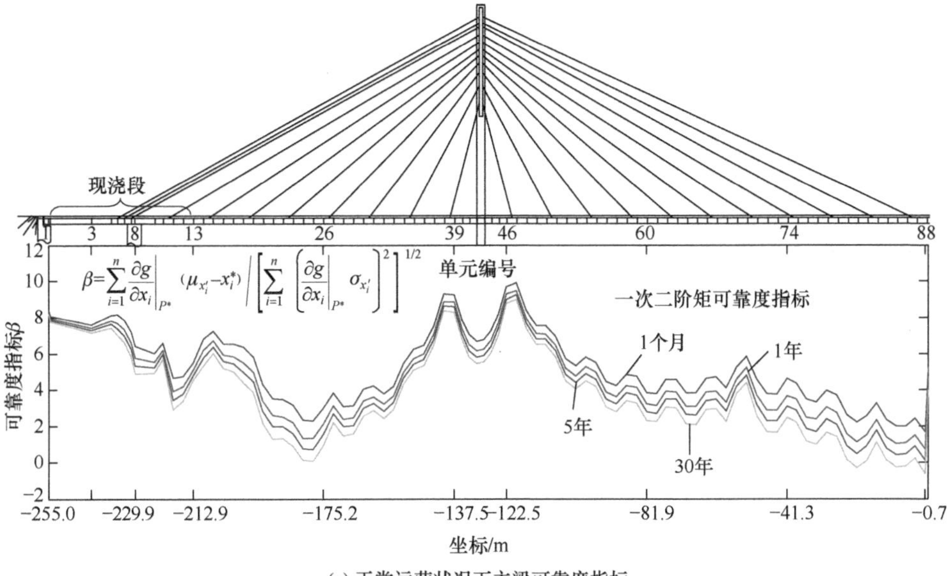

(a) 正常运营状况下主梁可靠度指标

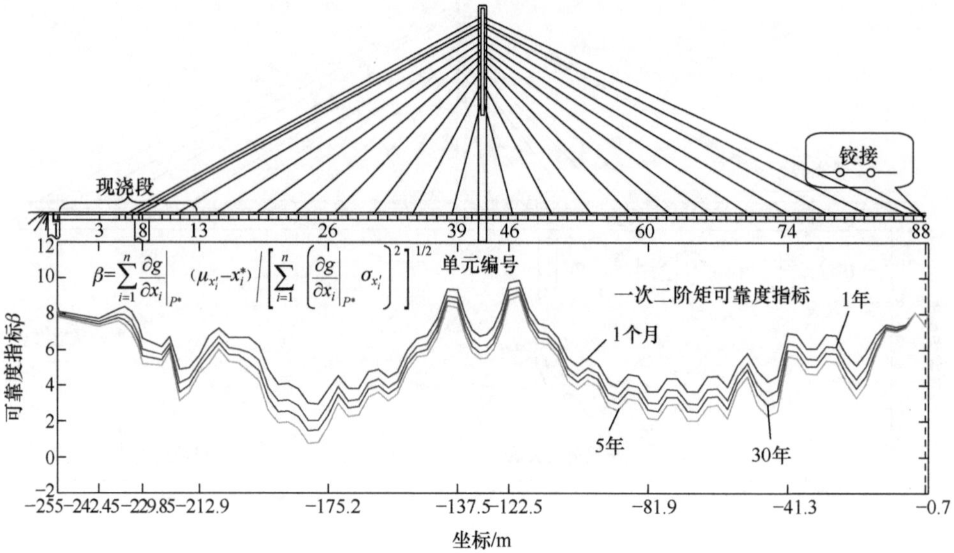

(b) 中跨合拢段损伤后主梁可靠度指标

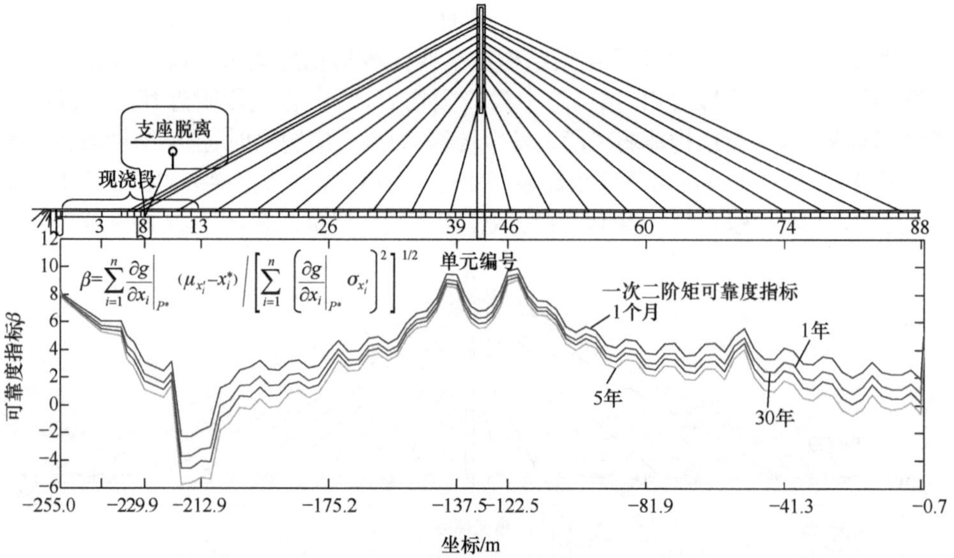

(c) 支座脱离后主梁可靠度指标

图 10.23　主梁承载力极限状态可靠度指标计算结果

桥梁结构可靠度分析的结果与第 14 章哈尔滨工业大学结构监测与控制中心 Benchmark 模型桥梁的损伤模式一致。

10.4　基于监测应变的钢箱梁疲劳累积损伤评估方法

桥梁结构在环境因素和车辆等荷载的反复作用下，由于材料内部初始裂纹扩展产生累积损伤，疲劳损伤达到一定程度时，会造成桥梁结构构件突然断裂。桥梁结构典型受力构件(如钢箱梁、拉索、桥塔等)的疲劳寿命预测需要两个关键要素：桥梁典型构件、构造细节的疲劳寿命曲线和桥梁承受的疲劳荷载谱。本节将重点介绍钢箱梁的疲劳累积损伤评估，拉索由于其疲劳问题的特殊性，将在第 11 章中详细介绍。

对基于监测应变的钢箱梁疲劳累积损伤评估而言，桥梁的疲劳荷载谱可以通过箱梁关键部位的传感器监测获得，监测数据能够真实反映钢箱梁最主要、最典型构件形式和构造细节的应力状态，避免钢箱梁正交异性桥面板及路面铺装层出现与设计和预期不相符的疲劳累积损伤和局部破坏。对未布设应变传感器的位置，也可通过监测的荷载及修正的有限元模型计算得到，但应考虑车轮对桥梁主梁的局部作用。本节从随机疲劳累积损伤理论出发，结合钢箱梁的疲劳细节，建立基于监测应变的钢箱梁疲劳累积损伤评估方法。

10.4.1　钢材疲劳累积损伤基础理论

钢箱梁承受往复循环加载，从而产生疲劳累积损伤。大量研究和实践表明，疲劳累积损伤、腐蚀或二者的相互作用是影响钢材服役寿命的主要因素。为进行钢箱梁疲劳累积损伤评价与疲劳寿命预测，下面首先简单介绍钢材疲劳累积损伤分析的一般理论。

1. S-N 曲线

影响钢材疲劳累积损伤的参数主要包括循环次数和应力幅，其中应力幅 ΔS 与应力上限 $S_{\max}$ 和应力下限 $S_{\min}$ 及平均应力 S_m 有关，它们的关系可以表示为(见图 10.24)：

$$\Delta S=S_{\max}-S_{\min}=2S_a=2S_m\frac{1-R_A}{1+R_A} \tag{10.64}$$

式中，$S_m=(S_{\max}+S_{\min})/2$ 为平均应力；$R_A=S_{\min}/S_{\max}$ 为应力比；S_a 为应力半幅，反映了循环特征，当应力比 $R_A=-1$ 时，$S_{\max}=-S_{\min}$，称为对称循环。

上述几个参量中，只需已知其中任意两个，即可确定循环应力水平。

钢材的疲劳寿命曲线(S-N 曲线)一般表示为幂指数形式，即

$$\Delta S^{m_f}N_f=C_f \tag{10.65}$$

式中，m_f 和 C_f 为材料参数。

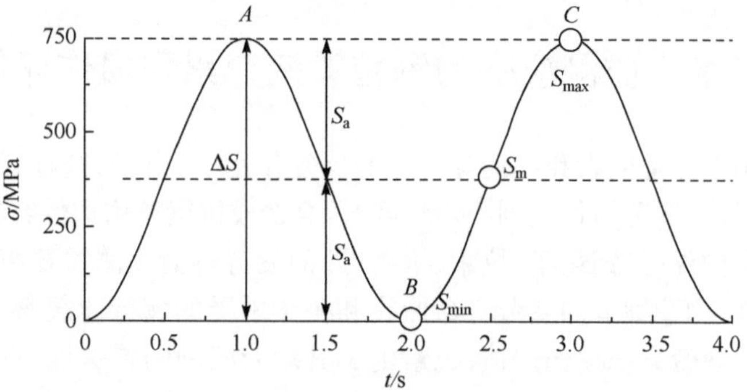

图 10.24　应力循环示意图

对式(10.65)取自然对数可得

$$\log\Delta S = A + B\log N_f \tag{10.66}$$

式中,材料参数 $A=\log(C_f/m_f)$,$B=-1/m_f$。

由式(10.66)可见,幂函数的 S-N 经验公式在双对数坐标图上为一条直线。一般地,基本 S-N 经验公式是在 $R_A=-1$、$S_m=0$ 的试验条件下得到的,ΔS 应该取应力比 $R_A=-1$ 的应力幅值,记为 ΔS_{-1}。但在实际应用过程中,存在大量应力比不等于-1 的情况,因此需要对计算应力幅 ΔS 修正。

2. 平均应力对钢材疲劳性能的影响

钢箱梁在正常运营状况下,将承受永久作用(结构重力等)和可变作用(车辆荷载、汽车冲击力、风荷载等),钢箱梁的平均应力状态不为零,从而无法满足应力比 $R_A=-1$ 的条件,直接通过式(10.64)计算应力幅 ΔS 不能满足式(10.65)所示钢箱梁疲劳寿命曲线(基本 S-N 曲线)的使用条件。为了评估钢箱梁正常运营状况下的疲劳寿命,本节将介绍平均应力 S_m 对钢材疲劳性能的影响,并给出平均应力 $S_m\neq 0$ 条件下应力幅 ΔS 的修正方法。

在给定疲劳寿命 N 条件下,疲劳应力幅 ΔS 和平均应力 S_m 之间存在如图 10.25 所示的关系。图 10.25 中的曲线称为等寿命曲线,当疲劳寿命 N 给定时,平均应力 S_m 越大,相应的应力幅 ΔS 就越小;显然,平均应力 S_m 不能大于钢材的极限抗拉强度 S_u。

对给定疲劳寿命 N,如图 10.25 所示的 ΔS-S_m 关系曲线还可以表示为如图 10.26所示的无量纲形式,称为 Haigh 图。图 10.26 给出了钢材 $N=10^7$ 时 ΔS-S_m 关系曲线的 Haigh 图,应力幅 ΔS 和平均应力 S_m 分别采用疲劳极限应力幅ΔS_f($R_A=-1$,疲劳寿命 N 对应的应力幅)和极限抗拉强度 S_u 进行归一化。显然地,当平均应力 $S_m=0$ 时,ΔS 就是 $R_A=-1$ 的疲劳极限应力幅 ΔS_f($\Delta S_{-1}=\Delta S_f$);当应力幅 $\Delta S=0$ 时,载荷为静荷载,钢材在极限强度 S_u 下破坏,有 $S_m=S_u$ 或 $S_m/S_u=1$。

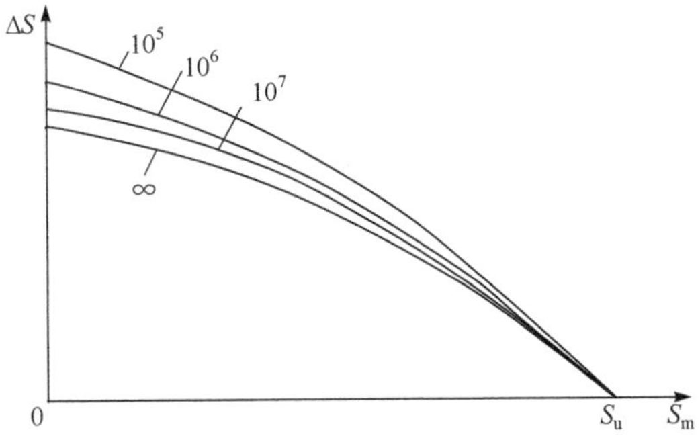

图 10.25　ΔS-S_m 等寿命曲线

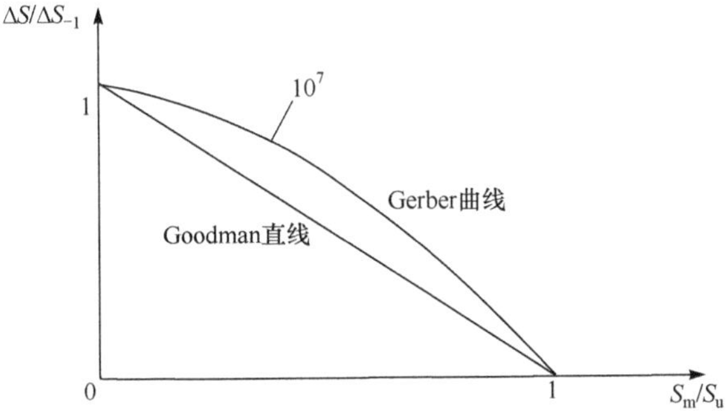

图 10.26　ΔS-S_m 等寿命曲线(Haigh 图)

等寿命条件下 ΔS-S_m 关系曲线可以表示为

$$\frac{\Delta S}{\Delta S_{-1}}+\left(\frac{S_m}{S_u}\right)^2=1 \tag{10.67}$$

其为图 10.26 的抛物线,称为 Gerber 曲线;而图 10.26 的直线,即

$$\frac{\Delta S}{\Delta S_{-1}}+\frac{S_m}{S_u}=1 \tag{10.68}$$

称为 Goodman 直线。大量钢材疲劳试验测试结果表明,疲劳寿命测试试验点基本都在 Goodman 直线上方,式(10.68)比式(10.67)形式简单,在给定疲劳寿命 N 下,由 Goodman 直线做出的 ΔS-S_m 关系估计偏于保守,在工程实际中得到大量应用。

在利用应变监测数据对钢箱梁进行疲劳寿命评估时,需要利用钢箱梁的平均应力 S_m、极限抗拉强度 S_u 和 Goodman 直线关系将钢箱梁的实际应力幅 ΔS 转换成应力比为 $R_A=-1$ 的应力幅 ΔS_{-1},然后再利用基本 S-N 曲线[式(10.65)],对钢箱梁正常运营状况下的疲劳性能进行评估。

3. Miner 线性疲劳累积损伤理论

在已知钢材的 S-N 曲线后，就可以对一定应力幅作用下的钢材进行疲劳寿命评估。若钢材承受的应力是变幅的，一般采用线性疲劳累积损伤理论进行钢材疲劳累积损伤评价。

线性疲劳累积损伤理论是指在循环荷载作用下，各个应力幅之间产生的疲劳累积损伤相互独立、互不相关，疲劳损伤可以线性累加，当累积损伤达到一定数值时，试件或构件就发生疲劳破坏。线性累积损伤理论中最具代表性的是 Palmgren-Miner 理论，简称 Miner 理论。

构件在应力水平 ΔS_i 作用下，经受 n_i 个循环的疲劳累积损伤指数为

$$D_i=\frac{n_i}{N_i} \tag{10.69}$$

式中，n_i 为在应力幅 ΔS_i 作用下的循环次数；N_i 为在应力幅 ΔS_i 作用下循环至破坏的疲劳寿命，可由 S-N 曲线确定。

若构件在 k 个应力幅水平 $\Delta S_i(i=1,2,\cdots,k)$ 作用下，各经受 $n_i(i=1,2,\cdots,k)$ 次循环作用，则可定义总损伤为

$$D=\sum_{i=1}^{k}D_i=\sum_{i=1}^{k}\frac{n_i}{N_i} \tag{10.70}$$

破坏准则为 $D\geqslant1$。

Miner 线性疲劳累积损伤理论没有考虑荷载次序的影响，而实际上某些情况下加载次序对钢材疲劳寿命影响较大，但由于 Miner 线性疲劳累积损伤理论简单、概念清晰，目前仍然广泛使用。对于随机荷载，试验构件破坏时的临界损伤值 D 在 1 附近，这也是目前工程中广泛采用 Miner 理论的原因。

10.4.2　钢箱梁构造细节疲劳寿命曲线

桥梁结构钢箱梁由于结构几何突变、不同性质的材料相交处（如焊缝）、焊接过程中产生的残余应力或这些因素的组合，都是产生应力集中的因素且结构健康监测系统对某些因素（如焊接残余应力等）的监测目前仍然较困难。因此，本节将依据《BS 5400-10：1980 Steel，Concrete and composite bridges. Code of Practice for Fatigue》和《BS 5400-10C：1999 Steel，Concrete and composite bridges. Charts for Classification of Details for Fatigue》和《公路钢结构桥梁设计规范》(JTG D64—2015)规定，采用疲劳等级划分的方法，计算钢箱梁局部构造细节的疲劳寿命，将近百种常见钢结构局部构造（包括焊缝）按照其应力集中的特征（峰值和区域形状大小）分类。图 10.27 给出了英国 BS 5400 中疲劳强度等级划分标准。

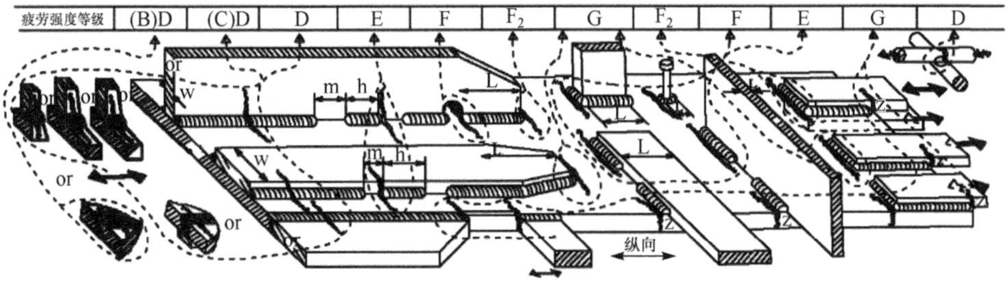

图 10.27　英国 BS 5400-10C 中根据疲劳裂纹位置和结构局部几何特征的若干疲劳强度等级定义

针对每一类钢箱梁局部构造细节，在一定应力条件下进行不同应力幅 ΔS 的常幅应力疲劳试验，测出构造细节处疲劳破坏时对应的疲劳寿命 N，将得到成组试验数据，对试验数据进行回归分析即可得到该构造细节的 S-N 曲线，一般表示为如式(10.65)所示的幂指数形式。为合理计入低应力产生的疲劳损伤，BS 5400 采用了双斜率的 S-N 曲线，如图 10.28 所示。

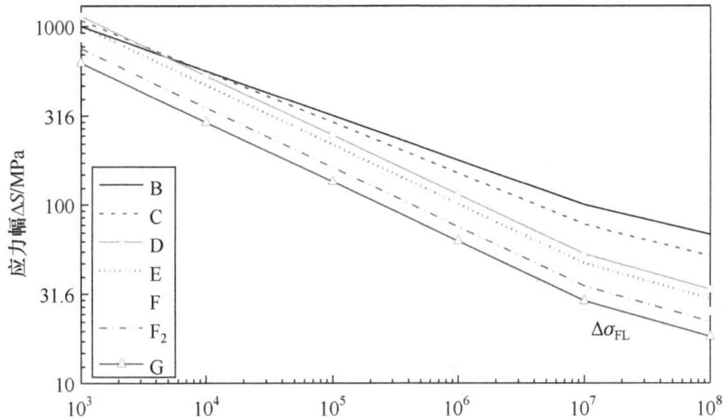

图 10.28　英国 BS 5400-10C 中不同疲劳强度等级的 S-N 曲线

定义循环次数在 10^7 的应力幅为 $\Delta\sigma_{FL}$，则当常幅 S-N 曲线应力幅大于 $\Delta\sigma_{FL}$ 时，图中的 S-N 斜率为 $-1/m_f$，而当应力幅小于 $\Delta\sigma_{FL}$ 时，S-N 曲线以更平缓的斜率 $-1/(m_f+2)$ 向下无限延伸(表 10.1)。

表 10.1　BS 5400(1980)疲劳强度设计曲线(S-N)的主要参数值　　(单位：MPa)

细节类型	疲劳强度 $N=2\times10^6$	常幅疲劳极限 $N=10^7$	疲劳强度 $N=10^8$	参数 m_f	
				$N\leqslant10^7$	$N>10^7$
B	150	100	68	4.0	6.0
C	124	78	51	3.5	5.5
D	91	53	34	3.0	5.0

续表

细节类型	疲劳强度 $N=2\times10^6$	常幅疲劳极限 $N=10^7$	疲劳强度 $N=10^8$	参数 m_f	
				$N\leqslant10^7$	$N>10^7$
E	80	47	30	3.0	5.0
F	68	40	25	3.0	5.0
F_2	60	35	22	3.0	5.0
G	50	29	18	3.0	5.0

钢箱梁构造细节的疲劳寿命评估 S-N 曲线，一般是基于收集汇总各种构件和连接形式的疲劳试验资料以及构件和连接的疲劳曲线和有关参数得到的。

10.4.3 钢箱梁疲劳荷载效应谱计算方法

得到钢箱梁监测位置的疲劳寿命 S-N 曲线后，根据监测或计算的钢箱梁荷载效应，则可以对钢箱梁进行疲劳损伤分析。钢箱梁的荷载效应一般为随机荷载响应，监测应变为钢箱梁荷载效应的一条样本。若利用监测的钢箱梁应变对钢箱梁的疲劳细节进行疲劳寿命分析，首先需要将监测随机荷载效应等效为简单的变幅或恒幅荷载效应谱，即确定一定数量的应力幅 ΔS_i 及其相应的循环次数 n_i。

将不规则的、随机的荷载效应-时间历程转化成一系列循环的方法，称为循环计数法。目前有很多种循环计数法，但以一个应力-应变迟滞回线作为一个循环的雨流计数法，在处理复杂荷载效应-时间历程的疲劳损伤中仍是目前最简单、最适用的方法。雨流计数法又可称为“塔顶法”，是由英国的 Matsuiski 和 Endo 两位工程师在考虑了材料应力-应变行为下提出的一种方法，该方法认为构件的疲劳损伤实际是由材料局部塑性变形导致的，当材料发生塑性变形时，材料的应力-应变关系为一迟滞回线。在一般情况下，虽然构件疲劳损伤发展过程中其名义应力-应变关系处于弹性范围，但从局部微观角度看，材料发生了塑性变形，材料局部处于非线性阶段。

根据以上阐述的荷载效应-时间历程的疲劳损伤等效原则，可以将荷载效应历程视为在大应力幅循环上叠加一系列小应力幅循环复合而成的，因此在进行荷载效应历程处理时，需要将小应力幅循环全部分离出来，再综合大应力幅循环，从而确定一条荷载-时间历程中包含的所有应力循环次数及其对应的应力幅。图 10.29给出了两种情形下确定小循环的基本准则。图 10.29 中，针对连续点 1～4，首先定义小循环应力幅(Lee，2005；Xiong and Shenoi，2011)

$$\Delta S_1=|S_2-S_3|$$

其次定义大循环应力幅

$$\Delta S_0=|S_1-S_4|$$

如果小循环应力幅小于或等于大循环应力幅，即

$$\Delta S_1 \leqslant \Delta S_0$$

且组成小应力幅循环的点在组成大应力幅循环的点之间，即由组成小应力幅循环点构成的区间是组成大应力幅循环点构成区间的子集，即

$$[\min(S_2, S_3), \max(S_2, S_3)] \subseteq [\min(S_1, S_4), \max(S_1, S_4)]$$

则定义 2-3-2′为一个小应力幅循环并提取出来，然后将剩余的点 1 和 4 直接连接起来形成大应力幅循环。整个荷载历程包含的应力循环次数及其对应的应力幅全部确定，从而可据此计算构件的疲劳累积损伤。

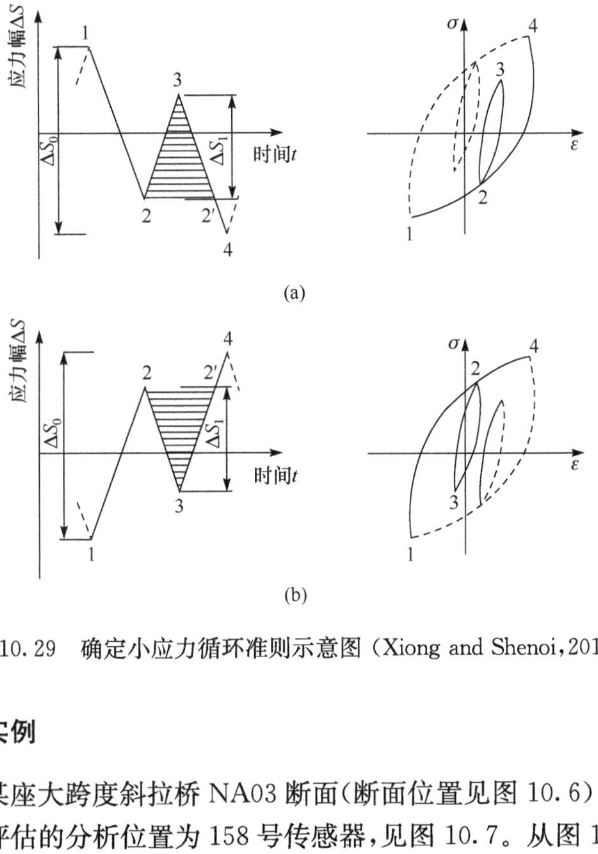

图 10.29　确定小应力循环准则示意图 (Xiong and Shenoi, 2011)

10.4.4　应用实例

针对我国某座大跨度斜拉桥 NA03 断面(断面位置见图 10.6)，选定的钢箱梁疲劳累积损伤评估的分析位置为 158 号传感器，见图 10.7。从图 10.7 可知，应变传感器测点位于钢箱梁加劲肋上缘，由图 10.27 钢箱梁构件疲劳强度等级定义，该测点位置构造细节类型判定为 D。图 10.30 给出了监测疲劳荷载谱的雨流矩阵，从图中可以看出，在该监测疲劳荷载循环块作用下，158 监测测点的应力幅均在 5MPa 以下。依据疲劳细节 D 的 S-N 曲线，计算测点位置的疲劳寿命约为 1.556×10^6 年。如果不考虑腐蚀的影响，在目前应力幅状态下，钢箱梁主梁在该测点位置不会发生疲劳破坏。

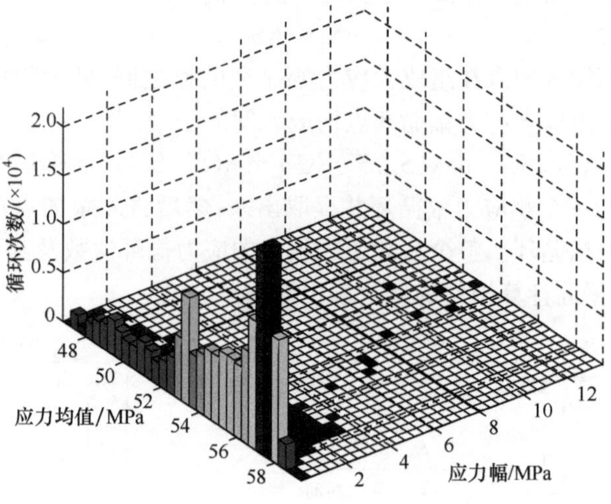

图 10.30 钢箱梁 158 号应变测点雨流矩阵

本算例只是给读者展示基于应变监测的钢箱梁疲劳损伤评估的步骤，实际上对于 NA03 截面所有测点，由于各监测位置均处于压应力状态，依据《钢结构设计规范》(GB 50017—2003)规定，应力循环中不出现拉应力的部位可不计算疲劳。而在实际钢箱梁运营过程中，在车轮荷载的局部压力作用下，钢箱梁的上翼缘焊缝位置经常出现焊缝疲劳开裂，所以后续结构健康监测系统应变测点的布设位置设计，应该依据同类桥梁的病害调查和检测结果确定。

第 11 章 基于监测数据的拉索安全评定方法

拉索作为大跨度桥梁(斜拉桥、吊杆拱桥等)的主要承重构件,在长达几十年使用期内,在环境侵蚀、材料老化、车辆荷载、火灾或撞击等作用下,将产生腐蚀损伤、疲劳累积损伤及其他灾害效应,威胁拉索乃至桥梁整体安全。据不完全统计,20 世纪 70 年代至 90 年代初,我国修建的 30 余座斜拉桥,65%已经进行了加固修复,有 4 座斜拉桥已拆除或改用了其他桥型,在加固的斜拉桥中有 46%的斜拉桥已全部或部分更换了斜拉索,最近几年内尚有 10 余座 90 年代后修建的斜拉桥需要换索(王文涛,2006;唐涛,2006);而对于钢管混凝土拱桥,由于吊杆断裂造成了 10 余起事故(高欣,2011)。因此,迫切需要发展拉索安全监测与评估方法。

拉索索力可采用监测方法直接得到,也可采用间接方法识别得到。一旦监测或识别得到拉索的索力时程,则可对拉索进行安全评定。拉索的安全状态主要包括承载力极限状态和疲劳寿命极限状态,相应地,拉索的安全评定包括承载力极限状态安全评定、疲劳累积损伤评估和疲劳寿命预测。在温湿度和海洋环境下,拉索的高强钢丝可能产生腐蚀,导致其极限承载力和疲劳寿命等抗力降低,因此,拉索安全评定需考虑腐蚀对其极限承载力和疲劳寿命的影响。拉索腐蚀可通过监测高强钢丝腐蚀过程中钝化膜破裂声发射信号、或拉索内腐蚀钢丝之间摩擦的声发射信号、或高强钢丝电位降信号等诊断拉索的腐蚀程度,在无监测数据时可采用耐久性理论来预测拉索的腐蚀。

拉索分为平行钢丝拉索和钢绞线拉索,目前关于平行钢丝拉索安全评定方法的研究较多,但钢绞线拉索安全评定方法的研究较少。对平行钢丝拉索承载力的研究最早可追溯至 Weibull(1939a)采用统计强度理论对纤维束强度的研究;随后,Daniels(1945,1974)进一步研究了纤维束内纤维数量冗余效应对强度的影响。目前,关于平行钢丝束拉索极限承载力的研究都以上述理论为基础(Bolotin,1992;Faber et al.,2003),将平行钢丝束拉索简化为串并联模型。Elachachi 等(2006)建立了考虑腐蚀影响的拉索极限承载力时变多尺度概率模型。Coleman(1958)和 Phoenix(1974,1978)最早建立了纤维束疲劳理论模型,目前该模型仍然是研究平行钢丝束拉索疲劳强度的理论基础。Faber 等(2003)提出了集成检测系统可靠度的斜拉索承载力极限状态和疲劳寿命评估方法。

本章首先介绍监测的拉索索力特征;其次介绍拉索时变索力识别方法;最后介绍拉索极限承载力安全评定方法和疲劳寿命评估方法。

11.1　拉索时变索力识别方法

索力监测方法主要分两类:一类是利用索力监测装置直接监测实时时变索力,如压力传感器(李延强,2013)、光纤光栅智能拉索(Li et al.,2009;Li et al.,2011a)等,上述监测技术已经集成到某些新建桥梁的结构健康监测系统中;另一类是分析加速度信号的频率成分,通过频率与索力之间的关系识别拉索索力。这里需要指出的是,磁通量传感器是一种拉索索力直接监测的有效手段(龙跃等,2007),但其只能监测时不变索力,无法监测实时变化的索力。

第一类监测方法可以直接给出时变的拉索索力,监测精度高,但安装复杂且传感器难以更换;第二类监测方法,由于加速度传感器成熟可靠、安装更换方便、能够同时监测拉索振动与索力,因此,通过加速度识别索力的方法具有许多优点,但缺点是存在识别分辨率问题。未安装传感器的拉索,其索力可以通过监测的车辆荷载、温度等荷载与环境作用,以及修正的结构模型通过计算得到;或者采用不同拉索索力相关性得到。

11.1.1　索力监测数据特征

本节以我国某座大跨度钢斜拉桥(主跨 648m)和某座大跨度钢筋混凝土斜拉桥(主跨 260m)为例,基于拉索索力传感器的监测数据,分析桥梁拉索索力变化趋势和特征。

选取大跨度钢斜拉桥南塔江侧短索 J1、中长索 J11 和长索 J21(拉索的位置编号如图 11.1 所示)在 2006 年 6 月 4 日 0:00～11 日 0:00 的索力监测数据进行分析,监测数据如图 11.2(a)～(c)所示。

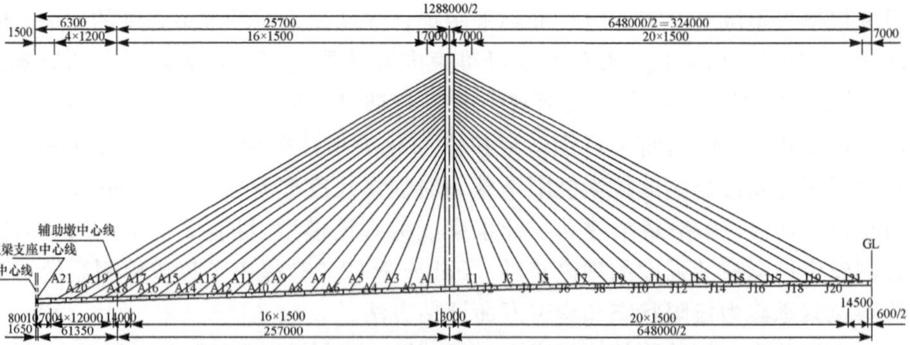

图 11.1　我国某座大跨度钢斜拉桥索编号和梁段划分(单位:cm)

拉索索力主要由恒荷载、车辆荷载和环境作用产生,采用第 10 章监测数据解耦方法对索力监测数据解耦,得到拉索索力均值变化时程曲线如图 11.2(d)所示。

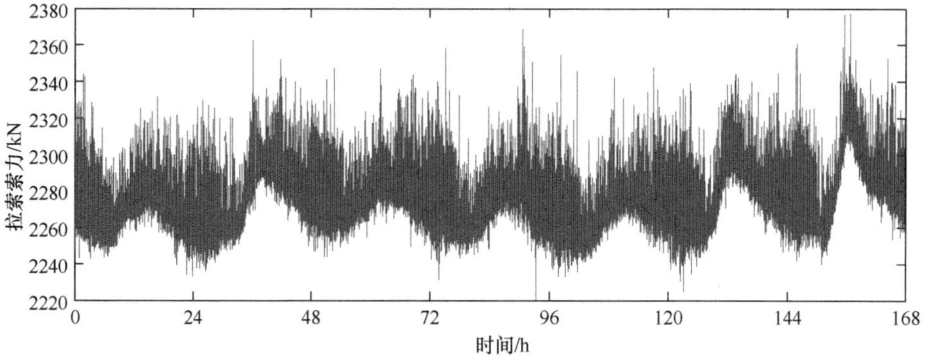

(a) 短索J1索力时程曲线

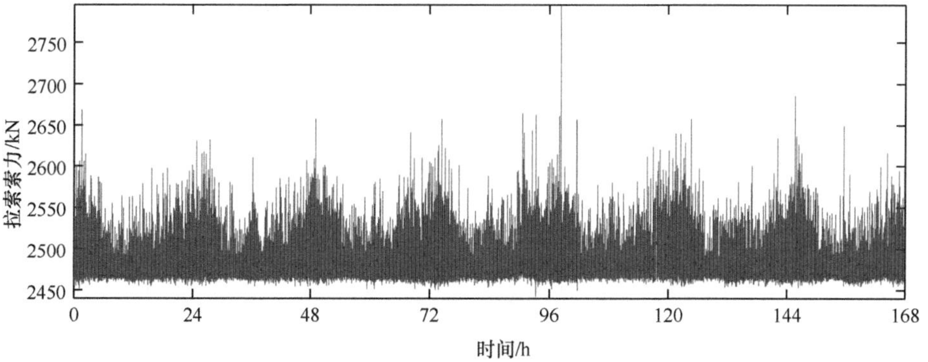

(b) 中长索J11索力时程曲线

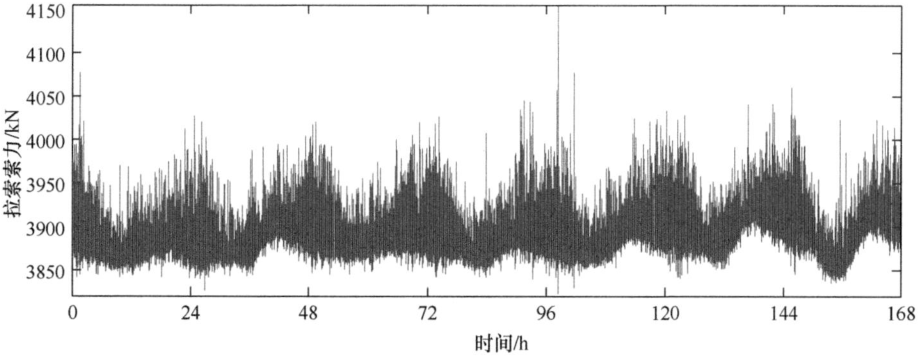

(c) 长索J21索力时程曲线

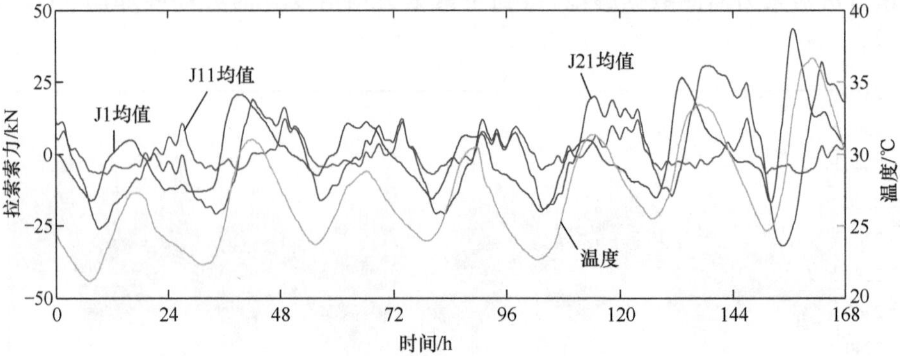

(d) 拉索索力均值变化时程曲线

图 11.2　2006 年 6 月 4 日 0:00～11 日 0:00 监测索力

从图 11.2 中可以看出,车辆荷载引起索力变化较大,短索 J1、中长索 J11 和长索 J21 的索力变化幅度为 100～250kN;而环境作用引起的索力变化相对较小,约为±35kN。短索 J1 和中长索 J11 索力均值变化与温度变化之间存在正相关关系(相关系数分别为 0.576 和 0.272),而长索 J21 均值变化与温度变化之间存在负相关关系(相关系数为－0.344)。监测数据表明,温度对拉索索力变化的影响较复杂,短索索力均值的变化与温度变化的相关性高于长索和中长索,但相关系数不高,表明温度荷载与索力变化之间的线性关系不明显。

索力测试期间车辆荷载的监测结果如图 11.3 所示。从图 11.2 和图 11.3 可以看出,3 根拉索监测索力出现最大值时刻,在该时刻附近(93.48h)监测到 190.1t 的超重车辆过桥,表明 2006 年 6 月 4 日 0:00～11 日 0:00 时段拉索索力最大值主要由 190.1t 的超重车辆引起;而对于其余索力峰值,则是由上、下游车辆荷载的联合作用导致的,并未监测明显的超过 100t 的超重车辆。

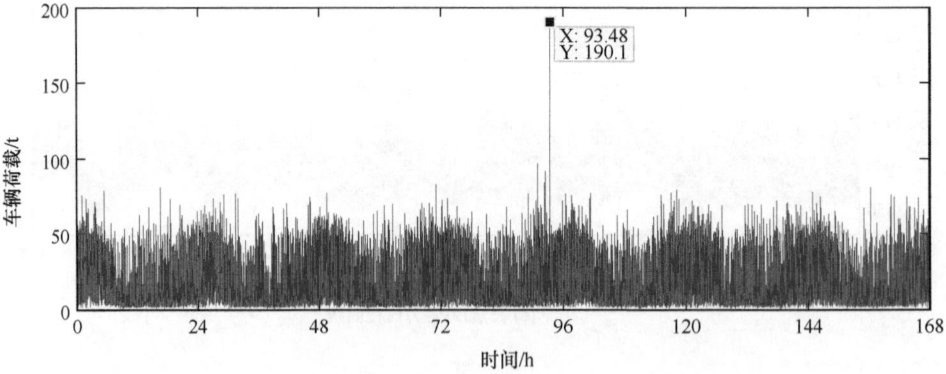

图 11.3　2006 年 6 月 4 日 0:00～11 日 0:00 监测车辆荷载

此外，图 11.3 所示车辆荷载的监测数据并未区分上、下游车辆，由于地秤位于收费站位置，距离该桥桥址处约 5km，上、下游车辆极值出现时刻与索力极值出现时刻可能存在滞后效应。

图 11.4 给出了另一座钢筋混凝土斜拉桥健康监测系统的布置方案，图 11.5 为 2008 年 1 月 11 日 0:00～24:00 典型拉索监测索力，包括北塔岸侧 C1′(短索)、北塔岸侧 C5′(中长索)、北塔岸侧 C7′(中长索)、南塔江侧 C3(短索)、南塔江侧 C5(中长索)和南塔江侧 C8(中长索)等。

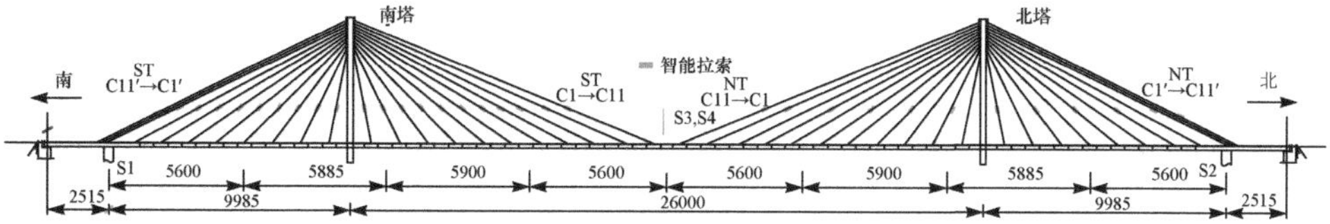

图 11.4　结构健康监测系统智能拉索布设方案(单位:cm)

从图 11.5 可以看出，对于跨度较小的斜拉桥，温度对拉索的影响相对较小，拉索的活荷载效应主要由车辆荷载引起，由于该桥梁结构缺乏限载措施，拉索的应力幅水平达到 120MPa 以上，严重影响拉索的疲劳寿命，特别是在腐蚀和疲劳耦合作用下，拉索的服役环境更趋恶劣。

本节索力特征分析的数据主要来源于拉索索力传感器监测的数据，但正如本章前述，加速度传感器监测索力具有许多优点，下面将介绍基于监测拉索振动加速度识别索力的方法，包括时不变索力识别方法和时变索力识别方法两类。

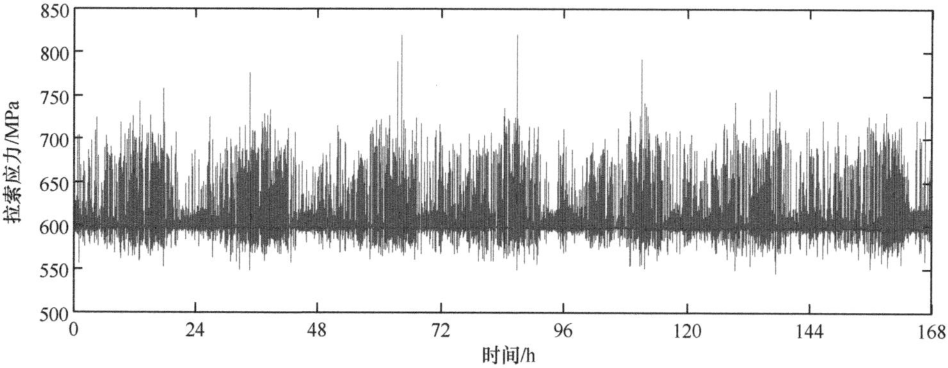

(a) 北塔岸侧C1′ 索力时程曲线

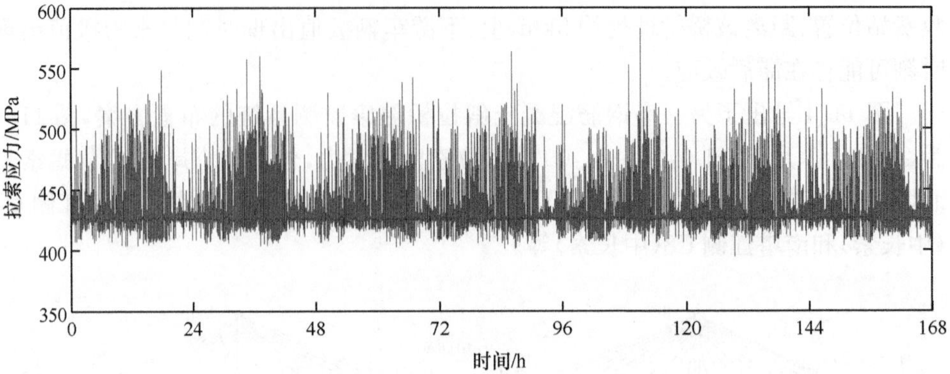

(b) 北塔岸侧C5′ 索力时程曲线

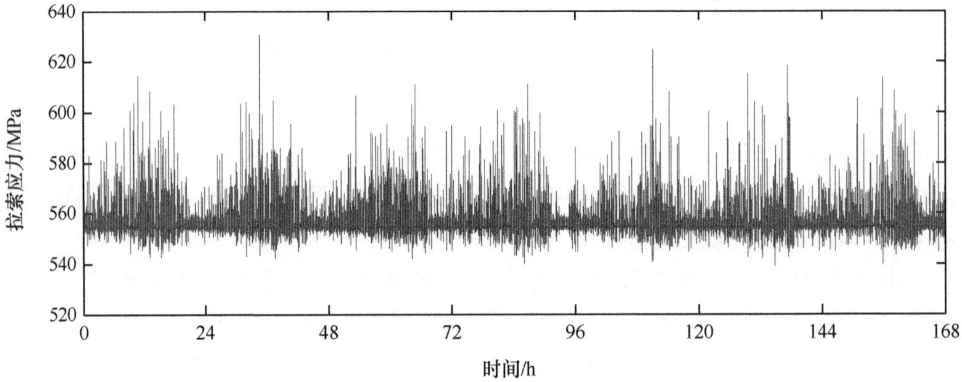

(c) 北塔岸侧C7′ 索力时程曲线

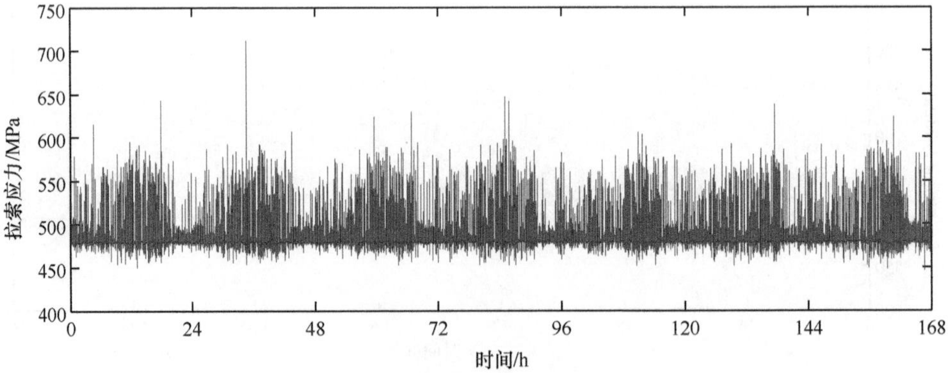

(d) 南塔江侧C3索力时程曲线

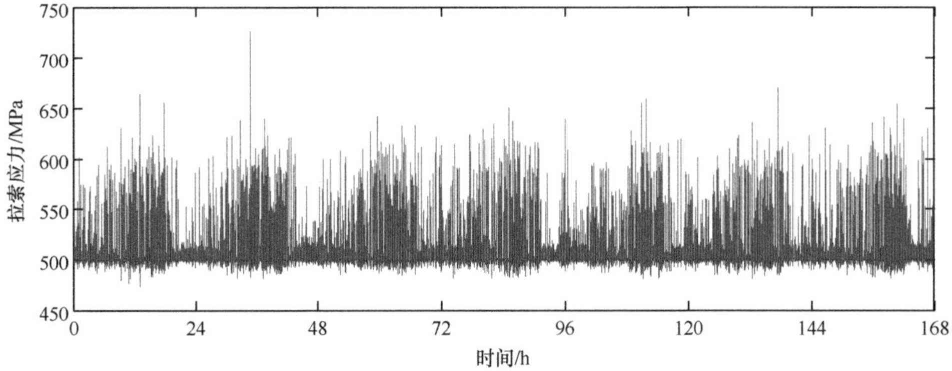

(e) 南塔江侧C5索力时程曲线

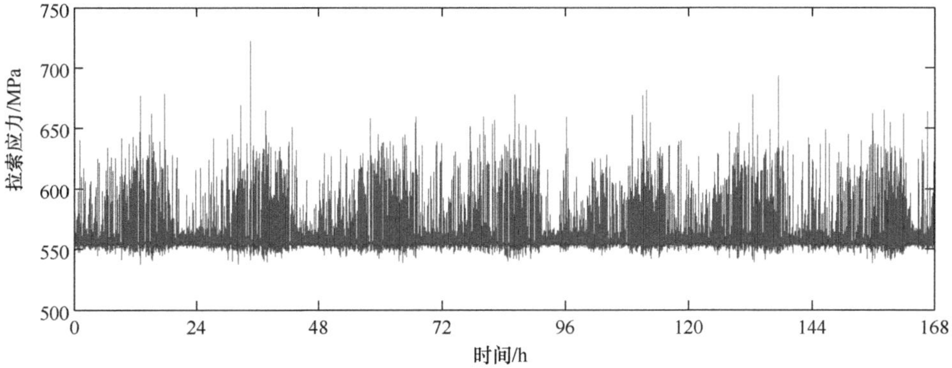

(f) 南塔江侧C8索力时程曲线

图 11.5　2008 年 1 月 11 日 0:00～24:00 时监测索力

11.1.2　时不变索力识别方法

拉索自身的阻尼非常小,在研究频率特性时,其阻尼效应一般可以忽略。拉索可以模拟为张紧弦,其自由振动运动方程为

$$\frac{\partial^2 v(x,t)}{\partial t^2}-\frac{T_C}{\overline{m}}\frac{\partial v^2(x,t)}{\partial x^2}=0 \tag{11.1}$$

式中,$v(x,t)$为 i 拉索的横向振动位移;T_C 为拉索索力;$\overline{m}$ 为拉索单位长度的质量;x 为沿拉索轴向位置坐标;t 为时间。

拉索横向振动的边界条件为

$$v(L,t)=v(0,t)=0 \tag{11.2}$$

式中,L 为索沿轴向的长度。式(11.2)表示在拉索的两端,其横向振动位移总是零。

采用分离变量法,假设解的形式为

$$v(x,t)=\varphi(x)q(t) \tag{11.3}$$

将式(11.3)代入式(11.1)有

$$\varphi\frac{\mathrm{d}^2q}{\mathrm{d}t^2}-\frac{T_{\mathrm{C}}q}{\overline{m}}\frac{\mathrm{d}^2\varphi}{\mathrm{d}x^2}=0 \tag{11.4}$$

由于 $\varphi q\neq 0$,故有

$$\frac{\overline{m}}{qT_{\mathrm{C}}}\frac{\mathrm{d}^2q}{\mathrm{d}t^2}=\frac{1}{\varphi}\frac{\mathrm{d}^2\varphi}{\mathrm{d}x^2}=-\Theta \tag{11.5}$$

式中,Θ 为常数。

方程(11.5)可进一步写成

$$\frac{\overline{m}}{T_{\mathrm{C}}}\frac{\mathrm{d}^2q}{\mathrm{d}t^2}+\Theta q=0 \tag{11.6}$$

$$\frac{\mathrm{d}^2\varphi}{\mathrm{d}x^2}+\Theta\varphi=0 \tag{11.7}$$

对式(11.7),仅当 $\Theta>0$ 时,才具有非平凡解:

$$\varphi(x)=A\cos\sqrt{\Theta}x+B\sin\sqrt{\Theta}x \tag{11.8}$$

考虑边界条件式(11.2),则有

$$\sin\sqrt{\Theta}L=0 \tag{11.9}$$

于是有如下本征方程:

$$\Theta_n=\left(\frac{n\pi}{L}\right)^2,\quad n=1,2,3,\cdots \tag{11.10}$$

则式(11.7)的通解为

$$\varphi_n(x)=B_n\sin\frac{n\pi x}{L},\quad n=1,2,3,\cdots \tag{11.11}$$

将本征值式(11.10)代入式(11.6)即可得到其通解为

$$q_n(t)=C_n\cos\left(\frac{n\pi}{L}\sqrt{\frac{T_{\mathrm{C}}}{\overline{m}}}t\right)+D_n\sin\left(\frac{n\pi}{L}\sqrt{\frac{T_{\mathrm{C}}}{\overline{m}}}t\right) \tag{11.12}$$

从式(11.12)中可得到拉索振动的圆频率为

$$\omega_n=\frac{n\pi}{L}\sqrt{\frac{T_{\mathrm{C}}}{\overline{m}}} \tag{11.13}$$

拉索的自振频率可以写为

$$f_n=\frac{\omega_n}{2\pi}=n\left(\frac{1}{2L}\sqrt{\frac{T_{\mathrm{C}}}{\overline{m}}}\right) \tag{11.14}$$

综上所述,拉索运动方程的通解为

$$\begin{aligned}v(x,t)&=\varphi(x)q(t)\\&=\sum_{n=1}^{\infty}\sin\frac{n\pi x}{L}\left[a_n\cos\left(\frac{n\pi}{L}\sqrt{\frac{T_{\mathrm{C}}}{\overline{m}}}t\right)+b_n\sin\left(\frac{n\pi}{L}\sqrt{\frac{T_{\mathrm{C}}}{\overline{m}}}t\right)\right]\end{aligned} \tag{11.15}$$

由式(11.14)可见,拉索各阶振动频率与阶数之间为线性关系,即其频谱呈现倍频现象,这是拉索频率响应的重要特征。

从式(11.13)和式(11.14)拉索的频率计算公式可以看出,拉索的频率与索力有关。因此,若通过监测拉索横向振动识别拉索频率,则可得到拉索的索力。下面介绍该方法。

首先对采集到的索振动信号采用第 1 章快速傅里叶变换方法进行频谱分析,若索振动的激励是宽带输入(如风、环境激励等),则从该频谱曲线中可以得到拉索的自振频率。

利用索的频率具有倍频的性质,确定索的基频估计值 $\hat{f}_1$。然后利用式(11.14)即可计算得到索力:

$$T_C = 4\bar{m}L^2\hat{f}_1^{\ 2} \tag{11.16}$$

式中,$\hat{f}_1$ 为从监测的横向振动中识别的拉索基频;$\bar{m}$ 为单位索长的质量。

由于索的振动响应中,主要参与模态不一定包含第一阶振型。因此,实际上往往采用频率差确定拉索基频,即根据索的振动响应频谱计算相邻频率峰值之间的差值 Δf_i 以及各个频率差的均值,作为拉索基频的识别值,即

$$\hat{f}_1 = \frac{1}{N}\sum_{i=1}^{N}\Delta f_i \tag{11.17}$$

式中,N 为基频差的数量。

这里需要指出的是,由于该方法将拉索模拟为张紧弦,未考虑拉索两端锚固区附加弯曲刚度的影响。因此,该方法不适合长度较短的拉索索力识别,但其用于长度较长的拉索索力识别具有很好的识别精度。

拉索索力的变化主要是由车辆荷载和温度产生的。若对桥梁上无车时段拉索的横向振动进行分析,得到该时段拉索的频率和索力,将同温度下所有这种无车工况下拉索的频率和索力进行统计分析,得到其均值和方差,并将均值与同温度下桥梁竣工时监测的拉索的频率和索力进行比较,当二者之差小于某一个阈值时,则诊断拉索的状态未发生变化,反之则拉索状态发生了变化,需进一步分析或检测;也可通过贝叶斯更新方法不断更新拉索频率和索力的均值和方差,再采用上述方法实时诊断拉索的状态。

11.1.3　时变索力识别方法

采用上述基于振动法识别拉索时不变索力,在对拉索横向振动监测信号进行频谱分析时,需要一段时长的信号。因此,得到的频率也是该时长内的平均频率,对应识别的拉索索力也是该时长内的平均索力。但车辆荷载经过拉索时,将导致拉索内的索力变化,即拉索索力是时变的。本节将介绍采用监测的拉索横向振动和非线性滤波器识别拉索时变索力的方法。

如图 11.6 所示拉索的两端，一端(A 点)为沿着索长方向(定义为 ξ 方向)的滑动支座，而另一端(B 点)为固定支座。在垂直索长的方向，拉索受外力作用，如风荷载或其他环境激励。同时其两端由于桥主梁和桥塔(主缆或拱)变形将引起支座移动，拉索索力是随时间变化的。

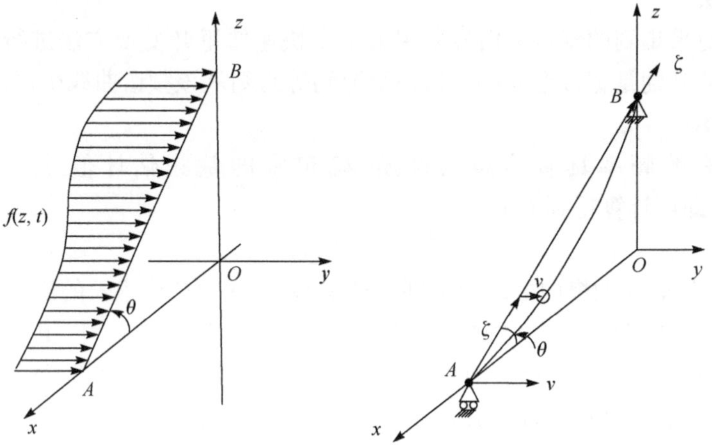

图 11.6 拉索受力示意图

假设忽略拉索垂度和轴向惯性力的影响，考虑端部运动的拉索运动方程可以表示为(Fujino et al.，1993；Gattulli and Vestroni，2000)

$$\frac{\mathrm{d}^2\tilde{q}_n}{\mathrm{d}\tau^2}+2\xi_n n\frac{\mathrm{d}\tilde{q}_n}{\mathrm{d}\tau}+n^2[1+\tilde{u}(\tau)]\tilde{q}_n+\sum_{k=1}^{\infty}\tilde{\beta}_{nk}\tilde{q}_n\tilde{q}_k^2=\widetilde{U}_n(\tau) \qquad (11.18)$$

式中，$\tau=\omega_1 t$；$\tilde{q}_n=\dfrac{q_n}{u_0}$，$q_n$ 为第 n 阶模态的广义位移坐标；ω_1 为初始恒荷载作用下拉索第一阶自振频率；$\omega_n=\dfrac{n\pi}{L}\sqrt{\dfrac{T_{C0}}{\overline{m}}}$ 为初始恒荷载作用下拉索第 n 阶模态自振频率；$u_0=\dfrac{T_{C0}L}{EA}$ 为在初始索力 T_{C0} 作用下拉索的拉伸长度；E 为弹性模量；A 为拉索横截面积；L 为索长；$\overline{m}$ 为单位长度索的质量；ξ_n 为拉索第 n 阶模态的阻尼比；$\tilde{u}=\dfrac{u}{u_0}$，u 为振动中拉索端部沿拉索轴向的位移；$\tilde{\beta}_{nk}=\dfrac{(nk\pi)^2u_0}{4L}$ 为由拉索振动导致索长变化的系数；$\widetilde{U}_n=\dfrac{U_n}{\overline{m}u_0\omega_1^2}$，$U_n=\int_0^L f_w(x,t)\sin\dfrac{n\pi x}{L}\mathrm{d}x$ 为第 n 阶模态的广义力；$f_w(x,t)$ 为索的外部横向分布力。

式(11.18)可以变换成如下形式：

$$m\frac{\mathrm{d}^2 q_n}{\mathrm{d}t^2}+c_n\frac{\mathrm{d}q_n}{\mathrm{d}t}+\alpha(t)k_n q_n+\sum_{k=1}^{\infty}\beta_{nk}q_n q_k^2=U_n(t) \tag{11.19}$$

式中，$m=\frac{\overline{m}L}{2}$；$c_n=2m\xi_n\omega_n$；$k_n=\frac{n^2\pi^2 T_{C0}}{2L}$；$\alpha(t)=\frac{(T_{C0}+T_{Cu})}{T_{C0}}$；$T_{Cu}=\frac{EAu}{L}$(活荷载产生的索力)；$\beta_{nk}=\frac{EAk^2n^2\pi^4}{8L^3}$。

假设拉索振动中只包含 r_0 阶模态，则式(11.19)可以写成如下矩阵的形式：

$$\boldsymbol{M}_{r_0}\ddot{\boldsymbol{q}}+\boldsymbol{C}_{r_0}\dot{\boldsymbol{q}}+\alpha(t)\boldsymbol{K}_{r_0}\boldsymbol{q}+\boldsymbol{\Lambda}_{r_0}\boldsymbol{q}=\boldsymbol{U}_{r_0} \tag{11.20}$$

式中，

$$\boldsymbol{M}_{r_0}=\frac{\overline{m}L}{2}\begin{bmatrix}1 & & \\ & 1 & \\ & & 1\end{bmatrix}_{r_0\times r_0}$$

$$\boldsymbol{C}_{r_0}=\begin{bmatrix}2m\xi_1\omega_1 & & \\ & 2m\xi_2\omega_2 & \\ & & 2m\xi_{r_0}\omega_{r_0}\end{bmatrix}_{r_0\times r_0}$$

$$\boldsymbol{K}_{r_0}=\frac{\pi^2 T_{C0}}{2L}\begin{bmatrix}1 & & \\ & 2^2 & \\ & & r_0^2\end{bmatrix}_{r_0\times r_0}$$

$$\boldsymbol{\Lambda}_{r_0}=\begin{bmatrix}\sum\limits_{k=1}^{r_0}\beta_{1k}q_k^2 & & \\ & \sum\limits_{k=1}^{r_0}\beta_{2k}q_k^2 & \\ & & \sum\limits_{k=1}^{r_0}\beta_{rk}q_k^2\end{bmatrix}_{r_0\times r_0}$$

$$\boldsymbol{U}_{r_0}=\begin{bmatrix}U_1\\ U_2\\ \vdots\\ U_{r_0}\end{bmatrix}_{r_0\times N_t}$$

其中，r_0 为监测拉索振动中包含的模态数；N_t 为计算时间步数。

在拉索时变索力识别时，假设只考虑 r 阶模态($r \geqslant r_0$)，并考虑拉索时变索力，定义状态向量为

$$\boldsymbol{Z}=[q_1,\cdots,q_r,\dot{q}_1,\cdots,\dot{q}_r,\alpha]^{\mathrm{T}} \tag{11.21}$$

式中，r 为识别过程中的模型阶数。

这里将与时变索力有关的系数 α 作为状态变量。由车辆产生的拉索索力变化形状与随机变量概率密度的高斯分布函数形状相似，因此，可以假设拉索索力变化是高斯白噪声过程。由随机过程理论可知，高斯白噪声过程求导后仍为高斯白噪声，因此，拉索时变索力参数 α 可通过下述扩展 Kalman 滤波器状态估计识别，再由式(11.21)中 α 的定义计算得到拉索时变索力。

式(11.20)可以写成状态方程的形式：

$$\dot{\boldsymbol{Z}}(t)=\boldsymbol{g}(\boldsymbol{Z}(t))=\begin{bmatrix}\dot{\boldsymbol{q}}(t)\\ \boldsymbol{M}_r^{-1}(\boldsymbol{U}_r(t)-\boldsymbol{C}_r\dot{\boldsymbol{q}}(t)-\alpha(t)\boldsymbol{K}_r\boldsymbol{q}(t)-\boldsymbol{\Lambda}_r\boldsymbol{q})\\ 0_{1\times 1}\end{bmatrix}+\boldsymbol{w}(t) \tag{11.22}$$

式中，$\boldsymbol{w}(t)$为过程噪声，是均值为零、协方差为 $\boldsymbol{Q}(t)$的高斯白噪声。

一般式(11.22)中非线性项 $\boldsymbol{\Lambda}_r\boldsymbol{q}$ 很小，可以忽略不计，式(11.22)可以简化为

$$\dot{\boldsymbol{Z}}(t)=\boldsymbol{A}(t)\boldsymbol{Z}(t)+\boldsymbol{B}\boldsymbol{U}_r(t)+\boldsymbol{w}(t) \tag{11.23}$$

式中，

$$\boldsymbol{A}(t)=\begin{bmatrix}\boldsymbol{0}_{r\times r} & \boldsymbol{I}_{r\times r} & \boldsymbol{0}_{r\times 1}\\ -\boldsymbol{M}_r^{-1}(\alpha(t)\boldsymbol{K}_r) & -\boldsymbol{M}_r^{-1}\boldsymbol{C}_r & \boldsymbol{0}_{r\times 1}\\ \boldsymbol{0}_{1\times r} & \boldsymbol{0}_{1\times r} & 0_{1\times 1}\end{bmatrix},\quad \boldsymbol{B}=\begin{bmatrix}\boldsymbol{0}_{r\times r}\\ \boldsymbol{M}_r^{-1}\\ \boldsymbol{0}_{1\times r}\end{bmatrix} \tag{11.24}$$

将式(11.23)写成离散状态方程为

$$\begin{aligned}\boldsymbol{Z}_k &= \boldsymbol{f}(\boldsymbol{Z}_{k-1},\boldsymbol{U}_{r,k-1})\\ &= \boldsymbol{\Phi}(t_k,t_k-\Delta t)\boldsymbol{Z}_{k-1}+\int_{t_k-\Delta t}^{t_k}\boldsymbol{\Phi}(t_k,t)\boldsymbol{B}(t)\boldsymbol{U}_r(t)\mathrm{d}t+\boldsymbol{w}_k\end{aligned} \tag{11.25}$$

式中，

$$\boldsymbol{\Phi}(t_2,t_1)=\exp\left(\int_{t_1}^{t_2}\boldsymbol{A}(t)\mathrm{d}t\right) \tag{11.26}$$

实际使用中，一般采用加速度传感器监测拉索振动，因此，观测方程可以写为

$$\boldsymbol{y}_k=\boldsymbol{h}(\boldsymbol{Z}_k)+\boldsymbol{v}_k=\begin{bmatrix}\boldsymbol{0}_{1\times r} & \varphi_1(l_a^{(1)}) & \cdots & \varphi_r(l_a^{(1)}) & 0\\ \vdots & \vdots & & \vdots & \vdots\\ \boldsymbol{0}_{1\times r} & \varphi_1(l_a^{(p)}) & \cdots & \varphi_r(l_a^{(p)}) & 0\end{bmatrix}\boldsymbol{g}(\boldsymbol{Z}_k)+\boldsymbol{v}_k \tag{11.27}$$

式中，p 为加速度传感器的数量；$l_a^{(j)}$ 为第 j 个加速度传感器的位置；$\varphi_i(\cdot)$为拉索振动的第 i 阶模态，且 $\varphi_i(x)=\sin\left(\dfrac{i\pi x}{L}\right)$；$\boldsymbol{v}_k$ 为测量噪声，且为均值为零、协方差矩阵为 $\boldsymbol{R}_k$ 的高斯白噪声。

于是，拉索时变索力的识别问题等效为采用扩展 Kalman 滤波器的状态估计问题，可以采用预测过程和更新过程的求解识别得到拉索时变索力。

1. 预测过程

首先根据在 $k-1$ 步的状态方程和状态变量最优估计值 $\hat{\boldsymbol{Z}}_{k-1|k-1}$，预测第 k 步的结构状态变量：

$$\hat{\boldsymbol{Z}}_{k|k-1}=\boldsymbol{f}(\hat{\boldsymbol{Z}}_{k-1|k-1},\boldsymbol{U}_{r,k}) \tag{11.28}$$

式中，$\hat{\boldsymbol{Z}}_{k-1|k-1}$为第 $k-1$ 步的状态变量最优估计值；$\boldsymbol{U}_{r,k}$为结构在第 k 步的干扰；$\hat{\boldsymbol{Z}}_{k|k-1}$为基于状态方程和第 $k-1$ 步的状态变量最优估计值 $\hat{\boldsymbol{Z}}_{k-1|k-1}$得到的第 k 步的结构状态变量的粗估计。

通过线性化状态方程，可以得到估计状态变量的协方差阵：

$$\hat{\boldsymbol{P}}_{k|k-1}=\boldsymbol{F}_{k-1}\hat{\boldsymbol{P}}_{k-1|k-1}\boldsymbol{F}_{k-1}^{\mathrm{T}}+\boldsymbol{Q}_k \tag{11.29}$$

式中，$\boldsymbol{Q}_k=E[\boldsymbol{w}_k\boldsymbol{w}_k^{\mathrm{T}}]$为过程噪声的协方差阵。

$$\boldsymbol{F}_{k-1}=\left.\frac{\partial \boldsymbol{f}}{\partial \boldsymbol{Z}}\right|_{\hat{\boldsymbol{Z}}_{k-1|k-1}}=\exp\left(\int_{(k-1)\Delta t}^{k\Delta t}\boldsymbol{G}(t)\mathrm{d}t\right) \tag{11.30}$$

$$\boldsymbol{G}(t)=\frac{\partial \boldsymbol{g}}{\partial \boldsymbol{Z}}=\begin{bmatrix}\boldsymbol{0}_{r\times r} & \boldsymbol{I}_{r\times r} & \boldsymbol{0}_{r\times 1}\\ -\boldsymbol{M}_r^{-1}(\alpha(t)\boldsymbol{K}_r) & -\boldsymbol{M}_r^{-1}\boldsymbol{C}_r & -\boldsymbol{M}_r^{-1}\boldsymbol{K}_r\boldsymbol{q}\\ \boldsymbol{0}_{1\times r} & \boldsymbol{0}_{1\times r} & 0_{1\times 1}\end{bmatrix} \tag{11.31}$$

2. 更新过程

基于监测的响应和观测方程，估计误差为

$$\tilde{\boldsymbol{y}}_k=\boldsymbol{y}_k-\boldsymbol{h}(\hat{\boldsymbol{Z}}_{k|k-1}) \tag{11.32}$$

则状态变量的最优估计及其协方差矩阵可由式(11.33)和式(11.34)计算：

$$\hat{\boldsymbol{Z}}_{k|k}=\hat{\boldsymbol{Z}}_{k|k-1}+\boldsymbol{\kappa}_k\tilde{\boldsymbol{y}}_k \tag{11.33}$$

$$\boldsymbol{P}_{k|k}=(\boldsymbol{I}-\boldsymbol{\kappa}_k\boldsymbol{H}_k)\boldsymbol{P}_{k|k-1} \tag{11.34}$$

式中，$\boldsymbol{\kappa}_k$ 为 Kalman 增益矩阵，由式(11.35)确定：

$$\boldsymbol{\kappa}_k=\boldsymbol{P}_{k|k-1}\boldsymbol{H}_k^{\mathrm{T}}\boldsymbol{S}_k^{-1} \tag{11.35}$$

$$\boldsymbol{S}_k=\boldsymbol{H}_k\boldsymbol{P}_{k|k-1}\boldsymbol{H}_k^{\mathrm{T}}+\boldsymbol{R}_k \tag{11.36}$$

$$\boldsymbol{H}_k=\frac{\partial \boldsymbol{h}}{\partial \boldsymbol{Z}}\bigg|_{\hat{\boldsymbol{Z}}_{k|k-1}}=\begin{bmatrix}\boldsymbol{0}_{1\times r} & \varphi_1(l_a^{(1)}) & \cdots & \varphi_r(l_a^{(1)}) & 0\\ \vdots & \vdots & & \vdots & \vdots\\ \boldsymbol{0}_{1\times r} & \varphi_1(l_a^{(p)}) & \cdots & \varphi_r(l_a^{(p)}) & 0\end{bmatrix}\boldsymbol{G}(\hat{\boldsymbol{Z}}_{k|k-1},k\Delta t) \tag{11.37}$$

式中，$\boldsymbol{R}_k=E[\boldsymbol{v}_k\boldsymbol{v}_k^{\mathrm{T}}]$ 为观测噪声协方差阵。

由式(11.21)可知，拉索时变索力系数 α 包含在状态向量中。因此，由式(11.33)得到状态变量的最优估计值，也就识别得到了拉索的时变索力。

在这里需要指出的是，拉索的振动主要是风荷载产生的，一般大跨度斜拉桥和大跨度悬索桥健康监测系统均安装了风速仪，即风荷载可以通过监测得到。若没有监测风荷载，则可将风荷载作为过程噪声，利用监测的拉索小幅值振动来识别拉索时变索力。

11.1.4　算例分析

以某一工程为例，给出上述方法识别斜拉索索力的精度和鲁棒性。首先计算在车辆荷载下斜拉索索力的变化；然后计算在车辆通过该斜拉索引起索力变化时段内索的风致横向振动；最后采用上述方法，通过斜拉索的风致横向振动识别其时变索力，并与计算值进行比较。

1. 工程概况与有限元模型

我国某一座双塔三跨斜拉桥，主跨为 648m，两边跨各 320m，共有斜拉索 168 根。有关桥梁结构信息如图 11.7 和图 11.8 所示，详细信息可参见文献(张福俭，2013)。

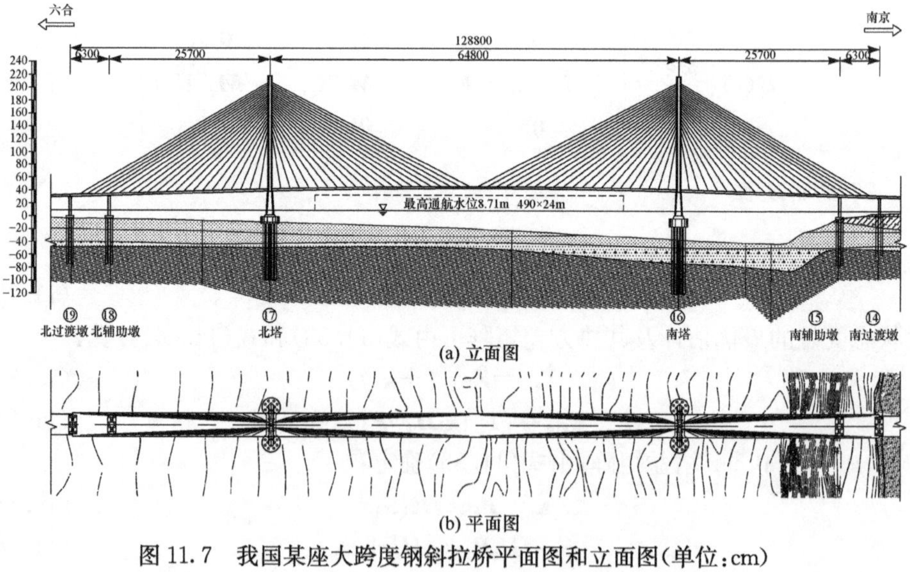

图 11.7　我国某座大跨度钢斜拉桥平面图和立面图(单位：cm)

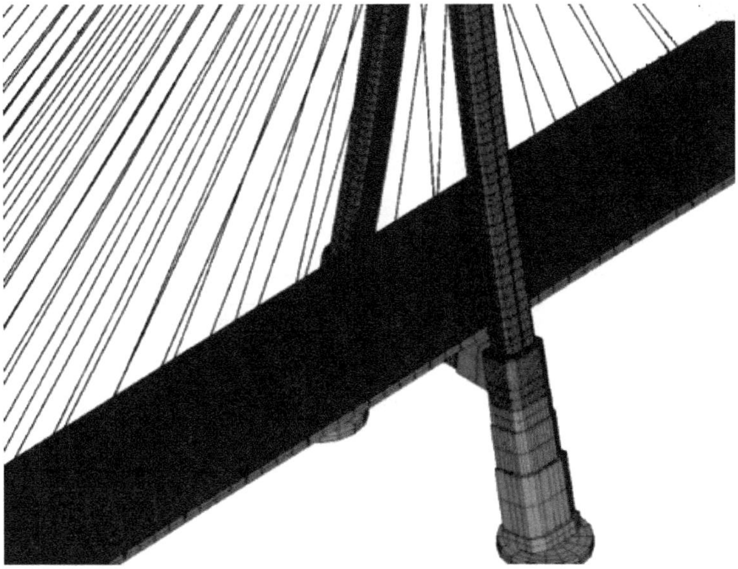

图 11.8　有限元模型局部

桥梁采用 ANSYS 进行建模，以 BEAM44 单元模拟桥塔及主梁，采用 LINK10 单元模拟斜拉索，使用初始应变模拟斜拉索中的预张力。

选取 J03 号斜拉索进行数值模拟，其位置如图 11.1 所示，该斜拉索的基频为 0.9031Hz，基本参数如表 11.1 所示。

表 11.1　J03 斜拉索的基本参数

横截面积 /m^2	长度 /m	初始应力 /MPa	单位长度质量 /(kg/m)	单位长度阻尼系数 /($N \cdot s/m^2$)	弹性模量 /MPa
0.0041948	116.967	350.35	32.9292	0.8049	1.95×10^5

2. 一辆车作用的斜拉索索力识别

假设一辆 100t 的货车以 20m/s 的速度通过 J03 同侧车道，将其作为移动集中力荷载施加在前述有限元模型上，计算得到斜拉索索力变化，如图 11.9 所示。

假设斜拉索的振动由脉动风荷载引起，计算模型如图 11.10 所示。假设在桥面以上 z_u 高度处安装风速仪，在待研究斜拉索上距桥面高 z_a 处安装加速度传感器，如图 11.10 所示。

假设风沿空间是完全相关的，脉动风压可以表示为

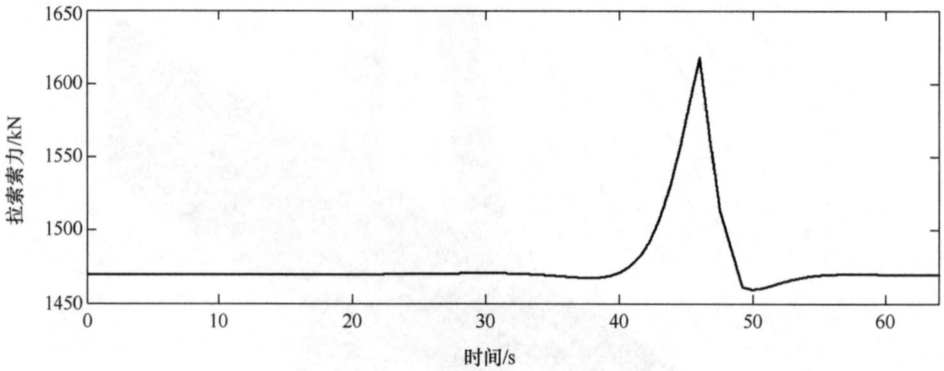

图 11.9　初始斜拉索索力及索力变化

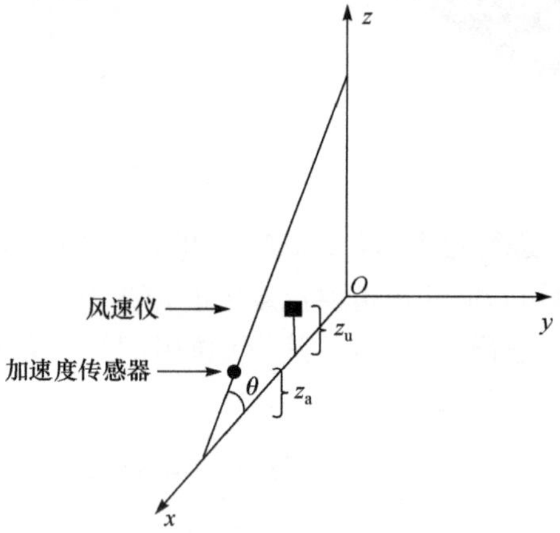

图 11.10　监测传感器及其安装位置示意图

$$W(z,t)=\mu_s\mu_z(z)\mu_f(z)w_{0a}p_w(t) \tag{11.38}$$

式中，μ_s 为体形系数，圆形截面 $\mu_s=1.2$；$\mu_f(z)$ 为脉动系数，$\mu_f(z)=0.227(z/10)^{-0.16}$；$\mu_z(z)$为风压高度变化系数，$\mu_z(z)=(z/10)^{0.32}$；$w_{0a}$为 10m 高标准风压，即 10m 高度处 10min 平均风速。假设 $v_{10}=10\text{m/s}$，那么 $w_{0a}=(v_{10}/40)^2=(10/40)^2=0.0625$。基于 Davenport 风速谱，可以生成脉动分量 $p_w(t)$，其是均值为零、协方差为 1 的高斯过程。这样风荷载 $f_w(L_z,t)$可以按式(11.39)确定：

$$f_w(L_z,t)=W(L_z\sin\theta+z_0,t)d_s \tag{11.39}$$

式中，L_z 为沿索长方向拉索长度；d_s 为斜拉索直径，本例中 $d_s=0.0731\text{m}$；z_0 为桥面距设计通航水位的高度，本例中 $z_0=33.32\text{m}$；θ 为斜拉索与水平面之间的夹角，本例中 $\theta=65.66°$。

计算得到的 $f_w(L_z,t)$如图 11.11 所示。

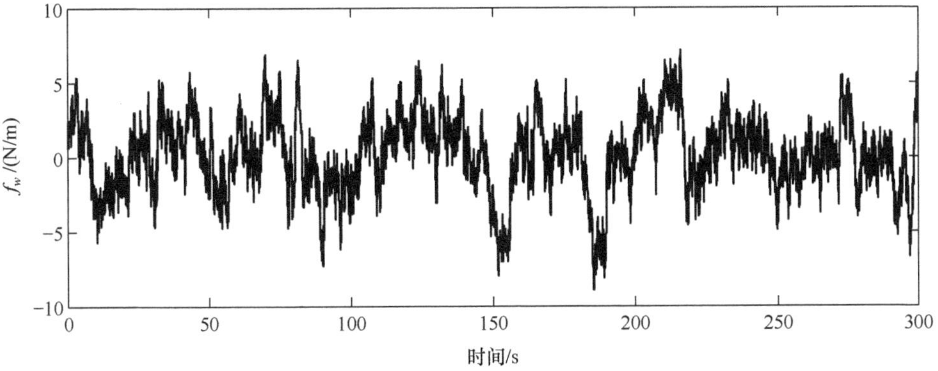

图 11.11　斜拉索底部的风荷载

将上述风荷载代入式(11.20),假定 $r_0=20$(前 20 阶),采用 Newmark-β 法求解式(11.20),可以求得斜拉索的响应。为了模拟观测中的噪声,按照信噪比 SNR=30dB,在计算得到的加速度响应中混叠高斯白噪声。距斜拉索下端 1/6 长度处的有噪声加速度及其频谱如图 11.12 所示。根据前述斜拉索基频,从图 11.12中可以看出主要是前 11 阶模态参与了振动,其他模态对振动的贡献很小。因此,在斜拉索振动模拟中,取前 20 阶模态是可行的。过程噪声和观测噪声的协方差矩阵在下面的斜拉索时变索力识别中分别取为 $\boldsymbol{Q}=\text{ding}([\boldsymbol{0}_{2r\times1};10^{-6}])$

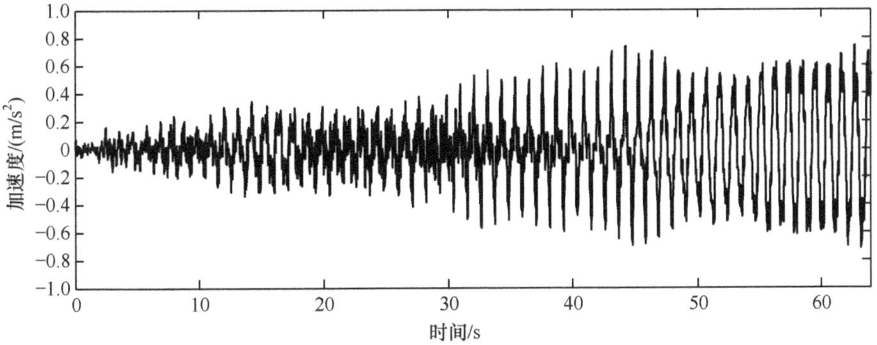

(a) 无噪声斜拉索加速度信号时程曲线

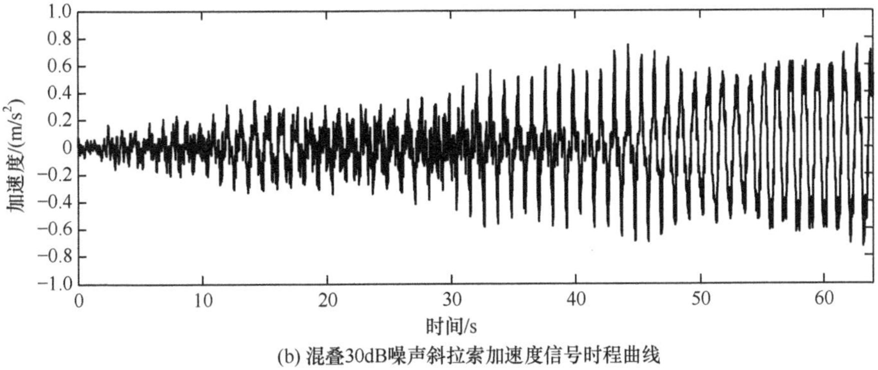

(b) 混叠30dB噪声斜拉索加速度信号时程曲线

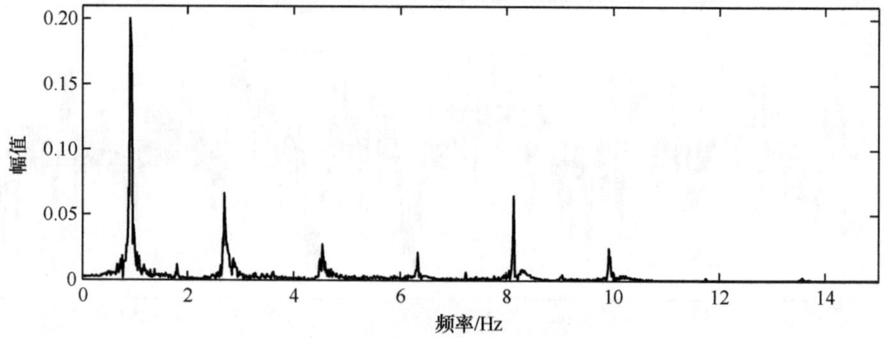

(c) 无噪声斜拉索加速度频谱

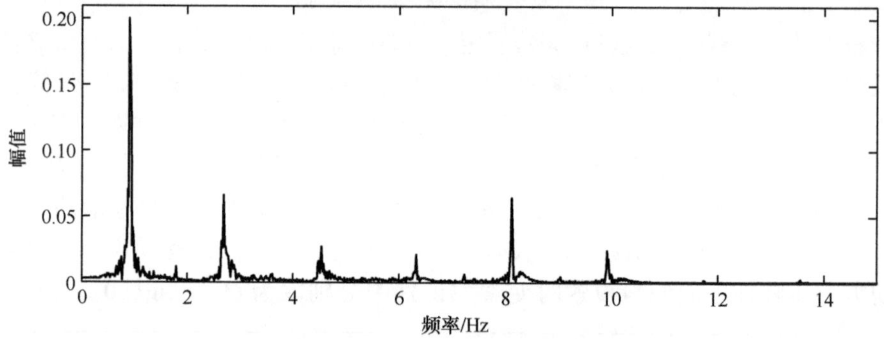

(d) 混叠30dB噪声的斜拉索加速度频谱

图 11.12　计算得到的 1/6 斜拉索长度处的加速度

和 $R=10^{-3}$，其中 r 表示识别中所采用的模态阶数。

采用 20 阶模态，识别由前述一辆货车引起的斜拉索时变索力，有关时变索力的结果如图 11.13(a)所示，观测与识别的加速度如图 11.13(b)所示(注：SNR=30dB，分析前 20 阶模态)。

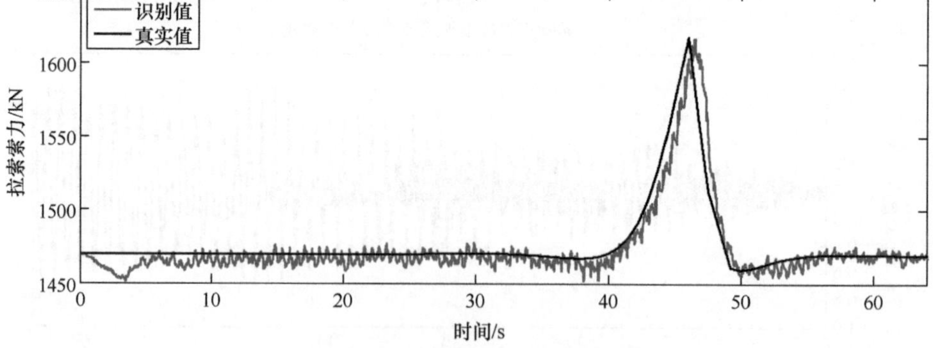

(a) 识别的时变索力与真实索力比较

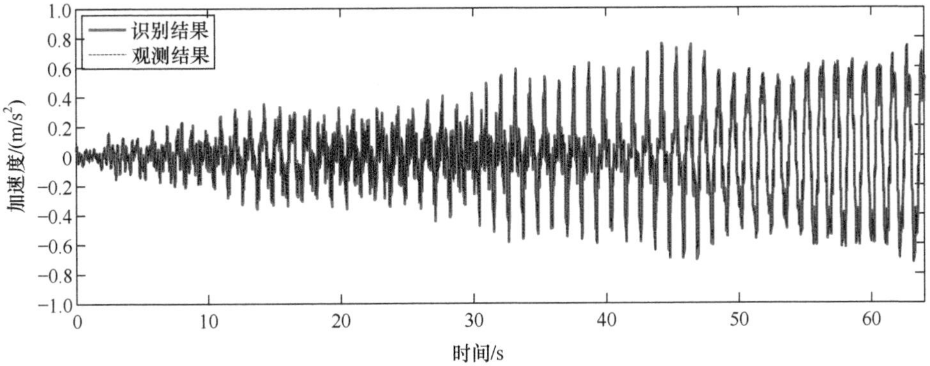

(b) 观测和识别的加速度比较

图 11.13　基于监测加速度的斜拉索时变索力识别结果

从图 11.13 可以观察到，尽管加速度信号中包含噪声，采用上述方法识别的斜拉索的时变索力与斜拉索真实的时变索力吻合很好。

为了研究该方法时变索力的识别精度，下面待识别的斜拉索索力分别是由一辆 50t 和 20t 的车过桥时引起的索力变化。首先，一辆 20t 和 50t 的车辆均以 72km/h 的速度加载到上述桥梁有限元模型上，计算得到它们分别导致的斜拉索索力变化，分别如图 11.14(a)和(b)所示。然后，将如图 11.11 所示的风荷载施加到斜拉索上，采用前 20 阶模态计算得到斜拉索的振动响应，再在计算得到的加速度响应中混叠 30dB 的高斯白噪声，加速度响应的频谱如图 11.14(c)和(d)所示。从图 11.14 可以看出，斜拉索的振动主要是其前 11 阶模态的贡献。采用上述方法识别得到斜拉索时变索力，如图 11.14(a)和(b)所示，可以看出，识别结果与真实的斜拉索索力吻合很好，证明了该方法具有很好的识别精度。

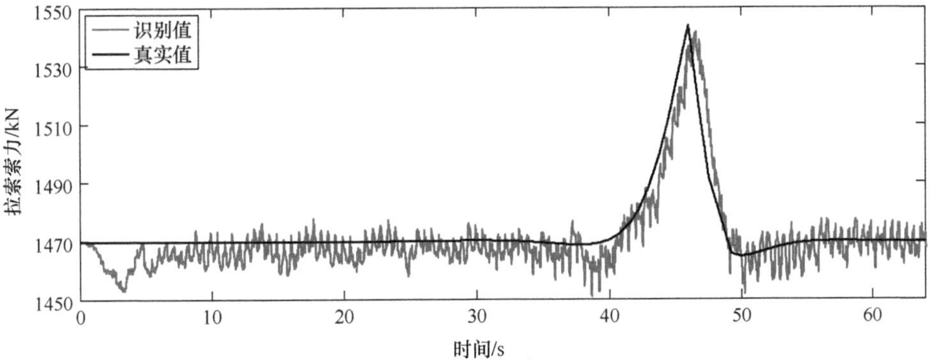

(a) 50t车的识别结果

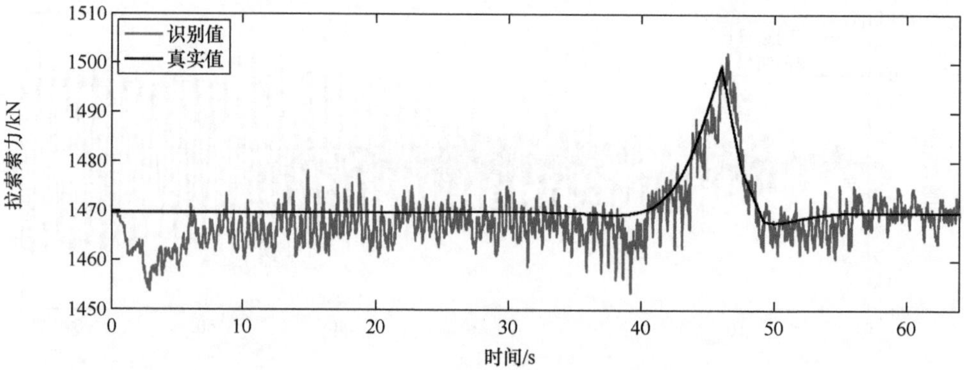

(b) 20t车的识别结果

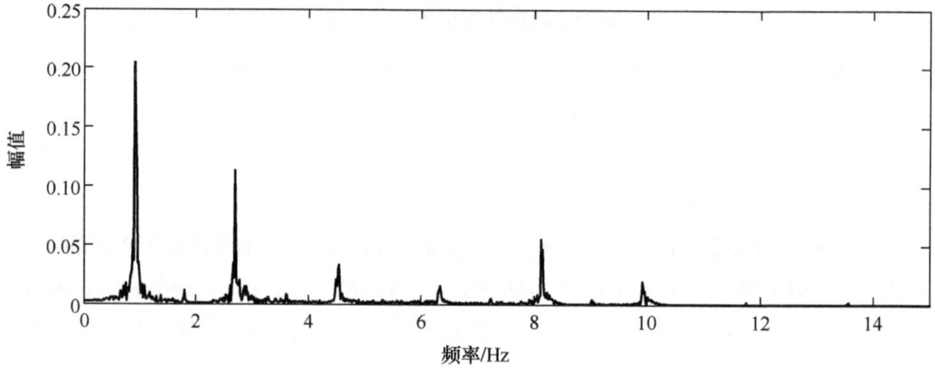

(c) 50t车作用下拉索加速度频谱

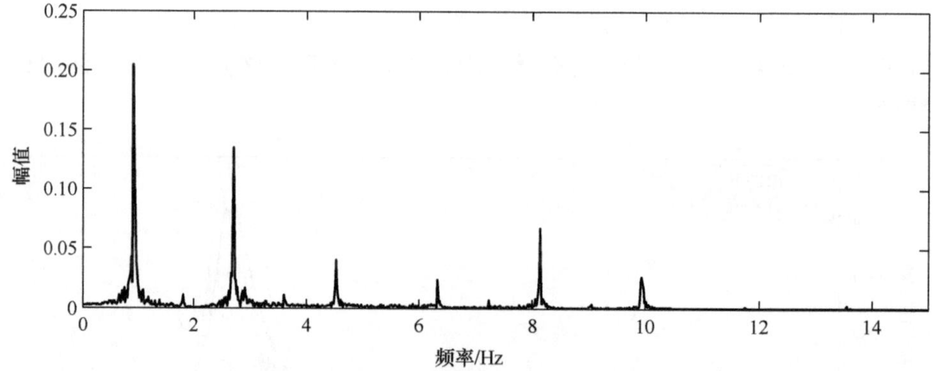

(d) 20t车作用下拉索加速度频谱

图 11.14　较轻车辆荷载作用下斜拉索时变索力识别结果

3. 多辆车作用下斜拉索时变索力识别

下面讨论 10 辆车过桥引起斜拉索索力变化的识别结果。10 辆车的车重、车速以及上桥时间如表 11.2 所示。假定 10 辆车沿两个车道驶过桥梁，每个通行方向一个车道，且定义与 J03 索同侧的车道为车道 1，对侧车道定义为车道 2。车辆速度的正负表示了各辆车不同的过桥方向；1 号车的车速为 0，表示它一直停在桥上。10 辆车在车道 1 和车道 2 中的位置如图 11.15 所示，其中，每条实线均代表了一辆车及其重量，图中同时用虚线标示了 J03 索的位置。

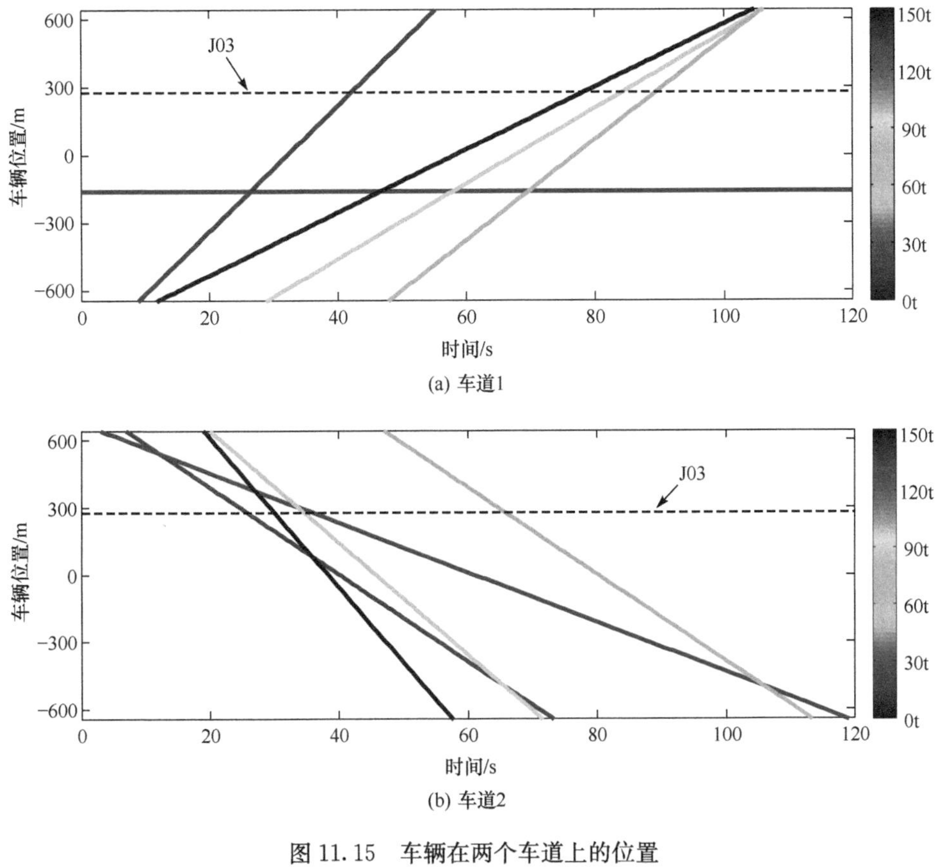

图 11.15　车辆在两个车道上的位置

表 11.2　10 辆车的速度、重量、上桥时间和初始位置

车辆编号	1	2	3	4	5	6	7	8	9	10
速度/(km/h)	0	100	50	60	80	−40	−70	−120	−90	−70
车重/t	20	15	150	55	45	100	25	10	60	30
上桥时间/s	0	9	12	29	48	3	7	19	20	47
开始位置/m	−160	−643	−643	−643	−643	643	643	643	643	643

车辆荷载引起的斜拉索时变索力由如前所述的有限元模型计算得到，结果如图 11.16(a)所示。将图 11.11 所示的风荷载施加在斜拉索上，计算得到斜拉索加速度响应，然后在计算得到的加速度中混叠 30dB 的高斯白噪声，得到距斜拉索下端 1/6 处有噪声加速度时程及其频率反应如图 11.16(b)和(c)所示。

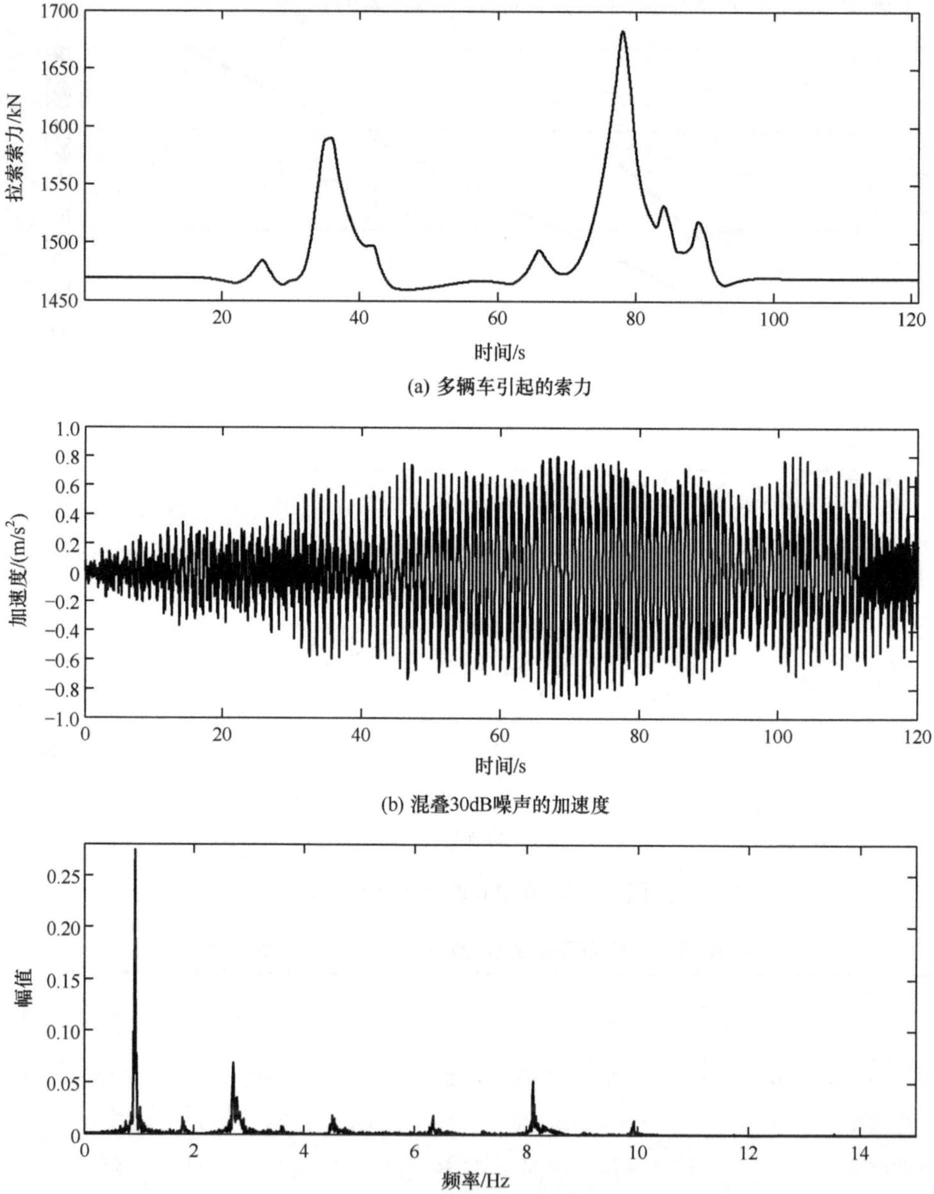

(a) 多辆车引起的索力

(b) 混叠30dB噪声的加速度

(c) 混叠30dB噪声的加速度频谱

图 11.16　10 辆车产生的斜拉索时变索力及风致加速度与频谱

由图 11.16(a)可知，当多辆车在桥梁上经过时，斜拉索的时变索力比一辆车经过桥梁时复杂得多。从图 11.16(c)中还可以看出，斜拉索振动主要是其前 11 阶模态的贡献。因此，在斜拉索时变索力识别中采用前 11 阶模态。

识别得到的斜拉索时变索力如图 11.17(a)所示，观测和估计得到的加速度如图 11.17(b)所示。从图 11.17 可以看出，对多辆车辆作用下斜拉索复杂的时变索力，上述方法也具有很好的识别精度。

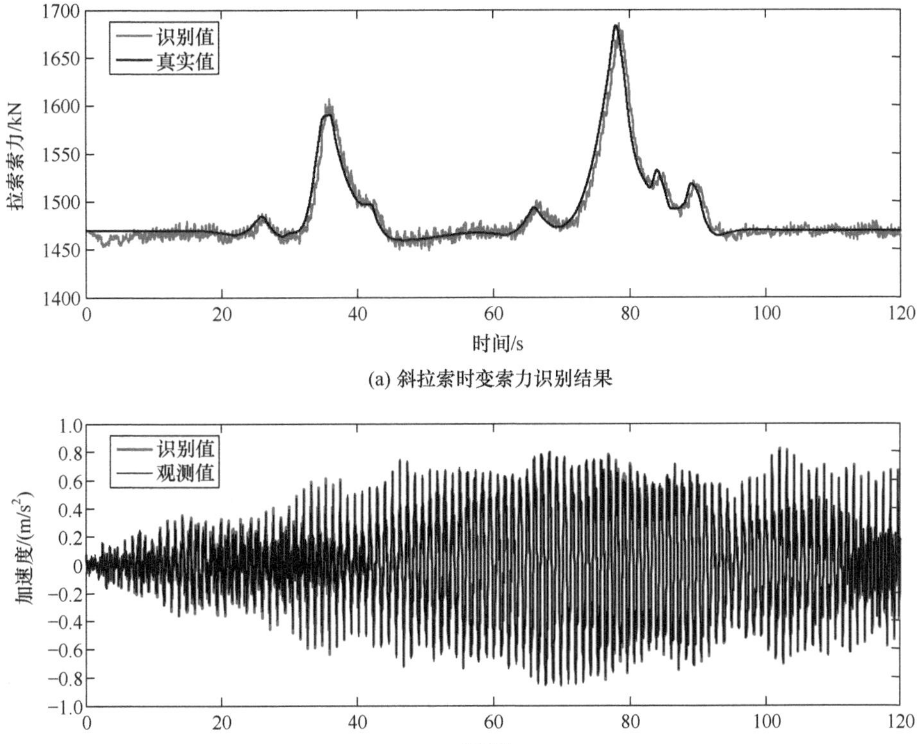

(a) 斜拉索时变索力识别结果

(b) 观测和估计的斜拉索加速度

图 11.17　10 辆车作用下斜拉索时变索力识别结果

4. 识别方法的鲁棒性

基于扩展 Kalman 滤波器的斜拉索时变索力的识别依赖斜拉索的动力模型，下面检验该方法对建模误差的鲁棒性。假设斜拉索初始刚度存在误差，等效为斜拉索索力分别为 0.7 倍和 1.2 倍的设计值，斜拉索时变索力仍然是由表 11.2 所示的 10 辆车引起的，分别计算得到索力为 0.7 倍和 1.2 倍设计值时斜拉索在风荷载作用下的振动加速度响应；然后，在计算得到的加速度响应中混叠 SNR＝30dB 的高斯白噪声。分析斜拉索加速度响应,得到斜拉索的振动主要由前 13 阶模态(0.7 倍设计索力)和前 11 阶模态(1.2 倍设计索力)贡献。因此,在斜拉索时变索力识别中分别选取前 13 阶模态及前 11 阶模态,斜拉索索力识别结果如图 11.18 所示,可以看出,尽管初始索力存在误差,但该方法能够较快地识别到变化后的斜拉索索力,并能准确地跟踪时变索力。

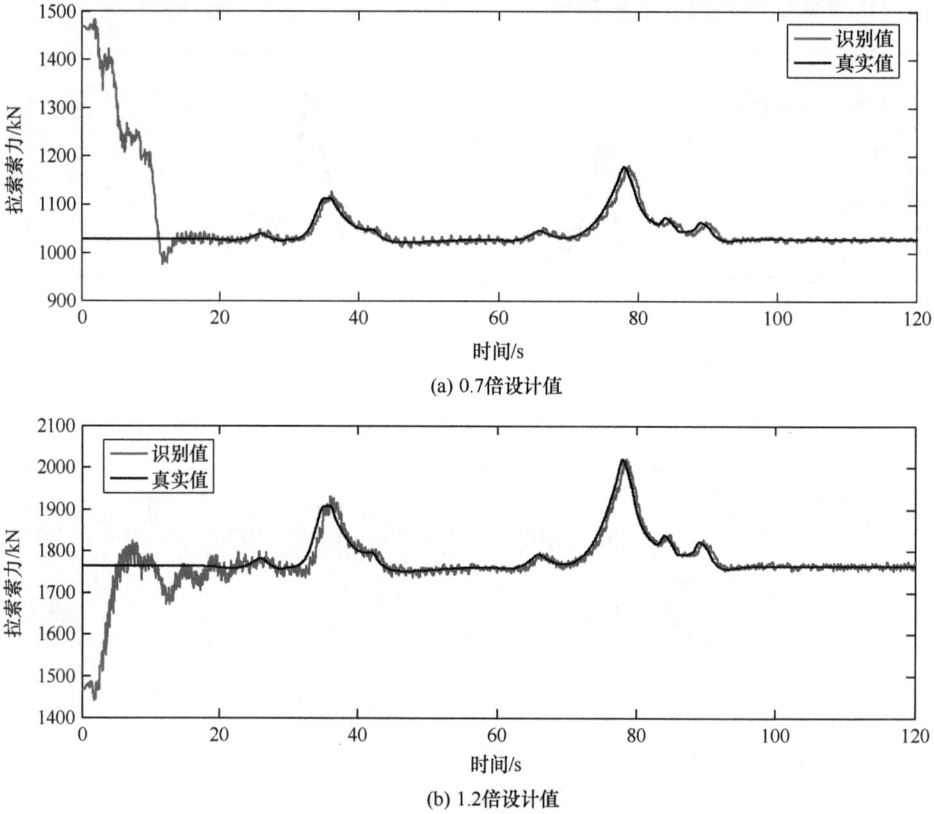

图 11.18 初始刚度误差对斜拉索时变索力识别结果的影响

11.2 承载力极限状态评估方法

利用监测或识别得到的拉索索力,即可进行拉索承载力极限状态评估,包括拉索抗力(极限承载力)和荷载效应(拉索索力)极值。下面分别阐述拉索抗力模型和荷载效应模型,这里忽略桥梁健康监测系统失效概率的影响。

11.2.1 拉索时变抗力模型

一根平行钢丝拉索可以视为由诸多平行钢丝纤维束组成。因此,可以借鉴纤维束强度理论计算平行钢丝拉索的极限承载力，即将平行钢丝束拉索简化为平行钢丝串并联模型(Weibull，1939a，1939b)，如图 11.19 所示。其中单根钢丝相当于一串联体系，整根拉索是由多根钢丝组成的并联体系，每根钢丝极限承载力是独立同分布的，分担相同的荷载，钢丝束的极限承载力与钢丝数量有关(称为 Daniels 效应)，这种体系通常称为 Daniels 体系(Daniels，1945，1974)。下面分别介绍单根钢丝极限承载力和整根拉索极限承载力的计算方法。

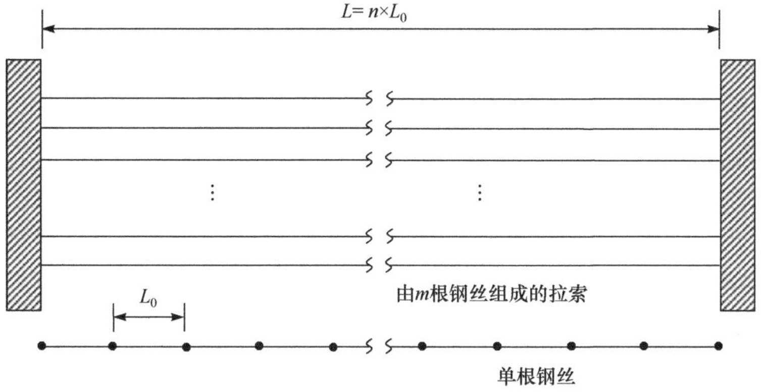

图 11.19　平行钢丝束拉索极限承载力计算模型

1. 钢丝时变极限承载力

假设一根钢丝是由 n 个单元组成的最弱联串联体系(体系内单元数取决于钢丝的长度和材料强度的统计特性)，每个单元的极限承载力为独立同分布的随机变量 Z_i，其累积分布函数为 $F_{Z_i}(z_i)$，则此最弱联体系的极限承载力 Z 由其极限承载力最低的单元所支配，即

$$Z=\min(Z_1,Z_2,\cdots,Z_n) \tag{11.40}$$

Faber 等(2003)指出单根钢丝的极限承载力服从 Weibull 分布：

$$F_Z(z)=1-\exp\left[-\alpha_Z\left(\frac{z}{u_Z}\right)^{k_Z}\right] \tag{11.41}$$

均值和标准差分别表示为

$$E[Z]=u_Z\alpha_Z^{-1/k_Z}\Gamma\left(1+\frac{1}{k_Z}\right) \tag{11.42}$$

$$\sigma(Z)=\sqrt{u_Z^2\alpha_Z^{-2/k_Z}\left[\Gamma\left(1+\frac{2}{k_Z}\right)-\Gamma^2\left(1+\frac{1}{k_Z}\right)\right]} \tag{11.43}$$

式中，$\Gamma(\cdot)$为 Gamma 函数；u_Z 和 k_Z 分别为 Weibull 分布的尺度参数和形状参数，可以由试验数据估计得到；α_Z 为 Weibull 分布的比例参数，表征最弱联体系单元间极限承载力的相关性，Faber 等(2003)定义钢丝极限承载力的相关长度如下：

$$L_{\rho}=\int_{0}^{\infty}|\rho_{ZZ}(\tau)|\,\mathrm{d}\tau \tag{11.44}$$

式中，$\rho_{ZZ}(\tau)$为钢丝极限承载力的自相关函数，则比例参数 α_Z 为

$$\alpha_Z=\frac{L}{l_Z L_0} \tag{11.45}$$

式中，L_0 为钢丝极限承载力试验中钢丝样本长度；L_{ρ} 为钢丝极限承载力的相关长度，$L_{\rho}=l_Z L_0$；L 为钢丝长度。

显然，钢丝的长度一定时，钢丝的相关长度越大，则表征最弱联体系所需的单元越少，钢丝极限承载力越高；相反，钢丝的相关长度越小，则表征最弱联体系所需的单元越多，则钢丝极限承载力越低；钢丝的相关长度相同，钢丝越长，则钢丝的极限承载力越低。

中冶集团建筑研究总院建筑工程检测中心对柳州欧维姆机械股份有限公司送检的四批国内桥梁拉索高强钢丝（1670 级 $\phi5$，生产厂家：上海申佳金属制品有限公司）的力学性能进行了试验，钢丝长度为 500mm，共 41 根，表 11.3 给出了该组高强钢丝极限承载力试验数据。由于试样钢丝长度相同，且长度较短，因此取比例参数 $\alpha_Z=1$，采用极大似然估计得到单根钢丝极限承载力 Weibull 分布的分布参数为：$u_Z=36.77$，置信度为 0.95 的置信区间为[36.46，37.08]；$k_Z=51.02$，置信度为 0.95 的置信区间为[38.52，67.59]；钢丝极限承载力均值 $E(Z)$为 36.37kN，标准差 $\sigma(Z)$为 0.90kN，变异系数为 0.025。

表 11.3　1670 级 $\phi5$ 钢丝极限承载力试验结果

试件编号	极限承载力/kN	试件编号	极限承载力/kN	试件编号	极限承载力/kN	试件编号	极限承载力/kN
1	36.91	12	36.91	23	35.54	34	35.74
2	36.91	13	36.52	24	35.74	35	35.93
3	37.50	14	36.72	25	35.74	36	36.52
4	37.90	15	36.52	26	35.54	37	36.91
5	37.90	16	36.32	27	35.74	38	36.32
6	38.09	17	35.74	28	35.54	39	36.32
7	35.93	18	36.32	29	35.93	40	36.32
8	36.52	19	36.91	30	35.74	41	36.52
9	37.11	20	36.52	31	36.13		
10	36.52	21	36.13	32	36.32		
11	36.52	22	35.74	33	37.11		

研究表明，比例参数 α_Z 对钢丝极限承载力影响较大。假定 1670 级 $\phi5$ 钢丝极

限承载力 Weibull 模型参数为 $u_Z=36.77$，$k_Z=51.02$，由式(11.42)和式(11.43)计算钢丝极限承载力的均值和方差与 α_Z 的关系，计算结果如图 11.20 所示。从图 11.20可以看出，比例参数 α_Z 越大，即钢丝的相关长度 L_ρ 越小(一根固定长度的钢丝划分的单元越多)，则钢丝的极限承载力越小。对拉索而言，影响钢丝相关长度 L_ρ 或比例参数 α_Z 的主要因素是钢丝沿长度方向的均匀性，若钢丝沿长度是均匀的，则各个单元极限承载力完全相关，高强钢丝的比例参数 α_Z 为 1。

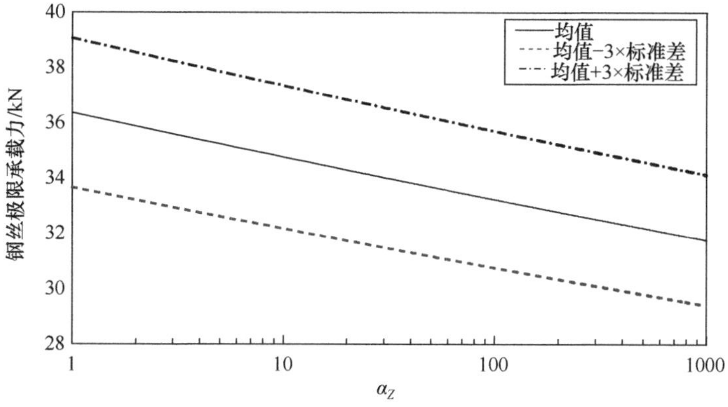

图 11.20　1670 级 $\phi5$ 钢丝极限承载力与比例参数 α_Z 的关系

一般新索的钢丝质量比较一致，钢丝相关长度 L_ρ 较大，比例参数 α_Z 相应地较小；随着拉索服役时间的增长，钢丝由于腐蚀介质进入拉索内部而发生腐蚀，腐蚀程度沿拉索长度不同，导致相关长度 L_ρ 变小，比例参数 α_Z 增大。上述情况表明，钢丝腐蚀导致高强钢丝极限承载力下降是腐蚀截面积减小和相关长度 L_ρ 变小共同导致的。钢丝相关长度 L_ρ 或比例参数 α_Z 对拉索极限承载力具有显著的影响，但目前仍然按照经验选择。

算例 1　腐蚀钢丝的极限承载力

某拉索由 1670 级 $\phi5$ 高强钢丝组成，拉索长度 $L=150.00\text{m}$，假定该钢丝极限承载力的 Weibull 模型参数为 $u_Z=36.77$，$k_Z=51.02$，未腐蚀高强钢丝的相关长度取 $L_\rho=10\text{m}$，则比例系数 $\alpha_Z=15.0$，由式(11.41)～式(11.43)计算可得该钢丝在服役时间 $t=0$ 的极限承载力 $Z(t,\alpha_Z)$ 的均值和标准差为 $E[Z(0,15.0)]=34.49\text{kN}$ 和 $\sigma[Z(0,15.0)]=0.85\text{kN}$。

1) 截面面积减小

腐蚀后高强钢丝的直径 $D(t)$可以表示为

$$D(t)=D(0)-2d_{\text{u,Fe}}(t) \tag{11.46}$$

式中，$D(0)$为高强钢丝服役时间 $t=0$ 时的钢丝直径，本算例中高强钢丝的初始直径 $D(0)$取为 5mm；$d_{\text{u,Fe}}(t)$为钢丝的均匀腐蚀深度。假设拉索服役时间 $t=30$ 年，高强钢丝均匀腐蚀深度 $d_{\mathrm{u,Fe}}(30)=19.75\mu\mathrm{m}$，若仅考虑钢丝均匀腐蚀引起截面面积减小导致钢丝极限承载力降低，则腐蚀高强钢丝的极限承载力 $Z(t,\alpha_Z)$ 为

$$Z(t,\alpha_Z)=Z(0,\alpha_Z)\frac{D\ (t)^2}{D\ (0)^2} \tag{11.47}$$

由式(11.47)计算可得，该钢丝极限承载力均值从 $t=0$ 时刻的 $E[Z(0,15.0)]=34.49\mathrm{kN}$ 退化为 $t=30$ 年的 $E[Z(30,15.0)]=33.95\mathrm{kN}$，高强钢丝极限承载力减小 1.57%。

2) 截面面积和相关长度均减小

如果同时考虑腐蚀导致高强钢丝截面面积和相关长度 L_ρ 减小，同样假设高强钢丝服役 30 年后其均匀腐蚀深度为 19.75 μm，腐蚀钢丝的相关长度从 $t=0$ 时刻的 $L_\rho=10\mathrm{m}$ 退化为 $t=30$ 年的 $L_\rho=1\mathrm{m}$，则由于相关长度 L_ρ 减小导致高强钢筋的极限承载力从 $Z(0,15.0)$ 退化为 $Z(0,150.0)$，由式(11.42)和式(11.43)计算可得 $Z(0,150.0)$ 的均值和标准差为 $E[Z(0,150.0)]=32.97\mathrm{kN}$ 和 $\sigma[Z(0,150.0)]=0.82\mathrm{kN}$，由式(11.47)计算高强钢丝均匀腐蚀的影响，可得腐蚀时间 $t=30$ 年钢丝的极限承载力均值为 $E[Z(30,150.0)]=32.45\mathrm{kN}$，高强钢丝的极限承载力减小 5.91%。由算例 1 的计算可知，腐蚀导致的钢丝截面面积减小和相关长度降低均降低了高强钢丝的极限承载力，后者可能比前者影响还大。

2. 拉索时变极限承载力

拉索是由诸多平行钢丝组成的，其极限承载力计算模型如图 11.19 所示。从图 11.19 所示的模型以及式(11.41)所示的单根钢丝极限承载力概率模型可以推导得到由 m 根钢丝组成的拉索极限承载力概率分布，当 m 足够大($m>150$)时，整根拉索的极限承载力服从均值为 E_m、标准差为 D_m 的渐近正态分布(Daniels, 1945, 1974; Gollwitzer and Rackwitz, 1990)，且

均值为

$$E_m=mz_0(1-F_Z(z_0))+c_m \tag{11.48}$$

标准差为

$$D_m=z_0\left[mF_Z(z_0)(1-F_Z(z_0))\right]^{1/2} \tag{11.49}$$

式中，

$$c_m=0.966m^{1/3}a \tag{11.50}$$

$$a^3=\frac{f_Z^2(z_0)z_0^4}{2f_Z(z_0)+z_0f'_Z(z_0)} \tag{11.51}$$

式中，$f_Z(\cdot)$ 为单根钢丝极限承载力 Z 的概率密度函数；$F_Z(z)$ 为累积分布函数，可由式(11.41)表示，参数 z_0 为满足式(11.52)极值问题的解。

$$z_0=\max\{z[1-F_Z(z)]\} \tag{11.52}$$

定义拉索极限承载力均值减小率为拉索内钢丝极限承载力平均值(拉索极限承载力均值与钢丝数目的比值，即 E_m/m)与单根高强钢丝极限承载力均值之比，即 $E_m/[mE(Z)]$。从式(11.48)和式(11.49)可以看出，拉索极限承载力的均值 E_m 和标准差 D_m 均与拉索钢丝数量 m 有关。

表 11.3 试验数据表明，1670 级 $\phi5$ 钢丝极限承载力 Weibull 模型参数为 $u_Z=36.77$，$k_Z=51.02$。假定高强钢丝的比例系数 $\alpha_Z=15.0$，由式(11.48)和式(11.49)近似计算钢丝数目 m 为 10～300 的拉索极限承载力均值 E_m 和标准差 D_m，进而计算得到拉索内钢丝数量变化对拉索极限承载力均值减小率 $E_m/[mE(Z)]$以及拉索极限承载力变异系数 D_m/E_m 的影响，计算结果如图 11.21 所示。从图 11.21 中可以看出，随着拉索内钢丝数量增加，拉索极限承载力均值减小率逐渐减小，但渐近于固定值，同时拉索极限承载力变异系数渐近于零，拉索的极限承载力趋于确定性变量，上述现象称为 Daniels 效应。Daniels 效应的特点可以从并联体系可靠度角度进行分析，即在每个单元承担相同荷载前提下，寻找冗余效应中对并联体系可靠度最大影响的因素。

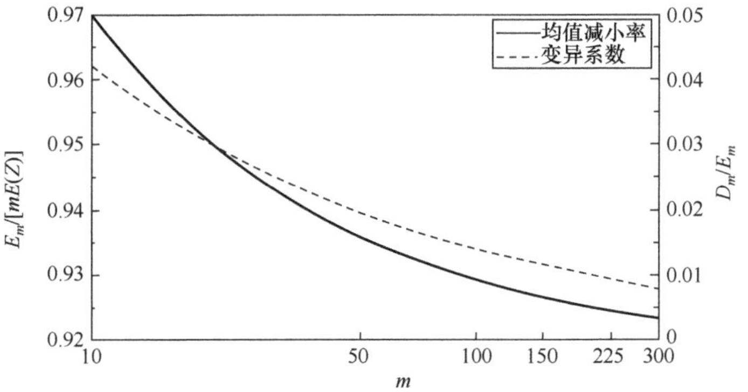

图 11.21　拉索极限承载力均值减小率及变异系数与钢丝数量关系

拉索的极限承载力还与其长度有关。这是由于随着钢丝长度增加，在拉索自由长度内钢丝缺陷也相应增加，使其在自由长度内破坏的概率增加，即随着长度增加，钢丝的极限承载力下降，这种效应称为长度效应。长度效应和 Daniels 效应是平行钢丝拉索的两个重要特性。

假设某拉索由 199 根 $\phi5$ 钢丝组成($m=199$)，高强钢丝极限承载力 Z 服从 Weibull 分布，尺度参数和形状参数分别为 $u_Z=36.77$ 和 $k_Z=51.02$，若未腐蚀钢丝的相关长度 $L_\rho=10\text{m}$，采用式(11.41)～式(11.43)计算长度为 30～600m($\alpha_Z=3\sim60$)的高强钢丝极限承载力 Z 的累积分布函数 $F_Z(z)$，再由式(11.48)和式(11.49)计算不同长度拉索的极限承载力均值 E_m 和标准差 D_m，拉索极限承载力 E_m/m 和标准差 D_m/m 与拉索长度之间的关系如图 11.22 所示。

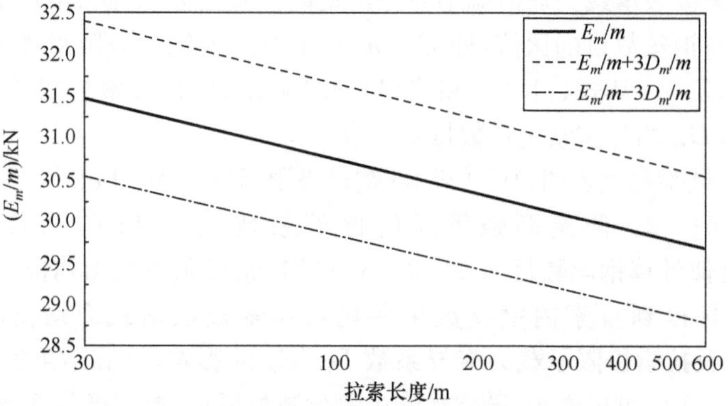

图 11.22　拉索极限承载力与拉索长度关系图

从图 11.22 可以看出，随着拉索长度增加，在高强钢丝相关长度 L_ρ 不变的情况下，高强钢丝极限承载力 Weibull 分布的比例系数 $\alpha_Z=L/L_\rho$ 随着拉索长度 L 增加而增加。由图 11.20 可知，高强钢丝极限承载力的均值 $E(Z)$ 逐渐减小，从而导致拉索极限承载力均值 E_m 逐渐减小，但是拉索极限承载力的标准差 D_m 变化较小，原因在于拉索钢丝数目较大（199 根），从而导致拉索极限承载力的变异性较小。

上述基于 Daniels 模型计算拉索极限承载力的讨论中，未考虑腐蚀钢丝截面面积的变化。针对拉索腐蚀情况，考虑腐蚀引起钢丝截面面积减小，为保守起见，可以假设拉索内所有高强钢丝腐蚀状况均相同，且处于最严重腐蚀状态，腐蚀退化后高强钢丝直径为 $D(t)$，腐蚀高强钢丝的极限承载力 $Z(t,\alpha_Z)$ 可以由式(11.47)计算，进一步由式(11.48)和式(11.49)计算由 m 根钢丝的拉索极限承载力均值 E_m 和标准差 D_m。由腐蚀导致拉索内高强钢丝截面面积和相关长度 L_ρ 减小的时变特征，可得到拉索极限承载力的时变概率分布。

11.2.2　荷载效应极值模型

11.2.1 节介绍了平行钢丝拉索极限承载力时变模型，为了进行拉索承载力极限状态评估，尚需给出基于监测数据的拉索荷载效应（拉索索力）极值分布模型的统计分析方法。

从 11.1 节介绍的斜拉索索力监测数据可知，拉索荷载效应包括恒荷载效应和活荷载效应，一般恒荷载效应较大，活荷载效应在恒荷载效应附近变化。拉索活荷载效应主要是由车辆荷载，特别是重车荷载引起的，因此拉索活荷载效应极值分布统计分析方法与第 8 章车辆荷载极值分布模型统计方法类似，但不必像车辆荷载建模时区分一般运行状态和密集运行状态。下面介绍拉索活荷载效应极值模型建模方法。

1. 统计样本选取

由于车辆在桥梁上出现的时间和车辆重量均具有显著的随机性，相应地，拉索活荷载效应极值分布模型也应采用概率统计方法对监测的拉索荷载效应样本进行分析以揭示其随机特性。根据正常运营状况下车辆荷载周期性的规律，可以以一周、一月或者一年拉索索力监测数据对拉索活荷载效应截口分布进行统计分析，进而预测拉索在设计基准期或剩余服役期内活荷载效应的极值分布模型。

图 11.23 给出了哈尔滨工业大学结构监测与控制中心 Benchmark 模型桥梁典型拉索索力 10min 的监测数据(Li et al.,2014)。从图中可以看出，与车辆荷载监测数据不同，车辆荷载引起的索力变化是一个过程变量，且变化过程持续时间较长(一般与相邻索间距和车速有关)，索力变化的随机过程不能直接采用滤过 Poisson 过程描述。由于拉索索力极值模型主要关注较大的索力值，为此，我们首先对索力时程曲线进行峰值提取。图 11.23 中星号部分给出了典型索力时程曲线峰值提取结果，包括索力峰值及其出现的时刻。

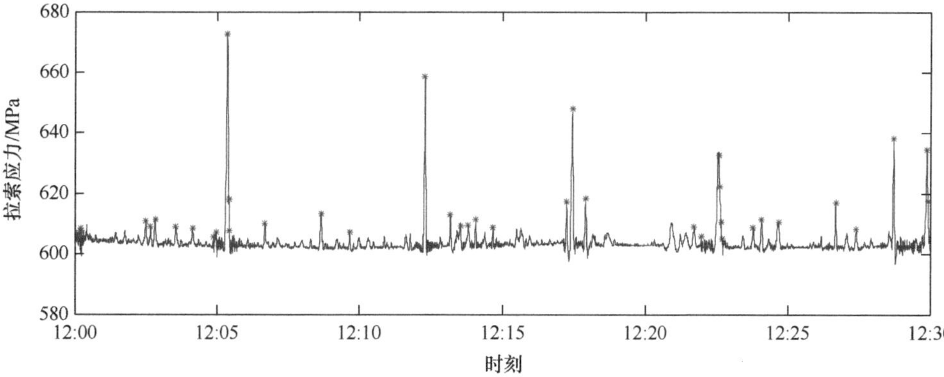

图 11.23　拉索车辆活荷载效应峰值识别(2008 年 1 月 10 日 12:00～12:30)

2. 荷载效应峰值随机过程截口分布拟合

上述拉索荷载效应峰值序列分析表明，拉索活荷载效应峰值的截口分布可采用三参数 Weibull 分布描述，即

$$F_S(x)=1-\exp\left[-\left(\frac{x-\mu}{\sigma}\right)^{\alpha}\right] \tag{11.53}$$

式中，μ、α 和 σ 分别为 Weibull 分布的位置参数、形状参数和尺度参数。

同样的，与车辆荷载截口分布类似，亦可采用 GPD 分布(Arnold,1985; Coles et al.,2001; Smith,2002)拟合拉索活荷载效应峰值的尾分布，其累积分布函数表

示为

$$F_S(x)=1-\left[1+\frac{\gamma(x-u)}{\sigma}\right]^{-\frac{1}{\gamma}},\quad \sigma>0;1+\frac{\gamma(x-u)}{\sigma}>0 \tag{11.54}$$

式中，β和γ分别为GPD分布的尺度参数和形状参数；u为选定的拉索活荷载效应GPD分布的阈值，根据顾一鸣等定义的监测数据标准残差函数确定，标准残差函数SR(u)表示为(Gu et al.，2014)

$$\mathrm{SR}(u)=e_n(u)-e_{\mathrm{fit}}(u)+\sigma_{e_n(u)} \tag{11.55}$$

式中，$e_n(u)$和$\sigma_{e_n(u)}$分别为平均超出量函数以及平均超出量标准差；$e_{\mathrm{fit}}(u)$为对阈值u平均超出量函数的线性拟合。

拉索活荷载效应峰值出现的时间间隔(荷载效应峰值或超过阈值u的峰值对应的时间间隔)的概率分布函数可以采用指数分布拟合，其概率密度函数和累积概率函数分别为

$$f_T(t_T|\lambda_T)=\begin{cases}\lambda_T \mathrm{e}^{-\lambda_T t_T}, & t_T\geqslant 0\\ 0, & t_T<0\end{cases}$$

$$F_T(t_T|\lambda_T)=\begin{cases}1-\mathrm{e}^{-\lambda_T t_T}, & t_T\geqslant 0\\ 0, & t_T<0\end{cases} \tag{11.56}$$

式中，λ_T为Poisson过程的强度，物理意义上表示拉索荷载效应峰值出现的平均频率。

3. 拉索活荷载效应极值分布模型预测

由于拉索活荷载效应峰值出现的时间间隔是指数分布，因此拉索荷载效应峰值随机过程可以由滤过Poisson过程描述，拉索荷载效应极值分布模型$F_{\mathrm{Smax}}(x)$可以表示为

$$F_{\mathrm{Smax}}(x;T_S)=\exp\{-\lambda_T T_S[1-F_S(x)]\} \tag{11.57}$$

式中，$F_S(x)$为由式(11.53)和式(11.54)定义的拉索活荷载效应峰值截口分布；T_S为服役时间或预测时间，其他符号含义如前述。

如8.3.3节所述，可以通过Monte-Carlo模拟，将式(11.57)给出的概率分布函数表示成极值Ⅰ型分布(Gumbel distribution)或者GEV分布的形式。

11.2.3 时变承载力极限状态安全评定

如前所述，一方面，拉索的极限承载力随时间不断降低；另一方面，随评估预测时间增加，拉索活荷载极值逐渐增大，即荷载效应也是时间的函数。因此，对拉索进行极限承载力安全评定时，需考虑整个拉索服役期内的时变可靠度，时变荷载效应与时变抗力如图11.24所示。

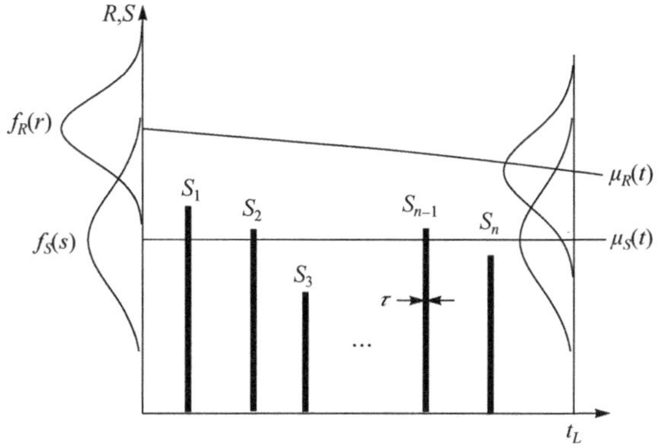

图 11.24　拉索时变荷载效应与时变抗力示意图

假设拉索荷载效应与抗力是统计独立的，则拉索承载力极限状态方程表示为

$$
\begin{aligned}
G(t)&=R(t)-S_{\mathrm{C}}(t)\\
&=R(t)-[S_{\mathrm{D}}(t)+S_{\mathrm{L}}(t)]\geqslant 0
\end{aligned}
\tag{11.58}
$$

式中，$R(t)$为拉索时变抗力；$S_{\mathrm{D}}(t)$和 $S_{\mathrm{L}}(t)$为拉索监测的恒荷载和活荷载效应，活荷载效应 $S_{\mathrm{L}}(t)$主要是车辆荷载引起的；$S_{\mathrm{C}}(t)$为拉索恒荷载效应和活荷载效应之和。

对拉索进行承载力极限状态评估，一般可以假设拉索恒荷载效应服从正态分布，且概率分布函数及分布参数不随时间变化(这里忽略因桥梁损伤导致恒荷载效应的变化)，均值和方差均保持不变。

在拉索服役期 T_S 内，拉索失效概率可以表示为

$$
\begin{aligned}
P_{\mathrm{f}}(T_{\mathrm{S}})&=P\{G(t)<0,t\in[0,T_S]\}\\
&=P\{R(t)-S_{\mathrm{C}}(t)<0,t\in[0,T_S]\}\\
&=P\{\min[R(t)-S_{\mathrm{C}}(t)]<0,t\in[0,T_S]\}
\end{aligned}
\tag{11.59}
$$

式(11.59)表明，在拉索服役期 T_S 内，在任意时刻 t，若拉索极限承载力 $R(t)$小于拉索荷载效应 $S_{\mathrm{C}}(t)$，则拉索失效。考虑拉索抗力 $R(t)$随时间衰减时，结构可靠度分析方法采用最小抗力法：

$$
\min[R(t)-S_{\mathrm{C}}(t)]\geqslant \min R(t;T_{\mathrm{S}})-\max S_{\mathrm{C}}(t;T_{\mathrm{S}})-S_{\mathrm{D}}(t)
\tag{11.60}
$$

式中，当不考虑维修加固时，拉索服役期内抗力衰减是不可逆的退化过程，因此在拉索服役期 T_S 内抗力最小值 $\min R(t;T_{\mathrm{S}})$可以表示为 $R(T_{\mathrm{S}})$。退化拉索的极限承载力 $R(T_{\mathrm{S}})$服从正态分布，均值 E_m 和标准差 D_m 可由 11.2.1 节计算得到，计算时间取为拉索的服役期 T_S。拉索服役期内活荷载效应极值分布可以由式(11.57)计算，计算周期选择为拉索的服役期 T_S，$\max S_{\mathrm{C}}(t;T_{\mathrm{S}})$表示为 $F_{S\max}(x;T_{\mathrm{S}})$。

拉索状态评估可采用一次二阶矩理论的演算点法或 JC 法(中华人民共和国

交通运输部,1999;李扬海等,1997;赵国藩等,2000;中华人民共和国建设部,2001)进行可靠度指标计算,可靠度指标计算公式为

$$\begin{cases} Z = g(x_1^*, x_2^*, x_3^*) = x_1^* - x_2^* - x_3^* = 0 \\ \beta = \sum_{i=1}^{3} \left.\dfrac{\partial g}{\partial x_i}\right|_{P^*} (\mu_{x_i'} - x_i^*) \Bigg/ \left[\sum_{i=1}^{3} \left(\left.\dfrac{\partial g}{\partial x_i}\right|_{P^*} \sigma_{x_i'} \right)^2 \right]^{1/2} \\ x_i^* = \mu_{x_i'} + \beta\sigma_{x_i'} \cos\theta_{x_i'} \\ \cos\theta_{x_i'} = -\sum_{i=1}^{3} \left.\dfrac{\partial g}{\partial x_i}\right|_{P^*} \sigma_{x_i'} \Bigg/ \left[\sum_{i=1}^{3} \left(\left.\dfrac{\partial g}{\partial x_i}\right|_{P^*} \sigma_{x_i'} \right)^2 \right]^{1/2} \\ \mu_{x_i'} = x_i^* - \Phi^{-1}[F_i(x_i^*)]\sigma_{x_i'} \\ \sigma_{x_i'} = \dfrac{\varphi\{\Phi^{-1}[F_i(x_i^*)]\}}{f_i(x_i^*)} \end{cases} \tag{11.61}$$

式中,$x_i'(i=1,2,3)$分别为随机变量拉索抗力 $x_1=R(T_S)$、拉索活荷载效应 $x_2=F_{S\max}(x;T_S)$和拉索恒荷载效应 $x_3=S_D(t)$的当量正态基本随机变量,服从正态分布的拉索恒荷载效应随机变量 $x_3'=x_3$;$\mu_{x_i'}$和$\sigma_{x_i'}$分别为 $x_i'(i=1,2,\cdots,n)$的平均值和标准差;$F_i(x_i^*)$和 $f_i(x_i^*)$分别为 x_i 在设计演算点 x_i^* 处的概率分布函数和概率密度函数;$\Phi^{-1}(\cdot)$和 $\varphi(\cdot)$分别为标准正态概率分布函数的反函数和概率密度函数;$\partial g/\partial x_i$ 为函数 $g(x)$对 x_i 的偏导数在设计演算点 P^* 处的值。

拉索作为桥梁结构主要承重构件,承载力极限状态评估的可靠度指标可参照《公路工程结构可靠度设计统一标准》(GB/T 50283—1999)中结构安全等级Ⅰ级,构件破坏类型选取延性破坏,即在正常运营状况下,拉索承载力极限状态可靠度指标不应小于 4.7。

11.2.4　应用实例

国内某斜拉桥跨径布置为 25.15m+99.85m+260m+99.85m+25.15m,全长 510m,主孔为 260m 双塔双索面预应力混凝土斜拉桥(共 44 对拉索,拉索为扇形布置,主梁为漂浮体系),该桥如图 11.25 所示。桥面净宽为(9.0+2×1.0)m;设计荷载等级为:汽-20,挂-100 级,人群荷载 2.5kN/m^2;主梁混凝土标号为 C50;拉索采用 ϕ5 平行高强钢丝束,拉索端部采用冷铸锚头;主梁预应力筋采用 ϕ5 高强钢丝和Ⅳ级粗钢筋,普通钢筋为Ⅰ级和Ⅱ级钢筋。

该桥于 1987 年建成通车,至 2005 年已运营 18 年。由于近年超载车较多,该桥出现了一些病害,需要立即进行维修加固。2006 年对该桥中跨跨中合拢段进行置换,对全桥斜拉索进行了更换。为提高桥梁的养护管理水平,保证桥梁安全运营,在大桥加固过程中安装了一套健康监测系统,其中部分斜拉索采用智能平行钢丝拉索,位置如图 11.25 中灰色标注所示。

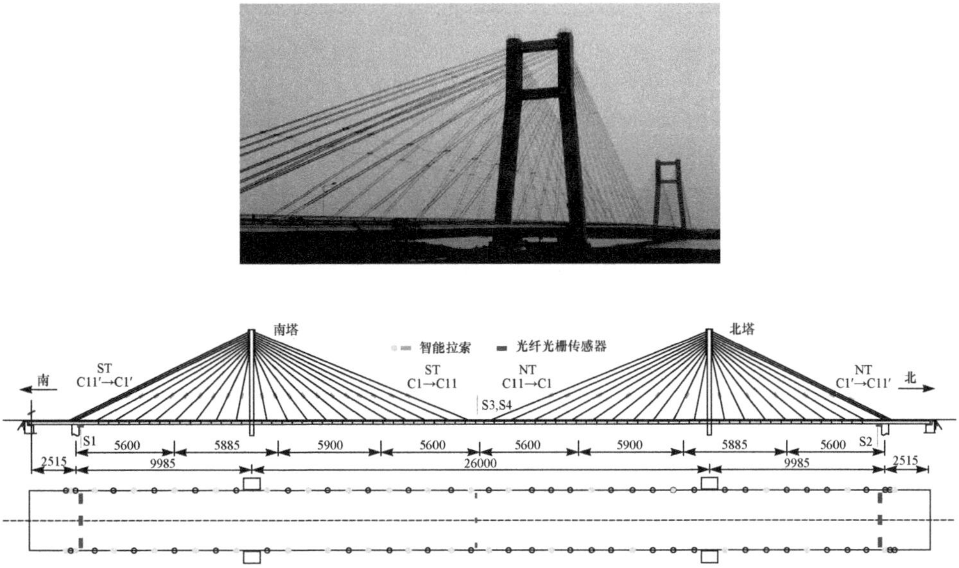

图 11.25　结构健康监测系统智能拉索和应变传感器布设方案(单位:cm)

桥梁加固后重新恢复交通,智能拉索的光纤光栅传感器记录了该桥在日常交通荷载下斜拉索的应变。图 11.26 显示了在该斜拉桥上监测的斜拉索应力时程曲线(时间为 2008 年 1 月 10 日 12:00～17 日 12:00),其中图 11.26(a)代表该桥上最短斜拉索应力,而图 11.26(b)代表该桥上中等长度斜拉索应力。

北塔江侧 C1 斜拉索由 85ϕ5 高强钢丝组成,拉索长度为 38.185m。以该桥北塔江侧 C1 斜拉索为例,采用 11.2.1～11.2.3 节介绍的方法进行斜拉索承载力极限状态安全评定。

1. 拉索时变极限承载力

拉索极限承载力与钢丝是否发生腐蚀密切相关,下面给出腐蚀斜拉索极限承载力的具体计算过程。

1) 高强钢丝腐蚀量估计

对该桥更换下的旧索在靠近主梁锚头部位 5m 范围内打开,共计打开 10 根拉索,发现其中 6 根拉索内钢丝(包括外部钢丝和内部钢丝)均存在明显均匀锈蚀及局部点蚀,但并未在这 10 根拉索内出现断丝。图 11.27 给出了明显锈蚀的拉索钢丝照片。

按照《水运工程混凝土试验规程》(JTJ 270—98)的相关规定,均匀腐蚀采用失重法测定,酸洗液按照《金属和合金的腐蚀　腐蚀试样上腐蚀产物的清除》(GB/T

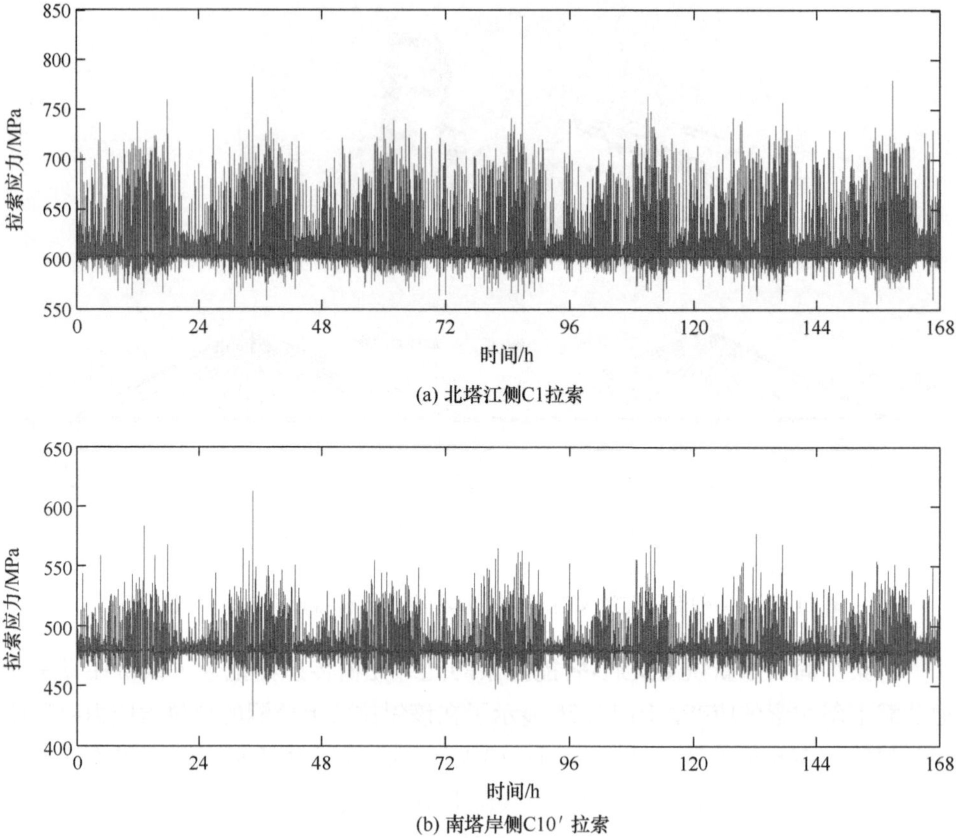

图 11.26　拉索应力时程曲线

图 11.27　拉索内腐蚀钢丝照片

16545—1996)中规定的方法配制:500mL 浓度为 1.19g/mL 的盐酸,3.5g 六亚甲基四胺,加蒸馏水配制成 1000mL 溶液。先轻刷试样,以去除附着不牢固的块状腐蚀产物；然后将轻刷后的试样浸入上述配制的酸洗液中 10min，待表面氧化产物溶解后取出；先用自来水再用蒸馏水清洗高强钢丝试样；然后把试样放入已预先升至(105±5)℃的烘箱内烘干 5min，再放入干燥器内冷却至室温，以供称重。

在腐蚀试件酸洗过程中，不仅腐蚀产物、金属基体也可能被酸洗溶液洗掉一部分，所以在酸性溶液清洗腐蚀试件时，放入多个相同的未腐蚀试件作为对照确定金属基体的质量损失。

高强钢丝试样的失重可以通过未腐蚀钢丝的质量与腐蚀清洗后钢丝质量相减得到，而高强钢丝的均匀腐蚀深度可以由钢丝失重除以钢丝表面积以及钢丝的密度得到，即

$$d_{\mathrm{u}}(k,t)=\frac{\Delta m(k,t)}{\rho A(k,t)}=\frac{[m(k,t_0)-m(k,t)]-\dfrac{1}{n}\sum_{j=1}^{n}[m_{\mathrm{R0}}(j)-m_{\mathrm{R}}(j)]}{\rho\pi D(k,t)L(k,t)} \tag{11.62}$$

式中，$d_{\mathrm{u}}(k,t)$ 为第 k 个高强钢丝试件在试验周期 t 的失重；t_0 为加速腐蚀试验开始时间；ρ 为锌或铁的密度，由腐蚀阶段决定；$D(k,t)$ 和 $L(k,t)$ 分别为第 k 个高强钢丝试件的直径和长度，该式中的这两个参数假设为常数，因为在试验中，高强钢丝的均匀腐蚀对高强钢丝直径和长度影响较小；n 为对比试件的数量；$m(k,t_0)$ 和 $m(k,t)$ 分别为未腐蚀和腐蚀周期 t 后试件去除腐蚀产物的重量；$m(k,t_0)-m(k,t)$ 为由于腐蚀和酸洗造成的质量损失；$m_{\mathrm{R0}}(j)$ 和 $m_{\mathrm{R}}(j)$ 为酸洗前后第 j 个对比高强钢丝试件的重量；$\frac{1}{n}\sum_{j=1}^{n}[m_{\mathrm{R0}}(j)-m_{\mathrm{R}}(j)]$为对比试件酸洗后失重的均值。

通过实测 4 根(2 根 C1 索、2 根 C10 索)不同斜拉索内共 121 根钢丝的失重率，得到使用 18 年后拉索内钢丝截面损失率的概率分布服从对数正态分布，均值为 2.66%，变异系数为 1.13，概率分布如图 11.28 所示；钢丝均匀锈蚀深度亦服从对数正态分布，均值为 3.37×10^{-2} mm，标准差为 3.84×10^{-2} mm，概率分布如图 11.29所示。截面损失率及均匀锈蚀深度的概率分布均能通过 99%的 K-S 检验。

上述试验得到的仅是服役 18 年后拉索腐蚀程度，其腐蚀演化过程可以采用耐久性理论和模型确定，新更换拉索的腐蚀过程也可采用耐久性理论和模型预测。拉索高强钢丝在拉索局部微环境中的均匀腐蚀深度可以采用幂指数函数来描述，其表达式为(Li et al. ,2014d)

$$d_{\mathrm{u,Fe}}(t)=\psi(t-t_{\mathrm{c}})^{\kappa} \tag{11.63}$$

式中，$d_{\mathrm{u,Fe}}(t)$为腐蚀时间 t 时钢丝基体的腐蚀深度；t_{c} 为钢丝基体开始腐蚀时间；ψ 和 κ 分别为高强钢丝均匀腐蚀模型参数，其中 ψ 是腐蚀环境中 $t-t_{\mathrm{c}}=1$ 年的平均腐蚀深度(主要与桥梁结构所处地理位置的自然环境有关)，κ 表征钢丝腐蚀速度

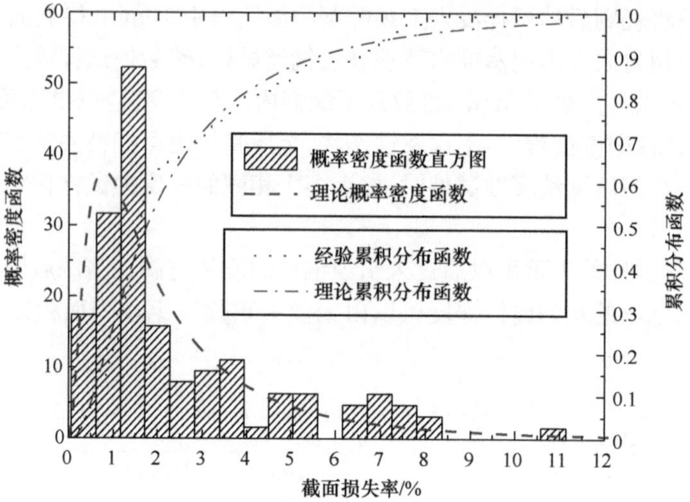

图 11.28　钢丝截面损失率概率分布

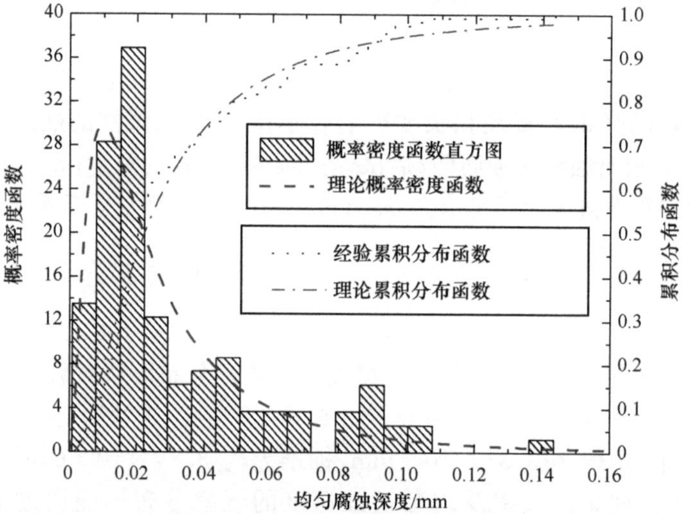

图 11.29　均匀腐蚀深度概率分布

的发展趋势，若 κ 小于 1，表明钢丝腐蚀产物对内部的锈蚀具有保护作用，钢丝腐蚀过程是减速腐蚀过程，反之，腐蚀产物对内部腐蚀无保护作用或保护作用不明显，钢丝腐蚀过程是加速腐蚀过程。根据《中国材料的自然环境腐蚀》，大气腐蚀条件下 κ 取值一般为 0.4～0.5，本算例中令 $\kappa=0.5$。

采用上述 121 根腐蚀钢丝的失重试验数据拟合式(11.63)中的模型参数 ψ(由于该桥设计建造年代较早，采用的是非镀锌高强钢丝，防腐工艺选用的是 PE 管压注水泥浆，因此可假定钢丝基体开始腐蚀时间 $t_c=0$)，由于钢丝均匀腐蚀服从对数正态分布，模型参数 ψ 也服从对数正态分布，将上述通过试验得到的腐蚀钢丝均匀腐蚀深度的均值和标准差代入式(11.63),可得均匀腐蚀预测模型参数 ψ 的均值 $E(\psi)$ 为 $7.91\mu m/a^{0.5}$、变异系数为 1.14。由式(11.63)可知,高强钢丝均匀腐蚀深度的预测依赖三个参数,即钢丝开始腐蚀的时间 t_c、模型参数 ψ 和 κ。通过旧索高强钢丝的失重测试,准确拟合得到高强钢丝均匀腐蚀预测模型参数 ψ 和 κ,即可实现高强钢丝均匀腐蚀深度的预测。

2006 年该桥新更换的平行钢丝拉索的钢丝采用镀锌防腐工艺,Suzumura 和 Nakamura(2004)、Furuya 等(2000)研究表明,在拉索 PE 内部潮湿或干湿循环环境中,钢丝基体开始锈蚀时间 t_c 一般为 1.7 年,将 t_c 和拉索服役时间 t 代入均匀腐蚀深度预测式(11.63),即可得到镀锌钢丝拉索服役寿命内钢丝均匀腐蚀深度预测和评估结果 $d_{u,Fe}(t)$,如图 11.30 所示。

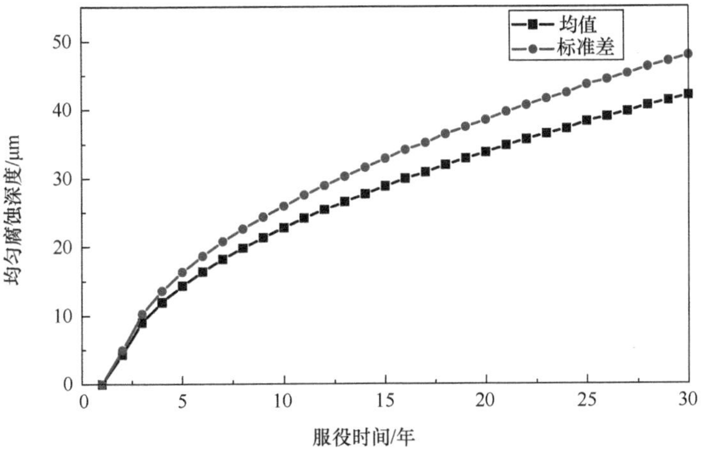

(a) 均匀锈蚀深度

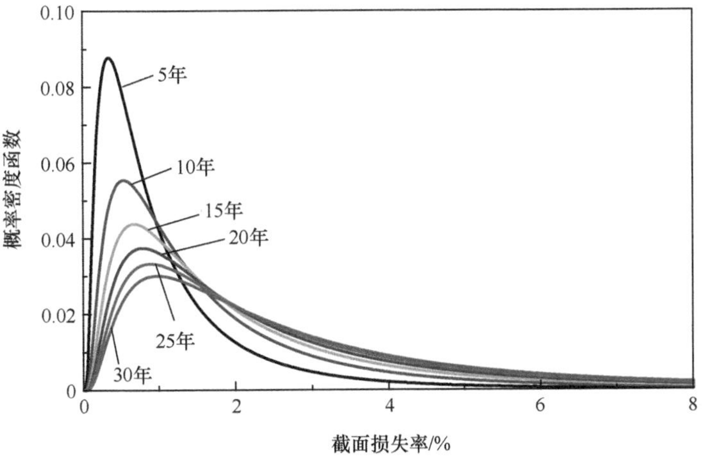

(b) 截面损失率统计

图 11.30　服役期内钢丝的腐蚀规律

2）高强钢丝时变极限承载力估计

将该斜拉桥更换下旧索内腐蚀钢丝制成长度500mm的试件，共计69根，进行拉伸试验，试验加载速率为3mm/min，得到腐蚀钢丝应力-应变本构关系，如图11.31所示。从图11.31中可以看出，腐蚀钢丝屈服强度下降，极限应变变小，而且屈服强度和极限应变的离散性变大。

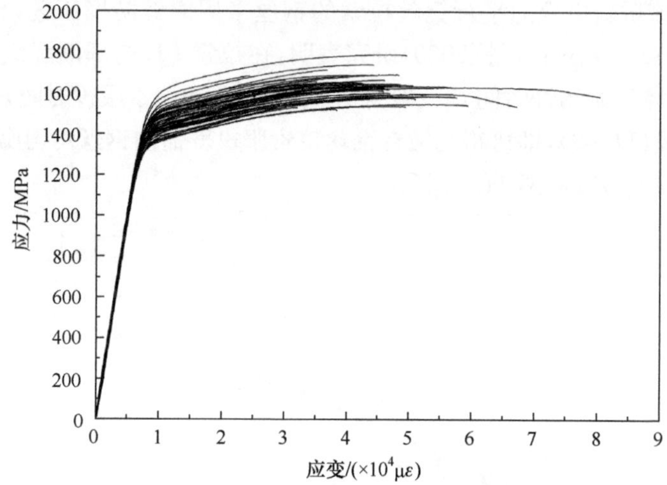

图11.31　腐蚀钢丝的应力-应变曲线

钢丝应力-应变本构模型较多，包括弹脆性模型、弹延性模型、非弹性模型等。根据图11.31所示的试验结果，本节采用双线性强化模型模拟钢丝应力-应变本构关系，如图11.32所示。其中，控制点包括屈服强度、屈服应变σ_e（或初始弹性模量E）、极限强度σ_u和极限应变ε_u（或屈服后刚度）。

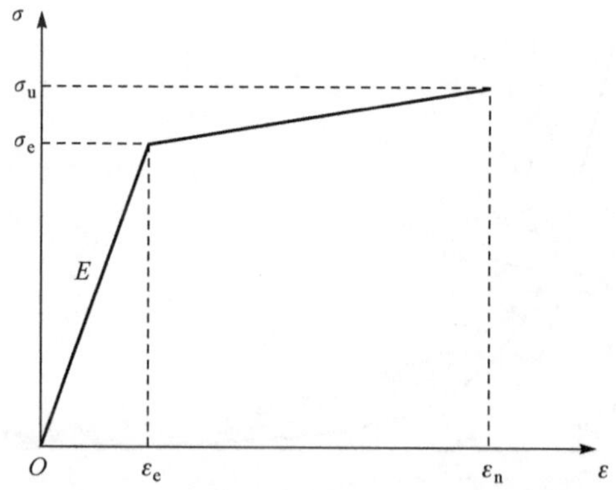

图11.32　腐蚀钢丝应力-应变本构示意图

对图11.31得到的钢丝应力-应变关系特征点进行统计分析，有关上述参数的概率分布及其均值和标准差列入表11.4，特征点的概率分布均能通过95%的K-S检验；在标距250mm内，腐蚀钢丝的伸长率平均值为$\delta=3.78\%$。

表11.4　腐蚀钢丝应力-应变本构关系概率模型

随机变量	物理意义	分布类型	均值	标准差	变异系数
E	弹性模量	对数正态分布	1.995×10^5MPa	3.62×10^3MPa	1.81×10^{-2}
σ_e	屈服强度	对数正态分布	1446.02MPa	63.29MPa	4.38×10^{-2}
σ_u	极限强度	Weibull分布	1621.49MPa	79.77MPa	4.92×10^{-2}
ε_u	极限应变	对数正态分布	44397.29$\mu\varepsilon$	11993.76$\mu\varepsilon$	0.27

对上述试验结果进行统计分析，腐蚀钢丝极限承载力均值为$1621.49\text{MPa}\times\pi/4\times5\text{mm}^2=31.84\text{kN}$，标准差为$79.77\text{MPa}\times\pi/4\times5\text{mm}^2=1.57\text{kN}$，变异系数为0.049；95%的K-S检验表明，腐蚀钢丝极限承载力不拒绝Weibull分布，进一步采用极大似然估计其分布参数。假定500mm高强钢丝极限承载力Weibull分布的比例系数取为$\alpha_Z=1$，从而可得$u_Z=32.53$，置信度为0.95的置信区间为[32.23，32.84]；$k_Z=25.37$，置信度为0.95的置信区间为[21.58，29.82]。

若C1拉索腐蚀钢丝的相关长度取为$L_\rho=1\text{m}$，则38.185m钢丝极限承载力Weibull分布比例系数$\alpha_Z=38.185/1=38.185$，由式(11.42)、式(11.43)和式(11.47)计算可得C1拉索服役$t=18$年后，钢丝极限承载力的均值和标准差分别为$E[Z(18,38.185)]=27.58\text{kN}$和$\sigma[Z(18,38.185)]=1.36\text{kN}$。C1拉索高强钢丝极限承载力计算结果与500mm腐蚀钢丝极限承载力试验结果相比，极限承载力均值和标准差均减小，但变异系数并未随着比例系数α_Z的变化而变化。

11.2.1节试验结果表明，未腐蚀钢丝极限承载力Weibull分布模型参数为$u_Z=36.77$，$k_Z=51.02$。假设未腐蚀钢丝的相关长度$L_\rho=10\text{m}$，则C1拉索钢丝Weibull分布比例系数$\alpha_Z=38.185/10=3.8185$，由式(11.42)和式(11.43)计算可得未腐蚀钢丝极限承载力均值和标准差分别为$E[Z(0,3.8185)]=35.43\text{kN}$，$\sigma[Z(0,3.8185)]=0.88\text{kN}$。

3) 拉索时变极限承载力估计

C1拉索由$m=85$根$\phi5$高强钢丝组成，通过上述旧索高强钢丝的拉伸试验，获得了腐蚀高强钢丝极限承载力累积分布函数$F_Z(z)$（$u_Z=32.53$，$k_Z=25.37$，$\alpha_Z=38.185/1=38.185$）以及极限承载力均值$E[Z(18,38.185)]$和标准差$\sigma[Z(18,38.185)]$。由11.2.1节可知，拉索的极限承载力服从正态分布，将腐蚀高强钢丝的极限承载力累积分布函数$F_Z(z)$代入式(11.48)和式(11.49)，即可计算拉索极限承载力均值E_m和标准差D_m，其中$E_m/m=24.27\text{kN}$，变异系数为

$D_m/E_m=0.0214$。

未腐蚀状况下，高强钢丝极限承载力累积分布函数 $F_Z(z)$ 的分布参数分别为 $u_Z=36.77$，$k_Z=51.02$ 和 $\alpha_Z=38.185/10=3.8185$，将 $F_Z(z)$ 代入式(11.48)和式(11.49)，可得 $E_m/m=32.96\text{kN}$，变异系数 $D_m/E_m=0.0194$。从腐蚀和未腐蚀拉索极限承载力均值 E_m 和变异系数 D_m/E_m 的计算结果可知，拉索极限承载力平均值随着服役年限的增加而急剧减小，但变异系数由于钢丝数目的影响，并未发生明显变化。

如果考虑高强钢丝均匀腐蚀，由式(11.63)以及图 11.30 可得高强钢丝服役 $t=30$ 年均匀腐蚀深度 $d_{\text{u,Fe}}(t)$，由式(11.46)和式(11.47)分别计算腐蚀钢丝的直径 $D(t)$ 和极限承载力 $Z(t,\alpha_Z)$，将 $t=30$ 年的高强钢丝极限承载力累积分布函数 $F_Z(z)$ 代入式(11.48)和式(11.49)，可得 $E_m/m=23.47\text{kN}$，$D_m/E_m=0.0419$。

2. 拉索索力极值模型

根据设计要求，通过该桥的车速应不大于 40km/h，考虑该桥长度为 510m，一辆车辆通过该桥的时间约为 46s。为获得车辆活荷载效应的峰值，智能拉索的采样频率设为 62.5Hz，在一辆车辆通过该桥时，可以采集 2875 个样本点。因此，智能拉索内的光纤光栅传感器可以记录到车辆荷载在斜拉索内产生的应力峰值。图 11.33中给出了北塔江侧 C1 拉索 2008 年 1 月 10 日 12:00～11 日 12:00 共 24h 拉索应力监测时程。由于该桥跨度较小、刚度较大，加之监测时段风速较小，因此，风荷载作用下斜拉索内力变化较小，可以忽略不计。图 11.33 中所示的拉索荷载效应由两部分组成：恒荷载效应和车辆活荷载效应。

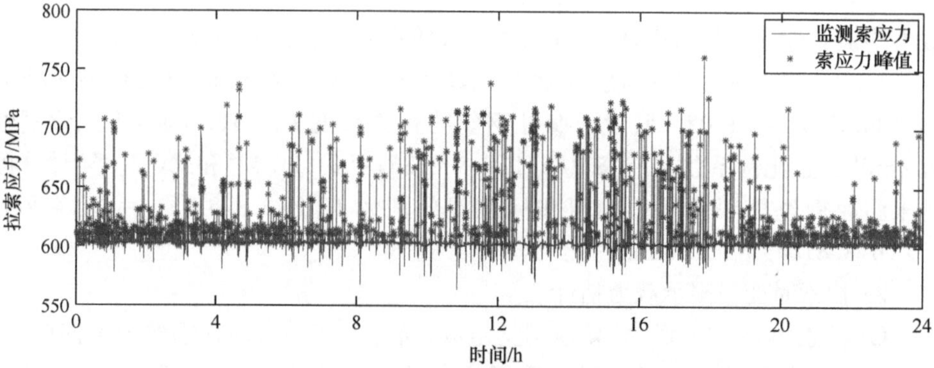

图 11.33 北塔江侧 C1 智能拉索实测荷载效应

北塔江侧 C1 拉索的恒荷载效应根据图 11.33 确定，假定拉索恒荷载效应服从正态分布，均值和方差分别为 604.0MPa 和 60.4MPa。采用 11.2.2 节介绍的活荷载效应峰值识别方法，对一周(2008 年 1 月 11～17 日)的监测数据进行统计分析,并忽略活荷载效应峰值小于 5MPa 的结果。采用三参数 Weibull 分布描述 C1 索的车辆活荷载效应,分布参数采用极大似然估计得到,结果如表 11.5 所示,斜拉索车辆活荷载效应的概率密度函数及累积分布函数如图 11.34 所示。

表 11.5　活荷载效应概率分布计算结果

索号	μ	α	σ	均值/MPa	变异系数
C1	5	1.96	40.78	41.15	0.47

对上述极大似然估计得到的分布函数进行 K-S 检验,结果表明,C1 索车辆活荷载效应的三参数 Weibull 分布均能通过 95%的 K-S 检验。

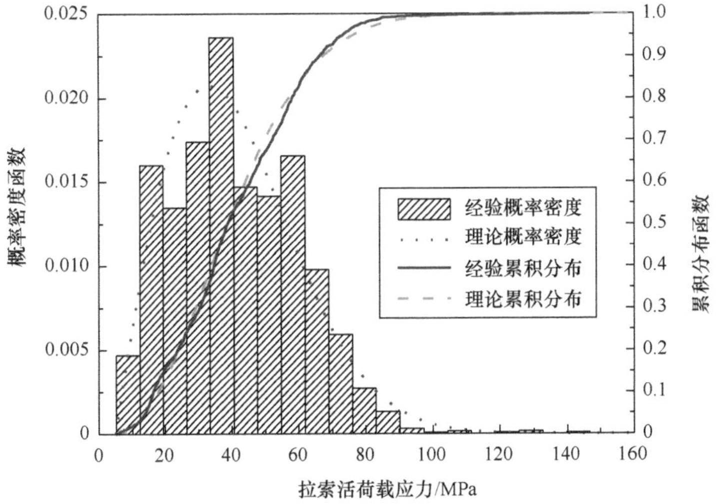

图 11.34　C1 拉索车辆活荷载概率分布

影响拉索车辆活荷载效应极值分布统计特征的主要有荷载效应均值发生率 λ_T、计算时段 T_S 及车辆活荷载效应概率分布 $F_S(x)$。其中参数 λ_T 根据智能拉索监测的结果确定,$\lambda_T=7000$ 次/周,计算不同服役时间内 C1 索活荷载效应的极值分布,如图 11.35 所示。

从图 11.35 的结果可以看出,当评估极值荷载时间大于 10 年后,C1 索车辆活荷载效应的极值分布变化很小,而且随着评估时间的增大,车辆活荷载效应极值分布的变异性逐渐减小。这是由于当 T_S 很大时,荷载效应的极值分布渐近于极值Ⅰ型分布。$T_S=30$ 年时,C1 拉索活荷载效应极值Ⅰ型分布的位置参数和尺度参数分别为 174.21 和 5.33。

3. 拉索承载力极限状态安全评定

由前述方法可以得到 C1 拉索未腐蚀阶段和服役 30 年后的极限承载力 $R(t)$

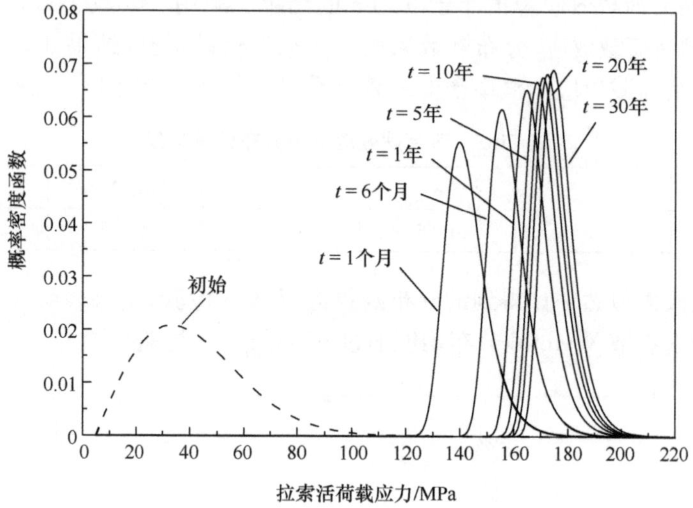

图 11.35　C1 拉索活荷载效应极值分布

的概率分布，拉索恒荷载效应 $S_D(t)$ 的概率分布以及拉索活荷载效应服役期内极值分布 $F_{S\max}(x;T_S)$，采用一次二阶矩理论的演算点法或 JC 法计算得到 C1 拉索初始状态和服役 30 年后的可靠度指标 β 分别为 13.70 和 5.31。由计算结果可以看出，与新索计算结果相比，腐蚀后(相关长度 $L_\rho=1\mathrm{m}$)旧索的可靠度指标明显低于新索的可靠度指标。即使服役 30 年后的高强钢丝极限承载力严重劣化，C1 索仍能满足承载力极限状态的要求，可靠度指标 β 大于《公路工程结构可靠度设计统一标准》(GB/T 50283—1999)规定的拉索承载力极限状态的可靠度指标 4.7，很显然，如果仅考虑拉索高强钢丝的均匀腐蚀而忽视腐蚀疲劳并不符合实际情况。因此，拉索寿命或者拉索更换决策中，拉索极限承载力显然并不是控制因素。

11.3　基于 *S*-*N* 曲线的拉索疲劳累积损伤评估与寿命预测方法

正如前述，拉索除了承受极值荷载作用外，还承受交变疲劳荷载作用。而 11.2 节的结果表明，极限承载能力并非导致拉索失效的关键因素，因此，对拉索安全评定还包括疲劳寿命评估。本节采用高强钢丝疲劳寿命 *S*-*N* 曲线，结合平行钢丝拉索的力学模型，建立平行钢丝拉索疲劳安全评定方法。

11.3.1　高强钢丝疲劳寿命预测模型

高强钢丝的疲劳寿命 *S*-*N* 曲线，一般通过试验和计算相结合方法确定。由于拉索较长，一般只能选择长度为 L_0 的钢丝进行疲劳寿命试验。同一应力幅(等应

力幅 ΔS)下试件数量为 Ξ,第 i 根钢丝的疲劳寿命为 $N_i(i=1,2\cdots,\Xi)$,则第 $i(i=1,2\cdots,\Xi)$根钢丝的 S-N 曲线可以表示为

$$\Delta S^{m_f}N_i=C_{fi},\quad i=1,2,\cdots,\Xi \tag{11.64}$$

式中,m_f 和 C_{fi}为材料参数;C_{fi}和 N_i 均为随机变量。

通过疲劳试验,得到 Ξ 个高强钢丝疲劳寿命 $N_i(i=1,2\cdots,\Xi)$,从而通过拟合可以得到应力幅为 ΔS 的高强钢丝疲劳寿命 N 概率分布,其概率密度函数和累积分布函数分别表示为 $f(N,\Delta S)$和 $F(N,\Delta S)$。

对于长度为 L 的高强钢丝,仍可采用图 11.19 所示的计算模型。假定最弱联体系单元间相互独立,则单根钢丝在给定应力幅 ΔS 下疲劳寿命累积分布函数 $F_L(N,\Delta S)$表示为

$$F_L(N,\Delta S)=1-[1-F(N,\Delta S)]^n \tag{11.65}$$

式中,N 为钢丝疲劳寿命,即应力幅循环次数;$F(N,\Delta S)$为长度为 L_0 的单根高强钢丝样本在给定应力幅下疲劳寿命的累积分布函数;$n=L/L_0'$为最弱联体系的单元数目,L_0'为钢丝疲劳寿命的特征长度,表征钢丝均匀性的物理量,计算时假定为常数;参数 n 反映了长度效应对钢丝疲劳寿命的影响。由于试验设备的限制,疲劳试验中钢丝样本长度不能过长,因此与极限承载力极限状态评估相同,钢丝疲劳寿命评估时高强钢丝的特征长度取值并没有明确的方法(Rackwitz and Faber,1991;Castillo et al. ,2006),目前仅能通过经验谨慎考虑长度效应的影响。

最弱联体系单元数目 n 与前述 11.2.1 节定义的比例参数 α_Z 分别表征了钢丝的长度和材料强度的统计特性对钢丝疲劳寿命和极限承载力的影响,两者之间的关系目前尚不明确。

1. 未腐蚀高强钢丝 S-N 曲线

对于未腐蚀钢丝,假设拉索整个长度内均匀一致,其疲劳寿命与试验高强钢丝(长度为 L_0)的相同,即最弱联体系的单元数目 $n = 1$,则由式(11.65)可知

$$F_L(N,\Delta S)=1-[1-F(N,\Delta S)]^n=F(N,\Delta S) \tag{11.66}$$

根据 ASTM A416 关于平行钢丝拉索的规定,对于抗拉强度 $S_u\geqslant 1670\text{MPa}$ 的未锈蚀高强钢丝,试验获得的式(11.64)中系数分别为 $C_f=8.51\times10^{13}$,$m_f=3.5$,则未腐蚀拉索钢丝 S-N 曲线的表达式可以写为

$$\log N=13.929-3.5\log\Delta S \tag{11.67}$$

2. 腐蚀高强钢丝 S-N 曲线

由于腐蚀或缺陷对高强钢丝疲劳性能在长度方向的影响并不完全一致,在式(11.65)的基础上,Rackwitz 和 Faber 研究了考虑应力幅、钢丝长度、钢丝平均应力、钢丝强度及钢丝面积等参数的钢丝疲劳寿命预测模型,给出了钢丝在给定应

力幅下疲劳寿命的 Weibull 分布模型(Faber et al.,2003; Rackwitz and Faber,1991):

$$F_L(N,\Delta S)=1-\exp\left[-\left(\frac{\Delta S}{r_c}\right)^{\alpha}\left(\frac{N}{\vartheta}\right)^{\frac{\alpha}{m'}}\right] \tag{11.68}$$

式中,α、m'为模型未知参数;$r_c=(cnA_0)^{-1/\alpha}$,c 为未知参数;A_0 为钢丝的截面积;ϑ 为钢丝平均应力 S_m 及抗拉强度 S_u 对疲劳寿命影响的参数,且

$$\vartheta=\vartheta_0\left(1-\frac{S_m}{S_u}\right)^{\upsilon} \tag{11.69}$$

式中,ϑ_0 为未知参数;参数 υ 假定等于 0.5。

11.3.2　拉索疲劳寿命预测模型

由于拉索内各根钢丝疲劳寿命的随机性,导致拉索在疲劳累积损伤发展过程中各根钢丝逐渐达到其疲劳寿命断裂,并且每一次钢丝断裂后会产生荷载重分布,导致各根剩余钢丝承受的应力幅发生变化,即某一根钢丝达到其疲劳寿命断裂后,其不再承受拉索索力,而将其原来承受的索力分配给剩余未断裂的钢丝,直至拉索内断裂的钢丝数过多而导致其无法继续承受荷载。

荷载重分布后未发生疲劳断裂钢丝的应力幅 $\Delta S(N)$和均值 $S_m(N)$表示如下:

$$\begin{aligned}\Delta S(N)&=\frac{\Lambda}{i(N)}\Delta S\\ S_m(N)&=\frac{\Lambda}{i(N)}S_m\end{aligned} \tag{11.70}$$

式中,Λ 为完好拉索内钢丝总数;$i(N)$为经过 N 次疲劳循环后,未发生断裂的钢丝数;ΔS 和 S_m 为初始完好状态时每根钢丝的疲劳应力幅和应力均值。

对重分布后的应力幅 $\Delta S(N)$采用 Goodman 换算公式进行等效处理,等效应力幅 $\Delta S_{-1}(N)$表示为

$$\begin{aligned}\Delta S_{-1}(N)&=r_k\Delta S(N)\\ r_k&=\left[1-\frac{S_m(N)}{S_u}\right]^{-1}\end{aligned} \tag{11.71}$$

式中,S_u 为钢丝极限承载力的均值。

随着疲劳荷载循环次数增加,拉索内钢丝不断发生破坏,未发生疲劳断裂的钢丝上的疲劳应力幅不断增加,加速了未断钢丝及拉索疲劳破坏。由于钢丝疲劳断裂是随机的且随着钢丝的疲劳断裂荷载发生重分布,这一过程比较复杂,为描述拉索内钢丝疲劳断裂过程,可以采用 Monte-Carlo 方法随机模拟拉索内钢丝的疲劳断裂过程,计算拉索的疲劳寿命。基本步骤如下:

(1) 产生 Λ(平行钢丝拉索高强钢丝数目)个应力幅 ΔS 作用下,服从钢丝疲劳寿命概率分布 $F_L(N,\Delta S)$的随机数 $N_i(i=1,2,\cdots,\Xi)$[式(11.65)],即得到拉索内每根钢丝疲劳寿命。

(2) 根据钢丝的疲劳寿命从小到大对钢丝进行重新排序,基于 Miner 疲劳破坏准则,计算拉索内每根钢丝的疲劳损伤指数:

$$D_{i,0}=\frac{N}{N_{i,0}},\quad i=1,2,\cdots,\Xi \tag{11.72}$$

式中,$D_{i,0}$为拉索高强钢丝断裂数目为 0 时第 i 根钢丝的 Miner 损伤指数;$N_{i,0}$为第 i 根钢丝在指定应力幅 ΔS 作用下的疲劳寿命;N 为拉索应力幅 ΔS 作用下的循环次数。

(3) 由 Miner 准则,随着应力幅循环增加,当第 1 根钢丝的损伤指数 $D_{1,0}=1$ 时(应力循环次数为 $N_{1,0}$),第 1 根钢丝发生破坏,荷载在剩余钢丝之间发生重分布,由式(11.69)和式(11.70)计算荷载重分布后更新的应力幅 $\Xi/(\Xi-1)\times\Delta S$ 和等效应力幅。综合考虑更新等效应力幅、已经发生的应力循环次数 $N_{1,0}$,计算剩余 $\Lambda-1$ 根钢丝的疲劳寿命 $N_{i,1}(i=2,3,\cdots,\Xi)$,剩余高强钢丝的疲劳寿命表示为

$$D_{i,1}=\frac{N_{1,0}}{N_{i,0}}+\frac{N-N_{1,0}}{N_{i,1}},\quad i=2,3,\cdots,\Xi \tag{11.73}$$

(4) 随着循环次数继续增加,当第 2 根钢丝的损伤指数 $D_{2,1}=1$ 时,第 2 根钢丝发生破坏,荷载再次在剩余钢丝之间发生重分布。重复上述步骤,即可得到一定断丝率终止条件下拉索的疲劳寿命 N_k。

(5) 不断地重复上述过程(1)～(4),得到大量的一定断丝率下应力幅为 ΔS 拉索的疲劳寿命 N_k,对拉索疲劳寿命样本进行统计,则可得到拉索在应力幅 ΔS 下的疲劳寿命概率分布。

由于 Monte-Carlo 模拟结果为近似结果,随着模拟试验次数的增加,计算结果趋于真实值,但是随着模拟试验次数的增加,计算量亦随之增大。为保证 Monte-Carlo 模拟的精度,研究发现,以断丝率 10%作为拉索的疲劳寿命终止标准,采用 $k=2000$ 次模拟得到的拉索寿命均值与采用 $k=6000$ 次模拟得到的拉索疲劳寿命均值相差小于 1%,精度可以满足要求,因此对于拉索疲劳寿命 Monte-Carlo 计算均可以采用 2000 次的模拟结果。

11.3.3　拉索疲劳荷载效应谱计算方法

得到拉索疲劳寿命后,根据监测或识别的拉索索力,就可以对拉索进行疲劳损伤分析。与前述第 10 章基于监测应变的钢箱梁疲劳累积损伤评估类似,本节采用雨流计数法将监测随机荷载效应等效为简单的变幅或恒幅荷载效应谱,即确定一定数量的应力幅 ΔS_i 及其相应的循环次数 n_i。

对结构健康监测系统而言，拉索的疲劳荷载效应谱一般为由应变或拉索索力换算得到的应力监测时程数据。根据监测的拉索索力，采用雨流法计算拉索应力循环次数及其相应的应力幅的步骤如下：

(1) 选取监测数据的样本时段。对拉索进行疲劳累积损伤分析时，需要根据数据采集策略选择监测数据的样本时段。若健康监测系统是连续采集拉索索力，则可以选用拉索索力所有监测数据。若健康监测系统是非连续采集的，则可以选取一个周期(1 周、1 月或 1 年)的拉索索力作为荷载效应循环块，假设选取周期内疲劳荷载引起的损伤与后续每个周期内的疲劳损伤基本相同，整个拉索服役期内疲劳荷载效应等效于选择的疲劳荷载效应循环块的重复作用，从而据此预测拉索的疲劳寿命。

(2) 采用雨流法提取出拉索索力的所有应力循环次数及其相应的应力幅，然后根据变幅疲劳损伤理论计算拉索的疲劳累积损伤指数，并与式(11.73)计算的拉索疲劳寿命进行比较，对拉索进行疲劳累积损伤安全评定和疲劳寿命预测。

11.3.4 应用实例

这里以 11.2 节斜拉桥上更换下来的拉索为例，阐述基于健康监测的拉索累积疲劳损伤评定和疲劳寿命预测的计算过程。由于很难进行足尺斜拉索的疲劳性能试验，这里采用 11.3.3 节的方法从高强钢丝疲劳寿命进行拉索疲劳寿命预测。

1. 高强钢丝疲劳寿命预测模型

以某桥更换下来的拉索高强钢丝为试验对象，试验高强钢丝长度为 500mm (斜拉索下端腐蚀严重，截取的高强钢丝试验试件为从拉索下端锚头处 500mm)。试验机采用 SCHENCK(PC100M)疲劳试验机，如图 11.36 所示。加载频率为 30Hz，试验加载方案及试验结果如表 11.6 所示。

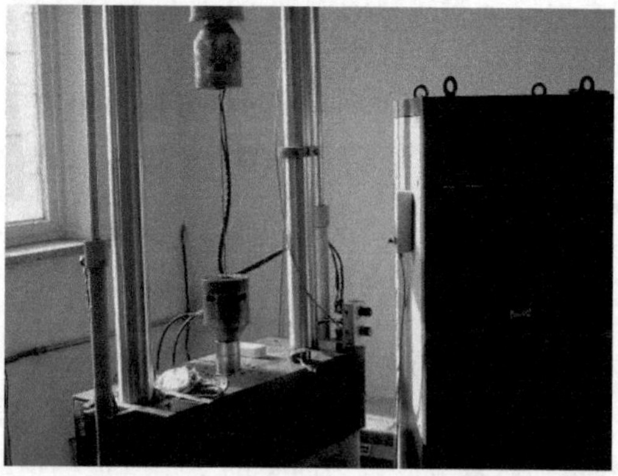

图 11.36 SCHENCK 疲劳试验机

表 11.6　钢丝疲劳性能试验方案及试验结果

编号	ΔS/MPa	S_{max}/MPa	S_{min}/MPa	R	试件数量	疲劳寿命均值	变异系数
1	290	580	290	0.5	15	3.48×10^5	0.43
2	360	720	360	0.5	13	2.14×10^5	0.45
3	500	1000	500	0.5	14	9.15×10^4	0.42
4	640	1280	640	0.5	13	4.83×10^4	0.42

通过试验，得到每一个应力幅下钢丝疲劳寿命循环次数，将其画在图 11.37 中，各应力幅下钢丝疲劳寿命的均值及变异系数也在表 11.6 中给出。从图 11.37 和表 11.6 可以看出，随着应力幅增大，钢丝疲劳寿命逐渐降低，应力幅较小时钢丝疲劳寿命的变异系数较大。

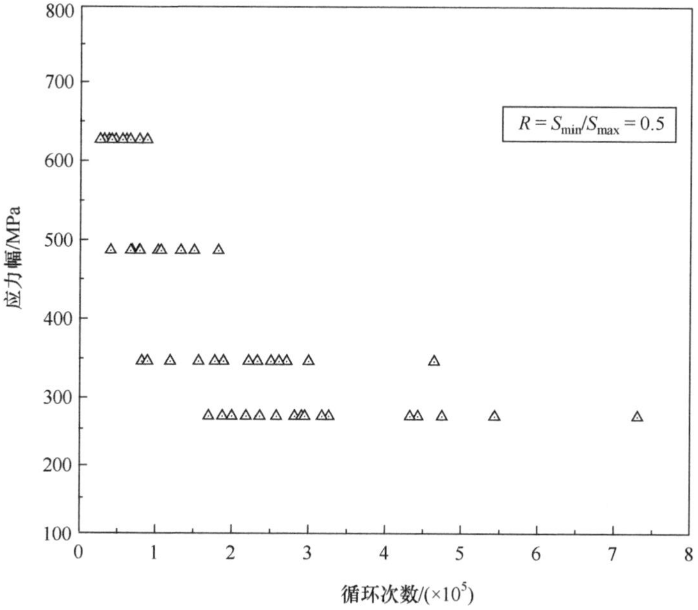

图 11.37　腐蚀钢丝疲劳试验结果

式(11.68)所示的钢丝疲劳寿命预测模型，未知参数 α、m'、c 和 K_0 可根据钢丝疲劳试验数据估计得到。根据上述腐蚀钢丝疲劳试验结果(见图 11.37)，钢丝试验样本长度相同，计算时取参数 $n=1$，应力比 $R=0.5$，钢丝直径为 5mm，采用极大似然法估计未知参数，得到 $\alpha=5.12$，$m'=2.15$，$c=1.86\times10^4$，$K_0=5.94\times10^{10}$。

由式(11.68)计算得到应力比 $R=0.5$ 时腐蚀钢丝的中值 S-N 曲线如下(如图 11.38中虚线)。

$$\log N=11.729-2.511\log\Delta S \tag{11.74}$$

同时根据钢丝概率分布函数计算不同保证率下钢丝 P-S-N 曲线，如图 11.38 中实线所示。

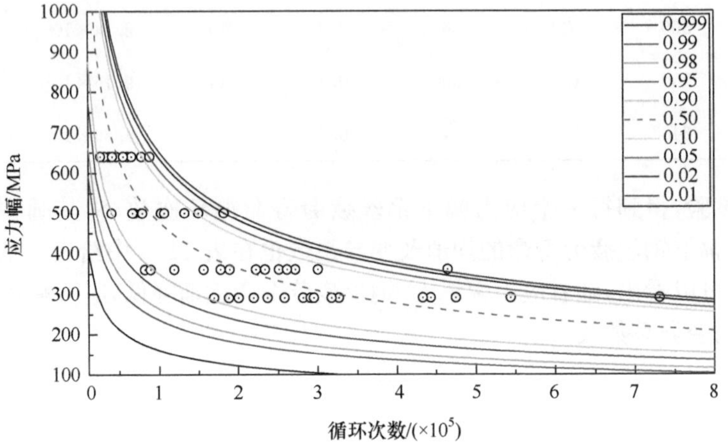

(a) 普通坐标

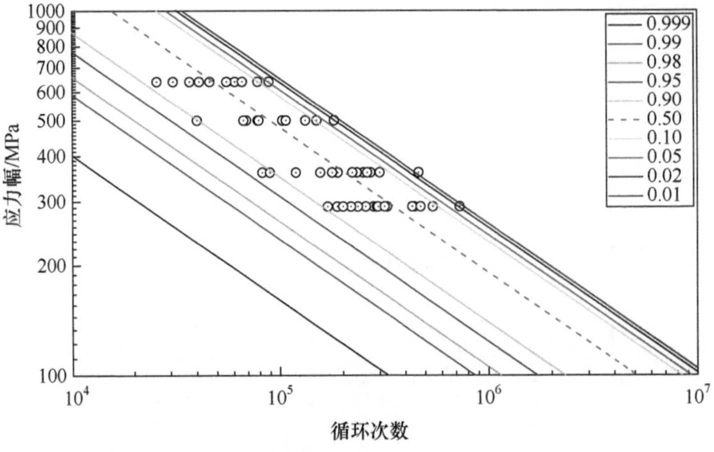

(b) 对数坐标

图 11.38　腐蚀高强钢丝 P-S-N 曲线

2. 拉索疲劳寿命预测模型

为了得到足尺斜拉索的疲劳寿命，这里根据上述腐蚀钢丝疲劳寿命的概率分布，采用拉索疲劳寿命 Monte-Carlo 方法(11.3.3 节)模拟拉索在常幅荷载作用下的疲劳寿命。假定最弱联单元数目分别为 $n=1$ 和 $n=3$，应力幅分别为 290MPa、

360MPa、500MPa 和 640MPa，应力比为 0.5，拉索疲劳寿命准则分别为断丝率 5%、10%、20%及拉索内钢丝全部断裂。

图 11.39 和图 11.40 给出了 $n=1$，应力幅分别为 290MPa、360MPa、500MPa 和 640MPa，疲劳寿命准则分别为断丝率 10%和钢丝全部断裂，由 Monte-Carlo 模拟（模拟次数为 2000 次）的结果，经统计分析得到腐蚀旧索疲劳寿命概率分布。

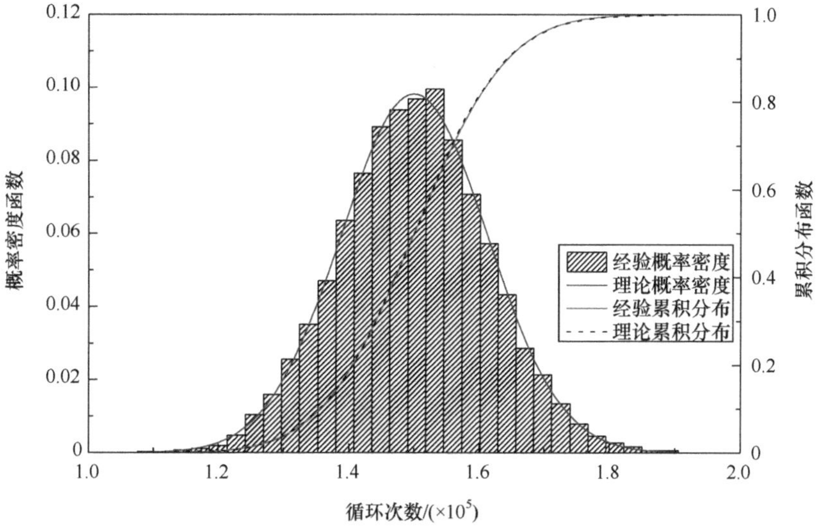

(a) 应力幅290MPa

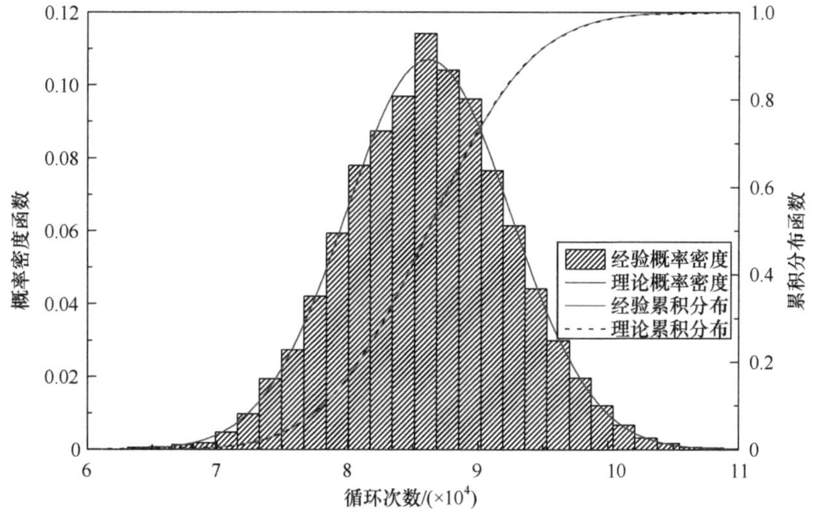

(b) 应力幅360MPa

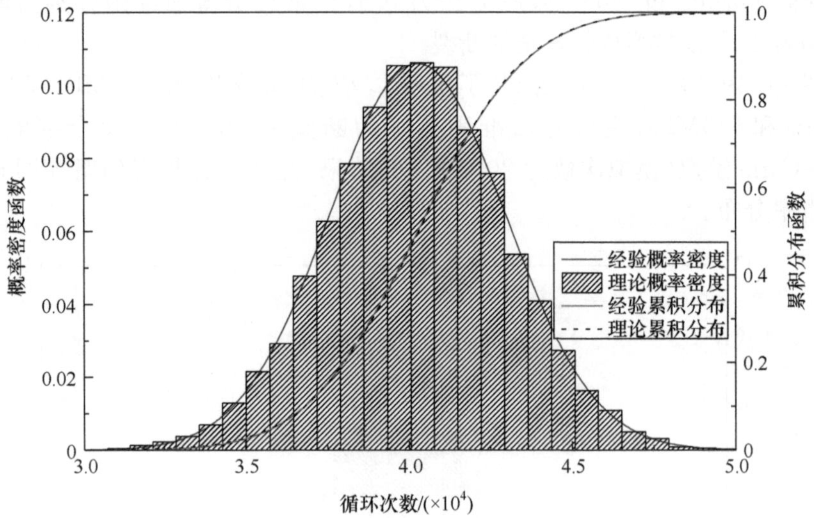

(c) 应力幅500MPa

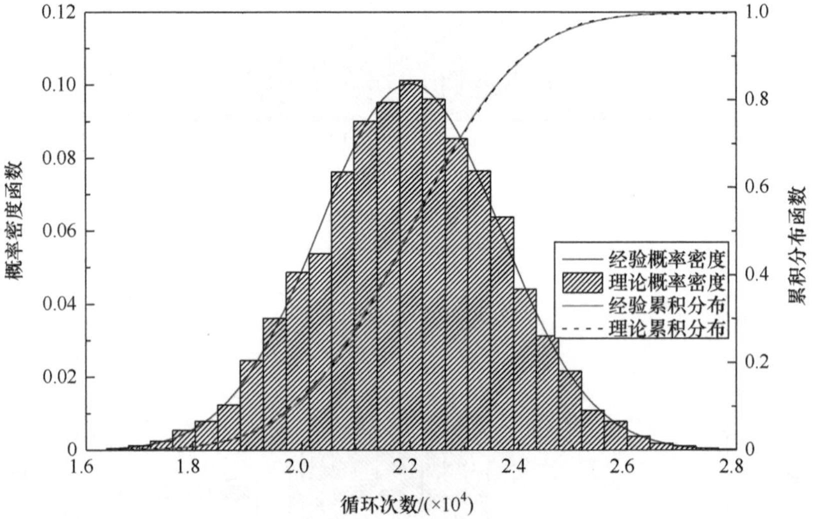

(d) 应力幅640MPa

图 11.39　断丝率为 10%时各应力幅下拉索寿命的概率分布

假设检验表明，拉索疲劳寿命服从 Weibull 分布，通过统计分析得到不同应力幅下拉索疲劳寿命的分布参数。采用该概率分布计算不同断丝率条件下腐蚀旧索中值 S-N 曲线，其中 $n=1$ 和 $n=3$ 且断丝率为 10%时拉索中值 S-N 曲线分别为

$$\log N = 11.358 - 2.513 \log \Delta S \tag{11.75}$$

$$\log N = 11.152 - 2.511 \log \Delta S \tag{11.76}$$

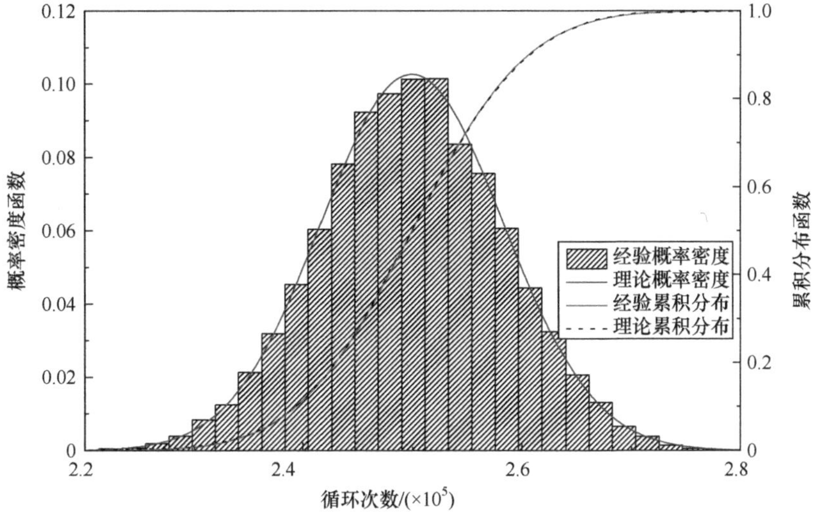

(a) 应力幅290MPa

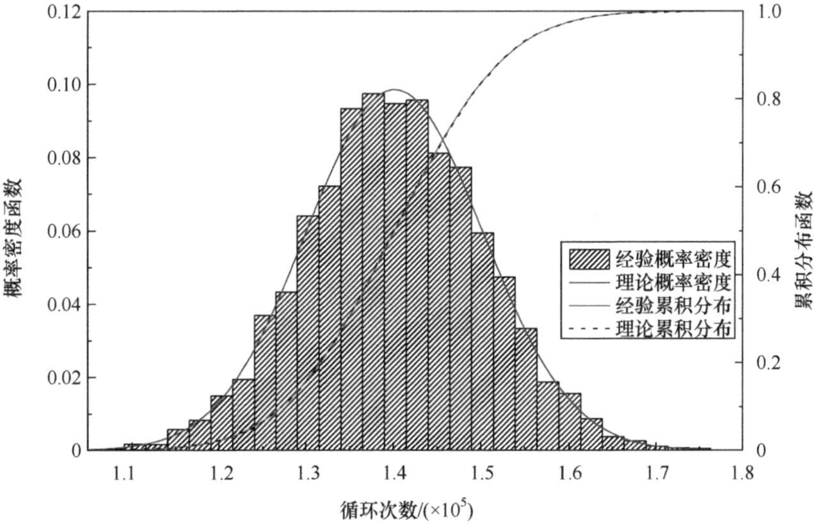

(b) 应力幅360MPa

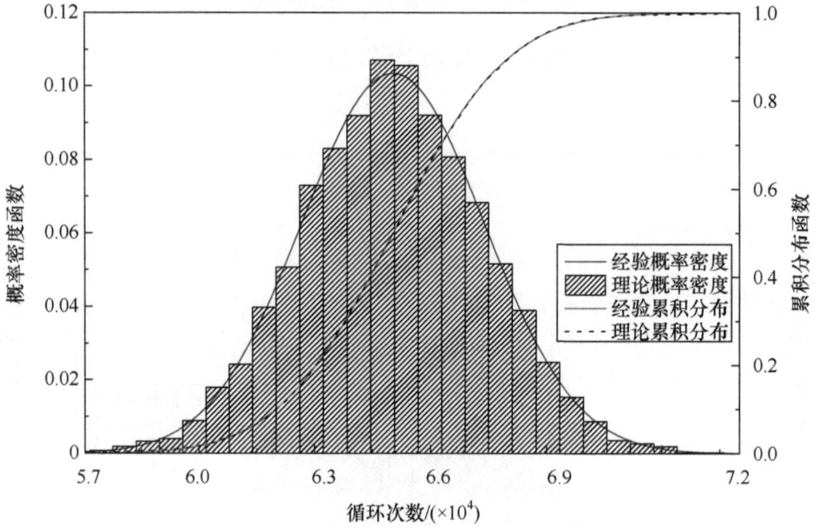

(c) 应力幅500MPa

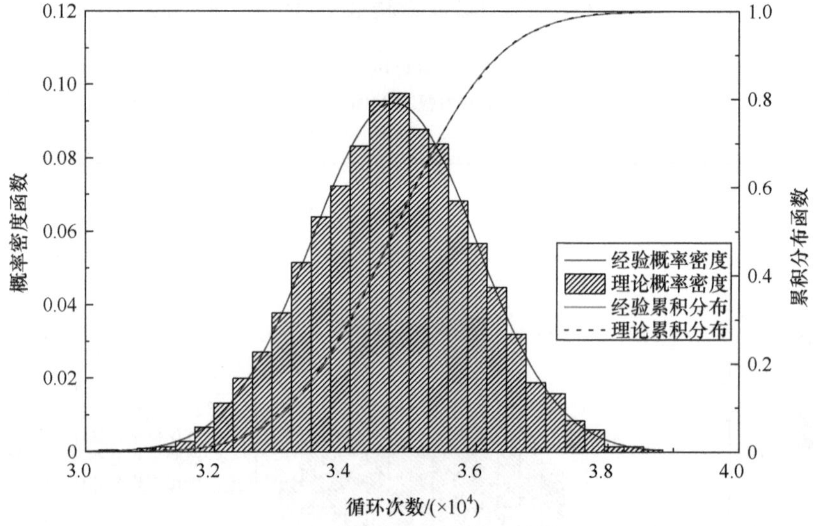

(d) 应力幅640MPa

图 11.40　钢丝全部断裂时各应力幅下拉索寿命的概率分布

图 11.41 给出 $n=1$ 和 $n=3$ 时拉索断丝率分别为 5%、10%、20%及拉索内钢丝全部断裂拉索的中值 S-N 曲线。从图中结果可以看出，选择断丝率 10%作为拉索疲劳寿命是比较合适的，以断丝率为 5%作为拉索疲劳损伤失效准则显然偏于保守、不经济，而以断丝率为 20%作为拉索疲劳寿命偏于危险，断丝率 20%为准则的拉索中值 S-N 曲线已经非常接近钢丝全部断裂为准则的拉索中值 S-N 曲线，

当断丝率达到 20%后拉索将迅速破坏。

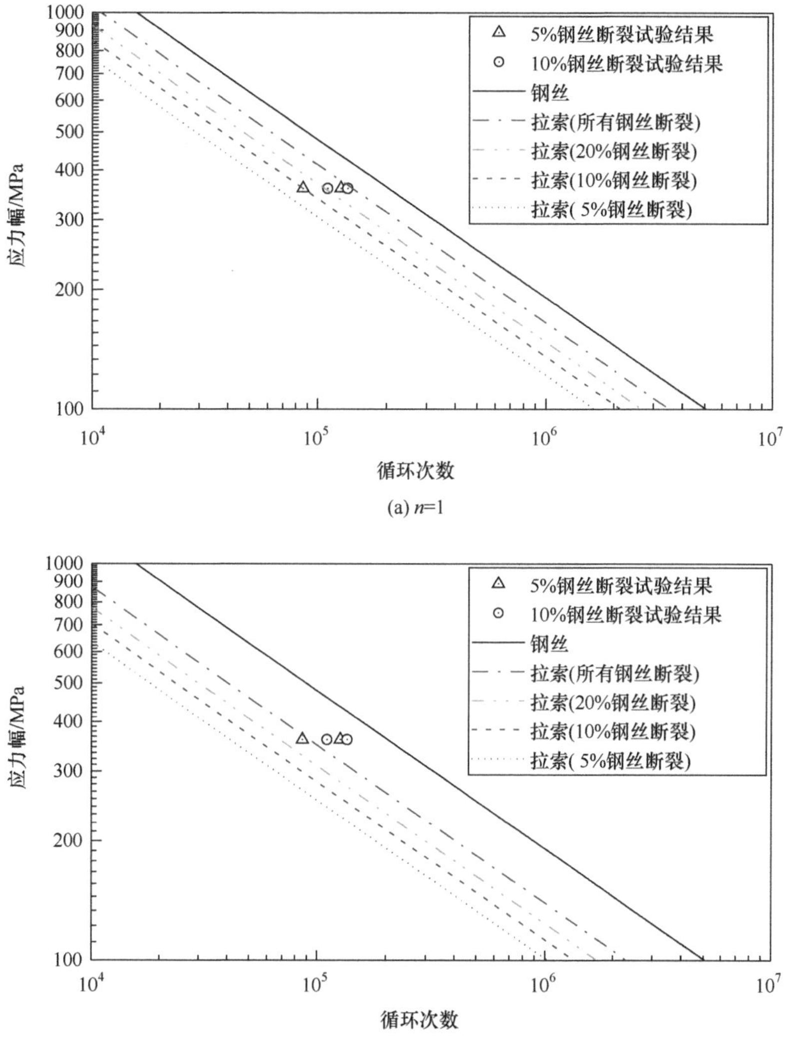

(a) n=1

(b) n=3

图 11.41　钢丝和拉索中值 S-N 曲线

为验证所提出的拉索 S-N 疲劳寿命曲线的准确性，还对腐蚀拉索的疲劳性能进行试验研究。试验用拉索尺寸及构造示意图如图 11.42 所示，拉索钢丝采用该桥更换下来的腐蚀高强钢丝。疲劳性能试验采用力控制，拉索疲劳性能试验初始应力幅为 360MPa，应力比为 0.5，断丝后仍保持荷载幅不变。疲劳试验索为 69 丝，拉索长度为 1750mm，自由段长度为 1190mm，锚头按照实际拉索锚头构造制作的冷铸镦头锚，由柳州欧维姆机械股份有限公司生产制造，锚头区钢束端头如图 11.42 所示。

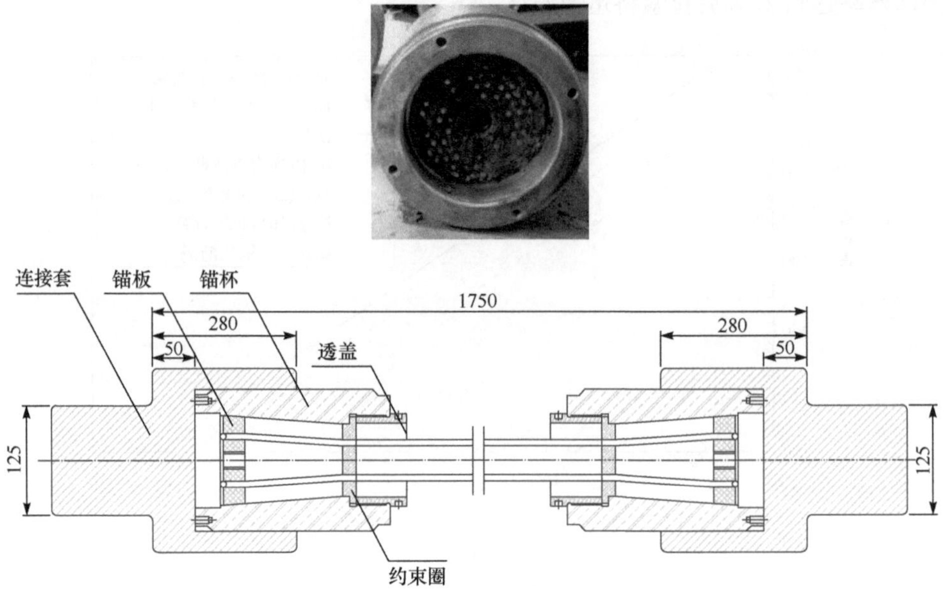

图 11.42　试验索构造(单位:mm)

由于仅关心腐蚀拉索的疲劳性能,同时为了便于观察疲劳性能试验过程中的断丝情况,制作拉索时未采用 PE 防护套,这样处理对试验结果影响较小。拉索疲劳性能试验在 2500kN MTS 试验机上进行,疲劳试验装置及监测系统照片如图 11.43所示。

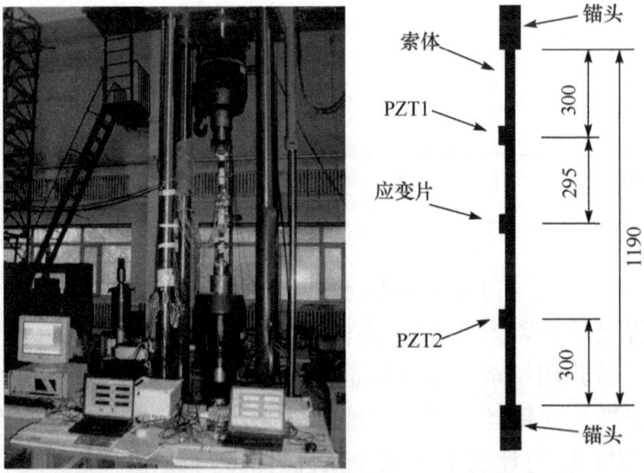

(a) 试验照片　　　　(b) 试验测试方案示意图

图 11.43　腐蚀拉索疲劳试验(单位:mm)

为了准确确定试验拉索断丝时刻的疲劳循环数，在试验拉索上布置了压电陶瓷(piezoelectric ceramic transducer，PZT)传感器，如图 11.43 所示，通过声发射监测疲劳性能试验过程中拉索断丝情况，PZT 传感器的采样频率为 20kHz；在外侧裸露的钢丝上布置了一定数量静态应变片，用于在张拉过程中确定拉索内钢丝受力的均匀性，如图 11.43 所示。拉索疲劳性能试验中荷载及位移由 MTS 试验机直接读出。本节试验拉索内共 69 根钢丝，断 3 根丝时近似认为断丝率为 5%，断 7 根丝时近似认为断丝率为 10%，出于安全角度考虑，断 7 根丝后停止试验。

拉索断丝时 PZT 信号如图 11.44 所示。疲劳性能试验拉索内钢丝断裂释放

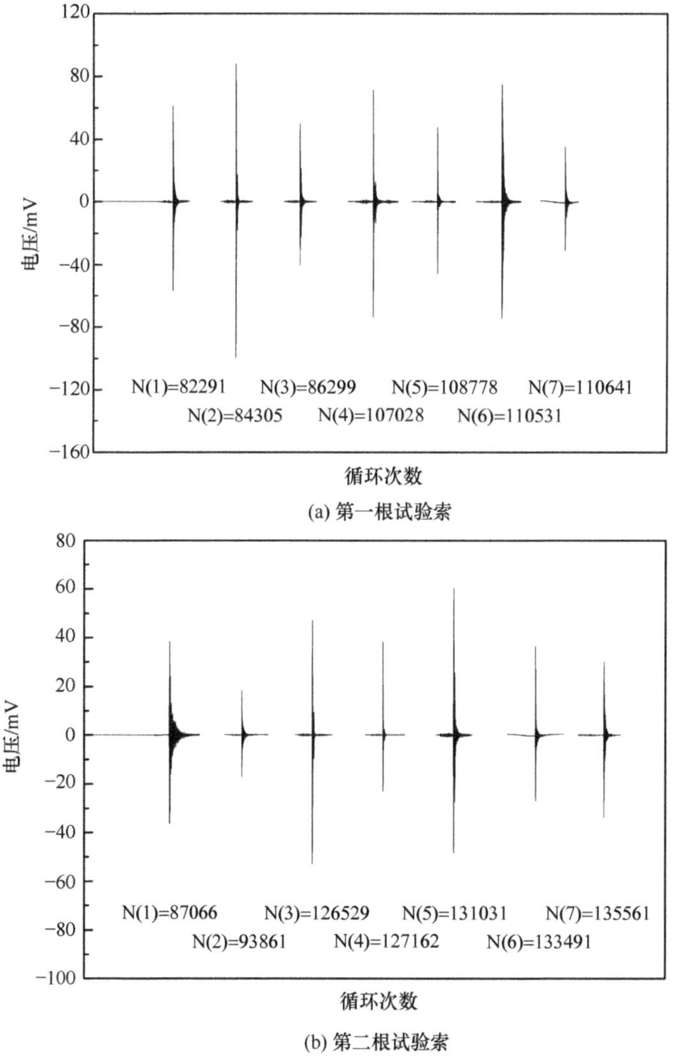

(a) 第一根试验索

(b) 第二根试验索

图 11.44　拉索断丝时 PZT 信号

的能量从荷载-位移曲线能清楚地得到反映，断丝后由于荷载幅不变，拉索的抗拉刚度降低，位移逐渐变大，断丝时位移产生突变。对应位移突变时拉索的循环次数与 PZT 监测的结果相同，这里不再列出。

从上述分析可以看出，拉索疲劳试验过程中，断丝时疲劳循环次数可以被准确地监测到，断丝监测不是本节研究的重点，这里仅给出监测结果。拉索疲劳试验结果在表 11.7 中给出，试验停止后检查断丝位置发现，所有钢丝均断裂在锚头以外位置，断裂位置距离锚头均大于 50mm，锚头对拉索疲劳性能的影响可忽略不计，出现上述现象是由于腐蚀对钢丝疲劳性能的影响大于锚头对钢丝疲劳性能的影响。在实际服役过程中，一旦拉索自由段发生腐蚀，其破坏发生在拉索自由段而非锚头位置的可能性更大。

表 11.7　腐蚀拉索疲劳性能试验结果

编号	断丝数	断丝率/%	循环次数
1	3	5	86299
	7	10	110641
2	3	5	126529
	7	10	135561

通过上述试验得到 2 根腐蚀拉索 5%断丝率及 10%断丝率的疲劳寿命结果也在图 11.41 中给出。从图中可以看出，拉索的 S-N 曲线与钢丝的 S-N 曲线基本平行，但拉索疲劳寿命要低于其内钢丝疲劳寿命；拉索疲劳寿命的试验值比理论计算均值大。

3. 监测拉索荷载效应谱的计算及拉索疲劳安全评定与寿命预测

为阐述清楚起见，这里以 24h 监测数据为例说明采用雨流法计算斜拉索索力循环次数及其相应应力幅的过程。首先提取通过智能拉索得到的拉索活荷载效应时程曲线的转折点(turning points)数据，考虑多车辆可能同时对一根拉索产生影响，为完整保留疲劳荷载效应且忽略较小荷载效应变幅，首先将荷载效应时程上所有转折点进行识别(前、后斜率相反的点)，并过滤变幅小于 2MPa 的转折点，对前述 2008 年 1 月 10 日 12:00～11 日 12:00 共 24h 北塔江侧 C1 和南塔岸侧 C10′的拉索荷载效应时程转折点进行提取，斜拉索应力时程及提取的转折点如图 11.45 所示，采用上述荷载效应时程转折点进行雨流法分析的结果如图 11.46 所示。

采用 Miner 累积损伤理论计算北塔江侧 C1 和南塔岸侧 C10′这两根斜拉索的疲劳损伤指数，假定拉索服役期内每周疲劳荷载引起的拉索疲劳损伤指数均与本节选定的拉索疲劳损伤指数相同，即可预测拉索服役期内疲劳损伤指数。假设采

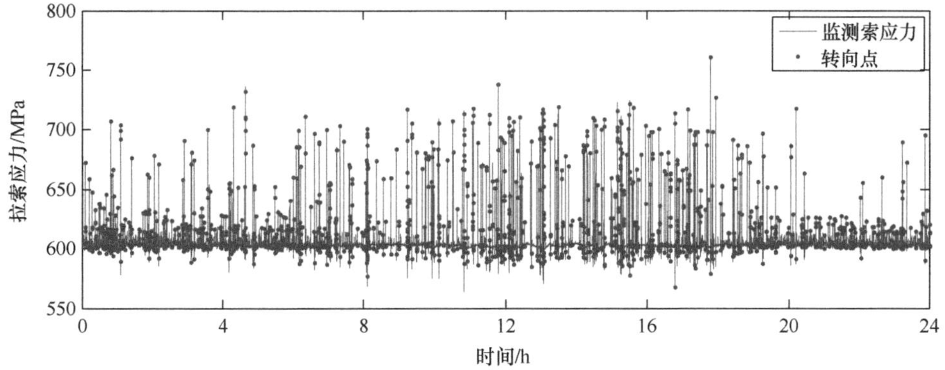

(a) 北塔江侧C1

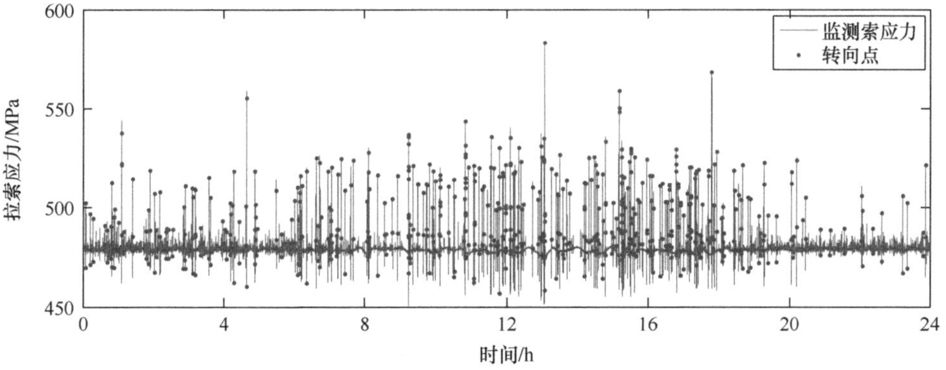

(b) 南塔岸侧C10′

图 11.45　拉索疲劳荷载效应转折点提取

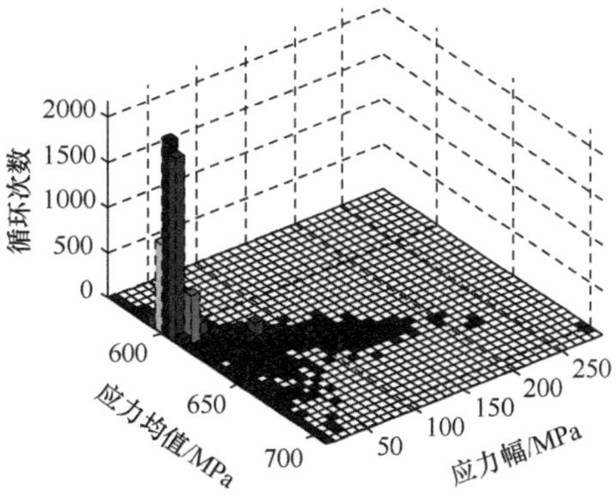

(a) 北塔江侧C1

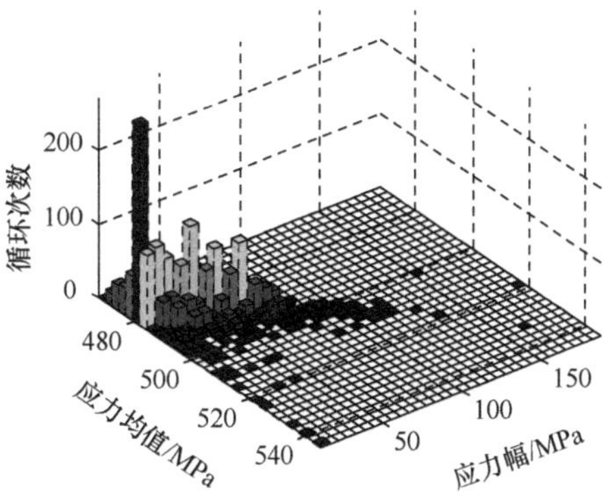

(b) 南塔岸侧C10′

图 11.46　拉索应力雨流矩阵

用最弱联体系单元数目 $n=1$，断丝率为 10%时拉索中值 S-N 曲线[如式(11.75)所示]，则北塔江侧 C1 和南塔岸侧 C10′斜拉索在图 11.45 所示的疲劳荷载效应谱作用下疲劳寿命分别为 6.40 年和 48.49 年；假设采用最弱联体系单元数目 $n=3$，断丝率仍为 10%时拉索中值 S-N 曲线[如式(11.76)所示]，则两根拉索疲劳寿命分别为 4.02 年和 30.44 年；若采用未腐蚀拉索 S-N 曲线[如式(11.67)所示]，则两根拉索疲劳寿命分别为 88.72 年和 776.1 年。由此可见，拉索荷载应力幅、最弱联体系单元数、拉索腐蚀程度等参数对拉索疲劳寿命具有显著的影响。

上述基于 S-N 曲线的拉索疲劳寿命评估方法概念清晰，但并未建立拉索腐蚀程度与疲劳寿命劣化之间的关系模型，尚需进一步研究。

11.4 拉索疲劳累积损伤与寿命预测的断裂力学方法

大量的拉索服役实践表明，腐蚀是减小拉索疲劳寿命的最主要因素。前述给出了基于健康监测的斜拉索疲劳安全评定和剩余寿命预测的唯象方法。若能通过腐蚀监测给出斜拉索中高强钢丝的腐蚀细节(点蚀深度)或通过试验给出拉索服役环境和实际防护下的腐蚀细节，则可采用本节介绍的线弹性断裂力学方法对腐蚀拉索进行疲劳损伤评价和寿命预测。

11.4.1 高强钢丝断裂力学基本理论

假定高强钢丝因腐蚀或疲劳产生的裂纹深度为 a，并承受循环荷载作用。假设 $K_{\max}$和 $K_{\min}$分别表示裂纹处最大和最小应力强度因子，它们分别与交变应力 $S_{\max}$、$S_{\min}$存在线性关系，采用线弹性断裂力学可计算应力强度因子(Suresh，1998)：

$$K_{\max}=\Psi S_{\max}\sqrt{\pi a},\quad K_{\min}=\Psi S_{\min}\sqrt{\pi a} \tag{11.77}$$

$$\Delta K=K_{\max}-K_{\min},\quad R=\frac{K_{\max}}{K_{\min}} \tag{11.78}$$

式中，Ψ 为应力强度因子形状修正系数，与裂纹几何形状有关。

由于应力强度因子与交变应力峰、谷存在线性关系，因此，应力强度因子比与应力比是等价的。

虽然高强钢丝因腐蚀或疲劳导致表面裂纹形状各异，但断裂力学中往往将其简化为半椭圆形(Toribio et al.，2009)，如图 11.47 所示。

对于半椭圆形裂纹，应力强度因子修正系数 Ψ 可由式(11.79)计算(Toribio et al，2009)：

$$\Psi=\sum_{\substack{i=0\\ i\neq 1}}^{4}\sum_{j=0}^{3}\Upsilon_{ij}\left(\frac{a}{D}\right)^{i}\left(\frac{a}{b}\right)^{j} \tag{11.79}$$

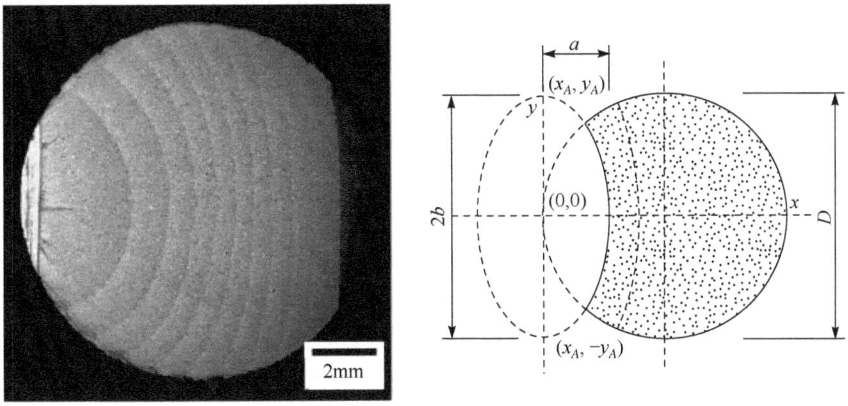

图 11.47　高强钢丝裂纹特征

式中，Υ_{ij} 的取值如表 11.8 所示，其他符号意义如图 11.47 所示。

表 11.8　系数 $_{ij}$ 取值

i	$j=0$	$j=1$	$j=2$	$j=3$
0	1.118	−0.171	−0.339	0.130
2	1.405	5.902	−9.057	3.032
3	3.891	−20.370	23.217	−7.555
4	8.328	21.895	−36.992	12.676

裂纹深度与钢丝直径比值 a/D 以及半椭圆形短轴与长轴比值 a/b 是两个重要参数，它们的关系如图 11.48 所示(Toribio et al.，2007)。

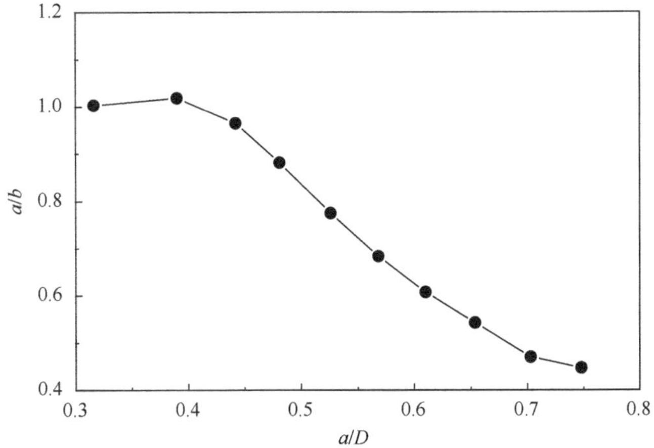

图 11.48　裂纹形貌系数 a/b 与 a/D 的关系曲线

设高强钢丝临界裂纹尺寸为 a_c，即腐蚀蚀坑深度或疲劳裂纹深度达到该深度、钢丝应力为 S_{max} 时，高强钢丝发生断裂。临界裂纹尺寸 a_c 可以由式(11.80)计算(Toribio et al. ,2007)：

$$a_c = \frac{K_{IC}^2}{\pi\left(\Psi S_{max}\right)^2} \tag{11.80}$$

式中，K_{IC} 为临界应力强度因子，仅取决于材料的性质，为材料常数，反映了材料阻止裂纹失稳扩展的能力，也称为材料断裂韧度。

图 11.49 给出了疲劳裂纹深度 a 和应力循环次数 N 之间的关系(Lee,2005)。图中，a_i、a_d 和 a_c 表示初始缺陷深度、当前裂纹深度和应力强度因子达到临界状态的裂纹深度。如果裂纹深度为 a_d 时，应力循环次数为 N_d，而当裂纹深度达到临界裂纹深度 a_c 时循环次数为 N_c，则钢丝疲劳剩余寿命可以表示为 $N_d - N_c$。对于变幅荷载作用下高强钢丝疲劳断裂的计算方法，将在 11.4.3 节介绍。

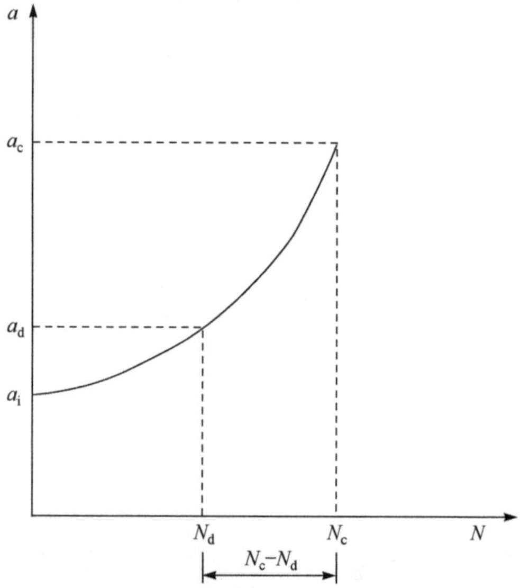

图 11.49 钢丝疲劳剩余寿命评估示意图

11.4.2 高强钢丝腐蚀疲劳退化模型

拉索高强钢丝腐蚀疲劳退化过程中，初始裂纹的萌生一般是由腐蚀引起的，而非仅仅由高强钢丝内部缺陷或疲劳裂纹萌生引起。自然环境中高强钢丝腐蚀一疲劳过程是一个竞争过程，如果腐蚀引起的裂纹深度大于疲劳裂纹扩展深度，则高强钢丝退化过程以腐蚀为主；如果疲劳裂纹扩展深度大于腐蚀引起的裂纹深度，则高强钢丝退化过程以疲劳为主。高强钢丝的腐蚀深度预测可以采用式(11.63)及点蚀系数概率分布确定，点蚀系数概率分布将在下面介绍。

1. 腐蚀深度预测模型

高强钢丝腐蚀裂纹深度，特别是点蚀深度，目前通过监测手段一般很难得到，因此，点蚀深度模型往往通过腐蚀试验或耐久性理论得到。高强钢丝点蚀深度一般由均匀腐蚀深度和点蚀系数乘积计算，点蚀系数可以由式(11.81)计算(Hawn，1977)：

$$\Lambda(t)=\frac{d_{\mathrm{p}}(t)}{d_{\mathrm{u,Fe}}(t)} \tag{11.81}$$

式中，$d_{\mathrm{p}}(t)$和 $d_{\mathrm{u,Fe}}(t)$为钢丝基体点蚀深度和均匀腐蚀深度；表面积为 A_0 的高强钢丝最大点蚀系数，通常可以表示为以下形式：$\Lambda_{\mathrm{m}}(t,A_0)=\max(\Lambda(t),A_0)$。一般地，可以假设 $\Lambda_{\mathrm{m}}(t,A_0)$是时不变量，即 $\Lambda_{\mathrm{m}}(t,A_0)=\Lambda_{\mathrm{m}}(A_0)$。

这里以直径为 7mm 高强钢丝的 3 倍直径长度的钢丝节段为例(3 倍直径是基于圣维南定理，考虑高强钢丝裂纹对钢丝应力分布的影响范围而确定)(Stewart et al.，2009)，选择钢丝节段表面积 $A_0=\pi\times 7\mathrm{mm}\times 3\times 7\mathrm{mm}$。最大点蚀系数 $\Lambda_{\mathrm{m}}(A_0)$服从极值Ⅰ型分布：

$$F_{A_0}(x)=\exp\left[-\exp\left(-\frac{x-\beta_0}{\alpha_0}\right)\right] \tag{11.82}$$

式中，α_0 和 β_0 分别为尺度参数和位置参数。

长度为 L、直径为 D 的拉索高强钢丝，其表面积为 $A_\kappa=\pi DL$，该类钢丝点蚀系数最大值的概率分布为(Li et al.，2014)

$$F_{A_\kappa}(x)=\exp\left[-\exp\left(-\frac{x-\beta_\kappa}{\alpha_\kappa}\right)\right]$$

$$\beta_\kappa\approx 0.905\ln\frac{A_\kappa}{A_0}+4.078,\quad \alpha_\kappa\approx\alpha_0=0.954 \tag{11.83}$$

采用高强钢丝均匀腐蚀深度计算公式(11.63)和式(11.83)，即可计算退化高强钢丝点蚀深度 $d_{\mathrm{p}}(t)$随时间变化的概率分布函数。无量纲点蚀系数表征了高强钢丝均匀腐蚀与点蚀之间的关系，与材料性质有关，大量研究表明，点蚀系数与拉索服役自然环境之间的关系较小。

2. 疲劳裂纹扩展模型

高强钢丝腐蚀后，不可避免地在钢丝表面形成缺陷，这些缺陷在循环荷载作用下产生疲劳裂纹扩展。高强钢丝疲劳裂纹扩展试验表明，经分段拟合的疲劳裂纹扩展速率 $\mathrm{d}a/\mathrm{d}N$ 与应力强度因子幅 ΔK[式(11.78)]之间的关系曲线在双对数坐标系中可分为三个区域，如图 11.50 所示(Xu et al.，2008；Lee，2005)。

第Ⅰ区域在图 11.50 中为平行于疲劳裂纹扩展速率 $\mathrm{d}a/\mathrm{d}N$ 坐标轴的直线，在

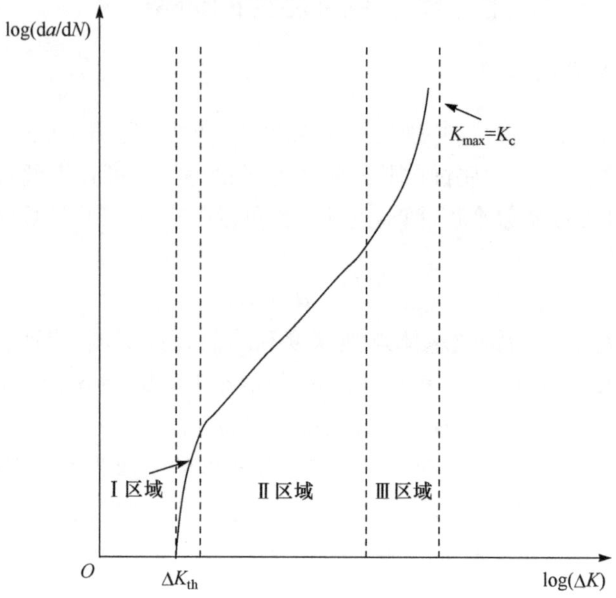

图 11.50　高强钢丝疲劳裂纹扩展曲线

该区域内存在 ΔK 下限值 ΔK_{th}（ΔK_{th}称为裂纹扩展门槛值），当 ΔK 低于 ΔK_{th}时，疲劳裂纹不扩展；当 ΔK 到达 ΔK_{th}时，ΔK 微小增加，$\mathrm{d}a/\mathrm{d}N$ 将急剧增加。试验表明，高强钢丝裂纹扩展门槛值 ΔK_{th}为 2.8MPa · $\sqrt{m}$。第Ⅲ区域在图 11.50 中接近于一条竖直线，这时 K_{max}已接近 K_{IC}，属于裂纹快速扩展阶段，当裂纹尖端应力强度因子达到材料断裂韧度 K_{IC}时，将出现失稳断裂。

第Ⅱ区域在图 11.50 中近似为一条倾斜直线，疲劳裂纹在该区域内稳定扩展，是疲劳裂纹扩展寿命的最重要组成部分，可以采用 Paris 提出的疲劳裂纹扩展速率表达式(Paris and Erdogan，1963；Huneau and Mendez，2006)，即

$$\frac{\mathrm{d}a}{\mathrm{d}N}=C\Delta K^m \tag{11.84}$$

式中，$\mathrm{d}a/\mathrm{d}N$ 为疲劳裂纹扩展速率。

式(11.84)可以表示为如下对数形式：

$$\log\frac{\mathrm{d}a}{\mathrm{d}N}=\log C+m\log(\Delta K) \tag{11.85}$$

除了应力强度因子幅 ΔK 是控制疲劳裂纹扩展的重要因素外，应力比、平均应力、过载峰值、腐蚀等参数对疲劳裂纹扩展也有一定影响，其中应力比(应力强度因子比)的影响可以通过对应力强度因子幅 ΔK 进行修正等效，修正应力强度因子幅 $\Delta\overline{K}$ 可以表示为最大应力强度因子 K_{max}的方程，即 Walker 方程：

$$\Delta\overline{K}=K_{\max}(1-R)^{\gamma} \tag{11.86}$$

式中，系数 γ 是一个取值为 0.4～0.9 的常数。修正应力强度因子幅 $\Delta\overline{K}$ 与应力强度因子幅 ΔK 之间存在如下关系：

$$\Delta\overline{K}=\Delta K(1-P)^{\gamma-1}$$

$$\Delta\overline{K}=\frac{\Delta K}{(1-R)^{\gamma-1}} \tag{11.87}$$

11.4.3　拉索疲劳寿命评估方法

正常运营状态下拉索的荷载效应是随机的，因此需要计算每个应力循环 ΔS_k $(k=1,2,\cdots)$ 作用下，高强钢丝疲劳裂纹从 a_k 开始扩展至裂纹深度 a_{k+1}。假设钢丝初始腐蚀裂纹尺寸为 a_k，在应力幅 ΔS_k 作用下，应力强度因子幅为 ΔK_k，循环次数为 $N_k=1$。对应力强度因子幅 ΔK_k 根据 Walker 公式进行修正，得到 $\Delta\overline{K}_k$，由于疲劳裂纹扩展速率 $\mathrm{d}a/\mathrm{d}N$ 与修正应力强度因子幅 $\Delta\overline{K}_k$ 之间可以用 Paris 公式表示：

$$\frac{\mathrm{d}a}{\mathrm{d}N}=C\Delta\overline{K}_k^m \tag{11.88}$$

代入应力强度因子幅的计算公式，则

$$\begin{aligned}\frac{\mathrm{d}a}{\mathrm{d}N}&=C\left[\Delta K_k\ (1-R_k)^{\gamma-1}\right]^m\\&=C\left[\Psi(a_k)\Delta S_k\ \sqrt{\pi a}(1-R_k)^{\gamma-1}\right]^m\end{aligned} \tag{11.89}$$

一般认为，$\Psi(a_k)$ 在监测荷载效应作用下的一个循环中，裂纹尺寸不会发生剧烈变化，可以近似为常数，则

$$\begin{aligned}&\int_0^1\mathrm{d}N=\int_{a_k}^{a_{k+1}}\frac{1}{C\left[\Psi(a_k)\Delta S_k\ \sqrt{\pi a}\ (1-R_k)^{\gamma-1}\right]^m}\mathrm{d}a\\&\Rightarrow 1=\frac{1}{C\left[\Psi(a_k)\Delta S_k\sqrt{\pi}\ (1-R_k)^{\gamma-1}\right]^m}\int_{a_k}^{a_{k+1}}a^{-m/2}\mathrm{d}a\end{aligned} \tag{11.90}$$

从而可以得到高强钢丝的疲劳裂纹从 a_k 开始扩展到裂纹深度 a_{k+1} 的递推关系式，由式(11.90)可知

$$a_{k+1}=\left\{0.5(2-m)C\left[\Psi(a_k)\Delta S_k\sqrt{\pi}(1-R_k)^{\gamma-1}\right]^m+a_k^{0.5(2-m)}\right\}^{2/(2-m)} \tag{11.91}$$

将计算得到的 a_{k+1} 与该时刻高强钢丝腐蚀深度进行对比，以确定在该缺陷情况下腐蚀占主导地位还是腐蚀疲劳占主导地位。当裂纹深度 a_{k+1} 达到临界裂纹尺寸 a_c 时，高强钢丝发生断裂失效。

由于钢丝疲劳断裂是随机的且随着钢丝疲劳断裂拉索内荷载发生重分布，这一过程比较复杂，为描述拉索内钢丝疲劳断裂过程，与基于疲劳寿命曲线的状态评

估方法类似，同样采用 Monte-Carlo 方法随机模拟拉索内钢丝的腐蚀疲劳断裂过程。基本步骤如下：

(1) 确定钢丝基体开始腐蚀的时间 t_c。潮湿环境或周期性干湿循环环境中，钢丝基体开始锈蚀的时间 t_c 可假设为 1.7 年(Suzumura and Nakamura，2004；Furuya et al.，2000)；钢丝浸润到拉索内部的积水中，钢丝基体开始腐蚀的时间可假设为 6.9 年(Li et al.，2014d)。

(2) 产生 Ω(平行钢丝拉索高强钢丝数目)个服从对数正态分布的参数 ψ，通过式(11.63) 计算高强钢丝服役年限为 t 时的钢丝基体均匀腐蚀深度 $d_{u,k}(t)$，$k=1, 2, \cdots, \Omega$。

(3) 产生 Ω 个服从极值Ⅰ型分布 $F_{A_k}(x)$的点蚀系数，点蚀概率分布参数由式(11.83)并考虑拉索长度确定。

(4) 在已知高强钢丝服役时间 t 均匀腐蚀深度和点蚀系数的基础上，计算高强钢丝的最大点蚀深度 $d_p(t)$。

(5) 计算拉索内每根钢丝在初始缺陷为 $a_k(t)$时，监测荷载循环块作用下裂纹扩展深度达到临界裂纹尺寸 a_c 所需要的实际循环次数。与基于疲劳寿命曲线的拉索疲劳损伤累积方法不同，基于断裂力学的方法需要考虑荷载作用的次序，因此不宜采用等应力幅作用来模拟。

根据钢丝的腐蚀疲劳寿命从小到大对钢丝进行重新排序，当第一根钢丝的裂纹扩展深度达到临界裂纹尺寸 a_c 时，剩余高强钢丝荷载发生重分布；随着循环继续增加，当第二根钢丝裂纹扩展深度达到临界裂纹尺寸 a_c 时，剩余钢丝荷载发生重分布；同样的，将断丝率 10%作为 Monte-Carlo 模拟终止条件，能够求得拉索疲劳寿命为 N_c，即监测疲劳载荷循环块作用 N_c 次时，拉索疲劳失效。通过多次 Monte-Carlo 模拟，即可对拉索的疲劳寿命(疲劳荷载循环块的作用次数)进行概率分布拟合。

从上述分析可以看出，基于疲劳寿命曲线的拉索累积损伤评估方法和基于线弹性断裂力学的损伤累积评估方法，尽管计算过程和计算方法有显著的差别，但两种方法只是从不同角度描述了相同的抗力衰减过程，即拉索抗力衰减直至失效的过程。与基于疲劳寿命曲线的方法相比，基于线弹性断裂力学的疲劳损伤累积方法考虑了荷载作用次序的影响，可以更好地利用监测疲劳荷载循环块，得到准确的疲劳寿命预测结果，但其需要拉索钢丝缺陷或腐蚀细节信息。

第12章 大跨度桥梁风和风效应监测数据分析

在风作用下，缆索承重大跨度桥梁结构因钝体绕流和流-固耦合作用导致复杂的风效应，风洞试验、计算流体动力学(computational fluid dynamics，CFD)数值计算和现场原型监测是研究桥梁结构风和风效应的主要手段。但由于实际桥梁结构的雷诺数较大，导致小模型风洞试验不能准确反映实际桥梁的风效应，CFD 数值计算对硬件和软件提出了很高的要求，原型监测技术可以监测桥梁结构真实的风、风荷载与风效应，是研究缆索承重大跨度桥梁结构风与风效应的重要手段，也是验证桥梁结构风洞试验、CFD 数值计算及风工程理论的重要手段。大跨度桥梁结构的风荷载主要包括平均风产生的静风荷载和风绕过桥梁结构时产生的动力荷载，其对桥梁主梁产生颤振、抖振和涡振等多种复杂风致振动，其对桥梁缆索产生抖振、涡激振动、风雨振和尾流驰振等风致振动。由于颤振是一种由结构的振动与气动力相互作用而产生的一种非稳定的气动弹性自激振动，结构抗风设计应避免实际桥梁出现这种振动，因此，桥梁结构健康监测系统一般监测不到这种风致效应。

本章主要介绍缆索承重大跨度桥梁风、风荷载与风效应监测系统的设计方法和监测数据的分析方法。

12.1 风与风效应监测系统设计方法

缆索承重桥梁结构风、风荷载与风效应的监测系统包括风速、风压、绕流场和风致振动监测。缆索承重桥梁结构风、风荷载与风效应传感器的布设位置应根据风洞试验结果、CFD 数值模拟结果和设计结果来确定。

风速监测采用风速仪，风速仪包括超声风速仪和机械式风速仪，超声风速仪可以测量三维动态风速，而机械式风速仪只能测量二维平均风速，但一般量程大于超声风速仪。风速仪的安装位置应尽可能安装于自由风场，避免安装于桥梁绕流场内，即需要将风速仪安装于外伸的钢架上或高于桥面的支架上，如图 12.1(a)所示。但风速仪安装于桥梁主梁时，应在主梁上、下游均布设风速仪。

此外，大气在地球表面的流动与流体经过粗糙壁面的流动类似，由于壁面黏性的影响，流体流经地表时，将在地球表面形成具有一定厚度的湍流边界层，随着壁面黏性影响的减弱，大气边界层内风速随高度逐渐增大，一般认为湍流边界层的厚度可达到 300～500m 高度。大跨度桥梁处于大气边界层内，因此，需考虑桥梁上梯度风的特点，风速仪应安装于桥梁的不同高度处。

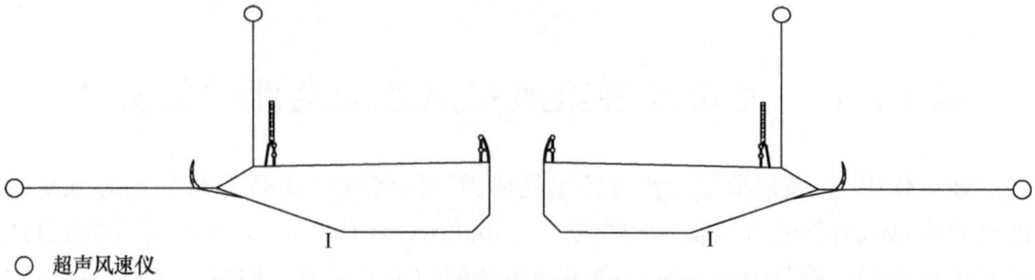

(a) 超声风速仪安装位置

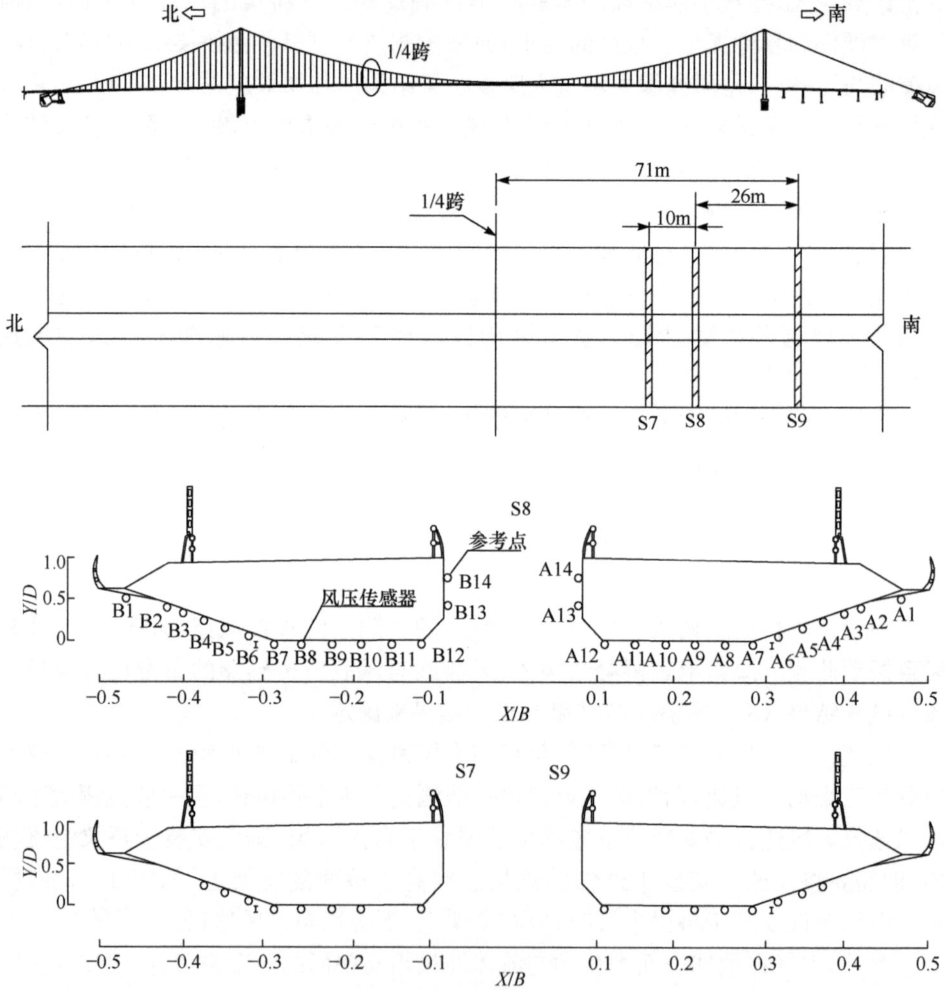

(b) 风压传感器布置位置

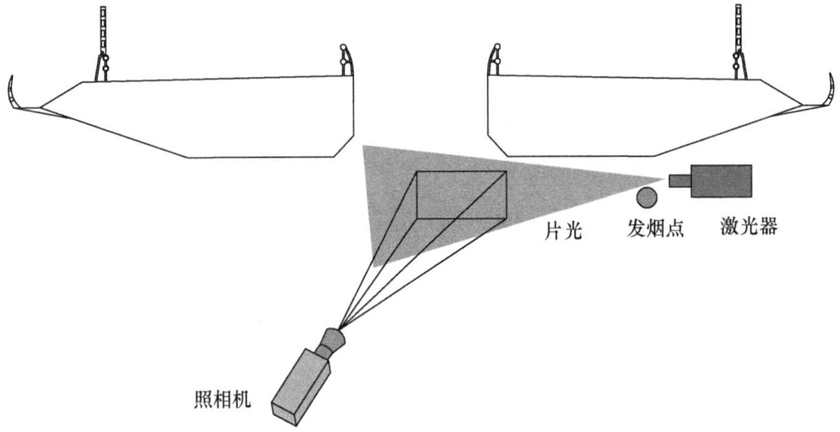

(c) 某分离式双箱梁绕流场监测示意图

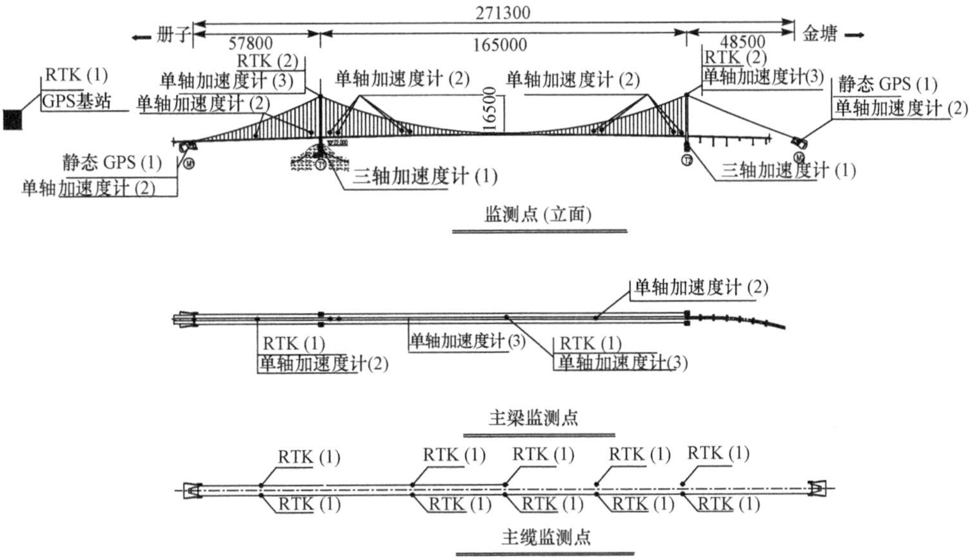

(d) 加速度传感器和GPS系统布置位置(单位:cm)

图 12.1　风、风荷载与风效应监测系统

风荷载监测采用差压微压风压传感器。按感受压力的方式可分为管式压力传感器和直接接触式压力传感器，其中管式压力传感器需要连通管，因此现场监测时需要考虑连通管对压力信号的畸变效应；按测压原理主要分为扩散硅压阻式和电容式压力传感器，目前在野外使用较多的是扩散硅压阻式风压传感器。通过风压场的监测，主要获取桥梁断面上风压分布规律以及风压场的空间相关性。为此，风压传感器测点确定的原则是需能够反映风压分布特征，且沿多个断面布置。如

图 12.1(b)所示为某一座桥梁及其断面上风压传感器的布设位置。

桥梁绕流场的监测是研究和揭示桥梁风致振动机理的重要手段,流场测试主要包括绕流场压力和速度场测试,但这些技术很难用于实际桥梁结构的绕流场监测,可采用烟流显示技术测试实际桥梁的绕流场,图 12.1(c)给出了某分离式双箱梁悬索桥绕流场监测方案示意图。

桥梁结构的风致振动监测一般采用加速度传感器和 GPS 系统。加速度传感器的频响特性应根据桥梁的动力特性来确定,加速度传感器的布设位置则需根据桥梁结构振动形式布设,一般需要在主梁、斜拉索/吊索和桥塔上布设加速度传感器。GPS 系统可用于监测桥梁结构的静、动力位移,GPS 系统可安装在主梁、主缆和桥塔顶部。图 12.1(d)给出了一座桥梁加速度传感器和 GPS 系统的监测方案。

12.2 风场监测数据分析方法

土木工程结构的来流风场参数主要包括水平平均风速、平均风向角、平均风攻角、风速剖面、脉动风湍流强度、脉动风湍流积分尺度、脉动风功率谱、脉动风的空间相关性、阵风因子以及风场分布的不均匀特性。

12.2.1 平均风速

自然界风场是紊流场,图 12.2 为一条典型的实测风速时程,根据湍流理论的雷诺假设,可以将风速分解为平均风速和脉动风速。设三维超声风速仪在笛卡儿坐标系下监测的风速为 u_x、u_y 和 u_z,根据矢量分解规则,首先由 u_x 和 u_y 的平均值确定主风向水平风速 U 及风向角 θ,然后将 u_x、u_y 和 u_z 的脉动值投影在主风向和与主风向垂直方向,得到顺风向、横风向和竖向脉动风。

水平平均风速、平均风向角和风攻角可以由如下公式确定:

$$U=\sqrt{\bar{u}_x^2+\bar{u}_y^2} \tag{12.1}$$

$$\theta=\begin{cases}\arccos\dfrac{\bar{u}_x}{U}, & u_y>0\\[2ex] 360^\circ-\arccos\dfrac{\bar{u}_x}{U}, & u_y<0\end{cases} \tag{12.2}$$

$$\alpha=\arctan\frac{\bar{u}_z}{U} \tag{12.3}$$

式中,$\bar{u}_x$、$\bar{u}_y$ 和 $\bar{u}_z$ 为监测的风速 u_x、u_y 和 u_z 的平均值;U 为水平平均风速;θ 为平均风向角;α 为风攻角。

三方向的脉动风速 $u(t)$、$v(t)$、$w(t)$ 可以由如下公式确定:

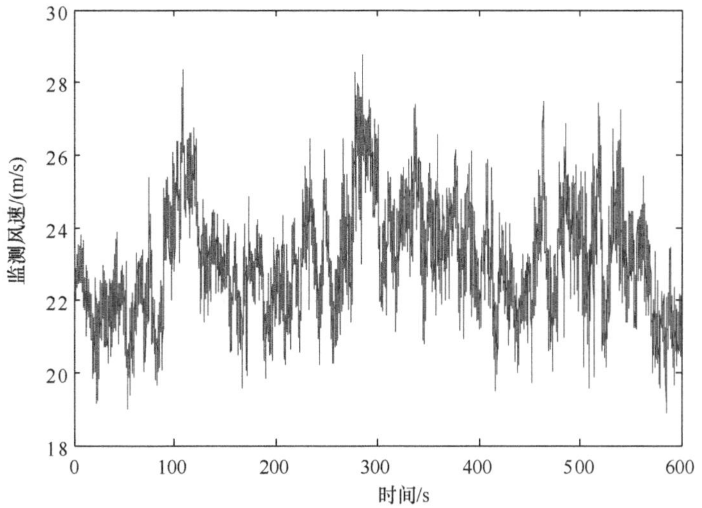

图 12.2　典型风速时程

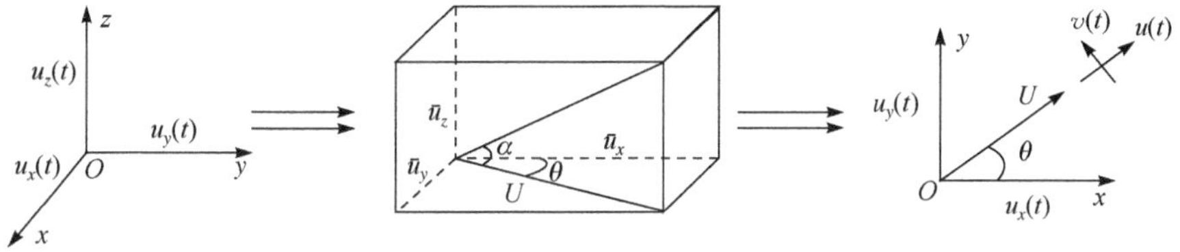

图 12.3　风速矢量分解

$$
\begin{cases}
u(t)=u_x\cos\theta+u_y\sin\theta-U \\
v(t)=-u_x\sin\theta+u_y\cos\theta \\
w(t)=u_z-\bar{u}_z
\end{cases}
\tag{12.4}
$$

式中，$u(t)$、$v(t)$和 $w(t)$分别是某一时距内顺风向、横风向和竖向脉动风速。

样本的统计平均值可表示为

$$
\overline{X}=\frac{1}{n}\sum_{i=1}^{n}X_i \tag{12.5}
$$

式中，$\overline{X}$ 为随机变量 X_i 的统计平均值；n 为样本基本时距内的采样点数。

对某一监测数据，由于其基本时距选取的不同，其统计特性也会发生较大变化，我国桥梁规范选取 10min 时长作为分析的基本时距。

12.2.2　风速剖面

如前所述，在大气边界层内，风速沿高度而变化，其变化规律主要有对数型和指数型两种模型。对数型模型是根据湍流边界层理论推导得到的(由于对数模型在土木工程中使用较少,因此本节中不做介绍)。指数型模型是由 Hellman(1916)首先提出的,其认为在梯度风高度内,大气边界层平均风速沿铅垂高度的变化规律服从指数律关系,即

$$\frac{U_Z}{U_{Z_0}}=\left(\frac{Z}{Z_0}\right)^{\gamma} \tag{12.6}$$

式中,U_Z 为高度 Z 处的平均风速;U_{Z_0} 为参考高度 Z_0 处的平均风速;γ 为考虑地面粗糙度影响的幂指数。

虽然指数型模型是一个纯经验模型,但在梯度风高度内与对数型模型相差不大且计算方便,因此被各国规范广泛使用,如我国《建筑结构荷载规范》(GB 50009—2012)和《公路桥梁抗风设计规范》(JTG/T D60-01—2004)的梯度风都采用了指数型模型。在梯度风高度内,指数型风剖面只有唯一参数 γ,其值大小与地表粗糙程度密切相关。我国《公路桥梁抗风设计规范》将指数 γ 根据地表粗糙程度划分为四类,如表 12.1 所示。

表 12.1 地表粗糙度分类

地表类型	地表状况	γ
A	海面、海岸、开阔水面、沙漠	0.12
B	田园、乡村、平坦开阔地及低层建筑物稀少地区	0.16
C	树木及低层建筑物等密集地区、中高层建筑物稀少地区、平缓的丘陵地区	0.22
D	中高层建筑密集地区、起伏较大的丘陵地区	0.30

在大跨度桥梁健康监测系统设计时,一般在桥塔塔顶和桥面均安装风速仪,因此可以由两点平均风速,根据式(12.6)拟合计算桥址处幂指数系数 γ,从而验证相应规范中该地区幂指数取值的合理性,并为桥塔和拉索涡激振动和抖振等计算提供风速参数。

近年来,大量台风监测数据表明,台风的风速剖面与季风不同。因此,式(12.6)是否可用于台风或其他特殊风况,尚需进一步研究。

12.2.3 脉动风湍流强度与湍流积分尺度

自然风的脉动特性包括湍流强度和湍流积分尺度。其中湍流强度表示了风脉动的强烈程度,脉动风湍流强度由式(12.7)确定:

$$I_u=\frac{\sigma_u}{U},\quad I_v=\frac{\sigma_v}{U},\quad I_w=\frac{\sigma_w}{U} \tag{12.7}$$

式中,σ_u、σ_v 和 σ_w 为基本时距内顺风向、横风向和竖向脉动风速的标准差,可由式(12.8)计算。

$$\sigma = \frac{1}{n}\sqrt{\frac{1}{n}\sum_{i=1}^{n}(X_i - \overline{X})^2} \tag{12.8}$$

根据湍流能量串级理论，大气湍流运动是由许多不同尺度的旋涡运动组合而成的，大旋涡的能量向小旋涡传递，最后由小旋涡通过黏性耗散，如图 12.4 所示。

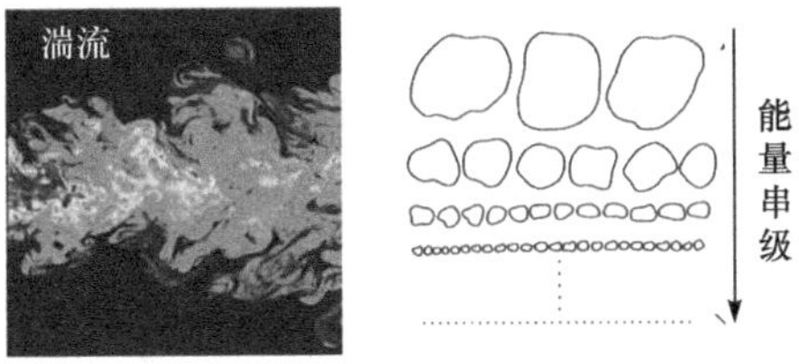

图 12.4　湍流结构示意图

湍流积分尺度是湍流平均涡尺寸的量度，其值可通过空间各点脉动风速的相关函数沿距离上的积分得到，其数学表达式如下：

$$L_u = \frac{1}{\sigma_u^2}\int_0^{\infty} R_{uu}(x,t)\mathrm{d}x,\quad L_v = \frac{1}{\sigma_v^2}\int_0^{\infty} R_{vv}(x,t)\mathrm{d}x$$

$$L_w = \frac{1}{\sigma_w^2}\int_0^{\infty} R_{ww}(x,t)\mathrm{d}x \tag{12.9}$$

式中，L_u、L_v 和 L_w 分别为顺风向、横风向和竖向风的湍流积分尺度；R_{uu}、R_{vv} 和 R_{ww} 分别为顺风向、横风向和竖向脉动风速的空间相关函数。

自相关函数的离散形式为

$$R(m) = E[X_n X_{n+m}] \tag{12.10}$$

其样本的无偏估计表达式为

$$\hat{R}(m) = \sum_{n=0}^{N-m-1} X_n X_{n+m} \tag{12.11}$$

式中，N 为样本点数。

目前，常用的计算湍流积分尺度的方法主要有空间相关函数法、自相关函数法和 Von-Karman 谱拟合法。

1）空间相关函数法

根据脉动风速湍流积分尺度的数学定义，若可同时测得流场空间各点速度的空间相关函数，则可求得脉动风的湍流积分尺度。然而这需要多点测量或者逐点测量，在大跨度桥梁中一般无法实现，因此，该方法在实际监测数据分析时较少使用。

2）自相关函数法

该方法是根据 Taylor 冻结假设，将空间上的相关函数等效为时间上的相关函数，则通过一点监测的风速时程计算时域内的相关函数，进而得到脉动风速湍流积分尺度。

根据 Taylor 冻结假设，当脉动速度与对流风速 U 相比足够小，且通过某一固定点时，旋涡并不明显改变其形状，该点时间自相关函数 $R'(\tau)$ 与流向方向上距离该点 $U\times\tau$ 的空间相关函数相同，即

$$R'_{uu}(\tau)=R_{uu}(-U\times\tau,0) \tag{12.12}$$

$$L_u=\frac{1}{\sigma_u^2}\int_0^{\infty}R_{uu}(x,t)\mathrm{d}x=\frac{1}{\sigma_u^2}\int_0^{\infty}R'_{uu}(t)\mathrm{d}Ut=\frac{U}{\sigma_u^2}\int_0^{\infty}R'_{uu}(t)\mathrm{d}t \tag{12.13}$$

式中，R'_{uu}代表脉动风速的时间自相关函数；R_{uu}代表脉动风速的空间自相关函数。

3) Von-Karman 谱拟合法

由于 Von-Karman 谱中显含湍流积分尺度参数，因此可由监测的脉动风速计算脉动风速谱，若脉动风速谱符合 Von-Karman 谱，则可拟合求得湍流积分尺度。Von-Karman 谱的表达式为

$$\begin{cases}\dfrac{G_u(f)}{\sigma_u^2}=\dfrac{4L_u/U}{[1+70.8\,(L_uf/U)^2]^{5/6}}\\[2ex]\dfrac{G_\varepsilon(f)}{\sigma_\varepsilon^2}=\dfrac{4L_\varepsilon/U[1+755.2\,(L_\varepsilon f/U)^2]}{[1+283.2\,(L_\varepsilon f/U)^2]^{11/6}},\quad \varepsilon=v,w\end{cases} \tag{12.14}$$

式中，f 为频率；G_u、G_v 和 G_w 分别为顺风向、横风向和竖向脉动风速功率谱；L_u、L_v 和 L_w 分别为顺风向、横风向和竖向脉动风的湍流积分尺度。

对监测的风速计算其脉动风速功率谱，然后利用非线性最小二乘法，即可求得拟合参数 L_u、L_v、L_w。

对监测的脉动风速，其功率谱可由监测的脉动风速自相关函数的傅里叶变换得到，计算公式如下：

$$G(f)=\int_{-\infty}^{+\infty}R(\tau)\mathrm{e}^{-\mathrm{i}2\pi f\tau}\mathrm{d}\tau \tag{12.15}$$

其离散形式为

$$G(f)=\frac{\Delta t}{N}\left|\sum_{n=1}^{N}X_n\mathrm{e}^{-\mathrm{i}2\pi fn}\right|^2 \tag{12.16}$$

12.2.4 脉动风速功率谱

如图 12.4 所示，大气湍流运动可以看成是由许多不同尺度的旋涡运动组合而成的，空间某点的脉动风速则是由若干不同尺度的旋涡在该点处形成不同频率的脉动成分叠加而成。由于脉动风速功率谱密度函数在频域内的全积分等于脉动分量在对应方向上的湍流动能，即$\int_0^{+\infty}G_i(f)\mathrm{d}f=\sigma_i^2(i=u,v,w;f\text{ 为频率})$，$G_i$ 在频域内的分布则可表示湍流中不同尺度旋涡对脉动湍流动能贡献的大小，因此，脉动风速功率谱密度函数 $G_i(f)(i=u,v,w)$ 能更为准确地描述脉动风的湍流特性。对于自然风速谱的认识，国内外研究者根据湍流理论和实测资料提出了多种脉动风

速谱，下面介绍几种常用的脉动风速谱。

1. 顺风向脉动风谱

1) Davenport 谱

Davenport 谱是 Davenport(1961)在对世界不同地区、不同高度的近百次强风进行谱分析后提出的，其脉动风速谱表达式为

$$\frac{fG_u(z,f)}{u_*^2}=\frac{4\tilde{f}^2}{(1+\tilde{f}^2)^{4/3}} \tag{12.17}$$

式中，$\tilde{f}=\dfrac{1200f}{U(10)}$为相似律坐标；$U(10)$为高度 10m 处平均风速；$u_*$为摩擦风速，与地面粗糙度相关。

Davenport 谱仅用于描述脉动风速谱，其是目前国际上使用最多的顺风向脉动风速谱，但由于 Davenport 谱假设湍流积分尺度为常数，因此可能会导致在高频段内过高估计了实际脉动风速谱的值。

2) Von-Karman 谱

基于湍流各向同性假设，美国著名空气动力学家 Karman(1948)提出了以其名命名的 Von-Karman 谱，其用于顺风向脉动风速谱的表达式为

$$\frac{fG_u(f)}{u_*^2}=\frac{4\beta\tilde{f}}{(1+70.8\tilde{f}^2)^{5/6}} \tag{12.18}$$

式中，$\tilde{f}=\dfrac{fL_u^x}{U}$，$f$为频率，$L_u^x$为顺风向风速的湍流积分尺度，$U$为平均风速；$\beta$为摩擦速度系数，且$\sigma_u^2=\beta u_*^2$，$\sigma_u^2$为脉动风速方差；$u_*$为壁面摩擦速度。

Von-Karman 谱将湍流积分尺度作为参数，但忽略了湍流风速谱随高度的变化。

3) Kaimal 谱

Kaimal 谱考虑大气湍流中脉动风速谱随高度的变化，其表达式为

$$\frac{fG_u(f)}{u_*^2}=\frac{200\tilde{f}}{(1+50\tilde{f})^{5/3}} \tag{12.19}$$

式中，$\tilde{f}=\dfrac{zf}{U(z)}$为相似律坐标，$z$为距离海平面的高度，$U(z)$为$z$高度处的平均风速；其他参数的意义同前。

Kaimal 谱是顺风向脉动风速谱(Kaimal et al.,1972)，该谱被我国《公路桥梁抗风设计规范》(JTG/TD60-01—2004)所采用。

2. 横风向和竖向脉动风谱

1) Von-Karman 谱

1948 年，Von-Karman(1948)提出了用于横风向、竖向脉动风速谱的Von-Karman

谱,表达式为

$$\frac{fG_\varepsilon(f)}{\sigma_\varepsilon^2}=\frac{4f(1+755\tilde{f}^2)}{(1+283\tilde{f}^2)^{11/6}},\quad \varepsilon=v,w \tag{12.20}$$

式中,$\tilde{f}=\frac{fL_\varepsilon^x}{U}$,$f$ 为频率;$L_\varepsilon^x(\varepsilon=v,w)$为横向风和竖向风速湍流积分尺度;$U$ 为平均风速;σ_ε 为脉动风速标准差。

2) Panofsky 谱

Panofsky(1959)提出一种随高度变化的竖向脉动风速谱,表达式为

$$\frac{fG(z,f)}{u_*^2}=\frac{6\tilde{f}}{(1+4\tilde{f})^2} \tag{12.21}$$

式中,$\tilde{f}=\frac{zf}{U(z)}$为相似律坐标;$z$ 为距离海平面的高度;$U(z)$为 z 高度处的平均风速。该谱是我国《公路桥梁抗风设计规范》(JTG/TD60-01—2004)所采用的竖向脉动风谱。

3) Lumley-Panofsky 谱

Lumley 和 Panofsky(1964)基于原有的 Panofsky 谱,通过修正提出了一种新的竖向脉动风速谱:

$$\frac{fG(z,f)}{u_*^2}=\frac{3.36\tilde{f}}{1+10\tilde{f}^{5/3}} \tag{12.22}$$

式中,$\tilde{f}=\frac{zf}{U(z)}$为相似律坐标;$z$ 为距离海平面的高度;$U(z)$为 z 高度处的平均风速。

如上所述,空间某点的脉动风速是由不同尺度的旋涡在该点处形成的不同频率的脉动成分叠加而成,因此湍流风场中旋涡特征尺度应该对脉动风速谱的能量分布具有重要的影响。然而,除 Von-Karman 谱外,其他经验谱都没有考虑旋涡尺度对脉动风速谱的影响,因此,都存在一定的局限性。

对监测的脉动风速进行谱分析的目的:一是验证现有脉动风速谱的适用性;二是为桥梁结构的抖振计算提供风速输入参数。

12.2.5 阵风因子

阵风因子描述自然风峰值大小,定义为

$$\begin{cases} g_u(T)=1+\dfrac{\max(\bar{u}_T)}{U} \\ g_v(T)=\dfrac{\max(\bar{v}_T)}{U} \\ g_w(T)=\dfrac{\max(\bar{w}_T)}{U} \end{cases} \tag{12.23}$$

式中，g_u、g_v 和 g_w 分别为顺风向、横风向和竖向三个方向风速的阵风因子；T 为阵风持续时间（一般取 2～3s）；$\bar{u}_T$、$\bar{v}_T$、$\bar{w}_T$ 分别为阵风持续时间 T 内的平均值；U 为 10min 平均风速。

12.2.6　脉动风的空间相关性

脉动风在空间和频域内的相关程度可由湍流风场脉动风速相干函数表示，其对桥梁结构的风致振动具有重要影响。同一频率下空间相关函数衰减越慢，表明空间各点相关程度越高，桥梁的抖振响应越大。实际监测的脉动风空间两点相干函数可由式(12.24)计算：

$$\begin{cases} C_{ij}(\Delta r, f) = \dfrac{|G_{ij}(r_1, r_2, f)|^2}{G_{ii}(r_1, f)G_{jj}(r_2, f)}, \quad i, j = u, v, w \\ r_1 = (x_1, y_1, z_1), \quad r_2 = (x_2, y_2, z_2) \\ \Delta r = \sqrt{(x_1 - x_2)^2 + (y_1 - y_2)^2 + (z_1 - z_2)^2} \end{cases} \tag{12.24}$$

式中，C_{ij} 为相距 Δr 的空间两点脉动风速相干函数；G_{ij} 为相距 Δr 的空间两点脉动风互功率谱密度函数；G_{ii} 和 G_{jj} 为空间一点脉动风速自功率谱密度函数。

多年来各国学者对脉动风的空间相关性进行了大量研究，普遍认为脉动风的相干函数在空间和频域内呈指数衰减规律。基于此规律，Davenport 根据大量的强风实测结果，得到脉动风速空间相干函数可表示为

$$\begin{cases} C_{uu}(\Delta x, f) = \mathrm{e}^{-c_x \frac{f|\Delta x|}{U}} \\ C_{vv}(\Delta y, f) = \mathrm{e}^{-c_y \frac{f|\Delta z|}{U}} \\ C_{ww}(\Delta z, f) = \mathrm{e}^{-c_z \frac{f|\Delta z|}{U}} \end{cases} \tag{12.25}$$

式中，c_x、c_y、c_z 为 x、y、z 三个方向的衰减系数。

12.2.7　风场展向不均匀性

对于超大跨度桥梁，由于跨度非常大且受周围地形的影响，风场沿桥展向通常具有统计不均匀特性。空间各点间风场特性的不均匀系数可定义为

$$\eta = \frac{N|Y(r_i) - \bar{Y}|}{\sum Y(r_i)} \tag{12.26}$$

式中，$Y(r_i)$为空间某点风场特性的统计参数，如平均风速 U、平均风向角 θ 和顺风向湍流强度 I_u 等；$\bar{Y}$ 为空间各点同一统计量的均值；N 为测点数量 。

12.3　风压场与绕流场监测数据分析方法

12.3.1　风压场

浸没于流体中的结构，将受到流体压力的作用。当流体绕过结构时，根据伯努

利定律，在任一条流线上满足下列方程：

$$\frac{1}{2}\rho U^2+p_s=\text{const.} \tag{12.27}$$

式中，p_s 为流体静压力；ρ 为流体的密度。

从式(12.27)可知，结构周围流速大的区域具有相对更低的压力，反之具有更高的压力。对于桥梁结构，其气动外形在与流向垂直方向上是非对称的，使得桥梁的上、下流场流速不一致，上、下表面压力不相等，从而形成气动升力，如图 12.5 所示；由于流体黏性的作用，流体在结构尾部发生流动分离，产生前后压差作用，形成气动压差阻力；此外，若气动升力和阻力的中心与结构质心不重合，则还将产生气动扭矩。气动升力、气动阻力和气动扭矩统称为气动力，即风荷载。

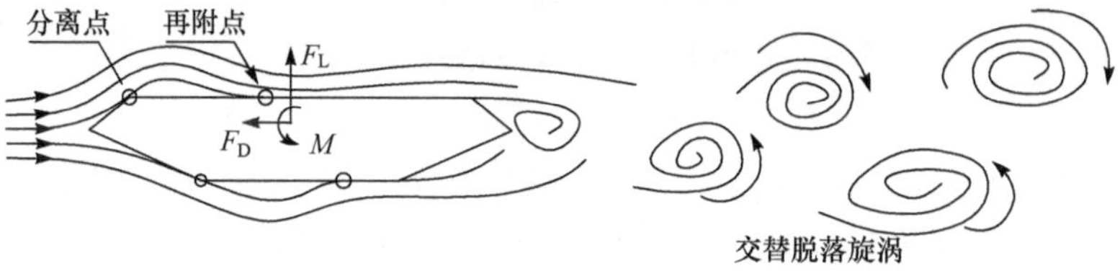

图 12.5　桥梁结构钝体绕流

桥梁结构风荷载的监测主要对桥梁表面压力进行监测，对缆索承重大跨度桥梁，主要采用风压传感器监测桥梁主梁表面的风压。

桥梁结构风压参数主要包括风压系数、风压谱、风压场的空间相关性和气动力系数。

1. 风压系数

风压系数定义如下：

$$C_p=\frac{p-p_\infty}{1/2\rho_{\text{air}}U_\infty^2} \tag{12.28}$$

式中，C_p 为结构表面风压系数；p 为结构表面风压；ρ_{air} 为空气密度；U_∞ 为自由来流风速；p_∞ 为自由来流参考压力，一般为前方自由来流静压，理论上参考压力应选取结构周围自由流场静压，但实际桥梁监测中很难获得不受干扰的压力，实际应用时一般安装于桥梁结构风压较小的位置。

根据风压传感器监测的数据，可采用式(12.28)计算得到监测测点的风压系数。根据风压系数，可以分析桥梁近壁面湍流边界层的特性，大致得到桥梁绕流场的分离和再附点，相关内容将在 12.3.2 节介绍。

2. 风压谱

受前方来流脉动及结构特征湍流的影响，结构表面的风压也呈现不同程度的脉动特性，风压谱能够反映其在频域内的能量分布和一定程度上反映流场结构，对流-固耦合作用效应显著的桥梁结构，风压谱还包括结构的动力特性。

风压谱可按式(12.16)，通过监测风压数据自相关函数的傅里叶变换得到。通过风压谱的频率特征还可得到流体旋涡频率和强度特征。

3. 风压场空间相关性

大跨度桥梁风压场的空间相关函数代表了不同点风压的相关程度，其值可采用式(12.24)计算。

4. 气动力系数

将表面压力沿桥梁断面周向积分，可求得单位长度断面气动力(忽略壁面剪切力的影响)，其气动力系数可由如下公式计算：

$$C_{\mathrm{l}}=\frac{\oint_{c}p\,\mathrm{d}x}{1/2\rho_{\mathrm{air}}U_{\infty}^{2}B} \tag{12.29}$$

$$C_{\mathrm{d}}=\frac{\oint_{c}p\,\mathrm{d}y}{1/2\rho_{\mathrm{air}}U_{\infty}^{2}D} \tag{12.30}$$

$$C_{\mathrm{m}}=\frac{\oint_{c}py\,\mathrm{d}y+\oint_{c}px\,\mathrm{d}x}{1/2\rho_{\mathrm{air}}U_{\infty}^{2}B^{2}} \tag{12.31}$$

式中，C_{l}、C_{d} 和 C_{m} 分别为断面升力系数、阻力系数和扭矩系数；D 为主梁断面投影高度；B 为主梁断面宽度。

流体绕过钝体后，每个断面的脉动气动力并不是一致相关的，因此还需要对断面脉动气动力进行展向相关性分析。片条理论假设来流风的湍流尺度比桥梁尺寸大得多，此时气动力沿桥展向的相关性可近似认为就是来流湍流风的相关性。然而当来流风的湍流积分尺度与桥梁断面尺寸相当时，片条理论的假设不成立，气动力的展向相关性与来流湍流风的相关性有较大的差别。此外，对于附属结构影响较大的桥梁，特征湍流的影响不可忽略，此时气动力的展向相关性也不能用来流风的展向相关性来代替。

12.3.2　绕流场

流体经过钝体时，由于流体黏性和结构周围流体压力梯度的影响，钝体壁面和尾部可能出现复杂的边界层流动分离、再附着和旋涡脱落等现象。分析结构绕流场对认识和理解桥梁结构表面流体的流动规律及其风致效应的机理具有重要意义，分析结构绕流场的基本规律还是进行气动控制和气动选型的重要依据。结构绕流场可以通过监测结构表面的压力分布、结构周围流体旋涡脱落特征和流场可视化等得到，结构绕流场的参数主要包括桥梁结构表面的平均风压和脉动风压、结构分离点、再附点、旋涡脱落频率等。

1. 平均风压和脉动风压分布

平均风压和脉动风压分布是指风压系数平均值和标准差沿箱梁断面周向的分布。根据风压系数分布特征可基本了解箱梁表面流体的绕流场特征。

边界层的分离是指主流流体离开物体壁面，其分离点可定义为主流流体和回流在壁面处的交界点(见图 12.6)，其数学表达式为

$$\left(\frac{\partial u}{\partial y}\right)_{y=0}=0 \tag{12.32}$$

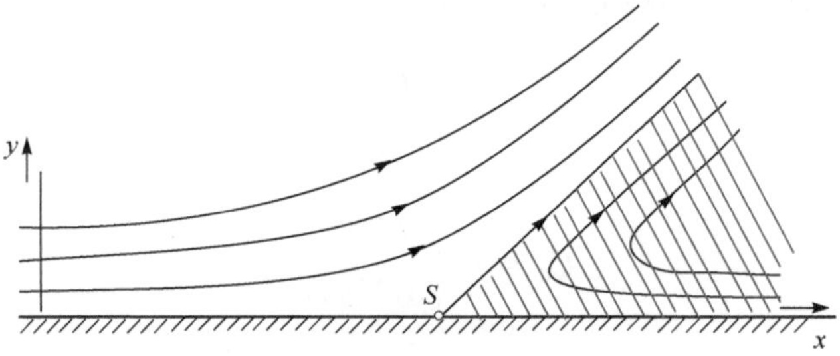

(a) 流体流过物体表面时发生分离(S代表分离点)

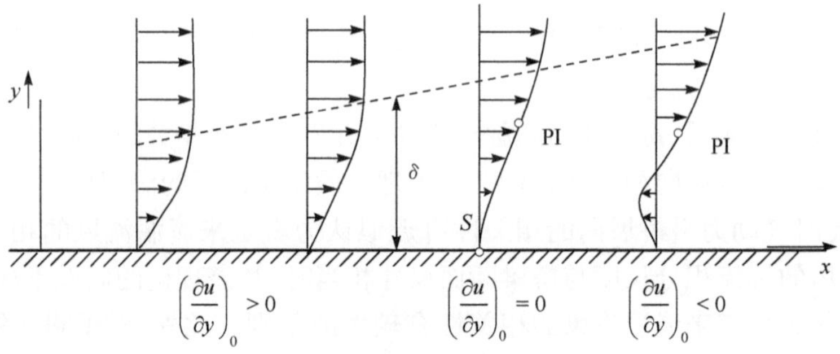

(b) 分离点S附近边界层速度剖面(PI为拐点)

图 12.6 边界层的分离

根据边界层方程：

$$u\frac{\partial u}{\partial x}+v\frac{\partial u}{\partial y}=-\frac{1}{\rho}\frac{\partial p}{\partial x}+\mu\frac{\partial^2 u}{\partial y^2} \tag{12.33}$$

壁面处有 $u=v=0$ 可得

$$\frac{1}{\rho}\frac{\partial p}{\partial x}=\mu\frac{\partial^2 u}{\partial y^2} \tag{12.34}$$

由式(12.34)可见，在壁面处，速度剖面的曲率只与压力梯度有关。对于加速流动流体，壁面处有$\frac{\mathrm{d}p}{\mathrm{d}x}<0$和$\frac{\partial^2 u}{\partial y^2}<0$，而对于壁面外缘边界层内的流体总有$\frac{\partial^2 u}{\partial y^2}<0$，因此整个边界层内$\frac{\partial^2 u}{\partial y^2}<0$，如图 12.7 所示；对于减速流体，壁面处有$\frac{\mathrm{d}p}{\mathrm{d}x}>0$和$\frac{\partial^2 u}{\partial y^2}>0$，然而在离壁面一定距离处，总是有$\frac{\partial^2 u}{\partial y^2}<0$，因此边界层内必然存在$\frac{\partial^2 u}{\partial y^2}=0$的一点，即存在拐点，如图 12.7 所示。因此，边界层分离只能发生在逆压力梯度区。值得注意的是，对于具有锐利边缘的结构，由于壁面边界切线方向有突变，在边界交界处极易发生边界层分离现象。

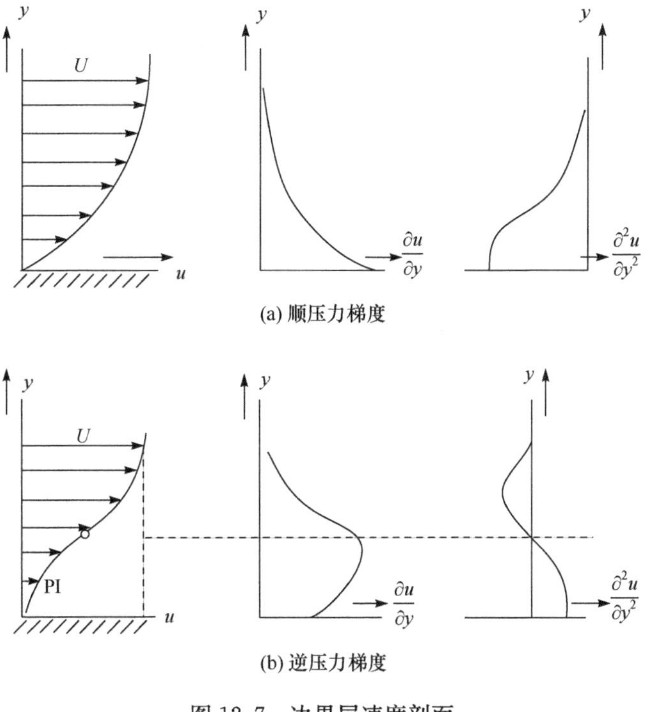

图 12.7　边界层速度剖面

边界层发生分离后，静压一般无法再恢复，而是停留在分离点水平(此时分离区压力出现平台段)，分离的自由剪切层流向下游运动，由于自身的稳定问题，一段距离后向湍流转变。由于湍流具有很强的吸裹能力，此时流体容易发生再附，压力开始恢复。层流边界层的分离再附及分离泡内的压力分布如图 12.8 所示。

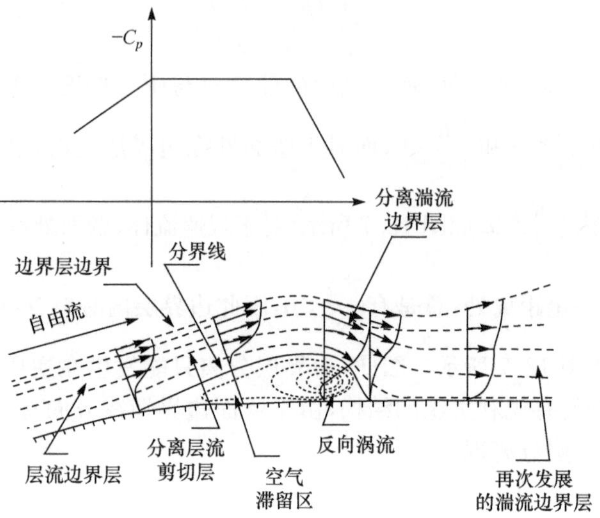

图 12.8　层流分离再附

2. 旋涡脱落频率特征

流体绕过钝体结构时，在流体分离区伴随有旋涡脱落现象。由旋涡脱落引起的流体流动特性的改变可反映在脱落区下游流体脉动速度强度和频率的变化、结构表面压力脉动特性的变化和气动力脉动特性的变化。因此，可通过上述特征的变化获得旋涡脱落特征，例如旋涡脱落频率和强度等特征。对于结构表面流体旋涡脱离频率大小可通过脉动速度、表面脉动风压和气动力的功率谱得到(旋涡脱落的频率与各参量功率谱的主频大体一致)。针对结构健康监测，可通过监测的箱梁表面风压的功率谱得到旋涡脱落频率。

结构周围流场无量纲旋涡纲脱落频率(斯特劳哈尔数)定义如下：

$$St=\frac{f_{\mathrm{v}}D}{U_{\infty}} \tag{12.35}$$

式中，St 为斯特劳哈尔数；f_{v} 为旋涡脱落频率；U_{∞} 为来流速度；D 为结构特征尺寸，一般取桥梁结构过流断面的宽度。

需要指出的是，在桥梁断面的不同位置，流场结构不同、旋涡脱落频率也不同。由于旋涡脱落往往发生在桥梁尾流区，因此，可选择尾流区风压功率谱的主频计算斯特劳哈尔数，也有文献建议选取桥梁断面气动力(断面风压积分)的主频计算斯特劳哈尔数。

3. 现场原型桥梁流体流动特征

采用 12.1 节介绍的流场监测系统，可以测试流场结构图像，分析该图像可得到现场原型桥梁绕流场流动参数，包括分离位置、再附位置、边界层的状态(湍流或层流)、旋涡形成及脱落现象等，进而得到原型桥梁周围流体流动的模式。图 12.9 为一分离式箱梁周围流场的图像，从该图中可得到流体分离的位置、空隙内流体的状态等。

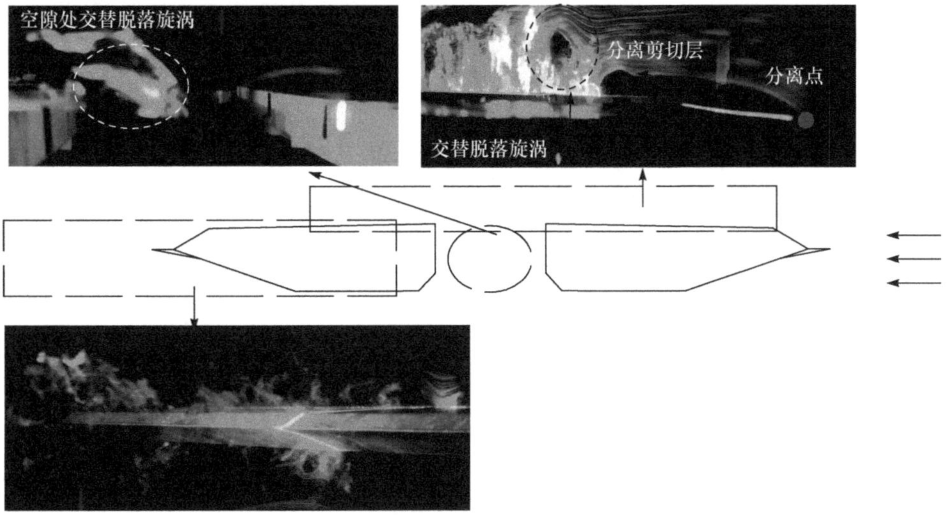

图 12.9　分离式箱梁流场图像

12.4　主梁涡激振动监测数据分析方法

如图 12.10 所示，当气流绕过桥梁主梁时，在主梁周围产生旋涡脱落，当旋涡脱落频率与主梁某阶固有频率相近时，主梁将发生一种类似共振的大幅振动，称为涡激共振，是一种限幅流-固耦合振动。

由于大跨度桥梁主梁固有频率较低，因此，涡激振动一般发生于低风速下，诱发频次高且振动幅值较大，不仅影响行车安全，还可能对桥梁产生疲劳累积损伤。

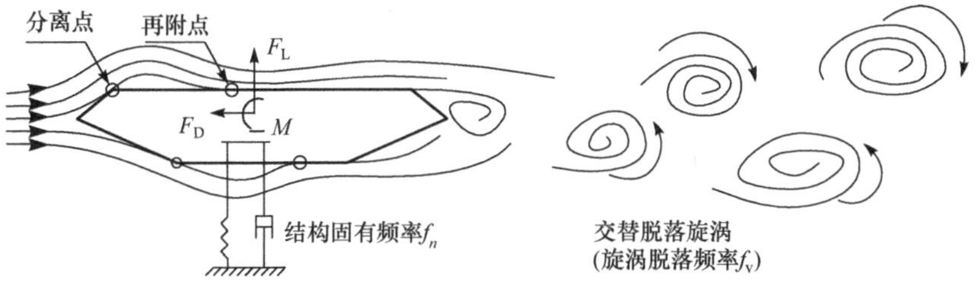

图 12.10　桥梁主梁的涡激振动

12.4.1 涡激振动判别条件

对监测的桥梁主梁加速度数据进行分析，结合涡激振动的特征，当桥梁结构在低风速作用下加速度开始增大且只包含单一频率时(见图 12.11)，可判定桥梁发生了涡激振动。通过监测的加速度的频率特征，结合有限元模态分析结果，可以得到现场原型桥梁涡激振动发生的模态阶数。

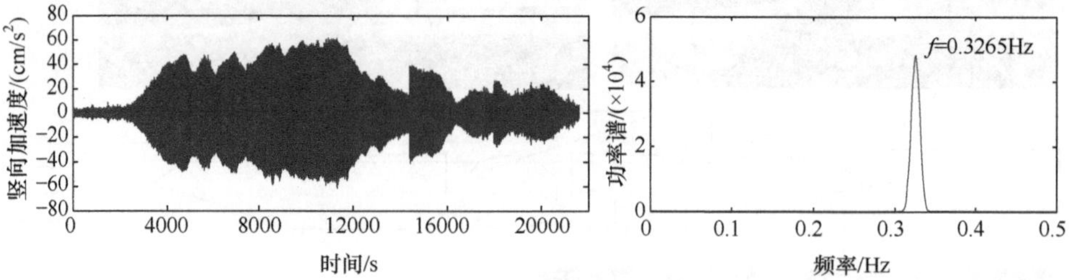

图 12.11 某大跨度悬索桥主梁涡激振动加速度时程及功率谱

对涡激振动发生时监测的风速(包括平均风速、平均风向、风攻角、湍流强度、湍流积分尺度、风沿展向的不均匀性)进行分析，得到监测桥梁涡激振动发生时的风况条件，可形成桥梁涡激振动预测专家知识库。

12.4.2 涡激振动特征

1. 涡激振动的分析参数

采用监测的加速度分析桥梁主梁涡激振动，基本分析参数包括：涡激振动竖向最大加速度和位移幅值及 10min 时距内均方根值、涡激振动扭转最大加速度和位移幅值及 10min 时距内均方根值、平均风压和气动力平均值、脉动风压及气动力脉动值和均方根值、涡激振动持续时间、涡激振动模态频率及模态振型、锁定区、临界风速、流场结构以及某些参数之间的关系。

涡激振动持续时间定义为：加速度幅值大于一定阈值且为单频率的振动。

均方根值按式(12.36)计算：

$$X_{\mathrm{rms}}=\sqrt{\frac{1}{n}\sum_{i=1}^{n}X(i\Delta t)^{2}} \tag{12.36}$$

2. 涡激振动旋涡脱落频率

将沿主梁周向布置的风压传感器监测的风压进行积分得到气动力，进行频率分析，此时气动力的主频即为对应涡激振动旋涡脱落频率。

3. 涡激振动锁定区与临界风速

涡激振动锁定区的特征是“旋涡脱落频率被结构振动频率控制”，在该锁定区内，即使风速增加，旋涡脱落频率也不发生变化。若旋涡脱落频率与结构固有频率接近，则可认为结构振动处于锁定区内，如图 12.12 所示。锁定区的大小与结构阻尼、来流风速湍流度和湍流积分尺度等有关。

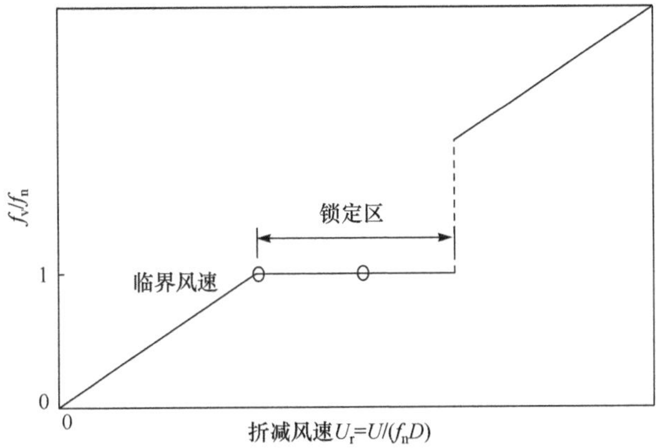

图 12.12　涡激振动旋涡脱落频率及锁定区

现场监测实测中，由于风场的多变性和不可控性，从某单一次涡激振动事件中无法得到准确的锁定区。对于现场监测原型桥梁，锁定区定义为大量涡激振动事件的统计结果。锁定区起始点对应的风速称为涡激振动的临界风速。这里需要指出的是，由于涡激振动是非线性过程，存在加载（风速从小到大）和卸载（风速从大到小）过程不一致现象，因此规定加载节段锁定区的起始点对应的风速为涡激振动临界风速。

4. 涡激振动位移幅值与折减风速的关系

对涡激振动长期监测数据进行分析（以 10min 时距内的数据作为一条分析样本），建立无量纲振动位移幅值与折减风速的关系。

无量纲振动位移幅值：

$$\bar{y}=\frac{A}{D} \tag{12.37}$$

式中，A 为桥梁主梁振动位移幅值；D 为主梁截面投影高度。

折减风速：

$$U_r=\frac{U_\infty}{f_n D} \tag{12.38}$$

式中，f_n 为结构固有频率。

5. 风场参数对桥梁主梁涡激振动的影响规律

对 10min 时距内的风场参数（如平均风速、风向角、湍流度和风场不均匀特性）与主梁涡激振动的幅值及均方根值进行分析，得到风场参数对桥梁涡激振动的影响规律，建立桥梁涡激振动预测模型。

6. 涡激振动流态结构

对流场结构监测系统得到的流场结构显示图进行图像处理，得到涡激振动发生时流体流动的分离点、再附点、旋涡脱落等现象。

7. 涡激振动气动力展向相关特性

采用式(12.24)计算涡激振动发生时监测的不同主梁断面的气动力相干函数，揭示主梁气动力的展向相关性。

12.5 主梁抖振响应监测数据分析方法

抖振是指结构在来流脉动风作用下产生的一种随机性强迫振动。虽然抖振是一种限幅振动，不会引起桥梁结构的失稳破坏，但是大幅度的抖振响应可能使桥梁构件产生疲劳损伤，缩短桥梁结构使用寿命。由于抖振是桥梁结构不可避免的一种风致振动，因此，通过结构健康监测最易于获得桥梁结构的抖振响应。

采用监测的数据分析桥梁结构的抖振响应，基本参数包括：竖向、侧向和扭转振动最大加速度幅值、最大位移幅值以及以 10min 为基本时距的加速度和位移的均方根值，以 10min 为基本时距的脉动风压和气动力的均方根值，抖振响应的频率、模态和结构阻尼比，以及 10min 时距内垂直桥梁纵向的脉动风速、风向角、风攻角均方根值与桥梁 10min 时距内竖向振动之间的关系，风速及相应风向角与桥梁抖振幅值之间的关系等。

在脉动风作用下，流体经过桥梁结构时将产生抖振力和气动自激力，气动自激力将对结构附加气动阻尼和刚度。因此在风荷载作用下桥梁结构的阻尼和刚度是由两部分组成的：一部分是结构自身的结构阻尼和刚度；另一部分是气动自激力给结构附加的气动阻尼和刚度，如式(12.39)和式(12.40)所示。通过第 5 章介绍的环境激励下结构模态参数识别方法（如随机子空间法、NExT＋ERA 法等）可识别出桥梁结构在不同风速作用下的总阻尼比和频率，假设气动力给结构附加的气动阻尼亦为比例阻尼，则在总阻尼比中减去结构阻尼比（假设在小风速下识别的结构模态阻尼比为结构自身阻尼比），进而可获得气动阻尼和频率随风速的变化规律。

$$\zeta=\zeta_s+\zeta_a \tag{12.39}$$

$$\alpha_\omega=\frac{\omega}{\omega_s} \tag{12.40}$$

式中，ζ、ζ_s 和 ζ_a 分别为桥梁结构总阻尼比、结构自身阻尼比和气动力附加的阻尼比；ω 和 ω_s 分别为包含气动刚度效应的桥梁结构频率和结构自振频率；α_ω 为考虑气动力的桥梁结构频率比。

12.6　斜拉索涡激振动监测数据分析方法

随着斜拉桥跨度的增加，斜拉索越来越长，斜拉索更柔、阻尼更小，对风荷载更加敏感。斜拉索风致振动主要包括涡激振动、风雨振、尾流驰振等。其中涡激振动更易于发生，本节主要介绍斜拉索涡激振动监测数据的分析方法。

当风吹过斜拉索时，在尾流中将出现交替的旋涡脱落（卡门涡街），旋涡交替脱落在斜拉索上产生了与旋涡脱落频率一致的升力，若旋涡脱落频率接近于斜拉索的某一阶自振频率，则会发生斜拉索涡激振动。大跨度斜拉桥处于大气边界层的梯度风范围内，当斜拉索很长时，斜拉索上、下端之间风速差较大，由于风速差引起旋涡脱落频率范围较宽，可覆盖斜拉索的多阶模态频率，因此在实际工程中，斜拉索易激发多阶模态的涡激振动。

12.6.1　平均风速的空间变换关系

斜拉索由于安装位置和倾斜角度等不同，在不同来流风作用下，每根斜拉索的空间姿态及其与来流之间的空间角度都存在差别，在采用监测数据分析斜拉索涡激振动时，需要首先将监测风速通过式(12.41)和式(12.42)得到斜拉索平面内或平面外水平向平均风速；若沿桥梁高度安装多个风速仪，则对每一个风速仪监测的数据进行上述分析，得到沿斜拉索高度的风速剖面；若沿桥梁高度仅安装两个风速仪，则采用式(12.6)给出的风速剖面拟合计算其中的幂指数，得到桥址处风速剖面。

根据监测风速得到桥梁水平风速 U，进一步按照下述方法计算斜拉索平面内和平面外平均风速，如图 12.13 所示。考虑到轴向流分量 $U(z)\sin\beta\cos\theta$ 对斜拉索涡激振动的影响还不是十分清楚，这里只考虑来流 $U(z)$ 分解到垂直于斜拉索轴向的分量（平面外），即 $U(z)\cos\beta$ 和 $U(z)\sin\beta\sin\theta$，合成之后相对速度与相对攻角分别为

$$U_0(z)=U(z)\sqrt{\cos^2\beta+\sin^2\beta\sin^2\theta} \tag{12.41}$$

$$\theta_0=\arctan(\tan\beta\sin\theta) \tag{12.42}$$

式中，β 为斜拉索的风偏角；θ 为斜拉索的倾斜角。

12.6.2　斜拉索涡激振动起振风况分析

一般来说，斜拉索各阶频率近似满足倍频关系，即第 n 阶频率 $f_n=nf_1$，f_1 为

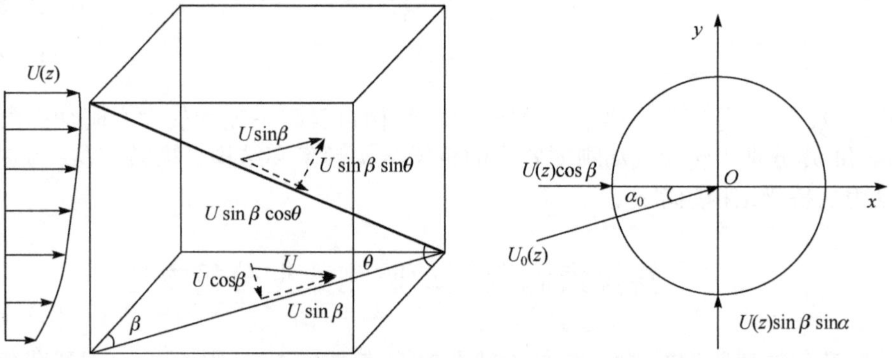

图 12.13　斜拉索空间姿态以及与来流风速之间的关系

斜拉索的基频。当来流风速的旋涡脱落频率接近于斜拉索某一阶频率 f_m 时，斜拉索该阶模态的涡激振动容易被激发，而且当风速增加到一定范围之内，旋涡脱落频率一直被锁定在该阶模态频率，这种现象就是上文介绍的频率锁定现象，如图 12.14 所示，锁定区对应的风速范围为$[U_m, C_mU_m](m=1,2,3,\cdots)$，该风速范围可以称为斜拉索该阶模态涡激振动的起振风速范围，按照式(12.35)(斯特劳哈尔数)的定义，$C_m>1$ 为斜拉索 m 阶涡激振动的风速锁定区系数。

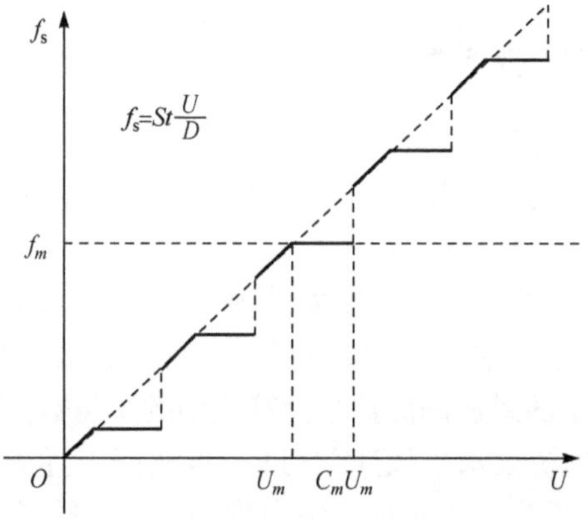

图 12.14　斜拉索旋涡脱落频率及其锁定现象

由于斜拉索处于大气边界层内，因此，斜拉索受到风速剖面 $U(z)$ 作用。根据斜拉索所处地貌、桥面高度及斜拉索参数(长度、倾斜角、风偏角等)，可确定斜拉索上、下端之间的风速范围，从而可以判断风速范围覆盖多少阶模态的风速锁定区$[U_m, C_mU_m](m=1,2,3,\cdots)$。

斜拉索振动幅值的大小与斜拉索上、下端风速范围覆盖的风速锁定区$[U_m, C_mU_m](m=1,2,3,\cdots)$的数量以及每一阶风速锁定区覆盖的范围有关。一般来说，斜拉索单模态涡激振动的位移幅值要大于多模态涡激振动的位移幅值。因此，当风速锁定区增大时，斜拉索发生振动模态数量会增大，但是其位移幅值不会随之增加。

12.6.3　斜拉索涡激振动参与模态的估计方法

当风吹过斜拉索时，在尾流中将出现交替的旋涡脱落频率，该频率可以通过斯特劳哈尔数来确定：

$$f_s(z)=St(z)\frac{U(z)}{D(z)} \tag{12.43}$$

式中，$f_s(z)$为斜拉索尾流沿高度变化旋涡脱落频率；$D(z)$为斜拉索直径；$St(z)$为斜拉索沿高度的斯特劳哈尔数；$U(z)$为高度 z 处的平均风速；z 为高度。

St 与 Re 有关，Re 是惯性力与黏性力之比，可表示为

$$Re(z)=\frac{U(z)D(z)}{v} \tag{12.44}$$

式中，v 为运动黏性系数，环境温度为 20℃时取 $v=1.57\times10^{-5}\mathrm{m^2/s}$，则式(12.44)可改写为

$$Re(z)=6.4\times10^4U(z)D(z) \tag{12.45}$$

Norberg(2003)研究得到了亚临界($Re=40\sim10^5$)范围内圆柱 St 与 Re 的关系：

$$St(z)=0.1853+0.0261\exp(-0.9L_R(z)^{23})$$
$$L_R(z)=\log\frac{Re(z)}{1.6\times10^3} \tag{12.46}$$

综合式(12.43)～式(12.46)，可以计算得到在不同地貌、倾斜角、风偏角情况下，斜拉索沿高度变化的旋涡脱落频率 $f_s(z)$，从而得到斜拉索从下端至上端整个范围内旋涡脱落频率的范围$[f_{sL},f_{sU}]$，式中 f_{sL}和 f_{sU}分别表示斜拉索下端和上端尾流旋涡脱落频率。由于斜拉索各阶频率与其基频近似存在倍频关系，因此，根据斜拉索的基频可以估算出斜拉索上、下端旋涡脱落频率范围$[f_{sL}(z),f_{sU}(z)]$覆盖的斜拉索参与振动模态的范围$[m,n]$，式中 m 和 n 分别代表斜拉索第 m 和 n 阶模态，$m<n$。

对于斜拉索多模态涡激振动，参与振动的模态数、阶次及各阶模态的幅值均与斜拉索所处风剖面有关。

12.7　应用实例 1

12.7.1　某大跨度悬索桥风与风效应监测系统

某一座悬索桥主跨 1650m、边跨 578m，南北两桥塔塔高 236.5m，主梁为分离式双箱梁，上、下游箱梁间距 6m、两幅箱梁通过沿桥轴向间隔 14.4m 的连接箱梁连接，连接箱梁宽度为 3.6m，两幅箱梁总宽度为 36m，中心高度为 3.51m。分离式双箱梁断面形状及详细几何尺寸如图 12.15 所示。

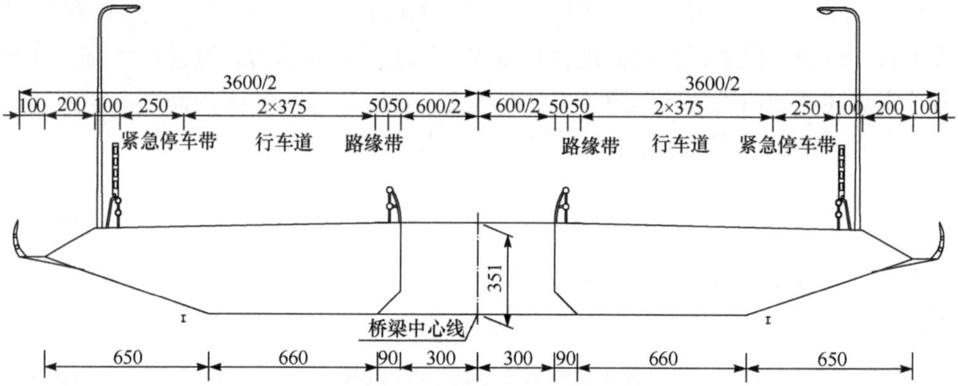

图 12.15　分离式双箱梁几何外形及尺寸(单位:cm)

由于所处地理环境极其特殊，该桥不仅受平稳季风(低风速)的影响，还经常遭受强台风和强季风的作用。大跨度悬索桥是风敏感结构，在这样风场作用下，将发生显著的风致振动现象。为了实时、长期监测该悬索桥桥址风场和桥梁风致振动情况，在该悬索桥上建立了一套较完善的风场与风效应监测系统。该监测系统包括四部分:风场监测系统、风压场监测系统、现场流场结构显示系统、风致振动监测系统。

风场监测中风速仪的布置位置和方案如图 12.16(a)和图 12.17 所示。该监测系统包括 11 个超声风速仪[见图 12.16(a)]。为了监测各种风向下自由来流及其沿桥梁跨度风场的不均匀性，在主梁主跨 1/4、距 1/4 跨 30m、1/2 跨、3/4 跨东西两侧(上下游)各布置两个超声风速仪，共计 8 个，风速仪安装在桥梁的灯柱上，安装位置距桥面 6m(桥面距离海平面 58.01m)。此外，为了研究风场的展向相关性，在主跨 1/4 跨附近断面 S7、S8 和 S9 西侧(东、西侧代表了桥梁的下、上游)沿展向布置 3 个超声风速仪，S7 与 S8 和 S8 与 S9 之间的距离分别为 10m 和 26m。监测系统中所有超声风速仪都沿桥轴方向布置，零度代表风从北塔吹向南塔，风向角沿顺时针依次递增。

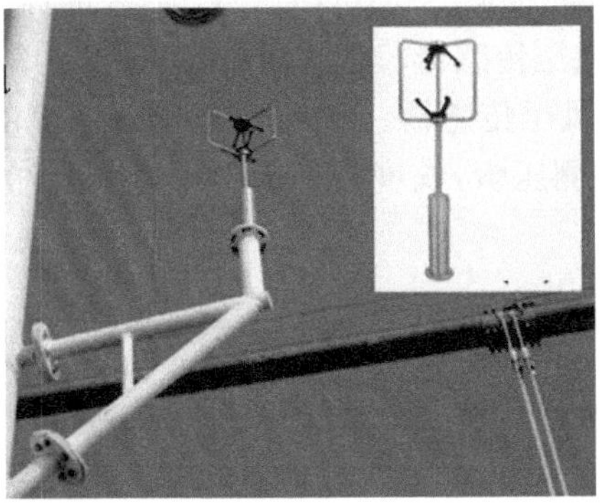

(a) 超声风速仪

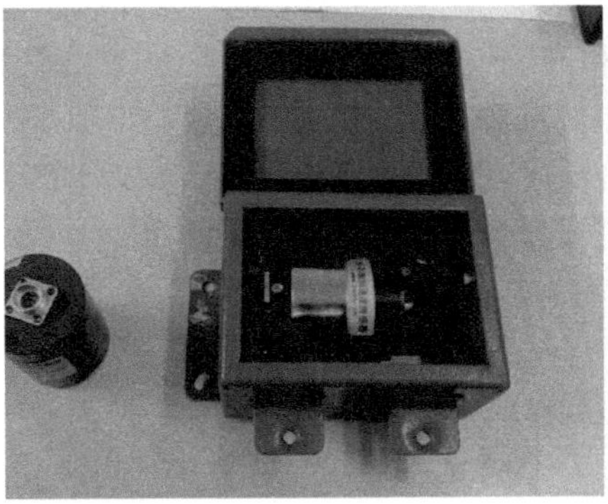

(b) 力平衡单轴加速度传感器

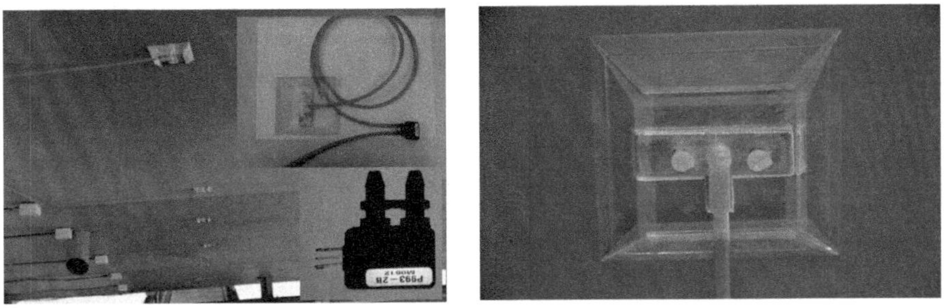

(c) P993硅电容管式风压传感器

图 12.16　风与风效应监测系统的传感器及其安装情况

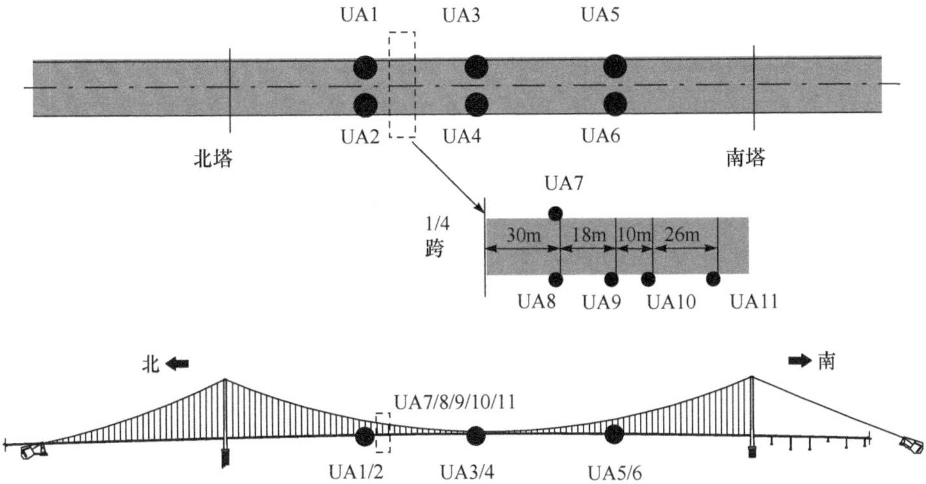

图 12.17　三维超声风速仪布置位置

风压场监测中风压传感器的布置位置和方案如图 12.16(c)和图 12.18 所示。

该监测系统包括 60 个硅电容管式风压传感器[见图 12.16(c)]。目前,在断面 S7、S8 和 S9 下表面共安装了 60 个 P993 管式差压传感器,其中,断面 S7 安装了 28 个风压传感器,断面 S8 和 S9 各安装了 16 个风压传感器。P993 现场测压系统由四部分构成:P993 差压传感器,带有测压孔的测压板,长度为 1m、管径为 4mm 的测压管和参考管。

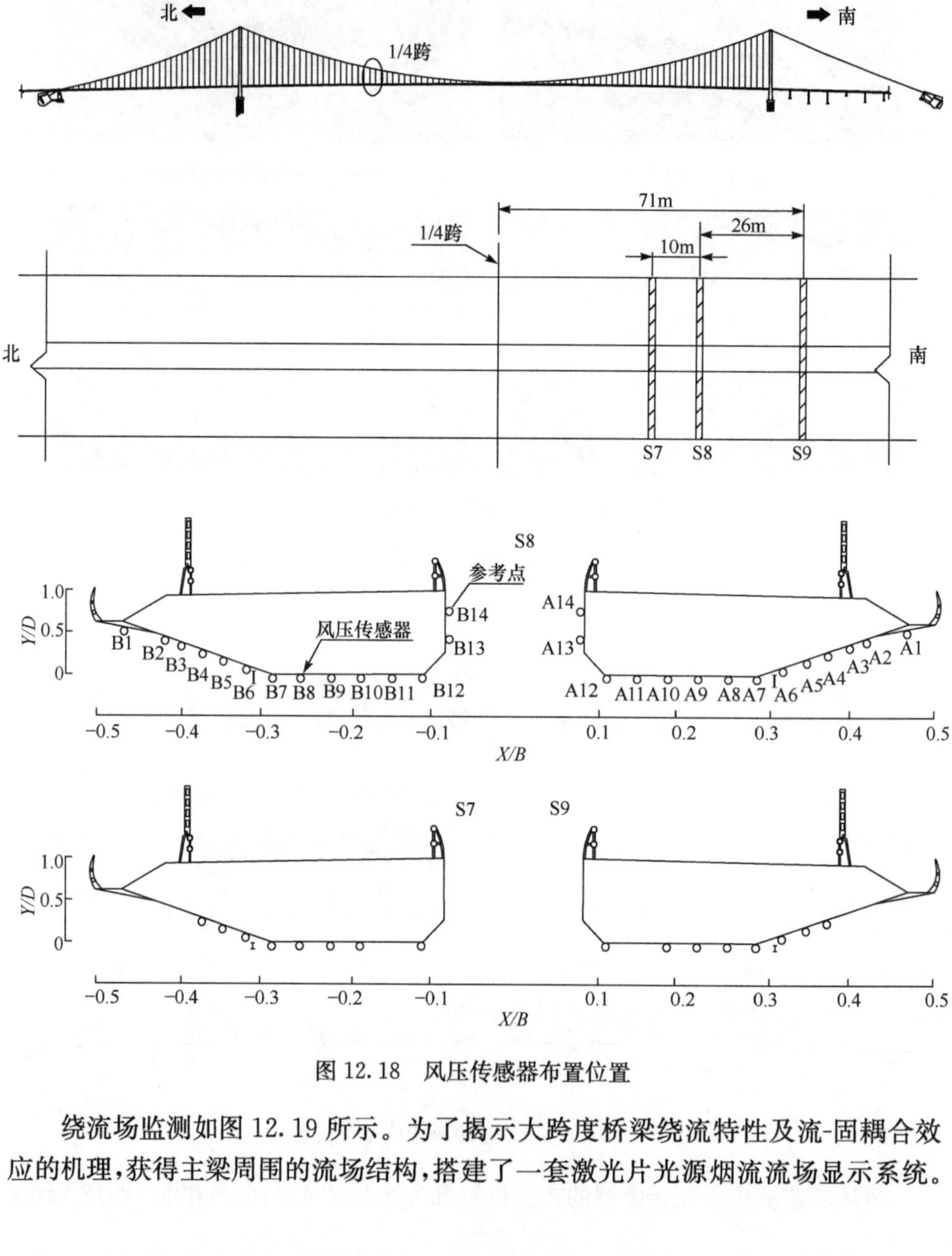

图 12.18　风压传感器布置位置

绕流场监测如图 12.19 所示。为了揭示大跨度桥梁绕流特性及流-固耦合效应的机理,获得主梁周围的流场结构,搭建了一套激光片光源烟流流场显示系统。

该系统包含三部分：3W 的激光片光源、发烟器和 CCD 照相机。

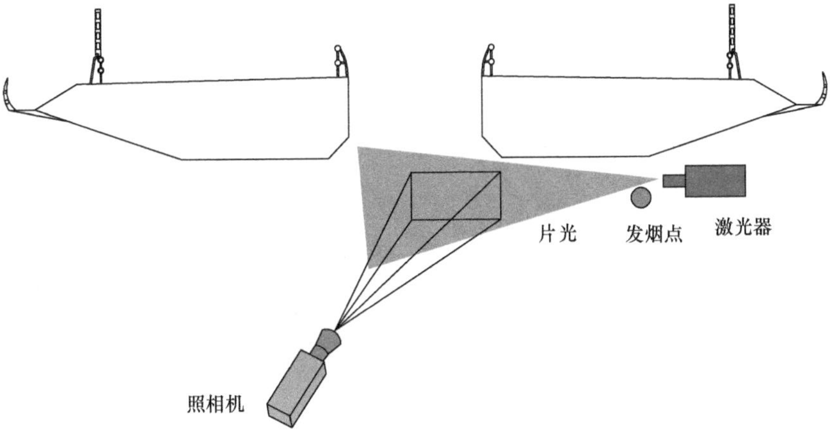

图 12.19　现场流场结构烟流显示系统

风致振动监测中加速度传感器布置位置和方案如图 12.16(b)和图 12.20 所示。风致振动监测系统包括 18 个单向力平衡式加速度传感器，加速度传感器如图 12.16(c)所示。其中，主跨距 1/4 跨 30m、1/2、3/4 跨和边跨跨中位置共布置 15 个加速度传感器，每个断面布置 3 个加速度传感器，桥梁东侧安装了两个加速度传感器，分别用于测量桥面东侧竖向和侧向振动加速度，西侧安装了一个加速度传感器用以测量桥面西侧竖向振动加速度。此外在断面 S7、S8、S9 位置分别布置 3 个竖向加速度传感器。

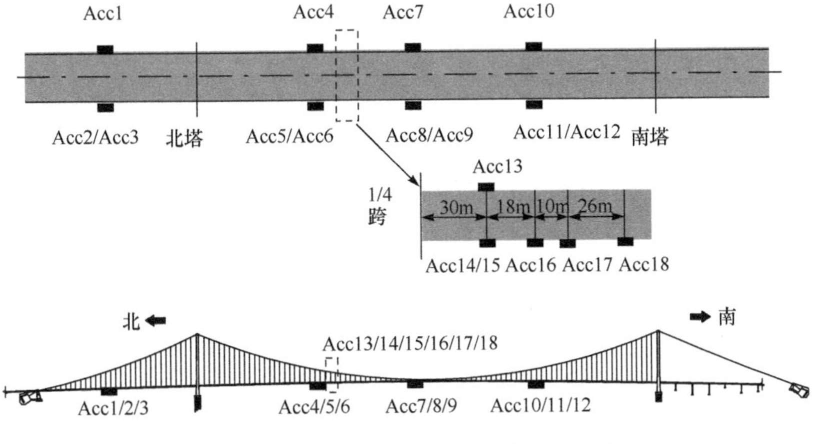

图 12.20　桥面单向加速度传感器安装位置

在风与风效应监测系统中，超声风速仪、风压传感器和加速度传感器的采样频率分别为 32Hz、50Hz 和 100Hz。

12.7.2　风场监测数据与分析

1. 水平平均风速、风向角和风攻角

图 12.21 为超声风速仪监测的顺桥向、横桥向和竖向风速。由式(12.1)～式(12.3)可得到 10min 水平平均风速、平均风向角和风攻角,如图 12.22 所示。

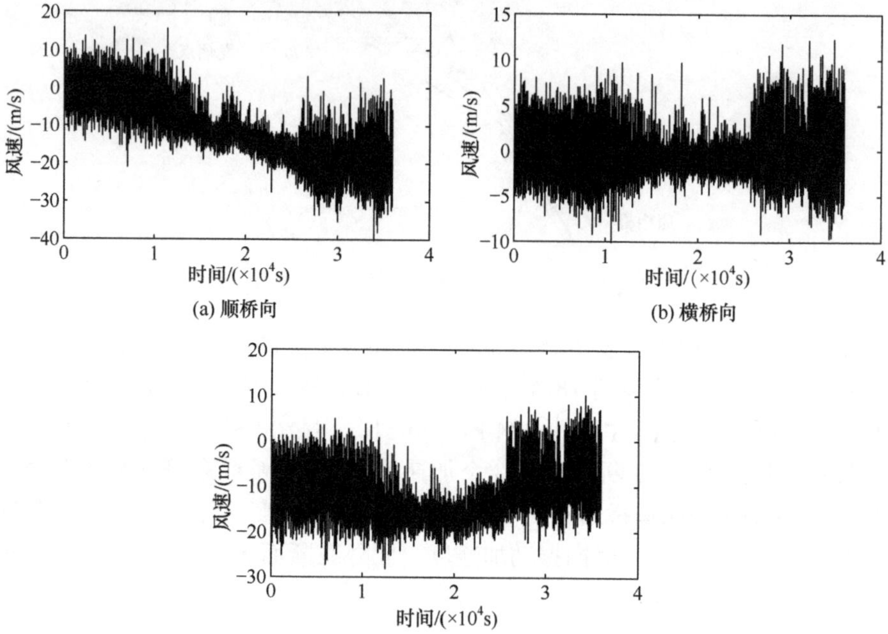

(a) 顺桥向　(b) 横桥向　(c) 竖向

图 12.21　监测的风速时程

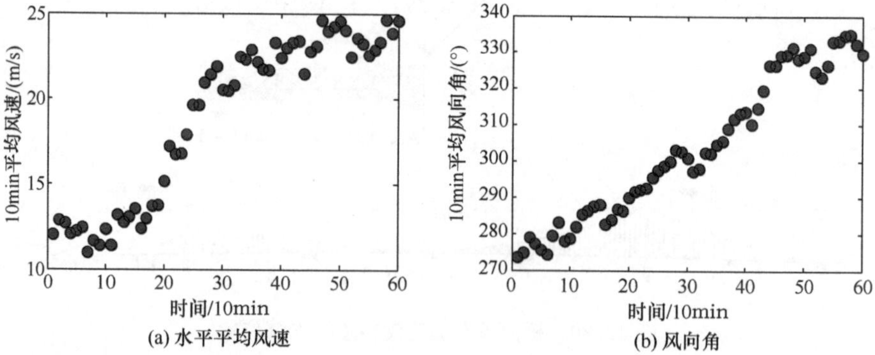

(a) 水平平均风速　(b) 风向角

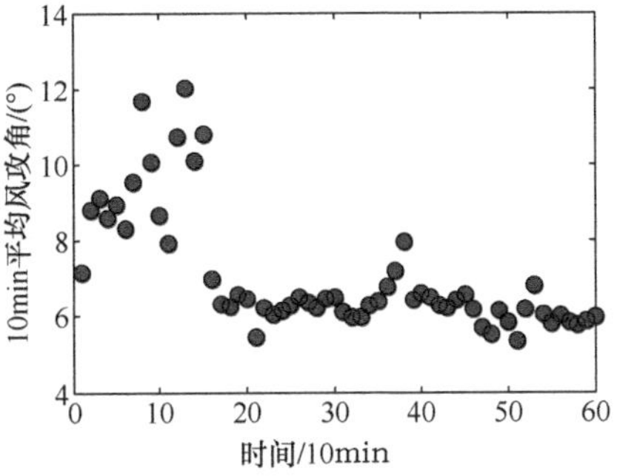

(c) 风攻角

图 12.22　10min 水平平均风速、风向角和风攻角

2. 湍流强度与湍流积分尺度

采用式(12.1)和式(12.4)计算水平平均风速和脉动风速，进而由式(12.7)计算得到脉动风的湍流强度。图 12.23 为顺风向、横风向和竖向脉动风湍流强度。

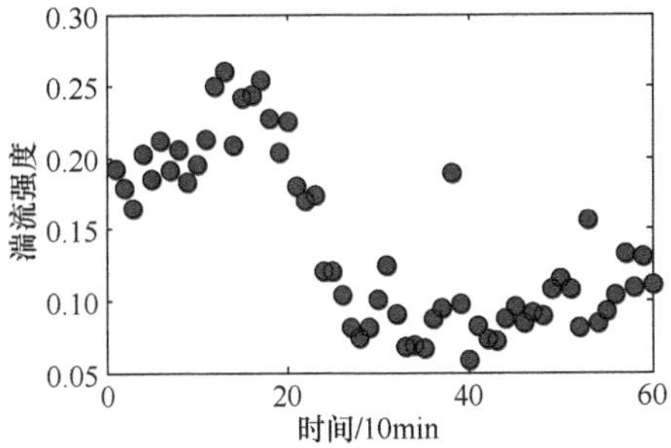

(a) 顺风向

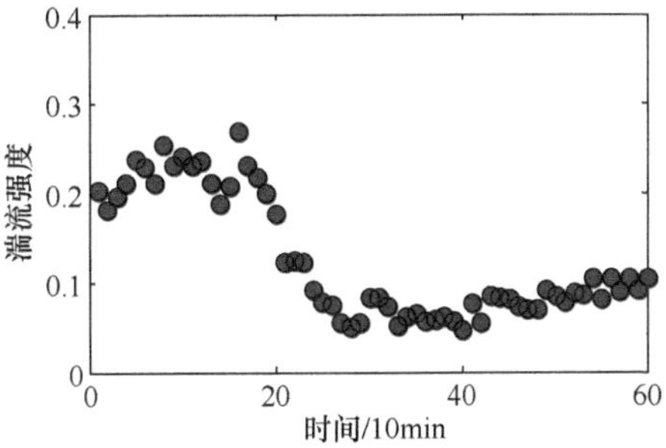

(b) 横风向

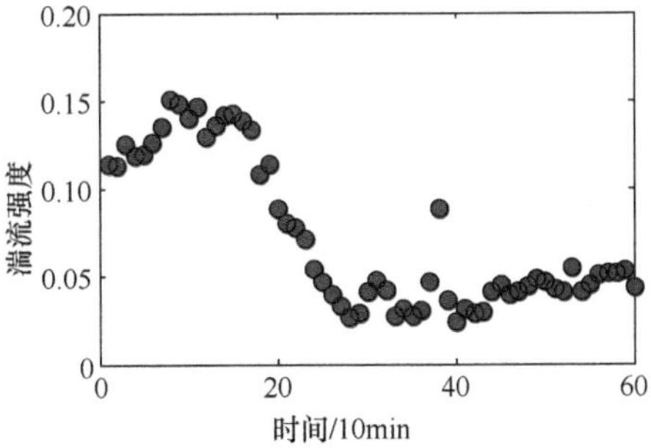

(c) 竖向

图 12.23　脉动风湍流强度

从图 12.23 可知，顺风向的湍流强度最大，其次为横风向湍流强度，竖向湍流

强度最小，三者平均值的比例为 1∶0.90∶0.52。

采用式(12.13)或式(12.14)，计算得到脉动风速沿主风向的湍流积分尺度。图 12.24 为根据自相关函数法和 Von-Karman 参数拟合法求得的顺风向、横风向和竖向脉动风湍流积分尺度。由自相关函数计算得到的三方向湍流积分尺度的平均值为 237m、240m、47m(分别对应顺风向、横向和竖向湍流积分尺度)，三者平均值的比例为 1∶1.01∶0.20；由 Von-Karman 谱拟合得到的三方向湍流积分尺度的平均值为 177m、137m、34m(分别对应顺风向、横向和竖向湍流积分尺度)，三者平均值的比例为 1∶0.79∶0.22。对比两种方法得到的湍流积分尺度，可以发现自相关函数法求得的湍流积分尺度比 Von-Karman 参数拟合法求得的大得多，但规律相同。

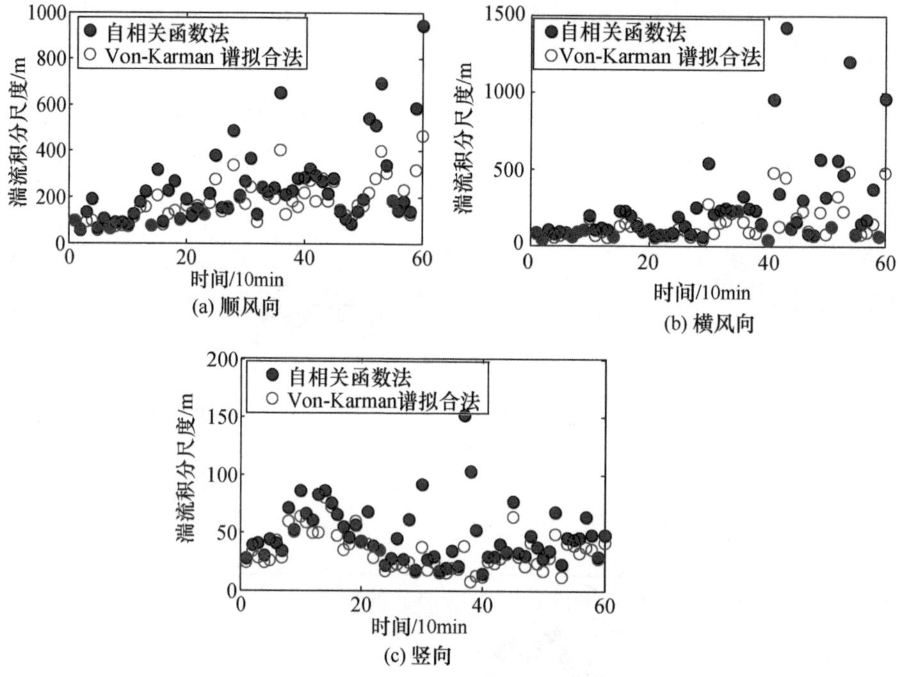

图 12.24　脉动风湍流积分尺度

3. 脉动风功率谱

图 12.25 为采用式(12.4)计算得到的顺风向、横风向和竖向脉动风速(原始风速样本如图 12.21 所示)，进一步采用式(12.16)计算上述脉动风速的功率谱，图 12.26为三个方向脉动风功率谱。对于顺风向脉动风，图 12.26(a) 中还显示了 Davenport 谱、Kaimal 谱和 Von-Karman 谱。由图可知，Davenport 谱低估了脉动

风在低频区的能量，Kaimal 谱略微高估了自然风在低频段的能量，Von-Karman 谱与实测谱符合很好。对于横风向和竖向脉动风，图 12.26(b)和(c)中还给出了 Panofsky 谱、Lumley-Panofsky 谱和 Von-Karman 谱。从图中可知，Panofsky 谱、Lumley-Panofsky 谱与实测谱存在较大偏差，尤其在低频段，两者都大大低估了脉动风在低频区域的能量。

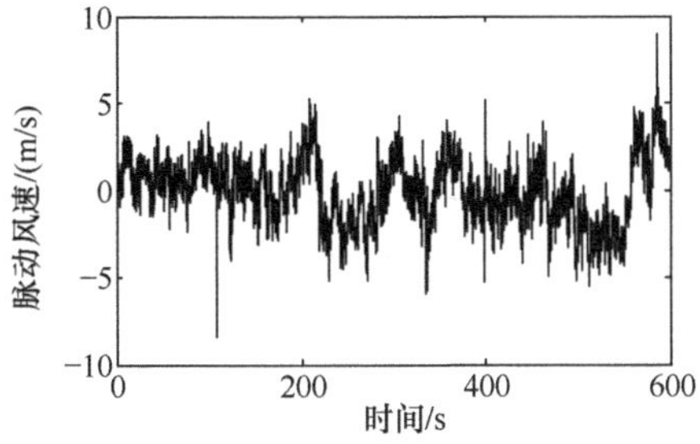

(a) 顺风向

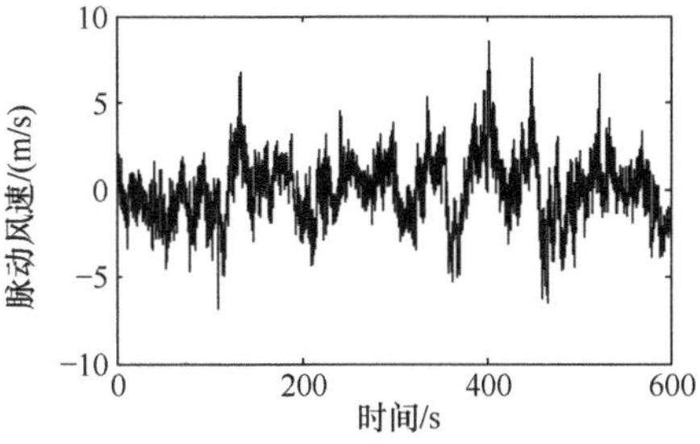

(b) 横风向

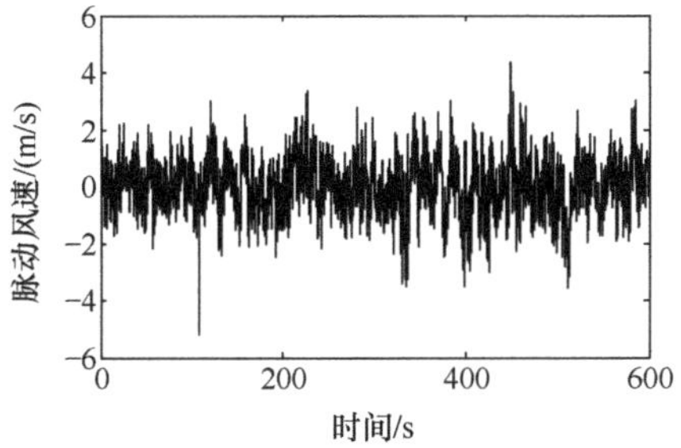

(c) 竖向

图 12.25　脉动风速

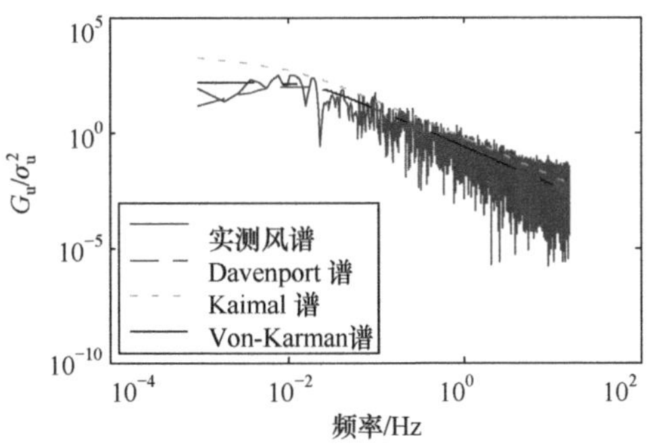

(a) 顺风向

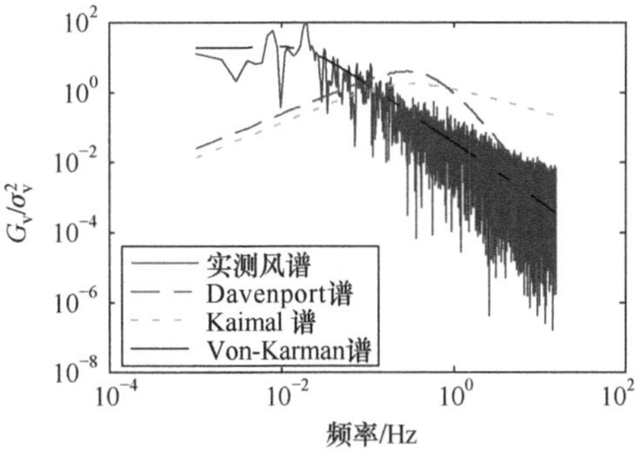

(b) 横风向

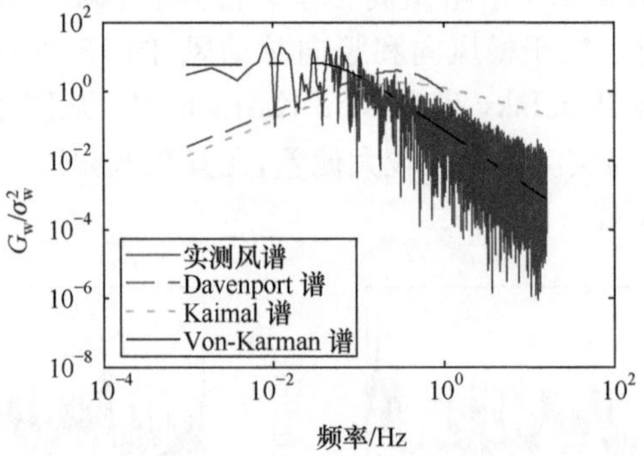

(c) 竖向

图 12.26　脉动风速功率谱

4. 阵风因子

采用式(12.23),计算顺风向、横风向和竖向脉动风的阵风因子(原始风速样本如图 12.21 所示),有关结果如图 12.27 所示。可以看出,顺风向脉动风阵风因子比其他两个方向大得多,三者的平均值分别为 1.31、0.17、0.05,比例为 1∶0.13∶0.04。

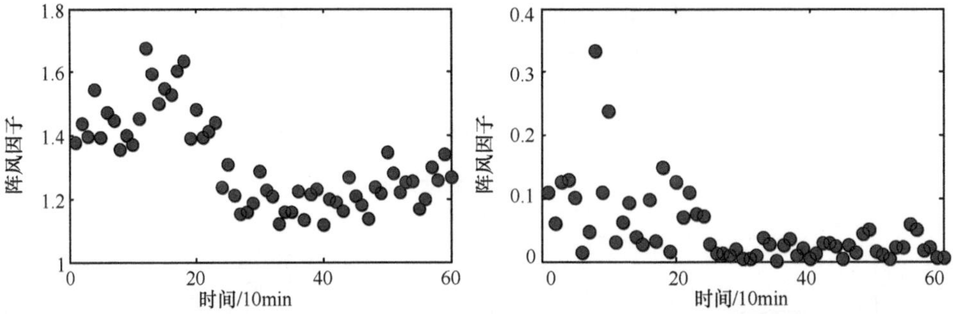

(a) 顺风向　　(b) 横风向

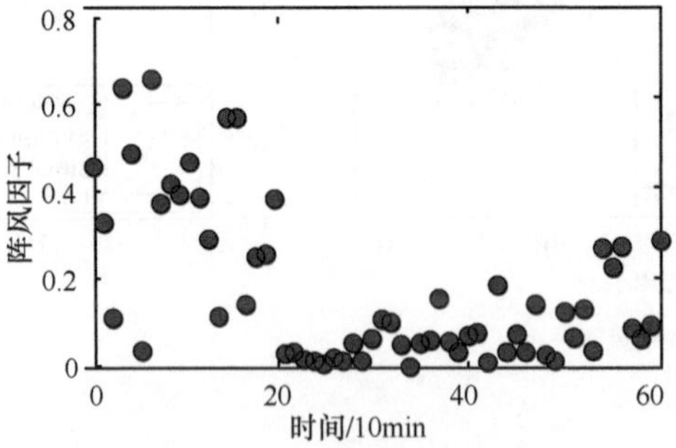

(c) 竖向

图 12.27　阵风因子

5. 脉动风空间相关性

根据式(12.24)可计算空间任意两点监测的脉动风的空间相关函数。图 12.28为在展向相距 10m、26m 和 36m 处监测的一组脉动风速样本(对应的风场条件 $U=14.4\text{m/s}, \theta=288°, I_u=0.0612$) 顺风向和竖向脉动风相干函数沿展向的衰减函数。从图中可以看出,脉动风速在低频处并不趋近于 1,随着两点距离的增加,相关系数不断减小,并且顺风向和竖向脉动风随距离和频率的衰减规律相差较大。

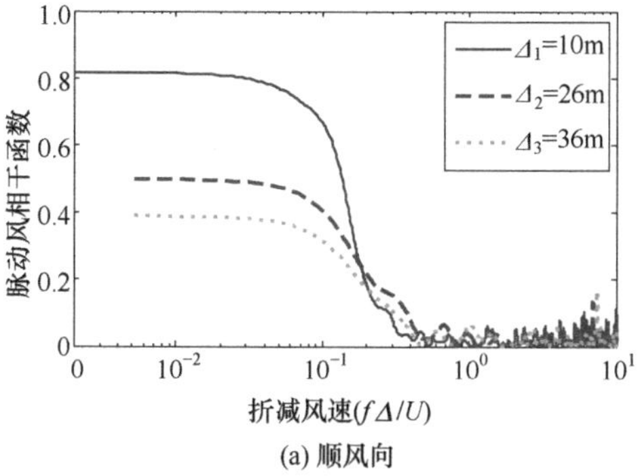

图 12.28 脉动风空间相关函数

6. 风场展向的不均匀性

根据式(12.26)可计算得到风场沿桥梁展向空间流场的不均匀系数。图 12.29为某大跨度悬索桥 1/4 跨和 3/4 跨两点间湍流强度的不均匀系数,可以看出,脉动风湍流强度沿展向存在较大的不均匀性,三个方向的不均匀系数的平均值分别为 0.59、0.53、0.63。

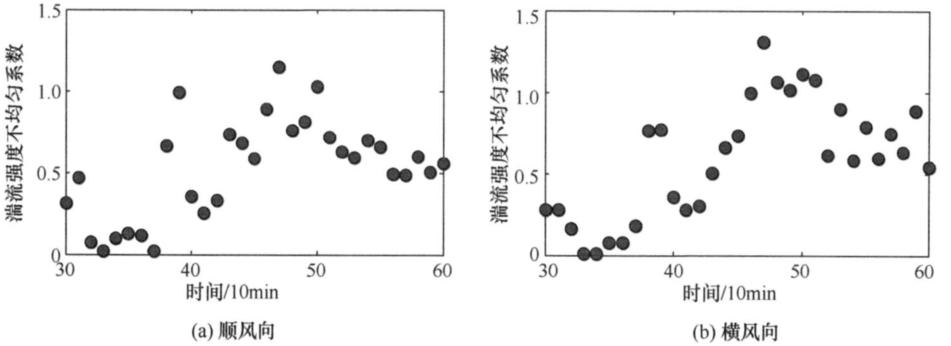

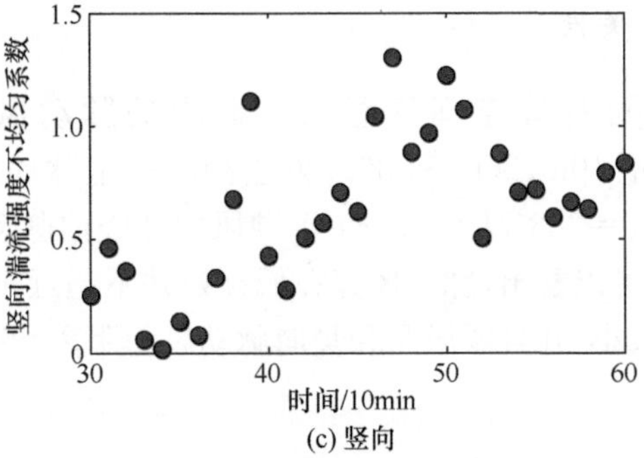

(c) 竖向

图 12.29　脉动风湍流强度不均匀系数

12.7.3　风压场与绕流场监测数据与分析

1. 表面风压

图 12.30 为在一些典型位置监测的风压时程。根据式(12.28)可以计算得到相应的风压系数。

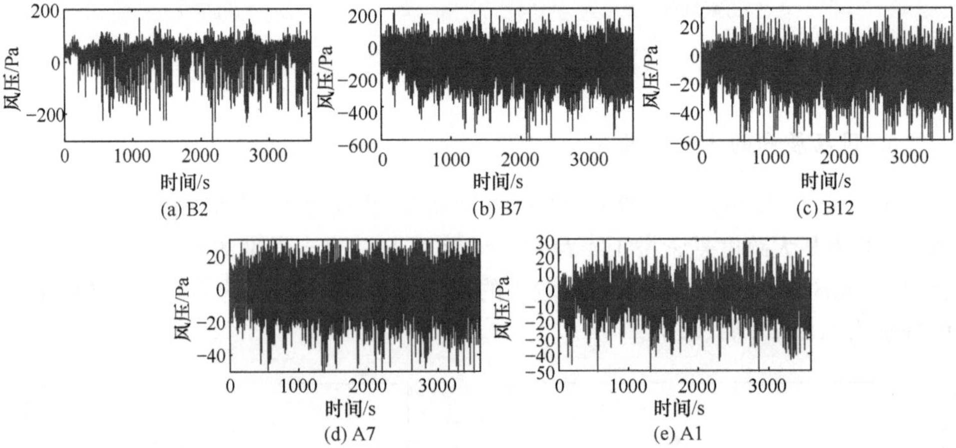

图 12.30　典型位置风压时程

2. 风压谱

根据式(12.16)可得监测风压的功率谱,有关结果如图 12.31 所示,可以看出,风压能量主要集中在低频段,能量随着频率的增加而迅速衰减。对于 A7 处压力信号,图中还给出其 Von-Karman 拟合谱,A7 处风压的功率谱与 Von-Karman 拟合谱相差较大,表明箱梁表风分压不能用 Von-Karman 谱表示。

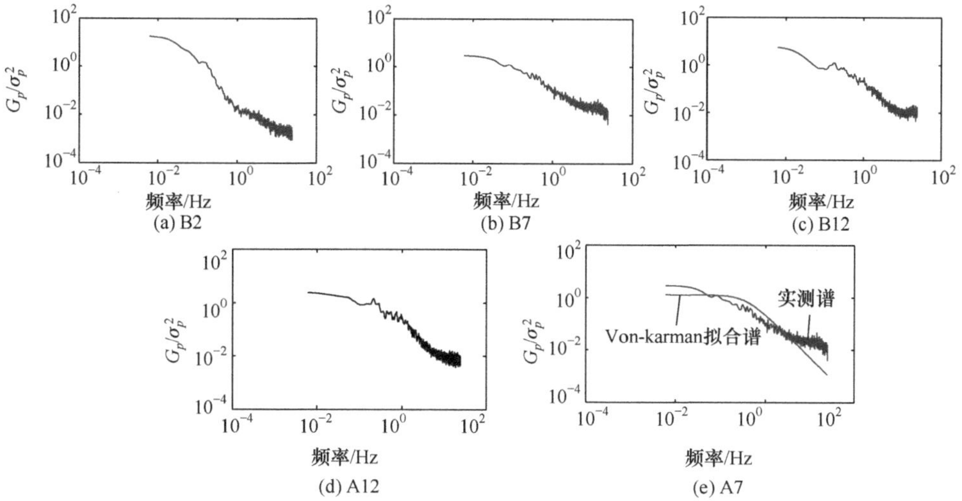

图 12.31 典型位置风压谱

3. 平均风压和脉动风压分布

对沿桥梁断面周向分布的风压系数时间上取平均值和标准差，即可得到平均风压分布和脉动风压分布。图 12.32 为分离式双箱梁断面 S8 下表面风压分布。在压力分布分析中，选取了 170 个具有相似风场条件 10min 风压样本，风场条件如下：10min 水平平均风速、平均风向角以及脉动风湍流强度的平均值分别为 11.68m/s、272°以及 0.069。图中，虚线代表所有风压样本的平均值，带实心点的线和带圆圈的线分别代表所有风压样本的上界和下界。从图中可知，分离式双箱梁表面平均风压系数分布具有如下特征：迎风斜面为顺压力梯度区，流体平均压力在迎风角点附近达到最大负压(C_p=[−0.8558，−0.7097])；之后流体进入逆压力梯度阶段，压力恢复较快，上游箱梁下表面尾部和下游箱梁整个下表面(除角点附近外)平均压力均接近于零。值得注意的是，在上游箱梁迎风面存在一非常窄的逆压力梯度区且该区域压力脉动非常显著。仔细分析桥梁几何形状发现，在箱梁下表面最前方有一高出箱梁表面 5cm 的挑檐，该挑檐使得流体发生分离，压力呈现逆压力梯度。此外，由于前方灯管和扶手附属构件的影响，风压在该局部区域呈现非常强的脉动特性。流体经过逆压力梯度区之后，开始进入顺压力梯度区，压力不断降低，流速逐渐增大，最后在迎风面检修轨道下沿发生分离。但从逆压力梯度区压力变化趋势来看，该区域并没有稳定的分离泡(一般稳定的分离泡对应于平缓的压力变化，而该区域逆压力梯度较大)。一方面是轨道和箱梁壁面间存在空隙，部分流体从空隙中通过，将分离泡打碎；另一方面是受前方附属结构的干扰，流体已呈现出较强的湍流特性，众所周知，湍流具有较强抵抗分离的能力。受该两方面因素的影响，流体分离之后，迅速产生附着并伴随大尺度的旋涡脱落。大尺度旋涡不断向下游传播，整个下游箱梁下表面浸没在含有大尺度旋涡结构的湍流边界层中。从平均压力分布中还可以发现，在下游箱梁检修轨道附近（下游箱梁下表面背风角点附近）还存在强度较弱的逆压力梯度区，受此影响，流体在该区域会发生分离再附，不过此时发生分离再附的流体为完全的湍流边界层且分离强度比较弱。

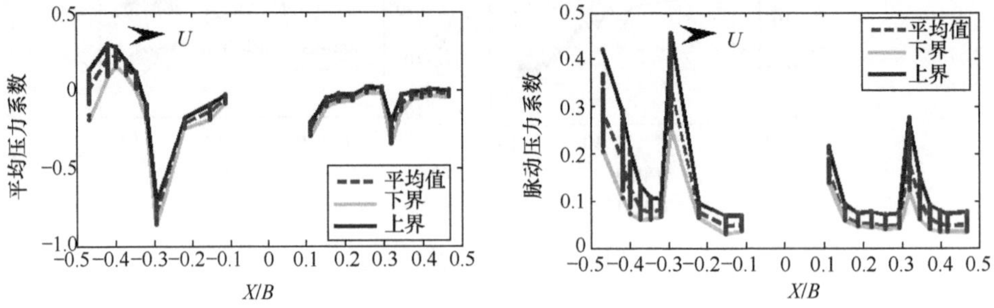

(a) 平均风压　　(b) 脉动风压

图 12.32　分离式双深下表面风压分布

4. 旋涡脱离频率

通过表面压力信号的功率谱可以得到分离式双箱梁周围流体旋涡脱落特性。图 12.33 为桥梁下表面监测风压的功率谱。从图中可知，在箱梁下表面大部分区域，压力信号无明显主频，表明桥梁周围流体产生的大尺度旋涡强度较弱，无法引起箱梁表面压力的周期性脉动。由于下游箱梁尾流中上下边界层的相互作用，产生了交替脱落的类 Karman 涡街，在这一涡街的影响下，下游箱梁尾部（A1、A2、A3）压力信号呈现出主导频率特性。

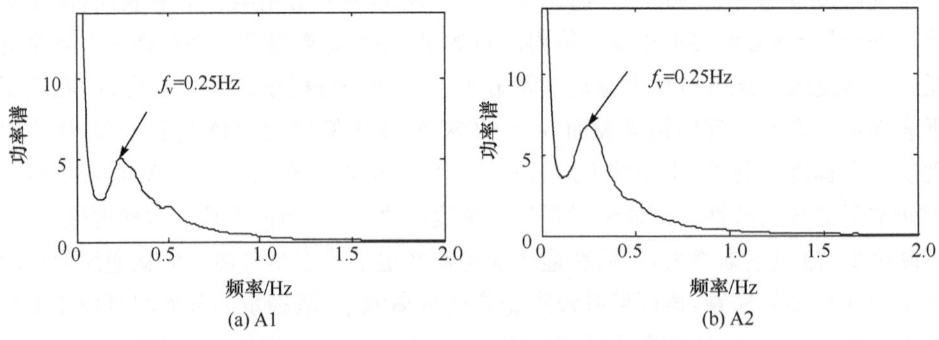

(a) A1　　(b) A2

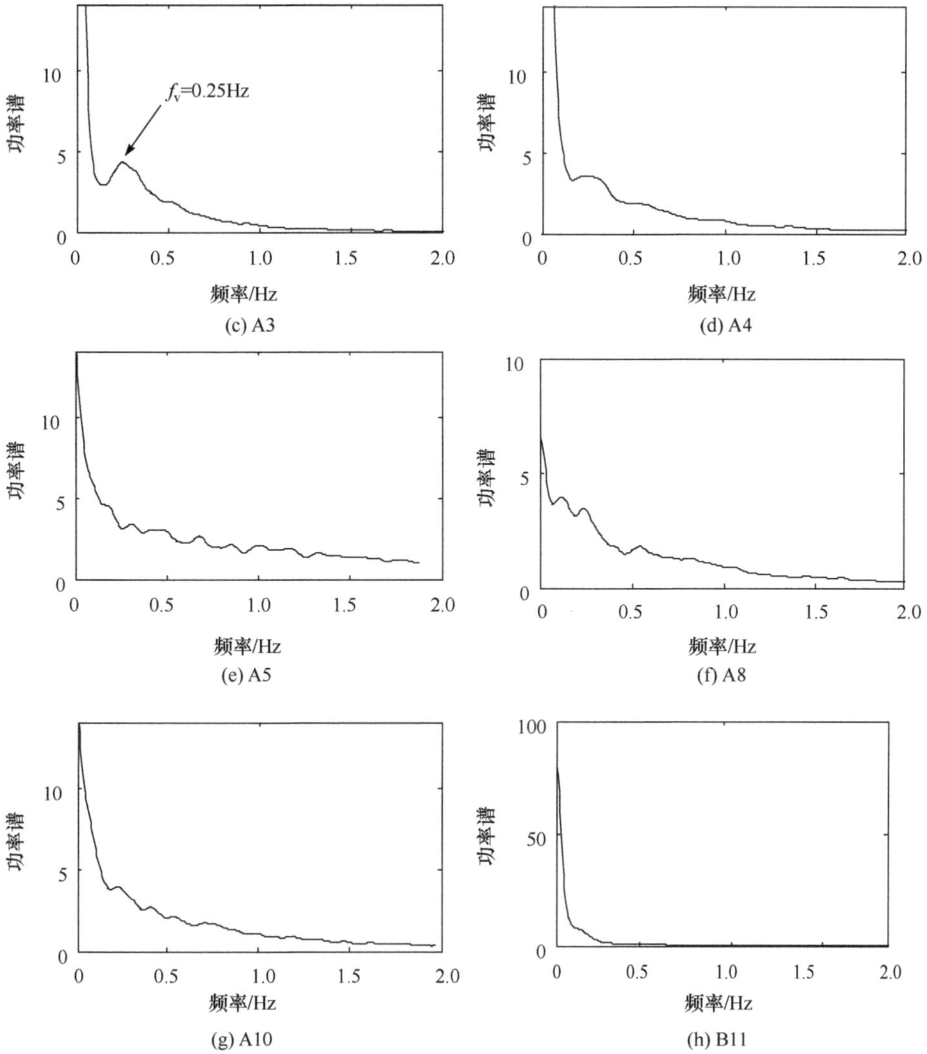

图 12.33　桥梁断面典型位置风压功率谱

通过尾部压力信号的主频特征可以得到箱梁近尾流区旋涡脱落频率。图 12.34为桥梁尾部交替脱落旋涡频率与来流风速的关系。从图中可知，桥梁旋涡脱落频率近似符合斯特劳哈尔定律，即旋涡脱落频率随风速的增加而线性增加，现场原型桥梁平均斯特劳哈尔数为 0.1159。

5. 流场流动模式

图 12.35 为监测的现场原型桥梁流场结构显示图。对应的风场条件为：平均

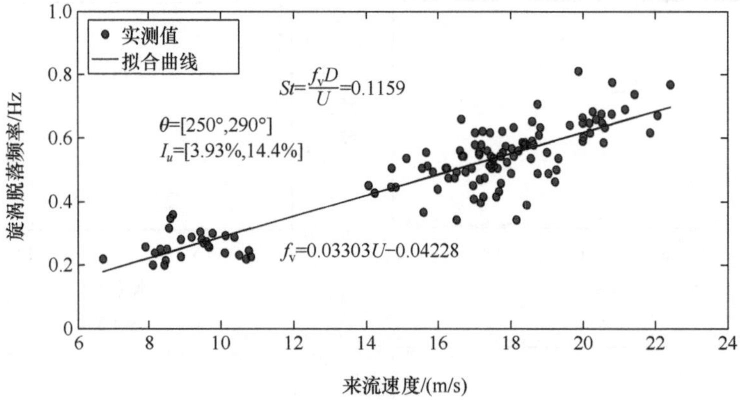

图 12.34　现场原型桥梁尾部旋涡脱落频率随来流风速的变化

风速 10.03m/s，风向角 267°，脉动风速湍流强度 0.066。从图中可以清楚地观测到流体在迎风检修轨道下沿发生分离后伴随有大尺度旋涡脱落，脱落旋涡随流体向下游传播；在空隙处，两者都没有形成交替脱落的新旋涡；上游而来的湍流边界层在尾部发生了微弱的再附，之后再与上边界层发生相互作用，形成交替脱落旋涡。

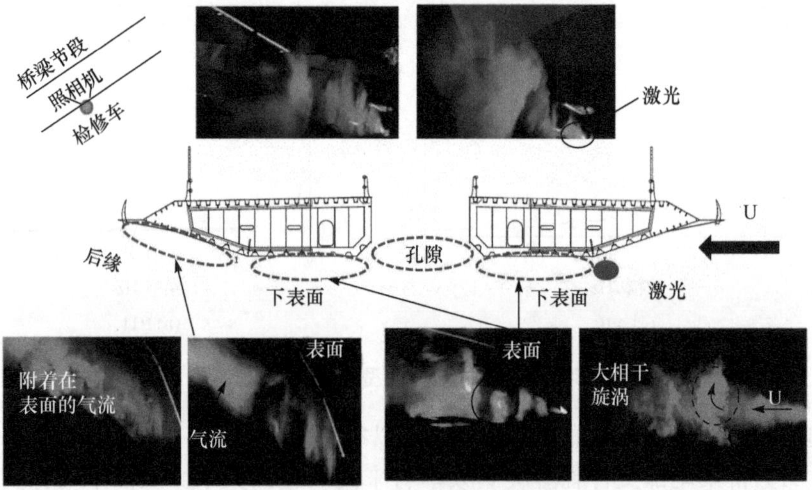

图 12.35　现场原型桥梁流场显示图

通过箱梁周围压力分布特性以及流场显示结果，可以得到现场原型桥粗略的流态模式图，如图 12.36 所示。流体在前沿迎风检修道下沿发生分离并伴随大尺度旋涡脱落，旋涡向下游传播，最后与下游箱梁尾部旋涡相互融合，产生交替脱落旋涡。

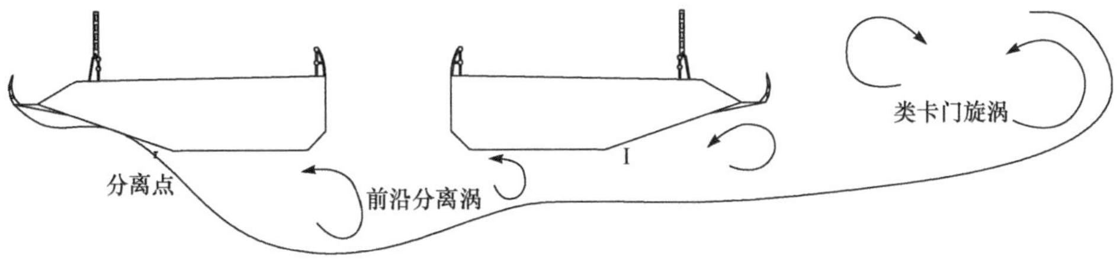

图 12.36　现场原型桥绕流场流体流动模式

12.7.4　主梁涡激振动监测数据与分析

1. 主梁涡激振动判别

图 12.37 为两条主梁振动加速度时程及其功率谱。由图中可知，振动加速度逐渐增大，而后较为平稳，最后衰减，且以单一频率振动。结合发生振动的风场条件：$U=5.47\sim6.83\text{m/s}$，$\theta=267°\sim282°$，$I_u=0.0209\sim0.0605$；$U=10.47\sim11.33\text{m/s}$，$\theta=257°\sim262°$，$I_u=0.0460\sim0.0569$（湍流度较小，风速平稳），可判断这两个时刻桥梁均发生了涡激振动。

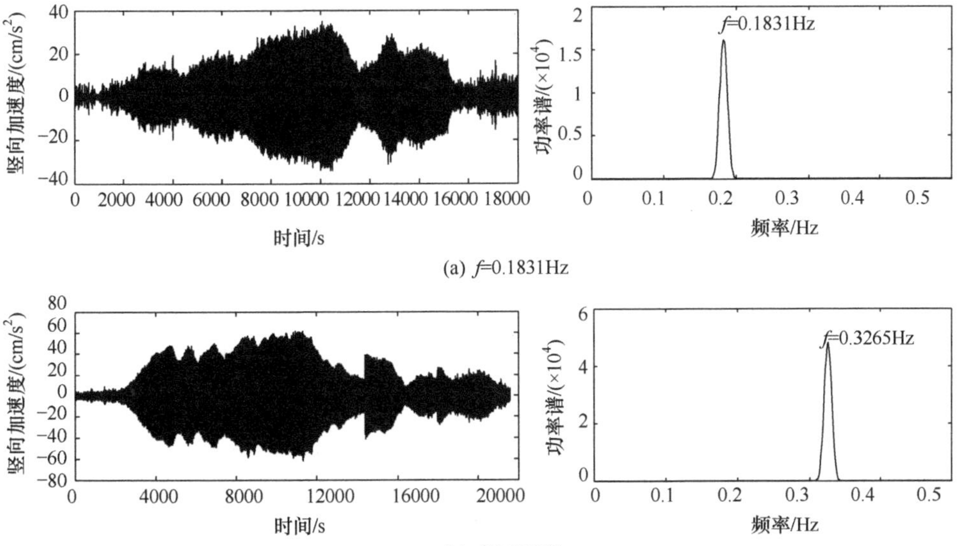

(a) f=0.1831Hz

(b) f=0.3265Hz

图 12.37　主梁典型加速度时程及其功率谱

2. 主梁涡激振动监测数据与分析

通过对该桥涡激振动的数据分析表明，涡激振动频率分别为 0.1831Hz、0.2295Hz、0.2734Hz 以及 0.3265Hz；监测到的涡激振动最大位移幅值为

23.89cm，涡激振动频率为 0.1831Hz；最大加速度幅值为 61.82cm/s²，涡激振动频率为 0.3265Hz；涡激振动最长持续时间为 210min。

监测的涡激振动竖向振动位移均方根值随折减风速的变化规律如图 12.38 所示。从图中可知，现场原型桥梁涡激振动的临界折减风速 $U_r=7.33$（所分析风速由 1/4 跨处的风速仪获得），锁定区范围 $U_r=[7.33, 12.53]$，最大位移均方根值 $RMS(y)=0.044D$，发生在 $U_r=8.83$。

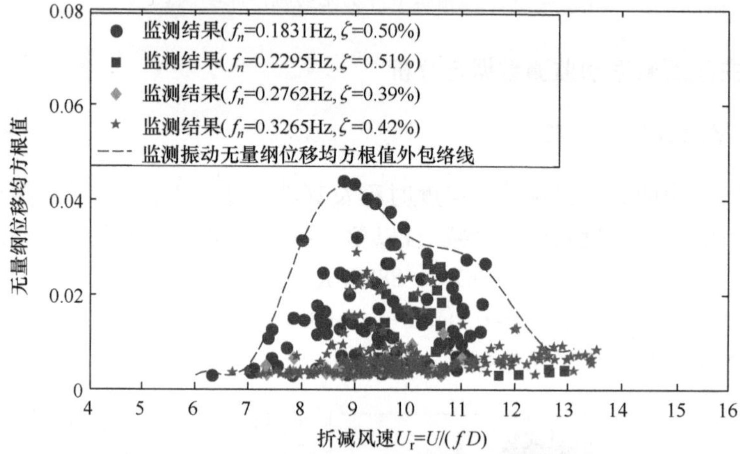

图 12.38　主梁涡激振动幅值与折减风速的关系

3. 风场参数对桥梁涡激振动的影响规律

图 12.39 给出了监测的桥梁涡激振动位移均方根值随主跨 1/4 跨处风场参数以及湍流不均匀性的变化规律。从图中可知，大幅涡激振动一般发生于低湍流度和风向基本垂直于桥向的风环境下；大幅涡激振动发生于风场不均匀性小的区域。

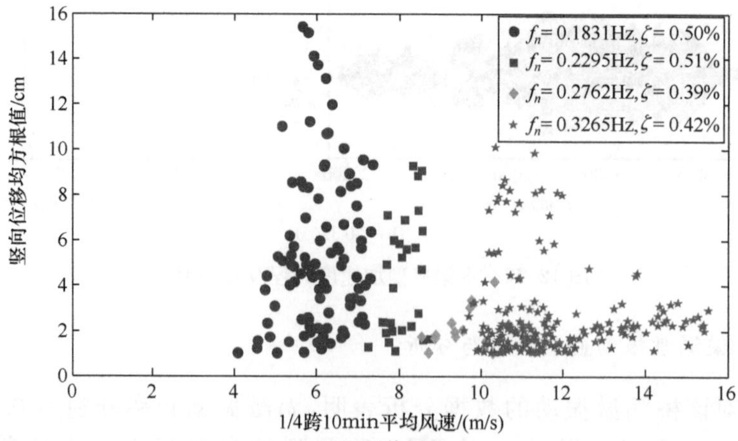

(a) 平均风速

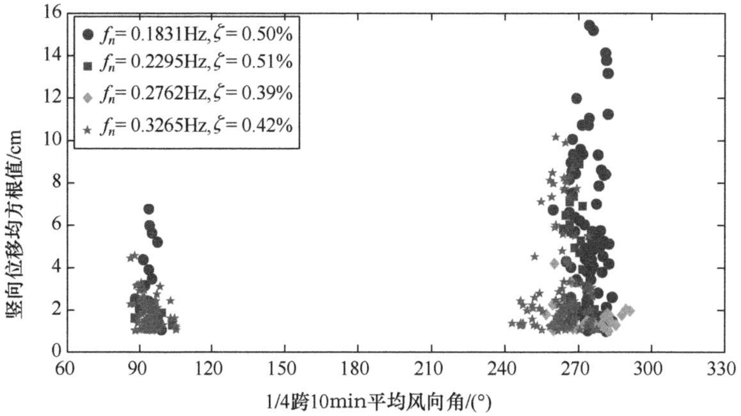

(b) 风向角

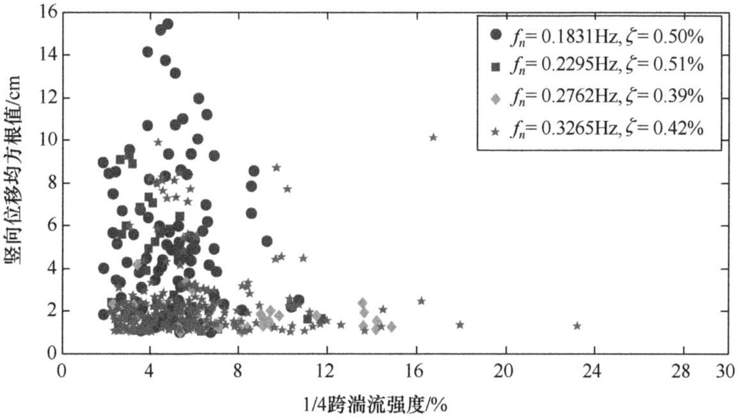

(c) 顺风向湍流强度

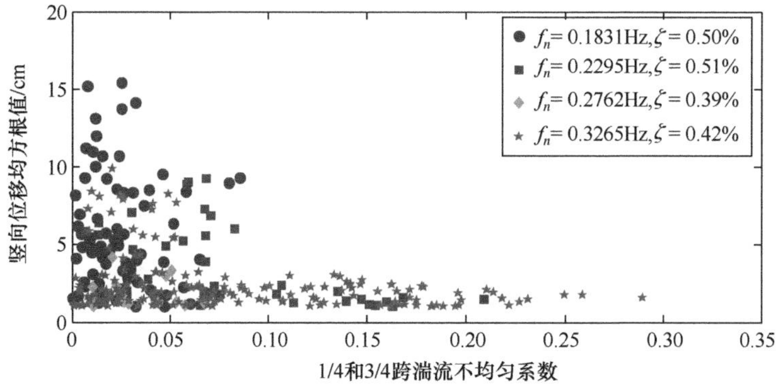

(d) 顺风向脉动风湍流强度的不均匀性

图 12.39　主梁涡激振动幅值与风场参数的关系

12.7.5　主梁抖振监测数据分析

1. 风场参数对主梁结构动力特性的影响

为揭示风场参数对结构动力特性的影响规律，这里首先识别现场原型桥梁的结构模态参数。由于脉动风荷载一般都具有宽频特性，能够满足或部分满足环境激励识别法所需的白噪声条件。这里采用前述的基于数据的 SSI 法识别该大跨度悬索桥的模态频率和模态阻尼（识别时仅选用主跨 1/4 点处的加速度数据），分析基本时距为 1h。

图 12.40 为识别的桥梁阻尼比随风速的变化规律，可以看出，当 1h 平均风速

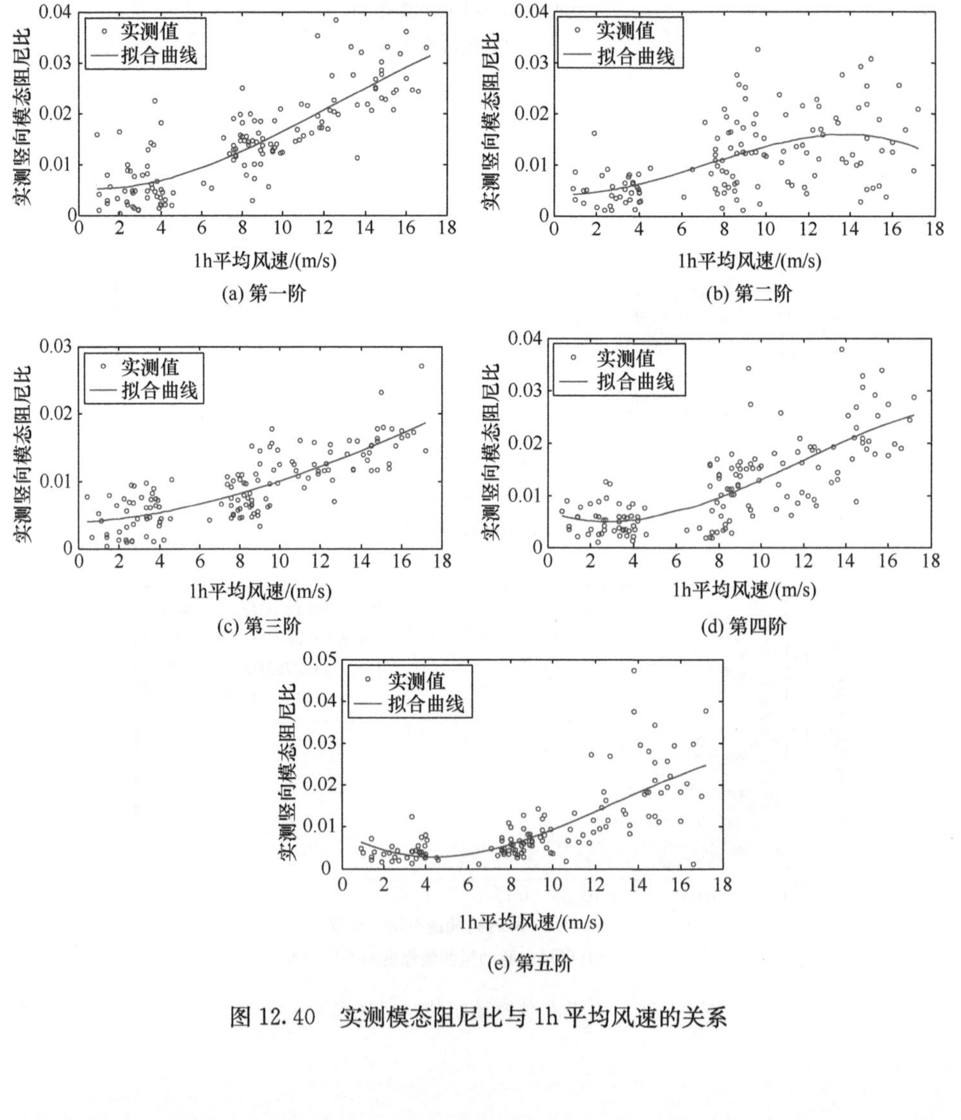

(a) 第一阶　(b) 第二阶　(c) 第三阶　(d) 第四阶　(e) 第五阶

图 12.40　实测模态阻尼比与 1h 平均风速的关系

$U>6.0$m/s 时，除第二阶竖向模态阻尼比外，其他各阶模态阻尼比均随风速的增加而呈现出显著增大的趋势；当平均风速 $U\leqslant 4.0$m/s 时，各阶模态阻尼比几乎均不随风速变化而变化。图 12.41 为识别的桥梁频率随风速的变化规律，可以看出，桥梁频率几乎不随风速变化，表明大跨度桥梁周围流场对结构的刚度几乎没有影响，气动刚度较小。

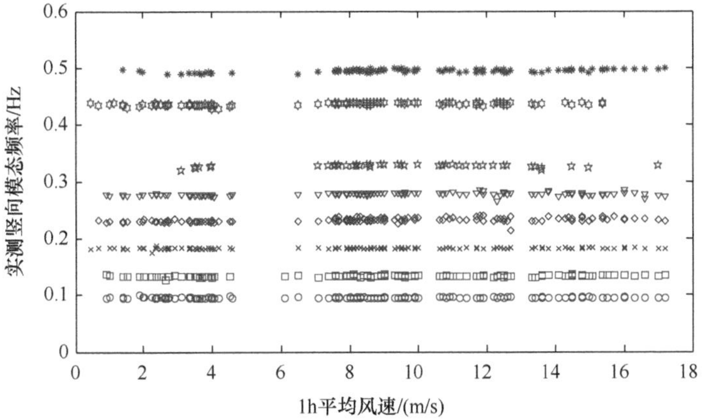

图 12.41　实测模态频率随 1h 平均风速的变化关系

2. 桥梁结构监测抖振响应分析

该监测系统监测得到了该桥梁在台风和强季风下的抖振响应，但强季风的振动既包含风致抖振响应，也包含车辆致振动响应，二者很难分离。这里仅给出监测得到的该桥在某次台风下的加速度响应（由于台风期间桥梁封闭交通，此时监测的加速度响应仅是风致振动）。

图 12.42 为某大跨度桥梁在台风“梅花”期间监测的风速及其振动时程和频率响应，图 12.43 为某大跨度桥梁 2011～2014 年所有台风（“梅花”、“葵花”、“凤凰”）期间监测的风速与加速度均方根值之间的关系。从图中可以看出，主梁的加速度均方根值响应随平均风速的增大近似呈指数增长。

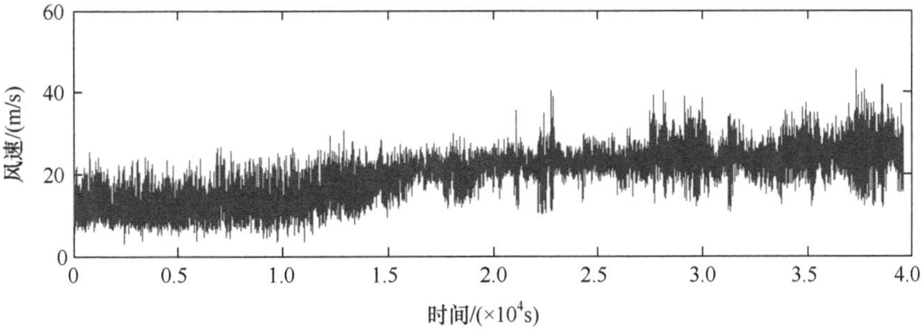

(a1) 瞬时风速时程

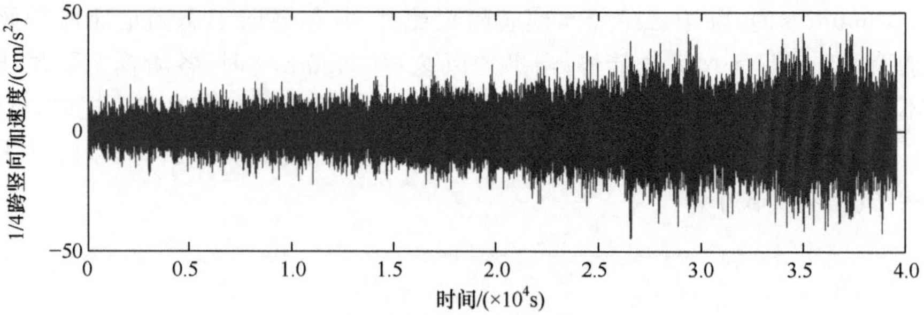

(a2) 竖向加速度时程

(a) 台风风速及主梁竖向加速度响应时程

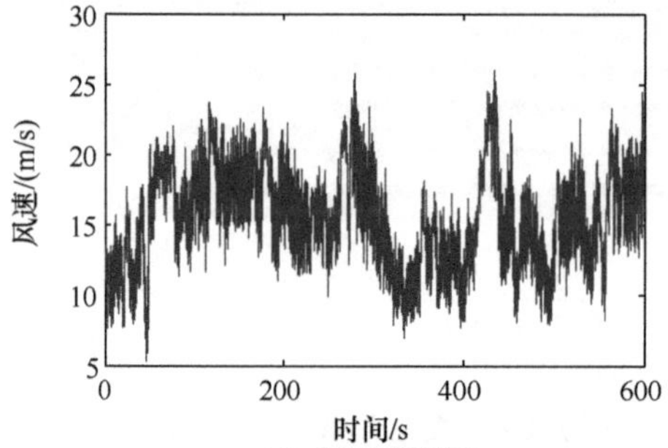

(b1) 瞬时风速时程

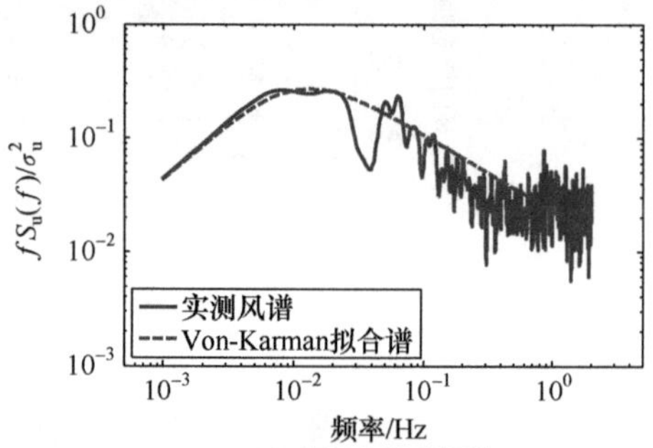

(b2) 顺风向脉动风谱

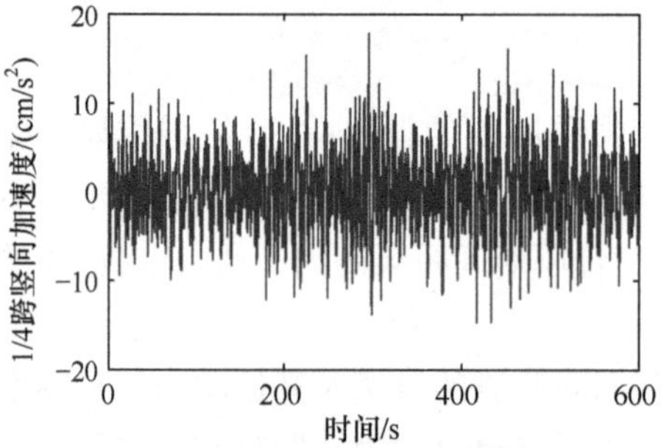

(b3) 主梁竖向加速度时程

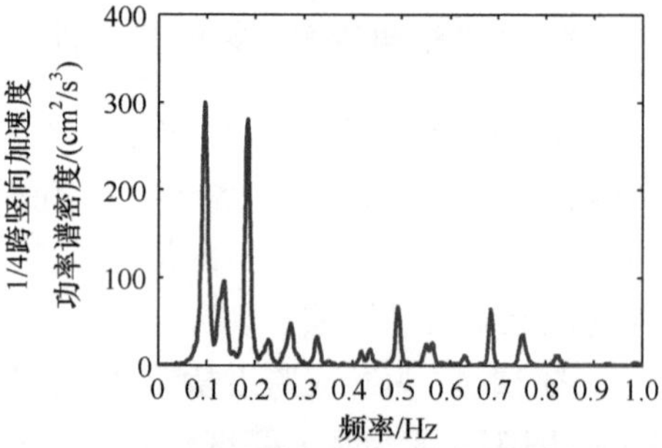

(b4) 主梁竖向加速度功率谱

(b) 台风经过桥址初期(2011年8月6日21:10~21:20)

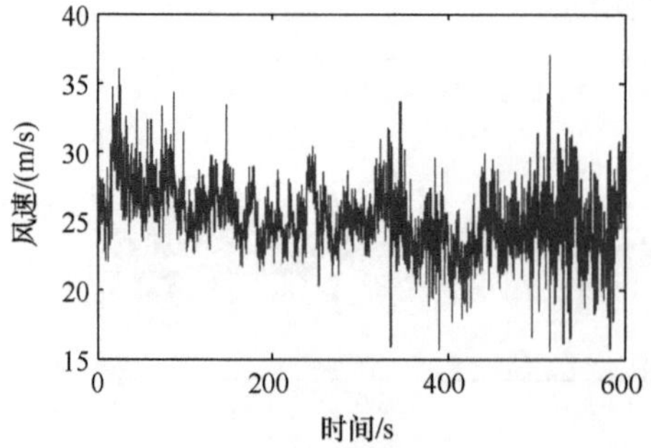

(c1) 瞬时风速时程

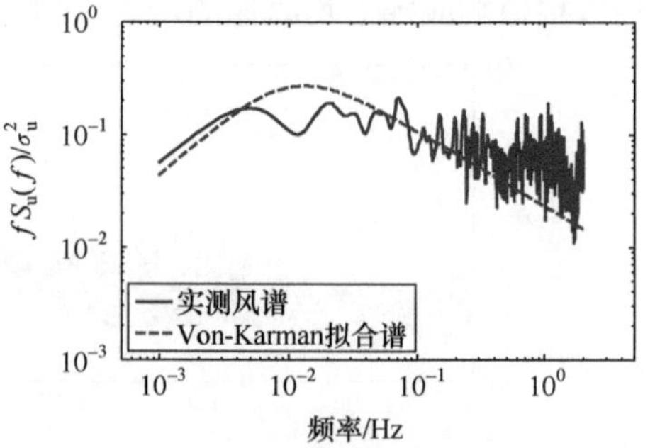

(c2) 顺风向脉动风谱

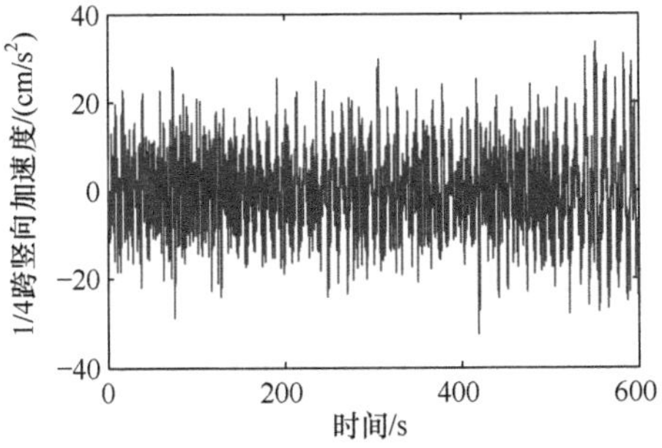

(c3) 主梁竖向加速度时程

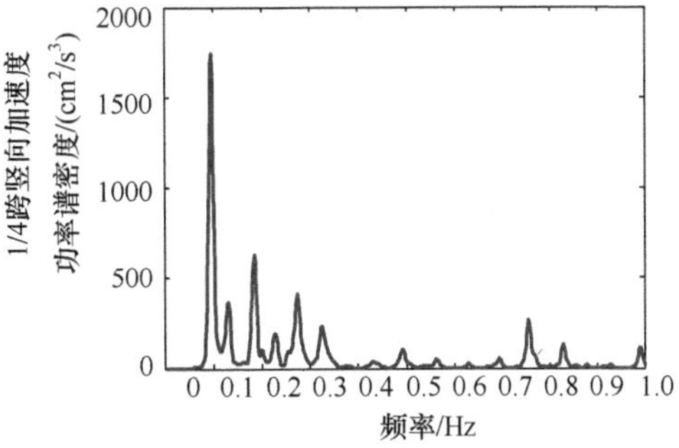

(c4) 主梁竖向加速度功率谱

(c) 台风经过桥址中期(2011年8月7日04:50~05:00)

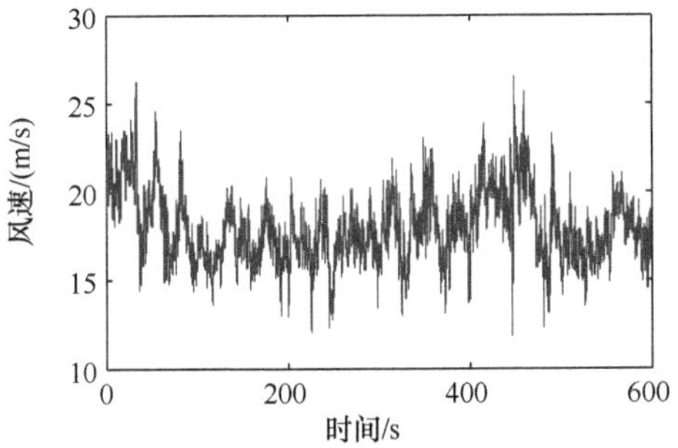

(d1) 瞬时风速时程

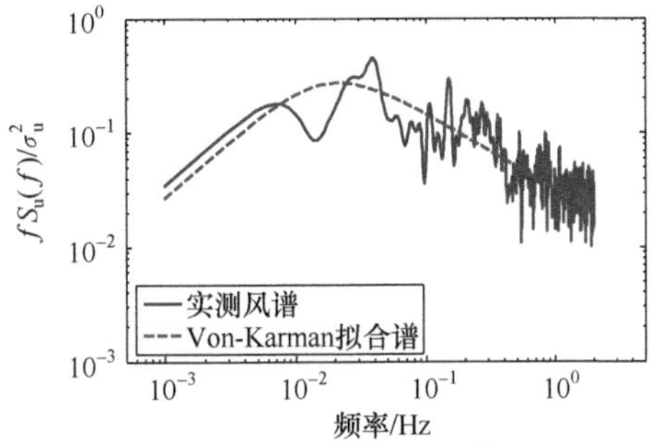

(d2) 顺风向脉动风谱

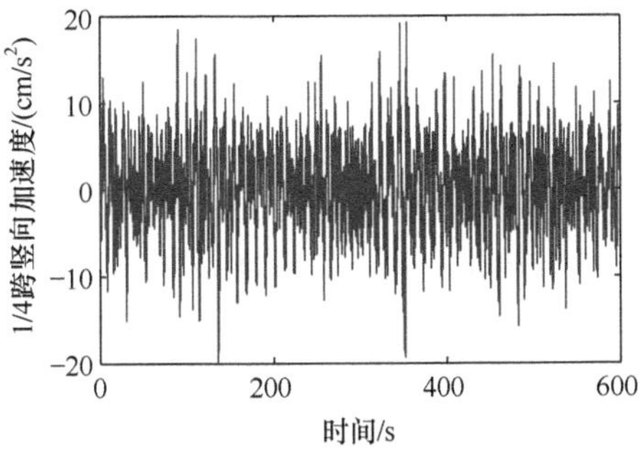

(d3) 主梁竖向加速度时程

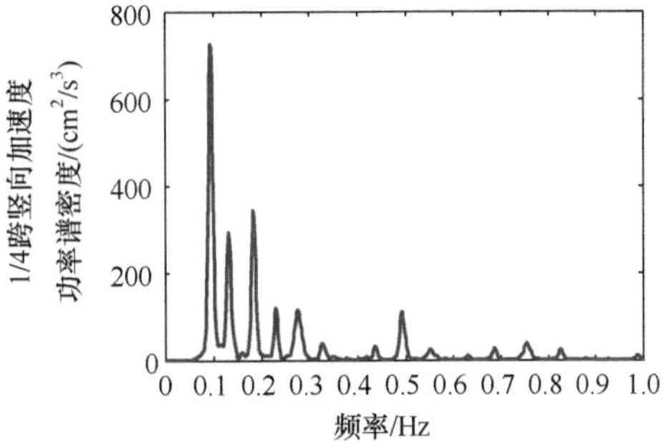

(d4) 主梁竖向加速度功率谱

(d) 台风经过桥址末期(2011年8月7日09:00~09:10)

图 12.42　台风“梅花”期间该桥风速、风速谱、结构加速度响应及其频率响应

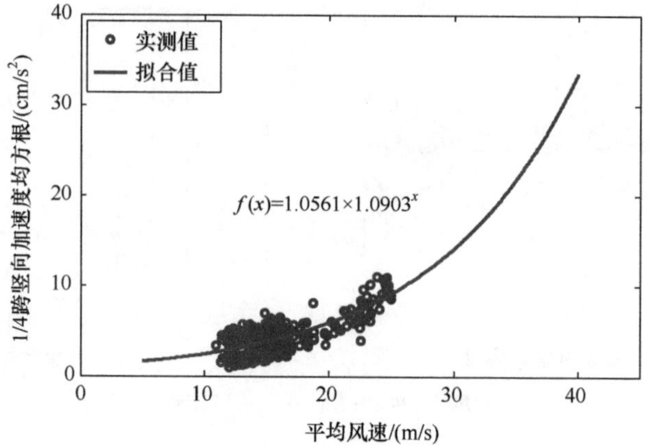

图 12.43　2011～2014 年所有台风期间("梅花"、"葵花"、"凤凰")
该桥风速与结构加速度响应均方根值的关系

12.8　应用实例 2

12.8.1　某大跨度斜拉桥及斜拉索涡激振动监测系统概况

某一座大型桥梁,其主航道桥采用主跨 620m 的双塔双索面斜拉桥,通航等级为 50000t 级。在该斜拉桥上建立了一套健康监测系统,包括风速仪、加速度传感器等。利用桥上安装的风速仪和斜拉索上安装的加速度传感器,可以分析斜拉索的风与风效应。

该桥斜拉索布置如图 12.44 所示,共计 84 根斜拉索。选取不同长度、不同索塔连接处及不同索面的 20 根斜拉索布置了单向加速度传感器(方向为索面方向),在主梁主跨来流与尾流位置分别布置一个超声风速仪,加速度传感器和风速仪安装位置如图 12.45 所示。加速度传感器安装在离桥面 6m 高的位置,其采样频率为 100Hz,超声风速仪采样频率为 32Hz。

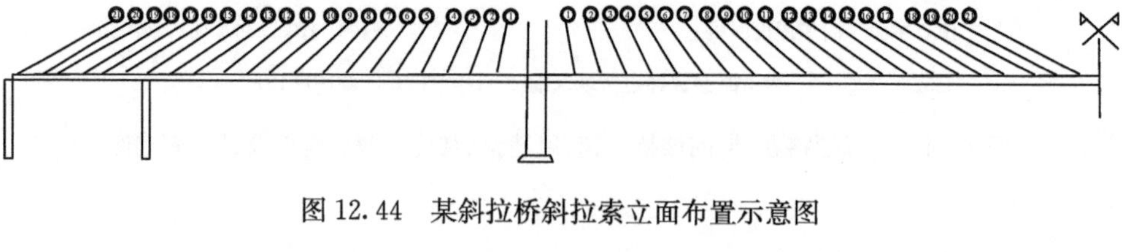

图 12.44　某斜拉桥斜拉索立面布置示意图

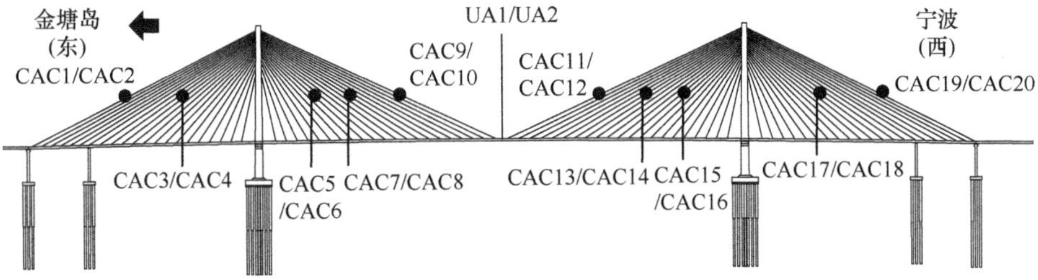

图 12.45　某大跨度斜拉桥斜拉索上传感器和桥面上风速仪布置位置示意图

12.8.2　斜拉索涡激振动监测数据分析

1. 振动幅值与风况的关系

来流风特征对斜拉索的振动影响较大，图 12.46～图 12.48 分别是斜拉索振动幅值随来流平均风速、风偏角以及来流湍流度的变化。图 12.46 结果表明，斜拉索振动幅值先随着平均风速增大，最大振动幅值位于 7～8m/s 附近；随着风速继续增大，斜拉索振动幅值逐渐降低，当平均风速超过 12m/s 之后，斜拉索振动幅值大幅降低。

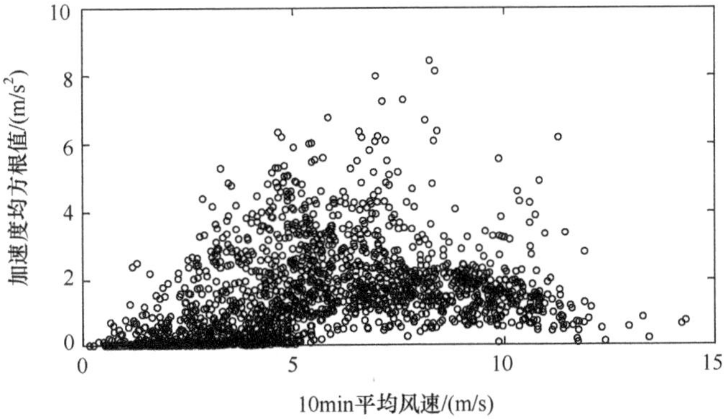

图 12.46　某桥斜拉索振动幅值随平均风速的变化

图 12.47 结果表明，斜拉索振动幅值与来流风偏角存在很大的相关性，当来流垂直于桥轴向(90°或者 270°)附近时，斜拉索振动幅值最大；当来流平行于桥轴向(0°或者 180°)附近时，斜拉索振动幅值大幅降低。考虑到斜拉索上安装的加速度传感器是顺桥向的，因此，这里监测的斜拉索振动是横风向振动，而非顺风向的抖振。

图 12.48 结果表明，较大的斜拉索振动幅值主要集中在来流的湍流强度小于 0.2 的范围内；当来流湍流强度大于 0.2 时，斜拉索振动幅值明显降低。由于斜拉

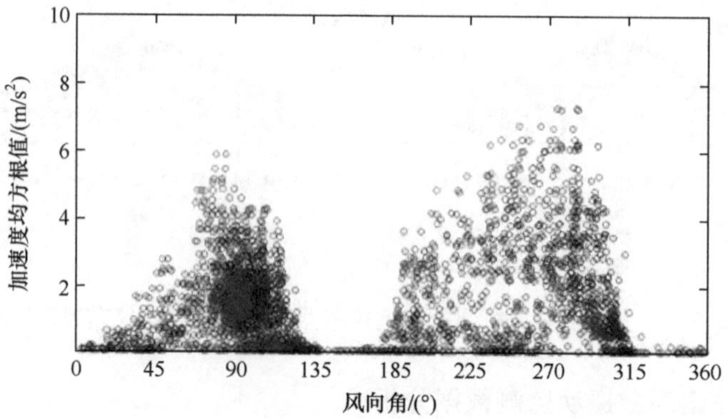

图 12.47 某桥斜拉索振动幅值随风向角的变化

索发生的风致振动主要有风雨激振、涡激振动、尾流驰振及顺风向抖振，综合图 12.46～图 12.48 结果可知，这里监测的斜拉索长期风致振动是一种限幅值振动，只发生在一定的风速范围内，当来流垂直于斜拉索且来流湍流强度较小时，振动幅值最大，这些特征表明监测的斜拉索风致振动与涡激振动的特性较为接近，而非顺风向的抖振。

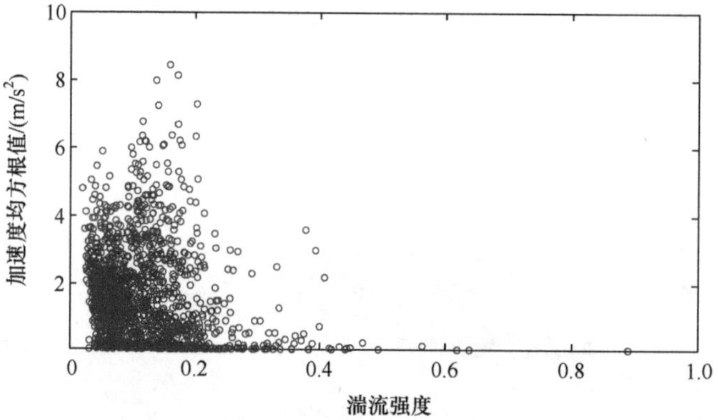

图 12.48 某桥斜拉索振动幅值随湍流强度的变化

2. 斜拉索涡激振动实测参与模态与估计参与模态的比较

选取 2010 年 4 月的监测数据(共计 317h)，采用 12.6 节介绍的斜拉索涡激振动分析方法对这些监测数据样本进行分析。首先对斜拉索振动监测数据进行预处理，剔除加速度振动幅值小于 2m/s^2 的数据。斜拉索振动实测参与模态以及平均风速随时间的变化如图 12.49 所示，斜拉索振动实测参与模态及其范围随时间的变化与平均风速随时间的变化有较大的相似性；同时结果也表明被剔除的加速度样本对应的平均风速大部分较小。

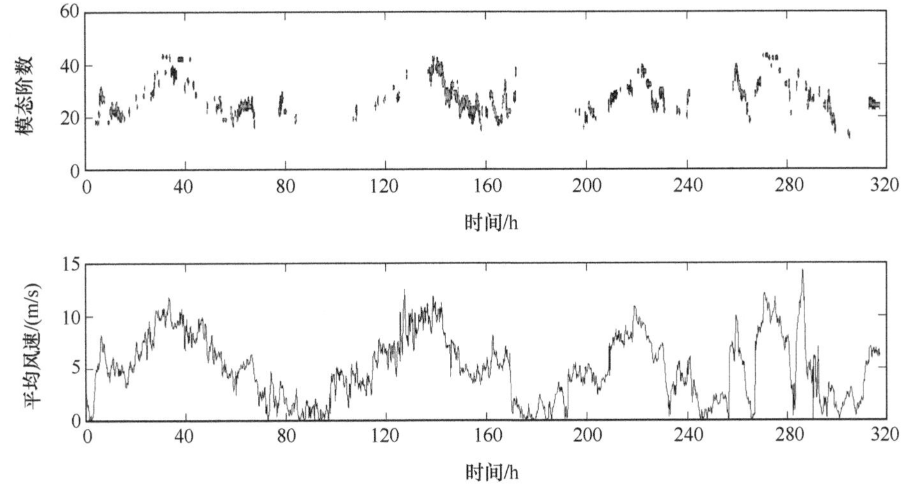

图 12.49 斜拉索振动实测参与模态以及平均风速随时间的变化

在图 12.49 的基础上，进一步剔除振动幅值小于 $2m/s^2$ 对应的平均风速的结果，如图 12.50 所示。结果表明，剔除小风速样本后，斜拉索实测的参与模态及其范围与平均风速随时间变化规律的相似度更加明显，因此二者之间必然存在内在的相关性。

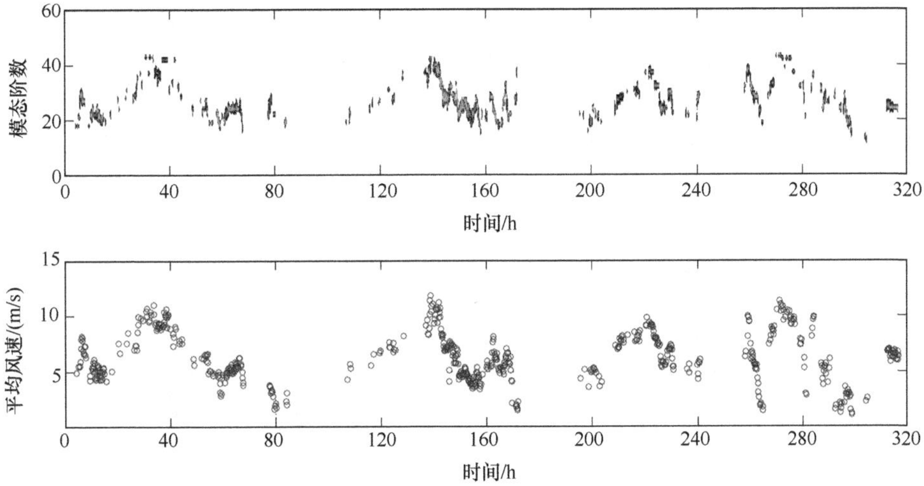

图 12.50 斜拉索振动实测参与模态以及相应的平均风速随时间的变化

根据 12.6.3 节介绍的斜拉索涡激振动参与模态的估计方法，采用图 12.50 所示的平均风速，推算出斜拉索上、下端的旋涡脱落频率区间，将此区间除以斜拉索基频，从而估计得到斜拉索发生涡激振动的模态数量及区间，结果如图 12.51 所示。图 12.51(a)是基于监测的斜拉索振动得到的参与振动的模态数,图 12.51(b)是估计的斜拉索参与振动的模态数,其中实心方框表示斜拉索发生涡激振动的模态区间下限,空心圆圈表示斜拉索发生涡激振动的模态区间上限。

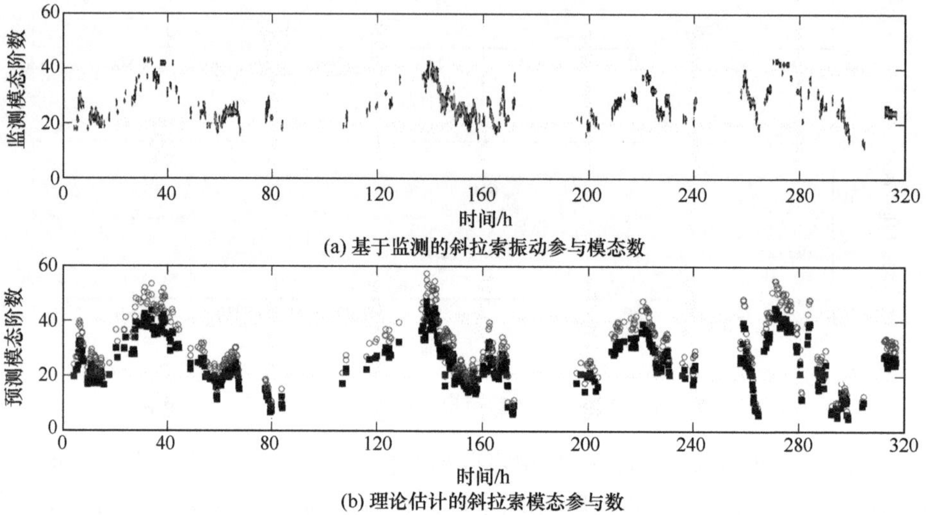

图 12.51 斜拉索振动实测参与模态与估计参与模态之间的比较

将基于监测的斜拉索振动得到的实际参与振动的模态与估计得到的参与振动的模态画在一幅图中,如图 12.52 所示。图中曲线表明,估计的参与振动的模态及范围与实测得到的参与振动的模态基本吻合,验证了 12.6.3 节提出的斜拉索涡激振动参与模态的估计方法的正确性和可靠性,同时也证明了这里监测的斜拉索风致振动为斜拉索高阶多模态涡激振动。

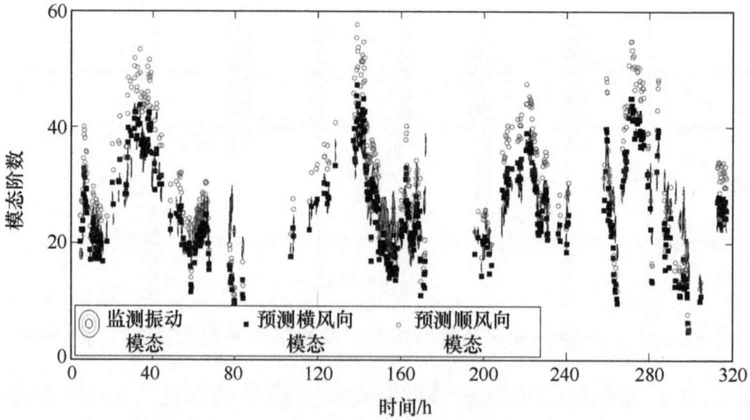

图 12.52 监测的斜拉索参与振动的模态与估计的参与振动的模态之间的比较

第 13 章　结构地震反应监测数据分析与损伤识别

与一般的结构损伤不同，结构地震损伤是指结构构件的钢筋屈服、混凝土开裂和压碎等具有明显非线性特征的结构损伤。因此，结构地震损伤识别是非线性动力系统的模型和参数识别问题。该类问题一般分为数据驱动（无模型）和物理模型识别方法两大类。数据驱动类的结构地震损伤识别方法是利用监测的结构输入和输出数据计算对非线性或损伤敏感的特征量来诊断结构损伤，主要包括小波时频分析方法（Spanos et al.，2007；Todorovska and Trifunac，2007，2010）、神经网络智能算法（Masri et al.，1996）、分形非线性动力学方法（Li et al.，2013b）、盲源分离方法（Yang and Nagarajaiah，2013）等。物理模型类的结构地震损伤识别分为三个层次：

(1) 已知结构非线性模型，利用监测的结构输入和部分自由度上的响应，识别结构非线性模型的参数。结构非线性模型参数识别的扩展 Kalman 滤波器方法是其中最典型的方法之一（Yun and Shinozuka，1980；Hoshiya and Saito，1984；Loh and Chung，1993；Yang et al.，2006a；Yang et al.，2007）。

(2) 结构非线性模型和参数均未知，利用监测的结构输入和全部自由度上的响应，识别结构非线性模型及其参数。这类方法往往采用正交基函数来构建结构非线性模型，再利用最小二乘法优化识别结构非线性模型参数。该方法的核心问题是选择正交基函数，例如，Masri 等（1982a，1982b，2004）提出采用正交多项式函数构建结构非线性模型，Kitada（1998）提出采用正交小波基函数构建结构非线性模型。

(3) 结构非线性模型及其参数均未知，利用监测的结构输入和部分自由度上的响应，识别结构非线性模型及其参数。李惠等提出采用扩展 Kalman 滤波器和正交小波基混合识别方法，仅通过监测的结构输入和部分自由度上的响应，识别结构非线性模型及其参数（Li et al.，2013a）。

本章将介绍结构健康监测地震反应数据的常规分析方法、基于数据驱动的结构地震损伤快速定位方法、基于非完备集的结构非线性模型参数识别方法、基于完备集和非完备集的结构非线性模型及其参数识别方法。

13.1　地震地面运动和结构地震反应监测数据分析

地震发生后，利用结构健康监测系统采集的监测数据可以对地震动的特性和结构地震反应进行分析，以把握地震地面运动的特性和结构地震反应的特性。对地震地面运动，主要分析地震动的幅值、频谱特性、持续时间、时频特性等，这些特性能够反映地震动对工程结构的破坏能力；对结构地震反应，主要分析结构地震反应的峰值、频谱特性和时频特性、结构频率和阻尼比的变化，这些特性能够确定结构的反应大小以及结构是否发生了较严重的损伤等。

13.1.1 地震地面运动工程特性分析

1. 地震动的幅值

地震动的幅值常指地震动加速度、速度、位移的瞬时峰值或某种意义的持续有效值。瞬时峰值有峰值加速度(peak ground acceleration，PGA)、峰值速度(peak ground velocity，PGV)和峰值位移(peak ground displacement，PGD)，其中，速度和位移通过对监测的地震地面运动加速度进行零基线调整、滤波和积分得到。瞬时峰值变量定义如下：

$$\begin{cases} \mathrm{PGA}=|\ddot{x}_g|_{\max} \\ \mathrm{PGV}=|\dot{x}_g|_{\max} \\ \mathrm{PGD}=|x_g|_{\max} \end{cases} \tag{13.1}$$

式中，$\ddot{x}_g$ 为地震地面运动加速度；$\dot{x}_g$ 为地震地面运动速度；x_g 为地震地面运动位移。

持续有效值主要是指加速度的均方根值、Arias 强度、Housner 强度、特征强度、累积绝对速度等。

加速度均方根值定义为

$$a_{\mathrm{rms}}=\sqrt{\frac{1}{T_{\mathrm{tot}}}\int_0^{T_{\mathrm{tot}}}\ddot{x}_g^2(t)\mathrm{d}t} \tag{13.2}$$

式中，T_{tot}为地震动总持续时间。

Arias 强度定义为

$$\mathrm{AI}=\frac{\pi}{2g}\int_0^{T_{\mathrm{tot}}}\ddot{x}_g^2(t)\mathrm{d}t \tag{13.3}$$

Housner 强度定义为

$$\mathrm{HI}_\xi=\int_{0.1}^{2.5}S_{\mathrm{pv}}(T,\zeta)\mathrm{d}T \tag{13.4}$$

式中，$S_{\mathrm{pv}}(T,\zeta)$为阻尼比为 ζ 的单质点体系的相对伪速度反应谱。Housner 强度一般取结构的阻尼比为 0.05，即$\mathrm{HI}_{0.05}$。

特征强度定义为

$$\mathrm{CI}=a_{\mathrm{rms}}^{3/2}\sqrt{T_{\mathrm{tot}}} \tag{13.5}$$

累积绝对速度定义为

$$\mathrm{CAV}=\int_0^{t_d}|\ddot{x}_g(t)|\mathrm{d}t \tag{13.6}$$

瞬时峰值(如峰值加速度)描述地震动的局部特性,主要表示最大峰值的大小,决定于高频振动成分;峰值速度和峰值位移是加速度的一次和二次积分,在一定程度上考虑了地震动的整体信息,中国地震烈度表综合考虑峰值加速度和峰值速度评定地震烈度,如地震地面运动加速度峰值参考范围为 45～89cm/s^2 及速度峰值参考范围为 5～9cm/s 时,地震烈度为Ⅵ度,因此当监测的地震地面运动峰值超过一定值时,就需要进一步分析数据以检验结构是否产生了损伤。持续有效值反映地震动的整体信息,是地震动强度的平均描述,但不能反映对结构造成破坏的某个时间段内的地震动强弱。以 2008 年汶川 8.0 级地震卧龙台站东西向记录为例(加速度、速度和位移时程如图 13.1 所示,这里仅考虑其中强震段的 80s 记录),计算上述地震动幅度参数。经计算得到的峰值加速度为 987.6cm/s^2,峰值速度为 47.9cm/s,峰值位移为 9.75cm,加速度均方根值为 99.4cm/s^2,Arias 强度为 126616.0m^2/s^3;当阻尼比为 0.05 时,Housner 强度为 157.1cm,特征强度为 8863.2cm$^{3/2}$/s$^{5/2}$,累积绝对速度为 4313.4cm/s。

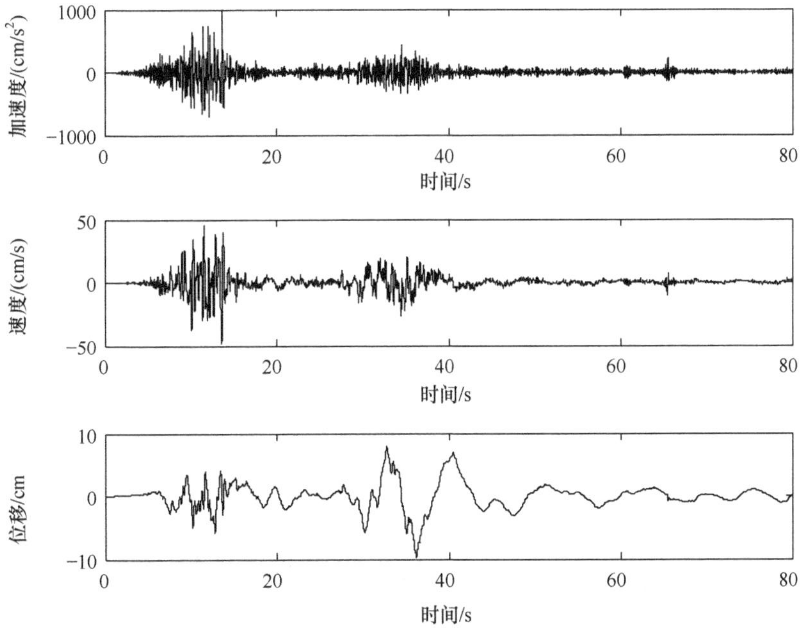

图 13.1　汶川地震卧龙台站东西向时程曲线

2. 地震动的频谱特性

地震动不是简单的谐波振动,它的振幅和频率都是随时间变化的,可以视为由许多不同频率的简谐波组成。地震动频谱特性是指地震动某种计算振幅与频率或者周期的关系曲线，包括地震动傅里叶谱、功率谱和反应谱，其中，傅里叶谱和功率谱需要对监测的时域数据进行傅里叶变换，而反应谱通过单质点体系的地震反应得到。

1）傅里叶谱

地震动的傅里叶谱有两个重要意义：一是从傅里叶谱中获取频率成分，分析得到地震动中包含的频率以及这些频率的振幅大小，利用这些信息可推测地震动对结构的影响；二是实现地震动从时域到频域的变换，由于时域的卷积在频域为相应的傅里叶变换乘积，这使得某些分析在频域非常方便。考虑到内容的完整性，下面简单介绍从时域的傅里叶级数到频域的傅里叶谱的变换方法（田琪，2008）。

对于长度为 N 的有限信号 $a(t)$，其傅里叶级数展开为

$$a(t)=\frac{A_0}{2}+\sum_{k=1}^{N-1}\left(A_k\cos\frac{2\pi kt}{N\Delta t}+B_k\sin\frac{2\pi kt}{N\Delta t}\right)+\frac{A_{N/2}}{2}\cos\frac{2\pi(N/2)t}{N\Delta t}\tag{13.7}$$

式中，Δt 为采样时间间隔；A_k 和 B_k 分别为傅里叶余弦系数和正弦系数。第一项 $A_0/2$ 为全体采样值的平均，反映整个波形对零线的偏离，它不反映信号的振动特性。若令

$$f_k=\frac{k}{N\Delta t}\tag{13.8}$$

则有

$$a(t)=\frac{A_0}{2}+\sum_{k=1}^{N-1}(A_k\cos(2\pi f_k t)+B_k\sin(2\pi f_k t))+\frac{A_{N/2}}{2}\cos(2\pi f_{N/2}t)\tag{13.9}$$

式中，f_k 为频率。

从式(13.9)中可看出，原信号的振动分解为 $N/2$ 个不同频率成分 $f_1<f_2<\cdots<f_{N/2-1}<f_{N/2}$ 的谐波，它们都是一次频率 $f_1=1/(N\Delta t)$ 的整数倍。一次频率反映傅里叶级数的频率分辨率，当信号长度越长，采样时间越小时，相应的频率分辨率越高。考虑到傅里叶级数正弦项 $\sin(2\pi f_k t)$ 和余弦项 $\cos(2\pi f_k t)$ 含相同频率，可将它们合并为一项，得到

$$a(t)=\frac{X_0}{2}+\sum_{k=1}^{N-1}(X_k\cos(2\pi f_k t+\phi_k))+\frac{X_{N/2}}{2}\cos 2\pi f_{N/2}t\tag{13.10}$$

式中，$X_k=\sqrt{A_k^2+B_k^2}$；$\phi_k=\arctan\left(-\frac{B_k}{A_k}\right)$。

这里的 X_k 为第 k 次分量的振幅，反映该频率分量的振动大小，ϕ_k 为第 k 次分量的相位角，反映组成该分量的正、余弦相位角差。

对式(13.9)中的离散采样点 $a(t=m\Delta t)$ 的信号在复数域展开，得到傅里叶逆变换：

$$a(t=m\Delta t)=\frac{1}{2}\sum_{k=0}^{N-1}(A_k-\mathrm{i}B_k)\exp\left(\frac{\mathrm{i}2\pi km}{N}\right)=\sum_{k=0}^{N-1}C_k\exp\left(\frac{\mathrm{i}2\pi km}{N}\right)\tag{13.11}$$

式中，

$$C_k = \frac{1}{N}\sum_{m=0}^{N-1} a(t = m\Delta t)\exp\left(\frac{-\mathrm{i}2\pi km}{N}\right) \tag{13.12}$$

式(13.12)为傅里叶变换，其中 C_k 为傅里叶谱，常表示为 $C(\mathrm{i}\omega_k)$，这里 ω_k 为第 k 个圆频率，它的计算需要时域上的每个离散点，考虑到 $C_k = A_k - \mathrm{i}B_k$，它反映频率为 f_k 的信息，傅里叶谱 C_k 包含傅里叶幅度谱 $|C_k| = \sqrt{A_k^2 + B_k^2}$ 和相位谱 $\phi_k = \arctan\left(-\frac{B_k}{A_k}\right)$。在处理地震动监测数据时振幅通常都是实数，由于傅里叶谱的共轭特性 $C_{N-k} = C_k^*$，式中的傅里叶逆变换能保证 $a(t = m\Delta t)$ 为实数。傅里叶幅值谱的单位为原始信号单位再乘以时间单位，如信号为加速度，其傅里叶幅度谱单位为 cm/s，若监测数据为速度或位移，对应的幅度谱单位分别为 cm 和 cm · s。

由地震地面运动的傅里叶谱得到其频率主要成分，能定性分析结构的地震破坏和地震动随频率的衰减关系。例如，1966 年秘鲁地震时利马市单层房屋破坏严重，多层房屋则几乎没有破坏，对地震动傅里叶谱分析表明，地震动以高频(10Hz 左右)成分为主，而单层房屋自振周期接近 0.1s。另一个例子是 1985 年的墨西哥地震，该地震造成了大量高层建筑严重破坏，对地震动傅里叶谱分析表明，该次地震动以长周期成分为主(周期为 1s 与 2s 左右的成分都很丰富)。分析多次地震不同震中距的地震动傅里叶谱，发现高频地震波能量随距离增加衰减的速率比低频的快，这样远距离的地震动一般以低频为主。一般认为，震级越大，震中距越大，场地土越厚，地震动的傅里叶谱中长周期成分越突出(胡聿贤，2006)。

2) 功率谱

功率谱是功率谱密度函数的简称，用来描述随机过程在频域中的特性。考虑地震动具有随机性，其频域反应可用功率谱来表达，定义功率谱为地震动傅里叶幅值谱的平方平均值，即

$$P(\omega_k) = \frac{1}{2\pi T_{\mathrm{tot}}} E(|C(\mathrm{i}\omega_k)|^2) \tag{13.13}$$

式中，$P(\omega_k)$ 为地震动的功率谱密度；$T_{\mathrm{tot}} = N\Delta t$ 为地震动持续时间；E 为期望值。

如果将地震动视为各态历经过程，则可以用时域平均代替多个样本的平均。功率谱的单位为原始信号单位的平方再乘以时间单位，如信号为加速度，其功率谱单位为 $\mathrm{cm}^2/\mathrm{s}^3$；若监测的数据为速度或位移，对应的功率谱单位分别为 cm^2/s 和 $\mathrm{cm}^2 \cdot \mathrm{s}$。

由于地震动起始于断层的不规则滑动，对于已经发生的某条地震动记录样本，其功率谱为

$$P(\mathrm{i}\omega_k) = \frac{1}{2\pi T_{\mathrm{tot}}} |C(\mathrm{i}\omega_k)|^2 \tag{13.14}$$

对比式(13.12)和式(13.14)，功率谱与傅里叶谱，二者在本质上没有差别。功

率谱的纵坐标与傅里叶幅度谱相比，大体上存在平方的关系，从某种意义上讲，功率谱强调信号中的主要频率成分。卧龙台站东西向加速度记录的傅里叶幅值谱和功率谱如图 13.2 所示，卓越频率为 2.34Hz，功率谱更强调能量高的频率成分。

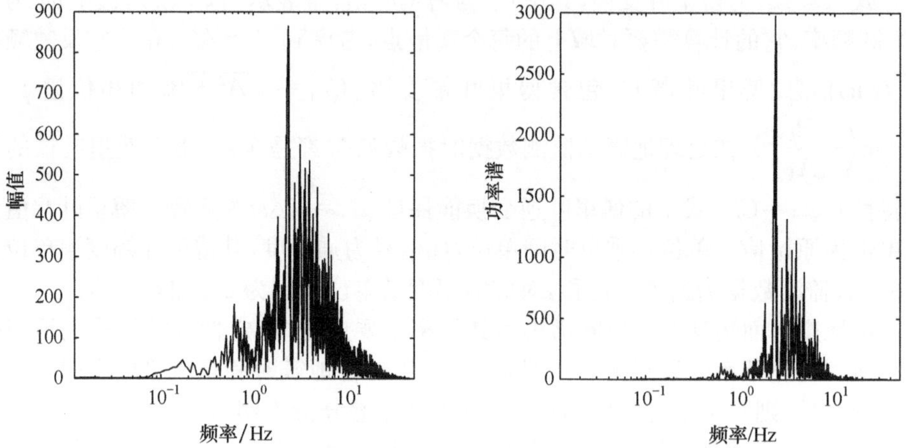

图 13.2　汶川地震卧龙台站东西向傅里叶幅值谱和功率谱

对于发生的多条地震动记录或分析未来发生的地震动记录，则将地震动视为随机过程，从统计意义上来讲，由于功率谱是多条地震动的一种平均，它比傅里叶幅度谱更光滑，但失去了相位信息，因而不能从功率谱反演得到地震动；但从随机过程的观点看，一条地震动记录只是某个样本，并不需要从统计平均得到的功率谱再返回到某一条样本。

3) 反应谱

反应谱是 1940 年由 Biot 最先提出，并由 Housner 及其合作者共同发展了这一理论。反应谱是通过单自由度体系的地震反应来定义的，即一组具有相同阻尼、不同自振周期的单自由度体系，在某一地震动作用下的最大反应与结构自振周期的关系曲线(即在同一条地震动作用下不同自振周期结构的最大反应)，为该地震动的反应谱。

单位质量线性单自由度结构的运动方程为

$$\ddot{x}+2\zeta\omega\dot{x}+\omega^2 x=-\ddot{x}_g \tag{13.15}$$

式中，ζ 为结构阻尼比；ω 为结构自振频率；$\ddot{x}_g$ 为基地输入地震动加速度。相对位移反应谱 $S_{\mathrm{d}}(\omega,\zeta)$、相对速度反应谱 $S_{\mathrm{v}}(\omega,\zeta)$和绝对加速度反应谱 $S_{\mathrm{a}}(\omega,\zeta)$分别为

$$\begin{cases} S_{\mathrm{d}}(\omega,\zeta)=|x(t)|_{\max} \\ S_{\mathrm{v}}(\omega,\zeta)=|\dot{x}(t)|_{\max} \\ S_{\mathrm{a}}(\omega,\zeta)=|\ddot{x}(t)+\ddot{x}_g|_{\max} \end{cases} \tag{13.16}$$

当结构阻尼比很小时，假设结构的初始位移和速度为零，采用 Duhamel 积分求解结构位移反应，上述反应谱可表示为

$$
\begin{cases}
S_{\mathrm{d}}(\omega,\zeta)=\left|\dfrac{1}{\omega}\displaystyle\int_0^t \ddot{x}_g(\tau)\exp(-\zeta\omega(t-\tau))\sin(\omega(t-\tau))\mathrm{d}\tau\right|_{\max} \\
S_{\mathrm{v}}(\omega,\zeta)=\left|\displaystyle\int_0^t \ddot{x}_g(\tau)\exp(-\zeta\omega(t-\tau))\cos(\omega(t-\tau))\mathrm{d}\tau\right|_{\max} \\
S_{\mathrm{a}}(\omega,\zeta)=\left|-\omega\displaystyle\int_0^t \ddot{x}_g(\tau)\exp(-\zeta\omega(t-\tau))\sin(\omega(t-\tau))\mathrm{d}\tau\right|_{\max}
\end{cases}
\tag{13.17}
$$

由于地震动输入时间较长且杂乱无章，上述积分的正弦和余弦在有多个周期时只相差 $\pi/2$ 相位，这使得积分中的正弦和余弦互换而对结果影响不大，所以就存在以下关系：

$$
\begin{cases}
S_{\mathrm{v}}(\omega,\zeta)=\omega S_{\mathrm{d}}(\omega,\zeta) \\
S_{\mathrm{a}}(\omega,\zeta)=\omega^2 S_{\mathrm{d}}(\omega,\zeta)
\end{cases}
\tag{13.18}
$$

这样计算得到的反应谱称为伪速度反应谱和伪绝对加速度反应谱。研究表明，对于频率成分丰富且持续时间较长的地震动，当结构阻尼比较小时，伪绝对加速度反应谱和绝对加速度反应谱曲线非常接近，伪速度反应谱和速度反应谱在周期较小时差别也较小，但在周期较大时差别较大(陈国兴，2007)。卧龙台站东西向加速度记录的位移反应谱、速度反应谱和加速度反应谱如图 13.3 所示。

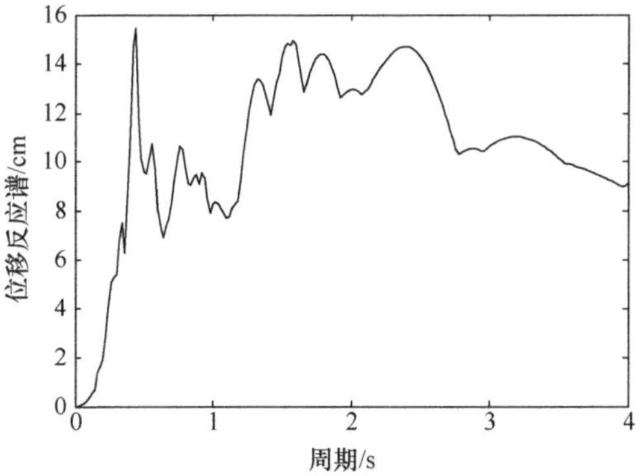

(a) 位移反应谱

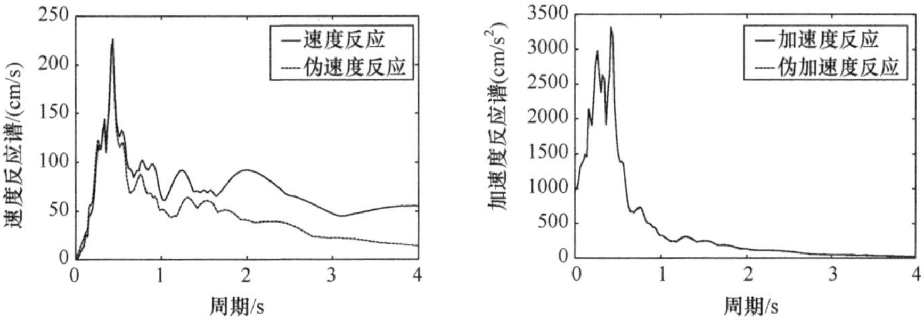

(b) 速度反应谱　　(c) 加速度反应谱

图 13.3　汶川地震卧龙台站东西向反应谱

反应谱横坐标所对应的单自由度结构自振周期都在改变，所以整个反应谱并不是一个单自由度结构的反应，而是反映了所有结构的特性，从这个角度讲，反应谱反映的是地震动的特性，这也是将反应谱同傅里叶谱和功率谱一起归入地震动频谱特性的原因。

3. 地震动的持续时间

大多数地震工程学者认为地震动持续时间(简称持时)是地震动特性的三要素之一。一般从两方面认识地震动持时对结构地震破坏的重要性，一是从震害实例分析持时的重要性，二是从强震动造成的结构积累破坏分析持时的重要性。目前地震动持时主要有基于幅值的和基于能量的地震动持时确定方法。

基于幅值的地震动持时定义为地面运动加速度首次和末次超过某限定值之间的持续时间：

$$T_d = T_2 - T_1 \tag{13.19}$$

式中，T_1 和 T_2 分别为水平线 $\ddot{x}_g = a_0$ 首次和末次与 a_0 的相交时间，a_0 为给定的阈值。如果以 $\ddot{x}_g$ 的绝对值来定义则称为 a_0 持时，如美国常取 $a_0 = 0.05g$ 或者 $a_0 = 0.1g$。如果以 $\ddot{x}_g$ 的相对值来定义则称为分数持时，如 1/3 持时即 $a_0 = 1/3\text{PGA}$(陈国兴，2007)。

基于能量的持时首先定义能量随时间变化的函数：

$$I(t) = \frac{\int_0^t \ddot{x}_g^2(t)\,dt}{\int_0^{T_{tot}} \ddot{x}_g^2(t)\,dt} \tag{13.20}$$

式中，T_{tot} 为地震动总持时；$I(t)$ 为从 0 到 1 的函数。

目前常用的相对持时由式(13.19)定义，但其中的 T_1 和 T_2 取为

$$\begin{cases} I(T_1) = 0.05 \\ I(T_2) = 0.95 \end{cases} \quad \text{或者} \quad \begin{cases} I(T_1) = 0.15 \\ I(T_2) = 0.85 \end{cases} \tag{13.21}$$

前者称为 90%相对持时，后者称为 70%相对持时。图 13.4 为汶川地震卧龙台站东西向加速度能量函数，从图中可看出，其能量有两个突增区段。按上述定义可求得其持续时间，卧龙台站东西向加速度记录的 0.05g 持时为 75.03s，占总持续时间(80s)的 93.8%；0.1g 持时为 60.6s，占总持续时间(80s)的 75.7%。能量 70%相对持时为 24.3s，占总持续时间(80s)的 30.3%；能量 90%相对持时为 30.8s，占总持续时间(80s)的 38.5%。

4. 近场地震动速度大脉冲

近场地震在短时间内释放很高的能量，具有强方向性效应和长周期速度脉冲

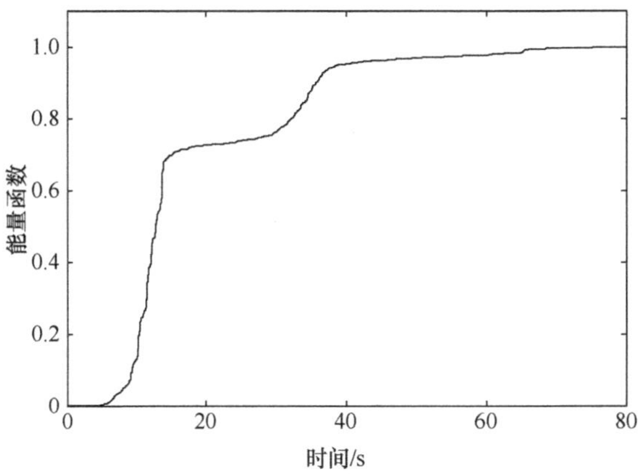

图 13.4　汶川地震卧龙台站东西向加速度能量函数

效应。近场地震动中的中、长周期速度大脉冲的主要周期与高层建筑和大跨度桥梁结构的自振周期接近，使结构遭受高能量的冲击作用，对结构提出了更高的抗震承载力和位移需求。近场速度大脉冲最早是在 1966 年美国 Parkfield 地震中记录到的，随后 1994 年美国 Northridge 地震、1995 年日本 Kobe 地震以及 1999 年中国台湾地区 Chichi 地震获得了较多的速度大脉冲记录。对速度大脉冲记录的划分，一直没有明确的界定，近年来，等效速度脉冲的研究逐渐增多，这些模型中的关键参数包括脉冲强度 v_P、脉冲周期 T_P、半周期循环个数 N 以及脉冲形状(三角形或者正余弦型)。图 13.5 为正余弦型单瓣、双瓣和三瓣状速度脉冲(郭恩等，2012)。

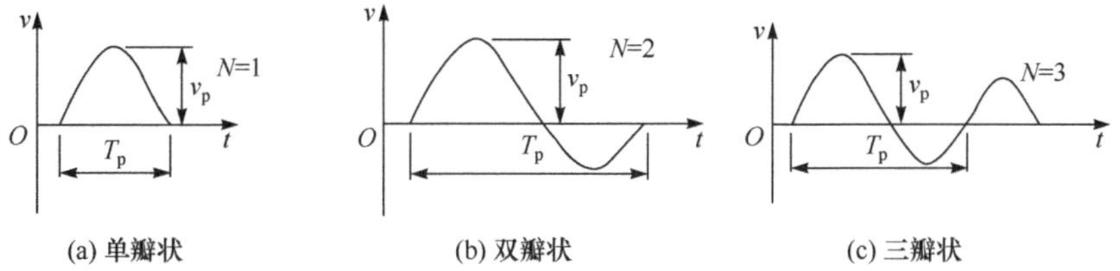

图 13.5　速度脉冲参数示意图

当脉冲形状不是三角形或者正余弦型时，一般先对监测的地震动速度时程做小波变换，再对变换后的高斯包络用余弦包络近似，得到如下的速度脉冲：

$$f(t)=A\frac{1}{2}\left[1+\cos\left(\frac{2\pi f_P}{\gamma}t\right)\right]\cos(2\pi f_P+\phi) \tag{13.22}$$

式中，f_P 为脉冲的频率，通过速度反应谱的最大值确定；A 为脉冲的幅值；γ 为包络函数的调整值，通过余弦函数近似 Gabor 的高斯函数窗；ϕ 为包络函数与余弦函数的相位差。

Baker(2007)利用 db 小波来定量区分脉冲型和非脉冲型地震动。该方法利用连续小波变换得到分解信号中含最大速度脉冲的分量，再由该分量的拟周期表示原始地震动速度脉冲的周期，这样能够反映地震动的时频特性和非平稳性，最后建立模式识别模型将 NGA 中的 3500 条地震动记录分为明显速度脉冲型、明显非速度脉冲型和模糊型，得到 91 条明显速度脉冲型地震动记录，并用于地震风险评估。

5. 地震动的时频特性

地震地面运动是强非平稳过程，包括幅度非平稳和频率非平稳，前者主要指地震地面运动的幅度前期由小到大，中期保持较大的平稳值，最后由大到小；后者主要指地震地面运动的频率随时间变化，通常认为地震地面运动的前期频率以高频为主，中后期以低频为主，这同地震波的 P 波和 S 波的传播速度和频率成分有关。地震动的时频分析方法主要包括小波变换法、Hilbert-Huang 变换法以及自适应性分解算法，下面介绍自适应的匹配追踪分解算法。

匹配追踪分解(matching pursuit decomposition, MPD)算法是一种自适应的贪婪算法，它从超完备冗余时频原子库中迭代地选择字典波形与待分解的信号或残量进行最优匹配，再对分解的信号做 Wigner-Vill 时频分布(Wigner-Vill distribution，WVD)得到待分解信号的时频能量分布(Mallat and Zhang，1993)。由于分解算法的自适应性，通过匹配追踪分解算法得到的时频能量分布具有相当高的时间和频率分辨率。

定义 $D=g_{\gamma_n}(t)$为超完备冗余时频原子库，每个时频原子的模都是 1。这些原子库中元素可视为正交基，类似于傅里叶变换的正余弦基，只不过这些正交基具有有限的支撑区间和频率范围，这使得分解的信号具有不同的时间和频率分辨率。这里的 $g(t)$为归一化窗函数，通常取为形如 $g(t)=2^{1/4}\mathrm{e}^{-\pi t^2}$ 的高斯窗函数；$\gamma_n=(s_n,u_n,f_n)$是用来定义原子的参数组，其中 s_n 为尺度，反映原子的时间缩尺，s_n 越大，频率分辨率越高，反之，s_n 越小，时间分辨率越高；u_n 为移位，反映原子中心偏离母原子中心的时间提前或滞后；f_n 为原子中心频率，反映原子振荡的峰值频率。

对于任意的信号 $x(t)$，匹配追踪分解算法将 $x(t)$分解为一组正交的分量：

$$x(t)=\sum_{n=0}^{\infty}x_n(t) \tag{13.23}$$

$$x_n(t)=\langle R^n x(t),\quad g_{\gamma_n}(t)\rangle g_{\gamma_n}(t) \tag{13.24}$$

$$R^n x(t)=\langle R^n x(t),\quad g_{\gamma_n}(t)\rangle g_{\gamma_n}(t)+R^{n+1}x(t) \tag{13.25}$$

$$g_{\gamma_n}(t)=\frac{1}{\sqrt{s_n}}g\left(\frac{t-u_n}{s_n}\right)\mathrm{e}^{\mathrm{i}2\pi f_n t} \tag{13.26}$$

式中，$x_n(t)$为分解的第 n 个分量；$R^n x(t)$为第 n 个迭代残余量，且 $R^0 x(t)=x(t)$；$g_{\gamma_n}(t)$为第 n 个最优匹配时频原子，它通过匹配追踪分解得到，使得 $R^n x(t)$和 $g_{\gamma_n}(t)$的内积最大。

由于待分解的信号 $x(t)$ 通常为实信号，上述分解得到的每个分量必须转化为实分量，这可通过将复时频原子转化为实时频原子实现，即

$$g_{(\gamma_n,\phi_n)}(t)=\frac{C_{(\gamma_n,\phi_n)}}{2}\left[\mathrm{e}^{\mathrm{i}\phi_n}g_{\gamma_n}(t)+\mathrm{e}^{-\mathrm{i}\phi_n}g_{\gamma_n^-}(t)\right] \tag{13.27}$$

式中，$C_{(\gamma_n,\phi_n)}$ 为常系数，使得调整后的实时频原子的模为 1；ϕ_n 为复时频原子的相位角；γ_n^- 为 γ_n 的共轭参数组，满足 $\gamma_n^-=(s_n,u_n,-f_n)$。式(13.27)可表示为

$$g_{(\gamma_n,\phi_n)}(t)=\frac{C_{(\gamma_n,\phi_n)}}{\sqrt{s_n}}g\left(\frac{t-u_n}{s_n}\right)\cos(2\pi f_n t+\phi_n) \tag{13.28}$$

最终，匹配追踪分解算法得到的分量信号为

$$x(t)=\sum_{n=0}^{\infty}\langle R^n x(t),\quad g_{(\gamma_n,\phi_n)}(t)\rangle g_{(\gamma_n,\phi_n)}(t) \tag{13.29}$$

式中，〈 • 〉表示内积。

对式(13.29)右边做 Wigner-Vill 变换，得到信号 $x(t)$ 的时频能量分布为

$$\begin{aligned}Ex(t,f)=\frac{1}{2}\sum_{n=0}^{\infty}&\mid\langle R^n x(t),g_{(\gamma_n,\phi_n)}(t)\rangle\mid^2\\&\times(Wg_{(\gamma_n,\phi_n)}(t,f)+Wg_{(\gamma_n^-,\phi_n)}(t,f))\end{aligned} \tag{13.30}$$

式中，E 为信号的时频能量分布；W 为 Wigner-Vill 分布，其定义为

$$Wg(t,f)=\int_{-\infty}^{+\infty}H\left(g\left(t+\frac{\tau}{2}\right)\right)\overline{H}\left(g\left(t-\frac{\tau}{2}\right)\right)\mathrm{e}^{-\mathrm{i}f\tau}\mathrm{d}\tau \tag{13.31}$$

式中，H 为希尔伯特变换(Hilbert transform)；$\overline{H}$ 为 H 的复共轭。

希尔伯特变换的定义为

$$H(g(t))=\frac{1}{\pi}\int_{-\infty}^{+\infty}\frac{g(u)}{t-u}\mathrm{d}u \tag{13.32}$$

图 13.6 是采用匹配追踪分解算法得到的 1968 年 Hachinohe 站点东西向地震动的时频曲线，可以看出，地震动的主频为 0.366Hz，其主要持续时间为 3～7s 和 10～20s，这将对结构主频在 0.366Hz 左右的结构产生共振效果。从时频曲线中可看出，峰值加速度出现时刻存在多个频率成分，包括 1.17Hz 频段和 2.73Hz 频段，同时该地震动记录前期以高频成分为主，后期以低频成分为主。

6. 地震动的空间相关性

地震动从震源向外传播时会衰减，其衰减特性对工程结构的地震破坏表现在两种尺度上，其一是针对大跨度桥梁和大跨度空间结构等大跨度工程结构，由于结构跨度较大，在不同空间位置其遭受的地震动是不同的，即行波效应；其二是针对城市或区域，城市或区域的建筑结构、桥梁结构、隧道工程以及生命线系统等，在不

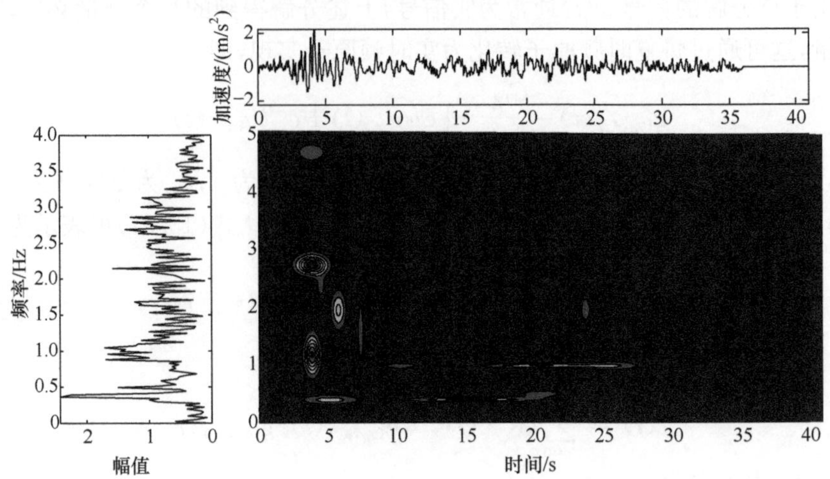

图 13.6　Hachinohe 东西向地震动时频图

同空间位置上地震动输入是不同的。因此分析监测的地震动的空间相关性是十分重要的。地震动空间相关性包括行波效应、相干效应和局部场地效应等(李英民等,2013),目前国内外对相干效应研究的较多,下面介绍这方面的知识。

对于站点 a 和站点 b 监测得到的加速度记录为 $\ddot{x}_a$ 和 $\ddot{x}_b$,分别求各自的自功率谱和互功率谱:

$$\begin{cases} S_{aa}(\omega)=X_a(\omega)X_a^*(\omega) \\ S_{bb}(\omega)=X_b(\omega)X_b^*(\omega) \\ S_{ab}(\omega)=X_a(\omega)X_b^*(\omega) \end{cases} \tag{13.33}$$

式中,$X_a(\omega)$和 $X_b(\omega)$分别为 $\ddot{x}_a$ 和 $\ddot{x}_b$ 的傅里叶谱;X_a^* 和 X_b^* 分别为 $X_a(\omega)$和 $X_b(\omega)$的复共轭。

则站点 a 和站点 b 加速度记录的相干函数为

$$\gamma_{ab}(\omega)=\frac{S_{ab}(\omega)}{\sqrt{S_{aa}(\omega)S_{bb}(\omega)}} \tag{13.34}$$

利用地震动记录进行相干函数统计时,一般不考虑相位的影响,而直接采用相干函数的模$|\gamma_{ab}|$,也称为迟滞相干函数值,其值为 0～1,相干值在某个频率值越大,表示站点 a 和站点 b 的加速度在该频率处相关性越强。如果设站点 a 和站点 b 之间的距离为 χ,则相干函数为距离和频率的函数,定义为

$$\gamma(\chi,\omega)=\frac{S_{ab}(\omega)}{\sqrt{S_{aa}(\omega)S_{bb}(\omega)}}=|\gamma(\chi,\omega)|\,\mathrm{e}^{\mathrm{i}\theta(\chi,\omega)} \tag{13.35}$$

式中,$\theta(\chi,\omega)$为相干函数的相位角,其为距离和频率的函数。相干函数的模一般随距离的增大而减小,而相干函数与频率的关系则较为复杂。

13.1.2　结构地震损伤快速分析方法

与一般结构健康监测的损伤不同，结构地震损包含钢筋或钢材屈服，以及混凝土开裂等，因此，结构地震损伤具有明显的非线性特征。

1. 结构反应的峰值

根据监测的结构地震反应，与相应的设计值、规范允许设计值、材料的特征强度和特征变形比较，则可快速确定甚至定位结构的地震损伤。

若监测的结构层间位移角超过规范规定的弹性范围设计限值，则可判断结构该层发生了地震损伤；若监测的结构层间位移角超过了规范规定的罕遇地震下的设计限值，则可判断结构该层发生了严重的地震损伤。即

$$\begin{cases}\theta_{im}\geqslant[\theta_{e0}]\\ \theta_{im}\geqslant[\theta_{n0}]\end{cases}\tag{13.36}$$

式中，θ_{im}为监测的第 i 层的结构层间转角；$[\theta_{e0}]$和$[\theta_{n0}]$分别为规范规定的结构弹性范围层间转角限值和罕遇地震作用下层间转角限值。

若结构的层间位移超过设计的结构层间屈服位移，则判断结构该层发生了地震损伤，即

$$\Delta u\geqslant[\Delta u_{y}]\tag{13.37}$$

若结构某点的主应变超过了钢筋屈服或混凝土峰值应变，则诊断结构上该构件发生了地震损伤。

若监测的结构相对位移存在残余位移，则诊断结构发生了地震损伤；若结构某层层间位移存在残余位移，则诊断结构该层发生了地震损伤。

除相对位移外，其他指标均为局部反应指标，可以直接定位结构的地震损伤。

2. 结构的频谱分析

结构的频谱特性包括结构自振频率、阻尼比和振型。

在小震作用下，结构处于弹性反应阶段，可采用第 5 章的方法分析监测的结构加速度响应、速度响应、位移响应或应变响应，得到结构的自振频率、阻尼比和振型。

在大地震作用下，结构可能进入非线性反应阶段，可将结构地震反应分为三段：第一段为结构地震反应的初始阶段，该阶段结构地震反应较小，结构处于弹性阶段，可视为健康无损伤结构，如图 13.7 所示的结构非线性滞变模型的 aob 段；第二段为地震中结构反应较大的时段，结构可能进入非线性反应阶段，如图 13.7 所示的结构非线性滞变模型的 $bcefg$ 段；第三段为地震衰减阶段，该阶段结构地震反应较小，但结构可能已经发生了地震损伤，是损伤结构线性阶段地震反应，如

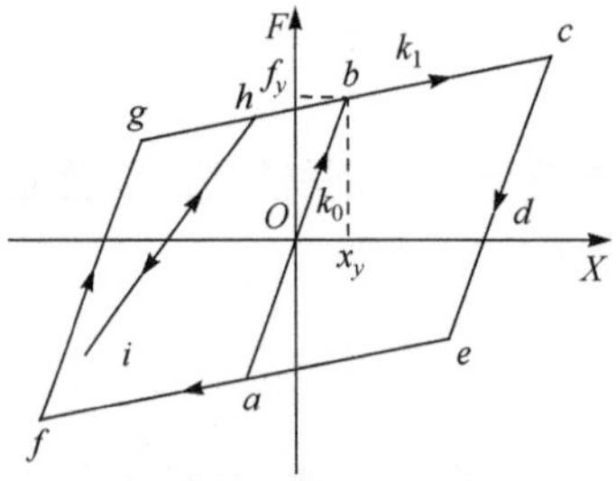

图 13.7　结构非线性滞变模型示意图

图 13.7所示的结构非线性滞变模型的 hi 段。对监测的第一段和第三段结构地震反应数据,可采用第 5 章的方法分析得到结构的自振频率、阻尼比和振型,并通过比较第一段和第三段结构自振频率和阻尼比的变化,诊断结构的地震损伤。

某结构的地震加速度反应时程如图 13.8 所示,第一段、第三段及整个时段结构加速度反应的傅里叶幅度谱如图 13.9 所示。从图中可以看出,第三段结构的自振频率明显低于第一段,由此诊断结构发生了地震损伤,这些信息无法从整个时段的傅里叶幅度谱获得。

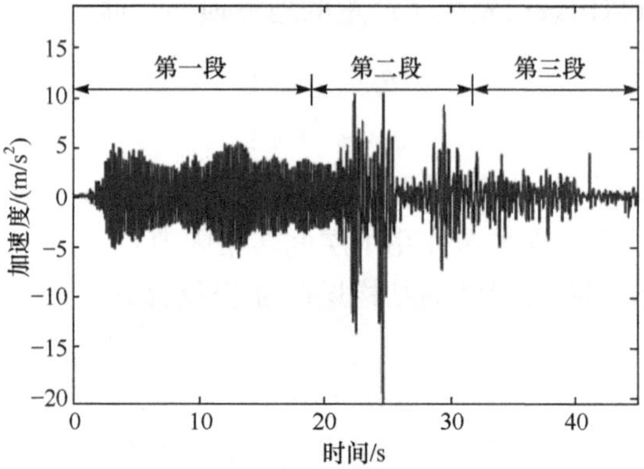

图 13.8　结构地震加速度反应时程

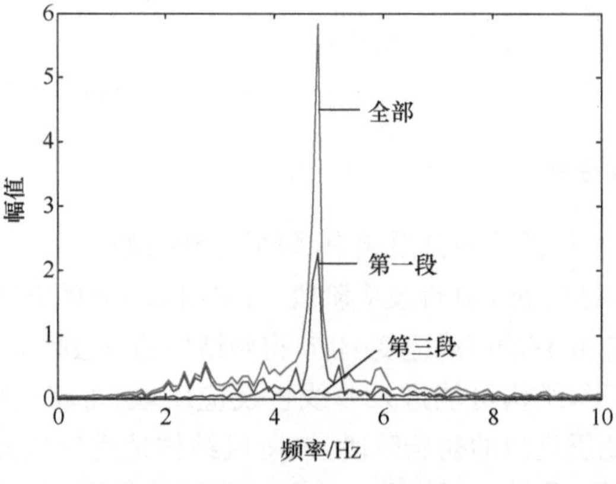

图 13.9　结构地震加速度反应第一段和第三段傅里叶幅度谱

虽然从严格的理论上来讲,传递函数和频响函数仅适用于线性结构,但将传递函数和频响函数的概念用于非线性结构,可以得到非线性结构在分析时段某种平均意义下的频率和阻尼比,对应该分析时段内某种平均意义下结构的刚度和阻尼。

因此，对监测的第三段结构地震反应数据，也可采用第 5 章的频响函数分析方法识别得到该阶段结构的频率和阻尼比，并与第一段识别的结构频率和阻尼比比较，以诊断结构的地震损伤。对监测得到的小震和大震作用下结构地震反应的情况，可将小震作用下的结构视为健康结构，对大震作用下监测的结构地震反应数据分析得到结构的某种平均意义下的频率和阻尼比，与健康监测的响应参数进行比较，诊断结构的地震损伤。

3. 时频分析

结构地震反应的时频分析同地震地面运动的时频分析类似，也可以采用小波变换法、Hilbert-Huang 变换法以及自适应性分解算法，这里介绍基于匹配追踪分解算法得到结构地震反应的时频曲线以及平均瞬时频率(Spanos et al. ,2007)。

通过匹配追踪分解得到结构地震反应的时频曲线，如式(13.30)所示，并在此基础上，定义平均瞬时频率为(Spanos et al. ,2007)

$$\langle f\rangle_t=\frac{\int_{-\infty}^{\infty} fE(x,f)\mathrm{d}f}{\int_{-\infty}^{\infty} E(x,f)\mathrm{d}f}=\frac{\int_{-\infty}^{\infty} fE(x,f)\mathrm{d}f}{|x(t)|^2} \tag{13.38}$$

式中，$\langle f\rangle_t$ 为平均瞬时频率；其他符号意义同前。

平均瞬时频率是结构在地震过程中每个时刻的平均频率成分，能够反映结构地震损伤的演化过程。图 13.10 是某结构(该结构的屈服位移为 0.02m)的地震反

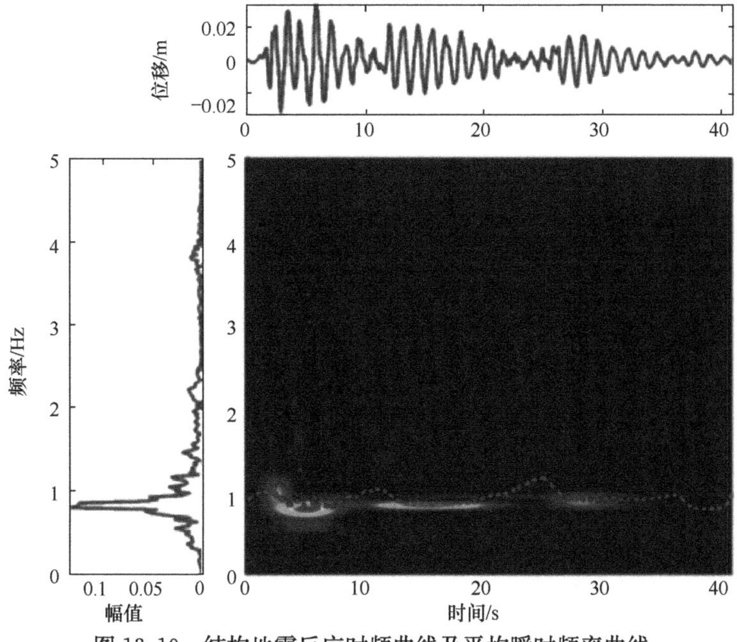

图 13.10　结构地震反应时频曲线及平均瞬时频率曲线

应时频曲线和平均瞬时频率曲线，从图中的结构位移曲线可以看出，结构在 3s 左右屈服，从图中的时频曲线以及平均瞬时频率曲线可以看出，结构在 3s 左右频率降低，且降低的频率一直持续到 8s 左右，这说明结构可能发生了损伤，但平均瞬时频率的降低也可能是由地震动的频率变化引起的，需要做进一步的研究确定结构是否发生了损伤。

4. 算例分析

1972 年美国加利福尼亚州实施加州强震观测计划(California strong motion instrumentation program，CSMIP)，在重要的工程结构上布设地震监测系统。Van Nuys 某栋 7 层钢筋混凝土宾馆，位于圣费尔南多峡谷中部，北纬 34.22°，西经 118.47°。该建筑于 1965 年设计，并于 1966 年建设完成。该建筑标准层平面尺寸为 18.36m×45.76m，高 20.00m，一共布设了 16 个加速度传感器，立面图、平面图及传感器位置如图 13.11 所示(Todorovska and Trifunac.，2008)。该建筑经历了多次地震的考验，其中 1992 年 6 月 20 日的 Big Bear 地震(震级为 6.5 级，震中距为 149km)，结构底层的最大加速度为 23Gal，结构的最大加速度为 54Gal，结构基本完好无损。而 1994 年 1 月 19 日的 Northridge 地震(震级为 6.5 级，震中距为

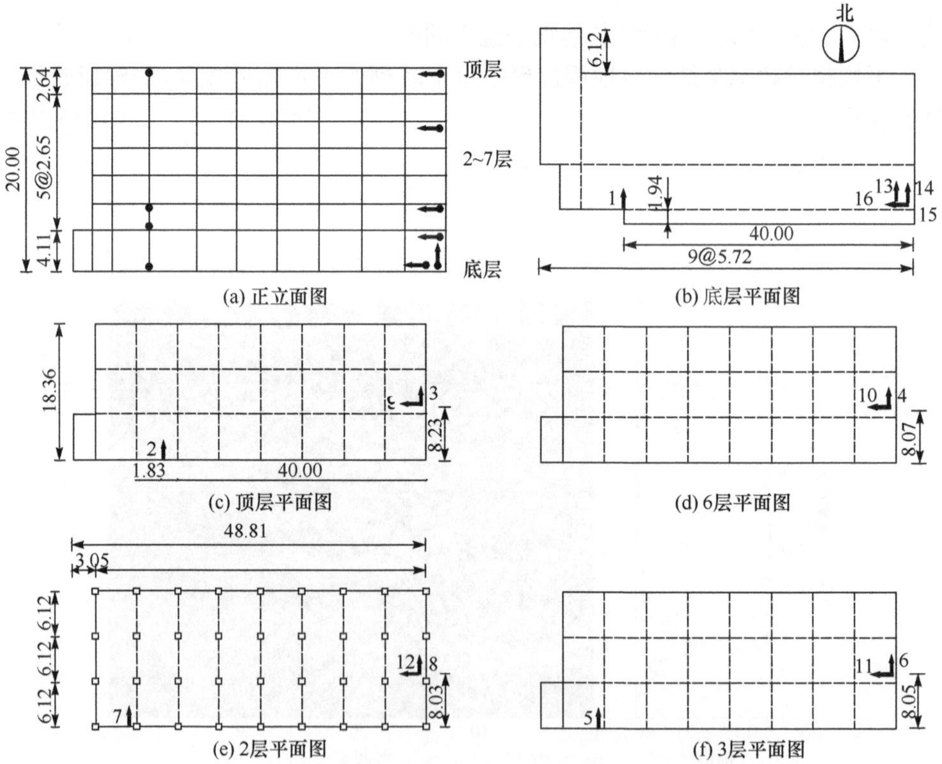

图 13.11 Van Nuys 某 7 层宾馆立面图、平面图及传感器位置(单位：m)

1.5km)，结构底层的最大加速度为 445Gal，结构的最大加速度为 567Gal，结构遭受较为严重的破坏。现采用前述介绍的相关方法分析该建筑在这两次地震中东西方向的动力特性和破坏情况。监测的地面、第 1 层、第 2 层、第 5 层、第 7 层的加速度时程如图 13.12 所示。

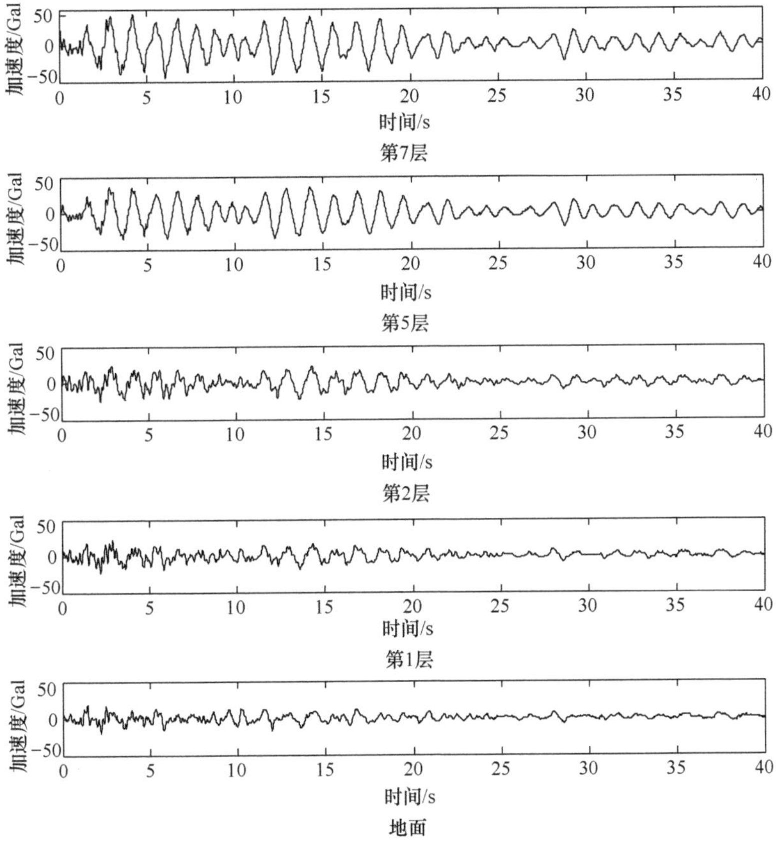

(a) Big Bear地震监测加速度

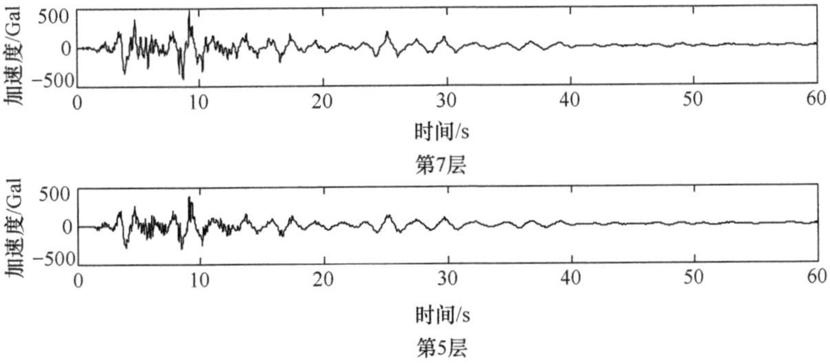

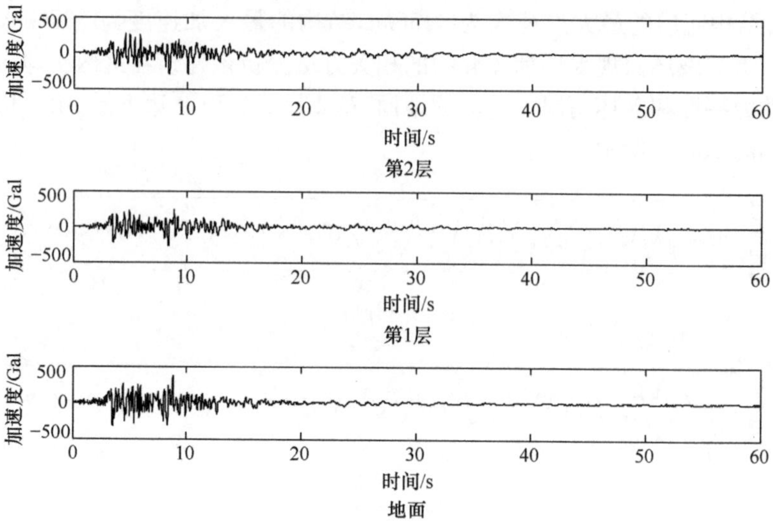

(b) Northridge地震监测加速度

图 13.12　Van Nuys 某 7 层宾馆两次地震下监测的加速度

采用第 5 章随机子空间的模态识别方法，得到 Van Nuys 某 7 层宾馆前 3 阶模态频率、阻尼比、振型，如表 13.1 所示。

表 13.1　Van Nuys 某 7 层宾馆两次地震作用下的模态识别

阶数	模态参数	Big Bear 地震	Northridge 地震
第 1 阶	频率/Hz	0.854	0.604
	阻尼比/%	8.16	26.58
	振型	[0.1292,0.2671,0.6279,0.7195]	[0.1216,0.2646,0.6345,0.7159]
第 2 阶	频率/Hz	2.989	2.036
	阻尼比/%	9.92	21.17
	振型	[0.4147,0.7153,0.0349,−0.5613]	[0.4512,0.7158,0.0393,−0.5316]
第 3 阶	频率/Hz	5.020	3.428
	阻尼比/%	9.48	18.72
	振型	[0.5466,0.5331,−0.4592,0.4541]	[0.5477,0.5017,−0.4495,0.4962]

从表 13.1 中可以看出，结构在 Northridge 地震中前 3 阶模态频率比 Big Bear 地震都有明显降低，模态阻尼比有显著升高，而模态振型变化不明显。

对监测的加速度积分得到相对位移如图 13.13 所示。美国地震减灾计划(national earthquake hazards reduction program，NEHRP)设定的层间位移角限值为 1.5%。Big Bear 地震下结构的层间位移转角均远小于限值；而 Northridge 地震下结构第 1 层、第 2 层的层间位移转角分别为 1.0%和 1.9%，第 1 层层间位移转角接近限值，第 2 层层间位移转角超过 1.5%的限值，结构发生了损伤。

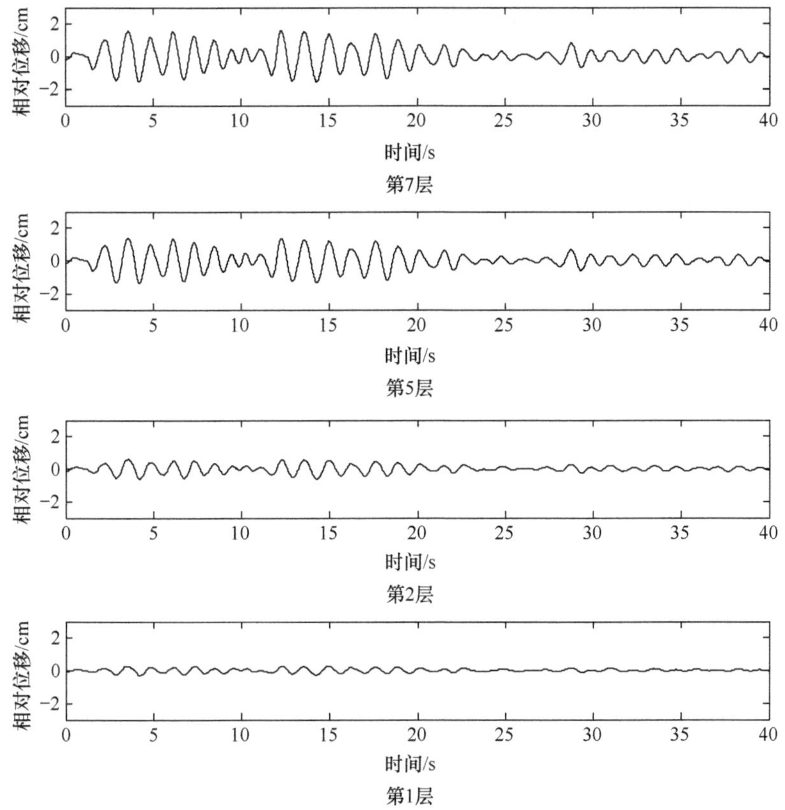

(a) Big Bear地震计算结构的相对位移

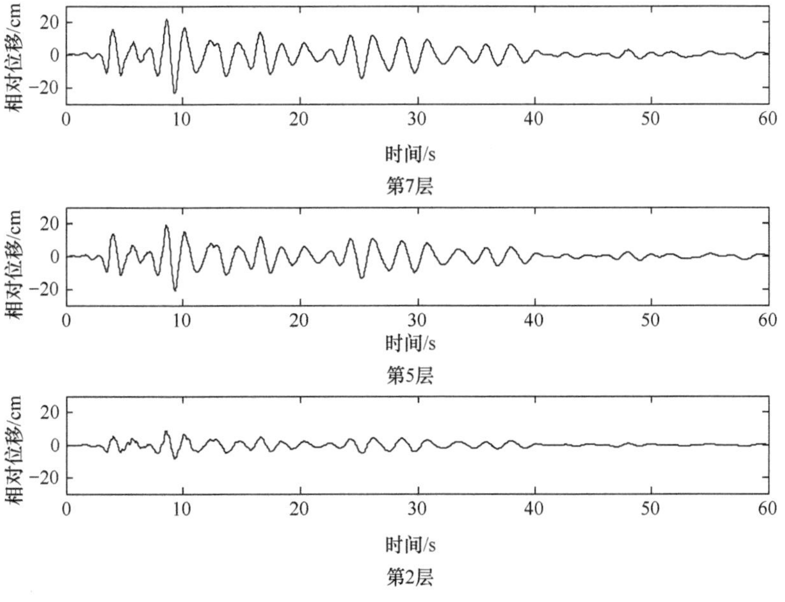

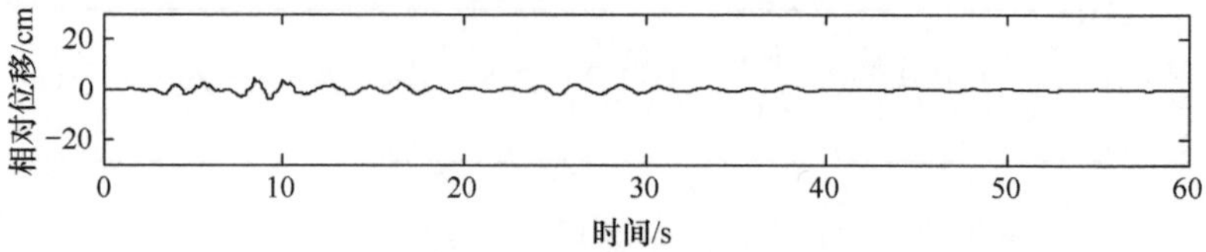

第1层

(b) Northridge地震计算结构相对位移

图 13.13 Van Nuys 某 7 层宾馆两次地震下计算结构的相对位移

13.2 基于数据驱动的结构非线性损伤定位方法

若结构在强地震动作用下进入非线性状态，则结构的刚度和自振频率将发生变化，对于具有滞变非线性特性的土木工程结构，其刚度和频率均随结构响应和时间而变化，因此国内外学者提出了采用基于数据驱动的时频分析方法（如小波分析、短时傅里叶变换、Hilbert-Huang 变换等）来识别结构的地震损伤。一方面，对具有滞变非线性特性的土木工程结构，这些方法的频率分辨率往往不能满足要求；另一方面，这些方法往往不能区分结构响应的频率变化是由结构非线性特性产生的还是由地震输入的频率变化产生的。Li 等(2013)提出直接利用监测的不同位置的结构地震响应时频特性的相似性来识别结构的损伤，即基于数据驱动的结构非线性地震损伤定位的分形方法。本节介绍这种方法。

13.2.1 识别方法

1. 预备知识

基于数据驱动的结构非线性损伤定位的分形方法，是利用结构不同层层间位移时频曲线的相似性来确定非线性损伤发生的位置，时频曲线的相似性是通过分形维数来定量地刻画。不同于一般的时频特征取小波变换系数的绝对值，这里时频特征取为复解析小波变换的实部。

复解析小波变换的实部和虚部为 Hilbert 变换对，即

$$\begin{aligned} H(W^{\mathrm{r}}x(b,a)) &= -W^{\mathrm{i}}x(b,a) \\ H(W^{\mathrm{i}}x(b,a)) &= W^{\mathrm{r}}x(b,a) \end{aligned} \tag{13.39}$$

式中，H 为 Hilbert 变换，表达式为

$$\tilde{x}(t) = H(x(t)) = \frac{1}{\pi}\int_{-\infty}^{+\infty}\frac{x(u)}{t-u}\mathrm{d}u \tag{13.40}$$

$Wx(b,a)$为信号 x 的小波变换在时间 b、尺度 a 上的小波系数；上标 r、i 分别表示复数的实部和虚部；t 为时间。

由于复解析小波变换的性质，$W^{r}x(b,a)$ 与 $Wx(b,a)$ 是一一对应的关系，定义信号 x 的时频特征为

$$F_x = W^{r}x(b,a) \tag{13.41}$$

上述定义的信号时频特征可视为 3 维曲面，如图 13.14 所示，它表示时间-频率平面上结构响应能量的大小。

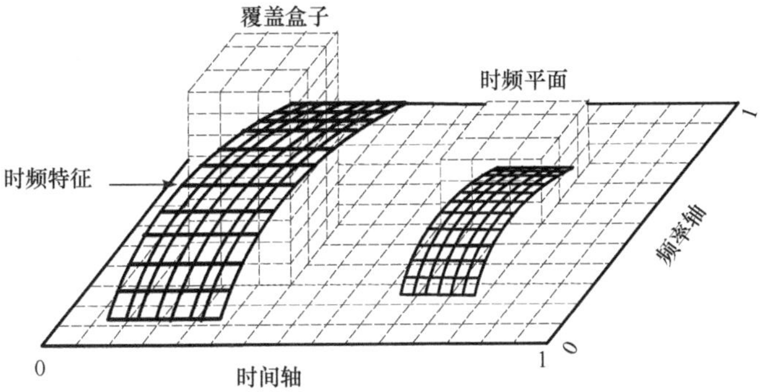

图 13.14　时频特征图及盒计数法示意图

分形维数用来描述自然物（如海岸线、云等）的复杂性、不规则性和相似性，这些物体用经典的 Euclidean 维数难以描述，相近的分形维数表示分形集具有更相近的相似性。对于像信号、时频曲线等随机分形集，分形维数仅在某些特定的尺度才存在，通常采用盒计数法来计算分形维数。下面简单介绍时频特征分形维数的计算过程。

(1) 将时间和频率轴归一化，时频特征由仿射变换归一化：

$$F_{x,a} = \frac{W^{r}x(b,a) - \min(W^{r}x(b,a))}{\max(W^{r}x(b,a)) - \min(W^{r}x(b,a))} \tag{13.42}$$

式中，max 和 min 分别代表最大值和最小值。

(2) 将时间、频率和时频特征用尺度 δ 等分，再用边长为 δ 的正方体去覆盖曲面 $F_{x,a}$，计算能够覆盖整个曲面 $F_{x,a}$ 所需要的最小的盒子数 N_δ。

(3) 画出 $\log N_\delta$ 与 $\log\delta$ 的曲线，确定区间 Δ 使得双对数曲线为线性，用最小二乘法得到该线性段的斜率并确定分形维数：

$$\begin{aligned} \log(N_\delta(F_x)) &= a_1 + a_2\log\delta, \quad \delta\in\Delta \\ \dim_{\mathrm{B}}(F_x) &= -a_2 \end{aligned} \tag{13.43}$$

式中，a_1 为截距；$-a_2$ 为时频特征的分形维数。

2. 识别方法原理

n 个自由度线性结构的运动微分方程为

$$\boldsymbol{M}\ddot{\boldsymbol{X}}(t) + \boldsymbol{C}\dot{\boldsymbol{X}}(t) + \boldsymbol{K}\boldsymbol{X}(t) = -\boldsymbol{M}\boldsymbol{I}\ddot{x}_g(t) \tag{13.44}$$

式中,$\boldsymbol{M}$ 为结构的质量矩阵;$\boldsymbol{C}$ 为结构的阻尼矩阵;$\boldsymbol{K}$ 为结构的刚度矩阵,维数均为 $n\times n$;$\boldsymbol{X}$、$\dot{\boldsymbol{X}}$ 为结构的位移向量和速度向量,维数为 $n\times 1$;$\boldsymbol{I}$ 为单位向量,维数为 $n\times 1$;$\ddot{x}_g$ 为地震地面运动加速度;t 为时间。

由振型叠加法得到结构相对位移为

$$\boldsymbol{X}(t)=\sum_{i=1}^{n}\boldsymbol{\varphi}_i q_i \tag{13.45}$$

层间位移为

$$\Delta\boldsymbol{X}(t)=\sum_{i=1}^{n}\Delta\boldsymbol{\varphi}_i q_i \tag{13.46}$$

式中,$\boldsymbol{\varphi}_i$ 为结构的第 i 阶振型;$\Delta\boldsymbol{\varphi}_i$ 为第 i 阶振型的层间变形;q_i 为第 i 阶振型的广义坐标。

对式(13.46)两边做 Gabor 小波变换:

$$\begin{aligned}W\Delta x_i(b,a)&=\int_{-\infty}^{+\infty}\Delta x_i(t)\frac{1}{\sqrt{a}}\psi^*\left(\frac{t-b}{a}\right)\mathrm{d}t=\int_{-\infty}^{+\infty}\sum_{j=1}^{n}\Delta\phi_{ij}q_j(t)\frac{1}{\sqrt{a}}\psi^*\left(\frac{t-b}{a}\right)\mathrm{d}t\\&=\sum_{j=1}^{n}\int_{-\infty}^{+\infty}\Delta\phi_{ij}q_j(t)\frac{1}{\sqrt{a}}\psi^*\left(\frac{t-b}{a}\right)\mathrm{d}t=\sum_{j=1}^{n}\Delta\phi_{ij}\int_{-\infty}^{+\infty}q_j(t)\frac{1}{\sqrt{a}}\psi^*\left(\frac{t-b}{a}\right)\mathrm{d}t\\&=\sum_{j=1}^{n}\Delta\phi_{ij}Wq_j(b,a)\end{aligned} \tag{13.47}$$

对式(13.47)两边取复数的实部,得到时频特征:

$$F_{\Delta x_i}=W^{\mathrm{r}}\Delta x_i(b,a)=\sum_{j=1}^{n}\Delta\phi_{ij}W^{\mathrm{r}}q_j(b,a)=\sum_{j=1}^{n}\Delta\phi_{ij}F_{q_j} \tag{13.48}$$

同时,第 j 阶振型对第 i 层层间位移贡献的时频特征为

$$F_{\Delta x_{i,j}}=W^{\mathrm{r}}\Delta x_{i,j}(b,a)=\Delta\phi_{ij}W^{\mathrm{r}}q_j(b,a)=\Delta\phi_{ij}F_{q_j} \tag{13.49}$$

由于分形集乘以常数的分形维数与原分形集的分形维数相等,故

$$\dim_{\mathrm{B}}(F_{\Delta x_{i,j}})=\dim_{\mathrm{B}}(\Delta\phi_{ij}F_{q_j})=\dim_{\mathrm{B}}(F_{q_j}) \tag{13.50}$$

由式(13.50)可知,同一振型贡献的各层的层间位移时频特征分形维数相等。

一般情况下,结构地震反应以第 1 阶振型为主,定义用于非线性损伤定位的时频特征为

$$F_{\Delta x}^{\mathrm{d}}=F_{\Delta x}(t,f\,|\,f\in[f_{1\mathrm{l}}f_{1\mathrm{h}}]) \tag{13.51}$$

式中,$f_{1\mathrm{l}}$、$f_{1\mathrm{h}}$为第 1 阶时频曲线的下限和上限截断频率,即结构时频曲线在频域内的范围。

当结构中某些楼层进入非线性时,整个结构可划分为线性子结构和非线性子结构,如图 13.15 所示。它们的运动方程分别为

$$\boldsymbol{M}^{(\mathrm{l})}\ddot{\boldsymbol{X}}^{(\mathrm{l})}(t)+\boldsymbol{C}^{(\mathrm{l})}\dot{\boldsymbol{X}}^{(\mathrm{l})}(t)+\boldsymbol{K}^{(\mathrm{l})}\boldsymbol{X}^{(\mathrm{l})}(t)=-\boldsymbol{M}^{(\mathrm{l})}\{1\}\ddot{x}_g(t)+\boldsymbol{H}^{(\mathrm{l})}(t) \tag{13.52}$$

$$\boldsymbol{M}^{(\mathrm{nl})}\ddot{\boldsymbol{X}}^{(\mathrm{nl})}(t)+\boldsymbol{C}^{(\mathrm{nl})}\dot{\boldsymbol{X}}^{(\mathrm{nl})}(t)+\boldsymbol{R}(\boldsymbol{X}^{(\mathrm{nl})},\dot{\boldsymbol{X}}^{(\mathrm{nl})})=-\boldsymbol{M}^{(\mathrm{nl})}\{1\}\ddot{x}_g(t)+\boldsymbol{H}^{(\mathrm{nl})}(t) \tag{13.53}$$

式中,上标 l 和 nl 分别表示线性子结构和非线性子结构;$\boldsymbol{R}(t)$为非线性子结构中的非线性恢复力;$\boldsymbol{H}(t)$为子结构边界上的力向量;其他符号同前。

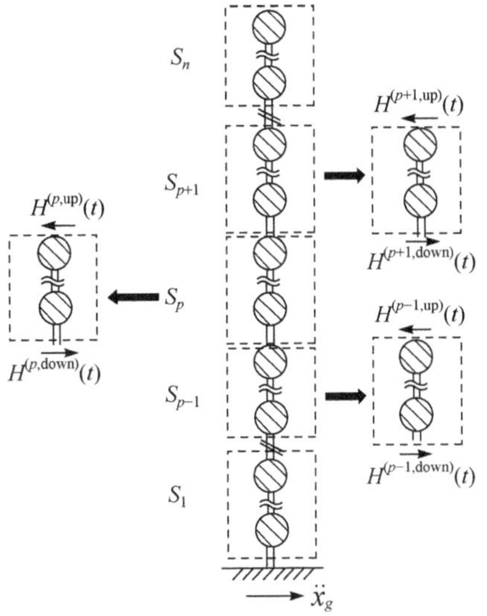

图 13.15　剪切型结构线性和非线性子结构划分

对于线性子结构 S_{p+1},其结构响应可由振型叠加法得到,并由前述结构线性地震响应时频特征分形维数的推导可知,该子结构上各自由度地震响应的时频特征分形维数相等;对于非线性子结构 S_p,振型叠加法不再适用,该子结构不存在固定的振型,子结构内各层层间位移的时频特征分形维数不再相等。基于上述分析可知,如果结构各层地震反应的时频特征分形维数均相同,就可诊断结构是线性的,没有发生非线性损伤;反之,若结构某些层的地震反应的时频特征分形维数与其他层不相等,则可诊断该结构已经发生非线性损伤,且损伤位置就在时频特征分形维数变化处或其附近几层。

13.2.2　算例分析

1) 结构模型及其参数

结构模型是 10 自由度的剪切型结构,结构的质量矩阵和初始刚度矩阵分别为

$$\boldsymbol{M}=\begin{bmatrix} m_1 & & & \\ & m_2 & & \\ & & \ddots & \\ & & & m_{10} \end{bmatrix},\quad \boldsymbol{K}=\begin{bmatrix} k_1+k_2 & -k_2 & & & \\ -k_2 & k_2+k_3 & -k_3 & & \\ & -k_3 & \ddots & \ddots & \\ & & \ddots & k_9+k_{10} & -k_{10} \\ & & & -k_{10} & k_{10} \end{bmatrix}$$

式中,$m_1=m_2=\cdots=m_{10}=10^5\,\mathrm{kg}$;$k_1=k_2=k_3=1.5\times10^8\,\mathrm{N/m}$;$k_4=k_5=\cdots=k_{10}=$

1.0×10^8N/m。阻尼是瑞利比例阻尼，其中第 1 阶和第 3 阶的模态阻尼比均为 0.05，$\boldsymbol{C}=0.4282\boldsymbol{M}+0.0034\boldsymbol{K}$。

结构层间非线性模型如图 13.16 所示。

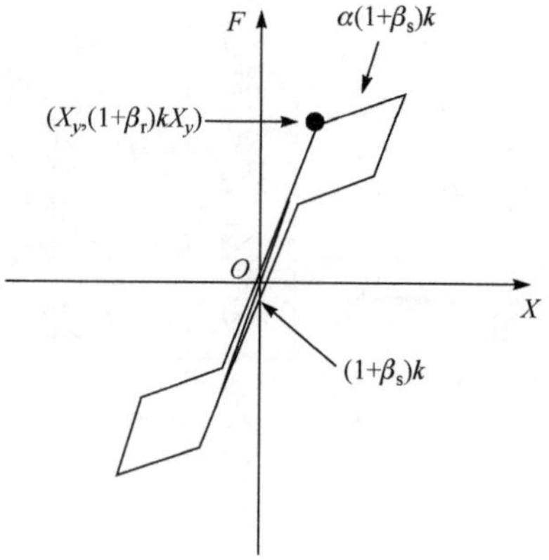

图 13.16 层间非线性模型示意图

结构层间运动方程为

$$m_i\left(\sum_{l=1}^{i}\Delta\ddot{x}_l+\ddot{x}_g(t)\right)+c_i\Delta\dot{x}_i+h_i-h_{i+1}=0 \tag{13.54}$$

式中，h_i 为第 i 层层间恢复力；c_i 为第 i 层层间阻尼系数。

如果第 i 层层间为线性的，则 $h_i=k_i\Delta x_i$，反之

$$h_i=k_i(z_{i,1}(t)\beta_{i,\mathrm{r}}+z_{i,2}(t))/(1+\beta_{i,\mathrm{s}}) \tag{13.55}$$

式中，$\beta_{i,\mathrm{r}}$为第 i 层层间非线性模型的强度系数；$\beta_{i,\mathrm{s}}$为第 i 层层间非线性模型的刚度系数；$z_{i,1}$为第 i 层层间非线性模型对应理想弹塑性的滞回位移；$z_{i,2}$为第 i 层层间非线性模型对应双线弹性的滞回位移，这两个滞回位移由微分方程控制：

$$\begin{aligned}\dot{z}_{i,1}&=\Delta\dot{x}_i[1-\varepsilon(\Delta\dot{x}_i)\varepsilon(z_{i,1}-X_{yi})-\varepsilon(-\Delta\dot{x}_i)\varepsilon(-z_{i,1}-X_{yi})]\\ \dot{z}_{i,2}&=\Delta\dot{x}_i[1-(1-\alpha_i(1+\beta_{i,\mathrm{s}}))\varepsilon(z_{i,2}-X_{yi})-(1-\alpha_i(1+\beta_{i,\mathrm{s}}))\varepsilon(-z_{i,2}-X_{yi})]\end{aligned} \tag{13.56}$$

式中，α_i 为第 i 层层间非线性模型对应双线弹性的屈服后、前刚度比；X_{yi}为第 i 层层间非线性模型的屈服位移；$\varepsilon(\cdot)$为阶跃函数。

$$\varepsilon(x)=\begin{cases}1, & x\geqslant0\\0, & x<0\end{cases} \tag{13.57}$$

算例中的非线性模型参数取定为 $\alpha_i=0.05$，$\beta_{i,\mathrm{s}}=1/3$，$\beta_{i,\mathrm{r}}=1/3$。

通过调整层间屈服位移的大小模拟单层和多层损伤。假设单层损伤发生在第 1 层，多层损伤发生在第 1 层和第 5 层。不同损伤工况各层间屈服位移如表 13.2 所示。

表 13.2　结构进入非线性的层间及楼层屈服位移

非线性位置	地震动	屈服位移/m
无	El Centro	所有层 0.1
	Taft	
	Chichi	
	Northridge	
第 1 和第 5 层	El Centro	第 1 层 0.02，第 5 层 0.025，其他层 0.1
	Taft	
	Chichi	
	Northridge	

输入结构的地震动采用太平洋地震研究中心（Pacific Earthquake Engineering Research Center，PEER）的下一代地震动衰减（next generation attenuation，NGA）数据库中的数据。四条地震动记录分别为：1940 年 5 月 18 日 Imperial Valley 地震在 El Centro 站点记录的远场地震动，文件编号为 I－ELC180；1952 年 7 月 21 日 Kern County 地震在 Taft 站点记录的远场地震动，文件编号为 TAF111；1999 年 9 月 20 日中国台湾 Chichi 地震在 Chichi 站点记录的近场地震动，文件编号为 TCU052-W；1994 年 1 月 17 日 Northridge 地震在 Northridge 站点记录的近场地震动，文件编号为 ORR090。对上述地震动加速度记录重采样，采样时间间隔为 0.01s，总采样点数为 4096。调整各地震动记录的 PGA 使得结构层间产生不同程度的损伤，包括单层损伤和多层损伤。El Centro 地震动记录的 PGA 调整系数分别为 1.0、1.8 和 2.5，对应的 PGA 分别为 3.13、5.63、7.83m/s^2；Taft 地震动记录的 PGA 调整系数分别为 2.0、3.2 和 4.0，对应的 PGA 分别为 3.48m/s^2、5.58m/s^2、6.97m/s^2；Chichi 地震动记录的 PGA 调整系数分别为 0.2、0.4 和 0.5，对应的 PGA 分别为 0.83m/s^2、1.67m/s^2、2.09m/s^2；Northridge 地震动记录的 PGA 调整系数分别为 0.6、1.1 和 1.6，对应的 PGA 分别为 3.41m/s^2、6.25m/s^2、9.09m/s^2。

2）识别结果

结构地震反应通过编制的 MATLAB/Simulink 求解，求解器采用变步长的 Dormand-Prince（ode45）。考虑到实际结构上布置的是加速度传感器，测量得到的是各测点的绝对加速度。本算例中的层间位移通过层间加速度二次积分得到，积分方法采用 PEER NGA 处理地震动的流程：由原始绝对加速度得到无修正层间加速度，再做 4 阶 Butterworth 带通滤波器，带通频率为 0.4～20Hz。对修正后的层间加速度二次积分得到无修正的层间位移，对层间位移做 6 次多项式拟合趋势，其中常数项和一次项的系数为零，最后将无修正层间位移减去拟合的多项式趋势得到修正后的层间位移。Gabor 小波变换程序采用 Stanford 大学 David Donoho 课题组提供的 MATLAB 小波工具包 WAVELAB，时频特征分形计算采用 Canus 等提供的 MATLAB 分形工具包 FRACLAB。Gabor 小波的中心频率取 0.80Hz，这与结构的第 1 阶频率接近，频段带宽取为 1。

在 El Centro 地震动作用下，结构各层均为弹性反应、结构第 1 层进入非线性、结构第 1 层和第 5 层均进入非线性的地震动的 PGA 分别为 3.13m/s^2、5.63m/s^2 和 7.83m/s^2，结构各层的层间位移及其傅里叶幅值谱和时频特征如图 13.17 所示。这里仅示意线性结构，第 1 层和第 5 层屈服的结果。

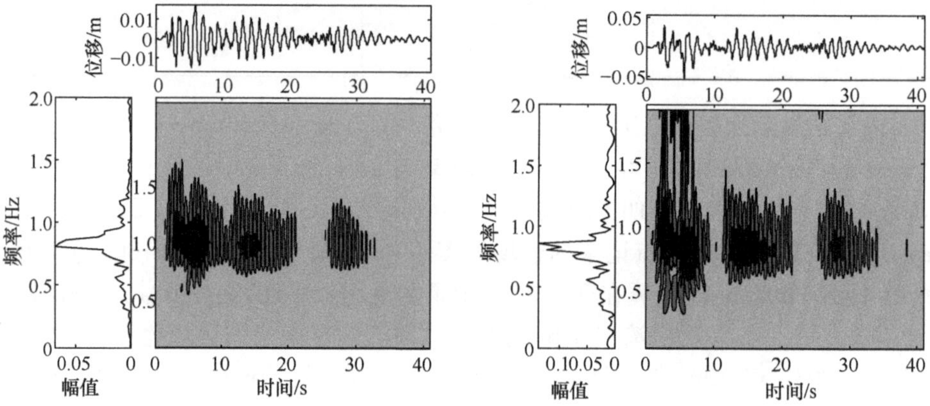

(a) 第1层

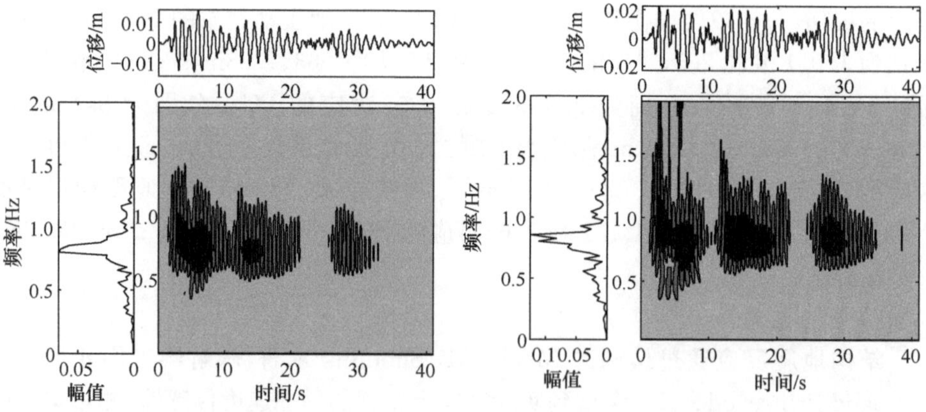

(b) 第2层

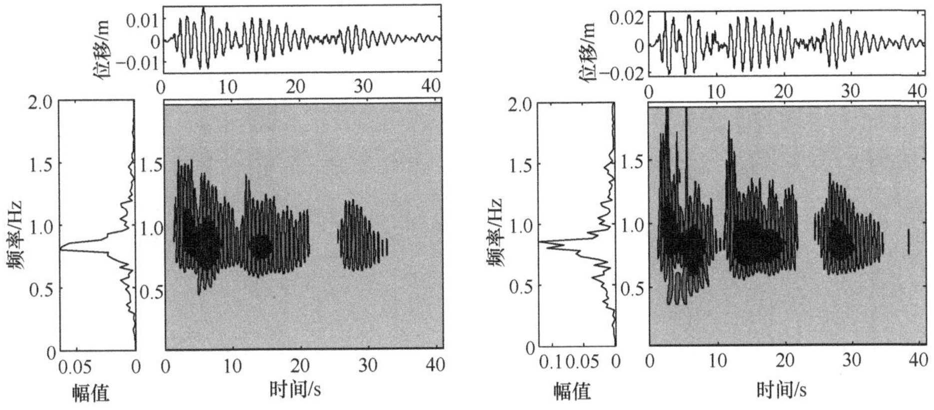

(c) 第3层

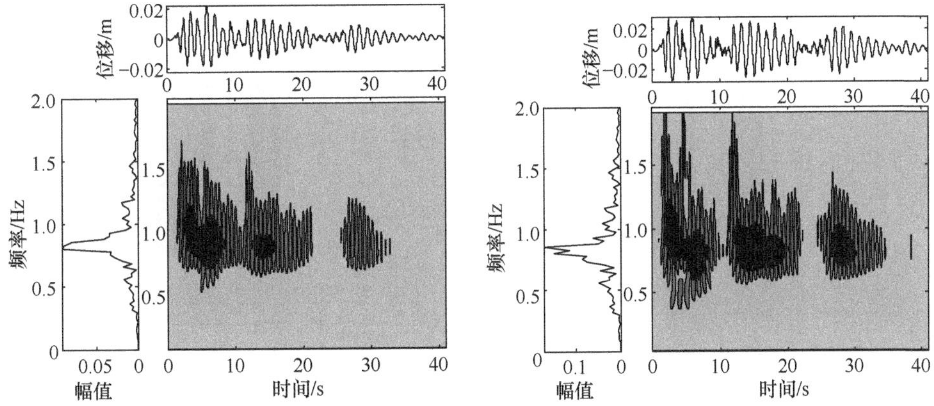

(d) 第4层

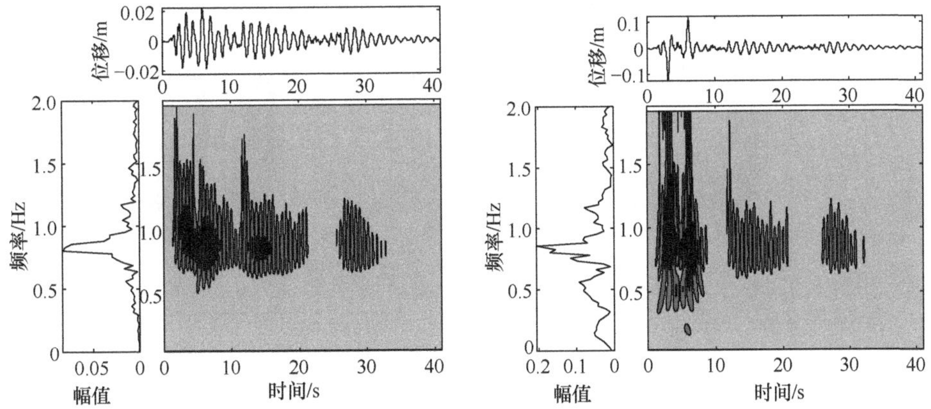

(e) 第5层

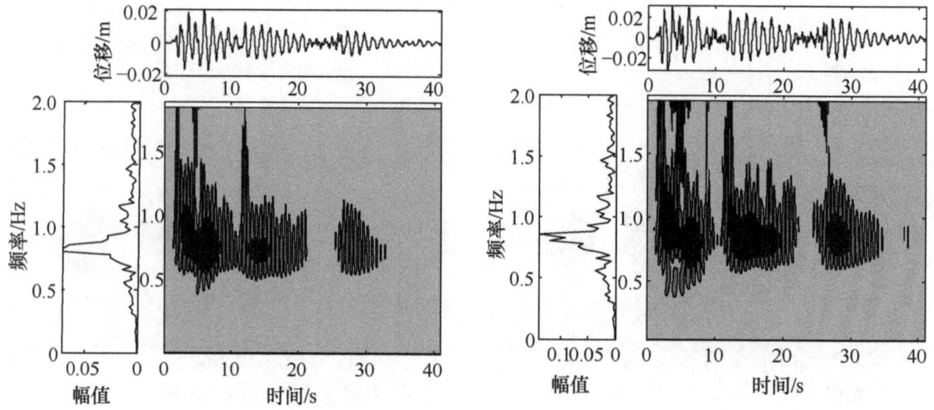

(f) 第6层

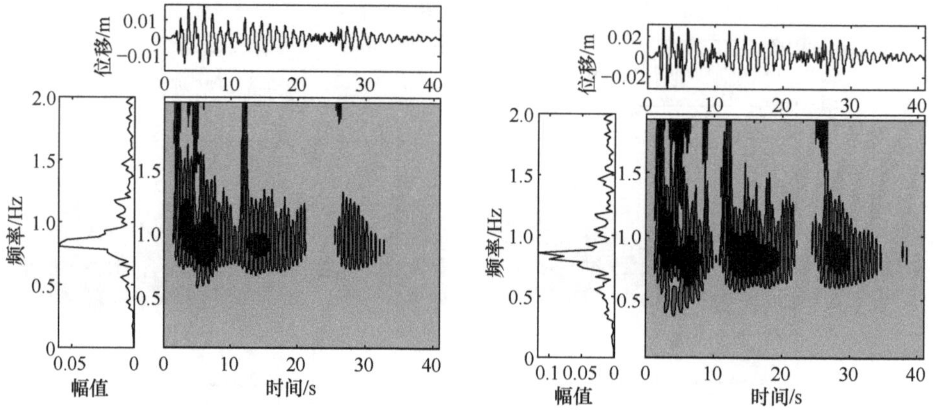

(g) 第7层

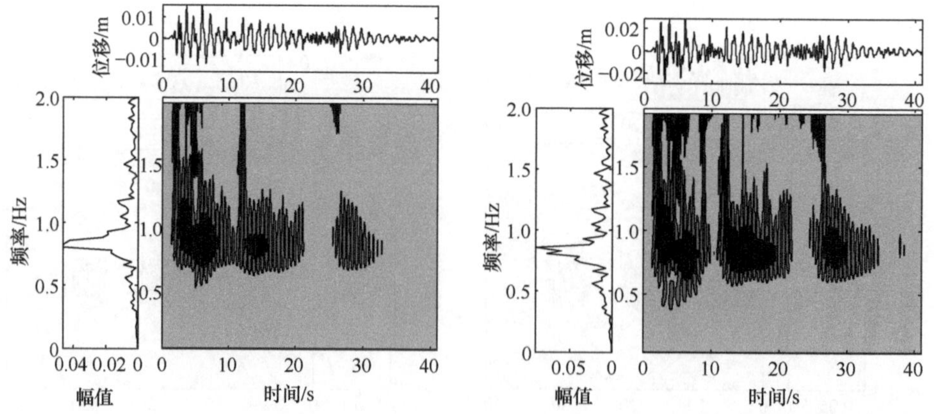

(h) 第8层

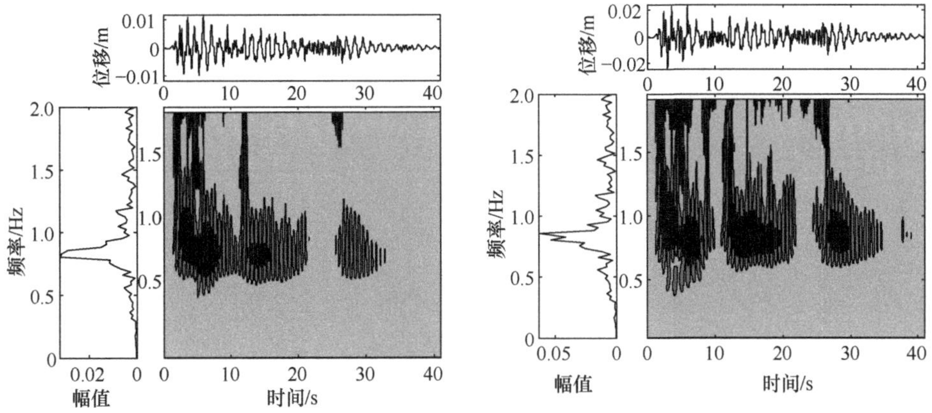

(i) 第9层

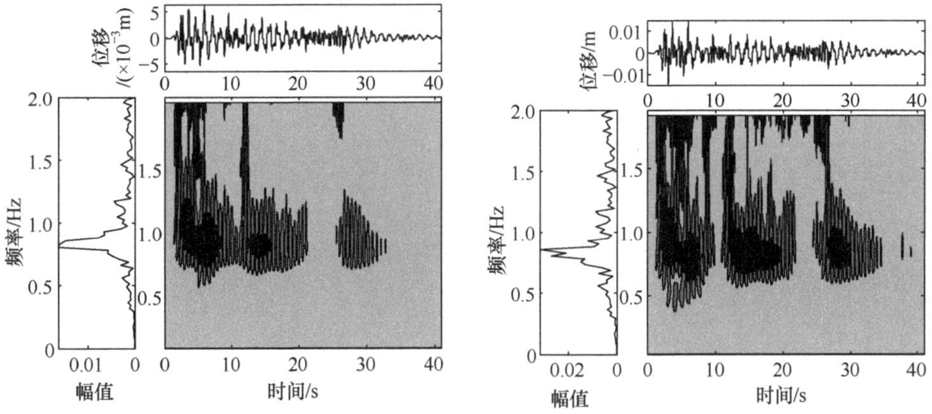

(j) 第10层

图 13.17　El Centro 地震动作用下结构层间位移时程、时频特征和傅里叶幅度谱

左侧图为线性结构，峰值加速度为 3.13m/s^2；右侧图为第 1 和第 5 层屈服，峰值加速度为 7.83m/s^2

从图 13.17(a)可看出，时频特征的能量集中在 0.5～1.5Hz，且时频特征随时间的变化同层间位移的时程曲线变化趋势一致，线性结构各层层间位移的时频特征之间相似度很高，只有在第 1 阶与第 2 阶混叠区域有所差别，这些差别可以通过过滤时频特征第 1 阶频率附近的高频成分来消除。截断频率取 0.40～1.08Hz，该频率区段的时频特征的分形双对数如图 13.18(a)所示。限于篇幅，这里仅示意第 1 层层间位移时频特征分形维数的结果。从图中可看出，该时频特征在尺度区间 2^{-5}～2^{-2}上的双对数图近似线性，表示在该尺度上存在分形特征，由最小二乘法得到的分形维数为 2.376。其他楼层层间位移的时频图也在该尺度区间存在分形特征，相应的分形维数如图 13.19(a)带圆圈标识的曲线所示。从图 13.19(a)中可看

出，各层时频特征分形维数相等。从图 13.17(b)可看出，第 2～4 层以及 6～10 层层间位移的时频特征相似度高，第 1 层层间位移的时频特征与其他层的差异较大，第 5 层的时频特征明显与其他层不同，这些差别是由结构相应层的非线性反应引起的。

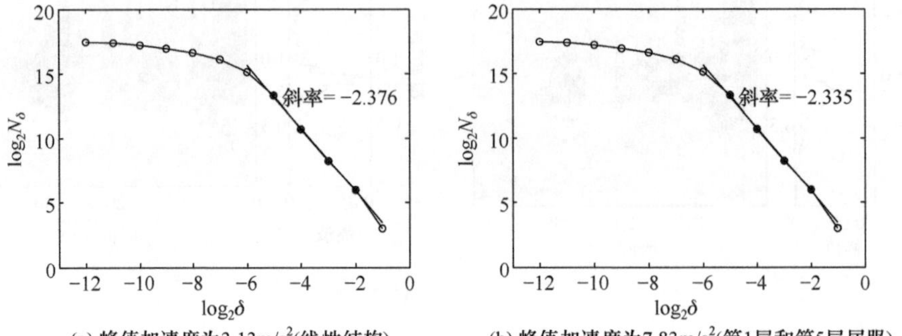

(a) 峰值加速度为3.13m/s²(线性结构)　(b) 峰值加速度为7.83m/s²(第1层和第5层屈服)

图 13.18　El Centro 地震动作用下时频特征盒计数双对数图

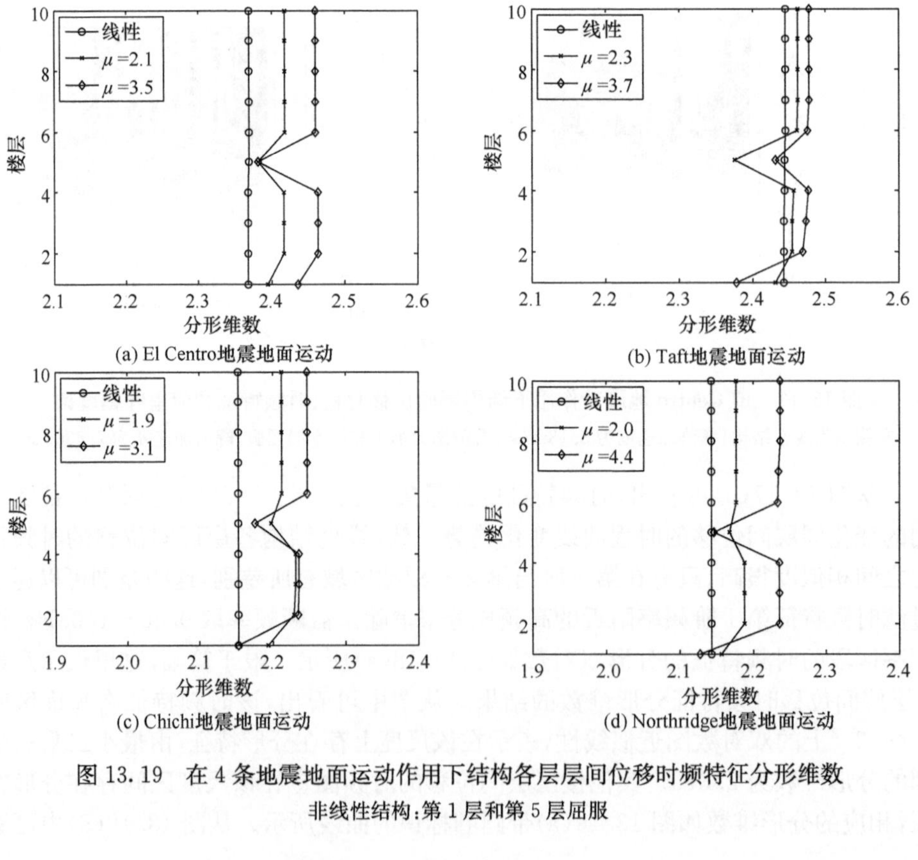

(a) El Centro地震地面运动　(b) Taft地震地面运动

(c) Chichi地震地面运动　(d) Northridge地震地面运动

图 13.19　在 4 条地震地面运动作用下结构各层层间位移时频特征分形维数

非线性结构：第 1 层和第 5 层屈服

该结构可划分为 4 个子结构，第 1 层为非线性子结构 S_1，第 2～4 层为线性子结构 S_2，第 5 层为非线性子结构 S_3，第 6～10 层为线性子结构 S_4。第 1 层层间位移时频特征分形双对数如图 13.18(b)所示，该时频特征同样在尺度区间 2^{-5}～2^{-2} 上的双对数图近似线性，表示在该尺度上存在分形特征，由最小二乘法得到的分形维数为 2.335；其他楼层层间位移的时频图也在该尺度区间存在分形特征，相应的分形维数如图 13.19(a)带十字标识的曲线($\mu=2.1$)所示，图中 μ 是最大层间位移与层间屈服位移的比值，反映结构的损伤程度。从图中可看出，第 2～4 层各层时频特征分形维数相等，第 6～10 层各层时频特征分形维数相等，第 1 层和第 5 层的分形维数与其他层的均不相同。当输入 PGA 为 7.83m/s^2 的 El Centro 地震记录时，结构的第 1 层和第 5 层屈服，其他层未屈服，相应的层间位移时频特征分形维数如图 13.19(a)带菱形标识的曲线($\mu=3.5$)所示，从图中可以看出与前述相同的分形维数变化规律，且偏离程度比 PGA 为 5.63m/s^2 时要高。比较不同损伤程度的结果，可以得出损伤程度越高，损伤层的层间位移时频特征分形维数偏离其他层程度越高。

在其他中、大幅度地震动 Taft、Chichi 和 Northridge 作用下，结构的层间位移时频特征分形维数的结果如图 13.19(b)～(d)带十字和菱形标识的曲线所示。同样可得出与 El Centro 地震动输入下结构层间位移时频分形维数相同的变化规律。

3）抗噪性分析

正如前面所述，监测系统的测量噪声是不可避免的。为检验该损伤定位方法的抗噪性，对 El Centro 地震地面运动作用下结构的绝对加速度监测值分别混叠均方根百分比为 5%、10%和 15%的高斯白噪声。不同工况下得到的结构层间位移、傅里叶幅度谱和时频特征如图 13.20 所示。当结构第 1 层和第 5 层屈服位移

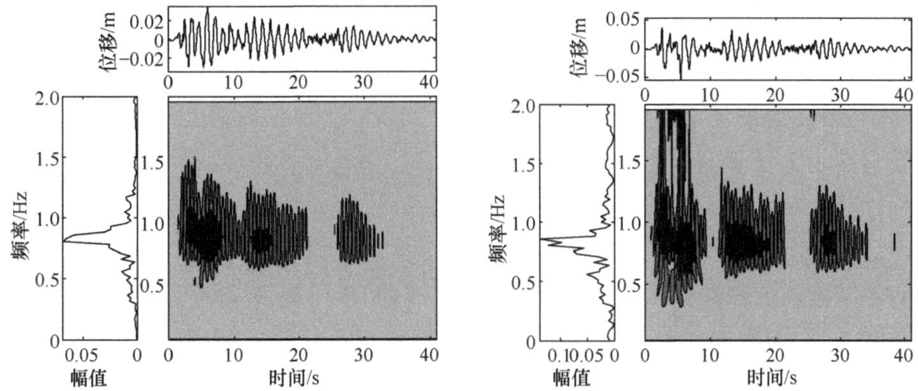

(a) 峰值加速度为3.13 m/s^2(线性结构)　(b) 峰值加速度为7.83 m/s^2(第1层和第5层屈服)

图 13.20　El Centro 地震动作用下混叠 15%噪声的结构层间位移时程、时频特征和傅里叶幅度谱

较小时,混叠不同噪声水平的结构层间位移时频曲线的分形维数如图 13.21 所示。从图 13.21 中可以看出,即使噪声水平达到 15%,该方法仍能准确定位结构的损伤位置,说明该识别方法抗噪性强。这是由于噪声往往是高频的,其隐含在分形维数计算的盒中,对盒维数影响较小。

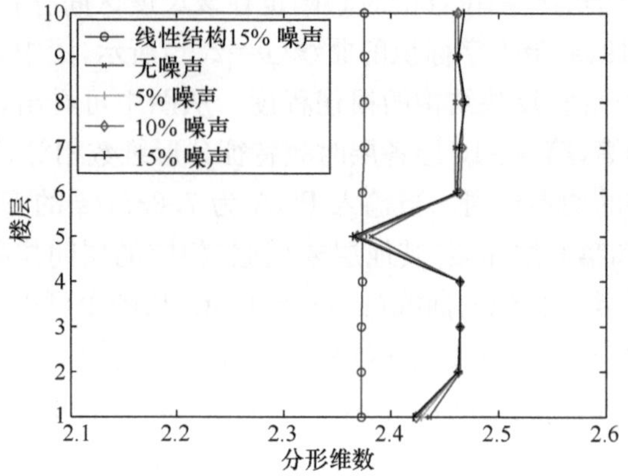

图 13.21 不同噪声水平下结构各层层间位移时频特征分形维数

峰值加速度为 7.83m/s² 的 El Centro 地震地面运动作用,非线性结构:第 1 层和第 5 层屈服

13.3 结构非线性模型参数识别方法

在各种已知结构非线性模型、识别结构模型参数的方法中,因扩展 Kalman 滤波器具有概念清晰、鲁棒性强等特点而得到广泛的研究与应用。本节主要介绍利用监测得到的结构地震动输入和部分自由度的结构地震响应、基于扩展 Kalman 滤波器的结构非线性模型参数识别方法。

13.3.1 识别方法

n 个自由度结构的运动微分方程为

$$\begin{aligned}&\boldsymbol{M}\ddot{\boldsymbol{x}}+\boldsymbol{F}(\boldsymbol{x},\dot{\boldsymbol{x}},\theta,t)=-\boldsymbol{MI}\ddot{x}_g\\&\boldsymbol{x}(t_0)=\boldsymbol{x}_0,\dot{\boldsymbol{x}}(t_0)=\dot{\boldsymbol{x}}_0\end{aligned}\tag{13.58}$$

式中,$\boldsymbol{M}$ 为结构的质量阵,维数为 $n\times n$;$\boldsymbol{F}(\boldsymbol{x},\dot{\boldsymbol{x}},\boldsymbol{\theta},t)$ 为结构非线性恢复力向量;$\boldsymbol{x}$ 和 $\dot{\boldsymbol{x}}$ 为结构的位移向量和速度向量,维数为 $n\times 1$;$\boldsymbol{\theta}=[\theta_1,\theta_2,\cdots,\theta_N]^{\mathrm{T}}$ 为结构未知的刚度、阻尼和滞回参数,维数为 $N\times 1$,是需要通过监测的结构地震动输入和结构响应来识别得到的参数;$\boldsymbol{x}_0$ 和 $\dot{\boldsymbol{x}}_0$ 为结构的初始位移和初始速度;$\boldsymbol{I}$ 为单位向量,维数为 $n\times 1$;$\ddot{x}_g$ 为地震地面运动加速度;t 为时间。

将原始状态变量和待识别的 N 个结构参数形成扩展状态变量 $\boldsymbol{Z}=[\boldsymbol{x}^{\mathrm{T}},\dot{\boldsymbol{x}}^{\mathrm{T}},$

$\boldsymbol{\theta}^{\mathrm{T}}]^{\mathrm{T}}$，将上述运动方程表示为非线性状态方程：

$$\dot{\boldsymbol{Z}}=\boldsymbol{f}(\boldsymbol{Z},\ddot{x}_g,t)+\boldsymbol{w} \tag{13.59}$$

将监测的物理量写成观测方程：

$$\boldsymbol{Y}=\boldsymbol{h}(\boldsymbol{Z},\ddot{x}_g,t)+\boldsymbol{v} \tag{13.60}$$

式中，$\boldsymbol{Y}$ 为监测向量，维数为 $l\times1$，通常只观测结构有限自由度的绝对加速度，所以 $l\leqslant n$；$\boldsymbol{w}$ 为过程噪声，通常假定均值为0的高斯白噪声(维数为$(2n+N)\times1$)，其协方差矩阵为 $\boldsymbol{Q}$(维数为$(2n+N)\times(2n+N)$)，表示为 $\boldsymbol{w}\sim N(0,\boldsymbol{Q})$；$\boldsymbol{v}$ 为观测噪声，通常假定为均值为0的高斯白噪声，维数为 $l\times1$，其协方差矩阵为 $\boldsymbol{R}$，表示为 $\boldsymbol{v}\sim N(0,\boldsymbol{R})$；通常 $\boldsymbol{Q}$、$\boldsymbol{R}$ 假定为对角阵。

将式(13.59)和式(13.60)的连续系统离散为

$$\begin{aligned}&\boldsymbol{Z}_k=\boldsymbol{f}^{\mathrm{d}}(\boldsymbol{Z}_{k-1},\ddot{x}_g,k-1)+\boldsymbol{w}_{k-1}^{\mathrm{d}}\\&\boldsymbol{Y}_k=\boldsymbol{h}^{\mathrm{d}}(\boldsymbol{Z}_k,\ddot{x}_g,k)+\boldsymbol{v}_k^{\mathrm{d}}\end{aligned} \tag{13.61}$$

式中，$\boldsymbol{Z}_k=\boldsymbol{Z}(t=(k+1)\Delta t)$ 为离散的第 k 步状态变量，其余类推。上标 d 代表离散化，其中 $\boldsymbol{w}_{k-1}^{\mathrm{d}}\sim N(0,\boldsymbol{Q}_{k-1}^{\mathrm{d}})$，$\boldsymbol{v}_{k-1}^{\mathrm{d}}\sim N(0,\boldsymbol{R}_{k-1}^{\mathrm{d}})$。

采用扩展 Kalman 滤波器进行结构状态估计分为预测与更新两步。

(1) 预测。

$$\begin{cases}\hat{\boldsymbol{Z}}_k^-=\boldsymbol{f}^{\mathrm{d}}(\hat{\boldsymbol{Z}}_{k-1},\ddot{x}_g,k-1)\\\boldsymbol{P}_k^-=\boldsymbol{F}_{\boldsymbol{Z}}(\hat{\boldsymbol{Z}}_{k-1},\ddot{x}_g,k-1)\boldsymbol{P}_{k-1}\boldsymbol{F}_{\boldsymbol{Z}}^{\mathrm{T}}(\hat{\boldsymbol{Z}}_{k-1},\ddot{x}_g,k-1)+\boldsymbol{Q}_{k-1}^{\mathrm{d}}\end{cases} \tag{13.62}$$

(2) 更新。

$$\begin{cases}\boldsymbol{\varepsilon}_k=y_k-\boldsymbol{h}^{\mathrm{d}}(\hat{\boldsymbol{Z}}_k^-,\ddot{x}_g,k)\\\boldsymbol{S}_k=\boldsymbol{H}_{\boldsymbol{Z}}(\hat{\boldsymbol{Z}}_k^-,\ddot{x}_g,k)\boldsymbol{P}_k^-\boldsymbol{H}_{\boldsymbol{Z}}^{\mathrm{T}}(\hat{\boldsymbol{Z}}_k^-,\ddot{x}_g,k)+\boldsymbol{R}_{k-1}^{\mathrm{d}}\\\boldsymbol{K}_k=\boldsymbol{P}_k^-\boldsymbol{H}_{\boldsymbol{Z}}^{\mathrm{T}}(\hat{\boldsymbol{Z}}_k^-,\ddot{x}_g,k)\boldsymbol{S}_k^{-1}\\\hat{\boldsymbol{Z}}_k=\hat{\boldsymbol{Z}}_k^-+\boldsymbol{K}_k\boldsymbol{\varepsilon}_k\\\boldsymbol{P}_k=\boldsymbol{P}_k^--\boldsymbol{K}_k\boldsymbol{S}_k\boldsymbol{H}_{\boldsymbol{Z}}\boldsymbol{P}_k^-\end{cases} \tag{13.63}$$

式中，$\hat{\boldsymbol{Z}}_k^-$ 为第 k 步监测前的状态预测均值；$\boldsymbol{P}_k^-$ 为第 k 步监测前的状态预测协方差矩阵；$\hat{\boldsymbol{Z}}_k$ 为第 k 步监测后的状态估计均值；$\boldsymbol{P}_k$ 为第 k 步监测后的状态估计协方差矩阵；$\boldsymbol{\varepsilon}_k$ 为监测残余量；$\boldsymbol{S}_k$ 为监测预测协方差矩阵；$\boldsymbol{K}_k$ 为 Kalman 滤波器增益，反映预测量的修正程度；$\boldsymbol{F}_{\boldsymbol{Z}}$、$\boldsymbol{H}_{\boldsymbol{Z}}$ 分别为 $\boldsymbol{f}^{\mathrm{d}}$、$\boldsymbol{h}^{\mathrm{d}}$ 的雅可比矩阵，其元素为

$$\begin{cases}[\boldsymbol{F}_{\boldsymbol{Z}}(\hat{\boldsymbol{Z}}_k,\ddot{x}_g,k-1)]_{i,j}=\left.\dfrac{\partial f_i^{\mathrm{d}}(\boldsymbol{Z},\ddot{x}_g,k-1)}{\partial z_j}\right|_{Z=\hat{Z}_k}\\[2ex][\boldsymbol{H}_{\boldsymbol{Z}}(\hat{\boldsymbol{Z}}_k,\ddot{x}_g,k)]_{i,j}=\left.\dfrac{\partial h_i^{\mathrm{d}}(\boldsymbol{Z},\ddot{x}_g,k)}{\partial z_j}\right|_{Z=\hat{Z}_k}\end{cases} \tag{13.64}$$

当待识别的非线性系统极其复杂时，连续系统离散化较为复杂。一般在预测阶段，仍采用初始的连续方程，并由数字积分方法如欧拉法(Euler method)或

Runge-Kutta 法得到下一步的预测量，而状态转移矩阵则由式(13.65)得到：

$$[\boldsymbol{F_Z}]_{i,j}=\boldsymbol{I}+\Delta t\left[\frac{\partial \boldsymbol{f}_i(\boldsymbol{Z},\ddot{x}_g,t)}{\partial z_j}\right]_{Z=\hat{Z}_k} \tag{13.65}$$

由于观测方程不是微分方程，而是代数方程，其连续观测方程和离散观测方程形式相同，相应的监测矩阵为

$$[\boldsymbol{H_Z}(\hat{\boldsymbol{Z}}_k,\ddot{x}_g,k)]_{i,j}=\left.\frac{\partial \boldsymbol{h}_i(\boldsymbol{Z},\ddot{x}_g,k)}{\partial z_j}\right|_{Z=\hat{Z}_k} \tag{13.66}$$

由于待识别的结构模型参数包含在状态向量中，因此，采用式(13.62)和式(13.63)得到结构状态向量估计值，也就识别得到了结构模型参数。

13.3.2 算例分析

1) 结构模型及其参数

某 3 自由度集中质量剪切型结构，假定仅第 1 层进入非线性，滞回模型为 Bouc-Wen 模型。结构的运动方程为

$$\begin{cases}k_3(x_3-x_2)+c_3(\dot{x}_3-\dot{x}_2)=-m_3\ddot{x}_3^a\\k_2(x_2-x_1)-k_3(x_3-x_2)+c_2(\dot{x}_2-\dot{x}_1)-c_3(\dot{x}_3-\dot{x}_2)=-m_2\ddot{x}_2^a\\c_1\dot{x}_1+\alpha k_1x_1+(1-\alpha)D_yk_1\nu-k_2(x_2-x_1)-c_2(\dot{x}_2-\dot{x}_1)=-m_1\ddot{x}_1^a\end{cases} \tag{13.67}$$

式中，k_i 为第 i 层的线性刚度；c_i 为第 i 层的阻尼系数；m_i 为第 i 层的质量；x_i 为第 i 层的相对地面位移；$\dot{x}_i$ 为第 i 层的相对地面速度；α 为结构层间第二刚度系数；D_y 为屈服位移；ν 为无量纲化的滞变位移，其微分表达式为

$$\dot{\nu}=D_y^{-1}(\dot{x}_1-\beta|\dot{x}_1||\nu|^{\eta-1}\nu-\gamma\dot{x}_1|\nu|^{\eta}) \tag{13.68}$$

式中，β、γ 控制滞变曲线的形状和大小；η 控制滞变曲线从屈服前过渡到屈服后的光滑程度，η 越大，Bouc-Wen 模型越趋向于双线性模型；$D_y\nu$ 为滞变位移。

地震动输入选取 PEER 数据库中的 1940 年 Imperial Valley 地震中 El Centro 站点记录的分量 I-ELC180，对记录重采样，采样时间间隔为 0.01s，采样总长度为 10.23s，峰值加速度调整为 3.13m/s^2。结构参数为 $m_1=990147$kg，$m_2=m_3=646512$kg，$k_1=2.8705\times10^8$N/m，$k_2=k_3=3.6478\times10^8$N/m，$c_1=1.5\times10^6$N·s/m，$c_2=c_3=2.0\times10^6$N·s/m，$\alpha=0.074$，$\beta=2$，$\gamma=1$，$\eta=2$，$D_y=0.012$m。为了比较识别方法的精度，定义如下 4 个指标。

第一个指标为第 i 个结构参数估计精度指标，即相对误差：

$$e_{1,i}=\frac{|\theta_i-\hat{\theta}_i|}{\theta_i} \tag{13.69}$$

式中，θ_i 为第 i 个结构参数的仿真值；$\hat{\theta}_i$ 为第 i 个结构参数的识别值。

第二个指标为第 i 个自由度处结构位移估计精度指标：

$$e_{2,i}=\frac{\sum_{r=1}^{N_r}(x_{i,r}-\hat{x}_{i,r})^2}{\sum_{r=1}^{N}x_{i,r}^2} \tag{13.70}$$

式中，$x_{i,r}$为第 i 自由度第 r 时刻的仿真值；$\hat{x}_{i,r}$为第 i 自由度第 r 时刻的估计值；N_r 为总离散点数。$e_{2,i}$越小，表明该自由度位移识别值与其仿真值越接近。

为了衡量结构全部位移反应估计值与其相应仿真值的整体逼近程度，定义第三个指标：

$$e_3=\left[\sum_{i=1}^{n}e_{2,i}^2\right]^{\frac{1}{2}} \tag{13.71}$$

式中，n 为结构位移反应量的数目；e_3 为结构各层位移估计值和相应真实值之间逼近程度的总体指标。

第四个指标为结构某 i 个自由度处的累积滞变耗能估计精度指标：

$$e_{4,i}=\frac{(E_i-\hat{E}_i)^2}{E_i^2} \tag{13.72}$$

式中，$\hat{E}_i$ 为根据第 i 层滞变恢复力模型的识别结果计算得到的该层累积滞变耗能；E_i 为该层累积滞变耗能的真实值，由结构仿真的滞变恢复力模型计算得到。

2）识别结果

假定结构质量已知，定义扩展状态变量为

$$\boldsymbol{Z}=\{x_1,\cdots,x_3,\dot{x}_1,\cdots,\dot{x}_3,\nu,c_1,\cdots,c_3,k_1,\cdots,k_3,\alpha,\beta,\gamma,\eta\}^{\mathrm{T}} \tag{13.73}$$

相应的状态方程为

$$f(\boldsymbol{Z},\ddot{x}_g,t)=\begin{bmatrix}\boldsymbol{Z}(4)\\ \boldsymbol{Z}(5)\\ \boldsymbol{Z}(6)\\ \dfrac{1}{m_1}\begin{pmatrix}\boldsymbol{Z}(8)\boldsymbol{Z}(4)+\boldsymbol{Z}(14)\boldsymbol{Z}(11)\boldsymbol{Z}(1)+(1-\boldsymbol{Z}(14))D_y\boldsymbol{Z}(11)\boldsymbol{Z}(7)\\ -\boldsymbol{Z}(12)(\boldsymbol{Z}(2)-\boldsymbol{Z}(1))-\boldsymbol{Z}(9)(\boldsymbol{Z}(5)-\boldsymbol{Z}(4))\end{pmatrix}\\ \dfrac{1}{m_2}\begin{pmatrix}\boldsymbol{Z}(12)(\boldsymbol{Z}(2)-\boldsymbol{Z}(1))-\boldsymbol{Z}(13)(\boldsymbol{Z}(3)-\boldsymbol{Z}(2))\\ +\boldsymbol{Z}(9)(\boldsymbol{Z}(5)-\boldsymbol{Z}(4))-\boldsymbol{Z}(10)(\boldsymbol{Z}(6)-\boldsymbol{Z}(5))\end{pmatrix}\\ \dfrac{1}{m_3}(\boldsymbol{Z}(13)(\boldsymbol{Z}(3)-\boldsymbol{Z}(2))+\boldsymbol{Z}(10)(\boldsymbol{Z}(6)-\boldsymbol{Z}(5)))\\ D_y^{-1}(\boldsymbol{Z}(14)-\boldsymbol{Z}(15)|\boldsymbol{Z}(4)||\boldsymbol{Z}(7)|^{\boldsymbol{Z}(17)-1}\boldsymbol{Z}(7)-\boldsymbol{Z}(16)\boldsymbol{Z}(4))|\boldsymbol{Z}(7)|^{\boldsymbol{Z}(17)}\\ \boldsymbol{0}_{10\times 1}\end{bmatrix}$$

$$
+\begin{Bmatrix} 0 \\ 0 \\ 0 \\ -\ddot{x}_g \\ -\ddot{x}_g \\ -\ddot{x}_g \\ 0 \\ \boldsymbol{0}_{10\times 1} \end{Bmatrix} \tag{13.74}
$$

待识别扩展状态变量的初值为：层间位移和速度分别取 10^{-6} m 和 10^{-6} m/s，无量纲滞变位移取10^{-6}，阻尼系数及滞回曲线控制参数取仿真值的 80%，刚度系数取仿真值的 70%，初始协方差矩阵取 $\boldsymbol{P}_{\boldsymbol{Z},0|0}=\mathrm{diag}(\overbrace{10^{-10},\cdots,10^{-10}}^{7},\overbrace{10,\cdots,10}^{3},\overbrace{10,\cdots,10}^{3},\overbrace{10,10,10}^{4})$，过程噪声协方差矩阵的对角元素取$10^{-10}$。监测噪声协方差矩阵的对角元素取$10^{-4}$，若监测全部自由度的绝对加速度，则观测方程为

$$
\boldsymbol{h}(\boldsymbol{Z},\ddot{x}_g,t)=\begin{bmatrix} \dfrac{1}{m_1}\begin{pmatrix}\boldsymbol{Z}(8)\boldsymbol{Z}(4)+\boldsymbol{Z}(14)\boldsymbol{Z}(11)\boldsymbol{Z}(1)+(1-\boldsymbol{Z}(14))D_y\boldsymbol{Z}(11)\boldsymbol{Z}(7)\\ -\boldsymbol{Z}(12)(\boldsymbol{Z}(2)-\boldsymbol{Z}(1))-\boldsymbol{Z}(9)(\boldsymbol{Z}(5)-\boldsymbol{Z}(4))\end{pmatrix} \\ \dfrac{1}{m_2}\begin{pmatrix}\boldsymbol{Z}(12)(\boldsymbol{Z}(2)-\boldsymbol{Z}(1))-\boldsymbol{Z}(13)(\boldsymbol{Z}(3)-\boldsymbol{Z}(2))+\boldsymbol{Z}(9)(\boldsymbol{Z}(5)-\boldsymbol{Z}(4))\\ -\boldsymbol{Z}(10)(\boldsymbol{Z}(6)-\boldsymbol{Z}(5))\end{pmatrix} \\ \dfrac{1}{m_3}(\boldsymbol{Z}(13)(\boldsymbol{Z}(3)-\boldsymbol{Z}(2))+\boldsymbol{Z}(10)(\boldsymbol{Z}(6)-\boldsymbol{Z}(5))) \end{bmatrix} \tag{13.75}
$$

仿真和识别的结构非线性层位移和速度如图 13.22 和图 13.23 所示，滞变模型的控制参数识别结果如图 13.24 所示，结构线性刚度和阻尼识别结果如图 13.25所示。从图 13.22 和图 13.23 中可以看出，扩展 Kalman 滤波方法能很好地跟踪原始状态变量的时间历程。从图 13.24 和图 13.25 中可以看出，识别的结构刚度在 2s 后逼近真实值，其中第 1～3 层识别的刚度最终值分别为 287.10MN/m、364.50MN/m、365.01MN/m，阻尼系数分别为 1.50MN · s/m、1.99MN · s/m、2.01MN · s/m，相对误差均小于 1%。滞变模型的控制参数在初始阶段不断振荡，2s 后逼近真实值，α、β、γ、η 识别的最终值分别为 0.074、2.01、1.00、2.00，相对误差分别为 0.04%、0.29%、0.17%、0.17%。识别的层间位移与层间恢复力曲线如图 13.26 所示，可以看出，该方法能准确地识别出层间位移与层间恢复力曲线。

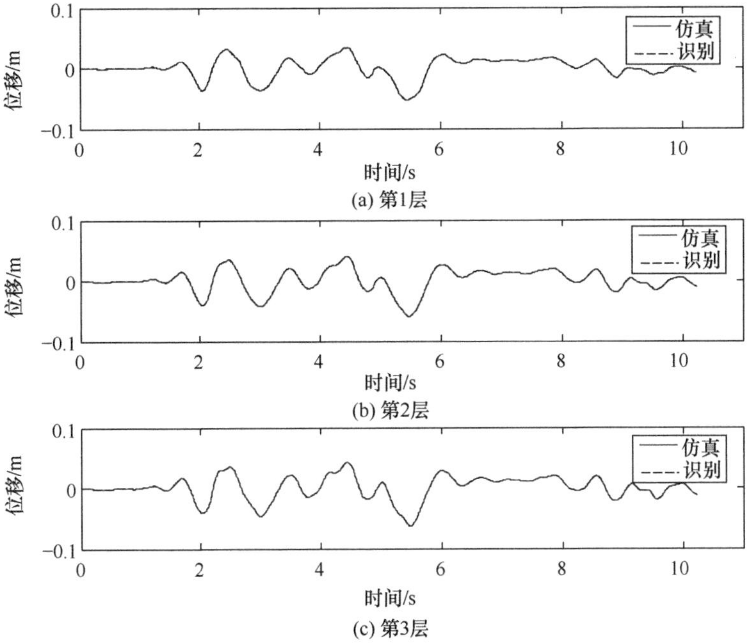

图 13.22　位移反应识别值与仿真值的比较

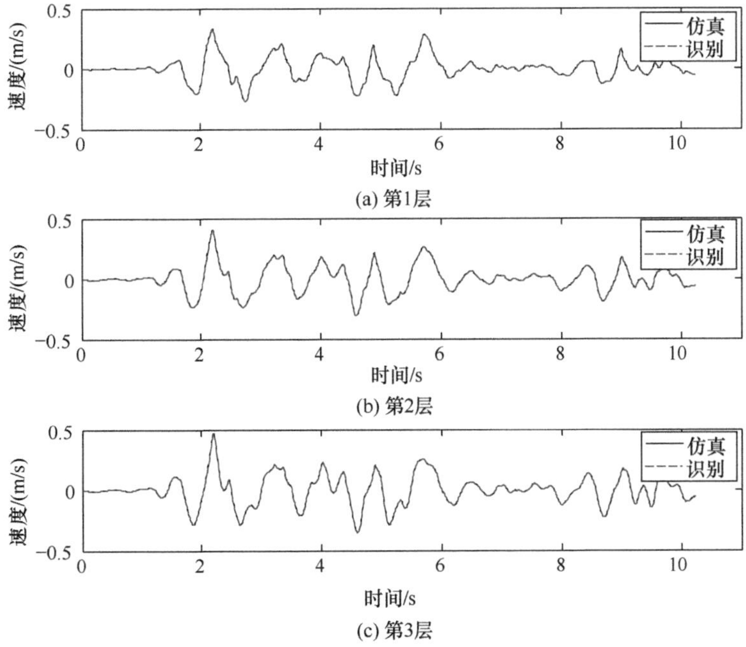

图 13.23　速度反应识别值与仿真值的比较

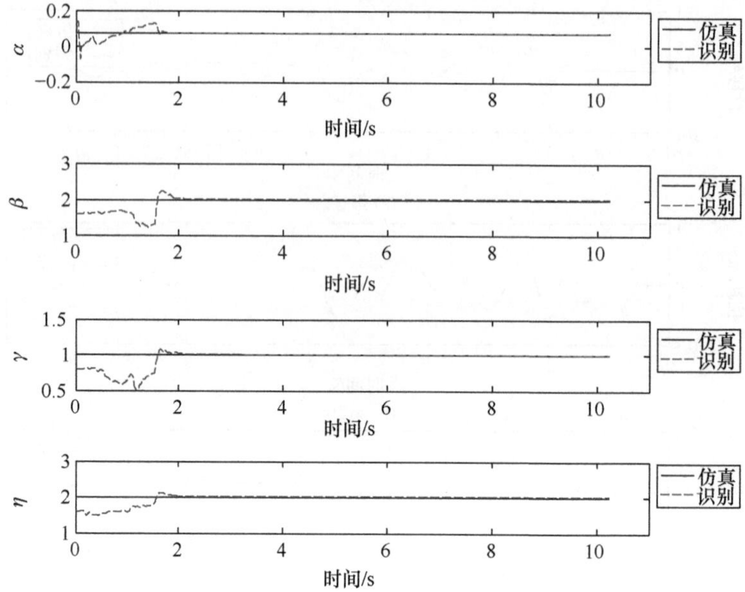

图 13.24　非线性滞回曲线控制参数识别值与仿真值的比较

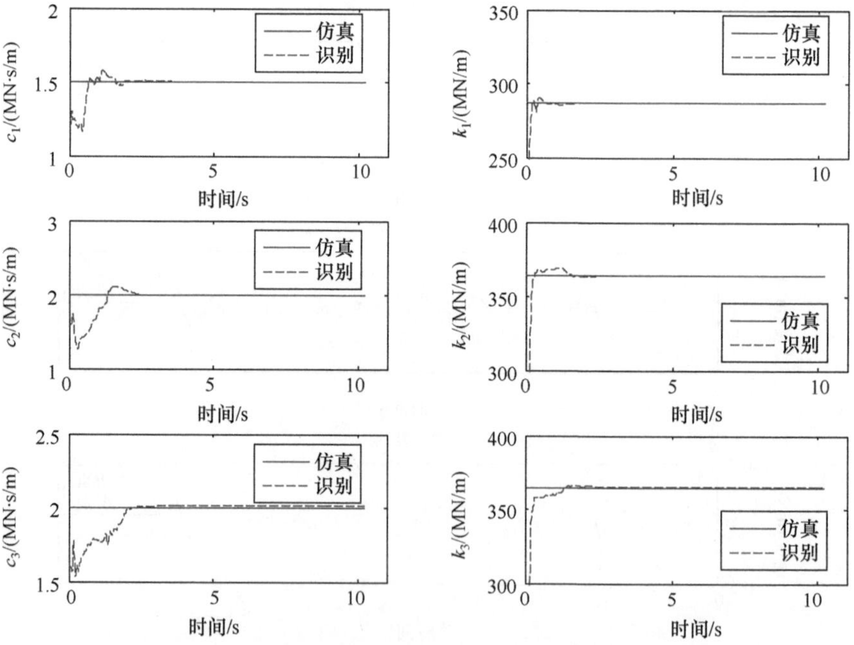

图 13.25　结构阻尼系数与刚度识别值与仿真值的比较

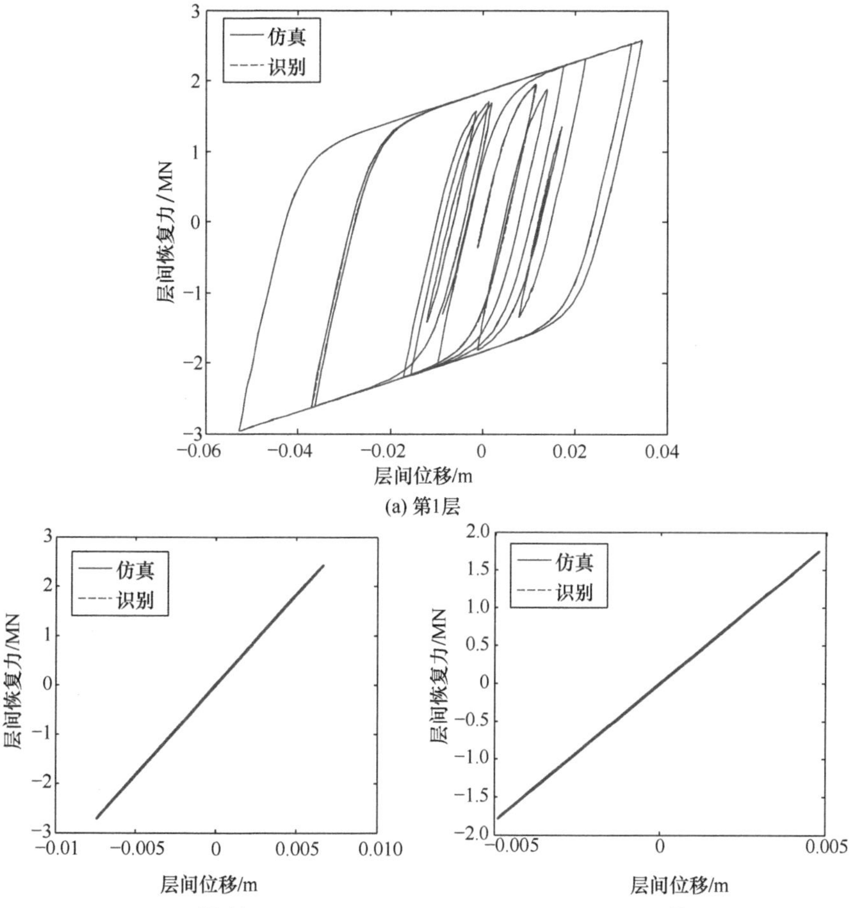

图 13.26　结构层间恢复力模型识别结果与仿真结果的比较

3）传感器位置讨论

当仅监测有限自由度处的绝对加速度时，只需调整观测方程及相应的雅可比矩阵便能识别结构扩展状态变量，如当仅监测第 1 和 3 层的绝对加速度时，观测方程变为

$$\boldsymbol{h}(\boldsymbol{Z},\ddot{x}_g,t)=\begin{bmatrix}\dfrac{1}{m_1}\begin{pmatrix}\boldsymbol{Z}(8)\boldsymbol{Z}(4)+\boldsymbol{Z}(14)\boldsymbol{Z}(11)\boldsymbol{Z}(1)+(1-\boldsymbol{Z}(14))D_y\boldsymbol{Z}(11)\boldsymbol{Z}(7)\\-\boldsymbol{Z}(12)(\boldsymbol{Z}(2)-\boldsymbol{Z}(1))-\boldsymbol{Z}(9)(\boldsymbol{Z}(5)-\boldsymbol{Z}(4))\end{pmatrix}\\ \dfrac{1}{m_3}(\boldsymbol{Z}(13)(\boldsymbol{Z}(3)-\boldsymbol{Z}(2))+\boldsymbol{Z}(10)(\boldsymbol{Z}(6)-\boldsymbol{Z}(5)))\end{bmatrix}\tag{13.76}$$

在监测的结构地震动加速度和结构各自由度的加速度中都混叠 2%的高斯白噪声。初始估计值与初始协方差矩阵取值同全局观测一样，不同的是观测噪声协方差矩阵的对角元素取 1。不同传感器位置识别的结构参数如表 13.3 和表 13.4 所示，位移及底层累积滞变耗能估计精度指标如表 13.5 所示，可以看出扩展 Kalman滤波方法在仅观测一个自由度时也具有较好的识别精度。

表 13.3 不同传感器位置下结构阻尼系数和刚度识别结果

传感器位置	识别结果	c_1	c_2	c_3	k_1	k_2	k_3
		/(MN·s/m)			/(MN/m)		
1～3 层	识别终值	1.54	2.52	1.69	306.70	360.19	338.28
	误差/%	2.48	26.13	15.22	6.84	1.26	7.27
1、2 层	识别终值	1.77	1.65	2.08	174.24	369.58	373.30
	误差/%	17.80	17.36	3.75	4.46	1.31	7.53
1、3 层	识别终值	1.41	1.85	2.21	295.73	385.82	320.59
	误差/%	6.14	7.44	10.63	3.02	5.77	12.12
2、3 层	识别终值	1.16	1.81	2.56	312.37	340.13	348.92
	误差/%	22.38	9.42	28.0	8.82	6.76	4.35
1 层	识别终值	1.60	1.85	2.84	280.18	345.84	343.89
	误差/%	6.49	7.65	42.08	2.39	5.19	5.73
2 层	识别终值	1.20	1.97	2.71	316.09	315.76	334.11
	误差/%	20.31	1.45	35.50	10.12	13.44	8.41
3 层	识别终值	1.36	1.24	3.07	292.83	407.05	292.44
	误差/%	9.18	38.07	53.31	2.01	11.59	19.83

表 13.4 不同传感器位置下结构层间滞回曲线控制参数识别结果

传感器位置	识别结果	α	β	γ	η
1～3 层	识别终值	0.073	2.01	1.21	1.84
	误差/%	1.10	0.59	21.03	7.82
1、2 层	识别终值	0.085	2.60	0.80	2.35
	误差/%	14.27	30.13	20.07	17.74
1、3 层	识别终值	0.073	2.02	1.03	2.08
	误差/%	0.73	1.21	3.17	3.87
2、3 层	识别终值	0.071	2.05	0.80	1.69
	误差/%	4.55	2.47	19.81	15.53

续表

传感器位置	识别结果	α	β	γ	η
1 层	识别终值	0.078	2.88	0.69	2.20
	误差/%	5.40	14.41	31.17	9.86
2 层	识别终值	0.061	1.95	0.81	1.63
	误差/%	17.64	2.58	19.12	18.28
3 层	识别终值	0.078	2.44	0.84	2.05
	误差/%	5.91	21.95	15.51	2.53

表 13.5　不同传感器位置下结构位移及底层累积滞变耗能估计精度指标

传感器位置	位移指标				耗能指标
	$e_{2,1}$	$e_{2,2}$	$e_{2,3}$	e_3	e_4
1～3 层	0.0019	0.0019	0.0022	0.0035	0.0072
1、2 层	0.0041	0.0044	0.0053	0.0080	0.0204
1、3 层	0.0026	0.0024	0.0029	0.0046	0.0083
2、3 层	0.0060	0.0041	0.0038	0.0082	0.0296
1 层	0.0081	0.0090	0.0102	0.0158	0.0298
2 层	0.0357	0.0269	0.0247	0.0511	0.0368
3 层	0.0331	0.0254	0.0233	0.0478	0.0341

4) 鲁棒性

当噪声水平分别为 2%、5%和 10%时，观测噪声协方差矩阵的对角元素分别取[1,1,1]、[5,5,5]和[20,20,20]，不同噪声水平下结构阻尼系数和刚度的识别结果分别如表 13.6 和表 13.7 所示，结构位移及底层累积滞变耗能估计精度指标如表 13.8 所示。从这些表中可以看出扩展 Kalman 滤波方法具有很好的鲁棒性。

表 13.6　不同噪声水平下结构阻尼系数和刚度的识别结果

噪声水平	识别结果	c_1	c_2	c_3	k_1	k_2	k_3
		/(MN·s/m)			/(MN/m)		
0%	识别终值	1.50	2.00	2.01	287.1	364.5	365.0
	误差/%	0.02	0.34	0.73	0.02	0.08	0.07
2%	识别终值	1.54	2.52	1.69	306.7	360.2	338.3
	误差/%	2.48	26.13	15.22	6.84	1.26	7.27

续表

噪声水平	识别结果	c_1	c_2	c_3	k_1	k_2	k_3
		/(MN·s/m)			/(MN/m)		
5%	识别终值	1.56	2.51	1.79	307.6	358.9	340.1
	误差/%	3.80	25.64	10.37	7.14	1.60	6.76
10%	识别终值	1.08	1.77	2.34	293.8	374.7	326.4
	误差/%	27.87	11.49	17.37	2.00	2.71	10.51

表 13.7 不同噪声水平下结构层间滞回曲线控制参数识别结果

噪声水平	识别结果	α	β	γ	η
0%	识别终值	0.074	2.01	1.00	2.00
	误差/%	0.037	0.30	0.17	0.17
2%	识别终值	0.073	2.01	1.21	1.84
	误差/%	1.10	0.59	21.03	7.82
5%	识别终值	0.073	2.08	1.26	1.88
	误差/%	1.37	3.79	26.22	5.76
10%	识别终值	0.071	2.64	0.45	2.08
	误差/%	4.20	32.00	54.98	4.02

表 13.8 不同噪声水平下结构位移及底层累积滞变耗能估计精度指标

噪声水平	位移指标				耗能指标
	$e_{2,1}$	$e_{2,2}$	$e_{2,3}$	e_3	e_4
0%	0	0	0	0	0.0002
2%	0.0019	0.0019	0.0022	0.0035	0.0072
5%	0.0025	0.0027	0.0031	0.0048	0.0089
10%	0.0051	0.0064	0.0057	0.0099	0.0137

13.4 基于完备集的结构非线性模型及其参数识别方法

本节主要介绍利用监测的结构地震动输入和结构所有自由度上地震响应(完备集),识别结构非线性模型及其参数的方法。由于小波具有很好地描述非线性和非平稳性特性的能力,因此,这里介绍 Kitada(1998)提出的采用正交小波基构造结构的非线性模型,利用监测得到的完备集,识别结构非线性模型参数的方法。

13.4.1 识别方法

1. 单自由度结构

考虑如下的单自由度非线性剪切型结构,其运动方程如下:

$$m\ddot{x}(t)+f_{\mathrm{R}}(\dot{x}(t),x(t))=-m\ddot{x}_g(t) \tag{13.77}$$

式中,m 为结构质量;f_{R} 为恢复力;$x(t)$为相对地面位移;$\ddot{x}_g(t)$为地震地面运动加速度。

假设结构的时变阻尼具有分段线性特征,当结构进入非线性阶段时,则方程(13.77)可表达为如下的增量形式:

$$m\Delta\ddot{x}(t)+c(t)\Delta\dot{x}(t)+k(t)\Delta x(t)=-m\Delta\ddot{x}_g(t) \tag{13.78}$$

式中,$c(t)$为结构的分段线性阻尼系数;$k(t)$为结构的切线刚度。

利用小波多分辨率分析的方法,将结构的切线刚度 $k(t)$在 V_j 子空间内按尺度正交基展开:

$$k(t)=\sum_{k=0}^{l}p_{j,k}\varphi(2^{-j}t-k) \tag{13.79}$$

式中,k 为尺度函数 $\varphi(t)$的平移因子;$p_{j,k}$为切线刚度在尺度为 j、平移为 k 的尺度函数上展开的待定系数。

将式(13.79)代入式(13.78),得

$$c(t)\Delta\dot{x}(t)+\sum_{k=0}^{l}p_{j,k}\varphi(2^{-j}t-k)\Delta x(t)=-m(\Delta\ddot{x}(t)+\Delta\ddot{x}_g(t)) \tag{13.80}$$

将结构在 $t=t_1\sim t_n$ 各时刻的响应增量(位移增量、速度增量和加速度增量)代入式(13.80),得到一个二阶常系数非奇次微分方程组,表达成矩阵的形式得到如下的矩阵方程:

$$\boldsymbol{PA}=\boldsymbol{Q} \tag{13.81}$$

式中,

$$\boldsymbol{P}_{n\times(l+q+1)}=\begin{bmatrix}\Delta\dot{x}(t_1) & 0 & \cdots & 0 & \varphi(2^{-j}t_1)\Delta x(t_1) & \cdots & \varphi(2^{-j}t_1-l)\Delta x(t_1)\\ \vdots & \vdots & & \vdots & \vdots & & \vdots\\ \Delta\dot{x}(t_{\mathrm{e}}) & 0 & \cdots & 0 & \varphi(2^{-j}t_{\mathrm{e}})\Delta x(t_{\mathrm{e}}) & \cdots & \varphi(2^{-j}t_{\mathrm{e}}-l)\Delta x(t_{\mathrm{e}})\\ 0 & \Delta\dot{x}(t_{\mathrm{e}+1}) & \cdots & 0 & & & \\ \vdots & \vdots & & \vdots & \vdots & & \vdots\\ 0 & \Delta\dot{x}(t_{\mathrm{f}}) & \cdots & 0 & & & \\ 0 & 0 & \cdots & \Delta\dot{x}(t_{\mathrm{h}}) & \varphi(2^{-j}t_{\mathrm{h}})\Delta x(t_{\mathrm{h}}) & \cdots & \varphi(2^{-j}t_{\mathrm{h}}-l)\Delta x(t_{\mathrm{h}})\\ \vdots & \vdots & & \vdots & \vdots & & \vdots\\ 0 & 0 & \cdots & \Delta x(t_n) & \varphi(2^{-j}t_n)\Delta x(t_n) & \cdots & \varphi(2^{-j}t_n-l)\Delta x(t_n)\end{bmatrix} \tag{13.82}$$

$$\boldsymbol{A}_{(l+q+1)\times 1}=\begin{bmatrix} c_1 \\ c_2 \\ \vdots \\ c_q \\ p_{j,0} \\ \vdots \\ p_{j,l} \end{bmatrix} \tag{13.83}$$

$$\boldsymbol{Q}_{(n\times 1)}=\begin{bmatrix} -m(\Delta\ddot{x}(t_1)+\Delta\ddot{x}_g(t_1)) \\ \vdots \\ -m(\Delta\ddot{x}(t_n)+\Delta\ddot{x}_g(t_n)) \end{bmatrix} \tag{13.84}$$

式中,阻尼系数具有分段线性性质:

$$c(t)=\begin{cases} c_1, & t_1\leqslant t\leqslant t_e \\ c_2, & t_{e+1}\leqslant t\leqslant t_f \\ \vdots & \end{cases} \tag{13.85}$$

在式(13.81)中,$\boldsymbol{P}$ 和 $\boldsymbol{Q}$ 为已知系数矩阵,包含结构响应及尺度基函数;但向量 $\boldsymbol{A}$ 是未知的,包含结构各时刻的阻尼系数,以及结构切线刚度按尺度正交基展开的线性组合系数。向量 $\boldsymbol{A}$ 可通过最小二乘法求解,其最小二乘解为

$$\boldsymbol{A}=(\boldsymbol{P}^{\mathrm{T}}\boldsymbol{P})^{-1}\boldsymbol{P}^{\mathrm{T}}\boldsymbol{Q} \tag{13.86}$$

式中,$\boldsymbol{P}^{\mathrm{T}}$ 表示矩阵 $\boldsymbol{P}$ 的转置。

求解出向量 $\boldsymbol{A}$ 后,结构的阻尼系数也相应同时解出。将向量 $\boldsymbol{A}$ 中的系数 $p_{j,k}$ 代入式(13.79),则结构的切线刚度即可通过尺度函数正交基的展开式进行逼近,并由此可识别得到剪切型结构的非线性滞变特性。

2. 多自由度结构

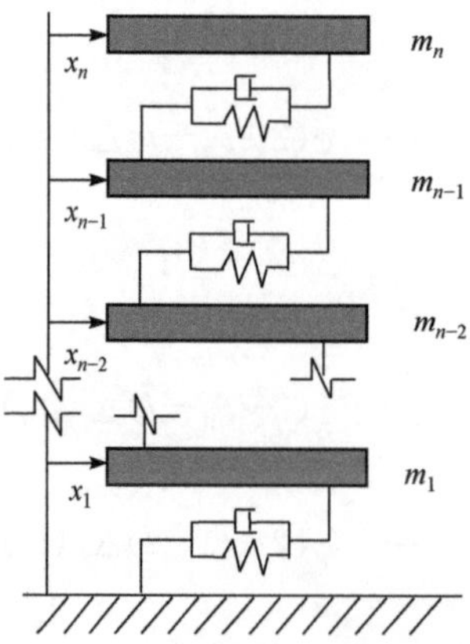

图 13.27 剪切型结构模型

对于多自由度非线性剪切型结构,如图 13.27 所示,其在地震动作用下的运动方程为

$$\boldsymbol{M}\ddot{\boldsymbol{X}}(t)+\boldsymbol{C}\dot{\boldsymbol{X}}(t)+\boldsymbol{R}(\boldsymbol{X},\dot{\boldsymbol{X}})=-\boldsymbol{M}\{\boldsymbol{1}\}\ddot{x}_g(t) \tag{13.87}$$

式中,$\boldsymbol{M}$、$\boldsymbol{C}$ 分别为结构的质量和阻尼矩阵;$\boldsymbol{R}$ 为非线性恢复力。$\ddot{\boldsymbol{X}}$、$\dot{\boldsymbol{X}}$ 和 $\boldsymbol{X}$ 分别为结构相对地面的加速度、速度和位移向量;$\ddot{x}_g$为地震地面运动加速度。

假定 $\boldsymbol{M}$、$\ddot{\boldsymbol{X}}$、$\dot{\boldsymbol{X}}$、$\boldsymbol{X}$ 和 $\ddot{x}_g$ 为已知,对于剪切型结构,$\boldsymbol{M}$ 为对角阵,$\boldsymbol{C}$ 和 $\boldsymbol{R}$ 为三对角阵,则式(13.87)可展开为一组线性方程,结构各层的力平衡方程如下:

$$\begin{cases} c_n(t)(\dot{x}_n(t)-\dot{x}_{n-1}(t))+k_n(t)(x_n(t)-x_{n-1}(t))=-m_n(\ddot{x}_n(t)+\ddot{x}_g(t)) \\ c_{n-1}(t)(\dot{x}_{n-1}(t)-\dot{x}_{n-2}(t))+k_{n-1}(t)(x_{n-1}(t)-x_{n-2}(t)) \\ =-m_n(\ddot{x}_n(t)+\ddot{x}_g(t))-m_{n-1}(\ddot{x}_{n-1}(t)+\ddot{x}_g(t)) \\ \vdots \\ c_1(t)\dot{x}_1(t)+k_1(t)x_1(t)=-\sum_{i=1}^{n} m_i(\ddot{x}_i(t)+\ddot{x}_g(t)) \end{cases} \tag{13.88}$$

式(13.88)中的每一个方程都只包含结构本层的质量、刚度和阻尼系数，与其他层无关。因此，针对结构的每一层，利用前述介绍的单自由度非线性剪切型结构切线刚度和阻尼系数的识别方法，即可逐层识别出多自由度剪切型结构各层的时变层间刚度和层间阻尼系数。

显然，本节介绍的结构非线性模型及其参数识别方法要求监测得到结构各层的位移、速度及加速度响应，这在实际工程中是难以实现的。

13.4.2　算例分析

1. 识别结果

算例采用的结构模型同 13.3.2 节的算例，但结构各层的阻尼系数未知，假设监测得到了结构地震地面运动加速度和结构各层的相对位移、速度和绝对加速度。尺度函数选取 db1(Haar)小波对应的尺度函数，如图 13.28 所示。监测的结构地震动输入、各层位移、速度和加速度相当于 V10 尺度空间上的向量，切线刚度在 V7 尺度正交基上展开，相当于 $j=7$、$l=128$，这样方程中 **A** 矩阵总共有 128 个尺度函数系数和 1 个阻尼系数。识别的结构层位位移-层间恢复力曲线如图 13.29 所示，可以看出，该方法能准确地识别出结构的层间恢复力模型及其参数。

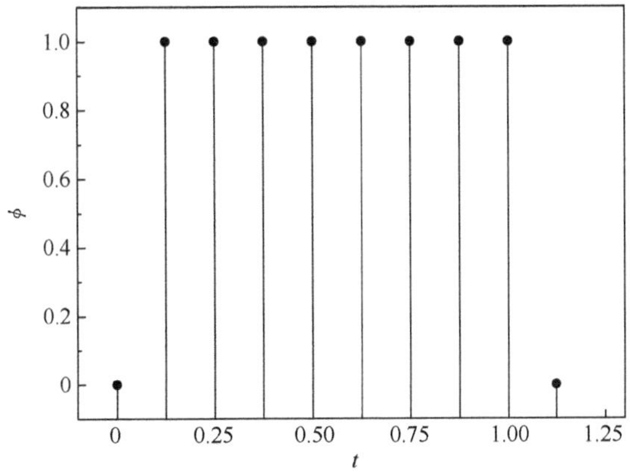

图 13.28　Haar 小波尺度函数

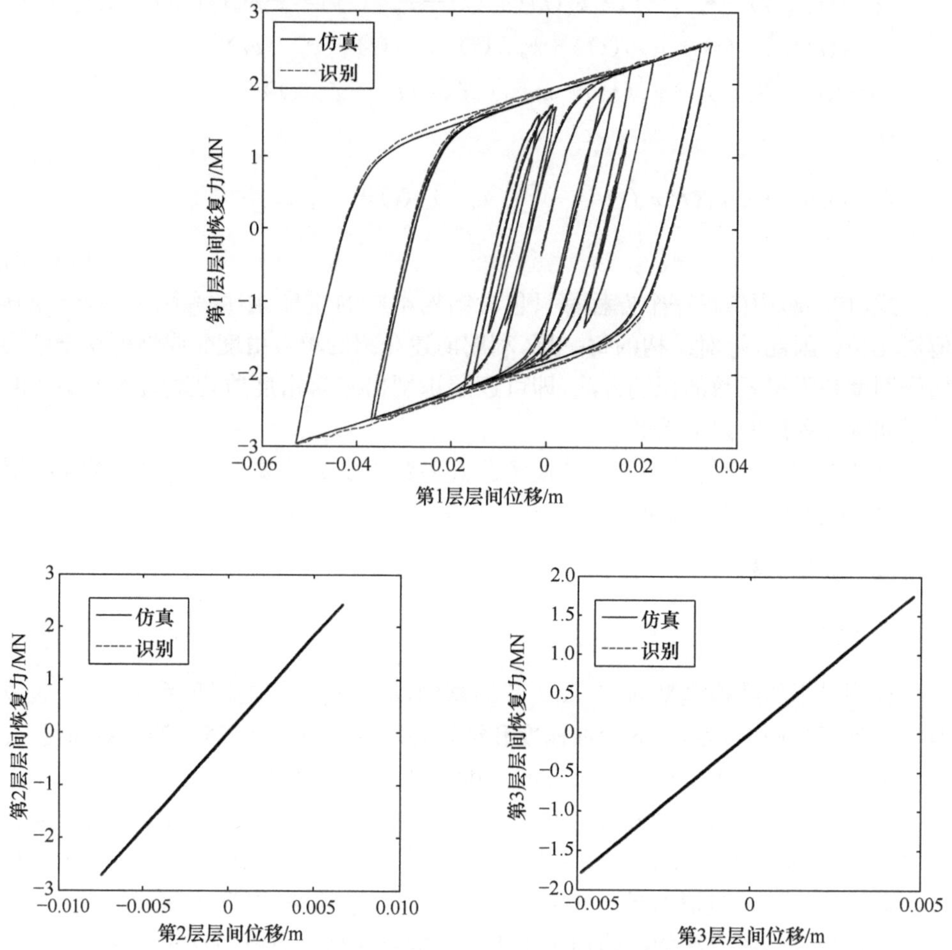

图 13.29　结构层间恢复力模型识别结果与仿真结果的比较

2. 鲁棒性

不同噪声水平下位移及底层累积滞变耗能估计精度指标[式(14.70)～式(14.72)]的计算结果如表 13.9 所示。从表中可看出，当没有噪声时，滞变耗能识别精度高；但当存在噪声时，即便是 1%的噪声水平，识别误差也较大。究其原因是该算法涉及相邻信号的相减，这使得识别精度大大降低，噪声敏感性增加。

表 13.9　不同噪声水平下结构位移及底层累积滞变耗能估计精度指标计算结果

噪声水平	位移指标				耗能指标
	$e_{2,1}$	$e_{2,2}$	$e_{2,3}$	e_3	e_4
0%	0	0	0	0	0.0377
1%	0.0001	0.0001	0.0001	0.0002	0.2502
2%	0.0004	0.0004	0.0005	0.0007	0.2952
5%	0.0025	0.0024	0.0027	0.0044	0.3124

13.5　基于非完备集的结构非线性模型及其参数识别方法

由于实际工程中很难监测到结构所有自由度上的地震响应，Li 等(2013)提出了基于监测的结构地震动输入和部分自由度上的地震响应，识别结构非线性模型及其参数的扩展 Kalman 滤波器和正交小波基混合方法。该方法首先假设已知第 i 步结构模型及其参数，利用监测得到的第 $i+1$ 步结构地震动输入和部分自由度上的地震响应，采用扩展 Kalman 滤波器估计第 $i+1$ 步结构全部自由度上的地震响应；采用 13.4 节小波多分辨率正交小波基构造第 $i+1$ 步结构非线性模型，估计得到第 $i+1$ 步结构全部自由度上的地震响应，并识别第 $i+1$ 步结构非线性模型参数；如此逐步识别得到整个地震过程结构的非线性模型及其参数、并估计未监测自由度上结构的响应。下面介绍该方法(Li et al.，2013；毛晨曦，2006)。

13.5.1　识别方法

已知多自由度剪切型结构，其运动微分方程为

$$\boldsymbol{M}\ddot{\boldsymbol{X}}(t)+\boldsymbol{R}(\boldsymbol{X},\dot{\boldsymbol{X}})=-\boldsymbol{M}\{\boldsymbol{1}\}\ddot{x}_g(t) \tag{13.89}$$

式中，$\boldsymbol{M}$ 为结构质量矩阵；$\boldsymbol{R}$ 为非线性恢复力向量；$\ddot{\boldsymbol{X}}$、$\dot{\boldsymbol{X}}$ 和 $\boldsymbol{X}$ 分别为结构相对地面的加速度、速度和位移向量；$\ddot{x}_g$ 为地震地面运动加速度。将式(13.89)表示为状态方程的形式，并补充结构的观测方程：

$$\begin{aligned}\dot{\boldsymbol{Z}}&=\boldsymbol{f}(\boldsymbol{Z},t)+\boldsymbol{w}\\ \boldsymbol{Y}&=\boldsymbol{H}\boldsymbol{Z}+\boldsymbol{v}\end{aligned} \tag{13.90}$$

式中，$\boldsymbol{Z}$ 为结构的状态向量；$\boldsymbol{Y}$ 为观测向量；$\boldsymbol{w}$ 和 $\boldsymbol{v}$ 分别为结构过程噪声向量和观测噪声向量。

假设在初始状态下，结构处于线性阶段，其质量矩阵为 $\boldsymbol{M}$ 且在地震过程中质量矩阵保持不变，线弹性刚度矩阵为 $\boldsymbol{K}(t_1)$，阻尼矩阵为 $\boldsymbol{C}(t_1)$，结构状态反应向量的初值为 $\hat{\boldsymbol{Z}}_1$，初始误差协方差矩阵为 $\boldsymbol{P}_1$。利用扩展 Kalman 滤波器方法，根据下述递推公式，对结构第 t_{r+1} 时刻的状态反应 $\hat{\boldsymbol{Z}}_{r+1}$ 和误差协方差 $\boldsymbol{P}_{r+1}$ 进行估计。

状态预测：

$$\widetilde{\boldsymbol{Z}}_{r+1}=\hat{\boldsymbol{Z}}_r+\int_r^{r+1}\boldsymbol{f}(\hat{\boldsymbol{Z}}_r,t)\,\mathrm{d}t \tag{13.91}$$

预测误差协方差矩阵：

$$\widetilde{\boldsymbol{P}}_{r+1}=\boldsymbol{\Phi}_r\boldsymbol{P}_r\boldsymbol{\Phi}_r^{\mathrm{T}}+\boldsymbol{Q}_r \tag{13.92}$$

Kalman 增益矩阵：

$$\boldsymbol{K}_{r+1}=\widetilde{\boldsymbol{P}}_{r+1}\boldsymbol{H}_{r+1}^{\mathrm{T}}(\boldsymbol{H}_{r+1}\widetilde{\boldsymbol{P}}_{r+1}\boldsymbol{H}_{r+1}^{\mathrm{T}}+\boldsymbol{R}_{r+1})^{-1} \tag{13.93}$$

状态向量滤波：

$$\hat{\boldsymbol{Z}}_{r+1}=\widetilde{\boldsymbol{Z}}_{r+1}+\boldsymbol{K}_{r+1}(\boldsymbol{Y}_{r+1}-\boldsymbol{H}_{r+1}\widetilde{\boldsymbol{Z}}_{r+1}) \tag{13.94}$$

误差协方差滤波：

$$\boldsymbol{P}_{r+1}=(\boldsymbol{I}-\boldsymbol{K}_{r+1}\boldsymbol{H}_{r+1})\widetilde{\boldsymbol{P}}_{r+1} \tag{13.95}$$

由式(13.94)估计出的结构完备状态反应向量，即结构全部自由度在第 t_{r+1} 时刻的位移、速度、加速度响应；利用该估计的结果，采用 13.4 节小波多分辨率的方法识别出结构第 t_{r+1} 时刻各层的阻尼系数和刚度，即在第 t_{r+1} 时刻将结构运动方程式(13.89)展开为如下的增量形式线性方程组：

$$\begin{cases}c_n(t)(\Delta\dot{x}_n(t)-\Delta\dot{x}_{n-1}(t))+k_n(t)(\Delta x_n(t)-\Delta x_{n-1}(t))=-m_n(\Delta\ddot{x}_n(t)+\Delta\ddot{x}_g(t))\\ c_i(t)(\Delta\dot{x}_i(t)-\Delta\dot{x}_{i-1}(t))+k_i(t)(\Delta x_i(t)-\Delta x_{i-1}(t))=-\sum\limits_{q=i}^{n}m_q(\Delta\ddot{x}_q(t)+\Delta\ddot{x}_g(t))\\ \qquad\vdots\\ c_1(t)\Delta\dot{x}_1(t)+k_1(t)\Delta x_1(t)=-\sum\limits_{i=1}^{n}m_i(\Delta\ddot{x}_i(t)+\Delta\ddot{x}_g(t))\end{cases} \tag{13.96}$$

式中，$\Delta x_i(t)-\Delta x_{i-1}(t)$、$\Delta\dot{x}_i(t)-\Delta\dot{x}_{i-1}(t)$、$\Delta\ddot{x}_i(t)-\Delta\ddot{x}_i(t)$、$\Delta\ddot{x}_g(t)$分别为结构 t_{r+1} 时刻之前第 i 层的层间位移、层间速度、层间加速度及地震地面运动加速度的增量($i=1\sim n$)；m_i、$c_i(t)$、$k_i(t)$分别为结构 t_{r+1} 时刻之前的第 i 层的质量、分段线性阻尼系数以及时变的切线刚度。

将线性方程组中每一个方程中的切线刚度 $k_i(t)$在 V_j 子空间内按尺度正交基展开：

$$k_i(t)=\sum_{k=0}^{l}p_{j,k}\varphi(2^{-j}t-k) \tag{13.97}$$

式中，k 为尺度函数 $\varphi(t)$的平移因子。

将式(13.97)代入式(13.96)，对于方程组中的任意一个方程，可得到

$$c_i(t)(\Delta\dot{x}_i(t)-\Delta\dot{x}_{i-1}(t))+\sum_{k=0}^{l}p_{j,k}\varphi(2^{-j}t-k)(\Delta x_i(t)-\Delta x_{i-1}(t))$$

$$=-\sum_{q=i}^{n}m_q(\Delta\ddot{x}_q(t)+\Delta\ddot{x}_g(t)) \tag{13.98}$$

分别用 $\Delta z_i(t)$、$\Delta\dot{z}_i(t)$ 表示第 i 层层间位移增量、层间速度增量，则式(13.96)可写为如下形式：

$$c_i(t)\Delta\dot{z}_i(t)+\sum_{k=0}^{l}p_{j,k}\varphi(2^{-j}t-k)\Delta z_i(t)=-\sum_{q=i}^{n}m_q(\Delta\ddot{x}_q(t)+\Delta\ddot{x}_g(t)) \tag{13.99}$$

为根据 t_r 时刻之前某时刻 t_w 直至 t_r 的一段时间内的结构响应识别层间切线刚度，将结构在 $t=t_w\sim t_r$ 各时刻的响应增量(层间位移增量、层间速度增量和层间加速度增量)代入式(13.99)，得到一个二阶常系数非奇次微分方程组，表达成矩阵的形式则得到如下的矩阵方程：

$$\boldsymbol{PA}=\boldsymbol{Q} \tag{13.100}$$

式中，

$$\boldsymbol{P}_{(r-w+2)\times(l+q+1)}=\begin{bmatrix}\Delta\dot{z}(t_w) & 0 & \cdots & 0 & \varphi(2^{-j}t_w)\Delta\dot{z}(t_w) & \cdots & \varphi(2^{-j}t_w-l)\Delta\dot{z}(t_w)\\ \vdots & \vdots & & \vdots & \vdots & & \vdots\\ \Delta\dot{z}(t_e) & 0 & \cdots & 0 & \varphi(2^{-j}t_e)\Delta\dot{z}(t_e) & \cdots & \varphi(2^{-j}t_e-l)\Delta\dot{z}(t_e)\\ 0 & \Delta\dot{z}(t_{e+1}) & \cdots & 0 & \varphi(2^{-j}t_{e+1})\Delta\dot{z}(t_{e+1}) & \cdots & \varphi(2^{-j}t_{e+1}-l)\Delta\dot{z}(t_{e+1})\\ \vdots & \vdots & & \vdots & \vdots & & \vdots\\ 0 & \Delta\dot{z}(t_f) & \cdots & 0 & \varphi(2^{-j}t_f)\Delta\dot{z}(t_f) & \cdots & \varphi(2^{-j}t_f-l)\Delta\dot{z}(t_f)\\ 0 & 0 & \cdots & 0 & \vdots & & \vdots\\ 0 & 0 & \cdots & \Delta\dot{z}(t_h) & \varphi(2^{-j}t_h)\Delta\dot{z}(t_h) & \cdots & \varphi(2^{-j}t_h-l)\Delta\dot{z}(t_h)\\ \vdots & \vdots & & \vdots & \vdots & & \vdots\\ 0 & 0 & \cdots & \Delta\dot{z}(t_{r+1}) & \varphi(2^{-j}t_{r+1})\Delta\dot{z}(t_{r+1}) & \cdots & \varphi(2^{-j}t_{r+1}-l)\Delta\dot{z}(t_{r+1})\end{bmatrix} \tag{13.101}$$

$$\boldsymbol{A}_{(l+q+1)\times 1}=\begin{Bmatrix}c_1\\ c_2\\ \vdots\\ c_q\\ p_{j,0}\\ \vdots\\ p_{j,l}\end{Bmatrix} \tag{13.102}$$

$$\boldsymbol{Q}_{(r-w+2)\times 1}=\begin{bmatrix}-\sum_{q=i}^{n}m_q(\Delta\ddot{x}_q(t_w)+\Delta\ddot{x}_g(t_w))\\ \vdots\\ -\sum_{q=i}^{n}m_q(\Delta\ddot{x}_q(t_{r+1})+\Delta\ddot{x}_g(t_{r+1}))\end{bmatrix} \tag{13.103}$$

系数向量 $\boldsymbol{A}$ 可通过最小二乘法求解，其最小二乘解为

$$\boldsymbol{A}=(\boldsymbol{P}^{\mathrm{T}}\boldsymbol{P})^{-1}\boldsymbol{P}^{\mathrm{T}}\boldsymbol{Q} \tag{13.104}$$

将向量 $\boldsymbol{A}$ 中的系数 $p_{j,k}$ 代入式(13.97)，即可得到结构第 i 层 t_{r+1} 时刻之前的切线刚度，从而识别出 t_{r+1} 时刻之前剪切型结构的非线性滞变模型。

采用 t_{r+1} 时刻结构的质量及识别得到的刚度和阻尼系数，再一次采用扩展 Kalman 滤波方法，估计出下一时刻结构的完备状态响应，并利用该时刻的状态响应识别出结构该时刻之前的非线性滞变模型。在结构振动的每个时间步内交替采用扩展 Kalman 滤波方法和小波多分辨率分析方法，即可估计出在地震作用整个过程中结构全部状态响应，并识别出结构的非线性滞变模型。

上述扩展 Kalman 滤波-小波非线性滞变模型识别方法的具体计算步骤可以总结如下：

(1) 根据结构设计参数，计算出初始线性阶段结构各层质量 m_i（假设结构质量不随时间变化），层间刚度 $k_i(t_1)$ 和层间阻尼系数 $c_i(t_1)$（$i=1,2,\cdots,n$；n 为结构层数），进而得到线弹性状态时结构的质量矩阵 $\boldsymbol{M}_{t1}$、刚度矩阵 $\boldsymbol{K}_{t1}$ 和阻尼矩阵 $\boldsymbol{C}_{t1}$，以此作为结构模型的初值。

(2) 假设结构状态反应向量的初值为 $\hat{Z}_1$，初始误差协方差矩阵为 $\boldsymbol{P}_1$，监测的部分结构状态反应向量为 $\boldsymbol{Y}$。

(3) 根据上述结构初值，利用扩展 Kalman 滤波方法，对结构第 t_{r+1} 时刻的状态反应 $\hat{\boldsymbol{Z}}_{r+1}$ 和误差协方差 $\boldsymbol{P}_{r+1}$ 进行估计。该时刻首先假设结构处于线弹性状态，结构各层层间刚度和层间阻尼系数取线弹性阶段的刚度和阻尼系数，即 $\tilde{k}_i(t_{r+1})$ 和 $\tilde{c}_i(t_{r+1})$，该时刻结构刚度矩阵为 $\widetilde{\boldsymbol{K}}_{r+1}$，阻尼矩阵为 $\widetilde{\boldsymbol{C}}_{r+1}$。

(4) 根据第(3)步得到的结构完备状态响应估计值 $\hat{\boldsymbol{Z}}_{r+1}$，利用小波多分辨率识别方法，识别出结构第 t_{r+1} 时刻各层层间刚度 $\hat{k}_i(t_{r+1})$ 和层间阻尼系数 $\hat{c}_i(t_{r+1})$。

(5) 判断 $|\hat{k}_i(t_{r+1})-\tilde{k}_i(t_{r+1})|<e$ 是否成立，其中 e 为允许误差。

(6) 若第(5)步成立，说明在该时刻，结构各层刚度未发生变化，则仍采用该时刻初始的层间刚度 $\tilde{k}_i(t_{r+1})$ 和层间阻尼系数 $\tilde{c}_i(t_{r+1})$ 作为下一步状态估计的结构模型参数。

(7) 若第(5)步不成立，则说明在该时刻结构某层刚度发生变化，则采用此时识别得到的结构层间刚度和层间阻尼系数的修正值 $\hat{k}_i(t_{r+1})$ 和 $\hat{c}_i(t_{r+1})$ 更新结构的刚度矩阵 $\hat{\boldsymbol{K}}_{r+1}$ 和阻尼矩阵 $\hat{\boldsymbol{C}}_{r+1}$；并以修正后的刚度矩阵和阻尼矩阵，返回到第(3)步重新对结构的状态响应进行估计。

在结构监测向量的每个采样时间内重复第(3)～(7)步，即可逐步估计出结构各层位移、速度和加速度反应，并识别出非线性结构各层在各时间步长内的切线刚度，从而得到结构各层的滞变恢复力模型。

13.5.2　算例分析

1) 结构模型及其参数

考虑一个 3 层剪切型结构,结构底部为薄弱层,具有双线性滞变恢复力模型,其特征参数分别为屈服位移 x_y、屈服剪力 f_y、初始刚度 k_0、屈服后刚度 k_1 及屈服后刚度系数 $\alpha=k_1/k_0$,其中前 3 个参数中只有 2 个是独立的,后两个参数只有 1 个是独立的。结构各层滞变恢复力模型特征参数具体数值如表 13.10 所示。选择白噪声作为系统激励,其采样周期为 0.01s,持续时间为 10.24s,白噪声激励的峰值为 14.44m/s^2。

表 13.10　结构双线性模型参数

结构层数	层质量 m/kg	初始刚度 k_0 /(kN/m)	屈服后刚度 k_1 /(kN/m)	第二刚度系数 α	屈服剪力 f_y/kN	屈服位移 x_y /m
1	990147	2.8705×10^5	2.1233×10^4	0.074	3.4477×10^3	0.012
2	646512	3.6478×10^5	1.7567×10^4	0.048	6.3055×10^3	0.009
3	646512	3.6478×10^5	1.7567×10^4	0.048	6.3055×10^3	0.009

假设监测得到了第 1 和 2 层位移及第 1 层加速度,结构状态估计值与仿真值的比较曲线如图 13.30 和图 13.31 所示。

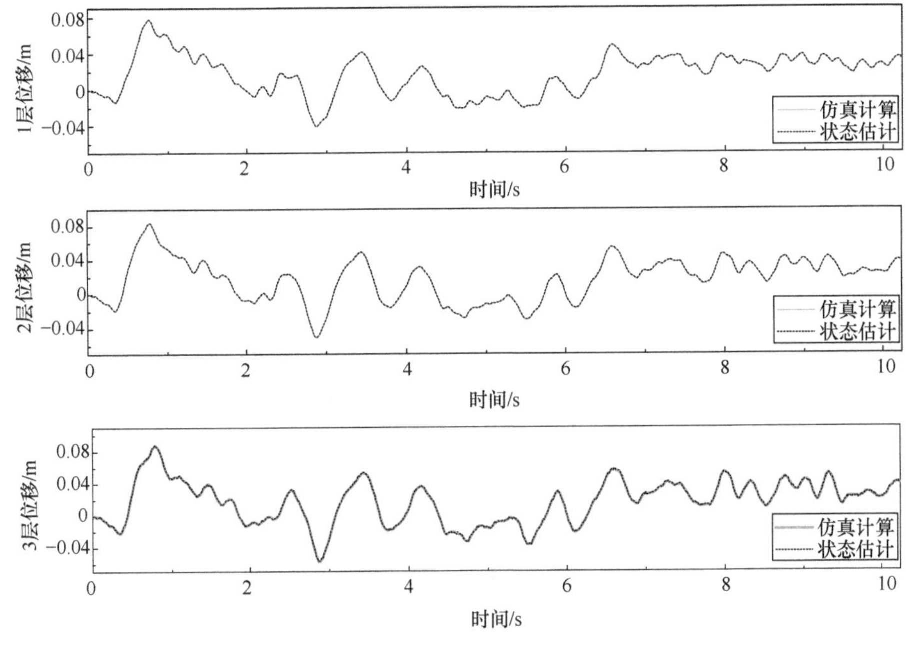

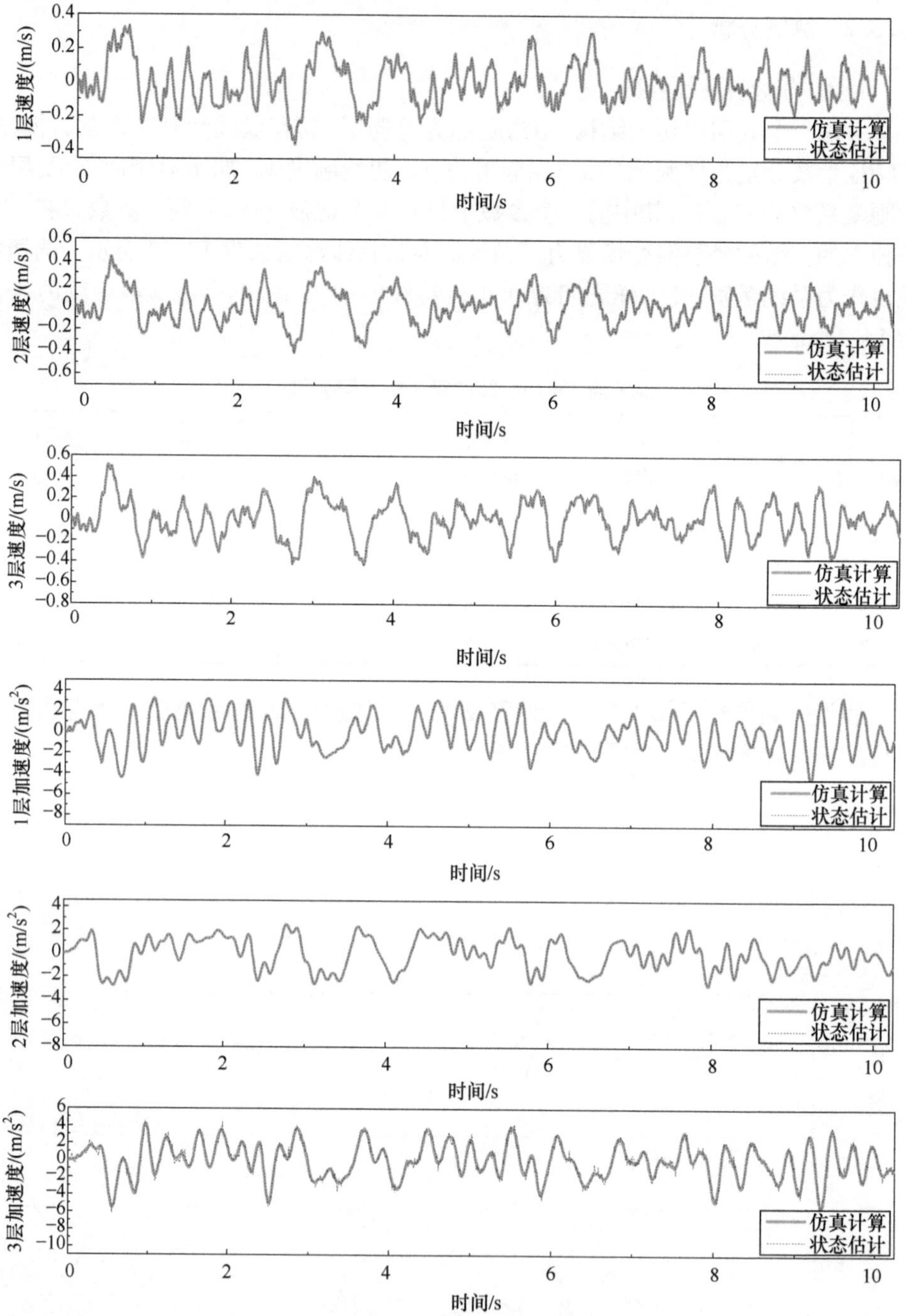

图 13.30　结构反应估计值与仿真值的比较

从图 13.30 可以看出，当结构的薄弱层出现在底层时，选择结构第 1、2 层位移和 1 层的加速度作为监测向量，对结构各层位移、速度及加速度的估计值与真实值吻合得较好。

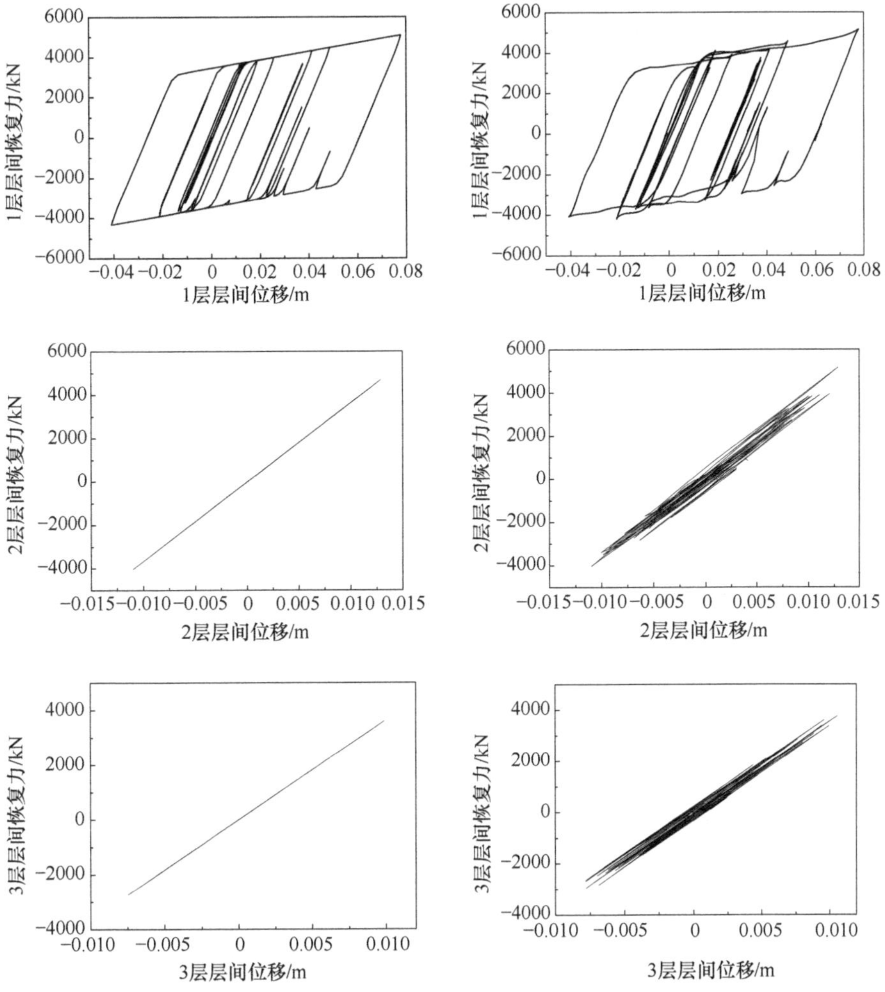

(a) 仿真结果　(b) 识别结果

图 13.31　结构各层层间恢复力模型的识别结果与仿真计算结果比较

综合图 13.30 和图 13.31 的结果可以看出，当选择弹塑性集中的结构层及与其相邻层的位移和加速度作为监测变量时，采用扩展 Kalman 滤波-小波识别方法，可以较准确地估计出结构各层位移、速度和加速度响应，以及结构各层的恢复力模型。

2）传感器位置讨论

考虑现有监测结构整体反应的传感器多采用加速度传感器和位移传感器（可以为视频位移监测技术或 GPS），因此分别采用各层的位移或加速度作为监测变量，具体工况参见表 13.11。

表 13.11　结构底层为薄弱层时监测变量工况表

工况	监测向量
1	1 层位移、1 层加速度
2	2 层位移、2 层加速度
3	3 层位移、3 层加速度
4	1、2 层位移，1 层加速度
5	2、3 层位移，2、3 层加速度
6	1、3 层位移，1、3 层加速度

当采用表 13.11 所列状态变量作为结构监测变量时，对结构各层位移、速度和加速度进行估计，并由此计算出结构底层的累积滞变耗能，其估计精度指标［式(13.70)～式(13.72)］如表 13.12 所示。

表 13.12　结构底层为薄弱层时各层位移及底层累积滞变耗能估计精度指标

工况	位移指标				耗能指标
	$e_{2,1}$	$e_{2,2}$	$e_{2,3}$	e_3	e_4
1	0	0.0095	0.0205	0.0226	0.1053
2	0.0418	0	0.0072	0.0424	0.5917
3	0.0959	0.0148	0	0.0970	0.8454
4	0	0	0.0003	0.0003	0.0011
5	0.0168	0.0000	0	0.0168	0.4318
6	0	0.0004	0	0.0004	0.0226

从表 13.12 可知，工况 1、4、6 中各层位移响应及底层累积滞变耗能的估计精度指标均比较小，说明当传感器安装于这三种工况对应的位置时，结构各层位移响应和底层累积滞变耗能的识别精度较高，而上述三种工况的共同点在于均采用了底层的位移和加速度作为监测变量，对结构其他层的响应进行估计。由此可以总结出，采用扩展 Kalman 滤波-小波识别方法对结构非线性滞变恢复力模型进行识别，应尽量选择进入弹塑性变形的结构层（结构薄弱层）的位移和加速度响应作为监测变量。

第 14 章 结构健康监测的 Benchmark 模型

国内外学者对结构健康诊断的理论和方法进行了大量的研究，提出了许多损伤识别和状态评估的方法。但大部分方法都只经过数值模拟和实验室小模型试验的验证，由于实际健康监测系统布设的传感器数量与结构自由度数目相比更少，加之实际健康监测系统测试噪声更强，同时结构及其支座和相关边界条件的力学模型与结构实际受力状态可能存在建模误差，因此，有必要建立实际结构健康监测的 Benchmark 问题，以验证不同学者提出的结构健康诊断方法的有效性和特点。

本章介绍由哈尔滨工业大学结构监测与控制中心提供的足尺斜拉桥健康监测 Benchmark 问题（Li et al.，2014c），包括 Benchmark 桥梁结构、健康监测系统、有限元模型以及监测数据（相关模型和数据可在 http://smc. hit. edu. cn 下载），监测数据涵盖了结构健康和损伤过程两种状态。针对斜拉桥结构的两类易损关键构件，提出了两个 Benchmark 问题，即拉索状态评估方法（Benchmark 问题 1）和桥梁主梁损伤识别方法（Benchmark 问题 2）。针对第一个 Benchmark 问题，Benchmark 模型提供了监测的索力和退化高强钢丝的疲劳特性，研究者可利用上述数据进行拉索的疲劳寿命预测和剩余寿命评估；针对第二个 Benchmark 问题，Benchmark 模型提供了桥梁多种损伤模式演化过程中监测的加速度响应及其环境作用，研究者可以利用上述数据验证其损伤识别方法的精度、准确性和鲁棒性。

14.1 健康监测系统概况

14.1.1 工程概况

选用一座真实的安装了健康监测系统的斜拉桥作为 Benchmark 问题的结构模型，该桥是中国大陆最早的现代斜拉桥之一，桥梁结构如图 14.1 所示。主跨 260m，边跨（25.15+99.85）m，全桥总长 510m，主塔 60.5m 高；主梁 11m 宽（9m 行车道和 2×1m 的人行道），由 74 片混凝土主梁节段构成，主梁节段端部现浇连接，边跨为 2×41.6m 现浇预应力混凝土主梁；拉索采用 $\phi5$ 平行高强钢丝束，拉索端部灌铸锚头，全桥共有 88 对斜拉索，斜拉索的钢丝最小数目是 69 根，最大数目为 199 根，恒荷载作用下拉索的索力从 559.4kN 到 1706.8kN（应力为 450MPa），活荷载引起的索力变化最大值为 160MPa。

图 14.1　桥梁结构外观

设计荷载等级为：汽-20、挂-100，人群荷载为 2.5kN/m^2；主梁混凝土标号为 C50，主梁预应力筋采用高强钢丝和Ⅳ级钢筋。桥梁始建于 1983 年，1987 年正式通车运营。

经过 18 年运营后，因车辆超载导致跨中合拢段出现裂缝，裂缝宽度达到 2cm；斜拉索锚固端严重腐蚀。针对该桥服役状态的严重退化状况，在 2005～2007 年对该桥进行了维修加固，包括主梁底部粘贴碳纤维布补强、跨中主梁合拢段重新浇筑、更换所有斜拉索。

14.1.2　结构健康监测系统

为提高桥梁的养护管理水平，保证桥梁安全运营，在该桥加固中安装了健康监测系统，监测系统的架构如图 14.2 所示。

健康监测系统在 Windows 环境下运行。该系统包括传感器子系统，数据采集、传输和存储子系统，健康安全评定子系统，数据远程无线传输子系统，数据管理与控制中心子系统。

这里简单介绍与 Benchmark 问题相关的传感器和数据采集制度。

1. 传感器子系统

根据该桥的结构特点，监测内容和变量包括环境（风、湿度、温度）、主塔塔顶位移、斜拉索索力、主梁合拢段应力、主梁竖向挠度、结构振动、结构模态参数，

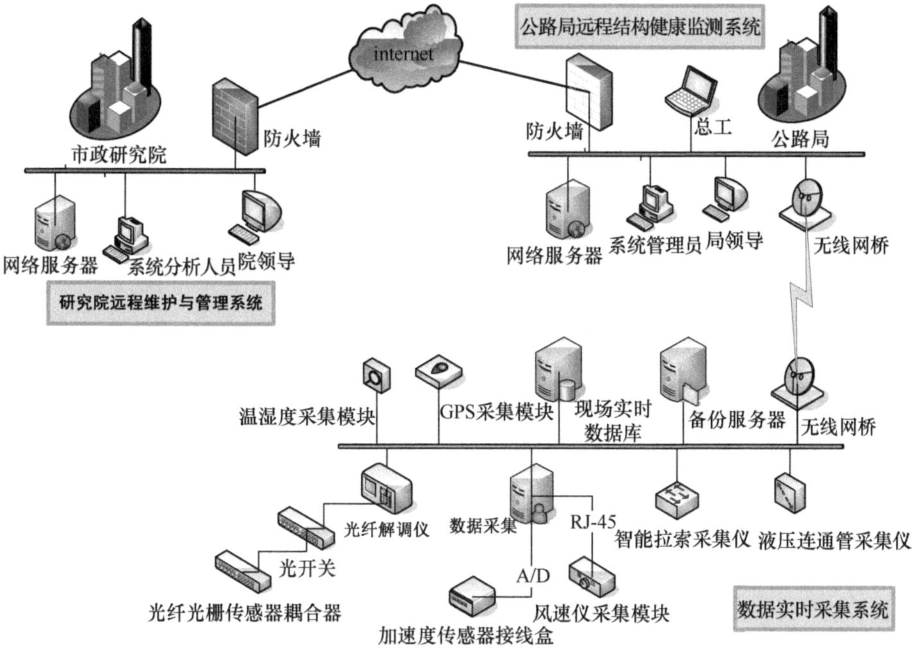

图 14.2　健康监测系统架构

如表 14.1所示。

表 14.1　传感器子系统划分

子模块	监测变量
环境监测子模块	温度、湿度、风速
变形监测子模块	桥塔变形、桥面变形和线型
应变监测子模块	主梁关键截面应变
斜拉索索力监测子模块	斜拉索索力
结构振动与模态参数	主梁和塔振动

这里只介绍与 Benchmark 问题以及前面各章用到的相关传感器及其信息。

1) 环境变量

环境变量主要包括风速、温度和湿度。

风速采用风速仪监测，全桥安装了 1 台风速仪。由于塔顶部的风速较大，因此，风速仪布设在塔顶部，型号为美国 YOUNG 公司的 05103L 螺旋桨式风速仪。该风速仪风速测量范围为 0～60m/s，风速测量阈值为 1m/s，风向的测量范围为 0～360°。

温湿度采用温湿度仪监测，全桥安装了 1 台温湿度仪。选用美国 Global Water 公司生产的 WE600 电容式湿度计和 WE700 温度计。湿度计量程为 0～100%RH，标称精度为±2%RH，启动时间为 3s；温度计量程为－50～50℃，标称精度为±0.1℃，数据输出为 4～20mA，启动时间为 5s。

2）主梁应变

结构应力是判断结构安全性最直接的指标，本桥重点监测了主梁跨中和两边跨合拢段主梁应力。主梁应力采用光纤光栅应变传感器监测；考虑桥梁温度场的监测和应变传感器的温度补偿，温度场的监测也采用了光纤光栅温度传感器。全桥布置 4 个应变及温度场监测断面。其中在既有主梁的横截面 S1 和 S2 各布设 3 个应变传感器和 1 个温度传感器，共 6 个应变传感器、2 个温度补偿传感器；在主梁合拢段的 S3 和 S4 断面各布设 5 个应变传感器、3 个温度补偿传感器，S4 截面预应力筋上还布设了 8 个应变传感器，共 18 个应变传感器、6 个温度补偿传感器。传感器安装位置详见图 14.3。

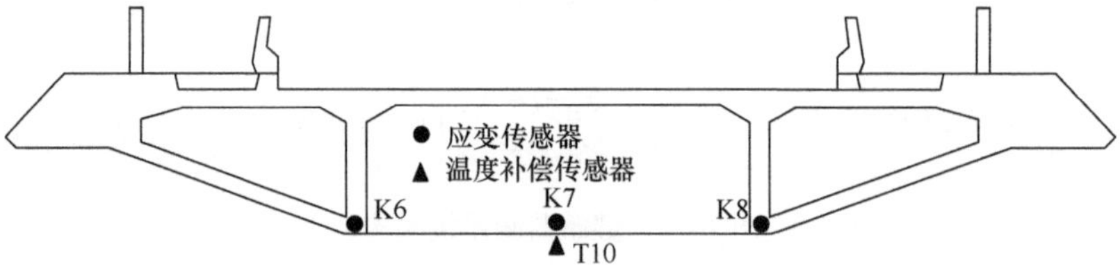

(a) 截面S1和S2

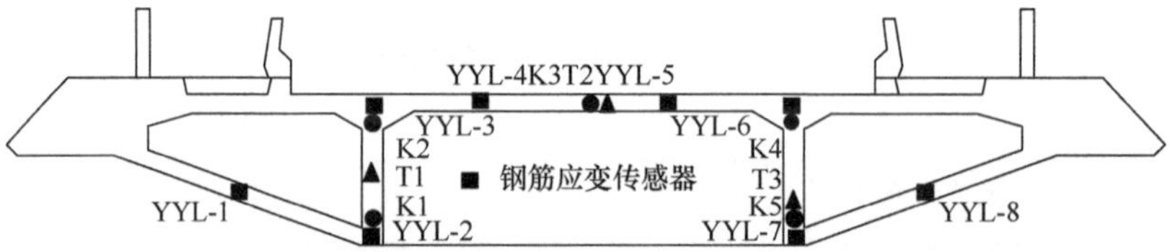

(b) 截面S3和S4

图 14.3　光纤光栅应变传感器截面布设位置

3）拉索索力

本桥采用了光纤光栅智能拉索（构造如图 14.4 所示）监测斜拉索的索力。全桥共选择 44 对拉索进行监测，每对拉索选其中的 1 根布设传感器，共 44 根智能索。在每一根索内布置 2 个光纤应变传感器，同时在其中的 8 根索中再安装 1 个温度补偿光纤光栅传感器（Li et al.，2009）。

4）主梁和桥塔振动

结构振动采用力平衡式加速度传感器监测，传感器布设在主梁和桥塔上，全桥主梁选定 7 个监测断面对称布置 14 个加速度传感器，在南塔顶部布设 1 个加速度

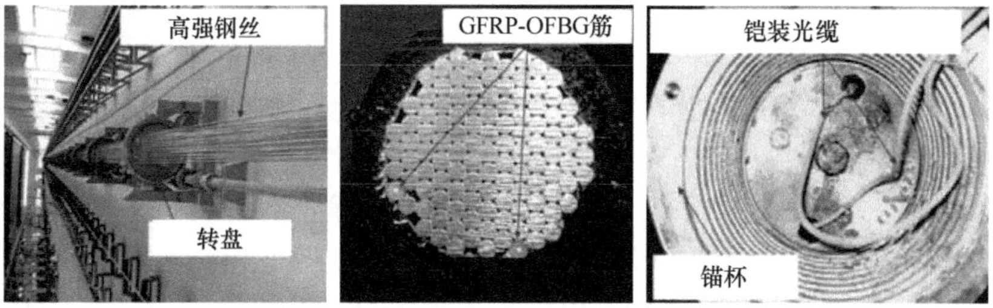

图 14.4　OFBG 智能拉索构造及施工工艺

传感器。其中主梁布设的均为竖向加速度传感器，桥塔顶部采用双轴加速度传感器。

桥梁上布设的传感器如图 14.5 所示。

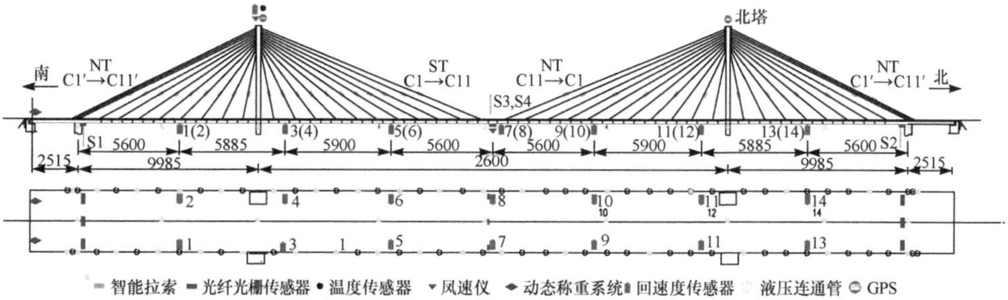

图 14.5　健康监测系统传感器布设位置(单位:cm)

2. 数据采集制度

由于桥梁的跨度和长度均较小，本桥梁健康监测系统采用了集中式数据采集系统。其中风速、温度和湿度(温湿度仪)的采样频率均为 20Hz，应变和温度场及斜拉索索力的采样频率均为 2.5Hz，加速度的采样频率为 100Hz(Li et al.，2006；Zhou et al.，2006)。

14.2　结构修正有限元模型

通过结构健康监测系统可以得到结构响应数据，然而，由于传感器的数量和位置有限，某些位置的结构响应只能通过修正有限元模型计算得到，或者通过修正的结构有限元模型，结合 Kalman 滤波器进行估计。此外，桥梁结构的损伤识别与安全评估也依赖结构的有限元模型。因此，这里介绍根据该桥设计图纸建立的初始有限元模型和基于监测数据建立的修正有限元模型。

14.2.1　初始有限元模型

根据该桥设计图纸建立了其 ANSYS 有限元模型，图 14.6 给出了该斜拉桥主梁和主塔的截面特性。ANSYS 模型采用鱼骨刺模型，桥梁结构的半封闭箱梁用一根 Beam44 三维梁单元模拟，斜拉索与主梁之间通过刚性杆连接，主塔也采用 Beam44 三维梁单元，该桥梁结构是全漂浮体系，辅助墩处和桥两端部只考虑支座的竖向约束，橡胶支座的摩擦力和拉杆拉力效应分别通过 Combin40 接触单元和 Link10 单元模拟；斜拉索采用 Link10 单元，通过等效弹性模量来模拟斜拉索垂度等非线性效应；不考虑横梁的横向约束作用而将其简化为 Mass21 质量单元。有限元模型包括 564 个 Beam44 梁单元、88 个 Link10 索单元、160 个 Mass21 质量单元和 8 个 Combin40 接触单元，总共包括 820 个单元和 765 个节点，有限元模型如图 14.7 所示（Li et al.，2014c）。

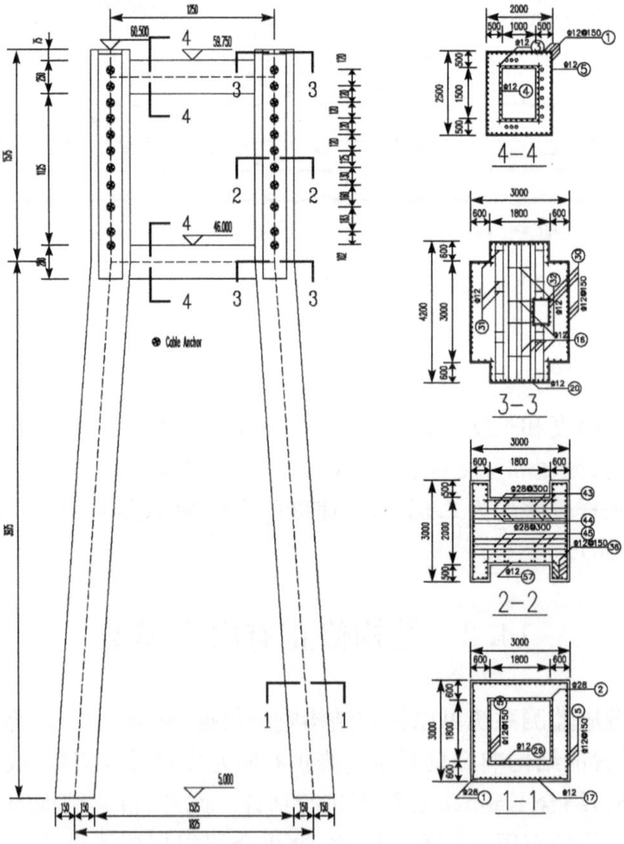

(a) 主塔的截面详图(单位:cm;标高单位:m)

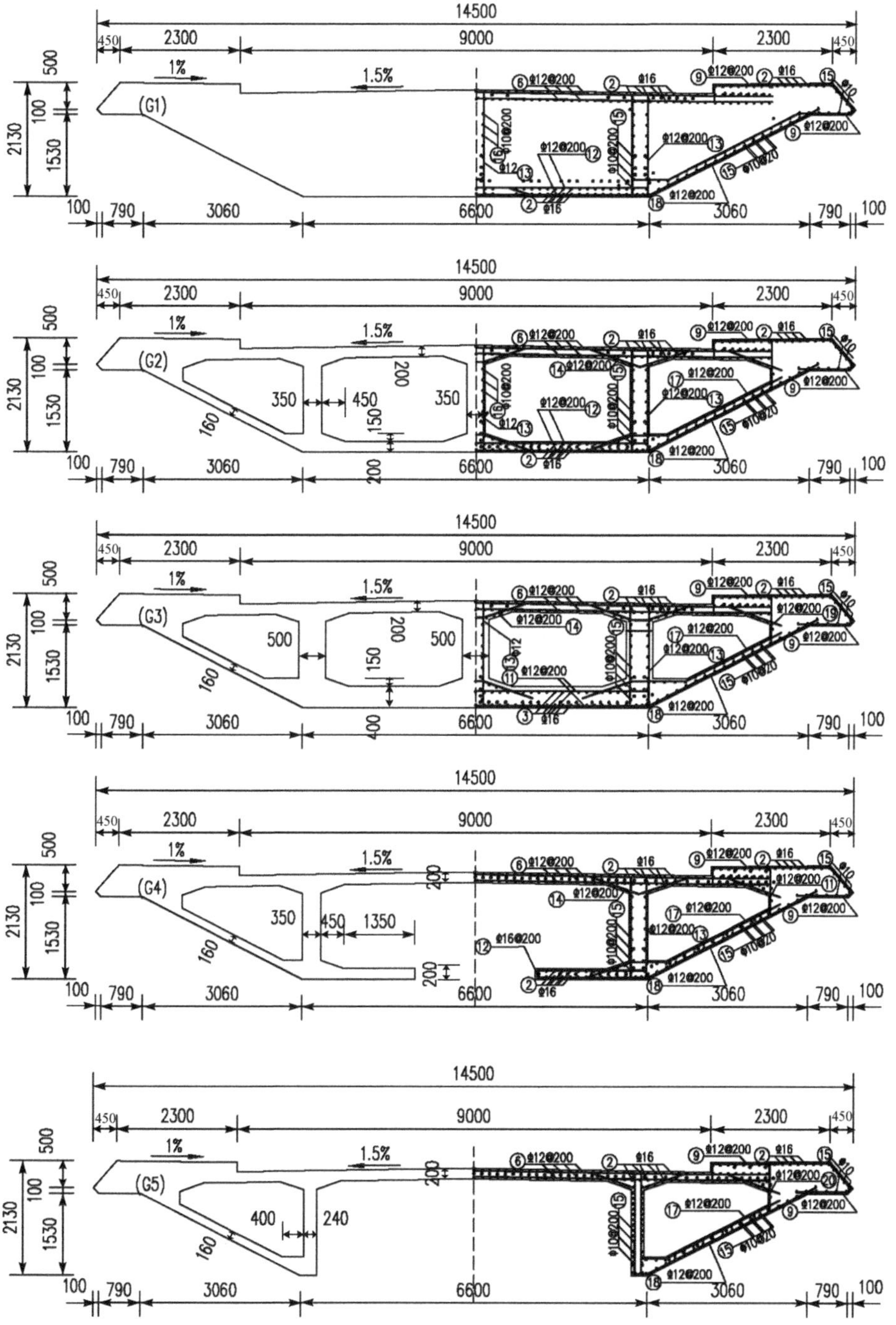
14500
450
2300
9000
2300
450
500
100
2130
1530
1%
1.5%
(G1)
(G2)
(G3)
(G4)
(G5)
100
790
3060
6600
3060
790
100
350
450
350
200
150
160
500
500
400
1350
240
φ12@200
φ16
φ10@200
φ12
φ16@200
φ10

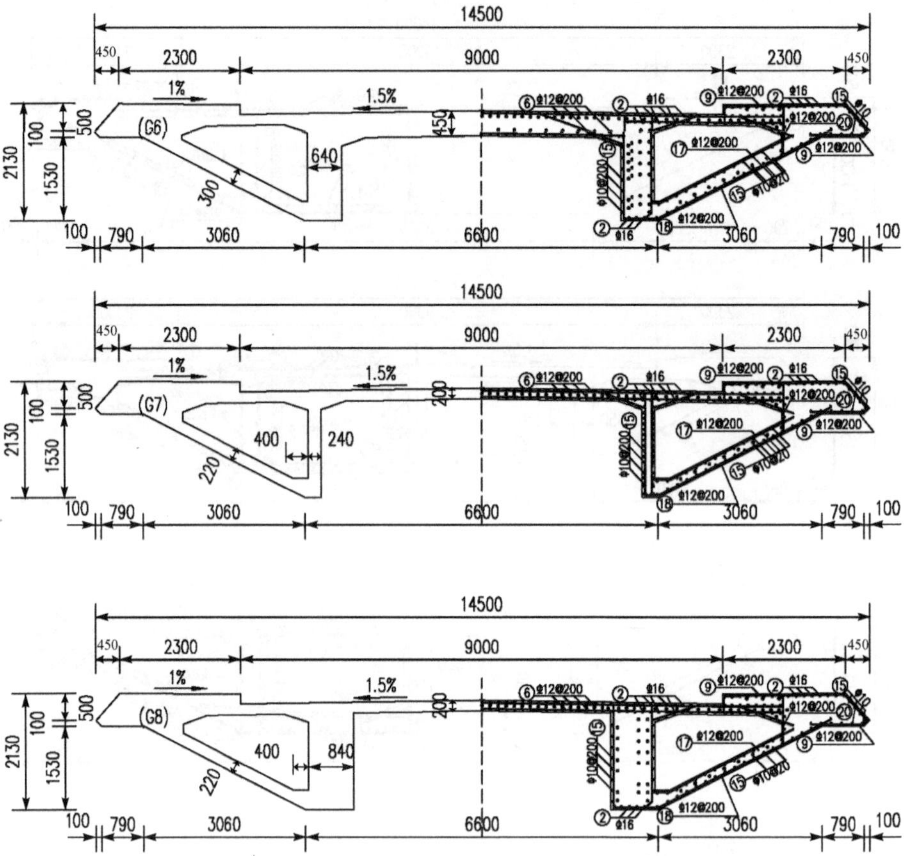

(b) 主梁的截面详图(概图尺寸单位:cm;截面尺寸单位:mm)

图 14.6　桥梁主梁和桥塔截面信息

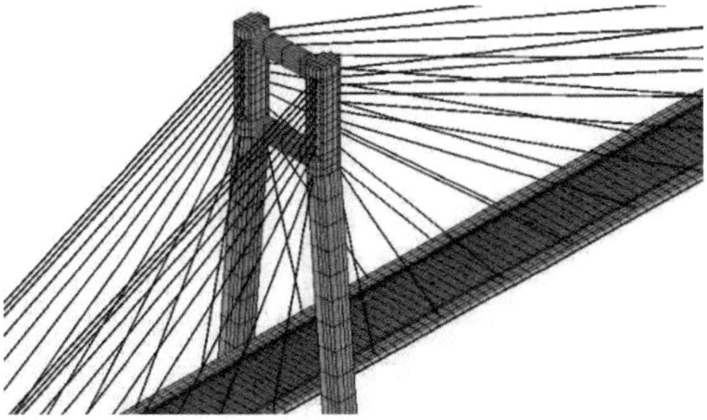

图 14.7　桥梁结构初始有限元模型

14.2.2　修正有限元模型

利用健康监测系统采集的主梁和桥塔加速度数据，采用第 5 章介绍的模态参数识别方法，得到该桥梁的自振频率和振型；进一步采用第 7 章基于灵敏度分析的模型修正方法，对该桥初始有限元模型进行修正，得到修正的有限元模型参数列入表 14.2 中。该桥修正的有限元模型可在 http://smc.hit.edu.cn 网站上下载。

表 14.2　有限元模型初始和修正结构参数

结构参数		初始估计值	下限	上限	修正值
主塔	$E_t/(N/m^2)$	3.50×10^{10}	3.15×10^{10}	4.03×10^{10}	3.55×10^{10}
	$\rho_t/(kg/m^3)$	2550.0	2422.5	2677.5	2545.5
主梁	$E_x/(N/m^2)$	3.50×10^{10}	3.15×10^{10}	4.03×10^{10}	3.39×10^{10}
	$\rho_x/(kg/m^3)$	2550.0	2422.5	2677.5	2629.7
	$E_y/(N/m^2)$	3.50×10^{10}	3.15×10^{10}	4.03×10^{10}	3.39×10^{10}
	$\rho_y/(kg/m^3)$	2550.0	2422.5	2677.5	2550.0
	$M_b/(kg)$	7650.0	6885.0	8415.0	6932.8
	$\rho_s/(kg/m)$	2096.9	1887.2	2306.6	1900.4
	M_a/kg	12000	10800	13.2	12937.5
边界条件	$K_2/(N/m)$	7.81×10^6	3.91×10^6	1.56×10^7	6.07×10^6

注：表中 E、ρ、M 和 K 分别代表材料弹性模量、密度、质量和刚度。

14.3　拉索状态评估 Benchmark 问题

14.3.1　拉索索力监测数据

通过智能拉索监测得到在车辆荷载、温度、风等作用下该桥斜拉索的索力，用于本 Benchmark 问题的数据文件为 NTC1 和 STC10DOT，数据可在 http://smc. hit. edu. cn 网站上下载，其中某两条典型样本如图 14.8 所示。

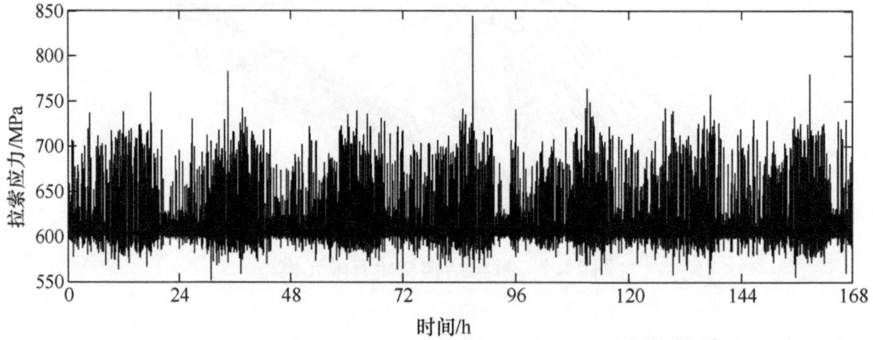

(a) C1拉索监测样本

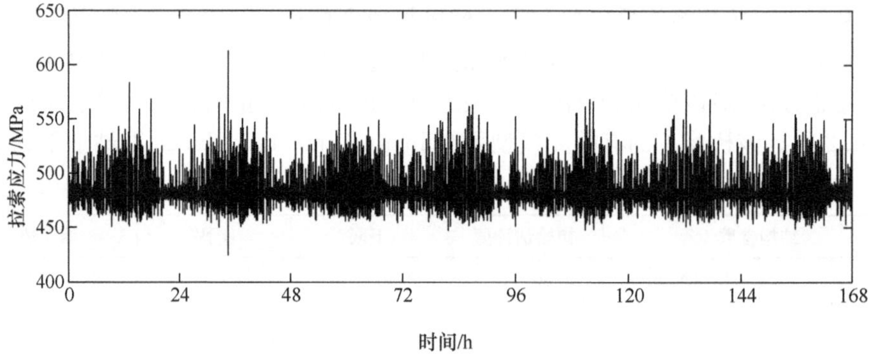

(b) C10拉索监测样本

图 14.8　典型智能拉索监测样本(2008 年 1 月 10 日 12:00～17 日 12:00)

从图 14.8 可知，该桥斜拉索的索力主要是由车辆荷载产生的，温度和风导致斜拉索索力的变化很小。

14.3.2　退役高强钢丝和斜拉索疲劳特性

本 Benchmark 问题中的桥梁结构，经过 18 年运营后，更换下的腐蚀拉索及其腐蚀钢丝用于剩余疲劳寿命的研究。替换下的腐蚀斜拉索中靠近斜拉索锚固点离桥面 5m 的范围内腐蚀比其他部位严重，故截取这一段斜拉索及钢丝为试验试件，详细信息可参考文献(Li et al. ,2011d)。

1. 退役钢丝的疲劳性能

首先通过试验研究替换下斜拉索中的高强钢丝的疲劳寿命，试验的高强钢丝长度为 500mm(斜拉索下端腐蚀严重，截取的高强钢丝试验试件为从斜拉索下端锚头处 500mm)。采用 SCHENCK(PC100M)疲劳试验机加载,加载频率为 30Hz;试验的应力幅分别是 290MPa、360MPa、500MPa、640MPa;应力比 $R=S_{min}/S_{max}=0.5$。试验时加载的最大和最小应力以及疲劳寿命测试结果如表 14.3 所示。

表 14.3 钢丝疲劳性能试验方案及试验结果

编号	ΔS/MPa	S_{max}/MPa	S_{min}/MPa	R	样本数	循环次数	变异系数
1	290	580	290	0.5	15	3.48×10^5	0.43
2	360	720	360	0.5	13	2.14×10^5	0.45
3	500	1000	500	0.5	14	9.15×10^4	0.42
4	640	1280	640	0.5	13	4.83×10^4	0.42

通过试验得到如图 14.9 所示腐蚀钢丝的 S-N 曲线,其拟合表达式为

$$\log N = 11.729 - 2.511\Delta S \tag{15.1}$$

式中,N 为钢丝的疲劳寿命;ΔS 为应力幅。

根据设计资料可知,建造该桥采用的斜拉索的疲劳寿命大于 200 万次;但服役 18 年后腐蚀斜拉索内高强钢丝的疲劳寿命仅为几十万次和几万次,表明腐蚀严重降低了斜拉索内高强钢丝的疲劳寿命。

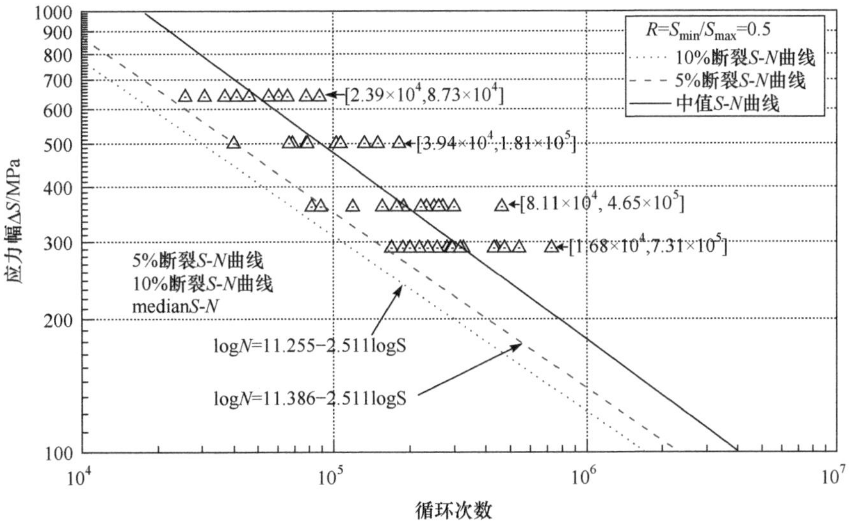

图 14.9 腐蚀钢丝的 S-N 曲线

2. 退役平行钢丝拉索的疲劳性能

采用由 69 根腐蚀钢丝组成的平行拉索做疲劳试验，索长 1.19m，试验了两根拉索。循环加载采用 487.73～975.46kN 的正弦函数，应力幅为 360MPa，应力比为 0.5，即 $R=S_{min}/S_{max}=0.5$。拉索断丝率分别为 5%和 10%的疲劳寿命列于表 14.4。

表 14.4 腐蚀拉索疲劳寿命

索编号	断丝数	断丝率/%	循环次数
1	3	5	86299
	7	10	110641
2	3	5	126529
	7	10	135561

从表 14.4 中可以看出，即使试验采用的斜拉索的长度较短，其疲劳寿命也未超过 14 万次，甚至只有几万次，表明腐蚀严重降低了斜拉索的疲劳寿命。

14.3.3 拉索状态评估 Benchmark 问题

1. 平行钢丝拉索疲劳寿命预测模型

拉索是由高强钢丝组成的，本 Benchmark 问题提供了腐蚀高强钢丝的疲劳寿命，其他学者可以进一步研究提出新的基于腐蚀钢丝疲劳寿命的拉索疲劳寿命预测模型，并利用本 Benchmark 问题中试验得到的拉索疲劳寿命对不同研究者提出的拉索疲劳寿命预测模型进行验证。

2. 平行钢丝拉索剩余寿命估计模型

根据本 Benchmark 问题提供的实测拉索应力时程，其他学者可进一步研究腐蚀拉索剩余疲劳寿命评估模型。

14.4 主梁损伤识别 Benchmark 问题

2008 年 8 月，发现该桥梁结构出现了两种损伤模式，健康监测系统记录了 2008 年 1～8 月的数据，期间桥梁结构由于车辆的超载而逐步损伤。因此，该健康监测系统监测的数据隐含着该桥损伤演化过程和损伤模式，这些数据对验证不同研究者提出的结构损伤识别与定位方法是极其宝贵的。第二个 Benchmark 问题是主梁的损伤识别和定位，由于该桥梁损伤严重，损伤识别是指诊断该桥梁结构开始出现损伤的时间。

14.4.1 监测数据

2008 年 1 月 1 日、1 月 17 日、2 月 3 日、3 月 19 日、3 月 30 日、4 月 9 日、5 月 5 日、5 月 18 日、5 月 31 日、6 月 7 日、6 月 16 日和 7 月 31 日监测的加速度和环境(温度和风速)数据作为 Benchmark 问题的已知条件，数据覆盖了桥梁结构从健康状态到损伤状态的全过程。考虑到温度和风速等环境因素可能对桥梁结构的模态参数存在一定的影响(Li et al.,2010)，风速、风向角和环境温度监测数据都在该 Benchmark 问题中提供了，有关数据可在 http://smc.hit.edu.cn 网站上下载(加速度的采样频率为 100Hz，而环境因素的采样频率为 20Hz，关于加速度、温湿度仪和风速仪的监测位置和传感器参数可以参见图 14.5)。

2008 年 1 月 17 日边跨加速度计 2 和中跨加速度计 8 的传感器时程曲线及功率谱、温度和风速如图 14.10 所示。从图中可以看出，监测数据质量良好，能够真实反映桥梁结构的振动；在此期间，温度和风速分别为 −9.04～−5.38℃ 和 0.067～3.7m/s。

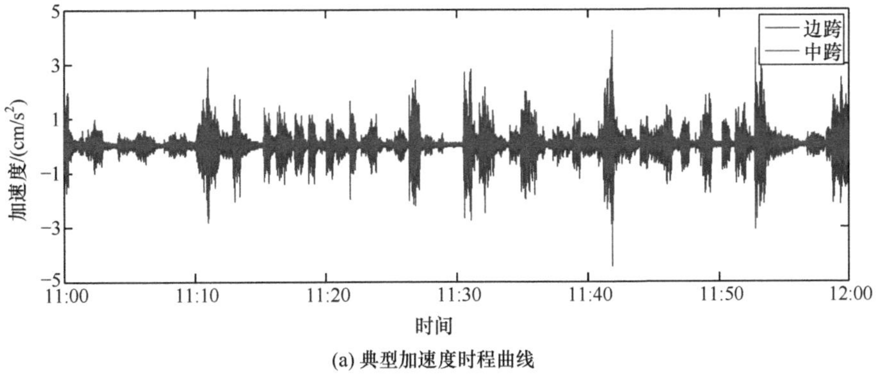

(a) 典型加速度时程曲线

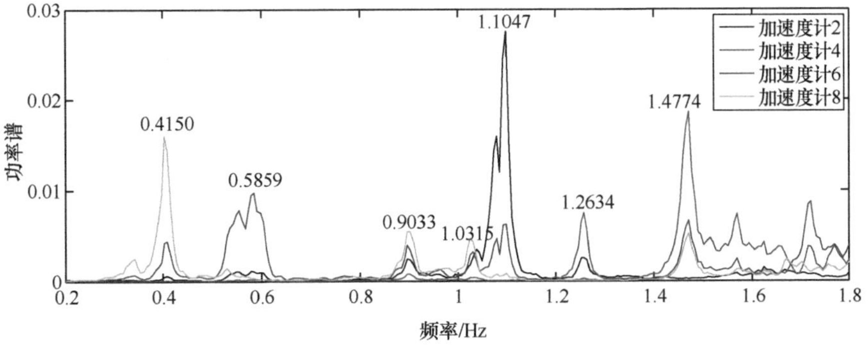

(b) 功率谱曲线

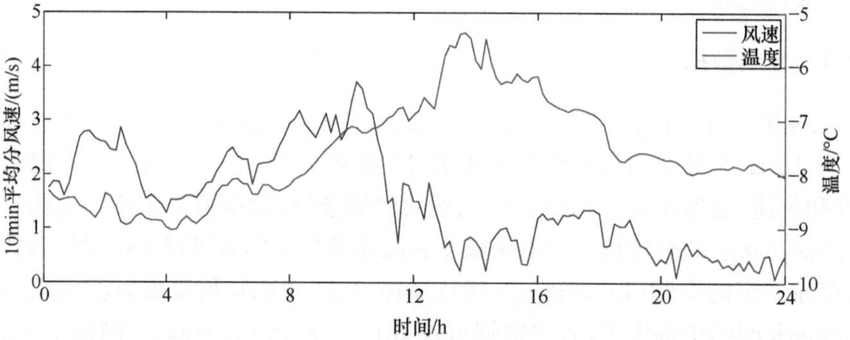

(c) 环境因素曲线

图 14.10　2008 年 1 月 17 日监测数据

利用监测的健康桥梁结构加速度数据，采用第 5 章频域分解方法，识别得到桥梁主梁的振型如图 14.11 所示，其中(a)～(f) 分别为结构的第 1～6 阶振型，结构的频率和阻尼比也示于图中。

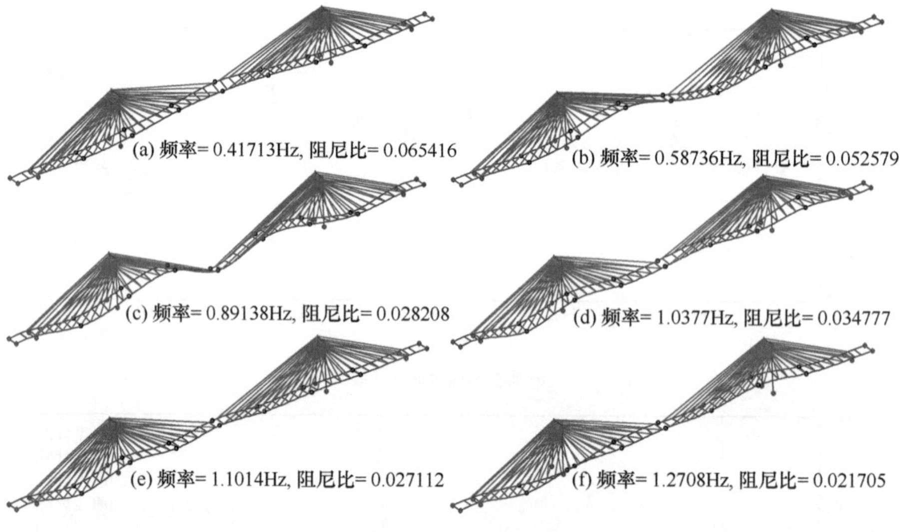

图 14.11　识别的健康桥梁的振型与频率

2008 年 7 月 31 日，桥梁损伤状况下，边跨加速度计 2 和中跨加速度计 8 的传感器监测的加速度及其功率谱如图 14.12 所示。从图中可以看出一个非常有趣的现象，桥梁主梁的加速度幅值在 18:00 前后出现了较大的减小，原因在于为了避免桥梁结构的倒塌，在该时刻对桥梁结构采取了限载措施。

利用监测的损伤桥梁结构加速度数据，采用第 5 章频域分解方法，识别得到桥梁主梁的振型如图 14.13 所示，其中(a)～(f)分别为结构的第 1～6 阶振型，结构的频率和阻尼比也示于图中。

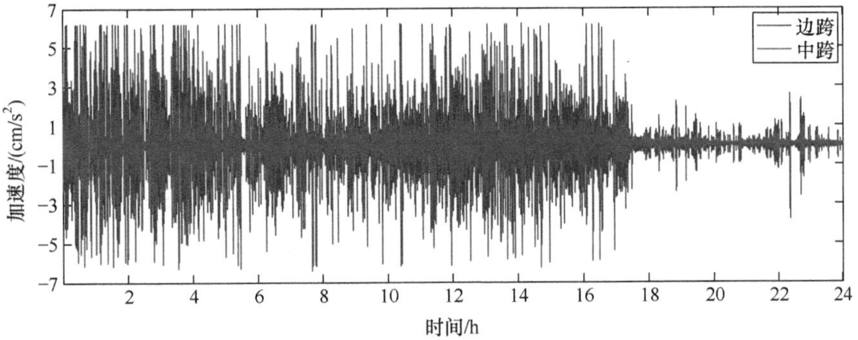

(a) 典型加速度时程

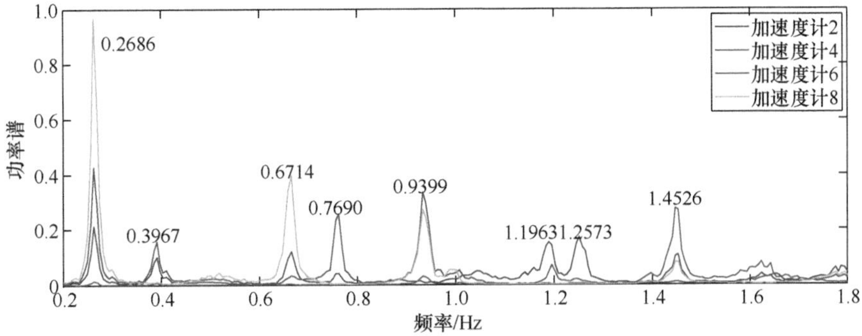

(b) 功率谱

图 14.12　2008 年 7 月 31 日监测数据

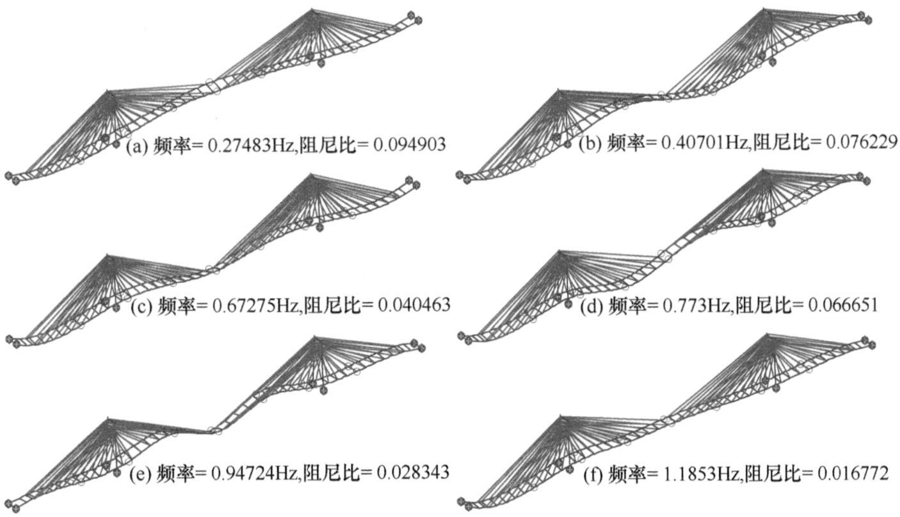

图 14.13　识别的损伤桥梁的振型与频率

正常运营条件下，通过对健康和损伤桥梁结构加速度的监测数据及其功率谱对比发现，损伤主梁跨中加速度幅值要大于健康主梁跨中加速度幅值；损伤桥梁的功率谱和模态参数与健康桥梁的有较大差别。

14.4.2 检测数据

由于监测系统中加速度传感器的数目有限，在桥梁发生损伤后，在健康监测系统采集的数据基础上，我们又补充了加速度传感器对桥梁结构进行了详尽的动力测试，有关数据可在网站 http://smc.hit.edu.cn 下载。

补充 18 个加速度传感器分别一次半幅方式进行检测，传感器编号分别为 1～18 和 1′～18′(第 1～18 号加速度传感器是从边跨到中跨，对于北塔而言则是从 1′～18′)，北塔和南塔加速度传感器的布设位置完全对称。第 18 号传感器可以作为模态分析中的参照传感器。传感器位置如图 14.14 所示。

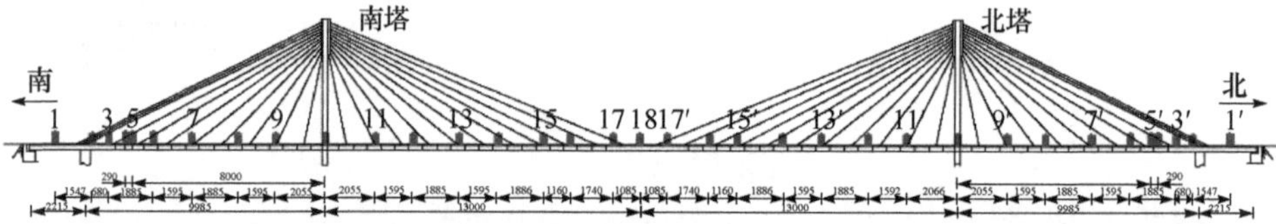

图 14.14 现场检测加速度传感器布设位置

从 2008 年 8 月 7 日～10 日，总共对该桥进行了 4 次测试，分别是南塔下游、北塔下游、北塔上游、南塔上游，每次测试时间为 2h。

2008 年 8 月 7 日～10 日这四天测试期间的平均温度分别为 29.7℃、30.3℃、30.2℃和 28.8 ℃，图 14.15 给出了 2008 年 8 月 8 日现场实测的时程曲线和功率谱分析的结果。

14.4.3 损伤识别 Benchmark 问题

1. 识别和定位损伤

尽管损伤发生过程中桥梁结构的频率发生了明显的变化，但研究者可以研究频率变化的原因以及环境因素对 Benchmark 桥梁频率变化的影响规律，提出剔除环境因素对结构模态参数影响的方法。

2. 损伤识别和定位及损伤演化过程

其他学者可以利用监测和现场检测数据开展结构微小损伤识别(损伤开始时刻的判断)、损伤定位和损伤演化过程的研究，而结构实际损伤过程和损伤位置将验证其他学者提出的方法。

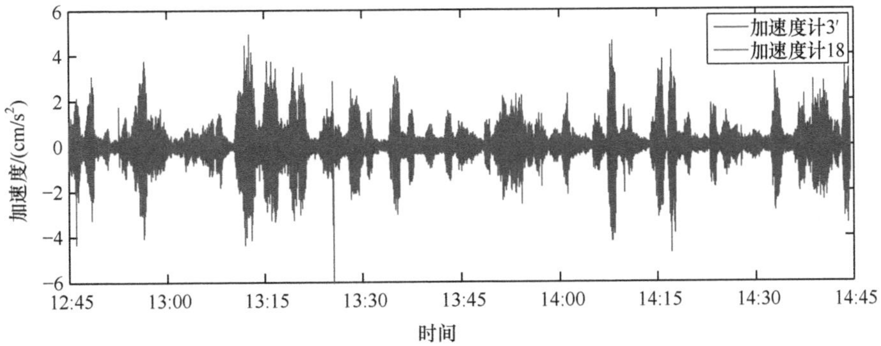

(a) 加速度时程

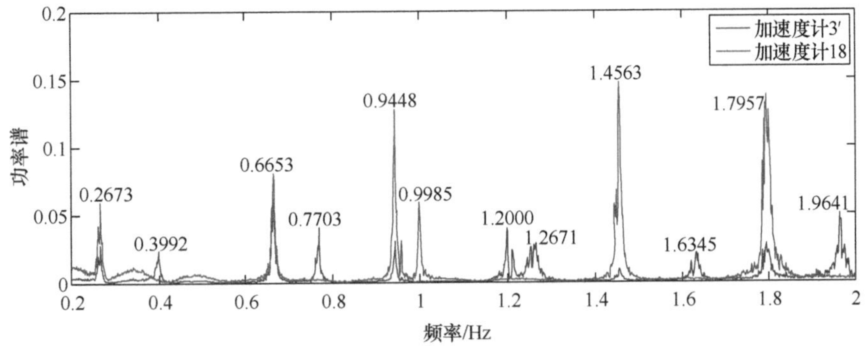

(b) 功率谱

图 14.15　2008 年 8 月 8 日损伤桥梁现场检测加速度

本章对于上述 Benchmark 问题进行了较为基础的分析，以起到抛砖引玉的作用，其中，李惠等介绍了本桥智能斜拉索及索力监测结果(Li et al.，2009)；李惠等对本桥健康监测数据分析，提出了考虑时变环境的结构模态参数识别的非线性主成分方法(Li et al.，2010)；李惠等基于替换下的本桥斜拉索研究了斜拉索腐蚀损伤、腐蚀高强钢丝和斜拉索极限承载力及腐蚀高强钢丝和斜拉索疲劳累积损伤的分析方法(Li et al.，2011)。Benchmark 模型发布后，得到了国内外同行的肯定和应用(Zhou et al.，2015；Nguyen et al.，2014；Arangio and Bontempi，2015)，成为检验结构健康诊断理论和方法的重要依据。有兴趣的读者可参考相关文献。

参考文献

陈国兴.2007.岩土地震工程学.北京:科学出版社.

戴航,袁爱民.2011.基于灵敏度分析的结构模型修正.北京:科学出版社.

邓扬,李爱群,丁幼亮.2009.大跨悬索桥梁端位移与温度的相关性研究及其应用.公路交通科技,26(5):54—58.

邓之录,梁之舜.1992.随机点过程及其应用.北京:科学出版社.

杜进生,秦权.1999.系统可靠度及其在桥梁工程中的应用前景.公路交通科技,16(4):21—24.

段新生.1996.证据决策.北京:经济科学出版社.

范立础,袁万城,张启伟.2000.悬索桥结构基于敏感性分析的动力有限元模型修正.土木工程学报,33(1):9—14.

傅志方,华宏星.2000.模态分析理论及应用.上海:上海交通大学出版社.

高欣.2011.在役钢管混凝土拱桥吊杆损伤与系统可靠度分析方法.哈尔滨:哈尔滨工业大学博士学位论文.

贡金鑫,赵国藩.2000.大气环境下锈蚀对钢筋混凝土结构可靠度的影响.大连理工大学学报,40(2):210—213.

郭恩,周锡元,彭凌云,等.2012.近断层地震动记录中速度大脉冲及其影响范围.北京工业大学学报,38(2):243—249.

郭彤,李爱群,赵大亮.2008.用于公路桥梁可靠性评估的车辆荷载多峰分布概率模型.东南大学学报:自然科学版,38(5):763—766.

何书元.2004.应用时间序列分析.北京:北京大学出版社.

洪钟瑜,张景绘,程维伦.1986.应用时间序列的基本性质识别振动系统的特性参数(下)——应用研究.振动与冲击,3:35—48.

胡聿贤.2006.地震工程学.北京:地震出版社.

康耀红.1997.数据融合理论与应用.西安:西安电子科技大学出版社.

李顺龙.2009.基于健康监测技术的桥梁结构状态评估和预警方法研究.哈尔滨:哈尔滨工业大学博士学位论文.

李延强.2013.基于最敏感索力指标的斜拉桥主梁损伤识别研究.北京:北京交通大学博士学位论文.

李扬海,鲍卫刚,郭修武,等.1997.公路桥梁结构可靠度与概率极限状态设计.北京:人民交通出版社.

李英民,吴哲骞,陈辉国.2013.地震动的空间性特性分析与修正相干模型.振动与冲击,32(2):164—170.

李兆霞,李爱群,陈鸿天,等.2003.大跨桥梁结构以健康监测和状态评估为目标的有限元模拟.东南大学学报:自然科学版,33(5):562—572.

刘延芳,鲍卫刚,周泳涛,等.2013.公路钢桥疲劳荷载研究.公路,(1):1—6.

龙跃,邓年春,朱万旭,等.2007.磁通量传感器及其在桥梁监测中的应用.预应力技术,2:3—6.

毛晨曦.2006.结构地震损伤监测与控制的SMA智能系统.哈尔滨:哈尔滨工业大学博士学位论文.

牛荻涛. 2003. 混凝土结构耐久性与寿命预测. 北京:科学出版社.
欧进萍,段忠东,肖仪清. 2003. 海洋平台结构安全评定——理论、方法与应用. 北京:科学出版社.
欧进萍,2005,重大工程结构智能传感网络与健康监测系统的研究与应用. 中国科学基金,19(1):8—12.
沈惠申,王宇新. 1996. 斜拉桥主梁静动力可靠度分析. 中国公路学报,9(1):59—65.
史道济. 2006. 实用极值统计方法. 天津:天津科学技术出版社.
谈华顺,田家栋,张东昱. 2015. 基于安卓智能手机平台的结构健康监测//第六届海峡两岸四地高校师生土木工程监测与控制研讨会. 厦门.
唐涛. 2006. 斜拉桥结构体系使用安全性评估理论与方法研究. 上海:同济大学博士学位论文.
田琪. 2008. 地震动的谱分析入门. 2 版. 北京:地震出版社.
童乐为,沈祖炎. 1997. 城市道路桥梁的疲劳荷载谱. 土木工程学报,30(5):20—27.
万臻,毛学明. 2008. 灰色系统理论在斜拉桥动态可靠度分析中的应用. 武汉大学学报:工学版,41(6): 62—65.
王光远. 1990. 结构服役期间的动态可靠度及其维修理论初探. 哈尔滨建筑工程学院学报,23(2):1—9.
王燕. 2005. 应用时间序列分析. 北京:中国人民大学出版社.
王文涛. 2006. 斜拉桥换索工程. 北京:人民交通出版社.
吴佰建,李兆霞,王澄. 2008. 桥梁结构动态应变监测信息的分离与提取. 东南大学学报:自然科学版,38(5):767—773.
夏叶飞,李峰峰,顾煜,等. 2014. 基于 WIM 的高速公路桥梁车辆疲劳荷载谱研究. 公路交通科技,31(3):56—64.
徐俊,陈惟珍,刘学. 2008. 斜拉索退化激励及钢丝力学模型. 同济大学学报:自然科学版,36(7):911—915.
姚卫星,顾怡. 1996. 用自动矩阵力法枚举结构的主要失效模式. 计算力学学报,13(1):62—66.
曾志斌,李之榕. 1999. 普通混凝土梁用钢筋的疲劳 S-N 曲线研究. 土木工程学报,32(5):10—14.
张大钧,张德文,肖龙翔. 1988. 随机振动冲击方法//全国第五届模态分析与试验学术交流会论文集. 上海:上海船舶研究所.
张福俭. 2013. 大跨度斜拉桥拉索索力与车辆荷载识别及建模研究. 哈尔滨:哈尔滨工业大学博士学位论文.
张建仁,刘扬. 2001. 遗传算法和人工神经网络在斜拉桥可靠度分析中的应用. 土木工程学报,34(1):7—13.
张景绘,洪钟瑜,邱阳. 1986. 应用时间序列的基本性质识别振动系统的特性参数(上)——理论,方法,软件. 振动与冲击,(2):4.
张启伟,范立础. 1998. 利用静力测试数据的桥梁结构损伤识别. 同济大学学报,26(5):528—532.
张启伟. 2002. 基于环境振动测量值的悬索桥结构动力模型修正. 振动工程学报,15(1):74—78.
张小庆. 2003. 结构体系可靠度分析方法研究. 大连:大连理工大学博士学位论文.

赵国藩，金伟良，贡金鑫. 2000. 结构可靠度理论. 北京：中国建筑工业出版社.
郑君里，杨为理，应启珩. 2009. 信号与系统引论. 北京：高等教育出版社.
中华人民共和国建设部. 2001. 建筑结构可靠度设计统一标准（GB 50068—2001）. 北京：中国建筑工业出版社.
中华人民共和国交通运输部. 1999. 公路工程结构可靠度设计统一标准（GB/T 50283—1999）. 北京：人民交通出版社.
中华人民共和国交通运输部. 2001. 汽车和挂车类型的术语和定义（GB/T 3730.1—2001）. 北京：人民交通出版社.
中华人民共和国交通运输部. 2004. 公路钢筋混凝土及预应力混凝土桥涵设计规范（JTG D62—2004）. 北京：人民交通出版社.
周泳涛，鲍卫刚，翟辉，等. 2010. 公路钢桥疲劳设计荷载标准研究. 土木工程学报，(11)：79－85.
周智. 2003. 土木工程结构光纤光栅智能传感元件及其监测系统. 哈尔滨：哈尔滨工业大学博士学位论文.
周智，李冀龙，欧进萍. 2006. 埋入式光纤光栅界面应变传递机理与误差修正. 哈尔滨工业大学学报，38(1)：49－55.
AASHTO. 1998. LRFD bridge design specifications. Section 3：Loads and load factors. American Association of State Highway and Transportation Officials. Washington.
Akaike H. 1969. Power spectrum estimation through autoregressive model fitting. Annals of the Institute of Statistical Mathematics，21(1)：407－419.
Alampalli S. 2000. Effects of testing，analysis，damage，and environment on modal parameters. Mechanical Systems and Signal Processing，14(1)：63－74.
Albrecht P. 1982. Fatigue reliability analysis of highway bridges//61st Annual Meeting of the Transportation Research Board. United States.
Almadian H，Gladwell G M L，Ismail F. 1994. Finite element model identification using modal data. Journal of Sound and Vibration，172(5)：657－669.
Ang A H，Chaker A A，Abdelnour J. 1975. Analysis of activity networks under uncertainty. Journal of the Engineering Mechanics Division，101(4)：373－387.
Arangio S，Bontempi F. 2015. Structural health monitoring of a cable-stayed bridge with Bayesian neural networks. Structure and Infrastructure Engineering，11(4)：575－587.
Arnold B C. 1985. Pareto Distribution. Hoboken，New Jersey：Wiley Online Library.
ASCE Committee on Fatigue and Fracture Reliability. 1982. Fatigue reliability 1－4. Journal of Structural Division，Proceeding of ASCE，108(ST_1)：3－88.
Askegaard V，Mossing P. 1988. Long term observation of RC-bridge using changes in natural frequency. Nordic Concrete Research，7：20－27.
JRA. 2002. Code for Design of Highway Bridges. II Steel Bridge. Tokyo：Japan Road Association.
Baker J W. 2007. Quantitative classification of near-fault ground motions using wavelet analysis. Bulletin of the Seismological Society of America，97(5)：1486－1501.
Bao X，Webb D J，Jackson D A. 1993. 32-km distributed temperature sensor based on Brillouin

loss in an optical fiber. Optics Letters, 18(18): 1561—1563.

Bao Y Q, Beck J L, Li H. 2011. Compressive sampling for accelerometer signals in structural health monitoring. Structural Health Monitoring, 10(3): 235—246.

Bao Y Q, Li H, An Y H, et al. 2012a. Dempster-shafer evidence theory approach to structural damage detection, Structural Health Monitoring, 11(1): 13—26.

Bao Y Q, Li H, Sun X, et al. 2013. Compressive sampling based data loss recovery for wireless sensor networks used in civil structural health monitoring. Structural Health Monitoring, 12(1): 78—95.

Bao Y Q, Shi Z Q, Beck J L, et al. 2016. Identification of time-varying cable bension forces based on adaptive sparse time-frequency analysis of cable vibrations. Structural Control & Health Monitoring, DOI: 10. 1002/stc. 1889.

Bao Y Q, Wu F, Zhu X, et al. 2012b. A mobile wireless sensor-based structural health monitoring technique//In Workshop on Civil Structural Health Monitoring. Berlin, Germany.

Bao Y Q, Xia Y, Li H, et al. 2012c. Data fusion-based structural damage detection under varying temperature conditions. International Journal of Structural Stability and Dynamics, 12(6): 67—75.

Bao Y Q, Yu Y, Li H, et al. 2015. Compressive sensing-based lost data recovery of fast-moving wireless sensing for structural health monitoring. Structural Control and Health Monitoring, 22(3): 433—448.

Baraniuk R G. 2007. Compressive sensing. IEEE Signal Process Magazine, 24(4): 118—138.

Beck J K. 1989. Statistical system identification of structure//Proceeding of 5th International Conference on Structure Safety and Reliability. New York.

Beck J L, Au S K. 2002. Bayesian updating of structural models and reliability using Markov Chain Monte Carlo simulation. Journal of Engineering Mechanic, 128(4): 380—391.

Beck J L, Katafygiotis L S. 1992. Probabilistic system identification and health monitoring of structures//Proceeding of 10th World Conference on Earthquake Engineering, New York.

Beck J L, Katafygiotis L S. 1998. Updating models and their uncertainties I: Bayesian statistical framework. ASCE Journal of Engineering Mechanics, 124(4): 455—461.

Berman A. 1979. Mass matrix correction using an incomplete set of measured modes. AIAA Journal, 17(10): 1147—1148.

Bernini R, Minardo A, Zeni L. 2009. Dynamic strain measurement in optical fibers by stimulated Brillouin scattering. Optics Letters, 34(17): 2613—2615.

Bietry J, Delaunay D, Coti E. 1995. Comparison of full—scale measurement and computation of wind effects on a cable—stayed bridge. Journal of Wind Engineering and Industrial Aerodynamics, 57(2-3): 223—235.

Bolotin V. 1992. Initial flaws distribution and size effect of fatigue fracture. IABSE Reports, 75—78.

Bonnecase D, Prevosto M, Benveniste A. 1990. Application of a multidimensional ARMA model to modal analysis under natural excitation//Proceedings of the 8th IMAC. Borovets, Bulyaria.

Brincker R, Zhang L, Andersen P. 2000. Modal identification from ambient responses using frequency domain decomposition//Proceedings of the 18th International Modal Analysis Conference. San Antonio.

British Standard. 1980. Steel, Concrete and Composite Bridges. London: British Standards Institution.

BS 5400. 1980. Steel, Concrete and Composite Bridges, Part 10: Code of Practice for Fatigue. London: British Standards Institution.

Candès E J, Romberg J, Tao T. 2006. Robust uncertainty principles: exact signal reconstruction from highly incomplete frequency information. IEEE Transactions on Information Theory, 52(2): 489—509.

Candès E J, Tao T. 2005. Decoding by linear programming. IEEE Transactions on Information Theory, 51(12): 4203—4215.

Candès E J. 2006. Compressive sampling//Proceedings of the International Congress of Mathematicians. Madrid.

Castillo E, López-Aenlle M, Ramos A, et al. 2006. Specimen length effect on parameter estimation in modelling fatigue strength by Weibull distribution. International Journal of Fatigue, 28(9): 1047—1058.

Catbas F N, Susoy M, Frangopol D M. 2008. Structural health monitoring and reliability estimation: Long span truss bridge application with environmental monitoring data. Engineering Structures, 30(9): 2347—2359.

CEN. 1992. Eurocode 3: Design of Steel Structures, Part 1—9: Fatigue. European Committee for Standardization, Brussels, Belgium.

Chan T H, Li Z, Ko J M. 2001. Fatigue analysis and life prediction of bridges with structural health monitoring data—Part II: application. International Journal of Fatigue, 23(1): 55—64.

Chen J, Xu Y L, Zhang R C. 2004. Modal parameter identification of Tsing Ma suspension bridge under Typhoon Victor: EMD-HT method. Journal of Wind Engineering and Industrial Aerodynamics, 92(10): 805—827.

Chen J C, Garba J A. 1980. Analytical model improvement using modal test results. AIAA Journal, 18(6): 684—690.

Chen P W, Chung D D L. 1995. Carbon-fiber-reinforced concrete as an intrinsically smart concrete for damage assessment during dynamic loading. Journal of the American Ceramic Society, 78(3): 816—818.

Chen S, Billings S A. 1989. Representation of nonlinear systems: The NARMAX model. International Journal of Control, 49(3): 1013—1032.

Chen W L, Zhang Q Q, Li H, et al. 2015. An experimental investigation on vortex induced vibration of a flexible inclined cable under a shear flow. Journal of Fluids and Structures, 54: 297—311.

Cherki C, Lallemand B. 1999. Improvement of analytical model using uncertain test data. AIAA Journal, 37(4): 489—495.

Cho S, Giles R K, Spencer B F. 2015. System identification of a historic swing truss bridge using a wireless sensor network employing orientation correction. Structural Control and Health Monitoring, 22(2): 255—272.

Chotickai P. 2004. Fatigue Reliability-based Analysis Methods for the Revaluation of Steel Bridge Structures. Indiana: Purdue University.

Chou J H, Ghaboussi J. 2001. Genetic algorithm in structural damage detection. Computers & Structures, 79(14): 1335—1353.

Cole A H. 1973. On-line failure detection and damping measurement of aerospace structures by random decrement signatures. National Aeronautics and Space Administration, Houston, USA.

Coleman B D. 1958. Statistics and time dependence of mechanical breakdown in fibers. Journal of Applied Physics, 29(6): 968—983.

Coles S, Bawa J, Trenner L, et al. 2001. An Introduction to Statistical Modeling of Extreme Values. Berlin: Springer.

Cornell C A. 1967. Bounds on the reliability of structural systems. Journal of the Structural Division, ASCE, 93(1): 171—200.

Czarnecki A A, Nowak A S. 2008. Time-variant reliability profiles for steel girder bridges. Structural Safety, 30(1): 49—64.

Dai Q, Sha W. 2009. The physics of compressive sensing and the gradient-based recovery algorithms. Research Report. arxiv preprint arxiv: 0906. 1487.

Dai W, Milenkovic O. 2009. Subspace pursuit for compressive sensing reconstruction. IEEE Transactions on Information Theory, 55(5): 2230—2249.

Daniels H E. 1945. The statistical theory of the strength of bundles of threads: Part I. Proceedings of the Royal Society A Mathematical and Physical Sciences, 183(995): 405—435.

Daniels H E. 1974. The maximum size of a closed epidemic. Advances in Applied Probability, 6(4): 607—621.

Daubechies I. 1992. Ten lectures on wavelets. Society for Industrial and Applied Mathematics, 61: 198—202.

Davenport A G. 1961. The spectrum of horizontal gustiness near the ground in high winds, Quarterly Journal of the Royal Meteorological Society, 87(372): 194—211.

Dawid A P. 1992. Applications of a general propagation algorithm for probabilistic expert systems. Statistics and Computing, 2(1): 25—36.

de Canniere J, van Bmssel H, van Bogaert J. 1982. Fatigue of steel and concrete structures. Simulation, 22: 23.

de Karman T, Howarth L. 1938. On the statistical theory of isotropic turbulence//Proceedings of the Royal Society of London A: Mathematical, Physical and Engineering Sciences. The Royal Society, 164(917): 192—215.

Deng L, Cai C S. 2009. Bridge model updating using response surface method and genetic algorithm. Journal of Bridge Engineering, 15(5): 553—564.

Denoyer K K, Peterson L D. 1993. Method for structural model update using dynamically measured static flexibility matrices. AIAA Journal, 35(2): 362—368.

Ditlevsen O. 1979. Narrow reliability bounds for structural systems. Journal of Structural Mechanics, 7(4): 453—472.

Do T, Gan L, Nguyen N, et al. 2008. Sparsity adaptive matching pursuit algorithm for practical compressed sensing//42nd Asilomar Conference on Signals, Systems and Computers, Pacific Grove, California.

Doebling S W, Farrar C R, Prime M B, et al. 1996. Damage identification and health monitoring of structural and mechanical systems from changes in their vibration characteristics: A literature review(No. LA-13070-MS)//Los Alamos National Lab. NM, USA.

Donoho D L, Johnstone I M. 1994. Ideal spatial adaptation by wavelet shrinkage. Biometrika, 81(3): 425—455.

Donoho D L, Tsaig Y, Drori I, et al. 2012. Sparse solution of underdetermined linear equations by stagewise orthogonal matching pursuit. IEEE Transactions on Information Theory, 58(2): 1094—1121.

Donoho D L. 1995. De-noising by soft-thresholding. IEEE Transactions on Information Theory, 41(3): 613—627.

Donoho D L. 2006a. For most large underdetermined systems of linear equations the minimal L_1-norm solution is also the sparsest solution. Communications on Pure & Applied Mathematics, 59(6): 797—829.

Donoho D L. 2006b. Compressed sensing. IEEE Transactions on Information Theory, 52(4): 1289—1306.

Donoho D L, Elad M, Temlyakov V N. 2006. Stable recovery of sparse over complete representations in the presence of noise. IEEE Trans Inform Theory, 52: 6—18.

Dyke SJ, Bernal D, Beck J L, et al. 2001. An experimental benchmark problem in structural health monitoring//Proceedings of Third International Workshop on Structural Health Monitoring. Stanford: CRC Press, 488—497.

Elachachi S, Breysse D, Yotte S, et al. 2006. A probabilistic multi-scale time dependent model for corroded structural suspension cables. Probabilistic Engineering Mechanics, 21(3): 235—245.

Elkordy M F, Chang K C, Lee G C. 1994. Application of neural networks in vibrational signature analysis. Journal of Engineering Mechanics, 120(2): 251—264.

Enright M P, Frangopol D M. 1998. Service life prediction of deteriorating concrete bridges. Journal of Structural Engineering, 124(3): 766—775.

Enright M P, Frangopol D M. 1999. Maintenance planning for deteriorating concrete bridges. Journal of Structural Engineering, 125(12): 1407—1414.

Faber M, Engelund S, Rackwitz R. 2003. Aspects of parallel wire cable reliability. Structural Safety, 25(2): 201—225.

Farhat C, Hemez F M. 1993. Updating finite element dynamic models using an element-by-element sensitivity methodology. AIAA Journal, 31(9): 1702—1711.

Farrar C R, Allen D W, Park G, et al. 2006. Coupling sensing hardware with data interrogation software for structural health monitoring. Shock and Vibration, 13(4—5): 519—530.

Farrar C R, Baker W E, Bell T M, et al. 1994. Dynamic Characterization and Damage Detection in the I-40 Bridge Over the Rio Grande. Los Alamos National Laboratory Report LA-1275-MS.

Farrar C R, Doebling S W, Cornwell P J, et al. 1997. Variability of modal parameters measured on the Alamosa Canyon Bridge//Proceedings-SPIE the International Society for Optical Engineering. San Diego.

Fisher J W. 1984. Fatigue and Fracture in Steel Bridges: Case Studies. Hoboken: Wiley-Interscience.

Frandsen J B. 2001. Simultaneous pressures and accelerations measured full-scale on the Great Belt East suspension bridge. Journal of Wind Engineering and Industrial Aerodynamics, 89(1): 95—129.

Frangopol D M, Saydam D, Kim S. 2012. Maintenance, management, life-cycle design and performance of structures and infrastructures: A brief review. Structure and Infrastructure Engineering, 8(1): 1-25.

Frangopol D M, Strauss A, Kim S. 2008. Bridge reliability assessment based on monitoring. Journal of Bridge Engineering, 13(3): 258—270.

Friswell M, Mottershead J E. 1995. Finite Element Model Updating in Structural Dynamics. Berlin: Springer Science & Business Media.

Fujino Y, Warnitchai P, Pacheco B. 1993. Active stiffness control of cable vibration. Journal of Applied Mechanics, 60(4): 948—953.

Furuya K, Kitagawa M, Nakamura S, et al. 2000. Corrosion mechanism and protection methods for suspension bridge cables. Structural Engineering, 10(3): 189—193.

Gattulli V, Vestroni F. 2000. Nonlinear strategies for longitudinal control in the stabilization of an oscillating suspended cable. Dynamics and Control, 10(4): 359—374.

George H J III, Thomas G C, James P L. 1993. The natural excitation technique(NexT) for modal parameter extraction from operating wind turbines. Sandia Report, Sand 92-1666, UC-261.

Ghanem R, Romeo. 2001. A wavelet-based approach for model and parameter identification of non-linear systems. International Journal of Non-linear Mechanics, 36(5): 835—859.

Gharaibeh E S, Frangopol D M, Onoufriou T. 2002. Reliability-based importance assessment of structural members with applications to complex structures. Computers & Structures, 80(12): 1113—1131.

Girmscheid G. 1987. Statische und dynamische berechnung von schragseilbrucken. Bautechnik, 64 (10): 340—347.

Gollwitzer S, Rackwitz R. 1990. On the reliability of Daniels systems. Structural Safety, 7(2): 229—243.

Gu H, Moslehy Y, Sanders D, et al. 2010. Multifunctional smart aggregate-based structural health monitoring of circular reinforced concrete columns subjected to seismic excitations. Smart Materials and Structures, 19(6): 322—328.

Gu Y, Li S L, Li H. 2014. A novel Bayesian extreme value distribution model of vehicle loads incorporating de-correlated tail fitting: theory and application to the Nanjing 3rd Yangtze river bridge. Engineering Structures, 59: 386—392.

Guo S, Hemingway N G. 1995. An orthogonality sensitivity method for analytical dynamic model correction using modal test data. Journal of Sound and Vibration, 187(5): 771—780.

Hadjileontiadis L J, Douka E, Trochidis A. 2005. Fractal dimension analysis for crack identification in beam structures. Mechanical Systems and Signal Processing, 19(3): 659—674.

Hadjileontiadis L J, Douka E. 2007. Crack detection in plates using fractal dimension. Engineering Structures, 29(7): 1612—1625.

Hajela P, Soeiro F J. 1989. Structural damage detection based on static and modal analysis. AIAA Journal, 28(6): 1110—1115.

Han B G, Ou J P. 2007. Embedded piezoresistive cement-based stress/strain sensor. Sensors and Actuators: A Physical, 138(2): 294—298.

Hawn D. 1977. Extreme value prediction of maximum pits on pipelines. Mater. Performance, 16(3): 29—32.

Head P R. 1991. Performance of bridge 'systems'. The next frontier for design and assessment. Structural Engineer, 69(17): 310—316.

Hearn G, Testa R B. 1997. Modal analysis for damage detection in structures. Journal of Structural Engineering, 117(10): 3024—3063.

Hellman G. 1916. Über die Bewegung der Luft in den untersten Schichten der Atmosphäre. Meteorol Z, 34(1): 273—285.

Hera A, Hou Z. 2004. Application of wavelet approach for ASCE structural health monitoring benchmark studies. ASCE Journal of Engineering Mechanics, 130(1): 96—104.

Hill J, Szewczyk R, Woo A, et al. 2000. System architecture directions for networked sensors[J]. Acm Sigops Operating Systems Review, 35(11): 93-104.

Hill K O, Fujii Y, Johnson D C, et al. 1978. Photosensitivity in optical fiber waveguides: Application to reflection filter fabrication. Applied Physics Letters, 32(10): 647—649.

Horiguchi T, Tateda M. 1989. Optical-fiber-attenuation investigation using stimulated Brillouin scattering between a pulse and a continuous wave. Optics Letters, 14(8): 408—410.

Hoshiya M, Saito E. 1984. Structural identification by extended Kalman filter. Journal of Engineering Mechanics, 110(12): 1757—1770.

Hou Z, Noori M, Amand R. 2000. Wavelet-based approach for structural damage detection. Journal of Engineering Mechanics, 126(7): 677—683.

Hoult N A, Fidler P R, Hill P G, et al. 2010. Long-term wireless structural health monitoring of the Ferriby Road Bridge. Journal of Bridge Engineering, 15(2): 153—159.

Hua X G, Ni Y Q, Chen Z Q. 2008. An improved perturbation method for stochastic finite element model updating. International Journal for Numerical Methods in Engineering, 73(13): 1845—1864.

Huang N E, Shen S S. 2005. Hilbert-Huang Transform and Its Applications. Singapore: World Scientific Publishing Company.

Huang N E, Zheng S, Long S R, et al. 1998. The empirical mode decomposition and the Hilbert spectrum for nonlinear and non-stationary time series analysis. Proceedings of the Royal Society A, 454: 903—995.

Huneau B, Mendez J. 2006. Evaluation of environmental effects on fatigue crack growth behaviour of a high strength steel in a saline solution with cathodic protection. International Journal of Fatigue, 28(2): 124—131.

Jaishi B, Ren W X. 2005. Structural finite element model updating using ambient vibration test results. Journal of Structural Engineering, 131(4): 617—628.

James G H, Carne T G, Lauffer J P, et al. 1992. Modal testing using natural excitation//Proceedings of the 10th IMAC. San Diego.

Jo H, Sim S H, Spencer Jr B F, et al. 2013. Development of high-sensitivity wireless strain sensor for structural health monitoring. Smart Structures and Systems, 11(5): 477—496.

Juang J N, Pappa R S. 1985. An eigensystem realization algorithmfor modal parameter identification and model reduction. Journal Guidance Control & Dynamics, 8(5): 620—627.

Jun X, Weizhen C, Xue L. 2008. Deterioration mechanism of cables and mechanics model of wires. Journal of Tongji University: Natural Science, 36(7): 911—915.

Kabe A M. 1985. Stiffness matrix adjustment using mode data. AIAA Journal, 23(9): 1431—1436.

Kaimal J C, Wyngaard J C, Izumi Y, et al. 1972. Spectral characteristics of surface-layer turbulence. Quarterly Journal of the Royal Meteorological Society, 98: 563—589.

Kam J C P. 1995. A review of structural system reliability analysis for offshore structures//International conference on offshore mechanics and arctic engineering. Copenhagen, Denmark.

Karlin S. 2014. A First Course in Stochastic Processes. Cambridge: Academic Press.

Katafygiotis L S, Beck J L. 1998. Updating models and their uncertainties II: Model identifiability. Journal of Engineering Mechanics, 124(4): 463—467.

Katafygiotis L S, Papadimtriou C. 1998. A probabilistic approach to structural model updating. Soil Dynamics and Earthquake Engineering, 17(7): 495—507.

Katafygiotis L S, Yuen K V. 2001. Spectral density approach for modal updating using ambient data. Earthquake Engineering and Structural Dynamics, 30(8): 1103—1123.

Kenley R M, Dodds C J. 1980. West sole we platform: Detection of damage by structural response measurements//Proceeding of the 12th Annual Offshore Technology Conference. Houston, USA.

Khodaparast H H, Mottershead J E, Friswell M I. 2008. Perturbation methods for the estimation of parameter variability in stochastic model updating. Mechanical Systems and Signal Processing,22(8):1751−1773.

Kirkegaard P H,Rytter A. 1993. The use of neural networks for damage detection and location and location in a steel member//Proceedings of 3rd International Conference on the Application of Artifictal Intelligence of Civil and Structural Engineering. Edinburgh,UK.

Kitada Y. 1998. Identification of nonlinear structural dynamic systems using wavelets. Journal of Engineering Mechanics ASCE,124(10):1059−1066.

Klein L A. 2004. Data and Sensor Fusion:A Tool for Information Assessment and Decision Making. Bellingham:SPIE Press.

Ko J M,Wong C W,Lam H F. 1994. Damage detection in steel framed structures by vibration measurement approach//Proceedings of 12th International Modal Analysis Conference. Honolulu,Hawaii.

Kulkarni S,Achenbach J. 2008. Structural health monitoring and damage prognosis in fatigue. Structural Health Monitoring,7(1):37−49.

Laman J. 1995. A Fatigue Load Models for Girder Bridges. Michigan:University of Michigan.

Lan C,Li H,Ou J P. 2011. Traffic load modelling based on structural health monitoring data. Structure and Infrastructure Engineering,7(5):379−386.

Larose G L,Zasso A,Melelli S,et al. 1998. Field measurements of the wind-induced response of a 254m high free-standing bridge pylon. Journal of Wind Engineering and Industrial Aerodynamics,74−76:891−902.

Lauritzen S L. 1996. Graphical Models. Oxford:Oxford University Press.

Law S S,Chan T H T,Wu D. 2001. Efficient numerical model for the damage detection of large scale structures. Engineering Structures,23(5):436−451.

Lee Y L. 2005. Fatigue Testing and Analysis: Theory and Practice. New York: Butterworth-Heinemann.

Leontaritis I J,Billings S A. 1985a. Input-output parametric models for non-linear systems part I: deterministic non-linear systems. International Journal of Control,41(2):303−328.

Leontaritis I J,Billings S A. 1985b. Input-output parametric models for non-linear systems part II:stochastic non-linear systems. International Journal of Control,41(2):329−344.

Li A Q,Ding Y L,Wang H,et al. 2012a. Analysis and assessment of bridge health monitoring mass data—progress in research/development of "Structural Health Monitoring". Science China Technological Sciences,55(8):2212−2224.

Li D,Zhou Z,Ou J P. 2011a. Development and sensing properties study of FRP-FBG smart stay cable for bridge health monitoring applications. Measurement,44(4):722−729.

Li H. 2014a. Next generation of SHM:sense everywhere and understand everything//10th International Symposium on Structural Engineering for Chinese Experts. Hefei.

Li H. 2014b. SHM data science and engineering//5th Asia-Pacific Workshop on Structural Health Monitoring. Shenzhen.

Li H, Bao Y Q, Ou J P, 2008. Structural damage identification based on integration of information fusion and Shannon entropy. Mechanical Systems and Signal Processing, 22(6): 1427—1440.

Li H, Huang Y, Ou J P, et al. 2011b. Fractal dimension-based damage detection method for beams with a uniform cross-section. Computer-Aided Civil and Infrastructure Engineering, 26(3): 190—206.

Li H, Laima S J, Ou J P, et al. 2011c. Investigation of vortex-induced vibration of a suspension bridge with two separated steel box girders based on field measurements. Engineering Structures, 33(6): 1892—1907.

Li H, Laima S J, Zhang Q Q, et al. 2014a. Field monitoring and validation of vortex-induced vibrations of a long-span suspension bridge. Journal of Wind Engineering and Industrial Aerodynamics, 124(7): 54—67.

Li H, Lan C, Ju Y, et al. 2011d. Experimental and numerical study of the fatigue properties of corroded parallel wire cables. Journal of Bridge Engineering, 17(2): 211—20.

Li H, Li S L, Ou J P, et al. 2010. Modal identification of bridges under varying environmental conditions: temperature and wind effects. Structural Control and Health Monitoring, 17(5): 495—512.

Li H, Li S L, Ou J P, et al. 2012b. Reliability assessment of cable-stayed bridges based on structural health monitoring techniques. Structure and Infrastructure Engineering, 8(9): 829—845.

Li H, Mao C X, Ou J P. 2013a. Identification of hysteretic dynamic systems by using hybrid extended kalman filter and wavelet multiresolution analysis with limited observation. ASCE Journal of Engineering Mechanics, 139(5): 547—558.

Li H, Ou J P, Zhang X G, et al. 2015. Research and practice of health monitoring for long-span bridges in the mainland of China. Smart Structures and Systems, 15(3): 555—576.

Li H, Ou J P, Zhao X F, et al. 2006. Structural health monitoring system for the Shandong Binzhou Yellow River Highway Bridge. Computer-Aided Civil and Infrastructure Engineering, 21(4): 306—317.

Li H, Ou J P, Zhou Z. 2009. Applications of optical fibre Bragg gratings sensing technology-based smart stay cables. Optics and Lasers in Engineering, 47(10): 1077—1084.

Li H, Tao D W, Huang Y, et al. 2013b. A data-driven approach for seismic damage detection of shear-type building structures using the fractal dimension of time-frequency features. Structural Control and Health Monitoring, 20(9): 1191—1210.

Li H, Xiao H G, Ou J P. 2004. A study on mechanical and pressure-sensitive properties of cement mortar with nanophase materials. Cement and Concrete Research, 34(3): 435—438.

Li H, Zhang F J. 2010. Stochastic process model of vehicle loads based on structural health monitoring data and maximum prediction of general renewal processes//Proceedings of 2010 International Conference on Computer Application and System Modeling. Taiyuan.

Li H, Zhang F J, Jin Y Z. 2014b. Real-time identification of the time-varying tension of stay cables with monitored cable transversal acceleration. Structural Control and Health Monitoring, 21(7): 1100—1117.

Li H, Zhou W S, Ou J P. 2006. A study on system integration technique of intelligent monitoring systems for soundness of long span bridges. China Civil Engineering Journal, 39(2): 46—52.

Li Q S, Wong C K, Fang J Q, et al. 2000. Field measurement of wind and structural responses of a 70-storey tall building under Typhoon conditions. Structural Design of Tall Buildings, 9(5): 325—342.

Li S L, Laima S, Li H. 2016. Cluster analysis of winds and wind-induced vibrations on a long-span bridge based on long-term field monitoring data. Engineering Structures (submitted).

Li S L, Li H, Liu Y, et al. 2014c. SMC structural health monitoring benchmark problem using monitored data from an actual cable-stayed bridge. Structural Control and Health Monitoring, 21(2): 156—172.

Li S L, Li H, Zhang F, et al. 2012c. Extreme value distribution model of vehicle loads incorporating de-correlated tail fitting and stationary gamma process//6th International Conference on Bridge Maintenance, Safety and Management. Stresa Italy.

Li S L, Xu Y, Li H, et al. 2014d. Uniform and pitting corrosion modeling for high-strength bridge wires. Journal of Bridge Engineering, 19(7): 04014025.

Li Z J. 2011. Advanced Concrete Technology. Hoboken: John Wiley & Sons.

Li Z X, Chan H T, Ko J M. 2000. Health monitoring and fatigue damage assessment of the bridge deck sections//SPIE's 5th Annual International Symposium on Nondestructive Evaluation and Health Monitoring of Aging Infrastructure. Newport Beach, USA.

Li Z X, Chan H T, Ko J M. 2001. Fatigue analysis and life prediction of bridges with structural health monitoring data—Part I: methodology and strategy. International Journal of Fatigue, 23(1): 45—53.

Lifshitz J M, Rotem A. 1969. Determination of reinforcement unbonding of composites by a vibration technique. Journal of Composite Materials, 3(3): 412—423.

Lin X, Yuan F G. 2001. Diagnostic Lamb waves in an integrated piezoelectric sensor/actuator plate: analytical and experimental studies. Smart Materials and Structures, 10(5): 907—913.

Liu P L. 1995. Identification and damage detection of trusses using modal data. Journal of Structural Engineering, 121(4): 599—688.

Loh C H. 2014. Sensing solutions for assessing and monitoring dams. Sensor Technologies for Civil Infrastructures, 5(1): 275—308.

Loh C H, Chen C H, Hsu T Y. 2011. Application of advanced statistical methods for extracting long-term trends in static monitoring data from an arch dam. Structural Health Monitoring, 10(6): 587—601.

Loh C H, Chung S T. 1993. A three-stage identification approach for hysteretic systems. Earthquake Engineering & Structural Dynamics, 22(2): 129—150.

Loh C H, Lin C Y, Huang C C. 2000. Time domain identification of frames under earthquake loadings. Journal of Engineering Mechanics, 126(7): 693—703.

Loh C H, Lin H M. 1996a. Application of off-line and on-line identification techniques to building seismic response data. Earthquake Engineering & Structural Dynamics, 25(3): 269—290.

Loh C H, Wu T S. 1996b. Identification of Fei-Tsui arch dam from both ambient and seismic response data. Soil Dynamics and Earthquake Engineering, 15(7): 465—483.

Loh K J, Ryu D, Lee B M. 2015. Bio-inspired Sensors for Structural Health Monitoring. Switzerland: Springer International Publishing.

Losada R A. 2008. Digital Filters With Matlab. US: The Math Works Inc.

Lumley J L, Panofsky H A, 1964. The Structure of Atmospheric Turbulence. Interscience Monographs and Texts in Physics and Astronomy. New York: Wiley.

Lynch J P. 2005. Design of a wireless active sensing unit for localized structural health monitoring. Structural Control and Health Monitoring, 12(3-4): 405—423.

Lynch J P. 2015. Automated data-driven load estimation of highway bridges using structural monitoring data//7th International Conference on Structural Health Monitoring of Intelligent Infrastructure. Torino, Italy.

Lynch J P, Loh K J. 2006. A summary review of wireless sensors and sensor networks for structural health monitoring. Shock and Vibration Digest, 38(2): 91—130.

Lynch J P, Wang Y, Loh K J, et al. 2006. Performance monitoring of the Geumdang Bridge using a dense network of high-resolution wireless sensors. Smart Materials and Structures, 15(6): 49—55.

Madsen H. 1987. Model updating in reliability theory//Proceedings of 5th International Conference on Application of Statistics and Probability. Vancouver, Canada.

Main J A, Jones N P. 1999. Full-scale measurements of stay cable vibration//Proceeding of 10th Conference on Wind Engineering. Balkema.

Mallat S G. 1989. A theory for multiresolution signal decomposition: The wavelet representation. IEEE Transactions on Pattern Analysis and Machine Intelligence, 11(7): 674—693.

Mallat S G. 1999. A Wavelet Tour of Signal Processing. Second Edition. Cambridge: Academic Press.

Mallat S G, Zhang Z. 1993. Matching pursuits with time-frequency dictionaries. IEEE Transactions on Signal Processing, 41(12): 3397—3415.

Mares C, Surace C. 1996. An application of genetic algorithms to identify damage in elastic structures. Journal of Sound and Vibration, 195(2): 195—215.

Marwala T. 2010. Finite Element Model Updating Using Computational Intelligence Techniques: Applications to Structural Dynamics. Berlin: Springer Science & Business Media.

Mascarenas D, Cattaneo A, Theiler J, et al. 2013. Compressed sensing techniques for detecting damage in structures. Structural Health Monitoring, 12(4): 325—338.

Masri S F, Bekey G A, Sassi H, et al. 1982a. Non-parametric identification of a class of nonlinear multidegree dynamic systems. Earthquake Engineering & Structural Dynamics, 10(1): 1—30.

Masri S F, Caffrey J P, Caughey T K, et al. 2004. Identification of the state equation in complex nonlinear systems. International Journal of Nonlinear Mechanics, 39(7): 1111—1127.

Masri S F, Caughey TK. 1979. A nonparametric identification technique for nonlinear dynamic problems. Journal of Applied Mechanics, 46: 433—447.

Masri S F, Nakamura M, Chassiakos A, et al. 1996. Neural network approach to detection of changes in structural parameters. Journal of Engineering Mechanics, 122(4): 350—360.

Masri S F, Sassi H, Caughey T K. 1982b. A nonparametric identification of nearly nonlinear systems. Journal of Applied Mechanics, 49(3): 619—628.

Mei G, Qin Q, Lin D J. 2004. Bimodal renewal processes models of highway vehicle loads. Reliability Engineering & System Safety, 83(3): 333—339.

Melchers R E. 1999. Structural Reliability Analysis and Prediction. New York: John Wiley.

Meltz G, Morey W, Glenn W H. 1989. Formation of Bragg gratings in optical fibers by a transverse holographic method. Optics Letters, 14(15): 823—825.

Messina A, Williams E J, Contursi T. 1998. Structural damage detection by a sensitivity and statistical-based method. Journal of Sound and Vibration, 216(5): 791—808.

Meyer J, Bischoff R, Feltrin G, et al. 2010. Wireless sensor networks for long-term structural health monitoring. Smart Structures and Systems, 6(3): 263—275.

Miao T, Chan T H. 2002. Bridge live load models from WIM data. Engineering Structures, 24(8): 1071—1084.

Miao T. 2001. Bridge Live Load Models with Special Reference to Hong Kong. Hong Kong: The Hong Kong Polytechnic University.

Mita A, Hagiwara H. 2003. Quantitative damage diagnosis of shear structures using support vector machine. KSCE Journal of Civil Engineering, 7(6): 683—689.

Mitra S K. 2002. Digital Signal Processing: A Computer-Based Approach. New York: McGraw-Hill.

Mitsuru N, Masri S F, Chassiakos A G, et al. 1998. A method for nonparametric damage detection through the use of neural networks. Earthquake Engineering and Structural Dynamics, 27(19): 997—1010.

Miyata T, Yamadaa H, Katsuchia H, et al. 2002. Full-scale measurement of Akashi-Kaikyo Bridge during typhoon. Journal of Wind Engineering and Industrial Aerodynamics, 90(12): 1517—1527.

Mori Y, Ellingwood B R. 1993. Reliability-based service-life assessment of aging concrete structures. Journal of Structural Engineering, 119(5): 1600—1621.

Moses F. 1990. New directions and research needs in system reliability research. Structural Safety, 7(2): 93—100.

Moslehy Y, Gu H, Belarbi A, et al. 2010. Smart aggregate-based damage detection of circular rc columns under cyclic combined loading//Proceedings of the 19th Analysis & Computation Specialty Conference. Orlando, USA.

Mottershead J E, Friswell M I. 1993. Model updating in structural dynamics: A survey. Journal of Sound and Vibration, 167(2): 347—375.

Naeim F, Hagie S, Alimoradi A, et al. 2006. Automated post-earthquake damage assessment of instrumented buildings//Advances in Earthquake Engineering for Orban Risk Reduction. Springer Netherlands.

Nagayama T, Spencer Jr B F, Rice J A. 2009. Autonomous decentralized structural health monitoring using smart sensors. Structural Control and Health Monitoring, 16(7-8): 842—859.

Nagayama T, Spencer Jr B F. 2007. Structural health monitoring using smart sensors. Newmark Structural Engineering Laboratory. University of Illinois at Urbana-Champaign.

Natke H G, Schulze H. 1981. Parameter adjustment of a model of an offshore platform from estimated eigenfrequencies data. Journal of Sound and Vibration, 77(2): 271—285.

Needell D, Tropp J A. 2009. CoSaMP: Iterative signal recovery from incomplete and inaccurate samples. Applide and Computational Harmonic Analysis, 26(3): 301—321.

Needell D, Vershynin R. 2009. Uniform uncertainty principle and signal recovery via regularized orthogonal matching pursuit. Foundations Computational Mathematics, 9(3): 317—334.

Nguyen T, Chan T H T, Thambiratnam D P. 2014. Field validation of controlled Monte Carlo data generation for statistical damage identification employing Mahalanobis squared distance. Structural Health Monitoring, 13(4): 473—488.

Ni Y Q, Hua X G. 2005. Correlating modal properties with temperature using long-term monitoring data and support vector machine technique. Engineering Structures, 27(12): 1762—1773.

Ni Y Q, Ko J M, Hua X G, et al. 2007a. Variability of measured modal frequencies of a cable-stayed bridge under different wind conditions. Smart Structures and Systems, 3(3): 341—356.

Ni Y Q, Wang X Y, Chen Z Q, et al. 2007b. Field observations of rain-wind-induced cable vibration in cable-stayed Dongting Lake Bridge. Journal of Wind Engineering and Industrial Aerodynamics, 95(5): 303—328.

Ni Y Q, Xia Y X. 2016. Strain-based condition assessment of a suspension bridge instrumented with structural health monitoring system. International Journal of Structural Stability and Dynamics, 16(4), 1640027.

Ni Y Q, Xia Y, Lin W, et al. 2012. SHM benchmark for high-rise structures: a reduced-order finite element model and field measurement data. Smart Structures and Systems, 10(4-5): 411—426.

Ni Y Q, Xia Y, Liao W Y, et al. 2009. Technology innovation in developing the structural health monitoring system for Guangzhou New TV Tower. Structural Control and Health Monitoring, 16(1): 73—98.

Nichols J M, Marzocca P, Milanese A. 2008. On the use of the auto-bispectral density for detecting quadratic nonlinearity in structural systems. Journal of Sound and Vibration, 321(4-5): 725—735.

Nichols J M, Todd M D, Seaver M. 2003. Use of chaotic excitation and attractor property analysis in structural health monitoring. Physical Review E, 67(1): 016209.

Norberg C, 2003. Fluctuating lift on a circular cylinder: review and new measurements. Journal of Fluids and Structures, 17: 57—96.

Nummiaro K, Koller-Meier E, van Gool L. 2003. An adaptive color-based particle filter. Image and Vision Computing, 21(1): 99—110.

O'Connor S M, Lynch J P, Gilbert A C. 2014. Compressed sensing embedded in an operational wireless sensor network to achieve energy efficiency in long-term monitoring applications. Smart Materials and Structures, 23(8): 75—93.

O'Brien E J, Enright B, Getachew A. 2010. Importance of the tail in truck weight modeling for bridge assessment. Journal of Bridge Engineering, 15(2): 210—213.

Oh B H, Jung B S. 1998. Structural damage assessment with combined data of static and modal tests. Journal of Structural Engineering, ASCE, 124(8): 956—965.

Oppenheim A V, Schafer R W, Buck J R. 1999. Discrete-Time Signal Processing. New York: Prentice Hall.

Otsu N. 1975. A threshold selection method from gray-level histograms. Automatica, 11 (285-296): 23—27.

Ou J P. 2003. Some recent advances of intelligent health monitoring systems for infrastructures in mainland China//Proceedings of 1st International Conference on Structural Health Monitoring and Intelligent Infrastructures. Tokyo, Japan.

Ou J P, Li H. 2005. The state-of-the art and state-of-the practice of structural health monitoring for civil infrastructures in mainland China//Proceedings of 2nd International Conference on Structural Health Monitoring and Intelligent Infrastructures. Shenzhen, China.

Ou J P, Li H. 2010. Structural health monitoring in mainland China: Review and future trends. Structural Health Monitoring, 9(3): 219—231.

Ou J P, Zhang X G, Li H, et al. 2014. Life-cycle performance monitoring and evaluation of long-span bridges//7th International Conference on Bridge Maintenance, Safety and Management (IABMAS 2014). Shanghai, China.

Ovanesova A V, Suarez L E. 2004. Applications of wavelet transforms to damage detection in frame structures. Engineering Structures, 26(1): 39—49.

Pandey A K, Biswas M. 1994. Damage detection in structures using changes in flexibility. Journal of Sound and Vibration, 169(1): 3—17.

Pandey A K, Biswas M, Samman M M. 1991. Damage detection from change in curvature mode shapes. Journal of Sound and Vibration, 145(2): 321—332.

Pandey P C, Barai S V. 1995. Multi layer perception in damage detection of bridge structures. Computers and Structures, 54(4): 597—608.

Panofsky H A. 1959. Atmospheric Turbulence. Albuquerque: Sandia Corporation.

Papadopoulos M, Carcia E. 1998. Structural damage identification: a probabilistic approach. AIAA Journal, 36(11): 2137—2145.

Papadopoulos M, Carcia E. 2001. Probabilistic finite element model updating using random variable theory. AIAA Journal, 39(1): 193—195.

Paris P, Erdogan F. 1963. A critical analysis of crack propagation laws. Journal of Fluids Engineering, 1963, 85(4): 528—533.

Park G, Sohn H, Farrar C R, et al. 2003. Overview of piezoelectric impedance-based health monitoring and path forward. Shock and Vibration Digest,35(6):451—463.

Park Y,Ang A H S. 1985. Mechanistic seismic damage model for reinforced concrete. Journal of Structural Engineering,111(4):722—739.

Park J Y,Wakin M B,Gilbert A C. 2014. Modal analysis with compressive measurements. IEEE Transactions on Signal Processing,62(7):1655—1670.

Peckens C A,Lynch J P. 2013. Utilizing the cochlea as a bio-inspired compressive sensing technique. Smart Materials and Structures,22(10):105027.

Peeters B,de Roeck G D. 1998. Stochastic subspace system identification of a steel transmitter mast//Proceedings of the International Modal Analysis Conference. Santa Barbara.

Peeters B,de Roeck G D. 1999. Reference-based stochastic subspace identification for output-only modal analysis. Mechanical systems and signal processing,13(6):855—878.

Peeters B,Maeck J,Roeck G D. 2000. Dynamic monitoring of Z24 Bridge:separating temperature effects from Damage//Proceeding of European COST F3. Madrid.

Peled Y,Motil A,Tur M. 2012. Fast Brillouin optical time domain analysis for dynamic sensing. Optics Express,20(8):8584—8591.

Phelan R S,Sarkar P P,Mehta K C. 2006. Full-scale measurements to investigate rain-wind induced cable-stay vibration and its mitigation. Journal of Bridge Engineering,11(3):293—304.

Phoenix S L. 1974. Probabilistic strength analysis of fiber bundle structures. Fibre Science and Technology,7(1):15-31.

Phoenix S L. 1978. Stochastic strength and fatigue of fiber bundles. International Journal of Fracture,14(3):327—344.

Rackwitz R. 2001. Reliability analysis:a review and some perspectives. Structural Safety,23(4):365—395.

Rackwitz R,Faber M. 1991. Reliability of parallel wire cable under fatigue//Proceedings of 6th International Conference on Application of Statistics and Probability in Civil Engineering. Mexico.

Ramey G E. Wright R L. 1997. Bridge deterioration rates and durability/longevity performance. Practice Periodical on Structural Design and Construction,2(3):268—277.

Ren W X,Sun Z S. 2008. Structural damage identification by using wavelet entropy. Engineering Structures,30(10):2840—2849.

Rhim J,Lee S W. 1995. A neural network approach for damage detection and identification of structures. Computational Mechanics,16(6):437—443.

Ricles J M,Kosmatka J B. 1992. Damage detection in elastic structures using vibratory residual forces and weighted sensitivity. AIAA Journal,30(9):2310—2316.

Righiniotis T D,Chryssanthopoulos M K. 2003. Probabilistic fatigue analysis under constant amplitude loading. Journal of Constructional Steel Research,59(7):867—886.

Roberts G P, Pearson A J. 1998. Health monitoring of structures-towards a stethoscpoe for bridge//Proceedings of 23th International Seminar on Modal Analysis. Leuven,Belgium,947—952.

Robertson A N, Farrar C R, Shon H. 2003. Singularity detection for structural health monitoring using holder exponents. Mechanical Systems and Signal Processing, 17(6): 1163—1184.

Rodrigez A, Laio A. 2014. Clustering by fast search and find of density peaks. Science, 344 (6191): 1492—1496.

Sampaion R P C, Maia M M, Silva J M M. 1999. Damage detection using the frequency response function curvature method. Journal of Sound and Vibration, 226(5): 1030—1042.

Sayood K. 2000. Introduction to Data Compression. Third Edition. Burlington: Morgan Kaufmann.

Schlichting H. 1979. Boundary-Layer Theory. Berlin: Springer Science & Business Media.

Segawa R, Sone A, Masuda A. 2001. System identification of mdof structures by wavelet transform//Proceedings of the U S-Japan Joint Workshop and Third Grantees Meeting. Seattle, Washington.

Shafer G. 1976. A Mathematical Theory of Evidence. Princeton: Princeton University Press.

Shannon C E. 1948. A mathematical theory of communication. Bell System Technical Journal, 27(3): 379—423.

Shao S, Murotsu Y. 1999. Approach to failure mode analysis of large structures. Probabilistic Engineering Mechanics, 14(1-2): 169—177.

Shi D, Stuhler W. 1987. Modal analysis with AR(ARMA) model and unknown excitation//Proceedings of the 5th IMAC. London, UK.

Siringoringo D, Fujino Y, Namikawa K. 2013. Seismic response analyses of the Yokohama Bay Cable-Stayed Bridge in the 2011 Great East Japan Earthquake. Journal of Bridge Engineering, 19(8): A4014006.

Smith E P. 2002. An introduction to statistical modeling of extreme values. Technometrics, 44(4): 397—397.

Sohn H. 2007. Effects of environmental and operational variability on structural health monitoring. Philosophical Transactions of the Royal Society of London A: Mathematical, Physical and Engineering Sciences, 365(1851): 539—560.

Sohn H, Czarnecki J J, Farrar C R. 2000. Structural health monitoring using statistical process control. Journal of Structural Engineering, 126(11): 1355—1363.

Sohn H, Dzonczyk M, Straser E G, et al. 1999. An experimental study of temperature effect on modal parameters of the Alamosa Canyon Bridge. Earthquake Engineering and Structural Dynamics, 28(8): 879—897.

Sohn H, Farrar C R. 2000. Time series analyses for locating damage sources in vibration systems//International Conference on Noise and Vibration Engineering. Leuven.

Sohn H, Law K H. 2000. Bayesian probabilistic damage detection of a reinforced-concrete bridge column. Earthquake Engineering and Structural Dynamics, 29(8): 1131—1152.

Sohn H, Park G, Wait J R, et al. 2004. Wavelet-based active sensing for delamination detection in composite structures. Smart Materials and Structures, 13(1): 153—160.

Sone A, Yamamoto S, Nakaoka A, et al. 1995. Health monitoring system of structures based on orthonormal wavelet transform. American Society of Mechanical Engineers, New York.

Spanos P D, Giaralis A, Politis N P. 2007. Time-frequency representation of earthquake accelerograms and inelastic structural response records using the adaptive chirplet decomposition and empirical mode decomposition. Soil Dynamics and Earthquake Engineering, 27(7): 675—689.

Spencer B F, Ruiz-Sandoval M E, Kurata N. 2004. Smart sensing technology: opportunities and challenges. Structural Control and Health Monitoring, 11(4): 349—368.

Spencer B F, Yun C B. 2010. Wireless sensor advances and applications for civil infrastructure monitoring. NSEL Report Series Report No. 024, University of Illinois at Urbana-Champaign.

Spyrakos C, Chen H L, Stephens J, et al. 1990. Evaluating structural deterioration using dynamic response characterization//Proceeding of the International Workshop on Intelligent Structures. TaiPei, China.

Srinivasan M G, Kot C A. 1992. Effect of damage on the model parameters of a cylindrical shell//Proceeding of the 10th International Modal Analysis Conference. San Diego.

Standardization I O F. 1977. Road Vehicle-Types-Terms and Definitions. Geneva: International Organization for Standardization.

Steenackers G, Guillaume P. 2006. Finite element model updating taking into account the uncertainty on the modal parameters estimates. Journal of Sound and Vibration, 296 (4-5): 919—934.

Stephens J, Yao J. 1987. Damage assessment using response measurements. Journal of Structural Engineering, ASCE, 113(4): 787—801.

Stewart M G. 2001. Reliability-based assessment of aging bridges using risk ranking and life cycle cost decision analysis. Reliability Engineering & System Safety, 74(1): 263—273.

Stewart M G. 2009. Mechanicalbehaviour of pitting corrosion of flexural and shear reinforcement and its effect on structural reliability of corroding RC beams. Structural Safety, 31(1): 19—30.

Stewart M G, Al-Harthy A. 2008. Pitting corrosion and structural reliability of corroding RC structures: experimental data and probabilistic analysis. Reliability Engineering & System Safety, 93(3): 373—382.

Stewart M G, Val D V. 1999. Role of load history in reliability-based decision analysis of aging bridges. Journal of Structural Engineering, 125(7): 776—783.

Straser E G, Kiremidjian A S. 1998. A Modular, Wireless Damage Monitoring System for Structures, Technical Report 128, John A. Blume Earthquake Engineering Center, Stanford University, Stanford, CA.

Stubbs N, Broome T H. 1990. Nondestructive construction error detection in large space structures. AIAA, 28(11): 146—152.

Stubbs N, Kim J T, Farrar C R. 1995. Field verification of a nondestructive damage location and severity estimation algorithm//Proceeding of 13th International Modal Analysis Conference. Nashville. Tennessee.

Sun Z, Chang C C. 2002. Structural damage assessment based on wavelet packet transform. Journal of Structure Engineering, 128(10): 1354—1361.

Suresh S. 1998. Fatigue of Materials. London: Cambridge University Press.

Suzumura K, Nakamura S. 2004. Environmental factors affecting corrosion of Galvanized steel wires. Journal of Material in Civil Engineering, 16(1): 1—7.

Thoft-Christensen P, Murotsu Y. 1986. Application of Structural Systems Reliability Theory. Berlin: Springer-Verlag.

Tijms H C. 2003. A First Course in Stochastic Models. Hoboken: John Wiley & Sons.

Todd M D, Nichols J M, Pecora L M, et al. 2001. Vibration-based damage assessment utilizing state space geometry changes: Local attractor variance ratio. Smart Materials and Structures, 10(5): 1000—1008.

Todorovska M I, Trifunac M D. 2007. Earthquake damage detection in the Imperial County Services Building I: The data and time-frequency analysis. Soil Dynamics and Earthquake Engineering, 27(6): 564—576.

Todorovska M I, Trifunac M D. 2008. Impulse response analysis of the Van Nuys 7-storey hotel during 11 earthquakes and earthquake damage detection. Structural Control and Health Monitoring, 15(1): 90—116.

Todorovska M I, Trifunac M D. 2010. Earthquake damage detection in the Imperial County Services Building II: Analysis of novelties via wavelets. Structural Control and Health Monitoring, 17(8): 895—917.

Tong G, Aiqun L, Daliang Z. 2008. Multiple-peaked probabilistic vehicle load model for highway bridge reliability assessment. Journal of Southeast University, 38: 763—766.

Toribio J, González B, Matos J. 2007. Fatigue crack propagation in cold drawn steel. Materials Science and Engineering: A, 468: 267—272.

Toribio J, lvarez N, González B, et al. 2009. A critical review of stress intensity factor solutions for surface cracks in round bars subjected to tension loading. Engineering Failure Analysis, 16(3): 794—809.

Tropp J A, Gilbert A C. 2007. Signal recovery from random measurements via orthogonal matching pursuit. IEEE Transactions on Information Theory, 53(12): 4655—4666.

Turkstra C J. 1970. Theory of Structural Design Decisions. Waterloo: Solid Mechanics Division, University of Waterloo.

van Overschee P, de Moor B. 1991. Subspace Algorithms for the Stochastic Identification Problem//Proceedings of the 30th IEEE Conference on Decision and Control. Brighton.

van Overschee P, de Moor B. 1996. Subspace Identification for Linear Systems: Theory, Implementation, Applications. Dordrecht: Kluwer Academic Publishers.

Vandiver J K. 1975. Detection of structural failure on fixed platforms by measurement of dynamic response//Proceedings of the 7th Annual Offshore Technology Conference. Houston.

Vanik M W, Beck J L, Au S K. 2000. Bayesian probabilistic approach to structural health monitoring. Journal of Engineering Mechanics, 126(7): 738—745.

Vanlanduit S, Parloo E, Guillanume P, 2003. Combined damage detection techniques. Journal of Sound and Vibration, 266(4): 815—831.

Wahab M A, de Roeck G. 1997. Effect of temperature on dynamic system parameters of a highway bridge. Structural Engineering International, 7(4): 265—270.

Wang D, Haldar A. 1994. Element-level system identification with unknown input. Journal of Engineering Mechanics, 120(1): 159—176.

Wang X, Hu N, Fukunaga H. 2001. Structural damage identification using static test data and changes in frequencies. Engineering Structures, 23(6): 610—621.

Wang Y, Loh K J, Lynch J P, et al. 2006. Vibration monitoring of the Voigt Bridge using wired and wireless monitoring systems//The Proceeding of 4th China-Japan-US Symposium on Structural Control and Monitoring. Hangzhou.

Wang Y, Lynch J P, Law K H. 2005. Wireless Structural Sensors Using Reliable Communication Protocols for Data Acquisition and Interrogation//Proceedings of the 23rd International Modal Analysis Conference (IMAC XXIII). Orlando.

Warneke B, Last M, Liebowitz B, et al. 2001. Smart dust: Communicating with a cubic-millimeter computer. Computer, 34(1): 44—51.

Wei W W S. 1994. Time Series Analysis. New York: Addison-Wesley publisher.

Weibull W. 1939a. A Statistical Theory of the Strength of Materials. Stockholm: Generalstabens Litografiska Anstalts Förlag.

Weibull W. 1939b. The Phenomenon of Rupture in Solids. Stockholm: Generalstabens Litografiska Anstalts Förlag.

West W M. 1984. Illustration of the use of modal assurance criterion to detect structural changes in an orbiter test specimen//Proceeding of Air Force Conference on Aircraft Structural Integrity. Palm Springs.

White C W, Maytum B D. 1976. Eigen solution sensitivity to parametric modal perturbation. Shock and Vibration Bulletin, 46(5): 123—133.

Worden K, Lane A J. 2001. Damage identification using support vector machines. Smart Materials and Structures, 10(3): 540—547.

Worden K, Manson G. 2005. Some observations on uncertainty propagation through a simple nonlinear system. Journal of Sound and Vibration, 288(3): 601—621.

Wu J R, Li Q S. 2004. Finite element model updating for a high-rise structure based on ambient vibration measurements. Engineering Structures, 26(7): 979—990.

Wu M, Smyth A W. 2007. Application of the unscented kalman filter for real-time nonlinear structural system identification. Structural Control and Health Monitoring, 14(7): 971—990.

Wu X, Ghaboussi J, Garrett J H. 1992. Use of neural networks in detection of structural damage. Computers and Structures, 42(2): 649—659.

Wu Y J, Du R. 1996. Feature extraction and assessment using wavelet packets for monitoring of machining processes. Mechanical Systems and Signal Processing, 10(1): 29—53.

Xia Y, Chen B, Weng S, et al. 2012. Temperature effect on vibration properties of civil structures: a literature review and case studies. Journal of Civil Structural Health Monitoring, 2 (1): 29—46.

Xia Y, Hao H. 2006. Long term vibration monitoring of an RC slab: Temperature and humidity effect. Engineering Structures, 28(3): 441—452.

Xia Y, Xu Y L, Wei Z L, et al. 2011. Variation of structural vibration characteristics versus non-uniform temperature distribution. Engineering Structures, 33(1): 146-153.

Xiao H G, Li H, Ou J P. 2010. Modeling of piezoresistivity of carbon black filled cement-based composites under multi-axial strain. Sensors and Actuators A: Physical, 160(1-2): 87—93.

Xiong J, Shenoi R. 2011. Fatigue and Fracture Reliability Engineering. London: Springer Science & Business Media.

Xu J, Chen W Z, Liu X. 2008. Deterioration mechanism of cables and mechanics modol of wires. Journal of Tongji University: Natural Science, 36(7): 911-915.

Xu Y L, Chen B, Ng C L, et al. 2010. Monitoring temperature effect on a long suspension bridge. Journal of Structural Control and Health Monitoring, 17: 632—653.

Xu Y L, Chen S W, Zhang R C. 2003. Modal identification of Di Wang building under Typhoon York using the Hilbert-Huang transform method. The Structural Design of Tall and Special Buildings, 12(1): 21—47.

Xu Y L, Zhu L D. 2005. Buffeting response of long-span cable-supported bridges under skew winds, Part 2: Case study. Journal of Sound and Vibration, 281: 675—697.

Yan Y J, Yam H. 2002. Online detection of crack damage in composite plates using embedded piezoelectric actuators/sensors and wavelet analysis. Composite Structures, 58(1): 29—38.

Yang J N, Lei Y, Lin S, et al. 2004. Hilbert-Huang based approach for structural damage detection. Journal of Engineering Mechanics, 130(1): 85—95.

Yang J N, Lin S, Huang H, et al. 2006a. An adaptive extended Kalman filter for structural damage identification. Structural Control and Health Monitoring, 13(4): 849—867.

Yang J N, Pan S, Huang H. 2007. An adaptive extended Kalman filter for structural damage identification II: unknown inputs. Structural Control and Health Monitoring, 14(3): 497—521.

Yang S I, Frangopol D M, Kawakami Y, et al. 2006b. The use of lifetime functions in the optimization of interventions on existing bridges considering maintenance and failure costs. Reliability Engineering & System Safety, 91(6): 698—705.

Yang Y, Nagarajaiah S. 2013. Time-frequency blind source separation using independent component analysis for output-only modal identification of highly damped structures. Journal of Structural Engineering, 139(10): 1780—1793.

Yang Y, Nagarajaiah S. 2015. Output-only modal identification by compressed sensing: Non-uniform low-rate random sampling. Mechanical Systems and Signal Processing, 56: 15—34.

Yarnold M T. 2013. Temperature-based structural identification and health monitoring for long-span bridges. Philadelphia. Drexel University.

Yazdani N, Albrecht P. 1990. Probabilistic fracture mechanics application to highway bridges. Engineering Fracture Mechanics, 37(5): 969—985.

Ye X, Ni Y, Wong K, et al. 2012. Statistical analysis of stress spectra for fatigue life assessment of steel bridges with structural health monitoring data. Engineering Structures, 45(15): 166—176.

Yu Y, Ou J P. 2010. Design, calibration and application of wireless sensors for structural global and local monitoring of civil infrastructures. Smart Structures and Systems, 6(5): 641—659.

Yuen K V, Beck J L. 2002. Probabilistic approach for modal identification using non-stationary noisy response measurement only. Earthquake Engineering and Structural Dynamics, 31(4): 1007—1023.

Yuen K V, Katafygiotis L S. 2001. Bayesian time-domain approach for modal updating using ambient data. Probabilistic Engineering Mechanics, 16(3): 219—231.

Yuen K V, Mu H Q. 2012. A novel probabilistic method for robust parametric identification and outlier detection. Probabilistic Engineering Mechanics, 30(4): 48—59.

Yun C B, Shinozuka M. 1980. Identification of nonlinear structural dynamic systems. Journal of Structural Mechanics, 8(2): 187—203.

Zhang P Q, Yang Q J, Li C Q, et al. 1990. An efficient identification method of modal parameters ARMAV model method//Proceedings of the 8th IMAC. Orlando.

Zhang Q W, Chang C C, Chang T Y P. 2000. Finite element model updating for structures with parametric constraints. Earthquake Engineering & Structural Dynamics, 29(7): 927—944.

Zhang Q W, Chang T Y P, Chang C C. 2001. Finite-element model updating for the Kap Shui Mun cable-stayed bridge. Journal of Bridge Engineering, 6(4): 285—293.

Zhang Q, Lallement G. 1987. A complete procedure for the adjustment of a mathematical model from the identified complex modes//Proceeding of the 5th IMAC. London.

Zhang Q, Zerva A. 1997. Stiffness matrix adjustment using incomplete measured modes. AIAA Journal, 35(5): 1901—1920.

Zhang X M. 1999. A best matrix approximation method for updating the analytical model. Journal of Sound and Vibration, 223(5): 759—774.

Zhao X F, Han R, Ding Y, et al. 2015. Portable and convenient cable force measurement using smartphone. Journal of Civil Structural Health Monitoring, 5(4): 481—491.

Zhao Z W, Haldar A, Breen F, 1994. Fatigue reliability updating through inspections of steel bridges. Journal of Structural Engineering, 120(5): 1624—1642.

Zhou W S, Li H, Ou J P, et al. 2006. Design method of data acquisition system of health monitoring systems for long span bridges. Journal of Highway and Transportation Research and Development, 23: 83—87.

Zhou W S, Li H, Yuan F G. 2014. Guided wave generation, sensing and damage detection using in-plane shear piezoelectric wafers. Smart Materials and Structures, 23(1): 203—208.

Zhou W S, Li H, Yuan F G. 2015. Fundamental understanding of wave generation and reception using d36 type piezoelectric transducers. Ultrasonics, 57: 135−143.

Zou Z, Bao X, Afshar S, et al. 2004. Dependence of the brillouin frequency shift on strain and temperature in a photonic crystal fiber[J]. Optic Letters, 29: 1485−1487.

Zou Z, Bao Y, Deng F, et al. 2015a. An approach of reliable data transmission with random redundancy for wireless sensors in structural health monitoring[J]. IEEE Sensors Journal, 15(2): 809−818.

Zou Z, Bao Y, Li H, et al. 2015b. Embedding compressive sensing-based data loss recovery algorithm into wireless smart sensors for structural health monitoring. IEEE Sensors Journal, 15(2): 797−808.

Zuo D, Jones N P. 2010. Interpretation of field observations of wind and rain-wind-induced stay cable vibrations. Journal of Wind Engineering and Industrial Aerodynamics, 98(2): 73−87.

Zuo D, Jones N P, Main J A. 2008. Field observation of vortex and rain-wind-induced stay-cable vibrations in a three-dimensional environment. Journal of Wind Engineering and Industrial Aerodynamics, 96(6-7): 1123−1133.